中華禮藏 禮制卷

總制之屬

大明集禮

（上冊）

（明）徐一夔 等撰

汪瀟晨 點校

浙江大學出版社

ZHEJIANG UNIVERSITY PRESS

· 杭州

國家古籍工作規劃重點出版項目（二〇二一至二〇三五年）

國家古籍整理出版專項經費資助項目

全國高等院校古籍整理研究工作委員會直接資助項目

本書受浙江大學『中華優秀傳統文化傳承與創新專項』資助

總　序

　　中華民族的禮義傳統積澱了人與人、人與社會、人與自然和諧相處的經驗與秩序，從而形成了一種"標誌着中國的特殊性"（錢穆語）的生存方式。《禮記·曲禮上》對此有概括的説明："道德仁義，非禮不成；教訓正俗，非禮不備；分争辨訟，非禮不决；君臣上下，父子兄弟，非禮不定；宦學事師，非禮不親；班朝治軍，蒞官行法，非禮威嚴不行；禱祠祭祀，供給鬼神，非禮不誠不莊。"千百年來，正因爲中華民族各個階層對"禮"的認同與踐行，不僅構建了中華民族的精神家園，彰顯了民族文化的獨特面貌，也爲人類社會樹立了一個"禮義之邦"的文化典範。實際上，對"禮"的認同，體現了對文化的認同，對民族的認同，對國家的認同。

　　在不同文化交流日益頻繁的今天，弘揚傳統文化，提升文化實力，强化精神歸屬，增强民族自信，已是社會各界的共識，也是刻不容緩的要務。温故籍以融新知，繼傳統而闡新夢，大型專業古籍叢書的整理與編纂，分科別脈，各有專擅，蔚然已成大觀。然而對于當今社會有重要意義的禮學文獻的整理與編纂，至今仍付之闕如。即使偶有禮學文獻被整理出版，因未形成規模而不成系統，在傳統觀念的影響下往往還被視爲經學典籍，既不能反映中華禮學幾千年的總體面貌與發展軌迹，也直接影響了在弘揚優秀傳統文化的前提下重建體現民族精神的禮儀規範。醪澄莫饗，孰慰饑渴。浙江大學古籍研究所全體同仁爲順應時代要求，發揮學科特色與優勢，在學校的大力支持下，願精心整理、編纂傳統禮學文獻，謹修《中華禮藏》。

　　自從歷史上分科治學以來，作爲傳統體用之學之致用部分的禮學就失去了學科的獨立性。漢代獨尊儒術，視記載禮制、禮典、禮義的《周禮》、《儀禮》、《禮記》爲儒家的經學典籍。《漢書·藝文志》著録禮學文獻十三家，隸屬于六藝，與《易》、《書》、《詩》、《樂》、《春秋》、《論語》、《孝經》相提並論。迄至清修《四庫全書》，采用經、史、子、集四分法，將禮學原典及歷代研究禮學原典的文獻悉數歸于經學，設《周禮》之屬、《儀禮》之屬、《禮記》之屬、三禮總義之屬、通禮之屬、雜禮之屬六個門類著録纂輯禮學文獻，又于史部政書類下設典禮之屬著録纂輯本屬于禮學範疇的文獻，至于記載區域、家族、個人禮儀實踐的文獻則又散見于多處。自《漢書·藝文志》至于《四庫全書》，著録纂輯浩如煙海的禮學文獻，不僅使禮學失去了學科的獨立性，而且還使禮學本身變得支離破碎。因此，編纂《中華禮藏》，既以專門之學爲標幟，除了哀輯、點校等方面的艱苦工作外，還面臨着如何在現代學術語境中界定禮學文獻範圍的難題。

　　《説文》云：“禮，履也，所以事神致福也。”事神以禮，即履行種種威儀以表達敬畏之義而得百順之福。禮本是先民用來提撕終極關懷的生存方式，由此衍生出了在政治生活和社會生活中表達尊讓、孝悌、仁慈、敬畏等禮義的行爲規範。《禮記·禮器》云：“禮器，是故大備。”以禮爲器而求成人至道，與儒學亞聖孟子的“禮門義路”之論頗相一致。然而踐履之禮、大備之禮的具體結構又是怎樣的呢？《禮記·樂記》云：“簠簋俎豆、制度文章，禮之器也；升降上下、周還裼襲，禮之文也。故知禮樂之情者能作，識禮樂之文者能述。作者之謂聖，述者之謂明。明聖者，述作之謂也。”根據黄侃《禮學略説》及沈文倬《略論禮典的實行和〈儀禮〉書本的撰作》的論述，所謂“禮之文”、“禮之情”又被稱爲“禮儀”和“禮意”。禮器、禮儀用以呈現和表達禮意，此即所謂“器以藏禮，禮以行義”（《左傳·成公二年》）。三者之中，禮儀和禮意的內容相對明確，而禮器的內容則比較複雜，具目則可略依《樂記》所論分爲三種：物器（簠簋俎豆之類）、名器（制度之類）和文器（文章之類）。基于這樣的理解，參考歷代分門別類著録匯輯專業文獻的經驗，可以將歷史上遺留下來的全部傳統禮學文獻析分爲如下三個部分。

第一部分是作爲源頭的禮學原典和歷代研究禮學的論著。根據文獻的性質，又可細分爲兩類。

1. 禮經類。《四庫提要》經部總序所謂“經稟聖裁，垂型萬世”，乃“天下之公理”之所，爲後世明體達用、返本開新的源頭活水。又經部禮類序云：“三《禮》並立，一從古本，無可疑也。鄭康成注，賈公彦、孔穎達疏，于名物度數特詳。宋儒攻擊，僅摭其好引讖緯一失，至其訓詁則弗能逾越。……本漢唐之注疏，而佐以宋儒之義理，亦無可疑也。”《周禮》是制度之書，《儀禮》主要記載了士大夫曾經踐行過的各種典禮儀式，《禮記》主要是七十子後學闡發禮義的匯編。雖然三《禮》被列爲儒家研習的典籍之後變成了經學，然而從禮學的角度來看，于《周禮》可考名物典章制度，于《儀禮》可見儀式典禮的主要儀節及揖讓周旋、坐興起跪的威儀，于《禮記》可知儀式典禮及日常行爲的種種威儀皆有意義可尋。若再從更加廣泛的禮學角度審視先秦兩漢的文獻，七十子後學闡釋禮義的文獻匯編還有《大戴禮記》，漢代出現的禮緯也蘊藏着不見于其他文獻記載的禮學内容。因此，禮經類除三《禮》之外還應該包括《大戴禮記》與禮緯。至于後人綜合研究禮經原典而又不便歸入任何一部經典之下的文獻，宜做《四庫全書》設通論之屬、雜論之屬分別纂輯。

2. 禮論類。此類文獻特指歷代綜合禮學原典與其他文獻，突破以禮學原典爲經學典籍的傳統觀念，自擬論題，自定體例，結合禮儀實踐、禮學原典與禮學理念等進行研究而撰作的文獻，如朱熹的《儀禮經傳通解》、任啓運的《天子肆獻裸饋食禮纂》、秦蕙田的《五禮通考》等都宜歸入禮論類。此類文獻與禮經類中綜論性質的文獻容易混淆，最大的區別就在于禮經類中綜論性質的文獻是對禮學原典的闡釋，而禮論類文獻則是對各類文獻所記禮儀實踐與理念的綜合探索，二者研究的問題、對象，特別是研究目的皆有所不同。

第二部分是基于對禮儀結構的觀察而針對某一方面進行獨立研究而撰作的文獻。根據文獻關注的焦點，又可分爲三類。

3. 禮器類。根據前引《禮記·樂記》的説明，禮器包括物器、名器和文器。物器爲禮器之代表形態，自來皆無疑議。名器所涉及之制度、樂舞、數術，因逐漸發展而略具專業特點，有相對的獨立性，固當別爲門類。就制度、樂舞、數術本屬于禮儀實踐活動而言，可分別以禮法、禮樂、禮術概之。又文器亦皆因器而顯，故宜附于禮器類中。因此，凡專門涉及興服、宮室、器物的禮學文獻，如聶崇義的《新定三禮圖》、張惠言的《冕弁冠服圖》和《冕弁冠服表》、程瑶田的《釋宮小記》、俞樾的《玉佩考》等都屬禮器類文獻。

4. 禮樂類。據《禮記·樂記》所言“樂統同，禮辨異，禮樂之説，管乎人情矣”，可知禮與樂本是關乎人情的兩個方面。因此，禮之所至，樂必從之。考察歷代各個階層踐行過的許多儀式典禮，若不借助于禮樂則無以行禮。《通志·樂略第一》云：“禮樂相須以爲用，禮非樂不行，樂非禮不舉。”禮與樂既相將爲用，則凡涉及禮樂的文獻，皆當歸入禮樂類。然而歷史上因囿于經學爲學科正宗、樂有雅俗之分的觀念，故有將涉及禮樂的文獻一分爲二分別纂輯的方法。《四庫提要》樂類云：“大抵樂之綱目具于《禮》，其歌詞具于《詩》，其鏗鏘鼓舞則傳在伶官。漢初制氏所記，蓋其遺譜，非別有一經爲聖人手定也。特以宣豫導和，感神人而通天地，厥用至大，厥義至精，故尊其教得配于經。而後代鐘律之書亦遂得著録于經部，不與藝術同科。顧自漢代以來，兼陳雅俗，豔歌側調，並隸《雲》、《韶》。于是諸史所登，雖細至等琶,亦附于經末。循是以往,將小説稗官未嘗不記言記事,亦附之《書》與《春秋》乎？悖理傷教,于斯爲甚。今區別諸書,惟以辨律吕、明雅樂者仍列于經,其謳歌末技,弦管繁聲,均退列雜藝、詞曲兩類中。用以見大樂元音,道侔天地,非鄭聲所得而奸也。"此乃傳統文獻學之舊旨,今則據行禮時禮樂相將的事實,凡涉及禮樂的文獻不分雅俗兼而存之,一並歸于禮樂類。

　　5.禮術類。《禮記·表記》載孔子之語云:"昔三代明王,皆事天地之神明,無非卜筮之用。"卜筮之用在于"決嫌疑,定猶與"(《禮記·曲禮上》)。歷代踐行的各種儀式典禮,正式行禮之前往往都有卜筮的儀節,用于判斷時空、賓客、牲牢等的吉凶,本是整個儀式典禮的組成部分。《儀禮》于《士冠禮》、《士喪禮》、《既夕禮》、《特牲饋食禮》、《少牢饋食禮》皆記卜筮的儀節,而于其他儀式典禮如《士婚禮》等皆略而不具。沈文倬先生已指出,《儀禮》一書,互文見義,其實每一個儀式典禮都有卜筮的儀節。因儀式典禮所用數術方法有相對的獨立性,故歷代禮書多有專論。秦蕙田《五禮通考》立"觀象授時"之目,黃以周《禮書通故》設"卜筮通故"之卷。自《漢書·藝文志》數術略分數術爲六類:天文、曆譜、五行、蓍龜、雜占、形法,又于諸子略中收有與數術相關的陰陽家及兵陰陽文獻之目,至清修《四庫全書》子部術數類分爲六目:數學(三易及擬易書)、占候、相宅相墓、占卜、命書相書、陰陽五行(栻占曆數),分類著録纂輯數術文獻,各有錯綜,亦因時爲變以求其通耳。因此,就歷代各個階層踐行的儀式典禮皆有卜筮的儀節而言,凡涉及卜筮的文獻宜收入禮術類。

　　第三部分是基于對歷代禮儀實踐的規模、等級、性質的考察而撰作的文獻,又可以分爲如下四類。

　　6.禮制類。《左傳·桓公二年》載晉大夫師服之語云:"禮以體政,政以正民,是以政成而民聽,易則生亂。"《國語·晉語四》記寧莊子之語云:"夫禮,國之紀也,……國無紀不可以終。"凡此皆説明禮在政治生活和社會生活中有重要的主導作用,故自春秋戰國之際禮崩樂壞之後,歷代皆有制禮作樂的舉措。《隋書·經籍志》云:"儀注之興,其所由來久矣。自君臣父子,六親九族,各有上下親疏之别,養生送死、弔恤賀慶則有進止威儀之數,唐虞已上分之爲三,在周因而爲五,《周官》宗伯所掌吉、凶、賓、軍、嘉,以佐王安邦國,親萬民,而太史執書以協事之類是也。是時典章皆具,可履而行。周衰,諸侯削除其籍;至秦,又焚而去之;漢興,叔孫通定朝儀,武帝時始祀汾陰后土,成帝時初定南北之郊,節文漸具;後漢又使曹褒定漢儀,是後相承,世有制作。"歷代踐行的禮,不僅僅是進止威儀之數,而是對文明制度的實踐。因此,歷代官方頒行的儀注典禮皆可稱爲禮制,是朝野實現認同的文化紐帶,涉及禮制的文獻世有撰作。漢代以後,此類文獻也往往被稱爲儀注,傳統目録學多歸入史部。今則正本清源,一並歸入禮制類。

7. 禮俗類。從人類學的角度來看,禮俗的産生先于禮制並成爲歷代制禮作樂的基礎。所謂"禮失而求諸野",正説了俗先于禮、禮本于俗。實際上,歷代踐行的禮制,根基都在于風俗,長期流行于民間的風俗若得到官方認可並制度化就是禮制。因此,禮俗者,禮儀之于風俗也,特指在民間習慣上形成而具備禮儀特點的習俗,其特點是以民間生活爲基礎、以禮儀制度爲主導,在一定程度上兼具形式的自發性和内容的複雜性。早在先秦時代,荀子就曾説:"儒者在本朝則美政,在下位則美俗。"又説:"遇君則修臣下之義,遇鄉則修長幼之義,遇長則修子弟之義,遇友則修禮節辭讓之義,遇賤而少者則修告導寬容之義。無不愛也,無不敬也,無與人争也,恢然如天地之苞萬物。如是則賢者貴之,不肖者親之。"因此,自漢代應劭《風俗通義》以來,歷代有識之士往往述其所聞、條其所遇之禮俗,或筆記偶及,或著述專論,數量之多,可汗馬牛,以爲美俗、修義之資糧,故立禮俗類以集其精華,以見禮儀風俗具有强大的生命力且早已滲透到民族精神之中。此類文獻在傳統的文獻學中分佈較廣,史部的方志、譜牒,子部的儒家、農家、雜家乃至小説家,集部中的部分著作,皆有涉及禮俗的篇章,固當集腋成裘,匯編爲册,歸于禮俗類中。

8. 家禮類。《左傳·隱公十一年》云:"禮,經國家、定社稷、序民人、利後嗣者也。"禮之于國,則爲國家禮制;禮之于家,則爲家禮。家禮一詞,最早見于先秦禮書。《周禮·春官》云:"家宗人掌家祭祀之禮,凡祭祀致福。國有大故,則令禱祠,反命,祭亦如之。掌家禮,與其衣服、宫室、車旗之禁令。"自古以來,家禮就是卿大夫以下至于庶人修身、齊家的要器,上至孝悌謹信等倫理觀念,下至婚喪嫁娶之居家禮儀,無不涵蓋于其中。家禮包括家庭内部的禮儀規範和倫理觀念:禮儀規範主要涉及冠婚喪祭等吉凶禮儀以及居家雜儀;倫理觀念則包括父慈子孝、兄友弟恭、夫義婦順等綱常。涉及家禮的文獻源于《周禮》,經《孔子家語》、《顔氏家訓》的發展,定型于司馬光的《書儀》、《家範》和朱熹的《朱子家禮》,其中《朱子家禮》成了宋代以來傳統家禮的範本。因國家禮制的"宏闊"和民間禮俗的"偏狹",故素負修身、齊家、治國、平天下之理想的有識之士,往往博稽文獻、出入民俗而備陳家禮儀節之曲目與要義,以爲齊家之據、易俗之本。家禮類文獻中以此種撰作爲代表形態,延伸則至于鄉約、學規之類的文獻。

9. 方外類。中華民族是一個多種文化相互融合的共同體,整理、編纂《中華禮藏》不能不涉及佛、道兩家有關儀軌的文獻。佛教儀軌是規範僧尼、居士日常生活與行爲之戒律清規以及用于各種節日與法事活動之科儀,雖然源于印度,與中華本土文化長期互動交融,固已成爲中華禮樂文明不可分割的一部分。佛教儀軌與儒家禮儀相互影響,在一定程度上改變、重塑了中華傳統的禮樂文明。道教是中國的本土宗教，深深根植于中國的現實社會，具有鮮明的中國特色與社會調節功能。魯迅曾指出："中國根柢全在道教。"道教儀軌有其特定的從教規範，體現了道教的思想信仰，規範着教徒的生活方式，體現了儀式典禮的特點。另外，佛教儀軌和道教儀軌保存相對完整，也是重建中華禮樂文明制度的重要參考。因此，凡涉及佛教儀軌和道教儀軌的文獻分別歸入方外佛教類和方外道教類。

綜上所述，《中華禮藏》的編纂是因類設卷，卷内酌分子目，子目内的文獻依時代順序分册纂輯（其中同書異注者則以類相從），目的是爲了充分展示中華禮儀實踐和禮學研究的全貌以及發展變化的軌迹。

編纂《中華禮藏》不僅僅是爲了完成一項學術事業，更重要的現實意義是爲了通過整理、編纂傳統禮學文獻，從中提煉出滲透了民族精神的價值觀和價值體系，爲民族國家認同提供思想資源，爲制度文明建設提供借鑒，爲構建和諧社會提供禮儀典範。

《中華禮藏》編委會

二〇一六年

凡　例

一、整理工作包括題解、録文和校勘等項。

二、題解除揭示書名、卷數、内容及著者生平事迹、版本流變等情況外，亦須交代已有的重要校勘研究成果，其具有創見性的校勘意見則别于校記中加以采納。

三、底本原文中明確的錯誤（訛奪衍乙）一般皆直接改正，並用校記加以説明。其不影響文意表達的兩可之異文，則酌情忽略不校。至于文意不通或懷疑有誤之處，則適當以校記形式提出疑問或給出可能的詮釋理路。

四、録文一依底本，個别生僻的異體字、俗體字等改作通行字，然不甚生僻而爲古籍通用者，保留底本文字原樣。鑒于俗寫“扌”旁與“木”旁，“巾”旁與“忄”旁，“礻”旁與“衤”旁以及“己”與“已”、“巳”，“瓜”與“爪”，“曰”與“日”之類相混無别，一般皆徑據文意録定，其不影響文意的則不别爲出校説明。

五、避諱字一律改爲通行繁體字，但須在題解或首見條下説明。

六、底本所用省代符等一律改爲相應的本字。

七、底本缺字用“□”號表示，缺幾字用幾個“□”號，不能確定者用長條形符號（長度爲三個空格字，其中原文一行的上部或前部殘缺用“⎽⎽⎽⎽⎽”，中部殘缺用“▭▭▭”，下部或後部殘缺用“⎺⎺⎺⎺⎺”）表示。模糊不清無法録出者用“▨”號表示，有幾個字不清楚就用幾個“▨”號。

八、文本的段落格式一依今日之文意理解重行設計，不必盡依原書之舊貌。

九、底本圖片如果可以重繪者，則自行改繪，以便觀覽。

1

目　録

【題解】

《大明集禮》,又名《明集禮》,今本五十三卷,爲洪武三年(1370)由禮制學者徐一夔、梁寅、周子諒、劉宗弼等奉勅修成,原書修成時爲五十卷(《明史·藝文志》),嘉靖朝重修時釐爲五十三卷。是明代第一部也是唯一一部完整的國家官修禮典,標誌著明初國家典禮"五禮"體系重建的完成,奠定明代禮制的基本格局。

是書基本體例爲"本之周經,稽諸唐典,而又參以《朱子家禮》之編"(《大明集禮》卷三七上),思想源頭上溯《儀禮》,五禮框架承襲《大唐開元禮》,儀式規程在朱子禮學影響下多參照《朱子家禮》,器用多參考陳祥道《禮書》、陳暘《樂書》等宋人禮典。全書內容按吉、嘉、賓、軍、凶五禮排列。門下根據行禮內容分類,如吉禮分爲天地、宗廟、社稷、日月、先農、太歲、風雲雷雨、嶽鎮海瀆、山川城隍、旗纛、馬祖先牧馬社馬步、厲、典神祇、三皇、孔子等十五類,嘉禮分朝會、冊拜、冠、婚、鄉飲酒等五類,賓禮分朝貢、遣使等二類,軍禮分親征、遣將、大射等三類,凶禮分吊賵、喪儀、喪儀圖等三類,類中再根據行禮物件級別分天子、太子、親王、品官、皇后、妃嬪、公主、命婦、庶人等。五禮儀制後還列有冠服、車輅、儀仗、鹵簿、字學、樂等十一門記載各項典禮相關品物,以圖文並茂的形式補充說明禮制行用中涉及的各項名物制度。每類儀制、品物體例爲先詳述歷代沿革,再詳列儀制規程。

是書詳實記錄各項禮制的古今沿革與明代儀制規定,兼涉禮制所需的禮儀名物規制,是明代官方正統規定、朝廷以至民間行禮定儀制度的總匯,也是唐以來爲數不多的代表性的官修國家禮典之一。不惟承繼了唐以來成型的官方正統"五禮"禮典的譜系,代表了明代禮典修撰與國家儀制的最高成就,還與此前的唐代《大唐開元禮》、宋代《政和五禮新儀》以及其後的《大清通禮》構成代表中古以來國家最高層級的官修儀典發展脈絡的儀典範本。

是書明代爲朝廷至民間行禮所遵行，其秉持繁簡適中、適禮之宜、務爲可行的標準，吸取宋代理學影響下新的禮制思想與價值取向，在紹續唐以來形成的國家禮制五禮的基礎上，呈現出新儒學影響下的禮制新趨向，在禮制發展過程中具有轉型特徵與典範意義。是書頒行後爲周邊國家如安南、李氏朝鮮等繼承，刊行、行用的範圍遠及東亞漢文化圈，具有遠播海外的制度與文化影響力。

《大明集禮》在明初草創時修撰，由于政局初定等原因，刊佈不廣，以致至明中後期禁中亦無善足完本。嘉靖八年（1529），朝臣因此奏請重補刊行，並“取諸臣傳注及所詮補者纂入原書”。翌年完工，在原書基礎上增入明初以來若干儀注，重新釐定爲五十三卷，後世所見諸本源頭即爲是本。

嘉靖刊本爲諸本之祖，但缺失之處較多，考慮到文本完整性等原因，本次整理以文淵閣四庫全書本爲底本，參校嘉靖刊本，並核對是書所引《大唐開元禮》《政和五禮新儀》《中興禮書》《宋會要》禮、樂、儀制諸門，《宋史》禮、樂、儀衛諸志等禮制、樂制文獻，《明實錄》《明會典》《明史》禮、樂、儀衛志等官修史料，《禮部志稿》《諸司職掌》《皇明典禮志》等制度文獻，以及其他零散史料文獻，對《大明集禮》進行全面整理點校。

御製大明集禮序

　　《大明集禮》一書，我皇祖高皇帝之所製也。所謂吉、凶、軍、賓、嘉五禮也。吉禮者，首之以祀典，以及朝會等類。凶禮也，喪葬之類。軍也，賓也，嘉也，各寓以戎事、朝聘、婚姻等類，莫不詳備。允爲萬世之法程，子孫之所世守而遵行推衍之也。昨歲，禮部請刻布中外，俾人有所知見。乃命內閣發秘藏，令其刊布。兹以訖工，遂使廣行宣傳，以彰我皇祖一代之制。朕素不知禮，又兼無學。因以刊布之意，而述之于首。是爲序。

　　嘉靖九年六月望日。

大明集禮卷一

吉禮一

祀天

總敘

天子之禮，莫大于事天。故有虞、夏、商皆郊天配祖，所從來尚矣。《周官·大司樂》："冬至日，祀天于地上之圜丘。"《大宗伯》："以禋祀祀昊天上帝。"《孝經》曰："周公郊祀后稷以配天。"所以重報本反始之義。而其禮則貴誠而尚質，見于遺經者可考也。

秦人燔書滅學，仍西戎之俗，立四時以祠白、青、黄、赤四帝。

漢高帝因之，又增北畤，兼祠黑帝。至于武帝，有雍五畤之祠。又有渭陽五帝之祠，又有甘泉、太乙之祠。而昊天上帝之祭則未嘗舉行。至元帝時，王莽諂事元后，傅會《昊天有成命》之詩，合祭天地，同牢而食，其褻尤甚。

光武祀太一，遵元始之制，而先王之禮隳廢盡矣。

魏、晉以來，郊丘之説互有不同。宗鄭玄者，以爲天有六名，歲凡九祭。六天者，北辰曜魄寶、蒼帝威靈仰、赤帝赤熛怒、黄帝含樞紐、白帝白招拒、黑帝叶光紀是也。九祭者,冬至祭昊天上帝于圜丘,立春、立夏、季夏、立秋、立冬祭五帝于四郊。王者各稟五帝之精,而王天下,謂之感生帝,于夏正之月祭于南郊。四月,龍見而雩,總祭五帝于南郊。季秋,大享于明堂是也。宗王肅者,則以天體惟一,安得有六。一歲二祭,安得有九。大抵多參二家之說行之。

而至唐爲尤詳。武德、貞觀間,用六天之義。永徽中,從長孫無忌等議,廢鄭玄議,從王肅說。乾封中,復從鄭元議焉。

宋太祖乾德元年冬至,合祭天地于圜丘。神宗元豐中,罷合祭。哲宗紹聖、徽宗政和間,或分或合。高宗南渡以後,惟用合祭之禮。

元初,用其國俗,拜天于日月山。成宗大德六年,建壇合祭天地、五方帝。九年,始立南郊,專祀昊天上帝。泰定中,又合祭。然皆不親郊。文宗至順以後,親郊者凡四,惟祀昊天上帝。

國朝分祭天地于南北郊。冬至,祀昊天上帝于圜丘,以仁祖淳皇帝配,其從祀則唯以大明、夜明、星辰、太歲。皇帝每歲親祠,參酌成周、唐、宋之典,以適其中。蓋不牽惑于鄭玄讖諱之說,可謂明且至矣。若其歷代制度儀文之詳,列于左方。

壇壝

《周禮》:"至敬不壇,掃地而祭。"特燔柴于泰壇而已。

至秦則有四時之制。

漢元始儀上帝。圓壇八觚,徑五丈,高九尺,茅營去壇十步,行宮徑三百步,土營徑五百步。神靈壇各于其方面三丈,去茅營二十步。

光武始爲郊兆于洛陽城南七里，圜壇八陛，中又爲重壇，其外爲壝，重營皆紫，以像紫宮。有四通道以爲門中營四，門外營四，門營即壝也。

隋制爲壇四成，唐因之。每成各高八尺一寸，下成廣二十丈，再成廣十五丈，三成廣十丈，四成廣五丈，凡二壝。

宋初因唐制。熙寧中始增壝爲三，每壝二十五步，周垣四門。

元制爲壇三成，以合陽奇之數。每成高八尺一寸，以合乾之九九。上成縱廣五丈，中成十丈，下成十五丈。四陛，陛十有二級。外設二壝，內壝去壇二十五步，外壝去內壝五十四步，各四門。壇設于丙巳之地，以就陽位。外垣南靈星門三，東、西靈星門各一。中築圜壇，周圍上下俱護以甓。內壝、外壝各高五尺，壝四面，各有門三，俱塗以赤。

國朝爲壇二成，下成闊七丈，高八尺一寸，四出陛。正南陛闊九尺五寸，九級。東西北陛俱闊八尺一寸，九級。上成闊五丈，高八尺一寸。正南陛一丈二尺五寸，九級。東西北陛俱闊一丈一尺九寸五分，九級。壇上下甃以琉璃磚，四面作琉璃欄干。

壝去壇一十五丈，高八尺一寸，甃以磚，四面有靈星門。周圍外牆去壝一十五丈，四面亦有靈星門。天下神祇壇在東門外。天庫五間在外垣北，南向。厨屋五間在外壇東北，西向。庫房五間，南向。宰牲房三間、天池一所又在外庫房之東北。執事齋舍在壇外垣之東南。牌樓二，在外門外橫甬道之東西。

燎壇燎牲附

《周禮·大宗伯》："以禋祀祀昊天上帝。"禋謂煙也。周人尚臭,故升煙以祀天。《祭法》又曰:"燔柴于泰壇。"謂實牛柴上,以焚之也。蓋陽祀自煙始,故升煙以致神,不可不在先,及致神矣,方有事焉。至于禮畢,則以牲幣之屬焚之。然後爲禮之終也。

唐,燎壇在神壇之左。

宋因唐制,燎壇方一丈,高一丈二尺,開上南出戶,方六尺,在壇南二十步丙地。

元燎壇高一丈二尺,四方各一丈,周圍護以甓,在外壝內丙巳之位,東、西、南三出陛,開上南出戶,上方六尺,深可容柴。

國朝,燎壇在內壝外東南丙地,高九尺,闊七尺,開上南出戶。

其燎牲則漢用牛首,後魏用左體,六朝用脅之九個,唐、宋皆用牛首,元用馬首,國朝別用全犢以燎。

配帝

《祭法》曰:"有虞氏禘黃帝而郊嚳,祖顓頊而宗堯。夏后氏禘黃帝而郊鯀,祖顓頊而宗禹。殷人禘嚳而郊冥,祖契而宗湯。周人禘嚳而郊稷,祖文王而宗武王。"《孝經》曰:"周公郊祀后稷以配天。"蓋祀天莫大于郊,而祀祖莫大于配天也。

自秦滅學,舊禮隳廢。

漢至光武始以高祖配焉。

魏明帝用鄭玄周祀天于圜丘,以嚳配之說,遠推帝舜以配圜丘。

晉武帝用王肅之說,始以其祖宣帝配。

由宋及隋,或以祖配,或以考配。

唐高祖武德初郊,以其祖景帝配。太宗以高祖配,高宗以高祖、太宗並配。開元中，以高祖配。寶應初，又以景皇帝配。

宋太祖乾德初郊，以其父宣祖配。太宗時，配以太祖。真宗時，奉太祖、太宗並配。仁宗時，以太祖、太宗、真宗並配。神宗以後，止以太祖配。

元至成宗朝，始定郊以太祖配。

國朝洪武元年初郊，議配祀，上謙讓不許，親爲文以告太廟曰："臣于今年十一月三日冬至，祀上帝于南郊。故先告祖考鑒觀①。歷代有天下者，未嘗不以祖配天。兹臣獨不敢者，以臣功業猶有未就，政治或有闕失，懼有責焉。去年②，上天垂誠③，有聲東南，又雷火焚舟，及擊殿吻。早暮兢惕，恐無以承上帝好生之德，故不敢輒以祖配天也。惟祖神與天通，恐上帝有問，以臣之所行敷奏帝前④，善惡無隱，惟上帝鑒之。候南郊竣事，臣當率百司，恭詣廟庭，告成大禮，以共享上帝之錫福。謹告。"

明年夏至，將祀方丘。群臣復請舉配典，上堅執前志，不允。群臣固請，乃曰："俟慶陽平，議之。"八月，慶陽平，諸將凱還。十一月十四日冬至，群臣復固請。上勉從眾議。奉皇考仁祖淳皇帝配天于圜丘。

從祀

《祭義》曰："郊之祭也，大報天而主日，配以月。"大猶徧也。蓋祭天之時，日、月、天神共爲一壇，而日爲眾神之主。

---

① "鑒觀"，《明太祖實錄》卷三六上作"監知"。
② 《明太祖實錄》卷三六上"去年"前有"況"字。
③ "誠"，原作"誠"，據《明太祖實錄》卷三六上改。
④ 《明太祖實錄》卷三六上"以"前有"願"字。

秦祭四時、漢祠太一,從祀之禮無見焉。

東漢光武初郊,祀日月于中營內南道,北斗在北道之西。其中八陛及中營四門、外營四門,中外營門封神共千五百一十四神,背中營神五星、中宮宿、五官神及五嶽之屬,背外營神二十八宿、外官星、雷公、先農、風伯、雨師、四海、四瀆、名山大川之屬。

隋文初郊,五帝、日月在圜丘第二等,北斗、五星、十二辰、河漢、內官在第三等,二十八宿、中官在第四等,外官在內壝之內,衆星在內壝之外,凡六百四十九座。

唐初,五方帝、日月、七座在圜丘第二等,內官、五星以下五十五座在第三等,二十八宿以下百四十五座在第四等,外官百一十二座在內壝之內,衆星三百六十座在內壝之外。

宋制,天皇、五帝、日月、北極九位在第一龕,北斗、天一、太一、帝座、五帝內座、五星、十二辰、河漢、內官等神位五十四座在第二龕,二十八宿、中官等神位一百五十九座在第三龕,外官神位一百六座在內壝之內,衆星三百六十座在內壝之外。

元制,五方帝、日月等共九位在第一等,內官五十四位在第二等,中官一百五十九位在第三等,外官一百六位在內壝內,衆星三百六十位在內壝外。

國朝遵用古制,惟設大明、夜明、星辰、太歲從祀,而不襲前代之謬,實得貴誠尚質之義焉。

神位板

唐神位板用松柏木,長二尺五寸,闊一尺二寸,上圓下方,黃金爲飾,鏤青爲字,丹漆匣盛,黃羅帕覆。正位題曰昊天上帝,配帝題曰太祖景皇帝從祀。板用朱漆,金字。

宋制同。

元嘗議正、配位用蒼玉金字，白玉爲座。後以郊祀尚質，依舊制用木，藏南郊之香殿。中書復議曰：神位，廟則有之。今祀于壇，望而祭之，非若他神無所見也。止設神座，不用木主。

國朝神位板長二尺五寸，闊五寸，厚一寸[①]，趺高五寸，以栗木爲之。正位題曰昊天上帝，配帝題曰仁祖淳皇帝位板，並黃質，金字。從祀題曰風伯之神、雲師之神、雷師之神、雨師之神，並赤質，金字。

神席

《郊特牲》曰："蒲越、藁秸之尚，明之也。"藁秸，祭天之席；蒲越，配帝之席，俱所以藉神者。明之者，神明之也。

《漢舊儀》："祭天用六綵絲席，高祖配用紺席。"

光武增廣郊祀，用席二百一十六枚，皆莞席，率一席三神。

晉、宋用蒯席，不設茵褥。

梁用藁秸，五帝以下用蒲席。

唐高宗麟德二年，詔曰："文質不同，代有鰲革。惟祭祀天地，獨不改張。是自處以厚，而奉天以薄也。宜改用茵褥。"于是上帝之座褥以蒼，配帝以紫，五方帝皆以方色，內官以下席皆以莞。開元中，上帝復用藁秸，配位以莞，五帝、日月以藁秸，五星、十二辰、河漢、內官席皆以莞。

宋初，上帝、日月並以藁秸，配帝以莞。仁宗時，席皆加褥，上帝以黃，配帝以緋。元豐後，去褥。

---

① "一"，原作注文小字"闕"，據《明史》卷四七《禮志一·吉禮一》補。

元席以藁秸，仍加青綾褥，青錦方座。配位神席以蒲越，青綾褥，青錦方座。從祀第一等神，藁秸，神席、綾褥、方座各九，如其方色。第二等神位及內壝內外諸神位，莞席三百。

國朝尊事上帝，用龍椅、龍案，上施錦座褥。配位同。從祀位，置于案，不設席。

祝册

《周官·太祝》："掌六祝之辭，以事神祇。"一曰祠。鄭司農云：祠當作辭，謂辭令也。祠用于祭祀，所以交接神祇者，皆當有其辭也。如《武成》曰："敢昭告于皇天后土。惟有道曾孫周王發，將有大正于商。"《大戴禮》載古祝辭亦曰："皇皇上天，照臨下土。集地之靈，降甘風雨。庶物群生，各得其所。靡今靡古，維予一人。某敬拜皇天之祐，維某年某月上日。"皆告天之辭也。成王在洛邑烝祭歲，王命作册，史逸祝册。此祝册之見于周者。《説文》曰："册，象其札，一長一短，中有二編之形也。"

唐用祝版，而御署之。其制長一尺一分，廣八寸，厚二分，木用梓楸。其祀天祝文曰："維某年歲次月朔日，嗣天子臣某敢昭薦于昊天上帝。大明南至，長晷初升。萬物權輿，六氣資始。謹遵彝典，慎修禮物。謹以幣帛犧齊，粢盛庶品，備兹禋燎，祇薦潔誠。太祖景皇帝配神作主，尚享。"《開元禮》以高祖神堯皇帝配，祝文同。

其配帝文曰："維某年歲次月朔日，孝曾孫皇帝臣某敢昭薦于太祖景皇帝。履長伊始，肅事郊禋。用致燔祀于昊天上帝。伏惟太祖慶流長發，德冠思文。對越昭升，永言配命。謹以制幣犧齊，粢盛庶品，式陳明薦，侑神作主。尚享。"

宋親祠用竹册。其制以竹爲之，每册用二十四簡，長尺有一寸，闊一寸，貫以紅絲絛，裝以紅錦。常祀用祝版，以梓楸木爲之，長二尺，廣一尺，厚六分。

元祝版之制，長二尺四寸，闊一尺二寸，厚三分，用楸。文宗至順元年親郊祝文曰："嗣天子臣某敢昭告于昊天上帝。纘承大統，于今三年。天祐下民，日臻寧謐。慎修禮物，躬致郊禋。尚祈降歆，永賜繁祉。敬以玉幣犧齊，粢盛庶品，備兹禋燎，祇致潔誠。太祖法天啓運，聖武皇帝配神作主。尚享。"配帝文缺。

國朝洪武元年正月初四日，皇帝即位，合祀天地。祝文曰："惟我中國人民之君，自宋運告終，帝命真人于沙漠入中國爲天下主。其君父子及孫，百有餘年，今運亦終。其天下土地人民，豪傑分爭。惟臣帝賜英賢李善長、徐達等，爲臣之輔，遂有戡定采石水寨蠻子海牙、方山陸寨陳野先①、袁州歐普祥②、江州陳友諒、潭州王忠信、新淦鄧克明③、龍泉彭時中、荆州江珏、濠梁孫德崖、廬州左君弼、安豐劉福通、贛州熊天瑞、辰州陳文貴、永新周安、萍鄉易華、平江王世明、沅州李勝、蘇州張士誠、慶元方國珍、沂州王宣、益都老保等處，偃兵息民于田里④。今地周回二萬里廣⑤，諸臣下皆曰，恐民無主⑥，必欲推尊帝號。臣不敢辭，亦不敢不告上帝、皇祇。是用吳二年正月四日，于鍾山之陽設壇備儀，昭告上帝、皇祇。簡在帝心。尚享。"

其年十一月三日冬至，皇帝親祀圜丘祝文曰："臣荷眷祐，戡

① "野"，原作"也"，據《明太祖實錄》卷三五改。

② "普"，據《明太祖實錄》卷三五補。

③ "克"，據《明太祖實錄》卷三五補。

④ "偃"，原作"狂"，據《明太祖實錄》卷三五改。

⑤ "周回"，《明太祖實錄》卷三五作"幅員"。

⑥ "恐"，《明太祖實錄》卷三五作"生"。

定區宇,爲億兆主。今當長至,六氣資始。禮典爰舉①,敬以玉帛犧齊,粢盛庶品,備兹禋燎,用伸昭告。尚享。”其祝板依唐制,長一尺一分,廣八寸,厚二分,用楸梓木爲之。

祭器燎燭菁茅附

《周官·冪人》:“祭祀以疏布冪八尊。”蓋祭天無祼,唯以五齊、三酒盛于八尊。八尊者,泰尊實泛齊,山尊實醴齊,著尊實盎齊,犧尊實緹齊,象尊實沈齊,其三酒則用壺尊三,共八尊也。此據正尊而言。若五齊加明水,三酒加玄酒,則爲十六尊矣。《禮器》曰:“犧尊樿勺,以素爲貴。”樿,白理木。樿杓所以酌酒于盞斝也。《郊特牲》曰:“器用陶匏。”陶謂登篚之屬,皆用瓦器爲之。匏謂用匏片爲爵,以酌酒也。《詩》曰:“卬盛于豆,于豆于登。”又曰:“籩豆大房。”竹曰籩,以盛果實;木曰豆,以薦葅醢;瓦曰登,以盛大羹;房謂俎,以盛牲體也。《大宗伯》:“省牲鑊。”鑊,烹牲器也。《秋官·司烜氏》:“凡邦之大事,共墳燭、庭燎。”墳,大也。樹于門外曰大燭,于門内曰庭燎,皆所以照衆爲明也。《地官·甸師》:“祭祀,共蕭茅。”②《鄉師》:“大祭祀,共茅莞,蕭炳以降神。”茅,束以沛酒也。

梁用陶匏、素俎,香用沈。

唐設上帝太尊二、犧尊二、山罍二在壇上,象尊二、壺尊二、山罍四在壇下;配帝設著尊二、犧尊二、象尊二、山罍二在壇上,于上帝酒尊之東;其從祀,五帝、日月各太尊二,内官各象尊二,

---

① “禮典”,《明太祖實録》卷三六上作“典禮”。

② “蕭”,原作“肅”,據《周禮·天官冢宰·甸師》改。

中官各壺尊二，外官各概尊二，衆星各散尊二。

上帝及配帝每坐籩、豆各十二，簠、簋、登、俎各一。

其從祀五方帝、大明、夜明，豆、籩各八，簠、簋、登、俎各一；五星、十二辰、河漢、内官、中官，籩、豆各二，簠、簋、俎各一；外官、衆官籩、豆、簠、簋、俎各一。

設御罍洗于東階東南，罍水在洗東，篚在洗西南肆，篚實以巾、爵。凡御罍洗，皆加以金飾。

宋設上帝泰尊五、山尊五，以爲酌尊，在壇上，設泰尊二、山尊二、著尊二、犧尊二、象尊二、壺尊六，以爲設尊，在壇下，籩、豆各十二，簠、簋各二，登、俎各一。配帝同上帝。

其從祀之第一龕，每位泰尊二、著尊二，籩、豆各八，簠、簋、登、爵各一，俎二；第二、第三龕，每位籩、豆各二，簠、簋、俎、登、爵各一。

内壝内外每位籩、豆、簠、簋、俎、爵各一。第二龕，每龕犧尊二；第三龕，象尊二、壺尊二。内壝内每壝概尊二，内壝外每壝散尊二。

又設盤、匜于壇下午階東南。凡用祭器，籩、豆、簠、簋、尊、罍、樿杓、登、鉶、鼎、摶黍豆、毛血盤、幣篚、匏、爵坫、盤、匜、罍洗、爵盞坫、飲福俎、燭臺俎共九千二百五件云。

元上帝位太尊二、著尊二、犧尊二、山罍二、各有坫，加勺、冪，籩十二、豆十二、登三、鉶三、簠二、簋二、俎七、篚一、沙池一、香鼎一、香奩一、香案一、祝案一，皆有衣，設而不酌者象尊二、壺尊二、山罍四，各有坫、冪。配帝位著尊二、犧尊二、象尊二、山罍二，皆有坫，加勺、冪；籩十二、豆十二、登三、鉶三、簠二、簋二、俎七、篚一、沙池一、香鼎一、香奩一、香案一、祝案一，皆有衣，設而不酏者,犧尊二、壺尊二、山罍四,各有坫,加羃。馬潼三器,各設于尊所之首,加羃、勺。

第一等:五帝、日月等九位,每位太尊二、著尊二,籩、豆各八,簠、簋、俎、登、鉶、爵坫、沙池、香鼎、香盒各一。

第二等:內官五十四位,每位籩、豆各二,簠、簋、登、俎各一,每陛間各象尊二,爵坫、沙池、篚各一。

第三等:中官一百五十九位,每位籩、豆、簠、簋、俎各一,每陛間各壺尊二,爵坫、沙池、篚各一。

內壝內外官一百六位,每位籩、豆、簠、簋、俎各一,每陛間各概尊二,爵坫、沙池、篚各一。

內壝外衆星三百六十位,每位籩、豆、簠、簋、俎各一,每道間各散尊二,爵坫、沙池、篚各一。

羃巾四百,方一尺,用青木綿布,以紅絹裏之,四角錫墜。絳燭三百五十,素燭四百四十,皆絳紗籠。雜用燭八百,粗盆二百二十。

國朝設上帝太尊二、著尊一、犧尊一、山罍一于壇上,皆有勺,有羃;設太尊一、山罍二于壇下,有羃。配帝位同。

其從祀則設大明、星辰著尊二、犧尊二于左,設夜明、太歲著尊二、犧尊二于右。

上帝及配帝籩、豆各十有二,簠、簋各二,登、盤、篚各一,牲案各一,爵坫各三,沙池、香案各一。

其從祀則籩、豆各十,簠、簋各二,牲案各一,爵坫、沙池、香案各一。

禮神之玉

《周禮・大宗伯》:"以玉作六器,以禮天地四方。蒼璧禮天,黃琮禮地,青珪禮東方,赤璋禮南方,白琥禮西方,玄璜禮北方。皆有牲幣,各倣其器之色。"又《典瑞》:"四圭有邸,以祀天。"邸,本也。圭本著于璧,故四圭有邸。圭末四出故也。説者曰:璧圓,色蒼,所以象天。天有四時,四圭有邸,亦所以象天。璧以象體,圭以象用,故于蒼璧言禮于四圭有邸言用。蓋禮神在求神之初,祀神在薦獻之時,一祭而兩用也。

漢武郊見太一雲陽,有司奉瑄玉薦享。

光武用元始之儀,祀神以璧琮。

梁以蒼璧。

後魏用四圭。

唐圜丘及雩祀以蒼璧,上辛及明堂以四圭有邸。其從祀則青帝以青圭,赤帝以赤璋,白帝以白琥,黑帝以玄璜,黃帝以黃琮,日月以圭璧。

宋禮天以蒼璧,五方帝以圭、璋、琥、璜、琮如方色,日以日圭,月以月圭。

元正位蒼璧,五方帝各用圭、璋、琥、璜、琮,大明青圭璧,夜明白圭璧,北極青圭璧,天皇玄圭璧。

國朝冬至祀昊天上帝,用蒼璧。

幣神幣局附

周制:禮天之幣,其色以蒼;禮五帝之幣,各如方色。幣用繒,其長一丈八尺,所謂制幣也。

兩漢有幣而未辨其色。

梁以蒼幣。

後魏用束帛。

唐昊天上帝與配帝之幣，皆以蒼；天皇、日月、内官以下，各隨方色。

宋正、配位同用蒼幣，從祀第一龕用白幣、赤幣、皂幣、青幣各二，黃幣一；第二、第三龕及内壇之内白幣六十五，青幣七十六，赤幣五十九，皂幣一百一十八段[①]，黃幣一，内壇之外青幣、赤幣、白幣、皂幣各六十，黃幣一百二十。

元正、配位皆以蒼，五帝、日月、天皇、北極幣皆如其色，其從祀第二等以下諸神幣四十八段，皆用青。

國朝正、配位用蒼，大明以紅，夜明、星辰、太歲皆用白。

洪武三年二月，詔立神幣局，設官二員，專掌製神幣。其織文曰“禮神制幣”，色各隨其方。

牲

周制，《郊特牲》：“用騂犢，其角繭栗，其牲體全烝。”其正祭之時則血腥燗熟，大羹不和。《大宗伯》又云：“以蒼璧禮天，牲放其器之色。”則當用蒼犢，與用騂不同。説者謂爲以理推之，天道渾全不比，五方各主一色。遠望則其色蒼，純陽則其色赤，故或用蒼，或用赤也。

秦用騧駒，又用黃犢與羔各四。

漢祠太乙，殺一犛牛。

---

① “段”字疑衍。

後漢郊祀天地，配帝、黃帝各用犢一，青帝、赤帝共用犢一，白帝、黑帝共用犢一，凡用六犢。日月、北斗共用牛一，四營群神共用牛四，凡用五牛。

後魏牲以黝犢。

隋、唐上帝、配帝各用蒼犢一，從祀五方帝各依方色犢一，大明青犢一，夜明白犢一，加羊、豕各九。

宋正、配位犢二，從祀羊十、豕十。

元正、配位各蒼犢一，從祀五方帝方色犢各一，大明青犢一，夜明白犢一，天皇蒼犢一，北極玄犢一。又以國俗，別加用純色馬一、鹿十有八、羊十有八、野豕十有八、兔十有二。

國朝上帝及配帝各用蒼犢一，從祀大明、夜明、星辰、太歲各純色犢一。

滌牲 神牲所附

《周禮·充人》："掌繫祭祀之牷牲。繫于牢，芻之三月。"《封人》："凡祭祀，飾其牛牲，設其楅衡，置其絼，共其水藁。"飾謂刷治潔清之也。楅衡所以持牛，令不得觝觸，楅設于角，衡設于鼻。絼，繩也，所以繫牛者。《公羊傳》曰："養牲必有二，帝牛不吉，以爲稷牛。"帝牛必在滌三月，稷牛惟具，滌牛宮也。謂之滌者，蕩滌牢中，使潔清也。三牢各主一月，其一月在外牢，一月在中牢，一月在明牢。必三月者，取一時氣成，以充其天性也。牢，閑也。繫而飼之，所以防其損傷也。歷代以來，並廩犧局滌潔。

唐令：凡大祀，養牲在滌九旬。不得箠扑傷損，死則瘞之，病則易之。凡牲方色難備，則代以純色。凡養牲，必有副。省牲而犢鳴，則免之而用副。

宋、元大祀，牲牢入滌別養，一依唐制。

國朝立神牲，所設官二人，牧養神牲。祀前三月，付廩犧令，滌治如法。其中祀滌三十日，小祀滌十日者，亦如之。

酒齊

《周禮·司烜氏》："掌以夫遂取明火于日，以鑒取明水于月，以共祭祀之明齍、明燭，共明水。"《酒人》："掌爲五齊三酒，祭祀則共奉之。"《酒正》，辨五齊：一曰泛齊，二曰醴齊，三曰盎齊，四曰緹齊，五曰沈齊。泛者，成而滓浮①，泛泛然。醴者，成而汁滓相將。盎者，成而翁翁然，葱白色。緹者，成而紅赤。沈者，成而滓沈。泛，芳劍反。齊，才細反。盎，烏浪反。緹音體。辨三酒：一曰事酒，二曰昔酒，三曰清酒。事酒，酌有事者之酒也。昔酒，今之舊白酒也。清酒，今中山冬釀，接夏而成者。大祭三貳，大祭謂天地，三貳謂就三酒之尊，而益副之。蓋五齊之酒不貳，其三酒人所飲者，故益之也。《鬯人》，掌共秬鬯，謂五齊之酒以秬黍爲之，以其芬芳調暢，故言秬鬯也。

梁武帝時，始除鬯裸。

唐以來，雖仍三酒五齊之名，而一以法酒實之，初無清濁厚薄之異。

宋元豐中，始改用三色法酒。《政和新儀》，以供內法酒代泛齊，以祠祭法酒代醴齊。

元酒齊皆以尚醞酒代，仍別用國俗設馬潼蒲萄酒。

國朝效周制，用新舊醅以備五齊三酒。

---

① "浮"，原缺，據《周禮·天官·酒正》註補。

若其實于尊之名數，唐則正位泰尊實泛齊，著尊實醴齊，犧尊實盎齊，壺尊實沈齊，山罍實三酒；配位著尊實泛齊，犧尊實醴齊，象尊實盎齊，山罍實清酒；從祀太尊者實醴齊，象尊者實緹齊，壺尊者實沈齊，概尊者實清酒，散尊者實昔酒。齊加明水，酒加玄酒，以爲上尊。

宋正、配位太尊實泛齊，山罍實醴齊，以爲酌尊；太尊實泛齊，山尊實醴齊，著尊實盎齊，犧尊實緹齊，象尊實沈齊，壺尊實三酒，並設而不酌；從祀太尊著尊者實以泛齊，犧尊象尊者實以醴齊，壺尊概尊散尊者，實以三酒齊，皆加明水，酒皆加玄酒，並實于上尊。

元正、配位泰尊實泛齊，著尊實醴齊，犧尊實盎齊；配位著尊實泛齊，犧尊實盎齊，象尊實醴齊，從祀並酌泰尊之泛齊，齊皆加明水，酒皆加玄酒，並實于上尊。

國朝正、配位泰尊實泛齊、醴齊，著尊實盎齊，犧尊實緹齊，山罍實昔酒，在壇上，太尊實沈齊，山罍實事酒、清酒，在壇下，從祀著尊實醴齊、盎齊，犧尊實事酒。

粢盛

周制：天子以孟春躬耕帝籍。《甸師》，帥其屬而終千畝，以時入之于神倉，以供齍盛。《小宗伯》："辨六齍之名物。"六齍謂黍、稷、稻、粱、麥、苽也。《廩人》出之，《舂人》舂之，《饎人》炊之。凡醴酪粢盛，于是乎取之，敬之至也。

《漢舊儀》：春耕籍田，種百穀萬斛，立籍田倉，置令、丞。穀皆以給天地群神之祀，以爲粢盛。

北齊籍于帝城東南千畝，內種赤粱、白穀、大豆、赤黍、小豆、黑稷、麻子、小麥、大麥,色別一頃。自餘一頃,地中通阡陌,作祠壇,納九穀于神倉,以擬粢盛。

唐設廩犧令,掌收籍田穀于神倉,以供粢盛。簠實以黍,簋實以稷。

宋于京東南撥田千畝,設籍田令,並就籍田東南建立神倉,收其入,以供粢盛。簠實以黍、稷,簋實以稻、粱。

元于國都東門之外籍田千畝,斂其黍、稷,以爲粢盛。簠實以黍、稷,簋實以稻、粱。

國朝 ▭▭▭

籩豆之實

《周官·籩人》:"掌四籩之實。"其實麷、蕡、白、黑、形鹽、膴、鮑、魚鱐、棗、栗、桃、乾橑、榛實、菱、芡、栗脯、糗餌、粉餈。熬麥曰麷,麻曰蕡,稻曰白,黍曰黑,築鹽以爲虎形。膴,膢生肉爲大臠。鮑者,于糒室中糗乾之,出于江淮。糒室者,謂糒土爲室也。鱐者,析乾之,出東海。乾橑,謂乾梅。榛,似栗而小。菱,芰也。芡,鷄頭也。糗餌、粉餈,此二物皆粉稻米、黍米所爲也。合蒸曰餌,餅之曰餈。

《醢人》:"掌四豆之實。"其實韭菹、醓醢、昌本、麋臡、菁菹、鹿臡、茆菹、麋臡、葵菹、蠃醢、脾析、蠯醢①、蜃、蚳醢、豚拍、魚醢、芹菹、兔醢、深蒲、醓醢、箈菹、雁醢、筍菹、魚醢、酏食、糝食。醢,肉汁也。昌本,昌蒲根,切之四寸爲菹。三臡,亦醢也。菁,蔓菁。茆,鳧葵。蠃、蚬蝓、蠯,大蛤。蚳,蛾。子脾,析牛百葉也。蜃②,蛤也。豚拍,豚膊謂脅也。芹,楚葵也。深蒲,謂蒲蒻入水深者,以爲韲也。箈菹,以箈箭萌爲菹也。筍菹,以竹萌爲菹也。

---

① "蠯",原缺,據《周禮·天官·醢人》註補。
② "蜃",原缺,據《周禮·天官·醢人》註補。

醢，酓也。糝，以米與肉合爲餌，煎之也。

唐正、配位用籩、豆各十二。其籩實以石鹽、乾魚、乾棗、栗黃、榛子仁、菱仁、芡仁、鹿脯、黑餅、白餅、糗餌、粉餈。其豆實以韭菹、醓醢、菁菹、鹿醢、芹菹、兔醢、筍菹、魚醢、脾析菹、豚拍、酏食、糝食。從祀用籩、豆各八者，籩減白餅、黑餅，豆減脾析菹、豚拍。用籩、豆各二者，籩實以栗黃、牛脯，豆實以葵菹、鹿醢。用籩豆各一者，籩實以牛脯，豆實以鹿醢。

宋郊正、配位用籩、豆各十二。籩實以形鹽、魚鱐、乾棗、乾桃、乾蓤、栗、榛實、菱、芡、鹿脯、糗餌、粉餈。豆實以芹菹、筍菹、葵菹、菁菹、韭菹、魚醢、兔醢、豚拍、醓醢、鹿臡、酏食、糝食。從祀用籩、豆各八者，籩減糗餌、粉餈、菱、栗，豆減酏食、糝食、豚拍、葵菹。用籩、豆各二者，籩實以栗、鹿脯，豆實以菁菹、鹿臡。用籩、豆各一者，籩實以鹿脯，豆實以鹿臡。

元，籩實用榛黃、乾梅、乾桃、菱、芡各二斗八升，棗、栗黃各三斗五升，豆實用兔醢、醓醢、鹿脯、豚拍、魚鱐、菁菹、芹菹、葵菹、筍菹、韭菹、形鹽、糗餌、粉餈、酏食、糝食。

國朝，正、配位用籩、豆各十二。其籩實以鹽、藁魚、棗、栗、榛、菱、芡、鹿脯、黑餅、白餅、糗餌、粉餈，豆實以韭菹、醓醢、菁菹、鹿醢、芹菹、兔醢、筍菹、魚醢、脾析菹、豚拍、酏食、糝食。從祀籩、豆各十者，籩減糗餌、粉餈，豆減酏食、糝食。

樂舞

《周禮·大司樂》："大合樂分樂，乃奏黃鐘，歌大呂，舞《雲門》，以祀天神。"凡樂，圓鐘爲宮，黃鐘爲角，太簇爲徵，姑洗爲羽。雷鼓雷鼗、孤竹之管、雲和之琴瑟、《雲門》之舞。冬日至，于地上圓丘奏之。若樂六變，則天神皆降，可得而禮矣。《周頌·昊天有成命》之詩，郊祀天地之樂歌也；《思文》之詩，后稷配天之樂歌也。

漢武時議古者，祀天地皆有樂，則神祇可得而禮，乃立樂府，以李延年爲協律都尉。論律呂，合八音之調，作《十九章》之歌，使童男女七十人歌之。《練時日》一，《帝臨》二，《青陽》三，《朱明》四，《西顥》五，《玄冥》六，《惟泰元》七，《天地》八，《日出入》九，《天馬》十，《天門》十一，《景星》十二，《齋房》十三，《后皇》十四，《華爗爗》十五，《五神》十六，《朝隴首》十七，《象載瑜》十八，《赤蛟》十九。

光武郊祀，樂奏《青陽》《朱明》《西顥》《玄冥》，及《雲翹》《育命》舞。

晉樂章有夕牲、迎送神、享神等歌。

梁武定郊樂，有《俊雅》《滌雅》《牷雅》《誠雅》《獻雅》《禋雅》之曲。普通中，薦蔬，無牲牢，遂省《滌雅》云。

北齊、後周俱奏《肆夏》《皇夏》等樂。

唐祀昊天上帝，降神奏《元和》之樂，以圓鐘爲宮，黃鐘爲角，太簇爲徵，姑洗爲羽，作文舞之舞，樂舞六成止；迎神奏《泰和》之樂；皇帝每行，皆作《泰和》之樂。奠玉幣，登歌奏《肅和》之樂，以大呂之均；迎俎奏《雍和》之樂，以黃鐘之均；酌獻奏《壽和》之樂；皇帝酌獻、飲福，皆作《壽和》之樂。徹豆奏《舒和》之樂，武舞作，送神奏《元和》之樂。

宋郊祀，降神作《乾安》之樂；皇帝升降、行止，皆奏《乾安》之樂。迎神作《景安》之樂，《文德》之舞，樂六成止；奠玉幣，登歌作《泰安》之樂；迎俎作《豐安》之樂；酌獻上帝，登歌作《禧安》之樂，酌獻二配帝作《彰安》之樂，亞獻、終獻作《正安》之樂，《武功》之舞；飲福，登歌作《禧安》之樂；送神作《景安》之樂。

元，降神奏《天成》之曲，六成，内圜鐘宮三成，黃鐘角、太簇徵、姑洗羽各一成，舞《崇德》之舞；詣罍、洗位奏黃鐘宮《隆成》之曲；奠玉幣奏黃鐘宮《欽成》之曲；迎俎奏黃鐘宮《寧成》之曲；初獻奏黃鐘宮《明成》之曲，文舞《崇德》之舞；獻訖，文舞退，武舞進，奏黃鐘宮《和成》之曲；亞獻、終獻皆奏黃鐘宮《熙成》之曲，武舞《定功》之舞；徹豆，登歌作大呂宮《寧成》之曲；送神，宮懸樂奏圜鐘宮《天成》之曲，一成止；望燎奏黃鐘宮《隆成》之曲。

國朝，迎神奏《中和》之曲；奠玉幣奏《肅和》之曲；進俎奏《凝和》之曲；初獻奏《壽和》之曲，《武功》之舞；亞獻奏《豫和》之曲，《文德》之舞；終獻奏《熙和》之曲，《文德》之舞；徹豆奏《雍和》之曲；送神奏《安和》之曲；望燎奏《時和》之曲；其盥洗、升降、飲福、受胙，俱不奏樂。

祭服

周制：“王祀昊天上帝，則服大裘而冕。”《禮記》又曰：“郊之日，王被衮，戴冕，璪十有二旒。”《家語》則曰：“臨燔柴，脫衮冕，著大裘，以象天。”《典瑞》曰：“王搢大圭，執鎮圭，繅籍五，采五就，以朝日。”説者以爲祭天亦執之，此天子祭天之服也。《司服》：“公之服，自衮冕而下，如王之服；侯伯之服，自鷩冕而下，如公之服；子男之服，自毳冕而下，如侯伯之服；孤之服，自希冕而下，如子男之服；卿大夫之服，自玄冕而下，如孤之服。”此群臣助祭之服也。

秦滅禮學，天子郊、社服皆以袀玄，袀，繒也。冕旒前後邃延。

漢承秦弊,西京二百餘年未能有所制立。武帝祠太一,其衣尚黃。

後漢明帝永平中,始冕服以承大祭。

梁以黑繒象大裘之制。

隋用大裘冕,皆無旒。

唐天子出宮,服袞冕,入齋宮。祀日未明一刻,服袞冕,至大次。質明,改服大裘而冕以祭。其冕無旒。蓋袞冕,盛服而文之備者。又有十有二旒,以則天數,故于郊之前期被之,以至大次。既臨燔柴,則脱袞服。裘者,以明大道至質,故被裘以體之示極恭之道。蓋用《家語》之説也。王涇《郊祀錄》曰:"皇帝躬祀,至内壇東門之外。先受大圭,搢之。又受鎮圭,執之。"

宋元豐中,陸佃議曰:"冕服有六,而弁師掌王之五冕。則大裘與袞同冕矣。先儒或謂,周祀天地,皆服大裘,而大裘之冕無旒,非也。蓋古者,裘不徒服其上,必皆有衣。如郊祀,徒服大裘,則是表裘以見天地。表裘不入公門,而欲以見天地,可乎?且先王之服,冬裘、夏葛,以適寒暑。郊祀天地,有裘無袞,則夏至祭地,亦將被裘乎?然則冬祀昊天,中裘而表袞,明矣。至于夏祀地祇,則去裘服袞,以順時序,《周官》曰:'凡四時之祭祀,以宜服之。'明夏不必衣裘也。"于是從其議。冬至祀天,服裘被袞;夏至祭地,服袞去裘焉。其大圭、鎮圭,則每奉祀之時,既接神、再拜,乃奠鎮圭于繅藉以爲贄,而執大圭以爲笏。

元,祀天,冕無旒,服大裘而加袞,搢大圭,執鎮圭。

國朝,惟服袞冕。

其皇太子侍祠服,唐服袞冕而執笏。

宋、元及國朝,皆服袞冕而執圭。親王謁廟禮服亦如之。

其群臣陪祭服：

秦服袀玄。

前漢祠太一，祝、宰衣紫及繡；祀五帝，各如方色；祀日，則赤；祀月，則白。後漢時，三公九卿侍祠，皆冠旒冕；執事者，冠長冠，皆袀服；不執事者，各服常冠、袀玄以從。

隋五等諸侯，皆平冕、九旒；卿大夫，平冕、五旒。

唐制，袞冕、九旒，服九章，第一品服之，鷩冕、八旒，服七章，第二品服之；毳冕、七旒，服五章，第三品服之；繡冕、六旒，服三章，第四品服之；玄冕、五旒，衣無章，第五品服之；爵弁、無旒，衣無章，六品以下服之。其笏，五品以上用象，九品以上用竹、木。

宋，諸臣奉祀，親王、中書門下冕九旒，服九章；三公則冕無額花；九卿冕七旒，服五章；四品以下爲獻官，冕五旒，衣裳無章；博士、御史亦冕五旒，而紫檀服；太常、奉禮平冕，無旒。其侍祠服，一品、二品五梁冠，中書門下加籠巾、貂蟬；諸司三品、御史臺四品、兩省五品三梁冠；御史大夫、中丞冠加獬豸角；四品、五品三梁冠；六品以下皆冠，如其品，御史加獬豸角，並緋羅袍，其中單、劍佩、綬環有差。自冕服以下，皆執笏。

元，諸臣奉祀，三獻官、司徒、大禮使七梁冠，加籠巾、貂蟬；助奠以下諸執事官冠制如貂蟬，無籠巾，而有六梁、四梁、三梁、二梁之異，以爲之等；御史冠二梁，加獬豸，俱青羅服裳、綬、綬環並同。笏以木。

國朝，奉祀侍祠官，正從一品七梁冠，國公、丞相籠巾、貂蟬，二品六梁冠，三品五梁，四品四梁，五品三梁，六品七品，二梁八品，九品一梁，臺官加獬豸，梁數各如其品。通服青羅衣，其綬環、革帶則有差。笏以象及木。

褥位

《周禮·司几筵》:"祀先王設昨席。"昨與酢同。謂祭祀及王受酢之席也。後世郊祀,天子由小次升壇,設黃道,褥以籍地,象天黃道。壇上立位及飲福位又設赤黃拜褥。將行事,則命徹之。

唐武德、貞觀之制,並用紫。至德以來,用黃。

《開元》及宋《開寶禮》並不用黃道褥。《天聖儀注》復添褥,如故事。康定改用緋。元豐復去之。

元黃道褥以黃,拜褥以緋。

國朝拜褥用緋,不用黃道褥。

版位

古者,朝著之間,君臣各有其位。故唐以來,郊廟行事,自天子以至于陪祀之官,皆設版位。

唐制版位,皆用黑質,赤文。天子方尺二寸,厚三寸。皇太子方九寸,厚二寸。公卿以下,方七寸,厚一寸半。前祀,奉禮郎先設之。

宋同唐制。

元,天子版位,青質,金字,長一尺八寸,闊一尺三寸,厚一寸八分。亞獻板位,紅質,銀字。終獻以下百官板位,黑質,紅字,並長一尺五寸,闊一尺,厚一寸二分。

國朝,皇帝位方一尺二寸,厚三寸,紅質,金字。皇太子位,方九寸,厚二寸,紅質,青字。陪祀官位,並黑字,白質。

車旂

《禮器》曰："大路，素而越席。"大路，殷祭天之車也。越席，蒲席也。祭天，質素，故素車、蒲席。《郊特牲》曰："乘素車，旂十有二旒，龍章，而設日月。"素車，殷輅也。所建之旂，十有二旒，畫龍爲章而設日月，象天數十二，正幅爲縿，旒則屬焉。《周官·巾車》曰："玉路，錫樊纓，十有再就，建太常十有二旒以祀。"玉輅，以玉飾諸末也。錫，馬面當盧，刻金爲之，所謂鏤錫。樊讀如鞶，革之鞶馬大帶也。纓，馬鞅也。玉路之樊及纓，皆以五采罽飾之。十二就，就，成也。太常，九旂之畫日月者。又《大馭》[①]，掌馭玉路以祀及犯軷。蓋祭天之時，有犯軷之事。行山曰軷，犯之者封土爲山象，以菩芻、棘、柏爲神主。既祭之，以車轢之而去，喻無險難也。

漢祀天，法駕備千乘、萬騎之儀，名曰甘泉鹵簿。歷世因而莫改。詳見《鹵簿篇》。

陪祀執事員數

《周官·太宰》："掌百官誓戒與具修，視滌濯，及納烹，贊王牲事。祀之日，贊玉、幣、爵之事。"《大宗伯》："蒞玉，奉玉，奉粢，省牲鑊，詔大號，治其大禮，詔相王之大禮。"《小宗伯》："逆粢，告時，告備于王。"《大司徒》："奉牛牲。"《甸人》："掌共蕭茅，而實之。"《冪人》："以疏布巾冪八尊。"《大司樂》："宿縣。"《鼓人》："以雷鼓鼓神祀。"《雞人》："夜嘑旦以嘂百官。"《巾車》："鳴鈴以應雞

---

① "又"，原作"乂"，據嘉靖本改。

人。"《典路》："出路，贊駕說。"《大馭》："掌馭玉輅及犯軷。"《太史》："與執事卜日戒，及宿之日，與群執事讀禮書而協事。"《大祝》："辨六號，逆牲。既祭，令徹。"

漢祠官職掌，不見于史。

唐以尚舍直長掌大、小次，尚舍奉御掌御幄，奉禮設御座，衛尉掌文武侍臣次，謁者贊引，贊者丞傳，齊郎以尊坫篚冪設于位，良醞令實尊罍，太祝實玉幣于篚，侍中板奏中嚴、外辦及進饌①，光祿卿監取明水、火，及終獻，大司樂設宿懸，協律郎舉麾，郊社令積柴于壇，廩犧令牽牲，太官令割牲及進饌，司空省牲，行掃除壇上，行樂懸壇下，乘黃令進輅，千牛將軍爲右，太僕卿執御，黃門侍郎、中書令夾侍左右，符寶郎掌六寶，尚衣奉御奉鎮圭，殿中監進鎮圭，太常卿、太常博士奉引，司徒進俎，太尉亞獻。

宋以儀鸞司設大次、小次、文武侍臣次及饌幔，郊社令掃除壇上下，積柴燔壇，太常設登歌樂，設宮架，立舞表，又設神席，郊社令與太史設神位版，奉禮郎、禮直官設皇帝位板，太府卿陳幣，少府監陳玉，光祿卿實籩、豆、簠、簋，太官令實俎，良醞令實尊罍及從祀神位之饌，太常設燭，乘黃令進輅，太僕卿執御，侍中、參知政事夾侍以出，千牛將軍夾輅以趨，禮部尚書、侍郎、右僕射視滌濯，光祿卿牽牲，太官令割牲，禮儀使前導，殿中監進大圭、鎮圭，協律郎舉麾，郊社令升煙，燔牲首，瘞血，吏部尚書、侍郎、左僕射進玉、幣，户部侍郎奉俎，舉鼎，太常博士、太常卿奉引，禮部尚書徹豆。

元親祀，設亞獻官一、終獻官一、攝司徒一、助奠官二、大禮

---

① "辦"，原作"辨"，據嘉靖本改。

使一、侍中二、門下侍郎二、禮儀使二、殿中監二、尚輦官二、太僕卿二、控馬官六、近侍官八、導駕官二十四、典寶官四、侍儀官五、太常卿丞二、光禄卿丞二、刑部尚書二、禮部尚書二、奉玉幣官一、定撰祝文官一、書讀祝册官二、舉祝册官二、太史令一、御奉爵官一、奉匜盤官二、御爵洗官二、執巾官二、割牲官二、溫酒官一、太官令一、太官丞一、良醞令丞二、糾儀御史四、太常博士二、郊祀令丞二、太樂令丞二、司尊罍二、亞、終獻盥洗官、爵洗官、巾篚官、奉爵官各二、祝史四、太祝十有五、奉禮郎四、協律郎二。

國朝設皇帝大次、皇太子幕次官二人，掃除壇上下官一人，御史監掃除二人，灑掃齋舍神厨官二人，設饌幔官二人。設昊天上帝、仁祖淳皇帝龍椅、龍案從祀神案官一人，設御位、皇太子位官二人，設燔柴官二人，設分獻及文武官諸執事官版位官二人，設儀仗官二人，設庭燎墳燭官二人，設牲榜省牲位及割牲官二人，牽牲十五人，掌鼎鑊、視滌濯官二人，協律郎一人，舞士一人，樂生一人，舞生一人，撰祝書祝官各一人，讀祝兼捧祝官一人，導駕奏禮官六人，導引皇太子官四人，分獻官執事八人，引陪祭官執事四人，糾儀御史四人，奉爵官六人，捧幣官六人，司香官六人，掌祭官十二人，舉飲福案官二人，進福酒官一人，進俎官二人，授胙執事官一人，司御洗捧匜一人，進巾一人，司分獻罍洗各酌水二人，進巾二人，司御盥洗酌水一人，進巾一人，司分獻盥洗位酌水一人，進巾一人，司御酒尊所官一人，司分獻酒尊所各二人，進正配位饌官六人，舉案齋郎十二人，舉從祀饌案四十八人。

陳設

周制：祭前，掌次先于丘東門外道北，設大次、小次，積柴于丘壇之上，次大司樂宿縣。

東漢光武初郊，設天地位重壇之上，皆南向，西上。其外壇上爲五帝位，青帝位甲寅之地，赤帝位丙巳之地，黃帝位丁未之地，白帝位庚申之地，黑帝位壬亥之地。日月在中營內南道，日東，月西。北斗在北道之西，中八陛，陛五十八醊，合四百六十四醊。五帝陛郭，帝七十二醊，合三百六十醊。中營四門，門五十四神，合二百一十六神；外營四門，門八神，合四百三十二神，皆背營內向。中營四門，門封神四；外營四門，門封神四，合三十二神，凡千五百一十四神。

唐前祀三日，尚舍直長施大次于外壝東門之內道北，南向；尚舍奉御設御座，衛尉設文武侍臣次于大次之前，文官在左，武官在右，俱相向；設諸祀官次于東壝之外道南，從祀文武官、介公、鄫公、朝集使、蕃客位于中壝西門之內，東西相向；設饌幔于內壝東西北門之外。

前祀二日，太樂令設宮懸之樂于壇南內壝之外，設歌鐘、歌磬于壇上，匏竹立于壇下。右校掃除壇之內外。郊社令積柴于燎壇。

前祀一日，奉禮設御位于壇之北，南向；設祀官、公卿位于內壝東門之外，獻官、執事以下位如設次之式；設牲榜于東壝之外當門，西向；又設廩犧令位于牲西南，史陪其後，俱北向；設諸太祝位于牲東，各當牲後，祝史陪其後，俱西向；設太常卿省牲位于牲前近北，又設御史位于太常卿之西，俱南向。

設酒尊之位：上帝、配帝酌尊在壇上，設尊在壇下。日月尊在第一等，內官尊在第二等，中官尊在第三等，外官尊在壇下，衆星尊在內壝之外。凡尊，各設于神座之左而右向。設御洗于午陛東南，亞、終獻同洗于卯陛之南，俱北向。設分獻罍洗，設玉幣篚于壇上下尊坫之所。

祀前一日，太史令、郊社令各常服，帥其屬升，設上帝神座于壇上北方，南向；設配帝神座于東方，西向；設從祀五帝、日月神座于壇第一等，設五星、十二辰、河漢內官五十五座于第二等，設二十八宿及中官百五十九座于第三等，設外官百五座于內壝之外，設眾星三百六十座于內壝之外，各依方次。告潔畢，權徹正、配及從祀第一等神位版。

祀之日丑時五刻，郊社令、太史升壇，重設。

宋前祀三日，儀鸞司設小次、大次及文武侍臣次，又設饌幔。

前祀二日，郊社令率其屬掃除，積柴。光禄牽牲詣祠所。太常設登歌、宮架，植舞表。

前祀一日，太常設神位席，太史設神位版，奉禮郎、禮直官設皇帝位版及飲福位、望燎位、望瘞位版，設權火二。贊者設亞、終獻位及大禮使、左僕射、行事吏、戶、禮刑部尚書、吏部侍郎、光禄卿、丞、讀冊、舉冊官、奉禮郎、太祝、郊社、太官令、監察御史、太常丞、協律郎位，又設陪祠文武官、諸蕃客使位。光禄陳牲于東壝門外，西向。太常設省牲位于牲西。光禄陳禮饌于東壝門外道北，南向。太常設省饌位版于禮饌之南。禮部率其屬設祝冊案于神位之右。司尊彝率其屬設玉幣篚于酌尊所。次設籩、豆、簠、簋、盤、俎于饌幔內。設進盤匜于壇下。設進盤匜、帨巾內侍位于皇帝版位之後。又設亞、終獻盥洗、爵洗于其位之南，分獻官盥洗各于其方。

祀之日丑前五刻，郊社令與太史官屬各服其服，升壇，復設上帝、配帝神位版于壇上。設天皇大帝、五方帝、大明、夜明、北極位于第一龕。太府卿率其屬陳幣篚,少府監陳玉,各置于神位前。光禄卿率其屬實正、配位籩、豆,太官令率其屬實俎,良醞令率其屬實尊罍,又實從祀神位之饌,又實從祀神位之尊。太常設燭于神位前,又設大禮使以下執事官揖位于卯階之東内壝外,如省牲位。

元前祀三日,太樂令設登歌樂于壇上,設宫懸、二舞于壇下。郊祀令掃除壇之上下。

祀前一日,郊祀令、太史令、奉禮郎升,設昊天上帝及配帝位于壇上,設五方帝、大明、夜明、天皇大帝、北極神座于壇第一等,内官五十四座于第二等,中官一百五十九座于第三等,外官一百六座于内壝之内,衆星三百六十座于内壝之外。奉禮郎、司尊及執事者設正、配位籩、豆、登、鉶、簠、簋之屬,又設正、配位尊、罍于壇上,有坫,加勺、冪,又設正、配位尊、罍于壇下,設而不酌。又設第一、第二、第三等諸神及内壝内、内壝外諸神籩、豆、簠、簋、登、俎、尊、爵之屬,悉如舊制。又設正、配位籩、豆、簠、簋、俎及毛血豆,並第一等神位俎二于饌幕内。又設盥洗爵洗于壇下①,罍在洗東,加勺、篚,在洗西,實以巾爵,加坫。又設第一等、第二等分獻官盥洗、爵洗位。

祀之日丑前五刻,禮部尚書設祝版于神座之右,太常禮儀使設燈燎,郊祀令、奉禮郎升壇,重設正、配位及第一等神座,又設玉、幣各于其位,太祝取燔玉加于幣,以禮神之玉各置于神座前。光禄卿率其屬入,實籩、豆、簠、簋、尊、罍、醴齊。

國朝,祭前二日,有司掃除壇上下,積柴于柴壇,灑掃齋舍、

---

① "洗",原缺,據《元史》卷七三《祭祀志二·郊祀下》補。

饌室、神厨,設皇帝大次于外壝之東,設皇太子次于大次之右。

祭前一日,設省牲位于內壝東門外,設樂懸于壇下之南,設正位于壇第一層之北正中,配位于壇上之東,設大明、夜明、星辰、太歲位于壇第二層,大明、星辰位在東,夜明、太歲位在西。設正、配位酌尊闕于壇上,設尊闕于壇下,玉、幣篚位次之。又設大明、星辰酒尊闕于神座之左,幣篚位次之。設夜明、太歲酒尊闕于神座之右,幣篚位次之。設正、配位籩十二于神位之左,豆十二于神位之右,簠、簋各二、登一在籩、豆之間,俎一在簠、簋之前,香燭案在俎之前,爵在香案之前。設大明夜明、星辰、太歲籩十在左,豆十在右,簠、簋各二、登一在籩、豆之間,俎一在簠、簋之前,香燭案在俎之前,爵在香燭案之前。又設御盥洗位于壇之東,分獻官盥洗位于樂懸之東西。設御褥位于壇前之南,設皇太子褥位于御座之右,設分獻官于御位之南,文武陪祭官于分獻官之南,讀祝官于神之右。司尊、司洗、捧幣、捧爵各于其所。設望燎位于壇東南。

受誓戒

《周官》:"太宰之職,祀五帝則掌百官之誓戒。前期十日,帥執事而卜日,遂戒。祀大神祇亦如之。"《大司寇》:"禋祀五帝,則戒之日蒞誓百官,戒于百族。"蓋太宰治官,佐王事神祇祖考,獨掌誓戒者,欲人之聽于一也。《司寇·刑官》:"戒之日,蒞誓者失禮,乃入刑故也。"又《郊特牲》曰:"卜之日,王立于澤,親聽誓命,受教諫之義也。"澤,擇賢之宮也,以射擇士之可預祭者,因誓敕之以禮。

唐以太尉掌誓戒,其詞曰:"某月某日,祀昊天上帝于圜丘。

各揚其職,不共其事,國有常刑。"

宋初因之。元豐中,議太尉三公坐而論道,非掌誓之任。始命左僕射讀誓于尚書省,刑部尚書莅之;右僕射讀誓于太廟齋房,刑部侍郎莅之。

元初,止令禮直局管勾讀誓文,無莅之者。後議令管勾代太尉讀誓,刑部尚書莅之。

國朝重其禮。致齋之日,百官朝服,親受戒詞于御前。

致齋

周制:"既卜郊,散齋七日,致齋三日。"夫齋者,齋戒以神明其德,將以對越上帝也。

唐前祀七日,皇帝散齋四日于別殿,致齋三日,其二日于太極殿,一日于行宮。致齋前一日,設御幄于太極殿西序及室内,俱東向。致齋之日質明,諸衛列仗,入陳殿庭,如常儀。文武五品以上,陪位如式。皇帝服袞冕、結珮,出自西房,即御座,東向坐。一刻頃,侍中前跪,奏稱:"侍中臣某言:請降就齋室①。"皇帝降座,入室。文武侍臣各還本司。凡應祀之官,散齋四日于家之正寢,致齋三日,二日于本司,一日于祀所。諸祀官,致齋之日給酒食及明衣布,各習禮于齋所。

宋,皇帝散齋七日于別殿,致齋三日,其一日于大慶殿,一日于太廟,一日于青城齋宮。致齋之日質明,服通天冠、絳紗袍、䌽結珮,出西閤,即大慶殿御座,南向。侍中奏請降座,就齋室。陪祀文武官散齋、致齋並如唐制。

---

① "室",原缺,據《通典》卷一〇九《禮六十九·皇帝冬至祀圜丘·齋戒》補。

元,皇帝散齋四日于別殿,致齋三日于大明殿。諸陪祀齋官及有司攝事散齋、致齋並同上儀。

國朝,皇帝親祠散齋四日,致齋三日于齋宮。其陪祀官各宿于公廨,給饌及明衣布,各習禮于齋所。

告天下神祇

唐故事云:凡有事于上帝,則百神皆預遣使祭告。其冊祝曰:"某月某日,有事于圜丘,不敢不告。"

國朝因之。爲壇于圜丘之東。至郊祀散齋之第五日,皇帝備法駕出宮,百官具服前導,躬至壇所,設天下神祇位于壇中,西向,以酒脯祭告曰:"皇帝致祭于天下神示。兹以某年某月某日冬至,將有事于圜丘。咨爾百神,相予祀事。"祝畢,鑾駕復還齋所,如來儀。至郊祀日,以籩、豆各四,簠、簋、登、爵各一,羊六,豕六,俟分獻從祀將畢,就壇以祭。

省牲器

《周禮·太宗伯》:"凡祀大神,宿省牲鑊。"《小宗伯》:"大祭祀,省牲祭之日,省鑊儀。"《禮·特牲饋食禮》:"宗人視牲,告充。舉獸尾,告備。"《少牢饋食禮》:"司馬刲羊,司士擊豕,宗人告備。"蓋古者,展牲以告博碩肥腯者,謂民力之普存,則能事鬼神也。又《大司樂》:"既宿懸,遂以聲展之。"

東漢,先郊之夕,公卿、京兆尹、眾官至壇東省牲。

唐,前祭一日晡後二刻,郊社令、丞帥府史、齋郎以尊坫篚羃等入設于位。三刻,太祝與廩犧令以牲就東門榜位,謁者引太常卿、御史行樂懸,又自東陛升,視滌濯。執尊者皆舉羃,告潔。

降，就視牲位，南向立。廩犧令少前曰："請省牲。"退，復位。太常卿前，進視牲。廩犧令前，北面，舉手曰："腯。"諸太祝各巡牲一匝，西面，舉手曰："充。"俱還本位。諸祝與廩犧令以次牽牲詣厨，授太官令。光禄卿詣厨，省鼎鑊，申視滌溉訖。祀官等皆詣厨，省饌具。各還齋所。

宋，省牲之日未後二刻，司尊彝帥府史及齋郎以祭器入設于位，加巾蓋。三刻，禮直官、贊者分引大禮使以下詣東壝門外省牲位，立定。光禄卿、丞與執事者牽牲就位。贊者引太常卿入行樂架。次引禮部尚書升自卯階，視滌濯。執事者皆舉羃曰："潔。"俱復位。禮直官稍前曰："告潔畢，請省牲。"次引禮部尚書、侍郎省牲訖。次引光禄卿出，巡牲一匝，西向躬曰："充。"曰："備。"次引光禄卿出，巡牲一匝，西向躬曰："腯。"俱復位。禮直官曰："省牲畢，請就省饌位。"所司省饌具畢，還齋所。光禄卿、丞及執事者以次牽牲詣厨，授太官令。次引禮部尚書詣厨，省鼎鑊，視滌溉，還齋所。晡後一刻，太官令率宰人以鸞刀割牲，祝史各取毛血，實于盤，俱置饌所，遂烹牲。

元，祀前一日未後二刻，司尊罍、奉禮郎率祠祭局以祭器入設于位。三刻，廩犧令與諸太祝、祝史以牲就位。禮直官分引太常卿、光禄卿、丞、監祭、監禮官、太官令、丞等詣省牲位，立定。禮直官引太常卿、丞、監祭、監禮入自卯陛，升壇，視滌濯。司尊罍跪，舉羃曰："潔。"禮直官曰："請省牲。"太常卿省牲畢。次引廩犧令巡牲一匝，西向折身曰："充。"復位。諸太祝俱巡牲一匝，復位。一員出班，西向折身曰："腯。"復位。禮直官引太常卿、光禄卿、丞、太官令、丞、監祭、監禮詣饌位，省饌畢，還齋所。廩犧令與諸太祝、祝史以次牽牲詣厨，授太官令。次引光禄卿等詣厨,省鼎鑊,視滌濯畢,還齋所。晡後一刻,太官令率宰人以鸞刀割牲,祝史各取毛血,實于豆,祝史仍取牲首,貯于盤,用馬首。俱置于饌殿,遂烹牲。刑部尚書蒞之。

國朝重其禮。前期一日,皇帝親詣壇省牲訖,執事者牽牲詣厨,太常卿奏請詣厨,視鼎鑊,視濯溉畢,遂烹牲。

飲福

《儀禮》:"祭將畢,二佐食各取黍于一敦上,佐食搏之以授尸,尸執以命祝,祝受以嘏于主人。"

自漢以來,人君一獻纔畢而受嘏。

《唐開元禮》:亞獻未升壇,而皇帝飲福。

宋元豐中,改從三獻禮畢,皇帝飲福、受胙。

元親祠儀注,亦用一獻畢,飲福。

國朝郊祀三獻,皆皇帝親行,禮既畢,然後飲福,嘏之辭曰:"惟此酒肴,神之所與。賜以福慶,億兆同沾。"

齋宮

《周官‧掌次》:"王大旅上帝,則張氈案,設皇邸。"謂于次中,張氈床,床後設板,屏風其上,染鳥羽象鳳凰以覆之,而爲飾也。"朝日、祀五帝,則張大次、小次。"說者以爲祀昊天上帝,則亦張大次、小次也。大次在壇壝外,初往所止居也;小次在壇側,初獻後退俟之處也。

漢武祠甘泉于竹宮,望拜。竹宮,以竹爲宮,去壇三里。

宋立息帳,齊立瓦屋。

唐爲郊宮。其致齋三日,則二日于太極殿,一日于郊宮。

宋營青城幄殿，即周之大次也。又于東壝門外設更衣殿，即周之小次也。其制皆用帛絞縛。大內門曰太禋，東偏門曰承和，西偏門曰迎禧，正東門曰祥曦，正西門曰景曜，後門曰拱極，內門裏東側門曰寅明，西側門曰肅成，大殿門曰端誠，大殿曰端誠殿，前東西門曰左右嘉德，便殿曰熙成，後園門曰寶華。元豐中，議禮局言："每歲，青城費縑布三十餘萬。乞如青城，創制齋宮，使一勞永逸。"時未及行。哲宗始建齋宮。南渡後，庶事草創，復絞縛以備制。

元親祀之典不常見，故未有其制。

國朝洪武二年十二月，詔太常、禮部議，築齋宮于圜丘側。

告祭

虞舜受終文祖，類于上帝，巡狩四嶽，燔柴祭天。湯黜夏命，告于上天神后。武王勝殷，柴望大告。《武成》："周公卜洛，用牲于郊。"《周禮》："天子出征，類于上帝。"

漢光武、唐高祖、宋太祖即位，皆告天地。

元世祖平宋，遣官告南郊。又凡歷代天子嗣位、改名、上尊號、改元、立皇后、太子、皇子生、親征、納降、獻俘、籍田、朝陵、肆赦、河平，及國有大故，皆奏告天地。

國朝洪武元年正月四日，皇帝即位鍾山之陽，祭告天地云。

告廟

周制："卜郊，受命于祖廟，作龜于禰宮。"蓋郊事至重，又尊祖以配天，故先告祖而受命焉。乃卜日于禰宮。自此以後，散齋七日，致齋三日。齋戒以神明其德，將以對越上帝。此古禮然也。

唐自天寶以後，郊祀必先享太廟，次日享天。

宋元豐中，太常言："郊天告祭宗廟，不必徧享，乞止告太祖一室，以侑神作主之意。"

國朝于致齋之第一日，皇帝備法駕出宮，百官具服前導，躬詣太廟奏告于仁祖淳皇帝室，行一獻之禮。告畢，還齋所，如來儀。

大明集禮卷二

吉禮二

祀天

圜丘圖

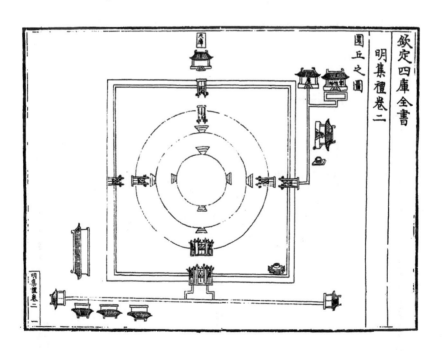

圜丘陳設圖

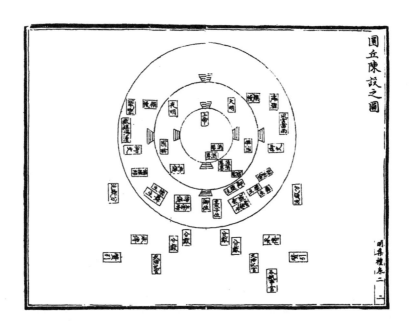

上帝陳設圖配帝位同

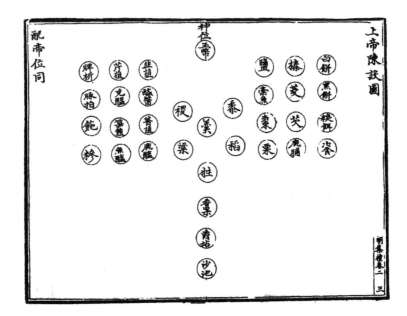

大明陳設圖<small>夜明星辰太歲位同</small>

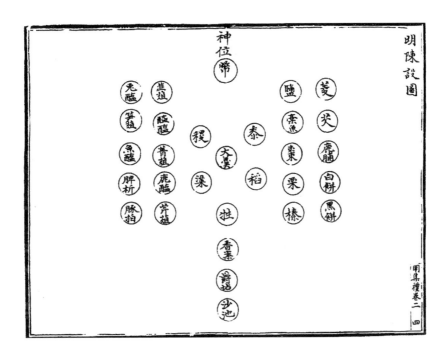

樂舞名物

樂

協律郎一人,幞頭,紅羅袍,荔枝帶,皂靴,手執麾旛。

樂生六十二人,服緋袍,展脚幞頭,革帶,皂靴。

樂器

編鐘十六	編磬十六
琴十	瑟四
搏拊四	敔一
柷一	塤四
篪四	簫四

横笛四　　　笙八

應鼓一

舞

舞士一人，幞頭，紅羅袍，荔枝帶，皂靴，手執節。

舞生一百二十八人。

文舞六十四人。

引舞二人，各執羽籥，服紅袍，展脚幞頭，革帶，皂靴。

舞生六十二人，服紅袍，展脚幞頭，革帶，皂靴，手執羽籥。

武舞六十四人。

引舞二人，各執干戚，服緋袍，展脚幞頭，革帶，皂靴。

舞生六十二人，服緋袍，展脚幞頭，革帶，皂靴，手執干戚。

　　樂圖

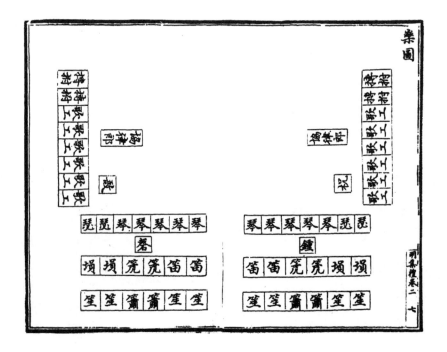

舞圖

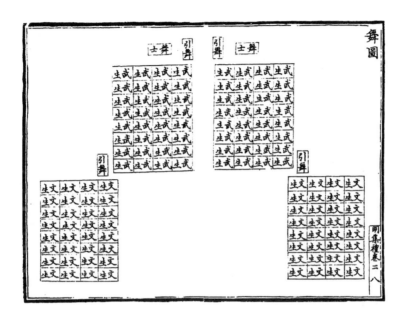

圜丘樂章

迎神

昊天蒼兮穹隆，廣覆燾兮庬洪。建圜丘兮于國之陽，合衆神兮來臨之同。

黃太夾太南林，黃南夾林太黃。黃太夾黃黃林南林，黃林南林林夾太黃。

念螻蟻兮微衷，莫自期兮感通。

黃太南黃夾太，黃南林太南黃。

思神來兮金玉其容，馭龍鸞兮乘雲駕風。

黃太夾黃黃林南林，夾林南林夾太黃南。

顧南郊兮昭格，望至尊兮崇崇。

夾林南林夾太,夾林南林太黃。

奠玉帛

聖靈皇皇,敬瞻威光。玉帛以登,承筐是將。穆穆崇嚴,神妙難量。謹茲禮祭,功徵是皇①。

黃林南林,太林夾黃。太林黃太,黃南太林。太林南林,林夾太黃。林南太林,夾太南黃。

奉牲

祀儀祇陳,物不于大。敢用純犢,告于覆載。惟茲菲薦,恐未周完。神其容之,以享其觀②。

林太南林,太林夾黃。太林南林,黃太南林。太南黃太,黃林南林。太黃夾太,南黃夾林。

初獻

眇眇微躬,何敢請于九重,以煩帝聰。帝心矜憐,有感而通。既俯臨于几筵,神繽紛而景從。臣雖愚蒙,鼓舞懽容,乃子孫之親祖宗。酌清酒兮在鍾,仰至德兮玄功。

林南夾太,太南仲林南太,林南夾林。南太夾太,夾林南林。南太夾太林南,夾太南林夾林。南林夾太,南太夾太。林南太南林太林。南林太夾林南,無太夾太南林。

亞獻

荷天之寵,眷駐紫壇。中情彌喜,臣庶均懽。趨蹌奉承,我心則寬。再獻御前,式燕且安。

---

① “徵”,原作“微”,據《明史》卷六二《樂志二·樂章一》改;“皇”,原作“惶”,據《明史》卷六二《樂志二·樂章一》改。

② “觀”,原作“歡”,據嘉靖本改。

仲黃夷仲，仲太夷黃。太黃夷仲，林太林仲。仲太夷黃，太
仲太黃。太黃仲林，黃林太仲

終獻

小子于茲，惟父天之恩，惟恃天之慈，内外懇懃。何以將之？
奠有芳齊，設有明粢。喜極而抃，奉神燕娛。禮雖止于三獻，情
悠長兮遠而。

太林仲夷，仲林夷仲仲，夷黃太黃夷，黃太黃夷。仲林仲夷，
黃太夷夷。仲太黃太，仲太夷仲。林太仲夷，黃仲林仲太仲，仲
太黃林太仲。

徹豆

烹飪已陳[①]，薦獻斯就。神之在位，既歆既右。群臣駿奔，徹
茲俎豆。物倘未充，尚幸神宥。

太姑太南，太姑太南。姑太應南，林南林太。林太姑南，姑
太應南。姑太南太，林黃林太。

送神

神之去兮難延，想遌袚兮翩翩。萬靈從兮後先，衛神駕兮回
旋。稽首兮瞻天，雲之衢兮渺然。

黃太姑林姑黃，黃南姑林南林。姑林姑太南黃，南黃姑林姑
黃。林姑林南林，黃南林太南黃。

望燎

焚燎于壇，粲爛晶燄。幣帛牲黍，冀徹天京[②]。奉神于陽，昭

---

① "已"，《明史》卷六二《樂志二·樂章一》作"既"。
② "天"，《明史》卷六二《樂志二·樂章一》作"帝"。

祀有成。蕭然望之，玉宇光明。

黄南姑黄，姑林南林。南黄南姑，姑林姑黄。姑林黄林，姑太南黄。姑林黄太，黄南太黄。

國朝皇帝冬至親祀圓丘儀注

齋戒

前期，皇帝散齋四日，致齋三日，陪祀官、執事官並齋五日。

告天下神祇

散齋第五日，于圓丘壇外之東設壇，置天下神祇位，西向。皇帝親詣壇所，具酒脯告廟。

致齋之第一日，皇帝備法駕出宮，百官具服前導，詣太廟，奏告于仁祖淳皇帝室，行一獻之禮。

省牲

先祭二日，設皇帝大次于壇外東門內道北，南向；省牲位于內壇東門外。

先祭一日，導駕官導引車駕，詣大次。太常卿奏中嚴。皇帝服通天冠、絳紗袍。太常卿奏外辦。導駕官同太常卿導引皇帝詣省牲位。執事者各執事。廩犧令率其屬牽牲，自東西行，過御前，省訖，牽牲詣神廚，執事者取毛血，實于豆。太常卿奏請詣神廚。導駕官同太常卿導引至神廚。太常卿奏請視鼎鑊，請視滌濯，遂烹牲。導駕官同太常卿導引，皇帝還大次。

陳設

先祭一日，陳設如圖儀。

鑾駕出宮

前一日,太常司告示,文武官具公服,乘馬導從,兵馬司灑掃御道,侍儀催整班行,和聲郎備樂,金吾衛備兵仗,拱衛司備儀仗、車輅,典牧所備仗馬。擊鼓,初嚴。內使監陳御輿于謹身殿前,南向。拱衛司設繖扇于御輿之左右,設黃麾仗于丹墀中道之東西,設玉輅于奉天門外正中,南向。和聲郎設樂于午門外。金吾衛陳仗于午門外,東西相向,陳金鼓隊于御道前,東西相向。舍人催文武官各具朝服。擊鼓,二嚴。侍儀版奏中嚴。舍人引文武官分立于御道前,文東武西。擊鼓,三嚴。侍儀奏外辦。皇帝御謹身殿。御用監令跪,奏服冕服,興。皇帝服冕服訖。侍儀奏請升輿。皇帝升輿。侍儀同導駕官導引御輿至丹墀儀仗,前導至奉天門外。侍儀跪,奏降輿。皇帝降輿。侍儀奏升輅,皇帝升輅。侍儀跪,取旨,敕文武官上馬。舍人傳旨,敕文武官上馬。文武官上馬訖。侍儀跪,奏進發,玉輅進發。前金鼓隊分左右行,次旗仗分左右行,次百官前導分左右行,次護衛,次仗馬,次儀仗,次侍儀、導駕官,次將軍,次內使擎執,各分左右行,次內使監、拱衛司、光祿寺、御用監官扈從于玉輅之後,次鼓吹,次旗幟,次兵仗各後扈從駕。將至兵仗周圍于大次。文武官下馬,侍立于御道之左右,金鼓、仗馬、大樂、儀仗分列于大次之南,東西相向。駕至大次前,回輅。侍儀跪,奏降輅。皇帝降輅。侍儀與導駕官導引皇帝入大次。侍儀跪,取旨,敕文武官各還齋次。

正祭

祭日清晨,太常少卿率執事者各實尊、罍、籩、豆、登、俎、簠、簋,又實帛于篚,加玉,置于酒尊所,祝版置于上帝、配帝位之右。

樂生、舞生入，就位。諸執事入，就位。太常卿奏請中嚴。皇帝服衮冕，太常卿奏外辦。導駕官同太常卿導引皇帝自左南門入，至位，北向立。

迎神

贊禮唱："迎神。"協律郎跪，俯伏，舉麾，奏《中和》之曲。贊禮唱："燔柴。"郊社令升煙，燔全犢于燎壇。_{樂六成止。}贊禮唱："請行禮。"太常卿奏："有司謹具，請行事。"奏："鞠躬，拜，興，拜，興，平身。"皇帝鞠躬，拜，興，拜，興，平身。贊禮唱："皇太子以下在位官皆再拜。"傳贊唱："鞠躬，拜，興，拜，興，平身。"皇太子以下皆鞠躬，拜，興，拜，興，平身。

奠玉帛

贊禮唱："奠玉帛。"太常卿奏："請詣盥洗位。"導駕官同太常卿導引皇帝詣盥洗位。太常卿贊曰[①]："前期齋戒，今晨奉祭[②]。加其清潔，以對神明。"太常卿奏："搢圭。"皇帝搢圭。司執洗者奉盥，進巾。太常卿奏："盥手，帨手，出圭。"皇帝盥手，帨手，出圭。太常卿奏："請升壇。"贊曰："神明在上，整肅威儀。升自午陛。"太常卿奏："請詣昊天上帝神位前。"司玉帛者奉玉帛以俟。協律郎跪，俯伏，舉麾。奏《肅和》之曲。導駕同太常卿導引皇帝至神位前，北向立。太常卿奏："跪，搢圭。"皇帝跪，搢圭。司香官舉香，跪進于皇帝之左。太常卿奏："上香，上香，三上香。"皇帝上香，上香，三上香。司玉帛者奉玉帛，跪，進于皇帝之右。皇帝受玉帛，奠于昊天上帝神位前。太常卿奏："出圭，鞠躬，拜，

---

① "贊"後衍"盥"字，據《明史》卷四八《禮志二·吉禮二》刪。
② "晨"，《明太祖實錄》卷三六上作"辰"。

興,拜,興,平身。"皇帝出圭,鞠躬,拜,興,拜,興,平身。_{樂止}太常卿奏:"請詣仁祖淳皇帝神位前。"導駕官同太常卿導引皇帝至神位前。太常卿奏:"跪,搢圭。"皇帝跪,搢圭。司香官奉香跪,進于皇帝之左。太常卿奏:"上香,上香,三上香。"皇帝上香,上香,三上香。司帛者捧帛,跪,進于皇帝之右。皇帝受帛,奠于仁祖淳皇帝神位前。太常卿奏:"出圭,鞠躬,拜,興,拜,興,平身。"皇帝出圭,鞠躬,拜,興,拜,興,平身。太常卿奏:"復位。"導駕官同太常卿導引皇帝復位。

進熟

贊禮唱:"進俎。"齋郎舉俎,至壇前。進俎官舉俎,升自午陛。協律郎俛伏,舉麾,奏《凝和》之曲。導駕官同太常卿導引皇帝至昊天上帝神位前。太常卿奏:"搢圭。"皇帝搢圭。進俎官以俎進于皇帝之右。皇帝以俎奠于昊天上帝神位前。太常卿奏:"出圭。"皇帝出圭。導駕官同太常卿導引皇帝至仁祖淳皇帝神位前。進俎官以俎進于皇帝之右。太常卿奏:"搢圭。"皇帝搢圭,以俎奠于仁祖淳皇帝神位前。太常卿奏:"出圭。"皇帝出圭。太常卿奏:"復位。"導駕官同太常卿導引皇帝復位。

初獻

贊禮唱:"行初獻禮。"太常卿奏:"行初獻禮,請詣爵洗位。"導駕官同太常卿導引皇帝至爵洗位。太常卿奏:"搢圭。"皇帝搢圭。執爵官以爵進,皇帝受爵,滌爵,拭爵,以爵授執爵官。執爵官又以爵進,皇帝受爵,滌爵,拭爵,以爵授執爵官。太常卿奏:"出圭。"皇帝出圭。太常卿奏:"請詣酒尊所。"導駕官同太常卿導引皇帝升壇,至酒尊所。太常卿奏:"搢圭。"皇帝搢圭。執爵官以爵進，皇帝執爵。司尊者舉羃，酌泛齊。皇帝以爵授執爵官。太常卿奏："出圭。"皇帝出圭。太常卿奏："請詣昊天上帝神位前。"協律郎跪，俯伏，舉麾，奏《壽和》之曲、《武功》之舞。導駕官同太常卿導引皇帝至昊天上帝神位前。太常卿奏："跪，搢圭。"皇帝跪，搢圭。司香官捧香，跪，進于皇帝之左。太常卿奏："上香，上香，三上香。"皇帝上香，上香，三上香。執爵官捧爵，跪，進于皇帝之右。皇帝受爵。太常卿奏："祭酒，祭酒，三祭酒。奠爵。"皇帝祭酒，祭酒，三祭酒，奠爵。樂舞止。太常卿奏："出圭。"皇帝出圭。讀祝官取祝版于神右，跪讀訖。樂舞作。太常卿奏："俯伏，興，平身，稍後，鞠躬，拜，興，拜興，平身。"皇帝俯伏，興，平身，稍後，鞠躬，拜，興，拜，興，平身。樂舞止。太常卿奏："請詣酒尊所。"導駕官同太常卿導引皇帝至酒尊所。執爵官以爵進，皇帝受爵。司尊舉羃，酌泛齊，以爵授執爵官。太常卿奏："請詣仁祖淳皇帝神位前。"導駕官同太常卿導引皇帝至神位前。太常卿奏："跪，搢圭。"皇帝跪，搢圭。司香官奉香，跪，進于皇帝之左。太常卿奏："上香，上香，三上香。"皇帝上香，上香，三上香。執爵官奉爵，跪，進于皇帝之右。皇帝受爵。太常卿奏："祭酒，祭酒，三祭酒。奠爵。"皇帝祭酒，祭酒，三祭酒，奠爵。太常卿奏："出圭。"讀祝官取祝板于神位之右，跪，讀訖。太常卿奏："俯伏，興，平身，稍後，鞠躬，拜，興，拜，興，平身。"皇帝俯伏，興，平身，稍後，鞠躬，拜，興，拜，興，平身。太常卿奏："請復位。"導駕官同太常卿導引皇帝復位。

亞獻

贊禮唱："行亞獻禮。"太常卿奏："行亞獻禮，請詣爵洗位。"導駕官同太常卿導引皇帝至爵洗位。太常卿奏："搢圭。"皇帝搢圭。執爵官以爵進。皇帝受爵，滌爵，拭爵，以爵授執爵官。執爵官又以爵進。皇帝受爵，滌爵，拭爵，以爵授執爵官。太常卿奏："出圭。"皇帝出圭。太常卿奏："請詣酒尊所。"導駕官同太常卿導引皇帝升壇，至酒尊所。太常卿奏："搢圭。"皇帝搢圭。執爵官以爵進。皇帝受爵。司尊舉羃，酌醴齊。皇帝以爵授執爵官。太常卿奏："出圭。"皇帝出圭。太常卿奏："請詣昊天上帝神位前。"協律郎跪，俯伏，舉麾，奏《豫和》之曲，《文德》之舞。導駕官同太常卿導引皇帝至神位前。太常卿奏："跪，搢圭。"皇帝搢圭。執爵官奉爵，跪，進于皇帝之右。皇帝受爵。太常卿奏："祭酒，祭酒，三祭酒。奠爵。"皇帝祭酒，祭酒，三祭酒，奠爵。太常卿奏："出圭，俯伏，興，平身，稍後，鞠躬，拜，興，拜，興，平身。"皇帝出圭，俯伏，興，平身，稍後，鞠躬，拜，興，拜，興，平身。樂舞止。太常卿奏："請詣酒尊所。"導駕官同太常卿導引皇帝至酒尊所。執爵官以爵進。皇帝受爵。司尊舉羃，酌醴齊。皇帝以爵授執爵官。太常卿奏："請詣仁祖淳皇帝神位前。"樂作。導駕官同太常卿導引至神位前。太常卿奏："跪，搢圭。"皇帝跪，搢圭。執爵官奉爵跪，進于皇帝之右。皇帝受爵。太常卿奏："祭酒，祭酒，三祭酒。奠爵。"皇帝祭酒，祭酒，三祭酒，奠爵。太常卿奏："出圭，俯伏，興，平身，稍後，鞠躬，拜，興，拜，興，平身。"皇帝出圭，俯伏，興，平身，稍後，鞠躬，拜，興，拜，興，平身。樂舞止。太常卿奏："復位。"導駕官同太常卿導引皇帝復位。

終獻

贊禮唱："行終獻禮。"太常卿奏："行終獻禮，請詣爵洗位。"導駕官同太常卿導引皇帝至爵洗位。太常卿奏："搢圭。"皇帝搢圭。執爵官以爵進。皇帝受爵，滌爵，拭爵，以爵授執爵官。太常卿奏："出圭。"皇帝受爵，滌爵，拭爵，以爵授執爵官。太常卿奏："出圭。"皇帝出圭。太常卿奏："請詣酒尊所。"導駕官同太常卿導引皇帝升壇，至酒尊所。太常卿奏："搢圭。"皇帝搢圭。執爵官以爵進。皇帝受爵。司尊舉冪，酌盎齊。皇帝以爵授執爵官。太常卿奏："出圭。"皇帝出圭。太常卿奏："請詣昊天上帝神位前。"協律郎跪，俛伏，舉麾，奏《熙和》之曲，《文德》之舞。導駕官同太常卿導引皇帝至神位前。太常卿奏："跪，搢圭。"皇帝跪，搢圭。執爵官奉爵，跪，進于皇帝之右。皇帝受爵。太常卿奏："祭酒，祭酒，三祭酒，奠爵。"皇帝祭酒，祭酒，三祭酒，奠爵。太常卿奏："出圭，俯伏，興，平身，稍後，鞠躬，拜，興，拜，興，平身。"皇帝出圭，俯伏，興，平身，稍後，鞠躬，拜，興，拜，興，平身。樂舞止。太常卿奏："請詣酒尊所。"導駕官同太常卿導引皇帝至酒尊所。執爵官以爵進。皇帝受爵。司尊舉冪，酌盎齊。皇帝以爵授執爵官。太常卿奏："請詣仁祖淳皇帝神位前。"樂作。導駕官同太常卿導引皇帝至神位前。太常卿奏："跪，搢圭。"皇帝跪，搢圭。執爵官奉爵，跪，進于皇帝之右。皇帝受爵。太常卿奏："祭酒，祭酒，三祭酒，奠爵。"皇帝祭酒，祭酒，三祭酒，奠爵。太常卿奏："出圭，俯伏，興，平身，稍後，鞠躬，拜，興，拜，興，平身。"皇帝出圭，俯伏，興，平身，稍後，鞠躬，拜，興，拜，興，平身。太常卿奏："復位。"導駕官同太常卿導引皇帝復位。

分獻

贊禮俟行終獻時唱："分獻官行禮。"贊引各引分獻官詣盥洗位，贊："搢笏。"贊："盥手。"司盥者酌水。分獻官盥手。贊："帨手。"司巾者以巾進。分獻官帨手。贊："出笏。"分獻官出笏。贊："請詣爵洗位。"贊引引分獻官至爵洗位。贊："搢笏。"分獻官揖笏。執爵官以爵進。分獻官受爵,滌爵,拭爵,以爵授執爵者。贊引贊:"出笏。"分獻官出笏。贊:"請詣各從祀神位前。"贊引引分獻官至神位前,贊:"跪,揖笏。"分獻官跪,揖笏。司香者以香跪進于分獻官之左。贊引贊:"上香,上香,三上香。"分獻官上香,上香,三上香。贊引贊:"祭酒,祭酒,三祭酒,奠爵。"執爵官以爵跪進于分獻官之右。分獻官受爵,祭酒,祭酒,三祭酒,奠爵。贊引贊:"出笏,俯伏,興,平身,稍後,鞠躬,拜,興,拜,興,平身。"分獻官奠爵,出笏,俯伏,興,平身,稍後,鞠躬,拜,興,拜,興,平身。贊引贊:"復位。"分獻官復位。

飲福受胙

贊禮唱:"飲福,受胙。"太常卿奏:"請詣飲福位。"導駕官同太常卿導引皇帝升壇,至飲福位,北向立。太常卿奏:"鞠躬,拜,興,拜,興,平身。"皇帝鞠躬,拜,興,拜,興,平身。太常卿奏:"跪,揖圭。"皇帝跪,揖圭。奉爵官酌福酒,跪,進于皇帝之左。贊曰:"惟此酒肴,神之所與。賜以福慶,億兆同沾。"皇帝受福酒、祭酒,飲福酒,以爵置于坫。奉胙官奉胙,跪,進于皇帝之右。皇帝受胙,以胙授執事者。執事跪受于皇帝之右。太常卿奏:"出圭。"皇帝出圭。太常卿奏:"俯伏,興,平身,稍後,鞠躬,拜,興,拜,興,平身。"皇帝俯伏,興,平身,稍後,鞠躬,拜,興,拜,興,平身。太常卿奏:"請復位。"導駕官同太常卿導引皇帝復位。

徹豆

贊禮唱:"徹豆。"協律郎跪,俛伏,舉麾,奏《雍和》之曲。掌祭官徹豆。樂止。贊禮唱:"賜胙。"太常卿奏:"皇帝飲福,受胙。免拜。"贊禮唱:"皇太子以下在位官皆再拜。"傳贊唱:"鞠躬,拜,興，拜，興，平身。"皇太子以下皆鞠躬，拜，興，拜，興，平身。樂止。

送神

贊禮唱："送神。"協律郎跪，俯伏，舉麾，奏《安和》之曲。太常卿奏："鞠躬，拜，興，拜，興，平身。"皇帝鞠躬，拜，興，拜，興，平身。贊禮唱："皇太子以下在位官皆再拜。"傳贊唱："鞠躬，拜，興，拜，興，平身。"皇太子以下皆鞠躬，拜，興，拜，興，平身。贊禮唱："祝人取祝，幣人取幣。"詣望燎位。讀祝官取祝，奉幣官奉幣，掌祭官取饌及爵酒，詣柴壇，置爐上。樂止。

望燎

贊禮唱："望燎。"導駕官同太常卿導引皇帝至望燎位。贊禮唱："可燎。"東、西面各二人以炬燎。火柴半燎，太常卿奏："禮畢。"導駕官同太常卿導引皇帝還大次。解嚴。

鑾駕還宮

鹵簿導從，如來儀。大樂鼓吹振作。

國朝奏告圓丘皇帝親祀儀注_{同冬至郊天禮}

遣官奏告圓丘儀注_{方丘同}

齋戒

前期，告官及陪祀官、執事官齋三日。散齋三日，宿于公廨，致齋一日于祭所。

陳設

前一日，郊社令設昊天上帝神位于壇上正中，方丘則設皇地祇神

位,後並同。南向。設告官拜位于壇下正中,北向;陪祭官位于告官
之南,北向;贊禮二人位于告官拜位之北,東西相向,酒尊位于闕。
爵洗位于闕。盥洗位闕。司尊、司爵洗、司盥洗、執爵官位各于其所。

正祭

其日清晨,執事者陳玉、幣、香、脯、實、酒尊,設祝版于帝位
之右。贊引引告官、陪祀官各服法服,自南西偏門入,至位,皆北
向立。贊禮唱:"請行禮。"贊引詣告官前曰:"有司謹具,請行
事。"贊禮唱:"鞠躬,拜,興,拜,興,平身。"告官及衆官皆鞠躬,
拜,興,拜,興,平身。

奠玉幣

贊禮唱:"奠玉幣。"贊引引告官詣盥洗位。贊引贊:"搢笏。"
告官搢笏。贊引唱:"盥手。"司盥者酌水。告官盥手。贊引唱:
"帨手。"司巾以巾進,告官帨手。贊引贊:"出笏。"告官出笏。贊
引贊:"請詣昊天上帝神位前。"司玉幣者奉玉、幣從行。贊引引
至神位前,贊:"跪,搢笏。"告官跪,搢笏。贊引贊:"上香,上香,
三上香。"司香以香跪進于告官之右。告官上香,上香,三上香。
司玉幣者跪,奉玉、幣進于告官之右。告官受玉、幣奠于神位前。
贊引贊:"出笏。"告官出笏。贊:"鞠躬,拜,興,拜,興,平身。"贊
引贊:"復位。"引告官復位。

酌獻

贊禮唱:"行酌獻禮。"贊引引告官詣盥洗位。贊引贊:"盥
手。"司盥者酌水。告官盥手。贊引唱:"帨手。"司巾以巾進,告
官帨手。贊引贊:"出笏。"告官出笏。贊引贊:"告官請詣爵洗
位。"贊引贊:"搢笏。"告官搢笏。執爵者以爵進。贊引贊:"受

爵，滌爵，拭爵。"告官受爵，滌爵，拭爵。以爵授執爵者。贊引贊："出笏。"告官出笏。贊引贊："請詣酒尊所。"引至酒尊所。贊引贊："搢笏。"告官搢笏。執爵者以爵進。告官受爵。司尊者舉冪，酌酒，以爵授執爵官。贊引贊："出笏。"告官出笏。贊引贊："請詣昊天上帝神位前。"贊引贊："跪，搢笏。"執爵者以爵跪進于告官之右。告官受爵。贊引贊："祭酒，祭酒，三祭酒。奠爵。"告官祭酒，祭酒，三祭酒，奠爵。贊引贊："出笏。"告官出笏。讀祝官取祝版，于神右跪讀訖。贊引贊："俛伏，興，平身，稍後，鞠躬，拜，興，拜，興，平身。"贊引贊："復位。"贊禮唱："鞠躬，拜，興，拜，興，平身。"告官及在位官皆鞠躬，拜，興，拜，興，平身。

望燎

贊禮唱："望燎。"方丘則唱望瘞。司祝奉祝，司幣奉玉、幣，掌祭官奉酒脯詣燎所。方丘則詣瘞所。贊引引告官至望燎位。方丘則唱瘞位。贊禮唱："可燎。"燎至半，方丘則唱可瘞。贊引唱："禮畢。"引告官在位者以次出。

祭器圖

筐

俎

罍

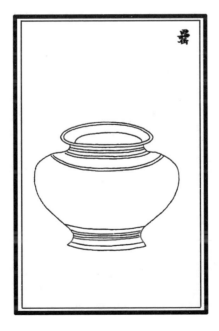

洗

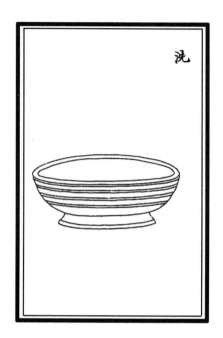

概尊

散尊

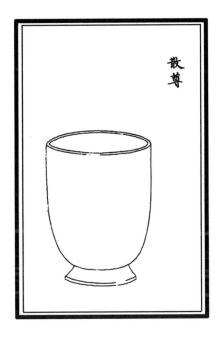

山罍

蜃尊

犧尊

象尊

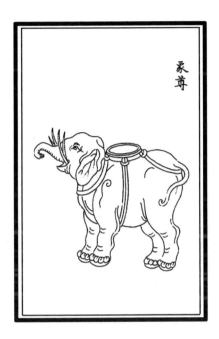

著尊

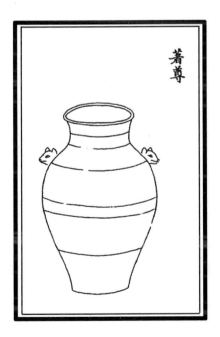

壺尊

勺

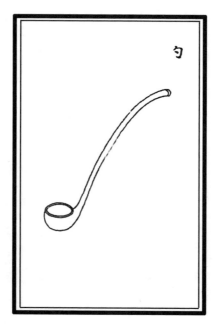

太尊

沙池

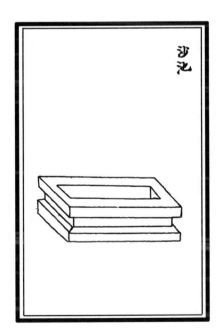

疏布巾冪

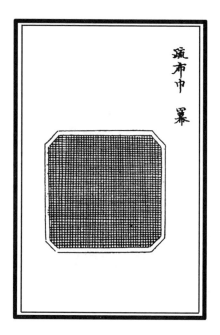

柶釗

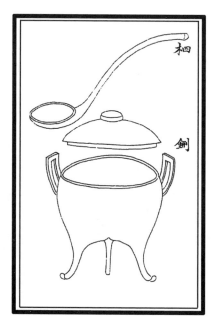

匏尊

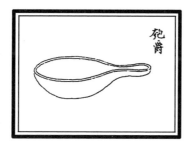

坫

簠

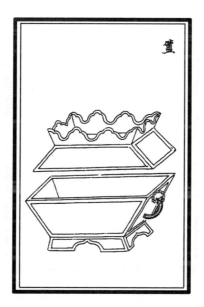

簠

豆

登

籩

大明集禮卷三

吉禮三

祭地

總敘

　　三代祭地之禮，見于經傳者：夏以五月，商以六月，周人以夏日至禮之于澤中方丘。蓋王者事天明，事地察。故冬至報天，夏至報地，所以順陰陽之義也。祭天于南郊之圜丘，祭地于北郊之方澤，所以順陰陽之位也。然先王親地，有社存焉。《禮》曰：“享帝于郊，祀社于國。”又曰：“郊所以明天道，社所以申地道。”①又曰：“郊、社所以事上帝。”又曰：“明乎郊、社之禮。”或以社對帝，或以社對郊。則祭社乃所以親地也。《書》曰：“敢昭告于皇天、后土。”《左氏》曰：“戴皇天，履后土。”則古者亦命地祇爲后土矣。曰地祇，曰后土，曰社，皆祭地也。此三代之正禮，而釋經之正説。

　　自鄭玄惑于緯書，而謂夏至于方丘之上祭昆侖之祇，七月于

---

① “申”，原作“神”，據《文獻通考》卷七六《郊社考九·祀后土》改。

泰折之壇祭神州之祇，析一事爲二事。後世宗之，一歲二祭。

自漢武用祠官寬舒議，立后土祠于汾陰脽上，禮如祀天。而後世又宗之，于北郊之外仍祠后土。

元始間，王莽奏罷甘泉泰畤，復長安南北郊。以正月上辛若丁，天子親合祀天地于南郊。而後世又因之，多合祭焉。皆非禮經之正義矣。

由漢歷唐，千餘年間，親祀北郊者，唯魏文帝之太和、周武帝之建德、隋高祖之開皇、唐玄宗之開元，四祭而已。

宋元豐中，議專祭北郊。故政和中，專祭者凡四。南渡以後，則惟行攝祀而已。

元皇慶間，議夏至專祭地，未及施行。

國朝以夏至日親祀皇地祇于方丘。其歷代儀文之詳列于左方。

壇壝

《祭法》曰：“瘞埋于泰折。”“泰折，封土祭地之處。折，曲也。”言方丘之形四方曲折，象地。

秦祀后土于高山之下，命曰畤。

漢武于澤中方丘立后土五壇。壇方五丈，高六尺。又于脽上立后土宮。宮曲入河，名曰太一旦丘。東漢北郊，在洛陽城北四里，爲方壇四陛，中營，外營。

隋方丘于宮城北十四里，丘再成，成高五尺，下成方十丈，上成方五丈。

唐夏至祭皇地祇于方丘。其長安壇在宮城北十四里，洛陽壇在徽安門外道東一里。其壇再成，下成方十丈，上成方五丈八陛。立冬後祭神州地祇于郊。其壇,長安在光化門外黑帝壇之西,洛陽在徽安門外道東一里,高五尺,周四十八步。

宋《熙寧祀儀》:祭皇地祇壇,八角,三成,每等高四尺,上闊十六步,設八陛,上等陛廣八尺,中等陛廣一丈,下等陛廣一丈二尺,三壝,每壝各二十五步。神州地祇壇廣四十八步,高五尺,兩壝,每壝二十五步。

元方丘之制,未及施行。

國朝方丘壇制:第一層,壇面闊六丈,高六尺,四出陛,南面陛闊一丈,八級,東面、北面、西面陛俱闊八尺,八級;第二層,壇面四圍,皆闊二丈四尺,高六尺,四出陛,南面正陛闊一丈二尺,八級,東、北、西陛俱一丈八級,壝去壇一十五丈,高六尺。正南靈星門三,正東、西、北靈星門各一,周圍以牆面,各六十四丈。正南又靈星門三,正東、北、西又靈星門各一。庫房五間,在外牆北靈星門外,以藏龍椅等物。厨房五間、宰牲房三間、天池一所,在外牆西靈星門外西南隅。齋次一所,在外靈星門外之東;三間①,在外靈星門外之西。浴室在東齋次之中。

瘞坎

《爾雅·祭地》曰:"瘞,埋。"瘞埋謂瘞繒埋牲也。蓋陰祀自血始,故瘞血以致神,不可不在先。及致神矣,方有事焉。至于禮畢,則以牲、幣之屬而瘞之,然後爲禮之終也。

後齊爲瘞坎于壇之壬地中壝之外,廣、深一丈二尺。

唐瘞坎在內壝之外壬地,方深取足容物,南出陛。

---

① "三",原作注文小字"闕",據《圖書編》卷九五《祭地壇壝》補。

宋開瘞坎于子階之北壬地。

國朝瘞坎在外壝壬地。

其瘞牲體，周人瘞血，漢用首及左髀，東晉用脅之九個，唐用首，宋用左髀。國朝用周制，先瘞血，其祭畢，奉牲、幣，祝饌而埋之。

神位版

漢以前祭地神位版無考。

魏明帝題曰“皇皇后地”。

梁武時題曰“后地”，而不見其制。

唐題曰“皇地祇”，配帝曰“太祖景皇帝”。其神版皆以黃金飾木，鏤青爲字，其從祀神位則用朱漆金字。

宋如唐制。

元皇地祇位版用青漆金字。

國朝正位題曰“皇地祇”，配帝題曰“仁祖淳皇帝”，位版並黃質金字。從祀題曰“五嶽之神”“四海之神”“四瀆之神”“五鎮之神”，神位版並赤質金字。

配位

配地之神，《周禮》無文。

鄭玄以《孝經緯》云“后稷爲天地主”，則后稷配天南郊，亦當配地北郊矣。其說無據。至漢平帝，用王莽之説，以呂太后配。光武時，改薄太后爲高皇后以配。

後魏道武，以神元竇后配，則愈不經矣。

隋始改用太祖武元皇帝配。

唐高祖時以景皇帝配。貞觀中以高祖配。

宋初以四祖迭配皇地祇。太宗時，以宣祖、太祖更配。其後，惟以太祖配。

國朝洪武三年五月二十日，親祀北郊，奉皇考仁祖淳皇帝配。

從祀

《春秋公羊傳》曰：“天子祭天地，有方望之事，無所不通。”方望者，謂因郊祀，望祭四方之山川也。

漢元始中，用王莽議，祭地，地理、山川皆從。

光武祀北郊，地理群神從祀，皆在壇下。其目之詳見《郊天·從祀中》。

隋以神州、迎州、冀州、戎州、拾州、柱州、宮州、咸州、揚州，及九州山川、林澤、丘陵、墳衍、原隰，皆從祀。

唐從祀以神州五方嶽鎮海瀆、山林、川澤、丘陵、墳衍、原隰。

宋以神州地祇、五嶽、五官、五行之神祀于壇之第一等，四海、四瀆、五鎮于壇之第二等，昆侖、五山、五林、五川、五澤于壇之第三等，五陵、五墳、五衍、五原、五隰于內壝之內。

元合祭天地于圜丘，亦不及嶽瀆、山川之從祀。

國朝惟以五嶽、五鎮、四海、四瀆四位從祀方丘。

神席

周人祀地，席用蒲越、藁秸。

漢以莞簟。

唐麟德中，正位及神州加用黃褥，配帝以紫，餘從祀以莞。

開元中，正位仍用藁秸，配帝以莞，神州地祇以藁秸，五鎮以下用莞。

宋景德中，席又加褥，正位以黃，配位以緋。元豐中，復撤去，惟用藁秸及莞。

元皇地祇用席、褥。

國朝用龍椅、龍案、錦坐褥，配位同。從祀神位，並設于案，不設席。

祝册

祝册之制，見《祀天篇》。

唐祀地祝文曰："嗣天子臣某，敢昭告于皇地祇。乾道運行，日躔北至。景風應序，離氣效時。嘉承至和，肅若舊典。敬以玉帛犧齋、粢盛庶品，備茲祇瘞，式表誠愨。高祖神堯皇帝，配神作主。尚享。"

配帝祝文曰："孝孫皇帝臣某，敢昭告于高祖神堯皇帝。時惟夏至，肅敬訓典。用祇祭于皇地祇。惟高祖德叶二儀，道兼三統，禮膺光配，敢率舊章。謹以制幣犧齋、粢盛庶品，肅雍明薦，作主侑神。尚享。"

元祝文，並缺。

國朝，洪武元年五月十四日，夏至親祀方丘，祝文曰："闕。"

洪武三年五月二十四日，親祀方丘，正位祝文曰："時當夏至，萬物咸亨。用遵彝典，謹率臣僚，以玉帛犧齊、粢盛庶品，奉茲瘞祀。皇考、仁祖淳皇帝配神作主。尚享。"

配位祝文曰："時當夏至，萬物咸亨。謹率臣僚，恭祀皇地祇。奉以玉帛犧齊、粢盛庶品，用修典禮。伏惟敬慎瞻仰，永爲配位。尚享。"

祭器

唐方丘,設皇地祇太尊二、犧尊二、山罍二,在壇上,象尊二、壺尊二、山罍四,在壇下,配帝設著尊二、犧尊二、象尊二、山罍二在壇上,于皇地祇酒尊之東。其從祀,神州太尊二、籩十、豆十、俎二、登、槃、簠、簋、爵各一,嶽鎮海瀆各山尊二,山林川澤各蜃尊二,丘陵、墳衍、原隰概尊各二,籩、豆各二,俎、爵、簠、簋各一。

宋設皇地祇太尊五、山尊五,以爲酌尊,在壇上,設太尊二、山尊二、著尊二、犧尊二、象尊二、壺尊六以爲設尊,在壇下,籩、豆各十二,簠、簋各二,登、俎各一。配帝同皇地祇,其第二成從祀山尊二,每方各犧尊二,每位各籩、豆十、俎二、登、槃、簠、簋、爵坫各一。內壇從祀,每方蜃尊二、散尊二,每位籩、豆各二,俎、尊、簠、簋、登各一。

元不祭方丘,其圜丘皇地祇位設太尊二、著尊二、犧尊二、山罍二,各有坫,加勺、羃,籩十二、豆十二、登三、鉶三、簠二、簋二、俎七、筐一、沙池一、香盒一、香案一、祝案一,皆有衣,設而不酌者,象尊二、壺尊二、山罍四,各有坫、羃。配帝位著尊二、犧尊二、象尊二、山罍二,皆有坫,加勺、羃,籩十二、豆十二、登三、鉶三、簠二、簋二、俎七、筐一、沙池一、香鼎一、香盒一、香案一,皆有衣,設而不酌者犧尊二、壺尊二、山罍四,各有坫,加羃,馬潼三器。各設尊所之首,加羃、勺。

國朝設皇地祇太尊二、著尊一、犧尊一、山罍一,于壇上,皆有勺,有羃,有坫;設太尊一、山罍一,于壇下,有坫,有羃。配帝同其從祀,則設五嶽、四海著尊二、犧尊二于左,設五鎮、四瀆著尊二、犧尊二于右。上帝及配帝籩、豆各十有二簠、簋各二，登、盤、筐各一，牲案各一，爵坫各三，沙池、香案各一，其從祀則籩、豆各十，簠、簋各二，牲案各一，爵坫、沙池、香案各一。

禮神之玉

《周禮・大宗伯》："以黃琮禮地。"蓋禮神者，必象其類。琮方，象地形；黃，象地色也。《典瑞》又曰："兩圭，有邸，以祀地。"兩圭者，象地數二也。説者曰："黃琮用于求神之時，兩圭有邸用于薦獻之時。所以不同。"鄭玄乃謂"黃琮理昆侖神，兩圭有邸祀北郊神州之神"。其説謬矣。

唐方丘用黃琮，神州用兩圭，有邸。

宋制同之。

元地祇用黃琮。

國朝方丘，正位用黃琮。

帛

周制：禮地祇之幣以黃。

秦、漢以下，其色無考。

唐，方丘正、配位及神州之幣，皆用玄；嶽瀆以下從祀之幣，各從方色。

宋，方丘正、配位幣以黃，神州幣以黑，嶽瀆以下從祀之幣，各從方色。

元，地祇用黃幣。

國朝，方丘正位幣，仍以黃；從祀幣，各從方色；配位帛用白。

牲

《周禮》:"祭地之牛,角繭栗。"又曰:"陰祀,用黝牲毛之。"

鄭玄謂"方丘、昆侖神用黃犢,神州地祇用黝犢"。其説不見于經。

漢祠后土于澤中方丘,爲五壇。壇一黃犢。光武北郊,正、配位用犢各一,五嶽共用牛一,四瀆共牛一,群神共牛二。

後魏正、配位共用玄牡一,五嶽等共用牛一。

隋方丘正、配位用黃犢二,神州以下用方色犢一,九州山海、墳衍等加羊、豕各九。

唐正、配位用黃犢二,神州黝犢一,嶽鎮以下加羊、豕各五。

宋用闕。犢二、羊五、豕五。

元地祇用黃犢一。

國朝用黃犢二,從祀嶽鎮海瀆各用純色犢一。

樂舞

《周禮·大司樂》:"大合樂分樂,乃奏太簇,歌應鐘,舞《咸池》,以祭地祇。"六樂者,一變而致川澤之祇,再變而致山林之祇,三變而致丘陵之祇,四變而致墳衍之祇,五變而致土祇。凡樂,函鐘爲宮,太簇爲角,姑洗爲徵,南宮爲羽,靈鼓靈鼗、絲竹之管、空桑之琴瑟、《咸池》之舞。夏日至,于澤中之方丘奏之。若樂八變,則地祇皆出,可得而禮矣。《周頌》"昊天有成命"之詩,郊祀天地之樂歌也。

兩漢而下之樂,見《祀天篇》。

唐祀方丘,迎神奏《順和》之樂,以函鐘爲宮,太簇爲角,姑洗爲徵，南吕爲羽，作文舞之舞，樂舞八成止；奠玉幣，登歌作《肅和》之樂，以應鐘之均；迎俎，奏《雍和》之樂，以太簇之均；酌獻，奏《壽和》之樂；送神，奏《舒和》之樂，武舞作，樂舞六成止。

宋降神，作《宜安》之樂；迎神，作《寧安》之樂、《廣生儲佑》之舞，八成止；奠玉帛，登歌作《嘉安》之樂；酌獻，登歌作《光安》之樂；讀册訖，登歌作《英安》之樂；皇帝還小次，簾降，文舞退，武舞進，作《文安》之樂；亞獻，作《隆安》之樂、《厚載凝福》之舞；飲福作《禧安》之樂；徹豆，登歌作《成安》之樂；送神作《寧安》之樂。

元合祭天地，酌獻地祇，奏太吕宮《隆成》之曲。

國朝方丘，迎神奏《中和》之曲；奠玉幣，奏《肅和》之曲；奉俎奏《凝和》之曲；初獻，奏《壽和》之曲；亞獻奏《豫和》之曲；終獻奏《禧和》之曲；徹豆奏《雍和》之曲；送神，奏《安和》之曲；望瘞，奏《時和》之曲。其盥洗、升降、飲福、受胙，俱不奏樂。

祭服

祀地之服，經無明文。

鄭注亦嘗及之，賈公彦以爲當同祭天之禮，服大裘。杜氏《通典》亦同其說。長孫無忌則謂："周郊祀，被衮以象天，戴冕，藻十有二旒。《月令》：'孟冬，天子始裘。'冬至報天，服裘可也。夏至如之何？可以服裘。祭地惟當服衮章耳。"然終唐之世，卒用大裘。

宋元豐間，陸佃以爲"冬祀昊天，中裘而衣衮；夏祀地祇，當去裘服衮，以順時序"。紹聖間，又用黃裳言"北郊盛暑之月，難用袯服，依衮冕制度，改用單衣"。信齋楊氏曰"賈、杜服裘之言，特未嘗深考其故。豈有夏至陽極之月，而可服大裘哉？遂使後世因是而廢北郊之禮，斯言啓之也。惟長孫無忌之言，信而有證矣"。

國朝夏至祭地，皇帝服衮冕，其侍祠服，亦如祀天禮。

酒齊

唐正位太尊實泛齊，著尊實醴齊，犧尊實盎齊，壺尊實沉齊，山罍實三酒；配位著尊實泛齊，犧尊實醴齊，象尊實盎齊，山罍實清酒；從祀太尊者實醴齊，象尊者實緹齊，壺尊者實沉齊，概尊者實清酒，散尊者實昔酒，齊加明水，酒加玄酒，以爲上尊。

宋正、配位太尊實泛齊，山尊實醴齊，以爲酌尊；太尊實泛齊，山尊實醴齊，著尊實盎齊，犧尊實緹齊，象尊實沉齊，壺尊實三酒，並設而不酌；從祀太尊、著尊者實以泛齊，犧尊、象尊者實以醴齊，壺尊、概尊、散尊者實以三酒，齊皆加明水，酒皆加玄酒，並實于上尊。

元正位太尊實泛齊，著尊實醴齊，犧尊實盎齊；配位著尊實泛齊，犧尊實盎齊，象尊實醴齊；從祀並酌太尊之泛齊，齊皆加明水，酒皆加玄酒，並實于上尊。

國朝正、配位太尊實泛齊、醴齊，著尊實盎齊，犧尊實緹齊，山罍實昔酒，在壇上；太尊實沉齊，山罍實事酒、清酒，在壇下；從祀著尊實醴齊，盎齊、犧尊實事酒。

粢盛

唐祭地，正、配位簠實以稷，簋實以稻，從祀同。

宋正、配位簠實以黍、稷，簋實以稻、粱；從祀簠實以黍，簋實以稻。

元正、配位簋實以黍、稷，簠實以稻、粱；從祀簋實以黍，簠實以稻。

國朝正、配位、從祀並簋實以黍、稷，簠實以稻、粱。

籩豆之實

唐、宋祭地，其籩、豆之實，禮同祀天。

國朝方丘正、配位，籩各實以鹽、藁魚、棗、栗、榛、菱、芡、鹿脯、黑餅、白餅、糗餌、粉粢；豆各實以韭菹、醓醢、菁菹、鹿醢、芹菹、兔醢、筍菹、魚醢、脾析菹、豚拍、酏食、糝食；從祀籩減糗餌、粉粢，豆減酏食、糝食。

褥位

國朝用緋，同郊天禮。

車旂

同祀天禮。

執事人員

唐、宋祭方丘，其執事人員，禮同祀天。

國朝設皇帝大次、皇太子幕次官二人，掃除壇上下官一人，御史監掃除二人，灑掃齋舍、神廚官二人，設饌幔官二人，設皇地祇、仁祖淳皇帝龍椅、龍案、從祀神席官一人，設御位、皇太子位官二人，設燔柴官二人，設分獻及文武官諸執事官版位官二人，設儀仗官二人，設庭燎墳燭官二人，設牲榜省牲位及割牲官二人，宰牲十五人，掌鼎鑊、視滌濯官二人，協律郎一人，舞士一人，樂生一人，舞生一人，撰祝書祝官各一人，讀祝兼捧祝官一人，導駕官、奏禮官六人，導引皇太子官四人，分獻官執事八人，引陪祭官執事四人，糾儀御史四人，奉爵官六人，捧幣官六人，司香官六人，掌祭官十二人，舉飲福案官二人，進福酒官一人，進俎官二人，授胙執事官一人，司御洗捧匜一人，進巾一人，司分獻罍洗各酌水二人，進巾二人，司御盥洗酌水一人，進巾一人，司分獻盥洗位酌水一人，進巾一人，司御酒尊所官一人，司分獻酒尊所各二人，進正配位饌官六人，舉案齋郎十二人，舉從祀饌案四十八人。

陳設

漢、唐以來方丘陳設，一如圜丘。

國朝，設皇帝大次于外壇之東，其禮亦準祀天之儀。

于祀前一日，有司掃除壇上下，開瘞坎；設皇太子幕次于大次之右。

祭前一日，設省牲位于內壇之東門外，設樂懸于壇下之南；設正位于壇第一層之北正中，配位于壇上之東，設五嶽、五鎮、四海、四瀆位于壇第二層，五嶽、四海在東，五鎮、四瀆在西；設正、配位著尊闕。于壇上，設尊闕。于壇下，玉、幣篚位次之；又設五嶽、四海酒尊闕。于神座之左，幣篚位次之；設五鎮、四瀆酒尊闕。于神座之右，幣篚位次之；設正、配位籩十二于神位之左，豆十二于神位之右，簠、簋各二、登一在籩、豆之間，俎一在簠、簋之前，香燭案在俎之前，爵坫、沙池在香案之前；設五嶽、五鎮、四海、四瀆籩十在左，豆十在右，簠、簋各二、登一在籩、豆之間，俎一在簠、簋之前，香燭案在俎之前，爵坫、沙池在香燭案之前；又設御盥洗位于壇之東，分獻官盥洗位于樂懸之東西；設御褥位于壇之南,設皇太子褥位于御位之右,設分獻官于御位之南,文武陪祭官于分獻官之南,讀祝官于神之右,司尊、司洗、捧幣、捧爵各于其所;設望瘞位于壇東南。

告天下神祇

國朝祀前十日,設天下神祇位于方丘之壇東,西向,以酒脯祭之。祝文曰:"某年某月某日,皇帝將有事于方丘。咨爾百神,克相祀事。"北郊祀畢,復以籩、豆、簠、簋、羊、豕各六,即壇以祭。祝文曰:"皇帝謹遣某官某,致祭于天下神祇。"

齋戒

周制,大祀散齋七日,致齋三日。

唐散齋四日,致齋三日。

元散齋四日,致齋三日。

國朝散齋七日,致齋三日。致齋第一日,百官朝服,親受誓戒于御前,如祀天禮。

省牲器

唐、宋以來,方丘省器之儀,如圜丘。

國朝因之,並同祀天禮。

飲福

方丘三獻禮畢,飲福、受胙儀及贊詞,並同祀天禮。

齋宮

宋元符間,詔:"方丘郊宮,舊設幕帟,其費不貲。宜依圜丘故事,易以齋宮。正殿曰厚德,便殿曰受福,曰坤珍,曰道光,亭曰承休,其大內門曰廣禋,東偏門曰東秩,西偏門曰正平,正東門曰含光,正西門曰咸亨,正北門曰至順,南門裏大殿門曰厚德,東曰左景華,西曰右景華。"

國朝洪武二年十二月,詔太常、禮部議築齋宮于方丘之側。

告廟

同《祀天篇》。

方丘壇圖

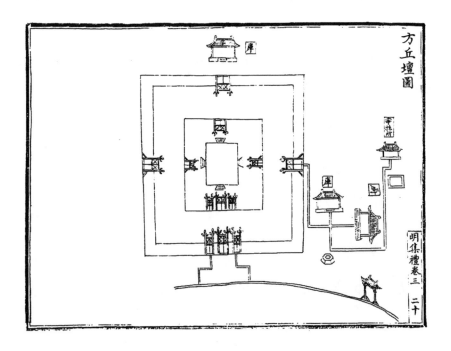

方丘陳設圖

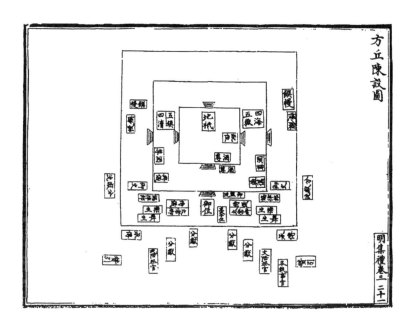

皇地祇陳設圖_{配位同}

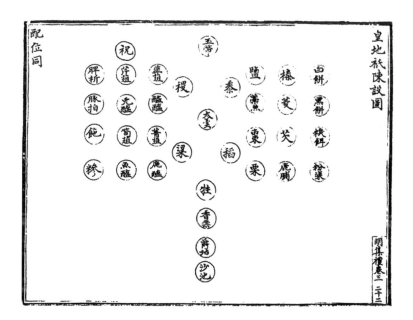

五嶽陳設圖<small>五鎮四海四瀆各壇同</small>

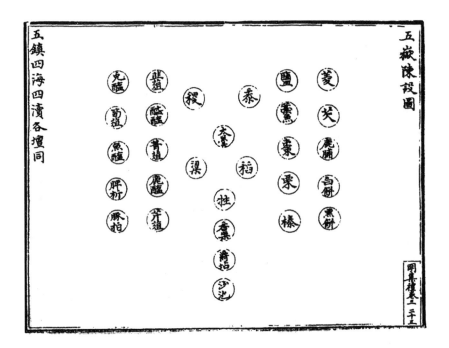

樂舞名物

樂

協律郎一人，幞頭，紅羅袍，荔枝帶，皂靴，手執麾旛。

樂生六十二人，服緋袍、展脚幞頭、革帶、皂靴。

樂器

編鐘十六	編磬十六
琴十	瑟四
搏拊四	敔一
柷一	塤四
篪四	簫四

横笛　　　　　笙八

應鼓一

舞

舞士一人，幞頭，紅羅袍，荔枝帶，皂靴，手執節。

舞生一百二十八人。

文舞六十四人。

引舞二人，各執羽籥，服紅袍、展脚幞頭、革帶、皂靴。

舞生六十二人，服紅袍、展脚幞頭、革帶、皂靴，手執羽籥。

武舞六十四人。

引舞二人，各執干戚，服緋袍、展脚幞頭、革帶、皂靴。

舞生六十二人，服緋袍、展脚幞頭、革帶、皂靴，手執干戚。

樂圖

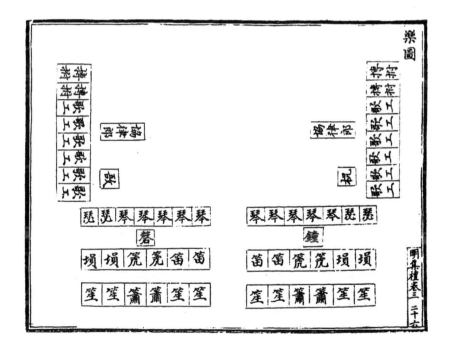

舞圖

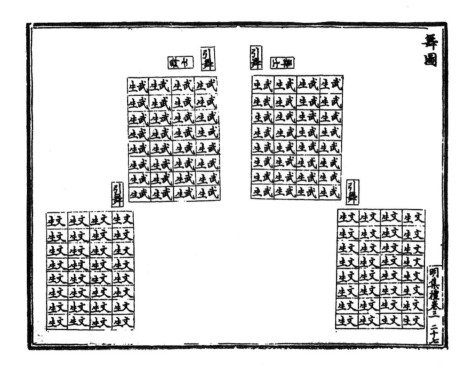

方丘樂章

迎神　樂奏《中和》之曲

坤德博厚，物資以生。承天時行，光大且寧。穆穆皇祇，功化順成。来御方丘，嚴恭奉迎。

林南姑黄，黄南姑林。南林姑太，林太南黄。黄南太黄，太黄南黄。林姑南林，太黄姑林。

奠玉幣　樂奏《肅和》之曲

地有四維，大琮以方。土有正色，制幣以黄。敬存于中，是薦是將。奠之几筵，臨鑒洋洋。

黄林南黄,林太南黄,黄南姑林,太黄太姑。林姑南林,太黄南林。林姑黄太,南林太黄。

奉俎　樂奏《凝和》之曲

奉時純牡,其牡童犢。烹鼎既嚴,登俎維肅①。升壇昭薦,神光下燭。眷佑邦家,報效惟篤。

黄林姑黄,黄林南林。林姑黄太,林黄太黄。黄南林姑,黄南姑林。太黄姑太,姑林太黄。

初獻　樂奏《壽和》之曲

午爲盛陽,陰德初萌。天地相遇,品物光榮。吉日令辰,明祀攸行。進以醇醴,展其潔清。

林南黄太,林南林太。黄南林太,黄太南林。太林南太,黄南林太。太林南林,黄太南林。

亞獻　樂奏《豫和》之曲

至廣無邊,道全持載。山嶽所憑,海瀆咸賴。民資水土,既安且泰。酌酒揭虔,功德惟大。

林黄姑太,林南林太。黄南太林,黄太黄林。太林南黄,林南林太。林太南林,姑太南林。

終獻　樂奏《熙和》之曲

庸眇之資,有此疆宇。匪臣攸能,仰承佑助。恩崇父母,臣歡鼓舞。八音宣揚,疊侑明醑。

林太南林,太林太黄。太林南林,黄太南林。太林黄太,黄南林太。黄林南林,黄太南林。

---

① "登俎",《明太祖實錄》卷四二作"俎豆"。

徹豆　樂奏《雍和》之曲

牲牷在俎，籩豆有實。臨之肹饗①，匪惟飲食。登歌乃徹，薦獻爰畢。執事奉承，一其嚴慄。

黃林太黃，黃南姑林。南林黃太，林太南黃。太黃大姑，林姑黃林。林姑黃太，姑林太黃。

送神　樂奏《安和》之曲

神化無方，妙用難量。其功顯融，其祀悠長。飆輪云旋，龍控鸞翔。拜送稽首，瞻禮餘光。

黃南太黃，林姑黃林。林姑黃太，林黃太黃。黃南林姑，黃林南林。林姑黃太，林黃太黃。

望瘞　樂奏《時和》之曲

牲體制幣，餕饌惟馨。瘞之于坎，以達坤靈。奉神于陰，典禮是程。企而望之，厚壤寬平。

黃南姑黃，姑林南林。南黃南姑，姑林姑黃。姑林黃林，姑太南黃。姑林黃太，黃南太黃。

國朝皇帝夏至親祀方丘儀注

齋戒

前期，皇帝散齋四日，致齋三日，陪祀官、執事官並齋七日。

告天下神祇

散齋第五日，于方丘壇外之東設壇，置天下神祇位，西向，具酒脯祭告。

---

① "肹"，原作"□"，據《明史》卷六二《樂志二·樂章一》補。

省牲

先祭二日,設皇帝大次于壇外東門內道北,南向;省牲位于內壇東門外。

先祭一日,導駕官導引車駕詣大次。太常卿奏中嚴。皇帝服皮弁服。太常卿奏外辦。導駕官同太常卿導引皇帝詣省牲位。執事者各執事。廩犧令率其屬牽牲,自東西行,過御前,省訖,牽牲詣神廚。執事者取毛血,實于豆。太常卿奏:"請詣神廚。"導駕官同太常卿導引至神廚。太常卿奏:"請視鼎鑊,請視滌濯。"遂烹牲。導駕官同太常卿導引皇帝還大次。

陳設

先祭一日,陳設如圖儀。

鑾駕出宮

前一日,太常寺告示,文武官具朝服,乘馬導從,兵馬司灑掃御道,侍儀催整班行,和聲郎備樂,金吾衛備兵仗,拱衛司備儀仗、車輅,典牧所備仗馬。

至日,擊鼓,初嚴。內使監陳御輿于謹身殿前,南向。拱衛司設繖扇、擎執于御輿之左右,設黃麾仗于丹墀中道之東西,設玉輅于奉天門外正中,南向。和聲郎設樂于午門外。金吾衛陳仗于午門外近南,東西相向;陳金鼓隊于雲集街橋南,東西相向。舍人催文武官各具朝服。擊鼓,二嚴。侍儀版奏中嚴。舍人引文武官分立于雲集街橋北,文東武西。擊鼓,三嚴。侍儀奏外辦。皇帝御謹身殿。御用監令跪,奏:"服冕服。興。"皇帝服冕服訖。侍儀奏:"請升輿。"皇帝升輿。侍儀同導駕官導引御輿至丹墀儀仗前,導至奉天門外。侍儀跪,奏:"降輿。"皇帝降輿。侍儀奏:"升輅。"皇帝升輅。侍儀跪,取旨,敕文武官上馬。舍人傳旨,敕文武官上馬。文武官上馬訖。侍儀跪,奏:"進發。"玉輅進發。前金鼓隊分左右行,次旗仗分左右行,次百官前導分左右行,次護衛,次仗馬,次儀仗,次侍儀、導駕官,次將軍,次內使擎執,各分左右行,次內使監、拱衛司、光禄寺、御用監官扈從于玉輅之後,次鼓吹,次旗幟,次兵仗,各後扈從。駕將至,兵仗周衛于大次。文武官下馬,侍立于御道之左右。金鼓、仗馬、大樂、儀仗分列于大次之南,東西相向。駕至大次前,回輅。侍儀跪,奏:"降輅。"皇帝降輅。侍儀與導駕官導引皇帝入大次。侍儀跪,取旨,敕文武官各還齋次。

正祭

祭日清晨,太常少卿率執事者各實尊、罍、籩、豆、登、俎、簠、簋,又實幣于篚,加玉置于酒尊所,祝版置于皇地祇、配帝位之右。樂生、舞生入,就位。諸執事入,就位。太常卿奏請中嚴。皇帝服袞冕。太常卿奏外辦。導駕官同太常卿導引皇帝自左南門入,至位,北向立。

迎神

贊禮唱:"迎神。"協律郎跪,俛伏,舉麾,奏《中和》之曲。贊禮唱:"瘞毛血。"郊社令瘞毛血。樂六成止。贊禮唱:"請行禮。"太常卿奏:"有司謹具,請行事。"奏:"鞠躬,拜,興,拜,興,平身。"皇帝鞠躬,拜,興,拜,興,平身。贊禮唱:"皇太子以下在位官皆再拜。"傳贊唱:"鞠躬,拜,興,拜,興,平身。"皇太子以下皆鞠躬,拜,興,拜,興,平身。

奠玉帛

贊禮唱:"奠玉幣。"太常卿奏:"請詣盥洗位。"導駕官同太常卿導引皇帝詣盥洗位。太常卿贊盥曰:"前期齋戒,今晨奉祭。加其清潔,以對神明。"太常卿奏:"搢圭。"皇帝搢圭。司執洗者奉盥,進巾。太常卿奏:"盥手,帨手,出圭。"皇帝盥手,帨手,出圭。太常卿奏:"請升壇。"贊曰:"神明在上,整肅威儀。升自午陛。"太常卿奏:"請詣皇地祇神位前。"司玉幣者奉玉、幣以俟。協律郎跪,俛伏,舉麾,奏《肅和》之曲。導駕官同太常卿導引皇帝至神位前,北向立。太常卿奏:"跪,搢圭。"皇帝跪,搢圭。司香官舉香,跪,進于皇帝之左。太常卿奏:"上香,上香,三上香。"皇帝上香,上香,三上香。司玉幣者奉、玉幣,跪,進于皇帝之右。皇帝受玉、幣,奠于皇地祇神位前。太常卿奏:"出圭。鞠躬,拜,興,拜,興,平身。"皇帝出圭,鞠躬,拜,興,拜,興,平身。樂止。太常卿奏:"請詣仁祖淳皇帝神位前。"導駕官同太常卿導引皇帝至神位前。太常卿奏:"跪,搢圭。"皇帝跪,搢圭。司香官奉香,跪,進于皇帝之左。太常卿奏:"上香,上香,三上香。"皇帝上香,上香,三上香。司幣者奉幣,跪,進于皇帝之右。皇帝受幣,奠于仁祖淳皇帝神位前。太常卿奏:"出圭。鞠躬,拜,興,拜,興,平身。"皇帝出圭,鞠躬,拜,興,拜,興,平身。太常卿奏:"復位。"導駕官同太常卿導引皇帝復位。

進熟

贊禮唱:"進俎。"齋郎舉俎,至壇前。進俎官舉俎,升自午陛。協律郎跪,俛伏,舉麾,奏《凝和》之曲。導駕官同太常卿導引皇帝至皇地祇神位前。太常卿奏:"搢圭。"皇帝搢圭。進俎官以俎進于皇帝之右。皇帝以俎奠于皇地祇神位前。太常卿奏:"出圭。"皇帝出圭。導駕官同太常卿導引皇帝至仁祖淳皇帝神位前。太常卿奏:"搢圭。"皇帝搢圭。進俎官以俎進于皇帝之右。皇帝以俎奠于仁祖淳皇帝神位前。太常卿奏:"出圭。"皇帝出圭。太常卿奏:"復位。"導駕官同太常卿導引皇帝復位。

初獻

賛禮唱:"行初獻禮。"太常卿奏:"行初獻禮,請詣爵洗位。"導駕官同太常卿導引皇帝至爵洗位。太常卿奏:"搢圭。"皇帝搢圭。執爵官以爵進。皇帝受爵,滌爵,拭爵,以爵授執爵官。執爵官又以爵進。皇帝受爵,滌爵,拭爵,以爵授執爵官。太常卿奏:"出圭。"皇帝出圭。太常卿奏:"請詣酒尊所。"導駕官同太常卿導引皇帝升壇,至酒尊所。太常卿奏:"搢圭。"帝搢圭。執爵官以爵進,皇帝執爵。司尊者舉羃,酌泛齋。皇帝以爵授執爵官。太常卿奏:"出圭。"皇帝出圭。太常卿奏:"請詣皇地祇神位前。"協律郎跪,俛伏,舉麾,奏《壽和》之曲、《武功》之舞。導駕官同太常卿導引皇帝至皇地祇神位前。太常卿奏:"跪,搢圭。"皇帝跪,搢圭。司香官奉香,跪,進于皇帝之左。太常卿奏:"上香,上香,三上香。"皇帝上香,上香,三上香。執爵官奉爵,跪,進于皇帝之右。皇帝受爵。太常卿奏:"祭酒,祭酒,三祭酒,奠爵。"皇帝祭酒,祭酒,三祭酒,奠爵。樂舞止。太常卿奏:"出圭。"皇帝出圭。讀祝官取祝版于神右,跪讀訖。樂舞作。太常卿奏:"俛伏,興,平身,稍後,鞠躬,拜,興,拜,興,平身。"皇帝俛伏,興,平身,稍後,鞠躬,拜,興,拜,興,平身。樂舞止。太常卿奏:"請詣酒尊所。"導駕官同太常卿導引皇帝至酒尊所。執爵官以爵進。皇帝受爵。司尊者舉羃,酌泛齊,以爵授執爵官。太常卿奏:"請詣仁祖淳皇帝神位前。"導駕官同太常卿導引皇帝至神位前。太常卿奏:"跪,搢圭。"皇帝跪,搢圭。司香官奉香,跪,進于皇帝之左。太常卿奏:"上香,上香,三上香。"皇帝上香,上香,三上香。執爵官奉爵,跪,進于皇帝之右。皇帝受爵。太常卿奏:"祭酒,祭酒,三祭酒,奠爵。"皇帝祭酒,祭酒,三祭酒,奠爵。太常卿奏:"出圭。"皇帝出圭。讀祝官取祝版于神位之右,跪讀訖。大常卿奏:"俯伏,興,平身,稍後,鞠躬,拜,興,拜,興,平身。"皇帝俯伏,興,平身,稍後,鞠躬,拜,興,拜,興,平身。太常卿奏:"請復位。"導駕官同太常卿導引皇帝復位。

亞獻

贊禮唱:"行亞獻禮。"太常卿奏:"行亞獻禮,請詣爵洗位。"導駕官同太常卿導引皇帝至爵洗位。太常卿奏:"搢圭。"皇帝搢圭。執爵官以爵進。皇帝受爵,滌爵,拭爵,以爵授執爵官。執爵官又以爵進。皇帝受爵,滌爵,拭爵,以爵授執爵官。太官卿奏:"出圭。"皇帝出圭。太常卿奏:"請詣酒尊所。"導駕官同太常卿導引皇帝升壇,至酒尊所。太常卿奏:"搢圭。"皇帝搢圭。執爵官以爵進,皇帝受爵。司尊者舉羃,酌醴齊。皇帝以爵授執爵官。太常卿奏:"出圭。"皇帝出圭。太常卿奏:"請詣皇地祇神位前。"協律郎跪,俛伏,舉麾,《豫和》之曲,《文德》之舞。導駕官同太常卿導引皇帝至神位前。太常卿奏:"跪,搢圭。"皇帝跪,搢圭。執爵官奉爵,跪,進于皇帝之右。皇帝受爵。太常卿奏:"祭酒,祭酒,三祭酒,奠爵。"皇帝祭酒,祭酒,三祭酒,奠爵。太常卿奏:"出圭。俯伏,興,平身,稍後,鞠躬,拜,興,拜,興,平身。"皇帝出圭,俯伏,興,平身,稍後,鞠躬,拜,興,拜,興,平身。樂舞止。太常卿奏:"請詣酒尊所。"導駕官同太常卿導引皇帝至酒尊所。執爵官以爵進。皇帝受爵。司尊者舉羃,酌醴齊。皇帝以爵授執爵官。太常卿奏:"請詣仁祖淳皇帝神位前。"導駕官同太常卿導引皇帝至神位前。太常卿奏:"跪,搢圭。"皇帝跪,搢圭。執爵官奉爵,跪,進于皇帝之右。皇帝受爵。太常卿奏:"祭酒,祭酒,三祭酒,奠爵。"皇帝祭酒,祭酒,三祭酒,奠爵。太常卿奏:"出圭。俯伏,興,平身,稍後,鞠躬,拜,興,拜,興,平身。"皇帝出圭,俯伏,興,平身,稍後,鞠躬,拜,興,拜,興,平身。樂舞止。太常卿奏:"復位。"導駕官同太常卿導引皇帝復位。

終獻

贊禮唱:"行終獻禮。"太常卿奏:"行終獻禮,請詣爵洗位。"導駕官同太常卿導引皇帝至爵洗位。太常卿奏:"搢圭。"皇帝搢圭。執爵官以爵進,皇帝受爵,滌爵,拭爵,以爵授執爵官。執爵官又以爵進,皇帝受爵,滌爵,拭爵,以爵授執爵官。太常卿奏:"出圭。"皇帝出圭。太常卿奏:"請詣酒尊所。"導駕官同太常卿導引皇帝升壇,至酒尊所。太常卿奏:"搢圭。"皇帝搢圭。執爵官以爵進,皇帝受爵,司尊者舉冪,酌盎齊。皇帝以爵授執爵官。太常卿奏:"出圭。"皇帝出圭。太常卿奏:"請詣皇地祇神位前。"協律郎跪,俛伏,舉麾,奏《熙和》之曲,《文德》之舞。導駕官同太常卿導引皇帝至神位前。太常卿奏:"跪,搢圭。"皇帝跪,搢圭。執爵官奉爵,跪,進于皇帝之右。皇帝受爵。太常卿奏:"祭酒,祭酒,三祭酒,奠爵。"皇帝祭酒,祭酒,三祭酒,奠爵。太常卿奏:"出圭。俯伏,興,平身,稍後,鞠躬,拜,興,拜,興,平身。"皇帝出圭,俯伏,興,平身,稍後,鞠躬,拜,興,拜,興,平身。太常卿奏:"請詣酒尊所。"導駕官同太常卿導引皇帝至酒尊所。執爵官以爵進,皇帝受爵。司尊者舉冪,酌盎齊。皇帝以爵授執爵官。太常卿奏:"請詣仁祖淳皇帝神位前。"導駕官同太常卿導引皇帝至神位前。太常卿奏:"跪,搢圭。"皇帝跪,搢圭。執爵官奉爵,跪,進于皇帝之右。皇帝受爵。太常卿奏:"祭酒,祭酒,三祭酒,奠爵。"皇帝祭酒,祭酒,三祭酒,奠爵。太常卿奏:"出圭。俯伏,興,平身,稍後,鞠躬,拜,興,拜,興,平身。"皇帝出圭,俯伏,興,平身,稍後,鞠躬,拜,興,拜,興,平身。太常卿奏:"復位。"導駕官同太常卿導引皇帝復位。

分獻

贊禮俟行終獻時,唱:"分獻官行禮。"贊引各引分獻官詣盥洗位,贊:"搢笏。"贊:"盥手。"司盥者酌水,分獻官盥手。贊:"帨手。"司巾者以巾進,分獻官帨手。贊:"出笏。"分獻官出笏。贊:"請詣爵洗位。"贊引引分獻官至爵洗位。贊:"搢笏。"分獻官搢笏。執爵官以爵進,分獻官受爵,滌爵,拭爵,以爵授執爵者。贊引贊:"出笏。"分獻官出笏。贊:"請詣各從祀神位前。"贊引引分獻官至神位前。贊:"跪,搢笏。"分獻官跪,搢笏。司香者以香,跪,進于分獻官之左。贊引贊:"上香,上香,三上香。"分獻官上香,上香,三上香。執爵官以爵跪進于分獻官之右,分獻官受爵。贊引贊:"祭酒,祭酒,三祭酒,奠爵。"分獻官祭酒,祭酒,三祭酒,奠爵。贊引贊:"出笏。俯伏,興,平身,稍後,鞠躬,拜,興,拜,興,平身。"分獻官出笏,俯伏,興,平身,稍後,鞠躬,拜,興,拜,興,平身。贊引唱:"復位。"分獻官復位。

飲福受胙

贊禮唱:"飲福,受胙。"太常卿奏:"請詣飲福位。"導駕官同太常卿導引皇帝升壇,至飲福位,北向立。太常卿奏:"鞠躬,拜,興,拜,興,平身。"皇帝鞠躬,拜,興,拜,興,平身。太常卿奏:"跪,搢圭。"皇帝跪,搢圭。奉爵官酌福酒,跪,進于皇帝之左。贊曰:"惟此酒肴,神之所與。賜以福慶,億兆同沾。"皇帝受福酒,祭酒,飲福酒,以爵置于坫。奉胙官奉胙,跪,進于皇帝之右。皇帝受胙,以胙受執事者。執事者跪,于皇帝之右受胙。太常卿奏:"出圭。"皇帝出圭。太常卿奏:"俯伏,興,平身,稍後,鞠躬,拜,興,拜,興,平身。"皇帝俯伏,興,平身,稍後,鞠躬,拜,興,拜,興,平身。太常卿奏:"請復位。"導駕官同太常卿導引皇帝復位。

徹豆

贊禮唱:"徹豆。"協律郎跪,俛伏,舉麾,奏《雍和》之曲。掌祭官徹豆。贊禮唱:"賜胙。"太常卿奏:"皇帝飲福,受胙,免拜。"贊禮唱:"皇太子以下在位官皆再拜。"傳贊唱:"鞠躬,拜,興,拜,興,平身。"皇太子以下皆鞠躬,拜,興,拜,興,平身。樂止。

送神

贊禮唱:"送神。"協律郎跪,俛伏,舉麾,奏《安和》之曲。太常卿奏:"鞠躬,拜,興,拜,興,平身。"皇帝鞠躬,拜,興,拜,興,平身。贊禮唱:"皇太子以下在位官皆再拜。"傳贊唱:"鞠躬,拜,興,拜,興,平身。"皇太子以下皆鞠躬,拜,興,拜,興,平身。贊禮唱:"祝人取祝,幣官取幣。詣望瘞位。"讀祝官取祝,奉幣人取幣掌,祭官取饌及爵酒,詣瘞坎,置戶上。樂止。

望瘞

贊禮唱:"望瘞。"導駕官同太常卿導引皇帝至望瘞位。贊禮唱:"可瘞。"東、西面各二人以毛血瘞。俟半瘞,太常卿奏:"禮畢。"導駕官同太常卿導引皇帝還大次,解嚴。

鑾駕還宮

鹵簿導從,如來儀,大樂鼓吹振作。

大明集禮卷四

吉禮四

宗廟

總敘

《傳》曰："萬物本乎天，人本乎祖。故爲之宗廟以享祖考，而致其報本之意焉。"德有厚薄，故制有隆殺。自天子至官師，其制不同。

周制，天子七廟。而《商書·伊尹》曰："七世之廟，可以觀德。"則知天子七廟，自古有之，不獨周爲然也。若夫太祖，百世不遷，三昭三穆，以世次，比至親盡而遷焉。此有天下之常禮也。若周至穆王時，文王親盡，當祧；共王時，武王親盡，當祧。以其有功，當宗，故皆別立一廟，而謂之文世室、武世室，亦皆百世不遷。

漢高祖承秦之弊，未嘗立七廟。至太上皇崩，始詔郡國立廟，而皇祖以上無聞焉。惠帝詔有司立原廟，又以沛宮爲高祖廟，又于陵旁立寢園廟。自後每帝輒立一廟，不序昭穆。景帝尊高帝爲太祖，文帝爲太宗，宣帝又尊武帝爲世宗，皆世世不毀。

至元帝，始罷郡國廟及寢園廟。

光武中興，于洛陽立高廟，祀高祖及文、武、宣、元五帝。天子親奉祠，于長安故高廟，祀成、哀、平三帝，京兆尹侍祠。又別立四親廟于南陽春陵，祀父南頓君、祖鉅鹿都尉、曾祖鬱林太守、高祖春陵節侯，皆歲時郡縣侍祠。至明帝，遺詔藏主于光烈皇后更衣別室。後帝相承，皆藏主于世祖之廟。由是同堂異室之制，至于元莫之能改。

唐高祖追尊高、曾、祖、考，立四廟于長安。太宗議立七廟，虛太祖之室。玄宗創制，立九室，祀八世。文宗開成中，禮官議以景帝受封于唐，高祖、太宗創業受命，有功之主，百代不遷，親盡之主，禮合祧遷，至禘、祫則合食如常。其後以敬、文、武三宗爲一代。故終唐之世，常爲九世十一室。

宋自太祖追尊僖、順、翼、宣四祖。每遇禘，則以昭、穆相對，而虛東向之位。神宗熙寧中，奉僖祖爲太廟始祖。至徽宗時，增太廟爲十室，而不祧者五宗。崇寧中，取王肅説，謂二祧在七世之外，乃建九廟。高宗南渡，祀九世。至于寧宗，始別建四祖殿，而正太祖東向之位。

元世祖中統三年，初建宗廟于燕京，以太祖居中，爲不遷之祖。至泰定中，爲七世十室。

國朝，四祖各爲一廟①，一歲五享。禮有合于周制。若其歷代制度儀文之詳，具列于左方。

廟制

《周制·小宗伯》：“掌建國之神位，右社稷，左宗廟。”先儒以

---

① “祖”，《明太祖實録》卷三〇作“代”。

爲外築都宮，內各有寢廟，別爲門垣。太祖在北，左昭右穆，以次而南。凡一都宮之內，分爲異宮，昭東穆西，宮各有寢，在室之北，祐室在西壁，其前爲堂，堂與室相連，東西兩夾室。此周廟制大略之見于《儀禮》者也。

漢惠帝時，高祖廟地六頃三十畝四步，堂上東西五十步，南北三十步。其後諸帝之廟皆自營之，各爲一處。光武合高帝至元帝爲一廟，異室同堂。

唐制：長安太廟凡九廟，同殿異室。其制二十一間，皆四注，東西夾室各一，前後面各三階，東西各二側階。

宋太宗升祔太祖，共成五室。依唐長安之制，東西留夾室外，餘十間分爲五室，室二間。高宗紹興十六年，作新廟于臨安。凡十三間，除東西夾室之外，爲十一室，各開戶、牖，安祐室于西牆。

元遵同堂異室之制。大殿一十五間，後有寢殿二十五間，內外重垣，四隅有闕角，東西正南神門三、井亭二，西神門外大次殿一，東神門外祀祭儀鸞庫一、法物庫一、省牲殿一、神廚一、屠宰所一、鼎鑊所一，南神門外饌幕一，正南外神門一，廊、廡八十有二間，以爲執事齋次。

國朝，四祖各別立廟，德祖居中，懿祖居東第一廟，熙祖居西第一廟，仁祖居東第二廟，廟皆南向。每廟中奉神主，東西兩夾室，兩廡，三門。門設二十四戟，外爲都宮。正門之南別爲齋次五間①，齋次之西爲饌次五間②，俱北向。門之東神廚五間③，西向。

---

① "五"，原作注文小字"闕"，據《明史》卷二七《禮志五·吉禮五》補。
② "五"，原作注文小字"闕"，據《明史》卷二七《禮志五·吉禮五》補。
③ "五"，原作注文小字"闕"，據《明史》卷二七《禮志五·吉禮五》補。

神主

《禮記·曲禮》曰:"措之廟立之主,曰帝。"《五經異義》曰:"主者,神象也。孝子既葬,心無所依。所以虞而立主以事之。"《春秋左氏傳》曰:"凡君薨,祔而作主。"《公羊》曰:"虞主用桑,練主用栗。"何休曰:"主狀正方,穿中央,達四方。天子長尺二寸,諸侯長一尺,皆刻而謚之。"衛次仲曰:"右主八寸,左主七寸,廣厚三寸。右主父也,左主母也。"

漢儀:帝之主九寸,前方後圓,圍一尺;后主七寸,圍九寸,木用栗。後漢《禮儀志》:"桑木主尺二寸,不書謚。"

晉武帝太康中,制廟主尺二寸,后主一尺,木以栗。

唐制:長尺二寸,上頂徑一寸八分,四廂各剡一寸一分,上下四方,通孔徑九分,玄漆匱跌,其匱底、蓋俱方,底自下而上,蓋從上而下,與底齊,跌方一尺、厚三寸,皆用古尺,以光漆題謚號于其背。

宋承唐制,凡題主,享前一日質明,太祝以香湯浴栗主,拭以羅巾,題栗主官捧就褥,題神主墨書訖,以光漆重模之。

元制:世祖至元元年,命劉太保制太廟八室神主,其制並同唐、宋,設祧室以安置。六年,添造木質金表牌位,置祧室前金椅上,後皆易以金主。

國朝 ☐☐☐

時享

有虞氏四時之祭,春曰禴,夏曰禘,秋曰嘗,冬曰烝。

夏、殷因虞之制。

周祭,春曰祠,夏曰禴,秋曰嘗,冬曰烝,以禘爲殷祭之名,皆以孟月,無常日。擇月中柔日,卜得吉則祭之。又《王制》:"天子犆礿,祫禘,祫嘗,祫烝。"蓋天子之禮,春則特祭,夏、秋、冬則合享。特祭各于其廟,合享同于太廟。

漢制,時祭于便殿。光武立廟洛陽,四時祫祀,高祖、文帝、武帝,祀餘帝則春以正月,夏以四月,秋以七月,冬以十月及臘,一歲五祀。

唐,四時各以孟月享太廟。

宋制,歲以四孟月及季冬,凡五享。

元一年四享太廟。

國朝時享用四孟月。惟孟春特祭于廟,其夏、秋、冬則合祭于高祖廟。歲除,復率百官朝祖,合祭于高祖廟。

朔望祭

《春秋外傳·國語》:"祭公謀父曰:'日祭,月祀,時享,先王之訓也。'"韋昭曰:"天子,日上食于祖、禰,月祭于高、曾,時享于二祧。"《論語》曰:"子貢欲去告朔之餼羊。"蓋告朔于廟,餼以特牲,謂之月祭。

漢制,日祭于寢,月祭于廟。寢日四上食,月祭朔望,皆用太牢。

唐天寶中,初令尚食朔望進食于太廟,每室奠享。

宋如唐制。

元不行朔望祭。

國朝朔祭,各廟共用羊一、豕一,各用籩八、豆八、簠二、簋二、登二、鉶二、酒尊三及常饌、鵝羹飯,用祝文,行禮官服法服;

望祭止用常饌、酒果、鵝湯飯,行禮官服常服。

薦新

《周制·月令》:"四時新物,皆先薦寢、廟。仲春獻羔,開冰,季春薦鮪,孟夏嘗麥,仲夏嘗黍,羞以含桃,孟秋登穀嘗新,仲秋嘗麻、黍,秋嘗稻,季冬嘗魚。天子皆先薦而後食。"

漢時,叔孫通以古者有春嘗果,遂獻櫻桃于宗廟,諸果之獻由此興。

東漢安帝詔曰:"凡供薦新味,多非其節,或鬱養強熟,或穿掘萌芽,味無所至而夭折生長,豈所以順時育物乎?自今奉祠,須時乃上。凡省二十三種。"

唐制,品物時新堪進御者,有司先送太常,令尚食相與擇揀潔净,仍以滋味相宜者配之。太常卿及少卿奉薦,有司行事,不出神主。開元加以五十餘品:冬魚、蕨、笋、蒲白、韭菫、小豆、䝁豆、襄荷、菱仁、薑、菱、索春酒、桑落酒、竹根、黃米、糯米、粱米、稷米、茄子、甘蔗、芋子、雞頭仁、苜蓿、蔓菁、胡瓜、冬瓜、瓠子、春魚、水蘇、枸杞、芙茨子、藕、大麥麵、瓜、油麻、麥子、椿頭、蓮子、栗、冰、甘子、李、櫻桃、杏、林檎、橘、椹、菴蘿果、棗、兔髀、麇、鹿、野雞。

宋神宗元豐二年,詳定禮文所更定四時所薦,凡二十八物。取先王所嘗享用膳羞之物,見于經者存之,不經見者去之。于是孟春薦韭以卵,羞以荳仲;春薦冰;季春薦笋及鮪,羞以含桃;孟夏以彘嘗麥;仲夏嘗雛以黍,羞以瓜;季夏羞以芡,以菱;孟秋嘗粟與稷,羞以棗,以梨;仲秋嘗稻,嘗麻,羞以蒲;季秋嘗菽,羞以兔,以栗;孟冬羞以雁;仲冬羞以麕;季冬羞以魚。新物及時出者，即日登獻。以非正祭，不卜日。

元制：世祖至元二十九年，始命每月薦新。孟春，鮪、野彘，仲春雁、天鵝；季春，莙、韭、鴨雞卵；孟夏，冰、羔羊，仲夏櫻桃、竹笋、蒲笋、羊，季夏瓜、豚、大麥飯、小麥麵；孟秋，雛雞；仲秋，菱、芡、栗、黃鼠，季秋梨、棗、黍、粱、鶩老；孟冬，芝麻、兔、鹿、稻米飯；仲冬，麕、野馬，季冬鯉、黃羊、塔剌不花。其每月配薦羊、炙魚、羔、饅頭、餑子、西域湯餅、圓米粥、砂糖、飯羹、乳酪、馬湩，及春秋圍獵始獲之物。

國朝月薦，用所有時新之物。正月，則薦韭、薺、生菜、雞子、鴨子；二月，冰、芹、薹菜、蔞蒿、子鵝；三月，新茶、笋、鯉魚、鱉魚；四月，櫻桃、梅、杏、鰣魚、雉，五月，新麥、桃、李、來檎、黃瓜、嫩雞；六月，蓮子、西瓜、甜瓜、冬瓜①；七月，雪梨、蒲萄、紅棗、菱；八月，新米、藕、芡、茭白、薑、鱖魚；九月，紅小豆、栗、橙、柿、蟹、鯿魚；十月，木瓜、柑、橘、蘆菔、兔、雁；十一月，蕎麥、甘蔗、天鵝、鶩鵝、鹿②；十二月，菠菜、芥菜、白魚、鯽魚。

告祭

《書》曰："受終于文祖，受命于神宗。"此舜、禹受禪而告于廟也。"歸，格于藝祖，用特。"此舜巡狩而告于廟也。

武王克殷，祀于周廟。成王宅洛，祼于太室。此周天子出征、遷都而告于廟也。《祭統》曰："古者，明君爵有德而祿有功，必賜于太廟，示不敢專也。故祭之日，一獻，君降，立于阼階之

---

① "冬"，原作"東"，據《明史》卷五一《禮志五·薦新》改。

② "鹿"，原缺，據《明史》卷五一《禮志五·薦新》補。

南,南向,所命北面,史由君右,執策命之,再拜稽首,受書以歸。而舍奠于其廟。"

漢制:凡嗣君即位,必謁告于高廟。武帝册立齊、燕、廣陵三王,亦使御史大夫張湯告于宗廟。

唐制:凡出師征四夷、討叛臣有功,皆獻俘于太廟。玄宗天寶中,制曰:"承前有事宗廟,皆稱告享。兹乃臨下之詞,頗虧尊上之義。自今以後,應緣諸事告廟者,並改爲奏。"

宋制:幸西京、封太山、祠后土、謁太清宮,皆親告太廟。三歲行郊祀,及每歲祈穀、雩祭、祀方丘、明堂、神州地祇、圓丘,並遣官告祖宗配侑之禮。及每帝即位、改名、上尊號、改元、立皇后、太子、皇子生、納降、獻俘、親征、藉田、朝陵、肆赦、河平、大喪、上謚、山陵、園陵、祔廟,皆遣官奏告。其儀用犧尊、豆、籩各一,實以酒、脯、祝版、幣、帛,行一獻禮。神宗元豐中,詳定禮文所請親祠告宗廟,宜依令用牲,從之。

元制:每遇奏告宗廟,皆以香、幣、酒、脯,行一獻之禮。其或備牲牢,樂用登歌,行三獻之禮。蓋出于宸旨,非常例也。

國朝 ☐☐☐☐☐

祭服

《周禮·司服》:"掌王之吉服,享先王則衮冕。"

秦滅禮學,郊祀服用,皆以袀玄,冕旒前後邃延。

漢承秦弊,無所制立。至明帝永平二年,宗祀光武于明堂,始採周禮製冕服。

晉祀宗廟,介幘、通天冠、平冕。

唐、宋、元皆衮冕。

其太子侍祠服，周、漢無所考。唐制則服袞冕九章，宋、元制亦如之。

其群臣陪祀，周制則公之服自袞冕而下如王之服，侯伯之服自鷩冕而下如公之服，子男之服自毳冕而下如侯伯之服，孤之服自絺冕而下如子男之服，卿大夫之服自玄冕而下如孤之服。自公之袞冕至卿大夫之玄冕，皆助祭之服也。

唐制，一品服袞冕，二品服鷩冕，三品服毳冕，四品服繡冕，五品服玄冕，六品以下、九品以上從祭服爵弁。親王、中書門下奉祀，服九旒冕，衣裳九章；九卿奉祀，服七旒冕，衣裳五章；四品以下爲獻官並博士、御史，服五旒冕，衣裳無章；太祝、奉禮服無旒平冕。

宋制，奉祀服亦如之。而其侍祠之服，則一品、二品服五梁冠，中書門下加籠巾、貂蟬，諸司三品、御史臺四品、兩省五品服三梁冠，四品、五品服二梁冠，御史則加獬豸。

元制，三獻官及司徒、大禮使，服七梁冠，加籠巾、貂蟬，助奠以下諸執事官以次服六梁、五梁、四梁、三梁、二梁冠，御史亦冠二梁，加獬豸，俱青羅服。

國朝皇帝親享太廟，服袞冕；皇太子侍祠，服九旒冕，袞服九章；群臣陪祭，則一品七梁，封公及左、右丞相加籠巾、貂蟬，二品六梁，三品五梁，四品四梁，五品三梁，六品、七品二梁，八品、九品一梁，通服青羅衣。

祭器

《周制·司尊彝》：“春祠、夏禴，祼用雞彝、鳥彝，皆有舟。其朝踐用兩犧尊，其再獻用兩象尊，皆有罍。秋嘗、冬烝，祼用斝彝、黃彝，皆有舟。其朝獻用兩著尊，其饋獻用兩壺尊，皆有罍。凡四時之間祀、追享、朝享，祼用虎彝、蜼彝，皆有舟。其朝踐用兩太尊，其再獻用兩山尊，皆有罍。"又《梓人》："爲飲器，勺一升，爵一升，觚三升，獻以爵，而酬以觶。"《舍人》："凡祭祀，共簠、簋，實之，陳之。"《禮記·明堂位》曰："周以房俎。"《爾雅》："木豆謂之豆，竹籩謂之籩，瓦豆謂之登。"少牢佐食，設羊鉶、豕鉶。陪鼎、羞鼎，皆謂之鉶鼎。

兩漢之制，無所改作。

唐《開元禮》：春、夏每室雞彝一、鳥彝一、犧尊二、象尊二、山罍二，秋、冬每室斝彝一、黃彝一、著尊二、山罍二，皆加勺、冪，冪皆以繡，各有坫。每座四簠、四簋、六登、六鉶，籩、豆各十二。

宋初仍唐制。大觀中，復議依周制，用籩、豆各二十有六，簠、簋各八。

元制，每室籩、豆各十有二，簠、簋各二，登、鉶各二，俎七，香案、沙池各一。其尊、彝之陳于室外者，春、夏用雞彝、鳥彝各一，犧尊、象尊各二，秋、冬斝彝、黃彝各一，著尊、壺尊各二，特祭用虎彝、蜼彝各一，太尊、山尊各二，其著尊、山罍各二，則凡祭用之。其陳于殿下，則壺尊二、太尊二、山罍四，設而不酌，彝皆有舟，加勺，尊、罍皆有坫，加冪。凡祭器，皆藉以莞席。

國朝四廟，每廟籩十二、豆十二、簠二、簋二、登三、鉶三、尊十、彝二，加勺。

幣

周《肆師》之職："立大祀，用玉帛牲牷。"注：宗廟中無煙，瘞埋有禮神幣帛與牲。《禮記·禮器》曰："太廟之內敬矣。君親牽牲,大夫贊幣而從。"蓋大夫執幣,君乃用幣以告神也。《曲禮》曰:"祀宗廟之幣曰量幣,量幣,用繒長丈八尺。"蓋引鄭玄註。《聘禮》釋幣制云"丈,八尺也"。

唐《郊祀録》:"禮神之制幣,告宗廟用白色。"

宋、元至國朝,皆因古制。

祝

《周書·洛誥》:"王在新邑烝祭歲,王命作册,逸祝册。"

唐《開元禮》:"皇帝時享,太祝奉祝版。其文曰:'維某年月日,孝曾孫皇帝諱敢昭告于某祖皇帝。氣序流邁,時維孟春。永懷罔極,伏增遠感。謹以一元大武、柔毛剛鬣、明粢薌合、薌萁嘉蔬、嘉薦醴齊。恭修時享,以申追慕。尚享。'祭畢,燔于齋坊。"

宋制,皇帝親享用竹册,有司常祀則書之方版。其文曰:"若時致享,禮則有常。惟此春令,敢忘吉蠲。謹以量幣、柔毛剛鬣、明粢薌合、薌萁嘉蔬、嘉薦清酌。恭修時享,以申追慕。尚享。"

元制,親享用竹册,每副二十四簡,每簡長一尺一寸,闊一寸,厚一分二釐,貫以紅絨條,面用膠粉塗飾,背飾以絳金綺,藏以楠木縷金雲龍匣,塗金鎖鑰,韜以紅錦囊,蒙以銷金雲龍絳羅袱。擬撰祝文。書祝、讀祝皆翰林詞臣掌之。書祝之臣,具公服,進取御署。祀事畢,其册庋如法。攝祀則用祝版長二尺四寸,闊一尺二寸,厚一分,用楸、梓木,其面背飾以精潔楮紙。書祝官具公服于饌幕,書其文曰:"伏以孟春屆序,歲事惟新。有嚴太宮,聿修時祀。仰祈監格,永錫繁禧。謹以一元大武、柔毛剛鬣、明粢薌合、薌萁嘉蔬、嘉薦醴齊、虔恭齊栗。備茲清祀。尚享。"書畢,獻官具公服,代御署。署畢,執事舉案,蒙以絳羅銷金袝。書祝官以授太廟令,設于列室之右。祀畢,太祝奉詣瘞坎,焚之。

國朝時享四廟,祝版用梓木,長一尺二寸,闊九寸,厚一分,用楮紙冒之。祝文曰:"惟某年月日,孝玄孫皇帝臣某謹昭告于皇高祖玄皇帝、皇高妣玄皇后。時維孟春,禮嚴特享,謹以牲醴庶品,恭詣德祖之廟,以伸追慕之情。尚享。"懿祖、熙祖、仁祖。三廟同。

牲

《王制》:"祭宗廟之牛,角握。"《洛誥》:"烝祭歲,文王騂牛一,武王騂牛一。"

漢宗廟正祠及原廟、園廟,皆用太牢。元帝時,八月酎,車駕夕牲牛以繡衣之。皇帝暮親牲,左袒,以明水沃牛右肩。手執鸞刀,以切牛毛血薦之。

唐太廟室一歲凡五享,每享各用一犢。

宋仁宗慶曆時,四孟月並臘,時享太廟。親享用犢一,羊、豕各二;攝事唯用羊、豕。神宗元豐三年,詳定禮文所言:"古者天子之祭,無不用牛。今三年親祠,而入室共用一犢,及祫享盛祭,有司攝事,而不用太牢,則爲非稱。"詔:"親祠並祫享,每室用太牢。"

元太廟時享,一握角赤色牛一,羊、豕各十四,並活鹿、麞、兔。至元三年,每室添牲牢、白羊二、黑豕二。大德元年,加用馬。

國朝四祖廟,一歲五享,各用犢一、羊一、豕一。

牲體

《國語》曰："禘郊之事,則有全烝;王公立飫,有房烝;親戚燕飲,有殽烝,則全烝豚解也。房,烝體解也。殽,烝骨折也。"

正祭則天子有豚解、體解。

《禮運》曰："腥其俎,熟其殽,體其犬、豕、牛、羊。"腥其俎,謂豚解而腥之爲七體。熟其殽,謂解之爓之,爲二十一體是也。豚解,謂左肩;臂、臑、肫、胳、脊、脅爲七體。體解,謂折脊爲三,兩胉、兩肵、兩股各三通,爲二十一體也。然牲以兩髀賤,而不升于正俎,故左、右體兩相合而爲十九體。又神俎不用左體,故止用右體十一。若夫特牲,則又于十一體之中不用脡脊、代脊,而爲九。此羊、豕骨體之數之升于俎者,皆備于此矣。

酒齊

《周禮·酒正》辨五齊之名:一曰泛齊,二曰醴齊,三曰盎齊,四曰緹齊,五曰沈齊;三酒之物:一曰事酒,二曰昔酒,三曰清酒。《通典》敍大祫于太廟,則備五酒、三齊。鄭玄謂"祭祀必用五齊者,至恭不尚味,而貴多品也"。若三酒者,則人所飲也。又《司尊彝》"秋嘗、冬烝、朝獻用兩著尊,饋獻用兩壺尊",則泛齊、醴齊各以著尊盛之。盎齊、醍齊、沈齊各以壺尊盛之,凡五尊也。又五齊各有明水之尊,凡十尊也。三酒、三尊各加玄酒,凡六尊也。通斝彝盛明水,黃彝盛鬱鬯,有十八尊。蓋古者祭祀,以五齊薦諸神,以三酒酳諸人,其用不同。

秦、漢以來,酒齊之法無所考。

唐、宋以下,名存三酒、五齊,而以法酒實之。神宗元豐元年,依太常寺奏請,以法酒庫三色酒,並内酒坊法糯酒以代五齊、三酒。

元悉以内醞實之,又加設馬湩。

國朝倣周制,用新、舊醅,以備五齊、三酒。

粢盛

《周禮·大宗伯》之職,"以饋食享先王"。言饋食者,著有黍、稷也。蓋黍、稷曰粢,在器曰盛。《甸師》:"掌帥其屬而耕耨王籍,以時入之,共粢盛。""季秋,乃命冢宰農事備收,藏帝藉之收于神倉,祇敬必飭。"《小宗伯》:"辨六齊之名物與其用。使六宫之人共奉之。"六齊謂六穀,黍、稷、稻、粱、麥、苽。《廪人》:"出之。"《舂人》:"舂之。"《饎人》:"炊之。"《舍人》:"共簠、簋實而陳之。"

漢文帝詔開藉田,親率天下農耕,以供宗廟粢盛。

唐貞觀間,藉田之穀,斂而鍾之神倉,以擬粢盛。

宋元豐二年,于京城東南度田千畝爲藉田,收其實以供粢盛。

元,制置藉田、神倉,每遇宗廟享祀粢盛,則取給于神倉。

籩豆之實

《周禮·籩人》:"掌四籩之實。"朝事之籩,其實麷、蕡、白、黑、形鹽、膴鮑、魚鱐;饋食之籩,其實棗、栗、桃、乾蕯、榛實;加籩之實,菱、芡、栗脯①;羞籩之實,糗餌、粉餈。《醢人》:"掌四豆之實。"朝事之豆,其實韭菹、醓醢、昌本、麋臡、菁菹、麋臡;饋食之

---

① "栗脯"後衍"菱芡栗脯",據《周禮·天官冢宰·籩人》删。

豆,其實葵菹、蠃醢、脾析、蠯醢蠯、蜃醢、豚拍、魚醢;加豆之實,芹菹、兔醢、深蒲、醓醢、箈菹、雁醢、笋菹、魚醢;羞豆之實,酏食、糝食。《亨人》:"共大羹、鉶羹。"

唐制,籩、豆各用十有二。籩實以石鹽、乾魚、乾棗、栗黃、榛子仁、菱仁、芡仁、鹿脯、白餅、黑餅、糗餌、粉餈。豆實以韭菹、醓醢、菁菹、鹿醢、芹菹、兔醢、笋菹、魚醢、脾析、豚拍、酏食、糝食。登實以大羹。鉶實以肉羹。

宋宗廟,每室舊用籩、豆之數,一如唐制。神宗元豐中,奉祀禮文所言:"籩豆十二,殊爲簡略。請依古禮,各用二十有六籩。實以麷、蕡、白、黑、形鹽、膴鮑、魚鱐、棗、濕棗、栗、桃、乾桃、濕梅、乾蓤、榛實、菱、芡、栗脯、菱、芡、栗脯、糗餌、粉餈。豆實以韭菹、醓醢、昌本、麋臡、菁菹、鹿臡、茆菹、麋臡、葵菹、蠃醢、脾析、蠯醢蠯、蜃醢、豚拍、魚醢、芹菹、兔醢、深蒲、醓醢、箈菹、雁醢、笋菹、魚醢、酏食、糝食。登一,實以大羹。鉶三,實以牛、羊、豕。"

元制,每室籩、豆各十有二。籩實以形鹽、魚鱐、糗餌、粉餈、棗、桃、乾蓤、榛、菱、芡、鹿脯、栗,豆實以韭菹、醓醢、酏食、糝食、菁菹、鹿臡、葵菹、豚拍、魚醢、芹菹、兔醢、笋菹。三登、三鉶,實以大羹和羹。

國朝,每廟籩、豆各十二。籩實以鹽、藁魚、棗、栗、榛、菱、芡、鹿脯、白餅、黑餅、糗餌、粉餈。豆實以韭菹、醓醢、菁菹、鹿醢、芹菹、兔醢、笋菹、魚醢、脾析菹、豚拍、酏食、糝食。登三,實以大羹。鉶三,實以肉羹。

樂舞

《周禮·大司樂》:"以六律、六同、五聲、八音、六舞大合樂,以致鬼神。示乃分樂而序之，以祭，以享，以祀。乃奏夷則、歌小呂、舞《大濩》，以享先妣；乃奏無射、歌夾鐘、舞《大武》，以享先祖。"凡樂事，大祭祀宿懸，遂以聲展之。王出入則奏《王夏》，尸出入則奏《肆夏》，牲出入則奏《昭夏》。《鼓人》："以路鼓鼓鬼享。"凡宗廟之祭，先作樂以下神。若樂九變，人鬼可得而禮。夫祭，有三重焉。獻之屬莫重于祼，聲莫重于升歌，舞莫重于舞宿夜。然後鐘、磬、竽、瑟以和之，干、戚、旄、狄以舞之，此所以祭先王之宗廟也。

漢興，叔孫通因秦樂人制宗廟樂。太祝迎神于廟門，奏《嘉至》，猶古降神之樂也。皇帝入廟門，奏《永至》，以爲行步之節。猶古《采齊》《肆夏》也。乾豆上，奏登歌。獨上歌，不以筦弦亂人聲，欲在位者徧聞之，猶古清廟之歌也。登歌再終，下奏《休成》之樂，美神明既享也。皇帝就酒東廂坐定，美禮已成也。又有《房中祠樂》，唐山夫人所作也。惠帝二年，使樂府令夏侯寬備其簫筦，更名曰《安世樂》。八月，酎，歌《秦海龜》《龍舞》《武德》《文始》《五行》之舞。東漢，東平王蒼謂前漢諸祖別廟，可得各有舞樂。至于祫祭始祖之廟，則專用始祖之舞。

後漢諸祖，共廟同庭，不得人人別舞。是以東都樂舞之制，略而不備。

唐高宗麟德中，太廟所奏宮懸，文舞用《功成慶善》之樂，武舞用《神功破陳》之樂。開元中，時享太廟，前二日，大樂令設宮懸之樂于廟庭。降神，奏《永和》之樂，以黃鐘爲宮，大呂爲角，太簇爲徵，應鐘爲羽，作文舞之舞，樂舞九成。迎神，登歌奏《肅和》之樂。俎入，奏《雍和》之樂。酌獻及飲福，奏《壽和》之樂，各用本廟之舞。初獻畢，文舞退，武舞進，作《舒和》之樂。徹豆，武舞止。登歌作《雍和》之樂。送神,作《蕭和》之樂。

宋制,迎神作《興安》之樂、《孝熙昭德》之舞,九成。俎入,作《豐安》之樂。皇帝盥洗,作《正安》之樂。初獻,登歌作《基命》之樂。初獻畢,文舞退,武舞進。作《正安》之樂。亞、終獻,作《武安》之樂、《禮洽儲祥》之舞。徹豆,登歌作《恭安》之樂。送神,作《興安》之樂。

元中統中,郊廟之樂定名曰《大成》之樂。至元三年,太廟八室各製送、迎神曲。又初獻升降曰《肅成》之曲。司徒奉俎曰《嘉成》之曲。文退,武進,曰《和成》之曲。亞、終獻酌獻曰《順成》之曲。徹豆曰《豐成》之曲。文舞曰《武定文綏》之舞,武舞曰《內平外成》之舞。

國朝享太廟,迎神奏《泰和》之曲,初獻奏《壽和》之曲、《武功》之舞,亞獻奏《豫和》之曲、《文德》之舞,終獻奏《熙和》之曲、《文德》之舞,徹豆奏《雍和》之曲,送神奏《安和》之曲。凡盥洗、升降、飲福、受胙,並不用樂。

誓戒

《周禮‧冢宰》:“大祭祀,掌百官之誓戒。”《大司寇》:“蒞誓百官,並戒百族。”《明堂位》:所謂“各揚其職,百官廢弛,服大刑”,是其辭之略也。

隋制,凡大祀,齋官皆于其晨集尚書省受誓戒。

唐制,前期七日,太尉誓百官于尚書省,曰:“某月某日,有事于太廟。各揚其職。不供其事,國有常刑。”

宋制,前七日,命太尉誓百官于尚書省曰:“今年某月某日,皇帝朝享太廟行禮。各揚其職。不供其事,國有常刑。”亞獻及宗室應赴陪位立班者，亦前七日並赴中書受誓戒。大尉讀誓文云："必揚其職，肅奉常儀。"

元制，前祭三日，太尉讀誓曰："某年某月某日，祭于太廟。各揚其職。其或不敬，國有常刑。"退，散齋二日，宿于正寢；致齋一日，宿于祠所。散齋日，治事如故，不弔喪、問疾，不作樂，不判署刑殺文字，不決罰罪人，不預穢惡事。致齋日，惟祭事得行，其餘悉禁。凡與享之官已齋而缺者，通攝行事。讀畢，七品以下官先退，餘官對拜而退。

國朝重其禮，凡大祭祀，百官朝服，親受戒辭于御前。

齋

《周禮》："前期十日，大宰帥執事而卜日，遂戒。"《傳》曰："七日戒，三日宿，慎之至也。齋者，不樂言，不敢散其志也。心不苟慮，必依于道。手足不苟動，必依于禮。是故君子之齋也，專致其精明之德也。故散齋七日以定之，致齋三日以齊之。精明之至，然後可以交于神明。"蓋古者大祭，齋並十日。

秦變古法，改用三日。

漢武帝祠太一于甘泉，齋戒百日。至元帝永光四年，改舊制，天地七日，宗廟五日。

後漢禮儀，凡齋七日。七日之制自漢始也。

唐制，皇帝親行事，皆散齋于別殿，致齋于齋殿室內，東向。凡致齋之日，降就齋室。諸從祀齋官及有司攝事大祀者，皆散齋四日、致齋三日。散齋于家正寢，致齋二日于本司，一日于祠。所凡散齋之日，理事如故，唯不得弔喪、問疾，不判署刑殺文書，不決罰罪人，不作樂，不親穢惡之事。致齋，惟祀事得行，其餘悉禁。致齋于本司者，皆日未出時到齋所。至祀前一日，各從齋坊先于太常寺門集齊，赴祀所。所司先告州府及左右金吾。平明，清所經之道路，不得見凶穢縗絰，過訖任行。其哭泣之聲聞于祀所者，權斷。散齋有大功已上喪，致齋有周親已上喪，並聽奔赴居，緦麻已上喪者，不預宗廟之祭。其身在齋坊病者，聽還；若死，同房不得行事。凡齋官，祀前一日皆沐浴。流內九品以上官，給明衣，各習禮于齋所。

宋制，散齋七日于別殿，致齋三日于齋殿。至行禮日，自齋殿詣太廟，共齋十日。

元制，親祀，散齋四日于別殿，治事如故，不作樂，停奏刑名事，不行刑罰；致齋三日，惟專心祀事，其二日于大明殿，一日于大次，共齋七日。其攝事官則散齋二日，宿于正寢；致齋一日，于祀所齋，止三日。

國朝祭太廟，皇帝散齋四日，致齋三日，陪祭官、執事官齋三日。

省牲

《周禮》："祭之前日，大宰及執事眂滌濯。"《小宗伯》"省牲"，《大宗伯》"省牲鑊"。

自漢以來，大祭祀則天子親臨夕牲。元帝八月酎車駕夕牲，牛以繡衣之。皇帝暮親牲，手執鸞刀以切牛毛血薦之。

晉武帝太始六年，帝親夕牲。江左已後，皆有司省牲。

唐制，前祭一日晡後三刻，太祝與廩犧令以牲就東門牓位。太常、御史自東陛升，視滌濯。執尊者皆舉冪，告潔。廩犧令少前，曰"請省牲"。太常卿前進，視牲。廩犧令前，北面舉手曰

“脤”。諸太祝各巡牲一匝，西面舉手曰“充”。諸太祝與廩犧令以次牽牲詣厨，授太官令。光禄卿詣厨，省鼎鑊，申視濯溉訖。祀官等皆詣厨，省饌具，各還齋所。

宋制，享前一日未後三刻，申視滌濯官申視滌濯。執事者舉羃，告潔。省牲官省牲訖，引光禄卿出班，巡牲一匝，西向躬曰“充”，曰“備”。次引光禄丞巡牲一匝，西向躬曰“脤”。光禄卿、丞以次牽牲詣厨，省鼎鑊，實鑊水。晡後，太官令帥宰人以鸞刀割牲，祝史取毛血實于盤，取膟膋實于登，俱置饌所，遂烹牲。

元制與唐同。

國朝前期一日，皇帝服通天冠、絳紗袍，太常博士、太常卿引至省牲位執事官牽牲省訖，牽牲詣厨。

陳設

周制，將祭，掌次于廟門外設主人及公卿以下次幕①，其尸次兼設幄。《天府》：“陳國之寶器于東西序，諸侯及夷狄來助祭，所貢方物珍異皆陳于廟庭。”《司几筵》：“陳几席。”《司服》：“共祭服。”《典輅》：“出玉輅。”凡百司所供之物，皆太史校數之，及教所當置處。《雞人》：“呼晨閽人設門燎，踔宮門、廟門。”《司樂》：“宿懸室中。”陳欝鬯、明水室户内，陳泛齊、醴齊、盎齊室户外，陳醍齊堂下，陳沈齊沈齊南，陳玄酒玄酒南，陳事酒、昔酒、清酒。

自漢以下，享廟陳設，惟唐制可考。尚舍直長施大次廟東門外。尚舍奉御鋪御座。行宮奉禮設諸享官、九廟子孫、文武官、朝集使、蕃客次。右校清掃内外，設牲榜于東門外，省牲位于牲

---

① “幕”，原作“羃”，據嘉靖本改。

前,設尊、彝之位于廟堂上前楹間,各于室戶之左,北向,每室祭器皆加勺、冪,各有坫,設籩、鉶、籩、豆之位于廟堂上,四籩居前,四簠次之,次以六登、六鉶、籩、豆爲後,每座異之,設御洗並亞、終獻之洗于東陛,太廟令整拂神幄,太樂令設宮懸之樂于廟庭,太廟令、良醞令實尊罍,太官令實籩、豆、簠、簋,太廟令、太祝、宮闈令升堂,奉神主出,置于座,太廟令以祝版各奠于坫,太樂令帥工人二舞入,文舞陳于懸內,武舞立于懸南。

宋制,儀鸞司設大次于東神門外,小次于阼階東,又設文武侍臣次于大次之前,行事助祭官、宗室、有司次于廟之內外,設饌幔于南神門外,又設七祀次、配享功臣次于殿下。宮闈令掃除,開瘞坎于殿西階。太常設七祀燎柴于南神門外,陳登歌之樂于殿上前楹間,設宮架于庭中,立舞表于鄲、綴之間。奉禮郎、禮直官設皇帝位版于阼階上,飲福位于東序。贊者設亞、終獻位于小次南,又設助祭文武群臣、宗室並諸執事官位。光禄陳牲于東門外,祝史位于牲後。太常設省牲位于牲西。禮部設祝冊案于室戶外之右。司尊彝設幣篚于酌尊所,次設籩、豆、簠、簋、尊、彝之位。太常設七祀位于殿下,皆設神席,設神位版于座首。每室饌幔內設進盤、匜、帨、巾內侍位于版位之後,設亞、終獻盥洗、爵洗于其位之北。太官令盥洗于西階下,七祝功臣獻官盥洗各于神位前,罍、酌、篚、巾各設于左右。太府卿陳幣于篚。光禄卿實籩、豆、簠、簋,太官令實俎,良醞令實彝及尊、罍。太常設燭于神位前,設大禮使以下行事、執事官揖位于東神門外,設望瘞位于瘞坎之南。儀鑾司設冊幄于南神門外。符寶郎奉寶陳于宮架之側。薦香燈官奉帝神主,宮闈令奉后神主設于座,帝主以白羅巾,后主以青羅巾覆之。太官令以匕升牛、羊、豕,各載于俎。薦俎官奉俎置神位前。

元制並同唐、宋。

國朝祭前一日，陳設齋次、饌室，每廟用十二籩于神位之左，十二豆于神位之右，俱爲三行，簠、簋各二于籩、豆之間，鉶三、登三、俎三各陳于簠、簋之前，香燭案于俎前，爵坫、沙池于香案之前，祝版于神位之右，盥洗位于殿陛下之東，爵洗位于殿東門之前，酒尊位于爵洗位之北，幣篚位于尊北，宮懸位庭中，樂生位于前舞生位于後，御位于廟庭之中及香案之前，皇太子位于廟廷御位之右稍後，陪祭官位于廟廷御位之南，文東武西，導駕及奏禮六人位于御位之左右稍前，東西相向，御史二人位于殿陛之下，典儀位于御史之南，俱東西相向，承傳位于陪祭官之北稍後，東西相向，陪祭文武官引班四人位于文武官之東西稍後，協律郎二人位于樂懸之東西，啓幄內官位于神位旁之右，讀祝位于神位前之右，司盥洗執事位于盥洗位之後，司爵洗執事及執爵執事位于爵洗之後，司酒尊執事位于酒尊位之後，捧幣執事位于幣篚之後，望燎位于殿庭之南。

祼

《周制，大宗伯》之職"以肆獻祼享先王"。《欝人》："掌祼器。凡祭祀之祼事，和欝鬯以實彝而陳之。"《郊特牲》曰："祭所以求陰陽之義。殷人先求諸陽，周人先求諸陰。祭必先祼乃後薦腥、薦熟，祭以祼爲重，祼所以降神。"《祭統》云："祭之屬莫重于祼。"《典瑞》："祼圭有瓚，以肆先王，以祼賓客。"鄭司農云："于圭頭爲器，可以挹鬯，祼祭謂之瓚。"

梁武帝時，何佟之議宗廟祭禮，"先有祼尸之事乃迎牲，今薦熟畢，太祝方執圭瓚祼地。又近代人君，不復躬行祼禮，太尉既設位，宜親執事而使卑賤，甚乖舊典。祭日宜先祼獻，乃復迎牲"。帝從其議，始以太尉行祼而又牽牲。

唐制，皇帝詣罍洗，侍中引盥畢，取瓚于篚，皇帝受瓚，盥瓚，拭瓚訖，太常卿引詣尊彝所，侍中贊"酌鬱鬯"，入詣神座前，以鬯灌地奠之。

宋、元同唐制。

國朝時享太廟，皇帝親行祼禮。

飲福

周制，王享宗廟，九獻畢，尸酢王，王受嘏，祝致神意以告主人。又少牢饋食，薦獻禮終，二佐食各取黍于一敦，上佐食兼受，搏之以授尸，尸執以命祝，卒命祝，祝受以東北面于戶西，以嘏于主人，嘏辭云："皇尸命工祝，承致多福無疆，于汝孝孫，來汝孝孫，使汝受禄于天，宜稼于田，眉壽萬年，勿替引之。"然此大夫之嘏辭爾。至于《小雅·楚茨之詩》云"永錫爾極，時萬時億"，是則天子嘏辭之略也。

自漢以來，祭祀用三獻之禮，人君爲初獻，有一獻纔畢而受嘏者。

唐《開元禮》，天子初獻，太尉亞獻，光禄卿終獻。每獻各行飲福、受胙。

宋元豐年間，詳定禮文所言："祭祀之主，既自天子飲福、受胙，臣下不可專受于神。又《開元禮》，皇帝享太廟獻訖，太尉未升堂而皇帝飲福、受胙，相循至今。請改正儀注。俟亞、終獻既行禮，然後禮官前導皇帝飲福、受胙。亞、終獻則不飲福。"自是皇帝親祀,俟終獻既升,即詣飲福位。良醞令酌上福酒,合置一尊。太祝率執事者持胙俎,減神位前正脊二骨、橫脊一加于俎上。太官令取黍于簋,以授搏黍太祝。太祝受以豆。皇帝先祭酒,啐酒,既而受俎,受豆,再受爵,飲福,始還版位。

元制,天子親祀,正獻飲福。

國朝,享四廟,皇帝親行三獻禮畢,然後飲福,嘏之辭曰"惟此酒殽,神之所與。賜以福慶,億兆同沾"。

燎瘞

《禮記・曾子問》:"孔子曰:'天子、諸侯將出,必以幣帛皮圭告于祖禰,反必告。設奠卒,斂幣玉,藏諸兩階之間。'"《金縢》曰:"周公作金縢,史乃冊祝,公歸,乃納冊于金縢之匱。"蓋古之王者,孝恭盡于事祖。奉神之物,雖無所用而不敢忽。所以廣恭愛之道。故凡禮神之幣,皆埋之西階東,冊則藏諸有司之匱。

漢無所考。

唐制,凡告宗廟,幣帛瘞于壬地,方深取足容物,祝版則焚于齋坊。天寶六年,復用竹冊,祭訖,燔、瘞如祝版之儀。

宋舊制,宗廟之幣則燔之。元豐中,禮官議以宗廟之禮不用煙以歆神,則無燔燎之禮。自是享廟禮畢,有司取幣置于埳瘞之,祝版置于燎柴焚之,太常藏祝冊于匱。

元制,送神樂止,太祝奉禮幣至望瘞位,三獻官以下至位埳北,南向跪,以祝幣奠于柴俟,半燎則瘞之。

國朝則讀祝官、奉祝掌祭官奉幣各詣望燎位,焚于殿陛前。

職掌人員

《周禮·太史》：“卜日。”《司隸》：“除糞掃。”《庖人》：“告牷。”《太宰》：“視滌濯。”《祭器》：“掌次設次幕。”《司徒》：“奉牛牲。”《司馬》：“奉羊牲。”《司空》：“奉豕牲。”《司烜氏》：“共明水火。”《籩人》：“陳四籩之實。”《醢人》：“掌四豆之實。”《醯人》：“共五齊、七菹、醯醬等。”《鹽人》：“共鹽。”《酒正》：“共五齊三酒，以實八尊。”《司尊彝》：“共斝彝、黃彝。”《冪人》：“共巾冪。”《亨人》：“陳鼎鑊。”《舍人》：“共簠簋。”《甸師氏》：“共齍盛、蕭茅。”《內宰》：“共瑤爵。”《典瑞》：“共祼圭璋。”《司几筵》：“陳几席。”《司服》：“共祭服。”《太史》：“校數百司所供之物。”《典輅》：“出玉輅。”《雞人》：“呼晨。”《司樂》：“宿懸。”《大宗伯》：“出神主。大夫贊‘王牽牲’，執幣而從。”

自漢以來，祭享太廟。其官屬職掌莫備于唐。其制，有司卜日，尚舍直長施大次，奉御鋪御座，大樂令設宮懸之樂于廟庭，右校清掃內外，奉禮設御位于東陛，又設文武群官及尊、彝、籩、豆之位，太廟令整拂神幄，祝史取毛血入豆，太廟令、良醞令入實尊、罍，太官令實諸籩、豆、簠、簋，御史、太祝升堂行掃除于上，令史、祝史行掃除于下，太廟令、太祝、宮闈令開埳室，出神主置于座，太廟令以祝版，奉御署、太樂令率工人、二舞人，司空升堂掃除于上，降行樂懸于下，殿中監進受鎮圭，協律郎舉麾、奏樂、偃麾、止樂，司徒奉俎，太祝讀祝，太尉亞獻，光祿卿終獻訖，太祝徹豆。

宋制，太史擇日，儀鑾司設饌幔，宮闈令掃除廟內外、拂神幄、鋪几筵，太常設樂架、立舞表、陳幣篚、實祭器、開瘞埳、設席位,樂正帥工人、二舞入,太官令、光禄丞實饌具,光禄卿點視禮饌,御史閲陳設、糾察不如儀者,薦香燈官奉帝主,宮闈令奉后主出,納于祐室,協律郎作樂、主麾、舉偃,兵部、工部尚書捧俎,太官令酌三獻官酒齊,太祝讀祝、徹籩豆。

元制,獻官執事員數三,獻官各一,司徒一,大禮使一,助奠官二,太常卿一,光禄卿一,撰祝文學士一,奠祝版禮部官一七,祀獻官一,太常寺丞二,光禄丞一,太廟令一,太樂令一,太官令一,良醖令一,司尊彝一,廩犧令一,御史二,監禮博士二,舉瓚爵官各一,讀祝官一,舉祝官二,太廟丞一,太官丞一,盥爵洗官各一,巾篚官二,奉禮郎二,太祝八,祝史一十六,齋郎九十一,七祝讀祝官一,剪燭官一,殿上下管勾二,司天生一,禮直官四十五,登歌宮懸大樂工人四百一十二名。

國朝設皇帝大次、皇太子幙次官二人,灑掃廟内外官一人,設燎官二人,設御位東宮位官二人,設文武陪享諸執事版位官一人,設省牲位並宰牲、割牲官二人,牽牲十人,掌鼎鑊候視滌溉官一人,協律郎一人,舞士一人,樂生六十二人,舞生一百二十八人,撰祝書祝官各一人,讀祝兼捧祝官一人,導駕奏禮官六人,導引皇太子官四人,引文武兩班陪享官四人,糾儀御史二人,贊禮二人,承傳二人,司罍洗捧匜一人,進巾官一人,司爵洗酌水官一人,進巾官一人,司尊官一人,執爵官四人,捧幣官四人,司香官四人,掌祭徹豆官八人,啓幄内使四人,進饌官六人,舉俎齋郎十二人,進福酒官一人,進俎官二人,授胙執事官一人。

追尊祖廟

《禮記》:"武王末受命,周公成文武之德,追王大王、王季,上祀先公以天子之禮。"

漢高祖十年，太上皇崩，始詔郡國立廟，而皇祖以上未嘗追王。

唐高祖武德元年，追尊高祖曰宣簡公，曾祖曰懿王，祖曰景皇帝，廟號太祖，考曰元皇帝，廟號代祖。咸亨五年，改尊宣簡公爲宣皇帝，廟號獻祖，懿王爲光皇帝，廟號懿祖，立四廟于長安。

宋太祖建隆元年，上高祖謚曰文獻皇帝，廟號僖祖，曾祖曰惠元皇帝，廟號順祖，皇祖曰簡恭皇帝，廟號翼祖，考曰昭武皇帝，廟號宣祖。皇帝御崇元殿，太常卿贊，導禮官奉引，備禮、遣使、奉册，上四廟謚號。

元世祖至元四年，追尊太祖之父爲神元皇帝，廟號烈祖。

國朝洪武元年正月四日，追尊高祖爲玄皇帝，廟號德祖，曾祖爲恒皇帝，廟號懿祖，祖考爲裕皇帝，廟號熙祖，考爲淳皇帝，廟號仁祖。

追尊册寶

按古册之制，以竹爲之，衆簡相連，長二尺，其次一長一短，兩編下附。

周、漢以來，命諸侯、立皇后、太子則用之。寶之制，以玉爲之。

自秦以璽傳國，故歷世相承而用。

唐改璽爲寶。

其追尊祖廟册寶之制，則漢以來無文。

宋太祖建隆元年，追尊僖、順、翼、宣四祖。御崇元殿，備禮、遣使、奉册，上四廟謚號，大臣撰册文及書册寶。其册用珉玉簡，長尺二寸、闊一寸二分、厚五分，簡數從文之多少，聯以金繩，首尾結帶。前後四枚，刻龍，鏤金，若捧護之狀，藉以錦褥，覆以紅羅泥金夾帊,册匣長廣取容册,塗以朱漆,金裝隱起突龍鳳。金鎖粉鐍,匣上又以紅羅繡盤龍蹙金帕覆之,承以金裝長干牀,金龍首、金魚鈎,藉匣以錦緣席錦褥,又紐紅絲爲條以縈匣,册案塗朱漆,覆以紅羅銷金衣。其寶用玉篆文,廣四寸九分、厚一寸二分,其文曰"某祖某皇帝之寶",填以金盤龍紐,繫以暈錦大綬、赤小綬,連玉環。玉檢高七寸、廣二寸四分,皆飾以金,裹以紅錦,加紅羅泥金夾帊,納于小盝,盝以金裝,内設金牀暈錦褥,飾以雜色玻璨、碧鈿石、珊瑚、金精石、碼磘,又盝二重,皆裝以金,覆以紅羅繡帊。

元册寶,並同宋制。

國朝追尊四廟,其册寶亦皆用玉,册之長闊、簡數、繩聯、褥藉、帕覆、匣藏,並寶之厚廣、龍紐、錦綬、裹以帕、納以盝,並與宋、元同制。其德祖廟之册文曰:"維洪武元年,歲次月朔日,孝玄孫嗣皇帝臣某再拜稽首上言,臣聞尊敬先世,人之至情。祖父有天下者,傳之于子孫。子孫有天下者,追尊于祖父。此古今之通義也。臣遇天下兵起,躬被甲冑,調度師旅,戡定四方,以安人民,土地日廣,皆承祖宗之庇也。諸臣庶推臣爲皇帝。先世考妣未有稱號,謹上皇高祖考府君尊號曰玄皇帝,廟號德祖。伏惟英爽,鑒此孝思。謹言。"其寶文曰"德祖玄皇帝之寶"。玄皇后並懿祖恒皇帝、恒皇后、熙祖裕皇帝、裕皇后、仁祖淳皇帝、淳皇后陳氏册文,並同。其寶文,則各隨謚號。

配享功臣

殷《盤庚》云:"茲予大享于先王[①],爾祖其從與享之。"

---

① "王",原作"生",據嘉靖本改。

周制，凡有功者，祭于大烝，司勳詔之。

漢制，祭功臣于庭。

唐制，功臣唯袷享配于廟庭，禘及時享皆不預，位在太階之東少南，西向，以北爲上。

宋制，功臣凡冬享、禘、袷及親祠，並得配享。有司先事設幄次，布褥位于廟庭東門內道南，當所配室，西向；設位版，方七寸、厚一寸半，籩、豆各二，簠、簋、俎各一。知廟卿奠爵、再拜。

元至治三年，博士劉致等議功臣配享，而卒未之行。

國朝每歲春秋二時享廟，則列功臣位于仁祖廟之東廡。籩、豆各四，籩實以栗、棗、鹿脯、形鹽，豆實以菁、鹿臡、芹、兔醢。

五祀

《周禮》：五祀，春祀戶，夏祀竈，秋祀門，冬祀行，六月祀中霤。歲一徧祀，以順五行，爲其有居處、出入、飲食之用，祭之所以報德也。而《祭法》又以司命、泰厲併爲七祀。鄭玄註《禮記·月令》曰：“凡祭五祀于廟。”

漢初，祭族人炊于宮中，而謂之竈。後漢，立五祀，戶、竈、門、井、中霤，有司掌之，禮頗簡于社稷。

唐初，唯祭中霤。《開元禮》祭七祀，各因時享祭之于廟庭，司命、戶以春，竈以夏，門、厲以秋，行以冬，中霤以季夏。時享之日，太廟令布神席于廟庭西門之內道南，東向，北上；設酒尊于東南，罍洗又于東南，一獻而止。

宋制，七祀爲小祀，用羊一、豕一，不行飲福。元豐四年，詳定禮文所言：“近祭七祀，皆非禮制。請立春祭戶于廟室戶外之西，祭司命于廟門之西，立夏祭竈于廟門之東，季夏土王日祭中雷于廟門之中,立秋祭門及屬于廟門外之西,立冬祭行于廟門之西,皆用特牲,更不隨時享分祭。有司攝事,以太廟令攝禮官,服必玄冕,獻必薦熟。親祠及臘享,依舊禮徧祭。"從之。設位于殿下橫街之北道東,西向,北上。

元制,附祭七祀神位于廟庭中街之東,西向。其分爲四時之祭,並與宋同。唯中雷則附于七月之祭,特祭則徧設之。每位籩、豆各二,簠、簋各一,尊二,俎一。

國朝用周制,惟祭五祀,于歲終臘享,通祭于廟門外。其籩、豆各四,簠、簋各一,尊二,共羊一、豕一。

大明集禮卷五

吉禮五①

宗廟②

廟制圖

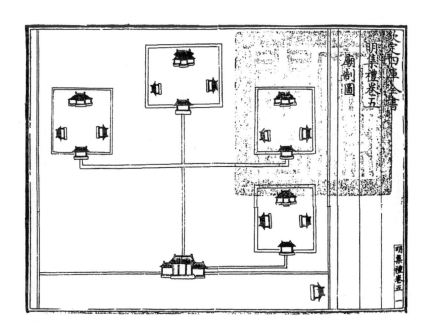

太廟特祭圖四廟同

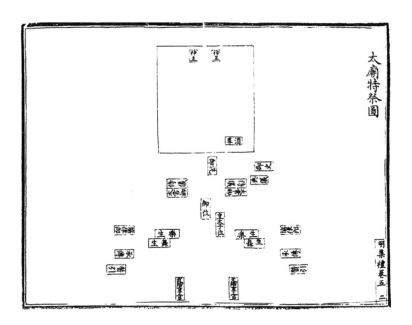

袷祭圖

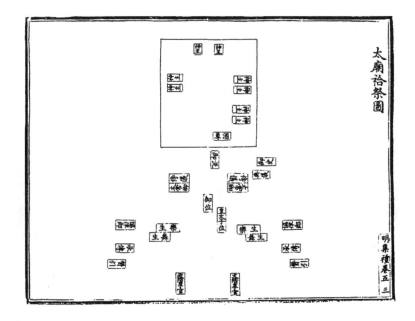

太廟陳設圖各廟同

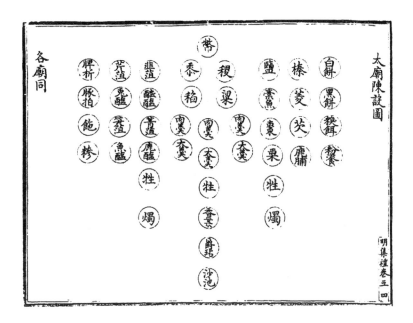

樂圖

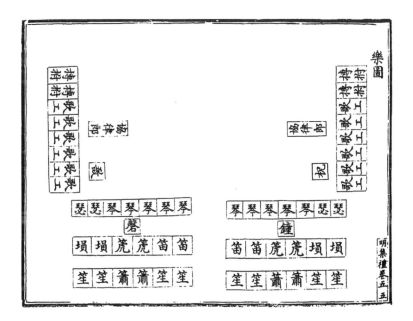

舞圖

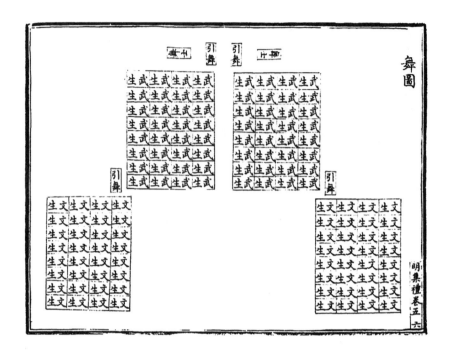

樂舞名物

樂

協律郎一人，幞頭，紫羅公服，荔枝帶，皂靴，手執麾幡。樂生六十二人，服緋袍，展脚幞頭，革帶，皂靴。

樂器

編鐘　編磬　琴　瑟　搏拊　敔　柷　塤　篪　簫　橫笛　應鼓　笙

舞

舞士一人，幞頭，紫羅公服，荔枝帶，皂靴，手執節。

舞生一百二十八人。

文舞六十四人，引舞二人，各執羽籥，服紫袍，展脚幞頭，革帶，皂靴。舞生六十二人，服紫袍，展脚幞頭，革帶，皂靴，各執羽籥。

武舞六十四人，引舞二人，各執干戚，服紫袍，展脚幞頭，革帶，皂靴。舞生六十二人，服紫袍，展脚幞頭，革帶，皂靴，各執干戚。

樂章

迎神

慶源發祥，世德惟崇。致我眇躬，開基建功。京都之內，親廟在東。惟我子孫，永懷祖宗[①]。氣體則同，呼吸相通。來格來從，皇靈顯融。

黃太姑林，南黃南林。林姑黃太，林太南黃。黃南林姑，黃南姑林。林姑黃太，黃太南黃。太南黃姑，黃林南林。林姑黃林，姑太南黃。

進俎 時享不用

明明祖考，妥神清廟。薦以牲牷，匪云盡孝。願通神明，願成治效。此帝王之道，亦祖考之教。

林南黃太，林南林太。黃林南林，黃太黃林。黃太姑太，林南林太。林太林南林，太姑太黃林。

德祖廟初獻

思皇高祖，穆然深玄。其遠歷年，其神在天。尊臨太室，餘

---

① “宗”，《明史》卷六二《樂志二·樂章一》作“風”。

慶綿綿。歆于几筵,有永其傳。

黃林姑黃,姑林南林。林姑黃太,林太南黃。黃南姑林,南林黃林。林姑黃太,姑林姑黃。

懿祖廟初獻

思皇曾祖,清勤純古。田里韜光,天篤其祜①。佑我曾孫,弘開土宇。追遠竭虔②,勉遵前矩。

林太南林,黃南林太。林太南林,黃太黃林。黃林黃太,黃南林太。林太南林,黃太黃林。

熙祖廟初獻

維我皇祖,淑後貽謀。盛德靈長,與泗同流。發于孫枝,明禋載修。嘉潤如海,恩何以酬。

黃林姑黃,姑林黃林。黃太姑太,姑林姑黃。姑林南林,姑太南黃。黃南姑黃,姑太南黃。

仁祖廟初獻

維我皇考,既淳且仁。弗耀其身,克開嗣人。子有天下,尊歸于親。景運維新,則有其因。

黃林姑黃,黃太林黃。姑林南林,姑太南黃。姑林南姑,黃林南林。黃太姑太,黃南姑南。

亞獻

對越至親,儼然如生。其氣昭明,感格在庭。如見其形,如聞其聲。愛而敬之,發乎中情。

---

① "祜",原作"祐",據嘉靖本、《明史》卷六二《樂志二·樂章一》改。
② "竭",原作"揭",據《明史》卷六二《樂志二·樂章一》改。

黃太夾林，夾林黃林。南林夾太，黃太南黃。林夾黃林，太黃南林。夾林黃太，夾林夾黃。

終獻

承前人之德，化家爲國。毋曰予小子，基命成績。欲報其德，昊天罔極。懇懃三獻，我心悅懌。

林南林姑黃，姑林黃林。南林姑黃太，姑黃太黃。姑林黃林，黃太南黃。林南姑太，南黃姑林。

徹豆

樂奏其肅，神其燕嬉。告成于祖，亦右皇妣。敬徹不遲，以終祀禮。祥光煥揚，錫以嘉祉。

黃林姑黃，林太南黃。南黃南姑，姑林姑黃。太南黃姑，林太南黃。黃南姑林，姑林太黃。

送神

顯兮幽兮，神運無跡。鸞馭逍遥，安其所適。其靈在天，其主在室。子子孫孫，孝思無斁。

林南姑黃，太南黃林。林姑南林，林太南黃。黃南姑林，林黃太姑。姑林姑黃，姑林黃林。

太廟時享儀注

時日

前期，太常司關司天臺擇日，司天臺回報太常司，太常司具日聞奏。

齋戒

皇帝散齋四日，致齋三日。陪祭官、執事官齋三日。先祭三日，陪祭官受誓戒。

省牲

先祭一日，設省牲位于廟南門外。皇帝服皮弁，服乘輿出宮，導引、侍從如常儀。皇帝詣大次。導駕官同太常卿導引皇帝至省牲位，南向立。執事官各執事。廩犧令帥其屬牽牲自東行過御前，省訖，牽牲詣神廚。太常卿奏"請詣神廚"。導駕官同太常卿導引至神廚。太常卿奏"請視鼎鑊""請視滌溉"畢，遂烹牲。執事以豆取毛血。導駕官、太常卿導皇帝還齋宮。

陳設

先祭，執事官陳設如圖儀。

鸞輿出宮

其儀見《祀天篇》儀注。

正祭

享日侵晨，太常少卿率執事者各實尊、罍、籩、豆、登、鉶、簠、簋、筐、帛于案，祝版于神位之右。內使監令升殿，舉神幄。樂生、舞生入，就位。執事及陪祭官入，就位。太常卿奏中嚴。皇帝服衮冕[1]。太常卿奏外辦。導駕官同太常卿導引皇帝自左南門入，就位，北向立。

迎神[2]

贊禮唱："迎神。"協律郎舉麾，俛伏，跪，奏《泰和》之曲。樂止。贊禮唱："請行禮。"太常卿奏："有司謹具，請行事。"奏："鞠躬，

① "帝"，原缺，據嘉靖本補。
② "迎"，原作"安"，據上下文改。

拜,興,拜,興,平身。"皇帝鞠躬,拜,興,拜,興,平身。贊禮唱云:
"皇太子以下在位陪祭官皆再拜。"傳贊唱:"鞠躬,拜,興,拜,興,
平身。"皇太子以下皆鞠躬,拜,興,拜,興,平身。

奠帛行初獻禮

贊禮唱:"奠帛,行初獻禮。"太常卿奏:"請詣盥洗位。"導駕
官同太常卿導引皇帝至盥洗位。太常卿奏:"搢圭。"皇帝搢圭。
執事者捧匜,進巾。太常卿奏:"盥手,帨手,出圭。"皇帝盥手,帨
手,出圭。太常卿奏:"請詣爵洗位。"導駕官同太常卿導引皇帝
至爵洗位。太常卿奏:"搢圭。"皇帝搢圭。執爵官以爵進。皇帝
受爵。司爵洗者酌水。皇帝滌爵、拭爵,以爵授執爵官。太常
奏:"出圭。"皇帝出圭。太常卿奏:"請詣酒尊所。"導駕官同太常
卿導引至酒尊所。太常卿奏:"搢圭。"皇帝搢圭。執爵官以爵
進。皇帝受爵,司尊者舉羃,酌^鬱。尊之醴齊。皇帝以爵授執事
者。太常卿奏:"出圭。"皇帝出圭。太常卿奏:"請詣神位前。"執
爵者奉爵。司帛者奉帛從行。協律郎舉麾,俛伏,跪,奏《壽和》
之曲、《武功》之舞。導駕官同太常卿前導引皇帝至神位前。太
常卿奏:"跪,搢圭。"皇帝跪,搢圭。司香官詣香案,奉香,跪,進
于皇帝之左。太常卿奏:"上香,上香,三上香。"皇帝上香,上香,
三上香。奉帛官以帛西向跪,進于皇帝之右。皇帝受帛,奠于神
位前。太常卿奏:"出圭。"皇帝出圭。太常卿奏:"跪,搢圭。"皇
帝跪,搢圭。執事官奉爵,跪,進于皇帝之右。皇帝受爵。太常
卿奏:"祭酒,祭酒,三祭酒。奠爵。"皇帝祭酒,祭酒,三祭酒,奠
爵訖。^{樂舞止。}太常卿奏:"出圭。"皇帝出圭。讀祝官取祝版于神
右,跪讀訖^{樂舞作。}太常卿奏:"俛伏,興,平身,稍後,鞠躬,拜,興,
拜,興,平身。"皇帝俛伏,興,平身,稍後,鞠躬,拜,興,拜,興,平

身。樂舞止。太常卿奏："復位。"導駕官同太常卿前導皇帝復位。

亞獻

贊禮唱："行亞獻禮。"太常卿奏："行亞獻禮，請詣爵洗位。"導駕官同太常卿導引皇帝至爵洗位。太常卿奏："搢圭。"皇帝搢圭。執爵官以爵進。皇帝受爵。司爵洗者酌水。皇帝滌爵，拭爵，以爵授執爵官。太常卿奏："出圭。"皇帝出圭。太常卿奏："請詣酒尊所。"導駕官同太常卿導引至酒尊所。太常卿奏："搢圭。"皇帝搢圭。執爵官以爵進。皇帝受爵。司尊者舉羃，酌_闕尊之醴齊。皇帝以爵授執爵官。太常卿奏："出圭。"皇帝出圭。太常卿奏："請詣神位前。"執爵官從行。協律郎俛伏，跪，舉麾，奏《豫和》之曲、《文德》之舞。導駕官同太常卿導引皇帝至神位前。太常卿奏："跪，搢圭。"皇帝跪，搢圭。執爵官奉爵，跪，進于皇帝之右。皇帝受爵。太常卿奏："祭酒，祭酒，三祭酒，奠爵。"皇帝祭酒，祭酒，三祭酒，奠爵。太常卿奏："出圭。"皇帝出圭。奏："俛伏，興，平身，稍後，鞠躬，拜，興，拜，興，平身。"皇帝俛伏，興，平身，稍後，鞠躬，拜，興，拜，興，平身。樂舞止。太常卿奏："復位。"導駕官同太常卿導引皇帝復位。

終獻

贊禮唱："行終獻禮。"太常卿奏："行終獻禮，請詣爵洗位。"導駕官同太常卿導引皇帝至爵洗位。太常卿奏："搢圭。"皇帝搢圭。執爵官以爵進。皇帝受爵。司爵洗者酌水。皇帝滌爵，拭爵，以爵授執爵官。太常卿奏："出圭。"皇帝出圭。太常卿奏；"請詣酒尊所。"導駕官同太常卿導引至酒尊所。太常卿奏："搢圭。"皇帝搢圭。執爵官以爵進。皇帝受爵。司尊者舉羃，酌_闕尊之醴齊。皇帝以爵授執爵官。太常卿奏："請詣神位前。"執爵官從行。協律郎俛伏,跪,舉麾,奏《熙和》之曲、《文德》之舞。導駕官同太常卿導引皇帝至神位前。太常卿奏："跪,搢圭。"皇帝跪,搢圭。執爵官奉爵,跪,進于皇帝之右。皇帝受爵。太常卿奏："祭酒,祭酒,三祭酒,奠爵。"皇帝祭酒,祭酒,三祭酒,奠爵。太常卿奏："出圭。"皇帝出圭。奏："俛伏,興,平身,稍後,鞠躬,拜,興,拜,興,平身。"皇帝俛伏,興,平身,稍後,鞠躬,拜,興,拜,興,平身。樂舞止。太常卿奏："復位。"導駕官同太常卿導引皇帝復位。

飲福

贊禮唱："飲福,受胙。"執事者酌福酒,減神座前胙肉。太常卿奏："請詣飲福位。"導駕官同太常卿前導皇帝至飲福位,北向立。太常卿奏："鞠躬,拜,興,拜,興,平身,稍前。"皇帝鞠躬,拜,興,拜,興,平身,稍前。太常卿奏："跪,搢圭。"皇帝跪,搢圭。奉爵官酌福酒,跪,進于皇帝之左。贊曰："惟此酒殽,神之所與。賜以福慶,億兆同沾。"皇帝受福酒,祭酒少許,飲福酒,以爵置于坫。奉胙官奉胙,跪,進于皇帝之右。皇帝受胙,以授執事者。執事者跪于皇帝之右,受胙。太常卿奏："出圭。"皇帝出圭。太常卿奏："俛伏,興,平身,稍後,鞠躬,拜,興,拜興,平身。"皇帝俛伏,興,平身,稍後,鞠躬,拜,興,拜,興,平身。太常卿奏："請復位。"導駕官同太常卿前導皇帝復位。

徹豆

贊禮唱："徹豆。"協律郎俛伏,跪,舉麾,奏《雍和》之曲。掌祭官各徹豆。樂止。贊禮唱："賜胙。"太常卿奏："皇帝飲福,受胙,免拜。"贊禮唱:"皇太子以下在位官皆再拜。"傳贊唱:"鞠躬,拜,興,拜,興,平身。"皇太子以下皆鞠躬,拜,興,拜,興,平身。

辭神

贊禮唱:"辭神。"協律郎俛伏,跪,舉麾,奏《安和》之曲。太常卿奏:"鞠躬,拜,興,拜,興,平身。"皇帝鞠躬,拜,興,拜,興,平身。贊禮唱:"皇太子以下在位官皆再拜。"傳贊唱:"鞠躬,拜,興,拜,興,平身。"皇太子以下皆鞠躬,拜,興,拜,興,平身。樂止。贊禮唱:"祝人取祝,幣人取幣。詣望燎位。"讀祝官取祝,奉幣官取幣,至燎所。

望燎

贊禮唱:"望燎。"太常卿奏:"請詣望燎位。"導駕官同太常卿前導皇帝至望燎位。贊禮唱:"可燎。"東西面各二人以炬燎,火柴半燎。贊禮唱:"禮畢。"太常卿奏:"禮畢。"導駕官同太常卿前導引皇帝還大次。解嚴。

鸞輿還宮

其儀如來儀。大樂鼓吹振作。

太廟朔祭儀

前期,署官灑掃廟室內外,設太常卿拜位于丹墀中道之西南,北向;內使監官及預祭官位于其後,北向;設盥洗位于拜位之西北,爵洗位于盥洗位之北,酒尊所于殿內之東;陳籩八于神位之右,豆八于神位之左,簠二、簋二、登二、鉶二于籩、豆間,俎二于籩、豆之前。

至日,鐘鳴後,直廟官闢廟門,太常司官一同內使監官帥執事者實籩、豆、簠、簋、登、鉶、酒尊、牲、饌，直廟內使啓櫝訖，引禮官引太常卿、內使監官、預祭官各服法服，入就位。贊禮唱："鞠躬，拜，興，拜，興，平身。"太常卿以下俱鞠躬，拜，興，拜，興，平身。贊禮唱："請行禮。"引禮官詣太常卿前："請行禮。"引太常卿詣盥洗位。引禮唱："搢笏。"太常卿搢笏。引禮唱："盥手。"司盥洗者酌水，太常卿盥手訖。引禮唱："帨手。"司巾者以巾進，太常卿拭手。引禮唱："出笏。"太常卿出笏，至爵洗位。引禮唱："搢笏。"太常卿搢笏。執爵者以爵進。引禮唱："受爵。"太常卿受爵。引禮唱："滌爵。"司爵洗者酌水。太常卿滌爵。引禮唱："拭爵。"太常卿拭爵，以爵授執爵者。引禮唱："出笏。"太常卿出笏。次引太常卿升自西階，由西門入，詣尊所。執爵者以爵進。太常卿受爵，司尊者舉冪、酌酒訖。太常卿以爵授執爵者。贊禮唱："請詣神位前。"引禮官引太常卿至神位前，唱："跪。"太常卿少前，跪。司香者取香，跪，進于太常卿之左。引禮唱："上香，上香，三上香。"太常卿上香，上香，三上香。引禮唱："祭酒，祭酒，三祭酒，奠爵。"太常卿祭酒，祭酒，三祭酒，奠爵訖。讀祝官取祝版，跪讀于神座之右。讀訖。引禮唱："俯伏，興，平身，少後，鞠躬，拜，興，拜興，平身。"太常卿俯伏，興，平身，少後，鞠躬，拜，興，拜，興，平身。贊禮唱："復位。"引禮官引太常卿由西門出，復位，少立。贊禮唱："徹豆。"執事者徹豆訖。贊禮唱："鞠躬，拜，興，拜，興，平身。"太常卿、內使監官以下俱鞠躬，拜，興，拜，興，平身。贊禮唱："焚祝。"祝者捧祝前行，引禮官引太常卿以下詣焚祝所。焚訖。贊禮唱："禮畢。"直廟內使斂櫝。引禮官引太常卿以下出，闔廟門。

各廟儀同。

望日祭儀

前期，署官灑掃廟室內外，太常司備供祭品物于神厨，設太常卿拜位于丹墀中道之西，南北向，內使監官並預祭官位于其後，北向。

至日，鐘鳴後，直廟官闢廟門，太常司官一同內使監官陳設湯飯蔬饌，燃香燭，直廟內使啓櫝訖，引禮官引太常卿、內使監官及預祭官各服常服，就拜位。贊禮唱："鞠躬，拜，興，拜，興，平身。"太常卿以下俱鞠躬，拜，興，拜興，平身。引禮官引太常卿以下詣焚楮幣所，焚楮幣訖。贊禮唱："禮畢。"內使斂櫝。引禮引太常卿以下出，闔廟門。

各廟儀同。

薦新儀

前期，署官灑掃廟室內外，設太常卿拜位于丹墀中道之西，南北向，內使監官及預祭官位于其後，北向。

至日，鐘鳴後，直廟官闢廟門，太常司官一同內使監官陳設時新之物並酒果、常饌、鵝湯飯于各廟神位前。直廟內使啓櫝訖。引禮官引太常卿、內使監官及預祭官各服常服，入就位。贊禮唱："鞠躬，拜，興，拜興，平身。"太常卿以下鞠躬，拜，興，拜，興，平身。贊禮唱："請行禮。"引禮官引太常卿至神位前，唱："跪。"太常卿少前，跪。司香者取香，跪，進于太常卿之左。引禮唱上香，上香，三上香。太常卿上香，上香，三上香訖，唱："祭酒，祭酒，三祭酒，奠爵。"司酒以爵授太常卿斟酒。太常卿祭酒，祭酒，三祭酒，奠爵。引禮唱："俯伏，興，平身，少後，鞠躬，拜，興，

拜，興，平身。"太常卿俯伏，興，平身，少後，鞠躬，拜，興，拜，興，平身。贊禮唱："復位。"引禮官引太常卿由西門出，復位，少立。贊禮唱："徹豆。"執事者于神位前徹豆訖。贊禮唱："鞠躬，拜，興，拜，興，平身。"太常卿以下俱鞠躬，拜，興，拜，興，平身。引禮引太常卿以下詣焚楮幣所。焚訖。贊禮唱："禮畢。"直廟內使斂櫝。引禮引太常卿以下出，闔廟門。各廟儀同。

獻新儀

凡遇四方別進新物，在月薦之外者，太常卿奉旨，與內使監官各常服，捧獻于太廟。

是日，先報直廟內使闢廟門，燃香燭，啟神櫝，太常卿捧獻于德祖玄皇帝神位前，內使監官捧獻于德祖玄皇后神位前，不行禮。獻畢，內使斂櫝，各廟儀同。

朔望祭祀，今在奉先殿，羊一、豕一，分體而祭。用金器，每室置二桌。每桌時果五般、案酒五般、鵝湯粳米飯。皇帝行五拜之禮。內官自贊禮。

薦新，今在奉先殿。每月按定到品物，或初二、初三、初四用鵝湯粳米飯、時果五般、案酒五般，以品物赴光祿寺。果薦生，物薦熟。

遣官奏告

前期告官及陪祀官、執事官齋三日，散齋二日，宿于公廨；致齋一日，于祭所。

前一日，署官灑掃廟室內外，設告官拜位于廟庭之中，北向；陪祭官位于告官之南，北向；贊禮二人位于告官拜位之北，東西相向；設盥洗位于殿陛下之東，爵洗位于殿東門之前，酒尊位于爵洗位之北，幣筐位于尊北；又設司尊、司爵洗、司盥洗、執爵位各于其所。

其日清晨，鐘鳴後，直廟官闢廟門，執事官陳設幣帛、肉脯，實酒尊，燃香燭，設祝版于神位之右。直廟內使啓櫝訖。贊引引告祭官、陪位官各服法服，入就拜位，皆北向立。贊禮唱："行禮。"引禮詣告官前曰："有司謹具，請行事。"贊禮唱："鞠躬，拜，興，拜興，平身。"告官及陪祭官皆鞠躬，拜，興，拜，興，平身。贊禮唱："奠幣。"贊引引告官詣盥洗位。贊引唱："搢笏。"告官搢笏。贊引唱："盥手。"司盥者酌水，告官盥洗訖。贊："帨手。"司巾者以巾進，告官帨手訖。贊引唱："出笏。"告官出笏。贊引唱："請詣神位前。"司幣者捧幣從行。贊引引至神位前，唱："跪，搢笏。"告官跪，搢笏。贊引唱："上香，上香，三上香。"司香取香于案，東面跪，進于告官之左。告官上香，上香，三上香訖。司幣者取幣于筐，西面，跪進于告官之右。告官受幣，奠于神位前。贊引唱："出笏。"告官出笏。唱："鞠躬，拜，興，拜，興，平身。"告官鞠躬，拜，興，拜，興，平身。贊引引告官復位，少立。贊禮唱："酌獻。"贊引引告官詣爵洗位。贊引唱："搢笏。"告官搢笏。執爵官以爵進。贊引唱："受爵。"告官受爵。唱："滌爵。"司盥者酌水、滌爵訖。唱："拭爵。"司帨巾者以巾進。告官拭爵訖，以爵授執爵者。贊引唱："出笏。"告官出笏。贊引唱："請詣酒尊所。"引至酒尊所。贊禮唱："搢笏。"告官搢笏，執爵者以爵進。告官受爵，司尊者舉冪、酌酒，以爵授執爵者。贊引唱："出笏。"告官出笏。贊引唱："請詣神位前。"贊引唱："跪，搢笏。"告官跪，搢笏。執爵者以爵跪進于告官之右。告官受爵。贊引唱："祭酒，祭酒，三祭酒,奠爵。"告官祭酒,祭酒,三祭酒,奠爵于坫。贊引唱:"出笏。"
告官出笏,讀祝,取祝版于神位之右面①,跪讀祝文訖。贊引唱:
"俛伏,興,平身,稍後。"告官俛伏,興,平身,稍後,唱:"鞠躬,拜,
興,拜,興,平身。"告官鞠躬,拜,興,拜,興,平身。贊引引告官復
位,少立。贊禮唱:"鞠躬,拜,興,拜,興,平身。"告官及在位官皆
鞠躬,拜,興,拜,興,平身。贊禮唱:"望燎。"讀祝官取祝,捧幣官
取幣詣燎所。贊引引告官至望燎位,南向立。贊禮唱:"可燎。"
東西面各二人,以炬燎。火柴半燎。贊禮唱:"禮畢。"直廟内使
斂神櫝訖。贊引引告官及在位者以次出,闔廟門。

---

① "面"字疑衍。

大明集禮卷六

吉禮六①

宗廟②

王國宗廟考缺③

親王祀仁祖廟圖

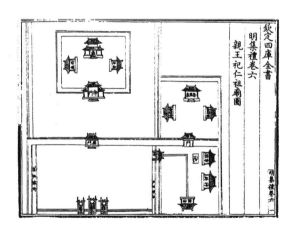

---

① 標題"吉禮六",原無,據本書目録補。

② 標題"宗廟",原無,據本書目録補。

③ 標題"王國宗廟考缺",原無,據本書目録補。按書內所缺部分原書正文中皆刪去標題等信息,現根據本書目録補,以下不另出注。

王國祭仁祖廟版位圖

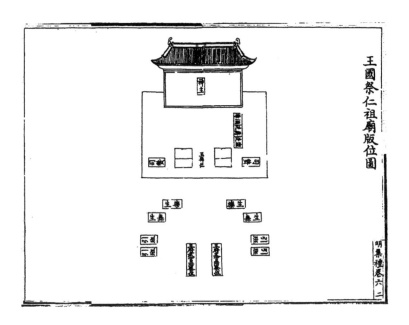

仁祖廟陳設圖

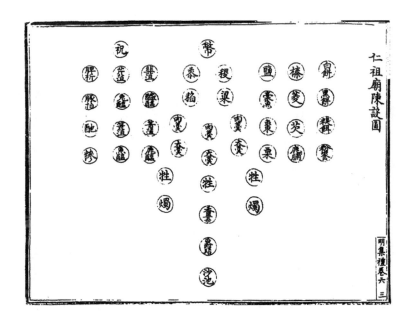

仁祖廟樂圖

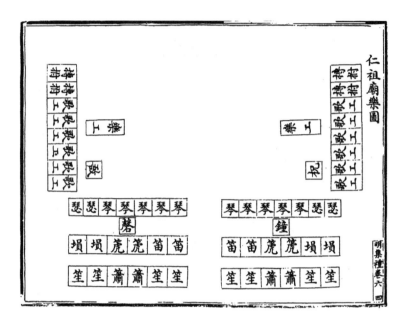

仁祖廟舞圖

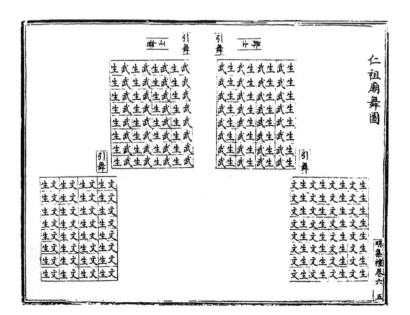

樂舞名物_缺

樂章缺_缺

仁祖廟時享

禮物

幣用白，繒長一丈八尺。

祝版用梓木，長一尺二寸、廣九寸。_{或用楸木。}牲用犢一、純色、羊一、豕一。

五齊

泛齊、醴齊、盎齊、醍齊、沈齊。

三酒

昔酒、事酒、清酒。

登實大羹。

鉶實肉羹。

簠實黍、稷。

簋實稻、粱。

籩實鹽、藁魚、棗、栗、榛、菱、芡、鹿脯、黑餅、白餅、糗餌、粉餈。

豆實韭菹、醓醢、菁菹、鹿醢、芹菹、兔醢、笋菹、魚醢、脾析、豚拍、酏食、糝食。

禮器

登三

鉶三

簠二

簋二

籩十二

豆十二

爵三

坫一

沙池一

幣篚一

酒尊並杓

爵洗尊、盆、杓、巾

盥洗尊、盆、杓、巾

香爐、燭臺、香架、版位、花瓶、拜席、牲匣。

親王祭仁祖廟儀

齋戒

前期，王散齋四日、致齋三日，陪祭官、執事官齋一日。

省牲

前祭一日，典祠設省牲位廟門外之東南，典祠啓王服遠遊冠、絳紗袍，典儀、典祠導引王至省牲位，執事官牽牲自東西行過省訖，牽詣神厨，典祠啓王詣神厨，典祠、典儀導引至神厨，典祠啓王視鼎鑊、啓視滌溉，遂烹牲。

陳設

典祠前祭一日陳設，如圖儀。

正祭

祭日清晨，典祠率執事者各實尊、罍、籩、豆、登、鉶、簠、簋，置篚幣于案，祝版于仁祖神位之右。樂生、舞生入，就位。諸執事入，就位。典祠啓王服冕服，典儀典祠導引王自左南門入，就位。

迎神

司禮唱："迎神。"樂工奏《淳和》之曲。司禮唱："行禮。"典祠啓："有司謹具，請行事。"啓："鞠躬，拜，興，拜，興，平身。"司禮唱："在位陪祭官再拜。"司贊唱："鞠躬，拜，興，拜，興，平身。"王與在位官皆鞠躬，拜，興，拜，興，平身。

奠幣初獻

司禮唱："奠幣。行初獻禮。"典祠啓："詣盥洗位。"典祠。典儀導王至盥洗位。典祠啓："搢圭。"王搢圭。典祠啓："盥手。"司盥洗者酌水。王盥手訖。司巾者以巾進。典祠啓："帨手。"王帨手訖。典祠啓："出圭。"王出圭。典祠啓："詣爵洗位。"典祠、典儀導王至爵洗位。典祠啓："搢圭。"王搢圭。執事者以爵進。典祠啓："受爵。"王受爵。典祠啓："滌爵。"司爵洗者酌水，王滌爵訖。典祠啓："拭爵。"司巾者以巾進，王拭爵訖。典祠啓以爵授執事者，王以爵授執事者。典祠啓："出圭。"王出圭。典祠啓："詣酒尊所。"典祠、典儀導王至酒尊所。執爵者以爵進。典祠啓："受爵。"王受爵，司尊酌犧尊之醴齊畢。典祠啓以爵授執事

者,王以爵授執事者。典祠、典儀導王至仁祖神位前。樂工奏
《保和》之曲、闓之舞。捧爵、捧幣前行。典祠、典儀導王至神位
前。典祠啓:"跪。"王跪。掌祭詣案,捧香,跪進于王之左。典祠
啓:"搢圭,上香,上香,三上香。"王搢圭,三上香訖。捧幣者捧
幣,跪進于王之右。王受幣,奠于神位前。捧爵者捧爵,跪進于
王之右。王受爵。典祠啓:"祭酒,祭酒,三祭酒,奠爵。"王祭酒,
奠爵訖。典祠啓:"出圭。"王出圭。讀祝官取祝版于神右,東向
跪讀訖。典祠啓:"俯伏,興,拜,興,拜,興,平身。"王俯伏,興,
拜,興,拜,興,平身。典祠啓:"復位。"典祠、典儀導王復位。

亞獻

司禮唱:"行亞獻禮。"典祠啓:"行亞獻禮。"掌祭官于神前爵
內斟酒。樂工奏《清和》之曲、闓之舞。典祠、典儀導王至仁祖神
位前。典祠啓:"鞠躬,拜,興,拜,興,平身。"王鞠躬,拜,興,拜,
興,平身。典祠、典儀導王復位。

終獻

司禮唱:"行終獻禮。"典祠啓:"行終獻禮。"掌祭官于神前爵
內斟酒。樂工奏《成和》之曲、闓之舞。典祠、典儀導王至仁祖神
位前。典祠啓:"鞠躬,拜,興,拜,興,平身。"王鞠躬,拜,興,拜,
興,平身。典祠、典儀導王復位。

飲福受胙

司禮唱:"飲福、受胙。"執事酌福酒,舉胙肉。典祠啓:"鞠
躬,拜,興,拜,興,平身。"王鞠躬,拜,興,拜,興,平身。典祠啓:
"跪,搢圭。"王跪,搢圭。執事捧福酒,東向跪進于王。王受福
酒。典祠啓:"飲福酒。"王祭酒,少許飲福酒,以爵置于坫。執事

東向跪進胙于王。王受胙,以胙授左右。左右西向跪受,興。典祠啓:"出圭。"王出圭。啓:"俯伏,興,拜,興,拜,興,平身。"王俯伏,興,拜,興,拜,興,平身。典祠啓:"復位。"典祠、典儀導引復位。

徹豆

司禮唱:"徹豆。"樂工奏《嘉和》之曲。掌祭官徹豆。司禮唱:"賜胙。"典祠啓王:"飲福,受胙,免拜。"司禮唱:"陪祭官皆再拜。"司贊唱:"鞠躬,拜,興,拜,興,平身。"陪祭官皆鞠躬,拜,興,拜,興,平身。

送神

司禮唱:"送神。"樂工奏《德和》之曲。典祠啓:"鞠躬,拜,興,拜,興,平身。"司禮唱:"陪祭官皆再拜。"司贊唱:"鞠躬,拜,興,拜,興,平身。"王與陪祭官皆鞠躬,拜,興,拜,興,平身。

望燎

司禮唱:"望燎。"讀祝官取祝,捧幣官取,幣掌祭官取饌詣燎。樂工奏闕之曲。典祠啓王:"詣望燎位。"樂止。典祠、典儀導王至燎位。候燎將半,司禮唱:"可燎。"典祠啓:"禮畢。"導王還次。引禮引陪祭官以次出。

品官家廟

周制,"祖廟天子七,諸侯五,大夫三,適士二,官師一,庶士、庶人無廟,祭于寢"。

漢世,公卿貴人多建祠堂于墓所。

魏、晉以降,漸復廟制。其後遂著爲令,以官品爲所祀世數之差。

　　唐制,文武官二品以下,祠四廟;五品以上,祠三廟,牲皆用少牢;六品以下達于庶人,祭祖禰于正寢。

　　五代蕩析,廟制遂絕。

　　宋興,仁宗閔群臣貴位公相而祖禰食于寢,儕于庶人,遂命禮官、儒臣議定廟制。自平章事以上,立四廟;東宮、少保以上,立三廟;餘官並祭于寢。至徽宗大觀中,又令文臣執政官、武臣節度使以上祭五世,文武陞朝官祭三世,餘祭二世。其後終以有廟者之子孫,或官微不可以承祭,又朝廷難盡推襲爵之恩,遂不果行。

　　先儒朱子約前代之禮,創祠堂之制,爲四龕,以奉四世之主,並以四仲月祭之。其冬至、立春、季秋、忌日之祭,則又不與乎四仲之內,至今士大夫之家遵以爲常。凡品官之家,立祠堂于正寢之東,爲屋三間,外爲中門,中門外爲兩階①,皆三級,東曰阼階,西曰西階,階下隨地廣狹以屋覆之,令可容家衆敍立。又爲遺書、衣物、祭器庫及神厨于其東,繚以外垣,別爲外門,常加扃閉。祠堂之內,以近北一架爲四龕,每龕內置一桌,高祖居西第一龕,高祖妣次之,曾祖居第二龕,曾祖妣次之,祖居第三龕,祖妣次之,考居第四龕,妣次之,神主皆藏于櫝,置于桌上,南向。龕外各垂小簾,簾外設香桌于堂中,置香爐、香合于其上。旁親之無後者,以其班祔,設主、櫝,皆西向。庶人無祠堂,惟以二代神主置于居室之中,間或以他室奉之。其主式與品官同,而無櫝。

　　國朝,品官廟制未定。于是權倣朱子祠堂之制,奉高、曾、祖、禰四世之主,亦以四仲之月祭之,又加臘日、忌日之祭,與夫

---

　　①　"外",原缺,據《朱子家禮》卷一《通禮》補。

歲時俗節之薦享。至若庶人，得奉其祖父母、父母之祀，已有著令，而其時享于寢之禮，大概略同于品官焉。

家廟圖

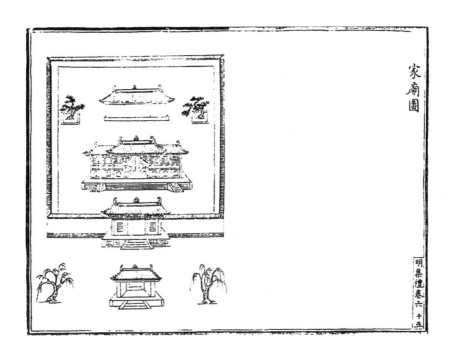

家廟圖

明集禮卷六十五

祠堂制度

祠堂三間，外爲中門，中門外爲兩階，皆三級，東曰阼階，西曰西階，階下隨地廣狹以屋覆之，令可容家衆敍立。又爲遺書、衣物、祭器庫及神厨于其東，繚以周垣，別爲外門，常加扃閉。祠堂之內以近北一架爲四龕，每龕內置一桌。高祖居西，曾祖次之，祖次之，父次之。神主皆藏于櫝中，置于桌上，南面。龕外各垂小簾，簾外設香桌，于堂中置香爐、香合，于其上兩階之間又設香桌，亦如之。若家貧地狹，則止爲一間，不立厨庫，而東西壁下置立兩櫃，西藏遺書、衣物，東藏祭器，亦可。地狹則于廳事之東亦可。

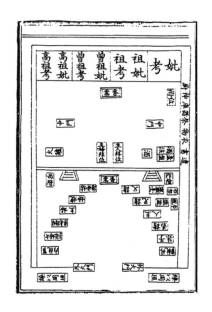

神主式

《禮經》及《家禮》舊本于高祖考上皆用皇字。大德年間省部禁止回避用皇字，今用顯字可也。

伊川先生云：作主用栗，取法于時日月辰。跌方四寸，象歲之四時，高寸有二寸，象十二月，身博三十分，象月之日，厚十二分，象日之辰。身跌皆厚一寸二分。剡上五分，爲圓首，寸之下勒前爲額而判之，一居前，二居後前四分，後八分。

陷中以書爵姓名，書曰故某官某公諱某字某第幾神主，陷中長六寸，闊一寸。合之植于跌。身出跌上一寸八分，並跌高一尺二寸。竅其旁，以通中，如身厚三之一。謂圓徑四分。居二分之上，謂在七寸二分之上。粉塗其前，以書屬稱，屬謂高曾祖考，稱謂官或號，行如處士、秀才幾郎、幾公。旁題主祀之名。曰孝子某奉祀。加贈易世則筆滌而更之，水以灑廟牆。外改中不改。

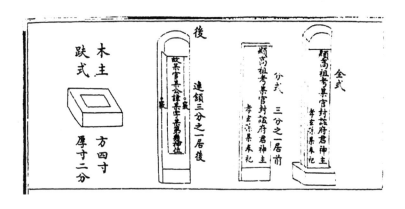

櫝韜藉式

程先生木主之制，取象甚精，可以爲萬世法。然用其制者，多失其真，往往不考用尺之長短故也。蓋周尺當今省尺七寸五分弱，而程氏文集與溫公《書儀》多誤注爲五寸五分弱，而所謂省尺者，亦莫知其爲何尺。時舉舊嘗質之晦翁先生，答云："省尺乃是京尺，溫公有圖子。所謂三司布帛尺者是也。"繼從會稽司馬侍郎家求得此圖。其間有古尺數等，周尺居其右，三司布帛尺居其左。以周尺校之布帛尺，正是七寸五分弱。于是造主之制始定。今不敢自隱，因圖主式及二尺長短，而著伊川之説于其旁，庶幾用其制者，可以曉然無惑也。嘉定癸酉季秋乙卯臨海潘時

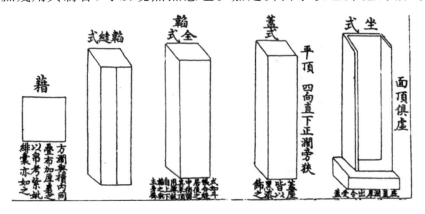

舉仲善父識。

櫝式

尺式

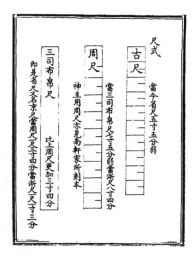

右司馬公家石刻本。

品官享家廟儀

時日

凡四時之祭，用仲月並于孟月下旬之首，擇仲月三旬各一日，或丁或亥。主祭盛服，率兄弟、子孫立于祠堂階下，北面。置桌子于主祭之前，設香爐、香合、环玟于其上。主祭以下皆再拜訖。主祭焚香薰玟。祝曰："某將以來月上旬某日，祗薦歲事于祖考。"即以玟擲于地，以一俯一仰爲吉，不吉更卜中旬之日，又不吉則不復卜，而直用下旬之日。既得日，乃復位，再拜而退。

若臘日、忌日、俗節之薦享，則不必卜。

齋戒

前期三日，主祭率衆丈夫致齋于外，主婦帥衆婦女致齋于內，沐浴更衣，飲酒不得至亂，食肉不得茹葷，不弔喪，不聽樂。凡凶穢之事，皆不得預。

陳設

前一日，主祭帥子弟及執事灑掃正寢、洗拭椅桌，務令蠲潔，設高祖考妣于堂西北壁下，南向，考西、妣東，各用一椅一桌而合之；曾祖考妣、祖考妣、考妣以次而東，皆如高祖之位，世各爲位，不相連屬，別設旁親無後及卑幼先亡者，祔食位于東西壁下。凡伯叔祖考妣、伯叔考妣、兄弟嫂、妻弟婦、子姪、子姪婦之屬，皆右男子、左婦女，東西相向，以北爲上。凡屋，不問何向，但以前爲南，後爲北，左爲東，右爲西。設香案于堂中，置香爐、香合于其上，束茅聚沙于香案前及逐位前地上，設酒案于東階上，別置桌子于其東，設酒注一、酹酒盞一、鹽楪、醋瓶于其上，火爐、湯瓶、香匙、火筯于西階上，別置桌子于其西，設祝版于其上，設盥盆、帨巾各二于阼階下之東。又設陳饌大床于其東。

省饌

前一日，主祭率衆丈夫省牲莅殺，主婦帥衆婦女滌濯祭器，潔釜鼎，具祭饌，每位果六品，菜蔬及脯醢各三品，肉、魚、饅頭、糕各一盤，羹、飯各一椀，肝各一串，肉各二串，務令精潔。未祭之前，勿令人先食，及爲貓犬、蟲鼠所污。

行事

祭之日質明，主祭以下各具服，主祭者見居官則唐帽、束帶，婦人曾受封者則花釵、翟衣，士人未爲官者則幅巾、深衣，庶人則巾衫、結絛，婦人則大襖、長裙，首飾如制。主祭以下，具服訖，盥手，帨手，詣正寢神位前，設蔬果、酒饌；設果楪于桌子南端，蔬果、脯醢相間次之；設盞楪、醋楪于北端，盞西、楪東，匙、筯居中；設酒瓶于架上，熾炭于爐。主婦炊暖祭饌，皆令極熱，以合盛出，置東階下大床上。次詣祠堂，前階下序立，主祭位于東，兄弟以下位于主祭之東，少退，子孫及外執事者以次重行，列于主祭之後；主婦位在西，弟婦、姊妹位于主婦之西，少退，女子、子婦及內執事者，亦以次重行，列于主婦之後，皆北向。其有伯叔父母位次，並居主祭、主婦位稍前。主祭有母，則特位于主婦之前。敘立訖，主祭升自阼階，焚香告曰："孝孫某今以仲春之月，夏、秋、冬同。有事于顯高祖考某官府君、顯高祖妣某封某氏、顯曾祖考某官府君、顯曾祖妣某封某氏、顯祖考某官府君、顯祖妣某封某氏、顯考某官府君、顯妣某封某氏。以某親某官府君、某親某封某氏祔食，敢請神主出就正寢。恭伸奠獻。"告訖，斂櫝。正位、祔位各置一笥，各以執事者一人捧之。主祭前導，主婦以下皆從。至正寢，置于西階桌子上。主祭啟櫝，奉諸考神主出，就位；主婦奉諸妣神主，就位；其祔位，則各用子弟一人奉之。既畢，主祭以下皆降，復位。

參神

主祭以下敘立，如祠堂之儀，立定，俱再拜。若尊長老疾者，則休于他所。

降神

主祭升，詣香案前，焚香，少退，立。執事者一人實酒于注，一人取東階桌子上盤盞立于主祭之左，一人執注立于主祭之右。主祭跪，捧盤、盞者亦跪，進盤、盞主祭受之，執注者亦跪，斟酒于盞。主祭者左手執盤，右手執盞，灌于茅上，以盤、盞授執事者，俛伏，興，再拜，降，復位。

進饌

主祭升，主婦從之。執事者一人以盤奉魚、肉，一人以盤奉米、麵食，一人以盤奉羹、飯，從升。至高祖位前。主祭奉肉，奠于盤、盞之南，主婦奉麵、食，奠于肉西，主祭奉魚，奠于醋楪之南，主婦奉米食，奠于魚東，主祭奉羹，奠于醋楪之東，主婦奉飯，奠于盤盞之西。以次設諸正位，使諸子弟、婦女各設祔位，皆畢。主祭以下皆降，復位。

酌獻

主祭升，詣高祖位前，執事者一人執酒注，立于其右。冬月，即先暖之。主祭奉高祖考盤、盞位前，東向立。執事者西向，斟酒于盞。主祭奉之，奠于故處。次奉高祖、妣盤、盞亦如之。奠訖,位前,北向立。執事者二人舉高祖考、妣盤、盞立于主祭之左右。主祭跪,執事者亦跪。主祭受高祖考盤、盞,右手取盞,祭之茅上,以盤、盞授執事者,反之故處,受高祖妣盤、盞亦如之,俛伏,興,少退立。執事者炙肝于爐,以楪盛之。兄弟之長一人奉之,奠于高祖考、妣前匙、筯之南。祝取版,立于主祭之左,跪讀曰:"維年歲月朔日,子孝玄孫某官某敢昭告于顯高祖考某官府君、顯高祖妣某封某氏。氣序流易,時維仲春。追感歲時,不勝永慕。敢以潔牲柔毛、粢盛醴齊,祇薦歲事。以某親某官府君、某親某封某氏祔食。尚享。"畢,興。主祭再拜,退,詣諸位,獻、祝如初。每逐位讀祝畢,即兄弟衆男之不爲亞、終獻者,以次分詣本位所祔之位,酌、獻如儀,但不讀祝。獻畢,皆降,復位。執事者以他器徹酒及肝,置餕于故處。曾祖前稱孝曾孫,祖前稱孝孫,考前稱孝子,改"不勝永慕"爲"昊天罔極"。凡祔者,伯叔祖父祔于高祖,伯叔父祔于曾祖,兄弟祔于祖,子孫祔于考,餘皆倣此。如本位無,即不言以某親祔食。

亞獻則主婦爲之。諸婦女奉炙肉及分獻如初獻儀,但不讀祝。

終獻則兄弟之長或長男或親賓爲之,衆子弟奉炙肉及分獻如亞獻儀。

侑食

主祭升,執注就斟諸位之酒,皆滿,立于香案之東南。主婦升,扱匙飯中西柄正筯,立于香案之西南。皆北向,再拜,降,復位。

闔門

主祭以下皆出,祝闔門,無門處即降簾可也。主祭立于門東,西向,衆丈夫在其後,主婦立于門西,東向,衆婦女在其後。如有尊長,則少休于他所,此所謂厭也。

啓門

祝聲三噫歆,乃啓門。主祭以下皆入,其尊長先休于他所者亦入,就位。主祭、主婦奉茶,分進于考妣之前,祔位使諸子弟婦女進之。

受胙

執事者設席于香案前。主祭就席北面。祝詣高祖考前,舉酒盤、盞,詣主祭之右。主祭跪,祝亦跪,主祭受盤、盞,祭酒,啐酒,祝取匙並盤,抄取諸位之飯各少許,奉以詣主祭之左,嘏于主祭曰:"祖考命工祝,承致多福,于汝孝孫,使汝受禄,于天宜稼,于田眉壽,永年勿替。"引之主祭,置酒于席前,俛伏,興,再拜,跪,受飯嘗之,實于左袂,掛袂于季指,取酒,卒飲。執事者受盞,自右置注旁,受飯亦如之。主祭俛伏,興,立于東階上,西向,祝立于西階上,東向,告利成[①],降,復位,與在位者皆再拜,主祭不拜,降,復位。

辭神

主祭者以下皆再拜。

納主

主祭者與主婦皆升,各奉主納于櫝。主祭以笥斂櫝,奉歸祠堂,如來儀。

---

① "利",疑爲"禮"之誤。

徹

主婦還，監徹酒之在盞注他器中者，皆入于瓶緘封之，所謂福酒、果蔬、肉食，並傳之燕器。主婦監滌祭器而藏之。

餕

是日，設席，男女異處，尊行自爲一列，南面，自堂中東西分首。若止一人，則當中而坐，其餘以次相對，分東西向，就坐。行酒，薦食、酒饌。不足，則以他酒、他饌益之。將罷，主祭頒胙于外僕，主婦頒胙于內執事者，徧及微賤。其日皆盡。

大明集禮卷七

吉禮七^①

宗廟^②

宗廟祭器圖^③

豆

豆，按《聶氏圖》：制豆受四升，口圓徑尺二寸，高一尺，厚半寸，有蓋。古以木爲之，宜濡物，後世用銅鑄，重五斤二兩五錢，通足蓋高七寸五分，口徑六寸一分。

籩

籩,古以竹爲之,口有籐緣,形制如豆,亦受四升,宜置乾物,通足高七寸,口徑五寸七分。

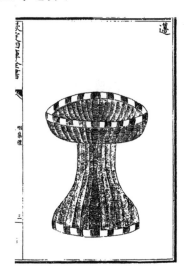

籩巾

籩巾,古用紞,玄被纁裏,圓一幅,今用絺或木綿,青被,畫斧文,裏用絳繒,自方一尺四角,墜以錫。

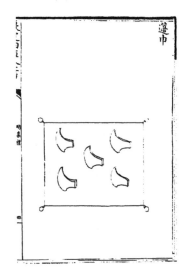

登

登,盛大羹之器也。木謂之豆,竹謂之籩,瓦謂之登,三豆殊名,其制無異。後世用銅,重八斤,通足蓋高八寸二分,口徑七寸二分。

鉶

鉶,盛和羹之器也,受一斗,口徑及深皆六寸,三足,足高一寸,兩耳,有蓋,重九斤,通足蓋高九寸,口徑七寸二分,深三寸五分。

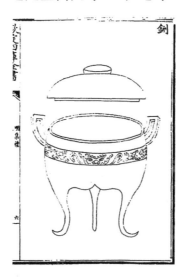

簠

簠,按《博古圖録》:簠爲外方而内圓,穴其中,以實稻、粱,刻木爲之,上作龜蓋者,非是後世以銅爲之,重十四斤八兩,通蓋足高七寸四分,口徑長尺一分,横闊八寸一分。

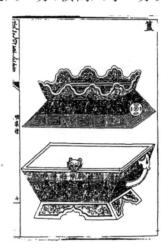

簋

簋,按《博古圖録》:簋爲外圓而内方,穴其中,以實黍、稷,刻木爲之,上作龜蓋者,非是後世以銅爲之,重十一斤,通蓋足高七寸三分,口徑長八寸三分,横闊六寸八分。

爵

爵，按陸氏《禮象》載古銅爵制：有首，有尾，有柱，有足。又《博古録》：爵，取雀之象，前若喙，後若尾，兩柱、三足，有流，有鋬。《禮圖》作雀形員踐者，皆漢儒之臆説也。後世所造，重一斤七，兩通柱高七寸七分，口徑長七寸三分，口闊三寸一分，兩柱高一寸六分。

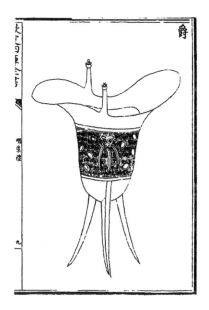

坫

坫，用以致爵，亦以承尊施之。燕射則謂之豐。後鄭注云：“豐似豆而卑，斲木爲之。”口員微侈，徑尺二寸，其周高、厚俱八分。中央直者與周通高八寸，橫徑八寸，足高二寸，下徑尺四寸。後世用銅坫，其形四方，中央微高約半寸許，周圍員紋，深如溝，可受齊醴之餘瀝，下微有底，措諸地而用之。

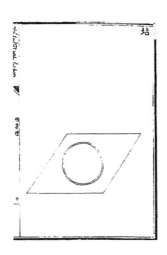

圭瓚

　　圭瓚，《聶氏圖》："《周禮·玉人》云：祼圭，尺有二寸，有瓚，以祀廟。"後鄭云："祼，謂以圭瓚酌鬱鬯以獻尸也。瓚如槃，大五升，口徑八寸，深二寸。其柄用圭，有流。前注流謂鼻也。凡流，皆爲龍口。"又鄭氏箋《詩》："圭瓚，以圭爲柄，黃金爲勺，青金爲外，朱中央。"聶氏云："圭柄金勺，牝牡相合處，各長三寸，厚寸，博二寸半，流道空徑可五分。"元制，以白金爲之，玉爲柄，通長一尺五寸，口徑員闊六寸。

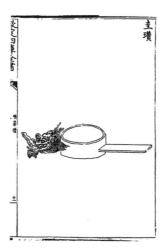

瓚槃

瓚槃,《典瑞》注云:"漢禮,瓚大五升,口徑八寸。下有槃,口徑一尺。"聶氏云:"此瓚下之槃,亦宜用黃金,青黃爲外,朱中央。圭瓚既深二寸。此槃宜深一寸,足徑八寸,高二寸。"又按《宋親享儀》:有奉瓚槃官。皇帝行禮,奉瓚槃官皆從,洗瓚則進瓚。祼鬯訖,則以槃受。瓚,今擬以金爲之。

雲坫

雲坫,用以置尊,形如豐坫,而兩耳作雲形,重七斤,通身高三寸三分,口徑一尺,足徑六寸,兩耳雲各長七寸。

沙池

承茅苴，用以縮酒者也。古無其制，後世所造用銅，重二十七斤，通身高四寸，面徑尺三寸，其口徑九寸底，闊一尺九寸。

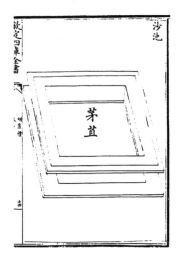

牛鼎

牛鼎，受一斛，天子飾以黃金，以黍寸之尺計之，口徑、底徑及深，俱一尺三寸，三足，如牛。上以牛首飾之。羊、豕鼎同，皆用聶氏之說也。

羊鼎

羊鼎,受五斗,口徑、底徑俱一尺,深一尺一寸。

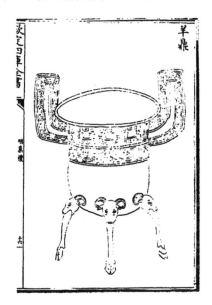

豕鼎

豕鼎,受三斗,口徑、底徑皆八寸,深九寸疆。

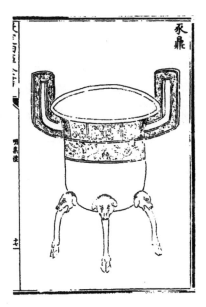

鼎扃

鼎扃,以舉鼎。鄭注:"《匠人》云:牛鼎扃,長三尺。羊鼎扃,長二尺五寸。豕鼎扃,長二尺。天子以玉飾,兩頭各三寸。"

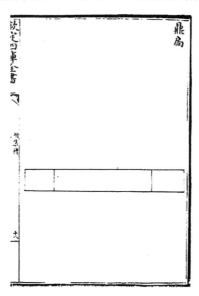

鼎幂,《公食大夫禮》:"幂者,若束若編。"注云:"凡鼎,幂蓋,以茅爲之。長則束本,短則編其中央。此蓋,令其緻密不洩氣也。"

鼎匕,所以載牲體者也。長三尺,用棘。又有疏匕,刻畫雲氣,通飾其柄,形如飯秉,以棘爲之,長二尺,四葉長八寸,博三寸。其柄通疏皆丹漆之。又有挑匕,抒物于器中者,漆柄末及淺升中,皆朱,長短廣狹與疏匕同。又有畢,狀如叉,用以舉肉,葉博三寸,中鏤去一寸,柄長二尺四寸,漆其柄末及兩葉,皆朱。今備其説,以俟舉行。

鸞刀

鸞刀,按《禮記·郊特牲》云:"割刀之用,而鸞刀之貴,貴其

義也。聲和而後斷也。”《公羊傳注》：“鑾刀，宗廟割切之刀。環
有和鋒，有鑾。”宋胡瑗言：“鑾刀制度：鑾鈴在鋒，聲合宮商，用鈴
二；和鈴在環，聲合徵、角、羽，用鈴三。郊廟合用鑾刀二。其圜
丘用者，不以金裝，只以黑漆其柄。宗廟以金裝之。”

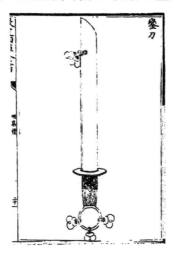

俎

俎，長二尺四寸，廣尺二寸，高尺，漆兩端赤，中央黑。《禮》
曰：“周以房俎。”鄭注：“足柎上下兩間，有似于房。”元制，長一尺
九寸，闊一尺三寸，高一尺二寸，染兩端以黑，中以朱。

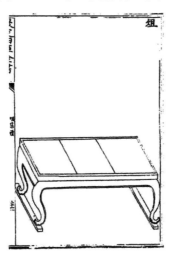

壺尊

壺尊,古者以壺爲尊。今其狀類之,亦曰壺尊。後世所造,重八斤,通足高八寸五分,口徑五寸三分,腹徑七寸五分。

太尊

太尊,有虞氏之尊也。古用瓦,無飾。後世所造者,重八斤,通足高八寸八分,口徑五寸五分,腹徑八寸二分。

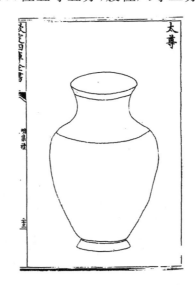

著尊

著尊,殷尊也。著地,無足。後世所造者,重七斤,通底高八寸五分,口徑五寸一分,腹徑八寸。

山尊

山尊,夏后氏之尊也。刻山雲形。後世所造者,重六斤四兩,通足高九寸二分,口徑六寸二分。

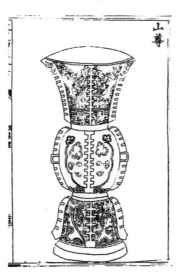

犧尊

犧尊,周尊也。王肅注禮:"以犧、象二尊,並全刻牛、象之形。鑿背爲尊。"後世所造者,重一十四斤,通耳足高一尺一寸二分,耳高八分,身長一尺二寸二分。

象尊

象尊,亦周尊也,制與犧尊同。後世所造者,重一十五斤八兩,通足攀高一尺,身長一尺六寸。

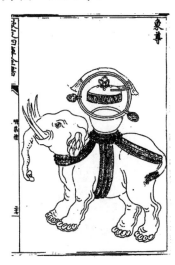

山罍

山罍,《周禮·司尊彝》云:"追享、朝享,其再獻用兩山尊。"注云:"山尊,山罍也。"《明堂位》曰:"山罍,夏后氏之尊,亦刻而畫之,爲山雲形。"按此,尊、罍似爲一器,然六尊之下,皆有罍。又《開元禮》:"宗廟,春夏每室雞彝一、鳥彝一、犧尊二、象尊二、山罍二。"于罍上加一山字。故聶氏據《禮記》《爾雅》,謂彝、卣、罍皆盛酒尊。後世所造者,重六斤一十二兩,通足高八寸四分,口徑六寸七分。

彝舟

彝,古商制,無舟。元用之于宗廟。又有所謂彝盆者副焉,蓋其舟也。重九斤八兩,通足高六寸,口徑八寸足徑八寸。

舟，重一十斤，通足高四寸，口徑一尺二寸五分，足徑七寸。

雞彝舟

六彝之飾，各畫本象。雖別其形，容受皆同，重二十二斤，通足高一尺二寸，口腹徑一尺，足徑八寸。以下斝彝、黃彝、鳥彝、

蜼彝、虎彝，尺度皆同。舟重一十五斤，通足高四寸，口徑一尺五
寸三分。以下五彝之舟皆同。

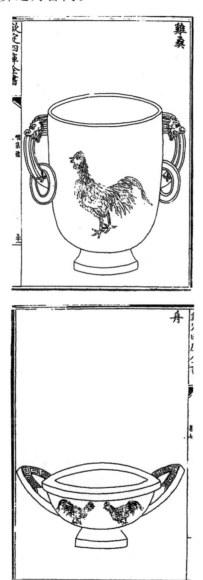

斝彝舟

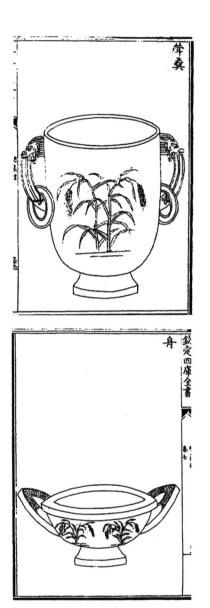

黃彝_舟

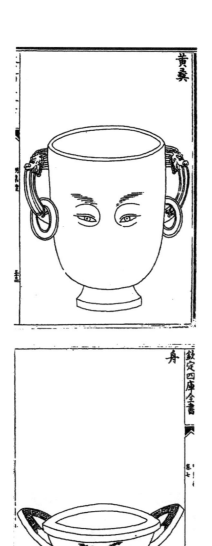

鳥彝_舟

鳥彝舟

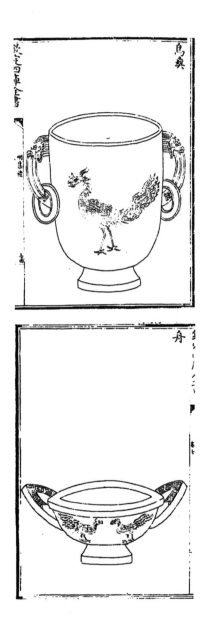

蜼彝 舟

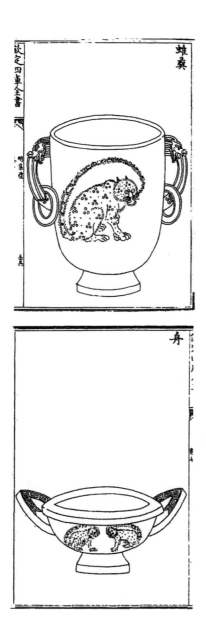

虎彝舟

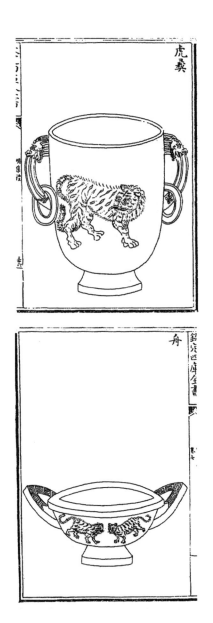

匜

匜，盥手澆水器也。《孔義》云：“似羹，魁柄，中有道，可以沃水。”《公食大夫禮注》：“君尊，不就洗，故設槃匜。”天子飾以黃金，蓋用《博古圖》甕匜之制也。

槃《博古圖》式　洗

盥槃，承盥洗者，棄水之器，亦謂之洗。重一十二斤，通足高八寸，口徑一尺六寸，足徑六寸。攝祀用之。若天子親祀之槃，宜取《博古圖》制。

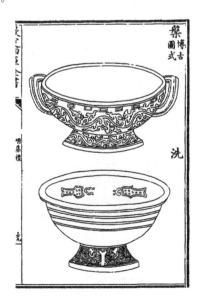

洗罍 洗勺

洗罍,凡設水用罍,重二十五斤,通足高一尺,口徑八寸八分,腹徑一尺四寸。

洗勺,受一升,爲龍頭,柄長二尺四寸,餘制並同爵勺。

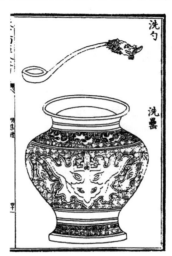

篚

篚,以竹爲之,長三尺,廣一尺深六寸,足高三寸,實勺爵、盛玉幣者以用之。

大明集禮卷八

吉禮八

社稷①

總敍

《周制·小宗伯》:"掌建國之神位,右社稷,左宗廟。社稷之祀,壇而不屋,必受霜露風雨,以達天地之氣。凡起大事,動大衆,必先告于社而後出。其禮可謂重矣。"蓋古者,天子社以祭五土之祇,稷以祭五穀之神。其制在乎中門之外、外門之內,尊而親之,與先祖等。人非土不立,非穀不食,以其同功均利以養人。故祭社,必及稷,所以爲天下求福報功之道也②。然天子有三社,爲群姓而立者曰太社,其自爲立者曰王社,又有所謂勝國之社,屋之不受天陽,國雖亡而存之,以重神也。後世天子之禮,惟立太社、太稷以祀之,社皆配以勾龍,稷皆配以周棄。

漢因高祖除亡秦社稷,立官太社、太稷,一歲各再祠。

---

① 標題"社稷"後原有"篇"字,據本書目録删。
② "求",《明太祖實録》卷三〇作"祈"。

光武立太社、稷于洛陽，在宗廟之右，春、秋二仲月及臘，一歲三祀。

唐因隋制，並建社、稷于含光門之右，仲春、仲秋二時戊日祭之。玄宗升社稷爲大祀，仍以四時致祭。

宋制，每歲春、秋二仲月及臘日祭之。

元世祖營社稷于和義門内少南，以春、秋仲月上戊致祭[①]。

國朝，建壇于宮城之右，春用二月上戊日，秋用八月上戊日致祭。

若其歷代制度儀文之同異者，詳具于左方。

配位

《祭法》：“厲山氏之有天下也，其子曰農，能殖百穀。夏之衰也，周棄繼之，故祀以爲稷。共工氏之霸九州也，其子曰后土，能平九州，故祀以爲社。”蔡墨曰：“共工氏有子曰勾龍，爲后土，后土爲社稷田正也。有烈山氏之子曰柱，爲稷。自夏以上祀之。周棄亦爲稷，自商以來祀之。”鄭康成以社爲五土總神，稷爲原隰之神。勾龍以有平水土之功，配社祀之；稷有播種之功，配稷祀之。王肅以社祭勾龍，稷祭后稷，皆人鬼也，非地神。二家之説不同，而鄭氏爲優，故後世並以勾龍配社，周棄配稷。

唐、宋、元及國朝，皆同此制。

壇壝

《周禮・封人》：“掌設王之社壝。”注：“壝，謂壇及堳埒也。”

---

① “祭”，原作“祀”，據《明太祖實録》卷三〇改。

《禹貢・徐州》："貢土五色以爲社。"《禮記・郊特牲》曰："社祭土而主陰氣也。君南鄉于北墉下,答陰之義也。北墉在社壇之北,以磚爲之。高、廣無定制,以黃泥飾之。"《韓詩外傳》曰："天子之社稷,廣五丈。土五色,東方青色,南方赤色,西方白色,北方黑色,覆以黃土,象王者覆被四方。"後世並用五色土。

前漢社稷之制,無所考。

後漢,方壇外有門牆而已。

唐社稷壇,廣五丈,稷壇如社之制,四面宮垣華飾,各依方色,面各一屋,三門,每門二十四戟,四隅,皆連飾浮思,在南無屋。

宋政和三年,儀禮局定太社壇,廣五丈,高五尺,四出陛,社東、稷西,四門同一壝,二十五步,壇飾各隨方色,覆以黃土,于大社壇內設北墉,以備親祠,南向,答陰之義。

元制,壇高五尺,方廣五丈,一面各五丈,東社、西稷,兩壇相去約五丈,社壇用青、赤、白、黑四色土,依方位築之,中實以常土,上一、二尺覆以黃土。四面當中各設幔道,其廣一丈,亦各依方色。稷壇,制如社壇,惟純用黃土。二壇于壝垣中近南置之。周圍壝垣之牆高五尺,方廣三十丈,每方各置欞星門三間,飾依方色,每門列戟二十有四。其外四周爲外垣,南北闢二欞星門。

國朝,二壇坐南向北,社壇在東,稷壇在西,各闊五丈,高五尺,四出陛,五級。壇用五色土築,各依方位,上以黃土覆之。二壇同一壝,壝方廣三十丈,高五尺,用磚砌。四方開四門,各闊一丈,東門飾以青,西門飾以白,南門飾以紅,北門飾以黑。周圍築以牆,仍開四門,南爲欞星門,北面戟門五間,東西戟門各三間,皆列戟二十四。

瘞坎

《爾雅》云："祭地曰瘞埋。"又鄭玄謂"陰祀自血起，貴氣臭也。故凡祭地祇，則爲瘞埋于神壇之壬地，方深取足容物。祭訖，置牲、幣、祝版、饌物于其中而埋之"。又《三禮義宗》云："祭地以瘞血爲先，然後正祭。故祭社稷瘞埋有二：始則瘞血，以致陰祇。至于禮畢，又以牲、幣燔、瘞爲禮之。"

終秦、漢之制，無所考。

唐制，祭大社、大稷，前二日爲瘞坎二于南門之内稷壇西南，方深取足容物，北出陛。祭畢，皇帝就望瘞位，南向立。諸太祝各執筐進神座前，取幣。齋郎以俎載牲體，並黍稷飯、爵酒置于坎。奉禮曰："可瘞。"堉東西面各二人，置土半堉。祝版則燔于齋所。

宋制，郊社令開瘞坎二于社稷壇子階之北壬地，南出陛。太常于降神樂止，先瘞血以歆神，乃賜胙。郊社令以黍稷脂祭，藉以白茅束之。吏部侍郎率太祝執筐，取玉幣、祝册，藉以茅，以俎載牲體，並黍稷飯、爵酒置于坎。

元仍宋制。

國朝，用唐制，開瘞坎于稷壇西南，用磚砌，闊四尺、深四尺。降神樂止，先瘞血。送神樂止，執事官取祝幣、牲、饌置瘞坎，坎實半土。

社主

《周禮·小宗伯》："立軍社。"鄭氏注："社主用石爲之。蓋以石者，土地所生，最爲堅實故也。惟社有主，而稷無主。"又《論語》：“哀公問社于宰我。宰我對曰：‘夏后氏以松，殷人以柏，周人以栗。’”朱子注曰：“古者，立社各樹其土之所宜，木以爲主也。”《白虎通》曰：“社稷所以有樹，尊而識之。使民人望見敬之。又所以表功也。”《尚書逸篇》曰：“大社惟松，東社惟柏，南社惟梓，西社惟槐。”

漢高祖詔御史令豐治枌榆社。師古曰：“以枌榆樹爲神，因立名。蓋高祖里社也。”平帝時，立官稷，種穀樹。

唐睿宗神龍中，議立社主。韋叔夏等引鄭玄議，以爲社主用石。又檢舊社主，長二尺五寸，方一尺七寸。按《韓詩外傳》云：“天子社方五丈，蓋以土是五數。故壇方五丈。其社主請準五數，長五尺。準陰之二數，方二尺，剡其上，以象物生，方其下，以象地體。埋其半，以根在土中，而本末均也。祭之時，設大社、大稷、勾龍、后稷四神位版于壇上。”

宋初，祭社稷正、配，用神位版。太社又以石爲主，其形如鐘，長五尺，方二尺，剡其上，培其下半，其中植槐。

元制，石主與宋同，設神位版，用栗，素質，墨書。二壇各樹松于南陛之下。

國朝，社主用石，高五尺，闊二尺，上微尖，半在土中，近南向北。祭時惟稷與二配位用神位版。

神席

《周禮·司几筵》：“祭祀席，蒲筵繢純，加莞席紛純。”鄭氏注：“莞清堅，于鬼神宜。”

唐祭大社、大稷，設神位于壇上，四席皆以莞。

宋制，社稷正位，席以藁秸；后土、后稷位，席以莞。

元制，神位四席，皆以莞，緣以黑綾，裀褥如幣之色，用黑，方七尺四寸。

國朝，設主于案，不用席。

祭器

《周禮·春官》：“凡祭祀，社壝用大罍。”

自秦、漢以來，祭社禮器，無所考見。

唐制，正、配位各籩十、豆十、簠、簋各二、鉶、俎各三，正位各大尊二、著尊二、山罍一，配位各設象尊二、著尊二、罍二，皆加勺、冪，有爵坫。

宋制，正、配位籩、豆各十有二，俎四、登一、簠一、簋一、大尊五。

元制，正、配位俱用籩十、豆十、鉶三、簠二、簋二、俎五、盤一、毛血豆一、爵一、沙池一、玉幣筐一、木柶一、勺一，正位各大尊、山尊五，在壇上，有坫，加勺、冪，爲酌尊，大尊二、山尊二、著尊二、犧尊二、象尊二、壺尊二，在壇下，皆加冪，設而不酌，著尊、犧尊、山罍各二，皆有坫，加勺、冪，象尊、壺尊、山罍各二，設而不酌，皆有坫、冪，配位各象尊二、著尊二、犧尊二、山罍二，以爲酌尊，壺尊二、山罍二，設而不酌，皆有坫、冪。

國朝，社稷正、配位皆用酒尊三，加勺、冪，筐箱一，籩、豆各十，鉶三，簠、簋各二，俎三，爵坫一，沙池一，盥盆一。

玉

《周禮》：“兩圭有邸，以祀社稷。圭銳首，象土生物。”《三禮圖》註《玉人》云：“兩圭，五寸，有邸，以祀地。此兩圭五寸，亦宜于六寸,璧兩邊各琢出一圭,俱長二寸半,博三寸,厚一寸。"又《牧人》職註云:"神州地祇,玉與牲、幣同用黝色,有繅藉,瘞玉二色,與玉同。"

唐社稷用玉,兩圭有邸,五寸。

宋同唐制。

元制,每歲春秋,祈報太社、太稷,各用黝圭一,並繅藉,瘞玉一,以黝石代之。

國朝,禮神之玉用兩圭,有邸。

幣

《周官·牧人》:"陰祀用黝牲,毛之黝黑也。祭社稷幣,同牲色也。"又《肆師》:"次祀,用牲、幣。"註:"次祀,謂社稷。"

漢文十三年,詔廣諸祀壇場、珪幣。

唐社稷幣以玄色,用黑繒四,各長一丈八尺。

宋、元及國朝,皆同唐制。

祝

唐制,祝版用楸,長二尺四寸,闊一尺二寸,厚一分。

其祭大社,祝文曰:"惟某年月日,嗣天子某敢昭告于大社。維神德兼博厚,道著方直,載生品物,含弘庶類。謹因仲春,祇承常禮。敬以玉帛,一元大武,柔毛剛鬣,明粢薌合,薌萁嘉蔬,嘉薦醴齊。備兹禋瘞,用伸報本。以后土勾龍氏配神作主。尚享。"

配位祝文曰:"維年月日,皇帝某敢昭告于后土氏。爰兹仲春，揆日維吉。恭修常祀①，薦于太社。維神功著水土，平易九州。昭配之義，實惟通典。謹以制幣，一元大武，柔毛剛鬣，明粢薌合，薌其嘉薦醴齊。陳于表位。作主侑神。尚享。"

祭大稷祝文曰："惟神播生百穀，首茲八政。用而不匱，功濟萌黎。謹以某物式陳瘞祭，備修常禮。以后稷棄配神作主。尚享。"

配位祝文曰："敢昭告于后稷氏。爰以仲春，式揀吉辰，敬修常禮②，薦于太稷。惟神功叶稼穡，闡修農政。允茲從祀，用率舊章。"餘同后土氏。

宋祭大社祝文曰："維年月日，嗣天子某敢昭告于太社。伏以維土與穀神，實司之壇壝。崇成于國之右③。嚴恭禋祀，祗薦忱誠。茲率典彝，尚祈歆懌。謹以玉帛牲齊，粢盛庶品，恭陳明薦，以土正勾龍氏配神作主。尚享。"太稷文同配位。

勾龍氏文曰："惟神配食社稷，利養群生。分命薦誠，惟祈昭答。謹以量幣牲齊，粢盛庶品。恭陳明薦，作主侑神。尚享。"配位后稷氏辭同。

元祭社祝文曰："維年月日嗣天子，謹遣某官某，敢昭告于太社之神，惟神承天有慶，載物無私，品類咸亨，萬世永賴。謹以玉帛，一元大武，柔毛剛鬣，明齊薌合，薌其嘉蔬，嘉薦醴齊。備茲禋瘞，用伸報本。以后土勾龍氏，配神作主。尚享。"

① "祀"，《通典》卷一一三《禮七十三·開元禮纂類八·吉禮五·皇帝仲春仲秋上戊祭大社·進熟》作"事"。

② "常"，《通典》卷一一三《禮七十三·開元禮纂類八·吉禮五·皇帝仲春仲秋上戊祭大社·進熟》作"恒"。

③ "成"，《中興禮書》卷三〇《吉禮三十·分郊祀祝文表文一·祭太社太稷祝文》作"城"。

配位文曰：“惟神功平水土，德著神明，祇率舊章，昭配典祀。謹以制幣，一元大武，柔毛剛鬣，明粢薌合，薌其嘉蔬，嘉薦醴齊。陳于表位，作主侑神。”

祭稷文曰：“惟神寔司稼穡，普濟黎萌。百穀用成，群生咸遂。謹以某物，式陳瘞祭，備修常禮。以后稷棄配神作主。尚享。”

配位文曰：“惟神播時百穀，粒我烝民。維是薦裡，寔允昭配。”餘同勾龍氏。

國朝洪武元年八月十日，祭社文曰：“惟神厚載功深，資生德大。涵育庶品①，造化斯成。謹以仲秋，祇率常禮，敬以牲幣②，嘉薦醴齊，備茲裡瘞，用伸報本。以后土勾龍氏配神作主。尚享。”

后土氏文曰：“爰茲仲秋，揆日維吉，恭修常禮，薦于太社。維神水土平治，永賴其功。載稽典彝，禮宜昭配。謹以牲幣，嘉薦醴齊。陳于表位，作主配神。尚享。”

祭稷文曰：“惟神嘉種生成，明粢維首。帝命率育，立我烝民。敬以牲幣③，嘉薦醴齊，式陳瘞祭，備修常禮。以后稷棄配神作主。尚享。”

后稷氏文曰：“爰以仲秋，揆日維吉，恭修常禮，薦于太稷。維神勤農務本，政成稼穡，生民立命，萬世之功。謹以牲幣，嘉薦醴齊，陳于表位，作主配神。尚享。”

---

① “育”，原作“宥”，據《明太祖實錄》卷三四改。
② “幣”，《明太祖實錄》卷三四作“帛”。
③ “幣”，《明太祖實錄》卷三四作“帛”。

牲

《周禮·王制》:"天子祭社稷,用太牢。"《書》曰:"乃社于新邑,羊一、牛一、豕一,是皆用太牢也。"《地官·牧人》:"陰祀,用黝牲毛之。"《春官·太宗伯》:"以血祭祭社稷。"

漢高祖立太社、太稷,歲各祠以太牢。

後漢仲春、仲秋及臘,一歲三祠,皆太牢。

隋,仲春、仲秋吉戊,各祀以太牢,色用黑。

唐初,用太牢。玄宗開元十九年,停牲牢,惟用酒脯,後仍用太牢。

宋神宗元豐中,詳定禮文所言:"《周禮》以血祭社稷。血者,陰幽之物,所謂本乎地者,親下,各從其類。是以類求神之意也。請祭社稷,以牲為始。"又言:"《王制》:天子社稷,皆太牢。今用少牢,殊不應禮,請于羊、豕之外,加以角握牛二。"詔從之。高宗南渡,用羊、豕。

元制,牛一,其色黝,其角握,有副,羊、豕各四。

國朝,正、配四位,各用犢一、羊一、豕一。

酒齊

唐制,太社、太稷、醴齊實于大罍為上,盎齊實于著尊次之,清酒實于罍為下;配座之尊,亦如之。齊加明水,酒加玄酒,各實于上尊。

宋制,每壇每位泛齊實于太尊,醴齊實于山尊,盎齊實于著尊,醍齊實于犧尊,沈齊實于象尊,又各以一尊實明水,壺尊三實玄酒,三實三酒,明水、玄酒皆在上。

元制，正位泛齊實于太尊爲上，醴齊實于著尊，盎齊實于犧尊，醍齊實于象尊，沈齊實于壺尊，三酒實于山罍；配位汎齊實于著尊爲上，醴齊實于犧尊，盎齊實于象尊，醍齊實于壺尊，三酒實于山罍。凡齊之上尊，實以明水，酒之上尊，實以玄酒，皆以上醖代之。

國朝，社稷正、配位酒尊皆實以醍齊、盎齊、事酒。

粢盛

《禮記・郊特牲》曰："唯社，丘乘共粢盛。"注謂："稷曰明粢，在器曰盛。大夫以下無藉田，故丘乘之，民共之。若天子祭社，則自用藉田之穀。"

秦、漢以下，唯梁、陳粢盛以六飯，粳以敦，稻以牟，黃粱以簠，白粱以簋，黍以瑚，粱以璉。

自唐以至宋、元皆用簠二、簋二，實以黍、稷、稻、粱。

國朝，制同唐、宋。

籩豆之實

唐制，正及配位籩實以石鹽、乾魚、乾棗、栗黃、榛子、菱、芡、鹿脯、白餅、黑餅，豆實以韭菹、醓醢、菁菹、鹿醢、芹菹、兔醢、筍菹、魚醢、脾析菹、豚拍，簠實以黍、稷，簋實以稻、粱，登實以大羹，鉶實以肉羹。凡祀神之物，有當時所無者，則以時物代之可也。

宋制，籩實以菱、芡、栗、鹿脯、榛實、乾桃、乾藤、乾棗、形鹽、魚鱐、糗餌、粉餈，登實以大羹，鉶脂鼎實以和羹[1]，盤以奉毛血，

---

[1] "脂鼎"二字疑衍。

簠實以黍、稷，簋實以稻、粱，豆實以芹、笋、葵、菁、韭、酏食、魚醢、豚拍、鹿臡、醓醢、糝食、兔醢。

元制，籩實以乾蓁、棗、形鹽、魚鱐、鹿脯、榛、乾桃、菱、芡、栗，豆實以芹、笋、葵、菁、韭、魚醢、兔醢、豚拍、鹿臡、醓醢，簠、簋實以黍、稷、稻、粱，鉶實以和羹。

國朝，籩則實以鹽、藁魚、棗、栗、榛、菱芡、鹿脯、白、黑餅，豆實以韭葅、醓醢、菁葅、鹿醢、芹葅、兔醢、笋葅、魚醢、脾析、豚拍，簠、簋實以黍、稷、稻、粱，鉶以肉羹。

樂舞

《周禮·大司樂》："乃奏大簇，歌應鐘，舞《咸池》，以祭地示。"《鼓人》："以靈鼓鼓社祭。"《舞師》："教帗舞，帥舞師而舞社稷之祭祀。"

漢至武帝時，有十九章之歌。

唐初，樂用姑洗之均，三變。至玄宗時，用函鐘之均，八變。迎神奏《順和》之樂，文舞八成。升壇作《泰和》之樂。奠玉幣，登歌作《肅和》之樂。俎入作《雍和》之樂。酌獻及飲福皆奏《壽和》之樂。初獻畢，文舞出，作《舒和》之樂。出訖，武舞入，作《舒和》之樂，六成，止。徹豆作《順和》之樂，一成。

宋制：皇帝入門、升降、行止，宮懸作《儀安》之樂。迎神作《寧安》之樂、《示本昭德》之舞，八成。奠玉幣，登歌作《嘉安》之樂。進俎，宮懸作《豐安》之樂。酌獻大社正位，登歌作《欽安》之樂，配位作《徹安》之樂，大稷正位作《阜安》之樂，配位作《明安》之樂。初獻畢，文舞退，武舞進，宮懸作《文安》之樂，亞獻作《虔安》之樂、《殖福報功》之舞，終獻樂舞，同亞獻。皇帝飲福，宮懸作《賁安》之樂。徹豆,登歌作《咸安》之樂。送神,宮懸作《寧安》之樂,一成,止。

元制,樂用登歌。

國朝,親祀大社稷,迎神奏《廣和》之曲。奠玉幣,奏《肅和》之曲。進俎,奏《凝和》之曲。初獻,奏《壽和》之曲、《武功》之舞;亞獻,奏《豫和》之曲、《文德》之舞;終獻,奏《熙和》之曲、《文德》之舞。徹豆,奏《雍和》之曲。送神,奏《安和》之曲。望瘞,奏《時和》之曲。盥洗、升降,俱不用樂。

祭服

《周禮·司服》:"王祭社稷,則絺冕。"注:"絺冕,謂刺粉米,無畫也。其衣一章,裳二章,凡三也。"

漢武帝祀后土,祠衣皆尚黃。

唐制,天子親祀,服繡冕。

宋制如之。

元制,服袞冕。

國朝,親祭服袞冕。

職掌人員

唐制,尚舍直長掌施大次,尚舍奉御掌鋪御座,衛尉掌設文武侍臣次,太樂令掌設宮懸樂,右校掌清掃內外,爲瘞坎,奉禮掌設御位,奉禮郎守之,又設御望瘞位,又設祭官公卿、諸執事官並御洗位。光禄卿掌省饌,太官令掌割牲,祝史以豆取毛血,太史令、郊社令掌設神座,郊社令、良醖令掌實尊罍、玉幣,太官令掌實籩、豆、簠、簋,謁者贊引,各引祭官、通事舍人分引從祭文武群臣，司空行樂懸，博士引太常卿，太常卿引皇帝，殿中監進圭，協律郎作樂，侍中進玉幣，司徒奉俎，太祝讀祝，太尉亞獻，光禄卿終獻。

宋制，太宰讀誓于朝堂，刑部尚書莅之，少宰讀誓于太廟，刑部侍郎莅之。殿中監掌設大小次，儀鸞司掌設文武侍臣、行事陪祠官次及饌幔，郊社令掃除壇上下，開瘗坎，大晟陳登歌樂、設宮架、立舞表，太常掌設神席，奉禮郎、禮直官掌設皇帝位版及飲福、望瘗位，贊者掌設亞、終獻位，光禄陳牲、陳禮饌，太常設省牲、省饌位，司尊彝掌設籩、豆、簠、簋、尊、坫、盥洗、爵洗位，郊社令、太史官屬升壇設位版，太府卿、少府監陳玉幣，光禄實籩、豆、簠、簋，太官令實俎，良醞令實尊，太常設燭及揖位，太司樂行樂架，禮部尚書視滌濯，太宰申視滌濯，禮部尚書、侍郎省牲，光禄卿、光禄丞巡牲及牽牲詣厨，禮部尚書省鼎鑊、眡濯溉，太官令掌割牲，祝史取毛血實于盤，樂正帥工人、二舞，通事舍人掌分引陪祠官、文武官就位，御史糾察不如儀者，符寶郎陳寶，禮儀使導皇帝行事，殿中監進圭，少監副之，協律郎作樂，太常瘗血，禮部侍郎視饌腥熟之節，户部、兵部、工部尚書掌奉俎並徹俎，舉册官舉祝，讀祝官讀祝，禮直官、太常博士引亞、終獻官，禮部尚書徹籩、豆，吏部侍郎掌以玉幣、祝册、饌物置瘗坎。

元制，初獻、亞獻、終獻官各一、司徒一、太常卿、光禄卿、太社令、司天監、光禄丞、太樂令、太官令、良醞令、廩儀令、太社丞各一，監察御史、監禮博士各二，奉禮郎一、協律郎二、司尊罍二、奉爵官一、太祝七、祝史四、盥洗官、爵洗官各二、巾篚官四、贊者一、禮直官三十、助奠官二、剪燭官二、與祭官九、太樂丞一、司香二、司天生二、禮直管勾一、清道官二、齋郎七十、太樂登歌樂工五十一人。

國朝親祀太社、太稷,設大次、皇太子幕次官二人,設百官幕次官四人,設燎明燭官四人,協律郎二人,撰祝書祝官一人,掃除壇場官二人,掌祭官二人,掌設省牲位並牽牲、割牲官二人,掌鼎鑊候、視滌溉官一人,牽牲十人,贊省牲醴官一人,設御位、東宮位官二人,設文武陪祀、諸執事版位官一人,捧玉幣、徹豆兼捧幣饌官八人,司罍洗、爵洗官二人,司尊官二人,執爵官四人,司香官二人,瘞毛血官二人,讀祝官一人,捧祝官一人,贊禮二人,通贊禮生二人,引文武二班陪祀官四人,監禮御史二人,導駕官六人,導引東宮官四人,奏禮官一人,進福酒官一人,割胙、進胙官一人,受胙官一人,舉飲福案官二人,掌瘞坎實土官二人。

陳設

唐制,《開元禮》:前祭,尚舍直長設大次于社宮西門之外。尚舍奉御陳御座。衛尉設文武侍臣次。太樂令設宮懸之樂于壇北,設十二鎛鐘于編懸之間,各依辰位;樹靈鼓于南懸之內,植建鼓于四隅,置柷、敔于懸內,設歌鐘、歌磬各于壇上,其匏、竹者各立于壇下。奉禮設御位北門之內,南向;又設望瘞位西門之內,南向;設御史位于壇上,設諸執事官、三師、文武官、使人、蕃客位,設酒尊位于壇上,設御洗並亞、終獻洗位各于社稷壇之西北,南向;各設玉幣之篚于壇上尊坫之所。太史令、郊社令設社稷神座各于壇上近南,北向;設后土氏神座于社座之右,后稷氏神座于稷座之左。太官帥進饌者實諸籩、豆、簠、簋。文舞入,陳于懸內,武舞立于懸北。太祝設饌于神座前。

宋制:祭前,殿中監設大次于西神門內,小次于子階之西。

儀鸞司設文武侍臣次于大次之前，又設行事陪祠官、宗室、有司次並饌幔于西神門外。大晟陳登歌之樂于壇上，設宮架于北墉之北，立舞表于酂、綴之間。太常設神位席，奉禮郎、禮直官設皇帝位版及飲福位、望瘞位于壇下。贊者設亞、終獻次于小次之北，又設大禮使以下尚書、侍郎、御史並諸執事、陪祠文武官位。光禄陳牲並禮饌于西神門外。太常設省牲位于牲東，禮饌位于饌南。禮部設祝册案于神位之右。司尊彝設籩、豆、簠、簋、尊、坫之位，又設正、配位籩、豆、簠、簋、盤、俎各一于饌幔内，設御洗、亞、終獻爵洗、盥洗于本位之北，罍、篚各設于左右。郊社令與太史官屬設社稷正、配位于壇上。太府卿、少府監陳玉幣于篚，太常設燭于神位前，又設揖位于西神門外。所司陳異寶嘉瑞及伐國之寶于宮架之北，東西相向。符寶郎奉寶陳于宮架之南。

元制：設三獻以下行事、執事官次于齋坊之内及設饌幔四于西神門外，設兵衛各以方色器服，守衛壝門。太樂令設登歌之樂于兩壇，匏、竹者位于壇下。司天監、太社令設社稷正配神座于壇上。奉禮郎設三獻官位于西神門内，又設司徒、御史、博士並諸執事官位，又設牲榜于西神門外，設禮饌于牲東，禮部設板案各于神位之側，奉禮郎設玉幣于酌尊所，每位設籩、豆、簠、簋、鉶、俎、尊、罍之位，玉置于匣，幣實于篚，各置于神座。太常設燭于神座前。祝史取牲血置于饌幕，又取瘞血置于盤。太官載羊、豕于俎。太祝奠于神座，立茅苴于沙池。

國朝：前祭二日，有司掃除壇上下，開瘞坎，灑掃齋次、饌室、神厨，設大次于北門内，皇太子幕次于大次之右。前祭一日，設省牲位于北門之外，設樂懸于壇下之北。執事拂拭社主，設后土氏配位于社壇之東，西向；設太稷神位于稷壇之南，正中；設后稷配位于稷壇之西,東向。正、配每位各設十籩于神位之左,十豆于神位之右,簠、簋各二,登、鉶各三于籩、豆之間,俎三于簠、簋之前,香燭案于俎前,爵坫、沙池于香案之前,祝版位于神位之右,正位尊四于壇之側,社在東,稷在西,配位各四尊次之,玉、幣篚位于酒尊之北,爵洗位于稷壇之東北,御洗位于爵洗位之北,御位于兩壇北之正中,皇太子位于御位之右稍後,文武陪祭官位于御位之後,文東、武西,讀祝官位于神位之右,導駕及奏禮官六人位于御位之左右稍前,東西相向,御史二人位于兩壇下之東西,贊禮二人位于壇南,承傳二人位于贊禮之北,引班四人于陪祭官之左右,俱東西相向,協律郎二人于樂懸之東西,樂生位于懸前,舞生位于懸後,司尊、司洗、司爵、捧幣各于其所,望瘞位于壇之西北。

齋戒

按社稷齋戒:周十日。漢、唐七日,散齋四日,致齋三日。宋十日,散齋七日,致齋三日。元三日,散齋二日,致齋一日。國朝,齋戒之日如唐制。

其歷代誓戒之辭,則見于《祀天篇》①。

---

① "祀",原作"祝",據嘉靖本改。

大明集禮卷九

吉禮九

社稷①

社稷壇圖

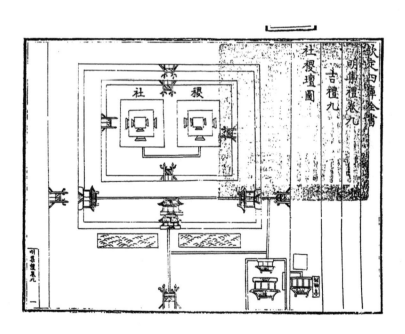

---

① 標題"社稷"，原無，據本書目録補。

陳設總圖

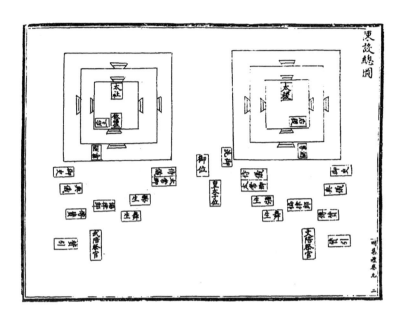

社稷陳設圖

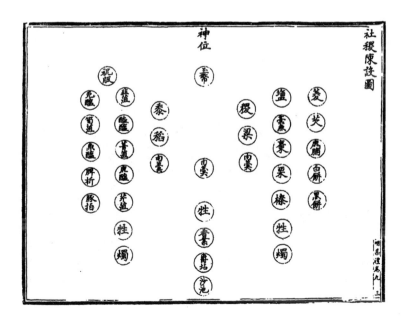

樂圖

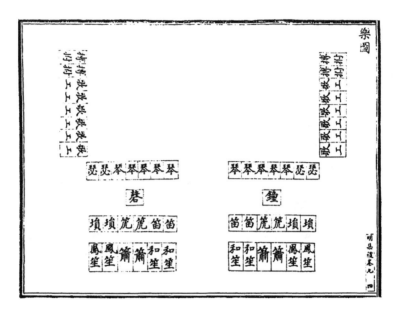

舞圖

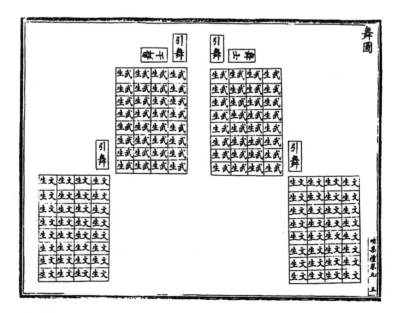

樂舞名物

樂

協律郎一人,幞頭,紅羅公服,荔枝帶,皂靴,手執麾幡。

樂生六十二人,服緋袍,展脚幞頭,革帶,皂靴。

樂器

編鐘	編磬
琴	瑟
搏拊	敔
柷	塤
篪	簫
橫笛	應鼓
笙	

舞

舞士一人,幞頭,紅羅公服,荔枝帶,皂靴,手執節。

舞生一百二十八人。

文舞六十四人,引舞二人,各執羽籥,服紅袍,展脚幞頭,革帶,皂靴。舞生六十二人,服紅袍,展脚幞頭,革帶,皂靴,各執羽籥。

武舞六十四人,引舞二人,各執干戚,服紅袍,展脚幞頭,革帶,皂靴。舞生六十二人。服紅袍,展脚幞頭,革帶,皂靴,各執干戚。

樂章

迎神

五土之靈，百穀之英。國依土而寧，民以食而生。基圖肇建，祀禮修明。神其來臨，肅恭而迎。

黃林姑黃，姑林南林。林太黃姑太，姑黃林太黃。黃南林姑，姑林南林。南林姑太，姑林姑黃。

奠幣

有國有人，社稷爲重。昭事云初，玉帛虔奉。維物匪奇，敬實將之。以斯爲禮，冀達明祇。

林南黃太，林南林太。黃林南林，黃太黃林。太南黃太，林南林太。林南南林，黃太黃林。

奉俎

崇壇北向，明禋方闡。有潔犧牲，禮因物顯。大房載設，中情以展。景運既承，神貺斯衍。

黃林姑黃，林太南黃。南黃南姑，姑林姑黃。太南黃姑，林太南黃。黃南姑林，姑林姑黃。

社神初獻

高爲山林，深爲川澤。崇丘廣衍，亦有原隰。惟神所司，百靈效職。清醴初陳，顯然昭格。

黃林南林，林南姑黃。黃南黃姑，姑林南林。林姑黃太，林太南黃。姑黃南林，南林姑黃。

后土勾龍氏初獻

平治水土，萬世神功。民安物遂，造化攸同。嘉惠無窮，報祀宜豐。配食尊嚴,國家所崇。

南黃夾黃,夾林黃林。林姑黃太,夾林夾黃。林夾林南,太黃南林。夾林夾太,林太南黃。

稷神初獻

黍稷稻粱,來牟降祥。爲民之天,豐年穰穰。其功甚大,其恩深長①。廼登芳齊,以享以將。

黃林南黃,林太南黃。黃林南林,姑林姑黃。黃南林姑,黃林南林。姑林姑黃,林太南黃。

后稷氏初獻

皇皇后稷,克配于天。誕降嘉種,樹藝大田。生民粒食,功垂萬年。建壇于京,歆茲吉蠲。

黃林南林,姑林黃林。姑林姑黃,黃林南林。太南黃姑,林太南黃。姑林黃林,姑太南黃。

社神亞終獻

廣厚無偏,其體弘兮。德侔坤順,萬物生兮。錫民地利,神化行兮。恭祀告虔,國之禎兮。

黃林姑黃,黃林南林。南林姑太,姑林姑黃。南黃南姑,黃林南林。林姑黃太,姑林姑黃。

后土勾龍氏亞終獻

周覽四方,偉烈昭彰。九州既平,五行有常。壇壝以妥,牲醴之將。是嚴是崇,煥然典章。

林太南黃,夾林南林。夾林黃太,黃太南黃。黃南林姑,林

---

① "深",《明史》卷六二《樂志二·樂章一》作"正"。

夾南姑。姑林黄太,南黄姑林。

稷神亞終獻

億兆林林,所資者穀。雨暘應時,家給人足。倉庾坻京,神介多福。祇薦其儀,昭事惟肅。

林南姑黄,林太南黄。南黄姑林,太黄姑黄。太南黄姑,黄林南林。南林姑黄,姑林黄林。

后稷氏亞終獻

躬勤稼穡,有相之道。不稂不莠,實堅實好。農事開國,王基永保。有年自今,常奉蘋藻。

林南黄太,林南林太。黄南林太,黄太南林。太林南大,黄南林太。太林南林,黄太南林。

徹豆

禮展其勤,樂奏其節。庶品苾芬,神明是達。有嚴執事,俎邊乃徹①。穆穆雍雍,均其欣說。

黄林姑黄,姑林黄林。南林姑太,林太南黄。南黄南姑,姑林南黄。姑林南林,姑林姑黄。

送神

維壇潔清,維主堅貞。神之所歸,依兹以寧。土宇靖安,年穀順成。祀典昭明,永致升平。

黄林南黄,姑林南林。林姑黄太,林太南黄。黄林南黄,林太南黄。姑林南林,姑林姑黄。

---

① "邊",《明史》卷六二《樂志二·樂章一》作"豆"。

望瘞

晨光將發，既侑既歆。瘞兹牲幣，達于幽陰。神人和悅，實獲我心。永久禋祀，其始于今。

林南姑黃，黃南姑林。南黃南姑，姑林姑黃。姑黃黃林，林太南黃。姑林姑黃，姑林黃林。

祭太社太稷儀注

齋戒

皇帝散齋四日，致齋三日。陪祭官、執事官並齋七日。致齋第一日，陪祭官、執事官受誓戒。

省牲器

先祭二日，儀鸞司設大次于社稷北門外道西，南向；設皇太子幕次于大次之旁。

先祭一日[①]，設省牲位于北門外。皇帝服皮弁服，備法駕[②]，出宮詣大次。導駕官同太常卿導引。皇帝至省牲位，南向立。執事官各執事。廩犧令帥其屬牽牲自東行，過御前，省訖，牽牲詣神廚。執事官以豆取毛血。太常卿奏請詣神廚。導駕官同太常卿導引至神廚。太常卿奏請視鼎鑊，請視滌溉訖，遂烹牲。導駕官同太常卿導引皇帝還大次。

陳設

先祭，執事官陳設，如圖儀。

---

① "一"，原作"二"，據《明太祖實錄》卷三〇改。
② "備"，原作"脩"，據嘉靖本改。

正祭

享日清晨，諸執事官各實尊、罍、簠、簋、籩、豆、登、鉶，實玉帛于篚，置祝版于神位之右。車駕至大次。太常卿奏請中嚴。皇帝服衮冕。樂生、舞生及諸執事官、陪祭官入就位。太常卿奏外辦。導駕官同太常卿導引皇帝至御位，南向立。

迎神

贊禮唱："迎神。"協律郎跪，俛伏，舉麾，奏《廣和》之曲。贊禮唱："請行禮。"太常卿奏："有司謹具，請行事。""奏鞠躬，拜，興，拜，興，平身。"皇帝鞠躬，拜，興，拜，興，平身。贊禮唱："皇太子以下在位官皆再拜。"傳贊唱："鞠躬，拜，興，拜，興，平身。"皇太子以下在位官皆鞠躬，拜，興，拜，興，平身。

奠玉帛

贊禮唱："奠玉帛。"太常卿奏："請詣盥洗位。"導駕官同太常卿導引皇帝至盥洗位。太常卿奏："搢圭。"皇帝搢圭。司盥洗者奉匜進巾。太常卿奏："盥手，帨手，出圭。"皇帝盥手，帨手，出圭。太常卿奏："請詣大社神位前。"導駕官同太常卿導引至神位前。協律郎跪，俛伏，舉麾，奏《肅和》之曲。太常卿奏："跪，搢圭。"皇帝跪，搢圭。司香官奉香，跪，進于皇帝之右。太常卿奏："上香，上香，三上香。"皇帝上香，上香，三上香。司玉帛者奉玉幣，跪，進于皇帝之右。皇帝受玉帛，奠于神位前。太常卿奏："出圭，鞠躬，拜，興，拜，興，平身。"皇帝出圭，鞠躬，拜，興，拜，興，平身。樂止。太常卿奏："請詣后土勾龍氏神位前。"導駕官同太常卿導引皇帝至神位前，奠帛如前儀訖。太常卿奏："請詣太稷神位前。"導駕官同太常卿導引皇帝降自子陛，詣太稷壇，升自子陛，行禮如前儀訖。太常卿奏："請詣后稷神位前。"如前儀訖。太常卿奏："請復位。"導駕官同太常卿導引皇帝復位。

進熟

贊禮唱："進俎。"協律郎跪，俛伏，舉麾，奏《凝和》之曲。齋郎舉俎，至太社壇前。進俎官以俎升自子陛。太常卿奏："請升壇。"導駕官同太常卿導引皇帝至太社神位前。太常卿奏："搢圭。"皇帝搢圭。進俎官以俎進，皇帝以俎奠于太社神位前。太常卿奏："出圭。"皇帝出圭。奏："請詣后土神位前。"如前儀訖。進俎官降自西陛。導駕官同太常卿導引皇帝降自子陛。齋郎舉俎，至太稷壇前。進俎官以俎升自子陛。導駕官同太常卿導引皇帝至太稷神位前。太常卿奏："搢圭。"皇帝搢圭。進俎官以俎進，皇帝以俎奠于太稷神位前。太常卿奏："出圭。"皇帝出圭。奏："請詣后稷神位前。"如前儀訖。進俎官降自西陛。導駕官同太常卿導引皇帝降自子陛，復位。

初獻

贊禮唱："請行初獻禮。"太常卿奏："行初獻禮。請詣爵洗位。"導駕官同太常卿導引皇帝至爵洗位。太常卿奏："搢圭。"皇帝搢圭。執爵官以爵進。皇帝受爵，滌爵，拭爵，以爵授執爵官。執爵官復以爵進。皇帝受爵，滌爵，拭爵，以爵授執爵官。太常卿奏："出圭。"皇帝出圭。奏："請詣酒尊所。"導駕官同太常卿導引至酒尊所。執爵官從行。太常卿奏："搢圭。"皇帝搢圭。執爵官以爵進。皇帝執爵。司尊者舉冪，酌醴齊畢。皇帝以爵授執爵官。執爵官從行。太常卿奏："出圭。"皇帝出圭。太常卿奏："請詣太社神位前。"協律郎跪，俛伏，舉麾，奏《壽和》之曲、《武功》之舞。導駕官同太常卿導引皇帝至神位前。太常卿奏:"跪,搢圭。"皇帝跪,搢圭。司香官奉香,跪,進于皇帝之左。太常卿奏:"上香,上香,三上香。"皇帝上香,上香,三上香。執爵官奉爵,跪,進于皇帝之右。皇帝受爵。太常卿奏:"祭酒,祭酒,三祭酒,奠爵。"皇帝祭酒,祭酒,三祭酒,奠爵。樂舞止。太常卿奏:"出圭。"皇帝出圭。讀祝官取祝版于神右,東向跪,讀訖。樂舞作。太常卿奏:"俯伏,興,平身,稍後,鞠躬,拜,興,拜,興,平身。"皇帝俯伏,興,平身,稍後,鞠躬,拜,興,拜,興,平身。樂舞止。太常卿奏:"請詣后土氏神位前。"奏:"詣酒尊所。"導駕官同太常卿導引至酒尊所。太常卿奏:"搢圭。"皇帝搢圭。執爵官以爵進。皇帝執爵。司尊者舉羃,酌醴齊畢。皇帝以爵授執爵官。執爵官從行。太常卿奏:"出圭。"皇帝出圭。導駕官同太常卿導引皇帝至神位前,如前儀訖。導駕官同太常卿導引皇帝降自北陛。太常卿奏:"請詣爵洗位。"導駕官同太常卿導引皇帝至爵洗位。太常卿奏:"搢圭。"皇帝搢圭。執爵官以爵進。皇帝受爵,滌爵,拭爵,以爵授執爵官。執爵官復以爵進。皇帝受爵,滌爵,拭爵,以爵授執爵官。太常卿奏:"出圭。"皇帝出圭。奏:"請詣酒尊所。"導駕官同太常卿導引至酒尊所。執爵官從行。太常卿奏:"搢圭。"皇帝搢圭。執爵官以爵進。皇帝執爵。司尊者舉羃,酌醴齊畢。皇帝以爵授執爵官。執爵官從行。太常卿奏:"出圭。"皇帝出圭。太常卿奏:"請詣太稷神位前。"協律郎跪,俛伏,舉麾,奏《壽和》之曲、《武功》之舞。導駕官同太常卿導引皇帝至神位前。太常卿奏:"跪,搢圭。"皇帝跪,搢圭。司香官奉香,跪,進于皇帝之左。太常卿奏:"上香,上香,三上香。"皇帝上香,上香,三上香。執爵官奉爵,跪,進于皇帝之右。皇帝受爵。

太常卿奏："祭酒，祭酒，三祭酒，奠爵。"皇帝祭酒，祭酒，三祭酒，奠爵。樂舞止。太常卿奏："出圭。"皇帝出圭。讀祝官取祝版于神右，東向跪，讀訖。樂舞作。太常卿奏："俯伏，興，平身，稍後，鞠躬，拜，興，拜，興，平身。"皇帝俯伏，興，平身，稍後，鞠躬，拜，興，拜，興，平身。樂舞止。太常卿奏："請詣后稷神位前。"奏："詣酒尊所。"導駕官同太常卿導引至酒尊所。太常卿奏："搢圭。"皇帝搢圭。執爵官以爵進。皇帝執爵，司尊者舉羃，酌醴齊畢。皇帝以爵授執爵官。執爵官從行。太常卿奏："出圭。"皇帝出圭。導駕官同太常卿導引皇帝至神位前，如前儀訖。太常卿奏："請復位。"導駕官同太常卿導引皇帝復位。

亞獻

贊禮唱："行亞獻禮。"太常卿奏："請行亞獻禮。請詣爵洗位。"導駕官同太常卿導引皇帝至爵洗位。太常卿奏："搢圭。"皇帝搢圭。執爵官以爵進。皇帝受爵，滌爵，拭爵，以爵授執爵官。執爵官復以爵進。皇帝受爵，滌爵，拭爵，以爵授執爵官。太常卿奏："出圭。"皇帝出圭。太常卿奏："請詣酒尊所。"導駕官同太常卿導引至酒尊所。執爵官從行。太常卿奏："搢圭。"皇帝搢圭。執爵官以爵進。皇帝受爵。司尊者舉羃，酌盎齊畢。皇帝以爵授執爵官。執爵官從行。太常卿奏："出圭。"皇帝出圭。太常卿奏："請詣太社神位前。"協律郎跪，俛伏，舉麾，奏《豫和》之曲、《文德》之舞。導駕官同太常卿導引皇帝至神位前。太常卿奏："跪，搢圭。"皇帝跪，搢圭。執爵官奉爵，跪，進于皇帝之右。皇帝受爵。太常卿奏："祭酒，祭酒，三祭酒，奠爵。"皇帝祭酒，祭酒，三祭酒，奠爵。太常卿奏："出圭，俯伏，興，平身，稍後，鞠躬，拜，興，拜，興，平身。"皇帝出圭，俯伏，興，平身，稍後，鞠躬，拜，興，拜，興，平身。樂舞止。太常卿奏：“請詣酒尊所。”導駕官同太常卿導引皇帝至酒尊所。執爵官以爵進。皇帝受爵，司尊者舉羃，酌盎齊畢。皇帝以爵授執爵官。執爵官從行。樂舞作。太常卿奏：“請詣后土氏神位前。”導駕官同太常卿導引皇帝至神位前。太常卿奏：“跪，搢圭。”皇帝跪，搢圭。執爵官奉爵，跪，進于皇帝之右。皇帝受爵。太常卿奏：“祭酒，祭酒，三祭酒，奠爵。”皇帝祭酒，祭酒，三祭酒，奠爵。太常卿奏：“出圭，俯伏，興，平身，稍後，鞠躬，拜，興，拜，興，平身。”皇帝出圭，俯伏，興，平身，稍後，鞠躬，拜，興，拜，興，平身。樂舞止。導駕官同太常卿導引皇帝降自北陛。太常卿奏：“請詣爵洗位。”導駕官同太常卿導引皇帝至爵洗位。太常卿奏：“搢圭。”皇帝搢圭。執爵官以爵進。皇帝受爵，滌爵，拭爵，以爵授執爵官。執爵官復以爵進。皇帝受爵，滌爵，拭爵，以爵授執爵官。太常卿奏：“出圭。”皇帝出圭。奏：“請詣酒尊所。”導駕官同太常卿導引至酒尊所。執爵官從行。太常卿奏：“搢圭。”皇帝搢圭。執爵官以爵進。皇帝執爵，司尊者舉羃，酌醴齊畢。皇帝以爵授執爵官。執爵官從行。太常卿奏：“出圭。”皇帝出圭。太常卿奏：“請詣太稷神位前。”協律郎跪，俛伏，舉麾，奏《豫和》之曲、《文德》之舞。導駕官同太常卿導引皇帝至神位前。太常卿奏：“跪，搢圭。”皇帝跪，搢圭。執爵官奉爵，跪，進于皇帝之右。皇帝受爵。太常卿奏：“祭酒，祭酒，三祭酒，奠爵。”皇帝祭酒，祭酒，三祭酒，奠爵。太常卿奏：“出圭，俯伏，興，平身，稍後，鞠躬，拜，興，拜，興，平身。”皇帝出圭，俯伏，興，平身，稍後，鞠躬，拜，興，拜，興，平身。樂舞止。太常卿奏：“請詣酒尊所。”導駕官同太常卿導引皇帝至酒尊所。執爵官以爵進。皇帝受爵。司尊者舉羃，酌醴齊畢。皇帝以爵授執爵官。執爵官從行。<small>樂舞作。</small>太常卿奏："請詣后稷神位前。"導駕官同太常卿導引皇帝至神位前。太常卿奏："跪,搢圭。"皇帝跪,搢圭。執爵官奉爵,跪,進于皇帝之右。皇帝受爵。太常卿奏："祭酒,祭酒,三祭酒,奠爵。"皇帝祭酒,祭酒,三祭酒,奠爵。太常卿奏："出圭,俯伏,興,平身,稍後,鞠躬,拜,興,拜,興,平身。"皇帝出圭,俯伏,興,平身,稍後,鞠躬,拜,興,拜,興,平身。<small>樂舞止。</small>太常卿奏："請復位。"導駕官同太常卿導引皇帝復位。

終獻

贊禮唱："行終獻禮。"太常卿奏："請行終獻禮。請詣爵洗位。"導駕官同太常卿導引皇帝至爵洗位。太常卿奏："搢圭。"皇帝搢圭。執爵官以爵進。皇帝受爵,滌爵,拭爵,以爵授執爵官。執爵官復以爵進。皇帝受爵,滌爵,拭爵,以爵授執爵官。太常卿奏："出圭。"皇帝出圭。太常卿奏："請詣酒尊所。"導駕官同太常卿導引皇帝至酒尊所。執爵官從行。太常卿奏："搢圭。"皇帝搢圭。執爵官以爵進。皇帝受爵。司尊者舉羃,酌盎齊畢。皇帝以爵授執爵官。執爵官從行。太常卿奏："出圭。"皇帝出圭。太常卿奏："請詣太社神位前。"協律郎跪,俛伏,舉麾,奏《熙和》之曲、《文德》之舞。導駕官同太常卿導引皇帝至神位前。太常卿奏："跪,搢圭。"皇帝跪,搢圭。執爵官奉爵,跪,進于皇帝之右。皇帝受爵。太常卿奏："祭酒,祭酒,三祭酒,奠爵。"皇帝祭酒,祭酒,三祭酒,奠爵。太常卿奏："出圭,俯伏,興,平身,稍後,鞠躬,拜,興,拜,興,平身。"皇帝出圭,俯伏,興,平身,稍後,鞠躬,拜,興,拜,興,平身。樂舞止。太常卿奏："請詣酒尊所。"導駕官同太常卿導引皇帝至酒尊所。執爵官以爵進。皇帝受爵。司尊者舉羃,酌盎齊畢。皇帝以爵授執爵官。執爵官從行。樂舞作。太常卿奏：“請詣后土氏神位前。”導駕官同太常卿導引皇帝至神位前。太常卿奏：“跪，搢圭。”皇帝跪，搢圭。執爵官奉爵，跪，進于皇帝之右。皇帝受爵。太常卿奏：“祭酒，祭酒，三祭酒，奠爵。”皇帝祭酒，祭酒，三祭酒，奠爵。太常卿奏：“出圭，俯伏，興，平身，稍後，鞠躬，拜，興，拜，興，平身。”皇帝出圭，俯伏，興，平身，稍後，鞠躬，拜，興，拜，興，平身。樂舞止。

飲福受胙

太常卿奏：“飲福，受胙。”導駕官同太常卿導引至正位前飲福位，南向立。太常卿奏：“鞠躬，拜，興，拜，興，平身，稍前，跪，搢圭。”皇帝鞠躬，拜，興，拜，興，平身，稍前，跪，搢圭。執事官就神前酌福酒，跪，進于皇帝之右。贊曰：“惟此酒殽，神之所與。賜以福慶，億兆同霑。”皇帝受福酒，祭酒少許，飲福酒，以爵置于坫。奉胙官就神前取胙，跪，進于皇帝之右。皇帝受胙，以胙授執事者。執事者跪，受于皇帝之右。太常卿奏：“出圭，俯伏，興，平身，稍後，鞠躬，拜，興，拜，興，平身。”皇帝出圭，俯伏，興，平身，稍後，鞠躬，拜，興，拜，興，平身。導駕官同太常卿導引皇帝降自北陛。太常卿奏：“請詣爵洗位。”導駕官同太常卿導引皇帝至爵洗位。太常卿奏：“搢圭。”皇帝搢圭。執爵官以爵進。皇帝受爵，滌爵，拭爵，以爵授執爵官。執爵官復以爵進。皇帝受爵，滌爵，拭爵，以爵授執爵官。太常卿奏：“出圭。”皇帝出圭。奏：“請詣酒尊所。”導駕官同太常卿導引至酒尊所。執爵官從行。太常卿奏：“搢圭。”皇帝搢圭。執爵官以爵進。皇帝執爵，司尊者舉羃，酌醴齊畢。皇帝以爵授執爵官。執爵官從行。太常卿奏：“出圭。”皇帝出圭。太常卿奏：“請詣太稷神位前。”協律郎跪，俛伏，舉麾，奏《熙和》之曲、《文德》之舞。導駕官同太常卿導引皇帝至神位前。太常卿奏：“跪，搢圭。”皇帝跪，搢圭。執爵官奉爵，跪，進于皇帝之右。皇帝受爵。太常卿奏：“祭酒，祭酒，三祭酒，奠爵。”皇帝祭酒，祭酒，三祭酒，奠爵。太常卿奏：“出圭，俯伏，興，平身，稍後，鞠躬，拜，興，拜，興，平身。”皇帝出圭，俯伏，興，平身，稍後，鞠躬，拜，興，拜，興，平身。樂舞止。太常卿奏：“請詣酒尊所。”導駕官同太常卿導引皇帝至酒尊所。執爵官以爵進。皇帝受爵，司尊者舉羃，酌醴齊畢。皇帝以爵授執爵官。執爵官從行。樂舞作。太常卿奏：“請詣后稷氏神位前。”導駕官同太常卿導引皇帝至神位前。太常卿奏：“跪，搢圭。”皇帝跪，搢圭。執爵官奉爵，跪，進于皇帝之右。皇帝受爵。太常卿奏：“祭酒，祭酒，三祭酒，奠爵。”皇帝祭酒，祭酒，三祭酒，奠爵。太常卿奏：“出圭，俯伏，興，平身，稍後，鞠躬，拜，興，拜，興，平身。”皇帝出圭，俯伏，興，平身，稍後，鞠躬，拜，興，拜，興，平身。樂舞止。太常卿奏：“飲福，受胙。”導駕官同太常卿導引至正位前飲福位，南向立。太常卿奏：“鞠躬，拜，興，拜，興，平身，稍前，跪，搢圭。”皇帝鞠躬，拜，興，拜，興，平身，稍前，跪，搢圭。執事官就神前，酌福酒，跪，進于皇帝之右。贊曰：“惟此酒殽，神之所與。賜以福慶，億兆同霑。”皇帝受福酒，祭酒，少許飲福酒，以爵置于坫。奉胙官就神前取胙，跪，進于皇帝之右。皇帝受胙，以胙授執事者①。執事者跪，受于皇帝之右。太常卿奏：“出圭，俯伏，興，平身，稍後，鞠躬，拜，興，拜，興，平身。”皇帝出圭，俯伏，興，平身，稍後，鞠躬，拜，興，拜，興，平身。太常卿奏：“復位。”導駕官同太常卿導引皇帝復位。

---

① “授”，原作“受”，據嘉靖本改。

徹豆

贊禮唱："徹豆。"協律郎跪，俛伏，舉麾，奏《雍和》之曲。掌祭官各徹豆。樂止。贊禮唱："賜胙。"太常卿奏："皇帝飲福，受胙，免拜。"贊禮唱："皇太子以下在位官皆再拜。"傳贊唱："鞠躬，拜，興，拜，興，平身。"皇太子以下在位官，皆鞠躬，拜，興，拜，興，平身。

送神

贊禮唱："送神。"協律郎跪，俛伏，舉麾，奏《安和》之曲。太常卿奏："鞠躬，拜，興，拜，興，平身。"皇帝鞠躬，拜，興，拜，興，平身。贊禮唱："皇太子以下在位官皆再拜。"傳贊唱："鞠躬，拜，興，拜，興，平身。"皇太子以下在位官皆鞠躬，拜，興，拜，興，平身。樂止。贊禮唱："祝人取祝，幣人取幣。詣望瘞位。"讀祝官取祝，奉幣官取幣。掌祭官取牲、饌，詣瘞所置于坎內。

望瘞

贊禮唱："望瘞。"協律郎跪，俛伏，舉麾，奏《時和》之曲。太常卿奏："請詣望瘞位。"導駕官同太常卿導引皇帝至望瘞位。樂止。贊禮唱："可瘞。"東西面各二人。置土于坎。實土至半，太常卿奏："禮畢。"導駕官同太常卿導引皇帝還大次，解嚴。

遣官奏告社稷儀注

前期，告官及陪祀官、執事官齋三日，散齋二日，宿于公廨，致齋一日于祭所。

前一日，有司掃除壇上下，開瘞坎。執事恭視社主，設太社神位于社壇之南正中，設后土氏配位于社壇之東，設太稷神位于稷壇之南正中，設后稷配位于稷壇之西；設告官拜位于壇下之北，南向，陪祀官位于告官之北，南向，贊禮二人位于告官拜位之南，東西相向；設盥洗位于兩壇下之西，爵洗位于稷壇之東北，酒尊位于爵洗位之南，幣篚位又于尊之南；又設司尊、司爵洗、司盥洗、執爵位各于其所。

其日清晨，執事官陳設幣、帛、肉脯，實酒尊，然香燭，設祝版于正、配神位之右。贊引引告祭官、陪祀官各服法服，入就拜位，皆南向立。贊禮唱：“行禮。”引禮詣告官前曰：“有司謹具，請行事。”贊禮唱：“鞠躬，拜，興，拜，興，平身。”告官及陪位官皆鞠躬，拜，興，拜，興，平身。贊禮唱：“奠幣。”贊引引告官詣盥洗位。贊引唱：“搢笏。”告官搢笏。贊引唱：“盥手。”司盥者酌水。告官盥洗訖。唱：“帨手。”司巾者以巾進告官，帨手訖。贊引唱：“出笏。”告官出笏。贊引詣告官前曰：“請詣太社神位前。”司幣者捧幣從行。贊引引至神位前，唱：“跪，搢笏。”告官跪，搢笏。司香取香于案，跪，進于告官之左。贊引唱：“上香，上香，三上香。”告官上香，上香，三上香訖。司幣者取幣于篚，跪，進于告官之右。告官受幣奠于神位前。贊引唱：“出笏。”告官出笏，唱：“鞠躬，拜，興，拜，興，平身。”告官鞠躬，拜，興，拜，興，平身。次引至后土神位前，如前儀訖。贊引引告官降自北陛，詣告官前曰：“請詣太稷神位前。”至神位前，奠幣，及詣后稷神位前，並如前儀訖。贊引引告官復位，少立。贊禮唱：“酌獻。”贊引引告官詣爵洗位。贊引唱：“搢笏。”告官搢笏。執爵者以爵進。贊引唱：“受爵。”告官受爵，唱：“滌爵。”司爵洗者酌水，滌爵訖，唱：“拭爵。”司帨者以巾進。告官拭爵訖，唱：“以爵授執爵者。”告官以爵授執爵者。執事者復以爵進。告官受爵，滌爵，拭爵，如前儀訖。贊引唱：

"出笏。"告官出笏。贊引唱:"請詣酒尊所。"引至酒尊所。贊引唱:"搢笏。"告官搢笏。執爵者以爵進。告官受爵。司尊者舉冪,酌酒,以爵授執爵者。執爵者復以爵進告官,受爵、酌酒如前儀訖。贊引唱:"出笏。"告官出笏。贊引詣告官前曰:"請詣太社神位前。"贊引唱:"跪,搢笏。"告官跪,搢笏。執爵者以爵跪,進于告官之右。告官受爵。贊引唱:"祭酒,祭酒,三祭酒,奠爵。"告官祭酒,祭酒,三祭酒,奠爵于坫。贊引唱:"出笏。"告官出笏。讀祝官取祝版于神位之右,跪,讀祝文訖。贊引唱:"俛伏,興,拜,興,拜,興,平身。"告官俛伏,興,拜,興,拜,興,平身。次引至后土神位前,如前儀訖。贊引引告官降自北陛,詣爵洗位酒尊所。引至太稷神位前、后稷神位前,行禮皆如前儀訖。贊引引告官復位。贊禮唱:"鞠躬,拜,興,拜,興,平身。"告官及陪位官皆鞠躬,拜,興,拜,興,平身。贊禮唱:"望瘞。"讀祝官取祝,捧幣官取幣,詣瘞所。贊引引告官至望瘞位,北向立。贊禮唱:"可瘞。"東西面各二人。置土于坎。實土至半,贊禮唱:"禮畢。"引告官及在位者以次出。

大明集禮卷一〇

吉禮十

王國社稷

總敘

周制，諸侯爲百姓立社，曰國社；自爲立社，曰侯社。國社在公宮之右，侯社在籍田。又《周禮》：“凡封其國，設其社稷之壝。令社稷之職。”《小司徒》：“凡建邦國，立其社稷。其壇制，半于天子，廣二丈五尺，受土各以其方之色，冒以黃，爲壇皆立樹，以表其處。又別爲石主，以象神。牲用少牢，皆黝色。用黑幣。”此諸侯祭社稷之禮，見于經傳者也。

漢封諸侯王見于史者，若武帝立子閎爲齊王，策曰：“受茲青社。”旦爲燕王，策曰：“受茲玄社。”胥爲廣陵王，策曰：“受茲赤社。”褚少孫曰：“諸侯始封，必受土于天子之社，歸，立之以爲國社，以歲時祀之。天子之社五色，諸侯封于東方者，取青土；封于南方者，取赤土；封于上方者，取黃土。各取其色物，裹以白茅，封以爲社。”

自唐至宋、元，封建不行，故闕其制。

國朝①□□□□□

---

① “國朝”二字原無，據嘉靖本補。

社稷壇圖

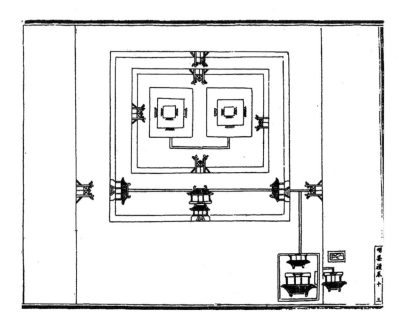

版位圖

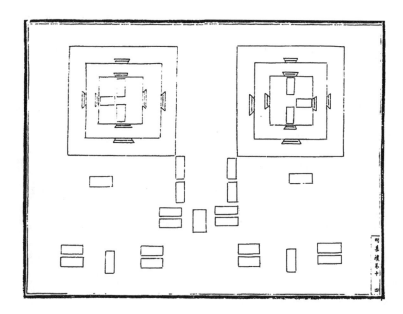

陳設圖

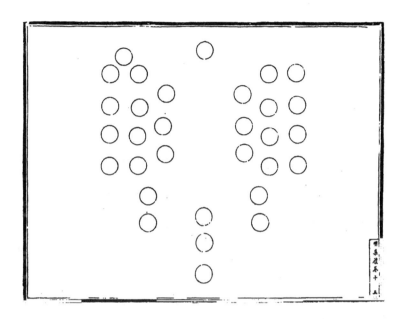

兩圭有邸圖

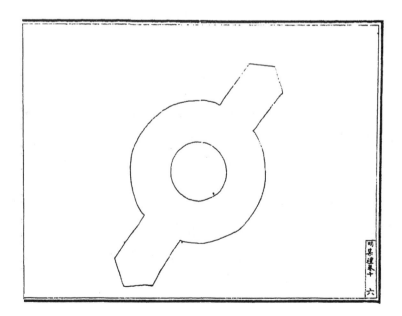

王國祭社稷儀注

齋戒

前期，王散齋四日于別殿，王相府官于寢，王致齋三日于正殿，王相府官于公廨。

省牲

先祭二日，執事設王次于北門外道西，南向。

先祭一日，典儀、典祠導王至次。執事者各執事典儀、典祠導省牲于北門，南向立。執事者自門東牽牲西行，過王前，省訖，牽牲詣神厨。典儀、典祠導王詣神厨，視鼎鑊，視滌溉訖。典儀、典祠導王還次。

陳設

先祭一日，典祠恭視社主，設太社神位于社壇上之南，北向；設太稷神位于稷壇上之南，北向，后土神位于社壇上之東，西向，后稷神位于稷壇上之西，東向；設王拜位于壇內，當兩壇之北，居中南向；典祠位于王之南，東西相向；典儀位于典祠之南，東西相向；司禮、司贊二人位于兩壇之北，司禮在東，司贊在西，相向；王府文官陪祭位于王位之西北，王相府武官位于王位之東北；引文武官班位于文武官位之東西；樂生、舞生位方設于兩壇之北、王位之東西，樂生居前，舞生居後；盥洗位于稷壇東北，司盥洗位于盥洗位之後；爵洗位于盥洗位之南，司爵洗位于爵洗位之後，奉爵位于爵洗位之前；酒尊位于兩壇北陛下，太社酒尊在陛之東,太稷酒尊在陛之西；篚幣桉位于酒尊所之南[1]，奉幣者位于篚幣之後；飲福位于社主之北；讀祝位于諸神位之右；籩、豆、簠、簋、登、鉶位于神位之前，牲桉位于籩[2]、豆之前，香燭案于桉之前[3]。

正祭

祭日清晨，典祠率執事者各實尊、罍、簠、簋、籩、豆、登、鉶，置幣于案，祝版于諸神位之右。樂生、舞生入，就位。諸執事入，就位。典祠啓王服冕服，與典儀同導王至拜位，南向立。

迎神

司禮唱："迎神。"樂工奏闕之曲。樂止。司禮唱："請行禮。"典祠啓："有司謹具，請行事。"啓："鞠躬，拜，興，拜，興，平身。"司禮唱："在位陪祭官再拜。"司贊唱："鞠躬，拜，興，拜，興，平身。"王與陪祭官鞠躬，拜，興，拜，興，平身。

奠幣

司禮唱奠幣。典祠啓詣盥洗位。典儀、典祠導王至盥洗位。典祠啓搢圭，王搢圭。典祠啓盥手，司盥洗者酌水，王盥手訖。司巾者以巾進，典祠啓帨手，王帨手訖。典祠啓出圭，王出圭。典祠啓詣太社神位前。樂工奏闕之曲。奉幣者奉幣前行。典祠啓跪，搢圭，王跪，搢圭。掌祭詣案，取香，跪進于王之左。典祠啓上香，上香，三上香，王三上香訖。奉幣者奉幣，跪進于王之右。王受幣奠于太社神主前訖。典祠啓出圭，王出圭。啓鞠躬，

---

① "桉"，當爲"俎"之誤。
② "桉"，當爲"俎"之誤。
③ "桉"，當爲"俎"之誤。

拜，興，拜，興，平身。王鞠躬，拜，興，拜，興，平身。樂止。典祠啓詣后土勾龍氏神位前，與典儀導啓，如前儀訖。啓詣太稷神位前，與典儀導啓，如前儀訖。啓詣后稷神位前，與典儀導啓如前儀訖。典祠啓復位，與典儀導王復位。

進熟

執事升牲于俎，陳饌幔。王奠幣畢，復位。司禮唱進俎。樂工奏闓之曲。執事舉俎至太社壇前，進俎官以俎升自子陛。典祠啓進俎，與典儀導王升壇，至太社神主前，南向立。進俎官以俎進。典祠啓搢圭，王搢圭，以俎奠于太社神主前。典祠啓出圭，王出圭。典祠啓詣后土神位前，與典儀導啓，如前儀訖。進俎官降自酉陛，典儀典祠導王降自子陛。詣太稷壇。進俎官以俎，升自子陛。典祠啓搢圭，王搢圭，以俎奠于太稷神位前。典祠啓出圭，王出圭。啓詣后稷神位前，與典儀導啓，如前儀訖。進俎官降自酉陛。典儀典祠導王降自子陛，復位。

初獻

司禮唱："行初獻禮。"典祠啓："行初獻禮。"啓："詣爵洗位。"與典儀導王至爵洗位。典祠啓："搢圭。"王搢圭。執爵者以爵進。典祠啓："受爵。"王受爵。典祠啓："滌爵。"司盥洗者酌水。王滌爵訖。典祠啓："拭爵。"司巾者以巾進。王拭爵訖。典祠啓以爵授執事者。王以爵授執爵官。執事者復以爵進。典祠啓："受爵。"王受爵。典祠啓："滌爵。"司盥洗者酌水，王滌爵訖。典祠啓："拭爵。"司巾者以巾進，王拭爵訖。典祀啓以爵授執事者，王以爵授執爵官。典祠啓："出圭。"王出圭。啓："詣太社酒尊所。"與典儀導王至酒尊所。執爵官奉爵從行。典祠啓："搢圭。"

王搢圭。司尊者舉羃,執爵官以爵進。典祠啓:“受爵。”王受爵。
司尊者酌醴齊畢。典祠啓以爵授執事者,王以爵授執爵官。執
事者復以爵進。典祠啓:“受爵。”王受爵。司尊者酌醴齊畢。典
祠啓以爵授執事者,王以爵授執爵官。執爵者前行。典祠啓:
“出圭。”王出圭。樂工奏闋之曲、闋之舞。典祠啓:“詣太社神主
前。”與典儀導王至位前。典祠啓:“跪,搢圭。”王跪,搢圭。掌祭
詣案,取香,跪,進于王之左。典祠啓:“上香,上香,三上香。”王
三上香訖。執爵官奉爵,跪,進于王之右。典祠啓:“受爵,祭酒,
祭酒,三祭酒,奠爵。”王受爵,三祭酒,奠爵訖。樂舞止。典祠啓:
“出圭。”王出圭。讀祝官取祝版于神右,西向跪讀訖。樂舞作。
典祠啓:“俯伏,興,拜,興,拜,興,平身。”王俯伏,興,拜,興,拜,
興,平身。樂舞止。典祠啓:“詣后土氏神位前。”與典儀導啓,如前
儀訖。典祠啓:“詣太稷酒尊所。”典儀導王至酒尊所,如前儀。
樂工奏闋之曲、闋之舞。典祠啓:“詣太稷神位前。”詣后稷氏神位
前,皆如詣太社神位前之儀。典祠啓:“復位。”與典儀導王復位。

亞獻

司禮唱:“行亞獻禮。”典祠啓:“行亞獻禮。”啓:“詣爵洗位。”
與典儀導王至爵洗位。典祠啓:“搢圭。”王搢圭。執爵者以爵
進。典祠啓:“受爵。”王受爵。典祠啓:“滌爵。”司盥洗者酌水,
王滌爵訖。典祠啓:“拭爵。”司巾者以巾進。王拭爵訖。典祠啓
以爵授執事者。王以爵授執爵官。執事者復以爵進。典祠啓:
“受爵。”王受爵。典祠啓:“滌爵。”司盥洗者酌水,王滌爵訖。典
祠啓:“拭爵。”司巾者以巾進,王拭爵訖。典祠啓以爵授執事者。
王以爵授執爵官。典祠啓:“出圭。”王出圭。啓:“詣太社酒尊
所。”與典儀導王至酒尊所。執爵官奉爵從行。典祠啓:“搢圭。”

王搢圭。司尊者舉冪。執爵官以爵進。典祠啓："受爵。"王受爵。司尊者酌盎齊畢。典祠啓以爵授執事者。王以爵授執爵官。執爵者復以爵進。典祠啓："受爵。"王受爵。司尊者酌盎齊畢。典祠啓以爵授執事者。王以爵授執爵官。執爵官前行。典祠啓："出圭。"王出圭。樂工奏闕之曲、闕之舞。典祠啓："詣太社神位前。"與典儀導王至位前。典祠啓："跪,搢圭。"王跪,搢圭。掌祭詣案,取香,跪,進于王之左。典祠啓："上香,上香,三上香。"王三上香訖。執爵官奉爵,跪,進于王之右。典祠啓："受爵,祭酒,祭酒,三祭酒,奠爵。"王受爵,三祭酒,奠爵訖。典祠啓："出圭。"王出圭。啓："俯伏,興,拜,興,拜,興,平身。"王俯伏,興,拜,興,拜,興,平身。樂舞止。典祠啓："詣后土氏神位前。"與典儀導啓如前儀訖。典祠啓："詣太稷酒尊所。"典儀導王至酒尊所,如前儀。樂工奏闕之曲、闕之舞。典祠啓："詣太稷神位前。詣后稷氏神位前。"皆如詣太社神位前之儀。典祠啓："復位。"與典儀導王復位。

終獻

司禮唱："行終獻禮。"典祠啓："行終獻禮。"與典儀導啓,如亞獻之儀。樂工奏闕之曲、闕之舞。

飲福受胙

司禮唱："飲福,受胙。"執事酌福酒,舉胙肉。典祠啓："詣飲福受胙位。"與典儀導王至飲福受胙位。典祠啓："鞠躬,拜,興,拜,興,平身。"王鞠躬,拜,興,拜,興,平身。典祠啓："跪,搢圭。"王跪,搢圭。執事捧福酒,東向跪,進于王。王受福酒。典祠啓："飲福酒。"王祭酒少許,飲福酒,以爵置于坫。執事官東向跪,進胙于王。王受胙，以胙授左右。左右西向跪受。典祠啓：“出圭。”王出圭。啓：“俯伏，興，鞠躬，拜，興，拜，興，平身。”王俯伏，興，鞠躬，拜，興，拜，興，平身。典祠啓：“復位。”與典儀導王復位。

徹豆

司禮唱：“徹豆。”樂工奏闋之曲。諸掌祭徹豆。<small>樂止。</small>司禮唱：“賜胙。”典祠啓：“王飲福、受胙，免拜。”司禮唱：“陪祭官皆再拜。”司贊唱：“鞠躬，拜，興，拜，興，平身。”陪祭官皆鞠躬，拜，興，拜，興，平身。

送神

司禮唱：“送神。”樂工奏闋之曲。典祠啓：“鞠躬，拜，興，拜，興，平身。”司禮唱：“陪祭官皆再拜。”司贊唱：“鞠躬，拜，興，拜，興，平身。”王與陪祭官皆鞠躬，拜，興，拜，興，平身。<small>樂止。</small>

望瘞

司禮唱：“望瘞。”讀祝官取祝，奉幣官取幣，掌祭官取饌，至瘞坎位。樂工奏闋之曲。典祠啓：“詣望瘞位。”<small>樂止。</small>典儀、典祠導王至望瘞位。坎實半土。典祠啓：“可瘞。”啓：“禮畢。”典儀、典祠導王還次。

郡縣社稷①

周制，州長以歲時祭祀州社，則屬其民而讀法。凡州之大祭祀，莅其事。

---

① “稷”，原缺，據本書目録補。

漢光武建武初，令郡縣置社稷。太守、令長侍祠，牲用羊豕。惟州所治，有社無稷。

晉元帝令郡縣各祠社稷于壇。

唐初，用隋制，郡縣二仲月並以少牢祭社。玄宗時，敕諸州社稷壇制，方二丈五尺，高三尺四寸，出階三等，並散齋二日、致齋一日。郡則刺史爲初獻，上佐爲亞獻，録事參軍及判司爲終獻；縣則令爲初獻，丞爲亞獻，主簿、尉爲終獻。每位祭器，尊二、籩八、豆八、簠二、簋二、俎三，用羊、豕。蜡惟正位有幣[①]，用黑，長丈八尺。

其祭社祝文曰：“惟某年月日，某官姓名敢昭告于社神。維神德兼博厚，道著方直，載生品物，含養庶類。兹因仲春，祗率常禮。恭以制幣犧齊，粢盛庶品，備兹明薦，用伸報本。以后土勾龍氏配神作主。尚享。”縣祝文以下並用。

后土祝文曰：“敢昭告于后土氏。爰兹仲春，厥日維戊，敬修常祀，薦于社神。惟神功著水土，平易九州，昭配之義，實通祀典。謹以犧齊，粢盛庶品，式陳明薦，作主侑神。尚享。”

祭稷祝文曰：“敢昭告于稷神。惟神播生百穀，首兹八政，用而不匱，功濟萌黎。恭以制幣犧齊，粢盛庶品，祗奉舊章，備兹瘞禮。以后稷棄配神作主。尚享。”

后稷祝文曰：“敢昭告于后稷氏。爰以仲春，厥日維戊。恭修常禮，薦于稷神。惟神功叶稼穡，闡修農政。允兹從祀，用率舊章。餘文同后土。”

宋制，州縣社壇方二丈五尺，高三尺，四出陛，稷壇如社壇之

---

① “蜡”，原作“臘”，據上下文改。

制。社以石爲主，其形如鐘，長二尺五寸，方一尺，剡其上，培其下半。四門同一壇，二十五步，壇飾各隨方色，上蓋以黄土。瘞坎于壇之北壬地，南出陛，方深取足容物。

政和中，制《新儀》，以春秋社日致祭，設登歌之樂于壇上，正配位俱用黑幣，籩八，豆八，簠、簋各一，俎二，犧尊三、象尊三在壇上，爲酌尊；大尊三、山尊二在神位前，著尊二、犧尊二、象尊二、壺尊六在壇下，設而不酌。祭官常服，閲饌物、視牲充腯，以公服行事。迎神作《寧安》之樂，八成。初獻升降、行止，作《正安》之樂。奠幣、酌獻作《嘉安》之樂。亞獻、終獻作《文安》之樂。送神作《寧安》之樂，一成。

元制，成宗元貞二年，始定州郡通祀社稷之制。以春秋二仲月上戊日。牲用黝色羊、豕各一。祭器，每籩、豆各八、簠二、簋二、鉶三、俎三、壺尊三，不用樂。

國朝，郡縣祭社稷，有司俱于本城之西北設壇致祭①。壇高三尺，四出陛，三級，方二尺五寸，從東至西二丈五尺，從南至北二丈五尺，右社左稷。社以石爲主，其形如鐘，長二尺五寸，方一尺一寸，剡其上，培其下半，在壇之南方。壇外築牆，周圍一百步，四面各二十五步。祭用春、秋仲月上戊日，祝以文，牲用大牢。

① “之”，原作“土”，據《禮部志稿》卷八一《祀法備考·頒社稷壇制》改。

社稷壇圖

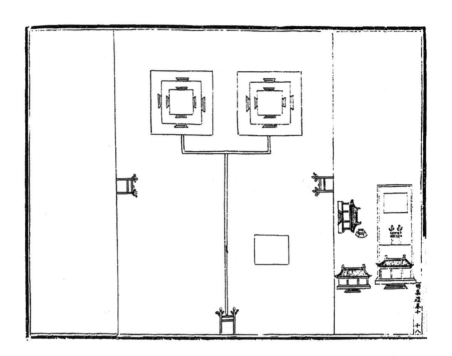

郡縣春秋仲月上戊祭社稷儀

齋戒

前三日，三獻官散齋二日于別寢，致齋一日于祭所。散齋理事如舊，惟不吊喪、問疾，不作樂，不判署刑殺文書，不行刑罰，不預穢惡事。致齋，惟祭事得行，其餘悉斷。執事人員齋，各一日于祭所。

陳設

前祭二日，有司掃除壇之內外，設三獻官、執事官次于壇壝門外，爲瘞坎二于門外之西北，方深取足容物，南出陛。

前一日，執事設省牲位于北門之外，恭視社主，設太社神位于社壇之南正中，設后土氏配位于社壇之東，西向，設太稷神位于稷壇之南正中，設后稷配位于稷壇之西，東向。正配每位設籩四于神位之左，豆四于神位之右，簠、簋各二、登、鉶各一于籩、豆之間，毛血豆于登、鉶之前，俎二于簠、簋之前，香燭案于俎前，爵坫、沙池于香案之前，祝版于神位之右。正位各犧尊一、山罍一于壇下，社東、稷西，配位各犧尊一、山罍一次之。正、配幣篚位各附于酒尊所，盥洗位于稷壇下之東，爵洗位相連于盥洗位之北。初獻官位于兩壇下正中之北，亞獻官位于初獻官之左，終獻官位于初獻官之右稍後，從祭官位于獻官之後，引贊位于獻官之左右，贊禮位于兩壇下之東西，讀祝位于神座之右，掌祭官二人位于神座之左右，司尊、司爵、司洗、捧幣位各于其所。設望瘞位于壇之西北。省牲執事者引三獻官至省牲位，南向立。執事者自門東牽牲，西行過獻官前，省訖，執事以豆二取毛血。

正祭

奠幣

祭日丑前五刻，行事執事者入，實尊、罍、籩、豆、簠、簋、登、鉶，陳毛血豆、祝版、幣篚。執事者各服垂角唐巾、盤領衫，各就位。引贊、引獻官各服法服，入就位。執事者取毛血，瘞于埳所。贊禮者唱："有司已具，請行事。"贊禮唱："鞠躬，拜，興，拜，興，平身。"在位者皆鞠躬，拜，興，拜，興，平身。贊者唱："奠幣。"引贊引初獻官詣盥洗位。引贊唱："搢笏。"初獻搢笏，唱："盥手。"司盥洗者酌水，盥訖。唱："帨手。"司帨者以巾進，帨訖。唱："出笏。"初獻出笏。引升詣社壇神位前，南向立。唱："跪，搢笏。"初獻跪，搢笏。執事者以幣跪，進于初獻之右。初獻受幣，奠于神位前訖，稍後。

引贊唱：“俯伏，興，拜，興，拜，興，平身。”初獻俯伏，興，拜，興，拜，興，平身。次引至稷壇正位。奠幣，並如社壇之儀。引復位。

初獻

贊禮唱：“行初獻禮。”引贊引初獻官詣爵洗位。引贊唱：“搢笏。”初獻搢笏。執爵者以爵進。初獻受爵。司爵洗者酌水，初獻滌爵、拭爵，以爵授執事者。引贊唱：“出笏。”初獻出笏。引詣社壇酒尊所，東向立。引贊唱：“搢笏。”初獻搢笏。執爵者以爵授初獻。初獻執爵，司尊者舉羃，酌犧尊之醍齊，以爵授執事者。引贊唱：“出笏。”初獻出笏，跪。掌祭官奉香，跪，進于初獻之左。引贊唱：“上香，上香，三上香。”初獻官上香，上香，三上香訖。執事者以爵跪，進于初獻之右。初獻執爵。引贊唱：“祭酒，祭酒，三祭酒，奠爵。”初獻祭酒，祭酒，三祭酒，奠爵。引贊唱：“出笏。”初獻出笏。讀祝官取祝，跪于神座之右，讀訖。引贊唱：“俯伏，興，拜，興，拜，興，平身。”初獻俯伏，興，拜，興，拜，興，平身。引詣后土氏神位前，酌獻並如正位之儀。次詣爵洗位，及升稷壇正、配位前行禮，並如社壇之儀。引復位。

亞獻

贊禮唱：“行亞獻禮。”引贊引亞獻官詣盥洗位。唱：“搢笏。”亞獻搢笏。唱：“盥手。”司盥洗者酌水，盥訖。唱：“帨手。”司帨者以巾進，帨訖。唱：“出笏。”亞獻出笏。引詣爵洗位。引贊唱：“搢笏。”亞獻搢笏。執爵者以爵進。亞獻受爵。司爵洗者酌水，亞獻滌爵、拭爵，以爵授執事者。引贊唱：“出笏。”亞獻出笏。引詣社壇酒尊所，東向立。引贊唱：“搢笏。”亞獻搢笏。執事者以爵授亞獻。亞獻執爵，司尊者舉羃，酌山罍之事酒。亞獻以爵授執事者。引贊唱:"出笏。"亞獻出笏。引贊引詣社神位前,南向立。引贊唱:"搢笏,跪。"亞獻搢笏,跪。掌祭官奉香,跪,進于亞獻之左。引贊唱:"上香,上香,三上香。"亞獻官上香,上香,三上香訖。執爵者以爵跪,進于亞獻之右。亞獻執爵。引贊唱:"祭酒,祭酒,三祭酒,奠爵。"亞獻官祭酒,祭酒,三祭酒,奠爵。唱:"出笏,俯伏,興,拜,興,拜,興,平身。"亞獻出笏,俯伏,興,拜,興,拜,興,平身訖。引詣后土勾龍氏位,酌獻並如社主之儀。次詣爵洗位。及稷壇正、配位前行禮,並如社壇之儀。引復位。

終獻

贊禮唱:"行終獻禮。"引贊引終獻官升壇行禮,並亞獻之儀。引復位。

飲福

贊禮唱:"飲福。"贊引引初獻官詣飲福位,南向立。掌祭者各以爵酌兩壇福酒,合置一爵,持爵詣初獻之左,西向立。引贊唱:"鞠躬,拜,興,拜,興,平身。"初獻官鞠躬,拜,興,拜,興,平身。引贊唱:"跪,搢笏。"初獻跪,搢笏。掌祭舉福酒爵,進于初獻之左。初獻受爵,祭酒少許,飲福酒,奠爵。掌祭者減社稷神座前胙肉,進于初獻之左。初獻受胙,以胙授執事者。引贊唱:"出笏,俯伏,興,拜,興,拜,興,平身。"初獻出笏,俯伏,興,拜,興,拜,興,平身。引復位。贊禮唱曰:"賜胙。初獻官飲福、受胙,免拜。"在位者皆再拜。唱:"鞠躬,拜,興,拜,興,平身。"獻官以下皆鞠躬,拜,興,拜,興,平身。

望瘞

贊禮唱:"詣望瘞位。"引贊引初獻官以下詣望瘞位,南向立。

讀祝取祝，捧幣取幣，掌祭取饌，置于坎。及諸從祭官，以次而出。

里社

周制，"大夫以下成群立社，曰置社"。注："大夫不得專主地，與民族居，百家以上，則共一社。"《記·郊特牲》曰："唯爲社事，單出里，唯爲社由，國人畢作，唯社丘乘，共粢盛，所以報本反始也。"又《月令》："仲春擇元日，命民社。其社之大者，則二千五百家爲之。其小者，則二十五家亦爲之。各樹其土，所宜之木，以爲之主。"

漢制，百家以上，共立一社。高祖令豐治枌榆社，里社也。常以春二月及臘，令民里社各自裁以祠。

唐制，諸里社正祭社稷儀，前一日社正及諸社人應祭者，各清齋一日于家正寢。先治修神樹之下，又爲瘞坎于神樹之北。每位酒尊二，並勺。牲用特豕，以俎二分載牲體。籩二，實以棗、栗，豆二，實以菹、醢，簠二，實以黍、稷，簋二，實以稻、粱。社神之席，設于神樹下；稷神之席，設于神樹西北。社正奠爵于神位前。祝讀祝文曰："維某年月日，某村社正姓名，合社若干人等，今昭告于社神。惟神載育黎元，長茲庶物。時維仲春，日維吉戊。謹率常禮，恭用特牲清酌，粢盛庶品，祇薦社神。尚享。"稷座祝文曰："惟神主茲百穀，粒此群黎。今仲春吉戊，謹率常禮。恭以特牲清酌，粢盛庶品，祇薦于稷神。尚享。"祭畢。祝版燔于祭所。

宋諸里社稷祭儀，並同唐制。

元，從民俗，無所建立。

國朝[①]☐☐☐☐☐☐

---

① "國朝"二字原無，據嘉靖本補。

里社陳設圖

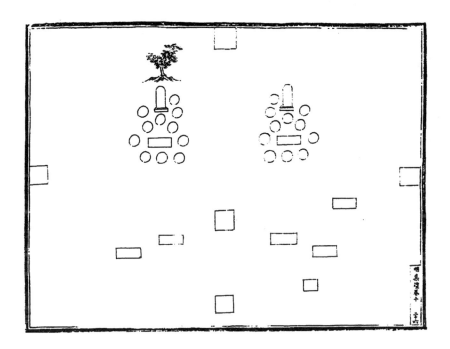

諸里社稷祭儀

諸里凡祭社稷,共用一豕,禮器籩、豆、簠、簋,許以陶瓦器代之。每位楪二實以棗、栗,楪二實以菹、醢,楪二實以黍、稷,又楪一以盛毛血,瓦尊一實以常酒,並酒杯一。祝文無版,則以紙書之。讀祝以社人有學識者充。

前祭一日,社正及社中諸預祭之人,各于本家堂前待客之所齋一日。社正先遣執事人掃除神樹下四面,為瘞坎于神樹之北,方深取足容物。主祭之家洗滌廚房鑊器,以正堂為饌所。至晚,宰牲,執事者以一楪取毛血,與祭器俱實于饌所。

祭日未明,執事者于廚中烹牲,設社主于樹下,稷主于社主之西,各籍以莞席,設社正拜位于社稷位前南向,設預祭人位于其後，設引禮及諸執事人位又于其後。執事者于饌所實祭物于碟內，解牲體置于二俎，置酒于尊，書祝文于紙。祭物既備，執事者各捧設于社稷神位前，燃香，明燭。自社正以下，各服常服，盥手，入就拜位，立定。執事執壺，于尊中取酒，立于神位之左。讀祝者立于神位之右。引禮者唱：“鞠躬，拜，興，拜，興，平身。”社正以下皆鞠躬，拜，興，拜，興，平身。執事者取毛血，埋瘞于埳中。引禮唱：“跪。”社正前詣社主前，跪。引禮唱：“上香，上香，三上香。”社正上香，上香，三上香訖，舉杯，執壺者斟酒。引禮唱：“祭酒，祭酒，三祭酒。”社正祭酒，祭酒，三祭酒訖。讀祝者持祝文，跪讀于神位前之右，讀祝訖。引禮唱：“俯伏，興，稍後，拜，興，拜，興，平身。”社正俯伏，興，稍後，拜，興，拜，興，平身。又引社正詣稷神位前。唱：“跪。”社正前詣稷主前，跪。引禮唱：“上香，上香，三上香。”社正上香，上香，三上香訖，舉杯。執事者斟酒。引禮唱：“祭酒，祭酒，三祭酒。”社正祭酒，祭酒，三祭酒訖。讀祝者持祝文，跪讀于神位前之右，讀訖。引禮唱：“俯伏，興，稍後，拜，興，拜，興，平身。”社正俯伏，興，稍後，拜，興，拜，興，平身。引禮引社正復位。引禮唱：“鞠躬，拜，興，拜，興，平身。”社正以下皆鞠躬，拜，興，拜，興，平身。執事徹祭物。讀祝者取祝文焚瘞于坎所。

大明集禮卷一一

吉禮十一

日月①

總序

《周禮·大宗伯》：“以實柴祀日月星辰。”《玉人》之事，“圭璧五寸，以祀日月星辰”。《禮記》曰：“王宮祭日也，夜明祭月也。祭日于壇，祭月于坎，以別幽明，以制上下。”

考之古者，祀日月其禮有六：

《郊特牲》曰：“郊之祭，大報天而主日，配以月。”一也。

《玉藻》曰：“朝日于東門之外。”《祭義》曰：“祭日于東郊，祭月于西郊。”二也。

《大宗伯》：“肆類于四郊，兆日于東郊，兆月于西郊。”三也。

《月令》：“孟春，祈來年于天宗。”天宗，日月之類。四也。

《覲禮》：“拜日于東門之外。反祀方明，禮日于南門之外，禮月于北門之外。”五也。

---

① 標題“日月”後原有“篇”字，據全書體例删。本書目録作“朝日夕月”。

“雪霜風雨之不時，則禜日月。”六也。

説者謂因郊蜡而祀之者，非正祀也。類禜而祀之，與覲諸侯而禮之者，非常祀也。惟春分朝之于東門之外，秋分夕之于西門之外者，祀之正與常者也。蓋天地至尊，故用其始，而祭以二至。日月次天地，春分陽氣方永，秋分陰氣向長，故祭以二分，爲得陰陽之義也。若其次，則大次、小次，設重帟、重案，其牲體則實柴，其服則玄冕、玄端，其圭之繅藉，則大采、少采，禮之之玉則一圭邸璧，祀之之樂則奏黄鐘、歌大吕、舞《雲門》。凡見于《周禮》者如此。

秦祭八神，六曰月主，七曰日主。雍又有日月廟。

漢郊太乙，朝日、夕月，改周法，常以郊泰畤。質明，出行宮，東向揖日，西向揖月，又于殿下東西拜日月。宣帝于成山祠日，萊山祠月。

魏明帝始朝日東郊，夕月西郊。

唐以二分日朝日、夕月于國城東西。

宋以春分朝日，秋分夕月，爲大祀。

元于郊壇從祀祭日月，其二分朝日夕月。皇慶中，議建立而不見施行。

國朝，既于郊壇從祀日月，又稽古者正祭之禮，築壇于國城東西，用春秋分朝日夕月，且以星辰同祀于月壇焉。可謂適禮之宜者矣。若其歷代儀文之詳，具于左方。

壇制

《祭法》曰：“王宮祭日，夜明祭月。王宮，壇名，營域如宮，日神尊，故名壇曰王宮。夜明，祭月壇名，月明于夜，故謂其壇爲夜明。”又曰：“祭日于壇，祭月于坎，以制上下。祭日于東，祭月于西，以端其位。此春秋分正祭日月，特設壇，兆于東西郊者也。”

秦、漢以來，雖祭日月而壇制未聞。

後周以春分朝日于東門外，爲壇如其郊，燔燎如圓丘；秋分夕月于國西門外，爲壇于坎中，方四丈，深四尺，燔燎如朝日禮。

隋因周制。

唐日壇在春明門外一里半，其制方廣四十尺，高八尺；月壇在開遠門外一里半，其制爲坎除三尺，廣四丈，爲壇于坎中，高一尺，廣四丈。

宋熙寧中，定朝日壇廣四丈，夕月坎深三尺，廣四丈，壇高一尺，廣二丈，四方各爲陛，入坎中，然後升壇，兩壝，每壝二十五步，燎壇方八尺，高一丈，開上南出戶，方三尺。

國朝，築朝日壇于城東門外，高八尺，方廣四丈；築夕月壇于城西門外，高六尺，方廣四丈，俱兩壝，每壝二十五步，燎壇方八尺，高一丈，開上南出戶，方三尺。

神位版

唐神位版用松柏木爲之，長二尺五寸，闊一尺二寸，趺高五寸，朱漆金字。

宋同其制。

國朝以松柏爲之，長二尺五寸，闊五寸，趺高五寸，朱漆金字。

神席

唐以藁鞂爲祭天與日月之席，而加茵褥。大明以青，夜明以白。

宋去褥,用藁秸。

祝册

唐朝日夕月祝詞曰:"嗣天子臣某,敢昭告于大明。惟神宣布太陽,照臨下土,動植咸賴,隱幽無遺。時惟仲春,敬遵常禮。謹以玉帛犧齊,粢盛庶品,祇祀于神。尚享。"夕月祝詞曰:"嗣天子臣某敢昭薦于夜明。惟神昭著懸象,輝輝陰精①,頒曆授時,仰觀取則。爰兹仲秋,用率恒禮。謹以玉帛犧齊,粢盛庶品,恭祀于神。尚享。"

國朝洪武三年九月二十四日,詹學士、魏學士、宋編脩同樂起居注②。將朝日、夕月、星辰祝文三道,于奉天門外金水橋上進奏,欽奉聖旨,教發與禮部太常司,永爲定式。

朝日

惟神陽靈東升,運行于天,神光下燭,無私無偏。歲紀聿新,昭天之德,萬物具瞻,黃道弗忒。國有時祀,古典式遵,曦馭既格,海宇咸春。

夕月

惟神太陰所鍾,承光于日,配陽之德,麗于穹碧。維此秋夕,雲斂氣清,仰瞻素輝,神馭以升。夜明有壇,用伸報祭,惟神鑒臨,萬古不昧。

---

① 第一個"輝"字原作注文小字"闕",據《通典》卷一一一《禮七十一·開元禮纂類六·吉禮三》補。

② "樂",當爲"脩"之誤。

星辰

惟神羅列周天,耿耿其輝,既瞻月馭,衆象以微。上之所躔,下必有應,爰遵古典,用伸報稱。仲秋禮祀[①],設壇既崇,神其歆格,鑒此寸衷。

祭器

唐朝日夕月,並設大尊二、著尊一、犧尊二、山罍二在壇上,象尊二、壺尊、山罍二在壇下,籩、豆各十,簠、簋、登、俎各一。

宋,犧尊五、象尊五爲酌尊,太尊二、山尊二、著尊二、犧尊二、象尊二、壺尊六爲設尊,籩、豆各十二,簠、簋、俎各二。

國朝,並設大尊二、著尊二、山罍二在壇上東南隅,北面,象尊二、壺尊二、山罍二在壇下,籩、豆各十,簠、簋各四。

玉幣

《春官·典瑞·玉人》之事,"圭璧五寸,以祀日月。圭璧謂以璧爲邸,旁有一圭。蓋祀天之玉,以四圭有邸。此爲一圭者,殺于上帝也"。

秦、漢以後,璧制未聞。

後周,朝日以青圭有邸。

唐,朝日夕月,玉以圭邸。其幣,大明以青,夜明以白。

宋,日月圭璧,大明以赤,夜明以白。

國朝,玉並用圭璧,五寸。幣,大明用赤,夜明、星辰並用白。

---

① "仲秋禮祀",原作"季秋禮記",據《明太祖實錄》卷五五改。

牲

《周禮·大宗伯》:"實牛柴上,以祀日月。"

漢,祭日以牛,祭月以羊、彘、特,謂若牛、若羊、若豕,只一牲也。

唐,朝日夕月,大明用青犢一,夜明用白犢一。大曆以後,減大明、夜明用少牢。《祭法》:"日月用少牢。"鄭云:"禱祈之祭也。"

宋,朝日夕月,各羊二、豕二。

國朝,大明用赤犢,夜明用白犢,星辰用純色犢。

酒齊

唐,朝日夕月,大尊實醴齊,著尊實盎齊,罍尊實清酒,其玄酒各實于上尊。

宋依郊祀儀,其設尊則太尊實泛齊,山罍實醴齊盎齊,犧尊實緹齊,象尊實沉齊,壺尊實三酒,其酌尊則太尊、酌尊實泛齊,山尊、犧尊實醴齊,明水、玄酒實上尊。

國朝,太尊實醴齊,著尊實盎齊,山罍實清酒,其明水、玄酒各實于上尊。

粢盛

唐,朝日夕月,簋實以稷,簠實以黍。

宋,簋實以黍、稷,簠實以稻、粱。

籩豆之實

唐,朝日夕月,籩實以石鹽、乾魚、乾棗、栗黃、榛子仁、菱仁、芡仁、鹿脯、黑餅、白餅，豆實以韭菹、醓醢、菁菹、鹿醢、芹菹、兔醢、筍菹、魚醢、脾析菹、豚拍。

宋，籩實加糗餌、粉餈，豆實加酏食、糝食。

國朝，籩實以石鹽、乾魚、乾棗、栗黃、榛子仁、菱仁、芡仁、鹿脯、白餅、黑餅，豆實以韭菹、醓醢、菁菹、鹿醢、芹菹、兔醢、筍菹、魚醢、脾析菹、豚拍。

樂舞

《周禮·大司樂》：“奏黃鐘、歌大吕①、舞《雲門》，以祀天神。”天神謂日月、星辰也。

漢《祀天歌》十九章，其一章曰《日出入》。

隋，朝日夕月，奏減夏詞各一首，迎、送神登歌樂詞與圓丘同。

唐初，樂用黃鐘之均三成，後改用天神之樂、圜鐘之均六成，送、迎神皆用《熙和》之曲。

宋，皇帝入門作《宜安》之樂，行事作《景安》之樂、《帝臨降康》之舞，六成；奠玉幣、初獻登歌作《嘉安》之樂；奉俎作《豐安》之樂；初獻畢，文舞退，武舞進，作《容安》之樂；亞、終獻作《隆安》之樂、《神保錫羨》之舞；飲福作《禧安》之樂；送神登歌作《成安》之樂。

祭服

《玉藻》曰：“天子玄端，朝日于東門之外。”端爲冕字之誤也。《春官》：“王搢大圭，執鎮圭，繅藉五采五就，以朝日。”搢，插也。

---

① “吕”，原作“品”，據《周禮·春官·大司樂》改。

謂插大圭,長三尺,玉笏于帶間。手執鎮圭,尺二寸。繅藉五采
五就者,謂以五采就繅藉玉也。繅者,雜采之名,一采爲一帀,五
采則五帀,一帀爲一就。就,成也。以木爲幹,用韋爲衣,而以五
采畫之,以薦玉也。《國語》曰:"天子大采朝日,少采夕月。大采
謂五采五就也。少采謂夕月,殺于日用,三采也。"

　　秦祀日月,其祝宰之,日赤月白。

　　漢以後,服制未聞。

　　南齊何終之議禮,天子朝日,服宜有異,頃代天子小朝會,服
絳紗袍、通天金博山冠,斯即今朝之服,次袞冕者也。宜服此,以
拜日月,庶得差降之宜。

　　後周,天子及祀官俱青冕,執事者弁。

　　唐,服玄冕,其衣無章,裳刺黼一章。

　　宋,袞冕以祭。

　　國朝,服袞冕。

朝日壇圖

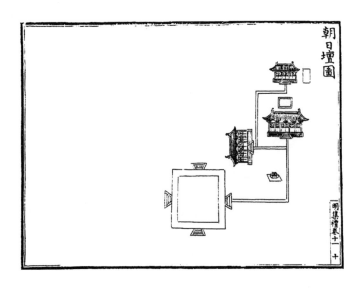

朝日版位圖

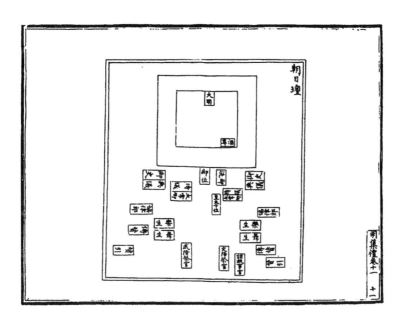

朝日陳設圖

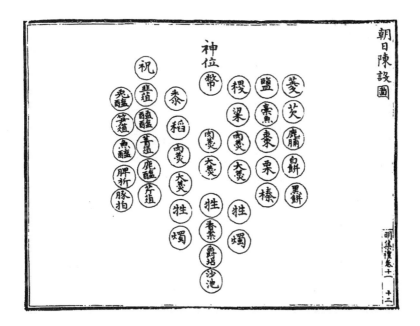

樂圖

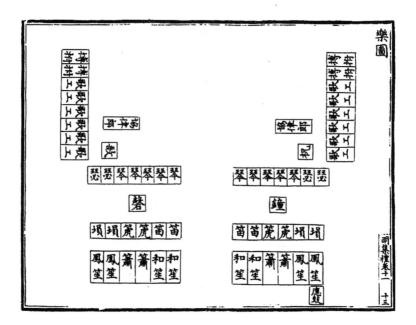

舞圖

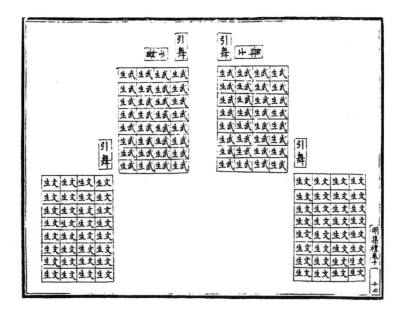

朝日樂章

迎神 《熙和》之曲

吉日良辰,祀典式陳。純陽之精,是爲大明①。濯濯厥靈,昭鑒我心。以候以迎,来格来歆。

黃林姑黃,應林南林。南林姑太,林黃姑黃。姑黃太姑,黃南姑林。蕤姑黃太,南林太黃。

奠幣 《保和》之曲

靈旗苾止,有赫其威。一念潛通,幽明弗違。有幣在筐,物薄而微。神兮安留,尚其享之。

林黃太姑,姑林南林。南林姑太,林姑南黃。南黃南姑,姑蕤南林。南林姑太,黃太姑林。

初獻 《保和》之曲

神兮我留,有薦必受。享祀之初,奠兹醴酒。晨光初升,祥徵應候。何以侑觴,樂陳雅奏。

姑黃太姑,蕤南林太。太林南林,姑林姑黃。太黃南林,黃應姑林。姑黃太姑,南黃南姑。

亞獻 《中和》之曲

我祀維何,奉兹犧牲。爰酌醴齊,載觴載升②。洋洋如在,式燕以寧。庶表微衷,交于神明。

黃林姑黃,姑林南林。南林黃太,林太南黃。黃南林姑,黃

---

① "是爲",《明太祖實錄》卷四九、《明史》卷六二《樂志二‧樂章一》作"惟是"。
② "載",《明史》卷六二《樂志二‧樂章一》作"貳"。

南姑林。黃太姑太,南林姑黃。

終獻 《肅和》之曲

執事有嚴,品物斯祭。黍稷非馨,式將其意。薦兹酒醴,成我常祀。神其顧歆,永言樂只。

太黃太姑,林夷林大。仲林夷林,大林姑黃。大黃大姑,黃夷林大。林黃大姑,林夷林大。

徹豆 《凝和》之曲

春祈秋報,率爲我民。我民之生,賴于爾神。維神祐之,康寧是臻。祭祀云畢,神其樂歆。

黃林姑黃,黃南姑林。黃太姑太,林太南黃。黃南姑林,姑太南黃。姑林南林,南林姑黃。

送神 《壽和》之曲

三獻禮終,九成樂作。神人以和,既燕且樂。雲車風馭,靈光昭灼。瞻望以思,邈彼寥廓。

林黃太姑,林南林太。黃南黃姑,林太南黃。黃南林姑,黃林南林。林姑黃太,姑林南林。

望燎 《豫和》之曲

俎豆既徹,禮樂已終。神之云還,倏將焉從。以望以燎,庶幾感通。時和歲豐,維神之功。

黃太姑林,林南黃太。黃南林姑,姑林姑黃。黃南黃姑,林太南黃。林姑黃太,南林姑黃。

夕月壇圖

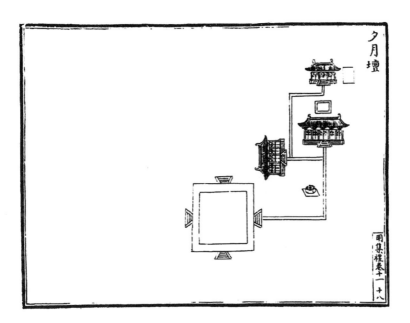

夕月版位圖

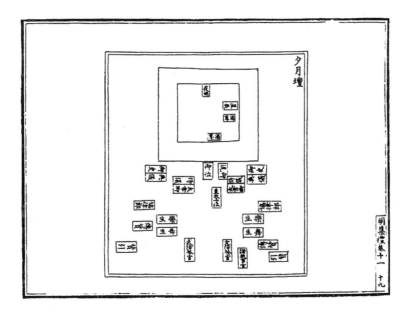

夕月陳設圖

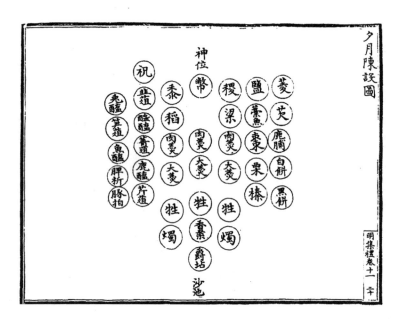

樂圖

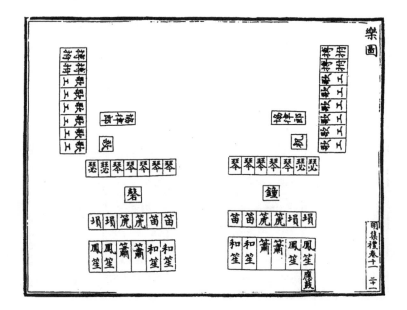

舞圖

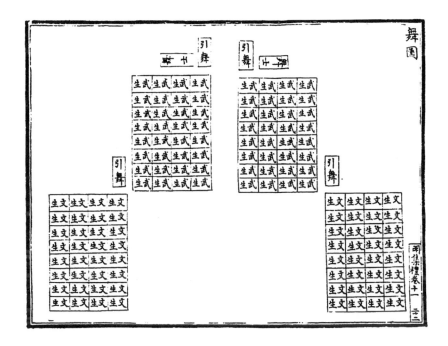

夕月樂章

迎神 《凝和》之曲

吉日良辰，祀典式陳。太陰夜明，以及星辰。濯濯厥靈，昭鑒我心。以候以迎，來格來歆。

黃林姑黃，姑林南林。南林姑太，林太南黃。姑黃太姑，黃南姑林。林姑黃太，南林姑黃。

奠幣 《保和》之曲

靈旗苾止，有赫其威。一念潛通，幽明弗違。有幣在筐，物薄而微。神兮安留，尚其享之。

林黃太姑，姑林南林。南林姑太，林太南黃。南黃南姑，姑林南林。南林姑太,黄太姑林。

初獻 《安和》之曲

神兮我留,有薦必受。享祀之初,奠茲醴酒。晨光初升,祥徵應候。何以侑觴,樂陳雅奏。

夾黄太夾,林南林太。太林南林,夾林夾黄。太黄南林,黄南夾林。夾黄太夾,南黄林夾。

亞獻 《中和》之曲

我祀維何,奉茲犧牲。爰酌醴齊,載觴載升①。洋洋如在,式燕以寧。庶表微衷,交于神明。

黄林姑黄,姑林南林。南林黄太,林太南黄。黄南林姑,黄南姑林。黄太姑太,南林姑黄。

終獻 《肅和》之曲

執事有嚴,品物斯祭。黍稷非馨,式將其意。薦茲酒醴,成我常祀。神其顧歆,永言樂只。

大黄大姑,林夷林大。仲林夷林,大林姑黄。大黄大姑,黄夷林大。林黄大姑,林夷林大。

徹豆 《壽和》之曲

春祈秋報,率爲我民。我民之生,賴于爾神。惟神祐之,康寧是臻。祭祀云畢,神其樂欣。

黄林姑黄,黄南姑林。黄太姑太,林太南黄。黄南姑林,姑太南黄。姑林南林,南林姑黄。

---

① "載",《明史》卷六二《樂志二·樂章一》作"貳"。

送神 《豫和》之曲

三獻禮終,九成樂作。神人以和,既燕且樂。雲車風馭,靈光昭灼。瞻望以思,邈彼寥廓。

林黃太姑,林南林太。黃南黃姑,林太南黃。黃南林姑,黃林南林。林姑黃太,姑林南林。

望燎 《熙和》之曲

俎豆既徹,禮樂已終。神之云還,倏將焉從。以望以燎,庶幾感通。時和歲豐,維神之功。

黃太姑林,林南黃太。黃南林姑,姑林姑黃。黃南黃姑,林太南黃。林姑黃太,南林姑黃。

國朝皇帝春朝朝日儀注

時日

以春分日行事。

齋戒

皇帝散齋三日,致齋二日。陪祭官、執事官並齋五日,如常儀。

省牲

前期二日,所司設皇帝大次于壇外東門內道北,南向,設省牲位于壇東門外。

先祭一日,導駕官同太常卿導引車駕詣大次。太常卿奏請中嚴。皇帝服皮弁。太常卿奏外辦。導駕官同太常卿導引皇帝詣省牲位,執事者各執乃事,廩犧令帥其屬牽牲,自東行過御前。

省訖,牽詣神厨,執事者取毛血實于豆。太常卿奏請詣神厨,導駕官同太常卿導引至神厨,太常卿奏請視鼎鑊,請視滌濯,遂烹牲。導駕官同太常卿導引皇帝還大次。

陳設

前祭一日,所司陳設,如圖儀。

鑾駕出宮

鹵簿導從,同圓丘儀。

正祭

祭日清晨,太常卿帥執事者各實尊、罍、籩、豆、簠、簋、登、俎,又實幣于篚,加圭璧,陳于尊所,祝版置于神位之右。樂生、舞生入就位。諸執事官、陪祭官各入就位。太常卿奏請中嚴。皇帝服衮冕。太常卿奏外辦。導駕官同太常卿導引皇帝至御位,南向立。

迎神

贊禮唱迎神。協律郎跪俛伏,舉麾,奏《熙和》之曲。樂一成①,止。贊禮唱請行禮。太常卿奏:“有司謹具,請行事。”奏鞠躬,拜,興,拜,興,平身。皇帝鞠躬,拜,興,拜,興,平身。贊禮唱皇太子以下在位官皆再拜。傳贊唱鞠躬,拜,興,拜,興,平身。皇太子以下鞠躬,拜,興,拜,興,平身。

奠玉幣

贊禮唱奠玉幣。太常卿奏請詣盥洗位。導駕官同太常卿導引皇帝詣盥洗位。太常卿贊盥曰:“前期齋戒,今晨奉祭。加其

---

① “一”,原作注文小字“闕”,據《五禮通考》卷三四《吉禮三十四·日月》補。

清潔，以對神明。"太常卿奏搢圭，皇帝搢圭。司執洗者奉盥，進巾，太常卿奏盥手，帨手，出圭。皇帝盥手，帨手，出圭。太常卿奏請升壇，贊曰："神明在上，整肅威儀。升自午陛。"太常卿奏請詣大明神位前。司玉幣者奉玉幣以俟。協律郎跪，俯伏，舉麾，奏《保和》之曲。導駕官同太常卿導引皇帝至神位前，北向立。太常卿奏跪，搢圭。皇帝跪，搢圭。司香官舉香，跪進于皇帝之左。太常卿奏上香，上香，三上香。皇帝上香，上香，三上香。司幣玉者奉玉幣，跪進于皇帝之右。皇帝受玉幣，奠于大明神位前。太常卿奏出圭，鞠躬，拜，興，平身。皇帝出圭，鞠躬，拜，興，拜，興，平身。_{樂止。}太常卿奏復位。導駕官同太常卿導引皇帝復位。

進熟

贊禮唱進俎。齋郎舉俎至壇前。進俎官舉俎，升自午陛。協律郎跪，俛伏，舉麾，奏《保和》之曲[①]。導駕官同太常卿導引皇帝至大明神位前。太常卿奏搢圭，皇帝搢圭。進俎官以俎進于皇帝之右。皇帝以俎奠于大明神位前。太常卿奏出圭，皇帝出圭。太常卿奏復位。導駕官同太常卿導引皇帝復位。

初獻

贊禮唱行初獻禮。太常卿奏行初獻禮，請詣爵洗位。導駕官同太常卿導引皇帝至爵洗位。太常卿奏搢圭，皇帝搢圭。執爵官以爵進，皇帝受爵，滌爵，拭爵，以爵授執爵官。太常卿奏出圭，皇帝出圭。太常卿奏請詣酒尊所，導駕官同太常卿導引皇帝升壇，至酒尊所。太常卿奏搢圭，皇帝搢圭。執爵官以爵進，皇

---

① "保和"，原作注文小字"闕"，據《明太祖實錄》卷四九、《明史》卷六一《樂志一》補。

帝執爵。司尊者舉冪，酌泛齊。皇帝以爵授執爵官。太常卿奏出圭，皇帝出圭。太常卿奏請詣大明神位前。協律郎跪，俯伏，舉麾，奏《安和》之曲、《武功》之舞。導駕官同太常卿導引皇帝至神位前。太常卿奏跪，搢圭，皇帝跪，搢圭。司香官捧香，跪進于皇帝之左。太常卿奏上香，上香，三上香。皇帝上香，上香，三上香。執爵官奉爵，跪進于皇帝之右。皇帝受爵。太常卿奏祭酒，祭酒，三祭酒，奠爵。皇帝祭酒，祭酒，三祭酒，奠爵。<small>樂舞止。</small>太常卿奏出圭，皇帝出圭。讀祝官取祝版于神右，跪讀訖。<small>樂舞作。</small>太常卿奏俯伏，興，平身，稍後，鞠躬，拜，興，拜，興，平身。皇帝俯伏，興，平身，稍後，鞠躬，拜，興，拜，興，平身。<small>樂舞止。</small>太常卿奏請復位。導駕官同太常卿導引皇帝復位。

亞獻

贊禮唱行亞獻禮。太常卿奏請行亞獻禮，請詣爵洗位。導駕官同太常卿導引皇帝至爵洗位。太常卿奏搢圭，皇帝搢圭。執爵官以爵進，皇帝受爵，滌爵，拭爵，以爵授執爵官。太常卿奏出圭，皇帝出圭。太常卿奏請詣酒尊所。導駕官同太常卿導引皇帝升壇，至酒尊所。太常卿奏搢圭，皇帝搢圭。執爵官以爵進，皇帝受爵。司尊舉冪，酌醴齊。皇帝以爵授執爵官。太常卿奏出圭，皇帝出圭。太常卿奏請詣大明神位前。協律郎跪俛伏，舉麾，奏《中和》之曲、《文德》之舞。導駕官同太常卿導引皇帝至神位前。太常卿奏跪，搢圭，皇帝跪，搢圭。司香官捧香，跪進于皇帝之左。太常卿奏上香，上香，三上香。皇帝上香，上香，三上香。執爵官捧爵，跪進于皇帝之右。皇帝受爵。太常卿奏祭酒，祭酒，三祭酒，奠爵。皇帝祭酒，祭酒，三祭酒，奠爵。太常卿奏出圭，俯伏，興，平身，稍後，鞠躬，拜，興，拜，興，平身。皇帝出圭，俯伏，興，平身，稍後，鞠躬，拜，興，平身。_{樂舞止。}太常卿奏復位。導駕官同太常卿導引皇帝復位。

終獻

贊禮唱行終獻禮。太常卿奏行終獻禮請，詣爵洗位。導駕官同太常卿導引皇帝至爵洗位。太常卿奏搢圭，皇帝搢圭。執爵官以爵進，皇帝受爵，滌爵，拭爵，以爵授執爵官。太常卿奏出圭，皇帝出圭。太常卿奏請詣酒尊所。導駕官同太常卿導引皇帝升壇，至酒尊所。太常卿奏搢圭，皇帝搢圭。執爵官以爵進，皇帝受爵，司尊者舉冪，酌盎齊。皇帝以爵授執爵官。太常卿奏出圭，皇帝出圭。太常卿奏請詣大明神位前。協律郎跪，俛伏，舉麾，奏《肅和》之曲、《文德》之舞。導駕官同太常卿導引皇帝至神位前。太常卿奏跪，搢圭，皇帝跪，搢圭。司香官捧香，跪進于皇帝之左。太常卿奏上香，上香，三上香。皇帝上香，上香，三上香。執爵官奉爵，跪進于皇帝之右，皇帝受爵。太常卿奏祭酒，祭酒，三祭酒，奠爵。皇帝祭酒，祭酒，三祭酒，奠爵。太常卿奏出圭，俯伏，興，平身，稍後，鞠躬，拜，興，拜，興，平身。皇帝出圭，俯伏，興，平身，稍後，鞠躬，拜，興，拜，興，平身。太常卿奏復位。導駕官同太常卿導引皇帝復位。

飲福受胙

贊禮唱飲福、受胙。太常卿奏請詣飲福位。導駕官同太常卿導引皇帝升壇，至飲福位，北向立。太常卿奏鞠躬，拜，興，拜，興，平身。皇帝鞠躬，拜，興，拜，興，平身。太常卿奏跪，搢圭，皇帝跪，搢圭。奉爵官酌福酒，跪進于皇帝之左。贊曰："惟此酒肴[①]，

---

① "酒肴"，《明太祖實錄》卷四九作"肴羞"。

神之所與。賜以福慶，億兆同霑。"皇帝受福酒，祭酒，飲福酒，以爵置于坫。奉胙官奉胙，跪進于皇帝之右。皇帝受胙，以胙授執事者。執事者跪受于皇帝之右。太常卿奏出圭，皇帝出圭。太常卿奏俯伏，興，平身，稍後，鞠躬，拜，興，拜，興，平身。皇帝俯伏，興，平身，稍後，鞠躬，拜，興，拜，興，平身。太常卿奏請復位。導駕官同太常卿導引皇帝復位。

徹豆

贊禮唱徹豆。協律郎跪，俛伏，舉麾，奏《凝和》之曲。掌祭官徹豆。贊禮唱賜胙。太常卿奏皇帝飲福、受胙，免拜。贊禮唱皇太子以下在位官皆再拜。傳贊唱鞠躬，拜，興，拜，興，平身。皇太子以下皆鞠躬，拜，興，拜，興，平身。_{樂止。}

送神

贊禮唱送神。協律郎跪俯伏，舉麾，奏《壽和》之曲。太常卿奏鞠躬，拜，興，拜，興，平身。皇帝鞠躬，拜，興，拜，興，平身。贊禮唱皇太子以下在位官皆再拜。傳贊唱鞠躬，拜，興，拜，興，平身。皇太子以下皆鞠躬，拜，興，拜，興，平身。贊禮唱祝人取祝，帛人取帛，詣望燎位。讀祝官捧祝，捧帛官捧帛，掌祭官取饌及爵酒，詣柴壇，置戶上。_{樂止。}

望燎

贊禮唱望燎。導駕官同太常卿導引皇帝至望燎位。贊禮唱可燎。東西面各二人以炬燎。火柴半燎。太常卿奏禮畢。導駕官同太常卿導引皇帝還大次。解嚴。

鑾駕還宮

鹵簿導從，如來儀。大樂鼓吹振作。

皇帝秋夕夕月儀注

時日

以秋分日行事。

齋戒

皇帝散齋三日，致齋二日。陪祭官、執事官並齋五日，如常儀。

省牲

前期二日，所司設皇帝大次于壇外東門內道北，南向，設省牲位于內壇東門外。

先祭一日，導駕官同太常卿導引車駕詣大次。太常卿奏請中嚴。皇帝服皮弁服。太常卿奏外辦。導駕官同太常卿導引皇帝詣省牲位。執事者各執乃事，廩犧令率其屬牽牲，自東行過御前。省訖，牽詣神廚，執事者取毛血，實于豆。太常卿奏請詣神廚。導駕官同太常卿導引至神廚。太常卿奏請視鼎鑊，請視滌濯，遂烹牲。導駕官同太常卿導引皇帝還大次。

陳設

前祭一日，所司陳設，如圖儀。

鑾駕出宮

鹵簿導從，同圓丘儀。

正祭

祭日清晨，太常少卿帥執事者各實尊、罍、籩、豆、簠、簋、登、俎，又實幣于篚，加圭璧，陳于尊所，祝版置于神位之右。樂生、舞生入就位。諸執事官、陪祭官各入就位。太常卿奏請中嚴。
皇帝服衮冕。太常卿奏外辦。導駕官同太常卿導引皇帝至御
位,南向立。

迎神

贊禮唱迎神。協律郎跪,俛伏,舉麾,奏《凝和》之曲,樂一
成[①]。贊禮唱請行禮。太常卿奏:"有司謹具,請行事。"奏鞠躬,
拜,興,拜,興,平身。皇帝鞠躬,拜,興,拜,興,平身。贊禮唱,皇
太子以下在位官皆再拜。傳贊唱鞠躬,拜,興,拜,興,平身。皇
太子以下鞠躬,拜,興,拜,興,平身。

奠玉幣

贊禮唱奠玉幣。太常卿奏請詣盥洗位。導駕官同太常卿導
引皇帝詣盥洗位。太常卿贊盥曰:"前期齋戒,今晨奉祭。加其
清潔,以對神明。"太常卿奏搢圭,皇帝搢圭。司執洗者捧盥,進
巾。太常卿奏盥手,帨手,出圭。皇帝盥手,帨手,出圭。太常卿
奏請升壇,贊曰:"神明在上,整肅威儀。升自午陛。"太常卿奏請
詣夜明神位前。司玉幣者捧玉幣以俟。協律郎跪,俯伏,舉麾,
奏《保和》之曲。導駕官同太常卿導引皇帝至神位前,北向立。
太常卿奏,跪,搢圭。皇帝跪,搢圭。司香官取香,跪進于皇帝之
左。太常卿奏上香,上香,三上香。皇帝上香,上香,三上香。司
玉幣者捧玉幣,跪進于皇帝之右。皇帝受玉幣,奠于夜明神位
前。太常卿奏出圭,鞠躬,拜,興,拜,興,平身。皇帝出圭,鞠躬,
拜,興,拜,興,平身。_{樂止。}太常卿奏請詣星辰神位前。導駕官同
太常卿導引皇帝至神位前。太常卿奏跪,搢圭,皇帝跪,搢圭。

---

① "一",原作注文小字"闕",據《五禮通考》卷三四《吉禮三十四·日月》補。

司香官捧香，跪進于皇帝之左。太常卿奏上香，上香，三上香。皇帝上香，上香，三上香。司幣者捧幣，跪進于皇帝之右。皇帝受幣，奠于星辰神位前。太常卿奏出圭，鞠躬，拜，興，拜，興，平身。皇帝出圭，鞠躬，拜，興，拜，興，平身。太常卿奏復位。導駕官同太常卿導引皇帝復位。

進熟

贊禮唱進俎。齋郎舉俎至壇前。進俎官舉俎，升自午陛。協律郎跪，俛伏，舉麾，奏《保和》之曲。導駕官同太常卿導引皇帝至夜明神位前。太常卿奏搢圭，皇帝搢圭。進俎官以俎進于皇帝之右。皇帝以俎奠于神位前。太常卿奏出圭，皇帝出圭。導駕官同太常卿導引至星辰神位前。進俎官以俎進于皇帝之右。太常卿奏搢圭，皇帝搢圭，以俎奠于星辰神位前。太常卿奏出圭，皇帝出圭。太常卿奏復位，導駕官同太常卿導引皇帝復位。

初獻

贊禮唱行初獻禮。太常卿奏請行初獻禮，請詣爵洗位。導駕官同太常卿導引皇帝至爵洗位。太常卿奏搢圭，皇帝搢圭。執爵官以爵進，皇帝受爵，滌爵，拭爵，以爵授執爵官。執爵官又以爵進，皇帝受爵，滌爵，拭爵，以爵授執爵官。太常卿奏出圭，皇帝出圭。太常卿奏請詣酒尊所。導駕官同太常卿導引皇帝升壇，至酒尊所。太常卿奏搢圭，皇帝搢圭。執爵官以爵進，皇帝執爵，司尊者舉羃酌泛齊。皇帝以爵授執爵官。太常卿奏出圭，皇帝出圭。太常卿奏請詣夜明神位前。協律郎跪，俯伏，舉麾，奏《安和》之曲、《武功》之舞。導駕官同太常卿導引皇帝至神位前。太常卿奏跪,搢圭,皇帝跪,搢圭。司香官捧香,跪進于皇帝之左。太常卿奏上香,上香,三上香。皇帝上香,上香,三上香。執爵官捧爵,跪進于皇帝之右,皇帝受爵。太常卿奏祭酒,祭酒,三祭酒,奠爵。皇帝祭酒,祭酒,三祭酒,奠爵。樂舞止。太常卿奏出圭,皇帝出圭。讀祝官取祝版于神右,跪讀訖。樂舞作。太常卿奏俯伏,興,平身,稍後,鞠躬,拜,興,拜,興,平身。皇帝俯伏,興,平身,稍後,鞠躬,拜,興,拜,興,平身。樂舞止。太常卿奏請詣酒尊所。導駕官同太常卿導引皇帝至酒尊所。執爵官以爵進,皇帝受爵,司尊舉冪酌泛齊,以爵授執爵官。太常卿奏請詣星辰神位前。導駕官同太常卿導引皇帝至神位前。太常卿奏跪,搢圭,皇帝跪,搢圭。司香官捧香,跪進于皇帝之左。太常卿奏上香,上香,三上香。皇帝上香,上香,三上香。執爵官捧爵,跪進于皇帝之右,皇帝受爵。太常卿奏祭酒,祭酒,三祭酒,奠爵。皇帝祭酒,祭酒,三祭酒,奠爵。太常卿奏出圭,皇帝出圭[①]。讀祝官取祝版于神位之右,跪讀訖。太常卿奏俯伏,興,平身,稍後,鞠躬,拜,興,拜,興,平身。皇帝俯伏,興,平身,稍後,鞠躬,拜,興,拜,興,平身。太常卿奏請復位。導駕官同太常卿導引皇帝復位。

亞獻

賛禮唱行亞獻禮。太常卿奏行亞獻禮,請詣爵洗位。導駕官同太常卿導引皇帝至爵洗位。太常卿奏搢圭,皇帝搢圭。執爵官以爵進,皇帝受爵,滌爵,拭爵,以爵授執爵官。執爵官又以爵進,皇帝受爵,滌爵,拭爵,以爵授執爵官。太常卿奏出圭,皇

---

① "皇帝出圭",據本書卷一一《國朝皇帝春朝朝日儀注·初獻》補。

帝出圭。太常卿奏請詣酒尊所。導駕官同太常卿導引皇帝升壇，至酒尊所。太常卿奏搢圭，皇帝搢圭。執爵官以爵進，皇帝受爵，司尊舉冪酌醴齊，皇帝以爵授執爵官。太常卿奏出圭，皇帝出圭。太常卿奏請詣夜明神位前。協律郎跪，俛伏，舉麾，奏《中和》之曲、《文德》之舞。導駕官同太常卿導引皇帝至神位前。太常卿奏跪，搢圭，皇帝跪，搢圭。司香官捧香，跪進于皇帝之左。太常卿奏上香，上香，三上香。皇帝上香，上香，三上香。執爵官捧爵，跪進于皇帝之右，皇帝受爵。太常卿奏祭酒，祭酒，三祭酒，奠爵。皇帝祭酒，祭酒，三祭酒，奠爵。太常卿奏出圭，俯伏，興，平身，稍後，鞠躬，拜，興，拜，興，平身。皇帝出圭，俯伏，興，平身，稍後，鞠躬，拜，興，拜，興，平身。樂舞止。太常卿奏請詣酒尊所，導駕官同太常卿導引皇帝至酒尊所。執爵官以爵進，皇帝受爵，司尊者舉冪酌醴齊，皇帝以爵授執爵官。太常卿奏請詣星辰神位前，樂舞作。導駕官同太常卿導引皇帝至神位前。太常卿奏跪，搢圭，皇帝跪，搢圭。執爵官捧爵，跪進于皇帝之右，皇帝受爵。太常卿奏祭酒，祭酒，三祭酒，奠爵。皇帝祭酒，祭酒，三祭酒，奠爵。太常卿奏出圭，俯伏，興，平身，稍後，鞠躬，拜，興，拜，興，平身。皇帝出圭，俯伏，興，平身，稍後，鞠躬，拜，興，拜，興，平身。樂舞止。太常卿奏復位，導駕官同太常卿導引皇帝復位[1]。

終獻

贊禮唱行終獻禮。太常卿奏行終獻禮，請詣爵洗位。導駕官同太常卿導引皇帝至爵洗位。太常卿奏搢圭，皇帝搢圭。執

---

[1] “導”，原作“道”，據嘉靖本、本書卷一一《國朝皇帝春朝朝日儀注‧亞獻》改。

爵官以爵進，皇帝受爵，滌爵，拭爵，以爵授執爵官。執爵官又以爵進，皇帝受爵，滌爵，拭爵，以爵授執爵官。太常卿奏出圭，皇帝出圭。太常卿奏請詣酒尊所，導駕官同太常卿導引皇帝升壇，至酒尊所。太常卿奏搢圭，皇帝搢圭。執爵官以爵進皇帝受爵，司尊舉冪，酌盎齊，皇帝以爵授執爵官。太常卿奏出圭，皇帝出圭。太常卿奏請詣夜明神位前。協律郎跪，俛伏，舉麾，奏《肅和》之曲、《文德》之舞。導駕官同太常卿導引皇帝至神位前。太常卿奏跪，搢圭，皇帝跪，搢圭。司香官捧香跪，進于皇帝之左。太常卿奏上香，上香，三上香。皇帝上香，上香，三上香。執爵官捧爵，跪進于皇帝之右，皇帝受爵。太常卿奏祭酒，祭酒，三祭酒，奠爵。皇帝祭酒，祭酒，三祭酒，奠爵。太常卿奏出圭，俛伏，興，平身，稍後，鞠躬，拜，興，拜，興，平身。皇帝出圭，俛伏，興，平身，稍後，鞠躬，拜，興，拜，興，平身。太常卿奏請詣酒尊所，導駕官同太常卿導引皇帝至酒尊所。執爵官以爵進，皇帝受爵，司尊者舉冪，酌盎齊。皇帝以爵授執爵官。太常卿奏請詣星辰神位前，導駕官同太常卿導引皇帝至神位前。太常卿奏跪，搢圭，皇帝跪，搢圭。執爵官捧爵，跪進于皇帝之右，皇帝受爵。太常卿奏祭酒，祭酒，三祭酒，奠爵。皇帝祭酒，祭酒，三祭酒，奠爵。太常卿奏出圭，俛伏，興，平身，稍後，鞠躬，拜，興，拜，興，平身。皇帝出圭，俛伏，興，平身，稍後，鞠躬，拜，興，拜，興，平身。太常卿奏復位，導駕官同太常卿導引皇帝復位。

飲福受胙

贊禮唱飲福、受胙。太常卿奏請詣飲福位。導駕官同太常卿導引皇帝升壇，至飲福位，北向。太常卿奏鞠躬，拜，興，拜，興，平身。皇帝鞠躬，拜，興，拜，興，平身。太常卿奏跪，搢圭，皇帝跪,搢圭。捧爵官酌福酒,跪進于皇帝之左。贊曰:"惟此酒肴,神之所與。賜以福慶,億兆同霑。"皇帝受福酒,祭酒,飲福酒,以爵置于坫。捧胙官捧胙,跪進于皇帝之右。皇帝受胙,以胙授執事者。執事者跪受于皇帝之右。太常卿奏出圭,皇帝出圭。太常卿奏俯伏,興,平身,稍後,鞠躬,拜,興,拜,興,平身。皇帝俯伏,興,平身,稍後,鞠躬,拜,興,拜,興,平身。太常卿奏請復位。導駕官同太常卿導引皇帝復位。

徹豆

贊禮唱徹豆。協律郎跪,俛伏,舉麾,奏《壽和》之曲。掌祭官徹豆。贊禮唱賜胙。太常卿奏皇帝飲福、受胙,免拜。贊禮唱,皇太子以下在位官皆再拜。傳贊唱鞠躬,拜,興,拜,興,平身。皇太子以下皆鞠躬,拜,興,拜,興,平身。樂止。

送神

贊禮唱送神。協律郎跪,俯伏,舉麾,奏《豫和》之曲。太常卿奏鞠躬,拜,興,拜,興,平身。皇帝鞠躬,拜,興,拜,興,平身。贊禮唱,皇太子以下在位官皆再拜。傳贊唱鞠躬,拜,興,拜,興,平身。皇太子以下皆鞠躬,拜,興,拜,興,平身。贊禮唱祝人取祝,幣人取幣,詣望燎位。讀祝官取祝,捧幣官捧幣,掌祭官取饌及爵酒,詣柴壇,置戶上。樂止。

望燎

贊禮唱望燎。導駕官同太常卿導引皇帝至望燎位。贊禮唱可燎。東西面各二人以炬燎。火柴半燎。太常卿奏禮畢。導駕官同太常卿導引皇帝還大次。解嚴。

鑾駕還宮

鹵簿導從，如來儀。大樂鼓吹振作。

大明集禮卷一二

吉禮十二

藉田享先農

總序

《祭法》曰："王爲群姓立社曰太社。王自爲立社曰王社。王社亦曰帝社。"鄭玄謂："王社在藉田之中。"《詩·載芟·序》云："春藉田而祈社是也。又《周官·籥章》："凡國祈年于田祖，吹《豳雅》①，擊土鼓以樂田畯。"鄭氏曰："田祖，始耕田者，謂神農也。"

漢立官社，文帝令官祠先農，先農即神農也。

晉武詔復二社。

北齊及隋又改曰先農。

唐神龍中，禮官祝欽明議，以禮典無先農之文。先農與社本是一神，妄爲改作。請改先農壇爲帝社壇，以應《禮經》王社之義。至開元定禮，又采齊、隋之議，復曰先農。

---

① "雅"，《明太祖實錄》卷三六上作"詩"。

宋陳祥道曰："先儒謂王社建于藉田，然《國語》王藉則司空除壇，農正陳藉禮。而歷代所祭先農而已。不聞祭社也。《詩》曰：'春藉田而祈社。'非謂社稷建于藉田也。"今按祝欽明云，先農即社。陳祥道云："社自社，先農自先農，藉田所祭乃先農，非社也。"雖其說不同，未知孰是。要之，其爲重農報本之義一也。

若夫藉田之制，則考于《月令》與《周官》可見。《月令》："天子孟春之月，乃擇元辰，親載耒耜置之車右，帥公卿、諸侯、大夫躬耕藉田千畝于南郊，冕而朱紘，躬秉耒。天子三推，三公五推，諸侯九推。反，執爵于太寢，三公、九卿、諸侯、大夫皆御命曰勞酒。季秋之月藏，帝藉之收于神倉。"《地官·內宰》："詔王后帥六宮之人，生種稑之種而獻于王。"《甸師》："掌率其屬而耕耨王藉以時入之，以共粢盛。"其制如此，然享先農之禮與躬耕同日，禮無明文。惟《周語》云："農正陳藉禮。"而韋昭注謂陳藉禮者，祭其神，爲農祈也。

至漢以藉田之日祀先農，而其禮始著。《漢舊儀》，春耕藉田，官祠先農，百官皆從，置藉田令、丞。

東漢藉田儀，正月始耕，常以乙日祠先農于田所。先農已享，耕于乙地。

由晉、魏以下至于唐、宋，其禮不廢。

政和間，罷享先農爲中祀，命有司行事，止行親耕之禮。南渡後復親祠。

元雖議耕藉而竟不親行。其祠先農，命有司攝事而已。

國朝親祠躬耕，始復遵古禮云。

時日

《月令》,孟春之月乃擇元辰。説者曰:元辰,祈穀郊後吉辰也。十二支謂之辰。郊天是陽,故用辛日。耕藉是陰,故用亥辰。知用亥者,正月亥爲天倉,以其耕事,故用天倉也。《周語》,立春之日,農祥晨正,至二月初吉,王祼鬯而行藉禮。

漢文用亥日耕藉祠先農,後王相承用之。明帝耕以二月,章帝耕以正月乙日。

晉武帝以正月丁亥。

宋文帝以正月上辛後吉亥享先農親耕。

齊武帝時王儉以爲比來親耕,並用立春後亥日,經無明文。何佟之云,《少牢饋食禮》:禘太廟用丁亥,鄭玄以不必丁亥。今若不得丁,則用己亥、辛亥,苟有亥焉可也。

梁初依宋、齊禮以正月用事。天監中以《尚書》云以殷仲春,藉田理在建卯。于是改用二月。

唐用孟春吉亥。

宋用正月上辛後亥日。政和中,議禮局言孟春親耕,下太史局擇日,不必專用吉亥。

元用孟春吉亥。

國朝以仲春擇吉日行事。

壇壝

《周語》虢文公云:"藉田之制,司空除于藉。"

漢文帝立壇于田所,其制如社之壇。

宋于宮之辰地八里外整制千畝,中開阡陌,立先農壇于中阡西陌南。

梁移藉田于建康北岸，築兆域如南北郊。

齊作祠壇于陌南阡西。廣輪三十尺，四陛三壝四門，又爲大營于外。

北齊立帝社。

唐高宗改藉田壇爲先農壇。神龍初，復改先農壇爲帝社壇，于壇西立帝稷壇，禮同太社。惟不備方色有異焉。壇高五尺，方五丈，四出陛，其色青，祀前二十日脩畢。

宋先農壇九尺四十步，飾以青，二壝。

元壇制同社壇，縱廣十步，高五尺，四出陛，其色青，每方開靈星門。

國朝壇在藉田之北，高五尺，闊五丈，四出陛。

配位

漢祠令，太社外，又立官社，配以夏禹。立官稷，配以后稷。元始中，議以官稷配官社。光武中興，但太社有稷而官社無稷。

北齊祀先農神農氏于壇上，無配享。

隋以后稷配。

唐初于帝社壇西立帝稷壇。至開元定禮，又除帝稷壇，祀先農于壇上，以后稷配。歷宋元、至國朝，遂爲常典焉。

神席

唐、宋正配位，皆席以莞，元加以褥。

國朝奉主置于案，不用席。

祝册

唐《祀先農正位祝文》曰:"維某年歲次月朔日子,皇帝某,敢昭告于帝神農氏,獻春伊始。東作方興,率由典則,恭祀千畝。謹以制幣犧齊,粢盛庶品,肅備常祀,陳其明薦。以后稷配神作主,尚享。"

《后稷氏祝文》曰:"土膏脉起,爰脩耕藉,恒事于帝神農氏。惟神功叶稼穡,寔允昭配,謹以制幣犧齊,粢盛庶品,式陳明薦,侑神作主,尚享。"

宋祝文缺。

元《攝祀正位祝文》曰:"維年月日皇帝敬遣某官,昭告于帝神農氏,夾鐘應律,耕藉以時,順考彝章,載祈農事。謹以制幣牲齊,粢盛庶品,用仲明薦,以后稷氏配,尚享。"

《配位祝文》曰:"日中星鳥,禮重藉田,用薦常事于帝神農氏。惟神之功,粒我烝民,允諧昭配。謹以_{云云}尚享。"

國朝洪武二年仲春,《皇帝親祠先農祝文》曰:"惟神生于天地開闢之初,創田器,别嘉種,以肇興農事。古今億兆,非此不生,永爲世教,帝王典祀,敬不敢忘,某本庶民,因天下亂,集兵保民者,一紀于兹。荷天地眷佑,海内一家,臨御稱尊,紀綱黎庶,考典崇祀,神載策書,今東作方興。禮宜告祭①,謹命太常官築壇于京城之陽,躬率百司,詣壇展禮,緬惟神明,造化萬世,如斯仰冀,發太古之苗,實初生之粟,爲民立命,昭祀無疆。謹以制幣,

---

① "告祭",《明太祖實録》卷三九作"祭告"。

犧齊庶品^①,蕭備常祀,陳其明薦。以后稷氏配神作主,尚享。"

《后稷氏祝文》曰:"惟土膏脉起,爰脩耕藉,用薦常事于先農之神,惟神功協稼穡,允宜昭配。謹以制幣犧齊,粢盛庶品,式陳明薦,作主侑神,尚享。"

祭器

唐制,正、配位各設犧尊二、象尊二,山罍二,籩、豆各十,簠、簋各二,登、鉶、俎各三。

宋每位著尊二、壺尊二,皆有罍,加勺、羃,以爲酌尊,太尊二、山尊二、犧尊二、象尊二,皆有罍,加羃設而不酌,籩、豆各十有二,簠、簋、登各一,俎各五。

元攝祀正位太尊二、著尊二、犧尊二、山罍二于壇上,象尊二、壺尊二、山罍二于壇下,配位著尊二、犧尊二、象尊二、山罍二,于壇上,壺尊二、山罍二于壇下,籩、豆各十,簠、簋各二,鉶各三,俎各五,盤各一。

國朝正、配位各尊二,籩、豆各十,簠、簋各二,登、鉶、俎、案各三。

幣

自唐、宋以來,皆用青幣。

牲

周制,春藉田祈社稷,牲用太牢。

---

① "制幣犧齊庶品",《明太祖實録》卷三九作"制幣犧牲粢盛庶品"。

漢祠先農以一太牢。

後魏用羊一。

宋初以羊豕，元豐間復加純色犢。

元用太牢。

國朝用犢一、羊一、豕一，配位同。

酒齊

唐正、配位犧尊實以醴齊，象尊實以盎齊，山罍實以清酒，上尊各實明水、玄酒。

宋著尊實醴齊，壺尊實盎齊，上尊各實玄酒，設尊並實五齊三酒。

國朝同唐、宋。

粢盛

唐簠實以稷，簋實以稻。

宋簠實以稷，簋實以黍。

元簠實以黍、稷，簋實以稻、粱。

國朝同。

籩豆之實

唐籩實以石鹽、乾魚、乾棗、栗黃、榛子仁、菱仁、芡仁、鹿脯、白餅、黑餅，豆實以韭菹、醓醢、菁菹、鹿醢、芹菹、兔醢、筍菹、魚醢、脾析菹、豚拍。

宋籩加糗餌、粉餈，豆加酏食、糝食。

元同唐制。

國朝因之。

樂章

歷代祠先農與耕藉田,皆有樂。

唐祠先農之樂,降神以角音,奏《永和》之樂,以姑洗之均,作文舞之舞,樂舞三成。登歌奏《肅和》之樂,迎俎奏《雍和》之樂,酌獻奏《壽和》之樂,飲福同。亞獻、終獻奏《泰和》之樂,武舞之舞,送神奏《永和》之樂。

宋仁宗更定先農樂章。迎神,奏《靖安》之樂,文舞《儲靈錫慶》之舞,登歌奏《嘉安》之樂,迎俎奏《豐安》之樂,酌獻登歌奏《禧安》之樂,飲福同。亞獻、終獻,文舞退,武舞進,奏《正安》之樂,送神奏《靖安》之樂。

元攝祀樂作三成。

國朝迎神奏《永和》之樂,三成,奠幣奏《永和》之樂,迎俎奏《雍和》之樂,三獻並奏《壽和》之樂、文德之舞,徹豆、送神,並奏《永和》之樂,望瘞奏《泰和》之樂。

其藉田之樂。唐制,耕訖,太常卿引皇帝入自南門,還大次,樂作,皇帝出自内壝東門,釋鎮圭,執大圭,入次,樂止。

宋制,皇帝送神畢,還大次,宫架樂作,出内壝門外,釋大圭,服通天冠、絳紗袍,輦至小次,降輦,至耕藉位,受末耜,宫架樂作,三推禮畢,帝升觀耕壇,宫架樂作,升自午階,登歌樂作。三公以下至庶人耕畢,北面再拜,皆退復位,皇帝降座,登歌樂作,至壇下升輦,宫架樂作,還宫。

國朝親耕,用教坊樂,其日附京耆老皆率其子弟,以村社簫鼓集于耕所而迭奏焉。

冠服

周制，天子親耕，冕而朱紘。

漢以來冕服無文。

宋文帝元嘉中，親祠躬耕，著通天冠，青幘青袞，佩蒼玉，侍祠蕃王以下至六百石皆衣青，惟三臺、武衛不耕者不改章服。

唐乘輿服袞冕，侍祠者各服其服，如圓丘儀。

宋太宗端拱儀，祀前一日，皇帝服通天冠、絳紗袍，執圭，赴東郊行宮齋宿。祀之日，服袞冕，執鎮圭，親享畢，詣耕藉位，行三推禮。禮畢，改服通天冠、絳紗袍而還。

元不親祠，其攝祀官並法服。

國朝皇帝服袞冕十二章。皇太子侍祠服袞冕九章，陪祀官俱法服。

車輅

周藉田，天子親載耒耜，置之車右。

漢制無文。

晉武太始四年，躬耕御木輅。

宋文御耕根三蓋車，駕蒼駟，建青旂，以享先農而親耕。

齊使御史乘馬車，載耒耜，從五輅。

梁制，侍中奉耒耜載于象輅，以隨木輅之後。

唐乘耕根車。

宋太宗雍熙儀，乘耕根車，以象輅載耒耜列于仗內御前，在皮軒車後。端拱儀，改乘玉輅，以耕根車載耒耜。仁宗明道中，乘玉輅適耕所，司農卿以耕根車載耒耜，前玉輅以行。徽宗政和儀，改乘耕根車，而以耒耜載于玉輅。高宗朝，太常議，王之五輅，玉輅最貴，耕根一名芒車，所謂農輿，蓋車之無飾者也。

南齊藉田，御史乘馬車，載耒耜于五輅之後，時以爲禮輕。

梁更用侍中載象輅。

今《政和儀》[①]，帝御耕根而耒耜乃載于玉輅，輕重失序矣，請乘玉輅而以耕根載耒耜，如端拱、明道故事。

元不親耕，至元中定擬，皇帝以耕根車載耒耜于御間。

國朝因宋制。

皇帝乘玉輅而以耕根載耒耜。

陳設

唐制，前祀三日，有司陳設大次御位，及文武官位，太樂令設樂懸，並同圓丘祀天儀，唯樂懸樹路鼓，及爲瘞埳于壇北壬地，設望瘞位于內壝東門之內道南，爲異，又設御耕藉位于外壝南門之外十步所，南向，設從耕三公、諸王、尚書、諸卿位于御座東南，西向，諸王公、尚書卿非耕者位于耕者之東，尚舍設御耒席于三公之北，南向，奉禮設司農卿位于御耒席東，西向，設廩犧令位于司農之南少退，諸執耒耜者位于公卿耕者之後、非耕者之前，西向，設酒尊之位于壇上，神農氏犧尊二、象尊二、山罍二于東南隅，后稷氏犧尊二、象尊二、山罍二，在神農酒尊之東，俱北向西上，設御洗于壇南陛東南，亞獻之洗于東陛之南，俱北向，執尊、罍、篚、冪者各位于尊、罍、篚、冪之後，設幣篚于壇上，各于尊坫之所。晡後，郊社令帥齋郎以坫、罍、洗、篚、冪入設于位。至祀之日，太

---

① “今”，原作“令”，據嘉靖本、《文獻通考》卷八七《郊社考二十·籍田祭先農》改。

史令、郊社令升設神農氏神座于壇上北方，南向，設后稷氏神座于東方，西向，席皆以莞。

宋，前期，設御座于藉田思文殿之中南向，設御幄于觀耕壇上，大次于殿上，小次二，一于先農壇午階下，一于觀耕壇西階下，群臣次于門之內外，設饌幔、樂舞。前一日，設神農氏位于壇之北方，南向，后稷氏位于東方，西向，席皆以莞，設御位版于壇下，飲福位版于壇上，望瘞位版于子階之西，群臣位各以其方，司農設御耒耜于南門外，御耕版位于耕藉所，侍耕位于東西階，從耕三公位在東南北，卿、諸侯位在其南，皆西向，庶人位在其南十步外，耆老陪耕位又在其南，皆西向，御耒席于三公之北，太僕設御耕牛于御耕位之西，太常設登歌于觀耕壇上，宮架于庶人耕位之南，耕藉使位于御耕位之東，侍中在其南，司農卿位于侍中之後，藉田令位于司農卿之南，奉青箱官位于司農卿之後，司農少卿位于庶人之前，太社令位于司農之西，太僕卿位于御耕牛之東，畿邑縣令位于庶人之東，執耒耜者位于公卿耕者之後、執畚插者之前，司農設從耕耒耜及牛，各于其位之前，兵部陳仗士及耕根車于皇城南門之外。

元不親耕。

國朝祀前二日，有司掃除壇上下，灑掃齋舍、饌室、神厨，設皇帝大次于外壝之東，設皇太子次于大次之右。祀前一日，設省牲位于內壝東門之外，設樂懸及協律郎位于壇下之南，設先農神座于壇上南面，設后稷神座于壇上西面，設御位于壇下，北向，皇太子位于御位之東稍後。設望瘞位于壇西南設典儀、御史四人位于壇下，東西相向。設導駕官、太常卿六人位于御位之前，東西相向，設傳贊、贊引各二人位于協律郎之南，東西相向。設文武官陪祭位于樂懸之南。設諸執事官位于陪祭官之左右。設讀祝位于神位之右。設正、配位酒尊于壇上。設御洗于壇下。又設御位于耕藉壇上。設御耒耜二具于壇南，裹以青絹。設戶部尚書進耒耜位于御耒耜之左。設從耕丞相、都督、左右丞、參政、御史大夫、中丞、侍御、治書、六部尚書、太常卿位于御耒耜之左右，設應天知府、上元、江寧知縣位于太常卿之後，設庶人、耆老位于知縣之後。

齋戒

皇帝散齋三日，致齋二日，陪祭執事官各齋戒五日，並如圓丘祀天儀。

齋宮

宋太宗雍熙四年，定東郊青城齋宮殿門名。前殿曰“兩儀”，後殿曰“延慶”，大殿門曰“龍德”，左掖門曰“光天”，右掖門曰“麗天”，東門曰“鳳陽”，西門曰“安福”，南門曰“祈年”，北門曰“玄英”，大殿東、西廊門曰“日華”“月華”，後園五花亭曰“會芳”，御幄後門曰“福慶”。哲宗紹聖間，增脩籛麥殿名曰“思文”。

元無其制。

國朝 _____

耕所

周制，天子耕藉田千畝于南郊。虢文公言，藉田之制，司空除壇于藉。

漢文帝東耕藉田。昭帝幼即位，耕于鈎盾弄田。鈎盾，宦者近署,故往試耕,爲戲弄也。

後漢明帝東巡耕于下邳。章帝北巡,耕于懷縣。

晉武耕于東郊之南洛水之北,去宮八里,爲千畝之制。

宋文帝度宮之辰地八里之外,整制千畝,中開阡陌,立御耕壇于中阡東陌北,將耕,宿青幕于壇上。

梁武普通中,移藉田于建康北岸,立觀耕臺于壇東,親耕畢,以觀公卿之推反。

齊設御耕壇于阡東陌北。

隋于東南十四里啓夏門外制千畝。

唐耕于東郊,不開阡陌,設御耕位于壇南十步。貞觀中議藉田所在,給事中孔穎達曰:“《禮》,天子藉于南郊,諸侯于東郊。晉武時于東南,今于城東,不合古禮。”太宗曰:“禮緣人情,何常之有?《虞書》之平秩東作,已在東矣,又乘青輅載黛耜者所以順于春氣,故知合在東方也。”于是遂定。

宋初,耕于東郊。神宗元豐中,議以天子爲藉于南郊,諸侯爲藉于東郊,是爲不易之典。而歷世帝王循用東郊之制,乃依古禮,度地于京城東南,御耕位在先農壇壝門東南,築壇高五尺,周圍四十步,四出陛,飾以青。

元耕藉南郊。

國朝藉田在皇城南門外。御耕藉位在先農壇東南,高三尺,闊二丈五尺,四出陛。

耒耜牛附

周制,天子親載耒耜。

唐御耒耜二具,內一具爲副,並縬以青,藉席二領,各一丈,御耒耜牛四頭，內二頭副，牛衣以青；三公、九卿、諸侯耒耜一十五具，牛四十頭，內十頭副；庶人耒耜二十具，畚二具，鍤二具。高宗乾封間，閱耒耜，有雕刻文飾者，謂左右曰：「田器農人執之，在于朴素，豈貴文飾乎？」命徹之。

宋御耒耜二及綃，皆飾以青，御耕青牛四，衣以青，如無青牛，以黃牛代，而以青羅夾衣蓋之，從耕官每耒耜用牛二頭，耒耜三十，牛六十，庶人四十人，並青衣，耒耜四十，牛八十，鍤十，畚二十。

元不親耕。至元中，定擬御耒耜二，韜以青，其制取合農用，不雕飾，畢日收之，御耒之牛四，並牛衣；三公、九卿、諸侯耒十有五，耕牛四十；庶人耒耜二十具，鍤二，耕牛四十。

國朝設御耒耜二具，依農家常用者製造，用青絹包裹，御耕牛四，衣以青衣，從耕官耒耜　具，牛　頭，庶人　人，牛　頭，鍤畚。

耕推之數

周制，天子三推，三公五推，諸侯九推。《周語》虢文公曰：「王耕一撥，班三之；庶人終于千畝。」一撥，一耜之撥也。班，次也，三之者，謂下各三其上也，王一撥，公三，卿九，大夫二十七也。

漢章帝元和中耕藉，天子、三公、九卿、諸侯、百官以次耕推，數如周法。

宋文帝親耕，三推三反；王公及諸侯，五推五反；孤、卿、大夫，七推七反；士九推九反；藉田令率其屬耕竟畝。

唐玄宗開元中親耕，詔左右曰：「古禮三推，朕今九推，庶九穀之報也。」遂進耕五十餘步，盡壠乃止。

宋太宗端拱中，親耕行三推禮，有司奏禮畢，帝顧侍臣曰：

"朕志在勸農,恨不終于千畝,豈以三推爲限乎?"遂耕數十步,侍臣固請,乃止。高宗紹興親耕至九推。

國朝耕推之數,如周法。

穀種

《周官·内宰》,上春詔王后帥六宫之人,生種稑之種而獻之王。先種後熟曰"種",後種先熟曰"稑",必使后宫藏種者,以其有繁育之祥也,必生而獻之者,示能育之使不傷敗,且佐王耕事,供祭祀也。

漢文帝種百穀萬斛,爲立藉田食。

宋文帝時,后率六宫出種稑之種付藉田令。

北齊于千畝内種赤粱、白穀、大豆、赤黍、小豆、黑穄麻子、大麥、小麥。

隋以青箱播殖九穀。

唐廢其禮。

宋青箱之制,以竹木爲之,而無蓋,兩頭設臺襻,飾以青色,中分九隔,隔設一種,覆以青綾夾帊,其種用黍、稷、秫、稻、粱、大豆、小豆、大麥、小麥,每色各三斗。

元制缺。

國朝 ⬚⬚⬚⬚

藉田執事

唐皇帝夾侍二人,正衣二人,並合以祀先農壇上行事夾侍、正衣充。中書門下先奏侍中一人,奉耒耜進,耕畢復受,奏禮畢。中書令一人,侍從。禮部尚書一人,侍從官已下,並合便取祀先農壇上行事官充。司農卿一

287

人，授耒耜于侍中侍耕。右衛將軍一人，已上並侍衛。太尉、司徒、司空各一人，行五推禮，九卿九人，行九推禮，諸侯三人，行九推禮。已上並差官攝行事。禮儀使一人，贊導耕籍禮。太常卿一人。贊導耕籍禮，已上官便合取祀先農壇已上行事官充。

宋親耕儀，皇帝夾侍一人，正衣二人，以壇上行事夾侍、正衣充。侍中一人，中書令一人，户部尚書一人，並侍從。禮儀使、太常卿各一人，贊導以上官便合取壇上行事官充。司農卿二人，一人押耕根車，並宿設耒耜及受耒耜于侍中，侍耕一人奉青箱種稑之種灑之。太僕卿一人，授綏及執御耕牛。左右衛將軍各一人，並侍耕。太尉、司徒、司空各一人，諸王四人，並行五推禮，九卿九人，諸侯三人，並行九推禮。以上並差官攝。三公、諸王、九卿、諸侯執牛官各一人，捧青箱二人，司農卿一人，帥庶人赴千畝。少卿一人，檢校庶人終千畝。郊社令一人，助司農少卿檢校庶人終千畝。太常博士六人，贊導行禮。廩犧令二人，一人奉御耒耜授司農卿，一人掌御耒耜。諸王、三公，從者每人各三人，九卿、諸侯，從者每人各一人。並助耕。

元不親耕。至元中擬定藉田儀，皇帝夾侍二人，尚衣二人，侍中一人，奉耒耜，中書令一人，禮部尚書一人，侍從司農一人，受耒耜于侍中，太僕卿一人，執牛，左右衛將軍各一人，侍衛，三公以宰輔攝，九卿以左右僕射、尚書、御史大夫攝，其諸侯以正員一品官及嗣王攝。禮儀使一人，太常卿一人，贊禮，三公、九卿、諸侯執牛三十人，用六品以下官，通事舍人分導文武官就耕所，太常帥其屬，用庶人二十八，以郊社令一人押之，太常卿一人率庶人趨耕所，博士六人分贊耕種禮，司農少卿一人督視庶人終千畝，廩犧令二人，一人奉耒耜授司農卿，一人掌耒耜，主藉田縣令一人，三公從者各三人，九卿、諸侯、從者各一人，以助耕。

勞酒

周制，耕藉畢，反執爵于太寢，三公、九卿、諸侯、大夫皆御，命曰："勞酒。"勞酒，謂既耕而宴，以勞群臣也。大寢，路寢，御侍也。《周語》虢文公曰："耕畢，膳夫陳享，膳宰監之，膳夫贊王。王歆太牢，班賞之，庶人終食。"

唐車駕還宮之明日，設會于太極殿，如元會之儀，惟不賀，不上壽。

宋《雍熙禮》，車駕還宮後，擇日大宴。仁宗耕畢設，勞酒于集英殿。

國朝耕畢，皇帝置酒于大次，從耕大臣咸預，執事百官列坐幕外，光禄偏行酒食，耆老及村社樂藝皆霑賜焉。

國朝 ☐☐☐

皇帝耕藉親享先農儀注

時日

太常司行移司天臺，擇仲春吉日行事。

齋戒

前期，皇帝散齋三日，致齋二日，陪享官並齋五日。

省牲

前祭二日，設皇帝大次于外壝東門外，南向，省牲位于內壝東門之外，南向。

前祭一日，車駕出詣大次，太常卿奏中嚴。皇帝服皮弁服。太常卿奏外辦。導駕官同太常卿導引皇帝詣省牲位，執事者各執乃事，廩犧令帥其属牽牲自東出西過御前，省訖，牽詣神厨，執事者取毛血實于豆，太常卿奏："請詣神厨。"導駕官同太常卿導引皇帝至神厨，太常卿奏："請視鼎鑊，請視滌濯。"遂烹牲。導駕官同太常卿導引皇帝還大次。

陳設

前祭一日，有司陳設，如圖儀。

鑾駕出宮

鹵簿導從，同圜丘祀天儀。

正祭

祭日清晨，太常少卿率執事者各實尊、罍、簠、簋、籩、豆、登、俎，又實幣于篚，陳于酒尊所，祝版置于正配神位之右，樂生、舞生入就位，太常卿奏請中嚴。皇帝服衮冕，太常卿奏外辦，導駕官同太常卿導引皇帝自南門入，至位北向立。

迎神

贊禮唱："迎神。"協律郎舉麾，俯伏，跪，奏《永和》之曲，三成，樂止，贊禮唱請行禮，太常卿奏："有司謹具，請行事。"太常卿奏："鞠躬，拜，興，拜，興，平身。"皇帝鞠躬，拜，興，拜，興，平身。贊禮唱："皇太子以下在位官皆再拜。"傳贊唱："鞠躬，拜，興，拜，興，平身。"皇太子以下皆鞠躬，拜，興，拜，興，平身。樂止。

奠幣

贊禮唱："奠幣。"執事官捧幣，各立于酒尊所，太常卿奏："請詣盥洗位。"導駕官同太常卿導引皇帝詣盥洗位，太常卿贊盥曰："前期齋戒，今晨奉祭，加其清潔，以對神明。"太常卿奏："搢圭。"

皇帝搢圭。司洗者捧盤進巾，太常卿奏："盥手，帨手，出圭。"皇帝盥手，帨手，出圭。太常卿奏："請升壇。"贊曰："神明在上，整肅威儀，升自午陛。"太常卿奏："請詣先農神位前。"司幣者捧幣以俟，協律郎舉麾，俯伏，跪，奏《永和》之曲，導駕官同太常卿導引皇帝至神位前，北向立，太常卿奏："跪，搢圭。"皇帝跪，搢圭，司香官舉香，跪進于皇帝之左。太常卿奏："上香，上香，三上香。"皇帝上香，上香，三上香。司幣者捧幣，跪進于皇帝之右。皇帝受幣奠于先農神位前，太常卿奏："出圭，鞠躬，拜，興，拜，興，平身。"皇帝出圭，鞠躬，拜，興，拜，興，平身。太常卿奏："請詣后稷神位前。"導駕官同太常卿導引皇帝至神位前，東向立，太常卿奏："跪，搢圭。"皇帝跪，搢圭。司香官捧香，跪進于皇帝之左。太常卿奏："上香，上香，三上香。"皇帝上香，上香，三上香，司幣者捧幣，跪進于皇帝之右。皇帝受幣，奠于后稷神位前，太常卿奏："出圭，鞠躬，拜，興，拜，興，平身。"皇帝出圭，鞠躬，拜，興，拜，興，平身。太常卿奏："復位。"導駕官同太常卿導引皇帝復位。

進熟

贊禮唱："進俎。"太常卿奏："請升壇。"協律郎俯伏，跪，舉麾，奏《雍和》之曲，進俎官舉俎升壇，導駕官同太常卿導引皇帝至先農神位前，太常卿奏："搢圭。"皇帝搢圭，進俎官以俎進于皇帝之右。皇帝以俎奠于先農神位前，太常卿奏："出圭，請詣后稷神位前。"皇帝出圭，導駕官同太常卿導引皇帝至后稷神位前，進俎官以俎進于皇帝之右，太常卿奏："搢圭。"皇帝搢圭，以俎奠于后稷神位前，太常卿奏："出圭。"皇帝出圭。太常卿奏："復位。"導駕官同太常卿導引皇帝復位。

初獻

贊禮唱:"行初獻禮。"太常卿奏:"行初獻禮,請詣爵洗位。"導駕官同太常卿導引皇帝至爵洗位。太常卿奏:"搢圭。"皇帝搢圭。執爵官以爵進,皇帝受爵,滌爵,拭爵,以爵授執爵官。太常卿奏:"出圭。"皇帝出圭。太常卿奏:"請詣酒尊所。"導駕官同太常卿導引皇帝升壇,至酒尊所。太常卿奏:"搢圭。"皇帝搢圭,執爵官以爵進,皇帝執爵,司尊者舉冪,酌醴齊,皇帝以爵授執爵官。太常卿奏:"出圭,請詣先農神位前。"皇帝出圭,至神位前,協律郎俛伏,跪,舉麾,奏《壽和》之曲、《武功》之舞。太常卿奏:"跪搢圭。"皇帝跪搢圭,司香官捧香,跪進于皇帝之右。太常卿奏:"上香,上香,三上香。"皇帝上香,上香,三上香,執爵官捧爵,跪進于皇帝之右,皇帝受爵。太常卿奏:"祭酒,祭酒,三祭酒,奠爵。"皇帝祭酒,祭酒,三祭酒,奠爵。樂舞止。太常卿奏:"出圭。"皇帝出圭,讀祝官取祝版于神右,跪讀訖。樂舞作。太常卿奏:"俛伏,興,平身,稍後,鞠躬,拜,興,拜,興,平身。"皇帝俛伏,興,平身,稍後,鞠躬,拜,興,拜,興,平身。樂舞止。太常卿奏:"請詣酒尊所。"導駕官同太常卿導引皇帝至酒尊所,執爵官以爵進,皇帝受爵,司尊者舉冪,酌醴齊,皇帝以爵授執爵官。太常卿奏:"請詣后稷神位前。"導駕官同太常卿導引皇帝至神位前。太常卿奏:"跪,搢圭。"皇帝跪,搢圭,司香官捧香,跪進于皇帝之左。太常卿奏:"上香,上香,三上香。"皇帝上香,上香,三上香,執爵官捧爵,跪進于皇帝之右,皇帝受爵。太常卿奏:"祭酒,祭酒,三祭酒,奠爵。"皇帝祭酒,祭酒,三祭酒,奠爵。太常卿奏:"出圭。"皇帝出圭,讀祝官取祝版于神位之右,跪讀訖。太常卿奏:"俛伏,興,平身,稍後,鞠躬,拜,興,拜,興,平身。"皇帝俛伏,興,平身,稍後，鞠躬，拜，興，拜，興，平身。太常卿奏："請復位。"導駕官同太常卿導引皇帝復位。

亞獻

贊禮唱："行亞獻禮。"太常卿奏："行亞獻禮，請詣爵洗位。"導駕官同太常卿導引皇帝至爵洗位。太常卿奏："搢圭。"皇帝搢圭，執爵官以爵進。皇帝受爵，滌爵，拭爵，以爵授執爵官，執爵官又以爵進。皇帝受爵，滌爵，拭爵，以爵授執爵官。太常卿奏："出圭。"皇帝出圭。太常卿奏："請詣酒尊所。"導駕官同太常卿導引皇帝升壇，至酒尊所。太常卿奏："搢圭。"皇帝搢圭，執爵官以爵進，皇帝受爵，司尊者舉冪，酌盎齊。皇帝以爵授執爵官。太常卿奏："出圭。"請詣先農神位前，協律郎俯伏，跪，奏《壽和》之曲、《文德》之舞，導駕官同太常卿導引皇帝至神位前。太常卿奏："跪，搢圭。"皇帝跪，搢圭，執爵官捧爵，跪進于皇帝之右，皇帝受爵。太常卿奏："祭酒，祭酒，三祭酒，奠爵。"皇帝祭酒，祭酒，三祭酒，奠爵。太常卿奏："出圭，俯伏，興，平身，稍後，鞠躬，拜，興，拜，興，平身。"皇帝出圭，俯伏，興，平身，稍後，鞠躬，拜，興，拜，興，平身。樂舞止。太常卿奏："請詣酒尊所。"導駕官同太常卿導引皇帝至酒尊所，執爵官以爵進，皇帝受爵，司尊者舉冪，酌盎齊，皇帝以爵授執爵官。太常卿奏："請詣后稷神位前。"樂舞作。導駕官同太常卿導引皇帝至神位前。太常卿奏："跪，搢圭。"皇帝跪，搢圭，司香官捧香，跪進于皇帝之左。太常卿奏："上香，上香，三上香。"皇帝上香，上香，三上香，執爵官捧爵，跪進于皇帝之右，皇帝受爵。太常卿奏："祭酒，祭酒，三祭酒，奠爵。"皇帝祭酒，祭酒，三祭酒，奠爵。太常卿奏："出圭，俯伏，興，平身，稍後，鞠躬，拜，興，拜，興，平身。"皇帝出圭，俯伏，興，平身，稍後，鞠躬，拜，興，拜，興，平身。太常卿奏：“請復位。”導駕官同太常卿導引皇帝復位。

終獻

贊禮唱：“行終獻禮。”並同亞獻儀。

飲福

贊禮唱：“飲福，受胙。”太常卿奏：“請詣飲福位。”導駕官同太常卿導引皇帝升壇，至飲福位北向立。太常卿奏：“鞠躬，拜，興，拜，興，平身。”皇帝鞠躬，拜，興，拜，興，平身。太常卿奏：“跪，搢圭。”皇帝跪，搢圭，捧爵官酌福酒，跪進于皇帝之左。贊曰：“惟此酒肴，神之所與，賜以福慶，億兆同霑。”皇帝受福酒，祭酒，飲福酒，以爵置于坫，捧胙官捧胙，跪進于皇帝之右，皇帝受胙，以胙授執事者，執事者跪受胙于皇帝之右。太常卿奏：“出圭，俯伏，興，平身，稍後，鞠躬，拜，興，拜，興，平身。”皇帝出圭，俯伏，興，平身，稍後，鞠躬，拜，興，拜，興，平身。太常卿奏：“請復位。”導駕官同太常卿導引皇帝復位。

徹豆

贊禮唱：“徹豆。”協律郎俯伏，跪，舉麾，奏《永和》之曲，掌祭官徹豆。贊禮唱：“賜胙。”太常卿奏：“皇帝飲福，受胙，免拜。”贊禮唱：“皇太子以下在位官皆再拜。”傳贊唱：“鞠躬，拜，興，拜，興，平身。”皇太子以下皆鞠躬，拜，興，拜，興，平身。

送神

贊禮唱：“送神。”協律郎俯伏，跪，舉麾，奏《永和》之曲。太常卿奏：“鞠躬，拜，興，拜，興，平身。”皇帝鞠躬，拜，興，拜，興，平身。贊禮唱：“皇太子以下在位官皆再拜。”傳贊唱：“鞠躬，拜，興,拜,興,平身。"皇太子以下皆鞠躬,拜,興,拜,興,平身。贊禮唱:"祝人取祝,幣人取幣,詣望瘞位。"讀祝官捧祝,奉幣官捧幣,掌祭官取饌及爵酒,詣瘞次。樂止。

望瘞

贊禮唱:"望瘞。"太常卿奏:"請詣望瘞位。"協律郎俯伏跪,舉麾,奏《泰和》之曲,導駕官同太常卿導引皇帝至望瘞位。贊禮唱:"可瘞。"執事者以祝幣、牲體、酒饌置坎內,填土至半。太常卿奏:"請還大次。"皇帝還大次,解嚴。

耕藉

太常卿奏:"請詣耕藉位。"導駕官同太常卿導引皇帝至耕藉位,南向立,三公以下及從耕者各就耕位,戶部尚書北面進耒耜,導駕官同太常卿導引皇帝秉耒三推訖,戶部尚書跪受耒。太常卿奏:"請復位。"皇帝復耕藉位南向坐,三公五推,尚書、九卿九推訖,各退就位。太常卿奏:"禮畢。"導駕官同太常卿導引皇帝還大次,華蓋侍衛如常儀。應天府尹及兩縣令率庶人終畝。是日,宴勞百官、耆宿于壇旁。

鑾駕還宮

鹵簿導從並如來儀,大樂鼓吹振作。

先農壇

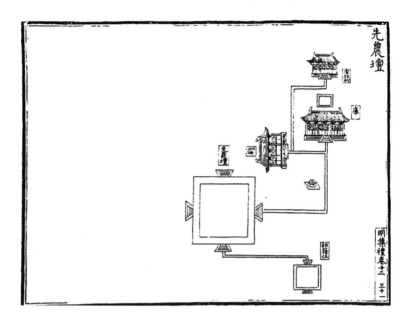

先農版位圖

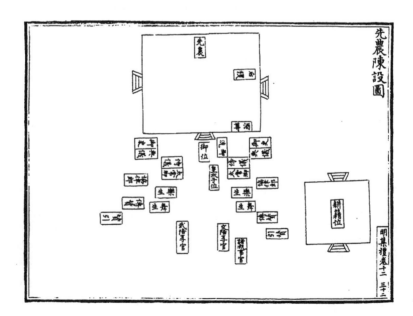

先農陳設圖

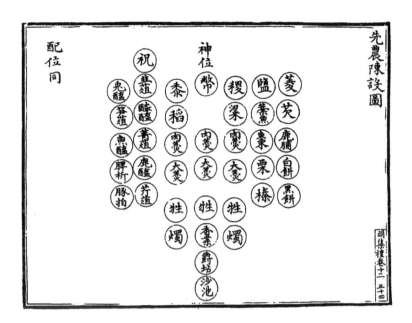

耕藉圖

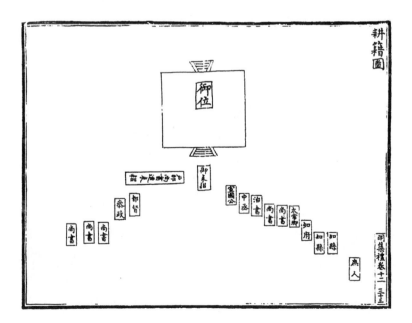

樂圖

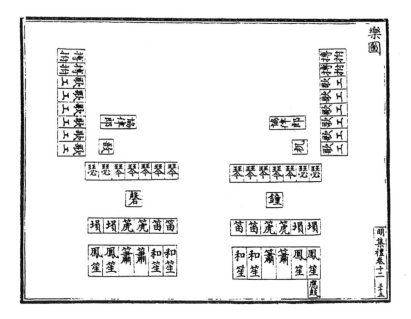

舞圖

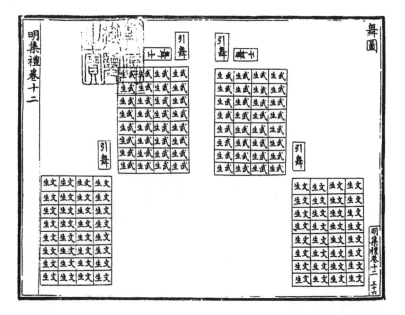

大明集禮卷一三

吉禮十三

專祀太歲風雲雷雨師

總序

太歲者,十二辰之神。按《說文》,歲之字,從步,從戌。木星一歲行一次十二辰而一周天,若步然也。自子至巳爲陽,自午至亥爲陰,所謂太歲十二神也。陰陽家説又有十二月將、十日十二時所直之神,若天罡、太乙、功曹、太衝之類,雖不經見,歷代因之。

唐、宋不載祀典。

元每有大興作,祭太歲、月將、日直、時直于太史院。

若其風師、雨師之祀,見于《周官》。

秦、漢、隋、唐亦皆有祭,天寶中,又增雷師于雨師之次,因升風雨、雷師爲中祀。

宋、元因之。

國朝既于圓丘以太歲、風、雨、雷師從祀,且增雲師于風師之次,復以春秋驚蟄、秋分後之三日,專祀本歲太歲及風師、雲師、雷師、雨師于國南群祀壇。天子降香，遣官行事。其郡縣風、雲、雷、雨師之祭，一如前代之儀云。

壇制 時日附

太歲之祀，始自國朝。古無壇宇之制，若風、雲、雷、雨之祀，則《月令》以立春後丑日，祭風師于國城東北，立夏後申日祀雨師于國城西南，兆之于東北。西南者，從箕、畢星位也。

東漢以丙戌日，祀風師于戌地；以己丑日，祀雨師于丑地；以丑戌日，祀于丑戌地者，各從其氣類也。

唐因隋制，于立春後丑日祀風師于國城東北，立夏後申日祀雨師、雷師于國城西南，其壇皆三尺，周迴十六步。

宋兆風師于西郊，兆雨師于北郊，風師壇高三尺，周二十三步，雨師、雷師壇高三尺，廣一十五步。

元祭風師于東北郊，祭雨師于西南郊，而郡縣立壇通祀風、雨、雷師，雷雨壇在稷壇西，風師壇在社壇東，其制卑小于社稷壇。

國朝以春秋合祭太歲、風、雲、雷、雨于國南，其制屋而不壇，若各府州縣之祀風、雲、雷雨師，則仍築壇于城西南，祭用驚蟄、秋分日。

牲幣

《周禮·大宗伯》：“以櫪燎祀風師、雨師。”櫪燎者，積柴以實牲體而燎之也。《爾雅》曰：“祭風曰磔。”磔謂披磔牲體，象風之散物也。

漢祀風師、雨師，牲用羊、豕。

唐用羊一。

宋祀雨師羊二、豕二，風師、雷師各羊一。

元祀風雨、雷師，各羊一、豕一。

國朝太歲風、雲、雷、雨師，各用一太牢。

其幣，則唐、宋、元及國朝皆以白。

祭器

唐祀風、雨、雷師，每壇設太尊一、著尊一、山罍一、籩豆十、簠簋二。

宋每壇置犧尊四、象尊四，以爲酌尊，置太尊二、山尊二、著尊二、犧尊二、象尊二、壺尊六，以爲設尊，籩十、豆十、簠二、簋二、登一。

元如宋制。

國朝太歲風、雲、雷、雨各用尊三、籩八、豆八、簠二、簋二。

酒齊

唐祀風、雨、雷師，太尊實醴齊，著尊實盎齊，山罍實事酒。

宋設尊，其八實五齊、三酒，其八實明水、玄酒，酌尊、犧尊實泛齊，象尊實醴齊。

元及國朝太歲、風、雲、雷、雨酌尊，皆同宋制。

粢盛

唐、宋、元及國朝，皆簠實黍、稷，簋實稻、粱。

籩豆之實

唐、宋、元及國朝，皆籩實以石鹽、乾魚、棗、栗、榛、菱、芡、鹿脯、白黑餅，豆實以韭菹、醓醢、菁菹、鹿醢、芹菹、兔醢、筍菹、魚醢、脾析菹、豚拍。

樂

《周禮·大司樂》：“奏黃鐘，歌大呂，舞《雲門》，以祀天神。”

唐初，祀風師、雨師，無樂。天寶中，因增祀雷師，升風、雨、雷師爲中祀，乃用登歌一部。貞元中，令包佶撰樂章。

宋初，祀風、雨、雷師，無樂。元豐中始用樂，制樂章以爲降神之節焉。

元樂制未聞。

國朝用雅樂。

祝册

唐祀風師祝文曰：“維某年歲次月朔日子，嗣天子某，謹遣攝太尉臣某姓名，敢昭告于風師。惟神含生開動，畢佇振發，功施造化，實彰祀典。謹以制幣犧齊，粢盛庶品，明薦于神。尚享。”雨師祝文曰：“時維正陽，品物方茂，式資膏潤，敬修常祀。”雷師祝文曰：“殷發三春，震開萬物，禮存報德，式備常典。”首尾俱與風師祝文同。

宋、元祝文缺。

國朝 _____

壇位圖

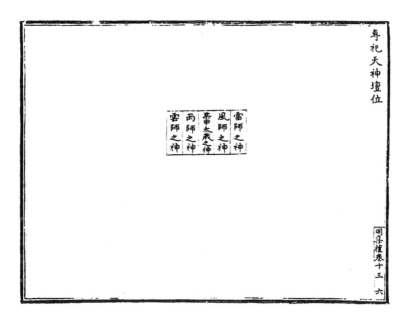

樂圖

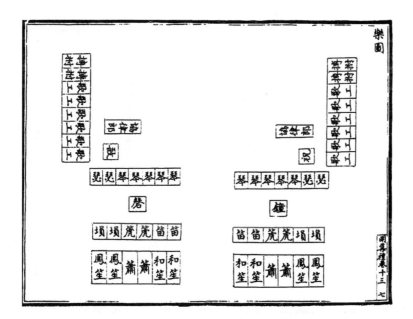

舞圖

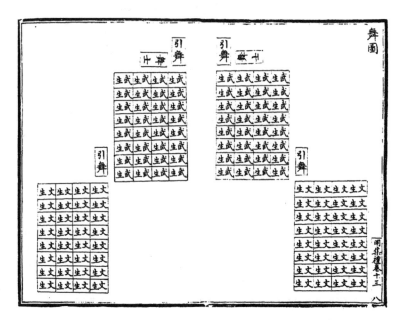

陳設圖

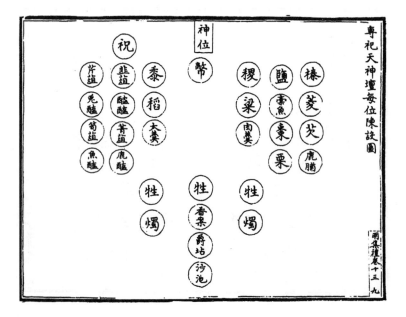

太歲風雲雷雨樂章

迎神 《中和》之曲

吉日良辰,祀典式陳,太歲尊神,雷雨風雲,濯濯厥靈,昭鑒我心,以候以迎,來格來歆。

黄林姑黄,姑林南林,南林姑太,林黄姑黄,姑黄太姑,黄南姑林,林姑黄太,南林姑南。

奠幣 《保和》之曲

靈旗莅止,有赫其威,一念潛通,幽明弗違,有幣在筐,物薄而微,神兮安留,尚其享之①。

林黄太姑,姑林南林,南林姑太,林太南黄,南黄南姑,姑林南林,南林姑太,黄太姑林。

初獻 《安和》之曲

神兮我留,有薦必受,享祀之初,奠兹醴酒,晨光初升,祥徵應候,何以侑觴,樂陳雅奏。

夾黄太夾,林南林太,太林南林,夾林夾黄,太黄南林,黄南夾林,夾黄太夾,南黄林夾。

亞獻 《肅和》之曲

我祀維何,奉兹犧牲,爰酌醴齊,貳觴載升②,洋洋如在,式燕以寧,庶表微衷,交于神明。

黄林姑黄,姑林南林,南林黄太,林太南黄,黄南林姑,黄南

---

① "其",《禮部志稿》卷二六《祠祭司職掌·分祀》作"祈"。
② "載",《禮部志稿》卷二六《祠祭司職掌·分祀》作"再"。

姑林，黃太姑太，南林姑黃。

終獻 《凝和》之曲

執事有嚴，品物斯祭，黍稷非馨，式將其意，薦茲酒醴，成我常祀，神其顧歆，永言樂只。

太黃太姑，林夷林太，仲林夷林，太林姑黃，太黃太姑，黃夷林太，林黃太姑，林夷林太。

徹豆 《壽和》之曲

春祈秋報，率爲我民，我民之生，賴于爾神，維神祐之，康寧是臻，祭祀云畢，神其樂欣[①]。

黃林姑黃，黃南姑林，黃太姑太，林太南黃，黃南姑林，姑太南黃，姑林南林，南林姑黃。

送神 《豫和》之曲

三獻禮終，九成樂作，神人以和，既燕且樂，雲車風馭，靈光昭灼，瞻望以思，邈彼寥廓。

林黃太姑，林南林太，黃南黃姑，林太南黃，黃南林姑，黃林南林，林姑黃太，姑林南林。

望燎 《熙和》之曲

俎豆既徹，禮樂已終，神之云還，倏將焉從，以望以燎，庶幾感通，時和歲豐，維神之功。

黃太姑林，林南黃太，黃南林姑，姑林姑黃，黃南黃姑，林太南黃，林姑黃太，南林姑黃。

---

① “欣”，《禮部志稿》卷二六《祠祭司職掌·分祀》作“歆”。

降香遣官祀太歲風雲雷雨師儀注

時日

春以驚蟄後三日,秋用雷收聲時,秋分後三日行事。

齋戒

前期三日,皇帝齋戒,獻官及各執事官俱散齋二日,致齋一日。

降香

前祀一日清晨,有司立仗,百官具公服侍班,皇帝服皮弁服,陞奉天殿,捧香授獻官。獻官捧由中陛降,中道出至午門外,置龍亭內,儀仗、鼓吹導引至祭所。

陳設

前祀一日,有司陳設,如圖儀。

省牲

前祀一日,獻官公服詣壇東,省牲,贊禮引至省牲位。執事者牽牲省訖,詣神厨視鼎鑊,視滌濯畢,遂烹牲,執事者以豆取毛血,置于饌所。

正祭

祭日清晨,執事者入實尊、罍、簠、簋、籩、豆、牲俎,並陳毛血豆于神位前,列篚幣于酒尊所,贊引引獻官,及應祀官各入就位。

迎神

贊禮唱:"迎神。"協律郎舉麾,奏闕之曲。樂作,————成止①。

---

① "成"字前有脫文。

贊禮唱:"有司已具,請行禮。"唱:"鞠躬,拜,興,拜,興,平身。"獻官及在位者皆鞠躬,拜,興,拜,興,平身。_{樂止。}

奠幣

贊禮唱:"奠幣。"贊引引獻官詣盥洗位,搢笏,盥手,帨手,出笏,詣太歲神位前,協律郎奏闓之曲,贊禮唱:"跪。"獻官北向跪,搢笏,三上香,執事者捧幣東向跪授獻官,獻官受幣。贊禮唱:"奠幣。"獻官興,奠幣于神位前。贊禮唱:"鞠躬,拜,興,拜,興,平身。"次詣風師、雲師、雷師、雨師,上香、奠幣,皆如太歲神位前之儀,奠訖,_{樂止。}復位。

進俎

贊禮唱:"進俎。"執事者舉俎升階,協律郎跪,俛伏,舉麾,奏闓之曲,贊禮引獻官至太歲神位前,搢笏,以俎奠于神位訖,出笏。_{以下四位進俎皆同。}

初獻

贊禮唱:"行初獻禮。"贊引引獻官詣爵洗位,搢笏,滌爵,拭爵,以爵授執事者,_{以下四位爵,其滌、拭、授皆同。}詣酒尊所,司尊者舉羃,執爵者以爵進,酌醴齊,以爵授執事者,_{以下四位,進爵、酌醴授執事皆同。}出笏。贊禮唱:"詣太歲神位前。"協律郎舉麾奏闓之曲、闓之舞,贊禮引至神位前跪,搢笏,三上香,三祭酒,奠爵,出笏,俯伏興,平身,少退,鞠躬,拜,興,拜,興,平身。次詣風師以下四位上香祭酒退拜,皆如上儀,拜畢,_{樂舞止。}贊禮唱:"讀祝獻官跪。"讀祝官取祝版于神右,跪讀畢,_{樂舞作。}贊禮唱:"俯伏,興,平身,稍後,鞠躬,拜,興,拜,興,平身。"_{樂舞止。}

亞獻終獻並如初獻儀_{惟不讀祝}

飲福受胙

贊禮唱："飲福、受胙。"贊引引獻官詣飲福位，鞠躬，拜，興，拜，興，平身，稍前，跪，搢笏，進爵，祭酒，飲福酒，以爵復于坫，奉俎者進俎，獻官受俎，以俎授執事者，出笏，俯伏，興，平身，鞠躬，拜，興，拜，興，平身，復位。

徹豆

贊禮唱："徹豆。"掌祭官徹豆。贊禮唱："賜胙。"傳贊唱："已飲福。"受胙者不拜，在位官皆再拜，鞠躬，拜，興，拜，興，平身。

送神

贊禮唱："送神。"協律郎舉麾，奏闋之曲。贊禮唱："鞠躬，拜，興，拜，興，平身。"獻官以下皆再拜，祝人取祝，幣人取幣，詣望燎位。

望燎

贊禮唱："望燎。"贊引引獻官詣望燎位，執事者以祝版幣饌置于燎壇。贊禮唱："可燎。"執事者舉炬火燔之柴半燎。贊禮唱："禮畢。"獻官以下各以次出。

王國祭風雲雷雨

齋戒

前期，王散齋二日于別殿，王相府官于正寢，王致齋一日于正殿，王相府官于公廨。

省牲

先祭二日，執事設王次于廟壇南門外道之東，南向。

先祭一日,典儀、典祠導王至次,執事者各執事,典儀、典祠導王至省牲位,執事者自東牽牲西行過王前,省訖,執事牽牲詣神厨,典儀典祠導王詣神厨,視鼎鑊,視滌濯訖,典儀、典祠導王還次。

陳設

先祭一日,典祠依圖陳設。

正祭

祭日清晨,典祠率執事者,各實尊、罍、籩、豆、登、鉶,置幣篚于案,祝版于神位之右,大樂入就位,諸執事及陪祭官入就位,典祠啓王服遠遊冠、絳紗袍,典祠、典儀導王至位,北向立,典祠、典儀分左右立于王之前。

迎神

司禮唱:"迎神。"_{大樂作。}司禮唱:"請行禮。"典祠啓:"有司謹具,請行事。"啓鞠躬,拜,興,拜,興,平身。司禮唱:"在位官再拜。"司贊唱:"鞠躬,拜,興,拜,興,平身。"王與在位官皆鞠躬,拜,興,拜,興,平身。_{樂止。}

奠幣初獻

司禮唱:"奠幣,行初獻禮。"典祠啓:"詣盥洗位。"_{大樂作。}典儀典祠導王至盥洗位,_{樂止。}典祠啓:"搢圭。"王搢圭,典祠啓:"盥手。"司盥洗者酌水,王盥手訖,司巾者以巾進,典祠啓:"帨手。"王帨手訖。典祠啓:"出圭。"王出圭。典祠啓:"詣爵洗位。"典祠、典儀導王至爵洗位。典祠啓:"搢圭。"王搢圭,執爵官以爵進。典祠啓:"受爵。"王受爵,典祠啓滌爵,司爵洗者酌水,王滌爵訖。典祠啓:"拭爵。"司巾者以巾進,王拭爵,典祠啓:"以爵授執事者。"王以爵授執爵官。典祠啓:"出圭。"王出圭。啓:"詣風、雲、雷、雨神位前。"大樂作。典祠、典儀導王至神位前,樂止。奉爵奉幣者前行。典祠啓:"跪。"王跪,掌祭詣案取香,跪進于王之左。典祠啓:"搢圭。"王搢圭。啓:"上香,上香,三上香。"王三上香訖,奉幣者捧幣,跪進于王之右,王受幣奠于神位前,奉爵者捧爵,跪進于王之右,王受爵。典祠啓:"祭酒,祭酒,三祭酒,奠爵。"王三祭酒,奠爵訖。典祠啓:"出圭。"王出圭,讀祝官取祝,跪讀于神位之右,讀畢,復以祝置于案。典祠啓:"俯伏,興,拜,興,拜,興,平身。"王俯伏,興,大樂作。拜,興,拜,興,平身。樂止。典祠啓:"復位。"典祠,典儀導王復位。

亞獻

司禮唱:"行亞獻禮。"典祠啓:"行亞獻禮。"掌祭官于神位前爵内斟酒。典祠啓:"鞠躬,拜,興,拜,興,平身。"王鞠躬,大樂作。拜,興,拜,興,平身。樂止。

終獻如亞獻之儀

飲福受胙

司禮唱:"飲福、受胙。"執事舉香案置于王拜位前,執事酌福酒,舉胙肉。典祠啓:"飲福、受胙。"大樂作。典祠、典儀導王至香案前位。典祠啓:"鞠躬,拜,興,拜,興,平身。"王鞠躬,拜,興,拜,興,平身。典祠啓:"跪,搢圭。"王跪,搢圭,執事捧爵,東向跪進于王,王受爵訖。啓:"飲福酒。"王祭酒,少許,飲福酒,以爵置于坫,執事官東向跪進胙于王,王受胙,以胙授左右,左右西向跪受,興。典祠啓:"出圭。"啓:"俯伏,興,拜,興,拜,興,平身。"王俯伏,興,大樂作。拜,興,拜,興,平身。樂止。典祠啓:"復位。"典祠、典儀導王復位。

徹豆

司禮唱:"徹豆。"掌祭官徹豆。司禮唱:"賜胙。"典祠啓:"王飲福,受胙者,免拜。"司禮唱:"陪祭官皆再拜。"司贊唱:"鞠躬,拜,興,拜,興,平身。"陪祭官皆鞠躬,<small>大樂作</small>。拜,興,拜,興,平身。<small>樂止</small>。

送神

司禮唱:"送神。"典祠啓:"鞠躬,拜,興,拜,興,平身。"司禮唱:"在位官皆再拜。"司贊唱:"鞠躬,拜,興,拜,興,平身。"王與陪祭官皆鞠躬。<small>大樂作</small>拜,興,拜,興,平身。<small>樂止</small>。

望燎

司禮唱:"望燎。"讀祝官取祝,捧幣者取幣,掌祭官取饌,詣燎所,典祠啓:"詣望燎位。"<small>大樂作</small>。典祠、典儀導王至望燎位,<small>樂止</small>。候燎半,司禮唱:"可燎。"典祠啓:"禮畢。"導引王還次,引禮引陪祭官出。

各府州縣祭風雲雷雨師儀

時日

春以驚蟄日,秋用秋分日行事。

齋戒

前三日,三獻官散齋二日于別寢,致齋一日于祭所,執事人員齋各一日于祭所。

陳設

前祭二日,有司掃除壇上下,設三獻官次于壇門外。

前一日，執事者設省牲位于南門外，設神位于壇上近北南向，每位設籩四于神位之左，豆四于神位之右。簠、簋各一于籩、豆之間，毛血豆于簠、簋前，俎二又于其前，香燭案于俎前，爵坫、沙池于香案之前，祝版位于神位之右，設酒尊所于壇上東南隅，犧尊一、山罍一。設幣篚位附于酒尊所，設盥洗位于壇下之東，爵洗位于盥洗位之北，初獻位于壇下正中之南，亞獻位于初獻位之左，終獻位于初獻位之右稍後，從祭官位于獻官之後，引贊位于獻官之左右，贊禮二人位于壇下之東，讀祝位于神位之右，掌祭二人位于神位之左右，司尊、司爵、司洗、捧幣位各于其所，設望燎位于壇之西南。

省牲

前祭一日，執事者引三獻官至省牲位，執事者自門東牽牲東行過獻官前，執事者告腯訖，牽詣神厨，獻官詣厨視鼎鑊，滌溉訖，遂烹牲，以豆取毛血置于饌所。

正祭奠幣

丑前五刻行事，執事者入實尊罍、籩、豆、簠、簋、登、鉶，陳毛血豆、祝版。三獻官服公服，簽祝版于次，執事者各冠垂脚唐帽、圓領白襴衫、烏角帶，各入就位，引贊引獻官入就壇下拜位。贊禮唱："有司已具，請行事。"贊禮唱："鞠躬，拜，興，拜，興，平身。"贊者唱："奠幣。"引贊引初獻官詣盥洗位，搢笏，盥手，帨手，出笏，引詣風、雲、雷、雨師神位前。贊禮唱："跪，搢笏。"執事者以幣跪進于初獻之右，初獻受幣，奠于神位前訖，稍後，引贊唱："俯伏，興，拜，興，拜，興，平身，復位。"

初獻

贊禮唱："行初獻。"禮引贊引獻官詣爵洗位，搢笏，受爵，滌爵,拭爵,以爵授執事者,出笏,次引初獻自南陛升壇,詣酒尊所,搢笏,受爵,司尊者舉冪,酌犧尊之緹齊,以爵授執事者,出笏,引詣神位前,北向立。引贊唱:"跪,搢笏。"掌祭官捧香,跪進于獻官之左。引贊唱:"上香,上香,三上香。"初獻三上香訖。執爵者捧爵,跪進于初獻官之右,受爵。引贊唱:"祭酒,祭酒,三祭酒。"初獻三祭酒,奠爵,出笏。讀祝官取祝版,跪于神位之右讀訖。引贊唱:"俯伏,興,拜,興,拜,興,平身。"

亞獻終獻其行事並與初獻同惟不讀祝

飲福

贊禮唱:"飲福。"贊引引初獻官詣飲福位,西向立,掌祭者以爵酌福酒,持詣獻官之左。引贊唱:"鞠躬,拜,興,拜,興,平身。"初獻官再拜訖。引贊唱:"跪,搢笏。"初獻官跪,搢笏,掌祭舉福酒爵進于初獻之左,初獻官受爵,祭酒少許,飲福酒,奠爵,掌祭官減神位前胙肉,跪進于初獻之左,初獻受胙,以胙授執事者。引贊唱:"出笏,俯伏,興,拜,興,拜,興,平身。"初獻再拜訖,引復位。贊禮唱:"賜胙。"初獻官飲福,受胙,免拜,在位者皆再拜,唱:"鞠躬,拜,興,拜,興,平身。"亞獻官以下皆鞠躬,拜,興,拜,興,平身。

望燎

贊禮唱:"詣望燎位。"引贊引初獻官以下詣望燎位,祝人取祝,幣人取幣,掌祭取饌置于燎所。贊禮唱:"可燎。"東西面各一人舉炬火燔之,柴半燎。贊引唱:"禮畢。"引初獻官以下及諸,從祭官以次出。

大明集禮卷一四

吉禮十四

專祀嶽鎮海瀆天下山川城隍

總序

嶽鎮海瀆之祀，虞舜以四仲月巡狩而祭四嶽，東嶽曰"泰山"，四嶽之所宗也，故又曰"岱宗"。南嶽曰"衡山"，西嶽曰"華山"，北嶽曰"恒山"，而未言五嶽。《王制》曰："天子祭天下名山大川，五嶽四瀆。"始有五嶽之稱，蓋以中嶽嵩山並列也。又《周官·小宗伯》："兆四望于四郊。"鄭玄謂："四望爲五嶽、四鎮、四瀆。四瀆者，江、河、淮、濟。四鎮者，東曰沂山，西曰嶽山，南曰會稽，北曰醫無閭也。"《詩》序又曰："巡狩而祀四嶽河海。"則又有四海之祭焉。蓋天子方望之事，無所不通，而嶽鎮海瀆在諸侯封內者，諸侯亦各以其方祀之。

秦罷封建，嶽瀆皆領于祠官。

及漢復建諸侯，則侯國各自祀其封內山川，而天子無所預焉。武帝時，諸侯或分或廢，五嶽皆在天子之邦。至宣帝時，嶽瀆始有使者持節侍祠之禮矣。

由魏及隋，嶽鎮海瀆皆即其地立祠，命有司致祭。

唐、宋之制，則有命本界刺史、縣令之祠，又有因郊祀而望祭之祠，又有遣使之祠焉。

元遣使祀嶽鎮海瀆，分東南西北中爲五道。

其天下山川之祀，則《虞書》曰：“望于山川，徧于群臣。”《周頌》曰：“懷柔百神。”《周官·小宗伯》：“兆山川、邱陵、墳衍，各因其方。”《王制》：“凡山川之小者，其祭秩視伯、子、男。”劉向謂：“山川能生物，出雲雨，施潤澤，品類以百數，故視伯、子、男也。”其在諸侯封内者，諸侯又自祭之，如楚祭睢漳、晉祭惡池、齊祭配林是已。

及秦罷封建，則皆領于天子之祠官焉。

由漢、唐以及宋、元，嶽鎮海瀆之外，皆有其餘山川之祀。

若其城隍之祀，莫詳事始，先儒謂既有社矣，不應復有城隍。故唐李陽冰《縉雲城隍記》謂：“祀典無之，惟吳越有之爾。”然成都城隍祠，太和中李德裕所建，張説有《祭荆州城隍文》，杜牧有《祭黃州城隍文》，則不獨吳越爲然。又蕪湖城隍祠建于吳赤烏二年，高齊、慕容儼、梁武陵王祀城隍神，皆書于史，則又不獨唐而已。

宋以來其祀徧天下，或錫廟額，或頒封爵，至或遷就附會，各指一人以爲神之姓名，如鎮江、慶元、寧國、太平、華亭、蕪湖等郡邑，皆以爲紀信。隆興、贛、袁、江、吉、建昌、臨江、南康，皆以爲灌嬰，是也。張説《祭荆州城隍文》曰：“致和產物，助天育人。”張九齡《祭洪州城隍文》曰：“城池是保，旺庶是依。”則前代崇祀之意有在矣。

國朝既于方丘，以嶽鎮海瀆、天下山川從祀，復于春秋清明、霜降日遣官專祀嶽鎮海瀆、天下山川于國城之南,而以京師及天下城隍附祭焉。

至于外夷山川,亦列祀典。若國有祈禱,則又遣使降香專祀于其本界之廟。若夫山川之在王國,城隍之在郡縣者,則自以時致祭。

封爵

《周官》:"天子祭天下名山大川,五嶽視三公,四瀆視諸侯。"《夏傳》云:"其餘山川視伯,小者視子、男。"謂視其牲、幣、粢盛、籩、豆、爵獻之數,以定隆殺輕重,非有所尊卑而加之以封爵也。

至唐武后垂拱四年,始封嵩山爲神嶽天中王。通天元年,又尊爲皇帝。神龍元年,復爲天中王。先天二年,封華嶽爲金天王。玄宗開元十一年,封泰山神爲齊天王[①],禮秩加三公一等。天寶五年,封中嶽爲中天王,南嶽爲司天王,北嶽爲安天王。六年,封河瀆爲靈源公,濟瀆爲清源公,江瀆爲廣源公,淮瀆爲長源公。十年,封東海爲廣德王,南海爲廣利王,西海爲廣潤王,北海爲廣澤王,封沂山爲東安公[②],會稽山爲永興公,嶽山爲成德公,霍山爲應聖公,醫巫閭山爲廣寧公。

宋真宗大中祥符元年,泰山天齊王加號仁聖,進封河瀆爲顯聖靈源公。五年,加號東嶽曰天齊仁聖帝,南嶽曰司天昭聖帝,西嶽曰金天順聖帝,北嶽曰安天元聖帝,中嶽曰中天崇聖帝。遣使充奉册使,奉玉册、袞冕詣五嶽祭告。又加號東嶽淑明后,南

---

① "齊天",原作"天齊",據《唐會要》卷四七《封諸嶽瀆》乙。
② "東安",原作"安東",據《唐會要》卷四七《封諸嶽瀆》乙。

嶽景明后,北嶽靖明后,中嶽正明后。仁宗康定二年,加封東海
爲淵聖,南海爲洪聖,西海爲通聖,北海爲冲聖,江瀆爲廣源王,
河瀆爲靈源王,淮瀆爲長源王,濟瀆爲清源王。慶曆二年,增封
南海神爲洪聖廣利昭順王。神宗元豐八年,始封西鎮吳山爲成
德王。徽宗大觀四年,加東海以助順之號。高宗紹興三十一年,
加封江瀆昭靈孚應威烈廣源王。

元世祖至元二十八年,加封東嶽曰大生,南嶽曰大化,西嶽
曰大利,北嶽曰大貞,中嶽曰大寧,加封江瀆爲順濟,河瀆爲弘
濟,淮瀆曰溥濟,濟瀆曰善濟,東海爲廣德靈會王,南海爲廣利靈
孚王,西海爲廣潤靈通王,北海爲廣澤靈祐王。成宗大德二年,
加封東鎮沂山爲元德東安王,南鎮會稽山爲昭德順應王,西鎮吳
山爲成德永靖王,北鎮醫巫閭山爲真德廣寧王[1],中鎮霍山爲崇
德應靈王。

其餘山川之封號,則唐武后垂拱四年,封洛水神爲顯聖侯。
玄宗天寶中,封昭應山爲玄德公,太白山爲神應公。文宗開成二
年,封終南山爲廣惠公[2]。僖宗乾寧五年,封少華山爲佑順侯。
昭宗天佑二年,封洞庭湖君爲利涉侯,青草湖君爲安流侯。

宋真宗大中祥符元年,封泰山通泉廟爲靈派侯[3],亭亭廟爲
廣禪侯,鄒嶧山爲靈巖侯。徽宗大觀二年,封樂山爲仁勇公。紹
興二年,封梓潼山爲英顯武烈忠佑廣濟王。

元至大三年,封樂山爲宗澤仁勇公。皇慶年間,封梓潼山爲

---

① "真",《元史》卷七六《祭祀志五·嶽鎮海瀆》作"貞"。

② "終",原作"洛",據《文獻通考》卷八三《郊社考十六·祀山川·祭五嶽四鎮四
海四瀆儀》改。

③ "靈派",原作"吳派",據《文獻通考》卷八三《郊社考十六·祀山川·祭五嶽四
鎮四海四瀆儀》改。

英顯武烈忠惠靈濟王，馬鞍山爲衍慶顯佑昭德靈感王。延祐二年，封麗陽山爲仁文神武廣佑忠聖王。延祐五年，封太白山爲康衛惠濟王。至治二年，封新羅山爲忠義靈濟威惠廣佑王。至治二年，封昭亭山爲靈應忠烈顯正福佑廣惠王。至治三年，封韓山爲明德奕應侯。泰定元年，封蒙山爲嘉惠昭應王，濛村河爲善佑淵聖廣源王，常山雹泉神爲廣惠靈濟昭烈王，封洛川爲昭應顯佑仁濟公。

若其城隍之封，則後唐清泰元年，嘗封臨安府城隍爲順義保寧王。宋封顯正康濟王號永固廟。梁封紹興府城隍爲崇福侯，清泰封興德保閩王。宋封昭順靈濟孚佑忠應王。大抵城隍封爵，至宋幾徧天下矣，不能悉舉也。

元封燕京城隍爲護國王。至治中，嘗加封溧水城隍爲靈佑廣惠侯。

國朝初，循舊制，嘗封城隍，京都爲承天鑒國司民統神昇福大帝，各府爲鑒察司民城隍威靈公，各州爲鑒察司民城隍靈佑侯，各縣爲鑒察司民城隍顯佑伯。其山川之神，亦因守臣之請間有封者。

洪武三年五月，上出睿斷，遠稽古禮，降詔曰："自有元失馭，群雄鼎沸，土宇分裂，聲教不同。朕奮起布衣，以安民爲念，訓將練兵，平定華夷，大統以正。永惟爲治之道，必本于禮考諸祀典，知五嶽、五鎮、四海、四瀆之封起，自唐世崇名美號，歷代有加，在朕思之，則有不然。夫嶽鎮海瀆，皆高山廣水，自天地開闢，以至于今，英靈之氣萃而爲神。必皆受命于上帝，幽微莫測，豈國家封號之所可加，瀆禮不經，莫此爲甚。至如忠臣烈士，雖可以加封號，亦惟當時爲宜。夫禮，所以明神人、正名分，不可以僭差。

今宜依古定制，凡嶽、鎮、海、瀆，並去其前代所封名號，止以山水本名稱。其神郡縣城隍神號，一體改正，歷代忠臣烈士[①]，亦依當時初封以爲實號，後世溢美之稱，皆與革去。其孔子善明先王之要道，爲天下師，以濟後世，非有功于一方一時者可比，所有封爵，宜仍其舊，庶幾神人之際，名正言順，于理爲當，用稱朕以禮祀神之意，所有定到各各神號。五嶽稱東嶽泰山之神，南嶽衡山之神，中嶽嵩山之神，西嶽華山之神，北嶽恒山之神。五鎮稱東鎮沂山之神，南鎮會稽山之神，中鎮霍山之神，西鎮吳山之神，北鎮醫巫閭山之神。四海稱東海之神，南海之神，西海之神，北海之神。四瀆稱東瀆大淮之神，南瀆大江之神，西瀆大河之神，北瀆大濟之神。各處府州縣城隍稱某府某州某縣城隍之神。歷代忠臣烈士，並依當時初封名爵稱之。天下神祠無功于民，不應祀典者，即係淫祀，有司毋得致祭。于戲，明則有禮樂，幽則有鬼神，其理既同，其分當正，故兹詔示，咸使聞知，遂遣使頒諭天下，且刻石于各廟，可謂一洗千古之陋者矣。”

祭所

《周官·小宗伯》：“兆四望于四郊。”兆，謂壇之營域也。

秦自崤以東，所祠者其山則嵩山、恒山、泰山、會稽，其川則濟、淮，自華以西所祠者，其山則華山、嶽山，河祠于臨晉，江水祠于蜀。

漢祖亦祠河于臨晉。武帝祠中嶽太室，又禮灊之天柱山，號

---

① “雖可以加封號亦惟當時爲宜夫禮所以明神人正名分不可以僭差今宜依古定制凡嶽鎮海瀆並去其前代所封名號止以山水本名稱其神郡縣城隍神號一體改正歷代忠臣烈士”，原缺，據《明太祖實錄》卷五三、《禮部志稿》卷八一《祀法備考·定神號》補。

曰南嶽。宣帝以四時祠江海，祠東嶽泰山于博，中嶽太室于嵩山，南嶽灊山于灊，西嶽華山于華陰，北嶽恒山于上曲陽，河于臨晉，江于江都，淮于平氏，濟于臨邑界中。

光武祀北郊祀地祇，從祀中嶽在未，四嶽各在其方孟辰之地，在中營內，海在東，四瀆河在西，濟在北，淮在東，在外營內。

魏祀五嶽、四瀆。

晉立北郊于覆舟山，五嶽、四望、四海、四瀆皆從祀。

梁令郡國有五嶽者置宰祀三人，及祀海瀆之應祀者。

後魏立五嶽、四瀆廟于桑乾水之陰，春秋遣有司致祭。

隋祀四鎮，並冀州鎮霍山，俱就山立祠，祀東海于會稽縣界，南海、南鎮俱近海立祠，四瀆亦如之。

唐制，嶽鎮海瀆既皆從祀方丘，又每年以五郊迎氣日祭之于本界，東嶽岱山祭于兗州，東鎮沂山祭于沂州，東海于萊州，東瀆大淮于唐州，南嶽衡山于衡州，南鎮會稽山于越州，南海于廣州，南瀆大江于益州，中嶽嵩山于雒州，西嶽華山于華州，西鎮吳山于隴州，西海及西瀆大河于同州，北嶽恒山于定州，北鎮醫巫閭山于均州，北海及北瀆大濟于洺州，皆命本界都督刺史行事。開元、天寶又遣使分祭之。

宋制，祭東嶽于兗州，西嶽于華州，北嶽于定州，南嶽于衡州，中嶽于河南府，東鎮于沂州，南鎮于越州，西鎮于隴州，中鎮于晉州，東海于萊州，南海于廣州，西海、河瀆並于河中府，北海、濟瀆並于孟州，淮瀆于唐州，江瀆于成都府，遙祭北鎮醫巫閭山于定州北嶽祠，各以本縣令、尉兼廟令、丞，專掌其事。真宗景德中，加五嶽帝號，遣使即其廟祀之。神宗元豐中，建四望壇于四郊，望祀嶽鎮海瀆，每方嶽鎮共一壇，海瀆共一坎。

元遣使致祭，皆就嶽鎮海瀆之廟。

國朝既于國城南建祠，合祀嶽鎮海瀆、山川、城隍。若遣使致祭，則各就嶽鎮海瀆之廟，自如故事云。

瘞坎

《周官·大宗伯》："以血祭祭五嶽，以貍沉祭山林川澤。"說者謂牲幣之物，山林則貍之，川澤則沉之，所以順其性之舍藏，以通信于神明也。

魏文帝黃初三年，禮五嶽四瀆，咸秩群祀，沉瘞圭璋。

唐祀嶽鎮海瀆，爲瘞坎于壇之壬地，方深取足容物，海瀆則坎內爲壇，高丈四尺，皆爲陛，又于瘞坎之東北，設獻官望瘞位，祭海瀆則無望瘞之禮。祭畢，取牲、幣、饌物置于坎，置土半坎，祭海瀆則以幣、血沉之。

宋神宗元豐三年，建四望壇于四郊，皆用血祭瘞埋。

元遣使祀嶽瀆海鎮，無瘞坎之禮。

國朝嶽鎮海瀆祭畢，其祝、幣、牲、饌，嶽鎮則瘞之于坎，海瀆則沉之于水，其國南群祀壇，則並置于瘞坎。

祝版

《周禮·太祝》："國將有事于四望，則前祝。"

秦、漢皆設太祝以主嶽瀆山川之祀。

唐《開元禮》，其祝版並署御名，先享祭日，附驛發遣。其製長二尺四寸，闊一尺二寸，闊厚一分，用楸梓木，其文曰："嗣天子某，謹遣某官某敢昭告于某神東嶽曰，惟神贊養萬品，作鎮一方，式因春始。南嶽云夏始，中嶽云季夏，西嶽云秋始，北嶽云冬始。謹以玉幣犧齊、粢盛庶品，朝薦于東嶽岱宗。<small>南嶽衡山，中嶽嵩山，西嶽華山，北嶽恒山，祝文並同。</small> 尚享。"

東瀆大淮曰："惟神源流深潛，泌潤溥洽①，阜成百穀，疏滌三川，青春伊始，用遵典秩。"

南瀆大江曰："惟神總合大川，朝宗巨海，功昭順化②，德表靈長，敬用夏首，修其常典。"

西瀆大河曰："惟神上通雲漢，光啟圖書，分道九枝③，旁潤千里，素秋戒序，用率常典。"

北瀆大濟曰："惟神泉源清潔，浸彼遐邇④，播通四海，作紀一方，玄冬肇節，聿修典制。"<small>首尾並同。</small>

宋太宗至道元年，分祀五嶽，故事御書祝版，翰林學士王禹偁上言準禮五嶽視三公，今雖加王爵，亦同人臣，而天子稱名，恐非古制。太宗曰："昔唐德宗猶拜風雨，況舊制素定，豈可廢也？朕爲萬民祈福，桑林之禱，猶無所憚，至于書名，又何損乎？"真宗大中祥符三年，太常禮儀院請五嶽祭告祝版，祭畢焚于廟所，從之。

元遣使祀名山大川，祝文曰"天子謹遣臣某官"，而不稱名。

國朝親祀祝文，自署御名，遣官代祀，祝文稱："嗣天子某，謹

---

① "源流深潛，泌潤溥洽"，《通典》卷一一二《禮七十二·開元禮纂類七·吉禮四·祭五嶽四鎮四海四瀆》作"源流深泌，潛潤溥洽"。

② "順"，《通典》卷一一二《禮七十二·開元禮纂類七·吉禮四·祭五嶽四鎮四海四瀆》作"潤"。

③ "道"，《通典》卷一一二《禮七十二·開元禮纂類七·吉禮四·祭五嶽四鎮四海四瀆》作"導"。

④ "彼"，《大唐開元禮》卷三五《吉禮·祭五嶽四鎮》作"被"；"邇"，《通典》卷一一二《禮七十二·開元禮纂類七·吉禮四·祭五嶽四鎮四海四瀆》作"遠"。

遣臣某官姓名敢昭告于東嶽泰山之神，惟神磅礴英靈，參贊化育①，位于東方。爲嶽之首，及出膚寸之雲，不崇朝而雨天下，有滋稼苗②，民賴以生，功被于世，歷代帝王，咸敦祀典，或躬臨而奉祭，或遣使以伸忱，朕允膺天命，肇造丕基，禮宜親臨致祀，今國治未周，新附未撫，或居以圖治，或出而視師，是用命使，以表朕衷，惟神鑒焉，尚享。"

西嶽曰：惟神氣應金方，靈鍾兌位，奠于西極，屹立巍巍，長物養民，功被于世，歷代云云同前，下並同。

南嶽曰：惟神祝融諸峰，奠彼南服，崇高峻極，德配離明，長物養民，功被于世。

北嶽曰：惟神鎮並臨代，峙立朔方，終始陰陽，著世悠久③，養民阜物，功被寰中。

中嶽曰：惟神嵩高攸宅，表此中區，四嶽攸宗，群山環拱，養民育物，功被寰中。

東海曰：惟神百川朝宗，涵育深廣，靈鍾坎德④，潤衍震宗，滋物養民，功被于世，歷代云云同前，下並同。

西海曰：惟神灝靈所鍾，道里遼邈，坎德深廣，衍潤兌方⑤，滋物養民，功被于世。

---

① "參"，《明太祖實錄》卷三八作"恭"。
② "有滋"，《明太祖實錄》卷三八、《禮部志稿》卷八一《祀法備考·考群神古制定祀》作"滋于"。
③ "著世"，《明太祖實錄》卷三八、《禮部志稿》卷八一《祀法備考·考群神古制定祀》作"德著"。
④ "靈鍾"，《明太祖實錄》卷三八、《禮部志稿》卷八一《祀法備考·考群神古制定祀》作"鍾靈"。
⑤ "衍潤"，《明太祖實錄》卷三八、《禮部志稿》卷八一《祀法備考·考群神古制定祀》作"潤衍"。

南海曰：惟神環兹粵壤，物鉅靈鍾，坎德深大，離明斯配，潤物養民，功被于世。

北海曰：惟神玄冥攸司，遐遠莫即，鍾靈坎德，奠位陰方，潤物養民，功被于世。

江瀆曰：惟神岷蜀發源，浩渺萬里，朝宗于海，坎德靈長，潤物養民，澤被于世，歷代云云同前，下並同。

河瀆曰：惟神發源昆侖，亘絡中土，配精天漢，坎德靈長，潤物養民，澤被于世。

淮瀆曰：惟神源深桐柏，演迤楚甸，出雲致雨，潤物養民，坎德靈長，澤被于世。

濟瀆曰：惟神沉浸覃懷，功配三瀆，流澄蕩濁，潤物養民，坎德靈長，澤被于世。

東鎮曰：惟神鎮彼瑯琊，群山所仰，宣澤布氣，育秀鍾靈，生物養民，功被于世，歷代云云同前，下鎮並同。

西鎮曰：惟神作鎮汧陽，群山所仰，宣澤布氣，育秀鍾靈，生物養民，功被于世。

南鎮曰：惟神作鎮會稽，群山所仰，宣澤布氣，育秀鍾靈，阜物養民，功被于世。

北鎮曰：惟神鎮彼平營，群山所仰，宣澤布氣，育秀鍾靈，阜物養民，功被于世。

中鎮曰：惟神鎮彼霍邑，三晉所瞻，育秀暢靈，奠兹中土，生殖庶物，功被寰宇。

洪武三年正月，專遣使致祭于外夷山川，其安南祝文曰："惟神磅礴深廣，流峙西南，靈秀所鍾，福庇一方，使其國君世保境土，當歷代中國帝王之興，即能慕義歸化，得免兵戈，靖安民庶，神功爲大。朕本布衣，因四方雲擾，廓清群雄，混一天下，以承正統，皆賴天地神明而至于此，自臨御以來，海嶽鎮瀆俱已致祭，邇者安南奉表稱臣，考之典禮，天子于山川之祀無所不通，故特遣使以牲幣之祭，往答神靈。尚饗。”

其高麗祝文曰：“高麗爲國，奠于海東，山勢磅礴，水德汪洋，實皆靈氣所鍾，故能使境土安寧①，國君世享富貴，尊慕中國，以保生民，神功爲大。朕起自布衣，今混一天下，以承正統，比者高麗奉表稱臣，朕嘉其誠，已封王爵，考之古典，天子于山川之祀，無所不通，是用遣使敬將牲帛②，脩其祀事，以答神靈，惟神鑒之。尚饗。”

其占城祝文曰：“惟神靈秀磅礴，源流深廣，以濟民物，保安海邦，使其國君世守境土，尊附中國，其功多矣。朕起自布衣，仰荷天地眷祐，混一疆宇，以承正統，邇者占城奉表稱臣，考之典禮，天子于天下山川之祀，無所不通，故特遣使以牲幣之祭，往答神靈，惟神鑒之。尚饗。”

五月降詔嶽鎮海瀆，復遣使代祀，其祝文曰：“維洪武三年，歲次庚戌，六月戊午朔，越二十二日己卯，某官臣某，今蒙中書省點差，欽賫祀文，致祭于東嶽泰山之神。皇帝制曰：磅礴東海之西，中國之東，參穹靈秀，生同天地，形勢巍然，古昔帝王登之觀滄海，察地利，以安生民，故祀曰：泰山于敬則誠，于禮則宜，自唐始加神之封號，歷代相因至今，曩者元君失馭，海内鼎沸，生民塗炭，予起布衣，承上天后土之命，百神陰佑，削平暴亂，正位稱尊，職當奉天地，享鬼神，以依時，統一人民，法當式古。今寰宇既

---

① “安寧”，《王忠文公集》卷二三《祭高麗國山川祝文》作“乂安”。
② “帛”，《王忠文公集》卷二三《祭高麗國山川祝文》作“幣”。

清，特修祀儀。因神有歷代之封號，予起寒微，詳之再三，畏不敢效。蓋神與穹壤同始，靈鎮東方，其來不知歲月幾何，神之所以靈，人莫能測，其職必受命于上天后土，爲人君者，何敢預焉？予懼不敢加號，特以東嶽泰山名其名，依時祀神，惟神鑒知。尚饗。"<small>南嶽、中嶽、西嶽、北嶽祝文並同。</small>

其東鎮祝文曰："屹立沂州，作鎮東方，生同天地，形勢巍然，古先帝王察地利以安生民，故祀之曰沂山，于敬則誠，于禮則宜，自唐始加神之封號，歷代相因至今。曩者元君失馭，海内鼎沸，生民塗炭，予起布衣，承上天后土之命，百神陰祐，削平暴亂，正位稱尊，職當奉天地，享鬼神，以依時，統一人民，法當式古，今寰宇既清，特修祀儀，因神有歷代之封號。予起寒微詳之再三，畏不敢效，蓋神與穹壤同始，靈鎮東方，其來不知歲月幾何，神之所以靈，人莫能測，其職必受命于上天后土，爲人君者何敢預焉？予懼不敢加號，特以東鎮沂山名其名，依時祀神，惟神鑒知。尚饗。"

其起句，南鎮則曰："屹立會稽，作鎮南方。"中鎮則曰："屹立霍州，作鎮中央。"西鎮則曰："屹立隴州，作鎮西方。"北鎮則曰："屹立營州，作鎮北方。"<small>餘並同東鎮。</small>

其東海祝文曰："生同天地，浩瀚之勢既雄，深淺之處莫測。古昔人君，名之曰海神而祀之，于敬則誠，于禮則宜。自唐以及近代，皆加以封號。予因元君失馭，四方鼎沸，起自布衣，承上天后土之祐，百神之助，削平暴亂，以主中國職當奉天地，享鬼神以依時式古法以治民。今寰宇既清，特修祀儀，因神有歷代之封號。予起寒微，詳之再三，畏不敢效。蓋觀神之所以生，與穹壤同立于世，其來不知歲月幾何，凡施爲造化，人莫可知，其職必受命于上天后土，爲人君者，何敢預焉？予懼不敢加號，特以東海

名其名,依時祭祀,神其鑒知,尚饗。"_{南海、西海、北海文並同。}

其東瀆大淮,祝文曰:"源始桐柏,潔而東逝,納諸川以歸海,古者人君尊曰淮瀆之神,未嘗加號,于敬則誠,于禮則宜。自唐始加神之封號,歷代相因至今。曩者元君失馭,海內鼎沸,予起布衣,承上天后土之命,百神陰祐,削平暴亂,正位稱尊,職當奉天地享鬼神,以依時,統一人民,法宜式古。今寰宇既清,特修祀儀,因神有歷代之封號,予起寒微,詳之再三,畏不敢效。蓋神與穹壤同始,其來不知歲月幾何,神之所以靈,人莫能知其造化,必受命于上天后土。爲人君者,何敢預焉?予懼不敢加號,特以東瀆大淮名其名,依時祀神,惟神鑒知。尚饗。"

其南瀆則曰:"源于岷山,生同天地,廣納諸川,東逝于海,古者人君尊曰江瀆之神。"_{餘文並同東鎮。}

其西瀆則曰:"源于昆侖,其行也屈曲,其激也有聲,于山不徙于平壤,則流蕩洶涌莫測,自有天地則有之,古之人君尊曰河瀆之神。"_{餘文並同東鎮。}

其北瀆則曰:"源始王屋,伏流而出,潔異衆水,古者人君尊曰濟瀆之神。"_{餘文並同東鎮。}

代祀嶽鎮海瀆碑文

洪武二年,春正月四日,群臣來朝。皇帝若曰:"朕自起義臨濠,率衆渡江,宅于金陵每獲城池,必祭其境內山川,于今十有五年,罔敢或怠,邇者命將出師,中原底平,嶽鎮海瀆,悉在封域。朕託天地祖宗之靈,武功之成,雖藉人力,然山川之神,默實相予,自古帝王之有天下,莫不禮秩尊崇,朕曷敢違,于是親選敦朴廉潔之臣,賜以衣冠,俾齋沐端愨以俟。遂以十月五日,授祝幣而遣焉。臣某承詔將事惟謹，某月某日祭于祠下，威靈歆格，祀事孔明，礱石鐫文，用垂悠久，惟神收藏萬類，奠于東方。西、南、北隨方改用。典禮既崇，綱維斯在，尚期陰陽以和，風雨以時，物不疵癘，民庶乂安。是我聖天子之所望于神明者，而亦神明助我邦家之靈驗也。"

代祀外夷山川碑文

洪武三年，春正月三日癸巳，皇帝御奉天殿受群臣朝，乃言曰："朕賴天地祖宗眷佑，位于臣民之上，郊廟社稷，以及嶽鎮海瀆之祭，不敢不恭。邇者占城安南、高麗並同。遣使奉表稱臣，朕已封其王爲占城國王，安南、高麗同。則其國之境內山川，既歸職方，考諸古典，天子望祭雖無不通，然未聞行實禮達其境者，今當具牲幣，遣朝天宮道士某人前往，用答神靈。"

禮部尚書崔亮，欽承上旨惟謹，乃諭臣某致其誠潔以俟。于是上齋戒七日，親爲祝文。至十日庚子，上臨朝以香授臣某，將命而行。臣某以某月某日至其國，設壇城南，某月某日敬行祀事于某國某山及諸山之神，某水及諸水之神，禮用告成。臣某聞帝王之勤民者，必致敬于神，欽惟皇上受天明命，丕承正統，四海內外，悉皆臣屬。思與普天之下，共享昇平之治，故遣臣某致祭于神，神既歆格，必能庇其國王世保境土，使風雨以時，年穀豐登，民庶得以靖安，庶昭聖天子一視同仁之意。是用刻文于石，以垂示永久。臣某謹記，某國王臣某，陪臣某官某。

祭器

《周官》："凡山川用蜃尊。"説者謂畫爲蜃尊，乃漆尊也。

宋大明中，器用陶匏，不用蜃，同郊祀禮以爵獻。

唐祀嶽鎮海瀆，用尊六、籩十、豆十、簠二、簋二、俎二。

宋祀嶽鎮海瀆，酌尊用犧尊四、象尊四，祀山林川澤，酌尊用犧尊三，設尊並用大尊二、山尊二、著尊二、象尊二、壺尊六，嶽鎮海瀆用籩十、豆十、簠二、簋二、盤一、登二、鉶二，山林川澤用籩豆八、簠一、簋一、盤一。

元遣使祭嶽瀆海鎮，禮器無文。

國朝合祭嶽鎮海瀆、天下山川、城隍及遣使分祀，每壇各尊三、籩八、豆八、簠二、簋二、登二，州縣祀本境山川則尊二、籩二、豆二、簠一、簋一。

玉幣

《周官·典瑞》：“璋邸射以祀山川。”半圭曰璋，邸，本也。射謂剡而上出，禮神之玉也，杜氏《通典》曰：“其幣各隨方色。”

秦、漢祀嶽瀆，皆有珪幣。

魏用珪璋。

南宋祭霍山，用赤璋、纁幣。

唐祀嶽鎮海瀆玉，用兩圭，有邸，幣隨方色。

宋用唐制。

元祀嶽鎮海瀆，不用玉幣。每歲遣使奉祠，銀香合一，重二十五兩；五嶽組金旛二，鈔五百貫；四瀆織金旛二，鈔二百五十貫；四海五鎮銷金旛二，鈔二百五十貫。天曆中，香合加作銀五十兩。

國朝望祀用幣不用玉，諸王同。遣使奉祠嶽鎮海瀆，各降真香一炷、沉香一、合金香合一，共一斤，黃紵絲旛一對、幣帛一段、長丈有八尺，銀三十五兩。其外夷山川，則高麗旛用青，安南占城旛用紅,餘並同嶽鎮海瀆。

牲

《周官·牧人》:"望祀,牲用少牢,各隨方色。"

秦祀嶽瀆用牛、犢各一牢具。

漢興,因之。光武中元初祀五嶽,共牛一頭,海與四瀆共一頭。

宋孝武祭霍山,牲用太牢,羞用酒脯。

唐制,五嶽、四瀆、四鎮、四海,牲皆用太牢,謂牛、羊、豕也。

宋用羊、豕各一口。

元遣使致祭嶽瀆鎮海,皆用少牢。

國朝合祭嶽鎮海瀆山川,各用犢一、羊一、豕一,遣使代祀,各廟並同。州縣祭本境山川城隍,用羊一、豕一。

酒齊

唐犧尊實醴齊,象尊實盎齊,山罍實清酒。

宋犧尊實泛齊,象尊實醴齊,壺尊實事酒,設尊並設五齊三酒。

國朝合祭嶽鎮海瀆、天下山川、城隍,及遣使代祀,犧尊實醴齊,象尊實沉齊,山罍實事酒。州縣祭本境山川,則象尊實緹齊,壺尊實事酒。

粢盛

唐祀嶽鎮海瀆,簠實以黍、稷,簋實以稻、粱。

宋祀嶽鎮海瀆,簠實以黍、稷,簋實以稻、粱,祀山川,簠實以黍,簋實以稷。

國朝合祭嶽鎮海瀆、天下山川、城隍,及遣使分祀,並如宋制。其州縣祭本境山川，簠實以稷，簋實以粱。

籩豆之實

唐祀嶽鎮海瀆，籩實以石鹽、乾魚、乾棗、栗黃、榛子仁、菱仁、茨仁、鹿脯、白餅、黑餅，豆以韭菹、醓醢、菁菹、鹿醢、芹菹、兔醢、筍菹、魚醢、脾析菹、豚拍。

宋祀嶽鎮海瀆同。

唐制，祀山林川澤則籩減白餅、黑餅，豆減脾析菹、豚拍。

國朝合祭嶽鎮海瀆于國城之南，及每歲遣使分祀各廟，並籩實以石鹽、魚鱐、棗、栗、榛、菱、茨、脯，豆實以韭菹、醓醢、菁菹、鹿醢、芹菹、兔醢、筍菹、魚醢。州縣祭本境山川則籩實以栗、脯，豆實以葵菹、鹿醢。

樂

《周官・大司樂》：“奏姑洗，歌南呂，舞《大韶》[①]，以祀四望。”四望者，五嶽、四鎮、四瀆也。

漢、唐祭嶽鎮海瀆，及遣使徧祀，皆無用樂之文。

宋仁宗時，祠南海神廟，有樂曲，禮官謂南海據令爲中祠，宜如嶽瀆，諸祠不用樂，遂罷之。徽宗政和五年，用知盧州朱維言，五嶽四瀆，庇福一方，生民受惠，宜不在風雨雷師之下，而祀不用樂，乞依社稷例，用大樂，仍撰合用樂章，行下嶽瀆所在州縣致祭，從之。

元遣使歲祀，祇用教坊樂。

---

① “韶”，原作“磬”，據《周禮・春官宗伯・大司樂・小師》改。

國朝望祀用雅樂,諸王祭本國山川,則用大樂,遣使代祀不用樂。

祭服

《周禮·司服》:"王祠四望則毳冕。"

秦、漢服俱袀玄。

唐制,凡祭嶽鎮海瀆,獻官各服其服,三品毳冕,四品繡冕,五品玄冕,六品以下爵弁。若二服以下各依令。有司三獻及太祝奉禮俱服祭服。

元遣使致祭嶽瀆海鎮,則州縣官具公服陪祠。

國朝遣官攝祀,並用公服。

壇位圖

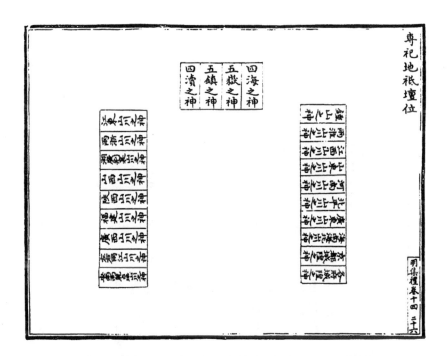

陳設圖

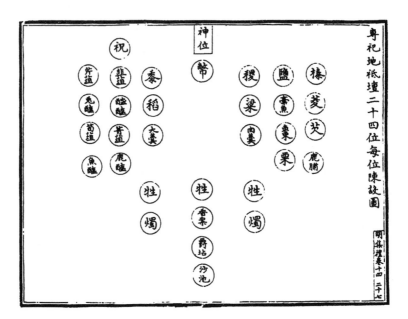

樂圖

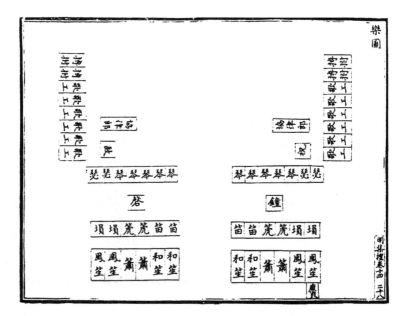

舞圖

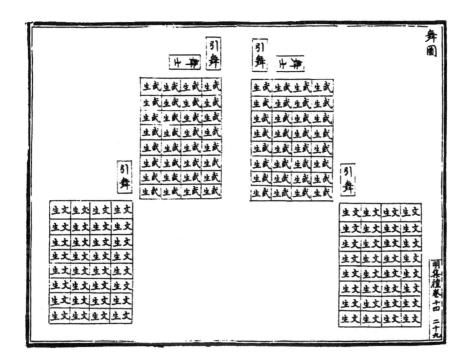

專祀地祇壇諸神樂章

迎神 《保和》之曲

吉日良辰，祀典式陳，惟地之祇，百靈繽紛，嶽鎮海瀆，山川城隍，内而中國，外及四方，濯濯厥靈，昭鑒我心，以候以迎，來格來歆。

黃林姑黃，姑林南林，闞，黃南姑林，太黃南林，黃太姑太，林太南黃，姑黃太姑，黃南姑林，林姑黃太，南林姑南。

奠幣 《安和》之曲

靈旗莅止，有赫其威，一念潛通，幽明弗違，有幣在篚，物薄而微,神兮安留,尚其享之。

林黃太姑,姑林南林,南林姑太,林太南黃,南黃南姑,姑林南林,南林姑太,黃太姑林。

初獻 《中和》之曲

神兮我留,有薦必受,享祀之初,奠兹醴酒,晨光初升,祥徵應候,何以侑觴,樂陳雅奏。

夾黃太夾,林南林太,太林南林,夾林夾黃,太黃南林,黃南夾林,夾黃太夾,南黃林夾。

亞獻 《肅和》之曲

我祀維何,奉兹犧牲,爰酌醴齊,貳觴載升,洋洋如在,式燕以寧,庶表微衷,交于神明。

黃林姑黃,姑林南林,南林黃太,林太南黃,黃南林姑,黃南姑林,黃太姑太,南林姑黃。

終獻 《凝和》之曲

執事有嚴,品物斯祭,黍稷非馨,式將其意,薦兹酒醴,成我常祀,神其顧歆,永言樂只。

太黃太姑,林夷林太,仲林夷林,太林姑黃,太黃太姑,黃夷林太,林黃太姑,林夷林太。

徹豆 《壽和》之曲

春祈秋報,率爲我民,我民之生,賴于爾神,維神祐之,康寧是臻,祭祀云畢,神其樂歆。

黃林姑黃,黃南姑林,黃太姑太,林太南黃,黃南姑林,姑太南黃,姑林南林,南林姑黃。

送神 《豫和》之曲

三獻禮終，九成樂作，神人以和，既燕且樂，雲車風馭，靈光昭灼，瞻望以思，邈彼寥廓。

林黃太姑，林南林太，黃南黃姑，林太南黃，黃南林姑，黃林南林，林姑黃太，姑林南林。

望瘞 《熙和》之曲

俎豆既徹，禮樂已終，神之云還，倏將焉從，以望以瘞，庶幾感通，時和歲豐，維神之功。

黃太姑林，林南黃太，黃南林姑，姑林姑黃，黃南黃姑，林太南黃，林姑黃太，南林姑黃。

降香遣官祀嶽鎮海瀆天下山川城隍儀注

時日

春以清明日，秋以霜降日，行事。

齋戒

皇帝散齋二日，致齋一日，獻官以省臺官充。及各執事官俱散齋二日，致齋一日。

降香

前祀一日清晨，有司立仗，百官具公服侍班，皇帝服皮弁服，陞奉天殿，捧香授獻官，獻官捧由中陛降，中道出至午門外，置龍亭內，儀仗、鼓吹導引至祭所。

陳設

前祀一日，有司陳設，如圖儀。

省牲

前祀一日，獻官公服詣壇東省牲，贊禮引至省牲位，執事者牽牲省訖，詣神厨，視鼎鑊，視滌濯畢，遂烹牲。

正祭

祭日清晨，執事者入實尊罍，簠、簋、籩、豆、牲、俎，並陳毛血豆于神位前，列篚幣于酒尊所，贊引引獻官及應祀官各入就位。

迎神

贊禮唱：“迎神。”協律郎舉麾，奏闕之曲，執事者以毛血瘞于坎。<small>樂闕成，止。</small>贊禮唱：“有司已具，請行禮。”唱：“鞠躬，拜，興，拜，興，平身。”獻官及在位者皆鞠躬，拜，興，拜，興，平身。<small>樂止。</small>復位。

奠幣

贊禮唱：“奠幣。”贊引引獻官詣盥洗位，搢笏，盥手，帨手，出笏，詣五嶽神位前，協律郎奏闕之曲。贊禮唱：“跪。”獻官北向跪，搢笏，三上香，執事者捧幣，東向跪，授獻官，獻官受幣。贊禮唱：“奠幣。”獻官興，奠幣于神位前。贊禮唱：“鞠躬，拜，興，拜，興，平身。”次詣五鎮神位前，<small>奠幣，如上儀訖。</small>次詣四海、四瀆、鍾山、江東、兩淮、兩浙、江西、湖廣、山東、山西、河南、陝西、北平、福建、廣東、廣西、海南、海北、左右兩江、山川之神，並京都各府城隍、外夷山川之神，皆以次自左而右，逐位上香、奠幣，皆如五嶽神位前之儀奠訖，<small>樂止。</small>復位。

進俎

贊禮唱：“進俎。”執事者舉俎升階，協律郎跪，俛伏，舉麾，奏闋之曲,贊禮引獻官至五嶽神位前,搢笏,以俎奠于神位前訖,出笏。以下二十一位進俎,皆同。

初獻

贊禮唱:"行初獻禮。"贊引引獻官詣爵洗位,搢笏,滌爵,拭爵,以爵授執事者,以下二十一位爵,其滌、拭、授皆同。詣酒尊所,司尊者舉冪,執爵者以爵進,酌醴齊,以爵授執事者,以下二十一位,進爵、酌醴授執事皆同。出笏,贊禮唱:"引詣五嶽神位前。"協律郎舉麾,奏闋之曲、《武功》之舞,贊禮引至神位前,跪,搢笏,三上香,三祭酒,奠爵,出笏,俯伏,興,平身,少退,鞠躬,拜,興,拜,興,平身,次詣五鎮以下二十一位,其上香、祭酒、退、拜皆如上儀。拜畢,樂舞止。贊禮唱:"讀祝。"獻官跪,讀祝官取祝版于神右,跪讀畢,樂舞作。贊禮唱:"俯伏,興,平身,稍後,鞠躬,拜,興,拜,興,平身。"樂舞止。

亞獻終獻並如初獻儀惟不讀祝

飲福受胙

贊禮唱:"飲福、受胙。"贊引引獻官詣飲福位,鞠躬,拜,興,拜,興,平身,稍前,跪,搢笏,進爵,祭酒,飲福酒,以爵復于坫,奉俎者進俎,獻官受俎,以俎授執事者,出笏,俯伏,興,平身,鞠躬,拜,興,拜,興,平身,復位。

徹豆

贊禮唱:"徹豆。"掌祭官徹豆。贊禮唱:"賜胙。"傳贊唱:"已飲福、受胙者不拜。"在位官皆再拜,鞠躬,拜,興,拜,興,平身。

送神

贊禮唱:"送神。"協律郎舉麾,奏闋之曲。贊禮唱:"鞠躬,拜,興,

拜,興,平身。"獻官以下皆再拜,祝人取祝,幣人取幣,詣望瘞位。

望瘞

贊禮唱:"望瘞。"贊引引獻官詣望瘞位,執事者以祝版、幣、饌置于坎。贊禮唱:"可燎。"執事者舉炬,火燔至半,東西面各二人以土置于坎。贊禮唱:"禮畢。"獻官以下各以次退。

諸侯王祭封內山川

三代命祀,祭不越望,故諸侯祭名山大川之在其地者,如魯人祭泰山,晉人祭河,楚人祭江,漢睢漳,是也。苟不在其封內者,則不敢以祭。

漢文帝時,名山大川在諸侯封內者,其國各自奉祠。

隋、唐、宋、元郡不封建,故缺其禮。

國朝封建諸皇太子爲王,始得各祭其國內山川,一遵周、漢故事云。

祝文

洪武三年月,皇帝制曰:"朕以一身渡江,始立太平郡,次駐金陵,于今十有六年。枝葉茂盛,子孫十有一人,已命長子爲皇太子,其餘幼者,于今年四月初七日皆封以王爵,第二子某,建國于秦。國內山川之祀,王實主之。因其年幼,未能往祭,欲令作詞以奉神,其詞必非己出。然久不告神,朕心甚慊。今朕以詞實告,遣使齎香幣,陳牲醴,特伸祭告,惟神鑒知,尚饗。"其晉、燕、趙、吳、楚、潭、齊、魯、靖江、九國制文同。

秦國則西嶽華山之神,及諸山之神,西瀆大河之神,及諸水之神。

晉國則中鎮霍山之神,及諸山之神,汾水之神,及諸水之神。

燕國則北鎮醫巫閭山之神,及諸山之神,易水之神,及諸水之神。

趙國則北嶽恒山之神,及諸山之神,滹沱河之神,及諸水之神。

吳國則南鎮會稽山之神,及諸山之神,浙江之神,及諸水之神。

楚國則大別山之神,及諸山之神,江漢水之神,及諸水之神。

潭國則南嶽衡山之神,及諸山之神,洞庭水之神,及諸水之神。

齊國則東嶽泰山之神,及諸山之神,東海之神,及諸水之神。

魯國則嶧山之神,及諸山之神,沂水之神,及諸水之神。

靖江則舜山之神,及諸山之神,灕江之神,及諸水之神。

王國祭山川壇儀

齋戒

前期,王散齋二日于別殿,王相府官于正寢,王致齋一日于正殿,王相府官于公廨。

省牲

先祭二日,執事設王次于廟壇南門外道之東,南向。

先祭一日,典儀、典祠導王至次,執事者各執事,典儀、典祠導王至省牲位,執事者自東牽牲西行,過王前省訖,執事牽牲詣神厨,典儀、典祠導王詣神厨,視鼎鑊,視滌濯訖,典儀、典祠導王還次。

陳設

先祭一日,典祠依圖陳設。

正祭

祭日清晨,典祠率執事者各實尊、罍、簠、簋、籩、豆、登、鉶,置筐幣于案,祝版于諸神位之右,大樂入就位,諸執事及陪祭官入就位,典祠啓王服遠遊冠、絳紗袍,典祠、典儀導王至位北向立,典祠、典儀分左右立于王之前。

迎神

司禮唱:"迎神。"大樂作。司禮唱:"請行禮。"典祠啓:"有司謹具,請行事。"啓:"鞠躬,拜,興,拜,興,平身。"司禮唱:"在位官再拜。"司贊唱:"鞠躬,拜,興,拜,興,平身。"王與在位官皆鞠躬,拜,興,拜,興,平身。大樂止。

奠幣初獻

司禮唱:"奠幣,行初獻禮。"典祠啓:"詣盥洗位。"大樂作。典儀、典祠導王至盥洗位,大樂止。典祠啓:"搢圭。"王搢圭。典祠啓:"盥手。"司盥洗者酌水,王盥手訖,司巾者以巾進。典祠啓:"帨手。"王帨手訖。典祠啓:"出圭。"王出圭。典祠啓:"詣爵洗位。"典祠、典儀導王至爵洗位。典祠啓:"搢圭。"王搢圭,執爵官以爵進。典祠啓:"受爵。"王受爵。典祠啓:"滌爵。"司爵洗者酌水,王滌爵訖,典祠啓:"拭爵。"司巾者以巾進,王拭爵。典祠啓:"以爵授執事者。"王以爵授執爵官。典祠啓:"出圭。"王出圭。啓:"詣山川神位前。"大樂作。典祠、典儀導王至神位前,樂止。奉爵、奉幣者前行。典祠啓:"跪。"王跪,掌祭詣案取香,跪進于王之左。典祠啓:"搢圭。"王搢圭。啓:"上香,上香,三上香。"王三上香訖,奉幣者捧幣,跪進于王之右,王受幣奠于神位前,奉爵者捧爵,跪進于王之右,王受爵。典祠啓:"祭酒,祭酒,三祭酒,奠爵。"王三祭酒,奠爵訖。典祠啓:"出圭。"王出圭。讀祝官取祝,跪讀于神位之右,讀畢,復以祝置于案,典祠啓:"俯伏,興,拜,興,拜,興,平身。"王俯伏,興,大樂作。拜,興,拜,興,平身。樂止。典祠啓:"復位。"典祠、典儀導王復位。

亞獻

司禮唱:"行亞獻禮。"典祠啓:"行亞獻禮。"掌祭官于神位前,爵內斟酒。典祠啓:"鞠躬,拜,興,拜,興,平身。"王鞠躬,大樂作。拜,興,拜,興,平身。樂止。

終獻

如亞獻之儀。

飲福受胙

司禮唱:"飲福、受胙。"執事舁香案,置于王拜位前,執事酌福酒,舉胙肉。典祠啓:"飲福、受胙。"大樂作。典祠、典儀導王至香案前位。典祠啓:"鞠躬,拜,興,拜,興,平身。"王鞠躬,拜,興,拜,興,平身。典祠啓:"跪搢圭。"王跪搢圭,執事捧爵東向跪,進于王受爵訖,啓:"飲福酒。"王祭酒少許,飲福酒,以爵置于坫,執事官東向跪,進胙于王,王受胙,以胙受左右,左右西向跪受,興。典祠啓:"出圭。"王出圭。啓:"俯伏,興,拜,興,拜,興,平身。"王俯伏,興,大樂作。拜,興,拜,興,平身。樂止。典祠啓:"復位。"典祠典儀導王復位。

徹豆

司禮唱:"徹豆。"掌祭官徹豆。司禮唱:"賜胙。"典祠啓:"王飲福、受胙者免拜。"司禮唱："陪祭官皆再拜。"司贊唱："鞠躬，拜，興，拜，興，平身。"陪祭官皆鞠躬，_{大樂作}。拜，興，拜，興，平身。_{樂止}。

送神

司禮唱："送神。"典祠啓："鞠躬，拜，興，拜，興，平身。"司禮唱："在位官皆再拜。"司贊唱："鞠躬，拜，興，拜，興，平身。"王與陪祭官皆鞠躬，_{大樂作}。拜，興，拜，興，平身。_{樂止}。

望燎

司禮唱："望燎。"讀祝官取祝，捧幣者取幣，掌祭官取饌，詣燎所。典祠啓："詣望燎位。"_{大樂作}。典祠、典儀導王至望燎位，_{樂止}。候燎半，司禮唱："可燎。"典祠啓："禮畢。"導引王還次，引禮引陪祭官出。

王國祭城隍儀

齋戒

前期，王散齋二日于別殿，王相府官于正寢，王致齋一日于正殿，王相府官于公廨。

省牲

先祭二日，執事設王次于廟壇南門外道之東，南向。

先祭一日，典儀、典祠導王至次，執事者各執事，典儀、典祠導王至省牲位，執事者自東牽牲西行，過王前，省訖，執事牽牲詣神厨，典儀、典祠導王詣神厨，視鼎鑊，視滌濯訖，典儀、典祠導王還次。

陳設

先祭一日,典祠依圖陳設。

正祭

祭日清晨,典祠率執事者各實尊、罍、籩、豆、簠、簋、登、鉶,置幣篚于案,祝版于神位之右,大樂入就位,諸執事及陪祭官入就位。典祠啓:"王服遠遊冠、絳紗袍。"典祠、典儀導王至位,北向立,典祠、典儀分左右立于王之前。

迎神

司禮唱:"迎神。"大樂作。司禮唱:"請行禮。"典祠啓:"有司謹具,請行事。"啓:"鞠躬,平身。"司禮唱:"在位官再拜。"司贊唱:"鞠躬,拜,興,拜,興,平身。"王鞠躬,平身,在位官鞠躬,拜,興,拜,興,平身。樂止。

奠幣初獻

司禮唱:"奠幣行初獻禮。"典祠啓:"詣盥洗位。"大樂作。典儀典祠導王至盥洗位。大樂止。典祠啓:"搢圭。"王搢圭。典祠啓:"盥手。"司盥洗者酌水,王盥手訖,司巾者以巾進。典祠啓:"帨手。"王帨手訖。典祠啓:"出圭。"王出圭。典祠啓:"詣爵洗位。"典祠、典儀導王至爵洗位。典祠啓:"搢圭。"王搢圭,執爵官以爵進。典祠啓:"受爵。"王受爵。典祠啓:"滌爵。"司爵洗者酌水,王滌爵訖。典祠啓:"拭爵。"司巾者以巾進,王拭爵。典祠啓:"以爵授執事者。"王以爵授執爵官。典祠啓:"出圭。"王出圭。啓:"詣城隍神位前。"大樂作。典儀、典祠導王至神位前北向立。樂止。典祠啓:"搢圭。"王搢圭。啓:"上香,上香,三上香。"王三上香訖。捧幣者以幣進于王之右,王受幣,奠于神位前,捧爵者以爵進于王之右,王受爵。典祠啓:"祭酒,祭酒,三祭酒,奠爵。"王三祭酒,奠爵訖。典祠啓:"出圭。"王出圭,讀祝官取祝讀于神位之右,讀訖,復以祝置于案。典祠啓:"鞠躬。"王鞠躬。大樂作。典祠啓:"平身。"王平身。典祠啓:"復位。"典祠、典儀導王復位。樂止。

亞獻

司禮唱:"行亞獻禮。"典祠啓:"行亞獻禮。"典祠、典儀導王至神位前,掌祭官于神位前爵內斟酒。典祠啓:"鞠躬。"大樂作。王鞠躬啓平身,王平身。典祠、典儀導王復位。

終獻如亞獻之儀

飲福受胙

司禮唱:"飲福、受胙。"執事舁香案,置于王位前,執事酌福酒,舉胙肉。典祠啓:"飲福、受胙。"大樂作。典祠、典儀導王至香案前位。典祠啓:"鞠躬,平身。"王鞠躬,平身。典祠啓:"搢圭。"王搢圭,執事捧爵東向進于王,王受爵,啓:"飲福酒。"王祭酒少許,飲福酒,以爵置于坫,執事官東向進胙于王,王受胙,以胙授左右,左右西向受之。典祠啓:"出圭。"王出圭。典祠啓:"鞠躬,平身。"大樂作。王鞠躬,平身。典祠啓:"復位。"典祠、典儀導王復位。樂止。

徹豆

司禮唱:"徹豆。"掌祭官徹豆。司禮唱:"賜胙。"典祠啓:"王飲福、受胙者免禮。"司禮唱:"陪祭官皆再拜。"司贊唱:"鞠躬,拜,興,拜,興,平身。"陪祭官皆鞠躬,大樂作。拜,興,拜,興,平身。樂止。

望燎

司禮唱："望燎。"讀祝官取祝，捧幣者取幣，掌祭官取饌，詣燎所。典祠啓："詣望燎位。"大樂作。典祠、典儀導至望燎位，樂止。候燎半。司禮唱："可燎。"典祠啓："禮畢。"導引王還次，引禮引陪祭官出。

各府州縣祭山川

古者，諸侯祭其封內山川。後世封建既廢，山川之在郡縣者，自唐以來，皆祭嶽鎮海瀆，祀官以當界都督、刺史充，其或水旱災屬，則牧守各隨其界內而祈謁，其于郡縣築壇通祀，如風、雨、雷師之祭，則未之前聞也。

國朝于王國既已祭其封內山川，而郡縣亦得于本境築壇致祭。凡各府州縣山川壇皆築于城西南，高三尺，四出陛，三級，方二丈五尺，祭則設主于其上，以春秋清明、霜降日行事，牲用羊一、豕一，籩二，實以栗黃、牛脯，豆二，實以葵菹、鹿醢，簠一，實以黍飯，簋一，實以稷飯，象尊一，實以緹齊，壺尊一，實以事酒。

各府州縣祭山川壇儀

時日

春用清明日，秋用霜降日行事。

齋戒

前三日，三獻官守令爲初獻，僚屬以次爲亞、終獻。散齋二日于別寢，致齋一日于祭所，散齋理事如舊，惟不弔喪、問疾，不作樂，不判署刑殺文書，不行刑罰，不預穢惡事，致齋惟祭事得行，其餘悉斷，執事人員齋各一日于祭所。

陳設

前祭二日，有司掃除壇內外，設三獻官、執事官次于壇壝門外，爲瘞坎于門外之西北，方深取足容物。

前一日，執事設省牲位于南門之外，設山川神位于壇上之北正中，南向，每位設籩四于神位之左，豆四于神位之右，簠、簋各一于籩、豆之間，毛血豆于簠、簋之前，俎二又于毛血之前，香燭案于俎前，爵坫沙池于香案之前，祝版于神位之右，設酒尊位于壇上東南隅，犧尊一、山罍一次之，設幣篚位附于酒尊所，設爵洗位于壇下之東，盥洗位于爵洗之東，初獻官位于壇下之正中，北向，亞獻官位于初獻位之左，終獻官位于初獻位之右，掌祭官二人位于神位之左右，司尊、司爵、司洗、捧幣位各于其所，設望瘞位于壇之西南。

省牲

前祭一日，執事者引三獻官至省牲位，北向立，執事者自門東牽牲西行，過獻官前，省訖，執事者牽詣神厨，遂烹牲，執事以豆取毛血置饌所。

正祭

奠幣

祭日丑前五刻行事，執事者入實尊、罍、籩、豆、簠、簋、登、鉶，陳毛血豆、祝版，執事者各服垂角唐巾、盤領衫，各就位，引贊引獻官各服公服入就位。贊引唱：“有司已具，請行事。”贊禮唱：“鞠躬，拜，興，拜，興，平身。”在位皆再拜。贊者唱：“奠幣。”引贊引初獻官詣盥洗位。引贊唱：“搢笏。”初獻官搢笏，唱：“盥手。”

司盥洗者酌水,盥訖,唱:"帨手。"司巾者以巾進,帨訖,唱:"出笏。"初獻官出笏,引詣山川神位前,北向立,唱:"跪,搢笏。"初獻官跪,搢笏,執事者以幣跪,進于初獻之右,初獻官受幣,奠于神位前訖,稍後,引贊唱:"俯伏,興,拜,興,拜,興,平身。"初獻官俯伏,興,拜,興,拜,興,平身,引復位。

初獻

贊禮唱:"行初獻禮。"引贊引初獻官詣爵洗位。引贊唱:"搢笏。"初獻搢笏,執爵者以爵進,初獻受爵,司爵洗者酌水,初獻滌爵,拭爵以爵受執事者。引贊唱:"出笏。"初獻出笏,引詣酒尊所。引贊唱:"搢笏。"初獻官搢笏,訖,執事者以爵授初獻,初獻執爵,司尊者舉羃,酌犧尊之緹齊,以爵授執事者。引贊唱:"出笏。"初獻官出笏,引詣山川神位前,北向立。引贊唱:"搢笏,跪。"初獻搢笏,跪,掌祭官捧香,跪進于初獻之左。引贊唱:"上香,上香,三上香。"初獻三上香訖,執事者以爵跪,進于初獻之右,初獻受爵。引贊唱:"祭酒,三祭酒,奠爵。"初獻三祭酒,奠爵訖。引贊唱:"出笏。"讀祝官取祝,跪于神位之右,讀訖。引贊唱:"俯伏,興,拜,興,拜,興,平身。"初獻再拜訖,引復位。

亞獻終獻

並如初獻之儀。惟酌山罍之事酒,與不讀祝,與初獻不同。

飲福

贊禮唱:"飲福。"贊禮引初獻官詣飲福位,西向立,掌祭者以爵酌福酒,持詣獻官之左。引贊唱:"鞠躬,拜,興,拜,興,平身。"初獻官再拜訖。引贊唱:"跪,搢笏。"初獻跪,搢笏,掌祭舉福酒爵,進于初獻之左,初獻受爵,祭酒少許,飲福酒,奠爵,掌祭者減神位前胙肉，跪進于初獻之左，初獻受胙，以胙授執事者。引贊唱：“出笏，俯伏，興，拜，興，拜，興，平身。”初獻再拜訖，引復位。贊禮唱：“賜胙。”初獻官飲福，受胙，免拜，在位者皆再拜。唱：“鞠躬，拜，興，拜，興，平身。”亞獻官以下皆鞠躬，拜，興，拜，興，平身。

望瘞

贊禮唱：“詣望瘞位。”引贊引初獻官以下詣望瘞位，北向立，祝人取祝，幣人取幣，掌祭取饌，置于坎。贊引唱：“可瘞。”置于半坎。贊引唱：“禮畢。”引初獻官以下及諸從祭官以次而出。

大明集禮卷一五

吉禮十五

祀旗纛

總敘

軍行旗纛所，當祭者。考之于古旗①，謂牙旗。《黃帝出軍訣》曰："牙旗者，將軍之精，一軍之形候。凡始豎牙，必祭以剛日。祭牙之日，吉氣來應，大勝之徵。"纛，謂旗頭也。《太白陰經》曰："大將軍中營建之，天子六軍，故用六纛，以旄牛尾爲之，在左騑馬首。"

秦置旗頭，騎以先驅。

漢武帝置靈旗爲兵禱，則太史奉以指所伐國。

孫權作黃龍大牙旗。

後齊天子親征建牙旗。

唐、宋及元，皆有旗纛之祭。

國朝特建旗纛廟，春、秋遣官專祀焉。

---

① "軍行旗纛所當祭者考之于古"，原缺，據《明太祖實錄》卷三七補。

壇宇神位

宋太宗定旗纛儀,除地爲壇,四方各五十步,設兩壇,繞以青繩。張幬置軍牙之神並六纛之神位版,版方七寸,厚三分。

國朝立廟于大都督府之後,題主曰軍牙之神、六纛之神,版高二尺五寸厚三分,趺高五寸。

牲幣

北齊祭旗纛用太牢。

宋親征而祭之用少牢,後詔用太牢,以羊、豕代,祭畢,釁鼓以貑豚,旗幣以白纛,幣以黑。

國朝用太牢,祭畢,又設酒六器于地。殺雄鷄六,瀝血釁旗纛,幣俱以黑。

祭器

國朝祭器,籩、豆各八,簠、簋、登各一。

酒齊

國朝酒尊三,犧尊實以醴齊,象尊實以沈齊,山罍實以事酒。

粢盛

國朝簠實以黍、稷,簋實以稻、粱。

籩豆之實

國朝籩實以石鹽、魚鱐、棗、栗、榛、菱、芡、脯,豆實以韭菹、醢醢、菁菹、鹿醢、芹菹、兔醢、筍菹、魚醢。

旗纛神位陳設圖

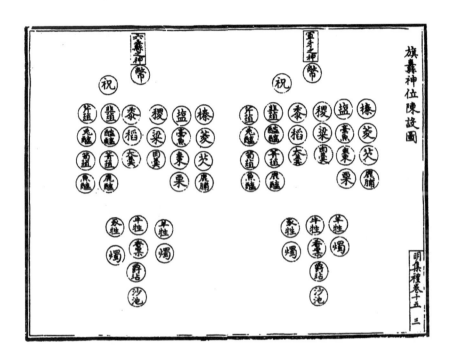

降香遣官祭旗纛儀注

時日

齋戒

獻官以大都督充。及各執事官俱散齋二日,致齋一日。

降香

前祀一日清晨,有司立仗,百官具公服侍班。皇帝服皮弁,升奉天殿,奉香授獻官,獻官捧由中陛降,中道出至午門外,置龍亭內,儀仗、鼓吹導引至祭所。

陳設

前祀一日,有司陳設,如圖儀。

省牲

前祀一日,獻官公服詣壇東省牲,贊禮引至省牲位,執事者牽牲省訖,詣神厨視鼎鑊,視滌濯畢,遂烹牲。

正祭

祭日清晨,執事者入實尊罍、籩、簋、籩、豆、牲俎,並陳毛血豆于神位前,列幣筐于酒尊所,贊引引獻官及應祀官各入就位。贊禮唱:"有司已具,請行禮。"贊禮唱:"鞠躬,拜,興,拜,興,平身。"獻官及在位官皆鞠躬,拜,興,拜,興,平身。

奠幣

贊禮唱:"奠幣。"贊禮引獻官詣盥洗位,搢笏,盥手,帨手,出笏,詣旗纛神位前,<small>大樂作</small>。獻官北向跪,搢笏,三上香。執事者捧幣東向跪,授獻官,獻官受幣。贊禮唱:"奠幣。"獻官興,奠于神位前。贊禮唱:"鞠躬,拜,興,拜,興,平身。"<small>樂止</small>。復位。

初獻

贊禮唱:"行初獻禮。"贊引引獻官至爵洗位,搢笏,滌爵,拭爵,以爵授執事者,詣酒尊所,司尊者舉冪,執爵者以爵進,酌醴齊,以爵授執事者,引詣旗纛神位前,<small>大樂作</small>。跪,搢笏,三上香,三祭酒,奠爵,出笏,俯伏,興,平身,稍退,鞠躬,拜,興,拜,興,平身。<small>樂止</small>。贊禮唱:"讀祝。"獻官跪,讀祝官取祝版于神右,跪讀畢。<small>大樂作</small>。贊禮唱:"俯伏,興,平身,稍後,鞠躬,拜,興,拜,興,平身。"<small>樂止</small>。

亞獻終獻

如初獻儀。惟不讀祝。

飲福受胙

贊禮唱："飲福、受胙。"贊引引初獻官升壇，詣飲福位，鞠躬，拜，興，拜，興，平身，稍前跪，搢笏，進爵，祭酒，飲福酒，以爵復于坫，奉俎者進俎，獻官受俎，以俎授執事者，出笏，俯伏，興，平身，少退，鞠躬，拜，興，拜，興，平身，復位。

徹豆

贊禮唱："徹豆。"掌祭官徹豆。贊禮唱："賜胙。"傳贊唱："已飲福、受胙者不拜。"在位官皆再拜，鞠躬，拜，興，拜，興，平身。贊禮唱祝人取祝，幣人取幣，詣望燎位。

望燎

贊禮唱："望燎。"贊引引獻官詣望燎位，執事者以祝版、幣、饌置柴上。贊禮唱："可燎。"執事者舉炬火燔至半。贊禮唱："禮畢。"獻官以下各以次退。

王國祭旗纛

時日

齋戒

前期，王散齋二日于別殿，王相府官于正寢，王致齋一日于正殿，王相府官于公廨。

省牲

先祭二日，執事設王次于廟壇南門外道之東，南向。

先祭一日，典儀、典祠導王至次，執事者各執事，典儀、典祠導王至省牲位，執事者自東牽牲西行，過王前省訖，執事牽牲詣神厨，典儀、典祠導王詣神厨，視鼎鑊，視滌濯訖，典儀、典祠導王還次。

陳設

先祭一日，典祠依圖陳設。

正祭

祭日清晨，典祠率執事者各實尊、罍、簠、簋、籩、豆、登、鉶，置篚幣于案，祝版于諸神位之右，大樂入就位，諸執事及陪祭官入就位。典祠啓："王服遠遊冠、絳紗袍。"典祠、典儀導王至位，北向立，典祠、典儀分左右立于王之前。

奠幣初獻

司禮唱："奠幣，行初獻禮。"典祠啓："詣盥洗位。"大樂作。典儀、典祠導王至盥洗位。大樂止。典祠啓："搢圭。"王搢圭。典祠啓："盥手。"司盥洗者酌水，王盥手訖，司巾者以巾進。典祠啓："帨手。"王帨手訖。典祠啓："出圭。"王出圭。典祠啓："詣爵洗位。"典祠、典儀導王至爵洗位。典祠啓："搢圭。"王搢圭，執爵官以爵進。典祠啓："受爵。"王受爵。典祠啓："滌爵。"司爵洗者酌水，王滌爵訖。典祠啓："拭爵。"司巾者以巾進，王拭爵。典祠啓："以爵授執事者。"王以爵授執爵官。典祠啓："出圭。"王出圭，啓："詣旗纛神位前。"大樂作。典儀、典祠導王至神位前，北向立。樂止。典祠啓："搢圭。"王搢圭，啓："上香，上香，三上香。"王三上香訖，捧幣者以幣進于王之右，王受幣，奠于神位前，捧爵者以爵進于王之右，王受爵。典祠啓："祭酒，祭酒，三祭酒，奠爵。"

王三祭酒，奠爵訖。典祠啓：“出圭。”王出圭，讀祝官取祝讀于神位之右，讀畢，復以祝置于案。典祠啓：“鞠躬。”王鞠躬。大樂作。典祠啓：“平身。”王平身。典祠啓：“復位。”典祠、典儀導王復位。樂止。

亞獻

司禮唱：“行亞獻禮。”典祠啓：“王行亞獻禮。”典祠、典儀導王至神位前，掌祭官于神位前爵内斟酒。典祠啓：“鞠躬。”大樂作。王鞠躬，啓：“平身。”王平身，典祠、典儀導王復位。樂止。

終獻

如亞獻之儀。

飲福受胙

司禮唱：“飲福，受胙。”執事舉香案置于王位前，執事酌福酒，舉胙肉。典祠啓：“飲福，受胙。”大樂作。典祠、典儀導王至香案前位。典祠啓：“鞠躬，平身。”王鞠躬，平身。典祠啓：“搢圭。”王搢圭，執事捧爵東向，進于王，王受爵，啓：“飲福酒。”王祭酒少許，飲福酒，以爵置于坫，執事官東向，進胙于王，王受胙，以胙授左右，左右西向受之。典祠啓：“出圭。”王出圭。典祠啓：“鞠躬，平身。”大樂作。王鞠躬，平身。典祠啓：“復位。”典祠、典儀導王復位。樂止。

徹豆

司禮唱：“徹豆。”掌祭官徹豆。司禮唱：“賜胙。”典祠啓：“王飲福、受胙者免禮。”司禮唱：“陪祭官皆再拜。”司贊唱：“鞠躬，拜，興，拜，興，平身。”陪祭官皆鞠躬，大樂作。拜，興，拜，興，平身。樂止。

望燎

司禮唱:"望燎。"讀祝官取祝,捧幣者取幣,掌祭官取饌,詣燎所。典祠啓:"詣望燎位。"_{大樂作}。典祠、典儀導王至望燎位,執事者先設席于地,置大碗五隻,斟酒于器,執事者次將雄雞五隻刺血入酒中,酹旗纛神,擲其雞于四下,候燎半,司禮唱:"可燎。"典祠啓:"禮畢。"導引王還次,引禮引陪祭官出。

外各衛祭旗纛

時日

齋戒

前三日,三獻官_{本衛指揮使爲初獻,其亞獻、終獻則僚屬以次爲之}。散齋二日于別寢,致齋一日于祭所,執事人員各齋于祭所一日。

陳設

前祭二日,執事者掃除廟壇內外,設三獻官執事官次于廟門外。

前一日,設省牲位于南門外,設旗纛位于廟壇之中近北,南向,設籩八于神位之左,豆八于神位之右,簠、簋各一于籩、豆之間,毛血豆于簠、簋前,俎二又于其前,香燭案于俎前,爵坫、沙池于香案之前,祝版于神位之右,設酒尊所于廟壇之東南隅,設幣篚位附于酒尊所,爵洗位于廟壇下之東,盥洗位又于爵洗之東,初獻官位于廟壇下之正中,北向,亞獻官位于初獻官位之左,終獻官位于初獻位之右稍後,諸從祭武官位于三獻官之後,皆重行北向,引贊位于獻官之左右,贊禮位于廟壇下之東,讀祝位于神位之右,掌祭二人位于神位之左右,司尊、司爵、司洗、捧幣位各于其所，設望燎位于廟壇之西南。

省牲

前祭一日，執事者引三獻官至省牲位北向立，執事者自門東牽牲西行過獻官前省訖，牽牲詣神厨，三獻官詣厨，視鼎鑊，滌溉訖，遂烹牲，執事以豆取毛血，置于饌所。

正祭

奠幣

祭日，丑前五刻行事，執事者入實尊罍、籩、豆、簠、簋、登、鉶，陳毛血豆及祝版，三獻官服公服，簽祝版于次，執事者各服垂脚唐帽、圓領白襴衫、烏角帶，各入就位，引贊引獻官入就壇下拜位。贊禮唱："有司已具，請行事。"贊禮唱："鞠躬，拜，興，拜，興，平身。"三獻官並在位官皆鞠躬，拜，興，拜，興，平身。贊者唱："奠幣。"引贊引初獻官詣盥洗位，搢笏，盥手，帨手，出笏，引詣旗纛神位前。贊禮唱："跪，搢笏。"執事者以幣跪進于初獻之右，初獻受幣，奠于神位前訖，稍後，引贊唱："俯伏，興，拜，興，拜，興，平身，復位。"

初獻

贊禮唱："行初獻禮。"引贊引初獻官詣爵洗位。引贊唱："搢笏。"初獻搢笏，執爵者以爵進，初獻受爵，司爵洗者酌水，初獻滌爵，拭爵，以爵授執事者。引贊唱："出笏。"初獻出笏，引詣酒尊所。引贊唱："搢笏。"初獻搢笏，執事者以爵授初獻，初獻執爵，司尊者舉羃，酌犧尊之醴齊，以爵授執事者。引贊唱："出笏。"初獻出笏，引詣旗纛神位前。北向立。引贊唱："搢笏，跪。"初獻搢笏，跪，掌祭者捧香，跪進于初獻之左。引贊唱："上香，上香，三上香。"初獻三上香訖,執事者以爵跪,進于初獻之右,初獻受爵。引贊唱:"祭酒,祭酒,三祭酒,奠爵。"初獻三祭酒,奠爵訖。引贊唱:"出笏。"讀祝官取祝,跪于神位之右,讀訖。引贊唱:"俯伏,興,拜,興,拜,興,平身。"初獻再拜訖,引復位。

亞獻終獻

並如初獻之儀。惟不讀祝。

飲福受胙

贊禮唱:"飲福,受胙。"贊引引初獻詣飲福位,西向立,掌祭者以爵酌福酒,持詣獻官之左。引贊唱:"鞠躬,拜,興,拜,興,平身。"初獻官再拜訖。引贊唱:"跪,搢笏。"初獻跪,搢笏,掌祭舉福酒爵,進于初獻之左,初獻受爵,祭酒少許,飲福酒,奠爵,掌祭者減神位前胙肉,跪進于初獻之左,初獻受胙,以胙授執事者。引贊唱:"出笏,俯伏,興,拜,興,拜,興,平身。"初獻再拜訖,引復位。贊禮唱:"賜胙。"唱初獻官飲福,受胙,免拜,在位者皆再拜,唱:"鞠躬,拜,興,拜,興,平身。"亞獻官以下皆鞠躬,拜,興,拜,興,平身。

望燎

贊禮唱:"望燎。"讀祝官取祝,捧幣者取幣,掌祭者取饌,詣燎所。贊禮唱:"詣望燎位。"引獻官至望燎位,北向立,執事者先設席于地,置大碗五隻,斟酒于器,執事者次將雄雞五隻刺血入酒中,酹旗纛神,擲其雞于四下。贊禮唱:"可燎。"東西面各一人,舉炬火焚之。贊禮唱:"禮畢。"引初獻官以下及諸從祭官以次而出。

祀馬祖先牧馬社馬步

總序

《周官·牧人》:"掌六馬之屬,春祭馬祖,夏祭先牧[1],秋祭馬社,冬祭馬步。"馬祖,天駟星也。《孝經説》云:"房爲龍馬。"先牧,始養馬者,其人未聞。馬社,始乘馬者。《世本》曰:"相土作乘馬。"馬步,謂神之災害于馬者。

隋用周制,祭以四仲之月。

唐、宋因之。

元無其祀。

國朝于春、秋二仲合祭焉。

壇壝

隋祠馬祖,先牧,馬社,馬步皆于大澤。馬祖則積柴于壇以燎,先牧以下,則埋而不燎。

唐設壇于長安四十里外龍臺澤中,其制高三尺[2],周迴九步。

宋爲四壇,各廣九步,高三尺,四出陛,一壝二十五步。

國朝祭于國南,爲祠宇。

祝册

唐祀馬祖祝文曰:"天子謹遣某官昭告于馬祖天駟之神,爰

---

① "祭",原作"享",據《明太祖實録》卷三九改。
② "三",原作"二",據嘉靖本、《大唐郊祀録》卷七《祀禮四》改。

以春季,游牝于牧,謹以制幣犧齊,粢盛庶品,明薦于神。尚饗。"

先牧祝文曰:"皇帝謹遣某官臣某昭告于先牧之神,惟神肇開牧養,厥利無窮,式因班馬^①,爰以制幣,犧齊、粢盛、庶品明薦于神。"

馬社祝文曰:"首尾同先牧。惟神肇教人乘,用賴于今,式因肆僕^②,謹修彝典。"

馬步祝文曰:"惟神爲國所重,在于閑牧,神其屏兹凶慝,使無有害,爰因獻校^③,謹脩彝典。"

宋祝文缺。

國朝祭馬祖、先牧、馬社、馬步祝文曰:"惟神始于天地之初,而馬生于世,牧養蕃息,馭而乘之,閑廄得所,歷代興邦,戡定禍亂,咸賴戎馬,民人是安。朕自起義以來,多資于馬,摧堅破敵,大有功焉,稽古按儀,載崇明享,爰伸報本,以昭神功。謹以制幣牲齊,設壇于京城之北,式陳明薦。尚饗。"

幣

唐祠馬祖、先牧、馬社、馬步用白幣各一。

宋不用幣。

國朝用白幣四。

---

① "班",《通典》卷一三三《禮九十三·開元禮纂類二十八·軍禮二·仲夏享先牧》作"頒"。

② "肆",原作"隸",據《通典》卷一三三《禮九十三·開元禮纂類二十八·軍禮二·仲夏享先牧》改。

③ "因",《通典》卷一三三《禮九十三·開元禮纂類二十八·軍禮二·仲夏享先牧》作"載"。

牲

隋祠馬祖、先牧、馬社、馬步用少牢。

唐用羊一。

宋用羊一、豕一。

國朝用羊、豕各四。

祭器

唐用籩、豆各八,簠、簋、俎各一。

宋籩八,豆八,簠一,簋一,俎二。

國朝則籩、豆各四,簠、簋各一,登、鉶各一。

粢盛

唐簋實以稷飯,簠實以黍飯。

宋簠實以黍,簋實以稷。

國朝同宋制。

酒齊

唐象尊二,實以緹齊,上尊實以玄酒。

宋小祀用三獻者犧尊三,實以緹齊,象尊三,實以沉齊。

國朝象尊一,實緹齊,壺尊一,實事酒。

籩豆之實

唐籩實以石鹽、乾魚、乾棗、栗黃、榛子仁、菱仁、芡仁、鹿脯,豆實以韭菹、醓醢、菁菹、鹿醢、芹菹、兔醢、筍菹、魚醢。

宋籩實以形鹽、魚鱐、乾棗、乾桃、乾蔆、榛實、芡、鹿脯,豆實以芹菹、筍菹、菁菹、韭菹、魚醢、兔醢、醓醢、鹿臡。

國朝籩實以石鹽、魚鱐、棗、栗、榛蔆、芡脯,豆實以韭菹、醓醢、菁菹、鹿醢、芹菹、兔醢、筍菹、魚醢。

樂

唐、宋祀馬祖、先牧、馬社、馬步,並不用樂。

國朝用教坊大樂。

馬祖先牧馬社馬步神位圖

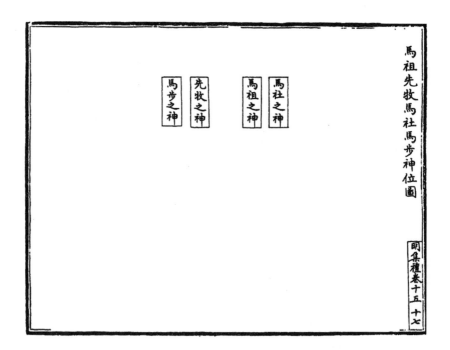

馬祖先牧馬社馬步每位陳設圖

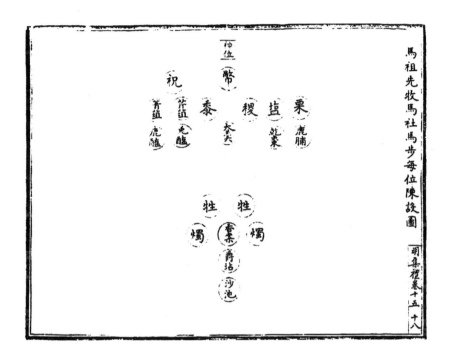

遣官祀馬祖先牧馬社馬步儀注

時日

用春、秋二仲。

齋戒

獻官及各執事官俱散齋二日，致齋一日。

降香

前祀一日清晨，有司立仗，百官具公服侍班。皇帝服皮弁，升奉天殿，奉香授獻官，獻官捧由中陛降，中道出至午門，外置龍亭內，儀仗、鼓吹導引至祭所。

陳設

前祀一日，有司陳設，如圖儀。

省牲

前祀一日，獻官公服，詣壇東省牲，贊禮引至省牲位，執事者牽牲省訖，詣神厨，視鼎鑊，視滌濯畢，遂烹牲。

正祭

祭日清晨，執事者入實尊，罍、簠、簋、籩、豆、牲俎，並陳毛血豆于神位前，列幣篚四于酒尊所，贊引引獻官及應祀官各入就位。贊禮唱："有司已具，請行禮。"贊禮唱："鞠躬，拜，興，拜，興，平身。"獻官及在位官皆鞠躬，拜，興，拜，興，平身。

奠幣

贊禮唱："奠幣。"贊禮引獻官詣盥洗位，搢笏，盥手，帨手，出笏，詣馬祖神位前。大樂作。獻官北向跪，搢笏，三上香，執事者捧幣，東向跪，授獻官，獻官受幣。贊禮唱："奠幣。"獻官興，奠于神位前。贊禮唱："鞠躬，拜，興，拜，興，平身。"次詣先牧、馬社、馬步神位前，上香奠幣並如上儀訖，樂止。復位。

初獻

贊禮唱："行初獻禮。"贊引引獻官詣爵洗位，搢笏，滌爵，拭爵，以爵授執事者，執事者復以爵進，滌爵，拭爵，以爵授執事者，下二位同。詣酒尊所，司尊者舉羃，執爵者以爵進，酌醴齊，以爵授執事者，執爵者復以爵進，酌醴齊，以爵授執事者，下二位同。引詣馬祖神位前，大樂作。跪，進笏，三上香，三祭酒，奠爵，出笏，俯伏，興，平身，少退，鞠躬，拜，興，拜，興，平身。次引詣先牧神位前，上香,祭酒,再拜如上儀訖。下二位同樂止。贊禮唱:"讀祝。"獻官跪,讀祝官取祝版于神右,跪讀畢。大樂作。贊禮唱:"俯伏,興,平身,稍後,鞠躬,拜,興,拜,興,平身。"樂止。

亞獻終獻

如初獻儀。惟不讀祝。

飲福受胙

贊禮唱:"飲福,受胙。"贊引引初獻官升壇詣飲福位,鞠躬,拜,興,拜,興,平身,稍前,跪,搢笏,進爵,祭酒,飲福酒,以爵復于坫,奉俎者進俎,獻官受俎,以俎授執事者,出笏,俯伏,興,平身,少退,鞠躬,拜,興,拜,興,平身,復位。

徹豆

贊禮唱:"徹豆。"掌祭官徹豆。贊禮唱:"賜胙。"傳贊唱:"已飲福、受胙者不拜。"在位官皆再拜,鞠躬,拜,興,拜,興,平身。贊禮唱:"祝人取祝,幣人取幣,詣望燎位。"

望燎

贊禮唱:"望燎。"贊引引獻官詣望燎位,執事者以祝板、幣、饌置柴上。贊禮唱:"可燎。"執事者舉炬,火燔至半。贊禮唱:"禮畢。"獻官以下各以次退。

祭厲

總敘

按《祭法》,"王祭泰厲,諸侯祭公厲,大夫祭族厲"。泰厲,謂古帝王無後者,此鬼無所依歸,好爲民作禍,故祀之也。公厲,謂古諸侯無後者,諸侯稱公,其鬼爲厲,故曰公厲。族厲,古諸大夫無後者鬼也,族衆也,大夫衆多,其鬼無後者衆,故曰族厲。

又《士喪禮》:"疾病禱于厲。"鄭氏謂,漢時民家皆秋祠厲,則此祀又達于民也。《春秋傳》曰:"鬼有所歸,乃不爲厲。"然則鬼乏祭享而無所歸,則其爲害也必矣。

古者七祀,于前代帝王、諸侯、卿、大夫之無後者皆致其祭,豈無所爲而然哉?後世以爲涉于淫諂,非禮之正,遂不舉行,而此等無依之厲,乃或依附土木,爲民禍福,以邀祀享者,蓋無足怪。

國朝于京都則祭泰厲,于王國則祭國厲,于各府州縣則祭郡邑厲,于里社則祭鄉厲,而于天下之淫祀,一切屏除,使厲之無所歸依者不失祭享,其爲民除害之意可謂至矣。

祭日

泰厲、國厲、郡邑厲皆一年二祭,春以三月清明日,冬以十月初一日。鄉厲則一年三祭。春以清明後三日,秋以七月十五日,冬以十月三日。

祭所

京都壇在玄武湖中,其各府州縣則皆設壇于城北,其縣里長下則又各自立一祭壇。

祭物

凡祭用少牢、羊三、豕三、飯米三石。

祭儀

凡祭前期，移文告于京都城隍。京都七日前告，各府州縣三日前告。其各府州縣則隨其地而易之曰某處城隍。

正祭日，設城隍神位及天下城隍神位于壇上，其各府州縣則獨設某處城隍于壇上之正東。設無祀神鬼等衆位于壇下之東西。

祭泰厲文

維某年某月某日，中書省某官欽奉聖旨，謹備牲醴羹飯，致祭于天下無祀神鬼等衆。有制諭爾，爾其恭聽。皇帝制曰："普天之下，后土之上，無不有人，無不有鬼神，人鬼之道，幽明雖殊，其理則一，故天下之廣，兆民之衆，必立君以主之，君總其大，又設官分職于府州縣以各長之，各府州縣又于每一百户内設一里長，以統領之①，上下之職綱紀不紊，此治人之法如此，天子祭天地神祇及天下山川，王國各府州縣祭境内山川及祀典神祇，庶民祭其祖先及里社土穀之神，上下之禮，各有等第。此事神之道如此，尚念冥冥之中，無祀神鬼，昔爲生民，未知何故而歿，其間有遭兵刃而橫傷者，有死于水火盜賊者，有被人取財而逼死者②，有被人强奪妻妾而死者，有遭刑禍而負屈死者，有天災流行而疫死者，有爲猛獸毒蟲所害者，有爲饑餓凍死者，有因戰鬪而殞身者，有因危急而自縊者，有因牆屋傾頹而壓死者③，有死後無子孫者，此等鬼魂，或終于前代，或歿于近世，或兵戈擾攘，流移于他鄉，

---

① "統"，《禮部志稿》卷三〇《祠祭司職掌·群祀·祭厲》作"綱"。
② "財"，《禮部志稿》卷三〇《祠祭司職掌·群祀·祭厲》作"討"。
③ "頹"，《禮部志稿》卷三〇《祠祭司職掌·群祀·祭厲》作"隤"。

或人煙斷絕，久缺其祭祀，姓名泯没于一時，祀典無聞而不載，此等孤魂，死無所依，精魄未散，結爲陰靈，或倚草附木，或作爲妖怪，悲號于星月之下，呻吟于風雨之時。凡遇人間節令，心思陽世，魂杳杳以無歸，身墮沉淪，意懸懸而望祭，興言及此，憐其慘悽①。已敕天下②，有司依時享祭，在京都有泰屬之祭③，在王國有國屬之祭，在各府州有郡屬之祭，在各縣有邑屬之祭，在一里又有鄉屬之祭，期于神依人而血食，人敬神而知禮，猶慮四海之廣，未能遍及，今遇三月清明日，十月初一日。特設壇于玄武湖中，遣官置備牲醴，普祭天下鬼魂等衆，先期已告京都城隍，移文遍歷所在，招集汝等鬼靈，于今日悉赴此壇，普享一祭。城隍在此，鑒察爾等。或生于良善，或素爲兇頑。善惡之報，神必無私。汝等既享之後，聽命于城隍，各安其分。"

告城隍文

中書省爲祭天下無祀神鬼等衆事，欽奉聖旨，云云。猶慮四海之廣，未能遍及，特于京城之北玄武湖中設壇，遣官普祭天下無祀神鬼等衆，然幽明異境，人力難爲，必資神力，庶得感通，故命移文于神，先期分遣諸將，徧歷所在，召集鬼靈等衆，于某日悉赴壇所，普享一祭。至日，請神鎮控壇場，鑒察諸鬼等類④，其中果有生爲良善，誤遭刑禍，死于無辜者，神當達于所司，使之還生中國，來享太平之福。如有素爲兇頑，身死刑憲，雖獲善終，亦出

---

① "慘悽"，《禮部志稿》卷三〇《祠祭司職掌・群祀・祭屬》作"悽慘"。

② "已"，《禮部志稿》卷三〇《祠祭司職掌・群祀・祭屬》作"故"。

③ "在京都有泰屬之祭"，原缺，據《禮部志稿》卷三〇《祠祭司職掌・群祀・祭屬》補。

④ "察"，原缺，據《禮部志稿》卷三〇《祠祭司職掌・群祀・祭屬》補。

僥倖者，神當達于所司，屛之四裔，善惡之報，神必無私，永垂昭格，欽此。除欽遵外，合行移咨，請照驗欽依施行[①]。

各府祭郡厲文 州縣倣此

維某年某月某日，某府官某遵承禮部符文，爲祭祀本府闔境無祀神鬼等衆事，該欽奉皇帝聖旨，普天之下，后土之上，無不有人，無不有鬼神，人鬼之道，幽明雖殊，其理則一，故天下之廣，兆民之衆，必立君以主之。君總其大，又設官分職于府州縣以各長之，各府州縣又于每一百戶內設一里長以統領之，上下之職，綱紀不紊，此治人之法如此。天子祭天地神祇及天下山川，王國各府州縣祭境內山川及祀典神祇，庶民祭其祖先及里社土穀之神，上下之禮，各有等第，此事神之道如此。尚念冥冥之中無祀神鬼，昔爲生民，未知何故而歿，其間有遭兵刃而橫傷者，有死于水火盜賊者，有被人取財而逼死者[②]，有被人強奪妻妾而死者，有遭刑禍而負屈死者，有天災流行而疫死者，有爲猛獸毒蟲所害者，有爲饑餓凍死者，有因戰鬬而殞身者，有因危急而自縊者，有因牆屋傾頹而壓死者，有死後無子孫者，此等鬼魂，或終于前代，或歿于近世，或兵戈擾攘，流移于他鄉，或人煙斷絕，久缺其祭祀，姓名泯歿于一時，祀典無聞而不載，此等孤魂，死無所依，精魄未散，結爲陰靈，或倚草附木，或作爲妖怪，悲號于星月之下，呻吟于風雨之時，凡遇人間節令，心思陽世，魂杳杳以無歸，身墮沉淪，意懸懸而望祭。興言及此，憐其慘悽，故敕天下有司依時享

---

① "驗"，原缺，據《禮部志稿》卷三〇《祠祭司職掌·群祀·祭厲》補。

② "財"，《禮部志稿》卷三〇《祠祭司職掌·群祀·祭厲》作"討"。

祭。在京都有泰厲之祭，在王國有國厲之祭，在各府州有郡厲之祭，在各縣有邑厲之祭，在一里又各有鄉厲之祭，期于神依人而血食，人敬神而知禮，仍命本處城隍以主此祭，欽奉如此。今某等不敢有違，謹設于城北，以三月清明日，十月初一日。置備牲醴羹飯，專祭本府闔境無祀神鬼等衆，靈其不昧，來享此祭①。凡我一府境内人民，儻有忤逆不孝、不敬六親者，有姦盜詐僞、不畏公法者，有拗曲作直、欺壓良善者，有躲避差徭、靠損貧户者，似此頑惡奸邪不良之徒，神必報于城隍，發露其事，使遭官府，輕則笞決杖斷，不得號爲良民，重則徒流絞斬，不得生還鄉里。若事未發露，必遭陰譴，使舉家並染瘟疫，六畜田蠶不利。如有孝順父母，和睦親族，畏懼官府，遵守禮法，不作非違，良善正直之人，神必達之城隍，陰加護佑，使其家道安和，農事順序，父母妻子保守鄉里，我等闔府官吏人等，如有上欺朝廷，下枉良善，貪財作弊，蠹政害民者，靈必無私，一體昭報，如此則鬼神有鑒察之明，官府非諂諛之祭。尚享。

祭告城隍文

某府遵承禮部符文，爲祭祀本府無祀神鬼事，該欽奉聖旨，普天之下，后土之上，無不有人，無不有鬼神。人鬼之道，幽明雖殊，其理則一。今國家治民事神，已有定制，尚念冥冥之中，無祀神鬼，昔爲生民，未知何故而歿，其間有遭兵刃而橫傷者，有死于水火盜賊者，有被人取財而逼死者，有被人強奪妻妾而死者，有遭刑禍而負屈死者，有天災流行而疫死者，有爲猛獸毒蟲所害

---

① “來”，《禮部志稿》卷三〇《祠祭司職掌·群祀·祭厲》作“永”。

者,有爲饑餓凍死者,有因戰鬭而殞身者,有因危急而自縊者,有因牆屋傾頹而壓死者,有死後無子孫者,此等鬼魂或終于前代,或歿于近世,或兵戈擾攘,流移于他鄉,或人煙斷絶,久缺其祭祀,姓名泯没于一時,祀典無聞而不載,此等孤魂,死無所依,精魄未散,結爲陰靈,或倚草附木,或作爲妖怪,悲號于星月之下,呻吟于風雨之中,凡遇人間節令,心思陽世,魂杳杳以無歸,身墮沉淪,意懸懸而望祭,興言及此,憐其慘悽,故勑天下有司依時享祭,命本處城隍以主此祭,鎮控壇場,鑒察諸鬼等類,其中果有生爲良善,誤遭刑禍,死于無辜者,神當達于所司,使之還生中國,來享太平之福。如有素爲兇頑,身死刑憲,雖獲善終,亦出僥倖者,神當達于所司,屏之四裔,善惡之報,神必無私,欽奉如此。今某等不敢有違,謹于□年□月□日于城北設壇,置備牲酒羹飯,享祭本府無祀神鬼等衆,然幽明異境,人力難爲,必資神力,庶得感通。今特移文于神,先期分遣諸,將召集本府闔境鬼靈等衆,至日悉赴壇所,普享一祭。神當欽承勑命鎮控壇場,鑒察善惡,無私昭報,爲此合行移牒,請照驗欽依施行。

祭鄉厲文

某縣某鄉某村某里某社里長某人,承本縣官裁旨,該欽奉皇帝聖旨,普天之下,后土之上,無不有人,無不有鬼神。人鬼之道,幽明雖殊,其理則一。故天下之廣,兆民之衆,必立君以主之。君總其大,又設官分職,于府州縣以各長之,各府州縣又于每一百户内設一里長以統領之,上下之職,綱紀不紊,此治人之法如此。天子祭天地神祇及天下山川,王國各府州縣祭境内山川及祀典神祇,庶民祭其祖先及里社土穀之神,上下之禮,各有等第,此事神之道如此。尚念冥冥之中無祀神鬼,昔爲生民,未知何故而殁,其間有遭兵刃而横傷者,有死于水火盜賊者,有被人取財而逼死者,有被人强奪妻妾而死者,有遭刑禍而負屈死者,有天灾流行而疫死者,有爲猛獸毒蟲所害者,有爲饑餓凍死者,有因戰鬬而殞身者,有因危急而自縊者,有因牆屋傾頹而壓死者,有死後無子孫者,此等鬼魂,或終于前代,或殁于近世,或兵戈擾攘,流移于他鄉,或人煙斷絶,久缺其祭祀,姓名泯没于一時,祀典無聞而不載,此等孤魂,死無所依,精魄未散,結爲陰靈,或倚草附木,或作爲妖怪,悲號于星月之下,呻吟于風雨之時。凡遇人間節令,心思陽世,魂杳杳以無歸,身墮沉淪,意懸懸而望祭,興言及此,憐其慘悽。故敕天下有司依時享祭。在京都有泰厲之祭,在王國有國厲之祭,在各府州有郡厲之祭,在各縣有邑厲之祭,在一里又各有鄉厲之祭,期于神依人而血食,人敬神而知禮,仍命本處城隍以主此祭,欽奉如此。今某等不敢有違,謹設壇于本里,以三月□日,謂清明後三日,七月十五日,十月初三日。率領某人等百家,聯名于此,置備羹飯肴物專祭爾等本里神鬼,靈其不昧,依期來享。凡我一里之中,百家之内,倘有忤逆不孝,不敬六親者,有姦盜詐僞、不畏公法者,有拗曲作直、欺壓良善者,有躲避差徭、靠損貧户者,似此頑惡奸邪不良之徒,神必報于城隍,發露其事,使遭官府,輕則笞決杖斷,不得號爲良民;重則徒流絞斬,不得生還鄉里。若事未發露,必遭陰譴,使舉家並染瘟疫,六畜田蠶不利。如有孝順父母,和睦親族,畏懼官府,遵守禮法,不作非違,良善正直之人,神必達之城隍,陰加護佑,使其家道安和,農事順序,父母妻子,保守鄉里。如此則鬼神有鑒察之明,我民無諂諛之祭,靈其無私,永垂昭格,尚饗。

祭告城隍文

某府某縣某鄉某村某里里長某人,率領本里人民某人等,聯名謹具狀,告于本縣城隍之神,今來某等承奉縣官裁旨,遵依上司所行,爲祭祀本鄉無祀神鬼事,該欽奉聖旨,普天之下,后土之上,無不有人,無不有鬼神。人鬼之道,幽明雖殊,其理則一,今國家治民事神,已有定制,尚念冥冥之中,有等不在祀典之神,不得血食之鬼,魂無所依,私顯靈怪,悲號于星月之下,呻吟于風雨之時,憐其慘悽,故敕天下有司依時享祭,鄉村里社,一年三祭,仍命禮請本處城隍以主此祭,鎮控壇場,鑒察諸鬼等類,其中果有生爲良善,誤遭刑禍,死于無辜者,神必達于所司,使之生還中國,來享太平之福。如有生于兇惡,身死刑憲,雖獲善終,出于僥倖者,神必屏之四裔,善惡之報,神必無私,欽奉如此,今某等不敢有違,欽依于某年某月某日就本里設壇,謹備羹飯肴物,享祭于本鄉無祀神鬼等衆。然幽明異境,人力難爲,必資神力,庶得感通,今特虔告于神,先期分遣諸將,遍歷所在,招集本里鬼靈等衆,至日悉赴壇所受祭。神當欽承敕命,鎮控壇場,鑒察善惡,無私昭報。爲此謹用狀告本縣城隍之神,俯垂昭鑒,謹狀。

祀典神祇

總敘

按《祭法》曰:"聖王之制祭祀也,法施于民則祀之,以死勤事則祀之,以勞定國則祀之,能禦大災則祀之,能捍大患則祀之,是皆有功烈于民者也。"及夫日月星辰,民所瞻仰,山林川谷丘陵,民所取財用,非此族也,不在祀典。

歷代以來,凡聖帝明王、忠臣烈士與夫嶽鎮海瀆、天下山川,可以立名節、禦災患而有功于人者,莫不載之祀典。然其有廟于京師,著靈于國家者,則又在所先焉。

若國朝之蔣廟及歷代功臣等廟,皆遣使降香,特令應天府官代祀,其稱神號,止從其當時所封之爵,凡前代加封,悉皆去之,今考其事蹟名號分列于後。

應天府守臣代祀神祇

蔣廟,在蔣山之陰,神姓蔣,諱子文。漢末爲秣陵尉,逐盜死事,今稱漢秣陵尉中都侯忠烈蔣公之神。

歷代忠臣廟,本卞將軍祠,在應天府城中冶亭山下壺墓下。洪武三年五月奉旨改稱歷代忠臣廟。卞壺,晉成帝時爲右將軍,蘇峻犯闕,與其二子眕眕出戰死之,今稱晉尚書令右將軍卞忠貞公之神。

劉仁贍,南唐時爲清淮節度守壽州,與周世宗相抗,不降而死,李後主封爲越王,今稱南唐劉越王之神。

陳喬字子喬,新淦玉笥人,南唐時爲中書侍郎,國亡,自經而死,今稱南唐中書侍郎陳公之神。

楊邦乂,吉州人,宋高宗初爲本府通判,金人破城罵賊而死,宋贈朝奉大夫,謚忠襄,今稱宋通判朝奉大夫楊忠襄公之神。

姚興,宋高宗時,爲本府駐劄御前破敵軍統領,與金人戰和州,死之,贈觀察使姚侯之神。

王琪,宋高宗時爲本府駐劄御前統領,與金人戰楚州,死之,今稱宋御前統領王侯之神。

佛壽忠肅公廟，在應天府城南。元至正十一年，爲南行臺大夫。天兵破城，死之。今稱元南行臺大夫贈江浙行省丞相衛國忠肅佛壽公之神。

曹武惠王廟，在應天府城中，神名彬。宋太祖時爲大將軍，平江南，城破，不戮一人，邦人感之，今稱宋曹武惠王之神。

大明集禮卷一六

吉禮十六

三皇

總敘

《祭法》：“先聖王有功烈于民者，則祀之。”

唐天寶六載，始敕三皇創物垂範，永言龜鑑，宜有欽崇，其擇日置廟，以春秋二時致祭，共置令、丞，太常寺檢校。

宋太祖乾德中，詔祠太昊于晉州，神農于衡州，黃帝于坊州。

元立醫學以祭三皇，禮同釋奠文宣王，官爲致祭，歲用三月三日、九月九日，州縣通祀。大德中，太常寺言，唐祭三皇俱有廟貌①，足爲定規。今太醫院援引夫子廟堂十哲爲例，以十大名醫配食，是以三皇大聖限爲醫流專門之祖，似涉不經。至大中，又議配位相貌冠服②，年代遼遠，無從考證，不可妄定，當依古制，以木爲主，書曰某氏之神，而以十大名醫依文廟大儒從祀之，例置

---

① “貌”，原作“貌”，據嘉靖本改。
② “貌”，原作“貌”，據嘉靖本改。

兩廡。延祐中，復議三皇用樂，未行。至正中，始用雅樂，如文宣
王廟。

國朝仍元制，以三月三日、九月九日通祀三皇。

配位

唐伏犧以勾芒配，神農以祝融配，黃帝以風后力牧配。

宋與唐同。

元至大中，禮部議配享三皇坐次，宜東西相向，以勾芒、祝融
居左，風后、力牧居右。

國朝因之。

從祀

元以俞跗、桐君、僦貸季、少師、雷公、鬼臾區、伯高、岐伯、少
俞、高陽十大名醫，從祀。

國朝因之。

祝冊

元伏犧氏祝文曰：“立極開天，觀圖畫卦，乃造書契，以著人
文。道統之傳，實由茲始。敢忘報本，敬致微誠。”

神農氏祝文曰：“運紹庖犧，王以火德，斲耜揉耒，聚貨致民，
濟世之功，與天無極，聿修常祀，仰答洪休。”

軒轅氏祝文曰：“迎日推策，以雲紀官，文物典章，粲然大備，
垂衣而治，功冠百王，報本之誠，敢忘菲薦。”

國朝太昊伏犧氏祝文曰：“維某年某月某日，皇帝謹遣某官
臣姓名，敢昭告于太昊伏犧氏，惟皇始畫八卦，教民書契，繼天立

極,肇開道統,謹以制幣牲齊,粢盛庶品,式陳明薦,以勾芒氏配,尚饗。”

炎帝神農氏祝文曰:“_{云云}惟皇始作耒耜,烝民粒食,百草是嘗,功濟萬世,_{云云}以祝融氏配,尚饗。”

黃帝有熊氏祝文曰:“_{云云}惟皇通變神化,垂衣而治,制作寖備,以濟萬民,_{云云},以風后氏力牧氏配,尚饗。”

勾芒氏祝文曰:“爰以季春有事于太昊伏犧氏,惟神盛德在木①,發生之始,功被萬物,本于至仁,謹以制幣牲齊,粢盛庶品,式陳明薦,尚饗。”

祝融氏祝文曰:“爰以季春有事于炎帝神農氏,惟神火德司夏,長養庶物,功在上古,惠及無窮,謹以_{云云}。”

風后氏祝文曰:“爰以季春有事于黃帝有熊氏,惟神貫通天時,孤虛闔奧,作輔軒轅,德業名世,謹以_{云云}。”

力牧氏祝文曰:“爰以季春有事于黃帝有熊氏,惟神兵法奇秘,有光有烈,土德增崇,功垂萬世,謹以_{云云}。”

祭器

元正位置著尊、壺尊、犧尊、太尊、山尊、象尊,每位籩、豆各十,簠、簋各二,俎九,筐一,登三,鉶鼎三,血槃一,爵各三,配位缺。

國朝正位設犧尊、象尊、山罍各一,籩、豆各八,簠、簋、登各二,配位象尊一,壺尊一,籩、豆各四,簠、簋各一。

---

① “木”,原作“水”,據嘉靖本、《明太祖實錄》卷四〇、《禮部志稿》卷八五上《群祀備考·歷代帝王祀·祀三皇》改。

幣

元及國朝皆用白幣。

牲

唐祭三皇，牲用少牢。

宋用太牢。

元正位三，各用牛一，羊一，豕一，配位闕，從祀位，每廡羊、豕各一斤。

國朝正位共用牛一，羊一，豕一，配位共用羊、豕各一。

酒齊

元、國朝，犠尊實醴齊，象尊實沉齊，山罍實事酒。

粢盛

元，簠實以黍、稷，簋實以稻、粱。

國朝，簠實以稷，簋實以稻。

籩豆之實

元正位籩實以石鹽、乾魚、棗、栗、榛、菱、芡、鹿脯、白餅、黑餅，豆實以菲菹、醓醢、菁菹、鹿醢、芹菹、兔醢、筍菹、魚醢、脾析菹、豚拍。

國朝正位籩減白餅、黑餅，豆減脾析菹、豚拍，配位籩實以形鹽、乾棗、鹿脯、栗，豆實以芹菹、菁菹、鹿臡、兔醢。

樂

唐樂用宮懸。

宋樂制未聞。

元延祐中，議三皇用樂之制。唐以前俱無明文，自天寶間始有考見。然歷代禮樂不相沿襲，祭祀亦用本代之樂，三皇之樂，制作不傳，非止一日，故前代或清酌尹祭，或有牲無樂，蓋在當時已不敢輕議，宜從省部會議施行。至至正間，始用雅樂，如祭孔廟之制。

國朝用登歌樂。

樂圖

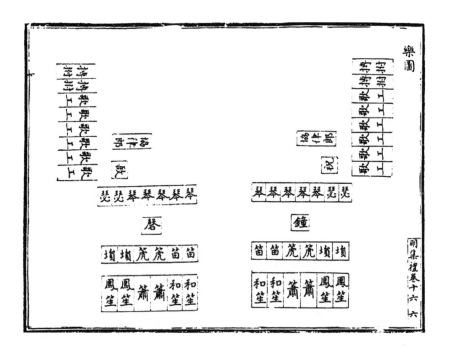

三皇正位陳設圖

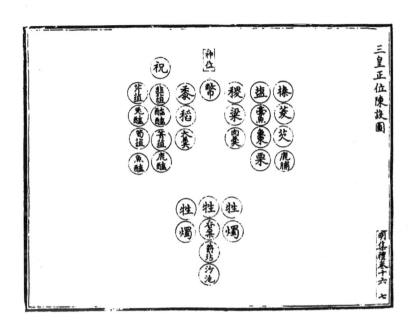

三皇配位陳設圖

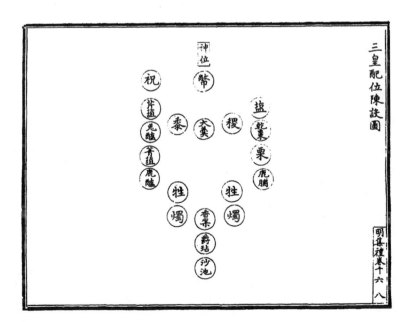

降香遣官祭三皇儀注

時日

春以三月三日，秋以九月九日。

齋戒

皇帝齋戒闕，三獻官以省臺官充。及各執事官俱散齋二日，致齋一日。

降香

前祀一日清晨，有司立仗，百官具公服侍班，皇帝服皮弁服，升奉天殿，奉香授三獻官，捧由中陛降，中道出至午門外，置龍亭內，儀仗、鼓吹導引至廟中。

陳設

前祀一日，有司陳設，如圖儀。

省饌

前祀一日，獻官公服，並執事官集于初獻齋所，執事者陳禮饌于廟門東南，南向，贊引引三獻官就省饌位，點饌訖，次引至省牲位，執事者牽牲省訖，詣神廚視鼎鑊，視祭器滌溉，及視牲充腯，遂殺牲，執事者以豆取毛血置于饌所，遂烹牲，命有司掃除殿內外訖，還齋所。

正祭

祭日丑前五刻，執事者入實尊罍，籩、豆、簠、簋，列幣筐于酒尊所，贊引引獻官及應祀官各公服入就位，樂正率工人各入就位，餘官各服祭服，次引三獻官就殿下席位，北向立。贊禮稍前唱："有司謹具,請行事。"

迎神

贊禮唱："迎神。"樂正舉麾,奏闋之曲。贊禮唱："鞠躬,拜,興,拜,興,平身。"獻官及在位者皆鞠躬,拜,興,拜,興,平身,樂止。復位。

奠幣

贊禮唱："奠幣。"贊引引獻官詣盥洗位,搢笏,盥手,帨手,出笏,詣伏犧神位前,樂奏闋之曲。贊禮唱："跪。"獻官北向跪,搢笏,三上香,執事者捧幣,東向跪,授獻官,獻官受幣。贊禮唱："奠幣。"獻官興,奠幣于神位前。贊引唱："鞠躬,拜,興,拜,興,平身。"次詣神農神位前、黃帝神位前,並勾芒、祝融、風后、力牧四配位,以次上香、奠幣,皆如伏犧神位前之儀,奠訖,樂止。復位。

進俎

贊禮唱："進俎。"執事者舉俎,升自東階,樂奏闋之曲,贊引引獻官至伏犧神位前,搢笏,以俎奠于位前,以下神農至力牧六位,進俎皆同。奠訖,出笏,復位。

初獻

贊禮唱："行初獻禮。"贊引引獻官詣爵洗位,搢笏,滌爵,拭爵,以爵授執事者,以下六位爵,其滌、拭皆同。次引詣酒尊所,司尊者舉冪,執爵者以爵進,酌犧尊之泛齊,以爵授執事者,以下六位,進爵、酌酒皆同。出笏。贊禮唱："詣太昊伏犧氏神位前。"樂正奏闋之曲,初獻官至神位前,跪,搢笏,三上香,三祭酒,奠爵,出笏。樂止。贊禮唱："讀祝。"讀祝官持版,進于神座之右,北面跪讀祝文訖。樂作。贊禮唱："俯伏,興,平身,稍後,鞠躬,拜,興,拜,興,平身。"樂止。次詣炎帝神農氏、黃帝軒轅氏神位前,並勾芒、祝融、風后、力牧四配位,以次上香,祭酒,讀祝並如上儀。

亞獻、終獻行禮並如初獻之儀。惟不讀祝。

分獻

贊禮俟行終獻時,唱分獻官行禮,贊引各引分獻官詣盥洗位,搢笏,盥手,帨手,出笏,次詣爵洗位,搢笏,執爵者以爵進,受爵,滌爵,拭爵,以爵授執爵者,出笏,次引至酒尊所,搢笏,執爵者以爵進,受爵,司尊者舉冪酌 _____ 齊①,以爵授執事者,出笏,分詣殿上東西十哲神位前。分獻官跪,搢笏,三上香,三祭酒,奠爵,出笏,俯伏,興,平身,稍後,鞠躬,拜,興,拜,興,平身,復位。

飲福受胙

贊禮唱："飲福,受胙。"贊引引初獻官詣飲福位,鞠躬,拜,興,拜,興,平身,稍前,跪,搢笏,奉爵者進爵,獻官受爵,祭酒飲福酒,以爵置于坫,奉俎者進俎,獻官受俎,以俎授執事者,出笏,俯伏,興,平身,鞠躬,拜,興,拜,興,平身。

徹豆

贊禮唱："徹豆。"樂奏闋之曲,掌祭官徹豆。贊禮唱："賜胙。"傳贊唱："已飲福。"受胙者不拜,亞獻官以下,皆再拜,鞠躬,拜,興,拜,興,平身。樂止。

送神

贊禮唱："送神。"樂奏闋之曲。贊禮唱："鞠躬,拜,興,拜,興,

---

① "齊"前有脫文。

平身。"獻官以下皆鞠躬,拜,興,拜,興,平身。贊禮唱:"祝人取祝,幣人取幣,詣望瘞位。"讀祝官取祝,捧幣者捧幣,詣望瘞位。

望瘞

贊禮唱:"望瘞。"贊引引三獻官詣望瘞位。贊禮唱:"可瘞。"東西面各二人,以炬燎火,俟半燎,實土半坎。贊禮唱:"禮畢。"獻官以下各以次出。

釋奠文宣王[①]

總敘

周制,凡始立學者,必釋奠于先聖、先師。凡學,春、夏釋奠于先師,秋、冬亦如之。

漢儒以先聖爲周公,若孔子以先師,爲禮、樂、詩、書之官。若禮有高堂生,樂有制氏,詩有毛公,書有伏生,可以爲師者。蓋四時之學,將習其道,故釋奠各以其師,而不及先聖,惟春秋合樂,則天子視學,有司總祭先聖、先師。是則漢時釋奠亦略可見矣。

魏正始中,使太常釋奠于辟雍。

晉釋奠皆于太學。

東晉成、穆、孝武皆親釋奠。

隋制,國子監每歲四仲月上丁釋奠先聖、先師,州縣學則用春、秋仲月。

---

① 標題"釋奠文宣王",本書目録作"孔子"。

唐初，釋奠，儒官自爲祭主，直云博士姓名敢昭告于先聖，許敬宗奏請令國子祭酒爲初獻，詞稱皇帝謹遣，仍令司樂爲亞獻[①]，博士爲終獻，縣學則令爲初獻，丞爲亞獻，主簿及尉通爲終獻，永爲禮制。武德、貞觀中，皆以二月親幸國子監釋奠。開耀、景龍中，皆皇太子釋奠于太學。開元中，詔春、秋釋奠以三公攝事，著之常式。若會大祀，則用仲丁[②]，州縣用上丁。

宋、元因古禮而損益之。

國朝洪武二年御製祭文，遣官齎御香祀曲阜孔子廟。每歲春、秋二丁，降御香祀于國學，中書省臣初獻，翰林學士亞獻，國子祭酒終獻，其禮樂悉如前代之制。

封謚

魯哀公十六年夏四月己丑，孔子卒，哀公誄之，稱曰尼父。

漢元始元年，謚曰褒成宣尼父。

後魏太和十六年，改謚宣尼父曰文聖尼父。

後周大象二年，追封鄒國公。

唐太宗貞觀十一年，詔尊爲宣聖尼父。高宗乾封元年，追贈太師。天授中，追封隆道公。玄宗開元二十七年，追謚文宣王，令三公持節冊命。

宋真宗大中祥符元年，加謚曰玄聖文宣王，五年改謚至聖文宣王。

元武宗至大元年，加謚大成至聖文宣王，詔曰："蓋聞先孔子

---

① "令"，原缺，據嘉靖本、《明太祖實錄》卷三四補。

② "仲"，原作"中"，據《明太祖實錄》卷三四改。

而聖者，非孔子無以明；後孔子而聖者，非孔子無以法。所謂祖述堯舜，憲章文武。儀範百王，師表萬世者也，朕纘承丕緒，敬仰休風，循治古之良規，舉追封之盛典，加號大成至聖文宣王，遣使闕里祠以太牢。嗚呼，父子之親，君臣之義，永惟聖教之尊，天地之大，日月之明，奚罄名言之妙。”

廟祀

漢世，京師未有夫子廟。

後魏太和十三年，立孔子廟于京師。

唐高祖武德二年，于國子監立周公、孔子廟各一所，以四時致祭。

周世宗始營國子學。

宋初，詔國子監文宣王廟門立戟十六枚。徽宗崇寧中，詔辟廱文宣王殿以大成爲名，御書大成殿榜付國子監揭之。政和中，廟門增立二十四戟。

元太祖置宣聖廟于燕京，以舊樞密院爲之。成宗大德十年，京師新作宣聖廟。此歷代國學立廟之制也。

漢永平二年，詔郡縣行鄉飲酒于學校。

北齊令郡縣坊內立孔顏廟。

唐貞觀四年，詔州縣學皆作孔子廟。

宋、元仍唐制。此歷代州縣學立廟之制也。

漢、唐、宋、元，曲阜林廟歲時遣使致祭，遇有損壞皆奉敕修理，此歷代林廟之制也。

國朝京師及郡學、曲阜林廟，皆如舊制。

襲封

漢高帝封夫子九代孫騰爲奉祀君。元帝賜孔霸爵爲褒成君，食邑八百户，奉孔子後。光武封孔志爲褒成侯。

魏文帝封孔羨爲宗聖侯，食邑百户。

晉武帝改封宗聖侯震爲奉聖亭侯。

後魏封孔乘爲崇聖大夫，改封崇聖侯。

北齊改封恭聖侯。

後周封爲鄒國公。

隋改爲紹聖侯。

唐太宗封裔孫德倫爲褒聖侯，給户二十充享祀。開元二十七年，改封褒聖侯爲嗣文宣公。武宗會昌二年，以三十九代孫榮爲國子監丞，襲文宣公。

周太祖以四十三代孫仁玉爲曲阜縣令。

宋太宗以孔宜爲太子右贊善大夫，襲封文宣公，免其家租税。仁宗至和二年，改封爲衍聖公。

元封孔子後爲衍聖公，官嘉議大夫。至正間，加爲中奉大夫。

國朝以五十六代孫希學爲衍聖公①，復以五十六代孫希大爲曲阜知縣②，並如前代之制。

配享

魏釋奠孔子于辟廱，以顏回配，此配享之始也。

---

① “六”“希學”，原作注文小字“闕”，據《明太祖實錄》卷三六上補。

② “六”“希大”，原作注文小字“闕”，據《明太祖實錄》卷三六上補。

唐初，以周公爲先聖，以孔子配享。貞觀二年，左僕射房玄齡建議云："武德中詔釋奠于太學，以周公爲先聖，孔子配享。臣以周公、尼父俱稱聖人，庠序置奠本緣夫子，故晉、宋、梁、陳及隋故事，皆以孔子爲先聖，顏回爲先師，歷代所行，古今通允。伏請停祭周公，升夫子爲先聖，以顏回配享。"從之。

宋神宗元豐七年，以孟子設位，居顏子之次配食。咸淳間，又以曾子、子思，合顏、孟爲四配。

元及國朝因之。

從祀

後漢明帝幸闕里，以太牢祀孔子及七十二弟子，章帝、安帝因之，此弟子從祀之始也。

唐貞觀二十一年，詔以左丘明以下二十一人從祀廟庭[①]。開元八年，以十哲爲坐像，享于堂上，七十子及二十一賢並圖于壁。

宋元豐間，又以荀況、楊雄、韓愈從祀于左丘明等之次。理宗淳祐初，以周敦頤、張載、程顥、程頤、朱熹從祀。景定中，復加張栻、呂祖謙。度宗咸淳初，又加司馬光、邵雍。

元武宗至大間，復以許衡從祀。

祝文

唐皇太子釋奠正座，祝文曰："維某年歲次月朔日子，皇太子_{若有司攝，則云皇帝謹遣某官姓名。先師準此。}敢昭告于先聖文宣王，惟王

---

① "丘"，原作"邱"，據嘉靖本改。

固天攸縱，誕降生知①。經緯禮樂，闡揚文教。餘烈遺風，千載是仰。俾兹末學，依仁游藝。謹以制幣犧齊，粢盛庶品，祇奉舊章，式陳明薦。以先師顏子等配。尚饗。"

配座祝文曰："首同先聖。先師顏子袞公等七十二賢，爰以仲春，仲秋。率遵故實，敬修釋奠于先聖文宣王，惟子等服膺聖教，德冠四科，光闡儒風，貽範千載。謹以制幣犧齊、粢盛庶品，式陳明薦。尚饗。"

宋崇寧四年宣聖祝文曰："維某年歲次月日，具官姓名，敢昭告于至聖文宣王，祝辭用唐文。以袞國公、鄒國公配。尚饗。"

其袞國公祝文曰："維某年歲次月日，具官姓名，敢昭薦于袞國公，爰以仲春，率遵故實，恭修釋典于至聖文宣王。惟好學之樂，簞瓢不改，絕塵之蹤，步趨可望，德行扶世，心同禹稷，具體而微，素王是配。"

鄒國公祝文曰："惟公後生孔子，百有餘歲，其知聖人，如親見之。辭闢楊、墨，三聖是承，扶世道民，登以配祀。"

咸淳三年，升侑郕國公、沂國公。

郕國公祝文曰："惟公道明忠恕，一貫心融，正統之傳，晚年獨得。"

沂國公祝文曰："惟公家傳奧學，丕闡中庸，爲孟之師，道統以續。首尾並同上。"

元釋奠，祝板各長一尺二寸，廣八寸，以楸、梓、柏木爲之。祝文每祭有之。

至大四年祝文曰："維某年某月某朔某甲子，皇帝敬遣某官

---

① "降"，原作"隆"，據《大唐郊祀録》卷一〇《饗禮二》改。

等,致祭于大成至聖文宣王。惟王金聲玉振,集厥大成,有道立教,垂憲萬世。謹以制幣牲齊,粢盛庶品,祗奉舊章,式陳明薦。以兗國公、鄒國公配。尚饗。"

兗國公祝文曰:"維年月日,某官以仲秋率遵故實,敬修釋奠于大成至聖文宣王。惟公聞一知十,未達一間,賢冠四科,實惟亞聖。謹以制幣牲齊,粢盛庶品,祗奉舊章,式陳常典,從祀配神。"

鄒國公曰:"惟公知言知德,亦克允蹈,攘剔異端,以承三聖。首尾同前。是時,未定四配之儀,故缺沂、郕二公祝文。"

國朝洪武二年,遣官降香致祭曲阜孔子,御製祝文曰:"惟神昔生周,天王之國。實居魯邦,聖德天成,述紀前王[①],治世之法。雖當時列國鼎峙,其道未行,垂教于後,以至于今。凡有國家,大有得焉。自漢之下,以神通祀海内。朕代前王統率庶民,目書檢點,忽覩神之訓言'非其鬼而祭之諂也。敬鬼神而遠之,祭之以禮'。此非聖賢明言,他何能道?故不敢通祀,暴殄天物,以累神之聖德。兹以香幣牲齊,粢盛庶品,式陳明薦,惟神鑒焉。"

祭器

唐開元儀:先聖、先師每座犧尊二,象尊二,山罍二,尊皆加勺。冪有坫,以置爵。籩各十,豆各十,簠各二,簋各二,俎各二,罍各一,洗各一,篚各一。

宋祥符儀:先聖、先師每座犧尊四,象尊四在殿上,爲酌尊,太尊二,山尊二,犧尊二,著尊二,象尊二,壺尊六在殿下,設而不

---

① "述紀",《闕里文獻考》卷一七《祀典第三之四》作"繼述"。

酌,籩各十,豆各十,俎各八,簠各二,簋各二,從祀各籩二、豆二、簠、簋、俎、爵各一。

元同唐制。

國朝正、配位尊三,籩八,豆八、簠二、簋二、登二,從祀兩廡各籩二、豆二、簠一、簋一。

幣

周制,釋奠先聖先師行事,必以幣。

唐、宋、元以及國朝幣,皆用白色。

牲

漢高祖過魯,以太牢祀孔子。章帝幸闕里,祠以太牢。

魏以太牢祀孔子于辟廱。

晉武時,太學及魯國祀孔子,俱備三牲。

唐、宋皆以太牢。南渡後以羊、豕代。

元牲用牛一、羊五、豕五。

國朝牲用牛、羊、豕各一,配位共羊、豕各一。

酒齊

唐犧尊實醴齊,象尊實盎齊,山罍以酒。

宋設尊實五齊三酒,酌尊實泛齊、醴齊。

元及國朝,並同唐制。

粢盛

唐簠實以稻、粱,簋實以黍、稷。

宋、元及國朝同。

籩豆之實

唐籩實以石鹽、乾魚、棗、桃、榛、菱、芡、鹿脯、白餅、黑餅,豆以韭菹、醓醢、菁、鹿醢、芹、兔醢、筍、魚醢、脾析、豚拍。從祀籩實以栗黃、鹿脯,豆實以菁、鹿臡。

宋、元同唐制。

國朝籩減白餅、黑餅,豆減脾析、豚拍,從祀籩實以栗、鹿脯,豆實以菁,鹿臡。

樂舞

周制,凡釋奠者必有合,合謂合樂也。

漢章帝幸闕里,祀孔子,作六代之樂。

唐顯慶三年,先聖廟樂用《宣和》之舞。《開元禮》,皇太子釋奠迎神用《誠和》之曲,皇太子行用《承和》之曲,登歌奠幣用《肅和》之曲,迎俎用《雍和》之曲,文舞退、武舞進、酌獻,用《舒和》之曲,送神又用《誠和》之曲。

宋政和親祀儀,用姑洗之宮三成,迎神作《凝安》之曲,皇帝行作《同安》之曲,奠幣作《明安》之曲,酌獻作《成安》之曲,三獻同。送神作《凝安》之曲,一成。

元釋奠樂章,皆用宋舊曲,後擬易之,而未及用,令錄于此:迎神奏《文明》之曲,盥洗奏《昭明》之曲,升殿奏《景明》之曲,宣聖酌獻奏《誠明》之曲,配位同。亞獻奏《靈明》之曲,終獻同。送神奏《慶明》之曲。

國朝仍用《大晟登歌樂》。

樂圖

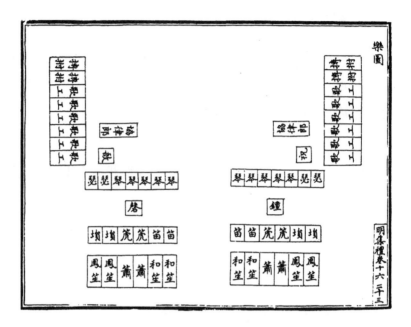

釋奠正位陳設圖

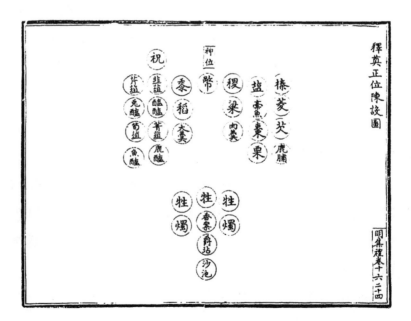

釋奠配位陳設圖

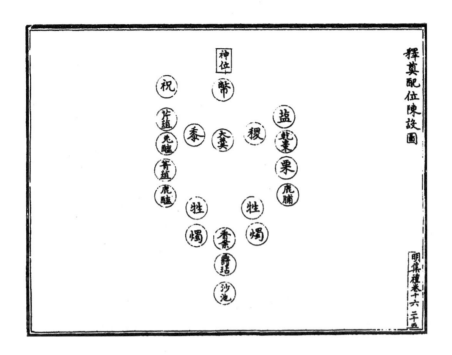

降香遣官釋奠孔子廟學儀注

時日

以春秋二仲上丁日行事。

齋戒

皇帝齋戒闕。

三獻官並各執事官俱散齋二日，致齋一日。省官爲初獻，翰林院官爲亞獻，國子祭酒爲終獻，學官爲分獻。

降香

前祀一日清晨，有司立仗，百官具公服侍班，皇帝服皮弁服，升奉天殿奉香，授三獻官，捧由中陛降，中道出至午門外，置龍亭内,儀仗、鼓吹導引至廟學。

陳設

前釋奠一日,有司陳設,如圖儀。

省饌

前釋奠一日,三獻官法服,並執事官集于初獻齋所,執事者陳禮饌于廟門之東南,南向,贊引引三獻官就省饌位,點饌訖,次引至省牲位。執事者牽牲省,訖詣神厨,視鼎鑊,視祭器滌溉,視牲充腯,遂殺牲。執事者以盤取毛血,置于饌所,遂烹牲。有司掃除殿之內外訖,還齋所。

正祭

釋奠日丑前五刻,執事者入實尊、罍、籩、豆、簠、簋、牲俎,列幣筐于酒尊所。贊引引獻官及應祀官各法服,入就位,次引監禮、監祭官升殿,點閱陳設,糾察不如儀者。樂正率工人各入就位,餘官各服祭服,次引三獻、分獻官入就殿下席位,北向立。贊禮稍前,唱:"有司謹具,請行事。"

迎神

贊禮唱:"迎神。"樂正舉麾奏闕之曲。贊禮唱:"鞠躬,拜,興,拜,興,平身。"獻官及在位者皆鞠躬,拜,興,拜,興,平身。樂止。

奠幣

贊禮唱:"奠幣。"贊引引獻官詣盥洗位,搢笏、盥手、帨手,出笏。詣文宣王神位前,樂奏闕之曲。贊禮唱:"跪。"獻官北向跪,搢笏,三上香。執事者捧幣,東向跪,授獻官,獻官受幣。贊禮唱:"奠幣。"獻官興,奠幣于神位前。贊引唱:"鞠躬,拜,興,拜,興,平身。"次詣衮國復聖公、郕國宗聖公、沂國述聖公、鄒國亞聖公四配神位前,以次逐位上香、奠幣,皆如正位前之儀,奠訖,樂止。復位。

進俎

贊禮唱:"進俎。"执事者舉俎,升自東階。奏闕之曲。贊引引獻官至文宣王神位前,搢笏,奠俎,出笏①,以俎進于神位前,以下四配,進俎皆同。出笏,復位。

初獻

贊禮唱:"行初獻禮。"贊引引獻官詣爵洗位,搢笏,滌爵,拭爵,以爵授執事者。以下四位爵,其滌、拭皆同。次引詣酒尊所,司尊者舉冪,執爵者以爵進,酌犧尊之泛齊,以爵授執事者,以下四位,進爵、酌酒皆同。出笏。贊禮唱:"詣文宣王神位前。"樂奏闕之曲,獻官居至神位前,跪,搢笏,三上香,三祭酒,奠爵,出笏。樂止。贊禮唱:"讀祝。"讀祝官持版,進于神座之右,北向跪讀祝文訖。樂作。贊禮唱:"俯伏,興,平身。稍後,鞠躬,拜,興,拜,興,平身。"樂止。次引至四配神位前上香,祭酒,讀祝並如上儀。

亞獻終獻

行禮並如初獻之儀。惟不讀祝。

分獻

贊禮俟行終獻時唱:"分獻官行禮。"贊引引分獻官詣盥洗位,搢笏,盥手,帨手,出笏,次詣爵洗位,搢笏,執爵者以爵進,受爵,滌爵,拭爵,以爵授執爵者,出笏。贊引各引分獻官詣殿上十

---

① "奠俎出笏",原缺,據《明太祖實錄》補。

哲並兩廡從祀先賢神位前，分獻官跪，搢笏，奠幣，三上香，三祭酒，奠爵，出笏，俯伏，興，平身，稍後，鞠躬，拜，興，拜，興，平身。復位。

飲福受胙

贊禮唱："飲福，受胙。"贊引引初獻官詣飲福位，鞠躬，拜，興，拜，興，平身，稍前，跪，搢笏，奉爵者進爵，獻官受爵，祭酒，飲福酒。以爵置于坫，奉俎者進俎，獻官受俎，以俎授執事者，出笏，俯伏，興，平身，鞠躬，拜，興，拜，興，平身。

徹豆

贊禮唱："徹豆。"樂奏闋之曲，掌祭官徹豆。贊禮唱："賜胙。"傳贊唱："已飲福、受胙者不拜。"亞獻官以下皆再拜，鞠躬，拜，興，拜，興，平身。樂止。

送神

贊禮唱："送神。"樂奏闋之曲。贊禮唱："鞠躬，拜，興，拜，興，平身。"獻官以下皆鞠躬，拜，興，拜，興，平身。贊禮唱："祝人取祝，幣人取幣。詣望瘞位。"讀祝官取祝，捧幣者捧幣，詣望瘞位。

望瘞

贊禮唱："望瘞。"贊引引三獻官詣望瘞位，贊禮唱："可瘞。"東西面各二人，以炬燎火，俟半燎，實土半坎。贊禮唱："禮畢。"獻官以下各引以次出。

大明集禮卷一七

嘉禮一

朝會

總敘

周天子之朝有四，一曰外朝，以聽訟；二曰中朝，以見群臣；三曰內朝，以聽政；四曰詢事之朝，國有大事，致萬民而詢之。于是後世有常朝與大朝會之禮焉。

漢高祖用叔孫通起朝儀，七年，長樂宮成，群臣奉賀。武帝十月朔，行饗會，二千石以上上殿稱萬歲，此大朝會也。每月有朔朝，至宣帝則五日一朝，此常朝也。

唐貞觀初，宣政殿每日臨朝，十三年則三日一朝，二十三年則每日常朝。永徽間，于太極殿五日一朝，及朔望朝。開元後，不能日見群臣，而獨朔望一朝，其正旦、冬至、五月朔、千秋節，則受朝賀焉。

宋太祖建隆二年正旦，御崇元殿受朝賀。元豐中，侍從官常參于垂拱殿，百司朝官五日一朝紫宸殿，在京官朔望亦朝于紫宸殿。其正旦、五月朔日、冬至、長春節則行大朝會禮于文德殿焉。

元世祖至元十一年,正旦始御大明殿受朝賀,及後天壽節皆行朝賀禮,每日則宰執入延春閣及別殿奏事而已。

國朝之制,正旦、冬至、聖壽節于奉天殿受朝畢,賜宴于謹身殿及東西廡,其蕃使表貢,則以其所至之日而設朝,每日見群臣于謹身殿或奉天殿、奉天門,以爲常朝焉。

今著歷代朝會器服、儀文之詳,及國朝儀注圖本,作《朝會篇》。

乘輿冠服

周制,天子受諸侯朝覲,則服袞冕,其常朝則用皮弁服。

秦滅禮學,服尚袀玄,袀,繒也。冕旒前後邃延。

漢承秦弊,服無定制。至明帝時,始制冕服。

魏因漢制,無所損益。

晉正旦朝賀,用介幘、通天冠、平冕,服皂,上絳下衣。

齊、梁以下皆因之。

隋,正旦朝賀服袞冕,聽朝則服赭黃文綾袍、烏紗折上巾。

唐正旦朝賀用袞冕,冬至朝賀服通天冠、絳紗袍,朔日受朝服皮弁、絳紗袍,其常朝則服赭黃,或紅或淡黃襆袍衫、皂紗折上巾。

宋,正旦朝賀服袞冕,冬至及五月朔受朝,則服通天冠、絳紗袍,其常服赭黃、淡黃襆袍衫,或紅袍,皂紗折上巾,便坐視事,則服窄袍、烏紗帽。

元朝用本俗衣冠。

國朝正旦、冬至、聖節服袞冕,降詔則服皮弁,常服則用烏紗折上巾、盤領衣,服色按月令,春用青,夏用紅,秋用白,冬用黑,其土王之日則用黃。其制度圖本，詳見《冠服篇》。

皇太子冠服

皇太子冠服之制，《周禮》無所見。

至漢朝服用玄冠、絳衣。

魏用五時朝服。

晉用遠游冠、介幘、朱衣絳紗襮。

唐正、旦、冬至朔日入朝，以具服遠游冠、絳紗袍，五日常朝、正旦、冬至受朝，公服、遠游冠、絳紗單衣，朔日及視事，服弁服、絳紗衣，其常服，進德冠、服袴褶。

宋朝會用遠游冠、朱明服，其常服，皂紗折上巾、紫公服。

元朝用本俗冠服。

國朝正旦、冬至、聖節，皇太子服袞冕九章，降詔、侍朝用皮弁服，常服用皂紗折上巾，服諸色盤領衣。其制度圖本，詳見《冠服篇》。

諸王冠服

諸王，蓋即周之上公，漢之諸侯王也。

周制，朝天子，上公用袞冕九旒，服九章。

漢諸侯王用遠游冠、絳衣。

唐親王用遠游冠、黑介幘、絳紗單衣。

宋親王用七梁冠，服朱衣、朱裳。

元用其本俗衣冠。

國朝正旦、冬至、聖節，諸王服袞冕九章，降詔、侍朝服皮弁服，用烏紗折上巾，諸色盤領衣。其制度圖本，詳見《冠服篇》。

群臣冠服

周制，上公朝君，執桓圭九寸、袞冕九章，侯執信圭，伯執躬圭，鷩冕七章，子執穀璧，男執蒲璧，毳冕五章。

漢群臣用五時朝服。東漢用織文衣。

唐朝賀一品、二品，用五梁冠，服朱衣，諸司三品、御史臺四品、兩省五品，用三梁冠，四品、五品、六品用兩梁冠，並服朱衣。朔望日朝服袴褶。其每日常朝則用公服，三品以上紫，五品以上緋，六品、七品以綠，八品、九品以青。

宋大朝會冠服，其常朝之服，皆與唐同。公服宋初與唐同。神宗元豐間，改一品至四品服紫，五品、六品服緋，七品以下皆綠。

元大朝會用唐、宋公服之制。一品至五品服紫，六品、七品服緋，八品以下皆綠。其常朝則用國俗衣冠。

國朝大慶會，朝服，一品七梁冠，二品六梁，三品五梁，四品四梁，五品三梁，六品、七品二梁，八品、九品一梁，衣俱用赤，常服則用烏紗帽、盤領衣、束帶，其詳見《冠服篇》。

儀仗

漢以前朝會儀仗尚簡，高祖朝長樂宮，庭中陳車騎，戍卒衛官設兵張旗幟，殿下郎中俠陛，陛各數百人。

後漢正旦天子幸德陽殿，大會則有虎賁、羽林之屬，執弧弓撮矢，列于陛之左右。

唐凡大朝會，以三衛番上，分爲五仗，號爲衛門五衛，一曰供奉仗，二曰親仗，三曰勳仗，四曰翊仗，五曰散手仗。元日、冬至朝會、宴見番國王,則供奉仗、散手仗立于殿上。又有黃麾仗,左右廂各十二部,爲十二行,又有夾轂隊、持鈒隊、步甲隊、辟邪旗隊,又有清游隊、朱雀隊、玄武隊、諸衛挾門隊、長槍隊。

宋大慶殿大朝會,黃麾大仗,用五千二十五人,文德殿視朝,黃麾半仗,用二千二百六十五人,紫宸殿大遼使朝,用一千五十六人。

元大朝會設內外仗,用七百四十八人。

國朝大朝會,奉天門外中道陳龍旗十二、纛一、豹尾一,左右布旗六十四,每旗用甲士五,共用甲士三百二十,奉天門內設五輅仗馬六,丹墀儀仗九十,丹陛儀仗九十,殿門前擎執黃蓋校椅等儀二十四,殿上擎執香鑪等儀八。其制度圖本,詳見《儀仗篇》。

班位

周制,朝會班位,其在外朝,左九棘,孤、卿、大夫位焉,群士在其後,右九棘,公、侯、伯、子、男位焉,群吏在其後,面三槐,三公位焉,州長、眾庶在其後,斯聽獄之時所列位也,樹棘以爲位者,取其赤心而外刺也,列槐以爲位者,槐之言懷也,言懷來人于此,欲與之謀也。其在中朝,則王南面,三公北面,東上,孤東面,北上,卿、大夫西面,北上,王族故士、武士,在路門之右,南面東上,太僕、太右、太僕從者,在路門之左,南面西上,此王視事于路門之位也。王族故士,爲士免退留宿衛者。太右,司右也。太僕從者,小臣。祭僕,御僕,隸僕也。其在詢事之朝,則王南向,三公及州長、百姓北面,群臣西面,群吏東面。

漢高帝長樂宮成,功臣列侯、諸將軍、軍吏,以次陳西方,東向,文官丞相以下,陳東方,西向。

　　唐《開元禮》,正旦、冬至,受群臣朝賀,典儀設文官三品以上位于橫街之南道東,介公、酅公于橫街之南道西,武官三品以上于介公之西少南,每等異位重行,北面相對爲首,設文官四品、五品位于樂懸東,六品以下于橫街南,每等異位重行,西向北上,設諸州朝集使位,都督、刺史及三品以上,東方、南方于文官三品之東,重行北面西上,西方、北方于武官三品之西,重行,北面東上,四品以下皆分方位,于文武官當品之下,諸州使人分方位,于朝集使下亦如之。設諸親位于四品、五品之南,皇宗親在東,異姓親在西。設諸方客位三等以上,東、南方者于東方朝集使之東,每國異位重行,北面西上,西、北方者于西方朝集使之西,每國異位重行,北面東上,四等以下,分方位于朝集使六品之下,重行每等異位。奉禮設門外位,文官于東朝堂之前,每等異位重行,西面,介公、酅公于西朝堂之前,武官于介公之南少退,每等異位重行,東面,諸親位于文武官四品、五品之南,皇宗親在東,異姓親在西。設諸州朝集使位,東、南方者在宗親位之南,每等異位重行,西面,西、北方者于異姓親之南,每等異位重行,東面,諸州使人,分方位于朝集使之下亦如之,諸方客位,東、南方者,于東方朝集使之南,每國異位重行,西面北上,西、北方者于西方朝集使之南,東面北上。

　　宋大慶殿正旦、冬至大朝會,三師、三公、侍中、中書令、左右僕射、開府儀同三司,在丹墀香案之南,少東,次尚書左丞在其後,皆北面西上,親王在香案之南,少西,北面東上,門下侍郎位于其東,次左散騎常侍,次給事中、左諫議大夫,次左司諫、正言,皆重行位于其後,觀文、資政殿大學士、學士、端明殿學士,位于次南,並西面北上,中書侍郎位于其西,次右散騎侍郎,次中書舍人,右諫議大夫,次右司諫、正言皆重行,位於其後,翰林學士承旨至寶文閣學士,位於次南,次樞密直學士、待制皆重行,位於其後,並東面北上。契丹使在龍墀之上,少西北面,宗姓節度使以下,至率府副率,在橫街之南,分東西相對,各重行,異位北上。夏國使在宮架之東,軍員在其後,夏國從人次之,高麗使在宮架之西,軍員在其後,高麗從人次之,諸道貢舉解首在其後,皆北面,序班于大慶門外,則東西相對,以北爲上。

元文武百司,自一品至九品,序列于崇文門外,文班自外旁折位,入日精門,武官自外旁折位,入月華門,各就東西起居位立定,然後趨丹墀就位行禮。

國朝文官齊班位于午門外之東、西向,以北爲上,武官齊班位于午門外之西、東向,以北爲上,午門西偏門入奉天門西偏門。文官起居位于文樓丹墀之南、北上西向;武官起居位于武樓丹墀之南,北上東向;殿前班位于武官起居位之北,北上東向;侍從班起居位于文官起居位之北,北上西向。文官一品、二品拜位于內道上之東,每等異位重行,北面西上;武官一品、二品拜位于內道上之西,每等異位重行,北面東上;文官三品以下拜位于丹墀內道下之東,每等異位重行,北面西上;武官三品以下拜位于丹墀內道下之西,每等異位重行,北面東上。分文武官爲十八位,第一班正一品,第二班從一品,第三班正二品,第四班從二品,第五班正三品,第六班從三品,第七班正四品,第八班從四品,第九班正五品,第十班從五品,第十一班正六品,第十二班從六品,第十三班正七品,第十四班從七品,第十五班正八品,第十六班從八品,第十七班正九品,第十八班從九品,使客位文官之東。

樂

樂之爲用尚矣。

周制,《小胥》:"正樂懸之位。"王用宮懸,故後世朝會則設樂。

漢燕樂群臣設黃門鼓吹樂。武帝時,宴會則張四懸樂。

梁朝會設宮懸。

唐朝會設宮懸,又設鼓吹,又設十部伎樂,以備華夷。

宋朝會設宮懸,別殿上壽則用教坊樂。

元正旦、天壽節,用雲和樂,兼用武隊。

國朝正旦、冬至、聖節,朝賀用大樂,宴會加奏細樂,兼用舞隊,詳見《樂書》。

執事

周制,《大行人》:"掌大賓之禮,及大客之儀。"大賓要服以內諸侯,大客謂其孤卿。

漢高祖朝長樂宮,謁者引禮衛官設兵張旗幟,張,音帳。殿下俠陛郎中數百人,俠,與挾同。大行設九賓臚句傳,上傳告下爲臚,下告上爲句。有御史執法,察不如儀者。

晉正會執事,受贄郎,掌受贄;謁者掌引王公禮;大鴻臚,掌群臣禮;大常,掌引導;掌禮郎,掌贊事;大行令,掌二千石禮;大樂令,掌奏雅樂;乘黃令,掌陳車;太官令,掌行御酒;司徒,掌持羹;大司農,掌持飯;尚書,掌持案。

唐正、至朝賀,執事,尚舍奉御掌設御幄;守宮,掌設群官使客次;大樂令,掌展宮懸;乘黃令,掌陳車輅;尚輦奉御,掌陳轝

輦;尚舍奉御,掌設解劍席;典儀,掌文武百官位于殿前;奉禮,掌
設文武百官位于門外;符寶郎,掌奉寶;通事舍人,掌引禮;中書
侍郎,掌諸州鎮表案,絳公服令史二人對舉;給事中,掌祥瑞案,
絳公服二人對舉;中書令,掌奏諸方表;黃門侍郎,掌奏祥瑞。

宋正、至朝賀,執事,太樂令,掌樂;協律郎,掌舉麾、偃麾;符
寶郎,掌奉寶;侍中,掌版奏;中書侍郎,掌押表案;給事中,掌押
祥瑞案;中書令,掌奏諸方鎮表;門下侍郎,掌奏諸方鎮祥瑞;戶
部尚書,掌奏諸州貢物;司天監,掌奏雲物;光祿卿,掌奏上壽;尚
食奉御,掌進酒;殿中監,掌省酒;通事舍人,掌贊賜酒;太官令,
掌奏巡周食遍;大樂丞,掌引舞;殿中監,掌進爵。

元正旦朝賀,殿上執事,挈壺郎二人,司香二人,主酒二十
人,主渾二十人,主膳二十人,護尉四十人,警蹕三人,殿下執事,
司香二人,護尉四十人,右階下五長凡六人,都點檢一人,右點檢
一人,左點檢一人,殿內將軍一人,殿外將軍一人,宿直將軍一
人,左階下五長三人,殿內將軍一人,殿外將軍一人,宿直將軍一
人,司晨郎二人,表案舉士四人,禮物案舉士四人,圍人十人,右
仗之東,侍儀使二人,引進使一人,通班舍人一人,尚引舍人一
人,閱仗舍人一人,奉引舍人一人,先輿舍人一人,糾儀官四人,
左仗之西,侍儀使二人,引進使一人,承奉班都知一人,宣表目舍
人一人,宣表修撰一人,宣禮物舍人一人,奉表舍人一人,尚引舍
人一人,閱仗舍人一人,奉引舍人一人,先輿舍人一人,押禮官二
人,糾儀官四人,知班三人,宣贊舍人一人,通贊舍人一人,護尉
三十人,立大明門闌外,承傳二人,立大明門楹間。

國朝朝會,執事,導駕侍儀使六員,導皇太子引進四員,引親
王四員,宣表一員,宣表目一員,展表二員,通贊一人,贊禮一人,

知班二人，典儀二人，引文班舍人二人，引武班舍人二人，引使客舍人四人，引殿前左右班四人，催班舍人四人，鋪墊拜席、界畫位次、陳設版位舍人二人，舉丹墀表案舍人二人，舉殿上表案舍人二人，執外辦牌舍人一人，殿前班指揮使三員，侍從班光禄寺官三員，殿門前拱衛司官二員，丹墀階上宿衛鎮撫二員，殿門前護衛執戟千户八員，丹墀階下護衛執斧三十四員，丹墀南五輅轝士四十員，御座左右擎執内使八員，丹陛上四隅執斧將軍四員，殿門左右執斧將軍六員，奉天門將軍六員，殿上執斧捲簾將軍二員，丹陛上鳴鞭四人，殿門前擎執儀仗十六人，丹墀東西擎執儀仗九十人，丹陛東西擎執儀仗九十人，文武樓南掌仗馬典牧所官二員，控仗馬十二人，樂工六十四人，奉天門外中道擎執十七人，中道左右擎執旗弓弩三百二十人，控象十二人，虎豹栅轝士二十四人，午門外軍士若干人。

陳設

《周官·司几筵》，凡大朝覲，設黼依，依前南鄉，白與黑之謂黼，畫斧于扆，故名黼依。依與扆同。鄉，音向。設莞筵紛純，莞，蒲之細者，以蒲爲筵，以粉爲純。純，音準，緣也。加繅席畫純，繅席，謂加繅飾，畫純，畫衆色以章之。加次席黼純。次席，以次列成文，黼純，以斷割爲義。

漢每大朝會，必陳乘輿、法物、車輦于庭。

唐正、至大朝，賀列仗衛，備羽扇于兩厢之上，尚舍奉御設御幄于太極殿北壁下，南向，鋪御座如常儀，守宮設群官、客使等次于東西朝堂，太樂令展宫懸于殿庭，設麾于殿之西階，乘黄令陳車輅，尚輦奉御陳輿輦，尚舍奉御設解劍席，典儀設文武官、介公、酇公、諸州朝集使、諸親位、諸方客位于殿前，奉禮設文武官、介公、酆公、諸親位、諸州朝集使位、諸方客位于門外，設諸州進表案于右延明門外，設祥瑞案于左延明門外，設諸州貢物于太極門東西廂。

宋正、至大朝會，前期有司設御座于大慶殿，東西房于御座之左右少北，東西閤于殿後，百官、宗室、客使次于朝堂之內外，五輅先陳于庭，兵部設黃麾仗于殿之內外，太樂令展宮架之樂于橫街南，鼓吹令分置十二架于宮架外，設協律郎二人位于殿上及宮架西北，俱東向，陳轝輦、御馬于龍墀，繖、扇于沙墀，典儀設文武大小百官位于丹墀南之東西，設契丹使位于龍墀上，又設夏國使、高麗使位于宮架之東西。

元朝賀，殿上設漏案、香案、酒海，殿門外中道設褥位，丹陛中道設鳴鞭，丹墀中道設香案，又設表案、禮物案，中道南東西設樂位，設內黃麾立仗，設外牙門立仗。

國朝陳設，見于儀注圖本。

贊詞

漢武帝正旦朝賀，二千石以上上殿稱萬歲。後漢同。

晉正旦，謁者奏蕃王臣某等奉觴再拜，上千萬歲壽，百官伏稱萬歲。

隋正旦，冬至，群官上壽酒，三稱萬歲。

唐正旦，皇太子稱賀曰：“元正首祚，景福惟新，伏惟陛下，與天同休。”

冬至稱賀曰：“天正長至，伏惟陛下，如日之升。”群臣稱賀曰：“元正首祚，景福惟新，伏惟具尊號。陛下，與天同休。”宣答云：“履新之慶，與公等同之。”

千秋節侍中奉稱曰："千秋令節，臣等不勝大慶。"宣答云："得卿等壽酒，與卿等内外同慶。"

宋正旦，群臣贊詞云："元正啓祚，萬物咸新，伏惟皇帝陛下，膺乾納祐，與天同休。"宣答云："履新之慶，與公等同之。"

冬至稱賀云："晷運推移，日南長至，伏惟陛下，與天同休。"宣答云："履長之慶，與公等同之。"

國朝正旦，皇太子朝賀，贊詞云："長子某，兹遇履端之節，謹率諸弟某等欽詣父皇陛下稱賀。"宣答云："履端之慶，與長子等同之。"群臣贊詞云："兹遇三陽開泰，萬象惟新，欽惟皇帝陛下，膺乾納祐，奉天永昌。"宣答云："履端之慶，與卿等同之。"

冬至皇太子朝賀贊詞云："長子某，兹遇履長之節，謹率諸弟某等欽詣父皇陛下稱賀。"宣答云："履長之慶，與長子等同之。"群臣朝賀贊詞云："律應黃鐘，日當長至，欽惟皇帝陛下，應乾納祐，奉天永昌。"宣答云："履長之慶，與卿等同之。"

賀表

章表之名起于漢。

至隋正旦及冬至朝賀，有司奉上諸州表，此正至始有表賀之禮也。

唐元日，在外諸州府軍監長吏，及諸道節度、觀察、防禦、團練等使，並奉表賀。至日，中書令詣御前跪奏之。冬至，在外亦無進表之禮。

宋制，正旦、冬至，不受朝，則宰臣率文武群官，詣東上閣門拜表。太宗承天節不受朝，群臣詣閣拜表獻壽，若受朝，則奏諸方鎮表而已。

元正旦、聖節，在内省院臺長官，進表稱賀，在外行中書省亦然。其所屬五品以上，第進所屬上司，類進都省，各萬户府進樞密院，廉訪司進御史臺，亦類進焉。

國朝正旦、冬至、聖節，各行中書省及直隸府州上表賀。其行省所屬府州則進于行省，類進中書省。朝賀之日，宣表官取行省或方鎮大臣高品者一表，跪宣于御座前，在内宰執既具祝贊之詞，不復表賀。其寫表儀式，表文起首，“具官臣某等誠懽誠忭，稽首頓首上言”。_{云云}。

中賀，“臣某等誠懽誠忭，稽首頓首，欽惟皇帝陛下”。_{云云}。

末後，“臣等無任瞻天仰聖，激切屏營之至，謹奉表稱賀以聞，臣某等誠懽誠忭，稽首頓首，謹言，表文後具年月日，具官臣某等，謹上表”。_{以上並用小字真書，其署名加小端謹，表文前上面貼黃帖一方，如印大，帖下用印，黃帖上所書，如正旦寫進賀正旦表文，冬至寫進賀冬至表文，聖壽寫進賀聖壽表文，謝恩寫進上謝恩表文。末後年月日上亦用印。}

封皮。_{上用黃帖，如正旦于上書寫進賀正旦表文，冬至寫進賀冬至表文，聖壽寫進賀聖壽表文，謝恩寫進上謝恩表文，黃帖下用印，印下寫具官臣某上進謹封，于上進謹封字上用印，齊于下。}

副本。_{用手本小字真書，後年月日上用印，黃綾表褙。}

袱匣。_{用木，飾以金龍，鎖鑰全，黃羅夾袱二條，上銷金龍文，小者裹表于匣内，大者裹于匣外，仍用氈片油絹袱重裹。}

禮物

古之朝會，臣下有贄見之禮。

周制，諸侯朝天子奉束帛，加璧，唯國所有以爲庭實，或馬，或虎豹皮、龜、金、丹、漆、絲、纊、竹箭，分爲三享。

漢武帝正旦朝賀，公侯執璧，二千石執羔，六百石執雁。

晉武帝有受贄郎，正旦朝賀，蕃王等奉白璧各一，太尉二千石等奉璧、皮、帛、羔、雁、雉以爲賀禮，畢以贄授受贄郎，郎以璧、帛付謁者，以羔、雁雉付太常。

梁元會，王公以下奉珪璧以爲贄，禮畢，以付主客郎。

唐開元間，正旦朝賀，户部以諸州貢物陳于太極門東西廂，禮部以諸蕃貢物取可執者，蕃客手執入就内位，其重大者則陳于朝堂之前，禮畢，並以貢物付有司。

宋正旦朝賀，户部以諸州貢物禮部，以諸蕃貢物，各陳于宫懸之南。

元正旦進賀禮物，太師府馬一匹，中書省馬二十七匹，納失失九匹，金段子四十五匹，金香爐、香合一副，樞密院馬九匹，御史臺馬三匹，徽政院馬九匹，宗正府、宣政院各馬二匹，宣徽、通政、集賢、翰林、國史等院，大司農、留守拱衛司及都護府各馬一匹，太常寺、太史院、秘書監各羅九匹。

國朝 ☐☐☐☐

鳴鞭

《周官·條狼氏》："掌執鞭以趨辟，王出入則八人夾道。"又《朝士》："掌帥其屬以鞭呼趨且辟，禁慢期，錯立，族談者。"

晉中朝大駕，有執鞭之制。又《事物紀原》云，唐有鳴鞭，蓋本乎周事也。

宋大慶殿正旦、冬至朝會，乘輿出殿上，簾捲，殿下鳴鞭，奏外辦，殿上鳴鞭，扇開，殿下鳴鞭，扇合，簾下鳴鞭。

元正旦朝會，設鳴鞭位于殿前丹陛中道，乘輿陞輦，鳴鞭三，陞御榻，鳴鞭三，宴畢，鳴鞭三。其鞭之制，綠柄，鞭以梅紅絲爲之，梢用黄茸，而漬以蠟。

國朝正旦、冬至、聖節朝會，及蕃使來朝，設鳴鞭四人于奉天殿丹陛上，北向立，百官入旁折位。皇帝出謹身殿，鳴鞭三，皇帝陞奉天殿，鳴鞭三，朝畢，皇帝還宮，鳴鞭三，常朝，皇帝陞殿，鳴鞭三，朝畢，鳴鞭三。

鷄唱

《周官·雞人》："大賓客會同，則夜嘑音呼。旦以嘂音叫。百官。"蓋雞知時之物，故象之以告行事之期也。

唐大朝會，則雞人服絳幘，唱籌以報時。

宋置挈壺正，掌司辰刻。其法，每一時爲八刻二十分，每一刻擊鼓，八鼓後，進時牌，餘二十分爲雞唱，唱絕，擊一十五鼓爲時正，他辰並同，唯午時擊八鼓後雞唱，唱絕，擊百五十鼓，爲午時正。凡大宴會，則設司天雞唱樓于殿側，以掌報時。

元正旦、聖節、大朝會，設司辰郎二人，一人立左樓上，服朱衣，候時北面而雞唱，一人立樓下，服綠衣，候時捧牙牌，趨丹墀，跪報露階之下，其雞唱之詞："天欲曙，淡銀河，耿珠露，平旦寅，闢鳳闕，集朝紳，日出卯，伏群陰，光四表，食時辰，思政治，味忘珍，禺中已，聽政餘，玩經史，日南午，散離明，同率土，日昳未，慮萬機，猶抑畏，晡時申，入宴息，靜怡神，日入酉，衛皇圖，固扃守，日已暮，列周廬，嚴拱户，甲夜已，粲星躔，皆順執，乙夜庚，齊七政，審璣衡，丙夜辛，夢上帝，賚良臣，丁夜壬，銀箭緩，九重深，戊夜癸，復求衣，思治理。"晝辭十章，夜辭五章。

國朝與元制同。

宴會

古者，諸侯朝正于王，王有燕樂之禮，鹿鳴燕群臣嘉賓，則又成周之盛事也。

自漢以降遇節慶朝賀，必舉大會。高帝十月朝諸侯群臣，置酒行九觴禮。武帝十月朔享會，二千石以上舉觴御食前，司空奉羹，大司農奉飯，百官受賜宴享，大作樂。

後漢正月德陽殿大朝，宗室、公卿、大夫、百官、蠻、貊、胡、羌，雜會萬人，賜酒食，庭作魚龍變化等戲。

魏武帝正會文昌殿，用漢儀。

東晉正會，皇太子在三恪下、三公上。

宋皇太子在三恪之上。

齊因之。

梁正會，皇太子劍履升座，會訖，先興。

隋朝會，皇太子坐于御座東南，西向。

唐文官三品以上，座于御座之東南，西向，介公、酅公座于御座西南，東向，武官三品以下，于介公、酅公之後，朝集使東南方者，座于文官三品之後，西北方者，于武官三品之後，俱重行每等異位，以北爲上。樂用登歌、二舞，或間用九部伎樂。上公上壽，行群官酒十二遍，禮畢。

宋大宴會，有司預于殿庭設山樓排場，爲郡仙隊仗，六蕃進貢九龍五鳳之狀，設司天雞唱樓于側殿，陳錦繡幃帟，設香毬文茵，宰相、使相、三師、三公、參知政事、東宮三師、僕射、學士、大夫、中丞、三少、尚書、常侍、賓客、太常、宗正卿、丞郎、給事、諫舍、節度、兩使留後、觀察、防禦、團練、刺史、上將軍、統軍、都指揮使坐于殿上。文武四品以上、知雜御史、郎中、郎將、禁軍都虞候坐于朵殿。餘升朝官，諸軍副都頭以上、諸蕃進奉使、諸道進奉軍將分座于兩廊。宰相、使相座以繡墩，參知政事以下用二蒲墩，加罽毯，軍都指揮以上用一蒲墩，自朵樓而下，皆緋緣氍條席。殿上器以金，餘以銀。宰相升殿進酒，各就座，酒九行，宴訖，舞蹈拜謝而出。

元正旦、聖節，皇太子坐于東南，西面，在宗室、三公之上，宗王、勳臣皆服質孫，各依元定功臣位序坐于殿上，東西相向，丞相、樞密使、御史大夫，坐于諸王勳臣之後，西坐，東向。自餘文武三品以上升殿，立飲而退。上壽，行喝盞禮。樂用大樂，鼓吹及諸舞隊。酒行無算，兼用馬湩。

國朝正旦、冬至、聖節宴會于謹身殿，御座東偏設皇太子西向座，次諸王座，其西偏設諸王座，東向，與東偏諸王相對，殿中左右第一行，文武官一品、二品坐，餘坐于左右第二行，右第三行及後行，並坐三品以上武官，左第三行及後行，並坐三品以上文官，西廡坐四品以下武官，東廡坐四品以下文官。會之時，拱衛司于殿庭設黃麾仗及擎執，如奉天殿之儀。和聲郎列樂于殿上之南間，作大樂、細樂，酒七行，食闋遍。凡行酒，初行，奏大樂，作太清曲，次行，細樂奏《感皇恩》曲，三行，細樂奏《賀聖朝》曲，四行，細樂奏《普天樂》曲，五行，舞諸國來朝隊，六行，細樂奏《朝天子》曲，七行，舞長生隊，細樂奏《醉太平》曲。凡進食則作大樂。宴畢，皇帝、皇太子、諸王還宮，百官以次出。

正旦朝賀儀注<small>冬至儀注同但改用贊詞並宣答</small>

前期，内使監官陳御座、香案于奉天殿，設皇太子、親王次于文樓,其丹墀中,侍儀司設表案于內道之西北,文官起居位于文樓之南,西向,武官起居位于武樓之南,東向,文官一品、二品拜位于內道上之東,每等異位重行,北向,西上,武官一品、二品拜位于內道上之西,每等異位重行,北向,東上,文官三品、四品以下拜位,皆列于內道之下,每等異位重行,北面西上,武官拜位于內道之下,每等異位重行,北面,東上,使者位于文官拜位之東,北面西上,善世、玄教僧道位于文官四品之東、使客位之北,殿前班諸執事起居位于武官起居位之北,東向,侍從班諸執事起居位于文官起居位之北,西向,捧表官、宣表官、宣表目官、展表官,位于表案之西,東向,糾儀御史二人,位于表案之南,東西相向,宿衛鎮撫二人于東西陛下,東西相向,護衛百戶二十四人位于宿衛鎮撫之南,稍後,東西相向,典牧所官二人位于乘馬之前,東西相向,司辰郎報時位于內道之中,文武官拜位之北,知班二人位于文武官拜位之北,東西相向,通贊、贊禮二人位于知班之北,東西相向,通贊在西,贊禮在東,引文武班四人位于文武官拜位之北,稍後,東西相向,引殿前班二人位于引武班之南,引使者二人位于引文班之南,舉表案二人位于引武班之北,舉殿上表案二人位于西陛之下,東向。其丹陛上,設皇太子、親王拜位于陛上正中,殿前班指揮司官三員侍立位于陛上之西,東向,光禄寺官三員侍立位于陛上之東,西向,儀鸞司官位于殿中門之左右,東西相向,護衛千戶八人位于殿東西門之左右,東西相向,典儀二人位于陛上之南,東西相向,鳴鞭四人位列于殿前班之南,北向,將軍六人于殿門之左右,各東西相向,天武將軍四人位于陛上之四隅,各東西相向。其奉天殿上,尚寶司設寶案于正中,設表案于寶案之南,皇太子、親王位于寶案之南,文官侍從班起居注、給事中、殿中侍御史、尚寶卿位于殿上之東，西向，武官侍從班懸刀指揮位于殿上之西，東向，受表兼受表目官位于文官侍從班之南，西向，内贊二人位于受表官之南，東西相向，捲簾將軍二人位于簾前，東西相向。

是日侵晨，金吾衛陳設鹵簿，列甲士于午門外之東西①，擊鼓位于門外之中道，列旗仗于奉天門外之東西，拱衛司于皇太子、親王位設拜褥，陳儀仗于丹陛上，及丹墀之東西，陳五輅于丹墀之南，北向，典牧所陳仗馬于文武樓南，東西相向，虎豹于奉天門外東西，和聲郎陳樂于丹墀文武官拜位之南，侍儀司舍人二人舉表案入就殿上位，舍人二人以表函置于案，舉入丹墀位。

擊鼓，初嚴。催班舍人各請文武百官具朝服。擊鼓，次嚴。引班引文武百官各依品，從齊班于午門外，以北爲上，東西相向，通班、贊禮、知班、典儀、内贊、宿衛鎮撫、護衛、鳴鞭、殿内外將軍，俱入就位，引班引殿前班指揮、光禄卿、糾儀官、捧表官、宣表官、宣表目官、展表官、受表官，各依品從序立于起居位，東西相向，諸侍衛官各服其器服，及尚寶卿、侍從官，入詣謹身殿候迎。擊鼓，三嚴。引班引文官由午門東畔，金水橋東，奉天東門入就起居位，武官由午門西畔，金水橋西，奉天西門入就起居位，引僧道、使客隨文班入，立于文班之後，立定。侍儀奏外辦，御用監令，奏請皇帝服衮冕，御輿以出，尚寶卿捧寶，及侍儀、侍衛導從、警蹕如常儀，皇帝將出，仗動，大樂鼓吹振作。陞御座。樂止。將軍捲簾，尚寶卿以寶置于案，拱衛司官由殿西門出，降自西階，引班引入起居位，立定。通班唱某衛指揮使臣某以下起居，贊禮唱：“鞠躬，平身訖。”引班引至丹墀拜位北面立。贊禮唱：“鞠躬，樂作。

① “鹵簿列”，原缺，據《明太祖實録》卷三五補。

拜，興，拜，興，平身。"樂止。贊禮唱："指揮使稍前。"指揮前立定。贊禮唱："鞠躬。"指揮使及以下皆鞠躬，唱："聖躬萬福。"唱："平身，復位。"指揮使復位。贊禮唱："鞠躬，樂作。拜，興，拜，興，平身。"樂止。通班唱："各恭事。"殿前班、侍從班及諸執事各就本位。引進引皇太子具袞服，與親王俱由奉天東門入，樂作。陞自東階，至丹陛拜位。樂止。引進贊鞠躬，樂作。拜，興，拜，興，拜，興，拜，興，平身。樂止。引進導皇太子、親王詣奉天殿東門入。樂作。引進立伺于門外內，贊接引皇太子、親王至御座前行禮位。樂止。內贊唱："跪。"皇太子、親王皆跪，皇太子稱賀云："長子某，茲遇履端之節，冬至則云"履長之節"。謹率諸弟某等，欽詣父皇陛下稱賀。"制曰："履端之慶，冬至則云"履長之慶"。與長子等同之。"聽制畢，內贊唱："俯伏，興，平身。"皇太子、親王皆俯伏，興，平身。內贊引皇太子、親王由東門出，樂作。引進引復丹陛拜位，樂止。引進唱："鞠躬，樂作。拜，興，拜，興，拜，興，拜，興，平身。"樂止。引進引皇太子、親王降自東階，樂作。至文樓。樂止。司辰再報時訖，通班具丞相銜臣某以下起居，引班唱："鞠躬，平身。"引班引文武百官入丹墀拜位北面立，初行，樂作。至位。樂止。知班唱："班齊。"贊禮唱："鞠躬，樂作。拜，興，拜，興，拜，興，拜，興，平身。"樂止。引班引丞相詣西階陞，引班立候于階下，捧表官詣案前搢笏，捧表及宣表官、宣表目官、展表官，以次從丞相行，樂作。至殿西門。樂止。捧表官、宣表官、宣表目官、展表官立于殿西門外，內贊接引丞相至御座前，內贊唱："跪。"丞相跪，贊禮唱："眾官皆跪。"丞相跪奏："具官臣某等，茲遇三陽開泰，萬象維新，冬至則云"律應黃鐘，日當長至"。欽惟皇帝陛下，膺乾納祐，奉天永昌。"賀訖，內贊唱："俯伏，興，平身。"丞相俯伏，興，平身，贊禮唱："俯伏，興，平身。"眾官皆俯伏，興，平身。內贊引丞相出殿西門，樂作。丞相降自西階，引班引復位。樂止。捧表官、宣表官、宣表目官、展表官，由殿西門入，內贊唱：“進表。”捧表官捧表，跪進于案前，受表官搢笏，跪于案東，受表及表目置于案，出笏，興，退，復位，捧表官出笏，興，退立于殿內之西，東向。內贊唱：“宣表。”宣表目官詣案前，搢笏，取表目，跪宣于殿內之西，展表官搢笏，同跪，展宣畢，展表官出笏，復位，宣表目官俯伏，興，以表目復于案，出笏，退，復位。宣表官詣案前，搢笏，取表跪宣于殿內之西，展表官搢笏，同跪展宣訖，展表官出笏，一人以表復置于案，俱退立于位，宣表官俯伏，興，同捧表官、宣表目官、展表官，以次出殿西門，降自西階，各還本位。贊禮唱：“鞠躬，樂作。拜，興，拜，興，拜，興，拜，興，平身。”樂止。給事中詣御座前跪，承制由殿中門出，至丹陛上東南，西向，稱有制，贊禮唱：“跪。”百官皆跪，給事中宣云：“皇帝制曰：履端之慶，冬至，則云履長之慶。與卿等同之。”宣訖，給事中由西門入，跪奏，承制畢，俯伏，興，還侍位。贊禮唱：“俯伏，興，平身。”贊禮唱：“搢笏，鞠躬，三舞蹈。”唱：“跪。”唱：“山呼。”各官拱手加額曰：“萬歲。”贊禮又唱：“山呼。”各官又拱手加額曰：“萬歲。”贊禮又唱：“再山呼。”各官又拱手加額曰：“萬萬歲。”凡呼萬歲，樂工、軍校齊聲擊鼓應呼之。出笏，俯伏，興，樂作。拜，興，拜，興，拜，興，拜，興，平身。樂止。侍儀前跪奏：“禮畢。”鳴鞭，皇帝興，樂作。警蹕，侍從導引至謹身殿，樂止。舍人各舉表案出，引班引丞相以下文武百官以序出。

聖節儀注

前期，內使監官陳御座香案于奉天殿，設皇太子、親王次于文樓其丹墀中，侍儀司設表案于內道之西北，文官起居位設于文樓之南，西向，武官起居位于武樓之南，東向，文官一品、二品拜位于內道上之東，每等異位重行，北向西上，武官一品、二品拜位于內道上之西，每等異位重行，北向東上，文官三品以下拜位于內道下之東，每等異位重行，北面西上，武官三品以下拜位于內道下之西，每等異位重行，北面東上，善世、玄教僧道拜位，于文官四品之東，使客位，北使者位，驗品在文官拜位之東，北面西上，殿前班諸執事起居位于武官起居位之北，東向，侍從班諸執事起居位于文官起居位之北，西向，捧表官、宣表官、宣表目官、展表官，位于表案之西，東向，糾儀御史二人位于表案之南，東西相向，宿衛鎮撫二人于東西陛下，東西相向，護衛百戶二十四人位于宿衛鎮撫之南，稍後，東西相向，典牧所官二人位于乘馬之前，東西相向，司辰郎報時位于內道之中，文武官拜位之北，知班二人位于文武官拜位之北，東西相向，通贊、贊禮二人位于知班之北，東西相向，通贊在西，贊禮在東，引文武班四人位于文武官拜位之北，稍後，東西相向，引殿前班二人位于引武班之南，引使者二人位于引文班之南，舉表案二人位于引武班之北，舉殿上表案二人位于西陛之下，東向。其丹陛上，侍儀司設皇太子、親王拜位于丹陛上正中，殿前班指揮司官三員，侍立位于陛上之西，東向，光祿寺官三員位于陛上之東，西向，拱衛司官位于殿中門之左右，東西相向，護衛千戶八人位于殿東西門之左右，東西相向，典儀二人位于陛上之南，東西相向，鳴鞭四人位列于殿前班之南，北向，將軍六人于殿門之左右，各東西相向，天武將軍四人位于陛上之四隅，各東西相向。其奉天殿上，尚寶司設寶案于正中，侍儀司設表案于寶案之南，皇太子、親王于表案之南，文官侍從班起居注、給事中、殿中侍御史、尚寶卿位于殿上之東，西向，武官侍從班懸刀指揮位于殿上之西，東向。受表兼受表目官位于文官侍、從班之南，西向，內贊二人位于受表官之南，東西相向，捲簾將軍二人位于簾前，東西相向。

是日侵晨，金吾衛陳設甲士于午門外之西丹陛上，設皇太子、親王拜褥，陳儀仗于丹陛上，及丹墀之東西，擊鼓位午門外中道，列旗仗于奉天門外之東西，拱衛司陳五輅于丹墀之南，北向，典牧所官陳仗馬于文武樓南，東西相向，虎豹于奉天門外之東西，和聲郎陳樂于丹墀文武官拜位之南，侍儀司舍人二人舉表案入就殿上位，舍人二人以表函置于案，舉入丹墀位。擊鼓，初嚴。催班舍人各請文武百官具朝服。擊鼓，次嚴。引班引文武百官齊班于午門外，以北爲上，東西相向，通班、贊禮知班、典儀、內贊、宿衛鎮撫、護衛，鳴鞭，殿內外將軍，俱入就位，引班引殿前班指揮，光祿卿、糾儀官、捧表官、宣表官、宣表目官、展表官、受表官，各依品從序立于起居位、東西相向，諸侍衛官，各服器服，及尚寶卿、侍從官入詣謹身殿候迎。擊鼓，三嚴。引班引文官由午門東偏門東畔，金水東橋，奉天東門入起居位，武官由午門西偏門西畔，金水西橋，奉天西門入起居位，引僧道使客入立于文班之後，侍儀奏外辦，御用監令，奏請皇帝服袞冕，御輿以出，尚寶卿捧寶，及侍衛導從、警蹕，如常儀，皇帝將出，仗動，大樂鼓吹振作。陞御座，樂止。將軍捲簾，尚寶卿以寶置于案，拱衛司鳴鞭，司晨報時，雞唱訖，諸侍從官由殿西門出，降自西階，引班引入起就位立定，通班唱："某衛指揮使臣某以下起居。"贊禮唱："鞠躬，平身。"引班引至丹墀拜位，北面立，贊禮唱："鞠躬，拜，興，拜，興，平身。"初鞠躬，樂作。平身，樂止。贊禮唱："指揮使稍前，鞠躬。"指揮使稍前，及以下皆鞠躬。贊禮唱："聖躬萬福，平身，復位。"唱：

“鞠躬，拜，興，拜，興，平身。”初鞠躬，樂作。平身，樂止。通班唱：
“各恭事、殿前班、侍從班及諸執事官皆就本位。”引進引皇太子、
親王自奉天門東門入，樂作。陞自東階，至丹陛拜位，樂止。引進
唱：“鞠躬，拜，興，拜，興，拜，興，拜，興，平身。”初鞠躬，樂作。平
身。樂止。引進引皇太子、親王由奉天殿東門入，引進立于門外，
內贊接引皇太子、親王至御座前行禮位。初行樂作，至位樂止。內贊
唱：“跪。”皇太子、親王皆跪，皇太子稱賀云：“長子某，欽遇父皇
陛下聖誕之辰，謹率諸弟某等敬祝萬歲壽。”賀訖，內贊唱：“俯
伏，興，平身。”皇太子、親王皆俯伏，興，平身。內贊引皇太子、親
王以次由殿東門出，樂作。引進引復位丹陛拜位立定。樂止。引進
唱：“鞠躬，拜，興，拜，興，拜，興，拜，興，平身。”皇太子、親王以次
降自東階，樂作。至文樓，樂止。司辰再報時訖，通班具丞相銜臣某
以下起居，引班唱：“鞠躬，平身。”引班引入丹墀拜位，初行樂作，至
位樂止。知班唱：“班齊。”贊禮唱：“鞠躬，樂作。拜，興，拜，興，拜，
興，拜，興，平身。”樂止。引班引丞相詣西階陞，樂作。至殿西門，樂
止。引班立候于階下，捧表官詣案前捧表，及宣表官、宣表目官、
展表官，立于殿西門外，內贊接引丞相至御座前，內贊唱：“跪。”
通贊唱：“衆官皆跪。”丞相奏稱：“具官臣某，欽遇皇帝陛下聖誕
之辰，謹率文武官僚，敬祝萬歲壽。”賀訖，內贊唱：“俯伏，興，平
身。”贊禮唱：“衆官皆俯伏，興，平身。”初俯伏，樂作。平身。樂止。
內贊引丞相由殿西門出，降至西階，引班引復位，丞相初出殿西
門，樂作。復位，樂止。捧表等官由殿西門入。內贊唱：“進表。”捧
表官跪進，受表官跪于案東，受表置于案，退復位，捧表官興，退
于殿西。內贊唱：“宣表。”宣表目官詣案前取表目，及表，跪宣于
御座之西，展表官同跪，展宣表目訖，展表目官一人，以表目復于

案,退立于西,宣表目官俯伏,興,宣表官宣于御座之西,展表官跪,同展宣訖,展表一人以表復于案,宣表官俯伏,興,同捧表展表官以次出,還本位。贊禮唱:"鞠躬,_{樂作。}拜,興,拜,興,拜,興,拜,興,平身。"_{樂止。}贊禮唱:"搢笏,鞠躬,三舞蹈。"唱:"跪。"唱:"山呼。"各官拱手加額曰:"萬歲。"又唱:"山呼。"各官拱手加額曰:"萬歲。"贊禮再唱:"山呼。"各官又拱手加額曰:"萬萬歲。"_{凡呼萬歲,樂工、軍校應聲呼之。}出笏,俯伏,興,拜,興,拜,興,拜,興,拜,興,平身,初俯伏,_{樂作。}平身,_{樂止。}侍儀奏:"禮畢。"鳴鞭,皇帝興,_{樂作。}警蹕,侍從導引至謹身殿,_{樂止。}舍人舉表案出,引班各引文武百官以次出。

宴會儀注

奉天殿大朝賀畢,錫宴于謹身殿,拱衛司于殿廷左右設黃麾仗及擎執,如奉天殿受朝之儀,內使監、光禄寺陳設御座,又設皇太子座于御座東偏,西向稍南,設諸王座以次而南,皆西向,又于御座西偏設諸王座,與東偏諸王相對以次而南,皆東向。殿內左右第一行、第二行,設文、武一品、二品官座,以北爲上,東西相向,左第三行及後行,設三品文官座,以北爲上,皆西向,右第三行及後行,設三品武官座,以北爲上,皆東向。又于東廡下,設四品以下至九品文官座,以北爲上,西廡下,設四品以下至九品武官座,以北爲上。和聲郎于殿之南楹,陳大樂、細樂及諸舞隊,光禄寺設御酒罇于殿之南楹。皇太子、親王、文武三品以上官酒罇于殿門左右,御位司壺二人,尚酒、尚食二人,東偏皇太子、親王司壺一人,奉酒奉食二人,西偏親王司壺一人,奉酒、奉食二人,文武官左右第一行,各司壺四人兼供酒供食,文武官左右第二行，各司壺四人兼供酒供食，文武官左右第三行及後行，各行用司壺四人兼供酒供食，東西廡各間，光禄寺置酒罇司壺一人、供酒供食二人。光禄寺陳御食案，及皇太子、親王食案于殿中，殿上左右文武官食案于左右①，東西廡文武官食案，各設于本位前。

　　將宴，諸執事各供事，舍人引文武百官常服侍立于殿門之左右，引進引皇太子、親王常服侍立于殿內之左右，侍儀導引皇帝常服，陞御座，鼓吹振作，鳴鞭，_{樂止}。皇太子、親王各就座位，丞相率禮部尚書、光禄卿，舉御食案進于御前，禮部侍郎、光禄少卿，舉食案各進于皇太子、親王之前，丞相捧壽花進于御前，禮部尚書、工部尚書，分進壽花于皇太子、親王之前，文武百官各就座位，禮部、工部官及諸執事人，分進壽花于文武百官訖，內使監令于御前斟酒，次司壺于皇太子、親王及文武百官前各斟酒，_{細樂作}。和聲郎北面立，舉手唱：“上酒。”飲畢，_{樂止}。內使監令于御前進食，供食者于皇太子、親王、文武百官前各供食，_{大樂作}。和聲郎北面舉手唱：“上食。”食畢，_{樂止}。凡酒七行，間進食五次，上酒、上食，樂作、樂止，並如上儀，惟酒第五行及七行，雜呈諸隊舞，宴畢，皇帝興，_{大樂作}。皇太子、親王侍從還宮，_{樂止}。文武百官以次出。

午門開讀赦書儀注_{開詔同}

　　前期，翰林院官承旨草赦奏聞訖。

　　前一日，禮部告百官于皇城守宿。

　　至日，鳴鐘後具朝服行禮，內使監設御座香案于奉天殿，尚寶司設寶案于御座之南，用寶案于赦書案之東，侍儀司設宣讀案

----

　　① “于左右”，原無，據《明太祖實錄》卷三五補。

于午門外之東，西向，龍亭香案于北，正中，百官拜位于香案之南，文官位于道上之東，每等異位重行，以西爲上，武官位于道上之西，每等異位重行，以東爲上，知班二人位于文武官拜位之北，東西相向，贊禮、通贊二人位于知班之北，通贊在西，贊禮在東，相向，宣讀官位于宣讀案之北，西向，展讀官二人位于宣讀官之南，西向，樂工設樂于丹墀中之南，及文武官拜位之南，俱北向，將軍二人位于殿上簾前，東西相向，將軍六人位于奉天殿門之左右，分東西相向，又將軍六人位于奉天門之左右，東西相向。

是日，金吾衛于午門外陳設甲士軍仗，東西相向，拱衛司設儀仗于丹陛之東西，和聲郎陳樂于丹陛之南及金水橋，伺候迎引。金吾衛擊鼓，初嚴。禮部官捧赦書入置于寶案上，舍人催百官具朝服，執事者各入就位，導駕官侍從官入迎車駕。擊鼓，次嚴。引班舍人引文武百官各序立于宣讀案之南，東西相向。擊鼓，三嚴。引班引百官就拜位，侍儀奏外辦，上位具皮弁服，陞御座，_{大樂作}。捲簾，鳴鞭訖，_{樂止}。禮部官捧赦書于用寶案前，尚寶跪奏赦書用寶，興，開讀用訖，禮部官同中書省左丞，用黃銷金袱裹赦書，禮部官奏捧赦于午門外開讀，興，左丞又以黃袱承赦，捧由殿中門出，_{大樂作}。拱衛司擎黃蓋遮護，降自中階，由奉天中門出金水橋，_{樂作}。前迎出午門外，禮部官接赦書置于龍亭，大樂陳于文武官拜位後，_{樂止}。知班唱："班齊。"贊禮唱："鞠躬，_{樂作}。拜，興，拜，興，拜，興，拜，興，平身。"_{樂止}。通贊唱："宣讀。"宣讀官展讀官陞案，禮部官捧赦書，授宣讀官，宣讀官跪受赦書，贊禮唱："衆官皆跪。"展讀官對展，宣讀官宣讀訖，以赦書授禮部官禮部官，捧赦書置于龍亭，贊禮唱："俯伏，興，_{樂作}。拜，興，拜，興，拜，興，拜，興，平身。"_{樂止}。贊禮唱："搢笏，鞠躬，三舞蹈。"唱："跪。"

唱："山呼。"各官拱手加額曰："萬歲。"贊禮又唱："山呼。"各官拱手加額曰："萬歲。"贊禮又唱："再山呼。"各官拱手加額曰："萬萬歲。"凡呼萬歲，樂工、軍校擊鼓、應聲呼之。出笏，俯伏，興，樂作。拜，興，拜，興，拜，興，拜，興，平身，樂止。禮畢，引進入報，侍儀奏："禮畢。"上位興，樂作。鳴鞭，還宮，樂止。百官仍具公服，送赦書至中書省，頒授使者行。

諸王來朝儀注

前期，內使監官陳御座香案于奉天殿中，如常儀。設諸王次于奉天門東耳房內，尚寶司設寶案于御座前，侍儀司設諸王拜位于丹陛上，及御座前，王府官拜位于丹墀南，內道上之東西，文官依品從侍立位于文樓之北，西向北上，武官依品從侍立位于武樓之北，東向北上，殿前班指揮司官三員位于陛上東向，光祿司官三員，位于陛上西向，侍從班起居注、殿中侍御史、侍儀使、尚寶卿，位于殿上西向，指揮司懸刀武官，位于殿上東向，拱衛司官位于奉天殿門之左右，東西相向，典牧所官位于仗馬之前，東西相向，宿衛鎮撫位于丹陛東西階下，東西相向，護衛百戶二十四員，于宿衛鎮撫之南，稍後，東西相向，護衛千戶八員于殿東西門之左右，東西相向，贊禮二人位于陛上王拜位之北，東西相向，內贊二人位于殿上，東西相向，典儀二人位于丹陛上之南，東西相向，知班二人位于王府官拜位之北，東西相向，承傳二人位于知班之北，東西相向，鳴鞭四人位于丹陛上之南，北向，天武將軍四人位于丹陛上之四隅，東西相向，將軍二人于殿上簾前，東西相向，將軍六人于奉天殿門之左右，東西相向，將軍六人于奉天殿門之左右，東西相向。

是日，金吾衛陳設甲士于午門外之東西，列旗仗于奉天門外之東西，拱衛司陳儀仗于丹陛上及丹墀之東西，陳五輅于丹陛之南，典牧所陳仗馬于文武樓之南，東西相向，陳虎豹于奉天門外，和聲郎陳樂于丹墀王府官拜位之南。擊鼓，初嚴。催班舍人催文武官各具公服。擊鼓，次嚴。引班引文武百官依品從齊班于午門外，以北爲上，東西相向，殿前班指揮、光禄卿，各依品從序立于侍立位，通班、贊禮、典儀、內贊、宿衛鎮撫、護衛，鳴鞭，殿內外將軍各執事人俱入就位，諸侍衛官各服其器服，及尚寶卿侍從官入詣謹身殿奉迎。擊鼓，三嚴。引班引文官由午門西門東畔，金水東橋，奉天東門入就侍立位，武官由午門西門西畔，金水西橋，奉天西門入就侍立位。侍儀版奏外辦。御用監令奏請服皮弁服，上位御輿以出，尚寶卿捧寶，及侍儀、侍衛導從、警蹕，並如常儀，皇帝將出，仗動，_{大樂鼓吹振作}。陞御座，_{樂止}。將軍捲簾，尚寶卿以寶置于案，拱衛司鳴鞭，司辰郎報時，雞唱訖，引禮引王具衮冕由東門入，東陛陞，丹陛位，引禮引王府官入就丹墀位立定。贊禮唱：“鞠躬，_{樂作}。拜，興，拜，興，拜，興，拜，興，平身。”承傳唱：“鞠躬，拜，興，拜，興，拜，興，拜，興，平身。”_{樂止}。引禮引王詣奉天殿東門入，_{樂作}。引禮立伺于門外，內贊接引王至御座前行禮位，_{樂止}。內贊唱：“跪。”王與王府官皆跪，王稱：“第幾子某王某，茲遇孟春，_{四時隨時改易}。入覲，欽詣父皇陛下朝拜。”內贊唱：“俯伏，興，平身。”承傳唱：“俯伏，興，平身。”王與王府官皆俯伏，興，平身。內贊引王由東門出，_{樂作}。引禮引復丹陛拜位，_{樂止}。贊禮唱：“鞠躬，_{樂作}。拜，興，拜，興，拜，興，拜，興，平身。”承傳唱：“鞠躬，拜，興，拜，興，拜，興，拜，興，平身。”王與王府官皆鞠躬，拜，興，拜，興，拜，興，拜，興，平身。_{樂止}。贊禮贊禮畢，侍儀奏禮畢，上位興，樂作。警蹕，侍從、導引至謹身殿，引禮導王出，樂止。
引班引王府官及百官以次出。

奉天殿丹墀班位圖

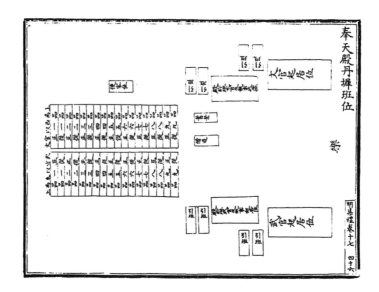

丹陛版位圖

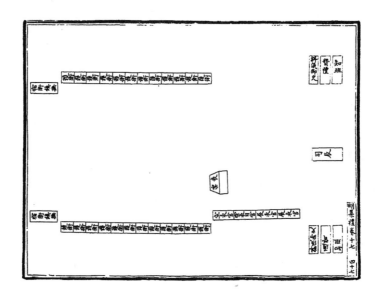

丹陛上版位圖

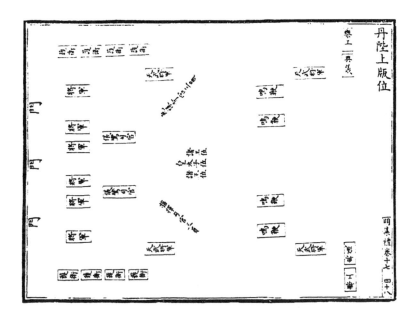

奉先殿常朝侍立圖

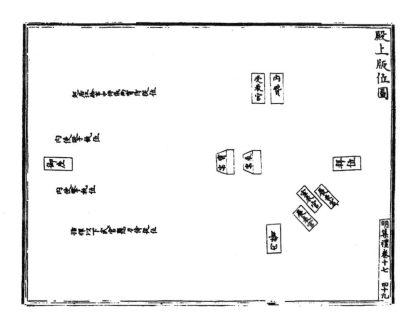

諸王來朝丹墀班位圖

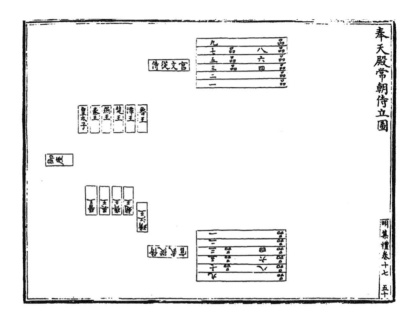

丹陛版位圖

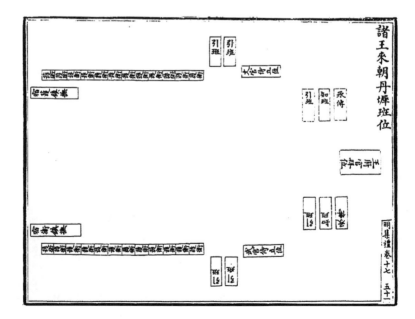

殿上版位圖

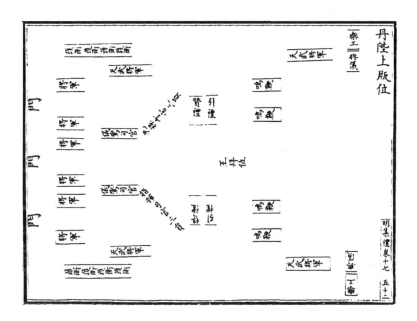

謹身殿宴會次序圖

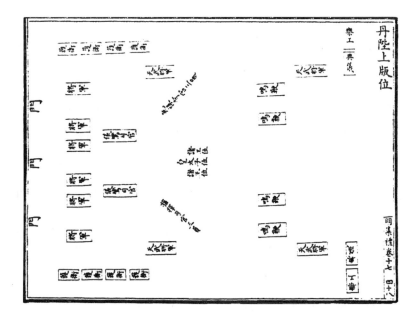

大明集禮卷一八上

嘉禮二

中宮朝會[①]

總序

《周禮》:"命婦朝女君。"則中宮之有朝尚矣。

漢制,自二千石夫人以上服襜衣以朝。

晉、宋皆然。

唐永徽五年,命婦朝于光順門。其後以朝官、命婦雜處朝賀,詔停。

《開元禮》載皇后正旦、冬至,受外命婦朝儀,于肅章門外齊班,然後入內殿行禮,賀畢有會。長慶以後,則外命婦有邑號者,正旦、冬至詣光順門起居。

宋制,皇親國戚之家,及臣僚命婦,遇節序慶賀,許入內進奉而已。其正旦、冬至朝賀行禮之詳無聞焉。

元,正旦,命婦則以常服詣內殿行賀禮。

---

① 標題"朝會"無,據本書目録補。

國朝正旦、冬至，皇后御坤寧殿，内使監官引内外命婦各服其服入朝。禮畢，賜宴于後殿。

今具歷代儀物，及國朝儀注，用著于篇。

中宮冠服

周制，王后以禮見王及見賓客，首服用編，用笄，服用展衣。

編者，編列髮爲之，其儀象若今假髻。笄，玉爲之，所以卷髮。展字當爲襢。襢，亶也，誠也，其色則白。

漢首飾用假結步搖，簪珥，服用蠶服，青上縹下，爲深衣之制。

唐首飾用大小花各十二樹，兩博鬢，花鈿十二，服用褘衣。

宋並同唐制。冠加以九龍四鳳。

元用其本俗衣冠，以臨朝賀。

國朝皇后臨朝，參用唐、宋之制，首飾以九龍四鳳，大小花各十二樹，並兩博鬢，寶鈿十二，服用緯衣十二等。其制度圖本，詳見《冠服篇》。

皇妃冠服

昔者黄帝立四妃，帝嚳亦立四妃，而冠服之詳未聞焉。

周制，天子正后之下三夫人，次最貴，蓋後世皇妃之位也。《内司服》："掌辨王后之六服。"鄭玄謂，三夫人其闕翟以下乎。然亦億度之説耳。

漢貴人首飾用大手髻、黑瑇瑁，加簪珥，服蠶服，青上縹下，同深衣制。

唐首飾花九樹，兩博鬢，飾以寶鈿，服用翟衣。

宋首飾大小花各九株，並兩博鬢，加以九翬四鳳，服用褕翟。

元用其本俗衣冠。

國朝，皇妃參用唐、宋之制，首飾九翬四鳳，大花九樹，小花如大花之數，兩博鬢，飾以九寶鈿，服用翟衣九章。其制度具見《冠服篇》。

皇太子妃冠服

皇太子妃冠服之制，周以前無聞。

漢貴人首飾皆大手髻、黑玳瑁，加簪珥。其朝服皆用蠶服，青上縹下，同深衣制。

北齊首飾假髻、步搖，花釵九鈿，服用褕翟。

隋首飾花九樹，服褕翟九章。

唐首飾大小花各九樹，兩博鬢，飾用寶鈿，服用褕翟九等。

宋同唐制。

元用其本俗衣冠。

國朝，皇太子妃首飾加九翬四鳳，大小花釵九樹，兩博鬢九鈿，服用翟衣九等。其制度圖本見《冠服篇》。

諸王妃冠服

親王妃冠服之制，周以前無所考。

漢制，大手髻、黑玳瑁，加簪珥，服蠶服，純縹上下。

北齊假髻九鑕，飾以金玉，繡朱綬韋服珮同內命婦一品。

隋制，王妃首飾花九樹，服褕翟，繡爲九章，佩山玄玉，獸頭鞶囊，綬同夫色。

唐制，親王視一品，則王妃同一品命婦之服，首飾花釵九樹，兩博鬢，飾以寶鈿，服翟衣九等，佩綬同諸王。

宋同唐制。

元用其本俗衣冠。

國朝，親王妃首飾九翬四鳳，冠大小花釵九樹，兩博鬢，九鈿，服用翟衣九等。其制度圖本，詳見《冠服篇》。

公主冠服

公主冠服之制，周制無考。

漢制，大手髻、黑瑇瑁，簪珥，長公主加步搖，服蠶服，純縹上下，帶綬以采組爲緄帶，各如其綬色，黃金辟邪首爲帶鐍，飾以白珠。

北齊假髻九鈿，飾以金玉，金章紫綬，服褕翟，雙珮山玄玉。

隋制，首飾花九樹，服褕翟，繡爲九章，佩山玄玉，獸頭鞶囊，綬同夫色。

唐制，公主視一品命婦，兩博鬢，飾以寶鈿，翟九等，花釵九樹，佩綬同諸王。

宋同唐制。

元用其本俗衣冠。

國朝，公主首飾九翬四鳳，冠大小花釵九樹，兩博鬢，九鈿，服用翟衣九等。其制度圖本，詳見《冠服篇》。

命婦冠服

命婦朝服，周制，《內司服》：“辨外內命婦之服。”首飾副編次，其服闕狄、褕狄者用副服，鞠衣、展衣者用編服，褖衣者用次。鄭玄云：“外命婦孤之妻服鞠衣，卿大夫之妻服展衣，士之妻服褖

衣。"公之妻其服闕狄以下乎，侯伯之夫人褕狄，子男之夫人亦闕
狄，其公妻以下之説不過億度，而類推之。

漢制，朝會公卿列侯二千石夫人首飾，紺繒幗，簪珥，服用
蠶衣。

唐首飾，兩博鬢，飾以寶鈿，服用狄衣，一品花釵九樹，狄九
等，二品花釵八樹，狄八等，三品花釵七樹，狄七等，四品花釵六
樹，狄六等，五品花釵五樹，狄五等，寶鈿視花樹之數。

宋制，一同于唐。

國朝命婦一品，首飾，花釵九樹，兩博鬢九鈿，服翟衣九等，
二品花釵八樹，兩博鬢八鈿，服翟衣八等，三品花釵七樹，兩博鬢
七鈿，服翟衣七等，四品花釵六樹，兩博鬢六鈿，服翟衣六等，五
品花釵五樹，兩博鬢五鈿，服翟衣五等，六品花釵四樹，兩博鬢四
鈿，服翟衣四等，七品花釵三樹，兩博鬢三鈿，服翟衣三等，以上
翟衣之質，依品從隨夫朝服之色。其制度圖本，詳見《冠服篇》。

儀仗

中宮之尊，配位宸極，助理内教，出則有鹵簿以奉引，居則有
儀仗以侍衛。其前代記載儀仗，間見于鹵簿中。

唐左右厢有黃麾仗，厢各三行，行列百人，共六百人，從内第
一行短戟五色氅，第二行戈五色氅，第三行儀鍠五色幡，又有偏
扇、團扇、方扇各二十四，團雉尾扇二，大繖四，大孔雀扇八，華錦
蓋二，小雉扇十二，朱畫團扇十二，錦曲蓋二十，錦六柱八，扇絳
麾二，並分左右，黃麾一。

宋同唐制。

國朝中宮儀仗，殿下左右麾、幡、繖、扇等儀三十六，殿前班

劍、瓜仗等儀四十四,殿前擎執、華蓋、交椅等儀十四,殿上擎執、香鑪、唾壺等儀六。制度詳見《儀仗篇》。

樂

古者,后夫人有《房中》之樂,歌《周南》《召南》,而不用鐘磬,所以諷誦以事其君子,而朝會之樂未聞焉。

隋初,皇后之庭,但設絲管,大業以後,始制鐘磬,而猶不設鎛鐘。

唐制,中宮用宮架二十虡,其十二鎛鐘,以十二大磬代之,舞用八佾。

宋中宮朝會樂,無所考見。

元朝會皇后,乘輿同陞殿受賀。

國朝中宮受內外命婦朝賀宴會,並奏大樂,詳見《樂書》。

陳設

古者命婦朝中宮,必預爲陳設于內外,所以謹其禮也。

至唐,則前二日,本司宣攝內外各供其職。前一日,守宮設外命婦次如常儀,尚寢率其屬設御幄于皇后正殿北壁,南向,又設命婦爲首者脫舄席于西階前,近西,東向,司樂展宮懸之樂于殿庭,設麾于殿上西階之西,東向,內僕設重翟以下于肅章門外道東,西向,司贊設命婦等版位于殿庭,內謁者設外命婦等位于肅章門外,設司贊位于東階東南,西向,設掌贊二人位于司贊之南,差退,俱西向,諸衛勒所部屯門列仗陳布于肅章門外。

宋正旦受賀之儀,未見記載。

國朝正旦、冬至、中宮壽誕,皇太子、親王行禮,內使監設皇后御座于坤寧宮正中,于宮門外設皇太子幄次于東北,設親王幄次于近南之東西,設樂位于王宮門外,設儀仗于丹墀及露臺上之東西,設司贊二人位于露臺上之東西,司賓二人位于司贊之南,東西相向,設內贊二人位于殿上之東西。內外命婦行禮,內使監仍設皇后御座于坤寧宮于宮門外,設皇妃幄次于宮門西,近北,設皇太子妃、及王妃、公主幄次于門東,設外命婦幄次于門外之東西近南,設皇妃、皇太子妃、王妃、公主拜位于露臺上,設司贊二人、司賓二人位于露臺上,東西相向,內贊二人于殿上之東西,設外命婦侍立位于殿庭之東西相向,拜位于殿庭中,北向,司贊二人位于殿庭之東西,司賓二人位于司贊之南,東西相向,內贊二人于殿上,司言位于殿上之東。

執事

中宮朝會必戒執事之人,所以使之各供其職也。

唐正旦、冬至,中宮受命婦朝,有守宮掌命婦次,尚寢掌御幄,及命婦脫舄席,司樂掌宮懸,典樂掌舉麾,內僕掌陳重翟車,司贊掌版位諸位掌列仗,內典引掌引禮,尚儀掌奏中嚴外辦,司寶掌奉瓊寶,司賓掌引班首行禮。

宋正旦、冬至,無受賀儀。

國朝受命婦賀,殿庭執仗內使三十六人,露臺上執仗內使四十四人,殿上擎執女使六人,內使監官掌設御座、皇太子、親王及內外命婦拜位、侍立位,司贊二人掌殿前拜禮,內贊二人掌殿內拜禮,司賓二人掌引內命婦行禮,二人掌引外命婦行禮,司言一人掌宣旨,樂工三十二人。受皇太子、親王朝,陳設、執事同前。

班位

古者命婦各有品級以爲尊卑之等，其朝于中宮也，則以其品級敘而爲班次焉。

唐制，公主及王妃以下爲外命婦，其品秩，大長公主、長公主，並視正一品，郡主視從一品，縣主視正二品，文武官一品及國公母妻爲國夫人，三品以上母妻爲郡夫人，四品若勳官二品有封母妻爲郡君，五品若勳官三品有封母妻爲縣君帶職者，若勳官四品有封母妻爲鄉君，其母邑號皆加太字，諸命婦朝參行立次第，各準夫、子，同班者則母在上，職事非五品以上者並不在參例。其朝之日，司贊設序立位于門外，大長公主以下于道東，太夫人以下于道西，俱重行相向，北上，又設命婦位于殿庭，太長公主以下在東，以西爲上，太夫人以下在西，以東爲上，諸親婦女宗親在東，以西爲上，異姓在西，以東爲上，俱重行異位，北向。

宋正旦、冬至朝會之儀，未見載記。

國朝正旦、冬至及中宮壽誕日，皇太子、親王露臺上行禮，皇太子位居中，東次秦王、燕王、楚王、潭王、魯王，西次晉王、吳王、齊王、趙王，次西近南靖江王。皇妃行禮，東貴妃，次充妃，次惠妃，西寧妃，次定妃，次順妃，皇太子妃、王妃、公主行禮，皇太子妃居中，王妃、公主各以長幼分位于東西，公主位亦各以長幼分于東西，外命婦行禮，依品從序班于殿庭。

贊詞

唐正旦皇太子朝，皇后稱賀曰："元正首祚，景福惟新，伏惟殿下，與天同休。"冬至云："天正長至，伏惟殿下，如日之升。"正旦命婦朝皇后稱賀曰:"妾姓等言,元正首祚,景福惟新,伏惟殿下,與時同休。"宣答云:"履新之慶,夫人等同之。"冬至云:"妾姓等言,天正長至,伏惟殿下,如日之升。"宣答云:"履長之慶,夫人等同之。"

國朝正旦皇太子朝,稱賀云:"長子某,茲遇履端之節,謹率諸弟某王某等,恭詣母后殿下稱賀。"冬至則云:"長子某,茲遇履長之節,謹率諸弟某等,恭詣母后殿下稱賀。"壽旦則云:"茲遇母后殿下聖誕之辰,謹率諸弟某等,恭上千歲壽。"正旦皇妃稱賀云:"某妃妾某氏等茲遇履端之節,恭詣皇后殿下稱賀。"冬至則云:"某妃妾某氏等茲遇履長之節,恭詣皇后殿下稱賀。"壽旦則云:"某妃妾某氏等茲遇皇后殿下聖誕之辰,恭上千歲壽。"其皇太子妃則稱:"長婦妾某等。"公主則稱:"長女某,謹率諸妹某等。"命婦則稱:"某國夫人妾某氏等。"贊詞同。

賀箋

箋奏之名始于漢,而其用不專于慶賀。

唐以來始與表對用,以爲賀上之文,又以箋次于表,而有等級之分,蓋始于慶賀矣。

宋制,遇大慶禮,則文武百僚拜表稱賀乘輿訖,然後移班,拜箋稱賀中宮。

元每正旦在內省院臺,長官進箋稱賀,赴中政院收受,在外行省亦然,其所屬五品以上,第進所屬上司,類進中政院。

國朝正旦、冬至,各行省進箋稱賀,其所屬府州則各進于行省,類進中書省,諸各處分衛守禦官各進于都督府,都督府類進,其直隸府州則進于禮部。

其寫箋式，參用唐制。起首：“具官臣某等，誠懽誠忭，稽首頓首上言。云云”

中賀：“臣某等誠懽誠忭，稽首頓首，敬惟皇后殿下。云云”

末後：“臣某等無任瞻仰激切屏營之至，謹奉箋稱賀以聞，臣某等誠懽誠忭，稽首頓首，謹言，年月日具官臣某等謹上箋。”以上並用小字真書，其署名加小端謹，箋文前上面貼紅帖一方如印大，帖下用印，紅帖上所書，如正旦，寫進賀正旦箋文，如冬至，寫進賀冬至箋文，末後年月日上亦用印。

封皮。上用紅帖，如正旦于上書寫進賀正旦箋文，冬至寫進賀冬至箋文，紅帖下用印，印下寫具官臣某上進謹封，于上進謹封字上用印。

副本。用手本小字真書，後年月日上用印，紅綾表褙。

袱匣。用木飾以金鳳鎖鑰全，用紅羅夾袱二條，上銷金鳳紋，小者裹箋于匣內，大者裹匣外，仍用氊片油絹袱重裹。

宴會

《周官·內宰》：“掌致后之賓客之禮。”註謂諸侯夫人有會見王后之法，故亦致禮焉。然則諸侯夫人朝于王后，而王后與之行宴會之禮者，其來尚矣。

漢、魏以降，其禮漸廢。

至唐，每正旦、冬至，則外命婦皆朝中宮，朝畢而會，其儀則有尚寢率其屬，鋪外命婦等之座于殿上，大長公主以下于御座東南，重行西向，太夫人以下于御座西南，重行東向，又設不升殿者座席于東西廊下。尚食設壽罇于殿上，又設升殿者酒罇于東西廊下，又設廊下者酒罇各于其座之南，皆有坫冪，俱幛以帷。皇后褘衣即御座，樂奏《正和》之曲，命婦爲首者進酒于御座前跪，稱賀，司言承令宣答，酒行十二遍，仍有賜帛。

宋每遇慶節，皇親戚里之家，臣僚命婦入內進奉，而宴會之詳，未見記述。

國朝正旦、冬至、壽誕內殿受朝畢，內使監仍于殿上陳設御座，殿庭及露臺上左右，陳設儀仗，殿內擎執如受朝之儀，殿內御座之東，設皇太子妃，及王妃、公主座位，以次而南，西向，御座之西，設皇妃六位坐位以次而南，東向，近左右第一行設一品命婦坐位，東西相向，第二行，左右設二品命婦坐位，東西相向，第三行設三品、四品命婦坐位，東西相向，皆以北爲上，東西廡下，設四品以下至七品命婦座，東西相向，以北爲上。女伎陳大樂、細樂及諸舞隊于殿之南楹，內使監設御酒罇、御食案、內外命婦酒罇、食案訖，皇后常服升御座，丞相夫人進壽花于御前，酒行七遍，間進食五次，皆以樂爲節，兼用諸舞隊。宴畢，命婦以次出。

皇太子正旦朝賀儀注 <small>冬至壽誕同但改用贊詞</small>

前期，內使監于坤寧宮設皇后御座于正中，設皇太子幄次于王宮門外之東，近南，親王幄次于王宮門外近南之東西。

其日，設儀仗于露臺上，及殿庭之東西，設皇太子、親王拜位于露臺上正中，及殿內正中，司贊二人位于露臺上拜位之北，東西相向，司賓二人位于司贊之南，東西相向，內贊二人位于殿內拜位之北，東西相向，樂工陳樂于王宮門外。

皇太子、親王朝上位訖，司賓引導仍具冕服至幄次，內使監官啓知皇后首飾、褘衣。將出，仗動，<small>樂作。</small>陞御座。<small>樂止。</small>司賓引導皇太子、親王入就殿前拜位，初行，<small>樂作。</small>至拜位。<small>樂止。</small>司賓二人分立于東西，司贊唱："鞠躬，<small>樂作。</small>拜，興，拜，興，拜，興，拜，興，平身。"<small>樂止。</small>司賓導引皇太子、親王俱進自殿東門，<small>樂作。</small>司賓伺于門外内，贊接引至于御前拜位，樂止。内贊唱："跪。"皇太子跪，親王皆跪，皇太子稱："長子某兹遇履端之節，冬至則云履長之節，壽旦則云兹遇母后殿下聖誕之辰，謹率諸弟等恭上千歲壽。謹率諸弟某王等，恭詣母后殿下稱賀。"内贊唱："俯伏，興，平身。"皇太子、親王皆俯伏，興，平身。内贊引皇太子、親王自殿東門出，樂作。司賓引復殿前拜位，樂止。司贊唱："鞠躬，樂作。拜，興，拜，興，拜，興，拜，興，平身。"樂止。内使監官啓："禮畢。"司贊唱："禮畢。"皇后興，樂作。至内閣門，司賓引皇太子、親王還幄次。樂止。

内外命婦正旦朝賀儀注

前期侵晨，内使監官于坤寧宮設皇后御座，設皇妃幄次于王宮門外之西，近北，設皇太子妃、王妃、公主幄次于王宮門外之東，稍南，設内外命婦幄次于門外之南，東西相向，

其日，設儀仗于殿庭及露臺上之東西，擎執于御座之左右，皇妃、皇太子妃、王妃、公主拜位于露臺上正中，設外命婦侍立位于殿庭之東西，拜位于殿庭正中，設司贊二人位于露臺上之東西，二人位于殿庭之東西，司賓二人位于露臺上司贊之南，東西相向，二人位于殿庭司贊之南，東西相向，内贊二人位于殿内，東西相向，司言一人于殿内之東，内贊之北，樂工位于宮門之外。

内使監官啓請皇后首飾、褘衣，出閣，仗動，樂作。陞御座，樂止。司賓二人于幄次引外命婦由東門入侍立位，司賓二人于幄次引皇妃等由東門入東陛陞，至露臺上拜位，司贊唱："拜，樂作。興，拜，興，拜，興，拜，興。"樂止。司賓引貴妃由殿東門入，至殿上拜位，内贊、司贊同唱："跪。"貴妃與衆妃皆跪，貴妃稱："妾某氏等兹遇履端之節，恭詣皇后殿下稱賀。"内贊、司贊同唱："興。"皇

妃皆興,司賓引貴妃由殿東門出,樂作。復位,樂止。司贊唱:"拜,樂作。興,拜,興,拜,興,拜,興。"樂止。唱:"禮畢。"司賓引皇妃由東階降,東門出,司賓二人引皇太子妃、王妃、公主,由東門入,東階陞,至露臺上拜位,司贊唱:"拜,樂作。興,拜,興,拜,興,拜,興。"樂止。司賓引皇太子妃由殿東門入,至殿上拜位,內贊、司贊同唱:"跪。"皇太子妃與王妃、公主皆跪,皇太子妃稱:"長婦妾某氏等,茲遇履端之節,恭詣皇后殿下稱賀。"內贊、司贊同唱:"興。"皇太子妃、王妃、公主皆興,司賓引皇太子妃由東門出,復位,司贊唱:"拜,樂作。興,拜,興,拜,興,拜,興。"樂止。司賓引皇太子妃、王妃、公主由東階降,東門出,司賓引外命婦入拜位,司贊唱:"班齊。"唱:"拜,樂作。興,拜,興,拜,興,拜,興。"樂止。司賓引班首由西階陞,樂作。西門入,至殿上拜位,樂止。內贊、司贊同唱:"跪。"班首及命婦皆跪,班首稱:"某國夫人妾某氏等,茲遇履端之節,恭詣皇后殿下稱賀。"內贊、司贊同唱:"興。"班首及外命婦皆興,司賓引班首由西門樂作。出,西階降,復位,樂止。司言前跪承旨,由殿中門出立,于露臺上之東,南向稱:"有旨。"司贊唱:"跪。"眾命婦皆跪,司言宣旨云:"履端之慶。冬至則云'履長之慶',與夫人等共之。"司贊唱:"興。"眾命婦皆興,司言入跪云:"宣旨畢。"司贊唱:"拜,樂作。興,拜,興,拜,興,拜,興。"樂止。司贊唱:"禮畢。"內使監官啓:"禮畢。"皇后興,樂作。入內閤門,司賓引眾命婦由西門出。樂止。

宴會命婦儀注正旦冬至壽誕並同

坤寧宮受朝賀畢,內使監官仍于殿上陳設御座,于殿庭及露臺上左右,設儀仗及御座左右擎執,如受朝之儀。又于御座西

畔,設貴妃等六妃位,東畔稍南,設皇太子妃、王妃、公主位,于殿
南左右第一行,設一品外命婦坐次,左右第二行,設二品命婦座,
左右第三行,設三品外命婦坐次,左右第四行,設四品外命婦坐
次,以北爲上,東西相向,東西廡下,設四品以下外命婦座次,以
北爲上。樂工于殿之南楹陳大樂、細樂及諸舞隊,設御酒尊于殿
之南楹正中,設皇妃酒尊于御酒尊之西,皇太子妃、王妃、公主,
酒尊于御酒尊之東,設外命婦酒尊于殿門左右及東西兩廡。御
位司壺二人,尚酒、尚食二人。皇妃六位,司壺一人,奉酒、奉食
二人。皇太子妃、王妃、公主,司壺一人,奉酒、奉食二人。殿上
左右行,每一行,司壺二人,奉酒、奉食二人。東西廡各有司壺、
供酒、供食之人。陳御食案于殿上正中,及皇妃六位食案于殿上
之西,稍南,皇太子妃、王妃、公主食案于殿上之東,稍南,外命婦
食案、東西廡命婦食案皆先設于本位前。

　　將宴,諸執事人各供事,司賓引大小命婦各服常服,侍立于
殿門外之左右,內使監官啓知皇后常服,皇妃、皇太子妃、王妃、
公主常服,隨從出閤。仗動,_{樂作。}陞御座。_{樂止。}司賓引皇妃、皇
太子妃、王妃、公主,入就位,司賓引大小命婦入,各立于座位後,
丞相夫人率次命婦等舉御食案進于御座前,丞相夫人捧壽花進
于御前,二品外命婦各舉食案進于皇妃、皇太子妃、王妃、公主
前,進壽花于皇妃、皇太子妃、王妃、公主前。大小命婦各就位
坐,奉御及諸執事人分進壽花于殿內大小命婦,及分進壽花于東
西廡命婦訖。司壺于御前尚酒,及皇妃、皇太子妃、王妃、公主前
進酒,內外命婦前各供酒,_{樂作。}樂女北面立,舉手唱:"上酒。"飲
畢,_{樂止。}東西廡大小命婦前,司壺各斟酒如儀。奉御于御座前
尚食,供食者于皇妃、皇太子妃、王妃、公主前及外命婦前各供

食，樂作。樂女北面舉手唱："上食。"食畢，樂止。東西廡大小命婦前，供食者各供食如儀。凡酒七行，間進食五次，上酒、上食，樂作、樂止，並如儀，樂或間用舞隊。宴畢，皇后興，樂作。侍從導引還宮，如來儀。樂止。司賓引大小命婦以次出。

諸王來朝儀注

前期，內使監于坤寧宮陳設皇后御座于正中，南向，設親王幄次于王宮門外。

是日，設儀仗于殿庭及露臺上之東西，設親王拜位于露臺正中及殿內御座前，司贊二人位于露臺上拜位之北，東西相向，司賓二人位于司贊之南，東西相向，內贊二人位于殿內拜位之北，東西相向，樂工陳樂于宮門之外，北向。

陳設畢，司賓引王服袞冕入伺于幄次，內使監官啓請皇后首飾、褘衣出閤，仗動，樂作。陞御座，樂止。司賓引王由東陛陞，樂作。入就露臺上拜位，樂止。贊禮唱："鞠躬，樂作。拜，興，拜，興，拜，興，拜，興，平身。"樂止。司賓導王由殿東門入，樂作。至位，司賓分立于左右，樂止。內贊唱："跪。"王跪，稱："第幾子某王某，茲遇孟春四時隨時改易。入覲，恭詣母后殿下朝拜。"內贊唱："俯伏，興，平身。"王俯伏，興，平身。司賓引王由殿東門出，樂作。復位，樂止。司贊唱："鞠躬，樂作。拜，興，拜，興，拜，興，拜，興，平身。"樂止。司贊唱："禮畢。"內使監官啓："禮畢。"皇后興，樂作。至內閤門，司賓引王出就幄次。樂止。

皇太子諸王朝圖

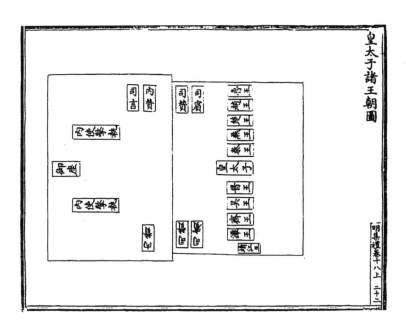

中宮受皇妃賀圖

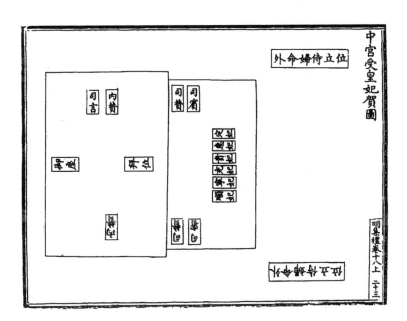

中宮受皇太子妃王妃公主賀圖

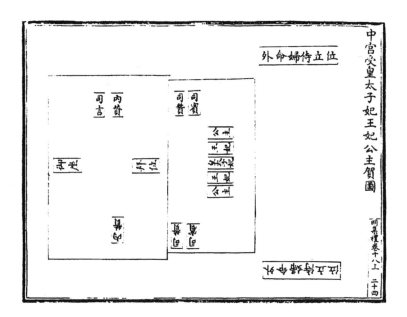

中宮受外命婦賀圖

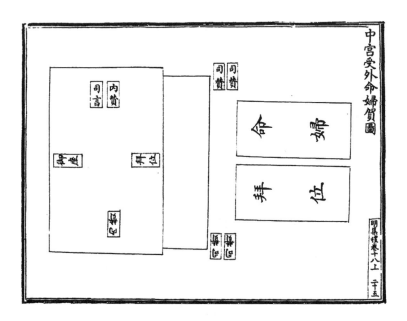

內殿宴會內外命婦次序圖

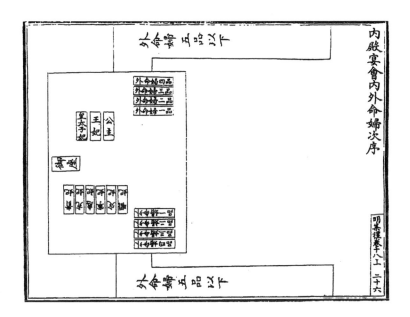

諸王來朝圖

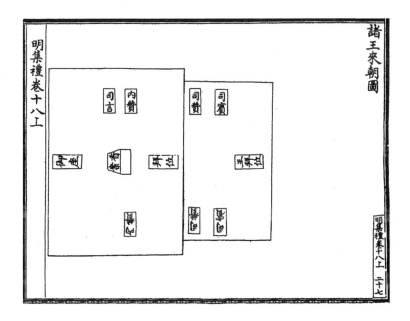

大明集禮卷一八下

嘉禮三

東宮朝會

總敘

皇太子受群官賀儀，漢以前無聞。

唐正旦、冬至，則于大朝會之明日，百官、朝集使等皆詣東宮行禮，群官再拜稱賀，又再拜，皇太子有答後再拜之儀。

宋正旦、冬至，三公賀前後皆再拜，皇太子俱答拜，其中班首稱賀，有承令宣答之制，次樞密院官賀，次受師傅保、賓客賀，並如上儀，次文武宮官賀，班首稱賀，無宣答亦不答拜。

元正旦則于大朝會之明日，文武群官以下常服，至東宮，行國俗四跪拜禮，其千秋亦如之。

國朝正旦、冬至，奉天殿朝畢，皇太子于大本堂受三公、賓客、諭德賀，有答後再拜之禮，百官詣東宮賀，有稱賀宣答而不答拜。

今具歷代儀文並國朝儀注，以著于篇。

儀仗

東宮受朝儀仗，前代記載皆雜見于鹵簿中。

唐有龍旗六，左右二厢儀仗各六色，每色九行，每行六人，以戟赤氅、弓箭、儀鋋眊①、刀楯、儀鍠五色幡、油戟相間，又繖二，雉尾扇四，夾繖，又有團雉尾扇二，小方雉尾扇八，分左右，左右厢絳引旛十二，爲二行，前六幡，後六幡，又朱漆團扇六，紫曲蓋六，又團扇二，小方扇八，又執班劍二行，執儀刀六行。

宋龍旗六，左右厢儀仗各六色，色各九行，行六人，前第一行，戟赤氅，次第二行，弓矢，次第三行，儀鋋氅②，次第四行，刀楯，次第五行，儀鍠五色幡，次第六行，油戟，執班劍二行，儀刀六行，並與唐同，又朱團扇六，紫曲蓋六，又繖二，雉尾扇四，團雉尾扇二，方雉尾扇八，分左右。

國朝東宮儀仗，中門外中道，設龍旗六，角六，鼓六，鉦六，黃旗一，居中，左前青旗一，右前赤旗一，左後黑旗一，右後白旗一，每旗下執弓弩六，殿下左右執幡氅等仗三十六，殿前左右班劍等儀四十八，殿門左右團扇等儀十二，殿上左右香鑪、香合等儀六。詳見《儀仗篇》。

樂

周制，王用宮懸樂，諸侯用軒懸，而無王世子用樂之文。

《樂書》云："三王教世子，必以禮樂。"則東宮安得不設樂乎？

---

① "眊"，原作"旽"，據《新唐書》卷二三《儀衛志下》改。
② "氅"，原作"旽"，據《宋史》卷一四七《儀衛志五·皇太子鹵簿》改。

梁武帝天監中，東宮新成，皇太子宴會，司馬褧請奏金石軒架之樂，賀場請備文武二舞，正旦上壽，奏《介雅》，亦殆先王之制也。

隋皇太子正旦，張樂受賀。

唐制，皇太子樂用軒懸，舞用六佾。

宋皇太子之樂，不言其制。

國朝東宮正旦、冬至，受群官賀，用大樂，加用細樂，詳見《樂書》。

陳設

東宮受朝賀陳設，唐皇太子正、至朝會，前一日，典設官設幄座于正殿東序西向，守宮設群官等次于東宮朝堂，伶官展軒懸于殿庭，典設郎鋪群官牀座于殿上，又設文武三品官位于殿上，奉禮設文武官朝集使及諸親位于門外。其日質明，諸衛率各勒所部屯門列仗。

宋正旦、冬至，所司設三公以下文武群官等次如常儀，典儀設皇太子答拜褥位于階下，南向，又設文武群官版位于門之內外。

國朝陳設見于儀注。

執事

按古者東宮受朝執事，唐正旦、冬至，左右衛率府衛率，掌陳兵仗司直二人，分知東西班，左庶子，掌版奏，左諭德，列侍于左階，右諭德，列侍于右階，典設郎一人，掌設幄座，守宮一人，掌設群官位，率更令掌張樂懸，典膳，掌陳酒尊，掌儀一人，奉禮一人，贊者二人,通事舍人二人。

宋正旦、冬至,受三公以下文武群官賀,有典儀,掌設答拜褥位,又掌文武群官版位,舍人,掌引三公以下群官禮,左庶子,掌啓內嚴、外備,內侍掌奏。

國朝正旦、冬至、千秋節,大本堂受三公、師傅賀,陳皇太子座一人,啓外備一人,導引皇太子四人,設三公、賓客、諭德位一人,設皇太子答拜褥位一人,知班二人,贊禮二人,內贊二人,引文武侍從班四人,鋪墊拜席一人,東宮受百官賀,陳皇太子座一人,啓外備一人,導引皇太子四人,設百官位一人,知班二人,贊禮二人,內贊二人,宣箋官一人,宣箋目官一人,展箋官二人,受箋官一人,承令官一人,引文武班四人,鋪墊拜席一人,引使客二人,殿下儀仗三十六人,殿前儀仗四十八人,殿門前擎執十二人,殿上擎執六人,殿門前將軍六人,樂工三十二人。

班位

唐正、至、東宮受賀群官班位之序,皇太子于正殿東序西向坐,文官三品以上位于皇太子西南,重行北向,武官三品以上位于皇太子西北,重行南向,俱以東爲上,朝集使以上,及都督、刺史,各依方于文武官之下,設不升殿者坐于殿東西廂,文官四品、五品于軒懸之東,六品以下于橫街之南,每等異位重行,西向北上,武官四品、五品于軒懸之西,六品以下于橫街之南,每等異位俱重行,東向北上,朝集使非升殿者分方各于文武官當品之下,諸州使人分廂各于朝集使之下,亦如之。諸親于四品、五品之下,設門外位于東宮朝堂之前,文官在東,武官在西,俱每等異位重行,相向北上,諸親位于文武四品、五品之下,宗親在東,異姓在西,諸州朝集使位,東方、南方于宗親之南,每等異位重行,西面,西方、北方,異姓親之南,每等異位重行,東面,俱以北爲上。

宋正旦、冬至,受三公以下文武群官賀,皇太子答拜褥位階下南向,三公以下拜位階下近南北向。

元正旦于大朝會之明日,文武群官以常服至東宮行賀禮,皇太子居偏殿南向座,群官自丞相以下以次入,北面行四跪拜禮。

國朝正旦、冬至、千秋節,皇太子于大本堂受三公、賓客、諭德常服賀禮,三公、師傅拜位北向,皇太子答拜位南向,東宮受群官賀群官拜位于庭中北向,文東武西,每等異位重行,使客位于庭中,文官之東,學官位于文官之南。

贊詞

唐正旦群官稱賀皇太子,贊詞云:"元正首祚,景福惟新,伏惟皇太子殿下,與時同休。"冬至稱賀云:"天正長至,伏惟皇太子殿下,與時同休。"

國朝正旦、冬至群官稱賀皇太子云:"三陽開泰,萬象惟新,敬惟皇太子殿下,茂膺景福。"宣答云:"履茲三陽,願同嘉慶。"冬至稱賀云:"茲遇律應黃鐘,日當長至,敬惟皇太子殿下,茂膺景福。"宣答云:"履長之節,願同嘉慶。"皇太子千秋,群官稱賀云:"茲遇皇太子殿下壽誕之辰,謹率文武群官,敬祝千歲壽。"

賀箋

漢班固有《上東平王箋》。

魏吳質有《上太子箋》,然不專于慶賀也。

《唐令》有《百官上東宮箋式》,于皇太子稱殿下,自稱名,不稱臣，蓋始用于慶賀矣。

宋群臣上皇太子箋與唐同。

元正旦及千秋，在内省院臺進箋，赴詹事院收受，在外行省亦然。其所屬五品以上，第進所屬上司，類進詹事院，皆稱名，不稱臣。

國朝正旦、冬至、千秋、各行中書省進箋稱賀，及類進所屬府州賀箋，赴中書省，其各處分衛守禦官各進于都督府，其直隸府州則進于禮部，其寫箋式，參用唐制。

起首："具官某等，誠忻誠忭，頓首頓首，上言。<small>云云</small>"

中賀："某等誠忻誠忭，頓首頓首，恭惟皇太子殿下。<small>云云</small>"

末後："某等無任瞻仰激切屏營之至，謹奉箋稱賀以聞，某等誠忻誠忭，頓首頓首，謹言年月日具官某等謹上箋。"<small>以上用小字真書，其署名加小端謹，箋文上面貼紅帖一方，如印大，帖下用印，紅帖上寫，如正旦，寫進賀正旦箋文，如冬至，寫進賀冬至箋文，末後年月日上亦用印。</small>

封皮。<small>上用紅帖如正旦，于上書寫進賀正旦箋文，冬至寫進賀冬至箋文，紅帖下用印，印下寫具官某上進謹封，于上進謹封字上用印。</small>

副本。<small>用手本小字真書，後年月日上，用印，紅綾表褙。</small>

袱匣。<small>用木，飾以金螭鏁鑰全，紅羅夾袱二條，上用銷金螭紋，小者裹箋于匣內，大者裹匣外，仍用氆片油絹袱重裹。</small>

正旦受三師賀儀<small>冬至千秋節同</small>

前期，内使監官設皇太子座于大本堂如常儀，拱衛司設皇太子答拜褥位于堂中，侍儀司設三師、賓客、諭德拜位于堂前，贊禮二人位于三師位之北，東西相向，内贊二人位于堂中，東西相向。

是日，贊禮、内贊入就位，引進導皇太子常服陞座，引禮引三師、賓客常服,入就位,北向立定,皇太子起立南向,贊禮唱:"鞠躬,拜,興,拜,興,拜,興,拜,興,平身。"三師、賓客鞠躬,拜,興,拜,興,拜,興,拜,興,平身。皇太子先受兩拜,後答兩拜,内贊贊拜如常儀,引進啓:"禮畢。"導引皇太子至東宮,三師、賓客以次出。

正旦受群官賀儀_{冬至同}

前期,内使監陳皇太子位于東宮正殿,如常儀,侍儀司設箋案位于殿下之西及殿内正中,文武百官拜位于殿下,文東武西,每等異位重行,設使客位于文官之東,設學官位于文官拜位之南,宣箋官、宣箋目官、展箋官位于箋案之西,受箋官位于殿上之東,承令官位于殿上之東,知班二人位于文武官拜位之北,東西相向,贊禮二人位于知班之北,東西相向,内贊二人,位于殿上之南,東西相向,引文武班舍人四人①,位于文武班之北,稍後,東西相向,引使臣二人,位于引文班之南,西向。

是日,宿衛陳甲士兵仗于東宮外門外,及旗幟于中門外,將軍六人于殿門之東西,拱衛司陳設儀仗于殿下之東西,及殿前之東西,殿門之東西,内使監擎執于殿上之左右,和聲郎陳樂器于文武拜位之南,侍儀舍人常服置箋函于案,舉入位,引班引文武官常服齊班于東宮門外之東西,通贊、内贊、宣箋、宣箋目、展箋、受箋官、承令官,俱入就位。引進啓外備,導皇太子常服陞殿,將入,_{樂作}。陞殿。_{樂止}。引班引文武官入就位,知班唱:"班齊。"贊禮唱:"鞠躬,_{樂作}。拜,興,拜,興,拜,興,拜,興,平身。"_{樂止}。引班

---

① "舍人",原無,據《明太祖實錄》卷三五補。

引丞相詣西階陞,西門入。引班立候于門外,内贊接引丞相至殿内拜位立定,内贊唱:“跪。”丞相跪,贊禮唱:“衆官跪。”衆官皆跪,丞相稱:“某銜某官某①,兹遇三陽開泰,萬象維新,_{冬至則云:“律應黄鐘,日當長至。”}敬惟皇太子殿下,茂膺景福。”賀畢,内贊唱:“俯伏,興。”丞相俯伏,興。贊禮唱:“俯伏,興。”衆官俯伏,興,内贊引丞相出自西門内贊復位,引班引丞相西階降,復位。引班退,復位。贊禮唱:“進箋。”捧箋官詣案捧箋,與宣箋、宣箋目官、展箋官,一同由西階西門入,内贊唱:“進箋。”捧箋官跪進箋,受箋官跪于案東,受箋,出置于案,内贊唱:“宣箋。”宣箋官興,就取箋目,跪于案西,展箋官同跪,展宣畢,展箋目官興,復位,宣箋目官俯伏,興,以箋目復于案,復位,宣箋官詣案取箋,跪讀于西,展箋官同跪,宣畢,展箋官興,復位,宣箋官俯伏,興,以箋復于案,與宣箋、展箋官俱由西門出,復位。承令官由中門出,立殿階東南,稱有令,贊禮唱:“跪。”衆官皆跪。傳令云:“履兹三陽,顧同嘉慶。”_{冬至則云:“履長之節,顧同嘉慶。”}承令畢,由西門入,跪云:“承令畢,俯伏,興。”贊禮唱:“鞠躬。”_{樂作。}百官皆鞠躬,拜,興,拜,興,拜,興,拜,興,平身。_{樂止。}贊禮唱:“禮畢。”引進啟:“禮畢。”皇太子興,_{樂作。}還宫。_{樂止。}舍人舉箋案出,引班引文武百官以次出。

千秋節受群官賀儀

前期,内使監陳皇太子座于東宫正殿如常儀,侍儀司設箋案位于殿下之西北,及殿内正中,文武官拜位于殿下,文東武西,每等異位重行,使客位于文官之東,學官位于文官拜位之南,知班

二人位于文武官拜位之北，東西相向，贊禮二人位于知班之北，東西相向，內贊二人位于殿上之南，東西相向，引文武班四人位于文武班之北稍後，東西相向，引使客二人位于引文班之南西向。

是日，宿衛陳甲士兵仗于東宮外門外之左右，及旗幟于中門外之左右，將軍六人于殿門之東西，拱衛司陳儀仗于殿下之東西，及殿前之東西，殿門之東西，內使擎執于殿內之左右，和聲郎設樂工位于文官拜位之南，侍儀司舍人常服置箋函于案舉入位，引禮引文武官，常服齊班于東宮門外之東西，引禮引使客學官，各常服入立于下，知班贊禮，內贊、宣箋、宣箋目、展箋、受箋官、承令官，俱就位，引進啟："外備。"導皇太子常服陞殿，將入，_{樂作}。陞殿，_{樂止}。引禮引文武官、使客、學官入就位，引禮亦就本位，知班唱："班齊。"贊禮唱："鞠躬，_{樂作}。拜，興，拜，興，拜，興，拜，興，平身。"_{樂止}。引班引丞相由西階陞，_{樂作}。至西門入，引班立候于門外，內贊接引丞相至殿內拜位，_{樂止}。內贊唱："跪。"丞相跪。贊禮唱："眾官皆跪。"眾官皆跪，丞相稱："某衛某官某等，茲遇皇太子殿下壽誕之辰，謹率文武群官，敬祝千歲壽。"賀畢，內贊唱："俯伏，興。"丞相俯伏，興。贊禮唱："俯伏，興。"眾官皆俯伏，興。內贊引丞相出自西門，_{樂作}。內贊復位，引班引丞相西階降，復位，_{樂止}。引班退復位，贊禮唱："進箋。"捧箋官詣案捧箋，與宣箋、宣箋目官、展箋官，一同由西階西門入，內贊唱："進箋。"捧箋官詣案前跪進箋，受箋官跪于案東受箋，出置于案。內贊唱："宣箋。"宣箋目官取箋目跪于案西，展箋官同跪，展宣畢，展箋目官興，宣箋目官俯伏，興，以箋目復于案，退，復位，宣箋官詣案取箋跪讀于西，展箋官同跪，宣畢，展箋官興，宣箋官以箋復于案，與捧箋、展箋、受箋官，俱詣西門出，復本位。贊禮唱："鞠躬，_{樂作}。拜，興，拜，興，拜，興，拜，興，平身。"_{樂止}。贊禮唱：“禮畢。”皇太子興，樂作。還宮。樂止。舍人舉箋案出，引禮引文武百官以次出。

諸王來見儀注

前期，内使監官設皇太子位于東宮正殿正中，設諸王次于東宮門外，侍儀司設諸王拜位于殿門之外，及殿内，北向，設王府官拜位于殿庭中道上之東西，北向，贊禮二人位于王拜位之北，東西相向，内贊二人位于殿内王拜位之北，東西相向，傳贊二人位于王府官拜位之北，東西相向，引王府官班二人位于王府官拜位之北稍後，東西相向，文武官侍立位于庭中，東西相向。

是日，宿衛陳甲士兵仗于東宮門外之左右，及旗幟于中門外之左右，拱衛司于殿門前，及于庭中之左右，陳設儀仗，内使擎執于殿内之左右，和聲郎設樂于殿庭之南，王朝賀中宮訖，至東宮門外幄次，内使監令啓知，引進導引皇太子常服出，樂作。陞座，樂止。引禮二人引王入就殿門外位，王初行，樂作。就位，樂止。引班二人引王府官入就位，贊禮、承傳同唱：“鞠躬，樂作。拜，興，拜，興，平身。”王與王府官皆鞠躬，拜，興，拜，興，平身。樂止。引進引王詣殿東門入，樂作。引進立候于門外，内贊二人接引王至位，北向立，樂止。内贊、承傳同唱：“跪。”王與王府官皆跪，王跪稱：“兹恭詣皇太子殿下。”内贊承傳同唱：“俯伏，興，平身。”王與王府官俯伏，興，平身，内贊引王由殿東門出，樂作。内贊復位，引進接引王出，復本位，樂止。贊禮同承傳同唱：“鞠躬，樂作。拜，興，拜，興，平身。”王與王府官皆鞠躬，拜，興，拜，興，平身。樂止。贊禮、承傳同唱：“禮畢。”引進啓：“禮畢。”皇太子興，樂作。引禮引王出，樂止。王府官及文武陪位以次出。

諸王來見班位圖

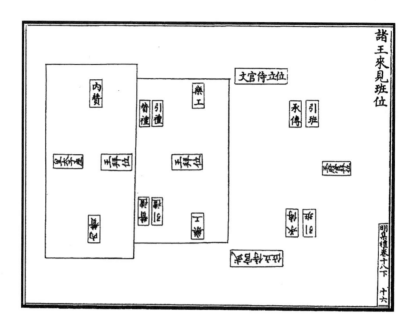

大本堂受三師賀圖

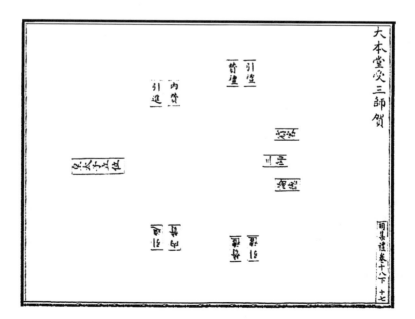

群官賀圖

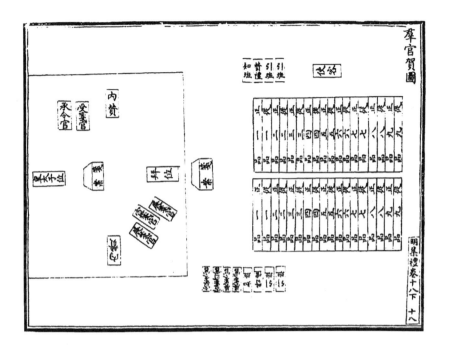

大明集禮卷一九

嘉禮三

册拜①

册皇后

總敘

古者天子之配曰妃，未有后之稱也。

《周禮》始曰王后，未有皇后之號也。

秦稱皇帝，而其后曰皇后。

漢高祖以漢王即皇帝位，立呂氏爲皇后，然册命之儀猶未備也。至靈帝立宋美人爲皇后，乃御章德殿，命太尉持節，奉璽，綬讀册，皇后北面稱臣妾，跪受册璽，此皇后親受命于天子之始也。

晉武帝臨軒發册，遣太尉册皇后楊氏，百僚上禮，此天子臨軒遣使册拜皇后于其宮之始也。

若夫唐制，凡遣使册皇后，則先有奏告天地宗廟之儀，其行册

---

① 標題無"册拜"，據本書目録補。

禮,則備音樂、儀仗之用,其禮畢,則有謁廟受賀宴會之節。

宋初立后,惟用制書,不行册禮。自仁宗立皇后曹氏以後,册璽之制與奏告之儀,視唐爲尤盛。

元制册后,其奏告、遣使與唐制同,册禮畢則皇后至大明殿謝恩,陞座,受丞相等賀禮,而于宗廟則遣官恭謝而已。

國朝册立皇后,先期奏告天地宗廟,至日皇帝臨軒發册,皇后受册于宮中,禮畢,謁謝太廟。

今集歷代禮物、儀文,以著于篇。

冠服

皇帝臨軒册后,其冠服則唐用衮冕。

宋服通天冠、絳紗袍。

皇后受册冠服。

漢首飾用假結,步搖簪珥,服用蠶服,青上縹下,如深衣之制。

唐首飾用大小花各十二樹,兩博鬢,花鈿十二,服用褘衣。

宋因唐制,冠加九龍四鳳。

元皇帝臨軒,及皇后受册皆用其國俗衣冠。

國朝册立皇后,皇帝臨軒,服衮冕,皇后受册,首飾以九龍四鳳,大小花各十二樹,並兩博鬢,寶鈿十二,服用褘衣。歷代之制,並見于《冠服篇》。

車輅

皇后受册車輅,漢制,法駕用金根車,重翟羽蓋,加青交絡帷裳。

唐制,内僕陳重翟車于肅章門外。

宋制,亦用重翟陳于穆清殿。

今擬國朝皇后受册，車用重翟，其制見《車輅篇》。

册

按册制，漢因周以竹簡聯貫，每簡長三尺，短者半之，其次一長一短，中有二編之形，下附篆書。

唐因漢制謂之策書，亦用漆書篆字，然皆不見爲册后之用。

至于宋初册后，皆寫告身，用遍地塗金花龍鳳羅紙，以金塗爲縹袋。仁宗時册后，方用珉玉爲五十簡，簡長一尺二寸二分，厚五分，縹首四枚，長隨簡，闊四寸四分，其簡並縹首上下邊，以金毬絞攔界，鐫金字，及兩頭用金絲條結子共二枚，其用縹頭二條畫神，二條畫鳳，上下皆有金條串貫，襯以錦褥，覆以銷金夾帕，匣隨册之長短，以朱漆金塗銀裝，襯以錦褥，覆以銷金夾帕，其腰輿、行馬、檐床等皆用朱紅漆，金塗銀裝。

元册后亦以玉爲册，其文真書鐫刻，内填以金，其簡從文之多少以定數，每簡長一尺二寸，闊一寸二分，厚五分，聯以金縷，首尾結帶，前後四簡琢爲龍形，若捧護之狀，縷以金，籍以錦，覆以紅羅泥金夾帕，册匣長廣取容其册，塗以朱漆金裝，隱起突龍鳳，金鎖鐍，匣上又以紅羅繡蟠龍蹙金帕覆之，承以鍍金裝長干牀①，龍首鍍金魚鈎，籍匣褥以錦緣，又以紅絲條縈匣外，其行馬飾以鍍金，册案用朱漆，覆以紅羅銷金衣。

國朝立皇后，用金册金字二片，每片依周尺長一尺二寸，闊五寸，厚二分五釐，字則依數分行，鐫刻真書，每片側邊，上下有竅，用紅條聯貫，開闔如今書帙之狀，背各用紅錦嵌護，藉以紅錦

---

① "干"，原作"于"，據嘉靖本改。

小褥,册盝以木爲之,飾以渾金瀝粉蟠龍,用紅紵絲襯裹,内以紅羅銷金小袱裹册,外以紅羅銷金夾袱裹之①,五色小條縈于匣外。臨册之日,置于紅漆輿案案頂,有紅羅、瀝水,用檐床二舁之。

册文

漢靈帝册宋美人爲皇后,其文曰:"惟建寧四年,七月乙未,制詔,皇后之尊,與帝同體,供奉天地,祇承祖廟,母臨天下,故有莘興殷,姜任母周,二代之崇②,蓋有内德,長秋宫闕,中宫曠位。宋美人垂淑媛之德,體河山之儀,威容昭耀,德冠後庭。群僚所咨,人曰宜哉;卜之蓍龜,卦得坤乾;有司奏議,宜稱紱組,以母兆人。今使太尉襲持節奉璽綬,宗正祖爲副,立美人爲皇后。其往踐爾位,敬尊禮典,肅慎中饋,無替朕命,永終天禄。"

唐德宗立皇后王氏,其册文曰:"皇帝若曰,乾坤合德,聖人則之,惟帝承天,惟后配帝,嗣續百代,母臨萬邦,位定于中,而尊加于外;德脩于已,而化被于人。御于家邦,所繫斯在,三代崇替,靡不由之。予是以詢衆採賢,重難斯命,中壼虚位,于今歷年。陰儀或虧,宗事無主,闕于典禮,朕甚愧焉。稱是徽章,聿歸全德。

咨爾淑妃王氏,天與純粹,氣鍾元和,含章在中,發秀于外。卓爾風操,穆然容輝,周旋中規,進退有度。仁愛恭儉,稟于生知;詩書禮樂,成自師氏。竭其孝敬,祇事先朝,承事無違,克諧尊旨。往居桂苑,淑問已彰③,洎奉椒塗,謙光載路,言無伐善,志

---

① 《明太祖實録》卷二八上"夾"前有"大"字。

② "二",原作"三",據《通典》卷五八《禮十八·沿革十八·嘉禮三·天子納后》改。

③ "已",原作"以",據《陸宣公集》卷六《制誥·册淑妃王氏爲皇后文》改。

在匱瑕。柔嘉自持，喜慍莫見。六宮攸序，九族以親，嘗屬艱迍，累從行幸。思賢才以輔佐，知臣下之勤勞，庶績伊宜[1]，頗資內助。永念傾筐之志，且懷求劍之情，崇位長秋，永懷盛典。矧惟元子，貞我萬邦，稽以舊章，是宜從貴。今遣攝太尉某官某持節冊命爾爲皇后。嗚呼敬哉！

王教之端，始于內範。風美關雎之化，雅詠思齊之德。罔僁厥位，忝于前修，克念有終，庶無後悔。奉承休命，可不慎歟。”

宋仁宗冊皇后曹氏，其冊文曰：“皇帝若曰，天地定位，陰陽相感[2]，人道貫之，以綱大倫。后德配之，以熙內治。聖人有以端其本也，故造舟之迎言乎備，詩人有以美其化也，故《周南》之風著乎始。粵朕沖昧，祇若丕構。深惟承荷之重，輔佐攸艱，用簡納賢明，協于人神之望。咨爾贈尚書令、冀王曹彬孫女，惟乃祖克有武功，勤勞王家[3]，保勳不伐，享厥終慶，教流後昆，薰然慈和，善祥憑積，生此邦媛。其漸漬醇醲，發聞馨香，所從來遠矣。起居禮習，不待姆師之訓。風容矩度，自爲宗黨之憲。長秋曠位，陰教未序，咨爾訓範[4]，統正六列。宗公鼎臣，誦言于朝，願即嘉時，聿興典禮[5]。朕以春秋之義，必娶大國。摯疇之家，乃稱福耦。謀及泰筮，聘以穀珪，惟吉之從，有命既集。今遣使工部尚書、同平章事李迪，副使戶部侍郎、參知政事王隨，持節冊命爾爲皇后。欽哉，夫惟肅恭可以事上，夫惟謙裕可以接下。泰而能約，則驕弗至。動而慎思，則悔弗萌。懋乃后德，脩乃嬪職，奉承

---

① “宜”，《陸宣公集》卷六《制誥・冊淑妃王氏爲皇后文》作“凝”。
② “感”，《文獻通考》卷二五六《帝系考七・后妃》作“成”。
③ “王”，原作“在”，據《文獻通考》卷二五六《帝系考七・后妃》改。
④ “爾”，《文獻通考》卷二五六《帝系考七・后妃》作“求”。
⑤ “興”，《文獻通考》卷二五六《帝系考七・后妃》作“申”。

宗廟，儀刑家國，永綏無疆之祚，不其韙歟。"

元世祖至元三年，册皇后甕吉剌氏，其文曰："帝王之道，齊其家而天下平；風教所基；正乎位而人倫厚；爰擇配以承宗事，若稽古以率典常；咨爾甕吉剌氏，淑哲温恭，齊莊貞一，屬選賢于中壼，躬受命于慈闈。勯帥來嬪，蹈榘儀之有度；動容中禮，謹夙夜以無違。兹表式于宮庭，宜崇推其位號。乃涓吉旦，庸舉彝章。今遣太尉、太師、秦王、中書右丞相持節以授玉册寶章，命爾爲皇后。于乎①，乾施坤承，克順成于四序，日明月麗②，久臨照于萬方。朕欲躋世于乂安，爾其助予之德化。共御亨嘉之運③，益延昌熾之期，勉嗣徽音④，聿修内治。"

國朝洪武元年，正月四月，册皇后，其文曰："天眷我家，啓運興王，出自衡門，尊居宮殿⑤，爲君爲后，可不慎歟。君以仁政，慎于正位，撫兆庶而統萬邦⑥，后以懿德，慎于治内，表六宮而母天下，長久之道也。咨爾馬氏，同勤勞于開創之時，由家成國，内助良多，今遣中書丞相善長捧金册金寶，立爾爲皇后，其敬乃職，遵古道，耿光後世，于乎戒之⑦。"

寶

皇后寶璽，前漢用金璽，螭虎鈕。

---

① "乎"，《元史》卷一一四《后妃傳一·順帝后答納失里·伯顏忽都》作"戲"。
② "麗"，《元史》卷一一四《后妃傳一·順帝后答納失里·伯顏忽都》作"儷"。
③ "亨"，原作"享"，據《元史》卷一一四《后妃傳一·順帝后答納失里·伯顏忽都》改。
④ "嗣"，《元史》卷一一四《后妃傳一·順帝后答納失里·伯顏忽都》作"爾"。
⑤ "尊居宮殿"，《禮部志稿》卷六二《洪武册立皇后禮》作"奄有四海"。
⑥ "兆"，《禮部志稿》卷六二《洪武册立皇后禮》作"黎"。
⑦ "乎"，《禮部志稿》卷六二《洪武册立皇后禮》作"戲"。

後漢用赤紱玉璽。

唐用金,更名寶。

宋亦以金爲之,方二寸四分,刻篆文曰"皇后之寶",鈕作蟠螭,四厢並背皆鈒螭水地,裹以銷金夾帕,納以朱紅漆匣,匣用金鍍銀裝,匣內金鍍銀檢,檢上勾勒"皇后之寶"四字,又有伴寶環及寶斗,加以三重朱紅漆盝,皆用金鍍銀裝,飾蓋以夾帕,其腰輿、行馬、檐床等,皆用朱紅漆,金銀裝。

元制,以玉爲寶,用蒙古字刻,其文隱起,填以金,譯曰"皇后之寶",其制廣四寸九分,厚一寸二分,蟠龍鈕,紱用暈錦大綬,赤小綬連玉環,又玉檢高七寸,廣二寸四分,皆飾以金,裹以紅錦及紅羅泥金夾帕,納于小盝,盝以金裝,內設金牀,暈錦褥飾以玻璨、碧鈿、珊瑚、金精石、瑪瑙,又盝二重,皆裝以金,覆以紅羅繡帕,承以鍍金裝長干牀,鍍金魚鈎,藉盝以錦褥,其行馬飾以鍍金,寶案用朱漆,覆以紅羅銷金衣。

國朝皇后金寶,龜鈕朱綬,文用篆書曰"皇后之寶",依周尺方五寸九分,厚一寸七分,寶池用金,闊取容寶,寶匣二副,每副三重,外匣用木,飾以渾金瀝粉蟠龍,紅紵絲襯裹,中匣用金,鈒造蟠龍,內小匣仍用木,飾以渾金瀝粉蟠龍,紅紵絲襯裹,小匣內置以寶座,四角雕蟠龍,飾以渾金,座上用小錦褥,褥上一置寶,一置寶池,用銷金紅羅小夾袱裹寶,其匣外,各用紅羅銷金大夾袱覆之。臨册日,置于紅漆輿案,案頂有紅羅瀝水,用檐床二舁之。

節

按節之制,漢以竹爲之,柄長八尺,以旄牛尾爲耗三重。

唐制,節垂畫木盤三,相去數寸,隔垂赤麻,銅龍一首,紫縑爲袋,油囊爲表,其册后皆命太尉持節。

宋制,黑油木盤,鍮石葉段釘子,梅花絲,黑漆木桿,長一丈二尺,鑞擺鐵鑽,碧油絹夾袋,紫綾夾絹裏夾袋各一。

元制,金塗龍首竿,上施圓盤,朱絲拂八層,韜以黃羅雲龍袋,其册后亦皆命太尉持節。

國朝册拜皇后,遣中書丞相持節,其制朱漆杠,金龍首,上施圓盤,旄牛毛纓八層,金銅鈴,韜以黃羅繡龍袋。

樂

唐制册后,皇帝臨軒遣使,設樂懸于庭中,皇帝出入,奏《太和》之曲,太尉出入,奏《舒和》之曲。皇后受册,亦設樂懸于宮中,皇后出入,奏《正和》之曲,內外命婦出入,奏《舒和》之曲。

宋册后,皇帝臨軒遣使,殿庭展宮架,皇帝陞座及降座,奏《乾安》之曲,册使出入,及册寶出門,皆奏《正安》之曲,皇后受册于宮中,亦展宮架,皇后出閤,奏《坤安》之曲,册寶入門,奏《宜安》之曲,皇后降殿,奏《承安》之曲,受册,奏《成安》之曲,陞座,奏《和安》之曲,內命婦入門,奏《惠安》之曲,外命婦入門,奏《咸安》之曲,皇后降座,奏《徽安》之曲,歸閤,奏《泰安》之曲。

元册皇后,用大樂,奏《雲和》《安和》二樂。

國朝册立皇后,皇帝臨軒,及皇后受册,皆用大樂,如朝賀儀。其制見《俗樂篇》。

儀仗

唐皇帝臨軒,列黃麾仗、鈒戟近仗,皇后受册,諸衛勒所部屯門列仗。

宋制,皇帝臨軒,列黃麾細仗,皇后受册,則設黃麾仗。

元册皇后,設內外儀仗七百四十八人。

國朝皇帝臨軒遣使,及皇后宮中受册,其儀仗皆與朝賀儀仗同。

執事

漢臨軒册皇后,則太尉爲使,掌持節奉璽綬,宗正爲副,掌讀册,中常侍掌樂,太僕掌奉璽綬于殿前,女使婕妤掌受皇后所受璽綬,昭儀掌受璽綬以帶皇后。

唐制,册后,臨軒命使,太尉爲正使,司徒爲副使,尚舍奉御掌設御幄座,守宮掌設群官,使客諸親陪位者次,太樂令掌設宮懸,協律郎掌舉麾偃麾,鼓吹令掌設十二案,乘黃令掌陳車輅,尚輦奉御掌陳輿輦,諸衛掌設儀仗,典儀掌設文武官及使客、諸親、執事官版位于殿庭,及行禮則唱禮,贊者掌承傳,奉禮掌設百官版位于門外,通事舍人掌引禮,侍中掌奏中嚴、外辦,承制、宣制及奏禮畢,符寶郎掌奉御寶,黃門侍郎掌持節授太尉,主節掌執節,中書侍郎掌引册琮璽以授太尉,其皇后宮中受册,守宮掌設使副及外命婦次,尚寢掌設御幄座,受册位,及命婦脫舄席,司樂掌設宮懸舉麾位及帥樂工,內僕掌進重翟車,諸衛掌設列仗,典儀掌設使副、內侍、內謁者監及執事者位,內謁者掌設外命婦朝位于朝堂,司贊掌設內外命婦及內官、典贊、司贊位于殿庭,及唱禮,掌贊掌承傳,內侍掌奏中嚴,內謁者監掌置册璽案,謁者掌引使副及執事官,內典掌引外命婦,典樂掌舉麾、偃麾,司賓掌接引外命婦入殿,尚儀掌贊皇后行禮,及奏外辦,禮畢,內給事掌傳告使副語于司言,司言掌引尚宮,及傳奏,使副承制語于皇后,及承宣皇后令旨，及受皇后所受册，尚宮掌引皇后陞殿，及稱制宣册，以册授皇后，内侍掌受使副册琼璽綬以授内謁者監，内謁者監掌引内給事，及奉册琼璽綬入殿，尚服掌授皇后琼璽綬，司寶掌受皇后所受琼璽綬。

宋制，臨軒命使，殿中監掌率尚舍設御座，香案，及施簾，大晟掌展宮架，設舉麾押樂位，儀鸞司掌設文武官及應行事官次，册寶幄次，尚輦掌陳大輦，列御馬，尚書兵部掌帥其屬列黄麾細仗，典儀掌設受制、宣制、奉節官位、權置册寶褥位、應行事官位。及行禮則掌贊禮，贊者掌承傳，大樂正掌帥樂工，協律郎掌舉麾、偃麾，管勾内臣掌承旨降册寶出内，禮直官掌引百官，中書侍郎掌押册，門下侍郎掌押寶及率掌節者至册使前受節以授册使，捧册寶官掌率執事人捧舉册寶，禮直官、通事舍人、太常博士掌同引押册、押寶官、册禮使副及引左輔、右弼，左輔掌奏中嚴、外辦、承制、宣制及奉寶授副使，右弼掌奉册授册使，符寶郎掌奉御寶，禮儀使掌導皇帝陞殿及奏禮畢，其皇后宮中受册，司樂掌宮懸，兵部掌設黄麾仗，司贊掌設内外命婦、内官位及引外命婦就次，典樂掌舉麾，内侍掌請中嚴、奏外辦，司言掌引尚宮及受皇后所受册，尚宮掌引皇后升殿，内給事掌傳奏册使承制言于皇后，内侍掌受使副册寶以授皇后，及宣制讀册贊皇后，内謁者監及管勾内臣掌持册寶入殿庭，司寶掌受皇后所受寶。

元册皇后，太尉一員爲使，司徒一員爲副使，主節官一員，捧册官二員，舉册官二員，讀册官二員，捧寶官二員，舉寶官二員，讀寶官二員，禮儀使二員，内臣職掌八員，接册官二員，接寶官二員，閤門使二員，宣徽使二員，中宮内臣一十員，代禮官一十六員，司香官四員，侍香官四員，折衝都尉四員，拱衛使二員，清道官四員,殿中侍御史二員,糾儀尚書四員,監察御史四員,知班六員,方輿官六十四員,侍儀司引禮官三十二員。

國朝册拜皇后,其執事見于儀注。

陳設

唐制,册皇后,臨軒遣使,設御幄于太極殿,設群官、客使等次于東西朝堂,展宮懸于殿庭,設麾于殿之西階,陳車輅、輿輦,設解劍席于懸西北橫街之南,設文武官、諸親、客使位于殿前,又設文武官、諸親、客使位于門外,諸衛勒所部列黃麾大仗屯門,鈒戟近仗入陳于殿庭。其皇后宮中受册,則于肅章門外道西近南,設使副等次,東向北上,命婦朝堂設外命婦次,設御幄座于正殿南向,設皇后受册位于殿庭階間北向,設命婦等脫舄席于西階前近西東向,展宮懸之樂于殿庭,設麾于殿上西階之西,進重翟車于肅章門外道東西向,以北爲上,諸衛勒所部屯門列仗,及陳布于殿南門外,設册使副及內侍位舉册案官及琮璽綬者位,設內給事、內謁者監位,設外命婦位,設內命婦及內官非供奉者位,設司贊、典儀位。

宋册皇后,皇帝臨軒命使,設御座于文德殿當中南向,施簾于殿上前楹,設香案于殿下螭陛間,展宮架之樂于殿庭橫街之南,設舉麾位于宮架西北東向,押樂位于宮架之北北向,設文武百僚及應行事官次于朝堂之內外,册寶幄次二于殿後東廂俱南向,陳大輦于殿西階下東向,列御馬于殿門外東廂西向,列黃麾細仗于殿庭,設册使副受制位,設承制官及宣制官、奉節官、奉册寶官位,設權置册寶位二于橫街南黃道東稍北西向,册北寶南,褥位一于受制位稍北,以俟使副受册寶,設應行事官位及典儀、贊者位,其皇后宮中受册,設皇后座于穆清殿南向,東西房于左右稍北,東西閤于殿後之左右,設皇后受册位于殿庭階間北向,設册寶位四,其二在殿東階之東西向,其二在殿西階之西東向,設册寶幄二于殿門外,設行事官及外命婦次于門外之左右,設黃麾仗于穆清殿內外及皇城裏角門內外,設册寶使副位內侍位,舉册寶案位,內給事、內謁者監位于殿門外,設內外命婦及內官非供奉者陪列位,設司贊、典贊位皆于殿庭。

元册皇后,設發册案于大明殿御座前稍西,發寶案于稍東,設香案于皇后殿前,册案于殿內座榻前稍西,寶案于稍東,受册案于座榻上稍西,受寶案于稍東,設册使副及册寶官、主節官、禮儀使位于大明殿庭,皇后殿庭亦如之。

國朝册拜皇后,皇帝臨軒及皇后受册,其陳設並見儀注。

班位

漢制,臨軒册后,則百官陪位,太尉立階下東向,宗正大長秋西向。

唐臨軒遣使,文官一品至五品位在懸東,六品以下在橫街南,皆重行西面北上,武官一品至五品位在懸西,六品以下于橫街南,皆重行東面北上,朝集使位各分方于文武官當品之下,諸親位于四品、五品之下,皇親在東,異姓親在西。蕃客位各分方于朝集使六品之南,諸州使臣分方于朝集使九品之後,典儀位于懸東,贊者二人在南少退,俱西向,使者受節位于大橫街南道東,副使又于其東少退,俱北面。其門外版位,並如元日之儀。其皇后宮中受册,使者位在肅章門外之西,東向北上,內侍于使副南,設舉册案及瓊璽綬者位南向差退,俱東面,內給事位于北廂,南向,內

謁者監位于其東南西向,外命婦位于命婦朝堂,分左右厢,大長
公主以下在東,夫人以下在西,並每等異位皆重行,南向北上,内
命婦及内官非供奉者,位于受册正殿之庭東厢西向,重行北上,
内命婦等朝位于殿庭御道東,重行北面西上,外命婦朝位于殿庭
御道左右近南,大長公主以下在東,北面西上,太夫人以下在道
西,每等異位重行北面,以東爲上,司贊位于東階東南,典贊二人
在南差退俱西向。

　　宋制,臨軒遣使,則使副受制位在橫街南,北向東上,左輔承
制位在御座東,宣制位在册使位之東北,並西向,門下侍郎奉節
位及左輔、右弼奉册寶位在使副東北西向,應行事官位在受制位
北,西向北上,典儀位在宮架東北,贊者二人在南少退俱西向,其
皇后宮中受册班位,則與唐制同。

　　元册皇后,使副位在殿庭中,奉册官在右,奉寶官在左,禮儀
使位在册案前,主節位在册使之左,皇后殿庭亦如之。其百官班
位,一品至九品序列于崇天門外,文班自外旁折位,入日精門,武
官自外旁折位,入月華門,各就東西起居位立定,然後就丹墀位。

　　國朝册拜皇后,皇帝臨軒遣使,皇后宮中受册班位,並見于
儀注圖本。

奏告

古者册后必先奏天地、宗廟,示不敢專也。

周、漢奏告之儀未見。

唐遣官祭告圓丘、方丘、太廟,皆行一獻之禮,天地用玉、幣、
酒脯,皆不作樂。

宋制,遣官奏告圓丘、方丘、宗廟,行一獻之禮,與唐同。併

告社稷、嶽瀆山川、在京十里內神祠，用籩、豆、酒、脯。

元制，先期太常奏告天地于南郊，及告宗廟，用酒、脯，行一獻禮。

今擬國朝册立皇后，先期奏告圓丘、方丘、宗廟，用香、幣、酒、脯，行一獻禮，其儀見《天地》《宗廟篇》。

賀禮

晉武帝册皇后楊氏，百僚上賀。

東晉成帝册皇后杜氏，群臣畢賀于太極殿，皆不詳其儀。

唐册皇后畢，群臣上禮賀皇帝，則于東朝堂敘位，禮部郎中以表授中書舍人，群臣再拜，中書舍人奉表入進，在外諸州等官並拜表稱賀。

其皇后受內外命婦賀，則于受册後，升御座，內外命婦初賀再拜，致詞曰："伏惟殿下坤象配天，德昭厚載，凡厥兆庶，不勝慶躍。"致詞訖，再拜，承令旨訖，又再拜。

其受群臣賀，則如正冬之儀，唯賀詞云："具官臣某等言，伏惟殿下徽猷昭備，至德應期，凡厥黔黎，不勝慶躍。"

宋制，皇后受册訖，內外命婦賀與唐同。

其內命婦賀詞曰："伏覯受册楓宸，流徽淑極，懽均六寢，美繼二南，恭惟皇后慈惠儉勤，柔明莊裕，誕膺金璽，增煥玉衣，妾等幸比貫魚，獲陪賀燕，願益遵于嬪則，庶永賴于母儀。"

外命婦賀詞云："伏覯恩敷丕册，位正中宮，縟典既成，驩聲胥洽，恭惟皇后稟姿玉粹，毓德蘭芳，禮斯備于嬪虞，治將聞于翼夏，妾等叨聯近列，夙仰懿模，欣覯光儀，敢伸頌詠。"

其群臣則于東上閣門拜表賀皇帝，拜箋賀皇后。

《政和禮》儀，則皇帝御紫宸殿，受宰執以下文武百僚稱賀，如正、至之儀。其文臣侍從以上，武官遙郡以上皆進馬。舍人奏某官姓名以下進奉。

元皇后受册畢，詣大明殿謝恩訖，皇后陞座並坐，右丞相祝皇帝、皇后壽，進酒，進表箋、禮物。

今擬國朝皇后受册寶訖，仍服首飾、褘衣升座，受内外命婦賀。次日，群臣上表、上箋稱賀兩宮，皇帝服衮冕，御奉天殿受賀。其箋則内使監令奉入中宮，其在外有司上表賀皇帝，上箋賀皇后。

會禮

唐制，皇后册禮畢，皇帝會群臣與正、冬會儀同，但上壽詞曰：“具官臣某等言，皇后坤儀配天，德昭厚載，克崇萬葉，明嗣徽音，凡厥兆庶，載懷鳧藻，臣等不勝大慶，謹上千萬歲壽。”皇后會外命婦，亦如正冬會議，上壽詞曰：“具位妾姓等言，伏惟殿下坤儀配天，德昭厚載，率土含識，不勝忭舞，謹上千萬歲壽。”皆樂備而不作，蓋取古禮娶婦三日不舉樂，謹幽陰之義也。

宋制，皇后受册及命婦賀畢，皇后更常服，内侍承令宣外命婦入，皇后升座會外命婦，如宮中常儀，皇帝則御紫宸殿，會三公以下文武百官，作樂，三舉酒，尚食進御食，太官設群官食，初則班首進皇帝酒，次則殿中監、少監進酒。

元制，皇后受册禮畢，右丞相帥百官賀皇帝、皇后于大明殿訖，宴殿上，如正、至之儀。

今擬國朝皇后受册畢，皇帝會群臣于謹身殿，皇后于中宮，會内外命婦，其儀皆如正、至宴會之儀。

謁廟

唐制,皇后受册畢,謁見太廟,先遣太尉設樂行事,其祝文曰:"維某年歲次某某月某朔某日,孝曾孫皇帝臣某,謹遣太尉臣某,敢昭告于皇祖某謚皇帝,皇后妾某氏將伸祇見,謹以一元大武,明粢薌合,薌其嘉疏嘉薦。尚饗。"遍獻各廟畢,然後所司陳小駕鹵簿,皇后首飾、褘衣,乘重翟車,至廟行朝謁之禮,前再拜,後再拜,禮畢,改著鈿釵禮衣,升車,鼓吹振作而還。

宋制,皇后受册畢,服首飾、褘衣,乘重翟車,亦陳小駕鹵簿,朝謁景靈東、西宮,前再拜,上香畢,再拜,內外命婦俱陪位。

元至大、皇慶時,册后畢,皆遣官恭謝太廟,樂用登歌,禮行三獻,而無皇后廟見之儀。

今擬國朝皇后受册畢,皇帝先遣官用牲牢詣太廟行事,告以皇后將祇見之意,其儀與時享同。遣官之日皇后降香,告官捧香至廟告畢,皇后首飾、褘衣,乘重翟車,親行謁廟之禮,內外命婦俱陪祀,其禮見于儀注。

奏告圜丘儀注

其禮見《祀天篇·奏告儀》。

奏告方丘儀注

其禮見《祭地篇·奏告儀》。

奏告宗廟儀注

其禮見《宗廟篇·奏告儀》。

册拜皇后儀注

發册

前一日，内使監設御座于奉天殿如常儀，尚寶卿設御寶案于御座前，侍儀司設册寶案于寶案之南，册東寶西。設奉節官位于册案之東，掌節者位于奉節官之左，稍退，俱西向，設承制官位于奉節官之南，西向，設奉册、奉寶官位于册寶案之西，東①，又設使、副受制位于橫街之南，北向東上，設承制官宣制位于使副受制位之北，西向，設奉節官、奉册、奉寶官位于使副東北，西向，又設使副受册寶褥位于受制位之北，北向，典儀二人位于丹陛上之南，東西相向，贊禮二人位于使副受制位之北，東西相向，知班二人位于贊禮之南，東西相向，設文武百官侍立位于文武樓之北，東西相向，文武侍從班位于殿上之左右，引文武班舍人四人位于文武官之北，稍後，東西相向，引禮二人位于使、副之北，東西相向，拱衛司、光禄寺官對立位于奉天殿門之左右，東西相向，將軍二人位于殿上簾前，東西相向，將軍六人位于奉天門之左右，東西相向，又將軍四人位于丹陛上之四隅，東西相向，又將軍六人位于奉天殿門之左右，東西相向，鳴鞭四人位于丹陛上，北向。

是日，金吾衛陳設甲士儀仗于午門外之東西，拱衛司陳設儀仗于丹陛、丹墀之東西，和聲郎設樂位于丹墀之南，禮部設龍亭、儀仗、大樂于奉天門外正中，以俟迎送册寶至中宫。

質明，擊鼓，初嚴。催班舍人催百官具朝服，導駕官侍從官入迎車駕。次嚴。引班舍人引文武百官入就侍立位，引禮引使、

---

① "東"下疑脱"向"字。

副具朝服入就丹墀受制位，諸執事者各就位。三嚴。侍儀奏外辦，御用監奏請皇帝服袞冕，御輿以出，尚寶卿前導，侍從警蹕如常儀，上位將出，仗動，大樂鼓吹振作，至奉天殿，升御座，樂止。尚寶以寶置于案，捲簾，鳴鞭，報時，雞唱訖，禮部官捧册寶各置于案，奉節官、承制官、奉册官、奉寶官，及掌節者各入就殿上位，西向立定，舉册寶案四人入立于奉册、奉寶官之後，典儀唱："鞠躬，拜，興，拜，興，拜，興，拜，興，平身。"使副鞠躬，樂作。拜，興，拜，興，拜，興，拜，興，平身。樂止。承制官進詣御座前，跪奏："請發皇后册寶。"承制訖，由中門出中陛，降至宣制位，稱有制，典儀唱："跪。"使副跪，承制官宣制曰："册某氏爲皇后，命公等持節展禮①。"宣訖，由殿西門入，復位。贊禮唱："俯伏，興。"使、副俯伏，興。奉册、奉寶官率執事者舉册寶案由中門出，中陛降，奉節官率掌節者前導，至使副受册寶褥位，以案置于褥位之北。册東寶西。掌節者脱節衣，以節授奉節官，奉節官搢笏，受節，以授册使，册使搢笏，跪受，以授掌節者，掌節者跪受，興，立于册使之左，奉節官出笏，退，引禮引册使詣受册褥位立定，奉册官搢笏，就案取册，以授册使，册使搢笏②，跪受册，復置于案，奉册官及册使皆出笏，退，復位，引禮引副使至受寶褥位③，奉寶官搢笏，就案取寶以授副使④，副使搢笏⑤，跪，受寶，興，復置于案，副使及奉寶官皆出笏⑥，退，復位，典儀唱："鞠躬，拜，興，拜，興，拜，興，拜，興，平

---

① "公"，《明太祖實錄》卷二八下作"卿"。
② "搢笏"，原缺，據《明太祖實錄》卷二八下補。
③ "副使"，原作"使副"，據《明太祖實錄》卷二八下改。
④ "副使"，原作"使副"，據《明太祖實錄》卷二八下改。
⑤ "副使"，原作"使副"，據《明太祖實錄》卷二八下改。
⑥ "副使"，原作"使副"，據《明太祖實錄》卷二八下改。

身。"使副皆鞠躬，樂作。拜，興，拜，興，拜，興，拜，興，平身。樂止。引禮引册使押册，使副押寶，掌節者前導，舉案者次之，初行，樂作。出奉天門，樂止。掌節者加節衣，奉册寶官皆搢笏，詣案取册寶，安置龍亭中，奉册寶官退，執事者舉案退，儀仗、大樂迎龍亭以行，執節者行于龍亭之前，使副行于龍亭之後，迎送至中宮門外。初，册寶將出門，侍儀跪奏："禮畢。"皇帝興，樂作。還宮，樂止。引班引文武官以次出。

受册

前一日，内使監官陳設皇后御座于中宮殿上，如常儀，設香案于殿庭之正中，設權置册寶案于香案之前，册東寶西。設皇后受册寶位于册寶案前北向，設司言、司寶二人位于皇后位之北，東西相向，設奉册寶内官位于册寶案之南，東西相向，設讀册寶内官位于奉册寶内官之南，東西相向，設内外命婦位于庭下左右，東西相向，又設内外命婦賀位于殿中北向，尚儀二人位于皇后拜位之北，東西相向，司贊内官二人位于内外命婦立位之北，東西相向，又設權置册寶案于中宮門外，設内使監令位于案之東，西向，設奉册奉寶内官位于内使監令之左右，稍退，俱西向，使副位于案南北向，引禮二人位于使副之前，東西相向，掌節者位于册使之後。

其日，所司設儀仗于殿庭之東西，擎執于殿上之左右，樂工陳樂于殿庭之南，册寶將至中宮門，尚儀奏請皇后首飾褘衣，出閤，樂作。至殿上南向立，樂止。司言、司寶立于後，及册寶至宮門，使、副于龍亭中取册寶，權置于門外所設案上，引禮引使副及内使監令俱就位立定，次引册使于内使監令前，稱："册禮使臣某使副臣某奉制授皇后册寶。"退，復位，内使監令入詣皇后殿，躬言訖，出復位，引禮引内外命婦俱入就位，讀册寶内官及司贊内官俱就位，引禮引册使取册授内使監令，内使監令跪受，以授奉册内官，册使退，復位，引禮又引使副取寶授内使監令，内使監令跪受，以授奉寶内官，使副退，復位，以俟宮中行禮。内使監令率奉册、奉寶官各奉册寶，以次入詣皇后受册位前，以册寶各置于案，_{册東寶西}。尚儀引皇后降詣庭中受册位立定，侍從如常儀，司言、司寶各就位。内使監令率奉册、奉寶内官取册寶，以次立于皇后之東西向，内使監令稱：“有制。”尚儀奏：“拜，興，拜，興，拜，興，拜，興。”皇后拜，樂，作，興，拜，興，拜，興，拜，興。_{樂止}。内使監令宣制訖，奉册内官就案取册，授讀册内官，讀册訖，跪以授内使監令①，内使監令跪以册授皇后②，皇后跪受訖，以授司言，奉寶内官就案取寶，以授讀寶内官，讀寶訖，以授内使監令，内使監令跪以寶授皇后，皇后跪受訖，以授司寶，尚儀奏：“拜，興，拜，興，拜，興，拜，興。”皇后拜，_{樂作}。興，拜，興，拜，興，拜，興。_{樂止}。内使監令出詣使副前，稱：“皇后受册禮畢。”使副退，詣奉天殿橫街南，北面西上立，給事中立于册使東北，西向，使副再拜，復命曰：“奉制册命皇后禮畢。”又再拜，平身，給事中奏聞乃退，初，皇后受册寶訖，尚儀引皇后陞座，引禮引内命婦班首一人詣殿中賀位。初行，_{樂作}。至位，_{樂止}。司贊唱：“拜，興，拜，興。”班首拜，_{樂作}。興，拜，興。_{樂止}。跪致詞曰：“兹遇皇后殿下膺受册寶，正位中宮，妾等不勝懽慶，謹奉賀。”司贊唱：“拜，興，拜，興。”班首拜，_{樂作}。興，拜，興。_{樂止}。引禮引班首退復位，引禮又引外命婦班首一人入就殿上賀位，其行禮並如上内命婦賀儀。司贊唱：“禮畢。”引

---

① “令”，原缺，據《明太祖實録》卷二八下補。
② “令”，原缺，據《明太祖實録》卷二八下補。

禮引內外命婦出,初行,樂作。出門,樂止。尚儀奏禮畢,引皇后降座,樂作。還閣。樂止。

百官稱賀上表箋儀注

皇后受册禮畢,至晚,內使監于奉天殿陳設御座、香案,尚寶司設寶案于香案之北,侍儀司設表案位于香案之南,又設表箋案位于丹墀北之正中,設文官起居位于丹墀之東南西向,武官起居位于丹墀之西南東向,文官拜位于丹墀中之東北,每等異位重行,北向西上,武官拜位于丹墀中之西北,每等異位重行,北向東上,殿前班諸執事起居位于武官起居位之北東向,侍從班諸執事起居位于文官起居位之北西向,殿前班指揮司官三員侍立位于丹陛上之西東向,光禄寺三員侍立位于丹陛上之東西向,侍從班文官立位于殿上之東,侍從班武官立位于殿上之西,拱衛司官二員侍立位于殿中門之左右,典牧所官二員侍立位于仗馬之前,東西相向,受箋內使監官一員位于丹墀表箋案之東西向,宣表官一員、展表官二員位于丹墀表箋案之西東向,糾儀御史二人位于展表官之南,東西相向,內贊二人位于殿上東西相向,典儀二人位于丹陛上之南,東西相向,知班二人位于文武官拜位之北,東西相向,通贊、贊禮二人位于知班之北,東西相向,通贊在西,贊禮在東,引文武班舍人四人位于文武官拜位之北稍後,東西相向,引殿前班舍人二人位于引武班之南東向,舉表案舍人二人位于引文班之南西向,宿衛鎮撫二人位于丹陛東西階下,東西相向,護衛百户二十四人位于宿衛鎮撫之南稍後,東西相向,護衛千户八人位于殿東西門之左右,將軍二人位于殿上簾前,東西相向,將軍六人位于殿門之前,東西相向,將軍四人位于丹陛上四隅,東西相向,將軍六人位于奉天門,東西相向,鳴鞭四人位于丹陛上之南北。

其日,金吾衞陳軍仗于午門外之東西,陳旗仗于奉天門外之東西,拱衞司陳儀仗于丹陛之東西,及丹墀之東西,陳車輅于丹墀之南,典牧所陳仗馬于文武樓南之東西,虎豹于奉天門之東西,和聲郎陳樂于丹墀文武官拜位之南,内使監官擎執于御座之左右,侍儀司舍人舉表案入就殿上案位,舍人二人舉表案伺候于午門外,文武官具朝服,迎表至雲集橋,舍人引殿前班司贊、贊禮、内贊、宿衞鎮撫、護衞、鳴鞭,各入就位,侍儀侍從入迎車駕,上位陞謹身殿,侍儀版奏中嚴,御用監官奏請上位服衮冕,文武官迎表至午門前,置龍亭于道中,禮部官取表函置于案,舍人舉案,禮部宣表官、展表官押表案,引丞相前行,文武官分班俱由西門入,至丹墀中,禮部官押表案置于丹墀正中,各就位,文武官各入就起居位,侍儀奏外辦,導引上位御輿以出,仗動,鼓吹振作,尚寶卿捧寶前導,侍衞如常儀,上位陞御座,_{樂止}。尚寶卿捧寶置于案,將軍捲簾,拱衞司鳴鞭,司晨報時、雞唱訖,諸侍從官、殿前班、拱衞司官,由西階降,引班引同宣表官、受表官、受箋内官,俱入起居位,東西相向,立定,通班唱:"某衞指揮使臣某以下起居。"引班唱:"鞠躬,平身。"引班東西分引至丹墀中拜位,北面立,贊禮唱:"鞠躬,拜,興,拜,興,平身。"指揮以下皆鞠躬,_{樂作}。拜,興,拜,興,平身。_{樂止}。贊禮唱:"指揮使稍前。"指揮使前立,贊禮唱:"鞠躬。"指揮以下皆鞠躬。贊禮唱:"聖躬萬福。"唱:"平身。"指揮使以下皆平身,唱:"復位。"指揮使復位,唱:"鞠躬,拜,興,拜,興,平身。"指揮使以下皆鞠躬,_{樂作}。拜,興,拜,興,平身。_{樂止}。通班唱:"各恭事。"引班引指揮以下皆各就位,通班唱:"具丞相銜臣某以下起居。"引班唱:"鞠躬,平身。"文武官相向,鞠躬,平身,引班東西分引入丹墀中拜位,丞相初行,<small>樂作</small>。至位。<small>樂止</small>。知班唱:"班齊。"贊禮唱:"鞠躬,拜,興,拜,興,拜,興,拜,興,平身。"文武官皆鞠躬,<small>樂作</small>。拜,興,拜,興,拜,興,拜,興,平身。<small>樂止</small>。贊禮唱:"進表箋。"引班引丞相詣表箋案前,丞相跪捧表,興,跪捧箋,進于受箋官受箋,內使監官接箋入中宮啓聞,興,引班引復位,丞相捧表與宣表官、展表官由丹墀西陛陞,西門入,至殿中,丞相跪進表于案,退立于殿南正中,內贊唱:"跪。"贊禮唱:"跪。"丹墀百官皆跪,內贊唱:"宣表。"宣表官詣案取表,跪讀于殿西,展表官同跪展表,宣表官宣訖,俯伏,興,展表官以表置于案訖,內贊與贊禮同唱:"俯伏,興,平身。"丞相與丹墀百官皆俯伏,興,平身。與宣表官、展表官由殿西門出,西階降,復位,贊禮唱:"鞠躬,拜,興,拜,興,拜,興,拜,興,平身。"百官鞠躬,<small>樂作</small>。拜,興,拜,興,拜,興,拜,興,平身。<small>樂止</small>。贊禮唱:"搢笏,三舞蹈。"跪山呼:"萬歲。"山呼:"萬歲。"再山呼:"萬萬歲。"出笏,俯伏,興,拜,興,拜,興,拜,興,拜,興,平身。文武官皆搢笏,三舞蹈,跪,三拱手加額山呼:"萬歲。"山呼:"萬歲。"再山呼:"萬萬歲。"樂工應聲和之。出笏,俯伏,興,<small>樂作</small>。拜,興,拜,興,拜,興,拜,興,平身。<small>樂止</small>。贊禮唱:"禮畢。"侍儀奏禮畢,鳴鞭,上位興,<small>樂作</small>。導引還謹身殿,<small>樂止</small>。舍人舉表案出,引班引文武官以次出。

皇帝會群臣儀注

其禮與正、至會儀同,見《朝會篇》。

皇后會内外命婦儀注

其禮與正、至會儀同,見《朝會篇》。

謁廟儀注

皇后將謁太廟,皇帝先遣官用牲牢行事,告以皇后將祇見之意,其儀與時享同。見《宗廟篇》。祝文臨時撰定。遣官之日,皇帝降香,告官奉香至太廟,告畢,皇后親行謁見。前期,皇后齋三日,内外命婦及執事内官各齋一日。

前一日,執事官灑掃廟庭内外,設皇后拜位于廟户外,又設拜位于廟中香案前,俱北向,設内命婦陪祀拜位于廟庭之南北向,設外命婦陪祀拜位于内命婦之南,司贊位于皇后拜位之東西,司賓位于内命婦之北,東西相向,司香位于香案之右,設盥洗位于庭階之東,司盥洗官位于位所,各廟皆如前儀。

其日清晨,宿衛陳兵衛,樂工備樂,尚儀備儀仗、重翟車于中宫外門之外,陪祀外命婦各具翟衣,集于中宫内門之外,内使監官奏中嚴。皇后首飾、九龍四鳳冠、褘衣。尚儀奏外辦。導引皇后出内宫門,司贊奏陞輿,皇后升輿,至外門之外,司贊奏:“降輿。”皇后降輿,司贊奏:“陞車。”皇后陞車,宿衛兵仗前導,鼓吹設而不鳴,次尚儀陳儀衛,次外命婦,次内命婦,皆乘車前導,次皇后重翟車,内使監人員扈從,宿衛復陳兵仗于後,皇后至廟門,司賓引内外命婦先入[①],就殿庭東西侍立,司贊奏請:“降車。”皇后降車,司贊引自左門入就位,北向立,司賓引内外命婦各就位

① “外”,原缺,據《明太祖實錄》卷二八下補。

北向立，司贊奏："拜，興，拜，興。"司賓唱："拜，興，拜，興。"皇后及內外命婦皆拜，興，拜，興，司贊奏："請行事，請詣盥洗位。"引皇后至盥洗位，奏盥洗，司盥洗者酌水，皇后盥手訖，奏："帨手。"司巾以巾進，皇后帨手訖，司贊奏："請詣神位前。"引皇后由東階升，至神位前北向立，司贊奏："上香，上香，三上香。"司香奉香進于皇后之右，皇后上香，上香，三上香訖，司贊引皇后復位，奏："拜，興，拜，興。"司賓唱："拜，興，拜，興。"皇后及內外命婦皆拜，興，拜，興。司贊奏："禮畢。"引皇后出自廟之左門，司賓引內外命婦出，司贊奏："陞車。"皇后陞車，宿衛陳儀仗，樂工陳樂，尚儀陳儀仗，內外命婦前導侍從如來儀，過廟鼓吹振作，還至宮之外門外，司贊奏："降車。"皇后降車，司贊奏："陞輿。"皇后陞輿，至宮之內門外，司贊奏："降輿。"皇后降輿入宮。

遣使冊拜丹墀版位圖

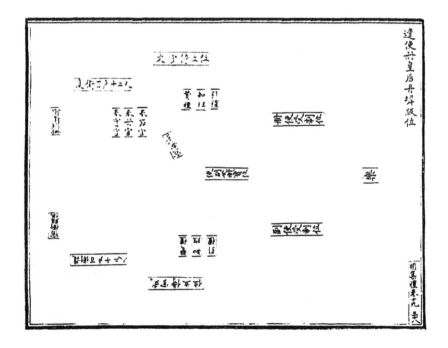

丹陛及殿上版位圖

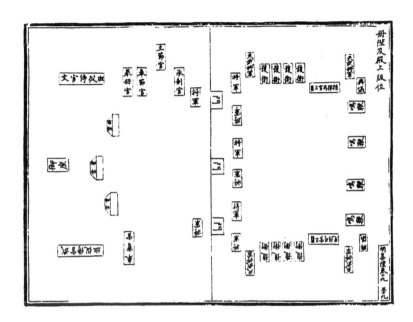

中宮受册版位圖

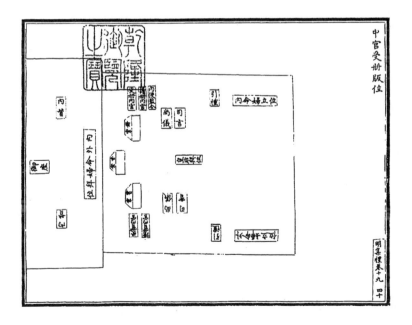

大明集禮卷二〇

嘉禮四

册拜①

册皇太子

總序

自夏后氏傳位于啓，商、周因之，皆立嫡長爲世子。

至漢高祖五年，即皇帝位，立子盈爲皇太子，而始有皇太子之稱，然猶未行册拜之禮。至明帝時，禮文始著于史。其制則皇帝臨軒，百官會位，皇太子當御座受册璽，再拜，三稽首，此皇太子親受册于天子之始也。

北齊及唐，既有臨軒册授之典，而兼有遣使内册之儀。蓋因皇太子年有長幼，而冠服制度亦各不同。臨軒册之者，以其年長可以行禮，故服遠遊冠、絳紗袍，而天子面授之也。内册之者，以其年幼未能行禮，故服雙童髻、空頂幘，而遣使册于其宮，太師抱

---

① 標題無"册拜"，據本書目録補，

之以受册也。

至宋，則惟用臨軒册命。

元則惟遣使内册，皆不以年之長幼而異其制焉。

國朝册立皇太子，先期奏告天地、宗廟，皇帝臨軒行册拜禮，而皇太子受册畢，有朝中宮謁太廟，與諸王群官行禮之制。

今集歷代禮物儀文，以著于篇。

冠服

皇帝册太子，臨軒冠服。

唐用衮冕。

宋用通天冠、絳紗袍。

元用其國服。

皇太子受册冠服，漢用朝服、玄冠、絳衣。

北齊用遠遊冠、絳紗袍，幼則空頂幘服。

隋冕旒九章。

唐遠遊冠、絳紗袍，幼則雙童髻、絳紗袍。至開元中，肅宗爲皇太子，以絳紗袍同于皇帝所服，上表請易，乃改絳紗袍之名爲朱明服。

宋服遠遊冠、朱明衣，始執桓圭。

元初，用其國服，後嘗議服衮冕，而未之用。

國朝册立皇太子，皇帝臨軒，服衮冕，皇太子受册，冕服九章。

歷代之制，並見于《冠服篇》。

車輅

《周禮·巾車》:"掌王五輅。"其一金輅以封同姓。注曰:"同姓,謂王子及母弟也。"

至漢,皇太子則乘安車。魏、晉因之。

宋、齊梁皆乘象輅。

後魏、北齊皆乘金輅。

隋乘金輅,赤質金飾,駕四馬。唐、宋並因之。

元無其制。

國朝皇太子受册,乘金輅。

歷代之制,並見于《車輅篇》。

册

漢、晉、北齊及唐,皆有册以命皇太子,而不詳其册之制。

宋太宗立壽王爲皇太子,用珉玉簡六十,前後四枚刻龍填金,如捧護之狀,貫以金絲,首尾結爲金花,飾以扮鍺,覆以紅羅泥金夾帕,藉以錦褥,盛以黝漆匣,長尺九五寸,闊一尺二寸,高八寸,裝以金葉,刻爲金地,合羅枝條隱起花,覆以紅羅泥金夾帕,絡以紅絲結條,襯以法錦褥,安以黝漆匣,用金塗縷銀花鳳葉裝,加以腰輿行馬,飾皆花鳳,條以魚鈎,竿爲螭首,後又有用簡七十者,蓋隨文之多少爲簡數也。

元册皇太子,亦以玉爲册,其文真書鐫刻,内填以金,其簡從文之多少以定數,每簡長尺二寸,闊一寸二分,厚五分,聯以金縷,首尾結帶,前後四簡琢爲龍形,若捧護之狀,縷以金,藉以錦,覆以紅羅泥金夾帕,册匣長廣取容其册,塗以朱漆,金裝隱起突龍鳳,金鎻銙,匣上又以紅羅繡盤龍蹙金帕覆之,承以鍍金裝長干牀,龍首鍍金魚鈎,藉匣褥以錦緣,又以紅絲條縈匣外,其行馬飾以鍍金,册案用朱漆,覆以紅羅銷金衣。

國朝立皇太子,用金册二片,每片依周尺,長一尺二寸,闊五寸,厚二分五釐,字則依數分行,鐫刻真書,每片側邊,上下有竅,用紅條聯貫,開闔如今書帙之狀,背用紅錦嵌護,藉以紅錦小褥,册匳以木爲之,飾以渾金瀝粉蟠龍,用紅紵絲襯裏,内以紅羅銷金小袱裹册,外以紅羅銷金夾袱裹之,五色小條縈于匣外。臨册之日,置于紅漆輿案,案頂有紅羅瀝水,用檐床二舉之。

册文

漢册皇太子,不載其册文之詞。

唐太宗册晉王治爲皇太子,其文曰:"于戲,惟爾並州都督、右武候大將軍晉王治,忠肅恭懿,宣慈惠和,仁孝發于自然[①],信義備于成德,禎祥夙著,睿哲日新,永言少陽,匕鬯是寄,疇咨朝列,卿士叶從。是用命爾爲皇太子。往欽哉。爾其思王道之艱難,遵聖人之炯戒,勤修六德,勉行三善。無或舉非法度,忘恭儉而好驕奢。無或理乖彝倫,遠忠良而近邪佞。非履道無以揚名[②],非任賢無以成德。爾身爲善,國家以安;爾身爲惡,天下以殆。睦九族而禮庶僚,懷萬姓而憂遐裔[③]。兢兢業業,無怠無荒。克念爾祖宗,以寧我社稷。可不慎歟。"

宋太宗册壽王爲太子,其文曰:"朕受乾坤之眷佑,承億兆之

---

① "發",《唐大詔令集》卷二八《皇太子·册文·册晉王爲皇太子文》作"出"。
② "揚",《唐大詔令集》卷二八《皇太子·册文·册晉王爲皇太子文》作"彰"。
③ "姓",《唐大詔令集》卷二八《皇太子·册文·册晉王爲皇太子文》作"邦"。

推崇①，旰食宵衣，納隍馭朽，兢兢業業，日慎一日，故能躋動植于壽域，致華夷于大同。載稽古先，歷覽圖史，萬邦之本，元良是正②。守器承祧，莫斯爲重，徽章縟禮，自我而行，蓋聖王之盛典也③。咨爾壽王，粹稟天地，量吞海嶽，忠孝備于君父，友愛敦乎弟兄，達刑政禮樂之源，著宣慈惠和之美，邁五官之才藻，叶九齡之吉夢，浡雷攸震，重離克明，早分茅土，實尹都邑④，誠以接物，仁以撫民，每見賢而思齊，知爲善之最樂。予懋乃德，嘉乃勳庸⑤，爰闢重華⑥，俾膺主鬯，詢彼中外，契于蓍龜，今册爾爲皇太子，仍改名恒。于戲，正身足以率下，去邪在乎勿疑，罔咈昌言，必邁端士，企大中之道，鑒無逸之篇。戒矜伐則功愈高，師勤儉則福彌久。日新爾令望，永保我丕基。戒之哉⑦，欽承簡册之休命。”

元仁宗册皇太子，其文曰：“朕仰遵太祖、世祖成憲，永惟天下之本，實重元良之建，咨爾某，以嫡以長，諸王勳戚，請正儲位，繼承皇太后之意，乃允僉言，授以金寶，立爾爲皇太子，紀綱中書之政令，綜理宥府之樞機，積有日矣，廷臣敷奏，當行册禮。今遣太尉持節，授爾玉册。于戲，益勉爾事親之孝，廣推予睦族之恩，以脩身養德爲要，以親賢愛民爲務。欽哉，尚隆我祖宗之洪業。”

國朝册立皇太子，其文曰：“皇家建儲，禮從長嫡，天下之本

① “承”，《宋大詔令集》卷二五《皇太子·册文·至道元年册皇太子文》作“副”。
② “正”，《宋大詔令集》卷二五《皇太子·册文·至道元年册皇太子文》作“貞”。
③ “盛”，《宋大詔令集》卷二五《皇太子·册文·至道元年册皇太子文》作“皇”。
④ “都”，《宋大詔令集》卷二五《皇太子·册文·至道元年册皇太子文》作“京”。
⑤ “庸”，原缺，據《宋大詔令集》卷二五《皇太子·册文·至道元年册皇太子文》補。
⑥ “重”，《宋大詔令集》卷二五《皇太子·册文·至道元年册皇太子文》作“承”。
⑦ “戒”，《宋大詔令集》卷二五《皇太子·册文·至道元年册皇太子文》作“勖”。

在焉。朕起自田野,當群雄混淆①,就功于多艱之際②,今基業已成③,命爾爲皇太子。于戲,爾生王宫爲首嗣,乃天意所屬焉。兹位正東朝④,其敬天惟謹,且撫軍監國,爾之職也,六師兆民,自他國而歸我,宜守以仁信,恩威悉當,悦服其心⑤,用永固于邦家,尚慎戒之。”

寶

漢制,皇太子用黄金印,龜鈕,其文曰“皇太子章”。

晉用金璽龜鈕,綬四采,赤、黄、縹、紺。

宋、齊、梁皆因之。

北齊用黄金爲之,方一寸,龜鈕,其文曰“皇太子璽”。

唐用黄金,方一寸,文曰“皇太子寶”。

宋亦用黄金,方二寸,厚五寸,係以朱組,大綬,連玉環,金斗,金檢,長五寸,闊二寸,厚二分,悉裹以紅錦,加紅羅泥金帕,納于小匣,匣以金裝,内設金牀,又匣二重皆覆以紅羅銷金帕,匣及腰輿、行馬,皆銀裝金塗。

元用黄金爲之,廣三寸六分,雙龍鈕,用蒙古字刻,其文隱起,内填以金,譯曰“皇太子寶”。綬用暈錦大綬,赤小綬連玉環,又玉檢高七寸,廣二寸四分,皆飾以金,裹以紅錦,及紅羅泥金夾帕,納于小匣,匣以金裝,内設金牀,暈錦褥,飾以玻瓈、碧鈿、珊瑚、金精石、瑪瑙,又匣二重,皆裝以金,覆以紅羅繡帕,承以鍍金

---

① “當群雄混淆”,《明太祖實録》卷二九作“與群雄角逐戡定禍亂”。
② “艱”,《明太祖實録》卷二九作“難”。
③ “已”,原作“以”,據《明太祖實録》卷二九改。
④ “朝”,《明太祖實録》卷二九作“宫”。
⑤ “悦”,《明太祖實録》卷二九作“懷”。

裝長干牀，鍍金魚鉤，藉盛以錦褥，其行馬飾以鍍金，寶案用朱漆
覆以紅羅銷金衣。

國朝皇太子金寶，龜鈕朱綬，文用篆書曰“皇太子寶”，依周
尺方五寸九分，厚一寸七分，寶池用金，闊取容寶，寶匣二副，每
副三重，外匣用木，飾以渾金瀝粉盤龍，紅絟絲襯裏，中匣用金鈑
造蟠龍，內小匣仍用木，飾以渾金瀝粉蟠龍，紅絟絲襯裏，小匣內
置以寶座，四角雕蟠龍，飾以渾金，座上用小錦褥，褥上一置寶，
一置寶池，寶復用銷金小夾袱裏之，其匣外各用紅羅大夾袱覆
之。臨册日置于紅漆輿案，案頂有紅羅瀝水，用檜床二舉之。

節

漢臨軒册皇太子，不用持節。

北齊遣使持節內册皇太子禮，而無其制。

唐節制，上畫木盤三，相去數寸，隅垂赤麻，銅龍一首，紫縑
爲袋，油囊爲表。其內册皇太子，則遣使持節至東宮。

宋臨軒册皇太子，不用持節。

元節制金塗竿，上施圓盤，朱絲拂八層，韜以黃羅雲龍袋。
其册皇太子，則遣攝太尉持節至東宮。

國朝皇帝臨軒行册皇太子之禮，不用持節。

樂

唐臨軒册皇太子，展宮懸于殿庭，皇帝出入，奏《太和》之曲，
皇太子出入，奏《舒和》之曲。其內册皇太子，亦陳樂懸于其東宮
殿庭。

宋臨軒册皇太子，展宮懸于殿庭，皇帝出入，奏《乾安》之曲，

皇太子出入,奏《明安》之曲。

元册皇太子,用《雲和》《安和》之樂各一部。

國朝册立皇太子,皇帝臨軒,用大樂,如朝賀儀,詳見于《俗樂篇》。

儀仗

唐制,臨軒册皇太子,設黃麾仗及鈒戟近仗,若內册,則設屯門列仗于東宮。

宋臨軒册皇太子,設黃麾仗。

元册皇太子,設內外儀仗,用七百四十八人。

國朝皇帝臨軒册皇太子,其儀仗與朝賀儀仗同。

執事

漢臨軒册皇太子,則謁者掌引贊及稱制,中常侍掌持璽綬,司空掌讀册。

北齊臨軒册皇太子,則使者掌授册,尚書掌授璽綬,中庶子掌受皇太子所受璽綬。皇太子幼而內册,則主司二人掌奉冠服,中庶子、中舍人,掌奉表章詣闕謝。

唐臨軒册皇太子,則尚舍奉御掌設御幄座,守宮掌設皇太子及群官次,太樂令掌設宮懸及舉麾位,協律郎掌舉麾、偃麾,鼓吹令掌設十二案,乘黃令掌陳車輅,奉御掌陳輿輦,典儀掌設百官客使版位,奉禮掌設百官、客使門外版位,左庶子掌啓皇太子內嚴、外備,僕掌進皇太子金輅及授綬執轡,左內率掌執刀立輅前,贊善掌請發引及停輅、降輅及承宣令旨,舍人掌引禮,諸衛掌列仗,侍中掌奏中嚴、外辦及奏禮畢,符寶郎掌奉御寶,典儀掌贊禮，贊者掌承傳，黃門侍郎掌奉册寶，令史二人掌對舉案，中書侍郎掌引册寶案及取璽綬授中書令，中書令掌稱制讀册及奉璽綬以授皇太子，左庶子掌授皇太子所受册璽，持案者掌持册璽案，通事舍人掌引群官。其內册皇太子，則太尉爲正使，司徒爲副使，守宮掌設使副次及宮臣文武官次，諸衛掌陳列仗，伶官師掌展軒懸之樂，掌筵掌設皇太子受册位，掌儀掌設百官版位于殿庭，奉禮掌設百官版位于朝堂，謁者掌引使副就次，掌次掌延使副入次，通事舍人掌引百官，左庶子掌啟內嚴、外備及贊皇太子禮及受册璽以授皇太子，典直掌引使副入閣，司徒掌取册璽綬以授太尉，太尉掌稱制宣册，掌書二人掌授皇太子册璽綬，主節者掌持節。其皇帝臨軒遣使執事與遣使册后同。

宋臨軒册皇太子，則殿中監掌帥，尚舍設御座、香案、施簾，大晟掌設宮懸，協律郎掌舉麾，儀鸞司掌設皇太子次，及百官行事官東宮官次及册寶幄次，尚輦掌陳輿輦，太僕掌陳五輅，尚輦掌列御馬，尚書兵部掌帥其屬設黃麾仗，典儀掌贊禮及設承制、受册、權置册寶褥位及行事官贊者位，贊者掌承傳，大樂正掌率樂工，大司樂掌押樂，管勾內臣掌承制降册寶，奉册寶官掌率執事人舉奉册寶，中書侍郎掌押册，門下侍郎掌押寶，禮直官、通事舍人、太常博士、禮儀使掌引導皇帝皇太子，及册寶案，中允掌進皇太子桓圭及禮畢押寶，中舍舍人掌禮畢押册，左輔掌奏中嚴、外辦及承制、宣制以寶授皇太子，右弼掌讀册以授皇太子，符寶郎掌奉寶，右庶子掌受皇太子所受册寶。

元册皇太子，太尉一員，司徒一員，持節官一員，奉册官一員，引册官二員，舉册官二員，讀册官二員，侍儀使二員，主當內侍五員，副持節一員，代禮官十員，清道官二員，警蹕二員，拱衛使二員,折衝都尉八員,殿中侍御史二員,糾儀御史二員,方輿官四十員,侍香官四員,知班四員,侍儀司引禮官四十員。

國朝册拜皇太子,其執事見于儀注。

陳設

唐臨軒册皇太子,設御幄于太極殿北壁下,南向,設皇太子次于東朝堂之北,西向,設群官次于東西朝堂,設宮懸于殿庭,設舉麾位于上下,設十二案于建鼓之外,陳車輅、輿輦,設皇太子位,及典儀、贊者位于殿庭及門外,諸衛勒所部列黃麾仗,及鈒戟近仗,入陳于殿庭。其內册皇太子,則設册使次于重明門外道西,副使次又于其西,俱南向。又設宮臣文武官次于東宮朝堂,設皇太子羽儀車輿及樂懸等,並如元日受朝儀。設皇太子受册位,設宮臣版位于殿庭及朝堂,諸衛率所部陳屯門列仗。其皇帝臨軒命使陳設,則與册皇后臨軒同。

宋臨軒册皇太子,則設御座于大慶殿當中南向,設東西房于御座之左右稍北,設東西閣于殿後之左右,殿上前楹施簾,設香案于丹墀螭陛間,設宮懸之樂于殿庭橫街之南,設舉麾位于宮架西北東向,設押樂位于宮架之北北向,設皇太子次于大慶殿門外之東西向,設文武百僚應行事官等次于大慶殿門外,及朝堂之內外,設册寶幄次二于殿後東廂,俱南向,陳輿輦于龍墀,繖、扇于沙墀,陳五輅于殿庭,玉輅在中,金輅在東,象輅次之,革輅在其前,木輅次之,玉輅稍前,俱北向,列御馬于龍墀,在輿輦之後,東西相向,設黃麾仗于殿門之內外,設皇太子受册位,及承制官位,設贊者及應行事官位,設權置册寶褥位于近東稍北西向,册在北,寶在南,又于皇太子受册位前東西北向,設褥位一以俟右弼奉册,左輔奉寶,又于奉册寶位之北,設褥位一以俟左輔宣制,右弼讀册。

元册皇太子,則設發册案于大明殿御座西,發寶案于東,設香案于皇太子東宮殿上,設册案于西,寶案于東,又設受册案于殿內坐榻之西,受寶案于東,設太尉册使副位及册官、寶官位,設禮儀司及主節官位,皆于大明殿庭,皇太子殿庭亦如之。

國朝臨軒册皇太子陳設,詳見于儀注圖本。

班位

漢册皇太子,百官會位,皇太子當御座殿下北面立,司空當太子西北東面立。

唐制,皇帝御太極殿,皇太子位在橫街之南道東北向,典儀位在懸之東北,贊者二人在南少退,皆西向,文武官、諸親、蕃客、朝集使、諸州使人初就位于門外,次入就位于殿庭,皆如册皇后臨軒之儀。其內册皇太子,則皇太子受册位在東宮殿庭之階間,北向,文官五品以上位在懸東,六品以下位在橫街之南,皆西面北上,武官五品以上位于懸西,六品以下在橫街之南,皆東面北上。其朝堂班位如常儀。其皇帝臨軒發册班位,則與册皇后臨軒同。

宋册皇太子于大慶殿,則皇太子位在殿庭橫街之南北向,承制官位在御座之東西向,典儀位在宮架東北,贊者二人位在南少退,俱西向,應行事官位在宣制褥位北,西向,其三公以下文武百僚班位,東西相向,如正、至朝會之儀。

元制,册皇太子則使副位在大明殿庭中,册官位于左,寶官位于右,禮儀使位于前,主節官位于左,其文武百司,自一品至九

品序列于崇天門外,文班自外傍折位入日精門,武官自外傍折位
入月華門,各就東西起居位立定,然後就丹墀位。

國朝臨軒册皇太子,其班位詳見于儀注。

奏告

唐册皇太子,先期卜日,遣官奏告圓丘、方丘、宗廟,天地用
玉、幣、酒、脯,宗廟用香、幣、酒、脯。

宋亦遣官告天地、宗廟,禮與唐同,并告社稷、嶽瀆山川、在
京十里内神祠,用籩、豆、酒、脯。

元制,遣官奏告天地于南郊,及奏告宗廟,用香、酒,行一獻
之禮。

今擬國朝册立皇太子,先期遣官奏告天地、宗廟,用香、幣、
酒、脯,行一獻禮。

謝皇帝

北齊及唐皆有内册皇太子之禮。北齊則受册畢,遣中庶子、
中舍人乘輅車,奉奏章詣闕謝皇帝。

唐受册畢,則雙童髻、絳紗袍,詣皇帝所御殿,司賓贊再拜
而退。

元皇太子内受册畢,侍儀官同庶子導詣皇帝殿庭四拜。

國朝臨軒册皇太子,別無謝皇帝之儀。

朝中宮

唐制,皇太子受册畢,仍服遠遊冠、絳紗袍,舍人引皇太子,
三師、三少導從,詣皇后所御殿閣外,皇后首飾、褘衣,出即御座,

司賓引太子再拜于庭。其内册者，皇太子受册畢，則雙童髻、絳紗袍，入謝皇后于中宫。

宋制，皇太子受册畢，入内朝見皇后，如宫中之儀。

元制，皇太子受册畢，侍儀同庶子導皇太子詣皇后前，謝恩四拜。

今擬國朝皇太子受册後，朝見皇后于中宫。

謁太廟

唐制，皇太子受册畢，所司轉鹵簿、仗衛于永安門西，俟朝皇后訖，皇太子仍服遠遊冠、絳紗袍，乘金輅至廟，三師、三少導從，入廟，至位，率更令奏請皇太子再拜，少頃，奏辭，皇太子又再拜，出乘金輅還。

宋制，皇太子受册後，宿齋于東宫，所司陳鹵簿于東宫門外，皇太子服遠遊冠、朱明衣，乘金輅，至廟，服衮冕，執圭，亦行前後再拜之禮。禮畢，易朝服，陞輅還。

元制，遣官恭謝太廟，作樂，用饌，禮行三獻，而無皇太子謁廟之儀。

今擬國朝皇太子受册禮畢，擇日恭謁太廟。

賀禮

漢册皇太子畢，三公陞階上殿，賀皇帝壽萬歲，而不詳其儀。

東晉册皇太子，議朝臣奉賀上禮，國子博士車胤云：“百辟卿士，咸與盛禮，展敬拜伏，不須復上禮，唯方伯牧守，不親大禮，自非酒牢，無以表誠。故宜上禮。”太學博士庾弘之議：“按武帝咸亨中，諸王新拜，有司近臣諸王公上禮，今皇太子國之儲副，既已崇建，普天同慶。"謂應上禮奉賀。

又議王公以下見皇太子儀，車胤以爲朝臣宜朱衣褠幘，拜見太子，太子答拜。

唐制，皇太子受册畢，群臣上禮賀皇帝，則就東朝堂敘位，禮部郎中以表授中書舍人，群臣再拜，中書舍人奉表入進，其宮臣上禮賀皇太子，則就東宮朝堂敘位，通事舍人以表授太子舍人，群官再拜，太子舍人奉表入進，其在外諸州等官並進表稱賀皇帝。

宋皇太子受册畢，群臣稱賀皇帝于紫宸殿，如正、至之儀。

其賀詞曰："某官臣某等官，伏惟皇帝陛下，盛德克昌，至慈垂裕，元良茂建，典册崇成，臣等忝備班僚，無任慶忭。"

侍中宣答賀詞曰："朕寅御基圖，畜建儲嗣，上尊宗廟，下愜黎元，典禮備成，與卿等同慶。"

賀禮畢，陳文武官所進馬于庭，舍人奏某官姓名以下進奉。

其群官賀皇太子禮，則真宗天禧二年立昇王爲皇太子禮畢，有正衙賀禮，中書門下五品、尚書省、御史臺四品、諸司三品，皇太子皆答拜，四品以下及東宮官皆受拜。

元皇太子受册畢，還府陞殿，百官皆拜賀，班首進酒，衆官皆再拜，舍人同翰林官奉箋目、箋章及禮物啓目，以次進讀。次日乃賀皇帝于大明殿，殿前班諸王、太子妃后[1]、駙馬拜訖，次百官入丹墀拜賀進酒，及舍人奏讀表目、表章。

國朝皇太子受册訖，次日群臣上表、上箋稱賀，皇帝服袞冕，御奉天殿受賀，文武官並朝服行禮，其箋則內使監官奉入中宮，皇太子常服于東宮受賀，群臣常服行禮，皇后首飾、褘衣，受內外

---

① "后"後疑脱"妃"字。

命婦賀，在外有司，進表箋稱賀。

會禮

唐册皇太子畢，皇帝會群臣，其禮與元會儀，同但上壽詞曰："具官某等稽首言，皇太子岐嶷夙著，令月吉日，光踐承華，臣等不勝大慶，謹上千萬歲壽。"

皇后會外命婦，其禮亦與元會儀同，但其上壽詞曰："具位妾姓等言，皇太子岐嶷夙著，令月吉日，光踐承華，妾等不勝大慶，謹上千萬歲壽。"

其皇太子會群官亦如元會儀，其賀詞云："伏惟殿下固天攸縱，德業日新，式光宸宮，普天同慶，某等情百常品，不勝欣躍。"

左庶子宣令答云："某以不敏，夙恭禮訓，祗奉朝命，慚懼惟深。"

宋制，皇帝會群臣，則御紫宸殿，會三公以下文武官，作樂，三舉酒，尚食進御食，太官設群官食，初則班首進皇帝酒，次則殿中監、少監進酒，而無皇太子會群臣禮。其皇后會外命婦，則于賀禮畢，宣外命婦入，皇后常服行宮中宴會之儀。

今擬國朝皇太子受册畢，皇帝會群臣于謹身殿，皇太子侍坐，皇后會內外命婦于宮中。

奏告圓丘儀注

其禮見《祀天篇》。

奏告方丘儀注

其禮見《祭地篇》。

奏告宗廟儀注

其禮見《宗廟篇》。

册拜皇太子儀注

前期一日，内使監官陳御座、香案于奉天殿如常儀，尚寶司設寶案于御座前，侍儀司設詔書案于寶案之前，册案、寶案于殿中，册案在東，寶案在西，册寶亭一座于丹陛之東，皇太子拜位于丹陛上及御座前，俱北向，授册寶官位于殿上皇太子拜位之東西向，讀册寶官位于授册寶官之北西向，捧進册寶官位于讀册寶官之南西向，受册寶内使二人位于殿上皇太子拜位之西，舁册寶亭内官八人位于丹陛册寶亭之東，設承制官承制位于殿内之西，宣制位于殿門外東北，捧詔官位于殿内之東，内贊二人位于殿内皇太子拜位之北，東西相向，贊禮二人位于丹陛上之南，東西相向，知班二人位于丹墀中文武官侍立班之南，糾儀御史二人位于知班之北，俱東西相向，文武百官齊班位于午門外東西，以北爲上，文官侍立位于文樓之北西向，武官侍立位于武樓之北東向，使臣、僧道、耆老侍立位于文官侍立位之南，俱西向，殿前班指揮司官三人位于丹陛之西東向，光禄寺官三人位于丹陛之東西向，侍從班起居注、給事中、殿中侍御史、侍儀使、尚寶卿侍立位于殿上之東，侍從班武官指揮使侍立位于殿上之西，拱衛司官二人侍立位于殿中門之左右，典牧所官二人位于仗馬之南，宿衛鎮撫二人位于丹墀階前東西相向，護衛百户二十四人位于宿衛鎮撫之南稍後，東西相向，護衛千户八人位于殿東西門之左右，將軍二人位于殿上簾前，東西相向，將軍四人位于丹陛之四隅，東西相向，將軍六人位于奉天殿門之左右，將軍六人位于奉天門之左右，鳴鞭四人位于丹陛之南北向，引文武官舍人四人位于文武官侍立位之北稍後，東西相向，引使臣、僧道、耆老舍人二人位于引文官舍人之下，禮部官同內使監官安奉詔書于殿內案上，及于冊寶亭中匣盝內取冊寶置于殿內冊寶案上，冊在前，寶在後，內使异冊寶亭就位，禮部官交付內使監官守護。

其日侵晨，擊鼓，初嚴。金吾衛陳甲士于午門外東西，旗仗于奉天門外之東西，拱衛司陳仗于丹陛之東西，及丹墀之東西，陳車輅于文武樓之南，典牧所陳仗馬于車輅之南，虎豹于奉天門外，和聲郎入陳樂于丹墀之南，所司備鼓樂，儀衛司備儀仗于奉天門外，伺候迎送冊寶至東宮，舍人二人催文武百官各具朝服，承制官、捧詔官、糾儀官、贊禮、知班、典儀、內贊、司辰、殿前班宿衛鎮撫、護衛、典牧司官、拱衛司官、殿內外將軍、舉冊寶亭內使，俱入就位。擊鼓，次嚴。舍人引文武百官齊班于午門外，尚寶卿、侍從官、侍衛官各服器服，俱詣謹身殿奉迎。擊鼓，三嚴。侍儀奏中嚴。御用監官奏請上位于謹身殿具衮冕，啓請皇太子于奉天門具冕服，引班分引文武百官、使客、僧道、耆老各入侍立位。侍儀版奏外辦。上位御輿以出，尚寶卿捧寶，及侍儀導從、警蹕如常儀。上位將出，仗動，大樂鼓吹振作，陞御座，樂止。將軍捲簾，尚寶卿以寶置于案，拱衛司鳴鞭，司辰報時訖，引進四人引皇太子入奉天東門，樂作。陞自東階，由殿東門入，引進立候于門外，內贊接引至丹陛拜位，引禮分立于左右，樂止。捧受冊寶內使由西陛陞，俱入就丹陛立位，知班于丹墀中唱："班齊。"贊禮于丹陛上唱："鞠躬，拜，興，拜，興，平身。"皇太子鞠躬，樂作。拜，興，拜，興，平身。樂止。內贊唱："承制官稍前。"承制官前立于殿西,内贊唱:“跪。”承制官跪,承制訖,由殿中門出,立于門外,稱有制,贊禮唱:“跪。”皇太子跪,宣制云:“封長子某若已封王者,則曰某王某。爲皇太子。”畢贊禮唱:“俯伏,興,平身。”皇太子俯伏,興,平身。承制官由殿西門入,跪于殿西云傳制畢,復位,贊禮唱:“鞠躬,拜,興,拜,興,平身。”皇太子鞠躬,樂作。拜,興,拜,興,平身。樂止。贊禮唱:“行册禮。”畢,引禮皇太子由殿東門入①,樂作。引禮立于門外,内贊接引至御座前拜位,樂止。内贊唱:“跪。”皇太子跪,内贊唱:“授册寶②。”捧册寶官于案前跪捧册,授讀册寶官,内贊唱:“讀册。”讀册寶官跪,讀册訖,以册授丞相,丞相搢笏,受册。内贊唱:“皇太子搢圭。”皇太子搢圭。内贊唱:“授册③。”丞相以册跪授于皇太子,捧受册寶内使跪于皇太子西,捧册,興,立于皇太子西。捧册寶官又于案前跪,捧寶,授讀册寶官,内贊唱:“讀寶。”讀册寶官跪,讀寶訖,以寶授丞相,丞相受寶,捧寶跪授于皇太子,捧受册寶内使跪于皇太子西,捧寶,興,立于捧册内使之下,内贊唱:“出圭。”皇太子出圭。内贊唱:“俯伏,興,平身。”皇太子俯伏,興,平身。内贊唱:“復位。”引皇太子出,樂作。内使捧册捧寶前導,出至殿東門,引禮引皇太子復位,樂止。内使以册寶置于册寶亭盝匣中,退立于丹陛之東,贊禮唱:“鞠躬,拜,興,拜,興,拜,興,拜,興,平身。”皇太子鞠躬,樂作。拜,興,拜,興,拜,興,拜,興,平身。樂止。内使舁册寶亭前行,引禮導皇太子由東階降,樂作。出奉天門,樂止。引禮引皇太子詣東耳房,伺候于中宫行禮。内使舁册寶亭東門出,至西道,儀仗、鼓

---

① “禮”,原缺,據《明太祖實録》卷二八下補。
② “授”,原作“受”,據嘉靖本改。
③ “授”,原作“受”,據《明太祖實録》卷二八下改。

吹前迎，百官迎送至東宮，安奉册寶于殿內，禮部尚書跪奏用寶，詣案捧詔書，尚寶卿用寶，以詔書置于案，禮部尚書于殿西跪奏云：“捧詔赴午門開讀。”興。捧詔官捧詔由中門出，樂作。由中陛降，引禮引丹墀文武官迎詔書，出奉天門，樂止。開讀于午門外，其儀見《朝會篇》。開宣訖，侍儀贊禮畢，百官迎詔至中書省頒行，執事入報，侍儀奏：“禮畢。”鳴鞭，上位興，樂作。還宮。樂止。

謝中宮儀注

皇太子受册之日，內使監官陳設皇后御座于中宮殿上，皇太子拜位于殿庭正中及御座前，內贊二人位于殿上拜位之東西，司贊二人位于丹墀拜位之東西，陳設儀仗于殿庭之東西，擎執于殿上之左右，樂工陳樂于殿庭之南。

皇太子于奉天殿受册畢，司賓引皇太子仍具冕服，至中宮外門，東向立，內使監官啓聞，皇后首飾、褘衣，出殿，樂作。陛御座，樂止。司賓引皇太子由東階陛，樂作。就丹墀拜位，樂止。司賓分立于其前，司贊唱：“鞠躬，拜，興，拜，興，拜，興，拜，興，平身。”皇太子鞠躬，樂作。拜，興，拜，興，拜，興，拜，興，平身。樂止。司賓引皇太子由殿東門入，樂作。至殿上拜位，樂止。司賓分立于其前。內贊唱：“跪。”皇太子跪，皇太子恭謝曰：“小子某兹受册命，謹詣母后殿下恭謝。”謝畢，內贊唱：“俯伏，興，平身。”皇太子俯伏，興，平身。司賓引皇太子由殿東門出，樂作。出，復位，樂止。司贊唱：“鞠躬，拜，興，拜，興，拜，興，拜，興，平身。”皇太子鞠躬，樂作。拜，興，拜，興，拜，興，拜，興，平身。樂止。司賓唱：“禮畢。”內使監官啓：“禮畢。”皇后興，樂作。還宮，樂止。內官引皇太子出。

諸王賀東宮儀注

皇太子受册之日，内使監官設皇太子座于東宮，侍儀司設諸王拜位于殿庭階上及殿上正中，贊禮二人位于殿庭王拜位之東西，内贊二人位于殿内王拜位之東西，文武官侍立位于殿庭之東西，將軍六人位于殿門之左右，拱衛司設儀仗于殿庭之左右，樂工設樂于宮門之外。

伺皇太子于中宮行禮畢，引禮引諸王便服至東宮門外，西向立，引進引皇太子便服出宮，樂作。陞殿，樂止。引禮引諸王由東階陞，樂作。至殿庭階上拜位，樂止。贊禮唱："鞠躬，拜，興，拜，興，拜，興，拜，興，平身。"諸王鞠躬，樂作。拜，興，拜，興，拜，興，拜，興，平身。樂止。引禮引諸王居長者由殿東門入，樂作。引禮立于門外，内贊接引至殿内拜位，樂止。内贊、贊禮同唱："跪。"諸王皆跪，長王恭賀曰："小弟某，兹遇長兄皇太子榮膺册寶，不勝欣忭之至，謹率諸弟詣殿下稱賀。"賀畢，内贊、贊禮同唱："俯伏，興，平身。"諸王皆俯伏，興，平身。引禮引長王由東門出，樂作。復位，樂止。贊禮唱："鞠躬，拜，興，拜，興，拜，興，拜，興，平身。"諸王鞠躬，樂作。拜，興，拜，興，拜，興，拜，興，平身。樂止。贊禮唱："禮畢。"引進啓："禮畢。"皇太子興，樂作。還宮，樂止。引進引諸王以次出。

諸王賀中宮儀注

皇太子受册之日，内使監官陳設皇后御座于中宮殿上，諸王拜位于殿庭正中及御座前，内贊二人位于殿上拜位之東西，司贊二人位于諸王丹墀拜位之東西，陳設儀仗于殿庭之東西，擎執于殿上之左右，樂工陳樂于宮門之外。

諸王于東宮行賀禮畢，司賓引諸王具冕服至中宮外門，東向立①。

內使監官啓聞，皇后首飾、褘衣，出殿，樂作。陞御座，樂止。司賓引諸王由東階陞，樂作。入就丹墀拜位，樂止。司賓分立于其前。司贊唱："鞠躬，拜，興，拜，興，拜，興，拜，興，平身。"諸王鞠躬，樂作。拜，興，拜，興，拜，興，拜，興，平身。樂止。司賓引諸王居長者由殿東門外入，樂作。至殿上拜位，樂止。司賓分立于其前，內贊司贊同唱："跪。"諸王皆跪，長王恭賀曰："小子某，茲遇長兄皇太子榮膺冊寶，不勝懽慶，謹率諸弟詣母后殿下恭賀。"賀畢，內贊同唱："俯伏，興，平身。"諸王皆俯伏，興，平身。司賓引長王由殿東門出，樂作。出復位，樂止。司贊唱："鞠躬，拜，興，拜，興，拜，興，拜，興，平身。"諸王鞠躬，樂作。拜，興，拜，興，拜，興，拜，興，平身。樂止。司賓唱："禮畢。"內使監官啓："禮畢。"皇后興，樂作。還宮，樂止。內官引諸王以次出。

百官稱賀進表箋儀注

其禮與冊皇后畢上表箋儀同。

百官進箋賀東宮儀注

前期，內使監官陳設皇太子位于東宮正殿，如常儀。侍儀司設箋案位于殿下，及殿上正中，文武官拜位于殿下，文東武西，每等異位重行，北向，設宣箋官位于殿下箋案之西，展箋官位于宣

---

① "向"，原作"西"，據《禮部志稿》卷一二《儀制司職掌·冊立·皇太子冊立儀》改。

箋官之下,知班二人位于文武官拜位之北,東西相向,贊禮二人位于知班之北,東西相向,內贊二人位于殿上東西相向,引文武班舍人四人位于文武班之北稍後,東西相向。

是日,宿衛陳兵仗于東宮外門之東西,陳旗仗于中門外之①,東西相向,將軍六人于殿門之東西,拱衛司陳儀仗于殿庭階上下之東西,和聲郎陳樂于文武官拜位之南,內使擎執于殿上之左右,文武官進箋至午門前,禮部官以箋函置于案,舍人舉入東宮門外,恭候行禮,文武官于奉天殿行賀禮畢,常服詣東宮,文東武西分立于門外,受箋官、通贊、贊禮、知班、內贊,各入就位。

引進啟外備。皇太子常服出宮,至殿門,樂作。陞殿,樂止。舍人舉箋案入,宣箋官、展箋官押案置于庭,各就位,引班引文武官入就位,知班唱:“班齊。”贊禮唱:“鞠躬,拜,興,拜,興,拜,興,拜,興,平身。”丞相以下皆鞠躬,樂作。拜,興,拜,興,拜,興,拜,興,平身。樂止。贊禮唱:“進箋。”受箋官進至案之東北,引班引丞相至案前,丞相跪捧箋,興,與宣箋官、展箋官由西陛陞,西門入,至殿內,置于案,退立于殿南正中,內贊唱:“跪。”贊禮唱:“眾官皆跪。”丞相與丹墀百官皆跪,內贊唱:“宣箋。”宣箋官詣案前取箋,跪宣于殿西,展箋官同跪,展箋,宣箋官宣箋畢,俯伏,興,退立于西,展箋官以箋復于案,退立于西,內贊、贊禮同唱:“俯伏,興。”丞相與百官皆俯伏,興,平身。丞相與宣箋官、展箋官由殿西門出,西陛降,復位,贊禮唱:“鞠躬,拜,興,拜,興,拜,興,拜,興,平身。”丞相以下皆鞠躬,樂作。拜,興,拜,興,拜,興,拜,興,平身。樂止。贊禮唱:“禮畢。”引進啟:“禮畢。”舍人舉箋案出,皇

---

① “之”字疑衍。

太子興，樂作。引進引還宮，樂止。引禮引文武官以次出。

内外命婦賀中宮儀注

至日，司賓引内外命婦各服其服，各伺于中宮門外之左右。

伺皇太子入行賀禮畢，内使監官啓聞，司賓二人先引外命婦由西門入，序立于庭中左右，二人引内命婦入就拜位，司贊唱："班齊。"唱："拜，興，拜，興，拜，興，拜，興。"内命婦以下皆拜，樂作。興，拜，興，拜，興，拜，興。樂止。司賓引班首由西階陞，西門入，樂作。至御座前[1]，樂止。内贊、司贊唱："跪。"班首及衆内命婦皆跪，班首稱："某封某妾某等，兹遇皇太子榮膺册命，恭詣皇后殿下稱賀。"賀畢，内贊、司贊同唱："興。"班首及衆内命婦皆興，司賓引班首西門出，西陛降，復位。司贊唱："拜，興，拜，興，拜，興，拜，興。"班首以下皆拜，興，樂作。拜，興，拜，興，拜，興。樂止。司賓二人引外命婦入就拜位，唱："拜，興，拜，興，拜，興，拜，興。"班首以下皆拜，樂作。興，拜，興，拜，興，拜，興。樂止。司賓引班首由西陛陞，西門入，樂作。至御座前，樂止。内贊、司贊同唱："跪。"班首以下皆跪，班首稱賀曰："妾某氏等，兹遇皇太子榮膺册命，恭詣皇后殿下稱賀。"賀畢，内贊、司贊同唱："興。"班首以下皆興，司賓引班首由西門出，西陛降，復位[2]。司贊唱："拜，興，拜，興，拜，興，拜，興。"班首以下皆拜，樂作。興，拜，興，拜，興，拜，興，樂止。司賓唱："禮畢。"皇后興，樂作。還宮。樂止。[3] 司賓引内婦以次出。

---

① "座"，原缺，據《明太祖實録》卷二八下補。

② "復位"，原缺，據《明太祖實録》卷二八下補。

③ "司賓唱禮畢皇后興樂作還宮樂止"，原缺，據《明太祖實録》卷二八下補。

册皇太子丹墀版位圖

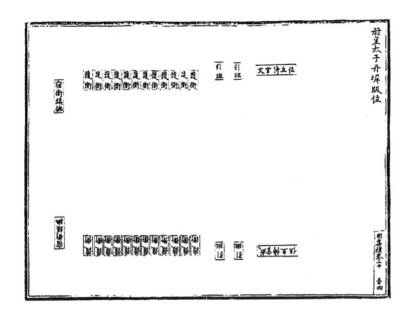

丹陛版位圖

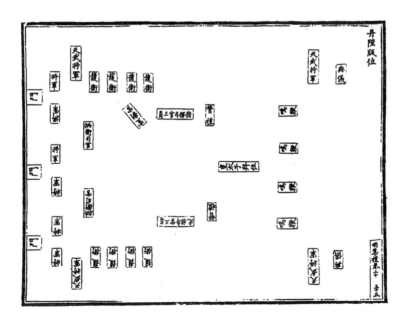

殿上版位圖

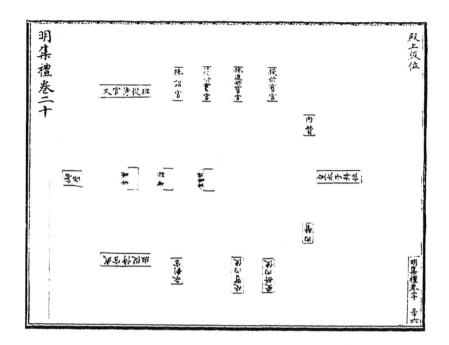

大明集禮卷二一

嘉禮五

册拜①

册親王

總序

古者，王世子之下皆曰衆子。

至漢，立嫡長爲皇太子，而又立諸子爲王。若高祖封齊王肥、趙王如意等是也。然册拜之禮，猶未之聞。至武帝元狩六年廟，立子閎爲齊王，旦爲燕王，胥爲廣陵王。此册親王于廟之始也。

後漢永平十七年，臨軒册拜諸王，有百官會位，王受册、再拜、三稽首之禮，而皇子爲王者得分茅土，歸立社稷。

北齊亦臨軒册拜，而又有王第與州鎮就册之儀。

及夫唐制，則臨軒册禮尤爲詳備。册親王則天子服衮冕，王

---

① 標題無"册拜"，據本書目録補，

出入奏樂；非親王，則天子服通天冠、絳紗袍，王出入不奏樂。此又諸王隆殺之等也。

宋凡降制立諸王，雖有備禮册命之文，皆上表辭免而不行。惟以綵輿、儀仗奉迎官告還第。

元亦降制命之，不行册禮。

國朝册命親王。先期，奏告宗廟。至日，皇帝臨軒册拜。年幼者遣丞相傳制迎送册寶，至王宮門外，内官聽制，復迎册寶入宮，仍傳制。保抱抱王前受册寶。禮畢，百官聽詔于午門外，王于中宮東宮恭謝，詣諸王殿，各行賀禮。及受群官賀次日，皇太子于奉天殿中宮稱賀。百官上稱賀表箋。謹身殿中宮皆行錫宴禮。王擇日謁太廟。

今集歷代册拜禮物、儀文，以著于篇。

冠服

按諸王服袞冕九章，即周上公之服。

其遠遊冠、絳衣則始于漢。

隋諸王受册服，袞冕九章。

唐受册，服遠遊冠、三梁、黑介幘、青綾、金附蟬、絳紗單衣。皇帝臨軒冠服，則用通天冠、絳紗袍。若册親王，則服袞冕。

宋諸王服七梁冠、朱衣、朱裳，以辭免，不見于册禮。

國朝册親王，皇帝臨軒服袞冕，親王服遠遊冠、絳紗袍。

歷代之制，詳見《冠服篇》。

車輅

周制，金輅以封同姓，謂王子母弟，以功德出封，若魯、衛之屬。即今之諸王也。

漢制，皇太子爲王，乘安車。

晉制，王乘青蓋車。

宋，皇子爲王，亦得乘皇太子之安車。

唐、宋諸王，皆乘象輅。

國朝，親王受册，乘金輅。

歷代之制，詳見《車輅篇》。

册

漢册諸王，其册制編竹簡爲之，每簡長三尺，短者半之，篆書其文。

唐因漢制，謂之策書。

宋命諸王，皆辭免，册禮止用制書。

元亦降制，以封諸王，故無簡册之制。

今國朝親王，用金册二片，上鐫真書，每片依周尺，長一尺二寸、闊五寸、厚二分五釐，字則依數分行，每片側邊上下有竅，用紅條聯貫，開闔如今書帙之狀，背用紅錦嵌護，藉以紅錦小褥，册盝以木爲之，飾以渾金瀝粉蟠螭，用紅紵絲襯裏，內以紅羅銷金小袱裹册，外以紅羅銷金夾袱，覆之五色小條，縶于匣外。臨册之日，置于紅漆輿案。案頂有紅羅瀝水，用檐床二舁之。

册文

漢武帝立子閎爲齊王，其文曰："維元狩六年四月乙巳，皇帝使御史大夫湯廟立子閎爲齊王曰，于戲，小子閎，受茲青社，朕承祖考①，維稽古，建爾國家，封于東土，爲漢藩輔。于戲，念哉。恭朕之詔。惟命不于常。人之好德，克明顯先；義之不圖，俾君子怠。悉爾心，允執其中，天祿永終。厥有愆不臧，乃凶于而國，害于而躬②。于乎，保國艾民③，可不敬歟，王其戒之。”

唐太宗貞觀十二年，册韓王元嘉。其文曰：“于乎，肇自黃唐，泊于漢晉，莫不敦睦親戚，任用賢能。咸胙疆土，世爲藩翰。惟爾使持節潞沁韓澤四州諸軍事、潞州刺史、韓王元嘉，識量沈厚，業尚脩整④。夙稟趨庭之訓，早膺析珪之寵。上黨奧壤，地連秦晉。開國之典攸歸，按部之譽允穆。是用率由故實，光備寵章，式固維城，傳之永世。朕聞曰，詩書禮樂，仁義之府也；孝友忠信，人倫之基也。是以河間之賢，在于脩學；東平之譽，成于爲善。往欽哉。爾其覽載籍之旨，求聖賢之訓。戒兹邪僻，以仁厚爲心；勗彼怠荒，以重慎爲德⑤。乃服明命⑥，勿替敬典。可不慎歟。”

宋、元皆用制書，故無册文。

國朝封皇子某爲秦王，其册文曰：“維洪武三年，歲次庚戌四月己未朔，越七日乙丑。皇帝若曰：昔君天下者，禄及有德。貴子必王，此人事耳。然居位受福，國于一方，尤簡在帝心。小子

---

① “祖考”，《漢書》卷六三《齊懷王劉閎傳》作“天序”。
② “而”，《漢書》卷六三《齊懷王劉閎傳》作“爾”。
③ “艾”，《漢書》卷六三《齊懷王劉閎傳》作“乂”。
④ “業尚脩整”，《唐大詔令集》卷三四《諸王・册文・册潞州都督韓王元嘉文》作“德業尚修”。
⑤ “重慎”，《唐大詔令集》卷三四《諸王・册文・册潞州都督韓王元嘉文》作“慎重”。
⑥ “乃服明命”，《唐大詔令集》卷三四《諸王・册文・册潞州都督韓王元嘉文》作“明乃服命”。

今命爾爲某王，分茅胙土，豈易事哉。朕起自農民，與群雄並驅，十有七年，艱苦百端，志在奉天地、饗神祇。張皇師旅，伐罪救民。時刻弗怠，以承大業。今爾固其國者，當敬天地在心，不可踰禮，以祀其宗社、山川，依時享之。謹兵衛、恤下民，必盡其道。于乎奉天勤民，藩輔帝室，克脩厥德，則永膺多福，體朕訓言。尚其慎哉。”

其燕王、晉王、吳王、楚王、齊王、潭王、趙王、魯王，詞同。

皇姪孫封靖江王，其冊文曰：“維洪武三年，歲次庚戌四月己未朔，越七日乙丑，皇帝若曰：稽古帝王，撫有方夏。茂建親支，所以敦族固本，其來尚矣。朕以布衣遭時弗靖，躬歷行伍，乘運開基，艱難有年，遂成丕業。是皆天地眷佑，祖宗積德之由。今朕既爲天子，追念吾兄，以爾守謙兄之孫也。俾王靖江，以鎮廣海之域。于乎其思予創業之難，謹爾受封之制，毋忘訓言，益脩厥身，永爲國家藩輔。尚慎戒哉。”

寶

漢制，諸王金璽，橐駝鈕，其文曰某王之璽，鏨色綬。後漢，金印，龜鈕，纁朱綬。

晉、宋、齊、梁，皆用金璽，龜鈕，纁朱綬。

唐用銅印，宋因之，方二寸一分，塗以金。

元諸王印，金鑄者，其鈕有龍、獸、螭、龜、橐駝之異，大者方四寸二分，小者方二寸九分，銀鑄金鍍者，其鈕有駝、龜三臺之異，大者方三寸一分五釐，小者方二寸八分，其銀鑄三臺直鈕者，大者方三寸一分五釐，小者方二寸九分。蓋因其郡國之大小，品秩之高下，而異其制也。

　　國朝，親王金寶，龜鈕，依周尺方五寸二分，厚一寸五分，其文曰某王之寶，綬用朱，寶池用金，闊取容寶，寶匣二副，每副三重，外匣用木，飾以渾金瀝粉蟠螭，紅紵絲襯裏，中匣用金，鈒造蟠螭，内小匣仍用木飾，以渾金瀝粉蟠螭，紅紵絲襯裏，小匣内置以寶座，四角雕蟠螭，飾以渾金，座上用小錦褥，褥上一置寶，一置寶池，寶用銷金紅羅小夾袱裹之，其匣外各用銷金紅羅大夾袱覆之。臨册日置于紅漆輿案，案頂有紅羅瀝水，用檐床二舁之。

節

　　漢廟立諸王。後漢及唐皆臨軒册諸王，不用持節，蓋以天子親命故也。

　　北齊册禮，又有鴻臚卿持節至王第之儀。蓋天子不親命而遣使故也，其節之制，不著于文。

　　國朝册拜親王，行臨軒之禮，不復用節。

樂

　　兩漢、北齊及隋册諸王，不著用樂之文。

　　至唐臨軒册命諸王，則設宮懸之樂于殿庭，皇帝出入奏《太和》之曲，親王出入奏《舒和》之曲，若非親王則出入，不奏樂。

　　國朝册拜親王，皇帝臨軒，用大樂，與朝會同，其制見于《俗樂篇》。

儀仗

　　漢廟立諸王。

　　後漢、北齊及隋册拜諸王，其儀仗未見于禮。

唐册諸王,臨軒設黃麾半仗,及陳鈒戟近仗。

國朝皇帝臨軒册親王,其儀仗與朝賀同。

執事

漢臨軒册諸王,謁者掌引禮,中謁者掌贊禮,光禄勳掌宣制詔、讀策,尚書郎掌奉璽綬,侍御史掌授璽綬。

北齊臨軒册諸王,吏部令史掌齎召版詣王第,尚書掌讀册授章綬。若就王第册命,則鴻臚卿掌持節,吏部尚書掌授册與使者,使者掌讀册及授册章綬于王,博士掌讀版。若王在州鎮,則使者掌受節册,如王第儀。

隋臨軒册諸王,内使令掌讀册授册。若册開國王,則郊社令掌奉茅土。

唐臨軒册諸王,尚舍奉御掌設御幄,守宮掌設群官次,太樂令掌展宮懸及舉麾位,鼓吹令掌設十二案,乘黃令掌陳車輅,尚輦奉御掌陳輿輦,諸衛掌設黃麾半仗,典儀掌設群官版位,奉禮掌設群官門外位,贊引及典謁掌引禮,符寶郎掌奉御寶,通事舍人掌引禮,令史二人掌對舉册案,侍中掌奏外辦、中嚴,協律郎掌舉麾、偃麾,中書舍人掌引册案,中書令掌稱制、讀册以授王。

國朝册拜親王,其執事見于儀注。

陳設

唐制,册諸王則設御幄于太極殿北壁,南向,設群官次于朝堂展宮懸,于殿庭設舉麾位,于上下設十二案,陳車輅于庭輿輦,于龍墀設黃麾半仗及鈒戟近仗,于殿庭設受册者及群官版位,又設典儀贊者位及群官門外位。

國朝册拜親王，臨軒陳設見于儀注圖本。

班位

漢臨軒册諸王，百官會位。

隋臨軒册諸王，百司定列。

唐册諸王，則文官一品以下、五品以上在樂懸東，六品以下在大横街南，俱西向，北上；武官一品以下在懸西，六品以下在横街南，俱東向，北上。受册者位于大横街之南，北面。典儀位在懸之東北二人在南，少退，俱西向。其門外位則文官于東朝堂西面，武官于西朝堂東面，各異位重行，北上。

國朝册拜親王，皇帝臨軒，其班位見于儀注圖本。

奏告

周制，凡命諸侯告祖廟，行一獻之禮。

漢武帝立齊、燕、廣陵三王，策書有廟立之文，則必行告廟之禮矣。

光武封皇子輔英等爲公，亦先命太常擇吉日，使大司馬融以太牢告祠宗廟。

唐册諸王，不行告廟。

今擬國朝將册親王，先期遣官告太廟，行一獻之禮。

謁廟

漢册諸王于廟，故再無謁廟之禮。

北齊諸王受册畢，則謁拜宗廟。

唐册諸王其，謁廟與否，皆臨時聽敕。

國朝親王受册畢,擇日恭謁太廟,如時享儀。

册拜親王儀注

前期一日,內使監官陳御座香案于奉天殿,如常儀。尚寶司設寶案于御座前,侍儀司設詔書案于寶案之前,寶册案五座于殿中,寶册亭十座于丹陛上之東。皇太子侍立位于御座之東,諸王拜位于丹陛上及御座前,俱北向。授册寶官于殿上親王拜位之東,北向,讀册寶官位于授册寶官之北,西向。捧進册寶官位于讀册寶官之南,西向。受册寶內使二十人位于殿上王拜位之西,舉册寶亭內使四十人位于丹陛册寶亭之東。每亭舉者四人。設承制官承制位于殿內之西,宣制位于殿門外東北,捧詔官位于殿內之東,內贊二人位于殿上王拜位之北,東西相向。贊禮二人位于丹陛王拜位之北,東西相向。典儀二人位于丹陛上之南,東西相向。知班二人位于丹墀中,文武官侍立班之北,糾儀御史二人位于知班之北俱,東西相向。文武百官齊班位于午門外之東西,以北爲上,文官侍立位于文樓之北,西向,武官侍立位于武樓之北,東向。使臣、僧道、耆老侍立位于文官侍立位之南,俱西向。殿前班指揮司官三人侍立位于丹陛之西,東向。光禄寺官三人侍立位于丹陛之東,西向。侍從班起居注、給事中、殿中侍御史、侍儀使、尚寶卿侍立位于殿上之東,侍從班武官指揮使侍立位于殿上之西,拱衛司官二人侍立位于殿中門之左右,典牧所官二人侍立位于仗馬之南,宿衛鎮撫二人位于丹墀階前,東西相向,護衛百户二十四人位于宿衛鎮撫之南稍後,東西相向,護衛千户八人位于殿東西門之左右,將軍二人位于殿上簾前,東西相向,將軍四人位于丹陛上之四隅,東西相向,將軍六人位于奉天殿門之左右,將軍六人位于奉天門之左右,鳴鞭四人位于丹陛之南,北向。引文武官舍人四人位于文武官侍立位之北稍後,東西相向。引使客、僧道、耆老舍人二人位于文官舍人之下。

禮部官同內使監官安奉詔書于殿內案上,及于冊寶亭中盝匣內,取冊寶置于殿內冊寶案上。每案二冊在前,二寶在後。內使舁冊寶亭以序各設于位。每亭冊盝一、寶匣一。禮部官交付內使監官守護。

其日侵晨,擊鼓,初嚴。金吾衛陳甲士于午門外之東西,陳旗仗于奉天門外之東西,拱衛司陳儀仗于丹陛之東西及丹墀之東西,陳車輅于文武樓之南,典牧所陳仗馬于奉天門外,和聲郎陳樂于丹墀之南。舍人二人催文武百官各具朝服。承制官、捧詔官、糾儀官、贊禮、知班、典儀、內贊、司辰、殿前班宿衛鎮撫、護衛、典牧所官、拱衛司官、殿內外將軍、舁冊寶亭內使,俱入就位。擊鼓,次嚴。舍人引文武百官齊班于午門外,尚寶卿、侍從官、侍衛官各服器服,俱詣謹身殿奉迎。擊鼓,三嚴。侍儀奏中嚴,御用監官奏請上位于謹身殿具衮冕,啟請皇太子于奉天門具冕服,親王具遠遊冠、絳紗袍。引班分引文武百官、使客、僧道、耆老各入侍立位。侍儀版奏外辦。上位御輿以出,尚寶卿奉寶及侍儀導從警蹕,如常儀。上位將出仗動,大樂、鼓吹振作,陞御座。樂止。將軍捲簾。尚寶卿以寶置于案。拱衛司鳴鞭,司辰報時訖。引進四人引皇太子,引禮官四人引親王俱由奉天東門入,樂作。陞自東陛。皇太子由殿東門入,引進立候于門外,內贊接引至侍立位。親王入至丹陛拜位,引禮分立于左右。樂止。捧受冊寶內使由西陛陞,俱入就丹陛立位。知班于丹墀中唱班齊。贊禮于丹陛上唱鞠躬,拜,興,拜,興,平身。親王鞠躬,樂作。拜,興,拜,興,平身。_{樂止。}內贊唱承制官稍前,承制官前立于殿西,內贊唱跪,承制官跪,承制訖,由殿中門出,立于門外,稱有制。贊禮唱跪,親王皆跪,宣制云:"封皇子某爲某王,皇姪孫某爲某王。"畢。贊禮唱,俯伏,興,平身。諸王皆俯伏,興,平身。承制官由殿西門入,跪于殿西,云傳制畢,復位。贊禮唱鞠躬,拜,興,拜,興,平身。親王鞠躬,_{樂作。}拜,興,拜,興,平身。_{樂止。}

贊禮唱行禮。引禮引秦王由殿東門入,_{樂作。}引禮立于門外,內贊接引秦王入至御座前拜位。_{樂止。}內贊唱跪,秦王跪。內贊唱授冊寶,捧冊寶官于案前跪,捧冊授讀冊寶官,內贊唱讀冊,讀冊官跪讀冊訖,以冊授丞相。丞相搢笏,受冊。內贊唱搢圭,秦王搢圭。內贊唱授冊,丞相以冊跪,授于秦王。捧受冊寶內使跪于王西,捧冊,興,立于王西。捧冊寶官又于案前跪,捧寶授讀寶官^①。內贊唱讀寶,讀寶官讀訖,以寶授丞相。丞相受寶,捧寶,跪,授于秦王。捧受冊寶內使跪于秦王西,捧寶,興,立于捧冊內使之下。內贊唱出圭,秦王出圭。內贊唱俯伏,興,平身。秦王俯伏,興,平身。內贊唱復位,引秦王出。_{樂作。}內使捧冊捧寶前導,出至殿東門,引禮引秦王復位。_{樂止。}內使以冊寶置于冊寶亭盝匣中,退立于丹陛之東。引進引以次親王四位入殿,授冊寶及內使捧、授,皆如上儀。俱畢,贊禮唱鞠躬,拜,興,拜,興,拜,興,拜,興,平身。秦王以下皆鞠躬,拜,興,拜,興,拜,興,拜,興,平身。_{樂止。}內使舁親王五位冊寶亭前行,引禮導親王俱由東階降。_{樂作。}奉迎冊寶官奉迎出奉天門東門。_{樂作,其儀別見。}

---

① "寶"前衍"冊",據《明太祖實錄》卷五一刪。

內贊唱承制官稍前，丞相前，立于殿西。內贊唱跪，丞相跪，承制，讀册官、讀寶官舉年幼親王四位册寶，俱自中門出。內使舉册寶亭至丹陛中。讀册、讀寶官以册寶置于盝匣中，舉册寶亭者前行，授册寶官、丞相一同由中陛降，讀册寶官由西門入殿，復位，捧受册寶內使四人由西陛降，從丞相轉由丹墀謹身殿之東入至王宮門外，舉册寶亭者以册寶亭暫駐于門外正中。內使監官出迎于階西，于册寶亭西南跪，東北向，授册寶。丞相東北立，西南向，稱有制，宣制曰："封皇子某爲某王，某爲某王。"畢，授册寶官、丞相出，內使監官迎册寶入宮中。其儀別見。

禮部尚書跪，奏用寶，詣案捧詔書，尚寶卿用寶，以詔書置于案。

授册寶官、丞相由王宮門出至奉天殿前丹墀西，轉由西陛陞自西門入，跪云宣制訖，俯伏，興。引禮引靖江王入殿。樂作。受册寶官引至殿東門立，候于門外。內贊引靖江王入御座前拜位。樂止。內贊唱跪，靖江王跪。內贊唱授册，捧進册寶官于案前跪，捧册授讀册寶官。內贊唱讀册，讀册寶官跪讀訖，以册授丞相。丞相搢笏，受册。內贊唱搢圭，靖江王搢圭。內贊唱授册，丞相以册授靖江王。捧受册寶內使跪于王西，捧册，興，立于王西。捧進册寶官于案前跪，捧寶，授讀册寶官。內贊唱讀寶，讀册寶官跪讀寶訖，以寶授丞相。丞相受寶，捧寶，跪授于靖江王。捧受册寶內使跪于王西，捧寶，興，立于捧册內使之下。內贊唱出圭，靖江王出圭。內贊唱俯伏，興，平身，靖江王俯伏，興，平身。內贊唱復位，引靖江王出。樂作。內使捧册捧寶前導，出至殿門東，引禮引靖江王復位。樂止。贊禮唱鞠躬，拜，興，拜，興，拜，興，拜，興，平身。靖江王鞠躬，樂作。拜，興，拜，興，拜，興，拜，興，平

身。_{樂止。}内使舉靖江王册寶亭前行,引禮導靖江王由東陛降。_{樂作。}

奉迎册寶官奉迎出奉天東門。_{其儀別見。}禮部尚書于殿中跪奏云,捧詔赴午門開讀,興。捧詔由中門出,_{樂作。}由中陛降,授册寶、丞相等官由西門出西階,降丹墀,文武官迎詔書出奉天門,_{樂止。}開讀于午門外,_{其儀見《朝賀篇》内。}宣讀訖,侍儀賛禮畢。百官迎詔至中書省頒行。執事入報,侍儀奏禮畢,鳴鞭。上位興,_{樂作。}還宮。引進入東門至殿上,導引皇太子出。_{樂止。}

迎親王册寶安奉親王殿儀

是日,令所司備鼓樂,儀衛司備儀仗于奉天門西、右順門東伺候。親王受册畢,出至奉天門東門。引禮引親王詣東耳房,伺候于中宮行禮。内使舉册寶亭東門出至西道,儀仗、鼓樂前行。迎送官迎至親王殿,各以序安奉于殿内。

親王年幼内宮行册禮儀注

親王受册之日,内使監官陳設香案于内殿正中,設保抱抱王受册位于香案之南,設授册寶内使監官于香案之東,捧受册内使位于保抱抱王受册位之西,捧受寶内使位于捧受册内使之南,司賛二人位于保抱受册位之東西,丞相奉迎册寶至王宮門外。_{樂作。}内使監官跪聽制訖,丞相出,内使監官迎册寶亭入宮中,置于香案之北。_{樂止。}

初,保抱抱王由東門入,_{樂作。}至香案前受册位,北面立。_{樂止。}樂工陳樂于殿庭之南。司賛唱行册禮。内使監官前立,稱有制,内賛唱跪,保抱抱王皆跪。内使監官宣制曰:“今封某爲某王，某爲某王。"畢。內贊唱興，保抱抱王興。

內贊唱授冊寶，司賓引保抱一人抱某王前立。授冊寶監官詣案取冊，捧授于保抱。保抱受冊，以授于捧受冊內使。捧受冊內使跪于保抱之左，受冊，興，退，立于西。捧授冊寶監官又詣案取寶，捧授于保抱，保抱受寶，以授于捧受寶內使，捧受寶內使跪于保抱之左，受寶，興，退立于西。以次授冊授寶，皆如上儀訖。內贊唱禮畢。樂作。司賓引保抱抱王退。樂止。執事各以冊寶置于亭中安奉。

親王謝中宮儀注

親王受冊之日，內使監官陳設皇后御座于中宮殿上，親王拜位于殿庭正中及御座前，內贊二人位于殿上拜位之東西，司贊二人位于親王丹墀拜位之東西，陳設儀仗于殿庭之東西，擎執于殿上之左右，樂工陳樂于宮門之外。

親王于奉天殿受冊畢，司賓引親王仍具遠遊冠、絳紗袍，至中宮外門，東向立。內使監官啓聞皇后首飾、褘衣，出殿，樂作。陞御座。樂止。司賓引親王由東階陞，樂作。入就丹墀拜位。樂止。司賓各立于其前。司贊唱鞠躬，拜，興，拜，興，拜，興，拜，興，平身。親王鞠躬，樂作。拜，興，拜，興，拜，興，拜，興，平身。樂止。司賓引秦王由殿東門外入，樂作。至殿上拜位。樂止。司賓分立于其前。內贊司贊同唱跪，秦王以下皆跪。秦王恭謝曰："小子某及諸弟等，茲受封冊，謹詣母后殿下恭謝。"謝畢，內贊、司贊同唱俯伏，興，平身。秦王與諸王皆俯伏，興，平身。司賓引秦王由殿東門出，樂作。出①，復位。樂止。司贊唱鞠躬，拜，興，拜，興，拜，興，拜，興，平身。親王鞠躬，樂作。拜，興，拜，興，拜，興，拜，興，平身。樂止。司賓唱禮畢。內使監官啓禮畢。皇后興，樂作。還宮。樂止。內使引親王以次出。

親王謝東宮儀注

親王受册之日，內使監官陳設皇太子座于東宮，侍儀司設親王拜位于殿庭階上及殿上正中，贊禮二人于殿庭王拜位之東西，內贊二人位于殿內王拜位之東西，文武官侍立于殿庭之東西，將軍六人位于殿門之左右，拱衛司設儀仗于殿庭左右，樂工設樂于宮門之外親。王于中宮行禮畢，引禮引親王便服至東宮門外，西向立。

引進引皇太子便服出宮，樂作。陞殿。樂止。引禮引諸王由東階陞。樂作。至殿庭階上拜位，樂止。贊禮唱鞠躬，拜，興，拜，興，平身。親王鞠躬，樂作。拜，興，拜，興，平身。樂止。引禮引秦王由殿東門入。樂作。引禮立于門外，內贊接引秦王至殿內拜位。樂止。內贊、贊禮同唱跪，秦王以下皆跪。秦王恭謝曰：“小弟某等，茲受封册，謹詣皇太子長兄殿下恭謝。”謝畢，內贊、贊禮同唱俯伏，興，平身。引禮引秦王由東門出，樂作。復位。樂止。贊禮唱鞠躬，拜，興，拜，興，平身。親王鞠躬，樂作。拜，興，拜，興，平身。樂止。贊禮唱禮畢。引進啓禮畢。皇太子興，樂作。還宮。樂止。引進引親王以次出，引禮引文武官以次出。

---

① “出”字疑衍。

親王自行賀禮儀注百官賀諸王附

　　親王受册之日，儀衛司于西宮親王殿依親王長幼陳設座位，侍儀司設文武官陪立位于殿庭之東西，拜位于庭中，文東武西，內贊二人位于殿內，東西相向，拱衛司陳設親王儀仗于殿前之東西，樂工陳樂于殿庭之南。贊禮各就位。

　　親王于東宮行禮畢，引禮引親王便服入殿門，樂作。陞座。樂止。文武官入立于殿庭之東西。引禮引晉王以下詣秦王前行禮。贊禮唱鞠躬，拜，興，拜，興，拜，興，拜，興，平身。晉王以下皆鞠躬，樂作。拜，興，拜，興，拜，興，拜，興，平身。樂止。引禮引燕王以下詣晉王前行賀禮，及以次親王行禮，皆如賀秦王儀。贊禮唱禮畢。

　　引禮引文武官入就拜位。贊禮唱鞠躬，樂作。拜，興，拜，興，拜，興，拜，興，平身。樂止。引禮引丞相由西門入，引禮立于門外，丞相至殿上拜位。內贊、贊禮同唱跪，丞相及庭中文武官皆跪。丞相稱賀曰：“銀青光禄大夫[①]、中書左丞相李某等，茲遇親王殿下榮膺册寶，封建禮成，無任欣抃之至。”賀畢，內贊、贊禮同唱俯伏，興，平身。丞相及庭中文武官皆俯伏，興，平身。丞相出，引禮引復位。贊禮唱鞠躬，樂作。拜，興，拜，興，拜，興，拜，興，平身。樂止。贊禮唱禮畢。內贊啓禮畢。親王興，樂作。出殿門。樂止。引禮引文武官以次出。

---

　　① “光”，原作“榮”，據《明太祖實錄》卷五一改。

百官稱賀上表箋儀注

親王受册寶禮既畢,至晚,内使監于奉天殿陳設御座香案,尚寶司設寶案于香案之北,侍儀司設表案位于香案之北,侍儀司設表案位于香案之南,又設表箋案位于丹墀北之正中,設皇太子拜位于丹陛上及御前正中,親王陪拜位各以長幼序于皇太子拜位之南,設文官起居位于丹墀之東南,西向,武官起居位于丹墀之西南,東向,文官拜位于丹墀中之東北,每等異位重行,北向,西上,武官拜位于丹墀中之西北,每等異位重行,北向,東上,殿前班諸執事起居位于武官起居位之北,東向,侍從班諸執事起居位于文官起居位之北,西向,殿前班指揮司官三員侍立位于丹陛上之西,東向,光禄寺官三員侍立位于丹陛上之東,西向,侍從班文官立位于殿上之東,侍從班武官立位于殿上之西,拱衛司官二員侍立位于殿中門之左右,典牧所官二員侍立位于仗馬之前,東西相向,受箋内使監官一員位于丹墀表案之東,西向,宣表官一員、展表官二員位于丹墀表箋案之西,東向,糾儀御史二人位于展表官之南,東西相向,内贊二員位于殿上,東西相向,典儀二人位于丹陛上之南,東西相向,知班二人位于文武官拜位之北,東西相向,通贊、贊禮二人位于知班之北,東西相向,通贊在西,贊禮在東,引文武班舍人四人位于文武官拜位之北稍後,東西相向,引殿前班舍人二人位于引武班之南,東向,舉表案舍人二人于引文班之南,西向,宿衛鎮撫二人位于丹陛東西階下,東西相向,護衛百户二十四人位于宿衛鎮撫之南稍後,東西相向,護衛千户八人位于殿東門之左右,將軍二人位于殿上簾前,東西相向,將軍六人位于殿門之前,東西相向,將軍四人位于丹陛上四隅,東西相向,將軍六人位于奉天門,東西相向,鳴鞭四人位于丹陛上之南,北向。

其日侵晨,金吾衞陳兵仗于午門外之東西,陳旗仗于奉天門外之東西,拱衞司陳儀仗于丹陛之東西及丹墀之東西,陳車輅于丹墀之南,典牧所陳仗馬于文武樓南之東西,虎豹于奉天門之東西,和聲郎陳樂于丹墀文武官拜位之南,内使監官擎執于御座之左右。侍儀司舍人舉表案入,就殿上案位。舍人二人舉表案,伺候于午門外。文武官具朝服,迎表至雲集橋。舍人引殿前班。司贊、贊禮、内贊、宿衞鎮撫、護衞、鳴鞭各人入就位。侍儀侍從入迎車駕。上位陞謹身殿。侍儀版奏中嚴。御用監官奏請上位服衮冕,皇太子、親王于奉天門東耳房具冕服。文武官迎表至午門前,置龍亭于道中。禮部官取表函,置于案。舍人舉案,宣表官、展表官押表案。引丞相前行,文武官分班俱由西門入至丹墀中。禮部官押表案于丹墀正中,各就位。文武官各入就起居位。侍儀奏外辦。導引上位御輿以出,仗動,鼓吹振作。尚寶卿捧寶前導,侍衞如常儀。上位陞御座。樂止。尚寶卿捧寶,置于案。將軍捲簾。拱衞司鳴鞭,司晨報時、雞唱訖。諸侍從官、殿前班、拱衞司官由西階降。引班引同宣表官、受表官、受箋内官俱入起居位,東西相向,立定。通班唱某衞指揮使臣某以下起居。引班唱鞠躬,平身。指揮以下鞠躬,平身。引班東西分引至丹墀中拜位,北面立。贊禮唱鞠躬,拜,興,拜,興,平身。指揮以下皆鞠躬,樂作。拜,興,拜,興,平身。樂止。贊禮唱指揮使稍前,指揮使前立。贊禮唱鞠躬,指揮以下皆鞠躬。贊禮唱聖躬萬福,唱平身,指揮使以下皆平身。唱復位,指揮使復位,唱鞠躬,拜,興,拜,興,平身。指揮使以下皆鞠躬,樂作。拜,興,拜,興,平身。樂止。通班唱各恭事引班引指揮以下官各就位,引進四人導皇太子、親王由東門入,樂作。由東陛陞,至拜位。樂止。引進分立于其前,唱鞠躬,拜,興,拜,興,拜,興,拜,興,平身。皇太子、親王鞠躬,樂作。拜,興,拜,興,拜,興,拜,興,平身。樂止。引進引皇太子由殿東門入。樂作。引進立,俟于門外。內贊接引皇太子至御座前拜位。樂止。內贊引進同唱跪,皇太子、親王皆跪。皇太子稱賀云:"長子某,兹遇諸弟某等受封建國,謹詣父皇陛下稱賀。"賀畢,內贊引進同唱俯伏,興,平身。皇太子、親王俯伏,興,平身。內贊引皇太子出殿東門。樂作。內贊唱復位,引進引皇太子復位。樂止。引進唱鞠躬,拜,興,拜,興,拜,興,拜,興,平身。皇太子、親王皆鞠躬,樂作。拜,興,拜,興,拜,興,拜,興,平身。樂止。引進引皇太子、親王東陛降,樂作。至文樓。樂止。司晨再報時訖。通班唱具丞相銜臣某以下起居。引班唱鞠躬,平身。文武官相向,鞠躬,平身。引班東西分引入丹墀中拜位。丞相初行,樂作。至位。樂止。知班唱班齊。贊禮唱鞠躬,拜,興,拜,興,拜,興,拜,興,平身。文武官皆鞠躬,樂作。拜,興,拜,興,拜,興,拜,興,平身。樂止。贊禮唱進表篆。引班引丞相及平章詣表篆案前。丞相跪,奉表,興。平章跪,捧篆,進于受篆官。受篆內使監官接篆,入中宮,啓聞。平章興,引班引復位。丞相捧表,與宣表官、展表官由丹墀西陛陞西門,入至殿中。丞相跪,進表于案,退,立于殿南正中。內贊唱跪,贊禮唱跪。丹墀百官皆跪。內贊唱宣表,宣表官詣案取表,跪讀于殿西,展表官同跪,展表、宣表官宣訖,俯伏,興。展表官以表置于案訖,內贊與贊禮同唱俯伏,興,平身。丞相與丹墀百官皆俯伏,興,平身,與宣表、展表官由殿西門出西階,降,復位。贊禮唱鞠躬,拜,興,拜,興,拜,興,拜,興,平身。

文武官鞠躬，樂作。拜，興，拜，興，拜，興，拜，興，平身。樂止。贊禮唱搢笏，三舞蹈，跪，三拱手，加額，山呼萬歲，山呼萬歲，再山呼萬萬歲，出笏，俯伏，興，拜，興，拜，興，拜，興，拜，興，平身。文武官皆搢笏，三舞蹈，三拱手，加額，山呼萬歲，山呼萬歲，再山呼萬萬歲，樂工應聲呼之。出笏，俯伏，興，樂作。拜，興，拜，興，拜，興，拜，興，平身。樂止。贊禮唱禮畢。侍儀奏禮畢。鳴鞭，上位興，樂作。導引還謹身殿。樂止。舍人舉表案出，引班引文武官以次出。

皇太子賀中宮儀注

親王受册次日，内使監官陳設皇后御座于中宮殿上，皇太子拜位于露臺正中，親王陪拜位序于其後，設皇太子行禮位于御座前，内贊二人位于殿上拜位之東西，陳設儀仗于殿庭之東西，擎執于殿内之左右，樂工陳樂于宮門之外。

皇太子于上位前行賀禮畢，司賓引皇太子、親王各具冕服至中宮門外，東向立。内使監官啓聞皇后首飾、褘衣，出殿，樂作。陞御座。樂止。司賓引皇太子、親王由東階陞，樂作。入就露臺上拜位。樂止。司賓分立于其前。司贊唱鞠躬，拜，興，拜，興，拜，興，拜，興，平身。皇太子、親王皆鞠躬，樂作。拜，興，拜，興，拜，興，拜，興，平身。樂止。司賓引皇太子由殿東門入，樂作。至殿内拜位。樂止。司賓分立于其前。内贊唱跪，皇太子跪，稱賀曰：“長子某，兹遇諸弟某等受封建國，謹詣母后殿下稱賀。”畢。内贊唱俯伏，興，平身。皇太子俯伏，興，平身。司賓引皇太子東門出，樂作。復位。樂止。司賓唱鞠躬，拜，興，拜，興，拜，興，拜，興，平身。皇太子、親王皆鞠躬，樂作。拜，興，拜，興，拜，興，拜，興，平身。樂止。司賓唱禮畢。内使監官啓禮畢，皇后興，樂作。還宮。樂止。内官引皇太子、親王以次出。

内外命婦賀中宮儀注

至日，司賓引内外命婦各服其服，各伺于中宮門外之左右。伺皇太子入行賀禮畢，内使監官啓聞，司賓二人先引外命婦由西門入序立于庭中左右，二人引内命婦入就拜位。司贊唱班齊唱，拜，興，拜，興，拜，興，拜，興。内命婦班首以下皆拜，樂作。興，拜，興，拜，興拜，興。樂止。司賓引班首由西階陞西門入，樂作。至御前。樂止。内贊司贊唱跪，班首及衆内命婦皆跪。班首稱："某封某妾某等，兹遇親王受封建國，恭詣皇后殿下稱賀。"畢。内贊、司贊同唱興，班首及衆内命婦皆興。司賓引班首西門出西階，降，復位。司贊唱拜，興，拜，興，拜，興，拜，興。班首以下皆拜，樂作。興，拜，興，拜，興，拜，興。樂止。司賓引内命婦出。司賓二人引外命婦入就拜位，唱拜，興，拜，興，拜，興，拜，興。班首以下皆拜，樂作。興，拜，興，拜，興，拜，興。樂止。司賓引班首由西門入，樂作。至御座前。樂止。内贊、司贊同唱跪，班首以下皆跪。班首稱賀曰："妾某氏等，兹遇親王受封建國，恭詣皇后殿下稱賀。"賀畢，内贊、司贊同唱興，班首以下皆興。司賓引班首由西門出西階降，司贊唱拜，興，拜，興，拜，興，拜，興。班首以下皆拜，樂作。興拜，興，拜，興，拜，興。樂止。司賓引外命婦以次出。

諸王受册百官進箋東宮儀

前期，内使監官陳設皇太子位于東宮正殿，如常儀。侍儀司設箋案位于殿下及殿上正中，文武官拜位于殿下，文東武西，每等異位重行，北向，設宣箋官位于殿下箋案之西，展箋官位于宣箋官之下，知班二人位于文武官拜位之北，東西相向，贊禮二人位于知班之北，東西相向，內贊二人位于殿上，東西相向，引文武班舍人四人位于文武班之北稍後，東西相向。

是日，宿衛陳兵仗于東宮外門之東西，陳旗仗于中門外之東西，將軍六人于殿門之東西，拱衛司陳儀仗于殿庭階上下之東西，和聲郎陳樂于文武官拜位之南，內使擎執于殿上之左右，文武官進箋至午門前，禮部官以箋函置于案，舍人舉入東宮門外恭候行禮。文武官于奉天門行賀禮畢，常服，詣東宮文東武西，分立于門外。受箋官、通贊、贊禮、知班、內贊各入就位。引進啟外備。皇太子常服出宮至殿門，樂作。陞殿。樂止。舍人舉箋案入，宣箋官、展箋官押案置于庭，各就位。引班引文武官入就位。知班唱班齊。贊禮唱鞠躬，拜，興，拜，興，拜，興，拜，興，平身。丞相以下皆鞠躬，樂作。拜，興，拜，興，拜，興，拜，興，平身。樂止。贊禮唱進箋，受箋官進至案之東北，引班引丞相至案前。丞相跪，捧箋，興，與宣箋官、展箋官由西陛陞西門入，至殿內，置于案，退立于殿南正中。內贊唱跪，贊禮唱眾官皆跪，丞相與丹墀百官皆跪。內贊唱宣箋，宣箋官詣案前，取箋，跪宣于殿西。展箋官同跪。展箋、宣箋官宣箋畢，俯伏，興，退，立于西。展箋官以箋復于案，退，立于西。內贊、贊禮同唱俯伏，興，丞相與百官皆俯伏，興，平身。丞相與宣箋官、展箋官由殿西門出西陛降，復位。贊禮唱鞠躬，拜，興，拜，興，拜，興，拜，興，平身。丞相以下皆鞠躬，樂作。拜，興，拜，興，拜，興，拜，興，平身。樂止。贊禮唱禮畢。引進啟禮畢。舍人舉箋案出。皇太子興，樂作。引進引還宮。樂止。引禮引文武官以次出。

册親王丹墀版位圖

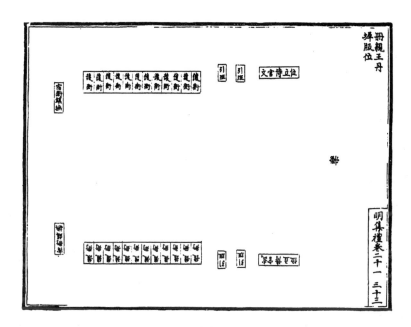

丹陛拜位圖

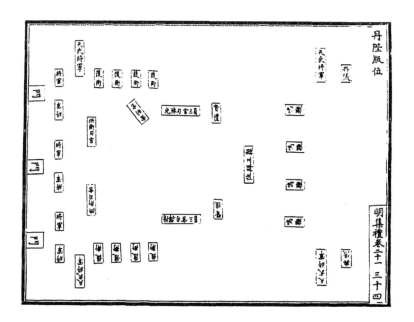

殿上拜位圖

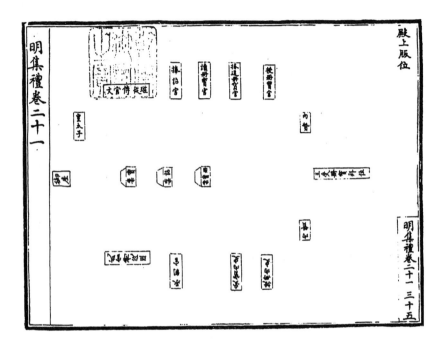

大明集禮卷二二上

嘉禮六

册拜①

册公主

總序②

古者，天子之女謂之王姬。

周之中世，下嫁諸侯，天子至尊，不自主婚，故使諸侯同姓者主之，而謂之公主。

漢制因之，始有封邑，帝之姊妹謂之長公主。

至唐，公主、長公主皆有封國，而或以美名爲號，天子之姑又謂之大長公主。其册拜之禮，則皇帝御正殿，陳樂懸，命使行禮。及德宗時，始不御正殿，不設樂懸，但傳旨，命使以行册禮于其宮中而已。其後遂爲故事。

---

① 標題無"册拜"，據本書目録補，
② "總"，原無，據本書目録補。

至宋初，公主受封，降制，有册命之文，多不行禮，止以綸告進內而已。至仁宗嘉祐二年，降制，以福康公主進封兗國公主，始備册禮。其制因唐，但受册畢，有內命婦拜賀公主之禮，有群臣進名賀皇帝之文。公主受册禮畢，則又有謝皇帝皇后禮，一如內中之儀。

元無册公主之文。

今擬國朝册公主，皇帝臨軒遣使，持册、印至宮，內官傳入宮中，公主受册畢，朝謝皇帝、皇后，如宮中之儀。內命婦諸親于公主前行賀禮。

今集歷代册拜禮物、儀文之詳，以著于篇。

冠服

漢制，公主冠服大手髻、簪珥，服純縹上下，其長公主首服加步搖，其服以文繡。

齊，公主大手髻、繡衣裳、黃綬，長公主則紫綬。

唐皇帝臨軒命使，則服通天冠、絳紗袍，公主、長公主皆首飾花九樹，服翟衣。

宋公主、長公主皆首飾花九樹，服褕翟。

元公主用其本俗冠服。

國朝公主服九翬四鳳冠、翟衣，其制並見《冠服篇》。

車輅

漢制，公主乘油畫軿車，長公主赤罽軿車。

晉，公主油軿車，駕二馬。

宋，公主安車，以紫絳罽，軿車為副。

齊，公主油絡畫安車。

梁，長公主、公主皆得乘青油輧幢通幰車，輧幢涅幰爲副。

北齊，諸公主油朱絡網車。

隋，公主犢車，紫幰朱網絡。

唐，公主用厭翟車。

宋制因之。

國朝，公主依唐制，用厭翟車。

册

漢封公主，不著作册之制。

北齊，命公主，册軸一枚，長二尺，以白練衣之，用竹簡十二枚，六枚與軸等，六枚長尺二寸，文用篆字。

唐公主册，亦用竹簡。

宋公主册用竹簡，長一尺一寸，闊一寸，約文多少用二十四枚，以天下樂錦裝襟。

國朝册公主，用銀册二片，鐫字鍍金，每片依周尺，長一尺二寸，闊五寸，厚二分五釐，字則依數分行。每片側邊上下有竅，用紅條聯貫，開闔如今書帙之狀。背用紅錦嵌護，藉以紅錦小褥，册盝以木爲之，飾以渾金瀝粉蟠螭，用紅紵絲襯裏內，以紅羅銷金小袱裏册外，以紅羅銷金夾袱覆之，五色小縧縈于匣外。臨册之日，置于紅漆輿案，案頂有紅羅瀝水，用檐牀二舁之。

册文

唐德宗册嘉誠公主，其文曰：“維貞元元年歲次乙丑六月甲子朔，十二日乙亥，皇帝若曰，王者以義睦宗親，以禮敦風俗義之深。實先于友愛禮之重，莫大于婚姻。故春秋書築館之儀，易象著歸妹之吉。予是用祇考令典，率由舊章。咨爾嘉誠公主，孝友柔謙，外和內敏。公宮稟訓，四德備修。疏邑啓封，命爲公主。徽章所被，禮實宜之。今遣光禄大夫、檢校司徒、平章事、汧國公勉，持節册命，爾惟欽哉。下嫁諸侯，諒惟古制。肅雍之德，見美詩人。勤可以克家，敬可以行已。奉若兹道，永孚于休。懋敦王風，勿墜先訓。光膺盛典，可不慎歟。”

宋仁宗册衮國公主，其文曰：“皇帝若曰：二姓合好，肇正人倫。諸女畢封，著于典册。風化自出，物采有庸。惟皇度衷，稽諗故實①，揆吉鼇降。錫命是彝，咨爾長女福康公主，慧悟哲溫，柔嘉敏達。夙憑詒翼之慶，祇蹈婉和之箴。徽智天成，韶華日茂。嬲胙國邑，期之壽康而夷亮，自持莊静，逾恪肅侍左右。勤孝盡恭，承顏愿色。純至非勉，實繫能養，乃底燕寧。朕緬慕先慈，參詢福耦，謀及外黨，得兹善述。枚卜休辰，申寵褒數，益地廣魯，龜蒙之疆。公圭主儀，率迪舊準。今遣使户部侍郎、參知政事王堯臣，副使樞密副使、禮部侍郎田况，持節册命爾爲兖國公主。爾其欽帥內範，繹敷令猷，勤監圖史之規，時稟紳褵之戒。懋爾德，慎爾心。尚服祖宗之攸訓，永流惠聲，不其猗歟。”

印

漢封公主，不著印綬之制。

晉，公主金印，紫綬。

陳，公主金印，龜鈕，紫綬。

---

① “諗”，原作“念”，據《宋會要輯稿·帝系》八之三《公主》改。

北齊，公主金章，纁朱綬。

唐，公主無印綬之制。

宋，公主金印，方一寸，其文曰某國公主之印，龜鈕，紫綬。

元，皇姑大長公主、皇姊長公主，金印，龜鈕，方三寸一分。

今擬國朝公主，用金印，龜鈕，依周尺方五寸二分，厚一寸五分，其文曰某國公主之印，綬用朱，印池用金，闊取容印，印匣二副，每副三重，外匣用木，飾以渾金瀝粉蟠鳳，紅紵絲襯裏，中匣用金，鈒造蟠鳳，内小匣仍用木，飾以渾金瀝粉蟠鳳，紅紵絲襯裏，小匣内置以寶座，四角雕蟠鳳，飾以渾金，座上用小錦褥，上一置印，一置印池，印用銷金紅羅小夾袱裏之，其匣外各用銷金紅羅大袱覆之。臨册日，置于紅漆舁案，頂有紅羅瀝水，用檐牀二舉之。

節

唐、宋册公主，皆遣使持節，其制與册皇后節同。

國朝册拜公主，遣使持節。其制，朱漆扛，金龍首，上施圓盤，旄牛毛纓八層，金銅鈴，韜以黃羅，繡龍袋。

樂

唐册公主，皇帝臨軒，展宮懸，皇帝出入，奏《太和》之曲，册使出入，奏《舒和》之曲。後至德宗貞元二年，始不臨軒，不設樂懸，遂爲故事。

宋册公主，無用樂之儀。

國朝皇帝臨軒遣使，册公主，用大樂，與朝會同，見《俗樂篇》。

儀仗

唐册公主，皇帝臨軒，諸衛屯門列仗，鈒戟近仗陳于殿庭。

宋傳旨命使册公主，無設儀仗之文。

國朝皇帝臨軒遣使册公主，其儀仗與朝賀同。

執事

唐皇帝臨軒，司徒爲使，尚舍奉御掌設御幄，守宮掌設群官次，奉禮掌設板位，太樂令掌設宮懸，典儀掌設舉麾位及文武群官位及引禮、贊禮，諸衛掌陳屯門列仗，通事舍人掌引禮，侍中掌奏中嚴、外辦，奏發册命使承制、宣制及奏禮畢，協律郎掌舉麾，符寶郎掌奉御寶，主節者掌主旛節，黃門侍郎掌以節授册使，令史二人掌舉册案，中書侍郎掌引册案，中書令掌取册，以授册使，贊引掌引禮。其公主受册，守宮掌設使者次及册案，次司贊掌設公主位及命婦，至行禮則引公主，通事舍人掌引册使副，內侍掌引使者，尚儀掌讀册，稱制，以册授公主，掌贊掌贊拜，女使掌舉册案，司言掌贊公主拜及受公主所受册，內謁者監掌傳報使者稱制言于公主，及于册使前言册公主禮畢。

宋命使發册，參政爲使，樞密副使爲副，儀鸞司掌設百官次及册使副次，典儀掌贊禮及設受制、宣制官位、諸官版位，贊者掌承傳，禮直官、通事舍人、太常博士掌引禮及稱制、宣制，門下侍郎掌引主節者，以節授册使，掌節者掌受册使所受節，奉册印官掌帥執事者奉舉册印案，中書侍郎掌押册，禮部郎中掌押印，右弼掌取册以授册使，禮部侍郎掌取印以授副使。其公主受册，典儀掌設使副位及册印案位、內給事位，禮直官掌引使副及內給事就位,通事舍人、太常博士掌引册使副就内給事前稱制,内臣掌引命婦就位,管勾内臣掌持册印,入内内給事掌設公主受册位内命婦版位,及請公主服冠服,傳使者受制言于公主,及受使副册印以授公主及賛拜,又接受公主所受册印,内謁者掌受内給事所受册印。

國朝册拜公主,其執事詳見于儀注。

陳設

唐册公主,臨軒命使,設御幄于太極殿,設群官次于東西朝堂,展宮懸,設舉麾位,設文武官版位,及典儀、賛者位,設屯門列仗設册使位,陳鈒戟近仗于殿庭,至受册所,則設使者及册案使,次于光範門及長樂門外,皆道右,東向,設公主位于長樂門外内殿前,設内命婦位設應陪位者及尚儀、司賛、掌賛、典儀位,設册使及舉册案者位。

宋制,遣使册公主,設文武百僚次于朝堂之内外,又于内東門外東廊設册使副等次,西向,北上,設册使副受制位及樞密官宣制位,門下侍郎奉節位,右弼、禮部侍郎奉册印位,設應行事官位,設權置册印褥位二,于橫街南黃道東,稍退,西向,册在北,印在南。又于册印褥位後各設使副褥位一,又于册使副受制位稍北,設褥位一,以伺册使受册,副使受印,又設册使奉册位及副使,並内給事位,設册印案位于册使之前,設公主受册位及内命婦位。

國朝陳設,詳見于儀注圖本。

班位

唐册公主,臨軒,五品以上于橫街北,六品以下于橫街南,諸親于五品之南,典儀位在懸東,贊者二人在南少退,俱西向,册使位在懸北,俱北面,副使位在使東少退。至受册所,則公主位在長樂門外內殿前近,南當街北面,西上,內命婦應陪位者位于公主東北及西北,嬪御等在東,宮官等在西階,重行,相對北上,尚儀位在命婦之前,皆東向西上。尚儀位少退,司贊位在尚儀位南少退,掌贊二人位其後。

宋命使發册,使副受制位在文德殿庭橫街之南,北向,東上,知樞密院官宣制位于使、副東北,西向,門下侍郎奉節位及右弼、禮部侍郎奉册印位在册使東北,西向,三公以下文武百僚殿庭班位,皆東西相向,如册皇后命使儀。至受册所,則設册使奉册位于內東門外,副使、內給事在其南,並東向,北上,册印案位在册使之前,內給事位在册使東北,俱南向。公主受册位在本位庭階下,北向,內命婦位在本位門外。

國朝班位,詳見于儀注圖本。

册拜公主儀注

發册

前一日,內使監設御座于奉天殿,如常儀。設皇太子侍立位于御座之東,尚寶卿設寶案于御座前,侍儀司設册印案于寶案之前,册案在東,印案在西。設奉節官位于册案之東,掌節者位于其左,差退,俱西向。設承制官位于奉節官位之南,西向,設奉册奉印官位于册印案之西,東向。設使副受制位于橫街之南,北向,東上，設承制官宣制位于册使受制位之北，西向。設奉節官奉册奉印官位于使副東北，西向。又設使、副受册印褥位于受制位之北，北向。設文武官侍立位于文武樓之北，東西相向。設典儀二人位于丹陛上之南，東西相向。贊禮二人位于丹陛下之南，東西相向。知班二人位于贊禮之南，東西相向。引禮二人位于册使受制位之北，東西相向。引文武班舍人位于文武官之北，東西相向。和聲郎設樂位于丹墀之南，北向。禮部設龍亭于奉天門外之正中，南向。所司備儀仗、大樂，以俟迎册印以行。

其日，諸衛列軍仗于午門外，將軍二人于殿上簾前，東西相向。將軍六人于奉天門之左右，東西相向。將軍六人于奉天殿門之左右，東西相向。將軍四人于丹陛上之四隅，東西相向。拱衛司陳設儀仗于丹陛、丹墀之東西。鳴鞭四人于丹陛上，北向。拱衛司、光禄寺官對立于奉天門之左右，東西相向。

質明，催班舍人催百官各具公服，執事官入就位。引禮引使副入就丹墀受制位。導駕官、侍從官入迎車駕。侍儀奏外辦。御用監奏請皇帝服通天冠、絳紗袍，御輿以出。侍衛、警蹕如常儀。至奉天殿，樂作。陞御座。樂止。引進啓皇太子具遠遊冠、絳紗袍，導引至侍立位。尚寶卿奉御寶置于案。捲簾，鳴鞭，報時訖。禮部官以公主册印各置于案。奉節官、承制官、奉册官、奉印官及掌節者各就殿上位，立定。舉册印案四人，立于奉册奉印官後。贊禮唱鞠躬，拜，興，拜，興，拜，興，拜，興，平身。使副鞠躬，樂作。拜，興，拜，興，拜，興，拜，興，平身。樂止。承制官進當御座前，北面，跪奏，請發公主册印。承制訖。由中門出至宣制位，稱有制。贊禮唱跪。使副跪，承制官宣制曰："册皇女某爲某國公主，命卿等持節展禮。"宣制訖，由殿西門入就位。贊禮唱俯

伏、興。使副俯伏,興。奉册、奉印官率執事官舉册印案,由中門
出中陛,降。奉節官引掌節者前導至使副受册印褥位,以案置于
褥位之北,册東印西。奉節官率掌節者至使副受制位前。掌節
者脱節衣,以節授奉節官。奉節官搢笏,受節,以節授册使,搢
笏,跪受,以授掌節者。掌節者跪受,興,立于册使之左。奉節官
出笏,退。引禮引册使詣受册褥位,立定。奉册官搢笏,就案取
册,以授册使,册使搢笏,跪受訖,興,置于案。册使及奉册官皆
出笏,退,復位。引禮引副使詣受印褥位,立定。奉印官搢笏,就
案取印,授副使,副使搢笏,跪,受訖,興,置于案。副使及奉印官
皆出笏,退,復位。贊禮唱鞠躬,拜,興,拜,興,拜,興,拜,興,平
身。使副鞠躬,樂作。拜,興,拜,興,拜,興,拜,興,平身。樂止。引
禮引册使押册,副使押印,掌節者前導以次出。册使初行,樂作。
出門。樂止。掌節者加節衣。奉册、奉印官皆搢笏,就案取册印,
置于龍亭中訖。奉册、奉印官退。執事者舉案,退。儀仗、大樂
迎龍亭以行。掌節者行于龍亭之前,使副行于龍亭之後,迎送至
内宮門外。初,册印將出門,侍儀奏禮畢。皇帝興,樂作。皇太子
侍從還宮。樂止。引班引百官以次出。

受册

前一日,内使設册禮使副位于内宮門外,北向,掌節者位于
册使之後。設内使監令位于册使之北,西向,設引禮二人位于册
使之北,東西相向。設權置册印案于册使之北,册東印西。内使監
設公主受册位于本位庭中,北向,設香案于受册位之北,設册印
案于香案之南,册東印西。設内命婦諸親立位于庭階之南,東西相
向。又設公主受賀位于宮中,設内命婦諸親賀位于公主位前,南
向,設内贊二人位于公主受册位之北,東西相向。設引禮内使二

人位于內贊之南,東西相向。

是日,冊印將至內宮門,內使請公主服花釵、翟衣,出閣,至本位宮中,南向立。及冊印至,使副于龍亭中取冊印,權置于門外所設案上。引禮引使副及內使監令俱就位,立定。次引冊使于內使監令前稱冊禮使臣某、副使臣某,奉制授公主冊印,退,復位。內使監令入詣公主本位宮中,躬言訖,出,復位。引禮引內命婦諸親俱入,就位。引禮引冊使詣冊案,搢笏,取冊,授內使監令。內使監令跪,受訖,以授內執事。冊使出笏,退,復位。引禮又引副使就印案,搢笏,取印,以授內使監令。內使監令跪,受訖,以授內執事。副使出笏,退,復位,以俟內宮行禮。內使監令率執事者奉冊印,以次入詣公主受冊位前,以冊印各置于案。冊東印西。引禮引公主降詣庭中受冊位,立定,侍從如常儀。內使監令率內執事取冊印,以次立于公主之東,西向。內使監令稱有制。內贊唱拜,興,拜,興,拜,興,拜,興。公主拜,興,拜,興,拜,興,拜,興。宣制訖。內執事取冊跪,授內使監令。內使監令跪讀訖,以授公主。公主跪受訖,以授內執事。內執事取印,跪授內使監令。內使監令跪讀訖,以授公主。公主跪受,以授內執事。內贊唱拜,興,拜,興,拜,興,拜,興。公主拜,興,拜,興,拜,興,拜,興。內使監令出詣使副前,躬稱公主受冊禮畢。使副詣奉天殿前橫街南,北面立。給事中立于使副東北。冊使再拜,復命曰:「奉制冊命某公主禮畢。」又再拜,平身。給事中奏聞,乃退。引禮引公主陞階就位,南向坐。引禮引內命婦、諸親以次就賀位,立定。內贊唱拜,興,拜,興,拜,興,拜,興。內命婦諸親皆拜,興,拜,興,拜,興,拜,興。內贊唱禮畢。引禮引內命婦等退。內使監令引公主謝皇帝、皇后,並如宮中之儀。

册公主丹墀版位圖

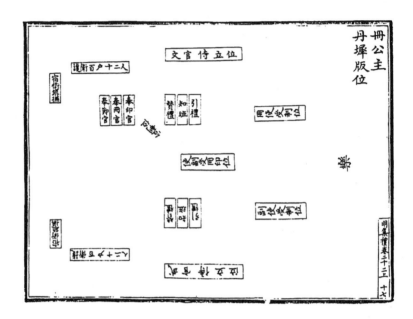

丹陛版位圖

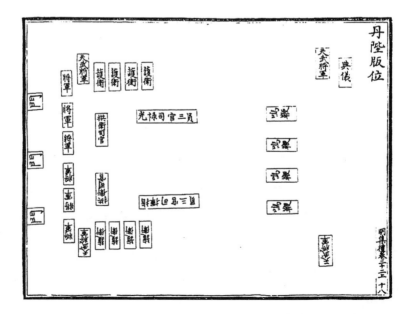

殿上版位圖

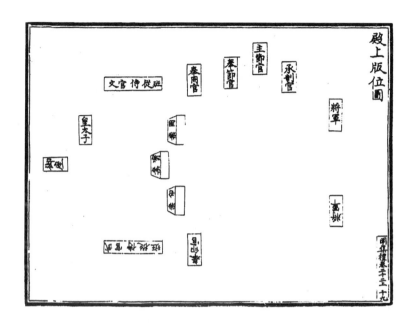

公主宮中受册版位圖

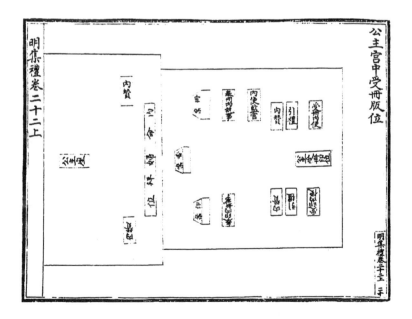

大明集禮卷二二下

嘉禮六

册拜①

册内命婦

總序②

王者之有内命婦，所以輔皇后、典六宮，而成内教者也。故周制有三夫人、九嬪、二十七世婦、八十一御妻。

漢初，有夫人、美人、良人、八子、七子、長使、少使之名。武帝制婕妤、娙娥、傛華、充依，各有爵位。元帝時，有昭儀，賜以印綬。

而光武中興，六宮稱號則惟貴人，賜以金印、紫綬。

至唐，有貴妃、淑妃、德妃、賢妃，爲夫人，正一品，昭儀、昭容、昭媛、修儀、修容、修媛、充儀、充容、充媛，爲九嬪，正二品，婕

---

① 標題無"册拜"，據本書目録補，
② "總"，原無，據本書目録補。

好九人，正三品，皆遣使册命。

宋惟正一品貴妃、淑妃、德妃、賢妃，則遣使册命。而妃受册畢，有受内命婦賀禮及謝皇帝、皇后，如宫中之儀。

元置諸妃，不定品秩，亦無册拜之典。

國朝闕。

冠服

《周官·追師》，爲外内命婦之首服。鄭氏謂，首服，爲編次也。《内司服》：“辨外内命婦之服，鞠衣、展衣、褖衣、素沙。”鄭氏謂，衣鞠衣、展衣者用編，衣褖衣者用次。

唐皇帝臨軒，服通天冠、絳紗袍。其内命婦受册，服首飾、翟衣，施兩博鬢。一品花釵九樹，寶鈿準花數，翟九等，二品花釵八樹，翟八等，三品花釵七樹，翟七等。

宋制因之。

國朝皇妃受册，服九翬四鳳冠、翟衣。歷代之制，詳見于《冠服篇》。

車輅

唐制，内命婦受册，一品乘厭翟車，二品乘翟車，三品乘安車，各駕二馬。

宋，内命婦乘銀裝白藤輿檐，或乘金銅犢車、漆犢車。

國朝皇妃受册，用厭翟車。

歷代之制，詳見《車輅篇》。

册

唐内命婦册，不著其制。遣使之日，以油絡網犢車載之而行。

宋仁宗立張貴妃，其册用竹簡每簡長一尺一寸，闊一寸，約文多少用二十四枚，以天下樂錦裝褾，黑漆册匣，金鍍銀飾，茜綾托裏，茜絲條，黑漆册牀，金鍍銀飾蓋册，襯册皆以夾帕。

國朝册皇后，用銀册二片，鐫字鍍金，每片依周尺長一尺二寸，闊五寸，厚二分五釐，字則依數分行，每片側邊上下有竅，用紅條聯貫，開闔如今書帙之狀，背用紅錦嵌護，藉以紅錦小褥，册盝以木爲之，飾以渾金瀝粉蟠鳳，用紅絟絲襯裏，内以紅羅銷金小袱裹册，外以紅羅銷金夾袱覆之，五色小條縈于匣外。臨册之日，置于紅漆輿案，案頂有紅羅瀝水，用檐牀二舁之。

册文

宋仁宗册張貴妃，其册文曰：“皇帝若曰：夫上憲星極，協敷陰教。惟四妃之列，亞長秋之位，正始王化，御于家邦。咨于淑哲，是謂疇内治，備于典册，是謂隆徽數。諗而行之，古今通誼。美人張氏，淵敏居質，醇和賦性，生紱冕之令族，禀圖史之懿戒。柔明維則，克茂嬪風；婉嬺含章，詎煩姆訓。肆予凉薄，纂大丕構。樂得邦媛，參敘宮職。始明慎于選納，見勤勞于輔佐。屭辭貴秩，愈勵冲誠。宜有褒嘉，聿申崇拜。揆兹穀旦，膺此渙恩。質于師僉，孚我德舉。褕翟盛其服，禮莫大焉；彤管貽其範，體莫重焉。澣衣示儉，婦道于以從訓；樛木逮下，風人于以流詠。寵命既輯，爾實宜之。今遣使左諫議大夫、參知政事龐籍，副使右諫議大夫高若訥持節，冊命爾爲貴妃。于戲，體順承以勤道，躬法度以修已，祇率九御，贊于壺則，惟勞謙以處其貴，惟肅雍以成其美。永啓休譽，不其盛歟。"

國朝 ☐☐☐☐☐

印

漢制，貴人用金章，紫綬。

晉，三夫人金章，紫綬；九嬪，銀印，青綬。

隋，三妃、九嬪、婕妤，並金章，龜鈕，紫綬。

宋，貴妃金印，方一寸，其文曰貴妃之印，龜鈕，紫綬，黑漆印匣兩重，並金鍍銀飾，茜綾托裏，茜絲鎖條，黑漆印牀，金鍍銀飾裏，印及蓋匣各以夾帕。

國朝皇妃用金印，龜鈕，依周尺方五寸二分，厚一寸五分，其文曰皇妃之印，綬用朱，印池用金，闊取容印，印匣二副，每副三重，外匣用木，飾以渾金瀝粉蟠鳳，紅紵絲襯裏，中匣用金鈒造蟠鳳，內小匣仍用木，飾以渾金瀝粉蟠鳳，紅紵絲襯裏，小匣內置以寶座，四角雕蟠鳳，飾以渾金，座上用小錦褥，上一置印，一置印池，印用銷金紅羅小夾袱裏之，其匣外各用銷金紅羅大袱覆之。臨冊日，置于紅漆輿案，頂有紅羅瀝水，用檐牀二舉之。

節

宋冊內命婦，遣使持節，其制與冊皇后節同。

國朝，冊拜皇妃，遣使持節。其制，朱漆扛，金龍首，上施圓盤，旄牛毛纓八層，金銅鈴，韜以黃羅繡龍袋。

執事

唐册內命婦，守宮掌設使者及冊案次，司設設受冊位，典儀掌設冊使位及舉冊案者之位，內謁者監掌置冊案，掌次掌引冊使入就次，謁者掌引冊使出次就位，司言掌引內命婦就受冊位，及稱制宣冊以冊授內命婦，內給事掌受使者所授冊。

宋册內命婦，其執事與冊公主執事同。

國朝册皇妃，其執事見于儀注。

陳設

唐册內命婦，設使者及冊案使次于肅章門外及永安門外，皆道右東向，設受冊者位于寢庭，設冊使位及舉冊案位于肅章門外近限。

宋發冊陳設，皆與冊公主同。

國朝陳設，詳見于儀注圖本。

班位

唐制，冊內命婦則受冊位在寢庭近南，當階北向，冊使位在肅章門外之西，東向，北上，舉冊案者位在南差退，俱東向。

宋册內命婦班位，與冊公主班位同。

國朝班位，詳見于儀注圖本。

册內命婦儀注

前期一日，禮部官奉冊印進入，置于謹身殿中御座寶案之前，冊東寶西。侍儀司設冊禮使受制位于奉天殿橫街之南，稍東，使副位于其西，俱北向，設承制官、奉節官、奉册官、奉印官位于使副之東北，西向，以北爲上，設使副受册、受印褥位于受制位之北，南向以俟册使受册，使副受印。設典儀二人位于丹陛上之左右，東西相向。設傳贊二人位于丹陛下之左右，東西相向。設文武官對立位于丹墀兩旁，文東武西。設引班四人位于文武官之北，東西相向。設贊禮二人位于册使位之北，東西相向。所司置龍亭于奉天門外正中。備儀衛、鼓吹以俟迎册。即行^①，内使監令又設使副位于内宮門之外，北向，東上。設内使監令位于册使之東北，西向。設贊者二人位于册使之北，東西相向。設册印案于贊者之北，册東印西。内使設妃受册位于本位庭中，北向。設册印案于妃受册印位之北，册東印西。設内命婦諸親賀位于庭階之南，北向。又設妃受賀位于其宮之中，南向。設内贊二人位于妃受册位之北，東西相向。設引禮二人位于内贊之南，東西相向。

其日質明，文武百官皆朝服，引班分引序立于奉天殿丹墀之兩旁，東西相向。贊引引使副公服，入就橫街南位，北面立。承制官、奉節、奉册、奉印官及掌節者皆入，詣謹身殿外，北向立以俟。内臣傳旨訖。掌節者持節，奉册官、奉印官率執事者舉册印案以行。奉節官率掌節者前導。次册案奉册官後從。次印案奉印官後從。承制官押其後。至橫街南，以案置于使副受册褥位之北，册東印西。承制官、奉節官、奉册、奉印官各就位，西向立。掌節者持節立于奉節官之左差退。典儀唱拜。傳贊唱鞠躬，拜，興，拜，興，平身。使副皆鞠躬，拜，興，拜，興，平身。承制官詣使

副前,稱有制。典儀唱跪,使副跪。承制官宣制曰,"某妃某特封某妃。或已有封,則曰進封。命公等持節,展禮。"宣制訖,復位。典儀唱就拜,興,平身。使副就拜,興,平身。奉節官率掌節者持節,詣冊使前。掌節者脱節衣,以節授奉節官。奉節官以節西向,授冊使。冊使跪受,以授掌節者。掌節者受節,立于冊使之左。奉節官退,復位。贊禮引冊使詣受冊褥位,立定。奉冊官于冊案上取冊,授冊使。冊使跪,受冊,興,置于案。奉冊官及冊使各退,復位。贊禮引使副詣褥位,北向立定。奉印官于印案上取印,西向授使副,使副跪,受印訖,興,置于案。奉印官及使副俱退,復于位訖。典儀唱拜,傳贊唱鞠躬,拜,興,拜,興,平身。使副皆鞠躬,拜,興,拜,興,平身。典儀唱禮畢。執事者舉冊印案,出奉天門外。奉冊、奉印官取冊、印置龍亭中。奉冊、奉印官退。

　　贊禮引冊使押冊,使副押印,持節者前導。儀衛、鼓吹以次出。引班引文武百官退。冊印將至内宮門外,内使請妃服花釵、翟衣,引出閣,至本位宫中,南向立。及冊印至,使副于龍亭中取冊印,權置于門外所設案上訖。引禮、内使引使副及内使監令俱就位,立定。次引冊使于内使監令前,稱:"冊使姓某、副使姓某奉制,授某妃冊印。"退,復位。内使監令入,詣妃本位庭躬言訖,出,復位。引禮引命婦、諸親俱入,就位。引禮引冊使詣内使監令前。冊使取冊以授内使監令。内使監令跪,受冊訖,以授内執事。引禮又引副使取印,以授内使監令。内使監令跪,受印,以授内執事。内使監令率執事者奉冊印,以次入詣妃受冊位前,各置于案,冊東印西。引禮引妃降詣庭中受冊位,立定,侍從如常儀。内使監令率内執事取冊印,以次立于妃之東,西向。内使監令稱有制。内贊唱拜,興,拜,興。妃拜,興,拜,興。内使監令宣制訖。執事者取册，授内使監令。内使監令跪，讀册訖，以册授妃。妃跪受册，以授内執事。執事者取印，跪授妃[①]。妃跪受印，以授内執事。内贊唱拜，興，拜，興。妃拜，興，拜，興訖。内使監令出，詣使副前，躬稱妃受册印禮畢。使副還，復命。引禮引妃陞階就位，南向坐。引禮引内命婦、諸親以次賀，如常儀。贊禮唱禮畢。引禮引内命婦退。内使監令引妃謝皇帝、皇后，並如宮中之儀。

傳旨遣使册皇妃版位圖

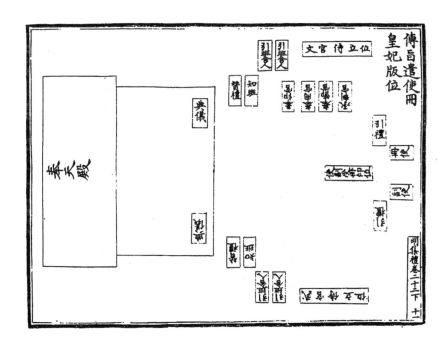

皇妃受册版位圖

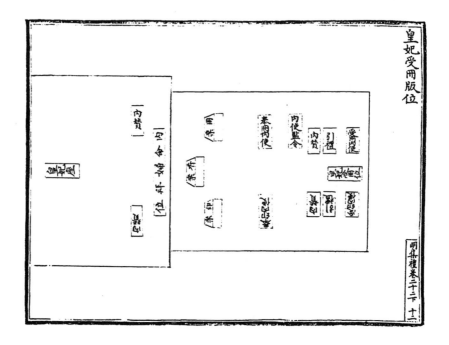

大明集禮卷二三上

嘉禮七

冠禮[①]

天子加元服

總敘

按《禮》，冠者，成人之道也，故帝王重之。自天子至庶人，皆有冠禮。周文王十二而冠，成王十五而冠，此天子之冠禮也。

秦滅禮學，冠禮無聞，其見于儀禮者，止于《士冠》而已。後世因士禮，推而上之，以達于天子。

漢改皇帝冠，爲加元服，皆于祖廟而成禮焉。永元三年，和帝加元服，至廟成禮，還宮以朝服宴享。永建四年，順帝加元服，皆于高廟，以禮謁見世祖廟。

魏以後，始冠于正殿。

東晉諸帝加元服，則百僚陪位，加袞冕畢，太保率群臣奉觴

---

① 標題"冠禮"，原無，據本書目錄補。

上壽，先以幣告宗廟，事訖，又廟見。

北齊皇帝將加元服，先奏告天地、宗廟，擇日臨軒，加衮冕畢，太保上壽，群官三稱萬歲，後日文武群臣朝服上禮，又擇日親拜圓丘、方澤，謁廟。

唐皇帝加元服，先遣官告圓丘、方丘、宗廟，擇日加元服。冠訖，謁見太后。次卜日謁太廟。見廟之明日，皇帝會群臣，群臣上禮。

宋《政和御製冠禮》，自皇太子以下，而無天子加元服之儀。

元因本俗，禮廢不行。

今擬國朝皇帝加元服。既筮日，遣官奏告天地、宗廟。次擇日，加衮冕于奉天殿。冠訖，謁太后。次卜日，親謁宗廟。明日，百僚稱賀。皇帝會群臣。

今歷考前代儀文，以著于篇。

筮日

古者，冠必筮日。

漢初，用正月甲子、丙子爲吉。後天子冠，則筮日于廟。

唐制，天子加元服，卜日于太廟南門之外。

今擬國朝皇帝加元服，前期命太史監擇日奏聞。

奏告

晉穆帝將冠，先以幣告廟，而后行禮。

北齊天子加元服，先以玉帛告圓丘、方澤，及以幣告宗廟。

隋、唐皇帝加元服，亦先告圓丘、方澤、宗廟。

今擬國朝皇帝加元服，前期遣官祭告天地、宗廟，行一獻禮。

其儀見祀天、祭地及《宗廟篇》。

冠服

《周禮》雖有冕服之數，而無天子冠文。

漢順帝永建四年加元服，用曹褒新禮。初加緇布、進賢，次加爵弁、武弁，次加通天冠。

東晉諸帝冠儀，用冕幘。

北齊皇帝加元服，先著空頂幘，次介幘、絳紗袍以出，次加袞冕。

唐皇帝加元服，初著空頂黑介幘、雙童髻、雙玉導、絳紗袍以出，次加袞冕服。

今擬國朝皇帝加元服，先服空頂幘、絳紗袍以出，次加袞冕服。其制見《冠服篇》。

加數

《周禮·公冠篇》曰："公四加，天子亦四加。"《五禮精義》曰："天子五加袞冕。"

漢天子四加，至魏以天子至尊，禮無踰理，惟一加袞冕。

唐《開元禮》因之，天子加元服亦一加，不著皇帝加元服之儀。

今擬國朝皇帝加元服，一加，用袞冕，與唐同。

就廟

古者，冠必于廟。《五禮精義》曰："天子冠于始祖之廟。"

漢和帝以正月甲子，至廟行冠禮。

魏天子加元服，則一加于正殿。

自魏以後，加元服皆不就廟，擇日謁廟而已。

唐天子加元服，則于太極殿成禮。

今擬國朝皇帝加元服，于奉天殿行禮。

陳設

唐上舍奉御設御冠席于太極殿，守宮設群臣次于朝堂，大樂令設宮縣于殿庭，鼓吹令設十二案于建鼓之外，乘黃令陳車輅，尚輦奉御陳輿輦，典儀設版位，奉禮郎設罍洗于阼階，尚舍奉御設席于東房，殿中監陳袞冕服于東房內席上，尚食奉御設醴饌，諸衛勒所部陳設黃麾仗，如常儀。

今擬國朝陳設，詳見儀注。

執事

晉諸帝將冠，御府令掌奉冕幘，太保掌加幘，太師掌加冕，太尉掌讀祝，侍中掌繫玄紞，常侍掌脫帝絳紗服，加袞服。

唐皇帝加元服，則尚舍奉御掌設冠席，守宮掌設次，大樂令掌設樂，鼓吹令掌設十二案，樂典儀掌設百官版位，奉禮掌設門外位，侍中掌奏中嚴、外辦，奉禮郎掌設罍洗，殿中監掌陳冕服，尚食奉御掌設醴位，太常博士、太常卿掌導駕，通事舍人掌引太師、太尉，太常掌受冕，太尉掌加帝冕服，太師掌祝辭，殿中監掌徹櫛纚箱，侍中掌進帨巾。

今擬國朝皇帝加元服，執事詳見儀注。

賓贊

漢獻帝加冠，以司徒淳于加為賓。

東晉諸帝冠，皆以侍中、常侍、太尉加幘，太保加冕。

唐天子加元服，則以太尉設纚，太師受冕。

今擬國朝天子加元服，設太尉設纚，太師受冕，如唐儀。

用樂

古者，君冠必以金石之樂節之。

漢和帝加元服，撞太簇之鐘。

東晉天子冠，設金石之樂。

唐天子加元服，將出，撞黃鐘之宮，奏《太和》之樂，太師入門，奏《舒和》之樂，皇帝受觶，奏《休和》之樂，禮畢，撞蕤賓之鐘，奏《太和》之樂。

今擬國朝皇帝加元服，和聲郎奏樂，詳見《樂書》。

醴醮

唐皇帝將加元服，尚舍設莞筵，尚食設醴及饌于東序。皇帝加冕服訖，大師進醴于御座前，祝曰：“甘醴唯厚，嘉薦令芳。承天之休，壽考不忘。”祝訖，以饌進皇帝訖。太師取肺以進，皇帝祭肺及祭醴、啐醴訖，奠于薦東。

今擬國朝皇帝加元服，行醴醮禮，詳見儀注。

祝辭

周成王冠，祝雍作頌曰：“令月吉日，王始加元服。去王幼志，思弘袞職。欽若昊天，六合是式。率爾祖考，永永無極。”

漢昭加元服辭曰：“陛下摛著先帝之光輝，以承皇天之嘉祐。欽奉仲春之吉辰，普率大道之郊域。秉率萬福之丕靈，始加昭明之元服。推遠沖孺之幼志,蘊積文武之就德。肅勤高祖之清廟。六合之内,靡不蒙福。承天無極。”

唐太師祝曰:“令月吉日,始加元服。壽考維祺,以介景福。”

今擬國朝祝辭,或用古辭,或臨時修撰。

見太后

唐皇帝加元服訖,服通天冠、絳紗袍,詣太后所御殿,如常朝見之儀。尚宮引就殿前北面再拜訖。尚宮引出還宮。

今擬國朝皇帝加元服訖,改服通天冠、絳紗袍,入宮拜謁太后,如正旦儀。

謁廟

周成王冠而朝于祖。

後漢,天子冠訖皆,于高祖廟行謁見禮。

魏天子加元服訖,別卜日謁廟。

唐因歷代之制,冠訖,有司卜日,躬謁太廟。

今擬國朝皇帝既加元服,擇日謁太廟,其儀與時祭同。

會群臣

周制,成王冠而後見諸臣。

漢和帝加元服訖,還宮,朝服以享宴。

魏天子冠訖,出會群臣。

唐《開元禮》,天子冠而謁廟之明日,會群臣,如元會之儀。

今擬國朝皇帝加元服,見廟之明日,百官具朝服稱賀畢,錫宴于謹身殿,並如正、至朝會儀。

天子加元服儀注

前期，太史院奉制筮日，工部製冕服，翰林院撰祝文、祝辭，禮部備儀注，中書省承制，命某官攝太師，某官攝太尉。既筮日，遣某官奏告天地、宗廟訖，告示文武百官于皇城守宿。至日侵晨，具朝服行禮。

前一日，內使監令陳御冠席于奉天殿正中，設冕服案于御冠席之南，香案又于冕服案南，尚寶卿設寶案于香案之南，侍儀司設太師、太尉起居位于文樓之南，西向，設文官起居位于太師、太尉起居位之後，設武官起居位于武樓之南，設太師、太尉拜位于丹墀內道稍西，北向，東上，設太師、太尉侍立位于殿上御席之西，東向，設盥洗位于丹陛西階之下，東向，內贊二人位于殿上南楹之左右，東西相向，設文官拜位于丹墀內道之東，每等異位重行，北面，西上，設武官拜位于丹墀內道之西，每等異位重行，北面，東上，設使客位于文官拜位之東，北面，西上，殿前班諸執事起居位于武官起居位之北，東向，設侍從班諸執事起居位于文官起居位之北，西向，設宿衛鎮撫二人位于東西陛下，東西相向，護衛百戶二十四人位于宿衛鎮撫之南，稍後，東西相向，典牧所官二人位于乘馬之前，東西相向，知班二人位于文武官拜位之北，東西相向，通贊、典禮二人位于知班之北，東西相向，通贊在西，贊禮在東，引太師、太尉二人位于太師之北，西立，東向，引文武班四人位于文武官拜位之北稍後，東西相向，引殿前班二人位于引武班之南，引使者二人位于引文班之南，設殿前班指揮司官三員侍立位于丹陛上之西，東向，光祿官三員位于丹陛上之東，西向，拱衛司官位于殿門之左右，東西相向，文官侍從班起居注、給事中、殿中侍御史、尚寶卿位于殿上之東，西向，武官侍從班懸刀指揮位于殿上之西，東向，護衛千户八人位于殿東西門之左右，東西相向，典儀二人位于丹陛上之南，東西相向，鳴鞭四人位于丹陛上，北向，將軍二人位于殿上簾前之左右，將軍六人位于殿門之左右，將軍四人位于丹陛上之四隅，將軍六人位于奉天門之左右，東西相向。

是日侵晨，金吾衛陳設甲士于午門外之東西，陳五輅于丹墀之南北向，典牧所陳仗馬于文武樓之南，東西相向，陳虎豹于奉天門外，東西相向，協律郎陳樂于丹墀文武官之南。擊鼓，初嚴。催班舍人催文武百官具朝服。擊鼓，次嚴。引班引文武官各依品從齊班于午門外，以北爲上，東西相向。通班、贊禮、知班、典儀、內贊、宿衛鎮撫、鳴鞭、殿內將軍、殿外將軍俱入就位。引班引殿前班指揮、光禄卿各依品從序立于起居位，東西相向。諸侍衛官俱具服其器服。及尚寶卿侍從官入詣謹身殿候迎。擊鼓，三嚴。引班引文武官以序入就起居位。引使客立于文班之後。侍儀版奏外辦。御用監令奏請皇帝服空頂幘、雙童髻、雙玉導、絳紗袍，御輿以出，侍衛導從警蹕，如常儀。皇帝將出，仗動。和聲郎作樂。太常博士引太常導至奉天殿，即御位。樂止。捲簾，鳴鞭，雞唱，報時訖。拱衛司官由殿西門出降西階。引班引入起居位，通班唱各恭事。殿前班侍從班及諸執事各就本位。引禮引太師、太尉先入就拜位。引班引文武官俱入，就丹墀拜位。知班唱班齊。典儀唱拜。贊禮唱鞠躬，樂作。拜，興，拜，興，拜，興，拜，興，平身。太師、太尉及文武官皆鞠躬，拜，興，拜，興，拜，興，拜，興，平身。樂止。引禮引太師先詣盥洗位，西向立。引禮唱搢笏，盥手。太師搢笏，盥手。引禮唱帨手。司巾以巾進，太師帨手訖。引禮唱出笏，太師出笏。引禮引太師由西陛升。引禮退，就本位。太師至殿西門。內贊接引至御席西，東向立。引禮復引太尉詣盥洗位，西向立。引禮贊搢笏，盥手。太尉搢笏，盥手。引禮贊帨手。司巾者以巾進，太尉帨手。引禮贊出笏，太尉出笏。引禮引太尉由西陛升。引禮退，復位。太尉至殿西門內。贊接引入，立于太師之南。侍儀跪，奏請加元服，退，復位。太尉進，就皇帝席前，少右，跪，搢笏，脫空頂幘，以授內使。內使跪，受幘，興，置于櫛箱，櫛畢，設纚，出笏，興，退，立于西。太師進，至御前，北向立。內使監令就案取冕，立于太師之左。太師祝曰：「令月吉日，始加元服。壽考維祺，以介景福。」內使監令奉冕跪，授太師。太師搢笏，跪，受冕，加冠，加簪纓訖，出笏，興，退，立于西。內使監令徹櫛纚箱。御用監令跪，奏請皇帝著袞服。皇帝興，著袞服訖。侍儀跪，奏請就御坐。內贊贊進醴。樂作。太師進，就御座前北面立。光禄卿奉酒，進，授太師。太師搢笏，受酒，至御前，北面祝曰：「甘醴惟厚，嘉薦令芳。承天之休，壽考不忘。」祝訖，跪，授內使。內使跪，受酒，捧進皇帝。皇帝受酒，祭少許，啐酒訖，以虛盞授內使。樂止。內使受盞，降，授太師。太師受盞，興，以授光禄卿。光禄卿受盞，退。太師出笏，退，復位。內贊引太師、太尉出殿西門，樂作。降自西階。引禮接引就丹墀拜位，立定。樂止。引禮退，復位。典儀唱拜。贊禮唱鞠躬，拜，興，拜，興，拜，興，拜，興，平身。太師、太尉及文武官皆鞠躬，樂作。拜，興，拜，興，拜，興，拜，興，平身。樂止。贊禮唱搢笏，鞠躬，三舞蹈，跪，三拱手，加額。山呼，山呼，再山呼。太師、太尉、文武百官皆鞠躬，拜，興，拜，興，拜，興，拜，興，平身，再山呼，出笏，就拜，興，平身。典儀唱鞠躬。樂作。贊禮唱拜，興，拜，興，拜，興，

拜,興,平身。樂止。典儀唱禮畢。侍儀奏禮畢。皇帝興,樂作。警
蹕,侍從導引入宮。樂止。引禮引太師、太尉及文武百官以次出。

皇帝見太后

其儀見《朝會篇》。

謁廟

其儀見《宗廟篇》。

會群臣

其儀見《朝會篇》。

天子加元服圖

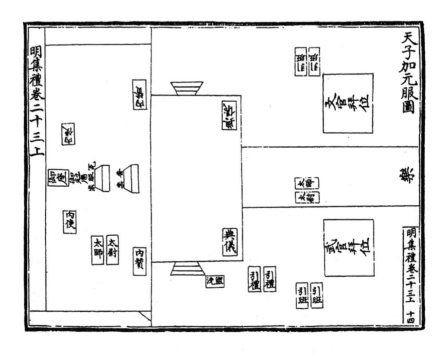

大明集禮卷二三下

嘉禮七

冠禮①

皇太子加元服

總序

孔子曰:"世子冠于阼,以著代也;醮于客位,加有成也。三加彌尊,喻其志也。冠而字之,敬其名也。雖天子之元子,猶士也,其禮無變。天下無生而貴者故也。"

唐《開元禮》:皇太子冠,臨軒以命賓贊,黃門侍郎執節授賓,賓拜受節,中書侍郎取制書授賓,賓拜受制,詣東宮,宗正卿入見皇太子,而後迎賓,賓詣殿,稱制,行禮。

宋,皇太子冠,天子御文德殿,賓贊承制,太子即席,三加禮畢,醴而字之,左輔復宣敕以戒,此不命有司,天子自爲主,而制命賓贊行事也。

---

① 標題"冠禮",原無,據本書目録補。

今擬國朝皇太子加元服，參用周文王、成王冠禮之年，近則十二，遠則十五，天子自爲主，設御座于殿庭，設冠席于殿之東壁，擇三公、太常爲賓贊，三加冠，一祝醴，祝辭、醮辭、字辭，悉倣周制①。

爰舉歷代之制，悉著于篇。

筮日

《儀禮》：筮日于太廟。

漢宣帝冠太子，擇正月甲子、丙子行事。

唐太子加元服，卜日于太廟南門外，太常卿、太卜令等官各具公服，布筮席，開櫝，出策而筮。

宋皇太子將冠，前期大史筮日。

今擬國朝皇太子加元服，命太史監筮日。

奏告

古者，太子冠必先告廟。

北齊皇太子加元服，則太尉以制幣告七廟。

隋皇太子將冠，其日質明，有司告廟。

唐皇太子將冠，先告太廟，如常告之儀。

今擬國朝皇太子加元服，遣官具特牲告廟，行一獻禮，其儀見《宗廟篇》。

冠服

北齊皇太子加冠，服空頂幘、公服，加進賢三梁冠，再加遠遊冠。

---

① “倣”，原作“放”，據文義改。

隋皇太子加元服，皇帝袞冕即御坐[①]，皇太子服空頂幘、遠遊冠，加緇布冠，再加遠遊冠，三加袞冕。

唐皇太子加元服，初服空頂黑介幘、雙童髻、玉導寶飾綵衣，加緇布冠，再加遠遊冠，三加袞冕。

宋皇太子冠，初加折上巾，再加遠遊冠十八梁，三加袞冕。

今擬國朝皇太子加元服，一加折上巾，再加遠遊冠，三加袞冕，其制見《冠服篇》。

加數

《家語》："天子之元子冠，擬諸侯之冠，四加。"

魏太子冠，再加。

宋冠皇太子，以一加。

北齊皇太子冠，再加。

隋復用三加之禮。

唐、宋因隋制，皇太子冠皆三加。

今擬國朝皇太子冠，用三加之禮，詳見儀注。

賓贊

《儀禮》："冠必有賓。"

晉惠帝爲太子將冠，命司徒高陽王珪爲賓，屯騎校尉華廙爲贊冠。

唐皇太子加冠，命司徒爲賓。

宋皇太子冠，以禮部尚書爲掌冠，鴻臚卿爲贊冠。

---

① "即"，原作"有"，據《隋書》卷九《禮儀志四》改。

今擬國朝皇太子加元服,命三公一人爲賓掌冠,太常卿爲贊冠。

陳設

唐皇太子冠,前一日,尚舍奉御設御幄于太極殿,衛尉設群官及朝集使次于左右朝堂,大樂令設宮懸于殿庭,鼓吹令設十二案,乘黃令陳車輅,尚輦奉御陳轝輦,衛尉設賓贊次,奉禮設文武群官及宮臣位,典儀設皇太子受制位,有司設皇太子羽儀車輿于殿上東壁下,三師、三少席于冠席之左右,設賓席于西階,內直郎陳服于帷內,良醞令、太官令奉醴饌,諸衛勒所部陳設麾仗。

宋政和四年,皇長子冠,設御坐于文德殿殿上,前楹施簾,設香案于殿下,大晟展宮架之樂于殿庭街南,設掌冠、贊冠、應行禮官、東宮官次于朝堂之內,陳大輦于殿西階下,列御馬于殿門外,列黃麾細仗于殿庭,設皇太子朝見位,設掌冠、贊冠、受制位,設左輔承制、宣制位,設皇太子冠席、褥位,陳服于席南,設罍洗于阼階東,設醴席于西階上,實側尊于席南,饌設于席。

今擬國朝陳設,詳見儀注。

執事

晉司徒加冠,光禄大夫、校尉贊冠。

唐,司徒爲賓,卿爲贊,典謁掌引群官,通事舍人掌引宗正卿、賓贊、三師、三少,左庶子掌版奏中嚴、外辦,洗馬掌迎導,少傅掌受制書,贊冠者掌脫幘、櫛纚。

今擬國朝皇太子加元服,諸執事者詳見儀注。

樂

唐皇太子冠，皇帝出，大樂令撞黃鐘之鐘，入撞蕤賓之鐘，協律郎俱奏《太和》之樂。皇太子冠自始至終，樂作凡五。

宋皇太子冠，皇帝出仗至降殿，大樂正令撞黃鐘之鐘及蕤賓之鐘，協律郎奏《乾安》《肅安》等樂。皇太子就冠席及加冠，奏《欽安》《順安》等樂。

今擬國朝皇太子加元服，和聲郎奏樂，詳見《樂書》。

醴醮

《儀禮》："加冠畢，乃筵于户西而受醴。""若不醴，則醮用酒。"

唐，皇太子冠訖，贊冠者洗觶，典膳郎酌醴，贊冠者受醴，以授賓，賓進于皇太子，祝訖，皇太子受觶，祭醴，啐酒畢，奠觶于薦。

宋，皇太子冠訖，即醴席，贊冠者取爵，内侍以酒注爵，掌冠者跪，進皇太子，祝畢，太子受爵，啐酒，如唐儀。

今擬國朝皇太子加元服訖，行醴、醮禮，詳見儀注。

祝辭

加冠而祝之，周制也。

齊南郡王昭業冠，祝辭曰："筮日戒賓，肇加元服。棄爾幼志[1]，從厥成德。親賢使能，克崇景福。"

唐皇太子加元服，祝辭曰："令月吉日，始加元服。棄厥幼

---

① "爾"，原作"而"，據《通典》卷五六《禮十六·沿革十六·嘉禮一·皇太子冠》改。

志,順其成德①。壽考惟祺,以介景福。"

再加曰:"吉月令辰,乃申嘉服。克敬威儀,式昭厥德。眉壽萬年,永受祺福。"

三加曰:"以歲之正,以月之令。咸加爾服②,以成厥德。萬壽無疆,承天之慶。"

宋祝辭曰:"咨爾元子,肇冠于阼。筮日擇賓,德成禮具。于萬斯年,承天之祐。"

再加祝曰:"爰即令辰,申加元服。崇學以齒,三善皆得。副余一人③,受天百福。"

三加辭曰:"三加彌尊,國本以正。無疆惟休,有室大競。懋昭厥德,保茲永命。"

今擬國朝祝辭,或用古辭,或臨時撰述。

醮辭

禮醮而祝之,以成德也。

齊武帝命太常、武安侯蕭惠本加南郡王冠,醮酒辭曰:"旨酒既清,嘉肴既盈④。兄弟具在,淑慎儀形。永永眉壽,于穆斯寧。"

唐,冠皇太子,祝醴辭曰:"甘醴惟厚,嘉薦令芳。拜受祭之,以受厥祥。承天之休,壽考不忘。"⑤

宋祝辭曰:"旨酒嘉薦,有飶其香。拜受祭之,以定爾祥。令

---

① "順",《通典》卷五六《禮十六·沿革十六·嘉禮一·皇太子冠》作"慎"。

② "爾",《通典》卷五六《禮十六·沿革十六·嘉禮一·皇太子冠》作"其"。

③ "余",《政和五禮新儀》卷一八〇《嘉禮·皇太子冠儀上》作"于"。

④ "肴",《通典》卷五六《禮十六·沿革十六·嘉禮一·皇太子冠》作"薦"。

⑤ "壽考不忘",《通典》卷五六《禮十六·沿革十六·嘉禮一·諸侯大夫士冠》作"以定爾祥"。

德壽考，日進無疆。"

今擬國朝醴醮皇太子祝辭，或用古辭，或臨時撰述。

字辭

《儀禮》：冠者立于西階東，南面，賓字之。

唐，太子冠醮訖，降自西階，至于西階之東，立定，賓少進，字之曰："禮儀既備，令月吉日。昭告厥字，君子攸宜。宜之于嘏，永受保之。"

宋皇太子冠訖，醴醮，醴醮訖，易朝服，立御殿前丹墀拜位。賓贊詣皇太子位前稍東，西向。賓少進，字之曰："始生爲名，爲實之賓[①]。既冠而字，以益厥身[②]。永受保之，承天之慶。奉敕字某。"

今擬國朝皇太子字辭，臨時撰述。

會賓贊

《儀禮》："冠畢，醴賓，以一獻之禮酬賓，以束帛儷皮。"

唐制，冠訖，賓贊及宗正出，就會所行酒，設會訖，執事者奉束帛之篚，授宗正卿，宗正卿以授賓，又執事者奉束帛，進授贊冠者，賓、贊降出門外，俱揖而退。

今擬國朝皇太子冠訖，會賓、贊，詳見儀注。

朝謁

《禮》："冠訖，見母。"

---

① "爲"，《政和五禮新儀》卷一八〇《嘉禮·皇太子冠儀》作"而"。
② "身"，《政和五禮新儀》卷一八〇《嘉禮·皇太子冠儀》作"文"。

隋，皇太子冠訖，皇帝出，更衣還宮，皇太子從至闕，因入見皇后，再拜而退。

唐皇太子冠訖，詣皇帝所御殿，北向立，再拜，侍中宣敕戒曰：“事親以孝，接下以仁。使人以義，養人以惠。”訖，皇太子再拜，少進，稱：“臣雖不敏，敢不祗奉。”又再拜。拜訖，詣皇后所御殿，再拜。尚儀稱令旨，皇太子再拜，宣令戒之，辭如前。太子進，稱曰：“臣夙夜祗奉，不敢失墜。”又再拜，退。

宋皇太子冠訖，左輔宣敕，戒曰：“事親以孝，接下以仁。遠佞近義，禄賢使能。古訓是式，大猷是經。”暨訖。皇太子俛伏，跪，奏稱：“臣雖不敏，敢不祗奉。”奏訖，禮畢。皇太子入內朝，見皇后，如宮中之儀。

今擬國朝皇太子于奉天殿御前冠訖，朝謁皇后，其禮詳見儀注。

謁廟

晉惠帝以正月丙午冠太子訖，乃廟見。

北齊，冠皇太子禮畢，擇日謁廟。

唐，冠皇太子禮成，別日齋宿，設儀衛，謁廟。

宋皇太子冠禮畢，擇日謁太廟、別廟。

今擬國朝皇太子加元服訖，擇日謁廟。

群臣稱賀

齊南郡王冠，其日百官詣公車門集賀，並詣東宮南門通箋。

唐，皇太子冠訖，文武百官班位于東朝堂稱賀，賀録上禮。

宋皇太子冠訖，群臣朝賀上禮。

今擬國朝皇太子冠訖，百官具朝服詣奉天殿稱賀，禮畢，易公服，詣東宮稱賀。

會群臣

唐皇太子冠，見廟之明日，皇帝會群臣，如元會之儀，群臣上壽。

今擬國朝皇太子冠訖，見廟之明日，百官稱賀訖，錫宴，其儀見《朝會篇》。

會宮臣

北齊，皇太子冠訖，擇日會宮臣。

唐《開元禮》，皇太子冠見廟之明日，會宮臣，如常會之儀，宮臣上壽。

今擬國朝皇太子冠訖，宮臣詣東宮稱賀畢，錫宴，其禮見《朝會篇》。

宮臣朝賀

齊武帝孫南郡王昭業冠，宮臣亦詣門稱慶，如上臺之儀。

唐皇太子冠訖，詹事以下官集東宮南門之左，稱賀上禮。

今擬國朝皇太子冠訖，宮臣稱賀，如常儀，詳見《朝會篇》。

皇太子加元服儀注

前期，太史監承制筮日，工部製袞冕、遠遊冠、折上巾服，翰林院撰祝文、祝辭，禮部備儀注，中書省承制，命某官爲賓，某官爲贊。既筮日，遣官奏告天地、宗廟，禮部告示文武百官于皇城守宿。至日侵晨,具朝服行禮。

前一日,内使監令陳御座香案于奉天殿中,侍儀設皇太子次于奉天殿之東房,設賓贊次于午門外,設皇太子拜位于丹陛上正中,又設賓贊受制位于皇太子位之稍西北,東向,設承制官位于御座之東,西向,又設承制官宣制位于皇太子位之東北,西向,設賓贊拜位于内道之東北面,西上,設文官拜位于丹墀内道之東,每等異位重行,北面,西上,設武官拜位于丹墀内道之西,每等異位重行,北面,東上,設使客位于文官拜位之東,北面,西上,設殿前班諸執事起居位于武官起居位之北,東向,設侍從班諸執事起居位于文官起居位之北,西向,設宿衛鎮撫二人位于東西陛下,東西相向,護衛百户二十四人位于宿衛鎮撫之南稍後,東西相向,典牧所官二人位于乘馬之前,東西相向,知班二人位于文武官拜位之北,東西相向,通贊、典禮二人位于知班之北,東西相向,通贊在西,贊禮在東,引太師、太尉二人位于太師之北,西立,東向,引文武班四人位于文武官拜位之北稍後,東西相向,引殿前班二人位于引武班之南,引使者二人位于引文班之南,設殿前班指揮司官三員侍立位于丹陛上之西,東向,光禄寺官三員位于丹陛上之東,西向,拱衛司官位于殿門之左右,東西相向,文官侍從班起居注、給事中、殿中侍御史、尚寶卿位于殿上之東,西向,武官侍從班懸刀指揮位于殿上之西,東向,護衛千户八人位于殿東西門之左右,東西相向,典儀二人位于丹陛上之南,東西相向,鳴鞭四人位列于丹陛上,北向,將軍二人位于殿上簾前之左右,將軍六人位于殿門之左右,將軍四人位于丹陛上之四隅,將軍六人位于奉天門之左右,東西相向。

是日侵晨,金吾衛陳設甲士于午門外之東西,擊鼓于門外之中道,列旗仗于奉天門外之東西,陳五輅于丹墀之南,北向,典牧所陳仗馬于文武樓之南,東西相向,陳虎豹于奉天門外,東西相向,協律郎陳樂于丹墀文武官拜位之南,執事官設罍洗于東階東南,罍在洗東,篚在洗西,内使監設皇太子冠席于殿上,東南西向,設醴席于西階上,南向,張帷幄于東序,内設褥席于帷中,又張帷于序外。御用監陳服于帷内,東領北上,袞服九章、遠遊冠、絳紗袍、折上巾、絳紗袍,緇纚、犀簪二物同箱在服南,櫛實于箱,又在南。司尊實醴于側尊,加勺、冪,設于醴席之南,設坫于尊東,置二爵于坫。進饌者實饌設于尊北。諸執事者皆立于其所。冕九旒、遠遊冠十八梁、折上巾、冠冕各一箱盛。執事官各執立于階之西,東面,北上。

擊鼓,初嚴。催班舍人各催文武官具朝服。擊鼓,次嚴。引班引文武官依品從齊班于午門外,以北爲上,東西相向。通班、贊禮、知班、典儀、内贊、宿衛鎮撫、護衛、鳴鞭、殿内外將軍俱入就位。引禮引賓贊入立于奉天門外道,東西相向。東宫官以下導從皇太子至殿門外。贊禮同太常博士引皇太子詣奉天殿東房訖。引班引殿前班指揮、光禄卿、諸侍衛官各服其器服,及尚寶卿、侍從官入詣謹身殿奉迎。擊鼓,三嚴。引班引文武官以序入就起居位。侍儀版奏外辦。御用監奏請皇帝服通天冠、絳紗袍,御輿以出,侍衛導從、警蹕,如常儀。皇帝將出,仗動,陞御座。將軍捲簾,鳴鞭,司晨雞唱訖。引禮引賓贊入就位,立定。贊禮唱鞠躬,樂作。拜,興,拜,興,拜,興,拜,興,平身。賓、贊及文武百官皆鞠躬,拜,興,拜,興,拜,興,拜,興,平身。樂止。侍儀詣御座前承制,降自東階,詣賓前稍東,西向,稱有敕。贊禮唱跪,承傳通唱在位官皆跪。侍儀宣制曰:"皇太子冠,命卿等行禮。"宣制訖。贊禮唱俯伏，興，拜，興，拜，興，拜，興，拜，興，平身。文武侍從班起居注①、給事中、殿中侍御史、尚寶卿陞殿，立于殿上之東西向，武官侍從班懸刀指揮陞殿立于殿上之西，東向。引禮引賓贊及應行禮官詣東階下位，立定。東宮官入詣皇太子東房，次太常博士亦詣東房，引皇太子入就冠席。内侍二人夾侍，東宫官後從。皇太子初行，樂作。即席西，南向。樂止。引禮引賓、贊以次詣罍洗，樂作。搢笏，盥手，帨手訖，出笏，樂止。升自西階。執折上巾者升，賓降一等，受之。右執項，左執前，進皇太子席前，北面祝畢，乃跪，冠。樂作。賓興席南，北面立。贊冠者進席前，北面跪，正冠，興，立于賓之後。内侍跪，進服，服訖。樂止。賓揖。皇太子復坐。引禮引賓、贊降，詣罍洗，如上儀。贊冠者進席前，北向跪，脫折上巾，置于箱，興，授内侍。内侍跪，置于席。執遠遊冠者升，賓降二等，受之。右執項，左執前，進皇太子席前，北向立，祝畢，乃跪，冠。樂作。賓興席南，北面立。贊冠者進席前，北面跪，簪結紘，興，立于賓後。皇太子興。内侍跪，進服，服訖。樂止。賓揖。皇太子復坐。引禮引賓、贊降，詣罍洗，如上儀。贊冠進席前，北向跪，脫遠遊冠，置于箱，興，授内侍。内侍受，置于席。執衮冕者升，賓降三等，受之。右執項，左執前，進皇太子席前，北向立，祝畢，乃跪，冠。樂作。賓興席南，北面立。贊冠者進席前，北面，跪，簪結紘，興，立于賓後。皇太子興。内侍跪，進服，服訖。樂止。太常博士引皇太子降自東階，樂作。由西階升，即醴席，南向坐。樂止。引禮引賓詣罍洗，樂作。搢笏，盥手，帨手訖，出笏，升西階。樂止。贊冠者取爵，盥爵，帨爵，詣司尊所，酌醴，授

---

① "文武"，疑爲"文官"之誤。

賓。賓受爵，跪，進于皇太子席前，北向，祝畢。皇太子搢圭，跪，受爵，_{樂作}。飲訖，奠爵，執圭。進饌者奉饌，設于皇太子席前。皇太子搢圭，食訖，執圭，興。執事官徹爵與饌。太常博士引皇太子降自西階，詣殿門東房，易朝服訖，詣丹墀拜位，北向。東宮官屬各復拜位。皇太子初行，_{樂作}。至位。_{樂止}。引禮引賓、贊詣皇太子位稍東，西向。賓少進，字之辭曰①：“奉敕字某。”太常博士啓皇太子再拜。典儀唱鞠躬，拜，興，拜，興，跪聽宣敕畢，就拜，興，拜，興，平身。太常博士引皇太子進御座前，俛伏，跪，奏稱：“臣不敏，敢不祗奉。”奏畢，復位。侍立官並降殿，復拜位。典儀唱鞠躬，拜，興，拜，興，拜，興，拜，興。承傳唱在位官以下皆拜②，鞠躬，拜，興，拜，興，拜，興，拜，興，平身。侍儀奏禮畢。贊禮承傳，唱禮畢。皇帝興，_{樂作}。警蹕、侍從、導引，如來儀。至謹身殿，_{樂止}。内給事導皇太子入内朝，見皇后，如朝正之儀。引禮引賓、贊，引班引東宮官及文武百官以次出。

明日謁廟

其日，陪祭官先赴廟庭東西位，北向立。皇太子服袞冕，執圭。太常博士導皇太子由南門入，就廟庭前褥位，北向立。太常博士啓皇太子再拜。典儀唱鞠躬，拜，興，拜，興，平身。承傳唱陪位官皆拜鞠躬，拜，興，拜，興。太常博士啓請皇太子升殿東階，詣神位香案前褥位，北向立。太常啓皇太子上香，上香，三上香訖，復位。又啓皇太子鞠躬，拜，興，拜，興，平身。贊禮承傳陪

---

① “曰”，原作“畢”，據《明太祖實録》卷三六下改。
② “拜”字疑衍。

位官皆拜鞠躬，拜，興，拜，興，平身。典儀啓禮畢。承傳唱禮畢。儀仗導皇太子還宮，如來儀。

皇太子冠圖

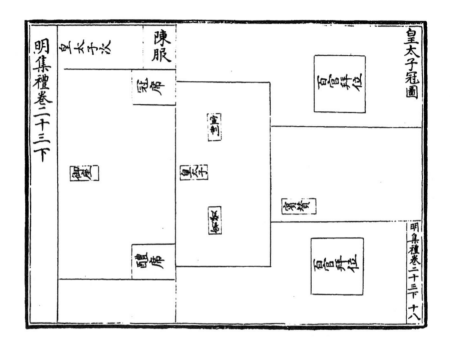

大明集禮卷二四

嘉禮八

冠禮①

親王冠禮

總敘

親王，即周之同姓諸侯，漢之諸侯王也。

漢室，冠諸侯，遣使行事。

魏氏，冠諸王，用三加禮。

晉議，冠南宮王，不復加使命，冠汝南王，復用漢遣使之儀。

劉宋冠蕃王，齊冠南郡王，止一加。

唐制，親王冠于廳事，主人行禮，天子不自爲主，止稱賓贊，無臨軒遣命之文，三加、三醮，並同于士。

宋，皇子楷冠于文德殿，天子自爲主，不命有司，陳設儀如皇太子。但皇太子冠席西向，而皇子席南向；皇太子醮于客位，而

---

① 標題“冠禮”，原無，據本書目録補。

皇子醮于冠席，爲異耳。其加冠、醴、醮，皆約士禮而爲之也。

今擬國朝親王之冠，皆天子自爲主，其陳設儀同皇太子。

筮日

《儀禮·筮日》：“筮賓。”士冠禮也。

《唐開元禮》：諸王冠，並筮日于太廟南門外，又本司帥其屬筮日于廳事，太卜令、正占者各服公服，布筮席，開櫝，出策，致祭。

宋制，前期太史局擇日。

今擬國朝，前期太常寺關太史監擇日。

告廟

《五禮精義》：皇帝加元服，告天地、宗廟，皇子冠，獨告廟，示親也，亦尊先祖之意。

宋皇子楷冠，前期擇日，差官奏告景靈東、西宮，文德殿陳設如冠皇太子儀。

今擬國朝，親王冠遣官告廟行一獻禮。

冠服

魏氏冠親王，初加皮弁，次長冠，次進賢冠。

唐親王冠，初服雙童髻，出加緇布冠，再加遠遊冠，三加袞冕。

宋皇子冠，初加折上巾，再加七梁冠、緋羅、大袖衫，三加九旒冕、青衣、朱裳九章。

今擬國朝親王冠，一加折上巾，再加七梁冠，三加九旒冕。

加數

魏冠諸王,用三加禮。

劉宋冠蕃王,其儀止一加。

唐,三加、三醮,並同于士。

宋政和五年皇子楷冠,三加。

今擬國朝親王冠,同唐、宋,用三加禮。

賓贊

《儀禮》有筮賓、宿贊冠之儀。

唐制,前三日本司帥其屬筮日,筮賓于廳事訖,主人至賓第,告賓,遣使戒贊冠者。

宋,冠皇子,太常爲掌冠,閤門爲贊冠,乃行事。

今擬國朝冠親王,前期選禮部、太常司官有德望者,奏聞爲賓贊行事。

樂

唐,親王冠,如士禮,無樂。

宋,皇子冠,以《開元》《開寶》太子加元服有樂,親王無樂,乃增用大晟樂。

今擬國朝親王冠,天子自爲主,必當用樂,同皇太子冠,用樂。

醴醮

古者,冠嫡子于東序,冠庶子于序之外,醴適子于户西,醴庶子于冠之所,所以明醴醮之位不同也。

唐制，每一加冠訖，進立于席後，南面，賓詣酒尊所，取爵，酌酒，進冠筵前，北面祝之。

宋，皇子冠訖，贊冠者跪，取爵，內侍以酒注于爵，掌冠受爵，跪進，皇子席前，北面立祝之。

今擬國朝親王三加冠，賓三進爵于冠席前，北向祝，倣唐、宋制。

祝辭

唐，親王加冠，祝辭曰："旨酒既清，嘉薦亶時。始加元服，兄弟具來。孝友時格，永乃保之。"

再加祝曰："旨酒既湑，嘉薦伊脯。乃申其服，禮儀有序。祭此嘉爵，承天之祜。"

三加祝曰："旨酒令芳，籩豆有楚。咸加其服，肴升折俎。承天之慶，壽福無疆[1]。"

宋，皇子冠初加曰："酒醴和旨，籩豆靜嘉。授爾元服[2]，兄弟具來。永言保之，降福孔皆。"

再加曰："賓贊既戒，殽核惟旅。申加厥服，禮儀有序。允觀爾成[3]，承天之祐。"

三加曰："旨酒嘉栗，甘薦令芳。三加爾服，眉壽無疆。永承天休，俾熾而昌。"

今擬國朝祝辭，同。

---

① "壽"，《通典》卷一二八《禮八十八·開元禮纂類二十三·嘉禮七·親王冠》作"受"。

② "授"，原作"受"，據《政和五禮新儀》卷一八二《嘉禮·皇子冠儀》改。

③ "允"，原作"永"，據《政和五禮新儀》卷一八二《嘉禮·皇子冠儀》改。

醴辭

唐,醴辭同祝辭。《開元禮》,太子冠而後醴,醴而不醮,親王冠,每一加一醮。

宋,冠皇子同唐制。

今擬國朝醴辭,同。

字辭

唐,親王冠字之辭曰:"禮儀既備,令月吉日。昭告爾字,爰字孔嘉。君子攸宜,宜之于嘏。永受保之,曰伯某甫。"

宋字皇子之辭曰:"歲日云吉,威儀孔時。昭告厥字,君子攸宜。順爾成德,永受保之。奉敕字某。"

今擬國朝字辭行禮,臨時奏聞取旨。

陳設　執事

並同皇太子加元服儀。

會賓贊

唐,親王冠訖,賓出主送于內門外,請禮賓,賓辭不獲,乃就次,改設席,會訖,主授幣,賓受之,掌事又以幣授贊冠者,賓主再拜,賓退,主入。

今擬國朝親王冠訖禮會、賓贊,見儀注。

朝謁

唐,親王冠訖,詣闕,至次著朝服,通事舍人引詣皇帝所御

殿,近臣奉即御座,引皇子立于階間北面,再拜,近臣引皇子至皇
后殿閤外附奏,皇后即御座,司言至閤,引皇子立于階間,北面再
拜,司言引出閤。

宋,皇子冠,帝自爲主,冠訖,已躬受帝訓戒,惟入內朝見皇
后,如宮中儀。

國朝親王冠,禮畢,內給事引入于御座前,禮畢,內給事引入
內朝,見皇后,如宮中儀。

謁東宮

冠禮,成人之道也,責成人之禮也,將責爲人子,爲人臣,爲
人弟,爲人少者之行也。

今擬國朝親王冠訖,朝服謁東宮,詳見儀注。

謁廟

古者,冠于廟,所以尊重事,所以自卑而尊先祖也。禮成之
明日,朝服謁廟,示有尊也。

今擬國朝親王冠畢,擇日謁廟。

群臣稱賀會群臣

其禮同皇太子加元服。

王府官賀會王府官

其禮同正、旦賀錫宴。

親王冠圖

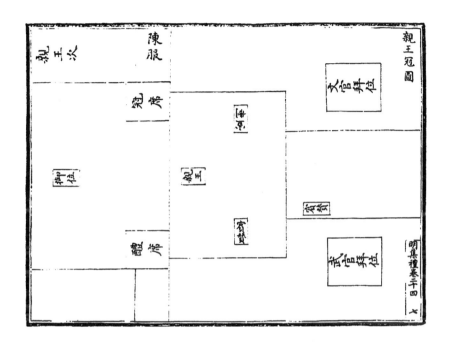

品官冠禮

總敘

後世所謂品官，蓋即古之大夫也。古之大夫無冠禮，大夫五十而後爵，何冠禮之有。其冠也，則服士服，行士禮而已。

自唐至宋，品官冠禮悉倣士禮而增益之。至于冠制，則一品至五品三加俱用冕，六品而下，三加用爵弁焉。

今著品官之儀，始加緇布冠，再加進賢冠，三加爵弁。以爲國朝品官通行之制。

筮日

《唐開元禮》，五品以上嫡子筮于廟門外，無廟，筮于正寢之堂。

宋制，三品以上之子將冠，筮于廟門之外，無廟者筮于正寢之堂。主人公服立于門東，西面。無廟者于堂上兩楹間近東，西向。掌事者各服其服，布筮席。筮者開櫝出策執之，受命于主曰：爲某子某日加冠，庶幾從之。筮者諾，釋櫝坐，筮訖，降席稱占曰，從筮者退。若不吉，則筮遠日如初儀。

告廟 缺

陳服器

《唐開元禮》，陳衣，一品袞冕，服九章，五章在衣，龍、山、華蟲、火、宗彝，四章在裳、藻、粉米、黼、黻；二品鷩冕，服七章，三章在衣，華蟲、火、宗彝，四章在裳，藻、粉米、黼、黻；三品毳冕，服五章，三章在衣，宗彝、藻、粉米。二章在裳，黼、黻；四品絺冕，服三章，一章在衣，粉米，二章在裳，黼、黻；五品元冕，衣無章，裳刺黼一章；六品以下，爵弁，服青衣纁裳；七品以下，進賢冠、緇布冠。三品以上，莞筵四，加藻席；四品、五品蒲筵四，加萑席；六品以下，蒲筵四，不加萑席。一品以下，側尊甒醴在服北，加勺冪，設坫在尊北，實角鱓角枛各一，加冪，饌陳于坫北；四品以下無坫，同設醴；庶子尊于房戶外之西，兩甒，玄酒在西，加勺冪，設坫于尊東，置二爵于坫，加冪。饌陳于服北，一品，俎三，籩十，豆十，三品八，四品五，五品六，六品以下用特牲。

宋制，一品至六品以下冠冕之制，同《開元》。

加冠

唐《開元禮》，一品至五品行冠禮，初加緇布冠，再加進賢冠。三品以上，進賢冠，三梁，纓青緌導。四品、五品，以兩梁，六品以下一梁。三加冕，一品袞冕，二品鷩冕，三品毳冕，四品絺冕，五品玄冕。爵弁。六品以下用之。

宋制，如《開元》。

賓贊

唐《開元禮》，前三日筮賓，如筮日之儀。賓，謂可使冠子者，故筮之。

宋制：三品以上嫡庶冠，筮賓，其儀同筮日。又戒賓宿賓。皆主冠者自行禮。有故聽以函書戒宿。戒宿贊冠者亦如之。

樂

《五禮精義》云，《戴禮》云冠無樂。

《春秋傳》云，必以金石之樂節之。

許慎云，人君飯舉樂而冠無樂，非禮意也。故今用正樂爲節。

今擬品官子冠，皆用時俗樂。

醴醮

唐《開元禮》，三加畢，冠者著服出房戶西，南面立。賓主俱興。主者贊。冠者盥手洗觶于房，酌醴，加栖，覆之面葉，出房，南面立。賓揖冠者。冠者就筵西，南面立。賓進受醴于室戶東，西柄面柄。進冠者筵前，北面立祝之。冠者筵西拜，受觶。

宋因其制。

祝辭

唐《開元禮》，三加祝辭，百官自一品至九品祝辭同。

始加祝曰："令月吉日，始加元服。棄爾幼志，順爾成德。壽考維祺，介爾景福。"

再加曰："吉月令辰，乃申爾服。敬爾威儀，淑慎爾德。眉壽萬年，永受嘏福。"

三加曰："以歲之正，以月之令。咸加爾服，兄弟具在。以成厥德，黃耇無疆。受天之慶。"

宋因其制。

醮辭

唐《開元禮》，一品以下，嫡子三加冠後，酌醴以禮之。

其祝辭云："甘醴惟厚，嘉薦令芳。拜受祭之，以定爾祥。承天之休，壽考不忘。"

其庶子則醮而不醴。三加三醮，皆用士禮之醮辭。

宋《通禮》因之。

字辭

唐制，一品以下字辭云："禮儀既備，令月吉日。昭告爾字，爰字孔嘉。髦士攸宜，宜之于嘏。永受保之，曰伯某甫。"

宋，三品以下悉因其制。

冠者見母

唐《開元禮》，自一品以下，冠者升筵跪，觶奠于薦東，興，進，北面跪，取脯降自西階，入見母，進奠脯于薦前，退，再拜以出。冠者母不在，則使人受脯于西階下。

宋《通禮》，三品以下因其制。

謁廟

唐《開元禮》，明日，冠者朝服見廟。無廟者，見祖禰于寢。質明，贊禮者引入廟南門中庭道西，北面，賓贊再拜訖，引出。六品以下，見祖禰于正寢。冠者公服，陳几筵于正寢，贊禮引至庭。北面再拜。

宋制，如《開元》。

冠儀

前期擇日，主者告于家廟。無廟，則告于祠堂。北面再拜，告云：“某之子某，年漸長成，將以某月某日加冠于其首，謹以告。”乃筮賓，主者北面再拜。告云：“卜以某甲子吉，冠某速某賓加冠，庶幾臨之。謹告。”

前二日，主者戒賓及贊冠者，主者至賓大門外，掌次者引之次。儐者受主者之命入告賓曰：“某之子某將加冠。願吾子教之。”賓曰：“某不敏。恐不能供事。以辱吾子。敢辭。”主者曰：“某猶願吾子教之。”賓曰：“吾子重有命。某敢不從。”主者再拜，賓答拜。主者還，賓拜送。主者戒贊冠者，亦如之。亦通使子弟戒之。

前一日，掌事者設次于大門外之右，南向。

其日夙興，掌事者設洗于堂阼階東南，東西當東霤[①]，<small>六品以下當東榮</small>。南北以堂深。罍水在洗東，加勺羃，篚在洗西南肆，實巾一于篚，加羃，席于東房内西牖下，<small>無房者，張帷爲之</small>。陳服于席東，領北上，莞筵四，加藻席四在南側，尊甒醴在服北，加勺羃，設坫<small>四品以下，設篚，無坫</small>。在尊北，饌陳于坫北，設洗于東房近北，罍水在洗西，篚在洗東北肆，實以巾。

質明，賓贊至于主者大門外。掌次者引之次。賓贊公服，諸行事者各服其服，<small>六品以下無公服者，服常服</small>。執尊、罍、篚者，皆就位。某冠各一厢，各一人執之，待于西階之西，東面北上。設主者之席于阼階上，西面；賓席于西階，東面；冠者席于主者東北，西面；主者公服立于阼階下，當東序，西面。諸親公服，<small>非公服者常服</small>立于罍洗東南，西面，北上。<small>尊者在別室</small>。儐者公服立于門内道東，北面。將冠者<small>雙童髻，空項幘，雙玉導，金寶飾，彩袴褶，錦紳，烏皮履。六品以下，導不以玉。此唐、宋之制也</small>。立于房内，南面，主者、贊冠者公服立于房内戶東，西面，賓及贊冠出次立于門西，贊冠者少退，俱東面北上。

儐者進于主者之左，北面受命，出立門東，西面，曰："敢請事。"賓曰："某子有嘉禮。命其執事。"儐者入告主者迎賓于大門外之東，西面再拜。賓答拜。<small>凡主賓拜揖，皆贊禮者相導</small>。主者揖贊冠者，贊冠者報揖。主者又揖賓，賓報揖。主者入，賓及贊冠者次入及門内。行至階，<small>主者立于階東，西面。賓贊立于階西，東面</small>。主者請升，賓曰："某備將事，敢辭。"主者固請，賓固辭。主者終請，賓三

---

① "霤"，原作"溜"，據嘉靖本、《明太祖實錄》卷三六下改。

辭。主者升自阼階,立于席東,西向。賓升自西階,立于席西,東
向。贊冠者及庭,盥于洗,升自西階,入于東房,立于主者、贊冠
者之南,俱西面。主者、贊冠者引將冠者立于房外之西,南面。
賓之贊冠者取纚櫛簪,跪奠于冠者筵南端席北少東,西面立。賓
揖將冠者。賓、主俱即席坐。將冠者進,升席,西南坐。賓之贊
冠者進筵前,東面跪,脫雙童髻,置于箱櫛畢,設纚,興,復位立。
賓、主俱興。賓降至罍洗,盥手訖,詣西階。主者立于席後,西
面。賓立于西階上,東面。執緇布冠者升,授賓。賓降一等受
之,右執項,左執前,進將冠者筵前,東向立,祝曰:"令月吉日,始
加元服。棄爾幼志,慎爾成德①。壽考維祺,介爾景福。"乃跪冠,
興,復西階上席後,東面立。賓之贊冠者進筵前,東面跪,結纚,
興,復位。冠者興。賓揖冠者。冠者適房。賓、主俱坐。冠者<small>著
青衣素裳之服</small>。出房戶西,南面立。賓、主俱興。賓揖冠者。冠者
進,升席,西向坐。賓之贊冠者跪,脫緇布冠,置于箱,櫛畢,設
纚,興,復位。

執進賢冠者升,賓降二等受之,右執項,左執前,進冠者筵前
東向立,祝曰:"吉月令辰,乃申爾服。恭爾威儀,淑慎爾德。眉
壽萬年,永受嘏福。"乃跪冠,興,復位。賓之贊冠者跪,設簪,結
纚,興,復位。冠者興。賓揖冠者。冠者適房。賓、主俱坐。冠
者<small>著絳紗服</small>。出自房戶西,南面立。賓、主俱興。賓揖冠者。冠者
進升席。西向坐。賓之贊冠者跪,脫進賢冠,置于箱,櫛畢,設
纚,興,復位。

執爵弁者升,賓降三等受之,右執項,左執前,進冠者筵前東

---

① "慎",《明太祖實錄》卷三六下作"願"。

向立,祝曰:"以歲之正,以月之令。咸加爾服,兄弟具在。以成厥德,黃耇無疆。受天之慶。"乃跪,冠,興,復位。賓之贊冠者跪,設簪,結纓,興,復位。冠者興。賓揖。冠者適房。賓、主俱坐。主者、贊冠者撤纚櫛簪箱及筵,入于房。

又設筵于室戶西,南向。冠者著爵弁之服出房戶西,南面立。賓、主俱興。主者、贊冠者盥手洗觶于房,酌醴出房,南面立。賓揖冠者。冠者就筵西南面立。賓進受醴,進冠者筵前,北面立,祝曰:"甘醴維厚,嘉薦令芳。拜受祭之,以定爾祥。承天之休,壽考不忘。"冠者筵西拜受觶。賓復西階上東面答拜。執饌者奉饌,薦于冠者筵前。冠者左執觶,右取脯,祭于籩、豆之間。贊冠者取肺一以授冠者。冠者奠觶于薦西以祭。冠者坐取觶,祭醴,奠觶,再拜,執觶,興。賓答拜。賓、主俱坐。冠者升筵,跪,奠觶于薦東,興,進北面跪,取脯降自西階,入見母,進奠脯于席前,退,再拜以出。冠者母不在,則使人受脯于西階下。

初,冠者入見母。賓、主俱興。賓降當西序,東面立。主者降當東序,西面立。冠者既見母,出立于西階東,南面。賓少進,字之曰:"禮儀既備,令月吉日。昭告爾字,爰字孔嘉。髦士攸宜,宜之于嘏。永受保之,曰伯某甫。"冠者曰:"某雖不敏,夙夜祇奉。"賓出。主者送于內門外。主者西向請賓曰:"吾子辱執事。請禮從者。"賓曰:"某得將事。敢辭。"主者固請。賓曰:"某既不得命。敢不從。"賓就次。主者入,設醴饌①。

初,賓出。冠者東面,見諸親。諸親拜之,冠者答拜。冠者西面拜賓之贊冠者,賓之贊冠者答拜訖。見諸尊于別室。賓、主

---

① "設醴饌",原無,據《明太祖實錄》卷三六下補。

既釋服,改席訖。賓與眾賓俱出次,立于門西,東面。主者出門東,西面。主者揖賓,賓報揖。主者先入,賓及眾賓從之。至階,賓立于西階上,贊冠者在北,少退,俱東面。主者立于東階上。西面。眾賓降立于西階下,東面。掌事者以幣篚升,授主者。主者授幣篚于賓,賓受之,又以幣篚授贊冠者,贊冠受之,俱復位。主者還阼階上,北面拜送。賓贊降自西階。主者送賓于大門外之東,西面再拜。賓出。主者入。

　　孤子,則諸父、諸兄戒賓。冠之日,主者紒而迎賓,拜、揖、讓如冠主。冠于阼階之下。禮賓拜、送,皆如上儀。

　　明日見廟,冠者朝服。質明,贊禮者引入廟南門中庭道西,北面。贊再拜訖,引出。

　　## 品官冠禮圖

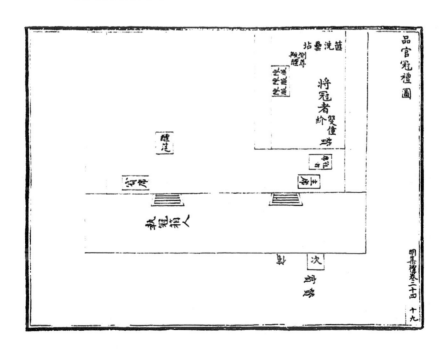

士庶冠禮

總敘

古者冠禮，唯士獨存。後世之所謂冠儀，皆推士禮爲之也。
漢、晉以來，士禮廢而不講。

至于唐、宋，乃有士庶通禮。雖采士冠儀文，然失之太繁。

今以文公《家禮》爲準，而定士庶冠禮。有官者公服、帶、靴、
笏。無官者襴衫、帶、靴。通用皁衫、深衣、大帶、履、櫛、帟、掠。其
筮日、戒賓、醴祝之儀，一遵《儀禮》，具著于後，以爲今日通行之制。

筮日

凡男子年十五至二十皆可冠。將冠，主人盛服親臨筮日于
祠堂之內，西向，具祝版，云："某之子某，年漸長成，將以某月某
日加，冠于其首。"得卜則從之，若不吉則更筮他日。

筮賓　戒賓

前期三日，筮賓如筮日之儀。主人北面再拜乃告曰："某子某，
年若干矣，卜以某甲子冠吉，乃速賓某以始卒冠事，庶幾臨之，謹
告。"乃遣人戒賓曰："某有子某，某日將加冠于其首，願吾子之教之
也。"賓對曰："某不敏，恐不能供事，敢辭。"主人不許。賓乃諾。

陳服器

其日夙興，張帷爲房于廳事之東。賓、主人、執事者皆盛服。
執事者設盥盆于廳事阼階下東南。陳服于房中西牖下，東向，北

上。公服、帶、靴、笏，襴衫、帶、靴，深衣、大帶、櫛、篦、總。席二在南，酒壺在服北次，盞注亦置桌子上。幞頭、帽巾，各承以盤，蒙以巾帕，執事者三人執之，立于堂下西階之西，南向，東上。主人立于阼階下。子弟親戚立于盥盆東。儐者立于門外以俟賓。將冠者雙紒袍，勒帛，素履，待于房中。賓至，主人出迎，揖而入，坐定。將冠者出自房①，執事者白：“請行事。”

加冠幞頭② 祝辭

賓之贊者取櫛、總、篦、幞頭置于席南端。賓揖將冠者，將冠者即席，西向坐，爲之櫛，合紒，施總，加幞頭。賓降，主人亦降立于阼階下。賓盥手訖，主人揖讓，升自西階，皆復位。賓降西階一等。執巾者升一等，授賓。賓執巾詣將冠者席前，東向祝曰：“令月吉日，始加元服，棄爾幼志，順爾成德，壽考維祺，介爾景福。”乃跪爲之著巾，興，復位。冠者興③。賓揖。冠者適房，易服，服深衣、大帶。出房，即冠席。賓盥如初，降二等受帽，進祝曰：“吉月令辰，乃申爾服，敬爾威儀，淑慎爾德，眉壽永年，享受遐福。”乃跪冠，興，復位如初。冠者興。賓揖之。適房易服，服襴衫、腰帶出房，南向。賓揖之即席。賓盥如初，降三等受幞頭，進祝曰：“以歲之正，以月之令，咸加爾服，兄弟具在，以成厥德，黃耇無疆，受天之慶。”贊者撤帽。賓加幞頭，復位如初。冠者興。賓揖之。冠者適房，改服公服。執事者撤冠、箱、冠席入于帷中。

---

① “將”，原缺，據《明太祖實錄》卷三六下補。
② 嘉靖本无“幞頭”二字。
③ “冠者興”，原缺，據《明太祖實錄》卷三六下補。

醴　祝辭

執事者設醴席于西階,南向。贊者取盞,斟酒于房中,出房,立于冠者之南,西向。賓揖冠者,即醴席西向立。賓受盞于贊者,詣席前,北向立,祝曰①:"爾酒既清,嘉薦令芳,拜受祭之,以定爾祥,承天之休,壽考不忘。"冠者席西拜受,賓答拜。執事者薦饌于席前,冠者即席坐,飲食訖,再拜,賓答拜。

字辭

冠者興,離席,立于西階之東,南向。賓少進,字之曰:"禮儀既備,令月吉日。昭告爾字,爰字孔嘉。髦士攸宜,宜之于嘏。永受保之。曰伯某甫仲叔季,唯其所當。"冠者拜,賓答拜。

冠者見拜

拜父,父爲之起;拜母,母爲之起;拜諸父群從之尊者,遂出見于鄉先生及父之執友。冠者拜,先生、執友皆答拜。

醴賓

賓請退,主人請醴賓,賓辭,固請,許諾,乃入。設酒饌延賓及擯贊者罷②,賓退,主人酬賓及贊者以幣,多少隨宜,乃拜謝之。

謁廟

冠禮畢,主人以冠者見于祠堂,告辭曰:"某之子某今日冠

---

① "祝",原缺,據嘉靖本、《明太祖實錄》卷三六下補。
② "者",原作"酒",據《朱子家禮》卷二《冠禮》改。

畢，敢見。"冠者北向，焚香，俛伏，興，再拜而出。

士庶冠禮圖

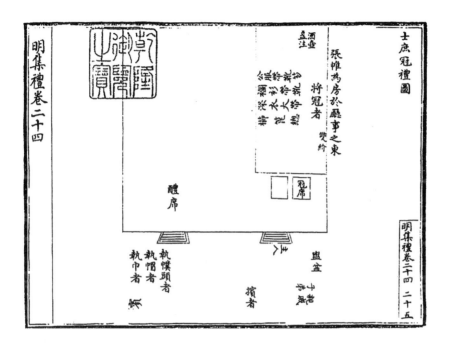

大明集禮卷二五

嘉禮九

婚禮①

天子納后

總序

天子納后，所以母儀乎天下也。三代以上，不著其禮。

至周，而六禮之儀始備。一曰納采，二曰問名，三曰納吉，四曰納徵，五曰請期，六曰親迎。五禮皆用雁，唯納徵用元纁、束帛，加以穀、珪。至周靈王，求昏于齊，遣使稱制拜后。魯桓公八年，祭公來，遂逆王后于紀。左氏謂王者至尊無敵，無親迎之禮，故遣魯主昏，而使祭公來迎。

漢納皇后，遣使納采，以太牢告宗廟，遣大司徒奉乘輿法駕迎皇后于第。皇后立三月，以禮見高廟。

晉納皇后，六禮制文用版。升平六年，復命王彪之考定六禮。

---

① 標題"婚禮"，原無，據本書目錄補。

北齊皇帝納后，納采、問名告于圓丘、方澤、宗廟，遣太尉奉册寶、璽綬，迎皇后于第。至宫之明日，皇后表謝。又明日，見皇太后于昭陽殿。又擇日謁見太廟。

唐皇帝納后，卜日告天地、宗廟，遣太尉爲使，宗正卿爲副，持節，行六禮。皇后至宫之明日，奉表稱謝。又明日，朝皇太后。擇日，廟見。及有受内外命婦賀，及群臣稱賀之禮。又有百寮上禮，及皇帝會群臣之儀。

宋皇帝納后之禮，皆與唐同，而無受命婦賀及群臣朝賀之禮，亦無百寮上禮及皇帝會群臣之儀。

元納后，從其國俗，而儀文不著。

今擬國朝皇帝納后，先期遣官祭告天地、宗廟，皇帝臨軒命使，行六禮。皇后至宫之明日，上表稱謝，復受内外命婦朝賀。擇日，謁見太廟。

今集歷代禮物、儀文，以著于篇。

冠服

《周禮》，天子納后，冕而親迎。后服首飾、褘衣。

兩漢納后，不著所服。

晉迎皇后，皇帝服袞冕。

北齊，皇帝服繡衣、帶、綬、佩。

隋納后，天子具袞冕服，皇后首飾褘衣。

唐，皇帝納后，其臨軒遣使皆服袞冕。合巹，服通天冠、絳紗袍，皇后服首飾、褘衣。表謝，皇后服展衣。廟見還，改服鈿釵、禮衣。

宋納后，臨軒遣使。合巹，皆服通天冠、絳紗袍，皇后服花釵十二樹、九龍四鳳冠、褘衣。

元納后，用國俗衣冠。

今擬國朝皇帝納皇后，其臨軒遣使，皆服衮冕。同牢，服通天冠、絳紗袍，皇后首飾以九龍四鳳冠，大小花各十二樹，並兩博鬢寶鈿十二，服用褘衣。皇后表謝，服展衣。其受命婦朝、賀朝皇太后，皆首飾、褘衣。其制見《冠服篇》。其皇后車輅、册寶制度，並見册《皇后篇》，此不復載。

制

凡天子納后，六禮必用制，皆以版書。

其制，唐版長尺二寸，以應十二月，博四寸，以像四時，厚八分，以像八節，皆真書，盛以匣。

宋制，文、版製同。

今擬國朝皇帝納后六禮，用制書。

制文

唐納采制："皇帝曰咨具官封姓。渾元資始，肇經人倫，爰及夫婦，以奉天地、宗廟、社稷。謀于公卿，咸以爲宜率由舊典。今使持節太尉封某、宗正卿封某以禮納采。"

答文曰："皇帝嘉命，訪昏陋族，備數采擇。臣之女，未閑教訓，衣履若如人。欽承舊章，肅奉典制。某官封臣姓名稽首頓首，再拜承制詔。"

問名制："皇帝曰咨某官封姓。兩儀配合，承天統物。正位于内①，必俟令族，重章舊典。今使使持節、太尉封某、宗正卿某以禮問名。"

答文曰："皇帝嘉命，使者某重宣中制，問臣名族。臣女夫婦所生，先臣故某官之遺玄孫，先臣故某官之遺曾孫，先臣故某官之遺孫，先臣故某官之外孫女，年若干。欽承舊章，謹奉典制。臣某稽首頓首，再拜承制詔。"

納吉制："皇帝曰咨某官姓。人謀龜從，僉曰貞吉，敬順典禮。今使使持節、太尉封某、宗正卿某以禮納吉。"

答文曰："皇帝嘉命，使者某重宣中制。太卜元龜②。臣陋族卑鄙，憂懼不堪。欽承舊章，肅奉典制。某官臣姓某稽首頓首，再拜承制詔。"

納徵制："皇帝曰咨某官姓之女，有母儀之德，窈窕之姿，如山如河，宜奉宗廟，永承天祚。以元纁珪馬，以章典禮③。今使使持節、太尉封某、宗正卿封某以禮納徵。"

答文曰："皇帝嘉命使者某，重宣中制，降昏卑陋，崇以上公，寵以豐禮④，備物典冊。欽承舊章，肅奉典制。某官臣姓名稽首頓首，再拜承制詔。"

告期制："皇帝曰，咨某官姓某。謀于公卿，大筮元龜。罔有不臧，率遵典禮。今使使持節太尉封某、宗正卿封某以禮告期。"

答文曰："皇帝嘉命，使者某重宣中制。告曰惟某月某日可迎。臣欽承舊章，肅奉典制。某官臣姓某稽首頓首，再拜承制詔。"

---

① "于"，《晉書》卷二一《禮志下》作"乎"。
② "龜"，《晉書》卷二一《禮志下》作"吉"。
③ "禮"，《晉書》卷二一《禮志下》作"祀"。
④ "豐"，《晉書》卷二一《禮志下》作"典"。

奉迎制:"皇帝曰:咨某官姓。歲吉月令,吉日惟某,率由典禮。今遣使持節、太尉封某、宗正卿封某以禮迎。"

答文曰:"皇帝嘉命,使者某重宣中詔。令月吉辰,備禮以迎。螻蟻之族,猥承大禮,憂懼戰悸,欽承舊章,肅奉典制。某官臣姓某稽首頓首,再拜承制詔。"

宋制納采,制文皇帝曰:"咨某官姓名。肇經天人,爰始夫婦。正位基化,敦敘大倫。敷求賢明,是惟令族。率由盛典,式舉徽章。今遣使持節、上公封某、宗正卿某以禮采擇。"

答文曰:"皇帝嘉命,舉大昏之禮。下逮微陋,備數采擇。臣之女方祗保傅,式嚴諄誨。恭承令典,肅荷徽章。某官臣姓名稽首頓首,再拜承制詔。"

問名制文:"皇帝曰:咨某官姓名。自昔受命之君,必擇建厥配,以奉天地,以承宗廟,以御于家邦,德至茂也。肆朕稽古,永惟大猷。謀于公卿,咸以祗若。率由舊典,式舉徽章。今遣使持節、上公封某、宗正卿封某以禮問名。"

答文:"皇帝嘉命,使者某重宣中制,問臣名族。臣先臣某官之遺元孫,先臣某官之遺曾孫,臣某官姓某之遺孫女,年若干,恭承令典,肅荷徽章。某官姓名稽首頓首,再拜承制詔。"

告吉制文:"皇帝曰:咨某官姓名。稽謀所自,燕及神民。濬發祥占,從以元吉。六合之慶,是爲大同。今遣使持節、上公封某、宗正卿封某以禮告吉。"

答文:"皇帝嘉命,使者某重宣中制。太卜元吉。微陋之族,懼不克堪。恭承徽章,肅奉典制。某官臣姓名稽首頓首,再拜承制詔。"

告成制文:"皇帝曰:咨某官姓名之女。毓秀中閨,膺華高胄。詠葛覃之章，尊嚴師傅。崇卷耳之志，夙念恭勤。將延登于太微，永迓承于介福。以元纁穀珪，式彰典禮。今遣使持節、上公封某、宗正卿封某以禮告成。”

答文：“皇帝嘉命，使者某重宣中制。降昏卑陋，崇以上公。寵以盛禮，備物典册。恭成天奬，肅荷徽章。某官臣姓名稽首頓首，再拜承制詔。”

告期制文：“皇帝曰：咨某官姓名。令月吉日，備序來嬪①。爰定厥祥，率遵典禮。今遣使持節、上公封某、宗正卿封某以禮告期。”

答文：“皇帝嘉命，使者某重宣中制。告曰某月某日可迎。臣恭承令典，肅荷徽章。某官臣姓名稽首頓首，再拜承制詔。”

親迎制文：“皇帝曰：咨某官姓名②。嘉月惠時，吉日惟某。率由典禮。今遣使持節、上公封某、宗正卿封某備禮以迎。”

答文：“皇帝嘉命，使者某重宣中詔。吉日惟某，備禮以迎。臣卑陋之族，叨塵大恩③。以榮爲懼。臣恭承令典，肅荷徽章。某官臣姓名稽首頓首，再拜承制詔。”

禮物

伏犧氏始嫁娶，以儷皮爲禮。

周制，天子聘女，納徵加穀、珪。

漢惠帝納后、納采，雁、璧、乘馬、束帛，聘，黃金二萬斤、馬十二匹。平帝納后，有司奏故事，黃金二萬斤、錢一萬萬。

---

① “嬪”，《政和五禮新儀》卷一六七《嘉禮·納皇后儀二》作“儐”。
② “姓名”，原缺，據《政和五禮新儀》卷一六九《嘉禮·納皇后儀四》補。
③ “塵”，《政和五禮新儀》一六九《嘉禮·納皇后儀四》作“膚”。

晉納后,用元纁、束帛,加穀、珪,馬二駟,羊、雁、酒、米如故。穆帝納后,王彪之定六禮,納采用雁一頭、白羊一口、酒十二斛、米十二斛,問名、納吉用雁、羊如前,納徵用白羊一口、玄纁帛二匹、絳二匹、絹二百匹、獸皮二枚、錢二百萬、玉璧一枚、酒十二斛、白米十二斛、馬六匹,請期、奉迎用雁、酒、米如前。

唐納采、問名、納吉、請期、奉迎,皆用雁,惟納徵用玄纁米帛、六馬、穀、珪,其他禮物如常儀。

宋禮物與唐同。

今擬國朝納采、問名、納吉、請期、奉迎,皆用雁,納徵用玄纁、束帛、六馬、穀、珪,其他禮物,則隨常儀。

樂

漢冊皇后,黃門鼓吹三通。

唐臨軒遣使,大樂令展宮懸,鼓吹令設十二案,迎皇后則備鼓吹,備而不作。

宋冊后行六禮,皆大晟府展宮懸之樂于殿庭橫街之南,其迎皇后亦備鼓吹,皆備而不作。

今擬國朝皇帝納后,六禮遣使皆和聲郎陳樂于丹墀,設而不作,奉迎皇后,則備大樂鼓吹,亦備而不作,皇后車輅將至午門,則大鳴鐘鼓。

節

漢靈帝納后,命太尉襃持節,行六禮。

晉成帝臨軒遣使,持節迎后。

北齊納后,凡納采、問名、納吉、納徵、請期、奉迎,皆臨軒,命太尉爲使，宗正卿爲副，持節行六禮。

唐制，天子納后六禮，皆以上公持節，宗正卿爲副使。

祭告

漢平帝將納后，以太牢告宗廟。

北齊納后，納徵訖，告圓丘、方澤及宗廟。

唐制，將納吉，卜日告圓丘、方澤及宗廟，如加元服之儀。

宋制，納后，將納采，先期，命太史局擇日，奏告天地、社稷及諸陵寢、宮觀。

今擬國朝納后，遣官祭告天地、宗廟，其儀具見于《祀天》《祀地》《宗廟》等篇。

納采

納采者，謂始以言語采擇可否也。

兩漢天子納后，皆先遣使持節納采。漢惠帝納魯元公主女爲后，遣使執雁納采。平帝納后，遣宗正劉宏、尚書令平晏納采。

唐制，天子納后，則于太極殿遣使，賫制書、執雁詣皇后第納采。既至，奠雁于庭，主昏者再拜，聽宣制書畢，又再拜，以答表授使者，使者受表還，復命。

宋制，天子納后，則于文德殿遣使，持節、奉制書、執雁詣皇后第納采，既至，陳雁于庭，主昏者迎使者入，再拜，聽宣制畢，使者以制書授主昏者，主昏者受制書訖，奉答表以授使者，使者受命還，復命。

元納后，依其舊俗，而六禮儀文，無所考見。

今擬國朝皇帝納后，先于奉天殿遣使，持節、奉制書、執雁詣皇后第納采,既至,主昏者再拜,迎使者入,又再拜,使者宣制以制書授主昏者,主昏者受制畢,以答表進授使者,再拜,又再拜以出。

問名

問名者,謂問后名目,將卜之也。晉穆帝納后,遣衛尉卿兼太常王彪之爲使,兼宗正卿、散騎侍郎司馬綜爲副,使持節往問名。

唐制,使者納采訖,出立于大門之內,曰:“將加卜筮,奉制問名。”主昏者答曰:“臣某之子若如人。既蒙制訪,臣不敢辭。”使者陳雁,宣制,以制書授主昏者。主昏者再拜,受制訖,以答表進授使者。使者將出,主昏者復揖。使者入,行宴禮,以馬、幣禮使者。

宋遣使問名,如唐儀,而禮使者以幣,無馬。

今擬國朝納后,使者納采畢,出立于中門之外,取問名制書,執雁,復入。使者宣制,以制書授主昏者訖,復以雁授主昏者。主昏者受制書及雁訖,復以答表進授使者。其宴禮使者之儀,具見儀注。

納吉

納吉者,謂卜已得吉,往告之也。

唐制,使者至后氏第,曰:“加諸卜筮,占曰從制。命某納吉。”主昏者曰:“臣某之女若如人,龜筮云吉①。某謹奉典制。”其

---

① 《通典》卷一二二《禮八十二·開元禮纂類十七·嘉禮一·皇帝納后·納吉》“龜筮云吉”後有“臣占在焉”四字。

陳雁、宣制、授制書，與主昏者進答表之儀，皆與問名同。

宋遣使者至皇后第，曰："加諸卜筮，占曰從制。使某告吉。"主昏者曰："臣某之女，初嚴女功①。未燭婦道，卜筮云吉②。臣預有榮焉③，臣某謹奉典制。"使者入，陳雁、宣制，其儀與唐同。

今擬國朝納后，既卜吉，遣使納吉，其詳見《納吉》儀注。

納徵

納徵者，用束帛告成，謂昏姻之禮成也。

唐天子納后，遣使者奉珪、玉幣、馬、制書至皇后第，請曰："奉制納徵。"主昏者曰："奉制賜臣以重禮。某祇承典制。"受元纁、束帛、穀、珪、乘馬，北面再拜。其儀與納吉同。

宋制，告成遣使，奉穀、珪、玄纁、束帛、制書至皇后第，其儀皆與唐同。

今擬國朝納后遣使，奉珪、玉幣、馬納徵，其詳見《納徵》儀注。

請期

請期者，謂請日也。《昏禮》，納后六禮，五曰請期。

唐制，既納徵，遣使者詣皇后第，請曰："詢于龜筮，某月日吉。制使某告期。"主者曰："既前受命，惟命是聽。"使者陳雁、授制書，一如納吉之儀。

宋納后請期，其儀如唐。

---

① "初"，《政和五禮新儀》卷一六七《嘉禮·納皇后儀二》作"祇"。
② "云"，《政和五禮新儀》卷一六七《嘉禮·納皇后儀二》作"協"。
③ "榮"，原缺，據《政和五禮新儀》卷一六七《嘉禮·納皇后儀二》補。

今擬國朝納后，遣使持節，奉制請期，詳見儀注。

奉迎

古者，《昏禮》六曰親迎。

夏迎于庭，殷迎于堂，周迎于户。魯桓公八年，祭公來，遂逆后于紀。此天子遣使逆后之制也。

漢、晉以來，皆遣使持節奉迎。穆帝納何氏爲皇后，遣使持節往迎。

北齊皇帝納后，臨軒遣使，持節詣皇后第，行册拜禮，皇后受册于行殿。

唐皇帝臨太極殿，遣使持節，賷册寶、車輅、儀仗及褘衣、首飾至后第，行册禮，皇后望闕再拜，受册畢，復遣奉迎使執雁及制書奉迎。

宋遣册奉迎，一如唐儀。

今擬國朝皇帝納后，則于奉天殿遣使，持節，奉册寶、車輅、儀仗、褘衣、首飾等物至皇后第，以授内使。内使奉册寶，至皇后閤外。皇后望闕再拜，受册寶訖。復遣奉迎使執雁及制書奉迎，詳見《臨軒遣使》《册命》《奉迎》儀注。

同牢

古者昏禮，同牢而食，合卺而酳，所以合體同尊卑也。

北齊設皇帝、皇后同牢坐于昭陽殿，各三飯訖，及各酳二爵一卺。

唐設皇帝、皇后御席于所御殿，皇帝在西，皇后在東。皇后至内殿門外，西向立。皇帝揖后，由西階升，盥洗訖，就席相向坐。尚食以韭菹、羄醢進，授皇帝、皇后。皇帝、皇后祭于豆間。
尚食以黍實及肺進，授皇帝、皇后。皇帝皇后復祭訖。各酳二爵
一卺，飲畢。尚容奏請皇帝釋冕服，又奏請皇后服常服。皇后從
者餕皇帝之饌，皇帝從者餕皇后之饌。

宋皇帝納后同牢之禮，與唐同，唯不祭肺及不祭韭菹、黍、稷
等物。

今擬國朝皇帝納后于宮中，內殿設御幄，中設皇帝、皇后御
榻，行同牢之禮，其詳見《同牢》儀注。

表謝

唐制，皇后至宮之明日，服展衣，奉表稱謝。司言導從皇后
升正殿，北面再拜。尚儀以謝表授皇后，皇后受表，置于案，又再
拜訖。尚儀以表授內侍，內侍因中書以聞。

宋皇后至宮之明日，奉表稱謝，一如唐儀。

今擬國朝皇后既至宮，其明日奉表稱謝，詳見儀注。

謁廟

唐制，皇后至宮擇日謁廟。前一日，皇后清齋于別殿，設皇
后大次于太廟北門內，設宮懸之樂于廟庭。制以太尉及御史，以
祝奉告曰：“皇后將伸祇見。謹以一元大武敬薦。”其日，皇后首
飾、褘衣，乘輿以出，警蹕、侍御，如常儀。尚宮率內外命婦及公
主、縣主後從。皇后至廟庭，尚宮奏請皇后再拜，又再拜訖。尚
宮引皇后出，還大次。皇后改服鈿釵、禮衣，乘輿以還。

宋皇后既至宮，擇日謁景靈宮。前一日，設皇后次于明福
殿。至日，內侍導從，皇后服褘衣、首飾，乘重翟車，至廟所，內外

命婦後從。至廟階下，西向立。內侍贊再拜，皇后及內外命婦皆再拜。內侍奏請皇后詣聖祖香案前，三上香訖，降階，又再拜，出。

今擬國朝皇后至宮，擇日謁廟，其儀見《宗廟篇》。

受命婦朝

唐制，皇后至宮，有受內外命婦朝賀之禮。其儀與正、冬朝會同，惟改賀辭曰："伏惟殿下，坤儀配天[1]。德昭厚載，率土含識。不勝抃舞，謹上千萬歲壽。"

今擬國朝皇后至宮之明日，受內外命婦朝賀，詳見《朝會篇》。

遣使儀注

前期，禮部移文太史院，擇某日奏告天地、宗廟。

某日，遣使納采、問名。太史院擇日以報禮部，禮部奏聞，翰林院承制，撰納采、問名制文，禮部依式樣製制書、版書、制文訖，命所司備雁並其他禮物以伺。又承制，命某官為使者，某官為副使，告示文武百官于皇城守宿。至日，鳴鐘後，具朝服侍班。

前一日，內使監設御座香案于奉天殿正中，尚寶卿設寶案于御座之南，侍儀司設制書案于寶案之南，設雁及禮物位于丹陛上，設主節官位于制書案之東，西向，執節者位于主節官之南稍後，捧制官二人位于制書案之西，東向，舉案者位于捧制官之後，

---

① "儀"，《通典》卷一二二《禮八十二·開元禮纂類十七·嘉禮一·皇帝納后·外命婦朝會》作"象"。

設承制官位于殿上及丹陛之東南,設使者及副使拜位于丹墀內道稍西,東上,北向,又設副使受制書位于拜位之北使者在東,副使在西,俱北向,設執雁者及舉禮物者位于丹陛下之西,東向,贊禮二人位于丹陛上之南,東西相向,司贊二人位于使者拜位之北,東西相向,知班二人位于司贊之南,東西相向,設文武百官侍立位于文武樓之北,東西相向,文武侍從班位于殿上之左右,引文武班舍人四人位于文武官之北稍後,東西相向,引使者二人位于使者之北西立,東向,拱衛司、光祿寺官對立位于奉天殿門之左右,東西相向,將軍二人位于殿上簾前,東西相向,將軍六人位于奉天門之左右,東西相向,又將軍四人位于丹陛上之四隅,東西相向,又將軍六人位于奉天殿門之左右,東西相向,鳴鞭四人于丹陛上,北向。

是日,金吾衛陳設甲士儀仗于午門外之西,拱衛司陳設儀仗于丹陛丹墀之東西,設遮蓋制書黃蓋于奉天殿前。和聲郎設樂位于丹墀之南。備而不作。侍儀司設綵輿、儀仗于奉天門外正中。

質明,擊鼓,初嚴。催班舍人催百官具朝服。導駕官、侍從官入,迎車駕。次嚴。引班舍人引文武百官入就侍立位。引禮引使者具朝服,立于丹墀之西以伺。諸執事者各就位。三嚴。侍儀奏外辦。御用監跪,奏請皇帝服袞冕,出謹身殿。尚寶卿奉寶前導。侍從導引如常儀。至奉天殿,陞御座。尚寶以寶置于案。捲簾,鳴鞭,雞唱,報時訖。禮部官捧制書置于案上。執事者陳雁及禮物于丹陛上。主節官、執節者入就殿上位,西向立。承制官立于主節官之北。奉制官立于制書案之西。舉案者立于其後。引禮引使者就丹墀拜位。贊禮唱鞠躬,拜,興,拜,興,拜,興,拜,興,平身。使者鞠躬,拜,興,拜,興,拜,興,拜,興,平身。

引禮引使者及副使稍前,至受制位,北向立定。承制官進詣御座前,跪,承制訖,由中門出,至丹陛上宣制位。奉制官率執事舉制案由中門出,拱衛司擎黃蓋遮護,自中陛降,以案置受制位。主節官率執節者執節前導,至使者前。主節官西向立。執節者立于主節官之南,奉制官立于制書案之東,舉案者立于奉制官之後,西向。承制官稱有制。典儀唱跪,使者跪。承制官宣制曰:"皇帝納某女爲皇后。制使卿等持節,行納采禮。"宣制訖。執節者脫節衣,以節授主節官。主節官受節,西向授使者。使者搢笏,跪受,以授執節者。執節者跪,受節,興,立于使者之左。主節官退,奉制官就案取納采制書,西向授使者,使者搢笏,跪①,受制書,興,復置于案,出笏,退,復位。奉制官復詣案,取問名制書西向授副使,副使搢笏,跪,受制書,興,復置于案,出笏,退,復位。奉制官退。引禮引使、副退,就拜位,立定。贊禮唱鞠躬,拜,興,拜,興,拜,興,拜,興,平身。使者鞠躬,拜,興,拜,興,拜,興,拜,興,平身。引禮引使副從制書案出,執節者前導,舉案者次之。執雁及禮物者由西陛陞,取雁及禮物,由中陛降,以次行制書案之後。出奉天門外,執節者加節衣,使者取制書,安置于綵輿中,使者步從出午門外。儀仗在前,鼓吹次之,不作。執節者次之,禮物次之,執雁者次之,綵輿次之,使、副從行于綵輿之後。初,制書出奉天門,侍儀跪,奏禮畢。皇帝興,還宮。引班引百官以次出。

納采儀注

前一日,侍儀司設使副次于皇后第大門之外,南向,設使副

序立位于皇后第大門外之東，西向，北上，設主昏者序立位于大門之西，東向，又設使副立位于正廳之東，西向，北上，執節者位于使副之南，西向，執雁者位于執節者之南，西向，設主昏者拜位于階下中道，北向，又設主昏者受制位于廳上正中，北向，設贊禮二人位于主昏者拜位之北，東西相向，設儐者二人位于贊禮之南，東西相向，引使者二人位于廳上之左右，東西相向。

其日，使者乘馬，持節，備儀仗、鼓吹，備而不作。奉制書、禮物至皇后第。儀仗、鼓吹分列于大門之左右，置綵輿于大門外之正中，設制書案于綵輿之北。使副下馬，掌次者延入次。執事者皆公服。儐者引主昏者朝服，序立于大門內之西，東向。引禮引使副出次。使者就綵輿取納采、制書，置于案。引禮引使副立于大門外之東，西向，持節者立于使副之南，稍後，執雁者又于其南，俱西向。其他禮物各陳于大門外之兩旁。儐者進于主昏者之左，受命，出詣使者前，請曰：“敢請事。”使者曰：“某奉制采擇。”儐者入告，主昏者曰：“臣某之女，未知壼儀，方飭姆訓。既蒙詔訪，臣某不敢辭。”儐者出告訖，入，引主昏者出，迎使者于大門之外，北面立。贊禮唱鞠躬，拜，興，拜，興，平身。主昏者鞠躬，拜，興，拜興，平身。使者不答拜。儐者引主昏者先入，立于西階之下。引禮引使者入，執節者前導禮物次之，持案及執雁者從入。執節者脫節衣，執節，立于正廳之東南。禮物陳于庭。舉案者舉制案，設于正廳之中。使、副立于制案之東，執雁者立于使副之南，稍後，俱西向。引禮引主昏者就階下拜位，北向立定。贊禮唱鞠躬，拜，興，拜，興，平身。主昏者鞠躬，拜，興，拜，興，平身。儐者引主昏者自西階陞，至制案前，北向立。使者稱有制。引禮唱跪。使者詣案，取制書，宣制訖，以制書授主昏者。主昏者跪，搢笏，受制書，以授左右。執雁者以雁授使者，使者受雁，以授主昏者。主昏者受雁，以授左右。引禮唱出笏，俛伏，興，平身。主昏者出笏，俛伏，興，平身。儐者引執事對舉答表案，進立于主昏者之後，少西。儐者取表，以授主昏者。主昏者搢笏，受表，跪，授使者。使者受表，置于案訖。引禮唱出笏，俛伏，興，平身。主昏者出笏，俛伏，興，平身。引禮引主昏者降階，至拜位，立定。贊禮唱鞠躬，拜，興，拜，興，平身。主昏者鞠躬，拜，興，拜，興，平身。引禮引主昏者退，立于西。持節者加節衣。引禮引使副降自東階。舉案者對舉表案，降自中階。執節者前導至中門外。使者取表，置綵輿中。主昏者帥諸執事各徹禮物。

制文或臨時撰，或用古制，答文同。

答文凡答表，女之祖在，則曰某官某之孫女。若姑姊妹，則曰先臣某官某之遺女。後並同。

問名儀注

使者既出，立于中門之外。引禮引主昏者立于中門內，東向。引禮引使者出次。使者就綵輿中，取問名制書，置于案。引禮引使副立于中門外之東，西面，北上。舉案者對舉制案，置于中門之正中。持節者立使副之南，執雁者又于其南。儐者于主昏者之左，受命出，詣使者前，請曰："敢請事。"使者曰："將加卜筮，奉制問名。"儐者入告，主昏者曰："臣某之女，被預詢擇。聞命祗懼，既蒙制問，臣不敢辭。"儐者出告訖，入，引主昏者出迎使者，立于中門外之南，北面。贊禮唱鞠躬，拜，興，拜，興，平身。主昏者鞠躬，拜，興，拜，興，平身。儐者引主昏者先入，立于西階之下，東面。引禮引使者入，持節者前導，禮物次之，制案及執雁者從入。執節者脫節衣，執節，立于正廳之東南。執事者以禮物陳于庭。舉案者對舉制案，設于正廳之中。使副立于制案之東，執雁者立于使副之南，稍後，俱西向。儐者引主昏者就階下拜位，北向立定。贊禮唱鞠躬，拜，興，拜，興，平身。主昏者鞠躬，拜，興，拜，興，平身。儐者引主昏者自西階陞，至制案前，北向立。使者稱有制。引禮唱跪，主昏者跪。副使詣制案前，取制書，宣制訖，以制書授主昏者。主昏者搢笏，跪，受制書，以授左右。執雁者以雁授副使，副使受雁，以授主昏者。主昏者跪，受雁，以授左右。引禮唱出笏，俛伏，興，平身。主昏者出笏，俛伏，興，平身。儐者引執事對舉答表案進，立于主昏者之後，少西。儐者取表，以授主昏者。主昏者搢笏，受表，跪，授副使。副使受表，置于案。引禮唱出笏，俛伏，興，平身。主昏者出笏，俛伏，興，平身。儐者引主昏者降階，就拜位，立定。贊禮唱鞠躬，拜，興，拜，興，平身。主昏者鞠躬，拜，興，拜，興，平身。儐者引主昏者退，立于西。持節者加節衣。引禮引使副降自東階，舉案者對舉表案降自中階。執節者前導至中門外。使者取答表，置綵輿中。主昏者帥諸執事各徹禮物。使者既出立于中門外之東，副使在使者之南。主昏者遣儐者出，詣使者前，請曰：“敢請事。”使者曰：“禮畢。”儐者入告，主昏者曰：“某公奉制命，至于某之室。某有先人之禮，請禮從者。”儐者出告，使者曰：“某既得將事，敢辭。”儐者入告，主昏者曰：“先人之禮，敢以固請。”儐者又出告，使者曰：“某既不獲辭，敢不從命。”儐者入告。引禮引主昏者入先，陞立于廳之西。執事者設禮賓席于正廳。引禮引使者及副使入。主昏者降西階，出迎。使者陞自東階，主昏者陞自西階，就座。使者西面坐，主昏者東面坐，行飲食之禮畢，賓、主俱興。

執事者以幣進授主昏者,主昏者受幣,以授使副,使副受幣,以授左右。引禮引使副出,降自東階,主昏者降自西階。至大門外,主昏者入,使副進發,儀仗導從。迎綵輿至午門外,使副取答表入奉天西門,授內使監令進入。

制文

答文並見前註。

納吉儀注

前一日,侍儀司設使副次于皇后第大門之外,設使副序立位于大門外之東,西面,北上,設主昏者序立位于大門內之西,東向,又設使副位于正廳之東,西向,北上,執節者位于使副之南,執雁者位于執節者之南,皆西向,設主昏者拜位于階下正中,北面,又設主昏者受制位于廳上之南楹,北向,設贊禮二人位于主昏者拜位之北,東西相向,設儐者二人位于贊禮之南,東西相向,設引使者二人位于廳上之左右,東西相向。預設制案于大門外之中。

是日,使者奉制書至皇后第,儀仗分列于大門外之左右,置綵輿于大門外之正中。引禮延使者入次,儐者引主昏者出,就大門內位,東向立。引禮引使者詣綵輿前,取制書,置案上,退,就位立。執節者立于副使之南,執雁者立于執節之南,執事者陳禮物于大門外之左右。儐者出,請事。使者曰:「加諸卜筮,占曰從制,使某告吉。」儐者入告。主昏者曰:「臣某之女,祇嚴女功。未燭婦道,卜筮叶吉。臣預有焉。」儐者以告訖,入,引主昏者出,迎使者于大門之外,北面立。贊禮唱鞠躬,拜,興,拜,興,平身。主

昏者鞠躬，拜，興，拜，興，平身。使者不答拜。儐者引主昏者先
入立，伺于西階之下，東面。引禮引使者入，持節者前導，持案、
執雁者次之，使副行于案後，由東階升。舉案者以制書案置廳上
之正中，使副立于制書案之東，使者在北，副使在南。執節者脫
節衣，立于使副之南，執雁者又于其南。執事者以禮物陳于庭
訖。儐者引主昏者就拜位，北向立。贊禮唱鞠躬，拜，興，拜，興，
平身。主昏者鞠躬，拜，興，拜，興，平身。儐者引主昏者自西階
升。至制書案前受制位，北向立。使者稱有制。儐者贊跪，主昏
者跪。使者進詣案前，取制書，宣訖，以制書授主昏者。主昏者
搢笏，跪，受制書，以授左右。執雁者以雁授使者，使者受雁，以
授主昏者。主昏者以授左右訖。儐者贊出笏，俛伏，興，平身。
主昏者出笏，俛伏，興，平身。儐者率執事舉答表案進，立于主昏
者之後，稍西。儐者取表，以授主昏者。主昏者搢笏，受表，跪，
進使者。使者受表，置于案。儐者贊出笏，俛伏，興，平身。主昏
者出笏，俛伏，興，平身。儐者引主昏者降階，就拜位，北面立。
贊禮唱鞠躬，拜，興，拜，興，平身。主昏者鞠躬，拜，興，拜，興，平
身。贊禮唱禮畢。儐者引主昏者立于西。執節者加節衣。引禮
引使者降自東階。執事者舉答表案出，持節者前導至大門外。
使者取表，置綵輿中，退立于東。其宴禮使者、使者復命，並如問
名之儀。

制文

答文並見前注。

納徵儀注

前一日，侍儀司于皇后第設使副次于大門外，如前儀，設使

副序立位于大門外之東，西向，北上，設主昏者序立位于大門内之西，東向，又設使副立位于正廳之東，西向，北上，執節者位于使副之南，設主昏者拜位于階下正中，北向，又設主昏者受制位于廳上之南楹，北向，設贊禮二人位于主昏者拜位之北，東西相向，儐者二人位于贊禮之南，東西相向，引使者二人位于廳上之左右，東西相向。預設制書案及玉帛案于大門外之正中。

　　是日，使者奉制書、穀、珪、玄纁、束帛、禮物至皇后第大門外，儀仗分列于左右，置綵輿于大門外之正中。引禮引使者入就次。執事者陳設禮物于大門外，六馬陳于禮物之南北首，西上。儐者引主昏者序立于大門内之西。引禮引使者出次，就綵輿中取制書，置案上。奉玉帛官取玉帛，授使者。使者受玉帛，置于案訖，退，立于東，執節者立于其南。儐者出，請事。使者曰：“某奉制告成。”儐者入告。主昏者曰：“奉制賜臣以重禮，臣某祗奉典制。”儐者告訖，入，引主昏者朝服，出迎，立于大門外，北面。贊禮唱鞠躬，拜，興，拜，興，平身。主人鞠躬，拜，興，拜，興，平身。儐者引主人入，立于西階之下。引禮引使者入，執事者舉制案及玉帛案入。持節者先導至廳，置制書案于正中，設玉帛案于制書案之南。使者立于制書案之東，執節者脱節衣，立于使者之南，奉玉者立于執節之南，執事者各以禮物陳于庭，牽馬者牽六馬，陳于禮物之南，北首，西上。儐者引主昏者就拜位，立定。贊禮唱鞠躬，拜，興，拜，興，平身。主昏者鞠躬，拜，興，拜，興，平身。儐者引主昏者升自西階，至制案前受制位。使者稱有制。儐者贊跪，主昏者跪[①]。使者詣案，取制書，宣訖，以授主昏者。

---

① “主昏者跪”，原缺，據本書卷二五《嘉禮九·天子納后·納吉儀注》補。

主昏者跪，搢笏，受制書，以授左右。奉玉官詣案，取玉，加于玄纁之上，進授使者。使者受玉帛，以授主昏者。主昏者跪，受玉帛，以授左右。儐者贊出笏，俛伏，興，平身。主昏者出笏，俛伏，興，平身。儐者引執事舉答表案進，立于主昏者之後，少西。儐者取表，進授主昏者。主昏者受表，跪進使者。使者受表，置于案。儐者贊俛伏，興，平身。主昏者俛伏，興，平身。引禮引主昏者降階，就拜位，立定。諸執事及使者各返，就位，立定。贊禮唱鞠躬，拜，興，拜，興，平身。主昏者鞠躬，拜，興，拜，興，平身。贊禮唱禮畢。儐者引主昏者退，立于西。引禮引使者降自東階。執事者舉表案，持節者前導至大門外。使者取表，置綵輿中，退立于東。主昏者帥諸執事各受禮物及馬，其禮使者及使者復命，並如告吉之儀。

請期儀注

與納吉同，但請辭曰："制使某告期。"主昏者答曰："臣謹奉制。"

制文

答文註並見前。

臨軒命使冊后及奉迎儀注

前期，太史院擇日，翰林院撰冊文及制文，工部造冊寶、翟衣、首飾、車輅、儀仗，禮部備合用禮物，奏聞訖，遣使告太廟。又取制，以某官爲授冊使，某官爲授寶使，某官爲奉迎使，某官爲奉冊官，某官爲奉寶官，某官爲主節官，某官爲承制官，某官爲奉制官。告示文武百官，于皇城守宿。是日鐘鳴後，具朝服侍班。

前一日，内使監令設御座香案于奉天殿，如常儀，尚寶卿設寶案于御座之南，侍儀司設皇后册寶案于香案之北，册東寶西，設制書案于册寶案之北正中，設主節官位于制書案之東，執節者二人位于主節官之左，差退，俱西向，設承制官位于主節官之南及丹陛上之東南，設捧制官、捧册寶官位于册寶案之西，東向，舉册寶、制書案舍人位于其後，設册寶使及奉迎使拜位于丹墀內道之西，北面，東上，又設册寶使及奉迎使受册寶、制書位于使者拜位之北、丹陛下之正中，北向，設執雁者並舉禮物者位于丹墀下之西，俱東向，贊禮二人位于丹陛上之南，東西相向，司贊二人位于使者拜位之北，東西相向，知班二人位于司贊之南，東西相向，設文武百官侍立位于文武樓之北，文東武西，東西相向，引册寶使及引奉迎使舍人二人位于使者拜位之北，西立，東向，引文武班舍人四人位于文武班之北，稍後，東西相向，拱衛司、光祿寺官位于奉天殿門之左右，東西相向，將軍二人位于殿上簾前之左右，將軍六人位于奉天殿門之左右，將軍四人位于丹陛上之四隅，將軍六人位于奉天門之左右，俱東西相向，鳴鞭四人位于丹陛上，北向。

是日，金吾衛陳設甲士儀仗于午門外之東西，陳設旗仗于奉天門外之東西，拱衛司陳設儀仗于丹陛、丹墀之東西，設遮蓋制書黃羅蓋一、遮蓋册寶紅羅蓋二于奉天殿前，和聲郎設樂于丹墀之南。備而不作。擊鼓，初嚴。催班舍人催百官具朝服。導駕官、侍從官入，迎車駕。次嚴。引班舍人引文武百官入就侍立位。禮部官陳册寶綵輿及制書綵輿于奉天門外，陳中宮車輅、儀仗、冠服于綵輿之南。引禮引册寶使奉迎使各具朝服，立于丹墀之西以伺。諸執事者各就位。三嚴。侍儀奏外辦。御用監官跪，奏請皇帝具衮冕，尚寶卿侍儀，導從，如常儀。至奉天殿，陞御座。尚寶卿以寶置于案。捲簾，鳴鞭，雞唱，報時訖。禮部官以册寶制書各置于案，陳雁及他禮物于丹陛上。奉册、奉寶官立于册寶案之西，東向，舉册寶案舍人立于其後。主節官立于册寶案之東，西向，執節者二人立于其南稍後。奉制官立于主節官之南承，制官立于奉制官之南，俱西向。引禮引册寶使、奉迎使各就丹墀拜位，立定。贊禮唱鞠躬，拜，興，拜，興，拜，興，拜，興，平身。册寶使以下皆鞠躬，拜，興，拜，興，拜，興，拜，興平身。承制官進詣御座前，跪，承制訖，興，由中門出，至丹陛上宣制位。主節官率執節者由中門出，中陛降，立于使者之東北，西向。舉册案舍人舉册案，奉册官從其後，舉寶案舍人舉寶案，奉寶官從其後，皆由中門出。校尉各擎紅羅蓋遮護册寶，由中陛降，以册寶案置于丹陛下之正中。舉册寶案舍人退，立于西，奉册寶官立于册寶案之東。引禮引授册、授寶使稍前，詣受册寶位，北面立。承制官稱有制。典儀唱跪，册寶使皆跪。承制官宣制曰：“册某氏爲皇后。皇帝制命爾某，持節，奉册寶行禮。”宣制訖。執節者脫節衣，以授主節官。主節官受節，以授授册使。授册使搢笏，跪，受節，以授執節者。執節者跪，受節，興，立于册使之右。奉册官詣册案，取册，西向，以授授册使。授册使跪，受册，興，復置于案，出笏，退，復位，奉册官亦復位。奉寶官詣案，取寶，西向，以授授寶使。授寶使搢笏，跪，受寶，興，復置于案，出笏，退，復位，奉寶官亦復位。引禮引授册、授寶使退，就拜位，北向立。承制官由西門入，回奏訖。引禮引奉迎使稍前，詣受制位，北向立。承制官進詣御座前，跪，承制，由中門出，至丹陛上。舉制書案舍人對舉制案，奉制官從其後，由中門出，校尉擎黃羅蓋遮護制書，由中陛降，以制案置于册寶案之前。舉制書案舍人退，立于西，奉制官立于東。承制官稱有制。典儀唱跪，奉迎使跪。承制官宣制曰："皇帝制命某官，持節，奉迎皇后。"宣制訖。執節者脫節衣，以節授主節官。主節官受節，以授奉迎使。奉迎使搢笏，跪，受節，以授執節者。執節者跪，受節，興，立于奉迎使之右。奉制官詣案，取制書，西向，授奉迎使。奉迎使跪，受制書，興，復置于案，出笏，退，復位，奉制官亦復位。引禮引奉迎使退，就拜位，立定。贊禮唱鞠躬，拜，興，拜，興，拜，興，拜，興，平身。册寶使以下皆鞠躬，拜，興，拜，興，拜，興，拜，興，平身。典儀唱禮畢。舉案舍人各舉案，出奉天門，制書在前，册次之，寶次之，仍以蓋遮護。執雁及執禮物者由西陛陞，各執物，由中陛降，從于案後。册寶使、奉迎使以次從出。二執節者前導，至奉天門外。奉迎使取制書，置綵輿中，册寶使取册寶，置綵輿中，以次進發，由午門中門出。皇后儀衛在前，次車輅，次冠服，次雁，次禮物綵輿。衆官從行于後。至皇后第，行册禮及奉迎，如後儀。

受册儀注

前一日，侍儀司設册寶使幕次于皇后第門外，設內使監官幕次于中門之外，設內外命婦幕次于中門之內，設尚宮及宮人幕次于皇后閣外，設使者序立位于大門外之東，副使及內使監官于使者之南，執節者位于使者之北，少退，俱西向，設主昏者序立位于大門內之西，東向，又設使副位于中門外之東，西向，執節者位于使副之北，設授册寶內使監官及讀册寶、奉册寶監官位于使副之北，西向，設主昏者位于奉册寶之南，司贊二人位于中門之左右，東西相向，引使者二人位于司贊之南，東西相向，又設皇后座于閣之正中，設冊寶案于皇后座之南，設香案于閤門外之庭中，隨闕所向，設權置冊寶案于香案之前，冊東寶西，設皇后受冊寶位于案前，北向，設司言、司寶二人位于皇后位之西，東向，設授冊寶內使監官位于冊寶案之東，西向，設讀冊寶內使監官位于授冊寶使之北，西向，設尚宮、傅姆位于皇后之左右，設宮人侍立位于傅姆之後，東西相向，設內外命婦拜位于庭下，重行北向，尚儀二人位于皇后拜位之北，東西相向，司贊二人位于內外命婦拜位之北，東西相向。

　　其日侵晨，內外命婦各服其服，先至皇后第幕次以伺。冊寶使奉迎冊寶至皇后第，儀仗、鼓吹分列于大門外之左右，備而不作。陳冊寶綵輿于大門外之正中。進皇后鹵簿、儀仗、重翟等車以次列于大門之內。掌次延冊寶使入就次，內使監官入就次。尚宮及宮人先奉皇后首飾、褘衣入就次。冊寶使既至次，儐者引主昏者朝服，立于大門內之西。內侍引內使監官序立于中門之外。引禮引冊寶使出次，詣綵輿前，取冊寶置案上，立于大門外之東，執節者立于其北。儐者出，詣使者前，請曰：“敢請事。”使者曰：“某奉制，授皇后備物、冊寶。”儐者入告，遂引主昏者出，迎使者于大門外之南，北面立。儐者唱鞠躬，拜，興，拜，興，平身。主昏者鞠躬，拜，興，拜，興，平身。使副不答。拜儐者引主昏者先入，立于中門外之西，東向。執節者導使副入，執節在前，持案者次之，使副從其後。至中門外，以案置于位，冊東寶西，使副各就位，立定。持節者脫節衣。使者詣案，取冊，以授授冊內使監官。內使監官受冊，以授內侍。內侍受冊，立于內使監官之右。副使詣案，取寶，以授授寶內使監官。內使監官受寶，以授內侍。內侍受寶，立于授寶內使監官之右。舉案者以案退，使副亦退，就位。內侍奉册寶由中門入，授册寶內使監官及讀册寶內使監官從入。至閤門外，以册寶置于案。尚宮及宮人奉皇后首飾、褘衣入閤，請皇后具首飾、褘衣訖。尚宮、傅姆、宮人、內侍等導從，皇后出宮，在前①，傅姆次之，宮人四人執扇擁護，二人在前，二人在後，皆分列左右。宮人、內侍皆從其後。至閤門外，降自東階，詣香案前，向闕立。尚宮、傅姆分立于左右。內侍引內外命婦就庭下，分東西相向立。內使監官稱有制。尚儀奏拜，興，拜，興。皇后拜，興，拜，興。尚儀奏讀册。讀册內使監官進詣案，取册，讀册于皇后之右。讀訖，以授授册內使監官，授册內使監官詣案，取册②，進授皇后。皇后受册，以授司言。司言受册，捧立于皇后之左。尚儀奏讀寶。讀寶內使監官詣案，取寶，讀于皇后之右。讀訖，以授授寶內使監官。授寶內使監官進授皇后。皇后受寶，以授司寶。司寶受寶，捧立于皇后之左。尚儀奏拜，興，拜，興。皇后拜，興，拜，興。尚儀奏請陞座。尚宮、傅姆導引皇后由東階陞，即御座。司言、司寶奉册寶置于案，退立于左右。尚宮、傅姆及宮人、內侍應侍衛者各陞，立于侍立位。內侍引內外命婦就拜位，北向立。司贊唱拜，興，拜，興，拜，興，拜，興。內外命婦皆拜，興，拜，興，拜，興，拜，興。內侍引命婦班首一人陞西階，詣皇后座前，致辭曰：“伏惟殿下坤象配天，德昭厚載。率土含識，不勝抃舞。”賀訖。內侍引命婦由西階降，復位。司贊唱拜，興，拜，興，拜，興，拜，興。內外命婦皆拜，興，拜，興，拜，興，拜，興。司

---

① “在前”前疑脫“尚宮”二字。

② “授册內使監官詣案取册”，原缺，據本書卷二六《嘉禮十·皇太子納妃·妃受册儀注》補。

贊唱禮畢。尚儀奏禮畢。皇后降座,尚宮、傅姆仍導從,皇后入
閣。內外命婦送至閣,出就次。內使監官出,告禮畢。册寶使副
退。主昏者禮宴使副。內使監官、畢册寶使副復命,並如告期
之儀。

奉迎儀注

前一日,侍儀司設奉迎使副幕次于皇后第大門之外,設內使
監官次于中門之外,設尚宮及宮人次于閣門之外,設奉迎使者位
于大門外之東,西向,設制書案于大門外之正中,設主昏者序立
位于大門內之西,東向,又設使者立位于正廳之東,西向,執節者
位于其北,執雁者位于其南,皆西向,設主昏者拜位于階下正中,
北向,贊禮二人位于主昏者拜位之北,東西相向,設主昏者受制
位于正廳之南楹,北面,設儐者二人位于贊禮之南,東西相向,引
使者二人位于正廳南楹之左右,東西相向,設皇后御座于閣之正
中設香案于閣門外之庭中,隨闕所向,設主昏者醮戒位于東階之
上,西向,設后母醮戒位于西階之上,東向,設尚儀二人位于香案
之左右,設司言、司寶二人位于皇后御位之南,司言在左,司寶在
右,設尚宮、傅姆侍立位于皇后御座之左右,東西相向,設宮人內
侍侍立位于尚宮、傅姆之後,東西相向。

其日,奉迎使乘車,持節,備儀仗、鼓吹。備而不作。迎制書綵
輿至皇后第,儀仗、鼓吹分列于大門外之左右,綵輿置于大門外
制書案之南。執事者陳禮物于中門之內,皇后儀仗、車輅陳于大
門之內。掌次者延奉迎使入次。內侍延內使監官及尚宮、宮人
等各入就次。文武百官奉迎者皆朝服,立于大門之外,東西相
向,立定。

　　尚儀入閣,詣皇后前,請中嚴。尚宮及宮人、諸擎執導從者,各擎執入閣,分立于左右。引禮引奉迎使詣綵輿前,取制書,置于案,退,立于東,執節者立于其北,執雁者立于其南,皆西向。儐者出,詣奉迎使前,請曰:"敢請事。"使者曰:"某奉制,以令月吉辰,以禮奉迎。"儐者入告。主昏者曰:"臣謹奉典制。"儐者出告,入,引主昏者迎于大門外之南,北向。儐者唱鞠躬,拜,興,拜,興,平身。主昏者鞠躬,拜,興,拜,興,平身。使者不答拜。儐者引主昏者先入,立于西階下。引禮引奉迎使入,執節者前導,執雁持案者次行,奉迎使後從,由中階陞,置案于廳之正中。奉迎使立于制書案之東,執節者脫節衣,立于使者之北,執雁者立于使者之南。儐者引主昏者就拜位,立定。贊禮唱鞠躬,拜,興,拜,興,平身。主昏者鞠躬,拜,興,拜,興,平身。儐者引主昏者由西階陞,至制書案前。奉迎使稱有制。儐者唱跪,主昏者跪。奉迎使進詣案,取制書,宣訖,以制書授主昏者。主昏者搢笏,跪,受制書,以授左右。執雁者以雁進,授奉迎使。奉迎使受雁,以授主昏者。主昏者受雁,以授左右。儐者唱出笏,俛伏,興,平身。主昏者出笏,俛伏,興,平身。執事者舉答表案進,立于主昏者之後,少西。儐者取表進,授主昏者。主昏者搢笏,受表,跪,授奉迎使。奉迎使受表,置于案。儐者唱俛伏,興,平身。主昏者出笏,俛伏,興,平身。儐者引主昏者降西階,至拜位。贊禮唱鞠躬,拜,興,拜,興,平身。主昏者鞠躬,拜,興,拜,興,平身。贊禮唱禮畢。儐者引主昏者退,立于西。引禮引使者出,執節者加節衣前導,持案者舉案,由中階出,使者後從。至大門外,取表,置綵輿中訖。奉迎使入,立伺于中門外之南,北向。拱衛司進皇后肩輿于階下,設重翟車于中門之外,鹵簿、儀仗以次陳設于大門外之左右。尚儀奏外備。尚宮、傅姆導引皇后首飾、褘衣出閣，諸宮人擎執前後擁護。至閣門外，陞堂，即御座。尚宮、傅姆及諸宮人侍御于左右。內侍出中門外，至奉迎使前，東向立。贊禮唱鞠躬，拜，興，拜，興，平身。奉迎使等皆鞠躬，拜，興，拜，興，平身，進詣內侍前曰："令月吉日，某等率職奉迎。"內侍受以入，傳于司言。司言奏聞訖。尚儀奏請皇后降御座。尚宮、傅姆導引皇后降自東階，立于香案前。尚儀奏拜，興，拜，興。皇后拜，興，拜，興。尚儀奏請皇后陞堂，尚宮、傅姆導引皇后由東階陞，南向立。主昏者進于皇后之東，西面，戒之曰："戒之敬之，夙夜無違命。"主昏者退，立于東階之上，西向。后母進于皇后之西，東面，施衿，結帨悅，佩巾。曰："勉之敬之，夙夜無違。"訖。尚儀奏請皇后乘輿。尚宮、傅姆導引皇后降階，升輿，宮人前後擎執擁護，六尚以下侍從如常。至中門外，尚儀奏請降輿，乘輅。皇后降輿，乘輅，導從出大門外。初，皇后將升輿，引禮引文武百官分左右，北向立于大門之外。俟皇后乘輅出，尚儀奏車駕少駐。贊禮唱鞠躬，拜，興，拜，興，拜，興，拜，興，平身。文武百官皆鞠躬，拜，興，拜，興，拜，興，拜，興，平身。拜訖，分東西相向立。儀仗、鼓吹及綵輿先發。執節者前導，奉迎使副從綵輿之後，次文武百官行，次皇后鹵簿行，次導皇后內使監官乘馬行，次冊寶綵輿行，次皇后車輅行，尚宮、傅姆及諸宮人皆乘輦，行車輅之後，內侍內使乘馬，行宮人之後，宿衛、護衛官行內使之後，甲士、器仗從。至午門外，鳴鐘鼓，其鐘鼓，所司先陳設。鐘鼓者，所以聲告內外。鹵簿止，奉迎使副奉答表先入，復命，並如冊后儀。

同牢儀注

前一日，内使監預設皇后大次二，一于奉天殿門外之西，南向，一于皇宮内殿庭之南，北向。尚寢設御幄于内殿之正中，設皇帝御榻于御幄中之東，西向，又設皇后御榻于御幄中之西，與皇帝御榻相對。尚宮設皇帝御巾洗一于殿之南，司巾宮人位于御洗之南，司盥宮人位于御洗之北，皆西向。設皇后御巾洗一于殿之北，司巾宮人位于后洗之南，司盥宮人位于后洗之北，皆東向。設酒案于御幄之南正中，陳御酒樽于案上，設四爵兩卺于御酒樽之北，<small>卺古用匏，今以酒器代之。</small>設御食案二于酒案之北。

其日晡後，皇后車輅入午門，至奉天門外大次，回車南向。施步障、繳扇等畢。内使監官進當車前，跪奏，請皇后降車，乘輿，興，退，復位。皇后降車，入大次，陞肩輿。宮人侍從各擎執，如前儀。至内殿庭大次，内使監令奏請皇后降輿。執扇、繳、燭籠宮人布列前後。尚宮導引皇后入内殿庭之大次，嚴整以俟。

内侍進詣皇帝前，版奏請中嚴。御用監奏請皇帝服通天冠、絳紗袍。内使監官及宮人擎執導從，出至内殿，陞御座，南向。左右侍御，如常儀。皇后入次。少頃，尚宮前奏請皇后降座，皇后興。尚宮導引出殿庭之西，東向立。内侍詣皇帝前，版奏外辦。内使監令奏請皇帝降座，禮迎。皇帝興。内侍導引降詣殿庭之東，西向揖皇后，以入内。侍導引皇帝先陞，尚宮導引皇后從陞。内侍奏請皇帝詣南御洗所。内侍奏盥手，宮人酌水，皇帝盥手。内侍奏帨手，宮人以巾進，皇帝帨手。内侍奏請皇帝就御榻前，西向立。皇帝盥手時，尚宮奏請皇后詣北御洗所。尚宮奏盥手，宮人酌水。皇后盥手，尚宮奏帨手，宮人以巾進，皇后帨手。尚宮奏請皇后就御榻前，東向立。內使監令跪奏請，就御座，皇帝、皇后皆坐。皇帝侍從立于御幄之東，皇后侍從立于御幄之西。內使監官各舉食案，進于皇帝、皇后之前，皇帝、皇后皆品嘗訖，尚食各徹饌。尚醞取爵酒進，供于皇帝、皇后，皇帝、皇后皆飲訖，尚醞各徹虛爵。尚食再以饌進，皇帝、皇后進饌訖，尚食徹饌如前。尚醞再取爵酒以進，皇帝、皇后飲訖，尚醞徹爵如初。皇帝、皇后三饌訖，尚醞取巹，酌酒以進，皇帝、皇后俱受巹，飲訖，尚醞徹虛巹。內侍跪奏禮畢，皇帝、皇后俱興。內侍及內使監官、宮人等導從皇帝入宮。尚宮及內使監官、宮人等導從皇后入幄。尚宮奏請皇帝更禮服，尚寢奏請皇后服常服。皇后從者餕皇帝之饌，皇帝從者餕皇后之饌。

表謝儀注

詳見《冊拜篇》。

謁廟儀注

詳見《冊拜篇》。

皇后受內外命婦朝儀注

詳見《朝會篇》。

皇帝受群臣賀儀注

詳見《朝會篇》。

臨軒遣使圖

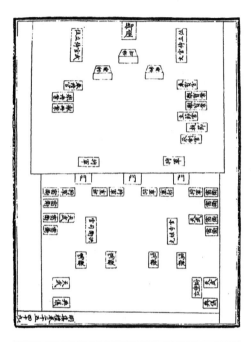

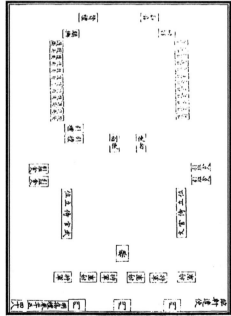

納采圖<small>問名納吉納成請期同</small>

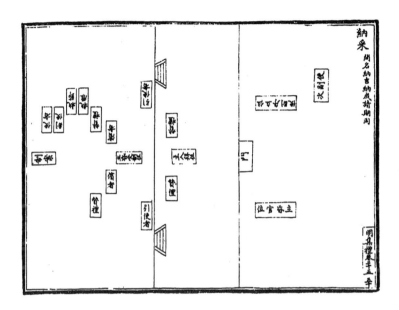

受册圖

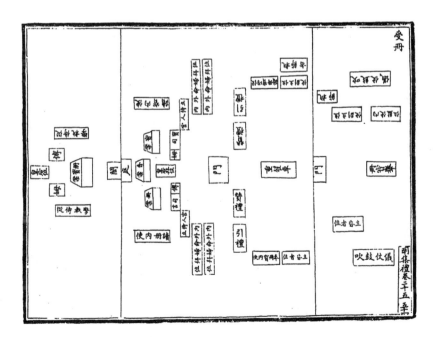

合卺圖

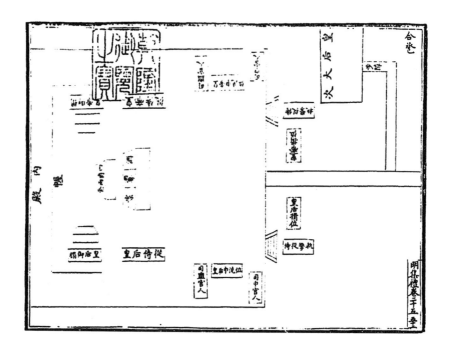

大明集禮卷二六

嘉禮十

婚禮①

皇太子納妃

總序

皇太子納妃，所以重胤嗣也。

周、秦已上，莫考其儀。

漢制，皇太子納妃，以奉常迎，而不親迎。

宋文帝時，太子納妃，儀文與納后不異，百官上禮于太極殿西堂敘宴。

北齊皇太子納妃，皇帝遣使納采，以宗正卿爲使，問名、納吉、請期，皆如之，納徵則以司徒及尚書令爲使，親迎則以太尉爲使。三日，妃朝皇帝于昭陽殿，又朝皇后于宣光殿。擇日，群臣上禮。他日，皇太子拜閤。

---

① 標題"婚禮"，原無，據本書目録補。

隋皇太子納妃，皇帝臨軒，遣使者，受詔，納采、問名。次擇日納吉，又擇日納徵、告期訖，命有司以特牲告廟，行册禮。皇太子將親迎，皇帝臨軒，醮戒。妃至宮之明日，朝見皇帝、皇后。

唐皇太子納妃，皇帝臨軒遣使，行納采、問名、納吉、納徵、請期之禮，次遣官告宗廟，然後行册禮。皇太子將親迎，皇帝臨軒，醮戒。妃至宮，同牢于內殿。明日，朝見皇帝、皇后。皇帝會群臣于太極殿，如正、至之儀。

宋皇太子納妃，其六禮皆與唐同。妃朝見之明日，又至皇帝、皇后閤內，行盥饋之禮。皇帝、皇后復饗妃，如宮中之儀。

今擬國朝皇太子納妃，皇帝臨軒命使，納采、問名，既卜吉，復命使納徵、請期，又遣官以特牲奏告宗廟，遣使備册寶、禮物。至妃第，行册禮。皇太子將親迎，皇帝臨軒，醮戒。至妃第，親迎還宮，同牢于內殿。明日，妃朝見皇帝、皇后。皇帝、皇后閤內行盥饋之禮。皇帝、皇后宴饗妃及皇太子，如宮中之儀。

今考歷代儀文，以著于篇。

冠服

隋皇太子納妃，服袞冕九章，妃首飾花釵九樹，服用褕翟衣。

唐皇太子納妃，皇帝臨軒遣使，服袞冕，醮戒，服通天冠、絳紗袍，皇太子服袞冕九章，妃服褕翟衣，首飾花九樹。

宋皇太子納妃，皇帝遣使、醮戒，皆服通天冠、絳紗袍，皇太子皆服袞冕，執圭。親迎同。妃服與唐制同。

今擬國朝皇太子妃冠服，見《冠服篇》。

車輅

見《册拜篇》《車輅篇》。

册寶

見《册拜篇》。

禮物

晉太子昏，納徵用玄纁束帛，加璧，馬二駟。

東晉用玉璧一、獸皮二。

宋文帝用珪、璋各一，熊、羆皮各二。

北齊皇太子聘禮，納采、問名、請期、親迎，皆用羔羊一口、雁一隻，黍、稷、米、麵各一斛，納徵用玄三匹、纁二匹、束帛十匹、大璋一、虎皮二、錦綵六十匹、絹二百匹、羔羊一口、羊四頭、犢二頭、酒、黍、稷、稻、米、麵各十斛，從車百乘。

唐納采、問名、納吉、請期、親迎，皆用雁，納徵用玄纁束帛、乘馬、穀、珪。

宋六禮，禮物皆與唐同。

今擬國朝闕。

樂

唐遣使納采，展宮懸，醮戒于太極殿，設宮懸。

宋，大晟展宮架之樂于文德殿，皆備而不作。

祭告

唐皇太子納妃,納徵、告期訖,遣有司以特牲告于廟。

宋皇太子將親迎,差官奏告太廟及諸陵,如常告之儀。

今擬國朝,遣官以太牢告廟,其儀與常告同。

納采_缺

問名

唐使者納采畢,既出,立于門外,主昏者使儐者請事,使者曰:"某將加卜筮,奉制問名。"主昏者曰:"制以某之子,備數于儲宮。臣某不敢辭。"使者入,陳雁。主昏者再拜,受雁,曰:"臣某第幾女,某氏出。"禮畢。主昏者曰:"某公爲某事,故至于某之室。某有先人之禮,請禮從者。"其儀與天子納后醴賓同。

今擬國朝,使者納采訖,就再入問名,其詳見《問名儀注》。

納吉

唐皇太子納妃,既問名、卜吉,皇帝復臨軒遣使者,至妃氏第納吉。既至妃第,使者曰:"加諸卜筮,占曰協從。制使某也納吉。"主昏者曰:"臣某之子弗教,唯恐不堪。龜筮云吉,臣某謹奉典制。"再拜,受雁,又再拜。其禮使者,如問名之儀。

宋既問名,乃遣使至妃氏第,曰:"謀諸卜筮,其占協從制。使某告吉。"主昏者曰:"臣某之子惷愚,懼弗克堪。卜筮云吉①,

① "云",《政和五禮新儀》卷一七二《嘉禮·皇太子納妃儀》作"之"。

惟臣之幸。臣謹奉典制。"其受雁、禮使者,皆與唐同。

今擬國朝,皇太子納妃,既問名、卜吉,皇帝御奉天殿遣使納吉,其詳見《納采儀注》。

納徵

唐既納吉遣使,奉玄纁束帛、乘馬、穀、珪,至妃氏第納徵。既至,使者曰:"制使某以玉帛、乘馬納徵。"儐者入告。主昏者曰:"奉制賜臣以重禮,臣某祗奉典制①。"再拜,稽首,北面受玉帛、乘馬,又再拜。其禮使者,如納吉儀。

宋遣使奉玄纁、玉珪至妃氏第。使者曰:"卜筮不違,嘉偶既定。制使某以儀物告成。"儐者入告。主昏者曰:"奉制賜臣以重禮,臣某謹奉典制。"其受玉帛、禮使者,皆與唐同。

國朝皇太子納妃,遣使備物納徵,其詳見《納徵儀注》。

請期

唐既納徵,遣使者用雁請期。至妃第,使者曰:"詢于龜筮,某月日吉。制使某告期。"主昏者受命、受雁,一如納吉之儀。

宋遣使請期,使者至妃第,請曰:"涓辰之良,某月某日吉。制使某告期。"主人曰:"臣某謹奉制。"再拜、受雁,其儀皆與唐同。

今擬國朝皇太子納妃,納徵訖,遣使請期,其儀詳見儀注。

---

① "典",原作"常",據《通典》卷一二七《禮八十七·開元禮纂類二十二·嘉禮六·皇太子納妃·納徵》改。

奏告

唐既告期後，有司以特牲告廟，如常禮，祝文臨時撰。

宋告期後，太史局擇日，差官奏告太廟、景靈宮、諸陵。

今擬國朝皇太子納妃，既請期，遣官以特牲告太廟，其儀與《宗廟篇·奏告儀》同。

受册

唐既告期，遣使持節，奉册寶、璽綬、車輅、儀仗、鼓吹，掌嚴奉褕翟衣、首飾至妃氏第。主昏者朝服，出迎于大門之外。既入，使副以册寶授內侍。內侍受册寶，以授典內。典內奉册寶入，立于閤外。傅姆贊妃出，立于庭中。掌書跪，取册寶，興，進，立于妃前。司則贊妃再拜訖。掌書以册寶授司則，司則受册寶進授妃，妃受，以授司閨。司則又贊妃再拜訖。司則請妃陞座，宮官以下皆再拜訖。司閨引妃入閤。主昏者禮使者，如禮賓之儀。

宋册皇太子妃，遣使副奉册印、儀仗、車輅，宮人奉首飾、褕衣至妃第。使副以册印授內侍，內侍受册印入，授內謁者。內謁者持册印入，立于庭中。傅姆贊妃出閤，降階，向闕再拜訖。內侍奉册印授妃，妃受册印，以授執事者，又再拜。內侍引妃陞座，諸宮人皆再拜畢。傅姆引妃還內。

今擬國朝册皇太子妃，皇帝遣使奉册寶、車輅、儀仗，宮人奉冠服至妃氏第，行册拜禮，其儀詳見儀注。

醮戒

唐皇太子將親迎，服袞冕，備儀仗，乘金輅。左庶子負璽前導。至承天門下，降輅，至東朝堂。皇帝服通天冠、絳紗袍，御太極殿，西向坐。群官再拜訖。舍人引皇太子至樂懸南，北面再拜。舍人引皇太子詣西階，脫舄，陞，就席西，南面立。尚食奉御酌酒進皇太子。皇太子再拜，受爵。尚食薦脯醢，皇太子祭酒及脯醢訖，降席西，南面坐，啐酒，奠爵，又再拜。舍人引皇太子進御座前，東面立。皇帝命之曰：“往迎爾相，承我宗事，勗帥以敬。”皇太子曰：“臣某謹奉制旨。”遂再拜。舍人引皇太子降西階，納舄訖。舍人引出。

宋皇太子納妃，將親迎，皇帝御文德殿，皇太子具袞冕入，就位，百官朝服就拜位。皇太子搢圭，舞蹈，再拜，百官皆搢笏，舞蹈，再拜。引皇太子由西階陞，東向立。內侍進酒，皇太子跪，搢圭，受醆。太官令奉饌，皇太子飲食訖，降階，北面又再拜。太常博士引皇太子詣御座前，西向立。皇帝命之曰：“親迎惟古，趨辰之良。往帥以恭。”皇太子曰：“臣謹奉制。”引皇太子降階，北面又再拜訖，引出。

今擬國朝皇太子將親迎，皇帝御奉天殿醮戒，其儀詳見儀注。

親迎

唐皇太子既受命，遂親迎。至妃第，妃服褕翟衣、花釵，立于東房。主婦著禮衣、鈿釵，立妃北。主昏者公服，出迎大門之外，西面再拜，皇太子答拜，主昏者揖皇太子，先入。皇太子執雁從入，進當房户前，北面，跪，奠雁，再拜，降出。傅姆導妃出。父戒之曰：“戒之敬之，夙夜無違命。”母施襟，結帨，命之曰：“勉之戒之，夙夜無違。”庶母及門内施鞶，申之以父母之命曰：“敬恭聽宗爾父母之言，夙夜無愆。”視諸襟鞶。妃出，至輅後。皇太子授綏，姆辭不受，曰：“未教，不足與爲禮。”妃陞輅，乘以几，几，謂將上車而登，乘以几，尚安舒。姆加幜。幜，制如明衣，架之爲行道禦塵。皇太子馭輪三周，馭者代之。皇太子出大門，乘輅，還宮。妃仗次于後以行。

宋皇太子親迎之禮，與唐同，而無授綏馭輪之儀。

今擬國朝皇太子親迎，具衮冕服，乘金輅，備儀仗，至妃第，其詳見《親迎儀注》。

合卺

唐皇太子同牢之禮，設幄于内殿室西厢，東向，設同牢之席于室内，皇太子西厢，妃東厢。席間容牢饌，設四爵、兩卺。妃至宮門，鹵簿、仗衞停門外。妃乘輅，至左閤門外，降輅，就次整飾。司闈引妃詣内殿門西，東面立。皇太子揖妃，以入。妃即席西向立，皇太子東向立。司饌奉饌，設皇太子及妃座前。皇太子及妃俱坐。司饌設黍、醬、菹、醢。皇太子及妃俱受，祭于籩、豆之間。司饌取黍、稷及肺，進授皇太子及妃。皇太子及妃受黍、稷及肺，皆祭訖。司饌嘗食，皇太子及妃皆食三飯。卒食，司饌進酒，皇太子及妃俱再拜，祭酒訖。三酳，用卺，卒爵。司饌徹饌。皇太子入東房，釋冕服，著袴褶。妃入幄，媵餕皇太子之饌，御餕妃之饌。

宋皇太子同牢，設席于寢門之内，皇太子揖妃，俱入，盥洗訖,掌事者設酒饌,皇太子揖妃,皆坐。司饌告饌具。贊者二人奉酒,以授皇太子及妃。皇太子及妃受酒,飲畢,遂薦饌,再飲、三飲,如初儀訖。皇太子及妃俱興,再拜,餘如唐儀。

今擬國朝皇太子及妃同牢,設幄于東宮之內殿行,同牢禮,詳見《同牢儀注》。

妃朝見

唐皇太子妃朝見,先設皇帝座于所御殿之東,西向,設皇后座于室户外之西近北,南向。

其日妃沐浴,服褕翟、首飾,乘厭翟車。至宮,降車,立于閤外之西。皇帝服通天冠、絳紗袍,皇后服褕衣、首飾,皆即御座。妃奉笄、竹器,緇表、纁裏。棗、栗。司饌執腶脩腶,丁亂切。以從。司則引妃入,立于庭,北面,再拜訖。司言引妃陞自西階,跪,奠棗、栗于御座前,皇帝撫之。司言引妃降,立于庭,又北面再拜訖。司言引妃陞,跪,奠腶脩于皇后座前,皇后撫之。司言引妃退,立于西序,東向,再拜。司設設妃席于户、牖之間。司言引妃再拜,受醴。尚食薦脯醢,妃祭畢,降席,取觶,坐奠訖,興,祭于豆間。食畢,司賓引妃降自西階,出閤,乘車,還宮。

宋妃朝見皇帝、皇后,其儀與唐同。皇帝、皇后醴妃,如宮中儀。

今擬國朝皇太子妃朝見,則于宮中內殿奉棗、栗、腶脩,行朝見之禮,其儀詳見儀注。

盥饋

宋太子妃既朝見,則有盥饋之儀。

其日,妃夙興,沐浴,服褕翟、首飾,至閤外。候皇帝進膳,司賓引妃入,再拜訖,奉膳,進置于皇帝前。司賓引復位,又再拜訖。司賓引妃出,詣皇后閤外。俟皇后進膳,妃再拜,奉膳進皇后,如前儀,又再拜。司賓引妃出,皇帝、皇后饗妃,如宮中之儀。

今擬國朝皇太子妃既朝見,盥饋于皇帝、皇后,其儀見《盥饋儀注》。

會群臣

唐制,皇太于納妃,皇帝會群臣于太極殿,如正、至之儀。唯上壽辭云"皇太子嘉聘禮成,克崇景福。某等不勝慶抃,謹上千秋萬歲壽"。

遣使儀注

前期,禮部移文太史院,擇日奏聞命。所司備雁及他禮物以伺。又取制命某官爲使,某官爲副使,告示文武百官于皇城守宿。至日鐘鳴後,具朝服侍班。

前一日,內使監設御座、香案于奉天殿正中,如常儀。尚寶卿設寶案于御座之南,禮部官陳設雁及他禮物于丹陛上,侍儀司設承制官位于殿上御座之東及丹陛之東南,設使者及副使拜位于丹墀內道之西,東上,北向,贊禮二人于丹陛上之南,東西相向,司贊二人位于使者拜位之北,東西相向,知班二人位于司贊之南,東西相向,文武百官侍立于文武樓之北,東西相向,設引文武班舍人四人位于文武官之北稍後,東西相向,引使者二人位于使者拜位之北,西立,東向,拱衛司、光禄寺官對立于奉天殿門之左右,東西相向,將軍二人位于殿上簾前,東西相向,將軍六人位于奉天門之左右，東西相向，又將軍四人位于丹陛上之四隅，東西相向，又將軍六人位于奉天殿之左右，東西相向，鳴鞭四人于丹陛上，北向，設執雁及執禮物者位于丹陛下之西，東向。

是日，金吾衛陳設甲士、儀仗于午門外之東西，拱衛司陳設儀仗于丹墀、丹陛之東西，和聲郎設樂于丹墀之南，備而不作。侍儀司陳設儀仗、大樂于奉天門外正中。

質明，擊鼓，初嚴。催班舍人催百官具朝服。導駕官、侍從官入，迎車駕。次嚴。引班舍人引文武百官入，就侍立位。引禮官引使者具朝服，立丹墀之西以伺。諸執事者各就位。三嚴。侍儀奏外辦。御用監跪，奏請皇帝服衮冕，尚寶卿奉寶前導，侍從導引如常儀。至奉天殿，陞御座。捲簾，鳴鞭，雞唱，報時訖。引禮引使者及副使各就丹墀拜位。贊禮唱鞠躬，拜，興，拜，興，拜，興，拜，興，平身。使副鞠躬，拜，興，拜，興，拜，興，拜，興，平身。承制官進詣御座前，跪，承制訖，由中門出，至丹陛上宣制位，稱有制。贊禮唱跪，使副皆跪。承制官宣制曰：“奉制納某氏女爲皇太子妃。皇帝制使卿等行納采禮。”宣制訖。承制官由西門入。典儀唱俯伏，興，平身。使副俯伏，興，平身。贊禮唱鞠躬，拜，興，拜，興，拜，興，拜，興，平身。使副鞠躬，拜，興，拜，興，拜，興，拜，興，平身。引禮引使副退，立于西。執雁者及執禮物者由西階陞，取雁及他禮物，自中陛降，執雁者在前，執禮物者次之，使者從其後。至奉天門外，儀仗、鼓吹導引以行。初，使者出，贊禮唱禮畢，侍儀跪，奏禮畢，皇帝駕興，百官以次出。

納采儀注

前一日，有司設使副次于妃氏大門外，南向，設使副序立位于大門外之東,西向,北上,設主昏者序立位于大門內之西,東向,設香案于廳上之正中,設使副立位于香案之東,西向,北上,設主昏者受制位于香案之南,北向,設贊禮位于廳下主昏者拜位之北,東西相向,設儐者二人位于贊禮之南,東西相向,設引使者二人位于廳上南楹之左右,東西相向。

其日,使者奉制執雁及禮物至妃氏第,儀仗、鼓吹分列于大門外之左右。使者下馬,引禮引入次。執事者陳禮物于大門之外。儐者引主昏者朝服①,序立于大門內之西,東向。引禮引使者出次立于大門外之東,執雁者立于其南,皆西向。儐者出,詣使者前曰:"敢請事。"使者曰:"奉制儲宮納配,屬于令德。邦有典常,使某行采擇之禮。"儐者入告。主昏者曰:"臣某之子,昧于閫儀。不足以備采擇,恭承制命,臣某不敢辭。"儐者出告訖,入,引主昏者出迎于大門之南,北面立。贊禮唱鞠躬,拜,興,拜,興,平身。主昏者鞠躬,拜,興,拜,興,平身。使者不答拜。主昏者揖,使者先入,立于西階之下。引禮引使者陞自東階,立于香案之東,執雁者立于使者之南。執事者陳禮物于庭。儐者引主昏者就拜位。贊禮唱鞠躬,拜,興,拜,興,拜,興,拜,興,平身。主昏者鞠躬,拜興,拜,興,拜,興,拜,興,平身。儐者引主昏者陞自西階,至香案前,北向立。使者稱有制。儐者唱跪,主昏者跪。使者宣制曰:"某奉詔采擇。"執雁者以雁授使者,使者受雁,以授主昏者。主昏者受雁,興,以授左右。儐者引主昏者降自西階,就拜位,立定。贊禮唱鞠躬,拜,興,拜,興,拜,興,拜,興,平身。主昏者鞠躬,拜,興,拜,興,拜,興,拜,興,平身。贊禮唱禮畢。

---

① "昏者",原作"人",據《明太祖實錄》卷三七改。

儐者引主昏者退,立于西階。引禮引使副降自東階以出。主昏者帥諸執事各收禮物。

問名儀注

使副納采既出,立于中門外之東,西面。主昏者立于西階之下。儐者進,受命,出詣使者前,曰:“敢請事。”使者曰:“儲宮之配,采擇既諧。將加卜筮,奉制問名。”儐者入告,主昏者曰:“制以臣某之女,可以奉侍儲宮。臣某不敢辭。”儐者出告訖,入,引主昏者出迎使副于中門外之南,北面。贊者唱鞠躬,拜,興,拜,興,平身。主昏者鞠躬,拜,興,拜,興,平身。使者不答拜。儐者引主昏者先入,立于西階之下。引禮引使副入門,陞自東階,立于香案之左,執雁者立于使者之南,皆西向。執事者各陳禮物于庭。儐者引主昏者就拜位。贊禮唱鞠躬,拜,興,拜,興,平身。主昏者鞠躬,拜,興,拜,興,平身。儐者引主昏者升自西階,至香案前,北向立。使者稱有制。贊禮唱跪,主昏者跪。使者曰:“臣某奉詔問名,將謀諸卜筮。”主昏者曰:“臣某第幾女某氏出,被預采擇。聞命祗懼,既蒙制問。臣不敢辭。”執雁者以雁進,授使者。使者受雁,以授主昏者。主昏者受雁,興,以授左右。儐者引主昏者降東階,就拜位立。贊禮唱鞠躬,拜,興,拜,興,平身。主昏者鞠躬,拜,興,拜,興,平身。贊禮唱禮畢。儐者引主昏者退,立于西。引禮引使者降自東階,立于中門外之東,西面。儐者受主昏者之命,出詣使者前,請曰:“某公奉制,命至某之室。請禮從者。”使者曰:“某既得將事,敢辭。”儐者入告。主昏者曰:“先人之禮,敢固以請。”儐者出告。使者曰:“某辭不獲,聞命敢不從。”執事者徹香案。引禮引使者入,陞階,即座,行飲食之禮。

主昏者奉幣禮使者畢，使副還，主昏者送于門外。

告吉儀注

前一日，有司設使副次于妃氏大門之外，設使副序立位于大門外之東，西向，北上，設主昏者序立位于大門內之西，東向，設香案于廳上之正中，設使副立位于香案之東，西向，北上，設主昏者受制位于香案之南，北向，設贊禮位于廳下主昏者拜位之北，東西相向，設儐者二人位于贊禮之南，東西相向，設引使者二人位于廳上南楹之左右，東西相向。

其日，使者奉制執雁及禮物至妃氏第，儀仗、鼓吹分列于大門外之左右。使者下馬，引禮引入次執事者，陳禮于大門之外。儐者引主昏者朝服，序立于大門內之西，東向。引禮引使者出次，立于大門外之東，執雁者立于其南，皆西向。儐者進受命，出詣使者前，請曰：“敢請事。”使者曰：“謀諸卜筮，其占協從。制使某告吉。”儐者入告。主昏者曰：“臣某之子憃愚，懼弗克堪。卜筮云吉，惟臣之幸。臣謹奉典制。”儐者出告訖，入引主昏者迎于大門外之南，北面。贊禮唱鞠躬，拜，興，拜，興，平身。主昏者鞠躬，拜，興，拜，興，平身。儐者引主昏者揖，使者先入，立于西階之下。引禮引使者入陞自東階，立于香案之左，執雁者立于使者之南，俱西向。執事者陳禮物于庭，儐者引主昏者就拜位，北向立。贊禮唱鞠躬，拜，興，拜，興，平身。主昏者鞠躬，拜，興，拜，興，平身。儐者引主昏者自西階，陞至香案前，北向立。使者稱有制。儐者唱跪，主昏者跪。使者宣制曰：“奉制告吉。”執雁者以雁進，授使者，使者受雁，以授主昏者。主昏者跪，受雁，興，以授左右。儐者引主昏者降自西階，就拜位，立定。贊禮唱鞠躬，

拜，興，拜，興，平身。主昏者鞠躬，拜，興，拜，興，平身。贊禮唱
禮畢。儐者引主昏者退，立于西。引禮引使者出，立于中門外之
東。儐者出，請使者禮待，如問名之儀。

納徵儀注

前一日，有司設使副次于妃氏大門之外，南面，設使副序立
位于大門之東①，西向，北上，設主昏者序立位于大門內之西，東
向，設香案于廳上之正中，設使副位于香案之東，西向，北上，設
主昏者受制位于香案之南，北向，設贊禮位于廳下主昏者拜位之
北，東西相向，設儐者二人位于贊禮之南，東西相向，設引使者二
人位于廳上南楹之左右，東西相向。

其日，使者奉玄纁束帛、穀、珪至妃氏第大門外，儀仗分列于
門外之左右。引禮引使者入，就次，執事者陳設禮物于大門外，
設玉帛案于正中。儐者引主人立于大門內之西。引禮引使者出
次，立于大門外之東。儐者進受命，出詣使者前，請曰：“敢請
事。”使者曰：“卜筮不違，嘉偶既定，制使某以儀物告成。”儐者入
告。主昏者曰：“奉制賜臣以重禮，臣某謹奉典制。”儐者出告訖，
入引主昏者出迎于大門外之南，北面。贊禮唱鞠躬，拜，興，拜，
興，平身。主昏者鞠躬，拜，興，拜，興，平身。使者不答拜。儐者
引主昏者揖，使者先入，立于西階之下。引禮引使、副入，執事者
舉玉帛案先行，奉玉帛者次之，諸執禮物者又次之。至廳，執事
者以玉帛案置于香案之北，使者立于玉帛案之左，奉玉帛者立于
使者之南稍後，舉案者退立于西，諸執事者各陳禮物于庭。儐者

---

① “副”，原作“者”，據本書卷二五《嘉禮九·天子納后·納徵儀注》改。

引主昏者就拜位。贊禮唱鞠躬,拜,興,拜,興,平身。主昏者鞠躬,拜,興,拜,興,平身。儐者引主昏者陞自西階,至玉帛案前。使者稱有制。儐者唱跪,主昏者跪。使者宣制曰:"某奉制告成。"奉玉帛者就案,取玉帛,以授使者。使者受玉帛,以授主昏者。主昏者跪,受玉帛,興,以授左右。儐者引主昏者降自西階,就拜位,立定。贊禮唱鞠躬,拜,興,拜,興,平身。主昏者鞠躬,拜,興,拜,興,平身。贊禮唱禮畢。儐者引主昏者退,立于西。引禮引使副降自東階以出。主昏者帥諸執事各收禮物,禮使副如前儀①。

請期儀注

其儀與納吉同,唯辭曰:"詢于龜筮,某月某日吉②,制使某告期。"主昏者曰:"敢不承命。"

祭告儀注

其儀見《宗廟篇》。

遣使奉冊儀注

前期,太史院擇日,翰林院撰冊文,工部造冊寶、褕翟、首飾、車輅、儀仗,禮部備合用禮物及冊寶案訖,奏取旨,以某官爲授冊使,某官爲授寶使,某官爲奉冊官,某官爲奉寶官,某官爲主節官,某官爲承制官,告示文武百官于皇城守宿。是日鳴鐘,

---

① "禮使副如前儀",原缺,據《明太祖實録》卷三七補。
② "吉",原缺,據《明太祖實録》卷三七補。

具朝服侍班。

前一日,内使監令設御座、香案于奉天殿,如常儀,尚寶卿設寶案于御座之南,侍儀司設妃册寶案于皇帝寶案之南,册東寶西,設主節官位于册寶案之東,執節者立于其左差後,俱西向,設承制官位于主節官之南及丹陛上之東南,設奉册官、奉寶官位于册寶案之西,東向,舉册寶案舍人位于其後,設册寶使位于丹陛內道之西,北面,東上,又設册寶使受册寶位于使者拜位之北、丹陛下之正中,北向,贊禮二人位于丹陛上之南,東西相向,司贊二人位于使者之北,東西相向,知班二人位于司贊之南,東西相向,設文武百官侍立位于文武樓之北,文東武西,東西相向,引册寶使舍人二人位于使者拜位之北,西立,東向,引文武班舍人四人位于文武班之北稍後,東西相向,拱衛司、光祿寺官位于奉天殿門之左右,東西相向,將軍二人位于殿上簾前之左右,東西相向,將軍六人位于殿門外之左右,將軍四人于丹陛上之四隅,將軍六人于奉天門之左右,皆東西相向,鳴鞭四人位于丹陛上,北向。

是日,金吾衛陳設甲士、儀仗于午門外之東西,旗仗于奉天門外之東西,拱衛司陳設儀仗于丹陛、丹墀之東西,設蓋册寶紅羅蓋二于奉天殿前,和聲郎設樂于丹墀之南。設而不作。擊鼓,初嚴。催班舍人催百官具朝服。導駕官、侍從官入,迎車駕。次嚴。引班引文武百官入,就侍立位。禮部官陳册寶綵輿于奉天門外,陳皇太子妃車輅、儀仗、冠服等物于册寶輿之南。引禮引册寶使具朝服入,立于丹墀之西以伺。諸執事者各就位。三嚴。侍儀奏外辦。御用監官跪,奏請皇帝具衮冕,尚寶卿、侍儀奉迎、導從,如常儀。至奉天殿,陞御座。尚寶卿以寶置于案。捲簾,鳴鞭,雞唱,報時訖。禮部官以册寶各置于案,奉册寶官立于册寶案之西，東向，舉册寶案舍人立于其後。主節官立于册寶案之東，執節者立于其南稍後，俱西向。承制官立于主節官之南，西向。引禮引册寶使副各就丹墀拜位，立定。贊禮唱鞠躬，拜，興，拜，興，拜，興，拜，興，平身。册寶使以下鞠躬，拜，興，拜，興，拜，興，拜，興，平身。承制官進，詣御座前，跪，承制訖，興，由中門出，至丹陛上宣制位。主節官率執節者由中門出，中陛降，立于使者之東北，西向。舉册案舍人舉册案，奉册官從其後，舉寶案舍人舉寶案，奉寶官從其後，皆由中門出，校尉各擎紅羅蓋遮護册寶，由中陛降，以册寶案置于丹陛下之正中。舉册寶案舍人退，立于西，奉册寶官立于册寶案之東。引禮引册寶使稍前，詣受册寶位，北向立。承制官稱有制。贊禮唱跪，册寶使副皆跪①。承制官宣制曰："册某氏爲皇太子妃。皇帝制命爾某持節，奉册寶，行册禮。"宣制訖。執節者脱節衣，以授主節官。主節官受節，以授授册使。授册使搢笏，跪，受節，以授執節者。執節者復受節，興，立于册使之右。奉册官詣册案前，取册，西向，以授授册使。授册使跪，受册，興，復置于案，出笏，退，復位，奉册官亦退，復位。奉寶官詣寶案前，取寶，西向，跪，授授寶使。授寶使跪，受寶，興，復置于案，出笏，退，復位，奉寶官亦復位。引禮引授册、授寶使退，就拜位，北向立。承制官由西門入，回奏訖。贊禮唱鞠躬，拜，興，拜，興，拜，興，拜，興，平身。授册寶使皆鞠躬，拜，興，拜，興，拜，興，拜，興，平身。贊禮唱禮畢。舉册寶舍人各舉案，出奉天門，仍以蓋遮護，執節者前導，至奉天門外，授册寶使取册寶，置綵輿中，以次進發。由午門中門出，皇太子妃儀衛

---

① "副"，原缺，據《明太祖實録》卷三七補。

在前，次車輅，次冠服，次禮物，次册寶輿，使者從行于後。至皇太子妃第，行册禮，如後儀。

妃受册儀注

前一日，有司設使副次于妃氏大門之外，又設内使監官以下次于中門之外，設宮人次于妃氏閤外道西，東向，設使者序立位于大門外之東，副使及内使監官位于使者之南，執節者位于使者之北少退，俱西向，設主昏者序立位于大門内之西，又設使副位于中門外之東，西向，執節者位于使副之北，設授册寶内使監官位于使副之北，西向，設奉册寶内使監官位于中門外之西，設主昏者位于奉册寶内使監官之南，皆東向，贊禮二人位于中門之左右，東西相向，引使者二人位于贊禮之南，東西相向，又設皇太子妃座于閤之正中，設册寶案于妃座之南，設香案于閤門外之庭中，隨闕所向，設權置册寶案于香案之前，册東寶西，設皇太子妃受册寶位于案前，北向，設奉册寶宮人二人位于妃拜位之西，東向，設授册寶内使監官位于册寶案之東，西向，設傅姆二人位于妃之左右，設宮人侍立位于傅姆之後，東西相向，設宮人拜位于庭下，重行北向，典内二人位于妃拜位之北，東西相向，司贊二人位于宮人拜位之北，東西相向。

其日侵晨，册寶使奉迎皇太子妃册寶①、車輅、儀仗、冠服、禮物至妃氏第，儀仗、鼓吹列于大門外之左右，備而不作。陳册寶綵輿于大門外之正中，進鹵簿、儀仗、厭翟車等，以次列于大門外。

---

① “使”，原缺，據《明太祖實錄》卷三七、本書卷二五《嘉禮九·天子納后·受册儀注》補。

奉册寶使入就次。內侍延內使監官入就次。宮人先奉妃首飾、
褕翟衣入就次。儐者引主昏者朝服立于大門內之西。內侍引內
使監官序立于中門外。引禮引册寶使副出次，詣綵輿前，取册
寶，置于案，立于大門外之東，執節者立于其北。儐者進，受命
出，詣使者前，請曰："敢請事。"使者曰："某奉制授皇太子妃册
寶、儀物。"儐者入告。主昏者曰："臣謹奉制。"儐者出告訖，入引
主昏者迎于大門之外，北面。贊禮唱鞠躬，拜，興，拜，興，平身。
主昏者鞠躬，拜，興，拜，興，平身。使副不答拜。儐者引主昏者
揖，使者先入。持節者前導，舉案者次之，使副從其後。至中門
外，各就位，立定。持節者脫節衣，使者詣案取册，以授授册內使
監官。內使監官以授內侍，內侍受册，立于授册內使監官之右。
副使詣案，取寶，以授授寶內使監官。內使監官受寶，以授內侍，
內侍受寶，立于授寶內使監官之右。舉案者以案退，使副亦退，
就位。內侍奉册寶由中門入，授册寶內使監官後從，至閣門外，
以册寶權置于案。宮人奉妃首飾、褕翟入閣，請妃具服，傅姆、宮
人、內侍等導從妃出閣，傅姆在前，次宮人執扇擁護，次宮人及內
侍各擎執從其後。至閣門外，傅姆引妃降自東階，詣香案前，向
闕立，傅姆分列于左右，宮人、內侍分立于其後。內使監官稱有
制。典內啓妃拜，興，拜，興，妃拜，興，拜，興。典內啓受册，授册
內使監官詣案，取册，進授妃。妃受册，以授受册宮人。宮人受
册，立于妃之左。典內啓受寶。授寶內使監官詣案，取寶，進授
妃。妃受寶，以授受寶宮人。宮人受寶，立于妃之左。典內啓
拜，興，拜，興。妃拜，興，拜，興。典內啓請陞座，傅姆導引妃由
東階陞，即座。宮人奉册寶，各置于案，退立于左右。傅姆及宮
人、內侍各陞，立于侍立位。內侍引宮官以下各就庭下位，重行，

北向立，以西爲上。司贊唱鞠躬，拜，興，拜，興，拜，興，拜，興，平身。宮官以下皆鞠躬，拜，興，拜，興，拜，興，拜，興，平身。典内啓禮畢。妃降座，傅姆導引妃還堂内。主昏者禮使、副如告期之儀，使副乘車而還。

醮戒儀注

前期，内使監設御座于奉天殿，如常儀，侍儀司設皇太子次于奉天殿東耳房，内設皇太子席位其席，莞筵、紛純，加藻席，繢純。于奉天殿之西，東向，設司爵内使二人于席位之左右，司饌内使二人于司爵之東，皆相向，設皇太子受醮戒位于御座之南，北向，設皇太子拜位于丹陛上，北向，設東宮官拜位于丹墀之兩旁，重行北向，設贊禮二人位于皇太子丹陛上拜位之北，東西相向，知班二人位于贊禮之南，東西相向，設文武百官侍立位于文武樓之北，東西相向，設引文武班舍人四人位于文武官之北，東西相向，將軍二人位于殿上簾前，東西相向，將軍六人于奉天門之左右，東西相向，又將軍四人位于丹陛上之四隅，東西相向，又將軍六人位于奉天殿之左右，東西相向，鳴鞭四人于丹陛上，北向，拱衛司、光禄寺官對立位于奉天殿門之左右，東西相向。

是日，金吾衛陳設軍仗于午門外之東西，旗仗于奉天門外之東西，拱衛司陳設儀仗于丹陛、丹墀之東西，和聲郎設樂于丹墀之南。備而不作。

是日未明，東宮侍從官導從皇太子至次，諸執事者各就位。引進啓皇太子具衮冕服。侍儀奏外辦。御用監奏請皇帝服通天冠、絳紗袍，御輿以出。侍儀侍從、警蹕如常儀。皇帝將出，仗動，陞御座。將軍捲簾，鳴鞭，司晨郎雞唱，報時訖。引進引皇太子衮冕,由東陛陞,至丹陛位,北面立定。贊禮唱鞠躬,拜,興,拜,興,拜,興,拜,興,平身。皇太子鞠躬,拜,興,拜,興,拜,興,拜,興,平身。贊禮唱鞠躬,拜,興,拜,興,拜,興,拜,興,平身。東宮官鞠躬,拜,興,拜,興,拜,興,拜,興,平身。引進引皇太子由奉天殿東門入,就席位,東向立。司爵内使斟酒,以醆進授皇太子。皇太子跪,搢圭,受醆,祭酒少許,以醆授内使。内使跪,受醆。司饌内使以饌進,授皇太子。皇太子跪,受饌,以饌授内使。内使跪,受饌,置于席,興,立于皇太子之左。引進啓皇太子興。引進啓就席坐,飲食訖。引進引皇太子立于御座前,北向。引進啓跪,皇太子跪。皇帝命之曰:"往迎爾相,承我宗事。勗帥以敬。"皇太子曰:"臣某謹奉制旨。"引進啓俯伏,興。皇太子俯伏,興。引進引皇太子由東門出,至丹陛上拜位,立定。贊禮唱鞠躬,拜,興,拜,興,拜,興,拜,興,平身。皇太子鞠躬,拜,興,拜,興,拜,興,拜,興,平身。贊禮唱禮畢。皇帝降座,還宮。引進引皇太子由東階降,退出。文武百官以次出。

親迎儀注

前一日,有司設皇太子次于妃氏大門之外,南向,又設東宮官次于皇太子次之南,東西相向,設皇太子立位于大門外之東,西向,又設皇太子奠雁位于閤門外,北向,設主昏者立位于閤門外之西,東向。

親迎前三刻,東宮官俱朝服,陳鹵簿、鼓吹于東宮門外。引進啓内嚴。東宮官奉寶,詣閤奉迎。拱衛司進金輅于東宮門内。引進啓外備。皇太子冕服。引進啓陞輿,皇太子乘輿以出,侍衛擎執、導從,如常儀。至宮門,引進啓降輿,乘輅,皇太子降輿,乘輅。輅動，東宮官以下皆從，執雁者奉雁從其後。皇太子至妃氏大門外，回轅，南向，鹵簿、鼓吹分列于左右。東宮官皆下馬。引進啓降輅，乘輿。皇太子降輅，陞輿，侍從導引至次。引進啓降輿，皇太子降輿，入就次。東宮官各就次。皇太子將至，主昏者設會燕女。皇太子既入次，宮人、傅姆啓妃服褕翟、花釵，前後擁護出，就閤內位前，南向立。傅姆立于妃之左右，宮人、內侍分立于其後。主昏者具朝服，立于西階之下。引進引皇太子出次，立于大門之東，西向，左右侍御如常儀。儐者朝服，進受命，出，立于門東，西面曰：“敢請事。”引進跪啓訖。皇太子曰：“某奉制親迎。”引進受命，興，承傳于儐者。儐者入告，引主昏者出迎皇太子于大門外之西，東向。贊禮唱鞠躬，拜，興，拜，興，平身。主昏者鞠躬，拜，興，拜，興，平身。皇太子答拜，興，拜，興，平身。引進引皇太子入門而左，儐者引主昏者入門而右，執雁者從入。引進引皇太子陞東階進，立于閤門戶前，北向立。主昏者陞自西階，立于閤門外之西，東向。引進啓跪，皇太子跪。引進啓奠雁，執雁者以雁，西向跪，授皇太子①，皇太子搢圭，受雁，以授主昏者。主昏者搢笏，跪，受雁，興，以授左右，退立于西。引進啓出圭，俯伏，興，平身。皇太子出圭，俯伏，興，平身。引進啓鞠躬，拜，興，拜，興，平身。皇太子鞠躬，拜，興，拜，興，平身。引進引皇太子降自東階，出至次以俟。主昏者不降送。

初，皇太子入門，妃母出于閤門外皇太子奠雁位之西，南向。皇太子拜訖，宮人、傅姆導妃出，立于母左。主昏者進，命之曰：“戒之戒之，夙夜恪勤，毋或違命。”母命之曰：“勉之勉之，爾父有

① “授”，原作“受”，據嘉靖本、本書卷二七《嘉禮十一·親王納妃·親迎儀注》改。

訓,往承惟欽。"庶母申之曰:"恭聽父母之言。"宮人、傅姆擎執,導從妃出門。司閨啓妃陞輿,妃乘輿,出中門。司閨啓妃降輿,乘車。妃降輿,乘厭翟車。所司陳列鹵簿如式。妃出內門,至輅後。皇太子出大門,陞輅。輅動,東宮侍從官皆上馬從行,如来儀[①]。皇太子車輅至東宮門外,侍從官皆下馬入。皇太子車輅至門內,引進啓降輅,乘輿。皇太子降輅,陞輿以入,侍從官從至閤。引進啓降輿,皇太子降輿入,俟于內殿門外之東,西面。

同牢儀注

前一日,內使監設妃次于東宮內殿之西,南向,司閨設幄于內殿之正中,設皇太子座于幄中之東,西向,設妃座于幄中之西,與皇太子座相對,設皇太子洗一于殿之東南,司巾宮人一人位于洗南,司盥宮人一人位于洗北,皆西向,設妃洗一于殿之北,司巾宮人一人位于洗南,司盥宮人一人位于洗北,皆東向,設酒案于幄之南正中,陳酒樽于案上,設四爵、兩巹于酒樽之北,爵、巹,皆以今酒器代之。設食案二于酒樽之北。

其日晡後,妃車輅將至。內使監于內殿大次前設步障、地衣至幄內。伺妃輅入東宮門,鹵簿分列于門內外,傅姆及宮人皆下輦,各擎執擁護入。至內殿前,司閨啓請降輅,乘輿,妃降輅,陞輿,宮人侍從如前儀。至幄次前,司閨啓請降輿,妃降輿行,執繖、扇、燭籠宮人布列前後。傅姆導引妃入次整飾。司閨引妃詣內殿門西,東面。內侍引皇太子揖妃以入。皇太子先陞,司閨導

---

① "儀",原缺,據《明太祖實錄》卷三七、本書卷二七《嘉禮十一·親王納妃·親迎儀注》補。

妃後陞，入内殿。内侍引皇太子就洗位。内侍啓盥手，宮人酌水，皇太子盥手。内侍奏帨手，宮人以巾進，皇太子帨手。内侍啓請皇太子就座前，西向立。皇太子盥手時，司閨啓請妃詣盥洗所。司閨啓盥手，宮人酌水，妃盥手。司閨啓帨手，宮人進巾，妃帨手。司閨啓請妃就座前，東向立。内侍、司閨各啓請皇太子及妃皆就座。皇太子侍從立于幄東，妃侍從立于幄西。司饌宮人各舉食案，進于皇太子及妃之前。司饌以饌進皇太子及妃，皆食訖。司饌各徹饌。司醞宮人取爵酒，進供于皇太子及妃。皇太子及妃皆飲訖，司醞各徹虛爵。司饌再以饌進皇太子及妃，饌訖，徹饌如前。司醞再取爵酒以進，皇太子及妃飲訖，司醞徹爵如初。皇太子及妃三饌訖，司醞取巹，酌酒以進皇太子及妃，各受巹，飲訖，司醞徹虛巹。内侍啓禮畢。皇太子及妃皆興。内侍及内使監官及宮人等導從皇太子入宮，司閨及傅姆、宮人等導從妃入宮。内侍啓請皇太子更禮衣，司閨啓請妃服常服。皇太子從者餕妃之饌，妃從者餕皇太子饌。

妃朝見儀

其日，妃夙興沐浴，服褕翟、首飾畢，司閨啓請出閤，宮人、内侍等導從妃出。至内宮門，司閨啓請陞輅，妃陞輅以出。至内東門，司閨啓請降輅。内使及傅姆導引妃入宮，障扇侍從如常。至内殿階下，内使監令入奏，皇帝服通天冠、絳紗袍即御座，南向，左右侍從如常。司閨引妃入詣庭前，北面立。内贊贊拜，興，拜，興。妃拜，興，拜，興。司閨引妃自西階陞，宮人奉棗、栗同陞。至御座前，宮人以棗、栗進授妃，妃受棗、栗，進奠于御座前。尚食進徹以東。司閨引妃降自東階，復位，北面立。内贊贊拜，興，拜，興。妃拜，興，拜，興。内贊贊禮畢。司闈啓請妃至皇后殿，傅姆、宫人等導從如前。至皇后所御殿，立于閤外。尚宫入奏皇后褘衣[1]、首飾，即南向座，左右侍御如常儀。司闈引妃入，詣殿庭位，北面立。内贊贊拜，興，拜，興。妃拜，興，拜，興。司闈引妃由西階陞，宫人奉殿脩以從。至皇后御座前，北向立。宫人奉殿脩進授妃，妃受殿脩，進供于皇后座前。尚食進徹以東。司闈引妃降，復位。内贊贊拜，興，拜，興。妃拜，興，拜，興。内贊贊禮畢。傅姆導妃退。皇帝、皇后醴妃，如宫中之儀。

盥饋儀注

其日，妃夙興沐浴，服褕翟衣、首飾，司闈啓請出閤，宫人、内侍、傅姆等導從妃出閤。至内宫門外，司闈啓乘車，妃乘厭翟車以出。至内東門，司闈啓請降車，内使及傅姆導引妃入宫，障扇侍從如常儀。至皇帝閤外，候皇帝進膳，司闈引妃入立于庭北面。内贊贊拜，興，拜，興。妃拜，興，拜，興。司闈引妃陞自西階，至御座前。尚食宫人以膳進授妃，妃受膳，進供于皇帝前。司闈引妃降自西階，復位。内贊贊拜，興，拜，興。妃拜，興，拜，興。内贊唱禮畢。司闈啓請至皇后殿，傅姆、宫人、内侍等引妃詣皇后所御殿，立于閤外。候皇后進膳，司闈引妃入立于庭北面。内贊贊拜，興，拜，興。妃拜，興，拜，興。司闈引妃由西階陞，至皇后前。尚食宫人以膳進授妃，妃受膳，進供于皇后前。司闈引妃降自西階，復位。内贊贊拜，興，拜，興。妃拜，興，拜，興。内贊唱禮畢。司闈引妃出閤。皇帝、皇后饗妃，如朝見之儀。

---

① “入”，原缺，據《明太祖實録》卷三七補。

臨軒遣使圖

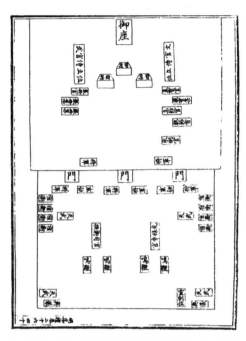

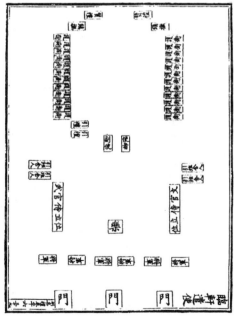

納采圖問名納吉納成請期同

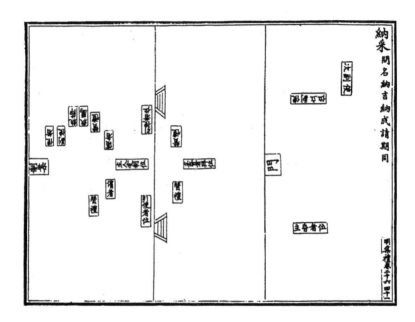

受冊圖親王妃同

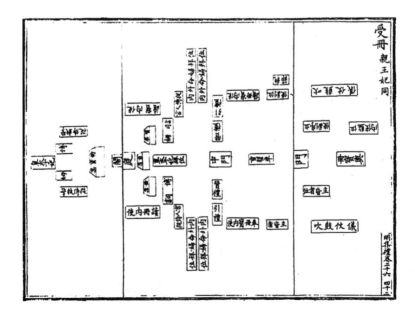

親迎圖_{親王同}

親迎圖_{親王同}

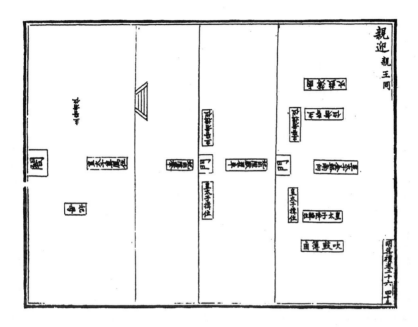

朝見圖_{盥饋同}

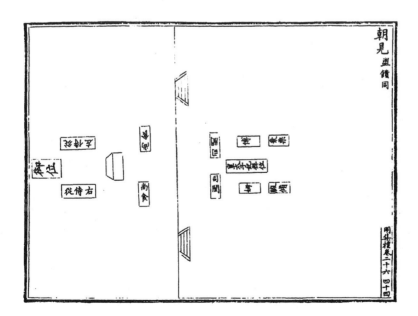

朝見皇后圖

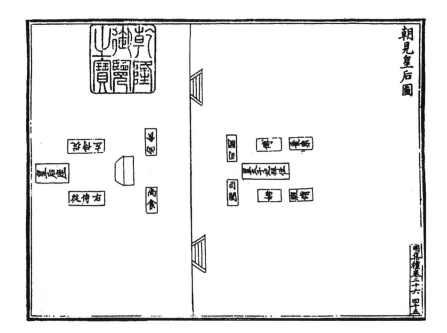

大明集禮卷二七

嘉禮十一

婚禮①

親王納妃

總序

親王納妃之禮，自漢以上，不著其儀。

漢高后時，始定諸王聘禮。

南齊武帝以昏禮奢貴，敕諸王納妃，依禮上棗、栗、腶脩，其餘衣物停省，而其儀文不備。

唐皇子納妃，則命親王主昏，遣使納采、問名、納吉、納徵、請期，皆稱某王，亦行冊禮，親王親迎。妃至宮之明日，朝見皇帝、皇后。

宋皇子納夫人，稱國夫人，不行冊禮。其納采、問名、納吉、納徵、請期，皆皇帝臨軒遣使。皇子將親迎，皇帝臨軒醮戒。夫

---

① 標題"婚禮"，原無，據本書目録補。

人至宫之明日，朝見皇帝、皇后。又明日，行盟饋禮。

今擬國朝親王納妃，皇帝御奉天殿遣使納采、問名，既卜吉後，命使納吉、請期。又遣官奏告宗廟訖。遣使備册寶，行册禮。親王將親迎，皇帝臨軒醮戒。王至妃第，迎入宫。行同牢禮。明日，妃朝見皇帝、皇后。又明日，至皇帝、皇后閤内，行盟饋之儀。

今具歷代儀文，以著于篇。

冠服

唐親王納妃，親迎服衮冕，妃服花釵、褕翟衣、纁袡。

宋皇子納夫人，親迎服九旒冕，夫人服褕翟衣、花釵、首飾。

今擬國朝親王納妃，服衮冕九章，妃服翟衣、冠九翬四鳳冠、花釵九樹、兩博鬢、九鈿，詳見《冠服篇》。

車輅

唐制，諸王納妃親迎，乘象輅，妃乘厭翟車。

宋皇子納夫人，皇子乘象輅，妃乘厭翟車。

今擬國朝諸王納妃親迎，乘金輅，妃乘厭翟車，其詳見《車輅篇》。

册

其制見《册拜篇》。

册文

唐册杞王妃，册文曰："維建中二年十一月某日甲子。皇帝使某官持節，册命某官寶犹第若干女爲杞王妃曰。于戲，禮以大

昏崇繼嗣，本人倫之教。詩言淑女配君子①，繫王化之綱。蓋率
人成風，由内及外。得不采配偶②，以固盤石。本閨門以御家
邦③，詳求惟艱。歷選兹久，時乃之擇，得于舊姻，柔婉稟乎天和，
禮樂成于家法。明章婦順，虔奉姆儀。克茂鵲巢之規，叶宣麟趾
之美。其祇膺嘉禮，欽率内教。淑慎厥心④，無替于後⑤。于戲，
可不慎哉。"

禮物

漢制，諸王納妃，黃金五十斤、馬四疋。

魏，諸王娶妃，用絹百九十匹。

晉太康八年，有司奏王侯昏禮，玄纁束帛，加璧，乘馬。

齊武帝永明年中，以昏禮奢貴，敕諸王納妃用棗、栗、腶脩，
加以香澤花粉。

北齊諸王聘禮，納采、問名、納吉、請期、親迎，皆用羔羊一
口、雁一隻、酒、黍、稷、米、麵各一斛，納徵用玄三匹、纁二匹、束
帛十匹、大圭一、虎皮二、錦綵六十匹、絹二百匹、羔羊一口、羊四
口、犢二頭、酒、黍、稷、稻、米、麵各十斛，從車百乘。

唐諸王納妃，納采、問名、納吉、請期、親迎，皆用雁，納徵用
玄纁、束帛、大玉、乘馬。

宋皇子納夫人，其納財用函書一通、玄纁羅五匹、綾十四、押
函馬二疋、羊五十口、酒五十瓶、紅絹百匹、花粉十函、果十盤、花

① "言"，《唐大詔令集》卷四〇《諸王·册妃·册杞王寶妃文》作"嘉"。
② "配"，《唐大詔令集》卷四〇《諸王·册妃·册杞王寶妃文》作"嘉"。
③ "閨門"，《唐大詔令集》卷四〇《諸王·册妃·册杞王寶妃文》作"宗室"。
④ "心"，《唐大詔令集》卷四〇《諸王·册妃·册杞王寶妃文》作"止"。
⑤ "于後"，《唐大詔令集》卷四〇《諸王·册妃·册杞王寶妃文》作"有終"。

十罩、塗金銀勝二十合、綃金生色繡衣十襲、真珠翠毛玉釵朵三副、黃金器百兩、銀器千兩、衣著千匹、錢五百千、錦綺羅綾三百匹、生帛綾絹六百匹。

今擬國朝親王納妃,納采、問名、納吉、請期、親迎,皆用雁,納徵用玄纁、束帛、大玉、乘馬,及其他禮物稱是。

納采

唐,親王納妃,使者朝服,乘犢車,備儀仗。至妃氏第,立于大門外之西,主昏者立于東階。使者曰:"某公睨室某王。某王敬由先典,使某也請納采。"主昏者曰:"某之子憃愚,又弗教。某王命之,某不敢辭。"主昏者出門,再拜,揖。使者入,陳雁曰:"敢納采。"主昏者北面,再拜。使者奠雁。主昏者受雁,降自西階以出。

宋皇子納夫人,使者奉制至夫人第曰:"某王之儷,屬于懿淑,慎之重之。使某行采擇之禮。"主昏者曰:"臣某之子顓愚,不足以備采擇。恭承制命,臣某不敢辭。"再拜,受雁,儀與唐同。

今擬國朝諸王納妃,皇帝御奉天殿,遣使執雁納采,其儀詳見儀注。

問名

唐,使者納采畢,出立于廟門外之西,主昏者降立于阼階下之東。使者曰:"某既受命,將加諸卜,敢請女爲誰氏。"主昏者曰:"某王有命,且以備數而擇之。某不敢辭。"主人再拜,揖。使者入。使者授雁,主人還阼階上,西向曰:"某第某女,某氏出。"使者降出。主昏者禮使者及儐以幣、馬,如前儀。

宋皇子納夫人，使者納采訖，復入曰：“某奉制問名。”主昏者再拜，北面答曰：“臣某第幾女，某氏出。”其禮使者與唐同。

今擬國朝使者納采訖，就問名，其詳見《問名儀注》。

納吉

唐，親王納妃，其日，遣使至妃氏大門外，贊禮者延入次，謁者引使者出次，立于大門外之西，東面，主昏者立于阼階下，西面。儐者進，受命出，請事。使者曰：“某公有眖，命加諸卜。占曰某吉，王使某也。敢告。”儐者入告。主昏者曰：“某之子弗教，恐弗堪。某王有吉，某與在焉。某不敢辭。”儐者出告。其拜迎、陞堂、受雁之儀，並如納采。其禮賓，如問名之禮。

宋皇子納夫人禮，同唐制。

今擬國朝親王納妃，遣使納吉，詳見《納吉儀注》。

納徵

唐，親王納徵之禮，其日，使者至妃氏大門外，掌次者延入次，謁者引使者出次，立于大門外之西，東面，主昏者立于東階下，西面。儐者進，受命出，請事。使者曰：“某公有嘉命眖室。某王率由先典，使某也。以玉帛、乘馬，請納徵。”儐者入告。主昏者曰：“某王順先典，眖某重禮。某敢不承命。”儐者出告。使者奉玉帛，牽馬者從入，陳于庭。使者與主昏者揖入。使者曰：“敢納徵。”主人于阼階上，北面再拜，受束帛、乘馬。其禮使者，皆如問名之儀。

宋皇子納夫人，其納徵則命使者，奉珪以檳及玄纁束帛，詣夫人第，曰：“官占云吉，嘉耦既定，制使某以儀物告成。”主昏者曰：“奉制賜臣以重禮。臣某謹奉典制。”其受玉帛、禮使者，與唐同。

今擬國朝諸王納妃，皇帝臨軒遣使，奉玄纁玉帛至妃第，行納徵禮，其詳見儀注。

請期

唐既納徵，使者執雁詣妃氏第請期。使者曰：“某公有賜，既申受命矣。某王使某也，請吉日。”主昏者曰：“既前受命矣。惟命是聽。”其受雁及禮賓，並如納吉之儀。

宋遣使請期，其儀與唐同。

今擬國朝諸王納妃，遣使執雁，至妃第請期，如宋儀，詳見儀注。

奉册

唐册親王妃，使者持節，公服，乘輅，備儀仗，奉册及車輅、冠服、備物至妃氏第。主昏者公服，立于阼階。使副奉册入閤，至于內寢階間，南面，持節者立于使者之東，西面，持册案者又在其南。女相者及傅姆引導妃服翟衣立，北面。使者稱有制。妃再拜。使者讀册訖，妃又再拜。傅姆進，受册以退。使者出，主昏者拜送于門外。女相者引妃入。

宋皇子納夫人，遣使奉告。至妃第曰：“奉制，賜某國夫人告。”主昏者曰：“臣某謹奉制。”使者奉告箱入，至寢門，以告置于案。女相者引夫人花釵、翟衣出，再拜，受訖。女相者引夫人入。主昏者禮使者，如唐儀。

今擬國朝諸王納妃，皇帝臨軒命，使者奉册及翟衣、花釵、首飾、車輅、儀仗至妃第，行册禮，其詳見儀注。

親迎

　　唐親王親迎，初昏服衮冕，乘象輅，備儀仗。詣妃第曰："以
兹初昏某也，將請承命。"儐者入告。主昏者曰："某固敬具以
須。"主昏者出，迎王入。主昏者陞阼階，西向立，妃母出，立于房
户外之西，南面。王陞西階，北面，跪，奠雁，再拜，降出。主昏者
不降送。王拜訖，姆導妃出。父命之曰："戒之敬之，夙夜無違
命。"母戒之于西階上，施衿結帨，戒之曰："勉之敬之，夙夜無
違。"庶母及門内施鞶，申之以父母之命曰："敬恭聽宗父母之言，
夙夜無愆。"視諸衿鞶。王出大門，乘輅還，妃鹵簿次從而行。

　　宋皇子親迎，初昏服衮冕，乘象輅，備儀仗。至妃第曰："某
奉制親迎，敢不恭承。"主昏者曰："某固恭具以須。"揖。皇子入，
至寢户前，陳雁，北面再拜而出。主昏者不降。送皇子拜訖，姆
導夫人出，父母及庶母戒命，皆如唐儀。皇子先出，夫人乘車以
次行。

　　今擬國朝諸王納妃，服衮冕，乘輅，至妃第親迎，還宮，其詳
見《親迎儀注》。

醮戒

　　唐親王納妃，無皇帝臨軒醮戒之文。

　　宋皇子納夫人，將親迎，皇帝醮戒于所御之殿。皇帝南向
坐，皇子北面再拜訖，陞立于西，東向。受飲食，又北向，再拜。
皇帝命之曰："親迎惟古，往帥以恭。"皇子曰："臣謹奉制。"又
再拜。

今擬國朝親王納妃,將親迎,皇帝臨軒醮戒,其詳見儀注。

同牢

唐制,王妃至宮,降車,王揖妃以入。及寢門,又揖。王導妃陞自西階,入室,即席。王盥南洗,妃盥北洗。王及妃皆即席坐。贊者授饌,三飯訖,王及妃皆興,再拜。受兩爵,飲訖,用巹飲如初。王及妃又再拜,徹饌。王脫冕服于房,妃從者受之。妃脫服于室,王從者受之。王入,燭出,妃從者餕王之餘,王從者餕妃之餘。

宋皇子納夫人同牢之禮,皆與唐同。

今擬國朝諸王納妃,就王宮寢殿,行同牢之禮,其詳見《同牢儀注》。

妃朝見

唐,王妃至宮之明日夙興,沐浴,著花釵、褕翟衣,至皇帝閤外。伺皇帝陞御座,北面再拜訖,奉笄、棗、栗,陞自西階,跪奠于御座前。尚食進徹。司賓引妃降,復位,再拜訖。尚儀承制,降,詣妃,宣敕訖,又再拜。司賓引妃詣皇后所御之殿,立于閤外,北面再拜訖,奉笄、腵脩,陞自西階,進跪,奠于皇后座前。尚食進徹。司賓引妃降,復位,再拜。尚儀承令降,詣妃,宣令訖,又再拜。

宋皇子納夫人,至宮之明日,朝皇帝、皇后。皇帝、皇后醴夫人,如宮中之儀。

今擬國朝王妃入宮明日,朝見皇帝、皇后,其詳見儀注。

盥饋

宋皇子夫人,既朝見之明日夙興,沐浴,服花釵、翟衣,至皇帝閣外。候皇帝進膳,北面,再拜訖,陞自西階,奉膳,進供于皇帝前,降,復位,再拜。又至皇后閣外,候皇后進膳,再拜,進膳如前。皇帝、皇后饗夫人,如宮中之儀。

今擬國朝王妃朝見之明日,詣皇帝、皇后,行盥饋之禮,其詳見儀注。

納采儀注

前一日,有司設使、副次于妃氏大門之外,設使副序立位于大門之東,西向,北上,設主昏者序立位于大門内之西,東向,設香案于廳上之正中設使副位于香案之東,西向,北上,設主昏者受制位于香案之南,北向,設贊禮位于廳下主昏者拜位之北,東西相向,設儐者二人位于贊禮之南,東西相向,設引使者二人位于廳上南楹之左右,東西相向。

其日,使者奉制執雁及禮物至妃氏第,儀仗、鼓吹分列于大門外之左右。使者下馬,引禮引入次,執事者陳禮物于大門之外。儐者引主昏者朝服,序立于大門外之西,東向。引禮引使者出次立于大門外之東,執雁者立于其南,皆西向。儐者進,受命出,詣使者曰:“敢請事。”使者曰:“奉制,某王之儷,屬于懿淑。使某行采擇之禮。”儐者入告。主昏者曰:“臣某之子,昧于閨儀。不足以備采擇。恭承制命,臣某不敢辭。”儐者出告訖。主昏者出迎使者于大門外。儐者引主昏者揖使者,先入,立于西階之下。引禮引使者入,執雁者後從,陞自東階,立于香案之東,執雁者立于其南,執事者陳禮物于庭。儐者引主昏者就拜位,北向,立定。贊禮唱鞠躬,拜,興,拜,興,平身。主昏者鞠躬,拜,興,拜,興,平身。儐者引主昏者陞自西階,至香案前。使者稱有制。儐者贊跪,主昏者跪。使者曰:"某奉制采擇。"執雁者以雁授使者,使者受雁,以授主昏者。主昏者跪,受雁,興,以授左右。儐者引主昏者降自西階,就拜位。贊禮唱鞠躬,拜,興,拜,興,平身。主昏者鞠躬,拜,興,拜,興,平身。贊禮唱禮畢。儐者引主昏者退,立于西,使者降自東階出。主昏者帥執事各收禮物。

問名儀注

納采禮畢。使者降立于中門外之東,西面,主昏者降立于西階下,東向。儐者進,受命出,詣使者前曰:"敢請事。"使者曰:"某既受命,將加諸卜筮。奉制問名。"儐者入告。主昏者曰:"制以臣某之子,可以奉侍某王。臣某不敢辭。"儐者出,告訖,入,引主昏者出迎使者于中門之外。儐者引主昏者揖使者,主昏者入門而左,使者入門而右,執雁者從入。主昏者立于西階之下,使者陞自東階,至香案前,西向立。執雁者立于其南,皆西向。儐者引主昏者就拜位。贊禮唱鞠躬,拜,興,拜,興,平身。主昏者鞠躬,拜,興,拜,興,平身。儐者引主昏者陞自西階,至香案前,北面立。使者稱有制。儐者贊跪,主昏者跪。使者宣制曰:"奉制問名。"主昏者曰:"臣某第幾女,某氏出。"執雁者以雁進,授使者。使者受雁,以授主昏者。主昏者跪,受雁,興,以授左右。儐者引主昏者自西階降,就拜位。贊禮唱鞠躬,拜,興,拜,興,平身。主昏者鞠躬,拜,興,拜,興,平身。贊禮唱禮畢。儐者引主昏者退,立于西。主昏者帥執事各收禮物。引禮引使者出至中門外。儐者出,請使者入,行飲食之禮畢,主昏者送于門外。

納吉儀注

前一日,有司于妃氏第陳設,如納采之儀。

其日,使者至妃氏大門外下馬,引禮者延入次,執事者陳禮物于大門之外。儐者引主昏者朝服,立于大門內之西,東面。引禮引使者出次立于大門外之東,執雁者立于其南。儐者進,受命出,詣使者前曰:"敢請事。"使者曰:"卜筮協從,使某告吉。"儐者入告。主昏者曰:"臣某之子惷愚[①],弗克堪,占覘之吉,臣與有幸。臣謹奉典制。"儐者出告訖,入,引主昏者出迎于大門之外。儐者引主昏者揖,主昏者入門而左,使者入門而右,執雁者從入。主昏者立于西階之下。引禮引使者陞自東階,立于香案之東,執雁者立于其南,執事者各陳禮物于庭。儐者引主昏者就拜位,北向立定。贊禮唱鞠躬,拜,興,拜,興,平身。主昏者鞠躬,拜,興,拜,興,平身。儐者引主昏者陞自西階,至香案前,北向立。使者稱有制。儐者贊跪,主昏者跪。使者宣制曰:"奉制告吉。"執雁者以雁進,授使者。使者受雁,以授主昏者。主昏者跪,受雁,興,以授左右。儐者引主昏者降自西階,就拜位。贊禮唱鞠躬,拜,興,拜,興,平身。主昏者鞠躬,拜,興,拜,興,平身。贊禮唱禮畢。儐者引主昏者退,立于西。引禮引使者出至中門外。儐者出,請使者入,行飲食之禮畢,主昏者送于門外。

納成儀注

前一日,有司于妃氏第陳設,如納采之儀。

---

① "惷",原無,據本書卷二六《嘉禮十·皇太子納妃》補。

其日，使者承制奉玄纁玉帛至妃氏第，儀仗分列于大門外之左右。引禮引入次，執事者陳禮物于大門外，設玉帛案于正中。儐者引主昏者立于大門內之西。引禮引使者出次，立于大門外之東。儐者進，受命出，詣使者前曰："敢請事。"使者曰："某王之儷，卜既協吉。制使某以儀物告成。"儐者入告。主昏者曰："奉制賜臣以重禮，臣某謹奉典制。"儐者出告，入，引主昏者出迎于大門外。儐者引主昏者揖使者入，主昏者立于西階之下。引禮引使者陞自東階，立于香案前之東。舉案者舉玉帛案，由東階陞，置于香案之南，奉玉帛者立于使者之南稍後，西向，舉案者退立于西。儐者引主昏者就拜位。贊禮唱鞠躬，拜，興，拜，興，平身。主昏者鞠躬，拜，興，拜，興，平身。儐者引主昏者陞自西階，至香案前。使者稱有制。儐者贊跪，主昏者跪。使者宣制曰："奉制告成。"奉玉帛者詣案，取玉帛，進授使者。使者受玉帛，以授主昏者。主昏者跪，受玉帛，興，以授左右。儐者引主昏者降自西階，至拜位，立定。贊禮唱鞠躬，拜，興，拜，興，平身。主昏者鞠躬，拜，興，拜，興，平身。贊禮唱禮畢。儐者引主昏者退，立于西。諸執事各收禮物。引禮引使者出至中門外。儐者出，請使者入，行飲食之禮畢，主昏者送于門外。

請期儀注

其儀，與納吉同。惟使者宣制"某月某日涓吉，制使某告期"。主人答曰"謹奉命"。

遣使奉册儀注

其儀，與皇太子納妃同。

醮戒儀注

前期,内使監設御座于奉天殿如常儀,侍儀司設親王次于奉天殿東耳房内,設親王席位于奉天殿之西,東向,設司爵内使二人于席位之左右,司饌内使二人于司爵之東,皆相向,設親王受醮戒位于御座之南,北向,設親王拜位于丹陛上,北向,設王府官拜位于丹墀之兩旁,重行北向,設贊禮二人位于親王丹陛上拜位之北,東西相向,知班二人位于贊禮之南,東西相向,設文武百官侍立位于文武樓之北,東西相向,設引文武班舍人四人位于文武官之北,東西相向,設引文武班四人位于文武班之北稍後,東西相向,將軍二人位于殿上簾前,東西相向,將軍六人于奉天門之左右,東西相向,又將軍四人位于丹陛上之四隅,東西相向,又將軍六人位于奉天殿之左右,東西相向,鳴鞭四人于丹陛上,北向,儀鸞司、光禄寺官對立位于奉天殿門之左右,東西相向。

是日,金吾衛陳設軍仗于午門外之東西,旗仗于奉天門外之東西,儀鸞司陳設儀仗于丹陛丹墀之東西,和聲郎設樂于丹墀之南。備而不作。

是日未明,王府侍從官導從親王至次,諸執事者各就位。引進啓親王具衮冕服。侍儀奏外辦。御用監奏請皇帝服通天冠、絳紗袍,御輿以出,侍儀侍從、警蹕如常儀。皇帝將出,仗動,陞御座。將軍捲簾,鳴鞭。司晨郎雞唱,報時訖。引進引親王衮冕,由東陛陞,至丹陛位,北面立定。贊禮唱鞠躬,拜,興,拜,興,拜,興,拜,興,平身。親王鞠躬,拜,興,拜,興,拜,興,拜,興,平身。贊禮唱鞠躬,拜,興,拜,興,拜,興,拜,興,平身。王府官鞠躬,拜,興,拜,興,拜,興,拜,興,平身。引進引親王由奉天殿東門入，就席位，東向立。司爵內使斟酒，以醆進授親王。親王跪，搢圭，受醆，祭酒少許，以醆授內使。內使跪，受醆。司饌內使以饌進，授親王。親王跪，受饌，以饌授內使。內使跪，受饌，置于席，興，立于親王之左。引進啓親王興。引進啓就席坐，飲食訖。引進引親王立于御座前，北向。引進啓跪，親王跪。皇帝命之曰："往迎爾相，承我宗事，勗帥以敬。"親王曰："臣某謹奉制旨。"引進啓俯伏，興。親王俯伏，興。引進引親王由東門出，至丹陛上拜位，立定。贊禮唱鞠躬，拜，興，拜，興，拜，興，拜，興，平身。親王鞠躬，拜，興，拜，興，拜，興，拜，興，平身。贊禮贊禮畢。皇帝降座，還宮。引進引親王由東階降，退出。文武百官以次出。

親迎儀注

前一日，有司設親王次于妃氏大門之外，南向，又設王府官次于親王次之南，東西相向，設親王序立位于大門外之東，西向，又設親王奠雁位于閤門外，北向，設主昏者立位于閤門外之西，東向。

其日質明，妃父具酒脯，告于家廟。

親迎前三刻，王府官具朝服，陳鹵簿、鼓吹于王府門外。典儀啓請王具袞冕服，王府官捧寶，詣閤奉迎，拱衛司進金輅于王府內。王具冕服。引進啓陞輿，王乘輿以出，侍御導從如常儀。至府門，引進啓降輿，乘輅。王降輿，陞輅。輅動，王府官以下皆從，執雁者奉雁從其後。王至妃氏大門外，回轅，南向，鹵簿、鼓吹分列于左右。王府官皆下馬。引進啓降輅，乘輿。王降輅，陞輿，侍從導引至次。引進啓降輿，王降輿，入就次。王府官各就次。王將至，主昏者設會宴女。王既入次，宮人、傅姆啓妃服褕

翟、花釵,前後擁護,出就閤內位前,南向立。傅姆立于妃之左
右,宮人、內侍分立于其後。主昏者具朝服,陞自西階下。

引進引王出次,立于大門之東,西向,左右侍御如常儀。儐
者朝服,進,受命,出立于門東,西面曰:"敢請事。"引進跪啓王。
王曰:"某奉制親迎。"引進受命,興,傳于儐者。儐者入告,引主
昏者出迎王于大門外之西,東向。儐者唱鞠躬,拜,興,拜,興,平
身。主昏者鞠躬,拜,興,拜,興,平身。王答禮拜,興,拜,興,平
身。引進引王入門而左,主昏者入門而右,執雁者從入。引進引
王陞東階,進立于閤門戶前,北向。主昏者陞自西階,立于閤門
外之西,東向。引進啓跪,王跪。引進啓奠雁。執雁者以雁,西
向跪,授王。王搢圭,受雁,以授主昏者。主昏者搢笏,跪,受雁,
興,以授左右,退,立于西。引進啓出圭,俯伏,興,平身。王出
圭,俯伏,興,平身。引進啓鞠躬,拜,興,拜,興,平身。王鞠躬,
拜,興,拜,興,平身。引進引王降自東階出,至次以俟。主昏者
不降送。初,王入門,妃母出立于門外王奠雁位之西,南向。王
拜訖,宮人、傅姆導妃出,立于母左。主昏者進,命之曰:"戒之敬
之,夙夜恪勤。毋或違命。"母命之曰:"勉之勉之,爾父有訓,往
承惟欽。"庶母申之曰:"恭聽父母之言。"宮人、傅姆擎執,導從出
門。司閨啓妃陞輿,出中門。司閨啓妃降輿,乘厭翟車。所司陳
列鹵簿如式。妃將出,引進啓請王陞輅。輅動,王府官皆上馬從
行,如來儀。王車輅至王府門外,侍從官皆下馬。王車輅至門
內,引進啓降輅,乘輿。王降輅,陞輿以入。侍從官從至閤,引進
啓降輿,王降輿,入閤以俟。

同牢儀注

前一日,内使監設妃次于王府内殿之西,南向,司闈設幄于内殿之正中,設王之座于幄中之東,西向,設妃座于幄中之西,與王座相對,設王洗一于殿之東,司巾宫人一人位于洗南,司盥宫人一人位于洗北,皆西向,設妃洗一于殿之北,司巾宫人一人位于洗南,司盥宫人一人位于洗北,皆東向,設酒案于幄之南正中,陳酒樽于案上,設四爵、兩卺于酒樽之北,<small>爵、卺,皆以今酒器代之。</small>又設食案二于酒樽之北。

其日晡後,妃車輅將至。内使監于内殿大次前設步障、地衣至幄内。伺妃輅入王府門,鹵簿分列于門内外,傅姆及宫人皆下輦,各擎執擁護入。至内殿前,司闈啓請降輅,乘輿。妃降輅,陞輿,宫人侍從如前儀。至幄次前,司闈啓請降輿,妃降輿,執繖、扇、燭籠宫人布列前後。傅姆導引妃入次整飾。司闈引妃出,立于内殿西階之下,東向。内侍引王揖妃以入。王先陞,司闈導妃後陞入内殿。内侍引王就洗位。内侍啓沃手,宫人酌水,王盥手。内侍奏帨手,宫人以巾進,王帨手。内侍啓請王就座前,西向立。王盥手時,司闈啓請妃至盥洗所。司闈啓盥手,宫人酌水,妃盥手。司闈啓帨手[①],宫人以巾進,妃帨手。司闈啓請妃就座前,東向立。内侍、司闈各啓請王及妃,皆就座。王侍從立于幄東,妃侍從立于幄西。司饌宫人舉食案進,供于王及妃之前。司饌以饌進,王及妃皆食訖。司饌各徹饌。司醞宫人取爵酒進,供于王、妃。王、妃皆飲訖。司醞各徹虛爵。司饌

---

① "手",原作"于",據嘉靖本改。

再以饌進，王、妃各饌訖，徹饌如前。司醞再取爵酒以進王、妃，王、妃各飲訖。司醞徹爵如初。王、妃三饌訖，司醞取巹，酌酒以進王，王受巹，司醞取巹，酌酒以進妃，妃受巹。各飲訖，司醞徹虛巹。內侍啓禮畢。王及妃皆興。內侍及內使監官、宮人等導從王入宮，司闈及傅姆、宮人等導從妃入宮。內侍啓請王更禮衣，司闈啓請妃服常服。王從者餕妃之饌，妃從者餕王之饌。

妃朝見儀注

其日，妃夙興沐浴，服褕翟、首飾畢。司闈啓請出閤，宮人、內侍等導從妃出閤。至內宮門，司闈啓請乘輿，妃乘輿以出。至內東門，司闈啓請降輿，內使及傅姆導引妃入宮，障扇侍從如常。至內殿階下，內使監令入奏。皇帝服通天冠、絳紗袍即御座，南向，左右侍從如常。司闈引妃入，詣庭前，北面立。內贊贊拜，興，拜，興。妃拜，興，拜，興。司闈引妃自西階陞，宮人奉棗、栗同陞。至御座前，宮人以棗、栗進，授妃。妃受棗、栗，進奠于御座前。尚食進徹以東。司闈引妃降自東階，復位，北面立。內贊贊拜，興，拜，興。妃拜，興，拜，興。內贊贊禮畢。司闈啓請妃至皇后殿，傅姆、宮人等導從如前。至皇后所御殿，立于閤門之外。尚宮奏皇后褘衣、首飾，即南向座，左右侍御如常儀。司闈引妃入，詣殿庭位，北面立。內贊贊拜，興，拜，興。妃拜，興，拜，興。司闈引妃由西階陞，宮人奉腶脩以從。至皇后御座前，北面立。宮人奉腶脩進，授妃。妃受腶脩，進供于皇后座前。尚食進徹以東。司闈引妃降，復位。內贊贊拜，興，拜，興。妃拜，興，拜，興。內贊贊禮畢。傅姆導妃退。皇帝、皇后醴妃,如宮中之儀。

盥饋儀注

其日,妃夙興沐浴,服褕翟衣、首飾。司闈啓請出閣,宮人、內侍、傅姆等導從妃出閣。至內宮門外,司闈啓乘輿妃乘輿以出。至內東門,司闈啓請降輿,內使及傅姆導引妃入宮,障扇侍從如常儀。至皇帝閣外,候皇帝進膳。司闈引妃入,立于庭北面。內贊贊拜,興,拜,興。妃拜,興,拜,興。司闈引妃陞自西階,至御座前。尚食宮人以膳進,授妃。妃受膳,進供于皇帝前。司闈引妃降自西階,復位。內贊贊拜,興,拜,興。妃拜,興,拜,興。內贊唱禮畢。司闈啓請至皇后殿,傅姆、宮人、內侍等引妃詣皇后所御殿,立于閣外。候皇后進膳,司闈引妃入立于庭北面。內贊贊拜,興,拜,興。妃拜,興,拜,興。司闈引妃由西階陞,至皇后前。尚食宮人以膳進,授妃。妃受膳,進供于皇后前。司闈引妃降自西階,復位。內贊贊拜,興,拜,興。妃拜,興,拜,興。內贊唱禮畢。司闈引妃出閣。皇帝、皇后饗妃,如朝見之儀。

謁廟儀注

儀見《册拜篇》。

臨軒遣使圖

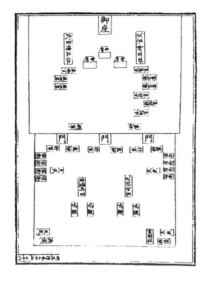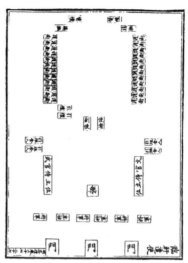

納采圖 問名納吉納成請期同

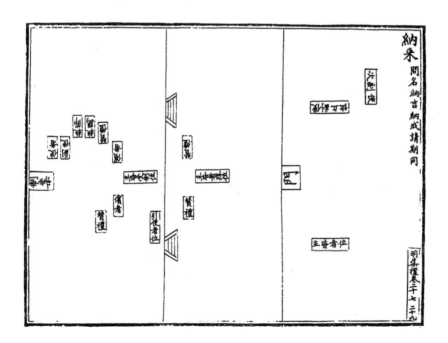

朝見圖_{盥饋同}

朝見圖盥饋同

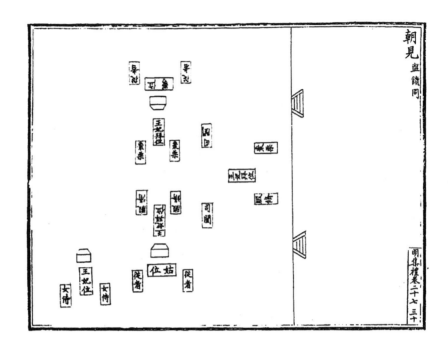

公主出降

總序

　　古者，天子嫁女，不自主昏，以同姓諸侯主之，故曰公主。春秋莊公元年，築王姬之館于外，此天子嫁女而魯爲之主也。

　　秦代因之，亦曰公主。

　　兩漢之制，帝女稱公主，帝姊妹爲長公主，皆以列侯尚之。

　　魏武帝以金鄉公主適駙馬都尉何晏。

　　唐皇姑爲太長公主，亦謂之長公主，姊妹爲長公主，女爲公主。公主下嫁，則以親王爲主昏。凡尚主，亦拜駙馬都尉。其受聘禮，皆于光順門外。公主至夫家，朝見舅姑，行盥饋禮。

宋初，公主下嫁，選婿召見，即拜駙馬都尉，賜玉帶、襲衣，謂之繫親。出降，則賜甲第。婿家行五禮，皆令掌昏者于内東門納表。婿至東華門親迎。公主至婿家之明日，謁見舅姑。又明日，行盥饋之禮。

今擬國朝公主下嫁，令掌昏者于内東門行五禮。至期，婿服朝服，詣東華門親迎。公主至婿第之明日，謁見舅姑。又明日，盥饋。

今具其儀，以著于篇。

冠服

漢公主冠服，大手髻、簪珥，服純縹上下。其長公主首服，加步搖。

魏公主，大手髻、七鈿蔽髻、簪珥。長公主，得加步搖。其服以文繡。

齊公主，大手髻、繡衣裳、黃綬，長公主則紫綬。

唐公主出降，服花釵、褕翟衣、纁袖。

宋公主出降，首飾花九樹，服褕翟。

今擬國朝公主出降，服九翬四鳳冠、褕翟衣，其詳具《册拜篇》。

車輅　册　印

並見《册拜篇》。

禮物

魏制，公主嫁禮，用絹一百九十四。

晉用絹三百匹。

北魏，南陽公主嫁蕭寶寅，賜絹一千，並給禮具。

宋公主聘，其進財函書一、玄纁五、錦三、五色綾羅十、押函馬二、羊百、酒百、紅綾絹二百、花二十罩、脂粉二百盞、銀果六百、臘麵茶二百斤、花餅二十事、金銀勝百合、銀錢二十千、頭䯻紅羅百匹、金釵釧十雙、金纏二副、真珠翠毛玉釵六頭、真珠琥珀玉水精瓔珞五、項面花耳環百一十、綴珠銷金盤金繡畫衣二十襲、錦綺羅綾紗縠千匹、塗金銀器二千兩、生綾二千匹、錢二千貫、金合二，重三百兩。

今擬國朝公主出降，遣使奉册及公主受册，其儀並見《册拜篇》。

納采　問名

唐公主將出降，以親王主昏，于光順門外設次，行五禮。婿家遣使者奉雁及禮物，至光順門外所設次。主昏者立于門內東階下。使者曰：“朝恩覼室于某公之子某公。有先人之禮，使某也，謹納采。”主昏者曰：“敢不敬從。”使者陳雁，主昏者受雁訖。使者出，再奉雁入。主昏者還，立阼階之上，西面曰：“皇帝第某女封某公主。”使者陳雁，主昏者受雁訖。使者出。主昏者禮使者于戶、牖之間，贈之筐幣及兩馬。辭曰：“吾子爲事，故至于寡人之室。寡人有先皇之禮，請禮從者。”禮畢，使者還。

宋公主下降，婿家具雁及禮物，修表，向闕再拜訖，奉舉以行，表在前，禮物次之，掌昏者在後。入東華門，至內東門，掌昏者跪，摺笏，以納采表授內謁者，進入訖。掌昏者出次，西向立。又以問名表，跪授內謁者，進入。諸捧輿者以次出。

今擬國朝公主下嫁，婿家備禮物、表文，于家庭望闕，再拜
訖。掌昏者奉舉至東華門。次行納采、問名禮，餘見儀注。

納吉

唐公主出降，婿家既卜吉。使者奉雁至光順門次。儐者出，
請事。使者曰："加諸卜占曰吉，使某也納吉，敢告。"主昏者曰：
"某公有吉，寡人與在焉。寡人不敢辭。"使者陳雁，主昏者受雁，
禮使者，如問名之儀。

宋，婿家具禮物，用雁，修表，陳于廳事。掌昏者公服，省視
訖，置于綵輿。設香案于庭中。掌昏者率婿向闕，再拜訖，奉舉
以行。至內東門外，以納吉表，跪授內謁者，進入。

今擬國朝公主下降，婿家既卜吉，備禮物、表文陳于庭，望
闕、再拜。掌昏者奉至東華門。次行納吉禮，詳見《納吉儀注》。

納徵

唐，婿家既納吉，命使者奉玄纁束帛玉、馬至光順門外次，以
玄纁束帛陳于幕上，奉玉于幕東。使者曰："朝恩貺室，于某公之
子。某公有先人之禮，使某也。以玉帛乘馬，請納徵。"主昏者
曰："某公順先典，貺以重禮。寡人敢不承命。"餘如納吉之儀。

宋，前一日，婿家具玉幣、禮物、表文進納，如納吉之儀。

今擬國朝公主出降，婿家具玄纁、玉、馬、表文及他禮物，命
掌昏者奉至東華門，行納徵之禮，詳見儀注。

請期

唐，婿家既納徵，命使者捧雁至光順門外次，曰："朝恩有賜，

既申受命。某公使某請吉日。"主昏者曰:"寡人既前受命,惟命是聽。"使者曰:"某公命某聽命于王。"主昏者曰:"寡人固惟命是聽。"使者曰:"某公使某受命于王。王不許,某敢不告。期曰某日。"餘並如納徵之儀。

宋制,前一日,婿家具禮物、用雁、修表進納,其儀皆與納徵同。

今擬國朝公主下降,婿家具禮物、表文詣東華門請期,詳見儀注。

親迎

唐制,婿將親迎,婿父告廟醮子訖,子再拜,降,出乘輅,備儀仗,詣主昏者第。主昏者禮公主。公主服花釵、褕翟、纁袡。主昏者立東階,婿入再拜,奠雁。出姆導公主出。主昏者戒之曰:"戒之敬之。夙夜無違命。"主婦戒之曰:"勉之敬之,夙夜無違。"婿乘輅先還第。公主陞輅,備鹵簿後行。

宋,婿父告于禰廟訖,醮子于廳事,命之曰:"往迎爾相,以惠宗祐。"子再拜曰:"祇承嚴命。"又再拜,出,乘馬,至東華門。有司陳公鹵簿儀仗于門外[①]。公主陞厭翟車。婿出次于內東門,內陳雁。公主陞車,婿再拜,先還第。

今擬國朝公主下降,婿將親迎,婿父醮戒訖。婿乘馬至東華門內,行親迎之禮其禮,詳見儀注。

同牢

唐公主下降,至婿家,行同牢禮,如親王之儀。

---

① "公"後疑脫"主"字。

宋，婿親迎回至本第下馬，以候公主。至公主降車，贊者引婿揖公主，入及寢門，婿導公主陞階，扇、燭陳列。贊者引公主入于室。婿盥于南洗，公主盥于北洗。贊者設酒饌，婿及公主即座飲食，遂薦饌，再飯，三飯畢。婿及公主興，皆再拜入。

今擬國朝公主下降，至婿家，行同牢禮，詳見同牢儀注。

見舅姑

唐，公主出降之明日，夙興沐浴，著花釵，服褕翟。舅服公服，西向坐，姑著鈿釵、禮衣，南向坐。公主陞自西階，東面，再拜，跪進棗、栗于舅前，退，北面，再拜，跪進腶脩于姑前訖，又再拜。舅姑設醴公主席于姑席之西，少北，南向。醴訖，姑先降自西階，公主降自東階。

宋，公主夙興，著花釵，服褕翟以候見。贊者設舅姑位于堂上，舅位在東，姑位在西。舅姑俱服其服。公主陞自西階，詣舅位前，再拜，奉棗、栗以進訖，又再拜。次奉腶脩，至姑位前，又再拜。舅姑醴公主，如前儀。

今擬國朝公主出降之明日，服褕翟、花釵、首飾，以見舅姑，其儀詳見儀注。

盥饋

唐，公主盥饋以少牢，公主服其服，如見禮，盥饋舅姑訖，舅姑設公主席于舅姑席東北，南向，以醴之。

宋，公主盥饋之禮，設舅姑位于堂上，東西相向，俱即座。女相者引公主陞自西階，進詣舅姑之東。贊者以饌進公主，置于舅姑位前。贊者加匕箸。舅姑俱食畢，公主各再拜。設饗婦位于

姑位之北,少東,西向。女相者引公主立于座之西。贊者舉饌置
于位前,加以匕箸。公主即座食畢,再拜,降階,退。

今擬國朝公主,既見舅姑之明日,行盥饋之禮,詳見儀注。

納采問名儀注

公主將出降,奉制擇婿訖,令某王或某官爲掌昏。

至期,掌昏者先具納采時日,奏聞訖。

前一日,婿家設香案于正廳南向設表案于香案之北,設掌昏
者立位于香案之東,設婿父拜位于廳下正中,北向,婿拜位于其
後,設贊禮二人位于婿父拜位之北,東西相向,設婿父進表位于
香案之南,北向,設奉表執事位于進表案之西,東向。至日,以表
置于案陳雁,及他禮物于廳,設奉表綵輿于大門之正中。掌昏者
服朝服,省視訖,立于香案之東。引禮引婿父及婿服朝服,就拜
位,北向立。贊禮唱鞠躬,拜,興,拜,興,拜,興,拜,興,平身。婿
父及婿皆鞠躬,拜,興,拜,興,拜,興,拜,興,平身。引禮引婿父
陞自西階,至香案前,北向立。引禮唱跪婿父跪。贊禮唱跪,婿
亦跪。引禮唱上香,上香,三上香。婿父三上香訖。引禮唱進
表。奉表執事詣案,取納采表,跪進于婿父之左。婿父受表,以
授掌昏者。掌昏者跪,受表,興,復置于案。執事者復詣案,取問
名表,跪進于婿父之左。婿父受表,以進掌昏者。掌昏者跪,受
表,興,復置于案。引禮唱俯伏,興,平身。贊禮唱俯伏,興,平
身。婿父及婿皆俯伏,興,平身。引禮引婿父降自西階,復位,北
向立。贊禮唱鞠躬,拜,興,拜,興,拜,興,拜,興,平身。婿父及
婿皆鞠躬,拜,興,拜,興,拜,興,拜,興,平身。贊禮唱禮畢。引
禮引婿父及婿退,立于西。掌昏者奉表先行,執事者奉雁及他禮

物以次行，婿父及婿從其後。至大門外，以表置綵輿中，奉舉以行，表在前，禮物次之，掌昏者乘馬行于後。至東華門，下馬，及內東門外。以表輿及禮物陳列，如儀以伺。引禮引掌昏者立于門之右。內使監令出立于門之左。掌昏者進，詣內使前曰：“朝恩䁥室于某公之子。某公習先人之禮，使臣某請納采。”執事者就綵輿取納采表，跪，授掌昏者。掌昏者搢笏，跪，受表，以授內使。內使跪，受表，興，奉表進，入于內殿，執雁及禮物者從入。掌昏者退，就次以伺。內使將出，掌昏者復立于內東門之西。內使出，掌昏者進，詣內使前曰：“將加卜筮，使臣某問名。”執事就案取問名表文①，跪，授掌昏者。掌昏者跪，受表，以進內使。內使跪，受表，興，奉表進，入于內殿。執雁及奉禮物者從入，掌昏者立以候。內使出曰：“有制。”贊禮唱跪，掌昏者跪。內使宣制曰：“皇帝第幾女，封某公主。”宣訖。贊禮唱俯伏，興，平身。掌昏者俯伏，興，平身。贊禮引掌昏者入，就次，賜宴訖，掌昏者還。諸捧輿者以次出。

納吉儀注

前一日，婿家陳設香案及拜位，一如納采之儀。至日，進表及禮物。掌昏者進至內東門外。既至，掌昏者進詣內使前曰：“加諸卜筮，占曰從吉。謹使臣某敢告。”執事者取表，掌昏者進表，皆如納采問名之儀。

納徵儀注

前一日，婿家陳設香案、表案及拜位，一如納吉之儀。

---

① “文”字疑衍。

其日，又設玉帛案于表案之南，以表及玉帛置于案，陳禮物于廳事，設表輿及玉帛輿于大門外之正中，掌昏者服朝服，省視訖，立于香案之東。引禮引婿父及婿，各服公服就，拜位立定。贊禮唱鞠躬，拜，興，拜，興，拜，興，拜，興，平身。婿父及婿皆鞠躬，拜，興，拜，興，拜，興，拜，興，平身。引禮引婿父陞西階至香案前。引禮唱跪，婿父跪。贊禮唱跪，婿亦跪。引禮唱搢笏，上香，上香，三上香。婿父搢笏，三上香訖。執事者詣案取表，跪，授婿父之左。婿父受表，跪，進于掌昏者。掌昏者跪，受表，興，復置于案。執事者復詣案，取玉帛，跪，授婿父。婿父受玉帛以進，授于掌昏者。掌昏者跪，受玉帛，興，復置于案。引禮唱俯伏，興，平身。婿父俯伏，興，平身。贊禮唱俯伏，興，平身。婿俯伏，興，平身。引禮引婿父降自西階，就拜位，立定。贊禮唱鞠躬，拜，興，拜，興，拜，興，拜，興，平身。婿父及婿皆鞠躬，拜，興，拜，興，拜，興，拜，興，平身。贊禮唱禮畢。引禮引婿父及婿退，立于西。掌昏者奉表，執事者奉玉帛及禮物出。婿父及婿送至大門外。掌昏者以表及玉帛，各置綵輿中，奉舉以行，表輿在前，玉帛次之，禮物又次之，掌昏者乘馬行其後。至東華門，下馬，入內東門外，以表輿及禮物陳列如儀。引禮引掌昏者立于門之右，內使出立于門之左。掌昏者進，詣內使前曰："朝恩覼室于某公之子，某公有先人之禮，使臣某以束帛、乘馬納徵。"執事者就綵輿，取表，跪，授掌昏者。掌昏者搢笏，跪，受表，以授內使。內使跪，受表，興。引禮唱俯伏，興，平身。掌昏者俯伏，興，平身。內使奉表進，入于內殿，執玉帛禮物者從入。掌昏者退，就次以伺。內使出引掌昏者就次，賜宴訖，掌昏者還。諸奉輿者以次出。

請期儀注

儀與納吉同,其辭曰:"某公命臣謹請吉日。"

親迎儀注

前一日,內使監設婿次于內東門內,又設皇帝皇后醴女位于內殿,皆南向,設公主受醴位于御座之南,北向。

其日,婿服公服告廟曰:"國恩覭室于某_{婿名},以某日親迎,敢告。"子將行,父醮于廳曰:"往迎爾相,承我宗事。勖帥以敬先妣之事,若則有常。"婿再拜,降,出乘馬。備儀仗執雁及禮物者後從。至東華門,下馬。入至內東門內,執雁者及奉禮物者各陳禮物于庭。婿將至,內使延入次。

其日,皇帝、皇后醴女,如宮中之儀。禮部陳設公主鹵簿、儀仗、車輅、鼓吹于內東門外。內使監令奏請皇帝、皇后即御座。皇帝服通天冠、絳紗袍,皇后服首飾、褘衣,陞御座,左右侍從如常儀。保姆、內侍、侍女等奉公主著花釵、褕翟,出閤,就御座前,北向立。傅姆二人立于公主之左右,侍女侍立于公主之後。傅姆贊拜,興,拜,興,拜,興,拜,興。公主拜,興,拜,興,拜,興,拜,興。皇帝戒之曰:"戒之敬之,夙夜無違命。"皇后戒之曰:"勉之敬之,夙夜無違。"公主受命訖。保姆又贊拜,興,拜,興,拜,興,拜,興。公主拜,興,拜,興,拜,興,拜,興,保姆。及侍女導引公主降階,內命婦及宮人、內侍送至內殿門外。侍女請公主乘輿,公主陞輿。侍女執繖扇,擁護至內東門。侍女請降輿,陞輅。公主將陞輅,內使引婿出次,立于內東門內。執事者執雁立于後。候公主陞輅,執雁者以雁跪授婿。婿受雁,跪,進于內使。內使

跪,受雁,以授左右。贊禮唱俯伏,興,拜,興,拜,興,平身。婿俯
伏,興,拜,興,拜,興,平身。内使引婿先出乘馬,還第。公主鹵
簿、車輅後發。内外命婦及宮人應送者,乘輦後從,如常儀。

同牢儀注

公主至婿家,行同牢之禮。前一日,婿家設公主次于寢室之
外,設幄于寢室正中,設婿座于幄西,東向,設公主座于幄東,西
向,設公主巾洗于寢室之北,設婿巾洗于寢室之南,設酒案于寢
室南楹正中,設酒樽于案上,設四爵、兩卺于酒樽之北,爵、卺皆以今
酒器代之。設食案二于酒案之北。

其日初昏,公主車輅將至侍女于内門之内,設步障至寢室。
公主至婿第,鹵簿分列于大門之外。傅姆及侍女皆下輦。至大
門内,保姆請公主降車,陞輿。公主降車,乘輿,障以行幄,侍女
執織扇遮護。至寢室前,保姆請降輿。公主降輿。保姆導引公
主入次,整飾。贊者引婿禮迎至次前。保姆、侍女等引公主出
次。婿揖公主,入寢門。至階,婿導公主陞階。執扇者陳列于前
後。入室,侍女引公主至北洗盥手,婿從女沃之。侍女引婿至南
洗盥手,公主從女沃之。盥手訖,司儀引公主、婿各就座。婿從
者立于幄西,公主從者立于幄東。侍女各舉食案,進供于婿及公
主之前。侍女各以饌進,婿及公主進饌畢,侍女徹饌,以爵斟酒
進于婿及公主,飲畢,侍女再以饌進,婿及公主饌畢,徹如前,侍
女再取爵酒以進,婿及公主飲畢,徹爵如初,婿及公主三饌畢,侍
女取卺酌酒以進,婿及公主各受卺,飲畢,侍女徹虛卺。司儀請
婿及公主皆興。保姆及侍女導引婿及公主入閣更衣。公主使者

餕婿之餘，婿從者餕公主之餘，從者皆女人[①]。

公主見舅姑儀注

其日夙興，公主著花釵，服褕翟，侍御如常，以見舅姑。執事者設舅姑位于堂上，東西相向，舅位在東，姑位在西。舅服朝服，姑服鈿釵、禮衣，各就位後，東西相向立。保姆引公主陞自東階，至舅位前，東向立。司儀唱拜，興，拜，興。公主拜，興，拜，興。侍女奉棗、栗，進授公主。公主受棗、栗，置于舅位前。舅即座。執事者進徹以東。保姆引公主退，復位。司儀唱拜，興，拜，興。公主拜，興，拜，興。保姆引公主詣姑位前，西向立。司儀唱拜，興，拜，興。公主拜，興，拜，興。侍女奉腶脩，進授公主。公主受腶脩，置于姑座前。姑即座。內執事者進徹以東。保姆引公主退，復位。司儀唱拜，興，拜，興。公主拜，興，拜，興。司儀唱禮畢。舅姑醴公主，如後儀。

醴婦儀注

公主見舅姑禮畢，侍女設公主位于姑位之北，少西，東向。保姆引公主立于其位之西。侍女注酒于醴，進授公主。公主東面，受醴，置于案。侍女奉饌，置于公主位前。公主即座，飲食訖。司儀請降座。公主降座，司儀引入閤。

盥饋儀注

公主見舅姑之明日，行盥饋之禮。其日，設舅姑位于堂上，

---

① 此句疑有誤。

舅位在東，姑位在西。又設公主位于姑位之北，少西，東向。舅姑服其服，各就座。公主服花釵、翟衣。保姆、侍女導從，至舅姑所，北面立。司儀唱拜，興，拜，興。公主拜，興，拜，興訖。侍女以饌進，授公主，公主受饌，進供于舅位前。侍女再以饌進公主，公主受饌，進供于姑位前。舅姑俱食畢。公主退，就位。司儀唱拜，興，拜，興。公主拜，興，拜，興訖。保姆導引公主就座。侍女奉饌，供于公主前，加以匕箸。公主食畢。保姆請公主興，詣舅姑前。司儀唱拜，興，拜，興。公主拜，興，拜，興訖，退，入閤。

饗丈夫婦人送者

主人饗丈夫送者，主婦饗婦人送者，皆如常儀。

臨軒遣使圖

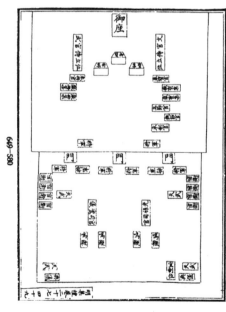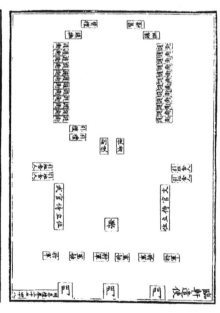

納采圖問名納吉納成請期同

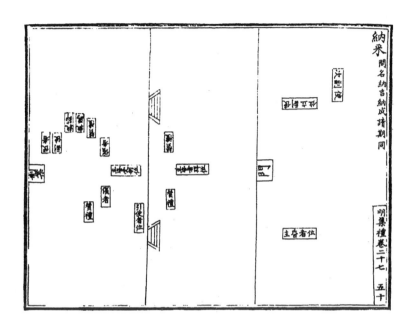

見舅姑圖

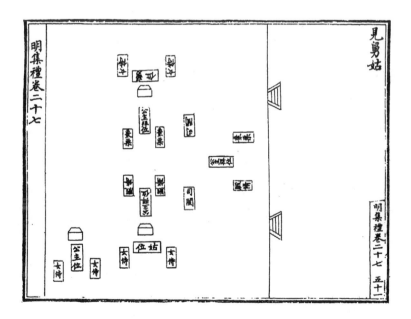

大明集禮卷二八

嘉禮十二

婚禮①

品官昏禮

總序

周制，昏禮下達，凡公侯、大夫、士之昏娶，皆行六禮。

漢平帝詔劉歆定公、卿、大夫、博士、郎吏家屬，皆以禮娶迎，立軺、并馬。立軺，小車。并馬，儷馬。

後漢鄭衆定百官昏娶，亦行六禮。

唐百官昏儀，以三品以上、五品以上、六品以下爲降殺。其日，主人會賓客，饗送者。婦至之明日，謁見舅姑。又明日，行盥饋之禮。舅姑饗婦，如常儀。

宋品官昏儀，六禮皆與唐同。其日，主人饗送者，姑饗婦人送者。婦至之明日，謁見祖禰。又明日，見舅姑，行盥饋禮。舅

---

① 標題"婚禮"，原無，據本書目録補。

姑饗婦，如唐儀。

今擬國朝品官昏儀，先遣媒氏通書，次遣使及媒氏，行六禮。婦至婿家，主人宴饗送者。明日謁見祖禰訖，次見舅姑，行盥饋之禮。舅姑饗婦，如家人之儀。今具其儀，以著于篇。

冠服

《儀禮》：大夫以上，親迎，冕服、纁裳。士，親迎，爵弁、纁裳、緇袘。袘，以豉切。緇袘，謂緣以緇。女純衣、纁袡。袡，汝占切，緣也，以纁緣其衣也。婦見舅姑，則纚笄、宵衣。纚，所買切，致髮纚也。笄，今簪也。宵讀爲綃，繒之屬。

唐品官娶婦，皆用本職冕服，一品袞冕，二品鷩冕，三品毳冕，四品繡冕，五品玄冕。婦服花釵、翟衣，一品花釵九樹、翟九等，二品花釵八樹、翟八等，三品花釵七樹、翟七等，四品六樹、六等，五品五樹、五等，六品以下花釵、大袖之服。品官子娶婦，三品以上有公爵者，其嫡子昏，聽假以四品冕服，五品以下、九品以上，假以爵弁。婦服花釵、大袖，女嫁亦同。

宋品官娶婦，其服皆與唐同。

國朝品官昏禮，各用本職朝服，婦服花釵、翟衣，各隨夫之本品服。其三品以上子婚，假五品服；五品以上子，假七品服；六品以下子，假八品服，女服同。

車輅

《儀禮·士昏禮》：迎乘墨車，婦車亦如之。注：墨車，漆車也。大夫乘棧車。《士昏禮》而乘墨車，攝盛也。又曰：士妻之車有裧。裧，昌占切，車裳帷也。

後漢昏禮，娶迎立軺，併馬。注見前。

唐制，三品以上乘革車；四品、五品，木輅；五品非京官職事者，乘青通幰犢車；六品以下，青偏幰犢車。從者公服，乘車。婦車各準其夫。

宋制與唐同。

今擬國朝品官昏禮，婿乘馬，婦乘轎子。

禮物

周制，昏禮下達五禮，皆用雁納徵，用玄纁束帛、儷皮。

後漢鄭衆《百官六禮辭》，禮物三十六種，皆書之于檢。玄纁、玄象天，纁象地。羊、羊，祥也，群而不黨。雁、取隨陽。清酒、降福。白酒、歡之由。粳米、養食。稷米、粢盛。蒲、衆多性柔。葦、柔之久。卷柏、屈卷附生。嘉禾、須綠。長命縷、縫衣裳。延壽膠、能合異類。漆、内外光好。五色繡、章采屈伸不窮。合歡鈴、聲音和諧。九子墨、長生子孫。金錢、和鳴不止。禄得香草、爲吉祥。鳳凰、雌雄伉合。含利獸、廉而謙。鴛鴦、飛止須近，鳴則相和。受福獸、體恭心慈。魚、處淵無射。鹿、禄也。烏、烏知反哺孝于父母。九子婦、有四德。陽燧、成明安身。丹、五色之榮。青。爲色首東方始。

晉大夫昏禮，用玄纁束帛，加羊。

北齊聘禮，一品至三品用玄三疋、纁二疋、束帛十疋璧、四品以下，皆無璧。豹皮二、六品以下至九品，並用鹿皮。錦綵四十疋，三品二十疋、絹百四十疋，四品百二十疋、五品百疋，羔羊一口，羊二口，犢二頭，黍、稷、稻、米、麪各四斛，四品以下各二斛。

唐制，三品以上不得過絹三百疋，四品、五品不得過二百疋，六品、七品不得過一百疋，八品以下不得過五十疋，皆充所嫁女資裝等用。

宋三品以上，四馬、玄纁束帛，四品以下兩馬，五禮皆用雁。

今擬國朝品官昏禮□□□□□

樂

《記》云："昏禮不作樂，幽陰之義。樂，陽氣也。"又云："娶婦之家，三日不舉。樂思嗣親也。"

唐太極元年，唐紹表請士庶親迎，廣奏音樂，請禁之。建中元年，禮儀使顏真卿奏，昏禮主敬，至于音樂，切恐非禮，請禁斷。

今擬國朝品官昏娶，不用樂。

納采　問名

唐品官昏娶，先使媒氏通書，女氏許之，乃致納采之禮，用雁。前一日，主昏者陳設賓次于大門外，受其禮于廟，無廟則于正寢。其日，賓公服，至女氏第曰："吾子有惠貺室某也，某有先人之禮，使某請納采。"主昏者對曰："某之子惷愚，又弗能教。吾子命之，某不敢辭。"賓出，主昏者、執事者徹雁。無雁，聽用羊。賓既出，立于中門外，復入，陳雁，請曰："某既受命，將加諸卜。敢請女爲誰氏。"主昏者曰："吾子有命，具以備數而擇之。某不敢辭。"曰："某第幾女、某氏出。"主人遂醴賓。醴賓以醴酒，薦以脯醢，略如一獻之禮。

宋，賓至女氏第曰："某官以伉儷之重，施于某官。率脩彝典，使某謹納采。"主昏者曰："某之子弗嫻于姆訓，維是殷脩、棗、栗之饋。未知告虔也。某聽命于廟，敢不拜嘉。"其納采之禮，一如唐儀。其問名之禮，亦如唐儀。

今擬國朝品官昏娶,遣賓,用雁,至女氏第,行納采、問名之禮,詳見後儀。

納吉

唐納吉,用雁,如納采禮,曰:"吾子有貺,命某加諸卜。占曰吉,使某也敢告。"主昏者曰:"某之子不教,唯恐不堪。子占有吉,我與在焉,不敢辭。"

宋,納吉如納采之儀。賓至女氏第曰:"某官承嘉命,稽諸卜筮。龜筮協從,使某以告。"主昏者曰:"某官顧惠于好,欲施德于某未教之女,而以卜吉告,某不敢辭。"其受雁、醴賓,皆如前儀。

今擬國朝品官昏娶,既卜吉,遣賓,用雁,至女氏第納吉,詳見後儀。

納徵

唐品官昏禮納徵,用玄纁束帛、儷皮。賓至女第曰:"吾子有嘉命,貺室某也。某有先人之禮,儷皮、束帛。使某也請納徵。"主昏者曰:"吾子順先典,貺某重禮。某不敢辭。"

宋品官納成,命賓奉函書、玄纁束帛,至女氏第曰:"某官以伉儷之重,加惠某官。某官率循彝典,有不腆之幣。以某將事,敢請納成。"主昏者曰:"某官順彝典,申之以備物。某敢不重拜嘉。"賓入,以函書授主昏者。其儀與納吉同。

今擬國朝品官納徵,用函書、某物,命賓至女氏第告成,詳見後儀。

請期

唐納徵之後，用雁請期曰：“吾子有賜，某既申受命矣。惟是三族不虞，注云：三族，爲父昆弟、己昆弟、子昆弟。虞，度也。不億度也。使某請吉日。”主昏者曰：“某敢不敬。”

宋品官請期，命賓用雁至女氏第曰：“某官慎重嘉禮，將卜諸近日。使某請期。”主昏者曰：“謹奉命以從。”其受雁、禮賓，皆與前同。

今擬國朝品官昏禮，既納徵，遣賓、用雁、至女氏第請期，詳見後儀。

親迎

唐品官昏禮，必親迎。初昏，婿服至女氏第曰：“吾子命某以茲初昏，使某將請成命。”主昏者曰：“某固敬具以需。”女花釵、翟衣，六品以下則花釵、大袖，入于房，南向坐。主昏者玄端，迎婿于門外。主昏者揖，入，執雁者從之。至房戶前，北面，奠雁，再拜訖，降出，以俟。父母戒女訖，姆及從者導引女出，升車。婿御婦車，授綏，姆辭不受曰：“未教不足與爲禮。”婿乘車先還，俟于門外。婦車從其後。

宋品官昏禮，必親迎，有故，聽以媒氏往迎，其親迎之禮，與唐制同。婿乘馬，女乘車。

今擬國朝品官昏禮，婿公服，乘馬，行親迎之禮，其詳見後儀。

同牢

唐品官昏娶，婦至門，婿揖婦以入。及寢門，婦升自西階，媵布奠于奧。婿、婦皆就席，侍從設同牢饌，卒食，三酳用巹，皆如前儀。

宋制，初昏，掌事者設巾洗于階，設尊于室中，實四爵、兩巹于筐。婦至，贊者引婦北面立。婿揖婦以入。婦升階，入于室。婿盥于南，婦盥于北。設酒饌，布席對坐，婿、婦皆即坐。侍從注酒，授飲。及婦飲訖，遂薦饌，三飲如初。婿及婦再拜，徹酒饌。

今擬國朝品官昏娶，婦至門，婿出，揖婦同入，至內室，行同牢之禮，詳見後儀。

見舅姑

唐品官昏娶，明日，婦服花釵、翟衣，見舅姑。舅席西向，姑座南向，婦座于姑座之西，少北，南向。舅姑既即席，再拜，執棗、栗，奠于舅席，舅撫之。婦又再拜，降階，受腵脩，奠于姑席，姑撫之。婦再拜，退，就席立。贊者酌醴及脯醢。婦再拜，就座，飲食畢，退入閤。明日，行盥饋之禮。舅姑饗婦，如前儀。

宋謁見舅姑之禮，與唐同。但舅西向坐，姑東向坐。設婦座于姑位之北，少西，東向。而四品以下，不行盥饋之儀。

今擬國朝品官昏禮，婦至之明日，謁見舅姑，次謁祖禰，明日行盥饋之禮，姑饗婦及宴見親戚，其詳見後儀。

納采問名儀

凡品官昏娶，或爲子聘婦，皆使媒氏通書。女氏許之，擇日致納采之禮。

前一日，主昏者設賓次于大門外，陳設賓坐席于廳事。

至日，某官陳設雁及他禮物于廳及庭①，媒氏省視訖，執事者舉禮物進賓，及媒氏乘馬及步輦從其後。

質明，主昏者具祝版告廟訖，設香案、燈、燭于廳之正中，賓至女氏第，媒氏入報，贊者延賓入次。執事者各陳禮物于大門之內。主昏者公服，出迎于大門外。贊禮引出次，主昏者揖入，賓及媒氏陞自東階，主昏者陞自西階。至廳，賓立于廳之左，主昏者立于廳之右，媒氏立于賓之南。執事者陳雁及納采禮物于廳上及庭中。贊禮唱鞠躬，拜，興，拜，興，平身。賓及主人皆鞠躬，拜，興，拜，興，平身。賓詣主人曰：“某官以伉儷之重，施于某。某率循禮典，謹使某納采。”主昏者曰：“某之子弗閑姆訓，既辱采擇。敢不拜嘉。”主昏者揖賓就西向坐，主昏者東向坐。執事者徹雁及收受禮物訖，賓復入，陳雁及問名禮物于廳。賓興，詣主昏者曰：“某官慎重昏禮，將加卜筮。請問名。”主昏者進曰：“某第幾女、某氏出。”或以紅羅，或以銷金紙，書女第行年幾。即今之帖子。賓辭，將降出。主昏者曰：“吾子今以事至某之室，請禮從者。”復就座，遂行飲食之禮畢。使者降自東階，出。主昏者送至大門外。執事者各舉器物還。

納吉儀

既卜吉擇日，先遣媒氏至女第，告以某日納吉。

前一日，主昏者設賓次，如納采之儀。至日，賓及媒氏奉雁及禮物至女氏第大門外，媒氏先入告，贊禮者延入次。執事者陳

---

① “雁”，原作“廳”，據《明太祖實錄》卷三七改。

雁及禮物于門内。主昏者出，迎賓。贊禮引賓出次。主昏者揖賓，同入。賓陞東階，主昏者陞西階。至廳東西，相向立。執事者陳雁及禮物于廳及庭中。贊者唱鞠躬，拜，興，拜，興，平身。賓及主昏者皆鞠躬，拜，興，拜，興，平身。賓詣主昏者曰："某承嘉命，稽諸卜筮。龜筮協從①，使某告吉。"主昏者曰："某未教之女，既以吉告。其何敢辭。"主昏者揖賓，就座。主昏者之執事者徹雁及禮物入。主昏者燕饗使者，如納采儀。

納成儀

既擇吉擇日，備禮物命賓及媒氏至女氏第，行納成禮。

先期，媒氏以某日告。

前一日，主昏者設賓次，如常儀。

其日，賓至女氏大門外，媒氏先入告。贊禮延賓入次。執事者陳禮物于大門内，置玄纁束帛于案。主昏者出，迎于大門外。贊禮引賓出次。主昏者揖賓入。賓陞東階，主昏者陞西階。至廳，東西相向立。執事者陳函書、束帛及他禮物于廳上及庭中。贊禮唱鞠躬，拜，興，拜，興，平身。賓及主昏者皆鞠躬，拜，興，拜，興，平身。賓請主昏者曰："某官以伉儷之重加惠，某官率循禮典，有不腆之幣。敢請納徵。"主昏者曰："某官貺某以重禮，某敢不拜嘉。"執事者就案，取函書，授賓。賓以授主昏者。主昏者受書，以授執事者。主昏者之從者以函書進，授主昏者。主昏者受以授賓。賓受書，以授左右訖。主昏者揖，就席。主昏者之執事者各徹禮物。其宴饗賓從，皆如納吉之儀。

---

① "筮"，原作"筴"，據《明太祖實錄》卷三七改。

請期儀

既納徵,擇日,備禮物,命媒氏及賓至女氏第請期,其儀與納吉同。

親迎儀_{有故請以媒氏往迎}

前一日,主昏者設次于大門外,如常儀。

其日,婿父公服,告于禰廟。_{無廟者,于廳事,東設神位。}

初昏,婿具公服,_{無官者,用假服。}行親迎禮。設婿父位于廳之正中,婿父即座。贊禮引婿陞自西階,至父座前,北面立。贊禮唱鞠躬,拜,興,拜,興,平身。婿鞠躬,拜,興,拜,興,平身,進立于父位前。父命之曰:"躬迎嘉偶,釐爾內治。"婿進前曰:"敢不奉命。"退,復位。贊禮唱鞠躬,拜,興,拜,興,平身。媒氏導率婿出,乘馬前行,至女家。

其日,女氏主昏者公服,告廟訖,設宴會親戚,醴女,如家人之儀。婿至門外,下馬。媒氏入告。贊禮引婿就次。女從者請女盛服,就寢門內南向坐。女從者列于其後。贊禮引婿出次。主昏者出,迎婿于大門之東,西面。主昏者揖婿,入門而右,婿入門而左,執雁者從婿之後。至寢戶前,北面立。主昏者立于寢戶之東,西向。執雁者陳雁于庭。贊禮唱鞠躬,拜,興,拜,興,平身。婿鞠躬,拜,興,拜,興,平身。引禮引婿出就次。主昏者不降送。婿既出,女父母就正廳,南向坐。保姆引女就父母座前,北向立,侍女從其後。保姆唱拜,興,拜,興,拜,興,拜,興。女拜,興,拜,興,拜,興,拜,興。父命之曰:"往之爾家,以順為正。無忘肅恭。"母命之曰:"必恭必戒,毋違舅姑之命。"庶母申之曰:"爾忱聽于訓言,毋作父母羞。"保姆及侍女導從女出門,升車,儀衛導前，應送者乘輦從其後。女車行，婿先還第。

同牢儀

女將至婿家，執事設二座于寢室之内，婿座在東，婦座在西。設婿洗一于室之東南，婦洗一于室之西北，設酒案一于室之南楹正中①，實四爵、兩巹于酒尊之北，爵、巹皆以常用酒器代之。設食案二于酒案之北。

初昏，婿親迎先歸第以伺。婦車至門，保姆請婦下車。贊禮引婿出迎于大門之内。婿接婦，同引入。保姆、侍女導從如常。及寢門，婿先陞階，保姆導婦後陞入室。婿盥于南洗，婦從者執巾進水以沃之，婦盥于北洗，婿從者執巾進水以沃之。盥畢，從者請婿、婦各就座。執事者舉食案，各置于婿、婦之前。司尊者注酒，侍女以酒進于婿、婦案上。婿、婦受醆，飲訖。侍女受虛醆。司饌者進饌，侍女以饌進供婿、婦案上。婿、婦進饌訖，侍女徹饌。再飲、再饌，如初。婿、婦再飲畢，侍女又徹饌，乃以巹注酒，各進于婿、婦。婿、婦受巹，各飲畢。侍女徹虛巹。贊者請婿、婦皆興，立于座南，東西相向。贊者唱拜，興，拜，興。婿、婦皆拜，興，拜，興。侍從引婿婦入室，易服。婿從者餕婦之餘，婦從者餕婿之餘。

廟見儀

婦至之明日，見于宗廟。無廟者于廳事中設神位。設主昏者拜位于東階下，北面，婿拜位于其後，主婦拜位于西階下，婦拜位于其

---

① "南"，原作"東"，據《明太祖實錄》卷三七改。

後，諸親拜位各以序分立于主昏者、主婦之後。

其日，婦夙興沐浴，盛服，主昏者及主婦皆盛服。贊者引主昏者就東階下位，次引主婦就西階下位，次引諸親與婿、婦各就位，立定。贊禮唱拜，興，拜，興，平身。主昏者以下皆拜，興，拜，興，平身。贊禮引婦進詣庭中，北面立。引禮引主昏者升自東階，詣神位前。引禮唱跪，主昏者跪。引禮唱上香，上香，三上香。司香奉香，進于主昏者之左。主昏者三上香訖。引禮唱祭酒，祭酒，三祭酒。司尊者以酒進于主昏者之左。主昏者祭酒畢。引禮唱讀祝，讀訖。引禮唱俯伏，興，平身。主昏者俯伏，興，平身。引禮引主昏者立于神位之西。贊禮唱拜，興，拜，興，拜，興，拜，興。婦拜興，拜，興，拜，興，拜，興訖，退，復位。引贊引主昏者降自東階，就拜位。贊禮唱鞠躬，拜，興，拜，興，平身。主昏者以下皆鞠躬，拜，興，拜，興，平身。贊禮唱禮畢。主昏者以下皆退。

見舅姑儀

婦既謁廟，次見舅姑。

其日，執事者設舅姑位于堂上，舅位在東，姑位在西。婦沐浴，盛服，立于堂下。伺舅姑俱即座，贊禮引婦就拜位，北向立。贊禮唱拜，興，拜，興，拜，興，拜，興。婦拜，興，拜，興，拜，興，拜，興。保姆引婦升自西階，至舅位前。侍女奉棗、栗，今或隨儀，代以他禮物爲贄，下同。進授于婦，婦受棗、栗，置于舅位前，執事進徹棗、栗。侍女奉腶脩進，授于婦，婦受腶脩，置于姑位前，執事者徹腶脩訖。保姆引婦退，降自西階，至庭下拜位，立定。贊禮唱拜，興，拜，興，拜，興，拜，興。婦拜，興，拜，興，拜，興，拜，興。贊禮唱禮畢。保姆引婦退，舅姑醴婦，如家人之儀。

盥饋儀

婦見舅姑之明日，行盥饋之禮。

其日，婦家備盛饌、酒食，至婿家。婦從者設舅姑位于堂上，舅位在東，姑位在西。設食案于堂上正中。

婦夙興沐浴，盛服，立于庭下。伺舅姑俱即座，贊禮唱拜，興，拜，興，拜，興。婦拜，興，拜，興，拜，興，拜，興。保姆引婦陞自西階，立于舅位之南，北向。婦從者舉食案，進供于舅姑位前訖。執事者以饌授婦，婦奉饌，置于舅位前，執事者加匕箸。保姆引婦進立于姑位之南，北向，執事者以饌授婦，婦受饌，置于姑位前，執事者加匕箸。舅姑皆食畢，婦從者徹饌。保姆引婦降階，就拜位。贊禮唱拜，興，拜，興，拜，興，拜，興。婦拜，興，拜，興，拜，興，拜，興。舅姑饗婦，如家人之儀。

舅饗丈夫送者儀

其日質明，主昏者命執事者設賓席于正廳，東西相向，其席位從其賓之數，設酒案于廳之南楹，設食案于酒案之北。賓至，掌次者引賓先就次。主昏者出迎于大門之外。引禮者引賓出次。主昏者揖賓入。賓陞東階，主昏者升西階。至廳，分東西相向立。贊禮唱鞠躬拜，興，拜，興，平身。賓、主皆鞠躬，拜，興，拜，興，平身。主昏者揖賓，各就座。執事者舉食案，進供于賓客、主昏者之前。進酒、進饌，如常儀。會畢，賓、主俱興。賓立于東階上，西面，主昏者立于西階上，東面。執事者奉幣，以授主昏者。主昏者以授賓。賓受，以授左右，降自東階。從者受幣以從。賓出，主昏者送于大門之外。

姑饗婦人送者儀

其日，主昏者之執事者設女賓次于中門之內，設女賓席于後堂，東西相向，設女賓親黨位于女賓之南，西向，設主婦親黨位于主婦之南，東向，設酒案于堂之南楹，設食案于酒案之北。女賓至，掌次者引女賓就中門內次，主婦出迎于次外。女贊引女賓出次，主婦接女賓同入。女賓升東階，主婦升西階。至廳，分東西相向立。女贊唱拜，興，拜，興，拜，興，拜，興。女賓及主婦皆拜，興，拜，興，拜，興，拜，興。主婦請女賓各就位坐。侍女舉食案，進供于女賓、主婦之前。進酒、進饌，如常儀。會畢，女賓及主婦皆興。執事者奉幣，以授主婦。主婦受幣，以授女賓。女賓受幣，降自西階，以授從者。從者奉幣以從。女賓出，主婦送于門外。

納采圖問名納吉納成請期同

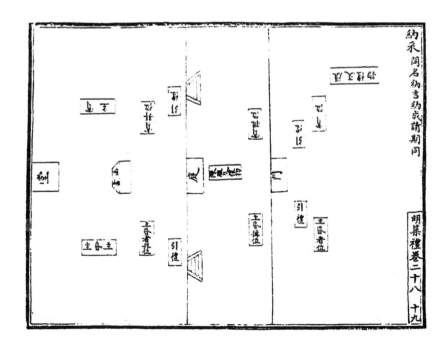

親迎圖

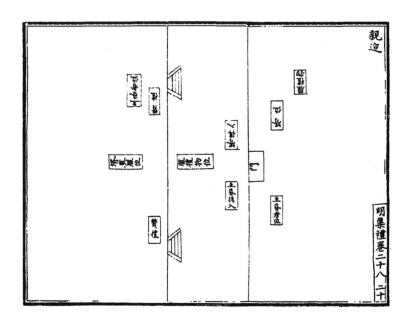

見舅姑圖

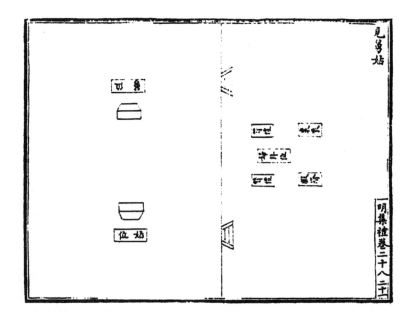

謁廟圖

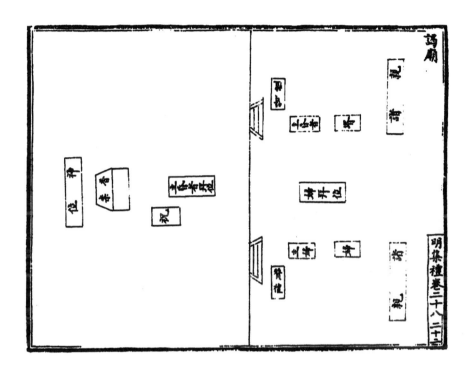

庶人昏儀

總序

《周禮·媒氏》:"掌萬民之判,凡男女自成名以上,皆書年月日名焉。令男三十而娶,女二十而嫁。""有故則二十三而嫁。"此庶人之昏禮也。

周末,越王句踐欲蕃育庶民,使男二十而娶,女十七而嫁。自後庶民子女十五六之後皆許嫁娶。

唐貞觀中,詔庶民男女,男年二十,女年十五以上無室家者,並仰州縣以禮聘娶,其納采、納幣皆遣賓行之。

宋庶人昏儀命媒氏行六禮，婿盛服親迎，有故則令媒氏往迎。

《朱子家禮·庶人昏儀》，男子年十六至三十，女子年十四至二十，並可昏娶，先使媒氏通言，次遣使納采、納幣，然後婿盛服親迎，婦至，交拜合巹，主昏者禮賓，明日婦見舅姑，婿見婦之父母，又明日，婦行廟見禮。

今擬國朝庶民昏儀，男年十六，女年十四以上並聽昏娶，先遣媒氏通言，女氏許之，次命媒氏納采、納幣，至期，婿盛服親迎，主昏者禮賓，明日婦見祖禰畢，次見舅姑，婿往見婦之父母。今具其儀，以著于篇。

冠服

《儀禮》："婿親迎爵弁。"《禮》曰："士妻始嫁，褖音單。纚于領上。畫褖于領。"假盛飾耳。

唐制，庶人昏，聽假以絳公服，其嫁女則花釵，以銀及金塗銀琉璃等飾。連裳，青質，以青衣、革帶、韈履。同裳色。夫有官者，則從其夫之品服。

宋庶人昏，假襆頭，公服或皂衫衣，折上巾，婦服花釵、大袖。

今擬國朝庶人昏娶，婿服常服或假九品服，婦服花釵、大袖。

禮物

《周禮》："凡嫁女娶妻，入幣純帛無過五兩。"

唐制，納采、問名、納吉、請期、親迎並用雁，無雁聽用羊，以雉及雞、鶩代，納徵用玄三疋、纁二疋，束帛，束帛五兩，兩五尋，每端二丈兩，兩合其卷，因謂之疋。函書盛于箱。

宋制與唐同。

《朱子家禮》，昏幣用色繒①，貧富隨宜，少不過兩，多不過十，更用釵釧、羊、酒、果實等物。

今擬國朝庶人昏娶 ┌──────┐

納采　問名

唐庶人昏娶，媒氏通書之後，別致納采之禮。其日，備雁及禮物，命賓至女家曰：“吾子有命貺室于某，使某謹納采。”主昏者曰：“某之子，蠢愚又弗教，某弗敢辭。”其受雁、禮賓如六品以下儀，其問名亦如之。

宋庶人昏娶，使媒氏奉書及禮物至女氏第。納采問名訖，主昏者奉函書復命，其儀與唐同。

今擬國朝庶人昏娶，遣媒氏奉書及禮物至女家納采，其詳見後儀。

納幣_{附請期}

唐，庶人昏娶，問名之後，遣賓納吉，然後以玄纁束帛，行納徵之禮。

宋既納吉，遣媒氏執函書，奉禮物至女家納成曰：“吾子既修好于某，使某請納成。”媒氏以函書授主昏者。主昏者曰：“備物有嘉，敢不重拜。”媒氏復致命曰：“某使某請吉日。”主昏者曰：“某固聽命。”媒氏曰：“請以某甲子。”主昏者曰：“敢不承命。”其受禮物、禮賓，如納采之儀。

今擬國朝庶人昏娶，問名之後，遣媒氏奉書及禮物，行納幣之禮，就請期。

---

① “繒”，《朱子家禮》卷三《昏禮·議昏》作“繪”。

親迎

唐庶人昏娶，婿盛服至女家親迎。既至，主昏者迎婿入至寢門前。婿北向立，主昏者西向立。婿奠雁訖，再拜出就次，以伺女。父母戒女畢，女升輿。婿先還家，女至，婿迎于大門外，揖入寢室，行同牢之禮。

宋庶人昏娶，其親迎之儀與唐同。有故，許令媒氏往迎。

今擬國朝庶人昏娶，婿盛服親迎，有故，許令媒氏請迎，詳見後儀。

見祖禰

宋，婦至之明日謁見祖禰。主昏者立于東階下，主婦立于西階下，諸親及婿婦各以序分立于後。贊者引婦進詣庭中，北面再拜訖，復位。主昏者升階詣神位前，上香祭酒，祝曰："某氏來婦，敢以見。"祝訖，降自西階，復位。主昏者以下皆再拜。

今擬國朝庶人昏娶，婦至之明日，謁見祖禰，詳見後儀。

見舅姑

唐，婦至之明日，謁見舅姑。舅西向坐，姑南向坐，婦再拜，進棗、栗于舅前，又再拜，進腶脩于姑前，訖，又再拜。舅姑醴婦如常儀。

宋，婦見舅姑之禮，其日夙興，婦盛服立于庭下，舅西向坐，姑東向坐，婦就東階下再拜，升階，置棗、栗于舅位前，降階，再拜，次詣西階下，再拜，升階，置腶脩于姑位前，降階，又再拜。舅姑醴婦，如唐儀。

今擬國朝庶民昏娶，婦至之明日謁見祖禰畢，次見舅姑，其詳見後儀。

饗送者

宋，娶婦之日，女氏送者至婿家，主昏者饗男子送者于外廳，主婦饗婦人送者于中堂。東西相向，再拜訖，俱即座，具酒饌如常儀。會訖，主昏者奉幣于送者，送者受幣，降自東階出，主昏者送于門外。

今擬國朝庶民昏娶，送者至，主昏者、主婦，行燕享之禮，詳見後儀。

婿見婦之父母

《家禮》，娶婦之明日，婿盛服往見婦之父母。婦父迎送如客禮[1]，拜則跪而扶之。入見婦母，則婦母闔門左扉立于門內，婿拜于門外，皆用幣。次見婦黨諸親。婦家禮婿如常儀。

今擬國朝庶人昏娶之明日，婿往見婦之父母，其詳見後儀。

納采儀[2]

凡將娶婦，先使媒氏往來通言，候女氏許之，然後納采。

夙興，主昏者告于祠堂云："某之子某，年已長成，未有伉儷，已議娶某郡某之女，今日納采，不勝感愴。"若宗子自昏，則自告。媒氏奉書及禮物往女家。至大門外，主昏者出迎媒氏。媒氏入門而

---

① 《朱子家禮》卷三《昏禮·議昏》"婦父"後有"揖讓"二字。
② "儀"，原無，據本書目録補。

左,主昏者入門而右,升堂,東西相向立。執事者陳禮物于堂上及庭中。媒氏進詣主昏者曰:"吾子有惠,貺室于某某,親某有先人之禮,使某請納采。"主昏者對曰:"某之子憃愚,又弗能教,吾子命之,某不敢辭。"從者以書進,授媒氏。媒氏奉書以授主昏者。主昏者受書以授左右訖,延媒氏就次。執事者各徹禮物。主昏者遂奉書告于祠堂訖,出迎媒氏,升堂。從者以復書進授主昏者,主昏者受書,以授媒氏。媒氏受書,以授執事訖,請退。主人請媒氏以酒饌,請從者于別室,皆酬以幣。使者復命婿家。婿家復告祠堂。

納幣請期儀[①]古有問名、納吉,《朱子家禮》止從納采、納幣,以從簡便。

其日,婿氏主昏者備書及禮物于庭。媒氏省視訖,遂奉書及禮物至女家。主昏者出迎,媒氏入門而左,主昏者入門而右,升堂,東西相向立。從者陳禮物于堂上及庭中。媒氏進詣主昏者前曰:"吾子既修好于某某,使某請納成。"主昏者曰:"備物有加,敢不重拜。"從者以函書授媒氏,媒氏受書以授主昏者。主昏者受書以授左右訖,左右以復書進授主昏者,主昏者受書以授媒氏。媒氏復致命曰:"某使某請吉日。"主昏者曰:"某固聽命。"媒氏曰:"請以某甲子。"主昏者曰:"敢不承命。"媒氏請退,主昏者留媒氏宴饗,如納采之儀。

親迎儀[②]有故,聽以媒氏往迎。

前期一日,女氏使人張陳其婿之寢室。俗謂之鋪房。

---

① "儀",原無,據本書目録補。
② "儀",原無,據本書目録補。

其日質明，婿父盛服以祝版告廟訖[1]，父坐于正廳中間，南向。婿盛服[2]，_{品官子孫假九品服，餘並皂衫、折上巾。}立于父位之西，少南，東向。贊禮唱："鞠躬，拜，興，拜，興，平身。"婿鞠躬，拜，興，拜，興，平身。執事者以醆注酒，授婿，婿祭酒少許訖，啐酒，以醆授從者訖，興，平身。進立于父位前，父命之曰："釐爾內治，往求爾匹。"婿進曰："敢不奉命。"贊禮唱："鞠躬，拜興拜，興，平身。"婿鞠躬，拜，興，拜，興，平身訖，降出，乘馬，以二燭前導。至女家。司賓延入次。

是日，女父母請親戚宴女，如家人之儀。婿至女家，主昏者以祝版告于祠堂曰[3]："某之第幾女將以今日歸于某，不勝感愴。"告祝訖，出迎婿于中門之外，揖婿入。主昏者升東階，西面。婿升西階，進當寢戶之前，北面。執雁者陳雁于階庭。_{無雁以他物代。}婿曰："某受命于父，以茲嘉禮，恭聽成命。"主昏者曰："某固願從命。"贊禮唱："鞠躬，拜，興，拜，興，平身。"婿鞠躬，拜，興，拜，興，平身。贊禮引婿降階，出至次以俟。主昏者不降送。

婿既出，就次。女父母盛服南向立，侍女導從女至堂上，詣父母前，北面立。贊者唱："拜，興，拜，興，拜，興，拜，興。"父戒之曰："往之爾家，無忘肅恭。"母戒之曰："夙夜以思，無有違命。"諸母申之曰："無違爾父母之訓。"贊者又唱："拜，興，拜，興，拜，興，拜，興。"女拜，興，拜，興，拜，興，拜，興訖。

侍女導從出門，升輿，二燭導行。婿先乘馬還，俟于門外。婦至門外，贊者請降輿，婦降輿，入門北面立。婿出至中門外，南

---

① "版"，原缺，據《明太祖實錄》卷三七補。

② "婿"，原作"子"，據《明太祖實錄》卷三七改。

③ "版"，原缺，據《明太祖實錄》卷三七補。

面揖婦，同入室。婦從者布婿席于室東。婿從者布婦席于室西。贊者引婿、婦至席所，東西相向立。贊者唱：“拜，興，拜，興。”婿、婦皆拜，興，拜，興。婿揖婦就坐。

婦從者舉食案置于婿前，婿從者舉食案置于婦前。婦從者斟酒進供于婿，婿授醆，飲酒。婿從者斟酒進供于婦，婦授醆，飲酒。畢，從者以饌進。再飲，再饌，畢。婦從者以卺斟酒，進授婿，婿受卺。婿從者以卺斟酒，進授婦，婦受卺。同飲畢，婿、婦皆興，入寢室。婿脱服，婦從者受之。婦脱服，婿從者受之。婿從者餕婦之餘，婦從者餕婿之餘。

主昏者禮男送者于外廳，主母禮女送者于中堂，各如其儀。

見舅姑儀[①]

婦至之明日，謁見舅姑。

其日，婦夙興，盛服立于堂下。舅姑坐于堂上，東西相向，舅位在東，姑位在西。置桌子于舅姑之前，家人男女少于舅姑者立于兩序。侍女引婦立于東階下。贊禮唱：“拜，興，拜，興，拜，興，拜，興。”婦拜，興，拜，興，拜，興，拜，興。侍女引婦升西階，至舅位前，侍女以贄幣進授于婦，婦受贄幣，奠于桌子上，舅撫之，侍女引婦降階，北面立。贊禮唱：“拜，興，拜，興，拜，興，拜，興。”婦拜，興，拜，興，拜，興，拜，興。侍女引婦就西階下立，贊禮唱：“拜，興，拜，興，拜，興，拜，興。”婦，興，拜，興，拜，興，拜，興。侍女引婦升西階，至姑位前，侍女以贄幣進授于婦，婦受贄幣，進奠于桌子上，姑撫之。侍女引婦降西階下，立定。贊禮唱：“拜，興，

---

① “儀”，原無，據本書目録補。

拜,興,拜,興,拜,興。"婦拜,興,拜,興,拜,興,拜,興。贊禮唱:
"禮畢。"舅姑醴婦,如家人之儀。

見祖禰儀①古者三月而廟見,《朱子家禮》以其太遠,改用三日。

婦至之明日,見于祖禰。無廟者,設神位于廳事中。設主昏者拜位
于東階下北面,婿拜位于其後,主婦拜位于西階下,婦拜位于其
後,親屬拜位各以序分立于主昏者、主婦之後。

其日,婦夙興,沐浴盛服。主昏者、主婦皆盛服。贊禮引主
昏者就東階下位,次引主婦就西階下位,次引諸親與婿婦各就
位,立定。贊禮唱:"拜,興,拜,興,平身。"主昏者以下皆拜,興,
拜,興,平身。贊禮引婦進詣庭中,北面立。引禮引主昏者升自
東階,詣神位前。引禮唱:"跪。"主昏者跪,引禮唱:"上香,上香,
三上香。"司香者奉香進于主昏者之左,主昏者三上香訖,引禮
唱:"祭酒,祭酒,三祭酒。"司尊者以酒進于主昏者之左,主昏者
祭酒畢,引禮唱讀祝,讀訖,引禮唱:"俯伏,興,平身。"引禮引主
昏者立于神位之西,贊禮唱:"拜,興,拜,興,拜,興,拜,興。"婦
拜,興,拜,興,拜,興,拜,興訖,退復位。引禮引主昏者降自東階
就拜位,贊禮唱:"鞠躬,拜,興,拜,興,平身。"主昏者以下皆鞠
躬,拜,興,拜,興,平身。贊禮唱:"禮畢。"主昏者以下皆退。

婿見婦之父母儀②

婦至之明日,婿盛服往見婦之父母。至大門外立伺。贊禮

---

① "儀",原無,據本書目錄補。
② "儀",原無,據本書目錄補。

者先入告,婦父出迎于大門外,揖婿入。從者執幣從其後。婦父
升自東階,婿升自西階,至廳,東西相向,婦父在東,婿在西。贊
禮唱:"鞠,躬,拜,興,拜,興,拜,興,拜,興,平身。"婿鞠躬,拜,
興,拜,興,拜,興,拜,興,平身。婦父扶婿興,從者以幣進授婿,
婿受幣,進于婦父。婦父受幣以授左右。贊禮引婿入至後堂門
外少伺,從者執幣以從。婦母盛服出後堂,南向立。贊禮引婿入
堂前楹,北向立。贊禮唱:"鞠躬,拜,興,拜,興,拜,興,拜,興,平
身。"婿鞠躬,拜,興,拜,興,拜,興,拜,興,平身。婦母答拜訖,從
者以幣授婿,婿受幣,進授婦母之左右訖,贊禮引婿出次,見婦黨
諸親,皆如賓客相見之禮。婦家設酒饌禮婿,各隨貧富之儀。

饗送者儀[①]

其禮如品官饗送者之儀。

納采圖<small>問名納吉納成親迎同</small>

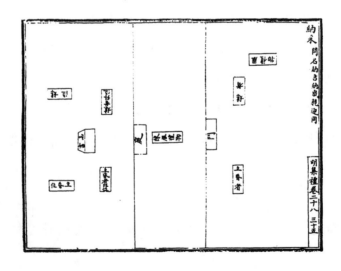

親迎圖

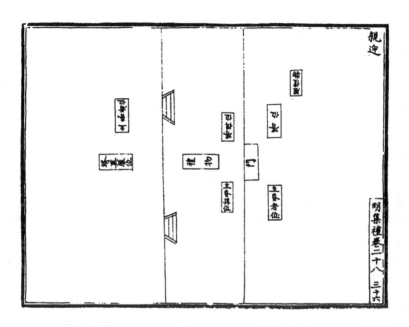

見舅姑圖

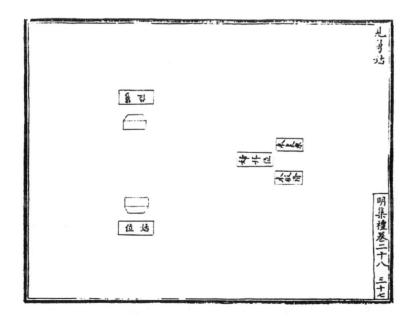

見祖禰圖

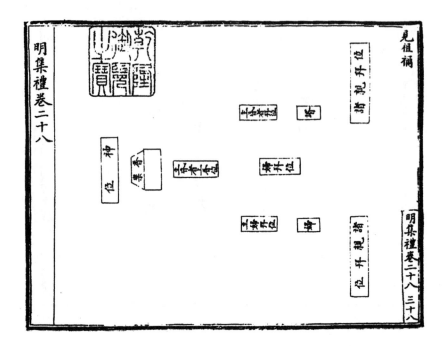

大明集禮卷二九

嘉禮十三

鄉飲酒禮

總敍

鄉飲酒之禮，夏、殷之世無所考。

周制，五禮之目，是爲嘉禮之一。凡禮之所紀，冠、婚、喪、祭皆自士以上乃得行之，而鄉飲酒之禮，達于庶民。因其聚會之際，與之揖讓升降，使知尚賢尊長，而興敬讓之道焉。考之經傳，其說有三：《鄉大夫》，三年大比，獻賢者能者于其君，以賓禮禮之，而與之飲酒，一也。《黨正》，國索鬼神而祭祀，則以禮屬民飲酒，而正齒位，二也。《州長》，春秋習射于序，先行鄉飲酒禮，三也。夫用之州黨而亦謂之鄉者，先儒以爲州黨，鄉之屬也，或鄉大夫入而觀禮，或鄉大夫居此黨內，故亦以名之也。

其正齒位之說，見于《周官》者，"一命齒于鄉里，再命齒于父族，三命而不齒"。見于《禮記》者，"六十者坐，五十者立侍，六十者三豆，七十者四豆，八十者五豆，九十者六豆"。而《儀禮·鄉飲酒》之篇不著其文。故先儒以爲今之存者，乃鄉大夫之事，而黨正之禮亡矣。

漢制，郡國十月行鄉飲酒禮，蓋用正齒位之説。

魏、晉以下，間或行之，其詳不可得而聞。

李唐兼采二説，賓興賢能則以刺史或上佐爲主，其制皆倣于古而小損之，有主賓介而無僕，其樂則歌笙間合，各一作而不備。正齒位，則行于冬季，主用縣令，復降殺其禮，無謀賓、戒賓，不設折俎，易脯醢爲菹醢，其作樂如上。

趙宋淳化三年，詔有司講其禮，命學士蘇易簡倣古樂章，作《鹿鳴》《南陔》《嘉魚》《崇《關雎》《鵲巢》之詩。凡三十四章，後不果行。

政和中，有司奏，參酌古制于州軍貢士之月，以禮飲酒。用知州軍事或本州佐官爲主，提舉學事司所在則提舉爲主，上舍生當貢者與州之群老爲衆賓。其登降之節與舉酒、作樂、器用之類，並參照辟雍宴貢士之儀。

紹興十三年，禮部奏脩定儀制，頒下郡國，于科舉之歲行于學校。是日，賓主先舍菜于先聖、先師，然後行禮，並不作樂，蓋本用賓賢之説而已。仕未仕者以齒序位于兩廊，則亦兼取《黨正》之文。至其登降之容，獻酬之節，較之于唐，尤簡略焉。十七年，左迪功郎陳介言，乞定郡國所行鄉飲歲數，乃命諸州三歲科舉之年行之。其願每歲一行者，亦從其便。二十六年，又命願行于里社者聽，官不得預。其可考者如此。

國朝受命，戡定海內，即詔有司稽古考文，定爲一代之制。于是取《儀禮》及唐、宋所行，參酌損益爲鄉飲酒禮，又采《周官》屬民讀法之旨于行禮之中，一人升讀律令。縣邑則歲一行之學校，里社則季一行之里中。蓋本于正齒位之説，而賓興賢能、春秋習射，亦可通用焉。

賓主介僎

《儀禮》："主就先生而謀賓介。"注曰："主謂諸侯之鄉大夫也。先生，鄉中之致仕者。介，處士之賢者。諸公、大夫入而觀禮者爲僎。諸公者，大國有孤，四命謂之公。"

唐禮，鄉飲酒之禮，刺史爲主，先召鄉之致仕而有德者謀之，賢者爲賓，其次爲介，又其次爲衆賓，與之行禮。而賓興之正齒位，每年季冬行事，縣令爲主，鄉之老人六十以上有德行者一人爲賓，次一人爲介，又其次爲三賓，又其次爲衆賓。

宋禮，主州以郡守，縣以縣令，賓擇鄉里寄居年德高及致仕者爲之。僎，州以通判，縣以丞或簿爲之，介以次長爲之，三賓以賓之次者爲之。司正以衆所推服者爲之。相及贊以士之熟于禮者爲之。

今擬見儀注。

戒賓介

《儀禮》："主戒賓，賓拜辱。主答拜，乃請賓。賓禮辭，許。主再拜，賓答拜。主退，賓拜辱。戒介亦如之。"

唐禮同《儀禮》。

宋禮省。

今擬省。

設席位次

《儀禮》：乃席賓，主、介、衆賓之席皆不屬焉。注曰：賓席牖前,南面。主席阼階上,西面。介席西階上,東面。席衆賓于賓席之西。不屬者,不相續也,皆獨坐,明其德各特也。又曰,立者東面北上。若有北面者,則東上。主之贊者西面北上。

唐禮,其日質明,設賓席于楹間近北,南向。設主席于阼階上,西向。設介席于西階上,東向。設衆賓席三于賓席之西,各南向,皆不屬。又設堂下衆賓席于西階西南肆,北上。設贊者位于東階東,西向北上。正齒位同。

宋禮,主位于東南,賓位于西北,僎位于東北,介位于西南,三賓位于賓主介僎之後。設郡寮之位,東西相向。其餘仕與未仕者皆以齒序位于兩廊。又設席于堂下,凡鄉之仕與未仕者以齒序位。又設主、賓、介、僎、三賓之次于庠序之鄉。

今擬見後儀注。

陳器

《儀禮》:"尊兩壺于房戶間,斯禁。有玄酒,在西,設篚于禁南,東肆,加二勺于兩壺。禁,承尊之器也。名禁者,因爲酒戒也。斯禁,禁切地無足者。玄酒,新水也。篚,承爵觶之篚也。設洗于阼階東南,南北以堂深。謂如堂深二丈,則洗去堂下亦二丈。東西當東榮,榮,屋翼也。水在洗西南肆。"

唐禮,設兩壺于賓席之東少北,玄酒在西,加勺、羃,置篚于壺南東肆,實以爵觶,正齒位同。

宋禮,先一日設尊、罍、爵、洗,各如奠謁先聖之儀。

今擬見後儀注。

舍菜

《儀禮》、唐,無之。

宋禮，其日質明，主率賓、介以下，先舍菜于先聖、先師。

今擬賓興賢能飲酒，則先一日行舍菜禮，正齒位不用。

立班

《儀禮》：無文。

唐禮，賓、介及衆賓至立于廳事大門之外，東面北上。執事者皆就位。

宋禮，賓主以下各就次，候鳴鼓。相者引賓、介以下序立于庠門之外，北面，東上。

今擬參酌別定立班之儀。

迎賓

《儀禮》："主一相迎于門外，再拜賓。賓答拜，拜介。介答拜，揖衆賓。主人揖，先入。賓厭介，入門左。介厭衆賓，皆入門左，北上。厭，一涉切。推手曰揖，引手曰厭。"

唐禮，主迎賓于門外之左，西面，拜賓。賓答拜。又西南面拜介，介答拜，又西南面揖衆賓，衆賓報揖，主又揖賓，賓報揖，主乃先入門而右，西面。賓入門而左，東面。介及衆賓序入立于賓西南。衆賓非三賓者，皆北面東上。凡賓、主揖、拜、周旋，皆有贊相。正齒位云，衆賓立于三賓之後，餘同。

宋禮，相者引主出，僕從。至于庠門外，速賓及介。主立于門左，西向。賓介進立于門右，東向。贊者進立于中，唱曰：主拜賓，介以下皆答拜。主揖賓，介以下皆報揖。主先入門，右。僕從。賓揖介，亦入門左。介揖衆賓，皆入門左。贊先之，相次之。

今擬見儀注。

序賓

《儀禮》:"主與賓三揖,將曲揖,當階揖,當碑揖。至于階,三讓,主升,賓升。主阼階上,當楣北面再拜。賓西階上,當楣北面答拜。"

唐禮,主將進揖,當階揖,賓皆報揖。至階,主曰:"請吾子升。"賓曰:"某敢辭。"主曰:"固請吾子升。"賓曰:"某敢固辭。"主曰:"終請吾子升。"賓曰:"某敢終辭。"主升自阼階,賓升自西階,當楣北面立。

宋禮,主與賓三揖皆贊者唱之。至堂下,升階,三讓,主先升阼階,僎從。立楣下。賓趨,升西階,介從。三賓亦升自西階,並立楣下,各南向。司正亦升西階,立于西階之上,東向。教授升自東廡,立于東階,西向。郡僚分立兩廡。眾賓東西相向立于堂下。贊者唱曰,賓、主以下皆再拜。

今擬見儀注。

獻賓

《儀禮》:"主坐取爵于篚,降,盥洗,已盥然後洗爵。升,實爵,賓之席前,西面獻賓。賓西階上拜,主少退。賓受爵以復位。主阼階上拜送爵,賓少退。薦脯醢,賓升席自西方,乃設折俎。主于阼階上立,賓坐,左執爵祭脯醢,奠爵于薦西,興,右手取肺,却左手執本,坐,弗繚,右絕末以祭,尚左手,嚌之,興,加于俎,坐,帨手,遂祭酒,興,席末坐,啐酒,降席,坐,奠爵,拜,告旨,執爵,興。主阼階上答拜。賓西階上北面坐,卒爵,興。"

唐禮,無盥洗,餘同。

宋禮，主詣罍洗所洗觶，至酒尊所酌酒，實觶授執事者，至賓席前西北向立。執事者分立。直觶者立主人之左，直脯醢者立主之右。次引賓自西階趨就席。主跪，左執觶飲賓。賓拜，跪，受爵，飲，醮。主答拜。執事者薦脯醢。賓受訖。主退，就席立。僎亦就席立。

今擬見後儀注。

賓酢主

《儀禮》："賓降洗，實爵，酢主，皆如主獻賓之儀。主卒爵，坐奠爵于序端。序端，東序之端也。東西牆謂之序。"

唐禮同。

宋禮無。

今擬見儀注。

主酬賓

《儀禮》："主實觶阼階上，北面，坐祭，遂飲，卒觶，興，降，洗，實觶賓之席前，北面。賓西階上拜，主少退，卒拜，進，坐，奠觶于薦西。賓坐，取觶，北面坐，奠觶于薦東。酬酒不舉。主揖，降，賓降，立于階西。主人將與介爲禮，賓謙不敢居堂上。"

唐禮同。

宋禮無。

今擬省。

主獻介

《儀禮》："主以介揖讓升，拜如賓禮。主乃坐取爵于東序端，降洗，實爵介之席前，西南面，獻介。介西階上北面拜。主少退。

介進，北面受爵，復位。主介右，北面拜送爵。介少退。主立于西階東，薦脯醢。介升席，自北方，設折俎，祭如賓禮，不嚌肺，不啐酒，不告旨，自南方降席，坐，卒爵，興。"

唐禮不降洗，餘同。正齒位無折俎，餘同。

宋禮無之。

今擬見後儀注。

獻三賓

《儀禮》："主西南面三拜衆賓，衆賓皆答一拜。主揖，升，坐取爵于西楹下，降洗，升，實爵于西階上，獻衆賓。衆賓之長升，拜受者三人。主拜送。坐祭，立飲，以爵授主，降復位。每一人獻，則薦諸其席。"

唐禮同。

宋禮無之。

今擬見儀注。

獻衆賓

《儀禮》："衆賓獻則不拜，受爵，坐祭，立飲。衆賓徧有脯醢。主以爵降奠于篚。"

唐禮，主實爵進于西階上，南面獻堂下衆賓，餘同。

宋禮無之。

今擬見儀注。

升位

《儀禮》："揖讓升賓，賓厭介升，介厭衆賓升，衆賓序升，即席。"

唐禮同。

宋禮無。

今擬自席末升位，見儀注。

僎入

《儀禮》：“賓若有僎者，諸公、大夫則既一人舉觶乃入。主降階，賓介及衆賓皆降，主迎于門內，揖讓升，公升，如賓禮。大夫則如介禮。席于賓東。”主獻、薦脯醢、設折俎皆如賓禮。

唐禮無之。

宋禮有僎，而與《儀禮》不同。

今擬特存此條，以待致仕而有德行者。

樂賓

《儀禮》：“工歌《鹿鳴》《四牡》《皇皇者華》。卒歌，笙入，堂下磬，南北面立，樂《南陔》《白華》《華黍》，乃間歌《魚麗》，笙《由庚》，歌《南有嘉魚》，笙《崇丘》，歌《南山有臺》，笙《由儀》，乃合樂《周南》《關雎》《葛覃》《卷耳》《召南》《鵲巢》《采蘩》《采蘋》。”

唐禮，工歌《鹿鳴》，卒歌，笙入，立于堂下，北面，奏《南陔》訖，乃間歌《南有嘉魚》，笙《崇丘》，乃合樂《周南》《關雎》《召南》《鵲巢》。樂無工人，則闕。毋得奏不雅之曲。

宋禮無之。

今擬省。

司正揚觶

《儀禮》：“主降階，作相爲司正。主升復席。司正洗觶，升自西階，實觶，降自西階，階間北面，坐，奠觶，退，共少立，坐，取觶，不祭，遂飲，執觶，興，盥洗，北面坐，奠觶于其所，退立于觶南。"

唐禮同。

宋禮，贊者唱曰："賓主以下皆執笏。"次引司正出位。贊者曰："請司正揚觶。"次引司正取觶，詣洗所，洗畢，至席前跪而揚觶訖。贊者曰："請司正致詞。"司正乃言曰："古者于旅也，語于是道古云云訖。"司正復位。賓主以下復位。

今擬見儀注。

旅酬

《儀禮》："賓坐取俎西之觶，先一人舉觶奠于俎西。阼階上北面酬主。主降席立于賓東，賓坐，奠觶，遂拜，執觶，興。主答拜，不祭，立飲。不洗，實觶，授主。主西階上酬介，如賓酬主之禮。介酬眾賓，拜，興，飲，皆如上儀。卒受者以觶降，坐，奠于篚。"

唐禮同。

宋禮，主獻賓之後即賓酬主，主酬介，介酬眾賓。

今擬特省此條，以從簡便。

讀律

《儀禮》、唐、宋皆無之。

今擬新增。

無筭爵

《儀禮》："眾賓皆降，說屨，揖讓如初，升，坐，乃羞，注曰胸、截，醢也。無筭爵，無筭樂。"

唐禮同，正齒位無羞。

宋禮，賓主以下皆坐，酒二行訖。

今擬見儀注。

賓出

《儀禮》：“賓出，奏《陔》。”注云，陔，陔夏也。主送于門外，再拜。”

唐禮同。

宋禮，相者引主先興，復至阼階楯下立。僎從。賓介復至西階楯下立。三賓亦復至西階，並南向，教授復立東階，西向。司正復立西階，東向。郡寮復立兩廡。衆賓堂下東西相向。主再拜。賓、介以下皆再拜訖。賓、介與衆賓先自西趨出。主少立，自東出。賓立庠門外之右，東向北上。主立于門外之左西向。僎從。皆再拜，逡巡而退。

今擬見儀注。

縣邑飲酒讀律儀注

立賓主介僎

每冬季行事，縣令爲主，以鄉之老人年六十以上、有德行者一人爲賓，其次一人爲介，又其次爲三賓，又其次爲衆賓。鄉人嘗爲大夫、士而致仕者，或寄居之士大夫、年德可尊禮者，一人爲僎。如無，則以縣丞、主簿爲之，無則闕。以衆所推服者一人爲司正，贊禮一人及贊引者，皆擇士之容貌詳緩、習禮儀者之。賓、主各有贊引。讀律一人，使能者。

陳席設位次 席，謂坐席。位，謂立位。次，謂更衣服之所。

設賓席于堂北兩楹之間，少西，南面，冠禮，醮于客位，今世亦指此處爲客位。主席于阼階上西面，在東楹之東，少北。介席于西階上東面，在西楹之西，少北。僎席于賓東南面，謂兩楹之間少東，世俗謂此處爲主位。三賓席于賓西，南面，與賓共爲一列。皆專席，不屬衆賓六十以上者，席于西序東面，北上。堂東、西牆謂之序。若賓多，則又設席于西階上，北面，東上。僚佐席于東序，西面北上。僚佐謂縣丞以下，若丞爲僎，則主簿、典史居此。

設衆賓五十以下者位于堂下西階之西，當序，東面北上。若賓多，則又設位于西階之南，北面東上。凡立位皆設席而不坐，至無筭爵乃坐。司正及讀律者位于堂下阼階之南，北面西上。按《儀禮》，司正位于兩階之間，北面，而脯醢薦于其位。今薦脯醢皆設桌案與古異，故改位于此。設主之贊者位于阼階之東，西面北上。禮主之贊者，西面北上，無筭爵然後興。注曰，贊者謂主之屬佐，主徹鼎沃盥，設薦俎者。設主及僚佐以下次于東廊。賓、介及衆賓次于庠門之外。僎次亦在門外。

陳器

設酒尊于堂上東南隅，加勺、羃，用葛巾。爵洗于阼階下東南，筐一于洗西，實以爵觶。盥洗在爵洗東。設桌案于堂上下席位前，按《儀禮》，"徧有脯醢"，皆薦于其位，則立者亦當有之。但古者席地而坐，故薦于地上，今難從。陳豆于其上，六十者三豆，七十者四豆，八十者五豆，九十者六豆，堂下者二豆，主人豆如賓之數，若九十者爲賓六豆，則主人亦六豆，其餘悉皆倣此。皆實以菹醢。賓興賢能，則用脯醢。設奠爵桌案于東序端及西楹南各一。

舍菜

若賓興賢能，則前一日舍菜于先聖、先師，如常儀。正齒位則省。

立班

其日質明，主及賓、介以下各就次。執事者省視器饌畢，詣主次前告具。乃命鼓人鳴鼓，贊引導主及僚佐以下出次。主及僚佐朝服，餘深衣。主立于阼階下，西面。僚佐序立于主之後，皆西面北上。司正及讀律者北面西上。贊禮進立于東階之西，近堂廉。賓之贊引導賓以下盛服出次，序立于庠門外之右。介居賓南，三賓居介南，眾賓居三賓之後，皆東面，北上。僕仍居次不出。

迎賓

班定，贊引唱："主迎賓。"贊引進主之左曰："請迎賓。"乃導主出庠門外，西面立。僚佐不出。贊引唱："揖主，揖賓。"以下皆揖。贊引唱："肅賓。"主揖賓，賓報揖。贊引導主先入門左，西面立。賓之贊引唱："揖賓，揖介，介揖眾賓。"序行，入門右，皆東面立如門外之序。

序賓

主揖賓，遂行，當階再揖，將及階又揖，賓皆報揖，皆贊引唱之。至階，主阼階下西面即初位，賓西階下東面，介居賓南，三賓居介南，眾賓居三賓南，俱東面北上。

獻賓

贊禮唱："主以賓升。"贊引進主之左曰："請延賓。"主與賓三讓，主先升阼階，賓升西階，俱當楣下北面立。贊禮唱："獻賓。"贊引進于主之右曰："請酌酒。"導主降自阼階，詣盥洗位，次詣爵洗位，洗爵，拭爵，以爵授執事者，升詣尊所。執事者舉冪，主執爵酌酒，以爵授執事者，並如釋奠儀。至賓席前。執爵者以爵授主，主西北面獻賓。贊引導賓自西階趨就席末，東南面，受爵。主揖,送爵,賓報揖,卒爵,以爵授執事者。_{謂賓之執事者,蓋將酢于主也。}主退立于阼階上北面。賓退立于西階上北面,如初升。

賓酢主

贊禮唱:"賓酢主。"贊引進賓之左曰:"請酌酒。"導賓降自西階,執爵者從,詣盥洗位,爵洗位,升自西階,詣尊所,酌酒並如前儀。至主席前,執爵者以爵授賓,賓東南面酢主,贊引導主趨就席末,西北面受爵。賓揖,送爵,主報揖,卒爵。賓退立于席末,_{賓之席也。}酢事畢,退立于席末,主將與介為禮也。主乃以爵奠于東序端桌上,復阼階上,北面立。_{主退,復阼階而不就席末者,將有事也。}

獻介

贊禮唱:"主延介。"贊引進曰:"請延介。"導主降自阼階,西南面揖介,至階,一讓,主遂升,介升西階,並當楣下北面立。贊禮唱:"主獻介。"贊引進曰:"請酌酒。"導主詣東序端,取所奠爵,授執事者,詣尊所酌酒,以爵授執事者,如前,至介席前,執爵者以爵授主,主西南面獻介,贊引導介自西階上,趨就席末,北面受爵。主乃揖送爵,介報揖,卒爵,以爵授主,退立于席末。_{介之席也。}主以爵奠于西楹南,退阼階上,北面如初。_{將與三賓為禮也。}

獻三賓

贊禮唱:"主獻三賓。"贊引導主降阼階西南面,三揖眾賓。眾賓皆報一揖。主升,取西楹南所,奠爵,酌酒如前,進西階上,南面獻眾賓之長。贊引導眾賓之長一人,升西階上,北面受爵。主揖,送爵。賓長報揖,卒爵,以爵授主。賓長就席,立于席末。_{三賓之席也。}次導賓長之次者一人升,受爵如前。又次一人,亦如之。主乃以爵授執事者,少退,西面立。

獻衆賓

贊禮唱："獻衆賓。"執事者酌酒授主，主復進西階上，南面獻衆賓。衆賓六十以上者，每一人升西階上，受爵，卒爵，退，就西序之席，立于席末。升者畢。主以爵授執事者，下奠于篚。堂下者不獻。主退，就席末坐。

升位

贊禮唱："衆賓皆升位。"主乃自席末先升席，賓、介以下皆自席末升席，堂下者皆就位。引僚佐升自東廡就席，堂上者坐，堂下者立。

僎入無僎，則去此條。升位後，僎始入者，《儀禮》注云"不干主賓"，正禮也。

贊禮唱："僎入。"贊引導僎出次，僎，朝服。致仕者，服深衣，亦從便。入門左。主降自阼階，迎于門內。賓、介降自西階下，三賓不降。主與僎揖讓，升。主升阼階，僎升西階，當楣北面立，賓、介皆，升立西階，東面，北上。贊禮唱："主獻僎。"贊引進曰："請酌酒。"導主降，洗爵，詣尊所，酌酒，如賓儀。至僎席前東北面，獻僎。贊引導僎，自西階上，趨就席末東西，南面受爵。主揖，送爵。僎報揖，卒爵，以爵授主。主以授執事者，下奠于篚，主及賓升，各升席。

揚觶

贊禮唱："司正揚觶。"贊引導司正出位，詣盥洗位，盥手，帨手。次詣爵洗位，取觶于篚，洗觶，拭觶，升自西階，詣尊所，酌酒，進兩楹之間，北面立。贊者唱："在坐者皆起。"賓、主以下皆起，拱立。司正乃舉觶，而言曰："恭惟朝廷，率由舊章，敦崇禮教，舉行鄉飲，非爲飲食。凡我長幼，各相勸勖，爲臣竭忠，爲子竭孝。內穆于閨門，外順于鄉黨。無或廢墜，以忝所生。"言畢，揖。賓、主以下皆揖。司正遂飲,卒爵,復飲,以爵授執事者,降自西階,復位。賓、主以下復坐。

讀律若賓興賢能,不用此。

贊禮唱:"讀律。"執事者設律案于堂上兩楹之間。次引讀律者出位,詣盥洗所,盥手,帨手訖,乃升自西階。執律者以律從,至案前,北面立。執律者以律置案上,立于案旁,西面。在坐者皆起。讀律者揖,賓、主以下皆揖,復坐,乃展律,詳緩讀之畢。在坐者又起,讀律者揖,賓、主以下皆揖。讀律者降自西階,復位。執律者以律從,如初。

無筭爵

贊禮唱:"爵行無算。"于是堂下者皆坐。執事者行酒,酒三行或五行,食三品或五品,徧及主之贊者皆與。

賓出

贊禮唱:"禮畢。"主興,降自阼階,賓以下降自西階,僚佐降自東廡,堂上眾賓以序俱出。至門外,主門左西面,僚佐以下列主之後,賓門右東面,介居賓南,三賓居介南,眾賓居後。贊引唱揖,賓、主以下皆揖,退。

里社飲酒讀律儀

立賓位

里長為主,以鄉之老人六十以上,有德習禮者,一人為賓,次一人為介,又次為眾賓讀律一人,使能者。

陳設

設賓席于堂之西北,南面。設主席于東南,西面;介席于堂之西南，東面；衆賓六十以上者席于兩序，東西相向；六十以下者席于堂下，亦東西相向；五十以下者席于堂下，亦東西相向。各設桌案于席前，豆用菹醢，設讀律于東楹下西面。如教官講書之位。

序賓

其日質明，賓、介及衆賓皆至門外，主出迎，東向揖賓，賓以下西向報揖。主先入門而右，賓入門而左。介與衆賓從。至階，主升西階上，東面，賓、介于東階上，西面。衆賓六十以上者，皆自東階升，分爲兩班，東西相向，北上。居西者，立主之後；居東者，立賓、介後。五十以下者，立堂下，亦分兩班，東西相向，北上。主與賓皆揖，各就席坐，執事者行酒，酒一行，止。

讀律

執事者設桌案于東楹，讀律席前。次引讀律者正衣冠，升席，展律于案，詳緩讀之畢，起立，拱手，坐者皆起立，拱手。讀律者揚言曰：“恭惟國家，憲章先王，明刑弼教，期協于中，爰用古禮，爲民讀律。凡我長幼，尚敬共夙夜，毋干彝憲，以忝祖父。”言訖，斂律，降席，復位。位在堂下衆賓之列。賓、主復坐，酒三行，止。

賓出

主先興，賓、介以下皆興，序立如初升，堂下者亦如之。賓、主皆揖，主送于門外，揖退。

設席陳器圖

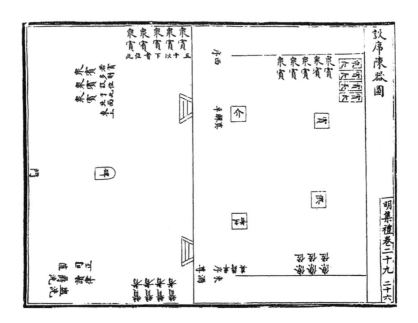

立班圖

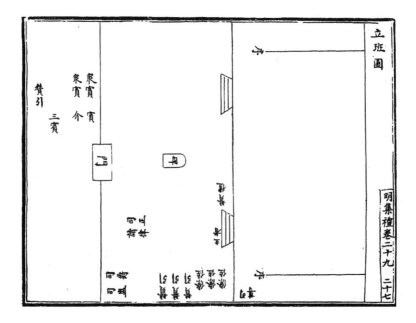

迎賓圖

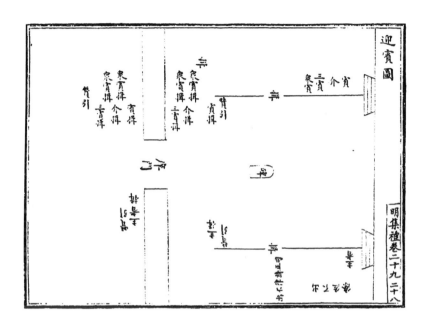

主獻賓酢圖

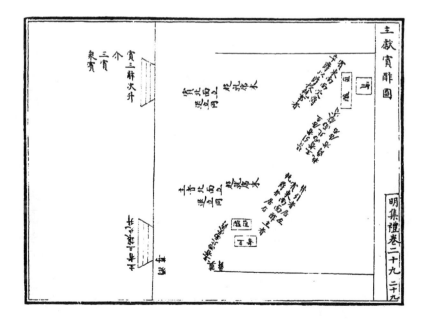

主人獻介圖

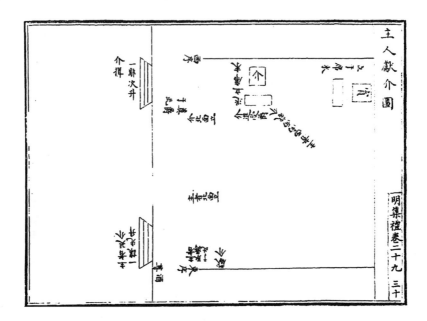

主人獻衆賓圖

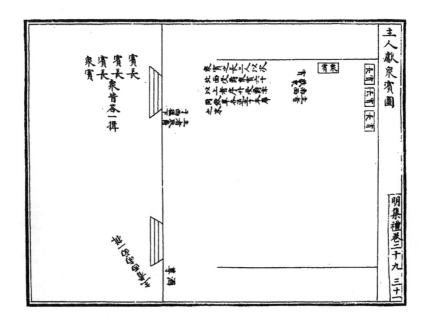

主迎僎獻僎圖

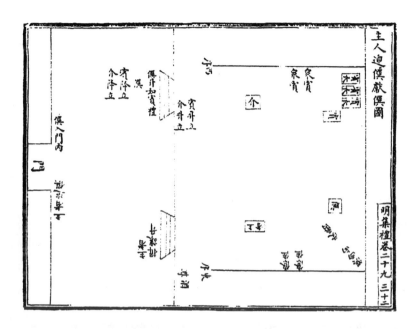

司正揚觶圖

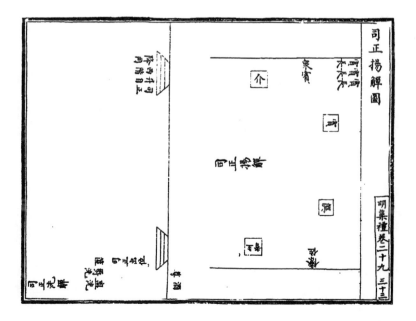

讀律圖

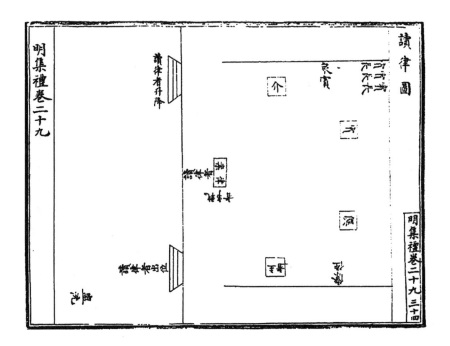

禮

中華禮藏 禮制卷
總制之屬

大明集禮

（下冊）

（明）徐一夔 等撰

汪瀟晨 點校

浙江大學出版社 · 杭州
ZHEJIANG UNIVERSITY PRESS

大明集禮卷三〇

賓禮一

朝貢①

蕃王朝貢

總序

先王脩文德,以柔遠人②,而夷狄朝覲,其來尚矣。

殷湯之時,氐羌遠夷來享、來王。太戊之時,重譯來朝者七十六國。

周武王克商,大會諸侯及四夷作王會。《周禮·秋官》:"象胥氏掌蠻夷、閩貃、戎狄之國,使而諭説焉。"

漢設典客及譯官令、丞,以領四夷朝貢,又設典屬國及九譯令。武帝元鼎六年,夜郎入朝,自後外夷朝貢不絶。甘露元年,呼韓邪單于來朝;三年,呼韓邪單于稽居狦來朝,並見于甘泉宫。

---

① 標題"朝貢",原無,據本書目録補。
② "柔",《明太祖實録》卷四五作"來"。

河平元年,四夷來朝,領于大鴻臚;四年,匈奴單于朝正月,引見于白虎殿。元壽二年,單于來朝,舍之上林苑蒲萄宮。順帝永和元年,倭奴王來朝,皆有宴饗、賜予之制。

唐設主客郎中,掌諸蕃來朝,其接待之事有四:曰迎勞,曰戒見,曰蕃王奉見,曰宴蕃國主,其儀爲詳。貞觀三年,東蠻酋長謝元深及突利可汗二國來朝①;十三年,吐谷渾主來朝;十四年,河源王諾曷鉢來朝;二十一年,回紇來朝,皆宴饗以樂之。

宋奉朝貢者,四十餘國,皆止遣使入貢,雖蕃王未嘗親入朝見,而接見之禮,見于禮書者,與唐略同。

元太祖五年,畏吾兒國王奕都護來朝。世祖至元元年,敕高麗國王植令脩世見之禮;六月,植來朝于上都。其後,蕃國來朝,俟正旦、聖節、大朝會之日而行禮焉。

今擬國朝蕃王來朝,先遣應天府官迎勞既至館,復遣省部設宴,然後習儀,朝見于奉天殿,及見皇太子于東宮,朝見畢,錫宴以享之。省、府、臺皆設席宴饗。及還,遣官勞送出境。今具其儀,作《蕃王朝貢篇》。

迎勞

周制:蕃主來朝,至天子之境,先謁關人,關人報王,王遣小行人迎勞于畿。

漢甘露三年,呼韓邪單于款五原塞來朝,漢遣車騎都尉韓昌迎,發過所七郡,郡二千騎,爲陳道上。

---

① "蠻",原作"謝",據《明太祖實錄》卷四五改;"謝",原無,據《明太祖實錄》卷四五補。

唐蕃王來朝，遣使以束帛出迎，至次，蕃王迎使者于館門外，既入，使者執幣，稱有制，蕃王北面再拜，使者宣制訖，蕃王進受幣，又再拜，使者既出，蕃王復揖，使者入，以土物償，使者再拜受，蕃王亦再拜，使者降出，鴻臚迎引蕃王詣朝堂，依方北面立，所司奏聞，舍人承敕出，稱有敕，蕃王再拜，宣勞訖，又再拜，所司引就館。

宋遣使束帛出迎，如唐之制，而無償土物、引詣朝堂之禮。

元蕃國王來朝，館于會同館，而不著迎勞之文。

國朝蕃王來朝，先遣應天知府迎勞于郊，禮部官勞于會同館。勞蕃國使，用同知。

冠服

周會四夷、諸侯，天子紞無繁露，朝服八十物，搢珽。紞與冕同。繁露，紞所垂，即旒也。八十物，大小所服。珽，笏也。四夷相見，則服其本服。

漢受四夷朝貢，不載所服冠服。

唐蕃王來朝，皇帝服通天冠、絳紗袍，蕃王服其國服。

宋與唐同。

元以國俗衣冠受朝，蕃王服國服以見。

國朝蕃王來朝皇，帝服袞冕，皇太子服冕服，百官具朝服侍立，蕃王服其國服。若嘗賜袞服者，則以袞服朝見。

陳設

周會四夷、諸侯，墠上設赤帟、陰羽。陰地曰墠。陰羽，鶴羽也，以羽飾帳也。堂後東北為赤帟，其西天子車立馬乘六，青陰羽旟旌。鶴鳧羽為旟旌也。陳幣當外臺，天玄㲲，宗馬十二。陳束幣被馬于外臺。天玄,黑髭,宗尊也。玉玄繚璧,綦十二。參方,玄繚璧,豹虎皮十二。四方,玄繚璧,琰十二。外臺之四隅,每隅張赤帝。玄繚以黑組紐之。綦,玉名。參方,陳幣三所。璧皮兼陳也。琰,圭也。

秦、漢無儀可考。

唐蕃主來朝,尚舍奉御整設御幄于太極殿北壁,南向,守宮設次,太樂令展宮懸、設舉麾位于上下,鼓吹令設十二案,乘黃令陳車輅,尚輦奉御陳輿,尚舍奉御鋪蕃主牀座于御座西南,東向,設蕃主版位于懸南,又設蕃國諸官之位于蕃主之後,設典儀位于懸之東北,贊者二人在南,差退,俱西面,諸衛各勒所部列黃麾仗屯門及陳于殿庭。

宋,殿中監前期帥其屬尚舍張設垂拱、大慶殿門之內,設御榻于大慶殿當中,南向,設東西房于御榻之左右,稍北,設東西閤于殿後之左右,大晟府展宮架之樂于殿庭橫街之南,設協律郎位于宮架西北,俱東向,設大司樂押樂位于宮架之前,北向,儀鸞司設文武百官等次于殿門之外,又設蕃國王次于宣德門外之西,蕃國諸官次于其後,尚輦陳輿輦于龍墀繖扇于沙墀,陳五輅于宮架之南,列御馬于龍墀在輿輦之後,尚書兵部帥其屬設黃麾仗于殿門之內外,張旗幟,典儀設文武百官位于殿庭,又設蕃王朝見位于宮架之北稍西,北向,蕃國諸官在其後,又設蕃王賜座位于御榻之東,稍南,設典儀位于丹墀南稍東,西向,贊者三人在其後。

國朝陳設見于《朝見儀注圖本》。

儀仗

唐宴見蕃國王,用供奉杖、散手仗立于殿上,又有黃麾仗左右廂,各十二部,爲十二行,又有夾轂隊、持鈒隊、步甲隊、辟邪旗隊，又有清游隊、朱雀隊、玄武隊、諸衛挾門隊、長槍隊。

宋大慶殿蕃王朝會，設黃麾大仗，用五千二十五人，如至、正朝會之儀。

元因正旦、聖節設朝儀，而受蕃王朝見。

國朝引見蕃王，則于奉天門外中道，陳龍旗十二、纛一、豹尾一、北斗旗一，左右布旗六十四，每旗用甲士，午門內設五輅、仗馬六，用十二，丹墀儀仗九十，丹陛儀仗九十，駕前儀仗二十四，殿上擎執八。

班位

周公朝諸侯于明堂，位九夷之國東門之外，西面，北上；八蠻之國南門之外，北面，東上；六戎之國西門之外，東面，北上；五狄之國北門之外，南面，東上。

漢蕃王來朝，以客禮待之位，在諸侯王上。

晉，南單于來朝，處之王公、特進之下。

唐蕃王朝見，拜位在樂懸之南，賜座位在御座西南，東向，蕃國諸官拜位在蕃王之後。

宋蕃王及蕃國諸官拜位在大慶殿門南階下，其賜座位在御座之東，西向，百官班分列于丹墀之左右，東西相向。

國朝蕃王來朝，擇日于奉天殿朝見，其蕃王拜位在丹墀中道之西，蕃國諸官之班在其後，百官序立于丹墀之東西，其詳見《朝見儀注》。

執事

唐蕃王朝會，其執事，尚舍奉御一人，太樂令一人，鼓吹令、乘黃令、尚輦奉御各一人，典儀一人，贊者二人，協律郎二人，通事舍人二人，奉中嚴外辦一人，符寶郎一人，承制一人，引蕃王謁者二人，殿上引蕃王舍人二人，引蕃官舍人二人，舍人承旨一人。

宋殿中監、尚舍奉御各一人，太樂令一人，協律郎二人，大司樂二人，儀鸞司設文武官次二人，尚輦一人，乘黃令一人，典儀二人，贊者二人，東上閤門官二人，內侍進班齊牌一人，鳴鞭三人，捲簾二人，雞唱一人，報時一人，贊常起居舍人一人，符寶郎一人，奉寶郎一人，奏中嚴外辦舍人一人，承旨內侍一人，引殿外序班舍人二人，引蕃王舍人二人，引班首通事舍人二人，左輔宣制一人，接引蕃王閤門官二人，引諸蕃官舍人二人，宣制舍人一人。

國朝陳御座香案內使一人，設寶案尚寶司官一人，導駕侍儀六人，殿前班指揮使三人，侍從班光禄寺官三人，侍儀奏中嚴外辦一人，執中嚴外辦牌一人，宣制官一人，展方物狀官二人，宣方物狀官一人，受方物官一人，通贊一人，贊禮一人，知班二人，典儀二人，引蕃王舍人二人，引蕃國從官舍人二人，引文官侍立班舍人二人，引武官侍立班舍人二人，設牌位莞席舍人二人，設方物案位一人，舉方物案若干人，殿上擎執內使八人，殿前拱衛指揮官二人，丹墀上宿衛鎮撫二人，護衛千戶八人，丹墀下護衛千戶二十四人，丹墀南五輅輦士四十人，天武將軍四人，殿門左右將軍六人，殿上將軍二人，奉天門將軍六人，鳴鞭四人，司晨一人，雞唱一人，殿前擎執十六人，丹墀東西擎執九十人，丹陛東西擎執九十人，典牧所掌仗馬二人，控仗馬十二人，和聲郎二人，協律郎二人，樂工六十四人，奉天門外中道擎執十七人，中道左右擎執三百二十人，控象十二人，舉虎豹輦士二十四人，午門外軍士若干人。

樂舞

漢倭奴王來朝,帝作《黃門鼓吹》。

唐貞觀七年,宴蠻夷酋長于玄武門,奏《七德九功》之舞;十四年,宴河源王諾曷鉢于玄武門,奏倡優百戲之樂;二十一年,回紇來朝,帝御天成殿,陳十部樂。自後蕃王來朝,設宮懸,奏《太和》《舒和》之曲,其宴會則舞文武二舞。

宋蕃國王來朝,設宮架之樂,奏《乾安》《正安》之曲,其宴會則舞《天下化成》《四夷來王》之舞。

國朝朝見,用大樂,宴會間用細樂,兼用舞隊。

贄獻

《周禮》,九州之外謂之蕃國,世一見,各以其所貴寶爲贄。如越裳獻白雉、白狼之類。

漢天漢三年,西國王獻靈膠、吉光毛裘。甘露三年,呼韓邪單于款五原塞,奉國珍以朝,自後單于來朝,皆以其所寶爲贄。

唐貞觀十三年,吐谷渾曷鉢入朝,獻馬、牛、羊萬。大曆中,真臘王婆彌來朝,獻象十一。

元,爪哇蕃王來朝,貢金表章、金器等物,及走獸、鵜鴣。

宴會

漢甘露三年,宴單于稽侯狦,置酒建章宮饗賜,觀以珍寶。

唐蕃王來朝,宴饗于紫宸殿,設蕃王座于御座西南,蕃國諸官應升殿者座于蕃王之後,不升殿者座于西廊下,俱東面。皇帝服通天冠、絳紗袍,蕃王服其國服入,奉贄獻訖,就座,酒三行,樂五奏,設庶羞。每皇帝進酒,蕃王以下皆興進酒,畢乃復座。

宋宴蕃國王于大慶殿,設蕃國王座于御座之東,蕃國諸官分位于東西朵殿,三公、三少、左輔、右弼及諸文官在御座之東,親王、使相、節度、觀察及諸武官在御座之西。蕃王服本國服,皇帝服通天冠、絳紗袍,即御座,班首以下及蕃國王、蕃國諸官入,班首詣御榻前,進爵,俯伏,跪,奏稱賀訖,再拜。皇帝舉酒,酒四行,樂五奏,舞文武二舞。每皇帝進酒食,蕃國王及殿上群官皆避位,進酒食訖,乃復就座。

國朝蕃王來朝,賜宴于謹身殿,設皇太子座于御座之東,諸王座于皇太子之下,東西相向,設蕃王座于殿西第一行,東向,設文武官座于第二、第三行,東西相向。酒九行,食五次,間作大樂、細樂、舞隊。其蕃國從官座于西廡之下,酒數、食品亦同,但不作樂。宴畢,皇帝、皇太子、諸王還宮,蕃王及文武百官以次出。其詳見《宴會儀注》。

賜予

漢甘露三年,單于來朝,天子于甘泉宮賜以冠帶、衣裳、黃金璽、盭綬、玉具劍、佩刀、弓一張、矢四發、棨戟十、安車一乘、鞍勒一具、馬十五匹、黃金二十斤、錢二十萬、衣被七十七襲、錦繡綺綾雜帛八千匹、絮六千斤。明年,呼韓邪來朝,禮賜如初,加衣百十一襲、錦帛九千匹、絮八千斤。河平四年,單于朝正月,加賜繡繒帛二萬匹、絮二萬斤。元壽二年,單于烏孫大昆彌來朝,加賜衣三百七十襲、錦帛二萬匹、絮三萬斤。元康元年,龜茲王絳賓來朝,賜以車騎、旗鼓、歌吹數十人,綺繡雜繒琦珍凡數千萬。

唐貞觀二十三年,于闐王來朝,賜以金帶、錦袍。開元五年,

突騎施可汗來朝,賜錦袍、鈿帶七事;二十九年,三護真檀入朝,
賜以紫袍、金帶。

今擬國朝賜予,臨時取旨。

迎勞儀注

蕃王至龍江驛,驛令具某國蕃王姓名及蕃國從官名數報應天
府。應天府官稟知中書省及禮部。禮部奏聞,遣侍儀、通贊舍人
二人接伴,遣應天知府至龍江驛禮待。

前期,館人于正廳陳設蕃王座于廳之西北,東向,設應天知
府座于廳之東南,西向,中設酒案及食案,又設蕃國從官及應天
府從官座位于廳之耳房,賓西主東,中設酒案及食案。

應天知府至館,館人入告,接伴舍人引蕃王出迎,蕃王從官
後從。既見,接伴舍人引蕃王、應天知府分賓主而入,蕃王升自
西階,應天府官升自東階。至廳,蕃王東向立,應天知府西向立。
接伴舍人唱鞠躬,拜,興,拜,興,平身。蕃王及應天知府皆鞠躬,
拜,興,拜,興,平身。應天府官進詣蕃王前,致禮待之意畢。接
伴舍人引蕃王及應天知府各就座所,引應天府從官詣蕃王前,唱
鞠躬,拜,興,拜,興,平身。應天府從官皆鞠躬,拜,興,拜,興,平
身。蕃王答鞠躬,拜,興,拜,興,平身。舍人又引蕃王從官詣應
天知府前,唱鞠躬,拜,興,拜,興,平身。蕃國從官皆鞠躬,拜,
興,拜,興,平身。應天知府答鞠躬,拜,興,拜,興,平身。應天從
官與蕃國從官俱詣耳房,各再拜訖,分賓主東西相向坐。執事者
舉食案進,供于蕃王及應天知府之前,耳房執事者各舉食案進,
供于各官之前。廳上執事者斟酒,凡酒五行、湯五品,耳房亦酒
五行、湯三品。宴畢,舍人引應天知府降自東階,蕃王降自西階,

送至館門外，王入，應天府官還，從官皆以次出。

次日清晨，應天府從官復伴送蕃王入至會同館。禮部尚書奉旨即往館宴勞。

前期，館人陳設蕃王及禮部尚書座次于正廳，賓西主東中，設酒案及食案及設蕃國從官及禮部從官座位于廳之耳房，賓西主東，中設酒案食案。禮部尚書至館，館人入告，接伴舍人引蕃王服其國服出迎，蕃國從官以次後從。既見，接伴舍人引蕃王、禮部尚書及蕃國從官、禮部從官分賓主而入，蕃王升自西階，禮部尚書升自東階。至廳，蕃王東向立，禮部尚書西向立，蕃王從官立于蕃王之南稍後，東向，禮部從官立于尚書之南稍後，西向。接伴舍人唱鞠躬，拜，興，拜，興，平身，禮部尚書與蕃王皆鞠躬，拜，興，拜，興，平身。禮部尚書進詣蕃王前，致禮待之意畢，接伴舍人引蕃王、禮部尚書詣座所，引禮部從官詣蕃王前，唱鞠躬，拜，興，拜，興，平身，禮部從官皆鞠躬，拜，興，拜，興，平身，蕃王答拜。舍人又引蕃國從官詣尚書前，唱鞠躬，拜，興，拜，興，平身，蕃國從官皆鞠躬，拜，興，拜，興，平身，尚書答拜。禮部從官與蕃國從官俱詣耳房。舍人引分賓主①，唱鞠躬②，拜，興，拜，興，平身，蕃國從官及禮部從官皆鞠躬，拜，興，拜，興，平身。舍人引就東西相向坐。執事者舉食案進，供于蕃王及禮部尚書之前，耳房執事者各舉食案進，供于蕃國從官、禮部從官之前。廳上執事者斟酒，凡酒五行、湯五品，上湯，擊鼓，行酒，作細樂。耳房酒五行、湯三品，不設樂。宴畢，舍人引禮部尚書降自東階，蕃王降自

① "賓主"，原缺，據嘉靖本補。
② "唱"後衍"主唱"，據嘉靖本、《五禮通考》卷二二三《賓禮四·迎勞儀注》刪。

西階,出館門外,蕃王乘馬,行于道右,禮部尚書亦乘馬,行于道左,蕃國從官及禮部從官各乘馬于後,同至會同館門外,下馬。舍人引蕃王、禮部尚書同入,蕃王升自西階,禮部尚書升自東階,至館次,禮部尚書及從官出,蕃王及蕃國從官送至館門外,對舉手揖,蕃王入,尚書及從官還。

明日,都堂又奏知,命省臣一員詣會同館宴勞。其陳設、座次、酒數、食品、樂器皆如禮部尚書宴勞之儀。

朝見儀注

前期,禮部告示侍儀司,諸執事引蕃王及蕃國從官具服于天界寺習儀三日,擇日朝見。

前一日,內使監陳御座、香案于奉天殿,如常儀。尚寶司設寶案于御座前,侍儀司設蕃王次及從官次于午門外,設蕃王拜位于丹墀中道稍西及御座之南,俱北向,設蕃國從官拜位于蕃王後中道之東西,依序重行,北向,設方物案位于丹墀之北中道之東西,設方物案于御前及丹墀之中,設受方物官位于方物案之東西,設文官侍立位于文樓之北,西向北上,武官侍立位于武樓之北,東向北上。殿前班指揮司官三員于丹陛上東向,光祿司官三員位于丹陛上西向。侍從班起居注、殿中侍御史、尚寶卿位于殿上西向,指揮司懸刀武官位于殿上東向,拱衛司官位于奉天殿門之左右,東西相向,典牧所官位于仗馬之前,東西相向,宿衛鎮撫位于丹陛階下,東西相向,宿衛百戶二十四員于宿衛鎮撫之南稍後,東西相向,護衛千戶八員于殿東西門之左右,東西相向,知班二人位于蕃王拜位之北,東西相向,贊禮二人位于知班之北,東西相向,典儀二人位于丹陛上之南,東西相向,內贊二人位于殿上,東西相向,引蕃王舍人位于蕃王之北,東西相向,引蕃王從官舍人位于從官之北,東西相向,引文武班舍人位于文武班之北稍後,東西相向,舉方物執事位于方物案之東西,鳴鞭四人位于丹陛上之南,北向,天武將軍四人位于丹陛上之四隅,東西相向,將軍二人位于殿上簾前,東西相向,將軍六人位于奉天殿門之左右,東西相向,將軍六人位于奉天門之左右,東西相向。

是日,金吾衛陳設甲士于午門外之東西,列旗仗于奉天門外之東西,拱衛司陳儀仗于丹陛上及丹墀之東西,陳五輅于丹墀之南,典牧所陳仗馬于文武樓之南,東西相向,陳虎豹于奉天門外,和聲郎陳樂于丹墀蕃王拜位之南。

擊鼓,初嚴。禮部以方物案陳于午門外,舉案者就案,催班舍人催文武官各朝服。擊鼓,次嚴。引班引文武百官依品從齊班于午門外,以北爲上,東西相向。殿前班指揮、光禄卿、通班、贊禮、典儀、內贊、宿衛鎮撫、護衛、鳴鞭、殿內外將軍、各執事人俱入就位,接伴舍人及引班引蕃王及蕃國從官立于午門方物案之前。諸侍衛官各服其器服。及尚寶卿、侍從官入詣謹身殿奉迎。擊鼓,三嚴。引班引文武官入就侍立位。引班舍人引執事舉方物案前行,引蕃王及從官由午門西入金水西橋、奉天西掖門,至丹墀之西俟立。侍儀版奏外辦,御用監官跪奏,皇帝服通天冠、絳紗袍,御輿以出。尚寶卿捧寶及侍儀、侍衛、導從、警蹕如常儀。皇帝將出,仗動,大樂、鼓吹振作。陞御座。樂止。將軍捲簾,尚寶以寶置于案,鳴鞭,司辰郎報時,雞唱訖,引禮引蕃王就位,執事者舉案,及蕃王從官各就位立定,舉案執事者退就位。贊禮唱鞠躬,拜,興,拜,興,拜,興,拜,興,平身。蕃王及從官鞠躬,樂作。拜,興,拜,興,拜,興,拜,興,平身。樂止。引禮導蕃王升殿行禮,宣方物狀官取方物狀,與展方物狀官從行,俱西陛陞,_樂作。從西門入,引禮立同于門外,內贊接引蕃王至御座前行禮位,_{樂止}。宣方物狀官以方物狀置于案,與展方物狀官退,立于殿西。內贊唱鞠躬,拜,興,拜,興,平身,蕃王鞠躬,拜,興,拜,興,平身。內贊唱跪,蕃王跪,蕃王稱"茲遇欽詣皇帝陛下"訖,宣方物狀官詣案,取狀,跪于御座前之西,展方物狀官同跪,展宣訖,俯伏,興于西。承制官前,跪,承制,興,詣蕃王前宣制_{云云}訖。內贊唱俯伏,興,拜,興,拜,興,平身,蕃王俯伏,興,拜,興,拜,興,平身。內贊引蕃王及宣方物狀官、展方物狀官由西門出,_{樂作}。降自西陛,引禮引復位。_{樂止}。贊禮唱鞠躬,拜,興,拜,興,拜,興,拜,興,平身,蕃王及從官皆鞠躬,_{樂作}。拜,興,拜,興,拜,興,拜,興,平身。_{樂止}。贊禮唱禮畢。侍儀奏禮畢,鳴鞭。皇帝興。_{樂作}。警蹕,侍從,導引至謹身殿。_{樂止}。引禮導蕃王及從官出,受方物官受方物,舉案執事各舉案出,引班引文武百官以次出。

見東宮儀注

前一日,禮部官以蕃王所獻東宮方物啓知。

前期,內使監于東宮陳設皇太子位于正殿,侍儀司設蕃王幄次及從官次于東門之外,設蕃王拜位于殿門外及殿中,北向,設蕃國從官拜位于殿下中道之東西,北向,設文官侍從班位于殿庭之東,武官侍從班位于殿庭之西,俱相向,贊禮二人位于殿門外,東西相向,內贊二人位于殿內,承傳二人位于殿下,俱東西相向,引蕃王舍人二人位于蕃王拜位之北,東西相向,引蕃國從官舍人二人位于從官拜位之北,東西相向,引文武侍從班舍人四人位于文武班之北稍後,東西相向。

是日,宿衛陳甲士兵仗于東宮外門外,陳旗幟于中門外,將軍六人于殿門外之東西,拱衛司陳設儀仗于殿下之東西及殿前殿門之東西,內使擎執于殿上之左右,和聲郎陳樂于殿庭之南。

質明,執事者各就位,蕃王服本國服,朝賀皇帝訖,常服至東宮門外,引班引文武官公服入就侍從位,內使監令啓知皇太子皮弁服,引進導引出宮,樂作。陞座。樂止。引班引蕃王入。樂作。引班引蕃國從官立候于殿下之西,東向。引進啓皇太子興,立于座前,贊禮唱鞠躬,拜,興,拜,興,平身,蕃王鞠躬,樂作。拜,興,拜,興,平身。樂止。皇太子立受。引禮引蕃王至殿西門,內贊接引至皇太子座前,內贊唱跪,蕃王跪,稱"茲遇詣皇太子殿下"訖,內贊唱俯伏,興,平身,蕃王俯伏,興,平身。內贊引蕃王出殿門,引禮引蕃王復位。贊禮唱鞠躬,拜,興,拜,興,平身,蕃王鞠躬,樂作。拜,興,拜,興,平身。內贊唱鞠躬,拜,興,拜,興,平身,皇太子答拜,鞠躬,拜,興,拜,興,平身。樂止。引禮引蕃王出,引進啓皇太子就座。引禮引蕃國從官就位,贊禮唱鞠躬,拜,興,拜,興,拜,興,拜,興,平身。蕃國從官皆鞠躬,樂作。拜,興,拜,興,拜,興,拜,興,平身。樂止。贊禮唱禮畢。引禮引蕃國從官出,引進啓禮畢。皇太子興,樂作。出殿門。樂止。引禮引文武官以次出。

見諸王儀注

前期,王府官設蕃王及從官次于府門外,設王座于正殿東稍北,西向,設蕃王座于正殿西稍南,東向,設蕃王拜位于殿上稍南,東向,設王答拜位于殿上稍北,西向,設蕃國從官拜位于殿門外,北向設,內贊二人位于殿上之東西,承傳二人位于殿門外之東西,設接伴舍人位于內贊之南,東西相向,設引從官二人位于從官拜位之北,東西相向,設王府官侍立位于殿上之左右,東西相向。

是日,所司陳設儀仗于殿門外之東西,接伴舍人引蕃王及從官至王府門外,執事者先入就位。王府官啓王服皮弁服出,升殿,就座。接伴舍人引蕃王入至殿下,由西階升。王府官啓王興,降座,出迎于殿門外。既見,王府官引王由中門入,接伴舍人引蕃王由西門入,各就拜位。内贊唱鞠躬,拜,興,拜,興,平身,蕃王鞠躬,拜,興,拜,興,平身。王答拜,鞠躬,拜,興,拜,興,平身。王府官啓王就座,接伴舍人亦引蕃王就座。引班引蕃國從官至殿門外拜位,北向立。承傳唱鞠躬,拜,興,拜,興,拜,興,拜,興,平身,蕃國從官皆鞠躬,拜,興,拜,興,拜,興,拜,興,平身。承傳唱禮畢。接引舍人引蕃王興詣王座前,王府官啓王降座立,舉手揖畢,王還府。接伴舍人引蕃王出,王府官送至門外,蕃國從官後從至館。

見宰輔以下儀注

蕃王見諸王訖,接伴舍人引蕃王詣中書省見丞相。

前期,禮部官于中書省後堂設蕃王座于省堂之西,東向,設省官座于省堂之東,西向。接伴舍人引蕃王至省門外,先遣入報,省官出迎于省門之外。接伴舍人贊禮引蕃王及丞相俱入,蕃王升自西階,省官升自東階。至正堂,蕃王東向立,省官西向立。贊禮唱鞠躬,拜,興,拜,興,平身,蕃王及省官皆鞠躬,拜,興,拜,興,平身。蕃王詣省官前,致謁見之意畢。引蕃王、省官入後堂就座。贊引引蕃國從官至省堂前楹,北向立。贊禮唱鞠躬,拜,興,拜,興,平身,蕃國從官皆鞠躬,拜,興,拜,興,平身。贊禮引蕃國從官立于蕃王之後。禮部官供茶飲畢。接伴舍人及贊禮引蕃王出,蕃王降自西階,省官降自東階,送至省門外,各舉手揖。蕃王上馬,省官還。

其見三公、大都督、御史大夫,其儀皆與上同。

凡京官五品以上與蕃王相見,皆蕃王在西,京官在東,行再拜禮;六品以下,蕃王在北,京官在南,行再拜禮,蕃王皆答拜。

其蕃國從官與京官相見之儀,具《蕃使來貢篇》。

宴會儀注

擇日,錫宴蕃王于謹身殿。拱衛司于殿庭左右設黃麾仗,内使擎執奉天殿受朝之儀。内使監陳設御座于殿中,設皇太子座于御座東偏西向,稍南,設諸王座以次而南,皆西向,又于御座西偏設諸王座,與東偏諸王相對,以次而南,皆東向,設蕃王座于殿中之西第一行,東向,次設文武一品陪宴座于第二行,東西相向,二品陪宴于第三行,東西相向,于西廡設蕃國從官座及文武官三品陪宴官,依序坐,以北爲上,俱東向。和聲郎于殿之南楹陳大樂、細樂及歌舞隊,光禄寺設御酒尊于殿中之南,設皇太子、諸王、蕃王、文武一品、二品官酒尊于殿左右門之東西。御位司壺二人、尚酒、尚食二人,東偏。皇太子、諸王司壺一人,奉酒、奉食二人,西偏。諸王司壺一人,奉酒、奉食二人,蕃王司壺一人,奉酒、食一人,文武官第一行,各司壺四人,兼供酒食。文武官左右第二行,各司壺四人,兼供酒食。光禄寺直長西廡各置酒尊及設司壺、供酒食之人。光禄寺卿陳御食案及皇太子、諸王食案,及寺丞設蕃王食案于殿中,直長設殿上左右文武官食案,各置于座前,西廡蕃國從官、文武官食案亦各設于座前。諸執事、各供事舍人引文武百官常服侍立于殿門之左右,舍人引蕃王服其國服侍立于百官之北，引進引皇太子、諸王常服侍立于殿內之左右。

侍儀導引皇帝常服陞御座，_{大樂、鼓吹振作。}鳴鞭。_{樂止。}皇太子、諸王各就座位。禮部官取旨，導蕃王入就座位。丞相率禮部尚書、光禄卿舉御食案進于御前，禮部侍郎、光禄少卿舉食案各進于皇太子、諸王之前，禮部郎中、光禄寺丞舉食案進于蕃國王前，殿上文武官及西廡蕃國從官文武以次官，各就座位。內使監令于御前斟酒，司壺于皇太子、諸王、蕃王及文武官各斟酒。_{細樂作。}奏《太清》之曲。和聲郎北面立，舉手，唱上酒。皇帝舉第一爵飲，皇太子及蕃王以下皆飲畢。_{樂止。}內使監令又于御前斟酒，司壺于皇太子、諸王、蕃王、文武官前各斟酒。_{細樂作。}奏《感皇恩》之曲。和聲郎唱上酒。皇帝舉第二爵飲，皇太子及蕃王以下皆飲畢。_{樂止。}內使監令于御前進食，供食者于皇太子、諸王、蕃王、文武官前各供食。_{大樂作。}和聲郎唱上食。皇帝進食，皇太子及蕃王以下食畢。_{樂止。}內使監令于御前斟酒，司壺各斟酒。_{細樂作。}奏《賀聖朝》之曲。和聲郎唱上酒。皇帝舉第三爵飲，皇太子及蕃王以下皆飲畢。_{樂止。}進食，奏大樂如前。內使監于御前斟酒，司壺各斟酒，_{細樂作。}奏《普天樂》曲。和聲郎唱上酒。皇帝舉第四爵飲，皇太子及蕃王以下皆飲畢。_{樂止。}進食，奏大樂如前。內使監令于御前斟酒，司壺各斟酒。_{細樂作。}舞《諸國來朝》之舞。和聲郎唱上酒。皇帝舉第五爵飲，皇太子及蕃王以下皆飲畢。_{樂止。}進食，奏大樂如前。內使監令復斟酒，司壺各斟酒，_{細樂作。}奏《朝天子》之曲。和聲郎唱上酒。皇帝舉第六爵飲，皇太子及蕃王以下皆飲畢。_{樂止。}內使監令又斟酒，司壺各斟酒，_{細樂作。}奏《醉太平》之曲，舞《長生隊》之舞。和聲郎唱上酒，皇帝舉第七爵飲，皇太子及蕃王以下皆飲畢。_{樂舞止。}進食，奏大樂如前。其西廡斟酒、進食，其次如殿上，但不作樂。宴畢，皇帝興，_{樂作}。皇太子、諸王侍從還宮。_{樂止}。引禮引蕃王出，引禮引文武百官以次出。蕃王還館。

東宮賜宴儀注

皇帝賜蕃王宴畢，東宮擇日宴蕃王。

是日，宿衛陳甲士兵仗于東宮門外，陳旗幟于中門外，將軍六人于殿門外之東西，拱衛司陳設儀仗于殿下之東西及殿前、殿門之東西。內使監設皇太子座于殿上正中，設諸王座于皇太子座東偏以次而南，皆西向，又設諸王座于皇太子座西偏，與東偏諸王相對，皆東向，又設蕃王座于西偏諸王之下，東向，次設三師、賓客、諭德位于殿上第二行，東西相向，于西廡下設蕃國從官及宮官以序座，北上，東向。和聲郎于殿之南楹陳大樂、細樂及舞隊，光祿寺官設皇太子酒尊于殿中之南，設諸王、蕃王、三師等官酒尊于殿門之左右，皇太子司壺二人，尚酒、尚食二人，東偏諸王司壺一人，奉酒、食二人，西偏諸王司壺一人，奉酒、食二人，蕃王司壺一人，奉酒、食一人，三師等官左右司壺各四人，兼供酒、供食。光祿直長于西廡置酒尊、食案及司壺、供酒食之人。光祿寺官于殿上陳皇太子食案及諸王、蕃王食案，直長于殿上三師座前預設酒案，西廡蕃國從官及宮官食案亦各設于座前。諸執事、各供事舍人引三師等官服常服，侍立于殿門之左右。舍人引蕃王服其國服立于三師之北，引進引諸王常服侍立于殿內之左右。

引進導引皇太子常服出，_{樂作}。陞座，_{樂止}。諸王各就位坐。禮部侍郎啟知，引蕃王入就座，禮部侍郎、光祿少卿舉食案進于皇太子之前，禮部郎中、光祿寺丞舉食案，各進于諸王及蕃王之前,三師等官各就座,蕃國從官及宮官各就西廡坐。內使監官于皇太子前斟酒,司壺于諸王、蕃王及三師等官前各斟酒。大樂作。樂工北面舉手,唱上酒。皇太子舉第一盞,諸王、蕃王及三師等官各上酒,飲畢。樂止。內使監又于皇太子前斟酒,司壺于諸王、蕃王及三師等官前斟酒。細樂作。樂工唱上酒,皇太子舉第二盞,諸王、蕃王及三師等官皆上酒,飲畢。樂止。內使監于皇太子前進食,供食者于諸王、蕃王及三師等官前各供食。大樂作。樂工唱上食,皇太子進食,諸王、蕃王及三師等官各進食,食畢。樂止。內使監及執事者各斟第三盞至第七盞酒,及供食、樂作、樂止,並如上儀。惟酒第五行、第七行,雜行諸隊舞,凡酒七行、食五品,西廡蕃國從官及宮官皆酒七行、食五品,唯不作樂。宴畢,引進啓禮畢。皇太子興,樂作。諸王從還宮。樂止。引禮引蕃王及從官出,三師、宮官以次出,蕃王還館。

省府臺宴會儀注

東宮宴蕃王畢,中書省取旨宴勞。

前期,有司于中書省後堂陳蕃王及省官坐次,賓西主東,設酒案于省堂正中,食案列于酒案之前,又設諸蕃官及左、右司官座次于左司,賓西主東,設酒案于左司正中,食案列于酒案之前。教坊司陳樂于省堂及左司之南楹。

都堂遣官詣會同館,請蕃王赴宴。至省門下馬,省官出迎于省門之外。執事者引蕃王及省官俱入,左、右司等官與蕃國從官各從其後。蕃王升自西階,省官升自東階。至席前,省官主宴者詣蕃王前,致禮待之意畢,各就座。左、右司官與蕃國從官至左司,左司郎中詣從官前,致禮待之意畢,各就座。禮部官二人舉食案,進供于蕃王及省官之前。執事者斟酒,_{細樂作。}飲畢。_{樂止。}執事者再斟酒,樂作、樂止,如初飲畢。執事者進食,_{大樂作。}食畢。_{樂止。}酒七行、食五品,行酒奏,_{細樂。}進食奏,_{大樂。}惟第五、第七行,雜陳諸戲。左司酒七行、食五品,行酒作細樂,進食作大樂,不陳雜戲。宴畢,執事者引蕃王降自西階,省官降自東階,送蕃王至省門外,蕃國從官從其後。遣官一員送蕃王至會同館。

都督府禮待儀同前,但各衛官屬戎服,盛陳兵仗于門內外之東西,蕃國從官受宴于經歷司。

御史臺禮待儀亦同前,但不陳兵衛,蕃國從官亦受宴于經歷司。

陛辭儀注

蕃王將還國,禮部官奏知,戒蕃王某日陛辭,仍于天界寺習儀訖。

前期,內使監設御座香案于奉天殿如常儀,尚寶司設寶案于御座前,侍儀司設蕃王拜位于丹墀中道稍西及殿上御座前,俱北向,設蕃國從官拜位于蕃王後中道之東西,依序重行北向,設承制官位于殿上之東西向,設文官侍立位于文樓之北西向,北上,武官侍立位于武樓之北東向,北上,殿前班指揮司官三員位于丹陛上東向,光祿司官三員位于丹陛上西向,侍從班起居注、殿中侍御史、尚寶卿位于殿上,西向,指揮司懸刀武官位于殿上,東向,拱衛司官位于奉天殿門之左右,東西相向,典牧所官位于仗馬之前,東西相向,宿衛鎮撫位于丹陛東西階下,東西相向,護衛百戶二十四員于宿衛鎮撫之南稍後,東西相向,護衛千戶八員位于殿東西門之左右,東西相向,知班二人位于蕃王拜位之北,東西相向,贊禮二人位于知班位之北,東西相向,典儀二人位于丹陛上之南,東西相向,内贊二人位于殿上,東西相向,引蕃王舍人位于蕃王之北,東西相向,引蕃王從官舍人位于從官之北,東西相向,引文武班舍人位于文武班之北稍後,東西相向,鳴鞭四人位于丹陛上之南北向,天武將軍四人位于丹陛上之四隅,東西相向,將軍二人于殿上簾前,東西相向,將軍六人于奉天殿門之左右,東西相向,將軍六人于奉天門之左右,東西相向。

是日,金吾衞陳設甲士于午門外之東西,列旗仗于奉天門外之東西,拱衞司陳儀仗于丹陛上及丹墀之東西,陳五輅于丹陛之南,典牧所陳仗馬于文武樓之南,東西相向,陳虎豹于奉天門外,和聲郎陳樂于丹墀蕃王拜位之南。

擊鼓,初嚴。催班舍人催文武官各具朝服。擊鼓,次嚴。引班引文武百官依品從齊班于午門外,以北爲上,東西相向。殿前班指揮、光祿卿、通班、贊禮、典儀、内贊、宿衞鎮撫、護衞、鳴鞭、殿内外將軍、各執事人俱入就位。接伴舍人及引班引蕃王及蕃國從官立于午門外。諸侍衞官各服其器服。及尚寶卿、侍從官入詣謹身殿奉迎。擊鼓,三嚴。引班引文武官入就侍立位。引班舍人引蕃王及從官由午門西入金水西橋、奉天西掖門,至丹墀之西俟立。侍儀版奏外辦。御用監官跪奏,皇帝服通天冠、絳紗袍,御輿以出。尚寶卿捧寶及侍儀、侍衞導從,如常儀。皇帝將出,仗動,大樂、鼓吹振作。陞御座。樂止。將軍捲簾,尚寶以寶置于案。鳴鞭,報時,雞唱訖。引班引蕃王及從官各就拜位。贊禮唱鞠躬,拜,興,拜,興,拜,興,拜,興,平身。蕃王及從官鞠躬,樂作。拜,興,拜,興,拜,興,拜,興,平身。樂止。引班引蕃王由西階陞,樂作。西門入,引班立伺于門外。内贊接引蕃王至御座前立定。樂止。内贊唱鞠躬,拜,興,拜,興,平身。蕃王鞠躬,樂作。拜,興,拜，興，平身。樂止。內贊唱跪，蕃王跪。承制官前跪，承制詣蕃王前宣制云云。訖。或有賜物，就宣。內贊唱俯伏，興，鞠躬，拜，興，拜，興，平身。蕃王鞠躬，樂作。拜，興，拜，興，平身。內贊引蕃王自西門出。樂作。引班引復位。樂止。贊禮唱鞠躬，拜，興，拜，興，拜，興，拜，興，平身。蕃王、蕃國從官皆鞠躬，樂作。拜，興，拜，興，拜，興，拜，興，平身。樂止。贊禮唱禮畢，侍儀奏禮畢。皇帝興。樂作。警蹕、侍從導引至謹身殿。樂止。引班引蕃王及蕃國從官出，引文武官以次出。

辭東宮儀注

蕃王詣闕陛辭訖，次辭東宮。

前期，內使監設皇太子位于東宮正殿，侍儀司設蕃王拜位于殿門外，設蕃國從官拜位于殿下中道之，東西北向，文武侍從班于殿庭之東西，俱相向，贊禮二人位于蕃王拜位之北，東西相向，承傳二人位于殿下，東西相向，引蕃王舍人二人位于蕃王拜位之北，東西相向，引蕃國從官二人位于從官拜位之北，東西相向，引文武侍從班四人位于文武班之北稍後，東西相向。

是日，宿衛陳甲士兵仗于東宮門外，陳旗幟于中門外，將軍六人于殿門外之東西，拱衛司陳設儀仗于殿下之東西及殿前、殿門之東西，樂工設樂于殿庭之南。執事者各入就位。引班引文武官常服侍從于殿下之東西，引班引蕃王服國服至東宮門外立位。

內使監令啟知，皇太子常服，出宮，仗動，樂作。陞座。樂止。引禮二人引蕃王及從官就位，初行，樂作。就位。樂止。引進啟皇太子立于座前。贊禮唱鞠躬，拜，興，拜，興，拜，興，拜，興，平身。蕃王鞠躬，樂作。拜，興，拜，興，拜，興，拜，興，平身。樂止。皇太子

受前二拜,答後二拜,皇太子答拜時,內贊唱如儀。引禮引蕃王
出就次。引進啓皇太子就座。引禮引蕃國從官入就位。贊禮唱
鞠躬,拜,興,拜,興,拜,興,拜,興,平身。從官鞠躬,樂作。拜,
興,拜,興,拜,興,拜,興,平身。樂止。贊禮唱禮畢。引禮引蕃國
從官出。引進啓禮畢。皇太子興,樂作。侍從導引還宮。樂止。引
禮引文武侍從官以次出。

勞送出境

蕃王辭東宮畢,中書省官率禮部官送出國門外。至龍江驛,省
臣還,禮部官設宴如初至之儀。宴畢,禮部官還,應天府官送起行。

蕃國正旦冬至聖壽率眾官望闕行禮儀注

是日,執事者陳設闕庭于王宮正殿南向,香燭案于闕庭之
前,王拜位于殿庭中,北向,及褥位于香案前,眾官拜位于蕃王之
南,每等異位重行,北向,司禮、司贊位于眾官拜位之北,司禮在
西,司贊在東,俱相向,司香二人位于香案前,東西相向。

是日,執事陳甲士、軍仗、旗幟于王宮門之外,樂工陳樂于拜
位之南,引班引眾官朝服入齊班于王宮門外之東西,司禮、司贊、
司香俱入就位。引禮啓請王于後殿具冕服。未賜者服本國之服。引
眾官入立殿庭東西。

引禮導王出,樂作。王由西階陞詣拜位,樂止。引禮立于拜位
之左右。引禮引眾官入就拜位。司贊唱鞠躬,拜,興,拜,興,拜,
興,拜,興,平身,王與眾官皆鞠躬,樂作。拜,興,拜,興,拜,興,
拜,興,平身。樂止。引禮導王由東門入,樂作。至闕庭香案前拜
位。樂止。引禮立于拜位之左右。引禮贊跪,司贊唱跪,王與眾官

皆跪。引禮贊上香，上香，三上香，司香以香跪進于王之左，王三
上香畢。引禮贊俯伏，興，平身，司贊唱俯伏，興，平身，王與眾官
皆俯伏，興，平身。引禮導王由西門出，_{樂作}。復位。_{樂止}。司贊唱
鞠躬，拜，興，拜，興，拜，興，拜，興，平身，王與眾官皆鞠躬，_{樂作}。
拜，興，拜，興，拜，興，拜，興，平身。_{樂止}。司贊唱搢笏，鞠躬，三舞
蹈，跪，三拱手，加額，山呼，_{萬歲}。山呼，_{萬歲}。再山呼，_{萬萬歲}。出
笏，俯伏，興，平身，王與眾官搢笏，鞠躬，三舞蹈，跪，三拱手，加
額，山呼，_{萬歲}。山呼，_{萬歲}。再山呼，_{萬萬歲}。出笏，俯伏，興，平身。
司贊唱鞠躬，拜，興，拜，興，拜，興，拜，興，平身，王與眾官皆鞠
躬，_{樂作}。拜，興，拜，興，拜，興，拜，興，平身。_{樂止}。司贊唱禮畢。
引禮啓禮畢引王出，引班引眾官以次出。

蕃國進賀表箋儀注

前期，所司于王宮殿之內外及國城內街巷結綵，設闕庭于殿
上正中，設表箋案于闕庭之前，設香案于表箋案之前，司香二人
位于香案之左右，蕃王拜位于殿庭正中，北向，蕃國眾官拜位于
王之南，異位重行，北向，設司禮二人位于拜位之北，東西相向，
引禮二人位于王之左右，引班四人于眾官之左右，設使者立位于
香案之東，捧表箋執事二人位于香案之西，設樂于眾官拜位之
後，設龍亭于殿庭之南正中，及儀仗、鼓樂，伺候迎送。

是日侵晨，司印者陳印案于殿中滌印訖，以表箋及印俱置于
案上。王具冕服，及眾官各具朝服詣印案前。司印者用印訖，用
黃袱裏表，紅袱裏箋，各置于匣中，外仍以黃紅袱重裏之，捧表箋
官捧置于案。使者及捧表箋官各就立位。

引禮引王入就拜位，引班引眾官各就拜位。司贊唱鞠躬，

拜，興，拜，興，平身，蕃王與眾官皆鞠躬，_{樂作。}拜，興，拜，興，平
身。_{樂止。}引禮引王詣香案前。引禮贊跪，司贊唱眾官皆跪，王與
眾官皆跪。引禮贊上香，上香，三上香，司香捧香，跪進于王之
左，王上香訖。引禮唱進表。捧表官詣案取表，東向跪進于王，
王受表以進于使者，使者西向跪受箋，興，復置于案。引禮唱俯
伏，興，平身，司贊唱俯伏，興，平身，王與眾官皆俯伏，興，平身。
引禮引王復位，司贊唱鞠躬，拜，興，拜，興，平身，王與眾官皆鞠
躬，_{樂作。}拜，興，拜，興，平身。_{樂止。}司贊唱禮畢。引禮引王退立
于西，引班引眾官立于左右。使者各捧表箋前行，王與眾官後送
至龍亭前，使者以表箋置于龍亭中，金鼓、儀仗、鼓樂前導。使者
與王及眾官送至宮門外。王還宮，釋服。眾官仍具朝服，送至國
門外，使者捧表箋以行。

蕃王朝見圖

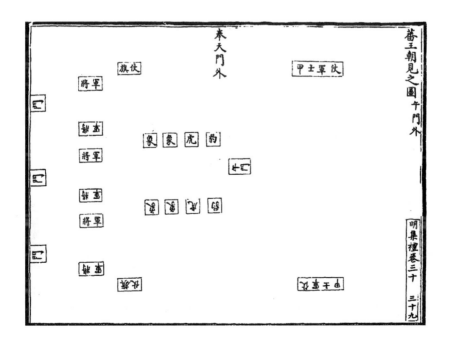

丹墀版位圖

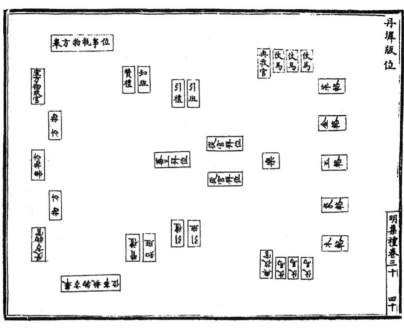

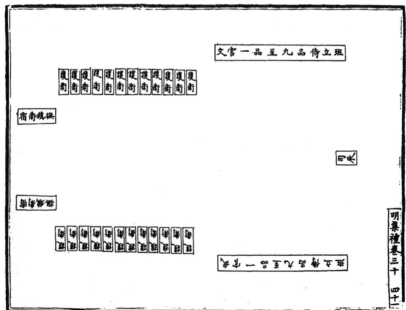

丹陛上版位圖

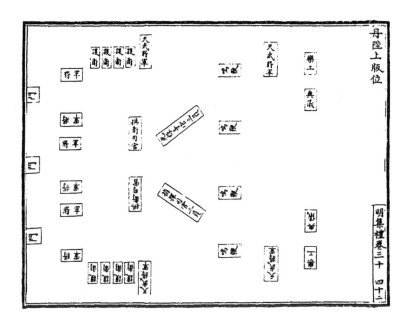

殿上版位圖

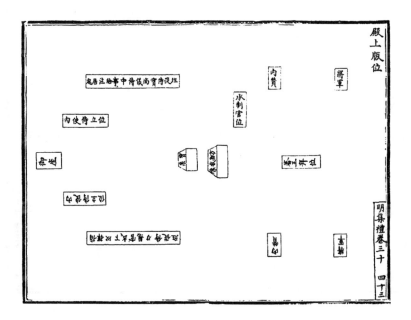

蕃王見東宮圖

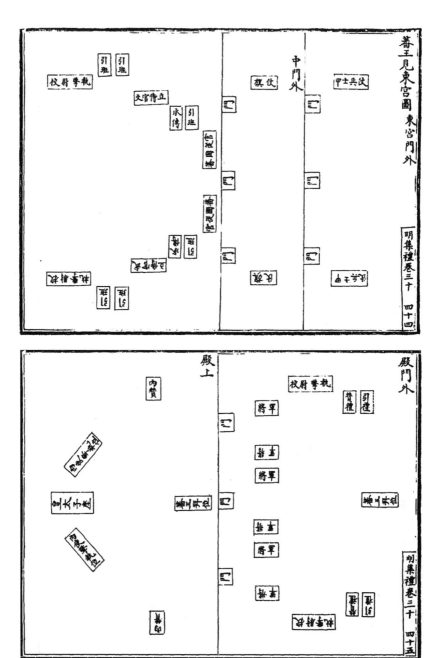

蕃王見諸王圖

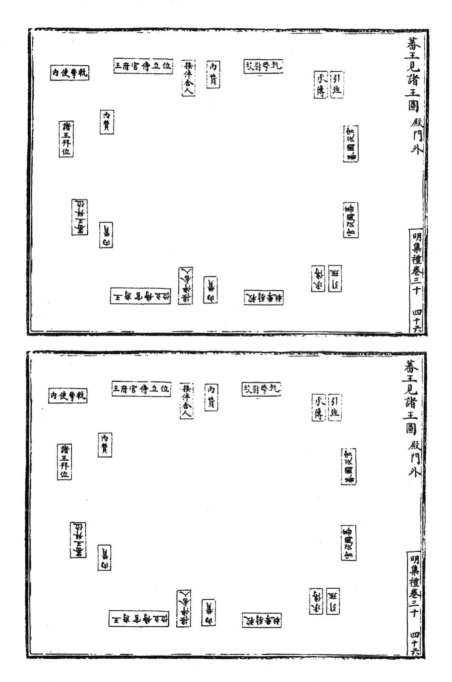

蕃王與宰輔相見圖

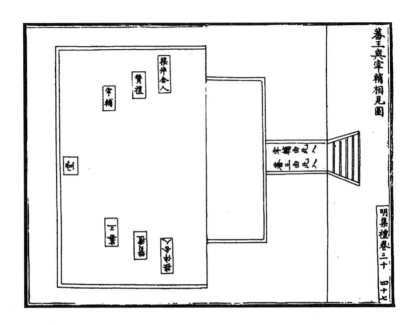

謹身殿錫宴圖

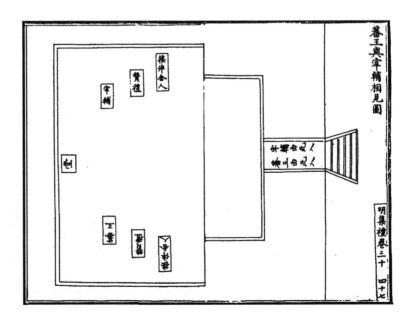

東宮錫宴圖

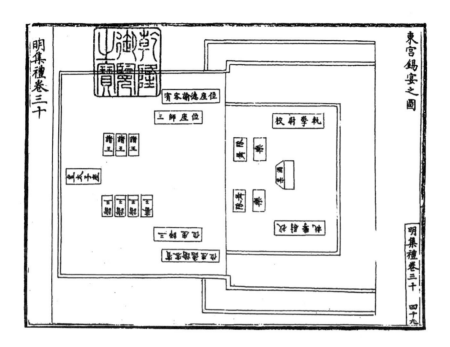

大明集禮卷三一

賓禮二

朝貢[①]

蕃使朝貢

總序

《周禮》："四方之使者至，大客則儐，小客則受其幣而聽其辭。"小客，謂蕃國之使臣也。蕃國之使皆夷人，不習其禮，故直聽其辭而已。

武王克商，通道九夷、八蠻、西旅、越裳、肅慎、洋水等國，重譯來獻，皆受其贄而聽其辭。

漢自貳師將軍伐大宛之後，其西域則罽賓、大宛、烏孫、康居、車師、莎車、鄯善、疏勒、烏弋、焉耆、條支、安息、蒙奇、兜勒、于闐等三十六國，皆內屬貢獻，其南越則尉佗，匈奴則五單于，東夷則高句驪、濊貊、倭、韓、夫餘，西南夷則哀牢、儋耳、僬僥、槃

---

① 標題"朝貢"，原無，據本書目録補。

木、白狼、動粘等國，前後來獻，皆享勞以遣遣之。

唐蕃使貢獻，其宴見之禮有四，曰迎勞，曰戒見，曰受蕃使表及幣，曰皇帝宴藩國使。其西域則罽賓、吐蕃、于闐、康國、回鶻、吐谷渾、堅昆、俱蘭、摩揭佗，南蠻則林邑、真臘、訶陵、昆明、處月、牂柯、東謝，東夷則高麗、百濟、新羅、日本，以及伊吾、高昌、焉耆、鐵勒、靺鞨、勃律、南詔、朱波等國，皆遣使貢獻方物。其宴饗、賜予各有等差。

宋蕃國使至，宴見于紫宸殿及崇政殿，迎勞、戒見、宴饗之儀皆與唐同。自太祖以來，高麗、定安、女真、龜兹、于闐、高昌、天竺、占城、三佛齊、交趾、大食、回鶻皆入貢獻。自後勃泥、波斯、日本、闍婆、吐蕃、牂柯、蒲端、注輦、唃廝羅、佛泥、拂菻、大理、真臘、婆羅等國皆貢方物。其賜予、宴饗有加。

元自太祖時，畏吾兒、回鶻、西夏、西域、高麗皆遣使入貢。世祖以後，安南、占城、雲南、金齒、緬國、大理、拂郎等國亦皆遣使貢獻。

國朝洪武二年，占城國遣陪臣虎都蠻來貢，高麗遣陪臣、禮部尚書洪尚載，安南遣陪臣同時敏等皆貢方物。既至，有司奏聞，出國門以迎勞，擇日進表、幣、方物于奉天殿畢，進箋及方物于中宮、東宮，上位遣官于會同館賜宴畢，東宮復遣官禮待，省、府、臺皆有宴。將還，遣使勞送出境。如或常朝，則中書接受表、箋、方物。次日，使者隨班入見，其宴賜，上位、東宮取旨禮待。

今具其儀，作《蕃使朝貢篇》。

迎勞

唐外夷入貢，則遣使者以束帛迎勞于郊。使者至館次，蕃使出迎于館門外。既入，使者稱有制，蕃使北面再拜，使者宣制訖，蕃使進受幣，又再拜。使者既出，蕃使復揖，使者入，以土物儐，使者再拜受，蕃使亦再拜。

宋蕃使來貢，則有接伴使。既至，又設館伴使以宴勞之。

國朝蕃使朝貢，至龍江驛，禮部奏聞，先遣舍人接伴，次遣應天府同知迎勞。既入，又遣禮部侍郎宴勞于會同館。

冠服

漢蕃使朝貢，皆服其國服，不見天子。

受朝之儀，唐受藩使朝貢，天子服通天冠、絳紗袍，蕃使皆服國服。

宋與唐同，但錫宴則皇帝服靴袍，蕃使服所賜衣帶。

國朝蕃使于奉天殿朝見，皇帝服通天冠、絳紗袍，蕃使依品服朝服行禮，文武百官朝服侍立。進見東宮，皇太子常服，蕃使服其國服行禮，文武官公服侍班。

陳設

唐蕃使來貢前一日，尚舍奉御設御幄于所御之殿南向，守宮設使者次于門外，太樂令展宮懸于殿庭，設舉麾位于上下，若大蕃中使及中蕃大使以下，則不設樂及黃麾仗。尚舍奉御鋪使者牀座于御座西南，設不升殿者坐席于西廊下，俱東面北上，典儀設使者位于懸南，重行北向東上，設典儀、贊者位于懸之東北，諸衛各勒所部列黃麾半仗屯門及陳于殿庭。

宋遼使來朝，殿中監率其屬尚舍張設紫宸殿門之內，設御座于殿上當中南向，尚醞設御酒尊、酒器于殿上御座之東，尚食設御茶㼱于御座之西，俱稍北，有司設群官酒尊、酒器于殿下，尚輦陳輿輦于紫宸殿東西朵殿，繖扇于階下，尚書兵部列黃麾角仗及殿中細仗于紫宸殿。

元蕃使朝貢于正旦、聖節、大朝會之日，隨班行禮。

國朝陳設，見《受蕃使進貢儀注》。

儀仗

唐大蕃大使朝見，設供奉仗、散手仗于殿上，又設黃麾半仗屯門，其中蕃大使、大蕃中使朝見，則不設黃麾仗。

宋遼使朝見，設黃麾角仗及殿中細仗，其夏國、高麗、交州、宜州等使，皆不設黃麾仗。

國朝蕃使朝貢，其初歸附，則于奉天殿丹陛、丹墀設黃麾仗，奉天門、午門陳設旗仗，如蕃王朝見之儀。其每歲常朝，則止隨班行禮，止設常儀，傘、扇、校、椅之類，不設丹墀、丹陛、奉天門、午門旗仗之儀。

班位

周，蕃使不朝見。

漢公卿百官相賀畢，蠻、貊、羌人以次朝貢。

唐蕃使朝見，拜位于樂懸之南。其正旦隨班，則東方、南方使客于東方朝集使之南，每國異位重行，西面北上，西方、北方使客于西方朝集使之南，東面北上。

宋蕃使朝見，其班在節度使之南，正旦隨班，則契丹使在龍墀之上少西，夏國使在宮架之東，夏國從人次之，高麗使在宮架之西，高麗從人次之。

國朝蕃使入貢拜位在丹墀中道之東西,其遇正、至、聖節,則隨班行禮,位在文官拜位之東,如諸國畢至,則以大小序位。諸執事位詳見于《受蕃使朝見儀注》。

執事

唐受蕃使表幣之日,其執事則尚舍奉御設御座,守宮設使者次,太樂令設樂,協律郎偃麾,舉麾,典儀掌禮,贊者掌唱禮,符寶郎掌奉寶,通事舍人掌行禮,侍中奏外辦,中書侍郎掌書奏,令史持案,舍人承制,有司受幣馬。

宋殿中監尚舍奉御設御座,太樂令設樂,尚醞設酒,尚食設食,協律郎偃麾,舉麾,大司樂押樂,典儀掌禮,贊者唱禮,東上閣門官掌引禮,內侍進班齊牌,符寶郎掌奉寶,舍人贊,起居舍人奏外辦,知客省事接書,傳制舍人引文武班。

國朝陳御座香案內史一人,設寶案尚寶司官一人,導駕侍儀六人,奏外辦一人,執中嚴外辦牌舍人一人,承制官一人,宣表官一人,展表官二人,讀方物狀官一人,舉表案及方物案若干人,殿前班指揮使三人,侍從班光禄寺官三人,殿前拱衛指揮二人,通贊、贊禮各一人,知班二人,典儀二人,內贊二人,引蕃使舍人二人,引文武班舍人四人,設版位拜席舍人二人,丹墀上宿衛鎮撫二人,護衛千户八人,丹墀下護衛千户二十四人,殿上擎執內使八人,典牧所掌仗馬二人,丹墀南五輅鑾士四十人,殿上將軍二人,殿門左右將軍六人,丹陛上天武將軍四人,奉天門將軍六人,鳴鞭四人,司辰一人,雞唱一人,殿前擎執掌扇等儀十六人,丹墀東西擎執節幢等儀九十人,丹陛東西擎執氅蓋等儀九十人,控仗馬十二人,和聲郎二人,協律郎二人,樂工六十四人,奉天門外中

道擎執旗仗十七人，左右擎執旗仗三百二十人，控象十二人，舉
虎豹輿士二十四人，午門外軍士若干人。

樂舞

唐武德八年，占城遣使獻方物，高祖爲設九部樂以宴樂之。
自後凡大蕃大使，爲設樂，次蕃大使及大蕃中使以下，皆不設樂。

宋契丹、女真等使來聘，其朝見皆設樂懸，西夏、高麗、交州、
宜州及海外蕃客等使朝見，皆不設樂懸。

國朝高麗、安南、占城等使朝貢，皆于奉天殿設大樂以見之，
其錫宴則間用大樂、細樂及舞隊。

貢獻

黄帝時，南夷乘白鹿來獻鬯。

帝舜時，西王母來獻白環、白琯。

夏禹之時，渠搜來獻珍裘。

武王克商，西旅獻獒，洋水獻名馬，肅慎氏貢楛矢、石砮。周
室既寧，八方各以其職來獻，作《王會》。

漢南粵獻白璧一雙、翠鳥千、犀角十、紫貝五百、桂蠹一器、
生翠四十雙、孔雀二雙。武帝時，西域獻吉光裘。

光武建武十三年，日南獻白雉、白兔。章帝元和元年，日南
獻生犀、白雉。和帝章和二年，安息遣使獻獅子、扶拔。永元十
三年，安息國獻獅子及條支、大爵。順帝陽和元年，疏勒獻獅子、
封牛。

唐武德二年，罽賓遣使貢寶帶、金瑣、水晶珠、玻璃狀若酸
棗；四年，百濟遣使獻果下馬。貞觀四年，林邑獻馴象、鏐瑣、五

色帶、朝霞布、火珠;八年,又遣使者獻五色鸚鵡;二十一年,詔所司錄遠夷所貢方物,葉護獻蒲萄,摩伽獻菩提,木康國獻金桃,伽國獻鬱金香,罽賓獻俱物頭花,加失畢獻鉢羅花,達國獻佛土菜,婆羅國獻波稜、鮓菜、苦菜、胡芹、渾提葱,薛延陀獻拔蘭鹿,突厥獻馬蹄羊,波斯國獻活褥蛇,咄陸獻金卵鷄,鷇胡國獻石蜜,西域獻蒲萄酒,高昌獻玄狐裘,康國獻獅子,百濟獻鐵甲雕斧。

宋建隆元年,占城以犀角、象齒來貢,表章書于貝多葉。乾德四年,貢犀象、白氎。自後,三佛齊獻獅子、象牙、孔雀、鳳,回鶻獻珠玉、貂皮、橐駝、名馬,于闐貢玉圭及玉鞍勒轡、玉帶,高麗獻錦罽、刀、劍、漆甲、白氎,高昌貢佛牙、琉璃器、玉璏、虎珀璏,大食貢象齒、錦繡、琉璃鍾,邛州貢文犀、名馬、犀角、象齒、羱羊、封牛,交趾獻黄金器、明珠、沉香、翠羽、綾絹、馬十、象十,契丹獻御衣、名馬、白鶻、金玉帶、玉鞍勒馬、金銀飾戎仗馬百匹,龜茲貢玉勒名馬、獨峰橐駝、寶刀、玻璃器,闍婆貢象齒、珠貝、白鸚鵡,河西獻名馬,蒲端以金版鏤表,貢丁香、白龍腦、瑇瑁、紅鸚鵡。

宋安南貢金器、朱砂、紅緑錦、光香、象齒、犀角、玳瑁甲,緬國貢象,占城貢犀、象、海羊、猿、虎豹皮、真珠鷄、金鷄、迦藍木,大理金齒,雲南貢氈弓、虎豹皮,瓜哇進象、黑虎、金絲猿、走獸、鵁鶄、番鷄、金器、白鸚鵡、白鼠、野牛、野人,暹羅貢騾馬。

國朝高麗國貢上位方物,鞍子、黄紵絲、黑麻布、白紵絲、簾席、方席、別紋踏席、同紋踏席、滿花寢席、人參、豹皮,中宮方物,黄紵絲、白紵絲、粉紅布、滿花寢席、方紋上席、同紋踏席、方席,東宮方物,鞍子、白紵絲、黄紵絲、黑麻布、簾席、方席、別紋上席、同紋踏席、豹皮、人參,安南國貢銀表函、金酒瓶、金盃盤、金斯羅、銀斯羅、生辰砂、紅緑錦、光香、象牙、玳瑁甲、犀角、木綿縷絲、他倫、皮藤席、山莕席、椰殼、檳榔、核黃、屑黃、藤南紙，占城貢虎、象。

錫宴

自漢有宴蕃使之禮，凡四夷朝賀天子，命大會勞饗。武帝大始三年，設酒池肉林，饗四夷之客。

唐蕃國使至，賜宴于紫宸殿，使者坐于御座西南，不升殿者坐于西廊下，使者服其國服，再拜就座飲酒，設庶羞、進食、作樂及文武二舞。每皇帝飲酒，諸蕃使皆興避位，飲畢乃就座。

宋蕃國使至，賜宴于紫宸殿，使者坐于御座之西南，東向，不升殿者坐于廊下。使者服所賜衣服，再拜就座，酒五行、食五品，作樂，其夏國、高麗、交州、宜州等使，則賜酒食，不設宴。

國朝蕃使朝貢皇帝，遣禮部侍郎錫宴于會同館，皇太子錫宴則遣宮官禮待之，俱酒七行、食五品，作大樂、細樂，陳雜戲，省、府、臺皆置酒宴會，酒五行、食五品，作樂，不陳雜戲。

賜予

周，越裳來貢，周公賜以文錦二匹、軿車五乘。

漢建武十七年，莎車王賢遣使貢獻，賜賢車旗、黃金錦繡；二十八年，單于遣使貢馬及裘，因請音樂，賜以弓劍，曰單于國未安，方屬武節，以戰攻爲務，竽瑟之用，不如良弓利劍；三十一年，北匈奴復遣使來貢，賜以繒綵，左賢王莫立遣冠幘、絳單衣三襲，童子佩刀、緄帶各一，又賜繒綵四十匹。

唐貞觀中，百濟來貢，賜帛段三千；開元八年，天竺來獻，帝以錦袍、魚袋賜之；十四年大食遣使獻方物，賜緋袍、銀帶；天寶中拔悉蜜遣使入謝，玄宗賜錦、文袍、金鈿帶。

宋建隆三年，三佛齊遣使朝貢，賜以冠帶、器、幣，使還，又賜以錦綵、銀器；咸平二年，卭州蠻入貢，賜以錦袍、襲衣、冠帶、器、幣；四年，龜茲來貢，賜以暈錦衣、金帶；景德四年，瓜沙貢名馬，賜以錦袍、金帶；乾道四年，占城貢方物，賜以錦綾羅、銀器。

元世祖至元三年，百濟遣其臣梁浩來朝，賜以錦繡有差；六年，高麗國王王植遣其世子愖來朝，賜植玉帶一、愖金五十兩。

今擬國朝，隨時取旨各若干。

迎勞儀注

蕃使至龍江驛，驛令具某國遣使者姓某名某及從人名數詣應天府報知，應天府官稟知中書省及禮部，禮部奏聞，遣侍儀舍人二人接伴，遣應天府同知龍江驛禮待。

前期，館人陳設蕃使及應天府官座次于正廳，賓左主右，中設酒案及食案。

應天府官至館，館人入告蕃使，接伴舍人引蕃使出迎于館門之外。贊引引應天府官與蕃使俱入，蕃使升自西階，應天府官升自東階，至廳，蕃使東向立，府官西向立。贊引唱鞠躬，拜，興，拜，興，平身，蕃使與應天府官皆鞠躬，拜，興，拜，興，平身。應天府官進詣蕃使前，致禮待之意畢，贊引引蕃使與府官各就位坐。執事者各舉食案，進供于蕃使及府官之前。執事者斟酒及進食，凡酒五行、食三品。宴畢，贊禮引蕃使送應天府官出，蕃使自西，應天府官由東出，至館門外，蕃使入。明旦，應天府官請使者出館，俱上馬，蕃使行近右，應天府官行近左，從人後從。至會同館下馬，接待舍人引蕃使由西而入，應天府官由東而入，至次訖，報知中書省,中書省奏知,命禮部侍郎至會同館禮待,其陳設、位次、食品一如前儀。宴畢,接待舍人引蕃使及禮部侍郎出,蕃使降自西階,禮部侍郎降自東階,出館門外,使者還館。

受蕃國來附遣使進貢儀注

前期,侍儀司引蕃使天界寺習儀三日,擇日朝見。

前一日,內使監設御座、香案于奉天殿中,尚寶卿設寶案于御座前,侍儀司設表案于丹墀中道之北及殿上正中,設方物位于表箋案之南中道之東西,舉方物案執事位于方物案之左右,設使者位于中道之東西方物案之南,北向,設通事位于使者位之西,北向,設文武官侍立位于丹墀之北,東西相向,設受表兼宣表官、受方物兼宣方物官位及展表官位于表案之西,東向,設承制官位于殿內西向及使者之北,設典儀二人位于丹陛上,東西相向,設知班位于丹墀之北,東西相向,設贊禮位于知班之北,東西相向,設內贊二人位于殿上,東西相向,引使者舍人二人于使者拜位之西,東向,引文武官舍人四人于文武班之北稍後,東西相向。侍從班起居注、殿中侍御史、尚寶卿位于殿上,西向,指揮司懸刀武官位于殿上,東向,拱衛司官位于奉天門之左右,東西相向,典牧所官位于仗馬之前,東西相向,宿衛鎮撫位于丹陛東西階下,東西相向,護衛百戶二十四員于宿衛鎮撫之南稍後,東西相向,護衛千戶八員于殿東西門之左右,東西相向,將軍二人于殿上,東西相向,天武將軍四人于丹陛上之四隅,東西相向,將軍六人于奉天殿門之左右,東西相向,將軍六人于奉天門之左右,東西相向。

是日,金吾衛陳設甲士于午門外之東西,列旗仗于奉天門外之東西,拱衛司陳儀仗于丹陛上及丹墀之東西,陳五輅于丹陛之南,典牧所陳仗馬于文武樓之南,東西相向,陳虎豹于奉天門外,和聲郎陳樂于丹墀諸蕃使拜位之南。

擊鼓,初嚴。侍儀舍人入陳拜席,引班引文武百官各具朝服。次嚴。引班引文武百官齊班于午門外,東西相向,以北爲上。禮部執事以方物各置于案,各執事俱入就位。諸侍衛官各服其器服。及尚寶卿侍從官入詣謹身殿奉迎。引班引使者服朝服,奉表,執事者舁方物前行,使者朝服後從,由午門入就金水西橋入西掖門,至丹墀西,東向序立。擊鼓,三嚴。引班引文武官入就侍立位。侍儀版奏外辦。御用監跪奏,皇帝服皮弁,御輿以出。尚寶卿捧寶及侍儀、侍衛導從,如常儀。皇帝將出仗動,樂作。陞御座。樂止。尚寶卿置寶于案。鳴鞭,雞唱,報時訖。引禮引使者置表于案,就位北向立。執事者舁方物入,就位,退立于左右。知班唱班齊訖。贊禮唱鞠躬,拜,興,拜,興,拜,興,拜,興,平身。使者及衆使者皆鞠躬,樂作。拜,興,拜,興,拜,興,拜,興,平身。樂止。贊禮唱進表。引禮引使者詣表案前。贊禮唱跪,使者及衆使者皆跪,唱進表,使者跪,取表函,捧進于受表官,受表官受表,進方物狀者跪,取方物狀,授于受方物狀官,受方物狀官受方物狀,與受表官、展表官由西階陞,西門入,至殿庭,以表置于案,俱退,立于西。內贊唱宣表,宣表官詣案,取表,跪宣于殿西,展表官同跪,展宣訖,俯伏,興,宣表官以表置于案,退立于殿西。宣方物狀官詣案,取方物狀,跪宣于殿西,展方物狀官同跪,展①,俯伏,興。宣方物狀官以方物狀置于案,與宣表官、展表

---

① "展"後疑脫"宣"字。

官由殿西門出，復位。贊禮唱俯伏，興，使者及眾使者皆俯伏，興，平身。贊禮唱復位，引禮引使者退，復位。承制官承制，自中門出中階降，詣使者前，稱有制。贊禮唱跪，使者及眾使者皆跪。承制官宣制曰：“皇帝制問使者來時，想爾某國君安好。”使者答畢。贊禮唱俯伏，興，拜，興，拜，興，平身，使者及眾使者皆俯伏，興，樂作。拜，興，拜，興，平身。樂止。承制官稱有後制。贊禮唱跪，使者及眾使者皆跪。承制官宣制曰：“皇帝又問，爾使者遠來勤勞。”使者答畢，贊禮唱俯伏，興，拜，興，拜，興，平身，使者及眾使者皆俯伏，興，樂作。拜，興，拜，興，平身。樂止。承制官自西階陞，西門入，回奏訖，復侍立位。贊禮唱鞠躬，拜，興，拜，興，拜，興，拜，興，平身，使者及眾使者皆鞠躬，樂作。拜，興，拜，興，拜，興，拜，興，平身。樂止。禮部官收表及方物，引使者出。侍儀奏禮畢，上位駕回，樂作。還宮。樂止。引班引文武百官及使者以次出。

其每歲常朝，則于中書省接受表箋方物。

是日，于省門前執事者置方物于案，引禮引使者捧表箋由中門入，方物隨行，至堂上，置方物于前。丞相興，使者捧表箋，各至丞相前，丞相受表箋，各授于執事。使者退立于西，司壺舉杯者、出，舉杯者以杯先進于丞相。丞相執杯，使者跪，持酒，飲畢，退立。引禮引使者由西廊出。戶部受方物。報侍儀司習儀。

次日，各依品從具公服，行五拜禮。出午門，釋服，于東宮行禮。

受蕃使每歲常朝儀注

中書省受表箋。侍儀司引蕃使于天界寺習儀，擇日朝見。

前一日，內使監陳設御座、香案于奉天殿，如常儀，侍儀司設使者位于丹墀中道上之西，北向，承制官侍立位于殿內之東，宣制位于使者之北，百官侍立位于丹墀之北，東西相向，知班二人位于使者之北，東西相向，贊禮二人位于知班之北，東西相向，典儀二人位于丹陛上，東西相向，引使者二人位于使者之西，東向，引文武班四人于文武班之北稍後，東西相向，侍從班位于殿上，東西相向，文東武西，導駕官位于殿內，東西相向，將軍六人位于奉天門之左右，將軍六人位于奉天殿門之左右，將軍四人位于丹陛上之四隅，將軍二人位于奉天殿內簾前之左右，宿衛鎮撫二人位于丹墀東西階下，東西相向，護衛二十四人位于宿衛鎮撫之南稍後，東西相向，護衛千户八員位于殿東西門之左右，拱衛司陳設儀仗于丹墀、丹陛之東西，鳴鞭四人于丹陛上，北向，拱衛司、光禄寺官侍立位于殿門之左右。

是日侵晨，擊鼓，初嚴。各執事陳設如儀。引班催請使臣及百官各具朝服。次嚴。執事各入就位。引班引百官使者齊班于午門外，東西相向。三嚴。引班引百官入就侍立位。引使者入，立于丹墀之西。導駕官入謹身殿奉迎。侍儀奏外辦。御用監官跪奏。皇帝具通天冠、絳紗袍。侍從導引出宮，樂作。陞御座，樂止。捲簾，鳴鞭，報時訖。引班引使者入就位。知班唱班齊。贊禮唱鞠躬，拜，興，拜，興，拜，興，拜，興，平身。使者鞠躬，樂作。拜，興，拜，興，拜，興，拜，興，平身。樂止。承制官前跪，承制由中門出中階降，至使者前，稱有制。贊禮唱某等跪聽，使者跪，承制官宣制曰：“皇帝制問使者來時，想爾某國王某安好。”使者答畢[①]。贊禮唱俯伏，興，拜，興，拜，興，平身，使者皆俯伏，興，樂作。拜，興，拜，興，平身。樂止。承制官稱有後制。使者跪，承制官宣制

---

① “答”後衍“曰”，據《明史》卷五七《賓禮·蕃王朝貢禮》刪。

曰："皇帝又問,爾使介遠來勤勞。"使者又答畢。贊禮唱俯伏,
興,樂作。拜,興,拜,興,平身。樂止。承制官由西階陞,西門入,回
奏訖,復侍立位。贊禮唱鞠躬,拜,興,拜,興,拜,興,拜,興,平
身,使者皆鞠躬,樂作。拜,興,拜,興,拜,興,拜,興,平身。樂止。
侍儀奏禮畢,上位駕回,樂作。還宮。樂止。引班引文武百官及使
者以次出。

東宮受蕃國來附遣使進貢儀注每歲常朝入見儀附

前期,内使監設皇太子座于東宮正殿正中,設箋案于丹墀之
北稍東及殿上正中,設方物案位于箋案之後,設使者拜位于方物
位之後①,受箋兼宣箋官位于箋案之西,設受方物狀兼宣方物狀
官位于宣箋官之南,設展箋官兼展方物狀官位于宣方物狀官之
南,設百官侍立位于東宮丹墀,東西相向,設知班位于使者拜位
之北,東西相向,設贊禮位于知班之南,東西相向,設内贊二人于
殿上,東西相向,設引使者舍人二人位于使者拜位之西,引文武
官舍人四人位于文武班之北稍後,東西相向。

是日侵晨,宿衛陳兵仗于東宮門外,拱衛司陳儀仗于東宮丹
陛、丹墀之東西,將軍六人于殿門之左右,和聲郎設樂位于使者
拜位之南。引禮引文武官常服入,就侍立位。引禮引舉方物案
執事前行,使者常服後隨入,至東宮内門外,東向立。

引進導引皇太子常服,陞殿,仗動,樂作。陞座。樂止。引禮引
使者入就位,北向立。執事者舁方物就位,退立于丹墀之西。知
班唱班齊。贊禮唱鞠躬,拜,興,拜,興,拜,興,拜,興,平身,使者

---

① "拜",原缺,據《明太祖實録》卷四五補。

及衆使者皆鞠躬，_{樂作。}拜，興，拜，興，拜，興，拜，興，平身。_{樂止。}
贊禮唱進箋，引禮引進箋使者詣案，取箋，跪進于受箋官訖，進方
物使者詣案，取方物狀，跪進于受方物狀官訖，受方物狀官與受
箋、展箋官，俱由西門入，于殿庭置于案，退立于西。內贊唱宣
箋，受箋官詣案取箋，跪讀于殿西，展箋官跪，展宣訖，俯伏，興，
受箋官以箋復于案，退立于西，受方物狀官詣案取方物狀，跪讀
于殿西，展方物狀官跪，展宣訖，俯伏，興，受方物狀官以方物狀
復于案，與受箋官、展箋官由西門出，復位。贊禮唱俯伏，興，使
者與衆使者皆俯伏，興。引禮引使者復位。贊禮唱鞠躬，拜，興，
拜，興，拜，興，拜，興，平身，使者及衆使者皆鞠躬，_{樂作。}拜，興，
拜，興，拜，興，拜，興，平身。_{樂止。}贊禮唱禮畢。引禮引使者出，
內使監官收箋文、禮物。引進啓禮畢，導引皇太子還宮，_{樂作。}入
宮。_{樂止。}引禮引文武官以次出。

　　每歲常朝入見上位畢，出午門釋服，于皇太子所坐之所，隨
班行四拜禮。

<h2 style="text-align:center">蕃國遣使來附參見省府臺官儀_{蕃國遣使每歲常朝入見儀附}</h2>

　　蕃使見東宮畢，次日詣中書省，參拜丞相。各省官坐都堂，
六部主事、六曹掾史侍立于左右。引禮引蕃使至省門外。執事
以所獻書置于案，及方物案，舉由西偏門入，西階陞，使者從行。
置書案于月臺上之北，方物案分陳于東西，使者立于其南。贊禮
唱鞠躬，拜，興，拜，興，平身，蕃使鞠躬，拜，興，拜，興，平身。引
禮引蕃使詣案，取書，跪進于受書執事者，使者興，復位。受書執
事捧書至丞相前，啓械，丞相閱書畢。贊禮唱鞠躬，拜，興，拜，
興，平身，蕃使鞠躬，拜，興，拜，興，平身。禮畢，引禮引自西階

退，執事收方物。

引禮引使者詣左司郎中，出位南向立，蕃使北向立。贊禮唱鞠躬，拜，興，拜，興，平身，蕃使鞠躬，拜，興，拜，興，平身，郎中皆答拜。次詣員外郎以下，俱相對再拜、答拜訖。

次詣右司，如左司之儀。

次日，至都督府參拜。都督府官坐府堂上，各衛官屬戎服，盛陳兵仗。其陳設、參見儀，如都省，及參見經歷司，如都省左右司之儀。

次至御史臺，參見之禮與參見省、府官同，惟不設兵衛。

其衆衙門相見，三品以下至九品皆再拜答禮。

其每歲常朝，則止于中書省參見省官，行再拜禮。

錫宴儀注東宮錫宴儀同

蕃使進貢及參見畢，禮部官奏，奉聖旨錫宴于會同館。東宮錫宴，則東宮官啓奉令旨。

前期，館人陳設坐次于會同館正廳，賓西主東，中設御酒案于正中，膳部、主客命執事設酒案及食案于廳之南楹，教坊司陳設樂舞于酒案之左右。

是日，禮部官陳龍亭于午門外，光禄寺官取旨，捧御酒置于龍亭，儀仗、鼓樂前導，禮部官、光禄寺官乘馬後隨。至館門，館人入報蕃使，出迎于館門之外。執事者捧御酒前行，引贊引奉旨官從行，由中道入，至廳上，置于案，使者自西階升，立于西隅，奉旨官立于御酒案之東，稱有制，使者望闕，跪聽宣制畢。贊禮唱鞠躬，拜，興，拜，興，平身，使者鞠躬，拜，興，拜，興，平身。奉旨官舉杯，酌酒，授使者飲，北面同跪，使者飲畢。贊禮唱鞠躬，拜，興,拜,興,平身,使者鞠躬,拜,興,拜,興,平身。贊禮引使者及奉旨官各就席坐,執事者舉食案,進供于使者及奉旨官之前。執壺者斟酒,樂作。飲畢。樂止。酒七行、湯七品,上湯擊鼓,行酒作細樂及陳雜戲。宴畢,使者送奉旨官出。至館門外,奉旨官上馬,使者入。

擇日,皇太子錫宴,陳設、食品、禮節,皆如前儀。

省府臺宴勞儀注

東宮錫宴畢,中書省于左司置酒宴勞。

前期,膳部、主客于左司陳設使者及左右司官座次于左司正廳,賓西主東,膳部設酒案于廳中,教坊司陳樂于左司之左右。左司遣掾史詣會同館,請使者赴左司。

既至,左司官降階出迎,使者升自西階,左司官升自東階。至廳,使者東向立,左司官西向立。主宴者進詣使者前,致禮待之意畢,各就席坐。執事者舉食案,進供于使者及左司官之前。執壺者斟酒,樂作。飲畢,樂止。酒五行、湯五品。上湯擊鼓,行酒作細樂,不陳雜戲。宴畢,左司官送使者由省西門出。使者上馬,左司官入。

次都督府,次御史臺,俱于經歷司禮待,其儀與左司同。

蕃使陛辭儀注

蕃使將還國,禮部奏知,戒蕃使某日陛辭。

前二日,于天界寺習儀。

前一日,内使監陳設御座香案于奉天殿,侍儀司設蕃使拜位于丹墀中道稍西,北向,設文武官侍立位于丹墀之北,東西相向,承制官位于殿上之東及宣制位于丹陛上之東南，設知班二人位于蕃使之北，設贊禮二人位于知班之北，典儀二人位于丹陛上之南，俱東西相向，設引蕃使舍人二人位于蕃使之西，東向，引文武班舍人四人位于文武班之北稍後，東西相向，侍從班位于殿上之東西，拱衛指揮、光禄寺官位于殿門前之左右，内使擎執八人位于御座前之左右，宿衛鎮撫位于丹陛東西階下，護衛百户二十四人位于鎮撫之南稍後，俱東西相向，護衛千户八人位于殿東西門之左右，將軍二人位于殿上之左右，將軍六人位于殿門之左右，將軍四人位于丹陛之四隅，將軍六人位于奉天門之左右，俱東西相向，鳴鞭四人位于丹陛上之南。

是日侵晨，金吾衛陳設兵仗于午門外之東西，拱衛司陳儀仗于丹墀、丹陛之東西，樂工陳樂于丹墀之南。

擊鼓，初嚴。禮部官于午門外以御酒、禮物置于案。執事者若干人服窄紅衫，舉案，捧禮物官具朝服，若干人從入，陳案于丹陛上東南。如賜詔，則設詔書案于禮物案之北，拱衛司用黄蓋遮覆。執事各入就位。舍人催文武官及蕃使具朝服。擊鼓，次嚴。侍儀侍衛入，迎車駕。舍人引文武官齊班于午門外之東西。引使者立于武官之南，東向。擊鼓，三嚴。引班引文武官入就侍立位。引蕃使入立于丹墀之西南。侍儀版奏外辦。御用監跪奏，皇帝服皮弁服，御輿以出。侍儀、侍衛導從，警蹕如常儀。皇帝將出，仗動，樂作。陞御座。樂止。將軍捲簾，鳴鞭，雞唱，報時訖。引禮引蕃使入就。位贊禮唱鞠躬，拜，興，拜，興，拜，興，拜，興，平身，蕃使皆鞠躬，樂作。拜，興，拜，興，拜，興，拜，興。樂止。承制官詣御座前，跪，承制，由殿中門出，立于宣制位，稱有制。贊禮唱某等跪聽，蕃使皆跪。承制官宣制曰："皇帝制諭。"宣畢。贊禮唱俯伏，興，拜，興，拜,興,拜,興,拜,興,平身,蕃使皆俯伏,興,樂作。拜,興,拜,興,拜,興,拜,興,平身。樂止。承制官由殿西門入,跪奏云承制訖,復侍立位。贊禮唱鞠躬,拜,興,拜,興,拜,興,拜,興,平身。蕃使皆鞠躬,樂作。拜,興,拜,興,拜,興,拜,興,平身。樂止。贊禮唱禮畢。捧禮物官捧禮物,自丹墀中道降,由奉天中門出。如有詔,則黃蓋遮覆詔書出。舍人引蕃使由奉天西門出。侍儀奏禮畢,皇帝興,樂作。還宮。樂止。引禮引百官以序出。捧禮物官捧禮物至午門,付使者行。

每歲常朝,具本品公服,隨班行五拜禮。

蕃使辭東宮儀注蕃使每歲常朝儀附

蕃使奉天殿陛辭訖,次辭東宮。

前期,內使監設皇太子座于東宮正殿,侍儀司設蕃使拜位于殿下稍西,設文武官侍立位于庭中,東西相向,知班二人于使者拜位之北,贊禮二人位于知班之北,俱東西相向,設引使者舍人二人位于使者之西,設引文武官舍人四人于文武班之北稍後,東西相向,設將軍六人位于殿門之左右。

是日,宿衛陳兵仗于東宮門外,拱衛司陳儀仗于殿庭之左右,樂工陳樂于殿庭之南,執事各入就位,引禮引文武官常服入,就侍立位,引禮引使者及眾使者至東宮門外西立,東向。

引進導引皇太子常服,陛殿,樂作。陛座。樂止。引禮二人引蕃使入就拜位,北向立。贊禮唱鞠躬,拜,興,拜,興,拜,興,拜,興,平身,蕃使及眾使者皆鞠躬,樂作。拜,興,拜,興,拜,興,拜,興,平身。樂止。贊禮唱禮畢。引禮引使者退,立于西。引進啟禮畢。皇太子興,樂作。還宮。樂止。引禮引使者出次。引文武官以序出。

每歲常朝辭謝,使者常服隨班,行四拜禮。

勞送出境

蕃使辭東宮畢,禮部官率應天府官送出國門之外,至龍江驛,禮部官還。應天府官設宴如初至之儀。宴畢,應天府官還,驛丞送起行。

蕃使進貢圖

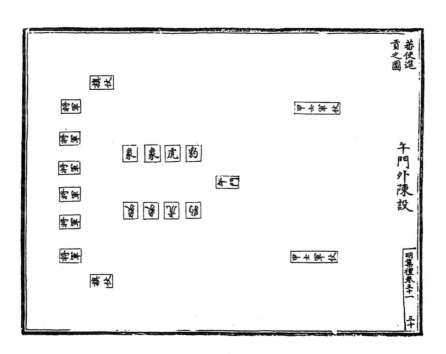

801

丹墀版位圖

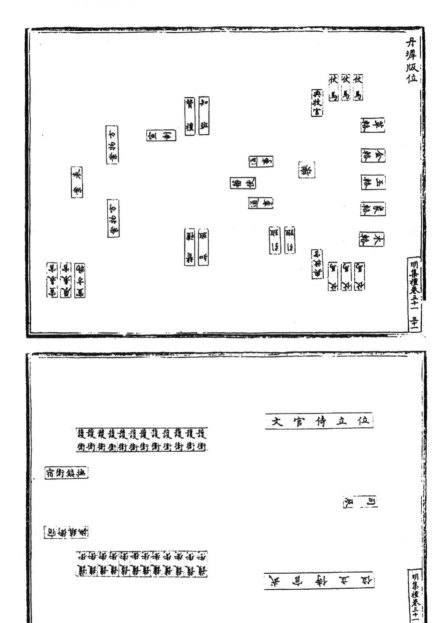

丹陛上版位圖

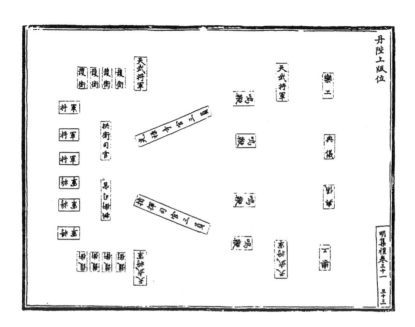

殿上版位圖

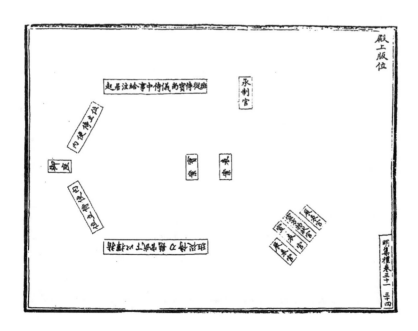

蕃使進貢東宮圖

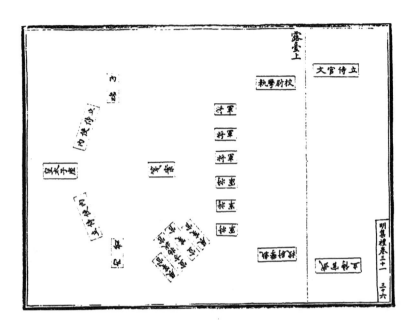

蕃使每歲常朝東宮圖

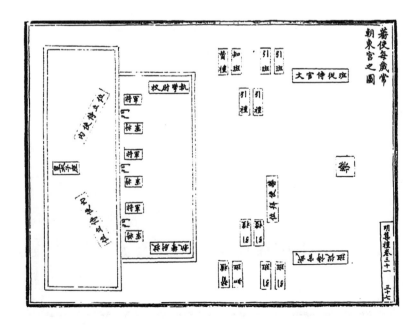

蕃使見省官圖

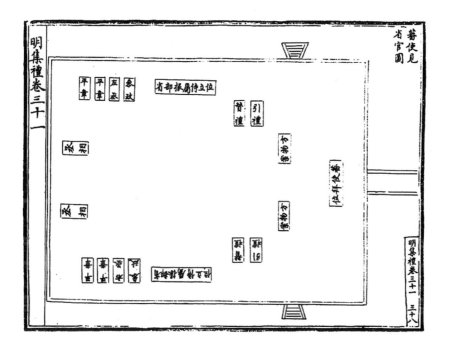

大明集禮卷三二

賓禮三

遣使

總序

古者，天子于服內諸侯，有間問、致賑、賀慶、致襘之禮，九州之外未嘗遣使往聘也。

至漢高帝，遣陸賈使南粵，賜以印綬。孝文之時，復遣陸賈奉詔使南粵。孝武有事四夷，遣張騫以郎使西域，蘇武以中郎將使匈奴。自後蕃國有喪則吊問，來聘則報命，乞降則授璽綬。

光武建武二十六年，遣中郎將段郴、副校尉王郁使南單于，單于拜伏受詔；三十一年，單于薨，遣中郎將段郴將兵赴弔，弟左賢王莫立，遣使齎書鎮慰，拜授璽綬。和帝永元四年，北匈奴右谷蠡王自爲單于，款塞乞降，遣大將軍左校尉景爨往授璽綬。

唐使外國，謂之入蕃使。武德四年，新羅遣使來貢，高祖遣散騎侍郎庾文素往使，賜以璽書。貞觀十五年，尸羅逸多遣使入貢，太宗遣衛尉丞李義表奉敕書報使，逸多東面拜受。高宗二十年，突厥特勒死，詔金吾將軍張玄逸、都官郎中呂向齎璽書入蕃弔祭。貞元八年,以祠部郎中兼御史中丞袁滋賜南詔印。憲宗元和元年,遣鴻臚少卿攝御史中丞李銛爲入蕃使,長史兼侍御史吳暈副之。

宋使外國,謂之國信使。太祖開寶八年,遣西上閤門使郝崇信使契丹①,以太常丞呂端副之。自是,信使不絕。真宗景德二年,太常博士周漸假太府卿,右侍禁、閤門祇候郭盛假西上閤門使,爲契丹國生辰使,職方郎中、直昭文館韓國華假祕書丞,衣庫副使焦守節假西上閤門使,爲契丹國母正旦使,祕書丞張若谷假將作監,内殿崇班郭允恭假引進副使,爲國主正旦使。自是,歲以爲常。

元太祖六年,遣使至畏吾兒國,其主奕都護大喜,厚爲之禮,因遣使納款。世祖中統元年,遣禮部郎中孟甲、員外李俊使安南、大理。至元三年,遣兵部侍郎黑的使日本;二十八年,遣禮部尚書張立道使安南;二十九年,復遣梁曾陳孚使安南,召使入朝,且諭其子入覲。

國朝混一區宇,分遣使者以柔遠人。其高麗、安南、占城等國,皆頒詔往諭,復敕使往授印綬,又降香、幣以祀其國之山川,其柔撫四夷之意備至。

今詳著開詔、錫印、賜予之儀,作《遣使篇》。其弔蕃國喪、祀蕃國山川之禮,則見于《喪禮》《山川》等篇,兹不贅具云。

詣蕃國開詔書附

漢文帝遣陸賈賜南粵王佗書,其文曰:"皇帝謹問南粵王,甚

---

① "契丹",原作"丹契",據嘉靖本乙。

苦心勞意。朕，高皇帝側室之子，棄外奉北藩于代。道里遼遠，雍蔽樸愚，未嘗致書。高皇帝棄群臣，孝惠皇帝即世，高后自臨事，不幸有疾，日進不衰，以故詝暴乎治。諸呂爲變故亂法，不能獨制，迺取它姓子爲孝惠皇帝嗣。賴宗廟之靈，功臣之力，誅之已畢。朕以王侯吏不釋之故，不得不立，今即位。乃者聞王遺將軍隆慮侯書，求親昆弟，請罷長沙兩將軍。朕以王書罷將軍博陽侯，親昆弟在真定者，已遣人存問。修治先人冢。前日聞王發兵于邊，爲寇災不止。當其時長沙苦之，南郡尤甚。雖王之國，庸獨利乎。必多殺士卒，傷良將吏，寡人之妻，孤人之子，獨人父子，得一亡十，朕不忍爲也。朕欲定地犬牙相入者，以問吏。吏曰：‘高皇帝所以介長沙土也。’朕不能擅變焉。吏曰：‘得王之地不足以爲大，得王之財不足以爲富，服領以南，王自治之。’雖然，王之號爲帝。兩帝並立，亡一乘之使以通其道，是爭也；爭而不讓，仁者不爲也。願與王分棄前患，終今以來，通使如故。故使賈馳諭告王朕意，王亦受之，毋爲寇災矣。上褚五十衣、中褚三十衣、下褚二十衣，遺王。願王聽樂娛憂，存問鄰國。”南粵王恐頓首，願奉詔爲藩臣。

　　唐武宗遣王會賜回鶻可汗敕書，其文曰：“敕：我國家統臨萬宇，列塞在陰山之南，先可汗總率本部，建牙于大漠之北。各安土宇，二百餘年。此天所以限隔中外，不可踰越。近聞爲紇吃斯所敗，加以飢荒，國邑爲墟，屍僵道路。今可汗稍收離散，漸近邊城。將務遠圖①，先示文誥②。故茲命使，宜聽朕言。可汗累代已

① “將”，《會昌一品集》卷五《賜回鶻可汗書奉宣撰》作“議”。
② “先示”，《會昌一品集》卷五《賜回鶻可汗書奉宣撰》作“合先”。

來，赤誠向國①。往者中原有難，助剪群兇。列聖念功，每加優寵。寧國、咸安二公主，降嫁龍庭。爰及先朝，復以今公主繼好，又以土無絲纊，歲遺縑繒。恩禮轉深，諸蕃榮羨②。久保誠信，兩絕猜嫌。但以國家舊章，藩漢殊壤，稍踰經制，豈朕所安。去歲，嗢哎斯特勒已至近界，邊將憤激，便請驅除。朕每念其無主可歸，且令安撫。今可汗既立，彼又降附。便合率領，漸復舊疆。漂寓塞垣，殊非良計。又得宰相頡干伽思等表③，借振武一城，權與公主、可汗居住。中國之制，與外蕃不同。須守前代規模，祖宗法度。昔漢朝單于乖亂，呼韓款塞。宣帝送單于出朔方雞鹿塞，唯賑以米粟。國初，太宗皇帝令李思摩建牙于漠南，遺跡並存，事皆可驗，未有深入漢界，借以一城。與羌渾黨項，微小雜種，同爲百姓，實亦屈可汗之尊貴，亂中國之舊規。若以未復本蕃，或欲別遷善地，求大國聲援，戢諸部交爭，亦須率思歸之人，且于漠南駐止。朕當許公主朝覲，親問事宜。儻須應接，必無所恡。冀令彼國，從此輯寧，豈不謂去危就安，轉禍爲福。朕緣公主將可汗丹誠來告，深感于衷。制置之間，須存遠大。故遣右金吾衛大將軍兼御史大夫王會、副使宗正少卿兼御史中丞李師偃，馳往喻懷。爰定所居，更申誓約④。神明是質，豈可食言。可汗宜保一心，自求多福。”王會、李師偃至回鶻，與申誓約而還。

元世祖遣孟甲李文俊諭安南，責其未奉王命詔曰：“我祖宗以武功創業，文化未修。朕纂承丕緒，鼎新革故，務一萬方。遂

① “赤”，《會昌一品集》卷五《賜回鶻可汗書奉宣撰》作“推”。
② “榮”，《會昌一品集》卷五《賜回鶻可汗書奉宣撰》作“稱”。
③ “干”，《會昌一品集》卷五《賜回鶻可汗書奉宣撰》作“于”。
④ “更”，《會昌一品集》卷五《賜回鶻可汗書奉宣撰》作“便”。

自庚申歲,建元爲中統元年。誕敷詔赦,次第頒行。其不泄邇,不忘遠。然誠之所在,事有未遑也。適大理國守臣安撫矗只陌丁馳馹表聞,爾邦向風慕義之誠。及念卿昔在先朝已歸款臣服,遠貢方物,故頒詔旨。遣禮部郎中孟甲充南諭使,禮部員外郎李文俊充副使,諭本國官僚、士庶①:'凡衣冠典禮風俗百事,一依本國舊制,不須更改。高麗國比遣使來請,已經下詔,悉依此例。除戒飭雲南等處邊將,不得擅興兵甲,侵掠疆場,擾亂人民外,卿國官僚士庶,各宜安治如故。'"孟甲、李文俊至安南宣諭詔旨,安南世子受詔,奉命而還。

國朝洪武二年正月,遣使賜倭國、爪哇、西洋、占城詔曰:"昔帝王之治天下,凡日月所照,無有遠邇,一視同仁。故中國尊安,四方得所,非有意于臣服之也。自元政不綱②,天下兵爭者十有七年。四方遐遠,信好不通。朕肇基江左,掃群雄、定華夏,臣民推戴,已主中國。建國號曰大明,改元洪武。頃者克平燕城③,疆宇大同,以承正統。方與遠邇相安于無事,以共太平之福。惟爾四夷君長、酋帥等,遐遠未聞,故茲詔諭,想宜知悉。"

是年六月,遣使封安南國王陳日煃詔曰:"咨爾安南國王陳日煃,惟乃祖父,昔守境于南陲,傳之子孫,常稱藩于中國,克恭臣職,以永世封。朕荷天地之靈,肅清華夏。頃馳書而往報,冀率土以咸寧。卿能奉表稱臣,專使來賀。法爾前人之訓,以安遐壤之民。眷茲勤誠④,深可嘉尚。是用遣官齎印,仍封爾爲安南

---

① "本",《元史》卷二〇九《安南傳》作"爾"。
② "不",《明太祖實錄》卷三七作"失"。
③ "燕城",《明太祖實錄》卷三七作"元都"。
④ "誠",《明太祖實錄》卷四三作"意"。

國王。于戲。視廣同仁，思效哲王之盛典。爵超五等，俾承奕世之遺芳。益茂令猷，永爲藩輔。今賜卿《大統曆》一本、金段紗羅四十縑，至可領也。故兹詔書，想宜知悉。”

是年八月，遣使封高麗國王王顓詔曰：“咨爾高麗國王王顓世守朝鮮，紹前王之令緒，恪遵華夏，爲東土之名蕃。當四方之既平，嘗專使而往報。即陳表貢，備悉衷誠。良由素習于文風，斯克謹修于臣職。允宜嘉尚，是用褒崇。今遣使齎印，仍封爾爲高麗國王。凡儀制、服用，許從本俗。于戲。保民社而襲封[①]，式遵典禮。傳子孫于永世，作鎮邊陲。其服訓辭，益綏福履。今賜《大統曆》一本、錦繡絨段十匹，至可領也。故兹詔示，想宜知悉。”

賜蕃國印綬

漢建武二十六年，賜南匈奴黃金璽、盩綟綬，文曰“匈奴單于璽”。

北齊四方諸蕃國王之章，上藩用中金，中藩用下金，下藩用銀，並方寸、龜紐。

唐德宗賜南詔牟尋印，用黃金，銀爲窠，文曰“貞元册南詔印”。武宗賜契丹印，文曰“奉國契丹之印”。

宋真宗賜百蠻王印一鈕，文曰“大渡河南山前後都鬼主之印”。

元賜吐蕃白蘭王印，黃金爲之，駝鈕，國字篆；賜高麗國王印，黃金爲之，龜鈕，國字篆，並三寸；賜雲南王印，銀爲之，塗以

---

① “襲”，《明太祖實錄》卷四四作“肇”。

黃金,駝鈕,漢篆三寸;賜安南國王印,黃金爲之,龜鈕,國字篆,三寸。

國朝賜高麗黃金印,龜鈕,方三寸,文曰"高麗國王之印";賜安南鍍金,銀印,駝鈕,方三寸,文曰"安南國王之印";賜占城,鍍金銀印,駝鈕,方三寸,文曰"占城國王之印";賜吐蕃,黃金印,駝鈕,方五寸,用周尺。文曰"白蘭王印"。

賜吐蕃國禮物

漢文帝元年,遣陸賈賜南粵王上褚五十衣、中褚三十衣、下褚二十衣;以綿裝衣曰褚。六年,遣使者遺匈奴繡袷綺衣、長襦錦袍各一,比疎一,比疎,辮髮之飾。黃金飾具帶一,黃金犀毗一,犀毗,腰中大帶。繡十匹,錦三十匹,赤綈、緑繒各四十匹;建武二十六年,詔賜單于冠帶、衣裳、黃金璽、盭綬綬、安車、羽蓋、華藻、駕駟、寶劍、弓箭、黑節三、駙馬二、黃金、錦繡、繒布、絮、樂器、鼓車、榮戟、甲兵、飲食什器;二十八年,賜單于雜繒五百匹、弓鞬韣一、矢四發。

唐貞觀十年,賜吐谷渾以鼓纛;開元中,遣使賜新羅王瑞文錦、五色羅、紫繡文袍、金銀器。

宋至道二年,遣使賜交趾玉帶;祥符四年,賜蒲端國旗幟、鎧甲。

元世祖至元四年,遣使賜高麗國王王植羊五百;五年,遣使賜安南國王陳光昞錦繡及其諸臣有差。

國朝 ☐☐☐☐

迎接

漢光武建武二十六年,遣中郎將段郴使單于,單于乃延迎使者,使者曰:"單于當伏拜受詔。"單于顧望之頃乃伏,稱臣曰:"單于新立,誠慙于左右,願使者衆中無相折也。"

唐貞觀十五年,遣衛尉丞李義表奉敕書使尸羅逸多,尸羅逸多遣大臣郊迎,傾城縱觀,焚香夾道,逸多率其臣下東面拜受。

元至元二十八年,遣禮部尚書張立道使安南。至境,安南世子陳日燇遣迓者接踵,及近郊,百官恭迎詔書。既而,日燇乘輦,以鸞仗就館迎詔,群臣公服徒行奉隨。至明霞閣下,日燇與近臣七八人登壽光殿龍椅前,置香案,日燇再拜,自宣詔旨畢,日燇曰:"恭覩天詔,不勝喜躍,願祝皇帝萬歲壽。"

國朝遣使奉詔入境,蕃國先遣官遠接。至公館,以詔置龍亭中,有司備金鼓、儀仗、鼓樂以伺。次日,王率衆官及耆老、僧道出,迎詔于國門外。其遣使賜予,則王率衆官出迎,並如接詔之儀。

序坐

漢高祖遣陸賈使南粵。賈至,尉佗魋結箕踞見賈,賈因説佗曰:"足下中國人,今反天性,棄冠帶,欲以區區之越與天子抗衡爲敵國,禍且及身矣。"于是佗蹶然起坐,謝曰:"居蠻夷中久,殊失禮義。"留賈與飲數月。

元至元二十六年,禮部尚書張立道使安南。既至館,安南世子陳日燇詣詔書所作禮,與立道等相見平揖。禮畢,其御史大夫杜國計、翰長丁拱垣曰:"往年定禮,王南向,使者西向,請就位。"

立道曰：“非禮也。大國之卿，當小國之君。”拱垣曰：“王人雖微，序于諸侯之上。”立道曰：“我爲王人。”遂東西相向坐。接詔畢，宴于集賢殿，皆東西相向坐。

國朝遣使至蕃國，與蕃王分賓主相對坐，蕃王在西，使者在東。

遣使開詔儀注

前期，翰林院官承旨草詔奏聞訖。

前一日，禮部告百官于皇城守宿。

至日，鳴鐘後，具朝服侍班。内使監設御座香案于奉天殿，尚寶卿設寶案于御座之南，用寶案于詔書案之東。侍儀司設詔書案于寶案之南，設承制官位于殿上之東及丹陛之東南，設使者拜位于丹墀中道稍西，北向，典儀二人于丹陛上之南，東西相向，知班二人位于使者之北，東西相向，贊禮二人位于知班下之北，東西相向，設文武百官侍立位于文武樓之北，文東武西，東西相向，文武侍從班于殿上之左右，設引文武班舍人四人位于文武官之北，東西相向，設引使者二人位于使者之北，東向，拱衛司、光禄寺官對立位于奉天門之左右，俱東西相向，將軍二人位于殿上簾前，東西相向，將軍六人于奉天門之左右，東西相向，又將軍四人于丹陛上之四隅，東西相向，又將軍六人于奉天殿之左右，東西相向，鳴鞭四人于丹陛上北向。

是日，金吾衛于午門外陳設甲士軍仗，東西相向，拱衛司陳設儀仗于丹陛、丹墀之東西，設遮詔書黄蓋于奉天殿門前，和聲郎設樂于丹墀之南，侍儀司設龍亭、儀仗、大樂于午門外正中。

擊鼓，初嚴。催班舍人催文武官具朝服，導駕官、侍從官入

迎車駕。次嚴。引班舍人引文武官入就侍立位。引禮引使者具
朝服立于丹墀之西以伺。三嚴。侍儀奏外辦。皇帝通天冠、絳
紗袍出謹身殿。樂作。尚寶捧寶前導,侍從導引如常儀。陞奉天
殿御座。樂止。尚寶以寶置于案。捲簾,鳴鞭,雞唱,報時訖。禮
部官捧詔書于寶案前,尚寶用寶訖,中書省官、禮部官同捧至御
座,呈奏訖。禮部官用黃銷金袱裹詔書,置盤中,置于案。引禮
引使者就丹墀拜位。典儀唱鞠躬,拜,興,拜,興,拜,興,拜,興,
平身,使者鞠躬,樂作。拜,興,拜,興,拜,興,拜,興,平身。樂止。
承制官進詣御座前,跪承制訖,由中門出,至丹陛上宣制位。承
制官稱有制。典儀唱跪,使者跪。承制官宣制曰:"皇帝敕使爾某
奉詔諭某國。爾宜恭承朕命。"宣制訖,承制官由西門入。典儀唱
俯伏,興,平身,使者俯伏,興,平身。典儀唱鞠躬,拜,興,拜,興,
拜,興,拜,興,平身,使者鞠躬,樂作。拜,興,拜,興,拜,興,拜,
興,平身。樂止。禮部官詣案,捧詔,由殿中門出。拱衛司擎黃蓋
遮護,降自中陛,至使者位前,以授使者。大樂振作。使者捧詔書,
由奉天門中出,至午門外,以詔置龍亭中。侍儀奏禮畢。皇帝
興,樂作。還宮。樂止。引禮引文武官以次出。分選各衙門正官一
員,奉送詔書出國門外,使者賫奉以行。

蕃國接詔儀注

使者入蕃國境,先遣闗人馳報于王,王遣官遠接詔書。前
期,令有司于國門外公館設幄結綵,設龍亭于正中,設香案于龍
亭之南,備金鼓、儀仗、鼓樂伺候迎引,又于國城內街巷結綵,于
王宮內設闕庭于殿上正中,設香案于闕庭之前,設司香二人于香
案之左右,設詔使立位于香案之東,設開讀案位于殿陛之東北,

設蕃王拜位于殿庭中北向,設蕃國衆官拜位于蕃王拜位之南,異位重行北向,設捧詔官位于開讀案之北,宣詔官位于捧詔官之南,展詔官二人于宣詔官之南,俱西向,司禮二人位于蕃王拜位之北,東西相向,引禮二人位于司禮之南,東西相向,引班四人位于衆官拜位之北,東西相向,陳儀仗于殿庭之東西,設樂位于衆官拜位之南,北向。遠接官接見詔書,迎至館中,安奉于龍亭中,遣使馳報王。

是日,王率國中衆官及耆老、僧道出迎于國門外,迎接官迎詔書出館至國門,金鼓在前,次耆老、僧道行,次衆官具朝服行,次王具冕服行,次儀仗、鼓樂,次詔書龍亭,使者常服行于龍亭之後。

迎至宮中,金鼓分列于門外之左右,耆老、僧道分立于庭中之東西,置龍亭于殿上正中,使者立于龍亭之東。引禮引王入就拜位,引班引衆官及僧道、耆老各入就拜位。使者詣前,南向立,稱有制。司贊唱鞠躬,拜,興,拜,興,拜,興,拜,興,平身,蕃王及衆官以下皆鞠躬,樂作。拜,興,拜,興,拜,興,拜,興,平身。樂止。引禮引蕃王由西階陞,詣香案前,北向立。引禮唱跪,蕃王跪。司贊唱衆官皆跪,衆官以下皆跪。引禮唱上香,上香,三上香,司香捧香跪,進于王之左,王三上香訖。引禮唱俯伏,興,平身,蕃王及衆官以下皆俯伏,興,平身。引禮引蕃王復位。司贊唱開讀。宣詔官、展讀官陞案。使者詣龍亭捧詔書,授捧詔官,捧詔官前受詔,捧至開讀案,授宣詔官。宣詔官受詔,展詔官對展。司贊唱跪,蕃王及衆官以下皆跪。宣詔官宣詔訖。捧詔官于宣詔官前捧詔書,仍置于龍亭。司贊唱俯伏,興,平身,蕃王及衆官以下皆俯伏,興,平身。司贊唱鞠躬,拜,興,拜,興,拜,興,拜,

興,平身,蕃王及衆官以下皆鞠躬,<small>樂作</small>。拜,興,拜,興,拜,興,
拜,興,平身。<small>樂止</small>。司贊唱搢笏,鞠躬,三舞蹈,三拱手,加額,山
呼,<small>萬歲</small>。山呼,<small>萬歲</small>。再山呼,<small>萬萬歲</small>。出笏,俯伏,興,<small>樂作</small>。拜,興,
拜,興,拜,興,拜,興,平身。<small>樂止</small>。禮畢。引禮引蕃王退,引班引
衆官以次退。蕃王及衆官釋服。使者以詔書付所司頒行,蕃王
與使者分賓主行禮。

遣使賜印綬儀注<small>賜禮物儀同</small>

前期,禮部承旨具印文式樣奏聞,符下鑄印局,鑄完,進呈
聞奏。

前一日,內使監設御座香案于奉天殿,侍儀司設賜印案于丹
陛上之東,設承制官位于殿上之東及宣制位于丹陛之東南,設使
者拜位于丹墀中道稍西,北向,設文武官侍立位于文武樓之北,
文東武西,東西相向,侍從班位于殿上之東西,拱衛司、光祿寺官
位于殿門之左右,設典儀位于丹陛上之南,東西相向,知班二人
位于使者之北,贊禮二人位于知班之北,俱東西相向,引使者二
人位于使者拜位之北,西立東向,引文武班舍人位于文武官之北
稍後,東西相向,將軍二人位于殿上簾前,東西相向,將軍四人位
于丹陛上之四隅,東西相向,將軍六人位于奉天殿門之左右,東
西相向,將軍六人位于奉天門之左右,東西相向,鳴鞭四人位于
丹陛中,北向。

是日,宿衛陳兵仗于午門外之東西,拱衛司陳設儀仗于丹
陛、丹墀之東西,和聲郎設樂位于丹墀使者拜位之南,禮部設龍
亭、儀仗、大樂于午門外擊鼓。

初嚴。催班舍人催百官具朝服,執事者入就位。導駕官侍

從官入迎車駕。次嚴。引班引文武百官入就侍立位。引禮引使者入丹墀西立，東向。禮部官陳設所賜印于丹陛案上。如有禮物，設禮物案。三嚴。侍儀奏外辦。皇帝于謹身殿服皮弁服出。樂作。侍從、導引如常儀。皇帝陞奉天殿御座。樂止。捲簾，鳴鞭，雞唱，報時訖。引禮引使者就拜位立定。贊禮唱鞠躬，拜，興，拜，興，拜，興，拜，興，平身，使者鞠躬，樂作。拜，興，拜，興，拜，興，拜，興，平身。樂止。承制官就御座前跪，承制訖，由中門出，至丹陛上宣制位，稱有制。贊禮唱跪，使者跪。承制官宣制曰："皇帝敕使爾某授某國王印。爾其恭承朕命。如有賜禮物，就宣賜某物。"宣制訖，承制官由殿西門入。贊禮唱俯伏，興，平身，使者俯伏，興，平身。贊禮唱鞠躬，拜，興，拜，興，拜，興，拜，興，平身，使者鞠躬，樂作。拜，興，拜，興，拜，興，拜，興，平身。樂止。禮部官捧印，由中陛降，以授使者。使者搢笏，奉印，由奉天殿中門出。如賜禮物，則捧禮物出。侍儀奏禮畢。皇帝興，樂作。入宮。樂止。使者以印置于龍亭中。引班引百官以次出。各衙門以正官一員，設儀仗、大樂，送印至國門外。使者奉印以行。

蕃國受印物儀注

使者至蕃國境，先遣關人入報。蕃王遣官遠接。

前期，有司于國門外公館，設幄，結綵，設龍亭于館之正中，備金鼓、儀仗、鼓吹于館所，以伺迎引，又于國城內街巷結綵，又于王宮設闕庭于殿上正中，設香案于闕庭之前，設蕃王受賜予位于香案之前，設蕃王拜位于殿庭正中北向，眾官拜位于王拜位之南，異位重行，北向，設樂位于眾官拜位之南，北向，司贊二人于蕃王拜位之北，東西相向，引禮二人于司贊之南，東西相向，引班四人于眾官拜位之北,東西相向,陳儀仗于殿庭之東西。遠接官接見使者,迎至館所,以上賜安奉于龍亭中。遣使馳報王。

是日,蕃王率百官出迎于國門外。遠接官迎上賜出館,至國門。金鼓在前,次眾官常服乘馬行,次王乘馬行,次儀仗、鼓樂,次上賜龍亭使者常服乘馬,行于龍亭之後。迎至宮中,金鼓分列于殿外門之左右,眾官分立殿庭之東西,置龍亭于殿上正中。使者立于龍亭之東。引禮引蕃王,引班引眾官各就拜位立定。司贊唱鞠躬,拜,興,拜,興,拜,興,拜,興,平身,蕃王及眾官皆鞠躬,樂作。拜,興,拜,興,拜,興,拜,興,平身。樂止。引禮引蕃王詣龍亭前,使者稱有制。引禮贊跪,司贊唱跪,蕃王與眾官皆跪。使者宣制曰:"皇帝敕使某持印,賜爾國王某,並賜某物。"宣畢。使者捧所賜印並某物,西向授蕃王,蕃王跪受,以授左右訖。引禮唱俯伏,興,平身,司贊唱俯伏,興,平身,蕃王及眾蕃官皆俯伏,興,平身。引禮引蕃王出復位。司贊唱鞠躬,拜,興,拜,興,拜,興,拜,興,平身,蕃王及眾官皆鞠躬,樂作。拜,興,拜,興,拜,興,拜,興,平身。樂止。司贊唱禮畢。引禮引蕃王入殿西立,東向,使者東立,西向。引禮唱鞠躬,拜,興,拜,興,平身,使者與蕃王皆鞠躬,拜,興,拜,興,平身。使者降自東階,蕃王降自西階,遣官送使者還館。

遣使開詔圖

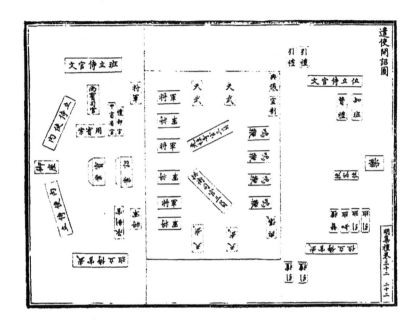

蕃國接詔圖

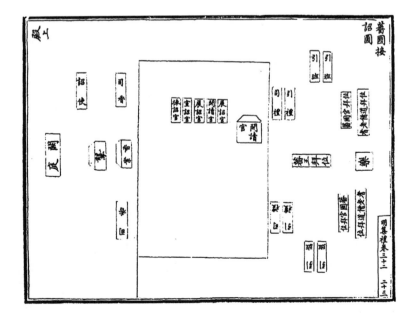

大明集禮卷三三

軍禮一

親征①

總敘

天子親征，所以應天順人，除殘去暴，以安天下。

自軒轅黄帝習用干戈，以征不享，戰于阪泉，戰于涿鹿，此其始也。

成湯放桀，用玄牡告于上天神。

后啓征有扈，則曰用命賞于祖，不用命戮于社。

武王伐紂，載文王木主以行，告于皇天后土、所過名山大川。

周制，天子親征，則類于上帝，宜于太社，造于祖廟，禡于國門，禡于所征之地，及祭所過山川。師還，則奏凱獻俘于廟社。

經秦涉漢，其禮無聞，僅有封功臣之制可稽耳。

後魏剋捷，欲使天下聞知，又有宣露布之制。

唐仍舊典，宋亦間行焉。

---

① 標題“親征”後有“篇”字，據本書目録删。

今擬國朝親征祭告天地、宗廟、社稷,禡祭旗纛,所過山川皆行祭告,師還奏凱獻俘于廟社,以露布詔告天下,然後論功行賞。諸將既受封賞,皆具表箋稱謝。

今集歷代親征儀文之詳,參酌今日之宜,以著于篇。

類于上帝

天子親征,類于上帝者,謂其禮依郊祀爲之,故曰類。《書·舜典》有"類于上帝"之文。

周出征,有類上帝之典。

北齊之制,皇帝纂嚴,服通天冠,文物充庭,有司奏請更衣,乃入,冠武弁出,以誓衆。擇日,陳六軍,備大駕,類于上帝。

隋往征還師,並類上帝。

唐皇帝親征,先于太極殿誓百官。祭日,纂嚴、服武弁,乘革輅,備大駕六軍,類告上帝于圜丘,陳牲、犢、玉、幣,作樂,行一獻禮。皇帝飲福、受胙,衆官皆賜胙。禮畢,皇帝改服通天冠、絳紗袍,乘金輅,鼓吹振作,還宮。

宋皇帝親征,遣官奏告天地,用酒、脯,行一獻禮。

今擬國朝皇帝親征。前期,擇日祭告天地,服武弁,乘革輅,備六軍,以牲、犢、幣、帛,作樂,行三獻之禮。其儀見于《祀天》《祀地》篇。

造于太廟

周制,"天子將出征,造于禰"。注:造,至也,至父祖之廟也。蓋至廟中受命于祖考,而以遷廟之主,載于齋車以行。如無遷廟之主,則以幣、帛、皮、珪告于祖禰,遂奉以出行,而載于齋車,每舍奠焉,而後就舍。反必告,設奠畢,斂幣、玉,藏諸兩階之間,乃出。蓋貴命也。又"大師造于祖"。註云:大師者,六軍親征之稱,出必徧祭七廟,取遷廟之主而行。

梁親征,用牲、幣告于祖廟。

北齊親征,則天子備法駕,乘木輅,以造于廟,載遷主于齋車。

隋制,親征師還,俱有造廟之典。

唐皇帝親征,齋于太極殿,應祭之官齋于廟所。祭日,皇帝服武弁,乘革輅,備六軍,造于太廟。每室用特牲、玉、幣,作樂,晨祼,饋食,行一獻之禮。皇帝已飲福、受胙,眾官皆賜胙。禮畢,皇帝改服還宮,如類上帝之儀。凱還,則陳俘馘軍實于廟南門外。其告祭之禮,與出師同。

宋皇帝親征,遣官奏告宗廟,用酒、脯、幣、帛,行一獻禮。

今擬國朝親征。前期擇日,皇帝服武弁,乘革輅,備六軍,祭告太廟。每廟用牲、幣,行三獻之禮。其儀皆同時享,見《宗廟篇》。但凱還,則陳俘奏凱于廟南門外。

宜于太社

天子親征,而宜于太社者,謂社主殺戮,以求便宜。社主陰,萬物于此斷殺焉。

周制,將出征,宜于社,又奉社主以行。不用命,戮于社。

梁用牲、幣宜于社。

北齊備法駕,乘木輅,以宜于社,載帝社祐主于車以行。戰前一日,司空禱社。戰勝則報以太牢,不用命者,罰于社,遂行戮。

隋往征、還師，並宜社。及征高麗，築社稷二壇于乾河上，帝袞冕、玉輅，備法駕，行宜社稷禮畢，御金輅，服通天冠還行宮。

唐皇帝親征，服武弁，乘革輅，備六軍，宜于太社。每壇用牲、犢，作樂，薦玉、幣，進熟，行一獻禮。皇帝已飲福、受胙，衆官皆賜胙。禮畢，皇帝改服還宮，如告太廟之儀。凱還，則陳俘馘軍實于北門之外。其告祭禮，與出師同。

宋皇帝親征，遣官奏告社稷，用酒、脯、幣、帛，行一獻禮。

今擬國朝親征，前期擇日，皇帝服武弁，乘革輅，備六軍，以牲、犢、幣、帛，作樂，行三獻之禮。其儀同春秋祭社稷之儀，見《社稷篇》。但凱還，則陳俘奏凱于社北門外。

禡祭

天子親征而禡祭者，謂師祭也，爲兵禱也。其神蓋始爲兵者。故黃帝、蚩尤皆得爲禡神也。

漢高祖爲沛公時，祠黃帝、蚩尤于沛庭。

北齊親征，將屆戰所，卜剛日，備玄牲，列軍容，設壇墠而禡祭。大司馬奠矢，有司奠毛血。

唐親征，以熊席，設軒轅黃帝神座，置甲冑、弓矢于座側，建稍于座後。皇帝服武弁，行初獻，大將爲亞獻，次將爲終獻，具牲、幣，行三獻禮。

宋太平興國五年，太宗親征河東，就北郊用少牢，祭蚩尤、禡牙。真宗咸平四年，詔太常禮院定禡祭儀。其制，除地爲壇，設兩墠，繞以青繩，張幕，置軍牙、六纛神位，祭用剛日，牲用太牢、幣，軍牙以白，六纛以皂，行三獻禮。

今擬國朝親征于國南群神祠，設旗纛，皇帝服武弁，備牲、犢、幣、帛，行三獻之禮。其儀見于後。

軷祭

古者，天子出則軷祭。

《周禮》曰：“犯軷遂轢之。”註謂：山行爲軷，轢車所踐也。犯之者，謂于國門外封土爲山，象以菩蒭。菩音賁，又音蒲，香草、蒭草束也。棘柏爲主，三者皆可爲主，隨用其一。太僕左執轡右，祭兩轂及軓前，即驅駕轢軷而去，喻無險難也。

隋軷祭禮，有司于國門外委土爲山象，刳羊，陳器，奠幣，薦脯，加羊饌，埋于坎。駕至，太僕祭兩軹及軓，軹謂轂，軓音汎，軾前也。乃飲，授爵，遂轢軷上而行。

唐親征先于國門外，委土于軷，太祝布神座于軷前，太官令帥宰人刳羊，奠饌。祭畢，驅駕轢軷而行。

今擬國朝，不行軷祭。

祭所過山川

周制，“天子出征，過大山川則用事”。註：用事者，謂令太祝祭告之也。

北齊親征，則所過名山大川，以太牢命有司致祭。

隋，所過之地名山大川，嶽瀆以太牢，山川以少牢，皆命有司行禮。

唐親征，執事者先修除告所，太官令備牢饌，嶽鎮海瀆用太牢，中山川用少牢，小山川用特牲。若行速，即用酒脯，制幣隨方色，亦遣有司行事。

今擬國朝親征，凡所過山川，有司具牲，制幣，皇帝服武弁，行一獻禮，其儀見于後。

奏凱獻俘

《周官·大司樂》："王師大獻，則令奏凱樂。"此奏凱之由也。出征執有罪還，而釋奠于學，以訊馘告，此獻俘之由也。

唐武德四年，秦王世民平東都，被黃金甲，乘戎輅，李世勣等二十五將從其後，陳鐵騎一萬、甲士三萬，前後部鼓吹，俘王世充、竇建德及隋器物、輦輅獻于太廟。貞觀二十年，太宗至自遼東獻俘授馘，備法駕，具凱還之禮。

宋開寶四年，擒劉鋹，帝御明德門樓，有司陳仗衛，及諸軍、文武官班，百官常服，將校戎服，以俘先獻廟、社，然後獻于樓前，以付所司；九年正月，擒李煜及其子弟、偽官四十五人，獻于明德門樓，亦因唐制，奏凱獻俘于廟、社。

今擬國朝親征凱還，皇帝率諸將以凱樂俘馘，陳于廟、社門外，伺告祭禮畢，以俘馘付刑部。協律郎導樂以退。其告祭宗廟、社稷，行三獻禮，儀同于出師，見《宗廟》《社稷篇》。

宣露布

後魏每戰捷，欲天下聞知，乃書帛，建于漆竿之上，名爲露布，此其始也。

隋文帝開皇中，詔太常卿牛弘撰宣露布禮；及九年，平陳，兵部奏請依新禮，集百官、四方客使等赴廣陽門外，朝服序列，內史令稱有詔，在位者皆再拜。宣露布訖，百官三蹈舞，又再拜。

唐平蕩寇賊，于東朝堂集文武、客使，中書令以露布宣于衆。

宋宣露布，或于明德樓前，或于宣德樓。

今擬國朝親征凱還，皇帝服通天冠、絳紗袍，陞午門樓上，以露布詔天下，百官具朝服聽詔。其儀與開讀詔赦同，見《朝會篇》。

論功

《周禮》："戰功曰多，凡有功者，銘書于王之太常，祭于大烝，司勳詔之。"《傳》曰："反行，飲至，舍爵，策勳，禮也。"

漢高祖有天下，論功定封，誓曰："黃河如帶，泰山如礪，國以永存，爰及苗裔。"于是定十八侯之位，次以蕭何爲第一。

光武中興，定封功臣詔曰："諸將業遠功大，誠欲傳于無窮。其顯效未酬，名籍未立者，大鴻臚趣上。朕將差而錄之。"于是封高密侯鄧禹等二十八人。

唐高祖武德元年，論太原建義功，以秦王世民爲首，長孫順德、劉弘基等次之。太宗即位，定功臣封户，自裴寂以下，差功大小第之，總四十三人。

宋定天下，賞功臣石守信等有差。

今擬國朝親征凱還，中書省移文大都督府，兵部具諸將功勳，吏部具勳爵職名，禮部、户部具賞格，中書集六部論定功賞奏，取聖裁。至日，皇帝服袞冕，御奉天殿，百官朝服侍，宣制大賚，詔告天下。其儀見于後。

諸將受封賞表謝

大將有功而受封賞，宜有謝儀。

秦、漢而降，禮文不載。

唐郭子儀平河東，除兼河東節度使，裴度平淮西，除淮西宣慰處置等使，馬燧破河東，加實封七百户，莫不上表稱謝。

宋曹彬下江南，張俊等中興有功，其受封賞亦皆表謝。

今錄裴度《謝表》一通，以見其制。其表曰："臣度言臣伏奉去七月二十七日制書，除臣門下侍郎、同中書門下平章事、充淮西節度觀察處置等使、蔡州刺史、並淮西宣慰處置等使。緣逆賊吳元濟尚拒王師，遂于郾城縣權爲理所。臣篤勵群帥，潛設多方。傾其重兵，頓在洄曲。今月十七日，唐鄧節度使李愬乘虛直進，生致元兇。臣與賈柵三營諸軍，便降洄曲二萬餘衆①。積年逋寇，翌日殄除。淮右千里，通行無礙。臣以二十五日，領所部兵馬及歸順將士至蔡州上訖。豺豸舊穴，迎風而汎掃。鴟梟故林，應節而黃落。瞽瞽者咸觀堯日，皤皤者重識漢儀。臣以不才，猥當重寄。力排苟且之議，上贊聖明之心。不敢偷安廟堂，遂乞親臨疆場。陛下初猶未許，微臣亟請是行。睿旨丁寧，寵光照耀。臣中心自誓，畢命無憾。若不成事，必當死綏。伏賴神道惡盈，罪人斯得。而今而後，方保餘生。就天地削平之功，貽策書不朽之美。足使懦夫增氣，獷俗刳心。方偃武以脩文，故暫勞而永逸。臣謹敷揚帝澤，宣布國章。滌其瑕疵，衣以襦袴。俾斯汙俗咸若，新邦底寧。但以才乏折衝，任兼中外。摩頂至踵，諒無非其渥恩。知臣者君，庶不辱于玄鑒。無任感激欣喜之至。"

國朝，諸將有功既受封賞，具表箋稱謝。

禡祭儀注

齋戒

皇帝清齋一日，大將、陪祭官以下，皆清齋一日。

---

① "二"，《全唐文》卷六二四《馮宿·爲裴相公謝淮西節度使表》作"三"。

省牲

前期二日，設皇帝大次于廟庭之東，皇太子次于大次之東，設皇帝省牲位于南門外。

前一日，導駕官同太常卿導引車駕詣大次。太常卿奏中嚴，皇帝服通天冠、絳紗袍，太常卿奏外辦，導駕官同太常卿導引皇帝至省牲位。執事者各執事，廩犧令率其屬牽牲，自東西行，過御前，省訖。牽詣神廚，太常卿奏請詣神廚，導駕官同太常卿導引皇帝至神廚，太常卿奏請視鼎鑊，請視滌溉，遂烹牲。導駕官同太常卿導引皇帝還大次。

陳設

前一日，所司灑掃廟之內外，執事設軍牙、六纛神案于廟殿中之北，置軍牙神位在東，六纛神位在西，設籩十有二于神位之東①，爲三行，西上，豆十有二于神位之西，爲三行，東上，簠、簋各二于籩、豆之間，簠在東，簋在西，鉶三、登三于籩、豆之前，俎三于登、鉶之前，香案于俎之前，爵坫于香案之前，沙池于爵坫之前，設酒尊所于廟庭之東，幣篚位于酒尊之北，爵洗位于酒尊之南，御洗位于爵洗之南，瘞坎位于神位之西北，設席于坎位之前，上置酒碗五事及斟酒器具，雄雞五隻以伺酹神，設御位于廟庭之南正中，北向，大將及陪祭官位于御位之南，異等重行，文東武西，皆北向，司尊、司爵洗、司盥洗、執爵、司幣執事各于其位，設御史位于香案前，左右贊禮位于御史之南，東西相向，傳贊位于贊禮之南，贊引位于傳贊之南。

---

① "籩"，原作"邊"，據嘉靖本、《明太祖實錄》卷三三改。

正祭

祭日清晨,建牙旗、六纛于神位之後,牙旗在東,六纛在西。太常少卿率執事者各實尊、罍、籩、豆、簠、簋、登、鉶,實幣于篚,置于酒尊所,置祝版于神位之右,齋郎舉牲俎,入陳于案,樂工、執事官各服其服入就位,陪祭官及諸將官服其服入就位。太常卿奏請中嚴,皇帝服武弁服,太常卿奏外辦,導駕官同太常卿導引皇帝自左南門入至位,北向立。

迎神

贊禮唱:"迎神。"大樂作。贊禮唱請行禮。太常卿奏:"有司謹具,請行事。"太常卿奏鞠躬,拜,興,拜,興,平身,皇帝鞠躬,樂作。拜,興,拜,興,平身。樂止。贊禮唱在位官皆再拜,傳贊唱鞠躬,拜,興,拜,興,平身,在位官皆鞠躬,拜,興,拜,興,平身。

奠幣行初獻禮

贊禮唱:"奠幣,行初獻禮。"太常卿奏請詣盥洗位,導駕官同太常卿導引皇帝至盥洗位。太常卿奏搢圭,皇帝搢圭。太常卿奏盥手,司盥洗者酌水,皇帝盥手。太常卿奏帨手,司巾者以巾進,皇帝帨手。太常卿奏出圭,皇帝出圭。太常卿奏請詣爵洗位,導駕官同太常卿導引皇帝至爵洗位。太常奏搢圭,皇帝搢圭。執爵官以爵進,太常卿奏受爵,皇帝受爵。司爵洗者酌水,太常卿奏滌爵,皇帝滌爵。司巾者以巾進,太常卿奏拭爵,皇帝拭爵。太常卿奏以爵授執事者,皇帝以爵授執爵官。執爵官再以爵進,太常卿奏受爵,皇帝受爵。司爵洗者酌水,太常卿奏滌爵,皇帝滌爵。司巾者以巾進,太常卿奏拭爵,皇帝拭爵。太常卿奏以爵授執事者,皇帝以爵授執爵官。太常卿奏出圭,皇帝出圭。太常奏請詣酒尊所，導駕官同太常卿導引皇帝詣酒尊所，執爵官捧爵從行。至酒尊所，太常卿奏搢圭，皇帝搢圭。執爵官以爵進，太常卿奏受爵，皇帝受爵。司尊者舉羃，酌醴齊。太常卿奏以爵授執事者，皇帝以爵授執爵官。執爵官復以爵進，太常卿奏受爵，皇帝受爵。司尊者酌醴齊，太常卿奏以爵授執事者，皇帝以爵授執爵官。太常卿奏出圭，皇帝出圭。

太常卿奏請詣軍牙神位前，執爵官捧爵，司幣者捧幣前行。導駕官同太常卿導引皇帝陞廟壇。樂作。至神位前，太常卿奏跪，搢圭，皇帝跪，搢圭。司香官奉香，跪進于皇帝之左，太常卿奏上香，上香，三上香，皇帝，上香，上香，三上香。司幣者奉幣，跪進于皇帝之右，皇帝受幣，司幣者興，還本位。太常奏奠幣，皇帝奠幣。執爵官奉爵，跪進于皇帝之右，皇帝受爵，執爵官興，還本位。太常卿奏祭酒，祭酒，三祭酒，奠爵，皇帝祭酒，祭酒，三祭酒，奠爵。太常卿奏出圭，皇帝出圭。樂止。讀祝官取祝版于神位之右，跪讀訖，興，以祝版復置于坫，退，還位。太常卿奏俯伏，興，拜，興，拜，興，平身，皇帝俯伏，興，樂作。拜，興，拜，興，平身。樂止。太常卿奏請詣六纛神位前，導駕官同太常卿導引皇帝詣六纛神位前。司幣者捧幣，執爵官捧爵前行。至神位前，樂作。其上香、奠幣、祭酒、讀祝，並如軍牙神位前之儀。太常卿奏復位，導駕官同太常卿導引皇帝復位。

亞獻

贊禮唱："行亞獻禮。"其儀與初獻同，但不奠幣、讀祝，酒酌醴齊①。

---

① "醴"，原缺，據《續文獻通考》卷一二四《王禮考·親征·親征祭告儀注》補。

終獻

贊禮唱:"行終獻禮。"其儀與亞獻同。

飲福

贊禮唱:"飲福、受胙。"執事者酌福酒,減神前胙肉。太常卿奏詣飲福位,導駕官同太常卿導引皇帝至牙纛神位前飲福位,北向立。太常卿奏鞠躬,拜,興,拜,興,平身,皇帝鞠躬,_{樂作。}拜,興,拜,興,平身。_{樂止。}太常卿奏跪,搢圭,皇帝跪,搢圭。執事奉福酒,跪進于皇帝之右。太常卿奏飲福酒,皇帝受爵,祭酒少許,飲福酒。太常卿奏奠爵,皇帝奠爵訖。捧胙官奉胙,跪進于皇帝之右,太常卿奏受胙,皇帝受胙,以胙授左右,左右跪受胙。太常卿奏出圭,皇帝出圭。太常卿奏俯伏,興,拜,興,拜,興,平身,皇帝俯伏,興,_{樂作。}拜,興,拜,興,平身。_{樂止。}太常卿奏請復位,導駕官同太常卿導引皇帝復位。

徹豆

贊禮唱:"徹豆。"_{樂作。}掌祭官各徹豆。_{樂止。}贊禮唱賜胙,太常卿奏皇帝飲福、受胙,免拜。贊禮唱在位陪祭官皆再拜,傳贊唱鞠躬,拜,興,拜,興,平身,在位陪祭官皆鞠躬,拜,興,拜,興,平身。

送神

贊禮唱:"送神。"太常卿奏鞠躬,拜,興,拜,興,平身,皇帝鞠躬,_{樂作。}拜,興,拜,興。_{樂止。}贊禮唱在位陪祭官皆再拜,傳贊唱鞠躬,拜,興,拜,興,平身,在位陪祭官皆鞠躬,拜,興,拜,興,平身。

望燎

贊禮唱："望燎。"讀祝官取祝,捧幣官取幣,掌祭官取饌,詣望燎所。太常卿奏詣望燎位,導駕官同太常卿導引皇帝至望燎位。贊禮唱可燎。東西面各二人以炬燎,執事殺雞,刺血于酒碗中,酹神訖,擲雞于四下。燎將半,太常卿奏禮畢。導駕官同太常卿導引皇帝還太次。解嚴。

論功行賞儀注

前期,內使監陳御座、香案于奉天殿,如常儀,尚寶司設寶案于殿上正中,侍儀司設詔書案于寶案之前,設誥命案于丹陛正中之北,設皇太子、諸王侍立位于殿上之東北,設承制官承制位于殿上之東,及宣制位于丹墀誥命案之北,吏部尚書、户部尚書、禮部尚書位于殿上之東南,設大都督府、兵部尚書位于殿上之西南,應受賞官拜位于丹墀之中,異位重行,序立位于丹墀之西南,受賞位于誥命案之南,受賞執事位于受賞官序立位之西,每受賞官用捧誥命、捧禮物者各一人。知班二人位于受賞官拜位之北,東西相向,贊禮二人位于知班之北,東西相向,典儀二人位于丹墀上之南,東西相向,文武官侍立位于丹墀之北,東西相向,侍從班起居注、給事中、殿中侍御史、尚寶卿、侍儀司官位于殿上之東,懸刀武官位于殿上之西,殿前班指揮司三人位于丹陛之西,東向,光禄寺三人位于丹陛上之東,西向,拱衛司二人位于殿中門之左右,典牧所官二人位于仗馬之前,宿衛鎮撫二人位于丹陛下,東西相向,護衛千户二十八人位于宿衛鎮撫之南稍後,東西相向,護衛千户八人位于奉天殿東西門之左右,將軍二人位于殿上簾前之東西,將軍六人位于奉天殿門之左右,將軍四人位于丹陛上之四隅,將軍六人位于奉天門之左右,俱東西相向,鳴鞭四人位于丹陛之南,北向。

是日,擊鼓,初嚴。金吾衛列旗幟、器仗,拱衛司設儀仗、車輅,典牧司陳仗馬、虎、豹,內使監擎執,樂工陳樂,皆如正會之儀。禮部陳設詔書,吏部陳設誥命,戶部陳設禮物,陳設執事各立于案之左右,殿前班糾儀、典儀、知班、贊禮、宿衛鎮撫、護衛、將軍各入就位,舍人催受賞官及侍立文武官各具朝服。擊鼓,次嚴。侍從班、文武官入,迎車駕。舍人引受賞官齊班于午門外之南,東西相向,引文武官齊班于午門之北,東西相向。擊鼓,三嚴。侍儀版奏中嚴。御用監官奏請皇帝于謹身殿服袞冕,皇太子、諸王于奉天殿門東耳房具冕服。舍人引文武官入就丹墀侍立位。引受賞官入就丹墀序立位。侍儀版奏外辦。皇帝御輿以出,仗動。樂作。侍衛、導從如常儀,陞御座,捲簾,鳴鞭。樂止。司辰報時,雞唱訖。引進引皇太子、諸王自奉天門東門入,樂作。由東陛陞殿東門入,至侍立位。樂止。舍人引受賞官入就拜位。知班唱班齊。贊禮唱鞠躬,樂作。拜,興,拜,興,拜,興,拜,興,平身。樂止。承制官前跪承制,由殿中門出,中陛降,至宣制位。吏部尚書、戶部尚書、禮部尚書由西門出西陛,降立于誥命、禮物案之東。承制官南向,稱有制。贊禮唱跪,受賞官皆跪。承制官宣制曰:"朕嘉某等爲國建功,宜加爵賞。今授某以某職,賜以某物。其共承朕命。受賜員數不拘多少,載在其中。"宣畢,贊禮唱俯伏,興,樂作。拜,興,拜,興,平身。樂止。贊禮唱行賞,舍人引受賞官第一人詣案前。贊禮唱跪,搢笏,吏部官捧誥命,禮部官捧禮物,各授受賞官。受賞官受誥命、禮物,以授左右,左右跪受于受賞官之左,興,退,復位。贊禮唱出笏,俯伏,興,復位。舍人引受賞官復位。引以次受賞官詣案前,皆如常儀。承制官、吏部尚書、戶部尚書、禮部尚書由西陛陞西門入,跪上位之西,云承制訖,興,各復位。贊禮唱鞠躬,樂作。拜,興,拜,興。樂止。贊禮唱搢笏,鞠躬,三舞蹈,跪,山呼萬歲,山呼萬歲,再山呼萬萬歲,樂工齊聲應之。出笏,俯伏,興,樂作。拜,興,拜,興,拜,興,拜,興,平身。樂止。贊禮唱禮畢。侍儀跪,奏禮畢,鳴鞭,皇帝興,樂作。警蹕侍從導引至謹身殿。樂止。引進引皇太子、諸王還宮,舍人引受賞官及文武官以次出。至午門外,以誥命、禮物置于龍亭,用儀仗、鼓樂各送還本第。

祭所過山川儀注

齋戒

皇帝齋戒一日,陪祭官及執事官皆齋戒一日。

前期,命有司具牢饌。嶽鎮海瀆用太牢,中山川用少牢,小山川用特牲。若行速,則用酒脯而已。

省牲

前期,設皇帝大次于廟庭之東,設皇帝省牲位于廟南門外。

前一日,導駕官同引禮官導引車駕詣太次。引禮官奏中嚴,皇帝服通天冠、絳紗袍。引禮官奏外辦。導駕官同引禮官導引皇帝至省牲位。執事官、各執事、廩犧令率其屬牽牲,自東西行過御前。省訖,牽詣神廚。引禮官奏請詣神廚,導駕官同引禮官導引皇帝至神廚。引禮官奏請視鼎鑊,請視滌溉訖,遂烹牲。導駕官同引禮官導引皇帝還大次。

陳設

前祭,設籩、豆各一于神前,籩實鹿脯,豆實鹿臡。設牲饌于神位之前,設香案于牲饌之前,設爵坫于香案之前,沙池于爵坫之前,設酒尊所于廟庭之東,西向,爵洗于酒尊之南,御洗于爵洗之南,設御位于廟庭之南,北向,陪祭官位御位之南,異位重行,文東武西,北向,司幣、司尊、司爵洗、執爵執事各于其位,設典儀位于廟庭之南,東西相向,傳贊位于典儀之南,東西相向。

正祭

祭日清晨,掌祭官率執事官各實酒、饌、脯、醢于器,實幣于篚,置酒尊所,置祝版于神位之右,陳牲于神位之前。執事官各服其服入就位,陪祭官服其服入就位。引禮官奏請中嚴。皇帝服武弁。引禮官奏外辦。導駕官同引禮官導引皇帝自左南門入。至位,北向立。

迎神

典儀唱:"迎神。"大樂作,樂止。典儀唱:"行禮。"引禮官奏:"有司謹具,請行事。"奏鞠躬,拜,興,拜,興,平身,皇帝鞠躬,樂作。拜,興,拜,興,平身。樂止。典儀唱在位官皆再拜,傳贊唱鞠躬,拜,興,拜,興,平身,在位官皆鞠躬,拜,興,拜,興,平身。

奠幣行酌獻禮

典儀唱:"奠幣,行酌獻禮。"引禮官奏請詣盥洗位,導駕官同引禮官導引皇帝至盥洗位。引禮官奏搢圭,皇帝搢圭。引禮官奏盥手,司盥洗者酌水,皇帝盥手。引禮官奏帨手,司巾者以巾進,皇帝帨手。引禮官奏出圭,皇帝出圭。引禮官奏請詣爵洗位,導駕官同太常卿導引皇帝至爵洗位。引禮官奏搢圭,皇帝搢圭。執爵官以爵進,引禮官奏受爵,皇帝受爵。司爵洗者酌水,引禮官奏滌爵,皇帝滌爵。司巾者進巾,引禮官奏拭爵,皇帝拭

爵。引禮官奏以爵授執爵官,皇帝以爵受執爵官。引禮官奏出
圭,皇帝出圭。引禮官奏請詣酒尊所,導駕官同引禮官導引皇帝
詣酒尊所,執爵官捧爵從行。至酒尊所,引禮官奏搢圭,皇帝搢
圭。執爵官以爵進,引禮官奏受爵,皇帝受爵。司尊者舉羃,酌
酒,引禮官奏以爵授執事者,皇帝以爵授執爵官。引禮官奏出
圭,皇帝出圭。引禮官奏請詣神位前,執爵官捧爵,司幣者捧幣
從行,導駕官同引禮官導引皇帝至神位前。引禮官奏跪,搢圭,
皇帝跪,搢圭。司香官奉香,跪進于皇帝之左,引禮官奏上香,上
香,三上香,皇帝上香,上香,三上香,司香官興,還本位。司幣者
以幣,跪進于皇帝之右,皇帝受幣,司幣者興,還本位。引禮官奏
奠幣,皇帝奠幣。執爵官奉爵酒,跪進于皇帝之右,引禮官奏受
爵,皇帝受爵,執爵官興,還本位。引禮官奏祭酒,祭酒,三祭酒,
奠爵,皇帝祭酒,祭酒,三祭酒,奠爵。引禮官奏出圭,皇帝出圭。
讀祝官取祝版,跪讀于神位之右。讀訖,以祝版復置于坫,興,還
本位。引禮官奏俯伏,興,拜,興,拜,興,平身,皇帝俯伏,興,_樂
_{作。}拜,興,拜,興,平身。_{樂止。}引禮官奏請復位,導駕官同引禮
官導引皇帝復位。

飲福

典儀唱:"飲福、受胙。"執事者酌福酒,減神前胙肉。引禮官
奏詣飲福位,導駕官同引禮官導引皇帝至神位前,北向立。引禮
官奏鞠躬,拜,興,拜,興,平身,皇帝鞠躬,_{樂作。}拜,興,拜,興,平
身。_{樂止。}引禮官奏稍前,跪,搢圭,皇帝稍前,跪,搢圭。執事奉
福酒,跪進于皇帝之右,引禮官奏飲福酒,皇帝受爵,祭酒少許,
飲福酒。引禮官奏奠爵,皇帝奠爵訖。捧胙官奉胙,跪進于皇帝
之右,引禮官奏受胙,皇帝受胙,以胙授左右,左右跪受胙。引禮

官奏出圭,皇帝出圭。引禮官奏俯伏,興,拜,興,拜,興,平身,皇帝俯伏,興,_{樂作}。拜,興,拜,興,平身。_{樂止}。引禮官奏請復位,導駕官同引禮官導引皇帝復位。

徹豆

典儀唱:"徹豆。"_{樂作}。掌祭官各徹豆。_{樂止}。典儀唱賜胙,引禮官奏皇帝飲福、受胙,免拜。典儀唱陪祭官皆再拜,傳贊唱鞠躬,拜,興,拜,興,平身,陪祭官皆鞠躬,拜,興,拜,興,平身。

送神

典儀唱:"送神。"引禮官奏鞠躬,拜,興,拜,興,平身,皇帝鞠躬,_{樂作}。拜,興,拜,興,平身。_{樂止}。典儀唱陪祭官皆再拜,傳贊唱鞠躬,拜,興,拜,興,平身。

望瘞

典儀唱:"望瘞。"讀祝官取祝,捧幣官取幣,掌祭官取饌,詣瘞所,置坎實半土。典儀唱可瘞。引禮官奏禮畢,導駕官同引禮官導引皇帝還次,陪祭官以次出。

大明集禮卷三四

軍禮二

遣將[①]

總序

王者之遣將,所以討有罪、除民害也。有苗負固,大禹徂征。獫狁爲難,南仲致討。考之《書》《詩》,可見矣。

《史記》引《兵書》曰:"古王者之遣將,跪而推轂曰閫,以内者寡人制之,閫以外者,將軍制之。"

漢高祖命韓信爲將,擇日齋戒,設壇具禮。

北齊命將出師,皇帝乘法駕,服衮冕,徧告祖廟,親授斧鉞,推轂度閫曰:"從此以外,將軍制之。"

隋遣晉王廣伐陳,命太尉告于太廟,又命有司宜于社。二十年北伐,以太牢禡祭于河上。

唐制,遣將則命告官、大將具玉、幣、牢、饌告于廟、社,及告齊太公廟。比還師,則于廟、社,奏凱獻俘,又因後魏之制宣露

---

① 標題"遣將"後有"篇"字,據本書目録删。

布,以布告于衆。

宋遣將出師,則先授旌節于朝堂,次命告于廟、社,及告武成王廟,又禡祭軒轅黃帝。師還,亦先于廟、社,獻凱,獻俘,復奏獻于宣德門樓。皇帝登樓,受百官賀,而又宣露布焉。

今擬國朝,參酌前代之儀,定遣將之禮,以著于篇。

授節鉞

遣將而授節鉞者,所以使之專殺伐也。《禮記》曰:"諸侯賜弓矢,然後專征;賜斧鉞,然後專殺。"

魏制命將,符節郎授以節鉞。

北齊命將,皇帝告廟,降就中階,親授斧鉞。

後周遣將,司憲奉鉞進授大將,大將拜受以行。

隋將軍出師,則以犴豚一纍鼓,授以斧鉞,不得反宿于家。

宋遣大將,則于朝堂授以旌節。其儀,大將常服再拜,閤門官宣旨授以制誥,少府監執事者交以旌節。大將受訖,再拜,出勒所部並偏裨,各建旗幟,以正行列,執擎旌節至第。

國朝遣將,皇帝服武弁服,御奉天殿,授以節鉞。

造廟

遣將而造于廟者,謂至祖之廟,告以命將出師之故也。

北齊命將出征,則徧告祖廟。

後周討吐谷渾,告于太祖之廟。

隋將軍出師,告于祖廟。

唐遣將,命有司具牢、饌、幣、帛告于太廟。其制,有司擇日,告官以下致齋于廟所。告日,太官令先具牢、饌,告官等各服其服就位,再拜。太官令帥進饌者奉饌陳于東門之外。諸將以次就位,進饌,行一獻禮。告官、諸將皆飲福。師還,則獻凱樂、俘馘于南門外。祭告之禮,與出師同。

宋遣將出師告廟,及師還,奏凱、獻俘,皆循唐制。

今擬國朝遣將,就命大將具牲、幣,行一獻禮。師還,則陳凱樂、俘馘于廟門外,而告奠之禮,與出師同。其儀,與遣官奏告儀同,見《宗廟篇》。

宜社

遣將而宜于社者,謂社主殺戮,而假以便宜之權也。

周制,出師則宜于社。

梁天監初,陸璉定軍禮,用牲、幣,行宜社之儀。

唐遣將出師,命有司具牢、饌、幣、帛,告于太社。告官、諸將以下,致齋于社所。祭日,告官等各服其服,行一獻之禮。告官、諸將皆飲福,受胙。師還,則獻凱樂、俘馘于北門外。祭告之禮,與出師同。

宋遣將出師,宜社。及師還,奏凱、獻俘,皆循唐制。

今擬國朝,遣將就命大將具牲、幣,行一獻禮。師還,則陳凱樂、俘馘于社門外,而祭告之儀,與出師同。其行禮次第,並同遣官奏告,見《社稷篇》。

告武成王廟

遣將而告武成王廟者,所以重前代之有武功者也。

唐開元十九年,兩京及天下諸州各置齊太公廟;上元元年,追封爲武成王,其于遣將出征,則命有司告祭,以牲牢、幣、帛,行一獻禮。

宋遣將告祭之儀，皆循唐制。

國朝遣將，就命大將具牲、幣，行一獻之禮，其儀具載于後。

禡祭牙纛

遣將而禡于旗纛，爲師祭也。《事物紀原》云："《黄帝出軍訣》曰：牙旗者，一軍之形候也。"又云："玄女爲帝制玄纛十二，以主兵。"即知牙纛之製，始自軒轅黄帝。故孫權因之，作黄龍大牙。

唐大將出征，祭軍牙六纛。柳宗元嘗有祭文。

宋祭牙纛，用牲、幣，行三獻禮，獻官皆將校爲之。

國朝大將出師，則于旗纛廟壇備牲、牢、幣、帛，行三獻禮。大將爲初獻，次將爲亞獻、終獻。祭將畢，則割雞瀝血于酒以酹神，以雞擲于四方。其儀見後。

奏凱

師還而奏凱者，所以志其喜也。蓋振旅而還，將士喜悦，則奏獻功之樂也。

《周官·司馬》之職，"師有功則凱樂，獻于社"。

晉文公勝楚，振旅凱以入。

唐秦王破宋金剛，李勣平高麗，皆凱歌入京師。其樂歌則有《破陣樂》《應聖朝》等篇，其奏樂則有鐃吹二部，笛、篳篥、簫、笳、鐃、鼓等器。至廟、社，但陳列于門外，不奏歌曲。伺告獻禮，畢復上馬，奏曲如儀。以廟、社，尊嚴之地，鐃吹誼譁，恐乖肅敬，故不奏曲。

宋大將師還，先獻凱樂于廟、社，亦不奏曲。伺告祭禮畢，復上馬，導引奏曲至宣德樓兵仗外二十步下馬，兵部尚書引樂至樓下，遍奏歌曲。

國朝大將師還，先獻凱樂于太廟、太社門外，不奏歌曲。伺告祭禮畢，然後于午門樓前遍奏歌曲。皇帝常服御樓受獻，百官朝服舞蹈、稱賀。其儀見于左。

獻俘　宣露布

兵捷獻俘，所以告武功之成；宣露布，所以彰成功之盛也。

周制，“出征執有罪，反，釋奠于學，以訊馘告”。《傳》曰：“獻俘授馘，飲至，大賞。”又曰：“晉侯使趙同獻狄俘于周。”“晉士會滅赤狄，獻狄俘于廟。”自是而後，捷必獻俘。

後魏剋捷，始宣露布。彭城王勰曰：後魏人。“露布者，布于四海露之耳目。”蓋謂獻捷之書不封，而以告諭于天下也。

唐宣露布于東朝堂，文武百官朝服序立，中書令宣露布訖，群官、客使舞蹈、稱賀。

宋獻俘宣露布于明德門樓，或于宣德門樓，百官朝服序立，通事舍人于文武班南宣露布訖，群官、客使舞蹈、稱賀，如唐儀。

國朝，大將師還，則于午門樓前獻俘、宣露布，百官朝服序立，大將獻俘畢，禮部官宣露布，百官舞蹈、稱賀，以露布付中書省，頒示天下。其儀見後。

論功

師還而論功者，所以賞用命，示激勸也。

漢有天下，論功錫爵，諸將封侯者四十三人。

晉太元十年，論淮肥之功，封謝安廬陵郡公，謝石南康公，謝玄康樂公,謝琰望蔡公,桓伊永脩公,自餘封拜有差。

唐第功班,賞長孫無忌以下,差功大小第之,總四十三人。

乾道中,以中興十三處戰功列于銓法。

今擬國朝大將出師凱還,皇帝親御奉天殿,第其功勳高下,賞賚有差。儀制見《親征篇》,此不再具。大將受封賞表謝,其說見《親征篇》。

授節鉞儀注

前期,拱衛司設大將軍次于午門外,兵部官備節鉞陳于奉天殿中架上,內使監陳設御座、香案于奉天殿如常儀,侍儀司設大將軍拜位于丹墀中道稍西,又設大將軍受節鉞位于殿中御座前,俱北向,設授節授鉞官位于大將軍受節鉞位之東,西向,設受節執事受鉞執事位于大將軍受節鉞位之西,東向,設百官侍立位于丹墀文武樓之北,東西相向,通班、贊禮位于大將軍丹墀拜位之北,東西相向,通班在西,贊禮在東。內贊位于殿上大將軍受節鉞位之北,東西相向,侍衛官侍立位于殿上之東西,典儀二人位于丹陛之南,東西相向,將軍四人位于丹陛上之四隅,東西相向,六人位于殿門外之左右,二人位于殿上簾前之左右,六人位于奉天門之左右,皆東西相向,鳴鞭四人位于丹陛上之南,北向,引大將軍二人位于大將軍丹墀拜位之北,東向,引文武班舍人四人位于文武班之北稍後,東西相向。

是日,擊鼓,初嚴。侍儀導從官入迎車駕,金吾衛陳甲士軍仗于午門外之東西,及旗仗于奉天門外之東西,拱衛司陳儀仗于丹陛及丹墀中,東西相向,車輅、馴象于丹墀文武樓之南,東西相向,典牧所陳仗馬于文武樓南之東西,虎豹于奉天門外,和聲郎

陳樂于丹墀大將軍拜位之南，北向。擊鼓，次嚴。引文武班舍人
引文武百官具朝服齊班，入侍立位。引班引大將軍具朝服，立候
于丹墀之西北，大將軍所部將士及鼓吹皆候于午門外。擊鼓，三
嚴。侍儀司奏外辦。御用監令奏上位服武弁服，御輿以出，警
蹕、侍衛導從，俱如常儀。皇帝將出，仗動，樂作。陞殿。樂止。將
軍捲簾，鳴鞭，報時訖。引班引大將軍入就丹墀拜位，知班唱班
齊。贊禮唱鞠躬，拜，興，拜，興，拜，興，拜，興，平身，大將軍鞠
躬，樂作。拜，興，拜，興，拜，興，拜，興，平身。樂止。引班引大將軍
由西陛陞西門入，引班立候于殿門外。內贊接引至御前拜位。
內贊唱鞠躬，拜，興，拜，興，平身，大將軍鞠躬，樂作。拜，興，拜，
興，平身。樂止。內贊唱跪，大將軍跪。內贊唱搢笏，大將軍搢笏。
授節官、授鉞官詣架前，取節，取鉞，至御前，跪，承制訖，興，平
身，立于大將軍之東北，宣制云云訖，以節授大將軍，大將軍受
節，受節執事者跪于西，大將軍以節授執事，執事受節，興，退立
于西，授鉞官以鉞授大將軍，大將軍受鉞，受鉞執事者跪于西，大
將軍以鉞授執事者，執事者受鉞，興，退立，于執節執事之下。內
贊唱出笏，俯伏，興，平身，大將軍出笏，俯伏，興，平身。內贊唱
鞠躬，拜，興，拜，興，平身，大將軍鞠躬，樂作。拜，興，拜，興，平
身。樂止。內贊導大將軍出自西門，執節、執鉞執事前行，由正門
出中陛降，大將軍由西陛降，復位。執節、執鉞者分立于左右，執
節在左，執鉞在右。贊禮唱鞠躬，樂作。拜，興，拜，興，拜，興，拜，
興，平身。樂止。侍儀奏禮畢。引上位興，樂作。還宮。樂止。引班
引節鉞，導大將軍及百官以次出。大將軍勒所部建旗幟，鳴金
鼓，正行列，執擎節鉞，奏樂前導，百官以次送出。

遣將告武成王廟儀注

齋戒

前期擇日，太常司具時日告諸司。

前二日，設大將以下次于廟南門外。

前一日，大將以下及諸將、陪祭官廟所清齋，諸執事官集大將齋所肄儀。

省牲

前二日，設大將省牲位于廟南門外。

前一日，贊引引大將詣省牲位北向立，廩犧令牽牲自東過大將前，省訖，牽詣神廚，視鼎鑊、滌漑訖，遂烹牲。贊引引大將還齋所。

陳設

前祭一日，執事官灑掃廟之內外，陳設如圖儀。

正祭

祭日清晨，執事者各服其服。贊引引讀祝官于大將幕次斂祝版訖，催請各官具朝服。執事者入陳幣篚于酒尊所，陳祝版于神右，實禮物于器訖，諸執事入就位。贊引引大將以下及陪祭官入就位。贊禮唱行禮，贊引白大將："有司謹具，請行事。"贊禮唱再拜，傳贊唱鞠躬，拜，興，拜，興，平身，衆官皆鞠躬，拜，興，拜，興，平身。

奠幣

贊禮唱："奠幣。"贊引詣大將前，曰請詣盥洗所，引大將詣盥洗所。贊引曰搢笏，盥手，帨手，大將搢笏，盥手，帨手。贊引曰出笏，大將出笏。贊引曰請詣武成王神位前，引大將詣神位前，執事者捧幣從行。至神位前，贊引曰跪，搢笏，上香，上香，三上香，司香捧香跪，進于大將之右，大將跪，搢笏，上香，上香，三上香。贊引曰受幣，執事者以幣跪進于大將之右，大將受幣，執事者興，還本位。贊引曰奠幣，大將興，以幣奠于神位前。贊引曰出笏，稍後，鞠躬，拜，興，拜，興，平身，大將出笏，稍後，鞠躬，拜，興，拜，興，平身。贊引曰請詣配位神位前，引大將詣配位前，上香、奠幣如武成王神位之儀。贊引曰請復位，引大將降復位。

進熟

贊禮唱："進俎。"進俎官舉俎，陞階以伺。贊引曰請詣武成王神位前，引告官陞自東階至神位前，北向立。贊引曰搢笏，大將搢笏。贊引曰進俎，執事舉俎以進授大將，大將受俎。舉俎官還本位。贊引曰奠俎，大將以俎奠于神位。前贊引曰請詣配位前，進俎、奠俎如上儀。贊引曰請復位，引大將復位。

酌獻

贊禮唱："獻官行禮。"贊引曰請詣爵洗所，引大將詣爵洗所。贊引曰搢笏，大將搢笏。贊引曰執事者以爵進，執事者以爵進，授大將。贊引曰受爵，大將受爵。贊引曰滌爵，大將滌爵。贊引曰拭爵，大將拭爵贊。引曰以爵授執事者，大將以爵授執事者。贊引曰執事者再以爵進，執事者以爵進授大將。贊引曰受爵、滌爵、拭爵，以爵授執事者，大將受爵，滌爵，拭爵，以爵授執事者。贊引曰出笏，大將出笏。贊引曰請詣酒尊所，執事者捧爵從行。至酒尊所，贊引曰搢笏，大將搢笏。贊引曰舉羃，司尊者舉羃。

贊引曰執事者以爵進，執事者以爵進授大將。贊引曰受爵，大將受爵。贊引曰酌酒，司尊者酌酒。贊引曰以爵授執事者，大將以爵授執事者。贊引曰執事者再以爵進，執事者以爵進授大將。贊引曰受爵，大將受爵。贊引曰酌酒，大將酌酒。贊引曰以爵授執事者，大將以爵授執事者。贊引曰請詣武成王神位前，執事者捧爵酒從行。至神位前，贊引曰跪，搢笏，大將跪，搢笏。贊引曰執事者以爵跪進于大將之右，贊引曰受爵，祭酒，祭酒，三祭酒，大將受爵，祭酒，祭酒，三祭酒。贊引曰奠爵，大將以爵置于坫。贊引曰讀祝，讀祝官取祝版于神右，跪讀訖，讀祝官興，以祝置于坫，退，還本位。贊引曰就拜，興，平身，大將就拜，興，平身。贊引曰稍後，鞠躬，拜，興，拜，興，平身，大將稍後，鞠躬，拜，興，拜，興，平身。贊引曰請詣配位神位前，詣配位前祭酒、奠爵、讀祝，一如武成王神位前之儀。贊引曰請復位，引大將降復位。

初，大將行禮時，贊引引分獻官亦詣盥洗所。贊引曰搢笏，分獻官搢笏。贊引曰盥手，帨手，分獻官盥手，帨手。贊引曰出笏，分獻官出笏。贊引曰請詣爵洗所，引分獻官詣爵洗所。贊引曰搢笏，分獻官搢笏。贊引曰執事者以爵進，執事者以爵進授分獻官。贊引曰受爵，滌爵，拭爵，以爵授執事者，分獻官受爵，滌爵，拭爵，以爵授執事者。贊引曰出笏，分獻官出笏。贊引曰請詣酒尊所，引分獻官詣酒尊所，執爵者捧爵從行。贊引曰搢笏，分獻官搢笏。贊引曰執事者以爵進，執事者以爵進授分獻官。贊引曰受爵，分獻官受爵。贊引曰司尊者舉羃，司尊者舉羃。贊引曰受爵，酌酒，以爵授執事者，分獻官受爵，酌酒，以爵授執事者。贊引曰出笏，分獻官出笏。其餘分獻官，皆如上儀。贊引曰請詣兩廡神位前，贊引引分獻官詣兩廡神位。前贊引曰跪，搢笏,上香,上香,三上香,分獻官跪,搢笏,上香,上香,三上香。贊引曰執事者以爵進,執事者以爵跪進于分獻官之右。贊引曰受爵,祭酒,祭酒,三祭酒,分獻官受爵祭酒,祭酒,三祭酒。贊引曰奠爵,分獻官以爵置于坫。贊引曰出笏,就拜,興,平身,分獻官出笏,就拜,興,平身。贊引曰稍後,鞠躬,拜,興,拜,興,平身,分獻官稍後,鞠躬,拜,興,拜,興,平身。贊引曰請復位,引分獻官退復位。

飲福受胙

贊禮唱"飲福、受胙"。執事酌福酒,舉胙肉于飲福位以伺。贊引引大將至飲福、受胙位。贊引曰鞠躬,拜,興,拜,興,平身,大將鞠躬,拜,興,拜,興,平身。贊引曰稍前,跪,搢笏,大將稍前,跪,搢笏。贊引曰受爵,執事以福酒跪進于大將之右,大將受酒。贊引曰祭酒,大將祭酒少許。贊引曰飲福酒,大將飲福酒。贊引曰奠爵,大將以爵置于坫。贊引曰受胙,執事以胙跪進于大將之右,大將受胙,進胙官興,還本位。告官以胙授左右,左右跪受胙,興,退立于告官之右。贊引曰出笏,就拜,興,平身,大將出笏,就拜,興,平身。贊引曰稍後,鞠躬,拜,興,拜,興,平身,大將稍後,鞠躬,拜,興,拜,興,平身。贊引曰請復位,引大將退復位。

徹豆

贊禮唱:"徹豆。"執事者各徹豆。贊禮唱:"賜胙。"贊引曰獻官飲福、受胙,免拜。贊禮唱分獻官、陪祭官皆再拜,傳贊唱鞠躬,拜,興,拜,興,平身,分獻官以下皆鞠躬,拜,興,拜,興,平身。

望燎

贊禮唱:"望燎。"執事者取祝幣,詣望燎所。贊引引大將詣望燎位。執事置祝幣于燎壇上。候燎半，贊禮唱可燎。贊引曰禮畢，引大將出次，引分獻官、陪祭官以次出。

禡祭軍牙六纛儀注

齋戒

前期，獻官初獻官大將爲之，亞獻、終獻官次將爲之。以下散齋二日于公廨，致齋一日于祭所。

省牲

前期二日，設大將省牲位于旗纛廟南門外。

前一日，贊引引獻官朝服至省牲位，北向立。廩犧令帥其屬牽牲過獻官前，省訖，牽詣神厨，視鼎鑊、滌溉訖，遂烹牲，引獻官還齋所。

陳設

前一日，所司灑掃廟之内外，執事者陳設如圖儀。

正祭

祭日清晨，立牙旗、六纛于廟壇之上近北，南向，軍牙在東，六纛在西，置神座于牙纛之前。執事者各服其服。贊引引讀祝官詣獻官齋所僉祝版訖，催三獻官及陪祭官各具朝服。執事者入，實祭物于器①，置筐幣于酒尊所，陳牲俎于神前，置祝版于神右。諸執事各就位，贊引引獻官以下以次入就位。贊禮唱行禮。贊引白初獻官："有司謹具，請行事。"贊禮唱再拜，傳贊唱鞠躬，拜，興，拜，興，平身，初獻官以下皆鞠躬，拜，興，拜，興，平身。

---

① "物"，原作"福"，據《明太祖實録》卷三三改。

奠幣行禮

贊禮唱："奠幣，行初獻禮。"贊引曰請詣盥洗所，引初獻官詣盥洗所。贊引曰搢笏，初獻官搢笏。贊引曰盥手，帨手，初獻官盥手，帨手。贊引曰出笏，初獻官出笏。贊引曰請詣爵洗所，引初獻官至爵洗所。贊引曰搢笏，初獻官搢笏。贊引曰執事者以爵進，執事者以爵進授獻官。贊引曰受爵，滌爵，拭爵，以爵授執事者，初獻官受爵，滌爵，拭爵，以爵授執事者。贊引曰執事者再以爵進，執事者以爵進授獻官。贊引曰受爵，滌爵，拭爵，以爵授執事者，初獻官受爵，滌爵，拭爵，以爵授執事者。贊引曰出笏，初獻官出笏。贊引曰請詣酒尊所，引初獻官至酒尊所，執爵者捧爵從行。贊引曰搢笏，初獻官搢笏，贊引曰執事者以爵進，執事者以爵進授獻官。贊引曰司尊者舉冪，司尊者舉冪。贊引曰受爵，酌酒，以爵授執事者，初獻官受爵，司尊者酌酒訖，初獻官以爵授執事者。贊引曰執事者再以爵進，執事者再以爵進授初獻官。贊引曰受爵，酌酒，以爵授執事者，初獻官受爵，司尊者酌酒訖，初獻官以爵授執事者。贊引曰出笏，初獻官出笏。贊引曰請詣軍牙神位前，引初獻官陞階詣神位前，執爵者捧爵，司幣者捧幣從行。神座前[1]，北向立。贊引曰跪，搢笏，初獻官跪，搢笏。贊引曰上香，上香，三上香，司香者捧香，跪，搢于初獻官之右[2]，初獻官上香，上香，三上香訖，司香者興，還本位。贊引曰司幣者以幣進，司幣者捧幣，跪進于初獻官之右。贊引曰受幣，初獻官受幣，司幣者興，還本位。贊引曰奠幣，初獻官興，以幣奠于神位

---

① "神座前"前疑缺"至"字。
② "搢"當作"進"。

前。贊引曰執事者以爵進，執事者捧爵，跪進于初獻官之右。贊引曰受爵，初獻官受爵，執爵者興，還本位。贊引曰祭酒，祭酒，三祭酒，奠爵，初獻官祭酒，祭酒，三祭酒，以爵置于坫。贊引曰出笏，初獻官出笏。贊引曰讀祝，讀祝官取祝版，東向跪，讀于神右訖，興，以祝復置于坫，還本位。贊引曰俯伏，興，初獻官俯伏，興。贊引曰稍後，鞠躬，拜，興，拜，興，平身，初獻官稍後，鞠躬，拜，興，拜，興，平身。贊引曰請詣六纛神位前，其上香、奠幣、祭酒、讀祝，皆如軍牙神位前之儀。贊引曰請復位，引初獻官降東階，復位。

亞獻

贊禮唱："亞獻官行禮。"其儀與初獻同。但不奠幣、讀祝文。

終獻

其儀與亞獻同。

飲福受胙

贊禮唱："飲福、受胙。"贊引曰請詣飲福受胙位，引初獻官至牙纛神位前，北向立。執事者先酌福酒，舉胙肉以伺。贊引曰鞠躬，拜，興，拜，興，平身，初獻官鞠躬，拜，興，拜，興，平身。贊引曰稍前，跪，初獻官稍前，跪。贊引曰搢笏，初獻官搢笏。贊引曰執事者以爵進，執事者以爵酒跪進于初獻官之右。贊引曰受爵，初獻官受爵，執事者興，還本位。贊引曰祭酒，初獻官祭酒少許。贊引曰飲福酒，奠爵，初獻官飲福酒訖，以爵置于坫。贊引曰受胙，執事者以胙跪進于初獻官之右，初獻官受胙，執事者興，還本位初。獻官以胙授左右，左右跪，受胙，興，退立于初獻官之右。贊引曰出笏，俯伏，興，初獻官出笏，俯伏，興。贊引曰稍後，鞠躬，拜，興，拜，興，平身，初獻官稍後，鞠躬，拜，興，拜，興，平身。贊引曰請復位，引初獻官降自東階，復位。

徹豆

贊禮唱："徹豆。"執事者徹豆。贊禮唱："賜胙。"贊引曰初獻官飲福、受胙，免拜。贊禮唱亞獻官以下皆再拜，傳贊唱鞠躬，拜，興，拜，興，平身，亞獻官以下皆鞠躬，拜，興，拜，興，平身。

望燎

贊禮唱："望燎。"贊引曰請詣望燎位，祝人舉祝，幣人舉幣，置燎壇。贊引引初獻官至望燎位。伺燎半，贊禮曰可燎。贊引曰禮畢。贊引引初獻官及亞獻官以下以次出。

奏凱儀注

大將軍未至前一日，所司設大將軍次于午門外，內使監官陳御座于午門樓上前楹當中，南面，侍儀司設大將軍拜位于樓前，北向，設諸將拜位于大將軍拜位之後，重行北向，設文武百官拜位于諸將拜位之南，文東武西，重行北向，設奏凱樂位于大將軍拜位之前，北向，協律郎位于奏樂位之北，東西相向，設司樂位于協律郎之南，東西相向，設贊禮位于樓前大將軍拜位之北，東西相向，設文武官及諸蕃使客侍立位于樓前之兩傍，東西相向，設諸將序立位于文武班之北稍前，東西相向，設大將軍侍立位于諸將之北，東向，引大將軍舍人二人位于大將軍拜位之北，東西相向，引諸將舍人二人位于諸將拜位之北，東西相向，引文武班舍人四人位于文武班之北稍後，東西相向，知班二人位于贊禮之南，東西相向。

是日，宿衛列兵衛，拱衛司設儀仗于樓前之東西，引班引文武百官各服朝服，入就侍立位，引禮引大將軍及諸將各就侍立位，協律郎引奏凱樂工立伺于文武班之南，東西相向，侍儀導引皇帝常服乘輿出，陞樓即御座，侍衛如常儀。引禮引大將軍及諸將各就拜位立定。贊禮唱鞠躬，拜，興，拜，興，拜，興，拜，興，平身，大將以下皆鞠躬，拜，興，拜，興，拜，興，拜，興，平身，引禮引大將軍以下各就侍立位。贊禮唱奏凱樂，協律郎執麾，引樂工以次至奏樂位立定，司樂于樂工之前俯伏，跪奏：“具官臣某言，請奏凱樂。”協律郎舉麾，鼓吹大振，徧奏樂曲。其曲隨事撰述。協律郎偃麾。樂止。司樂跪奏：“具官臣某言，謹奏凱樂畢。”退。協律郎執麾，導樂工等以次出。次宣露布、獻俘，如後儀。

宣露布　獻俘

前期，大都督府以露布奏聞，中書省承制，告示文武百官、耆宿于皇城守宿，質明具朝服行事。

前一日，內使監設御座于午門樓上前楹當中，南面，侍儀司設獻俘位于樓下少南，又設獻俘將校位于獻俘位之北，設刑部尚書奏獻俘位于獻俘將校之北，皆北向，又設刑部尚書受俘位于獻俘位之西，東向，設露布案于樓下內道正中，南向，設受露布官位于露布案之東，西向，設奏宣露布官位于露布案之西，東向，設承制官位于露布案之東北，西向，設宣露布位于文武班之南，北向，宣露布官、展露布官位于宣露布位之西，東向，設舉露布案執事位于案之西，東向。

初，奏凱樂時，獻俘將校引俘立伺于兵仗之外。伺奏凱樂畢，贊禮唱宣露布，樓上承旨官承旨，以露布付受露布官，樓下傳承旨官宣旨訖,引禮引受露布官詣露布案,南北向立。贊禮唱跪,搢笏,受露布官跪,搢笏。樓下傳承旨官捧露布,授受露布官。受露布官受露布,興,執事以案退。受露布官捧露布由中道南行,至宣露布位,以授宣露布官。宣露布官受露布,與展露布官同展宣訖,以露布授受露布官。受露布官捧露布,退。贊禮唱獻俘,獻俘將校引俘至獻俘位,將校在前,俘獲在後,北向立定。刑部尚書進當樓前位,俯伏,跪奏:“具官臣某言,某官某以某處所俘獻,請付所司。”奏訖,退,復受俘位。伺旨有合就刑者,立于西廂,東向,以付刑官。若上釋罪者,樓上承制官宣旨曰:“有敕,釋縛。”樓下傳承旨官宣旨,釋訖。贊禮唱謝恩,鞠躬,拜,興,拜,興,拜,興,拜,興,平身,所釋之俘皆鞠躬,拜,興,拜,興,拜,興,拜,興,平身,隨拜,三稱萬歲訖,獻俘將校引所釋俘退。如有賜物,即承旨宣賜。引禮引大將及諸將就拜位,北向立定。贊禮唱鞠躬,拜,興,拜,興,拜,興,拜,興,平身,搢笏,三舞蹈,跪,山呼萬歲,山呼萬歲,再山呼萬萬歲,出笏,就拜,興,拜,興,拜,興,拜,興,平身。引禮引大將及諸將出引班,引文武百官合班北面立定。贊禮唱鞠躬,拜,興,拜,興,拜,興,拜,興,平身,搢笏,三舞蹈,跪,山呼,山呼,再山呼,三稱萬歲訖。贊者唱就拜,興,拜,興,拜,興,拜,興,平身,文武百官皆鞠躬,拜,興,拜,興,拜,興,拜,興,平身。贊禮唱班首少前,班首出班,北面立。贊禮唱跪,班首跪,稱賀云云訖。贊禮唱俯伏,興,平身,班首俯伏,興,平身。贊禮唱復位,班首復位。贊禮唱鞠躬,拜,興,拜,興,拜,興,拜,興,平身,文武百官鞠躬,拜,興,拜,興,拜,興,拜,興,平身。樓上侍儀前跪,奏禮畢,興。上降樓,乘輿,還內。引班引文武百官退。

大將受爵賞謝恩進表

前期一日,内使監官陳御位香案于奉天殿,如常儀,拱衛司設皇太子、太子侍立位于御位之東①,和聲郎設樂位于丹墀文武班之南,侍儀司設表案于丹墀之西近北,及奉天殿中設文武百官序立位于午門之外,東西相向,以北爲上,文武百官侍立位于丹墀表案之北,東西相向,大將軍位于丹墀之西表案之南,衆將官位于大將軍之南,通班、贊禮二人位于表案之南,大將軍拜位之北,東西相向,知班二人位于通班、贊禮之南,東西相向,宣表官、展表官二人位于表案之西,東向,宿衛鎮撫位于東西階下,東西相向,護衛二十四人位于宿衛鎮撫之南,東西相向,引文武班四人位于文武班之北稍後,引大將軍二人位于大將軍之西,典牧官位于乘馬之前,東西相向,指揮、光禄卿、殿前班于丹陛上,東西相向,典儀二人位于丹陛上,東西相向,拱衛官侍立位于殿門之左右,鳴鞭四人位于丹陛中,天武將軍四人位于丹陛上四隅,將軍六人位于殿門外左右,捲簾將軍二人位于殿上,東西相向,將軍六人位于奉天門之左右,東西相向,設受表官位于殿上之東,起居、給事中、殿中侍御史、侍儀使、尚寶卿及武官懸刀侍從位于殿上,東西相向,尚寶司設寶案于殿中。

其日清晨,金吾衛陳設甲士于午門外之東西,旗仗于奉天門外之東西,拱衛司陳儀仗于丹陛上,東西相向,車輅、馴象于文武樓南之東西,典牧所陳仗馬于文武樓南之東西,虎豹于奉天門外。侍儀司官置表案于殿中,舍人二人置表于案,舉案入就丹墀

---

① "侍"字前"太子"二字疑誤。

位,退立于引文武班之下,和聲郎入就樂位,鳴鞭四人殿內外將軍入就位,典儀、通班、贊禮、知班入就位,宿衛鎮撫、護衛、拱衛司官、典牧所官入就位,殿前班指揮、光禄司官、展表、宣表官入就位,引禮四人引文武百官入就侍立位,引禮引大將軍及將官入立于奉天門外之西,尚寶及侍從官俱詣謹身殿奉迎。侍儀司奏外辦。皇帝服衮冕,御輿以出,警蹕。尚寶卿奉寶及侍衛導從,如常儀。皇帝將出,仗動,大樂鼓吹振作。陞御位,樂止。捲簾。尚寶卿奉寶置于案,拱衛司鳴鞭,司晨執事雞唱訖。引進引皇太子于奉天門東耳房,具衮冕,同太子由東門入,樂作。陞自東階,入奉天殿東門,至御位東侍立。樂止。引禮引大將軍入奉天門樂作。至位。樂止。贊禮唱鞠躬,樂作。四拜,興,平身。樂止。引禮引大將軍詣表案前,搢笏,自捧表,展表官、宣表官隨從,由西陛陞,引禮立候于西階之下。大將軍及宣表、展表官由西門入。大將軍初行,樂作。入門,樂止。宣表、展表官立于殿之西南。內贊唱進表,唱跪,大將軍跪,進表、受表官詣案東,跪,受表,置于案。贊禮唱眾官皆跪,眾官皆跪。內贊唱出笏,大將軍出笏。唱宣表,宣表官詣前,取表,跪于御座之西,展表官詣前跪,展表宣訖,宣表官復表于案,唱俯伏,興,平身,大將俯伏,興,平身。通贊唱俯伏,興,平身,眾將官皆俯伏,興,平身。大將及宣表等官由殿西門出,樂作。降自西階,引禮引復位,樂止。宣表官、展表官各復位。贊禮唱鞠躬,樂作。拜,興,拜,興,拜,興,拜,興,平身。樂止。贊禮唱搢笏,鞠躬,三舞蹈,跪左膝,三叩頭,山呼,山呼,再山呼,三稱萬歲,出笏,俯伏,興,拜,興,拜,興,拜,興,拜,興,平身,初拜,樂作。拜畢。樂止。侍儀奏禮畢,鳴鞭。皇帝興,樂作。警蹕。侍從導至謹身殿內。贊引引皇太子、太子出殿[1]，引進引降自東階。至文樓，樂止。舍人舉表出，引班引大將軍、文武百官以次出。

---

[1] "出"字前"太子"二字疑誤。

大明集禮卷三五

軍禮三

大射

總敘

古之射禮有五：一曰大射，二曰賓射，三曰燕射，四曰鄉射，五曰主皮之射。

大射者，天子將祭于郊廟，與助祭之諸侯、群臣射于射宮，而擇其賢者使與于祭是也。諸侯、孤、卿、大夫將祀其先祖，亦以是禮而擇士。均謂之大射。

賓射者，諸侯朝于天子，而天子與之射于路門之外者是也。列國之君相與朝聘，及卿、大夫、士私與其賓客行其射禮，亦均謂之賓射。

燕射者，天子勞使臣，及與其群臣飲酒而射于寢者是也。諸侯與其臣下，卿、大夫、士與其家人之屬燕飲而射者，亦均謂之燕射。

鄉射者，州長春秋以禮屬其民，而習射于序者是也。鄉大夫以鄉射之五物，詢衆庶而射于庠，亦均謂之鄉射。

然天子以六耦射，三侯五正，樂以《騶虞》，九節。諸侯以四耦射，二侯三正，樂以貍首，七節。孤、卿、大夫以三耦射，一侯二正，樂以《采蘋》，五節。士以三耦射，豻侯二正，樂以《采蘩》，三節。則其上下之辯，未嘗不明也。

是四射者，以禮樂將之，謂之禮射，故曰其容體比于禮，其節比于樂。而中多者乃得預于祭。又曰進退周旋，必中于禮。內志正，外體直，然後持弓矢審固。持弓矢審固，而後可以言中。此可以觀德行矣，是以聖王務焉。

主皮之射者，庶人之事，田獵分禽之射也。張獸皮而射之，無正鵠之制。主獲而尚力，無禮樂之飾，故曰禮射不主皮。明非君子之所貴，而四射尚矣。

秦滅先王之籍，古禮殘缺幸存而可知者，諸侯《大射》與州長《鄉射》二篇而已。其天子之禮見于《周官》者略不備。

兩漢以下，有天下國家者，因仍簡陋以為政。至其君臣游燕之際，從事于弧矢者，未嘗無之，大抵皆主皮尚力之陋，而古法泯墜，莫知講求。

唯唐開元中，頗嘗論著儀式，其一曰皇帝射于射宮，其一曰皇帝觀射于射宮，粗采古禮而損益之。雖具于禮官，而舉行希闊。

至宋太宗淳化五年，詔定其禮有司，遂取唐制為《大射圖》，並畫其冠冕、儀式、表著之位以進，而太宗曰：“俟弭兵之日，與卿等行之。”蓋亦未嘗用也。及乾道間，命討論燕射之儀，而宰執以為舊制煩苛，難以遵行，更定新式奏之。其說概可考見而亦末矣。

元制，自天子公卿至郡國將佐皆有射垜蕞柳之法，大概循用國俗，無足采焉。

國朝混一區宇，修明治具，考求三代之政，次第行之。近詔成均博士弟子及郡縣庠序之士，皆使習射，以俟貢舉。而凡郊廟之祭，先期輒命文武百執事行大射之禮。其儀注斟酌古今，煩簡適中，蔚然爲一代之典焉。

戒百官

周制，天子禮缺。諸侯禮，《儀禮》："君命戒射，宰戒百官有事于射者。"《射人》戒諸公、卿、大夫射，《司士》戒士射。又曰："前三日，宰夫戒宰及司馬，射人宿視滌。"諸公，大國之孤四命者。滌，謂滌器，掃除射宮。

唐制缺。

宋制、元制缺。

國朝見儀注。

張侯

周制，天子禮，《周官·司裘》職："供虎侯、豹侯、熊侯、麋侯。"即《梓人》職所謂皮侯。

王大射之所設，《射人》職："張五正、三正、二正之侯。"即《梓人》所謂五采之侯。

王賓射之所設，《鄉射記》曰："天子熊侯，白質；諸侯麋侯，赤質；大夫布侯，畫以虎豹；士布侯，畫以鹿豕。"即《梓人》職所謂獸侯。

王燕射之所設，又《車僕》職曰："王大射，則供三乏。"《司常》職曰："凡射供獲旌。"

諸侯禮，《儀禮》："司馬命量人量侯道與所設乏，大侯九十，糝七十，豻五十，設乏各去其侯西十、北十。"凡乏用草。此畿外諸侯大射之禮，大侯即熊侯也。糝，雜也，雜侯者以豹爲鵠，以麋爲飾。二色爲雜也。豻，胡犬也。豻侯者以豻爲鵠，又以豻爲飾也。設大侯去堂九十步，設糝侯去堂七十步，設豻侯去堂五十步，設乏去侯西十步、北十步。大侯之崇見鵠于糝，糝見鵠于豻，豻不及地武。大侯見鵠于糝，謂大侯之鵠出糝侯之上也。糝見鵠于豻，謂糝侯之鵠出見于豻侯之上也。是三侯重建而疊出也。豻不及地武。武者，足跡也，中人之足長一尺二寸。

唐制，皇帝親射于射宮儀：前一日，張熊侯去殿九十步，設乏于侯西十步、北十步。皇帝觀射于射宮儀，設麋侯，餘同親射儀。

宋制、元制俱缺。

國朝見儀注。

設樂

周制，天子禮，《周官·大司樂》曰："大射、王出入令奏《王夏》。"及射，令奏《騶虞》，《射人》職曰："王射樂以《騶虞》九節。"《大師》職曰："大射率瞽而歌射節。"《笙師》職曰："凡射供其鐘笙之樂。"《鎛師》職曰："凡祭祀，鼓其金奏之樂，享食賓射亦如之。"

諸侯禮，《周官·射人》曰："諸侯射樂以《貍首》七節。"《儀禮》曰："樂人宿懸于阼階東，笙磬西面。其南笙鐘、其南鎛，皆南陳。建鼓在阼階西，南鼓。應鼙在其東，南鼓。鼓者，所擊之面也。西階之西，頌磬東面，其南鐘，其南鎛，皆南陳。一建鼓在其南，東鼓。朔鼙在其北。一建鼓在西階之東，南面。簜在建鼓之閒。鼗倚于頌磬西紘。東方之鐘磬，謂之笙鐘笙磬。西方之鐘磬，謂之頌鐘。頌磬、鎛形似而大。建鼓，樹鼓也。鼙，小鼓也。應鼙，次擊之鼙。朔鼙，始擊之鼙也。簜，竹也，謂笙簫之屬。鼗，如鼓之形而小，有柄。賓至，搖之以奏樂。紘，編磬繩也。"

唐制，皇帝親射儀：前一日，大樂令設宮懸之樂，鼓吹令設十二按于射殿之庭。當月之調，登歌，各以其合。東懸在東階東，西面。西懸在西階西,東面。南北二懸及登歌,各設如儀。皇帝觀射儀:前一日,設宮懸及登歌,如親射儀。

宋制、元制缺。

國朝見儀注。

陳器

周制,天子禮缺。諸侯禮,《儀禮》曰:"厥明,司宮尊于東楹之西。兩方壺。此酌卿大夫之尊也。甒,瓦尊。尊士旅食于西鏄之南,北面。兩圜壺。"此隸僕人獲以承尊也。

唐制,皇帝親射儀:設罰尊于西階西,設篚于尊西南肆,實以爵,加羃,置罰豐于西階下少西。豐,所以承罰爵。陳侍射者弓矢于西門外,設五楅于庭前①,少西。陳賞物于東階下少東。皇帝觀射儀陳設,並如親射。

設位

周制,天子禮,《周官·司几筵》曰:"大射,王位設黼依,南鄉設莞筵。紛純加繅席。畫純加次席。黼純,左右玉几。"

諸侯禮,《儀禮》:"小臣設公席于阼階上,西鄉。司宮設賓席于戶西,南面。有加席,卿席于賓東,東上。小卿、賓西,東上。大夫繼而東上。若有東面者,則北上。席工于西階之東,東上。諸公阼階西,北面,東上。"

唐制,皇帝親射儀:布侍射者位于西階前,東面北上。布司

---

① "楅",原作"福",據《通典》卷一三三《禮九十三·開元禮纂類二十八·軍禮二·皇帝射于射宮》改。

馬于侍射南，東面。獲者位于乏東，東面。又布侍者射位于殿階下，當御前少西橫布，南面。

皇帝觀射儀：布王公以下釋弓矢席位于中門外，左右俱北上。布三品以上會席于殿上，如常儀。布四品、五品會席位于東西階南，在樂懸內。東廂者西面，西廂者東面，俱北上。<small>若殿上人少，四品、五品亦升殿。</small>布六品以下會席位樂懸之南，北上。<small>若四品、五品升殿，則在懸內。</small>布王公以下將射位于東西階前，北上。布左右司射位于王公將射位前，左司射西面，右司射東面，俱北上。布司馬位于右司射南，東面。布三品以下及左供奉官射席位于御座東楹間，少前。布三品以上及右供奉官射席于御座西楹間，少前。<small>廣橫各容六人。</small>布四品以下射席于殿階下，如殿上儀，布獲者位于乏東，東面。取矢者在獲者南，俱東面。

宋制、元制缺。

國朝見儀注。

就位

周制，天子禮缺。諸侯禮，《儀禮》曰：“羹定射人告具于公，公升。即位于席西鄉。小臣師納公卿大夫皆入門右，北面東上。士旅食者在士南，北面東上。小臣師從者在東堂下南面，西上。公降立于阼階之東南，南向揖諸公卿，諸公卿緣西面北上。揖大夫，大夫皆少進。”

唐制，皇帝親射儀：其日質明，御服武弁出，樂作，警蹕及文武侍衛皆如常儀。文武官俱公服，典謁引入見。

皇帝觀射儀：其日質明，王公以下俱服，持弓矢分爲左右引入，至中門外位。皇帝服武弁服出，樂作，警蹕如常儀。王公以下皆跪釋弓矢于位，典謁引入見。

宋制，皇帝宴射儀：其日事駕至玉津園，入幄。皇太子以下併從駕臣僚，分東西相向立。皇太子、親王、使相、正任管軍使，並窄衣，宰執、侍從公服，繫鞋。班齊，皇帝坐、鳴鞭、臣僚以次逐班奏聖躬萬福。各歸侍立位。

元制缺。

國朝見儀注。

燕禮

周制，天子禮缺。諸侯禮，《儀禮》有《燕禮》篇，未射先行此禮。命大夫一人爲賓，宰夫一人爲主。

唐制，皇帝親射儀及皇帝觀射儀，行會禮作樂，皆如元會儀，酒三遍止。

宋制、元制俱缺。

國朝見儀注。

立司正

周制，天子禮缺。諸侯禮，《儀禮》：“擯者自阼階下請立司正，公許。擯者遂爲司正。”《疏》曰：“大射正。司正、擯者，其實一人也。”

唐制，皇帝親射缺。皇帝觀射儀：置左右司射各二人，司馬二人。

宋制缺，元制缺。

國朝見儀注。

納射器比三耦

周制，天子禮，《周官·大司馬》職云："若大射，則合諸侯之六耦。"

諸侯禮，《儀禮》："司射適次，次，張幃席爲之，在洗東南。袒、決、遂，執弓挾乘矢于弓外。見鏃于弣，右巨指鈎弦。決，以象骨爲之，著右巨指。遂，以朱韋爲之。著左臂，橫持弦矢謂之曰挾。自阼階前曰：'請射。'遂告曰：'大夫與大夫，士御于大夫。'遂適西階前，命有司納射器。射器皆入。君之弓矢適東堂，賓之弓矢與中。籌，豐皆止于西堂下。中，盛籌器也。大射用閭中，賓射虎中。燕射用虎、樹中。籌，筭也。豐，承射爵者。總衆弓矢楅皆適次而俟工人士，梓人升自北階兩楹之間畫物。物，謂射時所立處十字畫之。直畫長三尺。橫畫長一尺二寸。太史遂比三耦。"

唐制，皇帝親射儀：侍中奏稱有司既具射。侍中前承制稱曰："可。"王公以下皆降，文官立東階下，西向北上。武官立西階下，東面北上。持鈒隊群立于兩邊。千牛備身二人橫奉御矢立于東階上西面。執弓者在北。設召于執弓者之前。置御決拾筭于其上。獲者持旌背侯北面立。侍射者出西門外取弓矢，兩手奉弓搢四矢于殿下射位西，東面。

皇帝觀射儀：所司奏請賜王公以下射。侍中承制稱曰："可。"王公以下將射者皆降。庭前北面相對。爲首再拜訖。典謁引出中門外復初位。跪取弓矢，興。兩手捧弓，搢四矢于帶，典謁引入就將射位。左司射、右司射、司馬及獲者，皆就位。

宋制、元制缺。

國朝見儀注。

司射誘射

周制,天子禮闕。諸侯禮,《儀禮》:"司射入于次,搢三挾一個。出次,西面揖,當階北面揖,及階揖,升堂揖,當物北面揖,及物揖。射三侯,將乘矢,始射干,又射參。大侯再發。降如升射之儀。"

唐制,皇帝親射儀闕。皇帝觀射儀[①]:左右司射各一人,先導射,皆搢矢于帶,兩手奉弓。左者從東階,右者從西階。至階,左者西面,右者東面。相顧立定,俱升,進。各當席前,北面俱進,升射席立定。左厢者右旋,西面張弓。右厢者左旋,東面張弓。俱南面挾一個。挾,謂置矢于弓。司馬執弓自西階升,當右射者前左旋,南面。揮弓命獲者去侯,獲者持旌去侯,至乏止乃射。左司射先發,右司射次發,更迭發西矢,訖左司射左旋西面弛弓,右司射右旋東面弛弓,俱北立定,俱少退。各從東西階降,于階下相向立定。乃退復位。

宋制、元制缺。

國朝見儀注。

御射

周制,天子禮,《周官·太僕》職曰:"王射則贊王弓矢。"《繕人》職曰:"掌詔王射贊弓矢之事。"《服不氏》職曰:"掌以旌居乏待獲。"《射人》職曰:"王射則令去侯,立于後以矢行告卒令取矢。"《司服》:"王饗、射則鷩冕。"《疏》曰:"燕射在寢,則朝服賓射在朝,則皮弁服。"

---

① "觀",原作"馬",據《通典》卷一三三《禮九十三·開元禮纂類二十八·軍禮二·皇帝觀射于射宮》改。

　　唐制,皇帝親射儀:司馬奉弓自西階升,當西楹前南面,揮弓命獲者去侯。獲者去侯,至乏止。司馬降西階復位。千牛郎將一人奉決拾以笥。千牛將軍奉弓,千牛郎將奉矢,進立于御榻東,少南西面。郎將跪,奠笥于御榻前,少東,拂以巾,取決興贊,設決訖。千牛郎將又跪取拾興贊,設訖以笥退奠于坫上,復位。千牛將軍北面張弓,以袂拭弓左右面。左執弣,右執簫,以進御訖。退立于御榻東,少後。千牛郎將以巾拂矢,逐一供御。御將射,協律郎舉麾,先作鼓吹。及奏《騶虞》之樂九節。至第六節,御乃發一矢,奏第七節,又發一矢。皆與樂聲相應。千牛將軍以矢行奏,中曰獲,下曰留,上曰揚,左曰左方,右曰右方。至九節,發四矢畢,協律郎偃麾[1],樂止。千牛將軍于御座東,西面受弓決拾,退奠于坫上,復位。

　　宋制,天子燕射儀:皇帝臨軒,有司進弓箭,教坊樂作。皇帝乃射,若中的,招箭班奏訖。應左右侍立並祇應臣僚階上下就位,並再拜。皇帝射畢,復坐。

　　元制缺。

　　國朝見儀注。

公及賓諸公卿大夫射

　　周制,天子禮闕。諸侯禮,《儀禮》:"三耦升射畢,賓降,取弓矢于堂西。諸公卿則適次。"公將射,則司馬師負侯,皆執其旌以負其侯而俟。隸僕人埽侯道。司射告射于公。公許,適西階東告于賓。遂搢扑,反位。小射正一人,取公之決。拾于東坫。一

---

①　"律",原作"委",據嘉靖本改。

小射正授弓、拂弓，皆以俟于東堂。一小射正明有二人也。賓降適堂西，祖，決，遂，執弓，搢三挾一個。升自西階。先待于物北。北一笴，東面立。不敢與君並立，退一笴三尺地。司正執弓升自西階，立于物間。南向揚弓命去侯，負侯者許諾，趨至乏止。司射命設中。小臣師執中坐設之。設中南當楅，西當西序。大師實八筭于中。橫委其餘于中西。公就物，小射正奉決拾以笴。大射正執弓，皆以從。小射正坐奠笴于物南，遂拂以巾，取決，興。贊設決，朱極三。公祖朱襦，設拾，大射正執弓，以袂順左右隈，上再下壹，左執弣，右執簫，以授公。小臣師以巾内拂矢以授公。大射正立于公後，以矢行告。下曰留，上曰揚，左右曰方。拾發以將乘矢。公卒，賓降釋弓于堂，卿大夫繼射。諸公卿取弓矢，升射如二耦。若中則釋，獲者每一個簨一筭，上射于右，下射于左。

唐制，皇帝親射儀：侍射者，進升射席，北面立，左旋，東面張弓，南面挾矢。協律郎舉麾，樂作，不作鼓吹，奏《貍首》之樂七節。樂至第四節，乃發第一矢，奏第五節，發第二矢。皆與樂聲相應。至七節，發四矢畢。協律郎偃麾，樂止。射者右旋，東面弛弓，北面立。乃退復西階下。釋弓于位。其射人多少，臨時聽進止。

皇帝觀射儀：典謁引王公從首六人，自東西階升，如司射之儀。至射席前。北面進升射席，立定。左者右旋，西面張弓。右者左旋，東面張弓，俱南面挾一個，所司奏請以射樂樂王公以下，侍中前承制曰："可。"通事舍人承傳，西面告太常卿。太常卿于西懸内，東面命樂正曰："奏樂。"協律郎舉麾，作《貍首》之樂，七節。至第四節，左右乃俱一發，與樂相應。又奏第五節，左右又一發，與樂相應，以至七節。四發訖，協律郎偃麾，樂止。左廂射者，左旋西面弛弓，右廂射者，右旋東面弛弓。俱北面立，少退。

從東西階降，立于階下相向，北上。立定乃退，次取六人升射如初，四品以下射于殿下。射畢。三品以上及近侍官，與四品以下皆釋弓，復會位坐。其未射者立，繼射如初。

宋制，天子燕射儀：次宣臣僚射，當射官執弓箭，階下再拜訖，升階，射。

元制缺。

國朝見儀注。

取矢視筭

周制，天子禮缺。諸侯禮，《儀禮》：“司馬升，命取矢，小臣師設楅，坐委矢于楅，北括。設楅居中庭南，當洗東肆。司射立于中南，視筭。釋獲者先數右獲。二筭爲純，一純以取，實于右手，十純則縮而委之，每委異之，有餘純，則橫諸下。一筭爲奇，奇則又縮諸純下，次數左獲。坐兼斂筭實于左手。一純以委，十則異之。其餘如右獲釋者，遂進取賢獲。執之告于公。若右勝，則曰：‘右賢于左。’若左勝，則曰：‘左賢于右。’若左右鈞，則左右各執一筭。以告曰：‘左右鈞。’”

唐制，皇帝親射儀：司馬升西階，于西楹前南面揮弓，命取矢者以御矢。付千牛郎于東階下。以侍射者矢加于楅，北括。侍射者釋弓于位。庭前北面東上。

皇帝觀射儀：司馬升殿，揮弓命取矢。取矢者上中下矢各一人持，其不中者矢一人持。至于庭前，其第一矢跪，加第一楅，北括。其以下次加楅，訖取矢者各立楅南，北面。王公下以各降，執弓庭前北面立。

宋制，天子燕射儀，臣僚射訖，各歸侍立位。

元制缺。

國朝見儀注。

飲不勝者

周制，天子禮闕。諸侯禮，《儀禮》：“司射命設豐。司宮士奉豐，由西階升，北面坐設于西楹西，降復位。勝者之弟子洗觶，升酌散，散，謂方壺也。南面坐奠于豐上，降反位。司射命三耦及衆射者、勝者皆袒，決，遂，執張弓。不勝者皆襲，説決，拾。却左手，右加弛弓于其上。遂以執弣。三耦及衆射者皆升。飲射爵于西階上，勝者先升堂少右，不勝者進，北面坐取豐上之觶，興，少退，立卒觶，坐奠于豐下。僕人師繼酌射爵，取觶實之，反奠于豐上，升飲者如初。若賓，諸侯、公、卿大夫不勝，則不降，不執弓，耦不升。僕人師實觶，以授賓，諸公卿、大夫適西階上，北面，立飲。若飲，公如燕則夾爵。謂君不勝賓飲，君如燕禮。賓勝公之禮夾爵者，君既卒爵又自酌。”

唐制，皇帝親射儀：所司奏請賞侍射中者、罰不中者，侍中稱制曰：“可。”所司立楅之東，西面監唱射矢，取矢者各唱中者姓名，中者立于東階下，西面北上，不中者立于西階，東面北上，俱再拜。所司于東階下，以次付賞物訖，退，復西面位。酌者于罰樽酌酒，進奠于豐上。不中者進豐南，北面跪，取豐上爵，立飲。卒爵，跪，奠爵于豐下，酌者取虛爵，酌奠如初。不中者以次繼飲，皆如初。

皇帝觀射儀：所司奏請賞射中者、罰不中者，侍中承制，稱曰：“可。”所司監唱射矢，取矢者各唱中者姓名。中者立東階下，西面北上，依射中竦密爲第。其不中者謂四矢俱不中侯也。立于西階下，東面北上，依品爲序，東西俱再拜。所司東階下，以次付賞物。受訖者退，復西面位，罰不中者爵，如皇帝親射儀。

宋制，天子北射儀：臣僚若射中，招箭班報中，或傳旨錫賜，降階再拜謝。

元制缺。

國朝見儀注。

再射

周制，天子禮缺。諸侯禮，《儀禮》："再命三耦，諸公、卿、大夫射如初。司射請以樂于公，公許，司射命樂正曰：'命用樂。'又命上射曰：'不鼓不獲。'謂不與鼓節相應，不釋筭也。樂正命大師曰：'奏《貍首》。'大師奏《貍首》以射。公不以樂志，其他如初儀。不以樂志者，君之射儀，不必應樂。取矢視筭，飲不勝者，並如初。"

唐制，皇帝觀射儀：若更射，則取矢者以矢就東西面位。付射者訖，左右司射各從首取王公以下六人，升射如初。其賞罰並如上儀。

然唐制射皆作樂，而《儀禮》初射無樂，至此乃用樂，爲不同。

宋制、元制俱缺。

國朝見儀注。

禮畢

周制，天子禮缺。諸侯禮，《儀禮》："賓出，公入《驁》。《驁夏》，亦樂章也，以鐘鼓奏之，其詩今亡，射宫在郊，以將還爲入。"

唐制，皇帝親射儀：典謁引王公以下及射者庭前北面，相對再拜訖，引出。持鈒隊復位。御入奏樂，警蹕如常儀。所司以弓出中門外，付侍者，引出。若御射無侍射之人，則不設楅。不陳賞物，不設罰樽。若御燕遊小射，則常服，不陳樂懸，不行會禮，王公以下事訖出，無北面再拜之儀。

皇帝觀射儀,同上。

宋制,天子燕射,射者皆畢,宣坐賜茶。皇帝起,鳴鞭。群臣
並退。

元制缺。

國朝見儀注。

　　虎侯　　熊侯

《司裘》:"王大射,則供虎侯。"大射者,謂王將祀天及享先王
選助祭者,則于西郊小學之中,與諸侯及群臣等,行大射之法。
虎侯者,謂以虎皮飾侯之側,其鵠亦以虎皮爲之,著于侯中。其

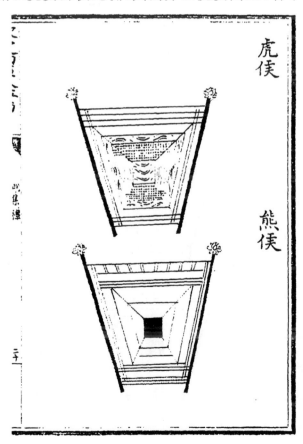

侯道九十弓，侯身廣丈八尺，鵠方六尺。此王所射之侯。王大
射，司裘供熊侯，此助祭諸侯所射之侯也。以熊皮飾侯側，其鵠
亦以熊皮爲之。侯道七十弓，中廣丈四尺，鵠方四尺六寸大半
寸。大半寸者，三分寸之二。

豹侯　熊侯

王大射，司裘供豹侯，引助祭卿、大夫並士所射之侯也。以
豹皮飾侯側，兼以豹皮制其鵠。侯道五十弓，中廣一丈，鵠方三
尺三寸少半寸。少半寸者，三分寸之一。

《司裘》云：“諸侯則供熊侯、豹侯。”此畿内諸侯大射將祀先
祖，亦與群臣射以擇士。熊侯則諸侯自射者也，豹侯所選助祭臣
下所射者也。其制與王之熊侯、豹侯同。

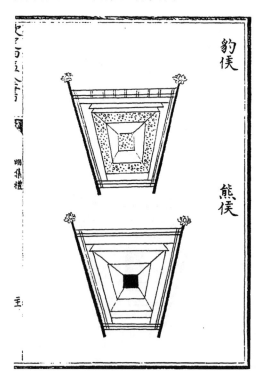

麛侯

《司裘》云：“卿大夫則供麛侯。”此謂王朝卿、大夫畿內有采地者，將祭先祖時，行大射之禮。張此麛侯，君臣共射之。以麛皮飾侯側，又以其皮制爲鵠。侯道亦五十弓，制與王之豹侯同。

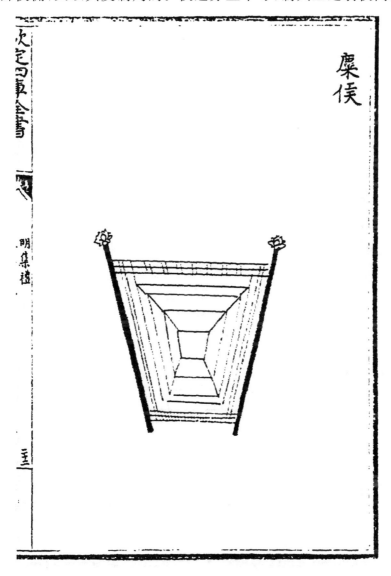

大侯

　　畿外諸侯將祭先祖，亦行大射，而射三侯，即大侯、糝侯、豻侯也。畿內諸侯近天子，不得用三侯，止射二侯而已。畿外諸侯遠尊，故得用三侯，但用皮異耳。大侯者，諸侯自射之侯也。

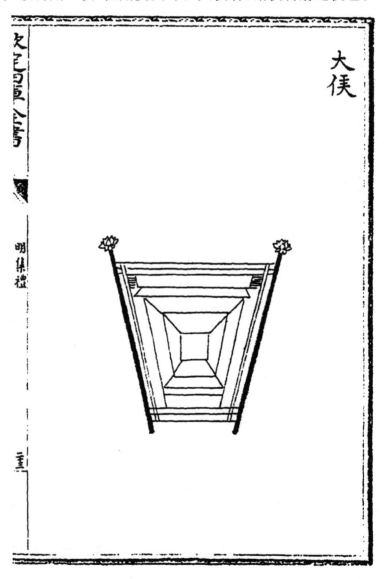

糝侯　豻侯

此謂外諸侯之卿、大夫助祭于君，所射之糝侯。糝侯，雜也。雜侯者，以豹爲鵠，以麋爲飾，不純用豹、麋者。下天子、卿、大夫故也。其制，並與天子熊侯同。

豻侯者，外諸侯之士，助君祭所射之侯也。豻，胡也，野犬也。以豻皮飾侯，亦方制爲鵠，其制並與天子豹侯同。

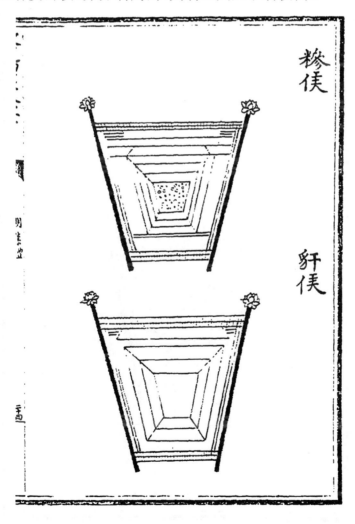

五正侯

諸侯朝會于天子,張五正、三正、二正之侯與之共射,謂之賓射。五正之侯九十弓,中廣丈八尺,正方六尺。凡畫正,五正五采,三正三采,二正二采。五采者先從中朱,方二尺,次白、次青、次黃、次黑。先充其尺寸,使大如鵠,又畫此五色雲氣以其側。

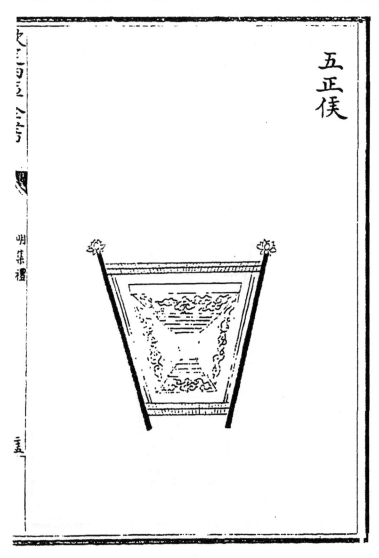

三正侯　二正侯

三正，七十弓之侯，中廣丈四尺，正方四尺六寸大半寸。去玄、黃二色，止以朱、白、青三色畫正，又仍此三色畫雲氣，以飾其側。此諸侯朝王，爲賓所射之侯也。凡畫雲氣，丹爲地。以丹淺于赤，故于丹上得見赤色之雲。諸侯于本國賓射，則張三正、二正之侯。

二正，五十弓之侯。中廣一丈，正方三尺三寸小半寸。二正之侯，又去白、青，直用朱、綠而已。還用朱、綠二色畫雲氣以飾其側。此卿、大夫聘會于王，共射之侯也。

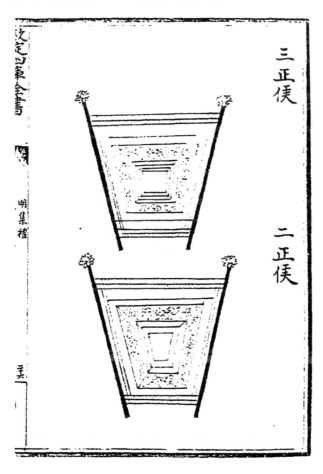

獸侯 熊首

《梓人》云：“張獸侯，則王以息、燕。”注云：獸侯，畫獸爲侯。《鄉射記》曰：“凡侯，天子熊侯白質。”謂以蜃灰塗之，使白爲地正面，畫其熊之頭狀，亦象正鵠，亦各畫雲氣飾其側。燕，謂王勞使臣與群臣飲酒而射也。息，謂王休農息老物之後，亦行此燕射之禮。王自射此五十弓，熊首之侯也。

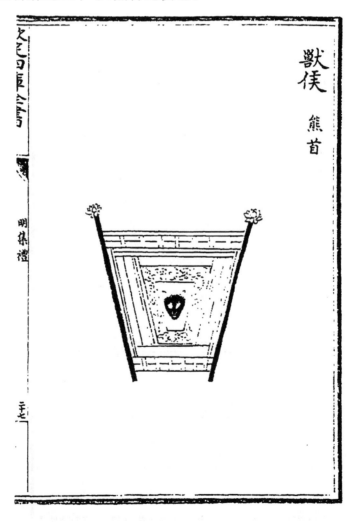

獸侯_{麋首} 獸侯_{虎豹首}

諸侯麋侯,赤質,謂以赤塗之,使赤爲地也,正面畫其麋之頭
狀。王燕勞之時,諸侯射此五十弓,麋首之侯也,亦畫雲氣飾其側。

卿、大夫布侯,畫以虎豹。言布侯者,謂不采其地,直于布上
正面,畫虎、豹頭狀,亦畫雲氣飾其側。王燕射,則卿大夫射此五
十弓,虎、豹首之侯也。燕射必射,此熊、虎、豹之首者,不忘上下
相犯也。言此三獸皆猛,不苟相下,若君臣之道,獻可替否,犯顏
而諫,不苟相從,似此獸也。

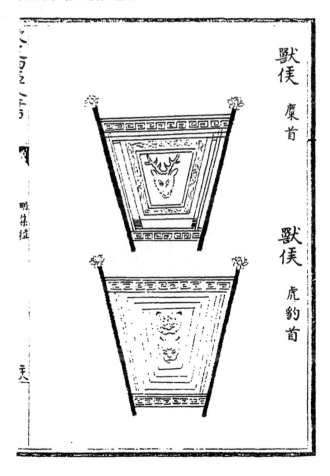

獸侯鹿豕首

王燕射,士射五十弓,鹿、豕之布侯者,亦謂不采其地,直于布上正面畫鹿、豕頭狀,及畫雲氣以飾其側。此燕射自天子以下,尊卑皆用一侯,其侯道又皆五十弓。侯中同方一丈者,降尊就卑之義,以燕禮主于懽心故也。

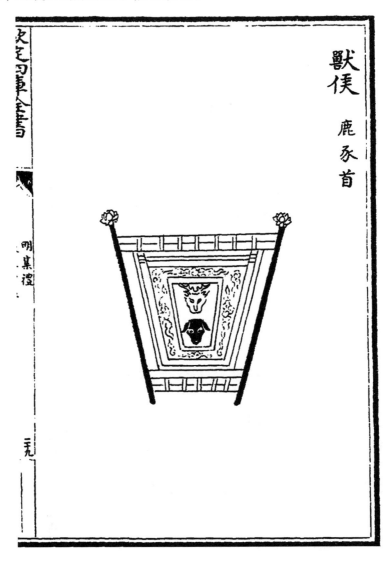

並夾　乏

《舊圖》云："乏，一名容，似今之屏風。其制從廣七尺，以牛革鞔漆之。獲者所蔽，以禦矢也，以容蔽其身，故謂之容。矢至于此，而乏匱不去，故謂之乏。"

《司弓》云："大射、燕射，共弓矢並夾。"其矢看侯高，人手不能及，則以並夾取之。

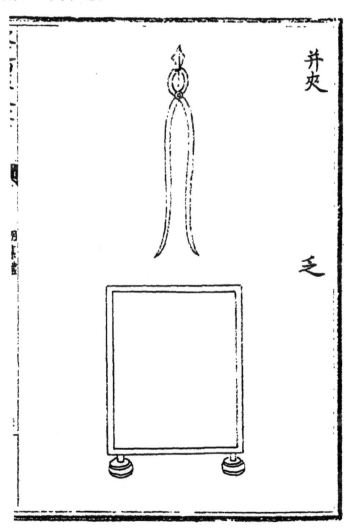

弓　矢

　　荀卿曰：“天子彫弓，_{彫畫之也。}諸侯彤弓，_{朱漆之。}大夫黑弓。_{黑漆之，即兹弓也。}”《弓人》職云：“長六尺有六寸，謂之上制，上士服之；長六尺有三寸，謂之中制，中士服之；長六尺，謂之下制，下士服之。”此取人形貌長短與弓相稱，爲上中下三等，各服其弓也。

　　彤矢，兹矢各隨弓漆色爲名。其笴皆長三尺，羽六寸，刃二寸。弓矢相配，强弓用重矢，弱弓用輕矢。

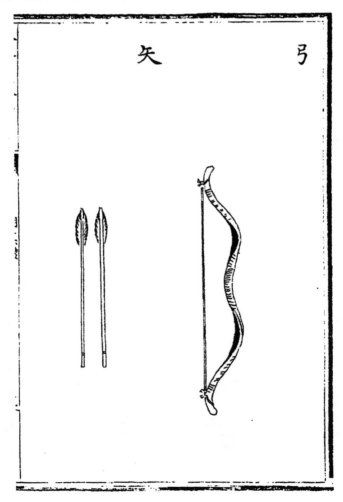

楅　韋當

楅，猶幅也，所以揚笴齊矢也。幅者，義取若布帛有邊幅整齊之意。《鄉射記》云：“楅長如笴，博三寸，厚一寸有半。龍首，其中蛇，交楅髹。”注云：兩端爲龍首，中央爲蛇身相交，龍、蛇，君子之類。交者，象君子取矢于楅上。髹赤黑漆。《舊圖》云：“楅長三尺，有足，置韋當于背。”

《舊圖》云：“韋當長二尺，廣一尺，置楅之背上以籍箭。以丹韋爲之，用丹者，周尚赤故也。”

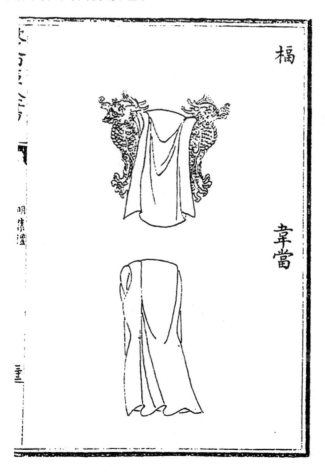

鹿中　兕中

《鄉射禮》："射于序，用鹿中，長尺二寸，首高七寸，背上四寸。穿之容籌，長尺二寸。"《鄉射記》曰："鹿中，髤前足跪，鑿其背容八筭。"注云：前足跪者，象教擾之獸受負也。

大夫射于庠，用兕中。《鄉射禮》注云："庠之制，有堂、有室也。"《舊圖》云："兕似牛一角。大小之制如鹿中。"

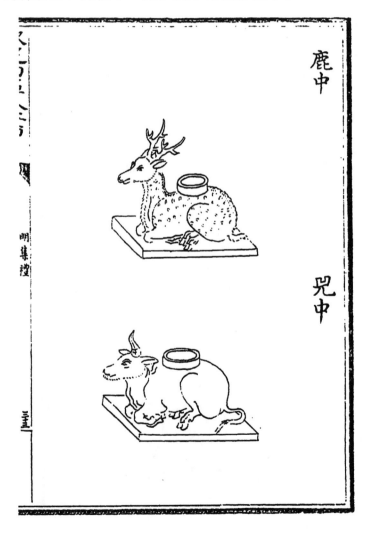

皮樹中　閭中

《鄉射記》云：“君國中射，則皮樹中。”注云：國中，城中也，謂燕射也。皮樹，獸名。張鎰《圖》云：“皮樹，人面獸形，今文樹作豎。諸侯立大學于郊，若行大射于此大學，則閭中。”《鄉射記》注云：“閭，獸名，如驢一角。或曰如驢岐蹄。”

虎中　算

諸侯與鄰國君射于境，則虎中。賈氏釋云："與鄰國君射，則賓射也。以其主君有送賓之事，因送則射。"

算，長尺四寸，以實于中。人四算，一偶八算。其數無常，隨偶多少。《鄉射記》云："算長尺四寸，與投壺禮同。其算長尺有握。握，四指也。一指一寸，是尺四寸也。"

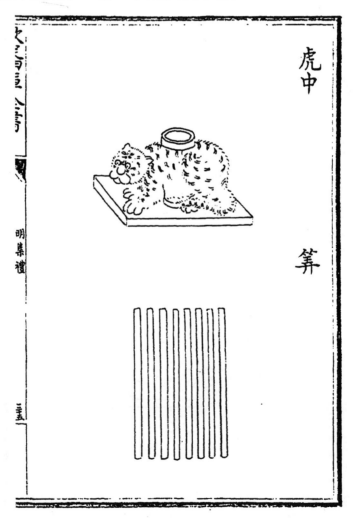

扑　射物

扑,刑器也。司射常佩之,其形長如笴,刊本尺,射者有過則撻之。刊,謂刊其可持處。過,謂矢揚中人也。凡射時,中人當刑之。今鄉會衆賢以禮樂懂民。而射者,中人,本志在侯,去傷害之心遠,是以輕之,扑撻中庭而已。《書》曰:"扑作教刑。"

鄉射、大射之義,其射物,在庠之楹間。若丹、若黑而午畫之。從者長三尺,橫者曰距隨長尺二寸。言距隨者,謂先以左足履射物,東頭爲距,後以右足來,合而南面,並立曰隨。

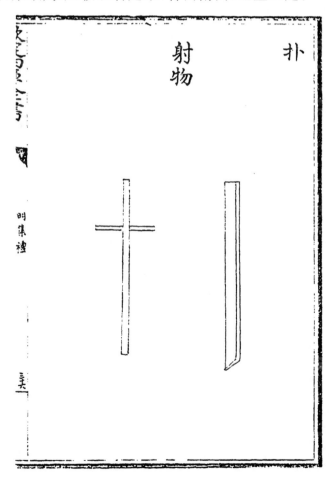

朱極三　決　遂

《大射禮》云："設決、朱極三。"注：決，猶闓也，以象骨爲之，著右巨指，所以鈎弦而闓之。極，猶放也。所以韜指利放弦也，以朱韋爲之。三者：食指、將指、無名指。若無決、極放弦，契于此指。多則痛，小指短，不用極、決，亦以朱韋爲之。《鄉射禮》注云："遂、射韝也，以朱韋爲之，所以遂弦也。其非射時，則謂之拾。蔽斂也，所以蔽膚斂衣也。"又《大射》注云：遂，著左臂裏以遂弦也。

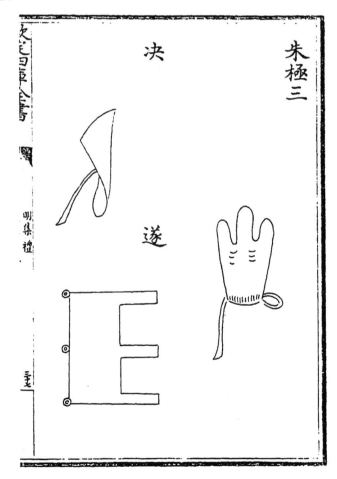

次

《大射》注云：次，若今更衣處，以帷幕爲之。射則張耦次。
鄭氏以耦次在洗東。若王射設耦次，宜有大次、小次。

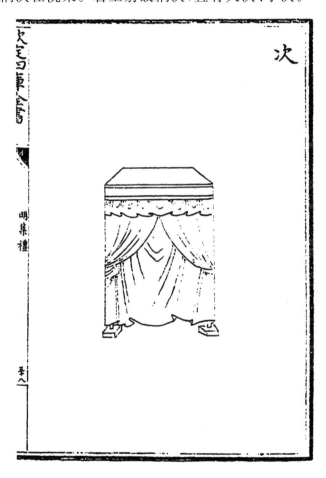

步射總法

目視弓上，上弰指的，下弰抵腋。肘壓在下，腕仰在上。

左肩與胯，對垛之中。兩脚先取四方立後，次轉左脚尖指垛
中心，此爲丁字不成，八字不就。

　　左手開虎口，微鬆下三指，轉弭側臥。則上弰可隨矢直指的，下弰可抵脾骨下，此爲靡其弰。

　　右手摘弦盡勢。翻手向後，要肩臂與腕一般平直。仰掌，現掌紋指不得開露，此爲壓肘仰腕。

　　《射經》云：無動容，無作色。按手頤下[①]，引之令滿，取其平直。故曰：端射如斟，直臂如枝。箭發則靡其弰，壓其肘，仰其腕。胃凸背傴，皆是射之骨髓疾也。

----

　　① "頤"，原作"順"，據嘉靖本改。

豹鵠

豹鵠,四采。一品、二品射之。其制,中以皮爲鵠,畫以紅、白、青、黃、四采。方三尺三寸,周圍飾以豹皮,方二丈。兩旁各以布一幅爲身。上下亦各加布一幅,兩頭各出布六尺爲舌,繫于木架兩旁。下舌減上舌之半,上下用繩爲網繫住。

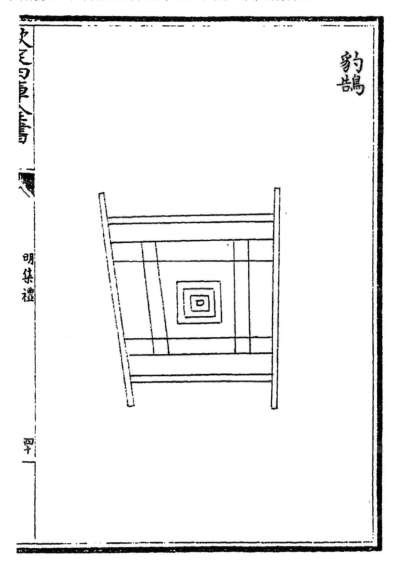

糁鵠

糁鵠,三采。三品至五品射之。其制中以皮爲鵠。畫以紅、白、青三采。方三尺三寸。周圍間飾以豹皮、麋皮。方一丈,兩旁各以布一幅爲身。上下亦各加布一幅。兩頭各出布六尺以爲舌。繫于木架兩旁。下舌減上知之半。上下用繩爲網繫住。

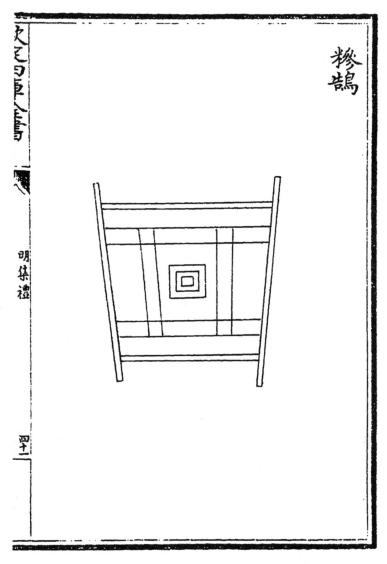

狐鵠

狐鵠，二采，六品至九品射之。其制中以皮爲鵠，畫紅、綠二采，周圍飾以狐狸皮。以布爲身，爲舌。方廣丈尺之數，並同前制。

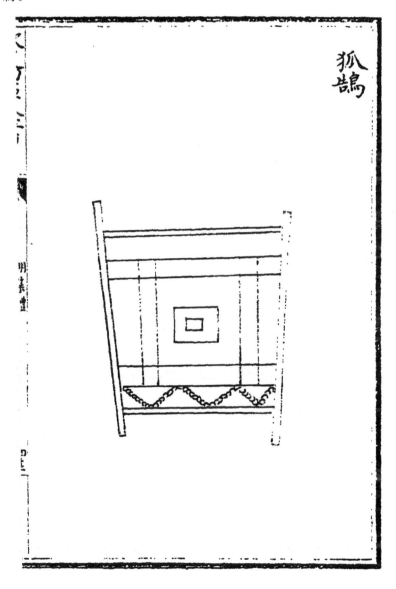

布鵠

布鵠，有的無采，文武官子弟及士民俊秀射之。其制，中以皮爲鵠，周圍飾以布。又以布爲身，爲舌。方廣丈尺之制，並如前制。

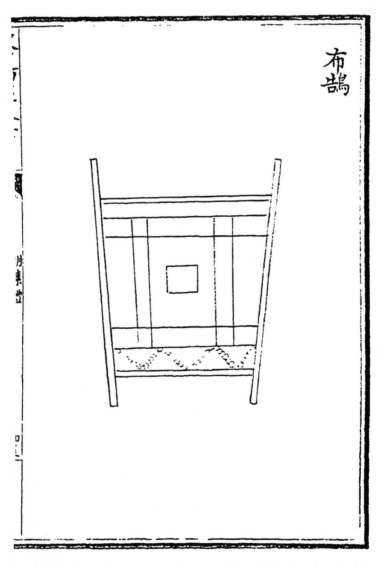

容　箅

容，一名乏，以木爲框，皮冒之。方廣七尺，足以蔽身。

箅，以十耦爲率。用八十籌。每耦進，則司正執八箅于手。伺中則投于中，其餘橫委于中，西畔。伺一耦退，則取所中箅收之。別取八箅執之，如前法。每箅上書射者姓名，于下書中的、中采。

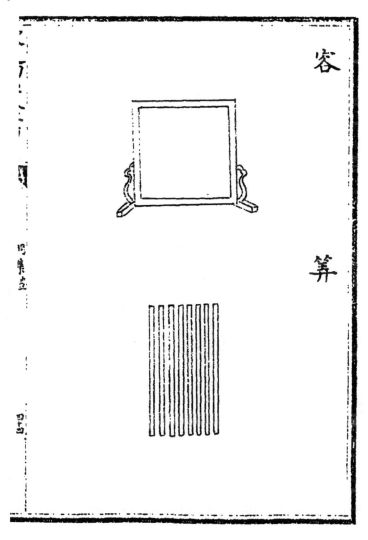

兕中　鹿中

兕中，以木爲之，長一尺二寸，頭高七寸。前足跪，鑿其背穿之，可容筭。用顔色漆漆之，下用木座，朱漆。

鹿中制同前。

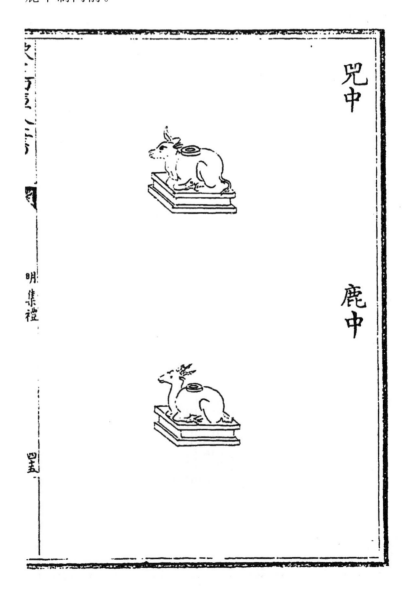

各行省射圖王相府同

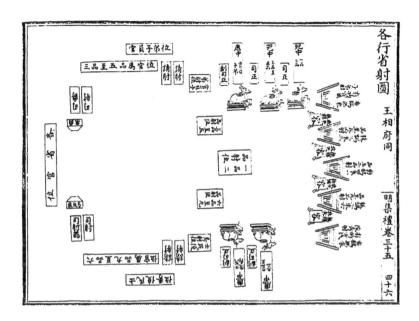

各衛府州射圖

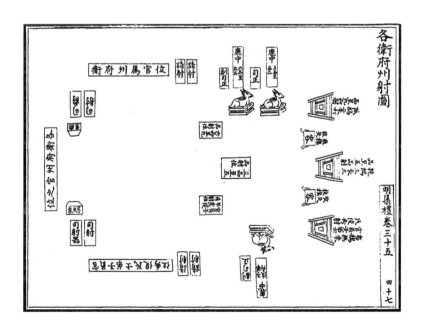

各縣射圖

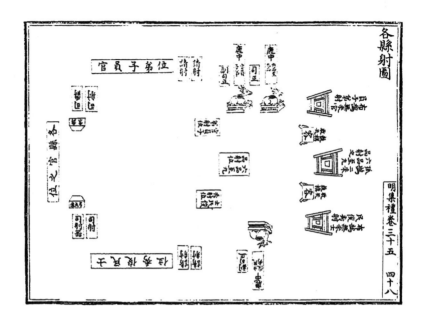

各學射圖

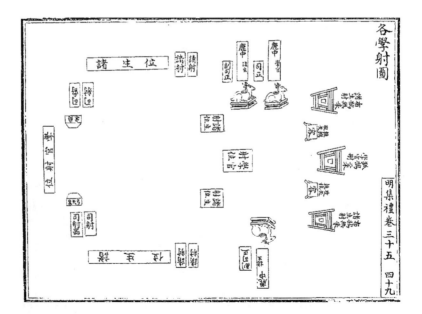

職掌

司正及副司正，每鵠用一人，掌驗射者品級、尊卑以定耦，執筭于鵠之左右，置某中于其前。如遇中者，于筭上先書射者姓名，下或書的、或書采，投之于中。

司射二人，掌先以强弓射鵠誘射，以鼓衆氣，選能射者充。

司射器二人，掌辯弓力强弱，分爲三等，驗人力强弱而授之。

舉爵二人，掌凡遇射畢，計中者以爵授酒。

請射四人，掌請射者，授弓矢入射位。

獲者每鵠用二人，掌收矢，還納于射者。

執旗六人，掌于容後，執各色旗。如射者中的，舉紅旗應之；中采，舉采旗應之。射偏于西，舉白旗；偏于東，舉青旗；過于鵠，舉黃旗；不及鵠，舉黑旗。

射式

一凡官府及學校，遇朔、望于公廨空閒處習射。

一凡樹射鵠，正南北向。鵠，古謂之侯。

一凡置射位，初三十步，自後累加至九十步。古畫位，謂之物。

一凡射以二人爲耦，前耦射畢，次耦方進。

一凡射者用四矢。即古之一乘。

一凡賞酒，中的用三爵，中采用二爵。

一凡司射射畢，自下而上。

儀注

前期，戒射，定耦，選執事充司正、副司正、司射、司射器，請射、舉爵、收矢、執旗、樹鵠、陳設，如圖儀。

是日，執事者入就位，請射者引主射正官及各官員子弟、士民俊秀者，各就品位。司射器者以弓矢置于各正官及司射前。請射者詣正官前圓揖畢，引詣司射器前①，授弓矢畢，引復本位。司正執算，入立于中後。請射者詣司射前，曰："請誘射。"引司射二人耦進，各以三矢搢于腰帶之右，以一矢挾于二指之間。推年齒相護，年上者爲上射，年幼者爲下射。上射先進詣射位，向鵠正立，發矢。司正書中，投算置于中。或副司正書中。舉旗者舉旗如式。上射射畢，退立于傍，讓下射者詣位。發矢、書中、舉旗如前。請射者俱引復位，收矢者收矢復于射者，司正取所中算。請射者次請士民俊秀射，次請官員子弟射，次請品卑至高品者射。其就射位、發矢、取算、書中、舉旗、收矢、復位，皆如式。俱畢，司正、副司正各持算，白中于主射正官。舉爵者酌酒，授中者如式。飲訖，請射，請屬官以下仍捧弓矢納于司射器。還，詣主射正官前，圓揖而退。

---

① "射"，原缺，據《明太祖實錄》卷五二補。

大明集禮卷三六

凶禮一

吊賻^①

總敘

《周官》凶禮之目有五,曰喪,曰荒,曰弔,曰禬,曰恤。

秦、漢以來,載籍殘闕,惟喪禮粗備。

至唐,惡凶禮,徙其次第于五,而李義府、許敬宗輩又以爲凶事,非臣子宜言,遂去國恤之條。故開元制禮,惟著天子賑恤、問疾、舉哀、除服、臨喪、册贈,及中宫、東宫、東宫妃舉哀、成服、奔喪、臨喪之儀而已。

宋興,因之,微加損益。

元有賑恤之典,而喪葬各因其俗。

今擬國朝,自賑撫以下,凡十有七篇。其行事各見于儀注。

---

① 標題"吊賻",原無,據本書目録補。

賑撫

遣使賑撫各府水旱蟲灾

《周禮·大司徒》："以荒政十有二聚萬民。""以保息六養萬民。"故其屬有司救之官。凡歲時天患民病，則以節巡國中及郊野，而以王命施惠。

漢文帝元鼎元年夏，大水，關東餓死者以千數；秋九月，詔遣博士中等分循行，諭告吏民，有賑救饑民者，具舉以聞。成帝河平四年三月，遣光禄大夫博士嘉等十一人，行舉瀕河之郡，水所毀傷，困乏不能自存者，財賑貸。其爲水所流，壓死不得自葬者，令郡國給櫃檲葬埋。已葬者與錢，人二千。避水他郡國，在所冗食之。

晉成帝咸康元年二月，諸郡饑，遣使賑給。

唐太宗貞觀七年八月，山東、河南三十州大水，遣使賑恤；十三年，自去冬不雨，至于五月，分使賑恤。

宋太宗雍熙三年八月，劍州言穀貴，詔遣使以官粟賑饑民。真宗咸平二年十月，以兩浙、荆湖旱，命庫部員外郎成肅等往體量賑恤。

元成宗大德三年春正月，遣使問民疾苦；五年秋八月，詔以夏秋以來，霖雨、風水爲災，南北數路民罹其害，遣官分道賑恤。

國朝凡遇各處水旱，則遣使分道賑恤。

問疾

遣使勞問王公公主以下疾

《禮》曰："卿大夫疾，君問之無筭，士壹問之。"

漢東平憲王蒼還國，疾病，明帝馳遣名醫，小黃門侍疾，使者冠蓋不絕于道。涅陽公主疾，令從官古霸往問。

晉宗正卿王覽以疾，乞骸骨，賜錢二十萬，遣殿中醫療疾給藥。

唐員外散騎常侍褚亮寢疾，詔遣醫藥救療，中使候問不絕。寧王憲寢疾，玄宗令中使送醫藥及珍膳，相望于路。

宋諸王、公主、宗室、將軍以上疾，皆乘輿臨問，宰相、使相、駙馬都尉疾亟，幸其第，或賜勞加禮，而亦有遣使勞問之節。

至若皇后、皇太子于諸王、妃主、宗戚問疾之禮，唐、宋以來並與天子遣使勞問之儀同。

訃奏臨弔會喪

乘輿爲王公以下舉哀

周制，王哭諸侯，大宗伯爲上相。《檀弓》曰："天子之哭諸侯也，爵弁、緇衣。"

自周以降，天子爲諸王、妃主、大臣、宗戚、外祖父母、后父母、内命婦及蕃國主之喪，皆有舉哀之禮。

漢東海恭王薨，明帝幸津門亭發哀。

晉長樂長公主、扶風王亮薨，武帝並舉哀三日。

唐永安王孝基薨，高祖爲之發哀。

宋汝南郡王、晉王夫人苻氏薨，天子皆爲之素服舉哀。此爲諸王、妃主而舉哀也。

魏大司馬曹真薨，帝幸城東張帳而哭之。

唐太子右衛率李大亮卒，太宗爲之舉哀于別殿。

宋太師趙普薨，太宗爲之素服舉哀。樂安郡公惟正薨，仁宗素服發哀于後苑。此爲大臣、宗戚而舉哀也。

魏明帝外祖母、安成鄉敬侯夫人之喪，張帷幄端門外之左，帝黑介幘、進賢冠、皂服哭之，十五舉聲。

後魏肅宗外祖父胡國珍薨，爲之服小功，舉哀于太極東堂。此爲外祖父、母后父母而舉哀也。

唐三夫人以上薨，設大次于肅章門外，皇帝素服哭，十五舉聲。其日仍晡哭。九嬪以下，一舉哀而止。

宋宸妃李氏、貴妃沈氏薨，天子皆爲之舉哀。此爲内命婦而舉哀也。

唐突厥什鉢苾可汗卒，太宗爲之舉哀，吐蕃弄讚卒，高宗亦爲之舉哀，並張帷幔于城外，向其國而哭之。

宋契丹隆緒卒，夏國主曩霄卒，仁宗皆爲發哀于苑中。此爲蕃國主而舉哀也。

乘輿臨王公以下喪

周制，"王爲三公、六卿錫縗，爲諸侯總縗，爲大夫士疑縗，其首服皆弁絰"。[①] 注云：君爲臣服弔服也。又《喪祝》："王弔則與巫前。"故《禮記》云："君臨臣喪，以巫祝桃茢，執戈，惡之也。"

自漢以下，天子于諸王妃主、大臣、宗戚、外祖父、母后父母之喪，皆有親臨之禮。

魏任城王薨，高祖親臨哭之。

唐諸王以下，喪皇帝素服親臨哭，十五舉聲。

宋雍王元份薨，真宗臨喪奠哭。曹王夫人王氏薨，楚國大長公主薨，仁宗皆臨奠之。此臨諸王、妃主之喪也。

---

① "經"，疑當作"絰"。

漢大司馬大將軍霍光薨，帝及皇后親臨喪。成武孝侯順卒，光武臨弔。

唐太子太師魏徵薨，太宗親臨慟哭。

宋太尉王旦薨，真宗臨奠。此臨大臣、宗戚之喪也。

唐外祖父、母后父母喪，皇帝素服親臨哭，十五舉聲。

宋欽聖憲肅皇后父向經卒，神宗素服臨喪哭，十五舉音。此臨外祖父、母后父母之喪也。

遣使弔賻王公以下喪

周制，《宰夫》："凡邦之弔事，掌其戒令與其幣器、財用，凡所供者。"又《太僕》①："掌三公、孤、卿之弔勞。"《疏》云："王有故，不得親往，故使太僕也。"

由周以降，天子于諸王妃主、大臣、宗戚、外祖父、母后父母及蕃國主之喪，並有弔賻之禮。

漢諸侯王薨，天子遣使者素服往弔。皇子始封者薨，賻錢三千萬、布三萬匹，嗣王薨，賻錢千萬、布萬匹。

唐諸王妃主喪，弔使與賵賻者，俱至喪者第，使以弔書授主人，賵賻者陳輿物及馬于庭，主人迎受。

宋制，使者常服詣喪所，以詔書授主人，主人跪受，若致賵及賻，如受弔書之儀。此弔賻諸王、妃主之喪也。

漢司空楊賜薨，贈以東園梓器、襚服，賜錢三百萬、布五百匹。

唐尚書左僕射張九成卒，令九品以上就第哭，比斂，中使三至，賻絹布八百段、米粟八百石。

宋太師趙普薨于西京，以范杲爲弔祭使，贈絹、布各五百匹，

---

① "僕"，原作"保"，據後文改。

餘物有差。此弔賻大臣、宗戚之喪也。

唐皇親外戚之喪，賻物並準職品。天子爲外祖父母服小功，賻物準三品，物百數、粟百石，爲后父母服緦麻，賻物準從四品，物六十數、粟六十石，其遣使之儀並同諸王。

宋孝明皇后母、秦國夫人薨，賻錢百貫、絹百匹，餘物有差。此弔賻外祖父、母后父母之喪也。

漢南單于比薨，遣中郎將段郴將兵赴弔，祭以酒米，比弟左賢王莫立，帝遣使者鎮慰，賜絹四千匹。其後單于薨，弔祭慰賜，以此爲常。

唐突厥毗伽可汗薨，玄宗詔宗正卿李詮往申弔祭。回紇毗伽闕可汗薨，以鴻臚卿、攝御史中丞李通充弔祭使。

宋交趾李公蘊卒，命兵部員外郎章頻爲弔祭使，賜絹、布各五百匹，餘物有差。夏國主曩霄卒，命工部郎中、直史館曹穎叔爲祭奠使，達州刺史鄧保吉爲弔祭使。此弔賻蕃國主之喪也。

制遣百官會王公以下喪

古者王公以下之喪，天子有遣百官會喪、會葬之禮。

漢征虜將軍、潁陽侯祭遵卒于軍，喪至河南縣，詔遣百官會于喪所。

唐禮部尚書王珪卒，太宗詔魏王泰率百官親往臨哭。鄂國公尉遲敬德薨，高宗令京官五品以上及朝集使，赴宅哭之。

宋王公以下喪制，遣百官集于喪者之庭，哭十五舉音。此會王公以下之喪也。

漢左將軍孔光薨，公卿、百官會弔送葬。

唐肅王詳薨，發引之日，百官于通化門外列位哭送。内史令竇威卒，詔太子及百官並出臨送。此會王公以下之葬也。

遣使册贈諸王大臣

周制,有諡無贈。

漢孔光爲左將軍,成帝召光當拜,已刻侯印、書贊,光薨,使九卿策贈。

後漢楊賜薨,策贈特進。

唐諸王、大臣外祖父、母后父母薨,皆遣使册贈。其儀,使、副並公服,從朝堂受册,載于犢車,往喪者大門外,以案迎册。入,使者立于柩東北廂,南面讀册,主人哭拜,稽顙,受册,奠于柩東。

宋有贈官之典,而不行册禮。

元有贈諡,而亦無遣册之制。

遣使致奠諸王以下喪

唐諸王妃主、大臣宗戚、外祖父、母后父母喪,皆遣使致奠。其儀,使者公服,至喪者第,升自東階,立于柩東,南面。執事者陳牢饌于柩東,酌酒,西面奠于席。使者稱亡者官封,云制使某奠。主人北面哭拜,稽顙于階間。

宋制因之。使者常服至喪者第,升自東階,立于柩前之左。有司陳牢饌于柩前。使者稱亡者官封及諡,云詔使某奠。主人降詣階間,舉哭,再拜,稽顙。

中宫爲祖父母父母以下舉哀

隋制,皇太后、皇后爲本服內親一舉哀。

唐制,后爲祖父母、父母並設哭位于別殿,哭必盡哀。其日晡,哭如初,三日乃成服。爲外祖父母,則設次于別宮。其日晡後臨,凡三朝臨而止。

宋欽聖憲肅皇后父、定國軍節度觀察留後向經卒,舉哀成服于私第。此爲祖父母、父母以下而舉哀也。

唐諸王妃主薨，皇后爲之服大功者，其日晡再哭而止，服小功以下者，一舉哀而止。宋諸王以下喪，皇后爲之並素服，詣次哭，十五舉音。此爲諸王、妃主而舉哀也。

至于爲內命婦舉哀之禮，惟見于唐其儀，三夫人以上，日晡再哭而止，九嬪以下，一舉哀而止。

中宮爲祖父母父母成服

後魏靈太后之父胡國珍薨，太后成服于九龍殿。

唐皇后爲父母、祖父母成齊衰期之服，並設位于舉哀別殿。其日，皇后即位服衰，哭盡哀，退舍別殿。日晡，哭臨如初。既成服之明日，乃奔喪。若爲外祖父母成服、臨喪，並與爲祖父母之儀同。

宋皇后爲父母、祖父母成服，則于外氏私第，設次于正寢之東。皇后至次成服，哭十五舉音。

爲外祖父母成服之制，無所考。

中宮遣使弔諸王以下喪

周制，《內宗》："凡卿大夫之喪，掌其弔臨。"又《寺人》："掌內人之禁令。凡內人弔臨，則帥而往，立于其前而詔相之。"

唐諸王妃主之喪，皇后遣內給事二人爲使，素服至喪者第，立于階間，南面，以弔書授主人。主人哭拜，稽顙，受弔書奠于柩東。

宋制因之，以內給事一人爲使，常服至喪者第，立于階間，南向，以令書授主人。主人哭拜，稽顙，受令書奠于柩東。

東宮爲諸王以下舉哀

唐皇太子爲諸王妃主舉哀，設次于宜秋門外。其日，皇太子素服，腰輿，詣次，哭十五舉聲。日晡，哭如初。若本服期者，三朝哭而止。服大功者，其日晡哭而止。服小功者，一舉哀而止。爲外祖父母服小功，爲妃父母服總麻，並設舉哀位于東宮別殿，皇太子素服即位，哭十五舉聲，乃變衰又哭。其日晡，哭如初，三日而止。爲良娣舉哀，則設位于內別殿，三朝哭而止。爲良媛一舉哀而止。爲師、傅、保、宗戚、宮臣，禮同諸王，但一舉哀而止。

宋制，皇太子爲諸王以下，皆素服即位哭，十五舉音。

東宮臨諸王以下喪

唐皇太子爲諸王、妃主、外祖父母、妃父母及師、傅、保、宮臣、宗戚之喪，並臨哭之。其儀，設哭位于喪者第堂上，皇太子至，即位，舉哭盡哀。前執主人手，撫慰，復位，哭，又盡哀。凡所臨，非本服五屬之親，則一舉哀而止。

宋爲諸王以下臨奠，先設次于喪者第之廳西，皇太子常服就次，內侍引詣靈几，上香，奠酒。主人詣前拜，哭。皇太子撫慰畢，乃降出。

東宮遣使弔賻諸王以下喪

唐制，與乘輿遣使弔賻之禮同。

宋不著其儀。

東宮遣使致奠諸王以下喪

唐制，與乘輿遣使致奠之禮同。

宋不著其儀。

東宮妃爲祖父母父母以下舉哀

唐制，皇太子妃爲祖父母、父母並設哭位于別殿，哭必盡哀。其日晡，哭如初，三日乃成服。爲外祖父母，則設次于別宮。其日晡後臨，凡三朝臨而止。爲諸王、妃主服大功者，其日晡臨而止，小功以下一舉哀而止，爲宗戚、良娣與爲諸王、妃主，同爲良媛以下，一舉哀而止。

宋制，爲祖父母、父母舉哀于外氏私第，其爲外祖父母以下，則素服詣哀次哭，十五舉音。

東宮妃爲祖父母父母成服

唐制，皇太子妃爲祖父母、父母成齊衰期之服，並設位于舉哀別殿。其日，妃即位，服衰，哭盡哀，退舍別殿。日晡，哭如初。既成服之明日，乃奔喪。爲外祖父母，無成服之制，而臨喪則隨時稟旨，其儀與奔喪同。

宋制，爲祖父母、父母成服，並于外氏私第，設次于正寢東階下，皇太子妃至詣次，服素服哭，十五舉音。爲外祖父母成服之制，無所考。

遣使問王公大臣疾病儀注

是日，使者奉命至病者家，攝受問者或尊長或子弟。出接于大門外之右，引禮引使者入至正廳，東南面立，引攝受問者入，就廳下拜位，北向。使者前，稱有制。贊禮唱鞠躬，拜，興，拜，興，平身，攝受問者鞠躬，拜，興，拜，興，平身。贊禮唱跪，攝受問者跪。使者宣制曰："皇帝聞某官某疾，遣臣某勞問。"宣制畢，贊禮唱俯伏，興，拜，興，拜，興，平身。攝受問者入告于病者，出，復命。引禮引使者出，攝受問者送出于大門之外。使者還奏。如問公主疾病，則遣内使監官，禮同。駙馬或子孫攝受問。

乘輿爲王公大臣舉哀儀注

凡王公薨，訃報，太常司告示百司。拱衛司前期于西華門内壬地設御幄,南向,陳御座于正中,上置素褥。侍儀司設訃者位于御幄前之南,設文武官陪哭位于幄前,東西相向,奉慰位于訃者位之北,北向,設贊禮二人位于訃者拜位之北,東西相向,引訃者二人位于贊禮之南,東西相向,引文武官四人位于文武官之北,東西相向。

其日,拱衛司備儀仗于奉天門,奉迎車駕。引禮引文武官百官素服,由西華門入就陪哭位,引訃者亦由西華門入,立位于西南。侍儀版奏外辦。皇帝素服,乘輿,詣幄,儀仗分列于幄前之左右。和聲郎陳樂于御幄之南,設而不作。太常卿于幄西,跪奏,某官來訃某年某月某日,臣某官以某疾薨,請舉哀。皇帝哭,_{古十五聲。}文武官在位者皆哭。_{其哭音隨上爲節。}太常卿跪奏,請止哭,皇帝止哭,百官在位者皆止哭。引禮引文武官就奉慰位,北向立。引班首詣御前,唱跪,贊禮同唱跪,班首及百官皆跪,班首奉慰。引禮同贊禮唱俯伏,興,平身,班首及百官皆俯伏,興,平身。引禮引文武官分班立①,引禮引訃者就拜位。贊禮唱鞠躬,拜,興,拜,興,拜,興,拜,興,平身,引禮引訃者退。太常卿跪,奏禮畢。皇帝興,御輿還宮。引禮引訃者及文武百官以次出。_{東宮爲王公舉哀,儀同,但設幄于東宮西門外,陪哭者皆東宮官屬。}

乘輿受蕃國王訃奏儀注

凡蕃國王薨,使者訃奏至京,太常司告示有司。拱衛司前期于西華門內壬地設御幄,南向,陳御座于正中,上置素褥。侍儀司設訃者位于御幄前之南,設文武官侍立位于幄前,東西相向,

---

① "分",原作"父",據嘉靖本、《明太祖實錄》卷四六、《明史》卷六〇《禮志十四·乘輿爲王公大臣舉哀》改。

設贊禮二人位于訃者拜位之北，東西相向，引訃者二人位于贊禮之南，引文武官四人位于文武官侍立位之北，東西相向。

其日，拱衛司備儀仗于奉天門外，奉迎車駕。引禮引百官素服由西華門入，就侍立位，引禮引訃者亦由西華門入，立于御幄前之西。侍儀奏外辦。皇帝素服，乘輿，詣幄，儀仗分立于幄前之左右。和聲郎陳樂于御幄之南，設而不作。太常卿跪奏，某國世子遣陪臣某官某奏，某國王臣某薨，俯伏，興。引禮引訃者入就拜位。贊禮唱鞠躬拜，興，拜，興，平身，訃者皆鞠躬，拜，興，拜，興，平身。承制官前跪，承制，由中道出，至使者前，稱有制。贊禮唱使者跪，聽制。承制官宣制曰："皇帝致問爾某國王，某得何疾而逝。"使者答云云。贊禮唱俯伏，興，平身。承制官由西道入，跪奏，宣制畢。贊禮唱鞠躬，拜，興，拜，興，平身，訃者以下皆鞠躬，拜，興，拜，興，平身。太常卿奏禮畢，贊禮唱禮畢。皇帝興，御輿還宮。儀仗導衛如初。引禮引訃者及文武百官以次由西門出。

乘輿臨王公大臣喪儀注

訃奏畢，太常司移文太史監，擇皇帝臨喪日，以擇到日期奏聞，告示。拱衛司前期于喪家大門外設大次，南向，中設御座置素褥，又設御座于喪家正廳之中，南向。有司設文武官次于大次之左右。侍儀司設文武官陪立位于廳前之左右，引禮四人位于文武官之北東西相向，設喪主以下拜位于廳前，北向，設主婦以下婦人哭位于殯北幔中。

其日，侍儀奏請鑾駕出宮。侍儀兵衛導從，如常儀。駕至喪者門外大次，侍儀跪奏請降輅，皇帝降輅，御輿侍儀導引入大次。儀仗兵衛陳列于大次之左右。御用監令奏請易服，皇帝易素服。文武官亦于便次易素服。引禮先引文武官入就廳前，分班侍立。

皇帝御輿出次,侍衛如常。引禮引喪主以下免絰①,去杖,衰服,出迎于大門外。望見乘輿,止哭。贊禮唱鞠躬,拜,興,拜,興,平身,喪主以下皆鞠躬,拜,興,拜,興,平身。引禮先引喪主以下入,立于門內之西。皇帝御輿入門,將軍四人前導,將軍四人後從。入至正廳,侍儀跪奏,請降輿,皇帝降輿。升自中階,太常卿跪奏,詣靈座,前導引皇帝至靈座前。文武百官隨從,立于其後。太常卿跪奏舉哀,皇帝哭,以恩深淺爲節。百官皆哭。太常卿跪奏止哭,皇帝止哭,百官皆止哭。太常卿奏上香,上香,三上香,皇帝立上香畢。太常卿奏祭酒,祭酒,三祭酒,皇帝立祭酒畢。太常卿請詣御座,導引皇帝至正廳御座,將軍分立于左右。引禮引主喪以下詣廳下拜位,贊禮唱鞠躬,拜,興,拜,興,平身。承制官前跪,承制,興,詣喪主前,云有制。贊禮唱跪,喪主以下皆跪。承制官宣制云云。贊禮唱俯伏,興,拜,興,拜,興,平身,喪主以下皆俯伏,興,拜,興,拜,興,平身。引禮引喪主以下退,立于廳西。太常卿跪奏禮畢。皇帝興,侍儀奏請升輿,皇帝升輿,御輿以出,導從侍衛如初。喪主隨從出,立于大次之前。文武官以次出。皇帝至大次,侍儀奏降輿,皇帝降輿,即御座。御用監官奏請釋素服,皇帝易服訖,御輿以出。引禮引喪主以下詣前。贊禮唱鞠躬,拜,興,拜,興,平身。引禮引喪主以下退。拱衛司進輅,侍儀跪奏請降輿,升輅,皇帝升輅。百官導引,儀仗侍衛導引,如來儀。喪主杖哭而入。

遣使弔王公大臣喪儀注

訃奏畢,太常司奉旨,遣官往弔。前期,有司設使者宣制位

---

① "絰",原作"經",據嘉靖本改。

于喪家正廳之北，南向，設喪主受弔位于正廳之南，北向，設主婦以下婦人立哭位于殯北幕下。

其日，使者至喪家，引禮引喪主去杖，免絰，衰服，止哭，出迎于中門外，復先入就廳前拜位。贊禮引使者入，內外止哭。使者入就廳上位，立定，稱有制。東宮使則稱有令，下同。贊禮唱鞠躬，拜，興，拜，興，平身，喪主以下皆鞠躬，拜，興，拜，興，平身。贊禮唱跪，喪主以下皆跪。使者稍前，宣制曰："皇帝聞某官薨，遣臣某弔。"宣畢，贊禮唱鞠躬，拜，興，拜，興，平身，喪主以下皆鞠躬，拜，興，拜，興，平身。禮畢，內外皆哭。贊禮引使者出，引禮引喪主隨出，至中門外拜送使者。引禮引喪主杖哭而入，使者還奏。

遣使賻王公大臣喪儀注

前期，有司于喪家設使者宣制位于廳上之東北，設主喪者以下拜位于廳前，設主婦以下婦人哭位于殯北幋下。

其日，使者于午門前以龍亭盛賻物，用儀仗導引至喪家。引禮引喪主以下，去杖，免絰，衰服，止哭，出迎于大門外。執事與龍亭先入，就廳上置于正中，南向。引禮引使者入，立于東北。引禮引喪主以下入就位。使者稱有制，贊禮唱鞠躬，拜，興，拜，興，平身，喪主以下皆鞠躬，拜，興，拜，興，平身。贊禮唱跪，喪主以下皆跪。使者稍前，宣制曰："皇帝以某官薨，遣臣某賻贈，以助喪事。"宣制畢，贊禮唱鞠躬，拜，興，拜，興，平身，喪主以下皆鞠躬，拜，興，拜，興，平身。拜畢，內外皆哭。執事者受賻物。贊禮引使者出，執事舁龍亭以出。引禮引喪主隨至中門外，拜送使者還。引禮引喪主杖哭而入，使者還奏。

遣百官會王公大臣喪儀注

前期，有司于喪家殯前設百官位，又設喪主以下立哭位于殯前之東,又設主婦以下婦人立哭位于殯北幬下。

其日,百官應會,弔者素服至喪家。引禮引喪主以下就東階哭位,主婦以下就殯北哭位。贊禮以次引百官入,就殯前位。贊禮唱哭,百官哭主,喪主婦以下皆哭。贊禮唱止哭,百官及主喪、主婦以下皆止哭。贊禮唱鞠躬,拜,興,拜,興,平身,百官皆鞠躬,拜,興,拜,興,平身。主喪以下皆答拜。拜畢,引禮引班首詣喪主前,展慰畢。引百官以次出。引禮引喪主隨至大門外,拜送百官還。引禮引喪主杖哭而入。會葬儀同。

遣使册贈王公大臣儀注

前期,禮部奏準製册,翰林院取旨製文。如不用册,則吏部用誥命。中書省禮部奏請某官爲使。發册之日,祠部設龍亭香亭于午門前正中,執事于受册者之家設宣制官位于正廳之東北,南向,喪主代受册命者位于廳前,北向。

至期,禮部官封册文,以盝匣盛之,黃袱包裹,置于龍亭中,用儀仗、鼓樂前導。至受册者之家,代受册者出迎于大門外。執事與龍亭置于廳上正中,南向。引禮引使者立于東北。引代册者入拜位。贊禮唱鞠躬,拜,興,拜,興,平身,喪主代受册者鞠躬,拜,興,拜,興,平身。使者前稱有制,贊禮唱跪,代受册者跪。使者宣制曰:"皇帝遣臣某,册贈故某官某爲某勳、某爵。"宣訖,贊禮唱鞠躬,拜,興,拜,興,平身,代受册者鞠躬,拜,興,拜,興,平身。使者于龍亭取册,授代受册者,代受册者受册,捧置于靈座前。使者出,代受册者送至大門外。使者還奏。喪主代受册者,以册文錄黃,設祭儀于靈前。引禮引代受册者至靈前拜位,贊禮唱鞠躬,拜,興,拜,興,平身,喪主代受册者以下皆鞠躬,拜,興,拜,興,平身。贊禮唱上香,上香,三上香,喪主三上香畢。贊禮唱祭酒，祭酒，三祭酒，喪主三祭酒畢。贊禮唱讀黄，執事者展黄，立讀于靈座前之左。讀畢，贊禮唱鞠躬，拜，興，拜，興，平身喪主以下皆鞠躬，拜，興，拜，興，平身。贊禮唱焚黄，引禮引喪主詣燎所，執事捧黄置于燎中，焚訖。贊禮唱禮畢。

遣使致奠王公大臣喪儀注[①]

前期，有司于喪家靈前陳設祭儀几案，設使者致奠位于靈前，讀祝文位于靈右，喪主以下立位于靈右，讀祝文位于靈左，設主婦以下婦人立哭位于殯北幄下。

陳設

其日，執事者陳設祭儀使者至喪家，引禮引喪主去杖，免絰，止哭，出迎使者于大門外，復先入，立于靈前之右。引禮引使者入，就致奠位。讀祝文者入就位。引禮引使者進詣香案前。司香捧香，進于使者之左。贊禮唱上香，上香，三上香，使者立上香。司酒者以爵酒進于使者之右，贊禮唱祭酒，祭酒，三祭酒，使者立祭酒訖。引禮引使者退，復位，立定。贊禮唱讀祝，讀祝者取祝文，立讀訖。贊禮唱焚祝，讀祝者捧祝文，詣燎所。燎盡，引禮引使者出，喪主以下拜送于大門外。引禮引喪主杖哭而入，使者回奏。

中宮爲父母祖父母舉哀

凡中宮父母薨，訃報太常司，太常司報内使監官，訃奏訖。内使監官前期于別殿東壁下設薦位。

皇后舉哀

設内命婦以下哭位于皇后別殿，内使監官導引皇后出詣别

---

① "喪"，原缺，據本書目錄補。

殿哭位,內使監令跪奏:"考某官以某月某日薨。"母則云妣某夫人,祖則云祖考某官,祖母則云祖妣某夫人。皇后哭,內命婦以下皆從哭,盡哀。皇后問故,又哭,盡哀,乃變素服,內命婦皆易素服。內使監令跪奏,請止哭,皇后止哭,內命婦以下皆止哭。內使監官導引皇后還宮,內命婦隨從,如常儀。如本日未即奔喪,則臨晡復于別殿哭位。如爲諸王、外戚舉哀,仍于別殿南向,不設薦位。

中宮爲父母祖父母奔喪儀注

舉哀畢,內使監令奏聞,奉旨。

皇后奔喪

前期,于喪主之家設薦席,爲皇后哭位于喪寢之東,設從臨內命婦哭位于皇后哭位之下,設主喪以下哭位于喪寢之西,主婦以下婦人哭位于喪寢之北幔下。

是日,內使監進輂車,備儀仗如常。導引皇后素服出宮,升輿,三面周以白布行帷。至閤外,降輿,升輂車,導從如常。內命婦皆乘車從行。皇后至喪家大門內,降車,哭入,仍以行帷圍護,從臨命婦皆哭,入,儀仗列于大門之外。喪主以下降詣西階下,立哭。侍女扶引皇后升自東階進,至尸東,憑尸而哭,從臨命婦皆哭于左右。喪主升自西階,俱哭于尸西。皇后哭盡哀,侍女扶引至薦席哭位,從臨命婦亦退于位。內使監令跪,請止哭,皇后止哭,諸命婦皆止哭。應奉慰者詣皇后前,奉慰如常禮。如皇后候成服而還,則依時臨尸哭。儀仗及從臨命婦應還者先還,其應從者留。

中宮爲父母祖父母成服儀注

前期,內使監令尚服製皇后齊衰,及應從臨命婦孝服。俟喪家成服之日，尚服奉齊衰進于皇后，服訖，侍女扶引皇后哭詣靈前，從臨命婦亦服孝服，立哭于其後。贊禮唱拜，興，拜，興，皇后與命婦皆拜，興，拜，興。皇后詣靈前，司香以香進于皇后之左。贊禮唱上香，上香，三上香，皇后上香訖，復位。贊禮唱拜，興，拜，興，皇后與命婦皆拜，興，拜，興。侍女扶引皇后復哭位。如還宮，則內使監告示、儀仗、軬車、御輿、行帷、導引，如來儀。

大明集禮卷三七上

凶禮二

喪儀①

品官喪儀

總敘

喪禮者，聖人之所以慎終飾哀者也。蓋人子送親之終，不可以徑情而直行，故爲之儀節以文之。

周衰，典籍散失。

重遭秦皇焚書，舊制遂皆堙滅。

漢興，諸儒雖有所記録，而載在正經者，《士喪》《士虞》《既夕》二三篇而已。

漢、魏而降，儒者乃推士禮，制當時之儀。

唐、宋以來，公卿、大夫喪葬之禮，今皆可考。三品以上、六品以下，其間損益、隆殺有不同者。

---

① 標題"喪儀"，原無，據本書目録補。

故今本之周經,稽諸唐典,而又參以《朱子家禮》之編,列其名物之概,次其儀文之節,斟酌之以著于篇,俾有所法。

復衣

復者,用死者之衣服,以招復其魂魄也。

周制,上公以袞,侯、伯以鷩,子、男以毳,大夫玄衣、赤裳,士以爵弁。

唐制,用亡者之上服,三品以上復者三人,四品、五品二人。上服者,公服也。

宋制,六品以下復者二人,婦人視其夫。凡復衣不以斂。

盤盆巾櫛

《禮》:“將沐浴,新盆、盤、瓶、鬲,皆濯之。”鬲者,瓦甖與盆,皆以盛水,盤以盛濡,濯瓶以汲水,沐巾一,浴巾二,用絺若紵,櫛實于箱,浴衣實于篋。

唐、宋品官同。

襲衣

周制,襲衣,上公九稱,諸侯七稱,大夫五稱,士三稱。

唐制,陳襲事于房中。明衣裳,用烏、帛巾一,充耳用白纊,面衣用玄,纁裏,方尺,握手用玄,纁裏,長尺二寸。五品以上[1],襲三稱,六品以下,襲一稱,用履。

---

① “五”,原作“三”,據《通典》卷八四《禮四十四·沿革四十四·凶禮六·喪制之二·襲》改。

宋制同，面衣用緇，綎裏，握手用緇，纁裏。

含

含用飯與玉，蓋所以實亡者之口，而不忍虛之也。

周制，諸侯以璧，大夫以珠，士以貝，諸侯用粱，大夫用稷，士以粱。

唐制，三品以上用粱及璧，四品、五品用稷與璧，六品以下用粱與貝。

宋制，六品以上飯用稷①，含用璧，六品以下用粱與貝。

銘旌

銘旌，神明之旌也。男子稱名，婦人書姓。

周制，大夫、士之所建，各以其物蓋，以死者爲不可別，故以其旌識之。不命之士無旌，則以緇長半幅，頳末，長終幅，書其末曰，某人某之柩。

唐制，銘以絳帛，廣充幅。三品以上長九尺，四品、五品長八尺，六品以下七尺，書曰某官封之柩，以竹爲杠，如其長。婦人，夫有官封，則云某官封夫人姓氏之柩，子有官封者，云太夫人之柩，郡、縣君隨其稱。

宋制，四品以上長九尺，六品以上長八尺，九品以上長七尺。

小斂衣

周制，諸侯、大夫、士將小斂，皆陳衣，衣皆十有九稱，袍必有

---

① “用”，原作“與”，據嘉靖本、《政和五禮新儀》卷二一五《凶禮·品官喪儀上》改。

表,不單衣,必有裳,謂之一稱。諸侯以簟席布絞、給衾,大夫蒲席、縞衾,士簟席、緇衾,衾皆五幅,布于絞上,絞以布爲之。橫者三,縱者一,所以收束衣服,欲其堅也。

唐制,三品以上官,小斂衣十有九稱,朝服一稱,自餘皆常服,無者各隨所辦,六品以下服一稱,婦人夫有官,亦以其服斂。凡斂,非正色不入,絺綌不入。

宋制,品官斂衣九稱。

大斂衣

周制,大斂陳衣,諸侯百稱,大夫五十稱,士三十稱。布絞,縮者三,橫者五。布給二衾,一以覆,一以薦。

唐制,三品以上衣三十稱,各具上服一稱,自餘皆常服,無者各隨所辦。內喪具花釵、衾一,以黃爲表,素爲裏,六品以下朝服、公服、常服各爲一稱,制用隨所有。

宋制,品官大斂衣十稱。

靈座

周制,既斂,祝取銘旌,置于殯。

唐制,既殯,設靈座于下室,謂燕寢。無下室則設于殯東。六品以下,止設于殯東,施床、几案、屏障、服飾,以時上膳羞及湯沐,皆如平生。

宋制,同《朱子家禮》,于襲之後即設靈座,結白絹以依神,謂之魂帛。

棺椁

古者,瓦棺。殷人,棺椁以木爲之,其材尚梓。

周制,上公三重,諸侯再重,大夫一重,士不重。諸侯松椁,大夫柏椁,士雜木椁。椁所以周乎棺也。上公四重,諸侯三重,大夫再重,士一重。

唐制,諸葬不得以石爲棺、椁及石室。其棺、椁皆不得雕鏤彩畫,施户牖欄楯。棺内又不得有金寶珠玉。

宋制同。

廬次

《禮》曰:父母之喪,居倚廬,寢苫枕塊。齊衰之喪,居堊室。廬之制,設于東廊下,無廊則于牆下。先以一木橫于牆下,卧于地爲楣,即立五椽于上,斜倚東墉下,以草苫蓋之,其南北面亦以草屏之,向北開門,諸子各一廬,設苫塊于其内。其廬南爲堊室,以墼累其三面,施薦與木枕,南爲大功幕次,施蒲席,次南又爲小功、緦麻,次施床,婦人次于西廊下。

唐制,五品以上營廬,六品以下爲廬于墉下。

明器

古者之葬,束草茅爲人、馬,以爲從衛,謂之塗車,芻靈、明器之作,實原于此。蓋孝子不忍死其親,謂之明者,神明之也。周制,士喪,明器有苞二,以裹奠羊,豕筲三,以盛黍、稷、麥,甕三,以盛醯、醢及薑桂之屑,瓦甒二,以盛醴酒。用器則弓矢、耒耜、敦杆、槃匜,役器則甲胄、干笮,燕器則杖、笠、翣,無祭器有燕器。

　　唐制，三品以上九十事，五品以上七十事，九品以上四十事，人、馬各高一尺，以木刻之。威儀、服翫，各視其生之秩。其後以王公、百官競爲厚葬，九十事者減至七十，七十事者減至四十，四十事者減至二十，皆以瓦爲之。

　　宋制，四品以上五十事，六品以上三十事，九品以上二十事。

　　國朝，開平忠武王之葬，墓中所用器玩九十件，本色造者金二、鼓二、紅旗二、拂子二、紅羅蓋一、鞍籠一、弓二、箭三、竈一、釜一、火鑪一，錫造金裏者水灌一、甲一、頭盔一、臺盞一、杓一、壺瓶一、酒甕一、唾壺一、水盆一、香鑪一、燭臺二、香合一、香匙一、香箸二、香匙箸瓶一、茶鍾一、茶盞一、箸二、匙一、匙箸瓶一、椀二、楪十二、橐二，木造者班劍一、牙仗一、金裏立瓜二、金裏骨朵二、金裏戟二、金裏響節二、交椅一、腳踏一、馬杌一、鞁馬六、鎗一、劍一、斧一、弩一、食桌一、床一、屏風一、拄杖一、箱一、交床一、櫈二、香桌一，僕從使令人數，木造者樂工十六人、執儀仗二十四人、控士六人、女使十人、四神四人，朱雀、玄武、青龍、白虎。門神二人、武士十人，並高一尺，雜物，翣六、璧一、篋笥、梳楎、衿鞶各一、苞二、筲三、糧漿瓶二、油瓶一、紗厨一、暖帳一、束帛青三段、纁二段，每段長一丈八尺。

下帳

　　床帳、茵席之類。唐制，五品以上用素繒，六品以下用練，婦人用綵。

牆翣

　　《禮》曰：“周人牆置翣。”《周禮·縫人》：“掌縫棺飾。”蓋孝子見棺，猶見親之身，故必飾之而後以行。恐衆惡其親，且以華道路及壙中也。牆即柳衣，柳之言，聚衆飾之所聚，即帷荒是也。在旁曰帷，在上曰荒。士布帷、布荒，諸侯、大夫則加以文章，黼黻雲火之象。翣之制，以木爲筐如扇，而方兩角，高廣三尺，高二尺四寸，衣以白布，柄長五尺。黼翣，畫斧形，黻翣，畫兩已相背，畫翣，畫雲氣，其四緣皆爲雲氣。柩行，則使人持以障之。既窆，樹于壙中。諸侯，黼翣二、黻翣二、畫翣二，大夫黼翣二、畫翣二，士畫翣二。

唐，一品黼翣、黻翣、畫翣各二，二品、三品，黼翣、畫翣各二，四品①、五品，黻翣、畫翣各二，六品以下，畫翣二。

宋制，四品以上，翣六，六品以上，翣四，九品以上，翣二。

引　披　鐸

引者，引車之綍也。披者，以纁爲之。繫于輴車，四植在旁。執之以備傾覆者也。鐸者，以銅爲之，所以節挽歌者也。

唐制，一品，引四、披六、鐸左右各八，二品②、三品，引二、披四、鐸左右各六，四品、五品，引二、披二、鐸左右各四，六品以下，引二、披二、鐸左右各二。凡執、引、披、鐸、翣、旌纛者，皆布深衣、布幘。

宋制，四品以上，綍四、披四、鐸六，六品以上，綍二、披二、鐸四，九品以上，鐸二。

---

①　“四品”，原缺，據《通典》卷一三九《禮九十九・開元禮纂類三十四・凶禮六・三品以上喪中・陳器用》補。

②　“二品”，原缺，據《通典》卷一三九《禮九十九・開元禮纂類三十四・凶禮六・三品以上喪中・陳器用》補。

翣

翣,翣也,即羽葆蓋也。

周制,諸侯之喪,匠人執羽葆御柩。蓋御者執之,以指麾爲節度也。

唐制,諸翣,五品以上,其竿長九尺,六品以下無。

宋制,七品以下無。

功布

周制,士葬,御棺用功布。謂以大功之布,長三尺,居柩前。若道有低昂傾虧,則以布爲抑揚左右之節,使執引披者知之。

方相

《周禮》:方相氏,狂夫爲之,掌"蒙熊皮、黃金四目、玄衣朱裳、執戈揚盾"。柩行,先使之爲道。及至壙,以戈擊四隅,毆去凶邪。

唐制,四品以上,方相四目,六品以下,兩目,爲魌頭。

宋制,九品無。

鹵簿鼓吹

唐制,一品、二品喪,備本品鹵簿,五品以上,靈車動,鼓吹振作而行,六品以下,無鼓吹。

宋制,二品以上,設鹵簿鼓吹儀,三品,止陳鹵簿,無鼓吹。

大轝

古者,柩車制度甚詳,後世不能然。

《家禮》:大轝之制,惟取其牢固平穩,法用兩長杠,杠上施伏兔,附杠處爲圓鑿,別作小方床以載柩,足高二寸,旁立兩柱,柱外施圓枘,令入鑿中,長出其外,枘鑿之間須極圓滑,以膏塗之,使其上下之際柩常適平,兩杠近上更爲方鑿,加橫扃,扃兩頭出柱外者更加小扃,杠兩頭施橫杠,橫杠上施短杠,或更加小杠,仍多作新麻大索,以備札縛。

誌石

碑樹于外,而誌石則納之壙中。蓋慮異時陵谷變遷,或誤爲人所動,而此石先見,則人有知其姓名者,庶能爲掩之也。

唐制,品官皆用。

宋制,九品以下無。

《家禮》:用石二片,其一爲蓋,刻云某官某公之墓,其一爲底,刻云某官某公,諱某,字某,某州某縣人,考諱某某官,母某氏某封,某年月日生,歷官遷次,某年月日終,某年月日葬于某鄉某里某處,娶某氏某人之女,子男某某官,女適某官某人,婦人夫在則蓋刻云某官姓名某封某氏之墓,夫亡則云某官某公某封某氏,其底敘年若干,適某氏,因夫與子致封號。葬之日,以二石字面相向[①],鐵束而埋之。

碑碣

古者葬之用碑,蓋以大木爲之,木上有孔,樹于壙之前後,以紼繞之,以下棺者也。故《禮》,諸侯用桓楹。若乃後世之碑,則

---

① "面",《朱子家禮》卷四《喪禮》作"而"。

用以刊刻頌述之文。

唐制，五品以上，立碑，螭首，龜趺，上高不得過九尺，七品以下，立碣，圭首，方趺，上高四尺。

宋制，六品以上則立碑，八品以上則立碣。

國朝，五品以上許用碑，龜趺，螭首。六品以下許用碣。方趺，圓首。

墓壙

唐制，墓塋之式，一品，方七十步，墳高丈六尺，二品方六十步，墳高丈四尺，三品，方五十步，墳高丈二尺，四品，方四十步，墳高一丈一尺，五品，方三十步①，墳高九尺，六品以下，方十五步，墳高七尺。

宋制，一品，墓田九十步，墳高一丈八尺，二品，八十步，墳高一丈六尺，三品，七十步，墳高一丈四尺，四品，六十步，墳高一丈二尺，五品，五十步，墳高一丈，六品，四十步，墳高八尺，七品以下，二十步，墳高六尺。

其石獸，唐制，三品以上，六事，五品以上，四事。

宋制，四品以上，六事，六品以上，四事。三品以上，增石人、望柱各二。

國朝，職官一品，塋地九十步，墳高一丈八尺，二品，塋地八十步，墳高一丈四尺，三品，塋地七十步，墳高一丈二尺。以上石獸，並六。四品，塋地六十步，五品，塋地五十步，墳高八尺。以上石獸，並四。六品，塋地四十步，七品以下，二十步，墳高六尺，

①　"三"，原作"四"，據《通典》卷八六《禮四十六·沿革四十六·凶禮八·喪制之四·賵賻》改。

步皆從塋地各數至邊。

賻賵

《周禮》，諸侯、大夫、士之喪，有賻賵之儀。賻通以貨財，所以補助生者之不足。賵用車馬，則施于死者焉。又玩好曰贈，衣服曰禭，皆施于亡者也。《士喪》：將襲，君使人禭，親者禭，庶兄弟禭，朋友禭，既祖奠，公賵玄纁兩馬，兄弟所知皆賵。又曰："凡贈幣，無常。"

唐制，品官成服之後，親故遣使致賻，使者隨執其物，不限以幣。及遣車行次，親賓復致賻焉。

又諸職事官卒葬①，文武一品，賻物二百段、粟二百石，二品物一百五十段、粟一百五十石，三品物百段、粟百石，正四品物七十段、粟七十石，從四品物六十段、粟六十石，正五品物五十段、粟五十石，從五品物四十段、粟四十石，正六品物三十段，從六品物二十六段，正七品物二十二段，從七品物十八段，正八品物十六段，從八品物十四段，正九品物十二段，從九品物十段。若身沒王事，並依職事品給②。其別敕賜者，不在折限。諸賻物應兩合給者，從多給。諸賻物及粟，皆出所在倉庫。服終，則不給。

贈禭衣服，則出當時恩制，不著于令。

宋制，百官賻禮，多者至絹八百匹、布二百匹、米麴各五十石、羊、酒各五十，少者至絹五匹、三匹、錢三十貫、羊、酒各三。

---

① "職"，原作"執"，據《通典》卷八六《禮四十六·沿革四十六·凶禮八·喪制之四·賵賻》改。

② "職"，原作"執"，據《通典》卷八六《禮四十六·沿革四十六·凶禮八·喪制之四·賵賻》改。

特恩賜與者,不在此例。

國朝開平忠武王之薨,其喪葬之具凡百,皆出于官,不煩其家。蓋所以優待勳臣,非常之盛禮也。

神主

古者,始死未作主,以重主其神。重之制刊,鑿木爲之。諸侯、卿、大夫、士,其長短有差。

周人既虞,乃作主而埋之。虞主用桑,將練,而後易之以栗。

《家禮》:治葬而作主,即用栗,以從簡便。主式高一尺二寸、闊三寸、厚一寸二分,頭上五分,爲圓頭,下一寸,鋸深四分爲額,額下分爲二片,四分在前,八分在後,後一片陷中鑿深四分、長六寸、闊一寸,于七寸二分之上爲小竅,于兩邊圓直二分以通其中,與前一片相合,置于座中。座四方,皆四寸、厚一寸二分,中間比神主,下面尺寸鑿開,嵌立神主,前一片以粉塗之。每一位寫一神主,題云考某官封謚府君神主,母則云妣某封某氏神主,陷中考則曰故某官某公諱某字某第幾神主,妣則曰故某封某氏諱某字某第幾神主,粉面左旁題曰孝子某奉祀加贈,易世則筆滌而更之,外改,中不改。櫝施黑漆,藉以紅褥,韜以紅羅。

奠祭器饌

始死奠

周制,《士喪》,饌以脯醢、醴酒,用吉器。

唐、宋品官同。

小斂奠

周制,諸侯、大夫、士喪,將小斂,陳饌于東堂,諸侯少牢,上大夫特牲，下大夫特豚，皆有脯醢、醴酒。

唐制，三品以上喪，瓦甒二，實醴及酒，觶二、角柶一，少牢及腊①，籩、豆各八，籩以實鹽、脯、棗、栗，豆以實醢、醬、蘁、菹，四品、五品則籩、豆各六器，皆用素，六品以下，籩、豆各二，瓦甒一、觶一，無角柶，用特牲。

宋制，品官隨宜設饌。

大斂奠

周制，士喪，兩甒，角觶四，木柶二，素杓二，毓豆②兩籩，三鼎，牲牢，如小斂之奠。

唐制，品官奠于堂東階下，兩甒實醴酒，六品以下甒酒置于席。醴在南，各加勺，六品以下無。筐在東南肆，角觶二，木柶一，豆在甒北，籩次之，六品以下一籩、一豆。牢饌，並同小斂。

朝夕奠

周制，《士喪》，奠用醴酒、脯醢。

唐制，品官瓦甒二，實以酒醴，角觶一，木柶一，籩一，豆一，實以脯醢，六品以下，瓦甒一，籩一，豆一。

宋制，隨宜。

朔望奠

周制，《士喪》，朔日奠，用特豚、魚、腊，陳三鼎，大夫以上，月半又奠，士，月半不奠。

---

① 《通典》卷一三八《禮九十八・開元禮纂類三十三・凶禮五・三品以上喪上・奠》“腊”下有“三俎”。

② “毓”，原作“兩”，據《通典》卷八五《禮四十五・沿革四十五・凶禮七》改。

唐制,品官每朔望具盛奠①,饌于東堂,瓦甒二,角觶二,木柶二,少牢及腊三俎,二簋,二簠,二鉶,六籩,六豆。若有五穀及時物新出者薦之,如朔奠。六品以下無文。

宋制,五品以上,朔望具盛奠,比朝夕奠品物差衆,六品以下,則否。

祖奠　遣奠

周制,《士喪》,將葬而祖奠,明日又遣奠,陳五鼎,羊、豕、魚、腊、鮮獸,四籩、四豆,盛葬禮,加于常一等。

唐制,祖奠如大斂之儀,遣奠如祖奠之禮。

宋制,祖奠如盛奠之饌,遣奠同。

虞祭

周制,既葬而反,日中而虞。蓋孝子以父母之骨肉歸于土,而魂氣則將彷徨而無依,故祭以安之。《士虞》:“用特豕。”《饋食》:“豆、籩始有飾。”《祝饗》曰:“敢用潔牲剛鬣、薌合嘉薦,菹醢。普淖,黍稷。明齊溲酒,哀薦祫事。”

唐制,虞祭,器用烏漆,牢饌如殷奠,三品以上,柔毛剛鬣,四品以下,用剛鬣。

宋制,三品以上,七虞,五品以上,五虞,九品以上,三虞。

卒哭祭

卒哭之祭,以吉祭易喪祭。

唐制,三品以上用潔牲柔毛剛鬣、明粢薌合、薌萁嘉蔬、嘉薦醴齊。四品以下,潔牲柔毛剛鬣、嘉薦普淖、明齊溲酒,餘同。六

---

① “盛”,《通典》卷一三八《禮九十八·開元禮纂類三十三·凶禮五·三品以上喪上·殷奠》作“殷”。

品以下，無柔毛，餘如四品、五品。

宋制同。

祔祭

祔者，以亡者之神祔祀于其祖也。《禮》曰："卒哭之明日，祔于祖父。"

周制，士用脯及菹、醢、黍、稷、鉶羹、溲酒。

唐制，三品以上，具少牢之饌二座，各俎三、簋二、簠二、酒樽二，一實玄酒，一實清酒；六品以下，具特牲之饌二座，各俎一、簋二。其籩、豆，一品者，各十二，二品、三品各八，四品、五品各六，六品以下，各四。

宋制，四品、五品以上，並同唐三品以上，復多設二鉶，其六品以下，具特牲二座，各俎二、簋二、簠二、鉶二、酒樽二、四籩、四豆。

小祥　大祥　禫祭

唐制，牢饌並同卒哭。

宋制同。

祥禫冠服

期而小祥。祥者，吉也。喪至此稍稍自飾。故除首絰及負版、辟領衰，練冠、素縓、中衣、黃裏、縓爲領。緣縓者，紅色之多黃者也。再期大祥，受以祥服、素縞、麻衣，去要絰及杖麻，屨無絇。間一月而禫，禫而纖。纖者，以黑經白緯爲冠也。綵縷、吉屨、紛帨之屬，皆得佩矣。

《家禮》：大祥後即陳禫服。丈夫垂腳黲紗幞頭、黲布衫、布裹革韋①，婦人冠梳假髻，以鵝黃、青碧、皂白爲衣、履，其金珠、紅繡，皆不可用。

弔服

《語》曰：“羔裘玄冠，不以弔。”蓋弔者，所以哀死，必當變服。玄者，吉服，故不以弔也。禮自天子，達于士，臨殯斂之事，去玄冠，以素弁。君子臨喪，必有哀素之心。是以去玄，而代之以素也。

周人代以素弁，漢代以布巾。後世以白帕深衣，當古弔服。

《家禮》：凡弔，皆素服，幞頭、衫、帶皆以白生絹爲之。

初終

有疾遷于正寢，養者皆齋，徹樂。飲藥、疾困，去故衣，加新衣。清掃內外，分禱所祀。侍者坐，持手足，遺言則書之。屬纊以俟絕氣。男子不絕于婦人之手，婦人不絕于男子之手。乃廢牀寢于地，孝子啼，餘皆哭。男子白布衣、被髮、徒跣，婦人青縑衣、被髮、不徒跣，女子亦然。父爲長子爲人後者，爲其本生父母，皆不徒跣，女子嫁者，髻。齊衰以下，丈夫素冠，婦人去首飾。孝子坐于牀東，餘在其後，啼踊無算。兄弟之子以下，又在其後，俱西面，南上。妻坐于牀西，妾及女子子在其後，哭踊無算。兄弟之女以下又在其後，俱東面，南上，藉藁坐哭。內外之際，隔以行幃。祖父以下于幃東北壁下，南面，西上，祖母以下于幃西北壁下，南面，東上。外姻丈夫于戶外之東北面，西上，婦人于主婦西南北面，東上。

---

① “革韋”，《朱子家禮》卷四《喪禮》作“角帶”。

皆舒席坐哭。若舍窄，則宗親丈夫在户外之東北面，西上，外姻丈夫在户外之西北面，東上。若内喪，則尊行丈夫、外親丈夫席位于前堂在户外之左右，俱南面。宗親户東，西上，外親于西，東上，乃復于正寢。

復者，以死者之上服左荷之，陞自前東榮，當屋履棟，北面西上。左執領，右執腰，招以左。每招曰某人復，三呼而止。男子稱字及伯仲，婦人稱姓。以衣投于前，承之以篋，陞自東階，入以覆尸。復者降自後西榮，乃立喪主。謂長子，無則長孫。

主婦、亡者之妻，無則主喪者之妻。護喪、子孫知禮能幹者爲之。司書、司貨、子弟或吏僕爲之。執事者設床于室户内之西。去脚，舒簟，設枕，施幄，遷尸于床，南首，覆用斂衾，去死衣，即床而奠。奠者以酒饌，陞自東階，設于尸東，當隅。内喪皆内贊者行事，受于户外，入而設之。

既奠，贊者降出帷堂。掌事者掘坎于屏處，盆盤之屬陳于西階下，沐巾、浴巾、浴衣皆具于西序，南上，陳襲事于房中。掌事者爲湯以俟浴，以盆及沐盤陞自西階，以授沐者。以侍者四人爲之，六品以下三人。沐者入，喪主以下皆出户外，北面，西上，俱立哭。乃沐櫛，束髮用組，抗衾而浴，拭以巾，餘水棄于坎。

設床于尸東衽，下莞上簟。浴者舉尸，易床，設枕，剪鬚，斷爪，盛于小囊。大斂納于棺，著明衣、裳，以方巾覆面，仍以大斂之衾覆之。喪主以下入，就位，哭，乃含。

贊者奉盤水及箅陞堂。含者六品以下，喪主自爲之。盥手于户外。贊者沃盥。含者洗飯、玉，實于箅，執以入。贊者從入，北面，徹枕，奠箅于尸東。含者坐于床東，西面。發巾，實飯、含于尸口訖。喪主復位。襲者以床陞，入設于尸東。布枕、席如初。

執服者陳襲衣于席，遷尸于席上而衣之，去巾，加面衣，設充耳，著握手，納履若舃，覆以大斂之衾內外，皆就位哭。乃置虛座，結白絹爲魂帛，立銘旌，倚于虛座之右。

諸子三日不食。期九月之喪，三不食，五月、三月之喪，再不食。

小斂

小斂之禮，以喪之明日厥明，陳其殮衣于東序，<small>四品、五品以下于東房</small>。饌于堂東，階下設床，施薦席褥于西階，鋪絞衾衣舉之，陞自西階，置于尸南。先布絞之橫者三于下，以備周身相結，乃布縱者一于上，以備掩首乃足也。侍者盥手，舉尸，男女共扶助之，遷于床上。先去枕，而舒絹疊衣，以藉其首，仍卷兩端，以備兩肩，空處又卷衣，夾其兩脛，取其正方。然後以餘衣掩尸，左衽，不紐，裹之以衾，而未結以絞，未掩其面。蓋孝子猶欲俟其復生，欲時見其面也。斂畢，覆以衾。喪主西向，憑尸哭擗，主婦東向，憑尸哭擗。斬衰者袒以麻繩，括髮，齊衰以下裂布，廣寸自項向前，交于額上，却繞髻如著掠頭，婦人以麻撮髻而髽。斂者舉尸，男女從奉之，遷于堂中，哭位如室內。執事者盥手，舉饌，升自東階，至靈座前，祝焚香，洗盞，斟酒，奠之。喪主以下哭，盡哀乃代，哭不絕聲。宵爲燎于庭，厥明滅燎，乃大斂。

大斂

大斂之禮，以小斂之明日夙興，陳衣于東序，饌于堂東階下，如小斂之儀。舉棺以入，置于堂中少西。侍者先置衾于棺中，垂其裔于四外，侍者與子孫、婦女俱盥手，掩首，結絞，共舉尸納于棺中。實生時所落髮齒，及所剪爪于棺角，又揣其空缺處，卷衣塞之，務令充實，不可搖動。以衾先掩足，次掩首，次掩左，次掩右，令棺中平滿。喪主、主婦憑哭盡哀，乃召匠加蓋，下釘，徹床，覆柩以衣，設靈床于柩東。贊者以饌升，入室，西向，奠于席前。內外皆就位，哭如初。喪主以下各歸喪次。

成服

大斂之明日厥明，五服之人各服其服。然後朝哭相弔。諸子孫就祖父及諸父前，跪哭皆盡哀，就祖父及諸母前哭，亦如之。女子子就祖母及諸母前哭，遂就祖父諸父前哭，如男子之儀。主婦以下就伯叔母哭，亦如之訖，乃復位。諸尊者降，出還次。喪主以下降，立于東階下。外姻在南。俱西面，北上。哭盡哀，各還次。既成服，喪主及兄弟始食粥。妻妾及期九月者，疏食，水飲，不食菜果。大功以下異門者，各歸其家。

自是，每日晨起，喪主以下皆服其服，入就位，尊者坐哭，卑者立哭。侍者設盥櫛之具，于靈床側，奉魂帛出就靈座，然後朝奠。執事者設饌，祝盥手，焚香，斟酒，喪主以下再拜，哭盡哀。食時上食。至夕，進夕奠如朝奠儀。喪主以下奉魂帛，入就靈床，哭盡哀。朝夕之間，哀至則哭。自此以至于虞，朝夕如之。若遇朔望，則具殷奠，比之常奠。其饌爲盛，禮如朝奠。行之至夕，徹去。進夕奠，如常禮。有時物，則薦之。百日而卒哭。

弔奠賻

始死，訃告于親戚、僚友。弔者至，執友親厚之人，則入哭，臨尸盡哀。出拜靈座，上香，再拜，遂弔喪主。相持哭盡哀。喪主以下哭，對無辭。凡弔者奠賻，皆有狀，先具剌通名。喪主炷火、燃燭、布席，皆哭以俟。護喪者出迎賓，賓入，至廳事進揖曰："竊聞某人傾背，不勝驚怛，敢請入酹，併伸慰禮。"護喪者引賓入，至靈座前，哭盡哀，再拜，焚香，跪，酹祭酒，俛伏，興，護喪，止哭者，祝跪讀祭文，奠賻狀于賓之右畢，興。賓主皆哭盡哀。賓再拜。喪主哭，出，西向，稽顙，再拜。賓亦哭，東向，答拜，進曰："不意凶變，某親某官奄忽傾背。伏惟哀慕，何以堪處。"喪主對曰："某罪逆深重，禍延某親。伏蒙奠酹，併賜臨慰，不勝哀感。"又再拜，賓答拜。又相向哭盡哀。賓寬譬喪主曰："修短有數，痛毒奈何，願抑孝思，俯從禮制。"乃揖而出。喪主哭而入。護喪者送至廳，事茶湯而退。喪主以下止哭。亡者官尊即云薨逝，稍尊即云捐館，生者官尊則云奄棄榮養。

擇地告祭后土

三月而葬。前期，擇地之可葬者。蓋地有美惡，地之美者，則其神靈必安，其子孫必盛，地之惡者，則反是。所謂美者，土色之光潤、草木之茂盛，他日不爲道路不爲城郭，不爲溝池，不爲貴勢所奪，不爲耕犁所，及即所謂美地也。古人所謂卜其宅兆者，正此意。而非若後世陰陽家禍福之說也。

既得地，喪主帥執事者于所得地掘兆，四隅外其壤，掘中南其壤，各立一標，當南門立兩標。擇遠親或賓客一人，告后土氏。祝帥執事者設位于中標之左，南向，設盞陳饌于其前，又設盥盆帨巾二于其東南，其東有臺架。告者所盥其西，無者執事者所盥也。告者吉服入，立于神位之前，北面，執事者在其後東上，皆再拜。告者與執事者皆盥、帨。執事者一人取酒注，西向跪。一人取盞，東向跪。告者斟酒反注，取盞，酹于神位前，俛伏，興，少退，立。祝執版，立于告者之左，東向跪，讀之曰："維某年歲月朔日辰，某官姓名敢告于后土氏之神。今爲某官姓名營建宅兆，神其保佑，俾無後艱。謹以清酌脯醢，祇薦于神，尚享。"訖，復位。告者再拜，祝及執事者皆再拜，徹出，遂穿壙，乃刻誌石、造明器、備大轝、作神主，以俟發引。

葬

啓之日，掌事者納柩車于大門之內，當門，南向，進靈車于柩車之右。先于墓所張吉凶帷，凶帷西，吉帷東，俱南向，設靈座于吉帷下，如常儀。啓之夕發引前五刻，擊鼓爲節。陳布、吉凶儀仗、方相、誌石及明器等物于柩車前，紼、披、鐸、翣、挽歌者皆具。

二刻，再擊鼓爲節，內外俱興，立哭于位。執紼者皆入。掌事者徹帷，持翣者俱陞，以翣障柩。執紼者乃陞，執鐸者入，夾西階立。執轝者入，當西階南，北面立。執旌者立于執轝者南，北向。

陳布訖，三擊鼓爲節，乃引靈車于內門外，南向。祝詣靈座前，西向跪昭告曰："孤子某，母則云哀子。謹用吉辰，奉歸幽宅。靈車就引，神道紆廻。惟以荒寥，無任哽絶。"興，立。少頃，執鐸者俱振鐸。引柩詣階間，南向。持翣者常以翣障柩。柩降階，執轝者却行而引，止則廻，北向立。執旌者繼轝而行，止則北向立。無轝者，則執旌者引。喪主以下，以次從柩哭而降，主婦以下又次之。柩至庭，喪主及諸子以下于柩東，西面，南上，祖父以下于東北，南面，西上，異姓丈夫于喪主東南，西面，北上，妻妾、女子子以下于柩西，東面，南上，祖母以下于西北，南面，東上，異姓婦人于主婦西南,東面,北上。皆立哭。內外之際,障以行帷。祝帥執饌者設祖奠于柩東,祝以酒奠訖,詣饌南,北面跪曰:"永遷之禮,靈辰不留。謹奉旋車,式遵祖道,尚享。"少頃,徹之。

柩動,旌次之,翣次之,喪主以下從哭于柩後,婦人次之,遂陞柩,就轝。內外哭位如初。在庭之儀,乃設遣奠于柩車前,如祖奠之儀。祝奠酒訖。少頃,徹饌。祝奉魂帛,置靈車上,別以廂盛主,置帛後。靈車動,從者如常。靈車後方相車,次誌石車,次明器轝,次下帳轝,次米轝,次酒脯轝,次食轝,次銘旌,次翣,次鐸,次挽歌,次柩車、喪主及諸子,俱絰、杖、衰服、徒跣,哭,從餘各依服精麁爲序從哭。出門,內外尊行者皆乘車馬,哭不絕聲。

出郭門,親賓還者權停柩車,乘者皆下,哭。贊者引親賓以次俱向柩,立哭盡哀。卑者再拜而退,婦人亦如之。親賓既還,乘車馬如初。若墓遠,及病不堪步者出郭,喪主及諸子亦乘。

去塋三百步,乃下靈車。至帷門外迴南向,遂薦食于靈座前。少頃,徹之。柩車至入凶帷,南向。祝設几席于柩車之東。初至宿次,內外皆就柩車所分東西如常,立哭,遂設酒脯之奠。

柩車至壙前,迴南向,哭位如在庭之儀。掌事者陳明器于壙東南,西向,北上。乃下柩于席,丈夫柩東,婦人柩西,以次憑哭盡哀,各退復位。內外卑者哭再拜,辭訣。贊者引喪主以下哭于羨道東,西面,北上,妻及女子子以下哭于羨道西,東面,北上,踊無算。婦人皆障以行帷。

掌事者設席于壙內,遂下柩于壙內席上,北首覆以夷衾,持翣者入,倚翣于壙內兩廂,遂以下帳,張于柩東,南向,米、酒、脯陳于帳東北,食器設于帳前,醯、醢于食器南,藉以版,明器設于壙內之左右。掌事者以玄纁授喪主，喪主授祝，祝奉以置柩旁。喪主拜，稽顙，施銘、旌，誌石于壙內，乃掩壙，復土。喪主以下稽顙，哭盡哀，乃祠后土于墓左。如卜宅儀，祝云："某官封諡，窀兹幽宅，神其保佑，俾無後艱。"

取木主而題之。執事者設桌子于靈座東南，西向，置硯筆墨對桌，置盥盆、帨巾。喪主立于其前，北面。祝盥手出主，臥置桌子上，使善書者盥手，西向立，先題陷中，後題粉面。題畢，祝奉置靈座，而藏魂帛于箱中，炷香，斟酒，執版出于喪主之右，讀云："孤子某，敢昭告于先考某官封諡府君。形歸窀穸，神返室堂。神主既成，伏惟尊靈，舍舊從新，是憑是依。"畢。喪主再拜，哭盡哀止。祝奉神主，置靈車上。執事者徹靈座，遂行。內外從哭，如來儀。

出墓門，尊者乘車馬，去墓百步許，卑者乃乘靈車至宅。內外乘者皆下。靈車入至西階前，廻南向。少頃，靈車退。祝奉神主，置于靈座。喪主以下陞，立哭于靈座東，西向，東上。內外以次陞。祖父以下哭于帷東，南面，西上，妻及女子子以下哭于靈西，東面，南上，祖母以下哭于帷西，南面，東上，外姻丈夫帷東，北面，西上，婦人帷西北面，東上。親賓弔如初，哭盡哀。相者引喪主以下降，各還次，沐浴以俟虞。

虞

柩既入壙，掌事者先歸修虞事。或墓遠，則但不出，是日可也。

喪主以下既沐浴，執事者陳器具饌，設盥盆、帨巾各二于西階西，南上，酒瓶並架一于靈座東南，置桌子于其東，設注子及盤盞于其上，火鑪、湯瓶于靈座西南，置桌子于其西，設祝版于其上，設蔬果盤盞于靈座前，桌上匕筯居內當中，酒盞在其西，醋楪居其東，果居外，蔬居果內，實酒于瓶，設香案于堂中，炷火于香鑪，束茅聚沙于香案前，具饌如朝奠，陳于堂門之東。祝出神主于座，喪主及兄弟倚杖于室外，及與祭者皆入，哭于靈座前。其位皆北面，以服爲列，重者居前，輕者居後，尊者坐，卑者立，丈夫處東，西上，婦人處西，東上，逐行各以長幼爲序，侍者在後。

乃降神。祝止哭者。喪主降自西階，盥手，帨手，詣靈座前，焚香，再拜。執事者皆盥、帨，一人開酒，實于注，西面跪，以注授喪主。喪主跪受。一人奉桌上盤盞，東面跪于喪主之左。喪主斟酒于盞，以注授執事者，左手取盤，右手執盞，酹之茅上，以盤盞授執事者，俛伏，興，少退，再拜，復位。既降神，祝進饌，執事者佐之。喪主乃初獻，進詣注子桌前，執注北面立。執事者一人取靈座前盤盞，立于喪主之左。喪主斟酒，反注于桌上，與執事者俱詣靈座前，北面立。喪主跪，執事者亦跪，進盤盞，三祭于茅束上，俛伏，興。執事者受盞，奉詣靈座前，奠于故處。祝執版，出于喪主之右，西向跪讀之云：“日月不居，奄及初虞。夙興夜處，哀慕不寧。謹以潔牲庶羞、粢盛醴齊、哀薦祫事。”祝興。喪主哭，再拜，復位，哭止。主婦爲亞獻，禮如初。不讀祝。親賓一人爲終獻，禮如亞獻，乃侑食。執事者執注，添盞中酒，喪主以下皆出。

祝闔門，喪主立于門東，西向，卑幼丈夫在其後，重行北上，主婦立于門西，東向，卑幼婦女亦如之，尊長休于他所。祝進當門北面噫歆，告啓門三，乃啓門。喪主以下入，就位。祝立于喪主之右，斂主匣之，置故處。喪主以下哭，辭神，再拜，盡哀，止，出就次。執事者徹祝，取魂帛埋之，屏處潔地。

罷朝夕奠，遇柔日再虞，乙、丁、巳、辛、癸。禮如初虞。惟前期一日，陳器具饌，厥明夙興，設蔬果、酒醴。質明行事，祝出神主于座，祝辭改初虞爲再虞，祫事爲虞事。遇剛日，三虞，禮如再虞。祝辭改再虞爲三虞，虞事爲成事。若去家經宿以上，則初虞于所館行之。墓遠，塗中遇柔日，亦所館行之。若三虞，則必須至家，始可行禮。

卒哭

三虞後，遇剛日，卒哭。

前期一日，陳器具饌。並同虞祭，惟更設玄酒瓶一于酒瓶之西。厥明夙興，設蔬果、酒饌。並同虞祭。

質明，祝出主，喪主以下皆入哭。降神，喪主奉魚、肉，主婦盥、帨，奉麫、米食。喪主奉羹，主婦奉飯以進，乃初獻。並同虞祭。惟祝執版出于喪主之左，東向跪讀爲異。祝辭改三虞爲卒哭。哀薦成事下云："來日隮附于祖考，某官府君尚享。"亞獻、終獻侑食。闔門、啓門、辭神，其儀並與虞祭同。自是朝夕之間，哀至不哭。其朝夕哭，猶故。喪主兄弟疏食，水飲，不食菜果，寢席，枕木。

祔

卒哭，明日而祔。卒哭之祭既徹，即陳器具饌陳于祠堂。堂狹，即于廳事隨便。設亡者祖考妣位于中，南向，西上，設亡者位于東南，西向，母喪則不設祖考位，置酒瓶、玄酒瓶于阼階上，火鑪、湯瓶于西階上，具饌如卒哭而三分，母喪則兩分，祖、妣二人以上則以親者。

厥明，設蔬果、酒饌。

質明，喪主兄弟皆倚杖于階下入，詣靈座前，哭盡哀止，乃詣祠堂祝軸簾，啓櫝，奉所祔祖考之主置于座，内執事者奉祖妣之主置于座，西上。喪主以下還詣靈座所哭。祝奉主櫝詣祠堂西階上桌子上。喪主以下哭從，如從柩之次。至門，止哭。祝啓櫝，出主，乃參神。在位者皆再拜。

乃降神。祝進饌、酌獻，先詣祖考妣前，祝版云："孝子某，謹以潔牲庶羞、粢盛醴齊，適于某考某官府君，隮祔孫某官。尚享。皆不哭。"内喪則云："某妣某封某氏，隮祔孫婦某封某氏。"次詣亡者位前。祝版云："薦祔事于先考某官府君適，于某考某官府君，尚享。"三獻、侑食、闔門、啓門、辭神，並同卒哭儀。禮畢，祝奉主各還故處。先納祖考妣神主于龕中匣之，次納亡者神主西階桌子上匣之，奉而反于靈座。出門，喪主以下哭從，如來儀。

小祥

期而小祥。喪至此，凡十三月。不計閏。古者卜日而祭，今止用初忌，以從簡易。

前期一日，喪主以下皆沐浴。喪主帥衆丈夫灑掃滌濯，主婦帥衆婦女滌釜鼎，具祭饌，如卒哭。設次，陳練服。厥明夙興，設蔬果、酒饌。

質明，祝出主。喪主倚杖于門外，與期親各服其服而入，皆哭盡哀止，乃出，就次。易服，復入哭。祝止哭。乃降神。初獻、亞獻、終獻、侑食、闔門、啓門、辭神，並同卒哭之儀。祝版云："日月不居，奄及小祥。夙興夜處，小心畏忌。不惰其身，哀慕不寧。敢用潔牲庶羞、粢盛醴齊，薦此常事，尚享。"自是，止朝夕哭，始食菜果。

大祥

再期而大祥。喪至此，凡二十五月，亦止用第二忌日祭。

前期一日，沐浴、陳器、具饌、如小祥。設次、陳禫服，以酒果告遷于祠堂。告畢，改題神主，如加贈之儀。遞遷而西，虛東一龕，以俟新者。

厥明行事，皆如小祥之儀。祝版改小祥曰大祥，常事曰祥事。祝畢，奉神主入于祠堂。喪主以下哭從，如祔之敘。至祠堂前，止哭。執事者徹靈座，斷杖棄之屏處，奉遷主，埋于墓側。始飲酒、食肉而復寢。

禫

大祥之後，間一月而禫。禫者，澹澹然，平安之意。蓋喪至此，計二十有七月。

前一月下旬，卜來月三旬中各一日，或丁或亥，設桌子于祠堂門外，置香爐、香合、环珓于其上。喪主禫服，西向，衆兄弟次之子孫在其後，重行北上，執事者北向，東上。喪主炷香、燻珓，命以上旬之日曰："某將以來月某日，祇薦禫事于先考某官府君。"即以珓擲于盤，以一俯一仰爲吉，不吉更命中旬之日，又不吉則直用下旬之日。

喪主乃入祠堂本龕前，再拜，在位者皆再拜。喪主焚香。祝執版立于喪主之左，跪告曰："孝子某將以來月某日，祇薦禫事于先考某官府君。卜既得吉，敢告。"喪主再拜，降，與在位者皆再拜。祝闔門，退。乃前期一日沐浴，設神位于靈座故處，陳器、具饌，厥明行事，皆如大祥之儀。喪主以下詣祠堂。祝奉主櫝，置于西階桌子上，出主置于座。喪主以下皆哭盡哀，乃降神。三獻、侑食、闔門、啓門。禮畢，辭神，乃哭盡哀。送神主至祠堂。

聞喪　奔喪

始聞親死，以哭答，從者盡哀。問故，又哭盡哀，乃易服，遂日行百里，不以夜行。見星而行，見星而舍。道中哀至則哭。哭避市朝，望其州境、縣境、其城、其家皆哭。至于家內外哭，待于堂上，入門而左陞自西階殯東，西面，憑殯哭盡哀，少退，再拜，退于序東，被髮，復殯東，西面，坐哭，又盡哀。尊卑撫哭，如常訖。內外各還次。

厥明，坐哭于殯東如初。四日成服，與家人相弔。賓至，拜之如初。若未得行，則設位四日而變服，在道、至家皆如上儀。若既葬，則先之墓。望墓哭，至墓哭拜，歸詣靈座前哭拜，四日成服，如儀。齊衰以下聞喪，爲位而哭。

若奔喪，則至家成服，若不奔喪，則四日成服。凡奔喪，齊衰望鄉而哭，大功望門而哭，小功至門而哭，緦麻即位而哭。不奔喪者，齊衰三日中，朝夕爲位會哭，四日之朝成服亦如之，大功以下，始聞喪爲位會哭，四日成服亦如之，皆每月朔爲位會哭。月數既滿，次月之朔乃爲位會哭而除之。其間哀至，則哭可也。

改葬

凡有改葬者，皆具事因聞于官，勘驗得實，始聽之。將改葬，先于墓所，隨地之宜張白布帷幕，開戶向南。

其日，內外諸親皆至墓所，各就便次。孝子以下及妻妾、女子子俱緦麻服，周親之下素服。丈夫于墓東，西向，婦人于墓西，

東向，皆北上。婦人障以行帷，俱立哭盡哀。卑者再拜。祝立于
羨道南，北向。內外哭止。祝三聲噫嘻，啓以改葬之故。內外又
哭盡哀權，就別所。

掌事者開墳訖。內外又就位哭如初。掌事者設席于幕下，
舉棺出置于席上，內外俱從，哭于幕所，分東西位，如常儀。祝以
功布拭棺，掌饌者設饌于柩南。孝子盥手，以醆跪，奠酒，再拜
訖。少頃，徹奠。進柩車于帷門外，南向，陞柩于車，遂詣幕所，
內外俱哭。掌事者先設床于幕下，有枕席，周設帷。柩車至帷門
外，丈夫柩東，婦人柩西，俱立哭。掌事者舉柩入，設床柩東，舉
尸出，置于床，南首，遂斂，如大斂之儀。如不易棺，則不設床。乃設靈
座于吉帷內幕下西廂，東向，乃葬。將引柩，告曰："以今吉辰，用
即宅兆。"不設祖奠，無反哭，無方相、魌頭，餘如常葬之儀。

既葬，就吉帷靈座前一虞，虞如常儀。其祝辭云："維年月朔
日辰，孝子某敢告于考某官。改兹幽宅，禮畢終虞。夙夜匪寧，
啼號罔極。謹以清酌庶羞，祇薦虞事，尚享。"孝子以下出，就別
所，釋緦服、素服而還。掌饌者徹饌，掌事者徹靈座。

大明集禮卷三七下

凶禮二

喪儀^①

庶人喪儀

總敘

孔子曰:"三年之喪,天下之通喪也。"又曰:"父母之喪,無貴賤,一也。"蓋生乎天地之間者,有貴賤之異,而父母、兄弟、夫婦、長幼之親,則無以異也。故五服之制,無間乎。上下禮經所載,公卿、士庶之禮多可通行。

而唐、宋之所定,《家禮》之所載,庶人與品官亦不甚懸絶。所不同者,衣衾、棺椁、儀物、器饌之厚薄而已。

今酌之于古,準之于今,務爲可行,以著于篇。

---

① 標題"喪儀",原無,據本書目録補。

復衣

唐、宋制,復者一人①,用死者之上服。

《家禮》:男子襴衫、皂衫,婦人大袖、背子。

盤盆巾櫛

《家禮》:將沐浴,新盤、盆、瓶皆濯于西階下,巾二,皆用布。櫛及浴衣,各實于箱②。

襲衣

唐、宋制,襲衣一稱。

《家禮》:幅巾一、充耳二,用白纊,幎目帛以覆面,方尺五寸③,握手帛長尺二寸,廣五寸,深衣一、大帶一、履一、汗衫、袴襪之類,隨所用之多少。

含

唐、宋制,含用貝,飯用粱。

《家禮》:用錢三,實于小箱④,米二升,以新水淅令精,實于盌。先以匙抄米,實于尸口之右,並實一錢又于左、于中,皆如之。

---

① “復”,《朱子家禮》卷四《喪禮》作“侍”。
② “箱”,原作“厢”,據《政和五禮新儀》卷二一八《凶禮‧庶人喪儀上》改。
③ “五”,《朱子家禮》卷四《喪禮》作“二”。
④ “箱”,原作“厢”,據《朱子家禮》卷四《喪禮》改。

靈座

《家禮》:設椸于尸南,覆以帕,置椅桌,其前結白絹爲魂帛置椅上,設香爐、香合等物于桌子上。侍者朝夕設櫛頮奉養之具,皆如平生。蓋古者未作主之時,設重以主其神。今士人之家,目未嘗識重,用帛依神,亦古之遺意也。

銘旌

《家禮》:銘以絳,廣終幅,書曰某人之柩,隨其生時所稱,以竹爲杠,如其長。

小斂衣

宋制,斂衣一稱。

《家禮》:據死者所有之衣,隨宜用之,衾用複者絞,橫者三、縱者一,皆以細布。或綵一幅,而析其兩端,爲三橫者,取足以周身相結,縱者取足以掩首,至足而結于身中。

大斂衣

唐、宋制,陳衣三稱。

《家禮》:衣無常數,衾用有綿者。

棺

庶人之棺四寸。

《家禮》:擇木爲棺,油杉爲上,柏次之,土杉爲下。

服次

《家禮》：中門之外，擇朴陋之室爲丈夫喪次，斬衰，寢苫、枕塊，齊衰，寢席，婦人于中門之內別室，或居殯側。

明器

唐制，庶人明器十五事。

宋制，十事，下帳、笆、筲、罋之類皆具。

功布

庶人既無羽蘥之導，則用功布以御柩。

大轝

其制，見《品官篇》。庶人無引披牆翣之飾，則以衣覆棺而已。

《家禮》：許用竹爲格，以綵結之，上如攝蕉亭，施帷幔，四角垂流蘇。

誌石

宋制，九品以下無誌石。宋禮貴賤通用，以石二片，其一爲蓋，書曰某君某甫之墓，其一爲底，書其名諱、生卒、葬歲月，及父母妻女子孫名字，婦人其蓋書夫之姓名某君某甫妻某氏，其底敘年若干、適某氏，以石字面相向，鐵束而埋之。

灰隔

庶人無椁，則用灰隔。其法，穿壙既畢，先布炭末于壙底，築實，厚二三寸。然後布石灰、細沙、黄土拌匀者于其上，灰三分，二者各一可也。築實，厚二三尺。別用薄板爲灰隔，如椁之狀，内以瀝青塗之，厚三寸許，中取容。棺牆高于棺四寸許，置于灰上，乃于四旁旋下四物，亦以薄版隔之。炭末居外，三物居内，如底之厚。築之既實，則旋抽其版，近上復下炭灰等而築之，及牆之平而止，炭炭禦木根、辟水蟻，石灰得沙而實，得土而黏，歲久結爲全石矣。

墓壙

唐制，庶人墓地方七步，墳高四尺。

宋制，方一十八步，墳高六尺。

國朝，庶人塋地九步，穿心一十八步。

賵贈

《家禮》：初喪，親友之分厚者有賵，或錢，或帛。及至遣奠，其賵如初喪。

木主

制見前，陷中題某公諱某字某第幾神主，粉面隨其生時稱號書之，如處士、秀才、幾郎、幾公。

奠祭饌具

宋制，始死而奠脯、酒、醢，用吉器，小斂奠器以素醴、饌，隨宜。自是以至葬，其儀皆然。虞祔、卒哭、祥、禫，則清酌庶羞。

《家禮》：諸奠饌不過酒、果、脯、醢。朔月之奠，則魚、肉、麫、米食、羹飯。虞祭至禫，其饌具大概同。用羊則曰柔毛，用豕則曰剛鬣，不用牲則曰庶羞。蓋力能辦者，必當如儀。不然，則稱家隨宜。

祥禫冠服

制見前。

初終

疾病遷居正寢，清掃內外，分禱所祀。使人坐持手足，遺言則書之。屬纊，以俟絕氣。氣絕乃哭。廢床寢于地，乃易服。男子扱上衽，被髮，徒跣，婦人去冠，被髮，不徒跣，諸有服者皆去華飾，乃復。

侍者一人，以死者之上服嘗經衣者。左執領，右執腰，陞屋中霤，北面招之，三呼曰某人復畢，卷衣，降，覆尸上。

男女哭擗無數，乃立喪主。主婦護喪。司書、司貨護喪。命匠擇木爲棺。或已有棺，則不再治。訃告于親戚、朋友。執事者設幃及床，遷尸其上，南首，覆以衾，即床而奠。

奠訖，掌事者掘坎于屏處潔地，乃陳襲衣于堂東壁下，及飯含、沐浴之具。侍者以湯入，喪主以下皆出幃外，北面。侍者沐髮櫛之，晞以巾，撮爲髻，抗衾而浴，拭以巾，剪爪幷沐浴，餘水、巾、櫛棄于坎而埋之。

侍者設襲床于幃外，施薦席褥枕，先置深衣、大帶、袴、襪、汗衫之類于其上，遂舉以入。置浴床之西，遷尸其上，悉去病時衣及復衣，易以新衣。徙尸床置堂中間。

喪主以下就位而哭。喪主坐于床東，衆男子應服三年者坐其下，皆藉以藁，同姓期功以下各以服次，坐于其後，皆西向，南上。尊行以長幼坐于床東北壁下，南向，西上，藉以席薦。主婦、衆婦女坐于床西，藉以藁，同姓婦女以服爲次，坐于其後，皆東向，南上。尊行以長幼坐于床西北壁下，南面，東上，藉以席，薦妾、婢立于婦女之後。別設幃，以障内外。異姓之親丈夫坐于帷外之東，北面，西上，婦人坐于帷外之西，北面，東上，皆藉以席，以服爲行。無服者在後。若内喪，則同姓丈夫尊卑坐于帷外之東，北面，西上，異姓丈夫坐于帷外之西，北面，東上。

乃含。喪主哭盡哀。左袒，自前扱于腰之右，盥手，執錢箱以入。侍者一人插匙于米盌，執以從。置于尸西，以幠巾徹枕，覆面。喪主就尸東，由足而西，床上坐，東面舉巾，以匙抄米，實于尸口，併實以錢，侍者加幅巾、充耳，設幎目，納履，乃襲深衣、結大帶、設握手，覆以衾，置靈座，設魂帛，立銘旌。

諸子三日不食。期九月之喪，三不食。五月、三月之喪，再不食。

小斂

死之明日厥明，執事者陳小斂衣衾于堂東北壁下，設桌子于阼階東南，置奠饌及盃注于其上，巾之設盥盆、帨巾各二于饌東，設小斂床，施薦席褥于西階之西，鋪絞衾衣，舉之陞自西階，置于尸南，先布絞之橫者三于下，乃布縱者一于上，侍者盥手，舉尸，男女共扶助之，遷于床上，先去枕而舒絹，疊衣以藉其首，仍卷兩端以補兩肩，空處又卷衣，夾其兩脛，取其正方，然後以餘衣掩尸，左衽，不紐，裹之以衾，而未結其絞，未掩其面，蓋孝子猶欲見其面也。斂畢，覆以衾。

喪主、主婦憑尸哭擗，男子袒而括髮，齊衰以下袒而裂布以免，婦人亦用麻繩髽髻，乃遷尸床于堂中。執事者舉饌，陞自阼階，至靈座前，祝焚香，洗盞，斟酒，奠之。喪主以下哭盡哀乃代，哭不絕聲。

大斂

小斂之明日，執事者陳大斂衣衾、奠具，如小斂之儀。舉棺，入置于堂中，少西。侍者置衾于棺中，垂其裔于四外。侍者與子孫、婦女俱盥手，掩首，結絞，共舉尸，納于棺中，實生時所落髮齒及所剪爪于棺角，又揣其空缺處，卷衣塞之，務令充實。先掩足，次掩首，次掩左，次掩右，令棺中平滿。喪主、主婦憑哭盡哀，乃加蓋，下釘，覆柩以衣，設靈床于柩東，乃奠。喪主以下各歸喪次。

成服

大斂之明日厥明，五服之人各服其服入就位，然後朝哭、相弔，如儀。成服之日，喪主及兄弟始食粥，妻妾及期九月者疏食，水飲，不食菜果，大功以下異門者，各歸其家。

自是，每日晨起，喪主以下各服其服入就位，尊長坐哭，卑幼立哭，侍者設盥櫛之具于靈床側，奉魂帛出就靈座，然後朝奠。

執事者執饌，祝盥手，焚香，斟酒，喪主以下再拜，哭盡哀。食前上奠，至夕進夕奠。喪主以下奉魂帛入就靈床，哭盡哀。朝夕之間，哀至則哭。朔日之奠，如朝奠之儀。時物之薦，如上食之儀。

弔奠賻

凡來弔者，必素服，奠用香、茶、燭、酒、果，賻用錢、帛，先具刺通名，乃入。喪主哭以俟，護喪出迎賓。賓入，至廳事，進揖曰：“竊聞某人傾背，不勝驚怛，敢請入酹，併伸慰禮。”護喪引客入，至靈座前，哭盡哀，再拜，焚香，跪，酹茶、酒，俛伏，興。護喪止哭者。祝跪讀祭文，奠賻狀于賓之右畢，興。賓主皆哭盡哀。賓再拜。喪主哭，出西向，稽顙，再拜。賓亦哭，東向答拜，進曰：“不意凶變，某親奄棄色養，伏惟哀慕，何以堪處。”喪主對曰：“某罪逆深重，禍延某親。伏蒙奠酹，併賜臨慰，不勝哀感。”又再拜，賓答拜。又相向哭盡哀。賓寬譬。喪主曰：“修短有數，痛毒奈何。願抑孝思，俯從禮制。”乃揖而出。喪主哭而入。護喪者送至廳，事茶湯而退。喪主以下止哭。

擇地　祭后土

三月而葬，擇地之可葬者。土色光潤、草木茂盛之處，即為美地。又須慎五患，使他日不為道路，不為城郭，不為溝池，不為貴勢所奪，不為耕犂所及乃可。世人多徇俗，師陰陽之說，既擇年月日時，又擇山水形勢，以為子孫貧賤、富貴、壽夭、賢愚，盡繫于此。至有終身不葬，或累世不葬、棄捐不葬者，悖禮傷義，無過于此。

既得地，乃擇日開塋域、祠后土，南向設神位，設盞注、酒饌于其前，又設盥盆、帨巾于其東南。告者吉服入，立于神位之前，北向，執事者在其後，東上，皆再拜。告者與執事者皆盥、帨。執事者一人取酒注，西向跪，一人取盞，東向跪。告者斟酒，反注取盞，酹于神位前，俛伏，興，少退，立。祝執版立于告者之左，東向，跪讀曰："維某年歲月朔日辰，某敢告于后土氏之神。今爲某親營建宅兆，神其保佑，俾無後艱。謹以清酌脯醢，祗薦于神，尚享。"訖。復位。告者再拜，祝及執事者皆再拜，乃徹。遂穿壙，作灰隔，造明器，刻誌石，備大轝，作神主，以俟發引。

葬

發引前一日，執事者設饌，如朝奠。祝斟酒訖，北面跪告曰："今以吉辰遷柩，敢告。"俛伏，興。喪主以下哭盡哀，再拜，乃遷柩。役者入，婦人退避。喪主及衆兄弟斂杖立，視祝以箱奉魂帛，導柩前行。喪主以下從哭，男子由右，婦人由左，重服在前，輕服在後，服各爲敘，侍者在末，無服之親，男居男左，女居女右，皆次喪主、主婦之後，遂遷于廳事。執事者布席，役者置柩于席上，祝設靈座及奠于柩前，南向。喪主以下就位坐哭，藉以薦席，乃代哭，如小斂之前。親賓致奠賵者，其儀並如初喪時。

日晡時，設祖奠。祝斟酒訖，北面跪告曰："永遷之禮，靈辰不留。今奉柩車，式遵祖道。"俛伏，興。

厥明，轝夫納大轝于中庭。執事者徹祖奠。祝北面跪告曰："今遷柩就轝，敢告。"遂遷靈座置旁側，召役夫遷柩就轝。喪主從柩哭視載，婦人哭于帷中。載畢，祝帥執事者遷靈座于柩前，南向，乃設遣奠。奠畢，執事者徹奠。祝奉魂帛置靈車，別以厢盛主置帛後。婦人蓋頭出帷，降階立哭。守舍者哭辭盡哀，再拜。

柩行，明器、銘旌等前導，喪主以下男女哭步從，尊長次之，無服之親又次之，賓客又次之。塗中遇哀則哭。

未至墓，執事者先設靈幄在墓道西，南向，親賓次在靈幄前十數步，婦人幄在靈幄後壙西，明器等至，靈車至，祝奉魂帛就幄座，遂設奠而退。執事者先布席于壙內，柩至，脫載，至席上北首，執事者取銘旌，去杠，置其上。喪主男女各就位哭，賓客拜辭而歸，乃窆。

喪主兄弟輟哭臨視。喪主奉玄纁，置柩旁，再拜，稽顙，在位者皆哭盡哀。加灰隔，內外蓋實以灰，乃實土，而漸築之，祠后土于墓左，如前儀。藏明器，下誌石，復實以土，而堅築之，乃題主以生時，爲稱，爲號。題畢，祝奉置靈座，而藏魂帛于箱中，炷香，斟酒，執版出于喪主之右，跪讀之云："孤子某，母云哀子。敢昭告于某親府君曰，形歸窀穸，神返室堂，神主既成，伏惟尊靈，舍舊從新，是憑是依。"畢，復位。喪主再拜，哭盡哀，止。

祝奉神主，陞車。執事者徹靈座，遂行。喪主以下哭從，如來儀。留子弟一人監視實土，以至成墳。喪主以下奉靈車，在塗徐行哭。

至家，哭，奉神主入，置于靈座。喪主以下哭于廳事，遂詣靈座前，哭盡哀。有弔者，拜之如初。

期九月之喪者，可以飲酒、食肉，惟不與宴樂。小功以下、大功異居者，可以歸。

虞

葬之日，日中而虞。或墓遠，則但不出是日可也。柩既入壙，掌事者先歸，修虞事，具饌于堂東。既沐浴，喪主以下內外俱詣靈座所。喪主及諸子倚杖于室戶外,内外俱哭。掌饌者以饌入,設于靈座前,降出。贊者請喪主止哭,盥手,詣靈座前,以盞跪,奠酒,俛伏,興,西向立。内外哭止。祝進,立于靈座右,跪讀祝文曰:“維年月朔日辰,孤子某敢昭告于考某人之靈。日月遄返,奄及反虞。叩地號天,五情糜潰。謹以清酌庶羞,哀薦虞事,尚享。”祝興,喪主哭,再拜,退,復位。内外哭盡哀。喪主以下出杖,降自西階,就次。妻妾、女子子還別室。少頃,徹饌。祝取魂帛,帥執事者埋于屏處潔地,罷朝夕奠。遇柔日,再虞,遇剛日,三虞。

卒哭

三月而卒哭。其日夙興,掌事者具饌于堂東内外,各衰服。贊者引喪主以下,俱杖陞,立哭于靈座東,西向,南上,婦人陞詣靈座西,東面南上。内外俱就位哭。贊者陞自東階,入徹夕奠,出。執饌者以饌陞,設于靈座前。贊者引喪主降,盥手訖,進詣靈座前,以盞跪,奠酒,俛伏,興,少退,西面。祝入,立于靈座南,北面。内外哭止。跪讀祝文曰:“維某年某月某朔日辰,孤子某敢昭告于考某人,母曰哀子,妣曰姓某氏。日月不居,奄及卒哭。叩地號天,五情糜潰。謹以清酌庶羞,哀薦成事,尚享。”祝興,喪主再拜,哭。應拜者皆再拜,哭盡哀。喪主以下各還次。自卒哭後,朝一哭,夕一哭,乃諱名。喪主疏食,水飲,不食菜果,寢席,枕木。

祔

卒哭之明日,乃祔。其日夙興,執事者具器,陳饌。喪主以下入，哭于靈座前，乃詣祠堂，奉所祔祖考之主置于座内，執事者奉祖妣之主置于座，還，詣靈座所哭。祝奉新主以行。喪主以下哭從，如從柩之次。至祠堂門，止哭。祝出主，置于座。喪主以下各就位。贊者曰再拜，在位者皆再拜。掌饌者以饌陞，各陳于座前，設訖，降出。贊者引喪主盥手，酌酒，先詣祖考妣位前，祝辭云：“孝孫某，謹以清酌庶品，適于某祖之靈，隮祔孫某人之靈。”內喪則云：“適于某祖妣某氏，隮祔孫婦某人某氏。”次詣亡者位前，祝辭云：“薦祔事于先考之靈，適于某考之靈，尚享。”喪主再拜，興，降出。贊者引喪主詣諸座前，各再拜，乃復位。贊者曰再拜，在位者皆再拜。祝先納祖考妣神主于龕中匣之，次納亡者神主匣之，奉之反于靈座。喪主以下哭從，如來儀。

小祥

前期一日，喪主及諸子俱沐浴，具饌、陳器、設次，陳練服于所。

其日夙興，祝入，整拂几筵以出，內外衰服、喪主以下倚杖于階東，俱陞就位，哭盡哀。贊者引喪主杖就次，主婦以下各就次，乃陳練服。贊者引喪主倚杖如初，乃陞，內外俱陞就位哭。贊者引喪主盥手，奠酒。祝進，立于靈座右。內外止哭。祝讀祝文曰：“維年月朔日辰，孤子某敢告于考某人之靈。歲月驚迫，奄及小祥。攀慕永遠，重增屠裂。謹以清酌庶羞，祗薦祥事，尚享。”祝興，喪主哭，再拜，退，復位。內外哭盡哀。喪主以下出杖，降自西階，就次。妻妾、女子子還別室。自小祥之後，止朝夕哭。

大祥

前期一日,喪主及諸子俱沐浴、具饌、陳器,陳禫服于次,乃告遷于祠堂。告畢,改題神主而遞遷之,虛東一龕以俟。

厥明,祝先入,拂几筵,降出。内外于次哭盡哀。掌事者設饌于靈座前。内外俱就位。哭贊者引喪主盥手,奠酒。祝立于靈座右,跪讀祝文曰:"維年月朔日辰,孤子某敢告于考某人之靈。日月逾邁,奄及大祥。攀慕永遠,無任荒踣。謹以清酌庶羞,祗薦祥事,尚享。"祝興,喪主哭,再拜,退,復位。内外哭盡哀。祝奉神主,入于祠堂。喪主以下哭送。掌事者徹靈座,斷杖棄之屏處,始飲酒、食肉而復寢。

禫

大祥之後,間一月而禫,既卜日。

前期一日,喪主及諸子俱沐浴,設神位于靈座故處,乃陳器、具饌。

其日夙興,祝入,拂拭几筵,詣祠堂,出奉神主,置于座。喪主及諸子、妻妾、女子子,内外俱陞就位哭。贊者引喪主盥手,奠酒。祝立于神座右,止哭,跪讀祝文曰:"維年月朔日辰,孤子某敢告于考某人之靈。禫制有期,追遠無及。謹以清酌庶羞,祗薦禫事,尚享。"祝興,喪主哭,再拜,退,復位。内外俱哭盡哀。送神主還于祠堂。

奔喪　改葬

並同品官。

大明集禮卷三八

凶禮三

喪儀圖①

斬衰三年

正服

子爲父。

女在室爲父。_{已許嫁同。}

女嫁反在父室爲父。_{謂父喪期年内被出者。}

加服

嫡孫爲祖,後者爲祖。_{爲曾高後者亦同。}

父爲嫡子。

義服

婦爲舅。

爲人後者爲所後父。

妻爲夫。

妾爲主。

齊衰三年

正服

子爲母。

女在室爲母。<small>已許嫁同。</small>

女嫁反在室爲母。<small>謂母喪期年内被出者。</small>

加服

母爲長子。

爲祖後者祖卒爲祖母。<small>爲曾高後者亦同。</small>

義服

婦爲姑。

爲繼母。

爲慈母。<small>謂庶子無母，而父命他妾之無子者慈己。</small>

繼母爲長子。

妾爲主之長子。

爲人後者爲所後母。

齊衰杖期

正服

爲祖後者祖在爲祖母。<small>爲曾高後者亦同。</small>

降服

爲嫁母出母。<small>報服亦同。</small>

義服

父卒，嫡繼養慈母歸宗爲之服。若改嫁從者爲之服。_{報服}
亦同。

夫爲妻。

齊衰不杖期

正服

爲祖父母。_{父所生庶母亦同。}

爲伯叔父。

爲兄弟。

爲衆子男女。

爲兄弟之子。_{女在室同。}

爲姑姊妹女在室，及適人而無夫與子者，女在室者爲兄弟
姪。_{姪女在室同。}

婦人無夫與子者爲其弟兄姪。_{姪女及姊妹在室同。}

女爲祖父母。

妾爲其子。

加服

爲嫡孫若曾玄孫當爲後者。

女適人者爲兄弟之爲父後者。

降服

爲人後者爲其父母。_{報服亦同。}

女適人者爲其父母。

妾爲其父母。

庶子爲其母。

義服

爲伯叔母。

爲夫兄弟之子。男女同。

爲繼父同居。

妾爲嫡妻。

妾爲主之衆子。

舅姑爲嫡婦。

齊衰五月

正服

爲曾祖父母。

女爲曾祖父母。出嫁同。

齊衰三月

正服

爲高祖父母。

女爲高祖父母。

義服

爲繼父不同居。謂先同今異。

大功九月

殤中殤七月

正服

爲子之長殤、中殤。男女同。

爲叔父之長殤、中殤。

爲姑姊妹之長殤、中殤。

爲兄弟之長殤、中殤。

爲嫡孫之長殤、中殤。嫡曾玄孫同。

爲兄弟之子長殤、中殤。

義服

爲夫之兄弟之子長殤、中殤。男女同。

成人

正服

爲同堂兄弟。姊妹在室同。

爲衆孫。女在室同。

降服

爲女適人者。

爲姑姊妹適人者。

女適人爲兄弟姪。姑姊妹及姪女，在室同。

出母爲女。

爲人後者爲其兄弟。報服同。

女適人者爲伯叔父。報服同。

爲人後者爲其姑姊妹在堂者。報服同。

義服

爲夫之祖父母。

爲夫之伯叔父母。

爲兄弟子之婦。

爲夫兄弟子之婦。

夫爲人後者其妻爲本生舅姑。

爲衆子婦。

女適人者爲伯叔母。

小功五月

殤

正服

爲男女之下殤。

爲叔父姑姊妹兄弟之下殤。

爲嫡孫之下殤。

爲衆孫之長殤。男女同。

爲兄弟之子下殤。男女同。

爲同堂兄弟姊妹之長殤。

降服

爲人後者爲其姑姊妹兄弟之長殤。

出嫁姑爲姪之長殤。男女同。

義服

爲夫兄弟子之下殤。男女同。

爲夫之叔父之長殤。

成人

正服

爲伯叔祖父母。

爲兄弟之孫。

爲兄弟之孫女在室者。

爲同堂伯叔父母。

爲同堂兄弟之子。

爲同室兄弟之女在室者。

爲從祖姑姊妹之在室者。<small>報服亦同。</small>

爲從祖祖姑在室者。<small>報服同。</small>

爲再從兄弟。

爲外祖父母。

爲母之兄弟姊妹。<small>報服同。</small>

爲同母異父之兄弟姊妹。

降服

爲同堂姊妹適人者。<small>報服同。</small>

爲人後者爲其姑姊妹適人者。<small>報服同。</small>

爲孫女適人者。

義服

爲夫同堂兄弟之子。

爲夫兄弟之孫。

妯娌相爲服。

爲夫之姑姊妹在室者。<small>適人同報服如之。</small>

爲嫡母之父母兄弟姊妹。

爲庶母慈己者。

爲嫡孫之婦。

母出爲繼母之父母兄弟姊妹。

爲兄弟妻。報服亦同。

緦麻三月

殤

正服

爲從父兄弟姊妹之中殤、下殤。

爲衆孫之中殤、下殤。男女同。

爲從祖叔父之長殤。

爲舅姨之長殤。

爲從祖兄弟之長殤。

爲從父兄弟之子長殤。

爲兄弟之孫長殤。

爲從祖姑姊妹之長殤。

降服

爲人後者爲其兄弟之中殤、下殤。

出嫁姑爲姪之中殤、下殤。男女同。

爲人後者爲其姑姊妹之中殤、下殤。

爲人後者爲從父兄弟之長殤。

義服

爲夫之叔父之中殤、下殤。

爲夫之姑姊妹之長殤。

成人

正服

爲族兄弟。

爲族曾祖父母。

爲兄弟之曾孫。

爲族祖父母。

爲兄弟之曾孫女在室者。

爲外孫。<small>男女同。</small>

爲同堂兄弟之孫。<small>同堂兄弟之孫女在室同出嫁則無服。</small>

爲再從兄弟之子。<small>再從兄弟之女在室同出嫁則無服。</small>

爲曾孫玄孫。

爲從母兄弟姊妹。

爲姑之子。

爲舅之子。

爲族曾祖姑在室者。<small>報服同。</small>

爲族祖姑在室者。<small>報服同。</small>

爲族姑在室者。<small>報服同。</small>

降服

爲從祖姑姊妹適人者。<small>報服同。</small>

女適人者爲同堂伯叔父母。<small>報服同。</small>

庶子爲父後者爲其母。

爲從祖祖姑適人者。

爲人後者爲外祖父母。

爲兄弟之孫女適人者。<small>報服同。</small>

子爲父母、妻妾爲夫改葬，既葬除之。

義服

爲夫兄弟之曾孫。

爲夫同堂兄弟之孫。

爲夫再從兄弟之子。<small>男女同。</small>

爲衆孫之婦。

爲庶母。<small>謂父妾之有子者。</small>

爲乳母。

爲妻之父母。<small>報服同。</small>

爲夫之曾祖父母。

爲夫之從祖祖父母。

爲兄弟孫之婦。

爲夫兄弟孫之婦。

爲夫之從祖父母。

爲同堂兄弟子之婦。

爲甥之婦。

爲夫之外祖父母。

爲外孫婦。

爲同堂兄弟之妻。<small>報服同。</small>

爲夫之舅姨。

爲夫同堂兄弟子之婦。

爲夫之從父兄弟之妻。

爲夫之從姊妹在室及適人者。

爲姊妹之子之婦。

本宗五服

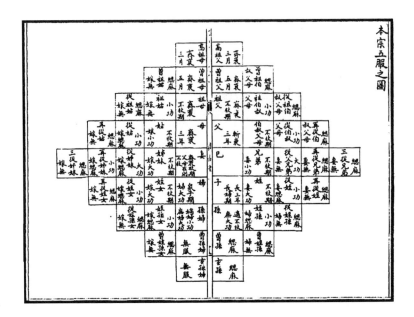

三父八母服制

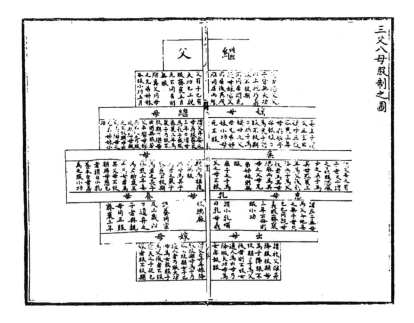

妻爲夫黨服

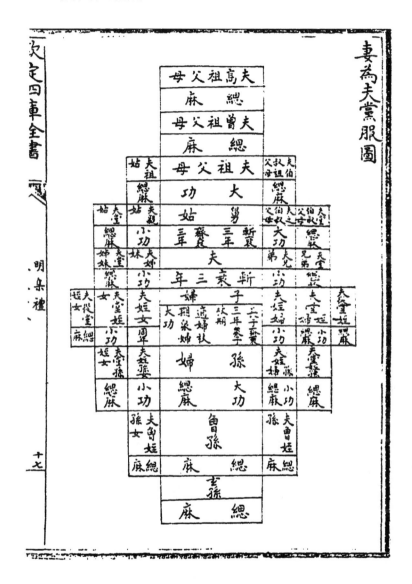

外族母黨妻黨服

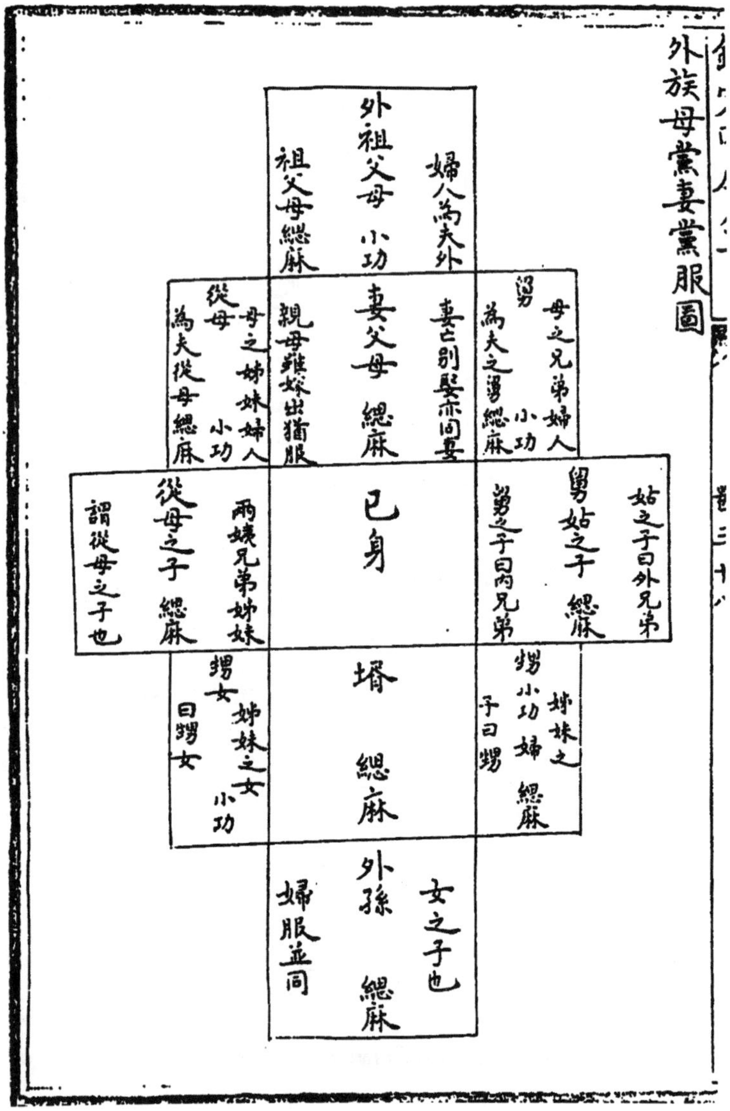
外族母黨妻黨服圖
外祖父母 小功
婦人為夫外祖父母緦麻
妻父母 緦麻
妻亡別娶亦同妻
親母雖嫁出猶服
舅
母之兄弟婦人 小功
為夫之舅緦麻
從母
母之姊妹婦人 小功
為夫從母緦麻
己身
舅姑之子 緦麻
姑之子曰外兄弟
舅之子曰內兄弟
從母之子 緦麻
兩姨兄弟姊妹
謂從母之子也
壻 緦麻
甥
姊妹之子曰甥
小功 婦 緦麻
甥女
姊妹之女 小功
曰甥女
外孫 緦麻
女之子也
婦服並同

襲含哭位

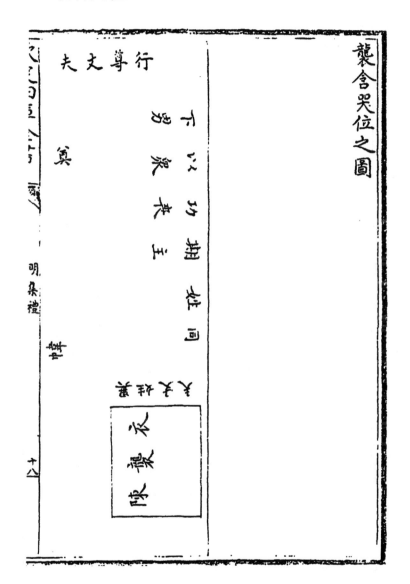

小斂

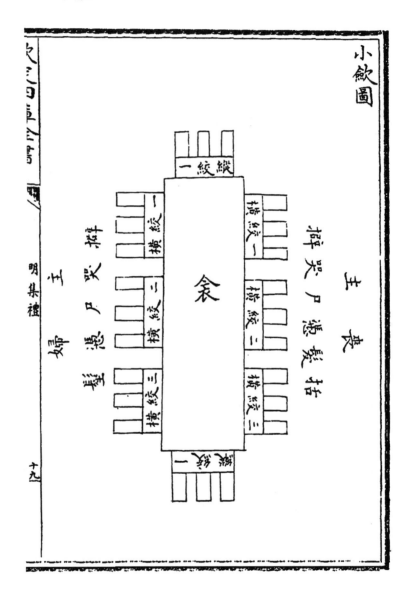

大斂

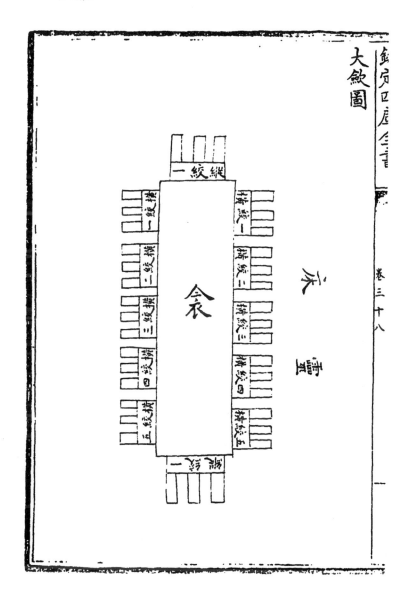

喪服

斬衰,斬,不緝也,衣裳皆用極麤生布,旁及下際,皆不緝也。

裳前三幅,後四幅,縫内向,前後不連,每幅作三䙓,䙓,謂屈其兩邊相著,而空其中也。衣長過腰,足以掩裳上際,縫外向,背有負板,用布方尺八寸,綴于領下垂之,前當心有衰,用布長六寸,廣四寸,綴于左衿之前,左右有辟領,各用布方八寸,屈其兩端相著,爲廣四寸,綴于領下,在負板兩旁,各攬負板一寸,兩腋下有袵,各用布三尺五寸,上下各留一尺,正方一尺之外,上於左旁裁入六寸,下於右旁裁入六寸,便於盡處相望斜裁,却以兩方左右相沓,綴于衣兩旁,垂之向下,狀如燕尾,以掩裳旁際。

齊衰之制,並如斬衰,但用次等麤生布,緝其旁及下際。

杖期服制同齊衰,又用次等生布。

不杖期又用次等生布。

大功用稍麤熟布,無負板、辟領。

小功用稍熟細布。

緦麻用極細熟布。

婦人斬衰服用極麤生布,爲大袖、長裙、蓋頭,皆不緝。布頭帬,竹釵,麻屨。

齊衰服同,但用次等布爲異。

衰衣

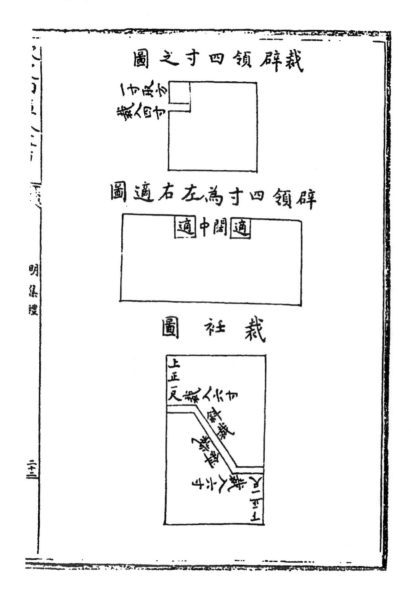

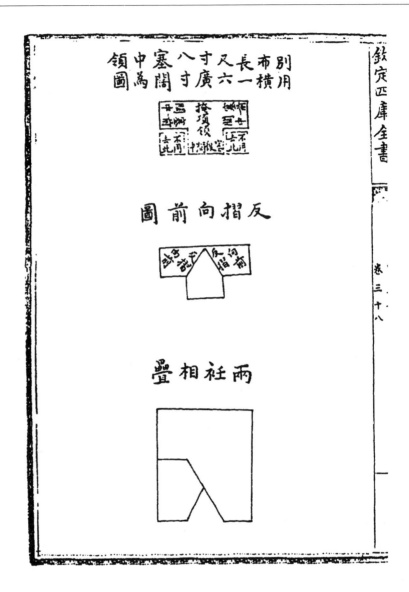

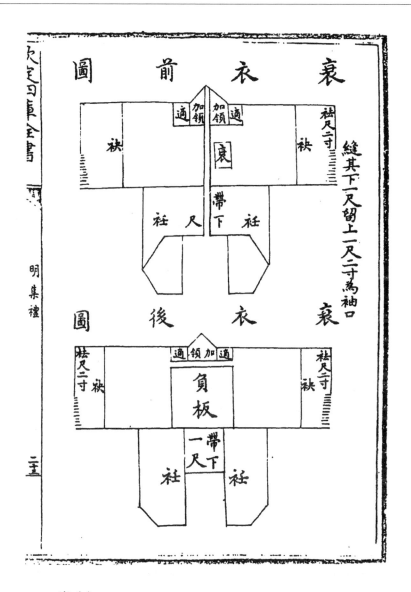

裳制

後四幅,前三幅。

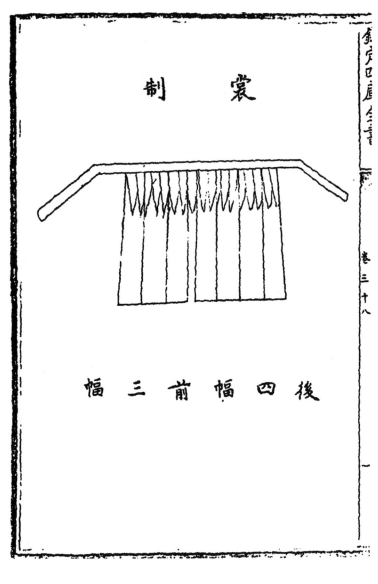

斬衰冠

　　冠比衣裳用布稍細，紙糊爲材，廣三寸，長足跨頂，前後裹以布爲三輒，皆向右縱縫之，用麻繩一條，從額上約之，至頂後，交過前，各至耳結之，以爲武。屈冠兩頭入武內，向外反屈之，縫于武。武之餘繩垂下爲纓,結于頤下。

齊衰冠

齊衰冠並如上制,以布爲武及纓。

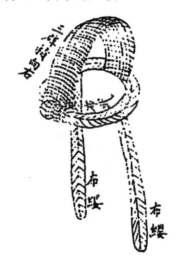

大功冠

並同齊衰。

小功冠

三辟積向左,餘與齊衰同。

緦麻冠

澡纓、辟積同小功,餘與齊衰同。

斬衰首経 腰絰絞帶

斬衰首絰,以有子麻爲之,其圍九寸。麻本在左,從額前向右圍之,從頂過後,以其末加于本上,又以繩爲纓以固之,如冠之制。腰絰大七寸有餘,兩股相交,兩頭結之,各存麻本,散垂三尺,其交結處,兩旁各綴細繩繫之。

絞帶用有子麻繩一條,大半腰絰,中屈之爲兩股,各一尺餘,乃合之。其大如絰圍腰,從本過後至前,乃以其右端穿兩股間,而反插于右,在絰之下。

斬衰至大功初皆散垂,至成服乃絞,小功以下結本不散垂。

齊衰首絰_{腰絰絞帶}

齊衰首絰，以無子麻爲之，大七寸餘，本在右，末繫在下，布
纓，腰絰大五寸。餘帶以布爲之，而屈其右端尺餘。

大功首絰，五寸餘，腰絰四寸餘。

小功首絰，四寸餘，腰絰三寸餘。

緦麻首絰，三寸腰，絰二寸，用熟麻。

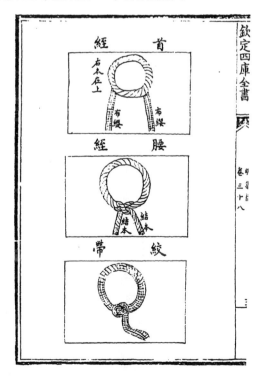

杖

斬衰苴杖，竹也。爲父杖竹者，父者子之天，竹圓亦象天，竹又外内有節，象子爲父亦有外内之痛。又竹能貫四時而不改[①]，子之哀痛亦經寒温而不改也。

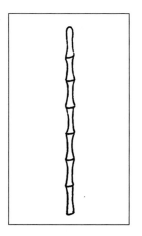

齊衰削仗，桐也。桐之言同，心内同之于父[②]，外無節，象家無二尊，屈于父爲之。齊衰經時而有變，又削之使方，象地也。

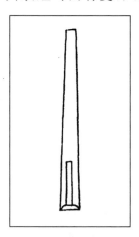

---

① “又”，嘉靖本無。
② “内”，原無，據楊復《儀禮圖》卷一一補。

仗各齊其心,本在下。

屨

菅屨,斬衰屨。菅,草也。

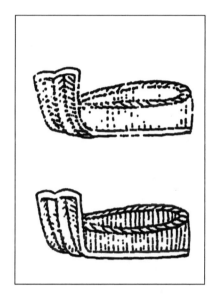

疏屨,齊衰屨。疏者,藨蒯之菲。藨,草名。蒯,亦草之類。

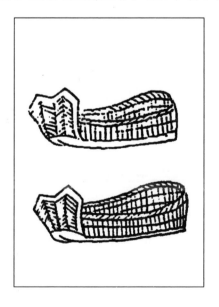

幎目 覆面帛

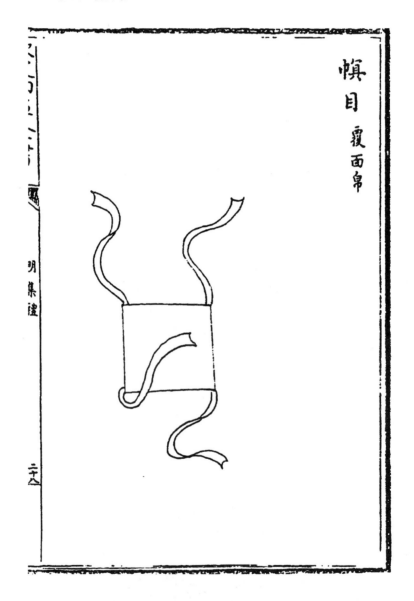

握手

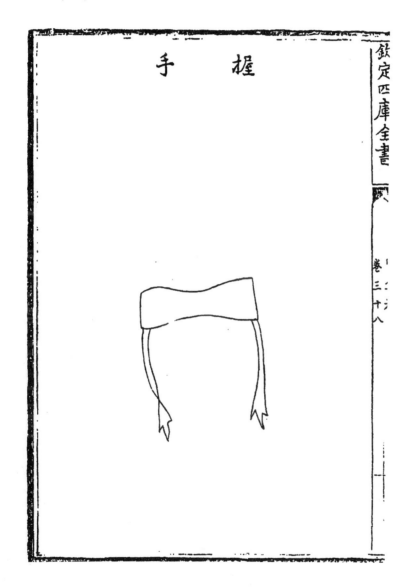

含具　飯珠

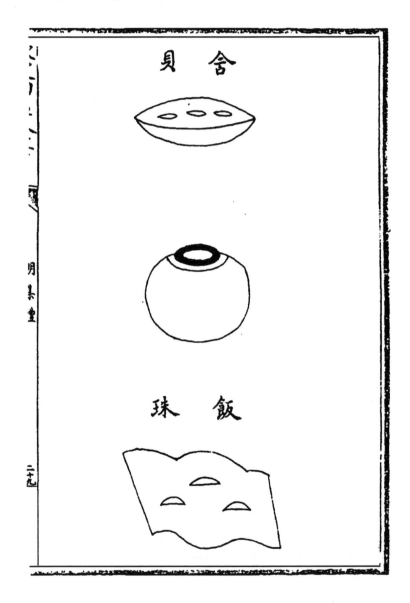

衮 衿

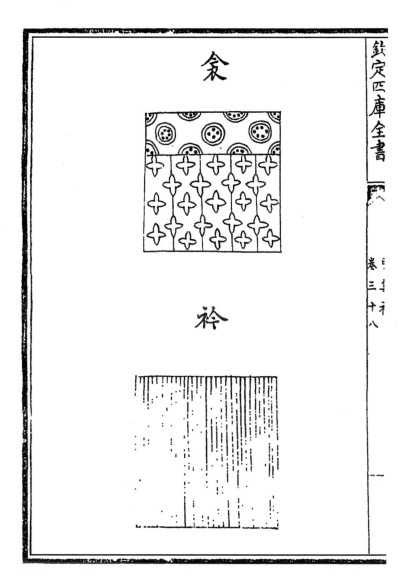

明衣裳

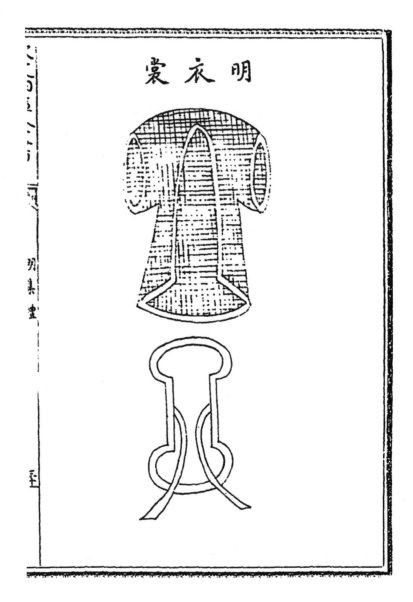

銘旌

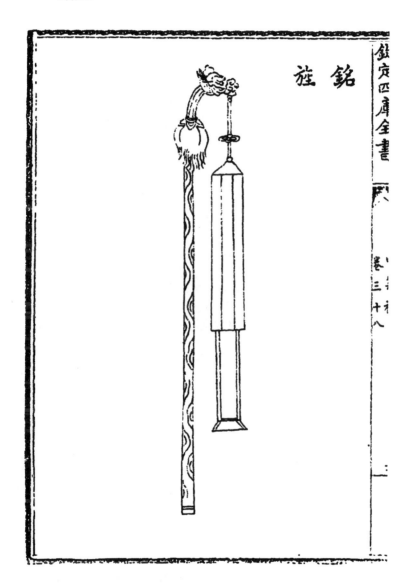

苞 筥 甕

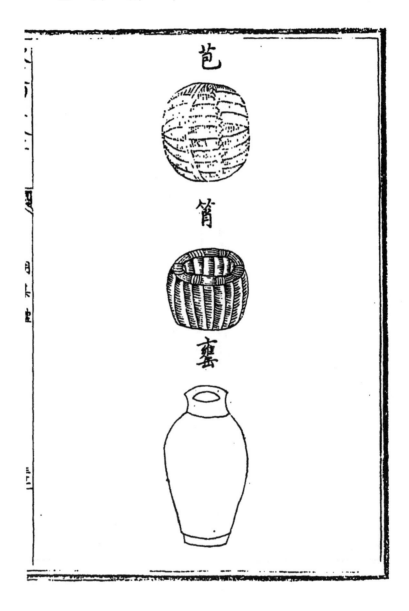

方相

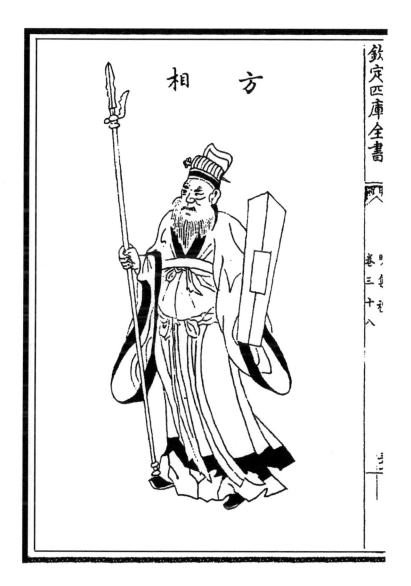

纛

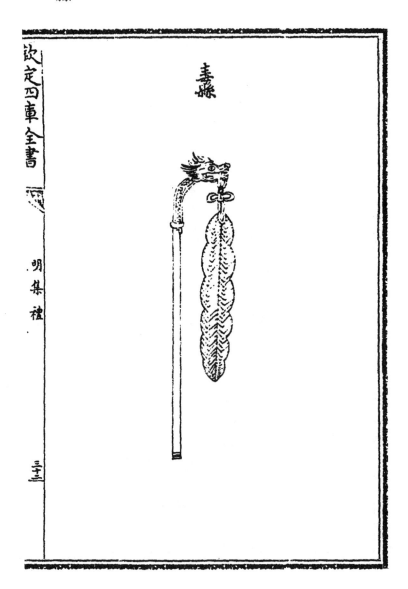

功布

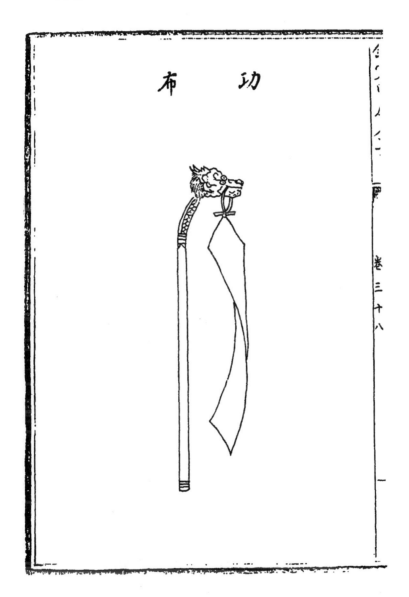

竹格

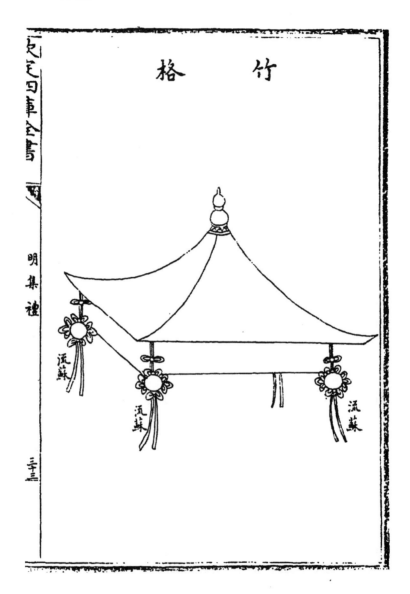

翟

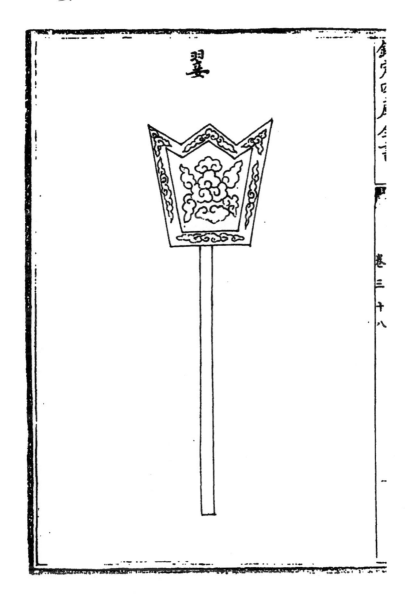

大鞏已上俱圖

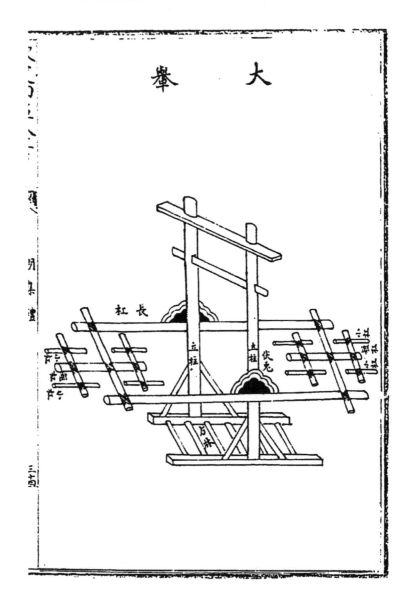

大明集禮卷三九

冠服

總敘

《傳》曰："冠，首服也。"首服既加，然後人道備，故君子重之。

戰國以來，人自爲禮，家自爲俗，豈知古之司服有制哉。

天子之服，章十有二：日、月、星辰在天，成象者也；山、龍、華蟲、宗彝、藻、火、粉米、黼、黻在地，成形者也。十二章備者，則天數也。公之服，自袞冕而下，如王之服。侯、伯之服，自鷩冕而下，如公之服。子、男、侯、伯、孤、大夫、士，其降各有差。王侯、公卿袞衣，祭服。

后之六服，三夫人、九嬪、世婦、女御、侯伯子男夫人、諸侯大夫之妻，見于《三禮圖》而行于古，今者不可廢也。

庶民冠服其變也，則隨時王之制，于是著《冠服篇》。

乘輿冠服

黃帝始作冕，垂旒，充纊，衣玄而裳黃。

有虞氏乃有十二章之服，故《尚書》云："予欲觀古人之象，日、月、星辰、山、龍、華蟲、宗彝作繪，藻、火、粉米、黼、黻，絺繡。"
六章畫于衣，六章繡于裳。

周制，《弁師》："掌王之五冕。"《司服》："掌王之六服。"冕亦有六而曰五者,以大裘冕與衮冕同一冕制,但無旒耳。

祭昊天上帝,則服大裘冕,大裘,用黑羊皮,象天色也;玄冕,無旒,朱裏,延,紐。祭五帝亦如之。

饗先王則服衮冕。冕十二旒,每旒十二玉,繅玉皆五采,玄衣纁裳,龍、山、華蟲、火、宗彝畫于衣,藻、粉米、黼、黻繡于裳,凡九章。衮,卷也,以畫卷龍爲首,故曰衮冕。

饗先公則服鷩冕。冕九旒,旒十二玉,繅玉皆五采,玄衣纁裳,華蟲以下七章,三章在衣,四章在裳,以畫鷩雉爲首,故曰鷩冕。

祀四望則服毳冕。冕七旒,旒十二玉,繅玉皆五采,玄衣纁裳,宗彝以下五章,三章在衣,二章在裳,以畫虎蜼爲首,故曰毳冕。

祭社稷五祀則絺冕。冕五旒,旒十二玉,繅玉皆五采,玄衣纁裳,粉米以下三章,一章在衣,二章在裳,皆繡而無畫,故曰絺冕。

祭群小祀則玄冕。冕三旒,旒十二玉,繅玉皆五采,玄衣纁裳,繡黻一章在裳,以衣無章,故曰玄冕。

凡兵事則韋弁服。以韎韋爲弁,又以爲衣。

眂內外朝則皮弁服。弁會五采,玉璂,象邸,玉笄,以十二升布爲衣,積素以爲裳。

田獵則冠弁。弁,委貌也。其服緇布衣,亦積素爲裳。

凶事則服弁服。喪冠也,其服斬衰、齊衰。

弔事則服弁絰服。如爵弁而素,加環絰。

燕居則服玄端。玄衣、朱裳。

秦滅禮學,郊社服用皆以袀玄,冕旒前後邃延。

漢高祖制長冠以入宗廟,至光武始祀天地明堂,皆冠旒冕,玄衣纁裳。明帝永平中,始備文十二章刺繡文,其常服則用通天冠。高九寸,犀簪導。

魏氏多因漢法,其所損益之制無聞。

晉制，祀天、宗明堂以大冕，玄衣、黃裳。祀太廟、正旦、大朝會諸侯以法冕，玄衣、絳裳。小會、宴享、送諸侯、臨軒、會王公以飾冕，紫衣、紅裳。征伐、講武、校獵以繡冕，朱衣、朱裳。耕稼、饗國子以絋冕，青衣、青裳。聽政以通天冠。朱紗袍。

齊因其制，郊廟則用平天冠服。舊袞服用織成，明帝以織太重，乃綵畫爲之，加金飾銀薄。

臨朝則用通天冠、絳紗袍、皂緣中衣。

拜陵則服黑介幘。

舉哀、臨喪則服白帢單衣。

梁因制平天冠。衣畫，裳繡，十二章。素帶，朱裏，以朱緣褌飾其側，更名赤皮。韍爲韠，餘同舊制。

其朝服則通天冠服，絳紗袍，皂緣中衣，黑舄。

其釋奠先聖則皂紗袍，絳緣中衣，絳袴襪，黑舄。

拜陵則菱布單衣。

陳因梁制，務從節儉，應用織成及繡者，並用采畫。

後周設司服之官，掌皇帝十二服，祀昊天上帝則用蒼衣，五方上帝則各隨方色，朝日則用青衣，祭皇地祇則用黃衣，夕月則用素衣，神州社稷則用玄衣，享先皇、加元服、納后、朝諸侯則用十二章，享諸先帝、食三老五更、耕籍田則用自龍以下九章，祀星辰、視朝、大饗群臣則用八章，群祀、臨太學、入道法門、燕射、養庶老、適諸侯家則用七章，巡兵、即兵則以韎韋爲衣裳，田獵則皮弁、白布衣、素裳。

隋制，袞冕服，祭祀天地及感生帝、明堂、五郊、雩、臘、封禪、朝日、夕月、宗廟、社稷、籍田、廟、遣上將、征還飲至、加元服、納后、正旦受朝及臨軒拜王公則服之。冕垂白珠十二旒，以組爲纓，色如其綬,鉒纊充耳,玉笄,服玄衣纁裳,山、龍、華蟲、宗彝、火五章在衣,藻、粉米、黼、黻四章在裳,衣重宗彝,裳重黼、黻,爲十二等衣,褾領織成升龍。白紗內單,黼領,青褾襈裾,革帶,玉鈎䙅,大帶、素帶朱裏,紕其外,上以朱,下以綠。韍隨裳色,龍、火、山三章。鹿盧玉具劍,火珠鏢首。白玉雙佩,玄組。雙大綬六采,玄、黃、赤、白縹綠純,玄質,長二丈四尺,五百首,廣一尺。小雙綬,長二尺六寸,色同大綬而首半之,間施三玉環。朱襪,赤舄,舄加金飾。

通天冠,朔日受群臣朝及凡正旦大會、冬至大會、諸祭祀還則服之。冠加金博山,附蟬,十二首,施珠翠,黑介幘,玉簪導。絳紗袍,深衣製,白紗內單,皁領,褾襈裾,絳紗蔽膝,白假帶,方心曲領,其革帶、劍、佩、綬、舄與上同。若未加元服則雙童髻,空頂黑介幘,雙玉導,加寶飾。

武弁服,凡講武、出征、蒐狩、大射、禡、類、宜社、賞祖、罰社、纂嚴則服之。金附蟬,平巾幘。

黑介幘服,凡拜陵則服之。白紗單衣、烏皮履。

白紗帽服,凡視朝聽訟及宴見賓客則服之。白練裙襦、烏皮履。

白帢服,凡舉哀則服之。白紗單衣、烏皮履。

其宴私,則著白高帽。

其朔日受朝,則服皮弁。用漆烏紗,前後兩傍如蓮葉,四面空處,又安拳花,頂上當縫安金梁,梁上加真珠十二,犀簪導。

其常聽朝,則服赭黃袍。文綾爲之,烏紗折上巾,六合靴。

唐制十有四等。

大裘冕者,祀天地之服也。廣八寸,長一尺二寸,以板爲之,黑表纁裏,無旒,金飾玉簪導,組帶爲纓,色如其綬,鉒纊充耳。大裘,繒表,黑羔表爲緣,纁裏,黑領,褾襈緣,朱裳,白紗中單,皁領,青褾襈裾,朱襪,赤舄,鹿盧玉具劍,火珠鏢首,白玉雙珮,黑組,大雙綬,黑質,黑、黃、赤、白縹綠爲純,以備天地四方之色,廣一尺,長二丈四尺,五百首,紛廣二寸四分,長六尺四寸,色如綬,又有小雙綬,長二尺六寸,色如大綬,而首半之,間施三玉環,革帶以白皮爲之,以屬佩綬、印章、鞶囊,亦曰革帶,博三寸半,如金鑷,玉鈎䙅,大帶以素爲之,以朱爲裏,在腰及垂,皆有裨,上以朱錦,貴正色也，下以綠錦，賤間色也，博四寸。鈕約，貴賤皆用青組，博三寸。韠，以繒爲之，隨裳也，上廣一尺以象天數，下廣二尺以象地數，長三尺，朱質，畫龍、火、山三章以象三才，其頸五寸，兩角有肩，廣二寸，以屬革帶。

衮冕者，踐祚、享廟、征還、遣將、飲至、加元服、納后、元日受朝賀、臨軒册拜王公之服也。廣一尺二寸，長二尺四寸，金飾玉簪導，垂白珠十二旒，朱絲組帶爲纓，色如綬。深青衣，纁裳，十二章，日、月、星辰、山、龍、華蟲、火、宗彝八章在衣，藻、粉米、黼、黻四章在裳，衣畫裳繡，以象天地之色也。自山龍以下每章一行爲等，每行十二。衣襈領畫以升龍。白紗中單，黻領，青褾襈裾。韍繡龍山火三章。舄加金飾。

鷩冕者，有事遠主之服也。八旒七章，華蟲、火、宗彝三章在衣①，藻、粉米、黼、黻在裳。毳冕者，祭海嶽之服也。七旒五章，宗彝、藻、粉米在衣，黼、黻在裳。

絺冕者，祭社稷、饗先農之服也。六旒三章，絺、粉米在衣，黼、黻在裳。

玄冕者，蜡祭百神、朝日夕月之服也。五旒，裳刺黼一章。自衮冕以下其制一也，簪導、劍、佩綬皆同。

通天冠者，冬至受朝賀、祭還、燕群臣、養老之服也。二十四梁，附蟬十二首，施朱翠，金博山，黑介幘，組纓，翠玉犀簪導。絳紗袍，朱裏，紅羅裳，白紗中單，朱領褾襈裾，白裙襦，絳紗蔽膝，白羅方心曲領，白襪，黑舄，白假帶，其制，垂二條帛以變祭服之大帶。天子未加元服，以空頂黑介幘，雙童髻，雙玉導加寶飾。

緇布冠者，始冠之服也。五梁。武弁者，講武、出征、蒐狩、大射、禡、類、宜社、賞祖、罰社、纂嚴之服也。有金附蟬，平巾幘。

弁服者，朔日受朝之服也。以鹿皮爲之，有襻以持髮，十有二琪，玉簪導，絳紗衣，素裳，白玉雙佩，革帶之後有鞶囊，以盛小雙綬，白襪，烏皮履。

---

① "三"，原作"四"，據《新唐書》卷一四《車服》改。

黑介幘者，拜陵之服也。無飾，白紗單衣，白裙襦，革帶，素襪，烏皮履。

白紗帽者，視朝聽訟、宴見賓客之服也。以烏紗爲之。白裙襦，白襪，烏皮履。

平巾幘者，乘馬之服也。金飾玉簪導，冠支以玉，紫褶白袴，玉具裝珠寶鈿帶，有鞾。

白帢者，臨喪之服也。白紗單衣，烏皮履。

宋天子之服有七。

大裘冕者，祀天之服也。太祖開寶初，服大裘祀天，以黑羔皮爲之，其冕無旒。神宗元豐中，用陸佃議，冬祭則用裘而加衮冕十二旒，夏祭則去裘而服衮冕。哲宗時，用何洵直議，以黑繒制裘，領袖用羔皮，而以衮爲齋服。中興以後，亦用黑繒制裘，而以衮襲之冕，亦十有二旒。

衮冕者，祭天地、宗廟、受册尊號、元日受朝、册拜之服也。冕廣一尺二寸，長二尺四寸，前後垂白珠十有二旒，以組爲纓，色如其綬，黈廣充耳，玉簪導。玄衣纁裳十二章，八章在衣，日、月、星辰、山、龍、華蟲、火、宗彝，四章在裳，藻、粉米、黼、黻，衣褾領爲升龍，皆織就爲之。山龍以下每章一行，重以爲等，每行十二。白紗中單，黼領，青褾襈裾。蔽膝加龍、山、火三章。革帶，玉鈎艓。大帶，素帶朱裏，紕其外，上朱，下緑，紐約用組。鹿盧玉具劍，大珠鏢首。白玉雙佩，玄組。雙大綬，六采，玄、黄、赤、白縹緑純，玄質，長二丈四尺五寸，首廣一尺。小雙綬，長二尺六寸，色同大綬而首半之，間施三玉環。朱襪，赤舄加金飾。

通天冠者，正旦宴會、冬至朝賀、五月朔視朝、大祭祀致齋、親耕籍田之服也。冠二十四梁，犀簪導，紅絲組帶，金鈒花鈿以珠寶，施博山附蟬。絳紗袍以紅金條紗織成，龍文紅裏，皂褾襈裾。白羅中單。紅羅蔽膝，紅羅裏，織文與袍同。紅羅裙，紅紗裏。白羅方心曲領，餘同冕服之制。

履袍者，四孟朝獻景靈宫、郊祀明堂詣宫宿廟、進胙上壽兩宫及端門肆赦之服也。袍以絳羅爲之。折上巾。通犀金玉帶。繫履則曰履服，靴則曰靴袍，皆用黑革。

衫袍者，大宴及常朝之服也。大宴服赭黄袍衫，玉裝紅束帶，皂紋靴。

常朝服赭黃淡黃襆袍,紅衫袍,皆皂紗折上巾,通犀金玉環帶。

窄袍者,便坐視事之服也。巾帶如衫袍,或御烏紗帽。

御閱服,者大閱之服也。以金裝甲,乘馬。

其後殿早講則服帽子,紅袍,玉束帶;晚講則服頭巾,背子。此嘉定講筵之制。

其圭、笏之制,則宋初大祭祀、大朝會皆執玉。至元豐,禮官議云:"《周禮》,王執鎮圭。釋者謂祭天地、宗廟及朝日、夕月則執之。若朝覲,諸侯授玉于王,王受玉撫玉而已。《考工記》,天子執冒四寸以朝諸侯。蓋天子以冒圭斜刻之處,冒諸侯之圭,以齊瑞信也。未有臨臣子而執鎮圭者。《唐六典》,殿中監掌服御之事,凡大祭祀則搢大圭,執鎮圭,大朝會不言執圭。請自今親祠郊廟,搢大圭,執鎮圭。奉祀之時,既接神再拜,則奠鎮圭爲贄,執大圭爲笏。"從之。元祐制,鎮圭、大圭皆長一尺二寸,博三寸。中興仍舊制,大祭祀執大圭以爲笏,上太上皇、皇太后冊寶亦如之。

元制,祀天則服大裘而加袞。其冕無旒。

正旦、聖節朝賀以常服,不被袞冕,惟祀宗廟則服之。其制,冕以漆紗,上覆曰綖,青表朱裏,綖之四周匝以雲龍,冠之口圍以真珠,綖之前後旒各十二,以真珠爲之,綖之左右繫黈纊二,繫以玄紞,承以玉瑱,纊色黃,絡以珠,冠之周圍,珠雲龍網結,通翠柳調珠,綖上橫天河帶一,左右至地,珠鈿窠網,結翠柳,朱絲組二屬諸笄爲纓,絡以翠柳調珠,簪以玉爲之,橫貫于冠。服以青羅,飾以生色銷金,帝星、日、月、山、龍、華蟲、火、虎蜼。裳以緋羅,飾以文繡藻、粉米、黼、黻。白紗中單。緋羅蔽膝。白玉雙佩。緋白羅大帶。納石失綬,上有三小玉環,下有青絲網。紅羅高勒鞾,紅綾襪,納石失履。

內庭大宴則服質孫。質孫者,漢言一色服也。

冬之服凡十有一等。服納石失怯綿里。納石失者,金錦也。怯綿里者,剪茸也。則冠金錦暖帽。服大紅、桃紅、紫、藍、緑寶里，則冠七寶重頂冠。寶里者，服之有襯者也。服紅黄粉皮，則冠紅金答子暖帽。服皮，則冠白金答子暖帽。服銀鼠，則冠銀鼠暖帽。其上並加銀鼠比肩。比肩者，俗稱曰襻子答護。

夏之服凡十有五等。服答納都納石失，則冠寶頂金鳳鈸笠，都納石失者，綴大珠于金錦。服速不都納石失，則冠珠子捲雲冠，都納石失者，綴小珠于金飾。服納石失，則帽亦如之。服大紅珠寶里紅毯子答納，則冠珠緣邊鈸笠；白毛子金絲寶里，則冠白藤寶貝帽。服馳褐毛子，則帽亦如之。服大紅、緑、藍、銀褐、棗褐金繡龍五色羅，則冠金鳳頂笠。各隨其服之色。服金龍青羅，則冠金鳳頂漆紗冠。服珠子褐七寶珠龍答子，則冠黄牙忽寶貝珠子帶，後簷帽。服青速夫金絲闌子，則冠七寶漆紗帶，後簷帽。速夫者，回民毛布之精者也。

其常服則服本俗衣冠。

國朝，祀天不用大裘，但服袞冕，其祭天地、宗廟、社稷、先農及正旦、冬至、聖節、朝會、冊拜皆服袞冕，玄衣、纁裳。

其制，冕板廣一尺二寸，長二尺四寸，冠上有覆，玄表朱裏，前後各十有二旒，每旒五采玉珠十二，黈纊充耳[①]，玉簪導，朱纓，圭長一尺二寸[②]。衣六章，畫日、月、星辰、山、龍、華蟲。裳六章，繡宗彝、藻、火、粉米、黼、黻。中單以素紗爲之。紅羅蔽膝，上廣一尺，下廣二尺，長三尺，繡龍、火、山三章。革帶，佩玉，長三尺三寸。大帶，素表朱裏，兩邊用緣，上以朱錦，下以綠錦。大綬六采，黄、白、赤、玄、縹、綠，純玄質，五百首。小綬三色同大綬，間施三玉環。朱襪赤舄。

其郊廟省牲、皇太子諸王冠、婚禮、醮戒之類，則服通天冠、絳紗袍，冠加金博山，附蟬十二，首施朱翠，黑介幘，組纓，玉簪導。絳紗袍，深衣制：白紗内單，皂領、褾、襈、裾，絳紗蔽膝，白假

---

① “黈纊充耳”，原缺，據《明太祖實錄》卷三六下補。

② “圭長一尺二寸”，原缺，據《明太祖實錄》卷三六下補。

帶,方心曲領,白襪,赤舄。其革帶佩綬,與袞衣同①。

朔望視朝、降詔、降香、進表、四夷朝貢、朝覲則服皮弁。其制,用烏紗帽之前後②,各十二縫,每縫中綴五采玉十二以爲飾,玉簪導③,紅組纓。其服絳紗衣,及蔽膝隨衣色。白玉佩,革帶,玉鈎䚢。緋白大帶。白襪黑舄。

其常服,則烏紗折角向上巾,盤領窄袖袍,束帶間用金、玉、琥珀、透犀。

皇太子冠服

《周禮》有王世子之服,而不載其制。

漢皇太子服玄冠、絳衣。

魏服五時朝服。

晉服遠游冠,介幘,翠綏,綴以白珠,珮瑜玉,垂組。朱衣,絳紗襮,皂緣,白紗中單,白曲領。帶劍,火珠素首。革帶,玉鈎䚢,獸頭鞶囊。至明帝泰始六年,始服袞冕九章朝賀。儀曹郎邱仲起議,按《周禮》,上公尚得服袞冕。況皇太子以儲副之尊,宜服袞冕九章,正冬朝賀。

梁助祭則服袞冕九章,朝會則朱衣絳紗袍。

隋皇太子從皇帝祭祀、謁廟、加元服、納妃則服袞服。玄衣,纁裳,衣山、龍、華蟲、火、宗彝五章,裳藻、粉米、黼、黻四章,織成爲之。白紗內單,黼領,青褾襈裾。革帶,金鈎䚢。大帶,素表朱裏,赤紕以朱緣。韍隨裳色,火、山二章。玉具劍,火珠鏢首。瑜玉雙珮,朱組纓。大綬四綵,赤白縹紺,純朱質,長丈八尺,三

---

① "郊廟省牲皇太子諸王冠婚禮醮戒之類則服通天冠絳紗袍冠加金博山附蟬十二首施朱翠黑介幘組纓玉簪導絳紗袍深衣制白紗內單皂領褾襈裾絳紗蔽膝白假帶方心曲領白襪赤舄其革帶佩綬與袞衣同",原缺,據《明太祖實錄》卷三六下補。

② "帽",原作"冒",據《明太祖實錄》卷三六下改。

③ "導",原缺,據《明太祖實錄》卷三六下補。

百二十首，廣九寸。小雙組長二尺六寸，色同大綬而首半之，間施二玉環。朱襪赤舄，以金飾。

謁廟、還宮、元日、朔日、入廟、釋奠則服遠游冠、絳紗袍。白紗內單，皂領襈襈裾。白假帶、方心曲領、絳紗蔽膝，襪舄、革帶、劍、珮、綬與上同。

五日常朝則服常服、遠游冠。絳紗單衣，革帶，金鈎䚢，假帶，方心，組長六尺四寸，廣二寸四分，色同其綬，金縷鞶囊，襪履。

唐皇太子之服有六。

衮冕者，從祀、謁廟、加元服、納妃之服也。白珠九旒，紅絲組爲纓，犀簪導，青纊充耳。黑衣，纁裳，凡九章、龍、山、華蟲、火、宗彝在衣，藻、粉米、黼、黻在裳。白紗中單，黼領，青襈裾。革帶，金鈎䚢。大帶，瑜玉雙珮，朱組。雙大綬，朱質，赤白縹紺爲純，長一丈八尺，廣九寸，三百二十首。黻隨裳色，有火、山二章。白襪赤舄，朱履，加金塗銀鈿飾。鹿盧玉具劍，如天子。

遠游冠者，謁廟、還宮、元日朔日入朝、釋奠、五日常服、元日、冬至受朝之服也。其制有具服，有公服。具服者，遠游冠三梁，加金博山，附蟬九首，施朱翠，黑介幘，髮纓翠緌，犀簪導，絳紗袍，白紗中單，黑領襈襈裾，白裙襦，白假帶，方心曲領，絳紗蔽膝，白襪黑舄。元日、朔日入朝、釋奠則服之。公服者，遠游冠，絳紗單衣，白裙襦，革帶，金鈎䚢，假帶，瑜玉雙珮，方心，帉金縷鞶囊。帉表六尺四寸，廣二寸四分，色如大綬。

烏紗帽者，視事及宴見賓客之服也。白裙襦，烏皮履。

弁服者，朔、望視事之服也。鹿皮爲之，犀簪導，組纓九璂，絳紗衣，素裳，革帶，鞶，小綬，雙珮，白襪，烏皮履。

平巾幘者，乘馬之服也。金飾，犀簪導，紫褶白袴，起梁珠玉鈿帶，韡。

進德冠者，亦乘馬之服也。九璂加金飾，有袴褶。常服則有白裙襦。

宋皇太子從皇帝祭天、地、宗廟，服衮冕九章。其冠制與唐同。衮服則青衣，朱裳，白襪，朱舄，餘同唐制。

其朝會服遠游冠服。冠十八梁，青羅表，金塗銀鈒花飾，犀簪導，紅絲組，博山。朱明服，紅花金條紗衣，紅紗裏，皂襈襈。紅紗裳，紅紗蔽膝，並紅紗裏。白紗中單,皂襟襈。方心曲領,白羅襪,黑舄,革帶,珮綬,劍,袜帶,勒帛。

其常服、皂紗折上巾。紫公服,通犀金玉帶。

其執圭之制,至道二年,册皇太子,禮官上言:"《周禮》,天子執鎮圭,公執桓圭,無太子執圭之文。《晉書》,太子出會,在三恪之下、三公之上。請皇太子執圭以受册。"從之。

元皇太子初用國俗之服,後嘗議服衮冕九章而未之服。

國朝皇太子從皇帝祭天地、宗廟、社稷及受册、正旦、冬至、聖節朝賀、加元服[①]、納妃皆被衮冕。

其制:九旒,每旒九玉,紅絲組纓,金簪導,兩玉瑱,圭長九寸五分[②]。衮服九章,玄衣畫山、龍、華蟲、火、宗彝五章。纁裳繡藻、粉米、黼、黻四章。白紗中單,黼領。蔽膝隨裳色,繡火、山二章。革帶,金鉤鰈。玉佩五采綬,赤、白、玄、縹、緑,純赤質,三百二十首。小綬三,色同大綬,間施三玉環。大帶,白表朱裏,上緣以紅,下緣以緑。白襪、赤舄。

其從皇帝郊廟省牲及册封公主,則服遠遊冠、絳紗袍。其制:金博山,附蟬,施青翠,黑介幘,犀簪導,絳紗袍。白紗中單,黑領襟襈裾,朱裳白裙襦。白假帶,方心曲領,紅紗蔽膝,白襪黑舄[③]。

其朔望朝、降詔、降香、進表、四夷朝貢、朝覲則服皮弁。

① "加元服",原缺,據《明太祖實録》卷三六下補。

② "圭長九寸五分",原缺,據《明太祖實録》卷三六下補。

③ "其從皇帝郊廟省牲及册封公主則服遠遊冠絳紗袍其制金博山附蟬施青翠黑介幘犀簪導絳紗袍白紗中單黑領襟襈裾朱裳白裙襦白假帶方心曲領紅紗蔽膝白襪黑舄",原缺,據《明太祖實録》卷三六下補。

諸王冠服

周制，王子皆封建爲諸侯，其服隨所封爵。

至漢，封諸子爲王，用遠遊冠，上衣下裳，玉佩，絢屨。

唐親王，服遠遊冠、黑介幘、三梁，青緌，金鈎𨰾，大帶，金寶飾，劍，玉鏢首，纁朱綬，朱質，赤黃縹紺爲純，長一丈八尺、廣九寸，二百四十首，黃金璫附蟬，絳紗單衣，白紗內單，皂領袖，皂襈襈，革帶，鈎𨰾，假帶，曲領方心，絳紗蔽膝，白襪，烏皮舄。

宋親王服七梁冠，用金塗銀稜、貂蟬籠巾，蟬，舊以玳瑁爲胡蝶狀，今改用金。犀簪導，銀立筆，朱衣朱裳，白衣中單，並皂襈襈，蔽膝隨裳色，方心曲領，緋白羅大帶，玉珮，暈錦綬，青絲網，間施三玉環，白襪，黑履，革帶以金塗銀，玉佩以金塗銀裝。

國朝受册、助祭、謁廟、元旦、冬至、聖節朝賀、加元服[1]、納妃則服袞冕九章。冕用五采玉珠，九旒，紅絲組爲纓，青纊充耳，金簪導，圭長九寸二分五釐[2]。袞衣青衣、纁裳，畫山、龍、華蟲、火、宗彝五章在衣，繡藻、粉米、黼、黻四章在裳，白紗中單，黼領，青緣，蔽膝纁色，繡火、山二章。革帶，金鈎𨰾。玉佩[3]，綬，五采赤白玄縹綠，純青質，三百二十首，小綬三色，同大綬，間施三玉環[4]；大帶，表裏白羅，朱綠緣。白襪，朱履。

其朔望朝、降詔、降香、進表、四夷朝貢、朝覲則服皮弁。

---

① “加元服”，原缺，據《明太祖實錄》卷三六下補。
② “圭長九寸二分五釐”，原缺，據《明太祖實錄》卷三六下補。
③ “玉”，原缺，據《明太祖實錄》卷三六下補。
④ “五采赤白玄縹綠純青質三百二十首小綬三色同大綬間施三玉環”，原缺，據《明太祖實錄》卷三六下補。

群臣冠服

《周官·司服》:"公之服,自衮冕而下如王之服;侯、伯之服,自鷩冕而下如公之服;子、男之服,自毳冕而下如侯、伯之服;孤之服,自絺冕而下,如子、男之服;卿、大夫之服,自玄冕而下如孤之服,皆玄衣纁裳。凡大祭祀、大賓客,共其衣服而奉之。"

又曰:"朝天子,則上公衮冕九章,侯、伯鷩冕七章,子、男毳冕五章。"是周制朝、祭,皆服冕服也。

又曰:"燕居則玄端、玄衣。卿、大夫素裳,上士玄裳,中士黃裳,下士雜裳。大夫已上,朝夕服之,唯士夕服之。"此玄端爲燕居之服也。

《禮》曰:"公執桓圭,侯執信圭,信音申。伯執躬圭,子執穀璧,男執蒲璧。"此諸侯朝于天子,執以合瑞者也。又曰:"史進象笏,書思對命。"此臣朝于君,必執笏以記忽忘也。其制,諸侯以象,大夫以魚須文竹,士以竹本而象飾。

秦滅禮學,制度不聞,其郊祀君臣,皆服袀玄。

西漢服章之制,無所考見。至明帝時,始制衮冕。公卿、列侯朝覲,皆玄冠、絳衣。其助祭,則三公、諸侯用山、龍九章,九卿以下用華蟲七章,皆備五采,大佩、赤舄、絇履、玄衣、纁裳,冕皆廣七寸、長一尺二寸,前圓後方,朱綠裏,玄上,前垂四寸,後垂三寸,係白玉珠爲九旒,以其綬采色爲組纓。

三公、諸侯青玉爲珠,卿、大夫五旒,黑玉爲珠,皆有前無後,各以其綬采爲組纓,旁垂黈纊。郊天地、祀明堂,則冠之[①]。衣

---

① "冠",《明太祖實錄》卷三六下作"服"。

裳、玉佩備章采，其大佩，則衝牙雙瑀璜，皆以白玉。公卿、諸侯以采絲。百官執事者冠長冠，皆祗服。五嶽、四瀆、山川、宗廟、社稷，諸沾秩祠皆袀玄，服絳緣領袖爲中衣，絳襪。其五郊迎氣，衣、幘、袴、襪，各如方色。百官不執事者各服長冠、袀玄以從。大射于辟雍，公卿、諸侯、大夫行禮者，冠委貌、衣玄端、素裳，執事者冠布弁，衣緇麻衣，皁領袖，下素裳。

　　唐群臣助祭之服，則一品服袞冕，垂青珠九旒，以組爲纓，色如其綬，青纊充耳，角簪導，青衣，繡裳，服九章，五章在衣，山、龍、華蟲、火、宗彝，四章在裳，藻、粉米、黼、黻，白紗中單，黼領，青褾襈裾，革劍，鉤䤥，大帶，黻隨裳色，山玄玉佩，綠緂綬，金玉飾劍，朱履，赤舄。

　　二品鷩冕，八旒，服七章，三章在衣，華蟲、火、宗彝，四章在裳，藻、粉米、黼、黻，水蒼玉佩，紫綬，金飾劍，餘同袞冕。

　　三品毳冕，七旒，服五章，三章在衣，宗彝、藻、粉米，二章在裳，黼、黻，水蒼玉佩，餘同鷩冕。

　　四品繡冕，六旒，服三章，一章在衣，粉米，二章在裳，黼、黻，水蒼玉佩，青綬，金飾劍，餘與毳冕同。

　　五品玄冕，五旒，衣無章，裳刺黻一章，水蒼玉珮，黑綬，金飾劍，餘與繡冕同。

　　六品至九品爵弁。色如爵，無旒，衣無章，玄纓，角簪導，青衣，繡裳，白紗中單，青領褾襈裾，革帶，劍䤥，大帶，爵韠，韎，赤履。

　　其朝服，凡陪祭、朝會、大事則服之。亦名具服，冠幘纓、簪導、絳紗單衣、白紗中單、白裙襦、赤裙衫、革帶、鉤䤥、假帶、曲領方心、絳紗蔽膝、襪、舄、劍、雙綬，一品已下、五品已上陪祭、朝饗、拜表、大事則服之，六品以下，去劍、珮、綬，餘並同也。

　　公服，凡朔望朝、謁見皇太子則服之。亦名從省服，冠幘纓、簪導、絳紗單衣、白裙衫、革帶、鉤䤥、假帶、方心、襪、履、紛鞶囊、雙珮，一品已下五品已上朔望朝、謁見東宮則服之，其六品已下，去紛鞶囊、雙珮，並同。若致仕官，以理去官，被召謁見，皆服前官從省服也。

弁服，凡文官尋常公事則服之。弁以鹿皮爲之，兼用烏紗、牙簪導。五品已上，用犀。纓玉璂、朱衣、素裳、革帶、鞶囊、小綬、雙珮、白襪、烏皮履，一品九璂，二品八璂，三品七璂，四品六璂，五品五璂，六品以下去璂，及鞶囊、珮、綬，泥雨則許常服之也。

平巾幘，袴褶，武官尋常公事則服之。幘制，五品已上用犀簪導，六品已下用角簪導，冠支皆飾以金，五品以上兼用玉。褶制，三品以上紫褶，五品以上緋褶，七品以上綠褶，九品以上碧褶，並白大口袴。起梁帶，三品以上玉梁寶鈿，五品以上金梁寶鈿，六品以下金鈿隱起，烏皮鞾，武官陪位大仗加螣蛇袜褘。

其常服，三品以上服用紫，飾以玉，五品以上服用朱，飾以金，七品以上服用綠，飾以銀，九品以上服用青，飾以鍮石，庶人服用黃，飾以銅鐵。

凡百官笏制，三品以上前詘後直，五品以上前詘後挫，並用象，九品以上任用竹木，上挫下方。

宋群臣助祭之服，一曰九旒冕，親王、中書門下奉祀則服之，冕，塗金銀花額，犀玳瑁簪導，青羅衣，繡山、龍、雉、火、虎蜼五章，緋羅裳，繡藻、粉米、黼、黻四章，緋蔽膝，繡山、火二章，白花羅中單，玉裝劍珮，革帶，暈錦綬，二玉環，緋白羅大帶，緋羅襪、履。九旒冕，無額花者，三公奉祀則服之；玄衣纁裳，悉畫，小白綾中單，師子錦綬，二銀環同。

二曰七旒冕，九卿奉祀則服之；犀角簪導，衣畫虎、蜼、粉米三章，裳畫黼、黻二章，銀裝珮劍，革帶，餘同九旒冕。

三曰五旒冕，四品、五品爲獻官則服之；青羅衣裳，無章，銅裝珮劍，革帶，餘同七旒冕。五品以下，無劍、珮、綬。紫檀羅衣及朱羅裳，皂大綾綬，銅劍珮，御史、博士服之。

四曰平冕，無旒，大祝、奉禮服之。冕無旒，青衣，纁裳，無劍、珮、綬，餘同五旒冕。

中興之後，改定四等。其曰鷩冕，宰相亞終獻、大禮使服之。前期，景靈宮、太廟亞終獻、明堂滌濯、進玉爵酒官亦如之。冕八旒，每旒八玉，三采，朱、白、蒼，角笄，青纊，以三色紞垂之，紘以紫羅，屬于武，衣以青、黑羅，三章，華蟲、火、虎蜼彝，裳以纁衣羅裏，繒七幅，繡四章，藻、粉、黼、黻，大帶，中單，佩以珉，貫以藥珠，綬以絳錦，銀環，韍，上紕下純，繪二章，山、火，革帶，緋羅表，金塗銀裝，襪、舄並依舊制。

毳冕，六部侍郎以上服之。前期，景靈宮、太廟進爵酒、幣官奉幣官、受爵酒幣官、薦俎官、明堂受玉爵、受玉幣、奉徹籩豆、進飲福酒、徹俎、祝腥、贊引、亞、終獻、禮儀使、亞、終獻爵並盥洗官四員，並如之。前二日奏告，初獻，社壇、九宮壇分祭，初獻、亞獻亦如之。冕六旒，每旒六玉，三采，衣三章，繪虎蜼彝、藻、粉米，裳二章，繡黼、黻，佩藥珠衡璜等，以金塗銅帶，韍繪以山，革帶以金塗銅，餘如鷩冕。

絺冕①，光祿卿、監察御史、讀冊官、舉冊官、分獻官以上服之。前期，景靈宮、太廟奉奉神主官、明堂太府卿、光祿卿、沃水、舉冊官、讀冊官、押樂太常卿、東朵殿三員、西朵殿二員、東廊二十八員、西廊二十五員、南廊二十七員、韍門祭獻官，前二十日奏告亞獻、終獻官、監察御史，並如之。社壇、九宮壇分祭，終獻官、監察御史、兵、工部、光祿卿、丞亦如之。冕四旒，每旒四玉，二采，朱、綠，衣一章，繪粉米，裳二章，繡黼、黻，綬以皂綾，銅環，餘如毳冕。

玄冕，光祿丞、奉禮郎、協律郎、進搏黍官、太社令、良醖令、太官令、奉俎饌等官、供祠執事官、內侍以下服之，明堂光祿丞、奉禮郎、良醖令、太祝搏黍官、宮架協律郎、登歌協律郎、奉御官、內侍供祠執事官、武臣奉俎官、韍門祭奉禮郎、太祝令、太官令，社壇、九宮壇分祭，太社、太祝、太官令、奉禮郎，並如之。冕無旒，無佩，綬，衣純黑，無章，裳刺黼而已。韍無刺繡，餘如絺冕。②

其朝服，一曰五梁冠，一品、二品侍祠、朝會則服之；冠，塗金銀花額，犀玳瑁簪導，立筆，緋羅袍，白花羅中單，緋羅裙，緋羅蔽膝，並皂褾、襈，白羅大

---

① "絺"，原作"希"，據《宋史》卷一五二《輿服志四》改。

② "絺"，原作"希"，據《宋史》卷一五二《輿服志四》改。

帶,白羅方心曲領,玉劍、珮,銀革帶,暈錦綬,二玉環,白綾襪,皂皮履。

二曰三梁冠,諸司三品、御史臺四品、兩省五品侍祠、朝會則服之;冠,犀角簪導,無中單,銀劍、佩,師子錦綬,銀環,餘同五梁冠。

三曰兩梁冠,四品、五品侍祠、朝會則服之。冠,犀角簪導,銅劍、佩,練鵲錦綬,銅環,餘同三梁冠。

中書門下則五梁冠,加籠巾、貂蟬,御史大夫、中丞則三梁冠,有獬豸角,衣有中單,六品以下則兩梁,無中單,無劍、佩、綬,御史則冠有獬豸角,衣有中單。

其常朝公服,舊制一品至三品服紫,玉帶,四品、五品服緋,金帶,六品、七品服綠,銀帶,八品、九品服青,鍮石帶。

元豐之制,去青,服紫者佩金魚,服緋者佩銀魚。其武臣、內侍皆服紫,不佩魚。公服之制,曲領大袖,下施橫襴,幞頭,烏皮鞾。

其百官笏制,文官五品以上用象,九品以上用木。武臣、內職並用象,千牛衣綠亦用象,廷賜緋、綠者給之。

元群臣助祭之服,三獻官、司徒、大禮使則服籠巾、貂蟬冠,御史則服獬豸冠。其助奠以下諸執事官,冠制如貂蟬而無籠巾,有六梁、五梁、四梁、三梁、二梁之異,以爲之等。其服,則白紗中單,青羅袍,紅羅裙,紅羅蔽膝,紅錦綬,藍銀束帶,玉佩。御史以下銅佩,白羅方心曲領,白綾襪,赤革舄。

其朝會之服,則用唐、宋公服,一品紫玉帶,二品紫犀帶,三品、四品紫金帶,五品紫角帶,六品、七品緋角帶,八品、九品綠角帶。其京官賜宴,則有質孫。一色服也。

其制冬之服,凡九等。大紅納石失,大紅怯綿里,大紅官素一,桃紅、藍綠官素各一,紫黃、雅青各一。

國朝群臣服制,凡上位親祀郊廟、社稷,群臣分獻、陪祀則具祭服。

　　一品，七梁冠，衣青色，白紗中單，俱用皂領飾緣，赤羅裳，皂緣，赤羅蔽膝，大帶用白、赤二色，革帶用玉鉤䚢，白襪，黑履，錦綬上用綠、黃、紫、赤四色絲織成雲鳳，四色花樣青絲網，小綬二用玉環二。若三公與左、右丞相、左、右大都督、左、右御史大夫、功臣一品，加籠巾、貂蟬。

　　二品，六梁冠，衣裳，中單，蔽膝，大帶，襪，履，同上，革帶用犀鉤䚢，其錦綬同一品，小綬二犀環。

　　二、三品，五梁冠，衣裳，中單，蔽膝，大帶，襪，履，同上，革帶，用金鉤䚢，其錦綬用綠、黃、赤、紫四色織成雲鶴花樣，青絲網小綬二，金環二。

　　四品，四梁冠，衣裳，中單，蔽膝，大帶，襪，履，同上，革帶用金鉤䚢，其錦綬同三品，小綬二，金環二。

　　五品，三梁冠，衣裳，中單，蔽膝，大帶，襪，履，同上，其革帶用鍍金鉤䚢，其錦綬用綠、黃、赤、紫四色織成盤鵰花樣，青絲網小綬二，銀環二。

　　六品、七品，二梁冠，衣裳，中單，蔽膝，大帶，同上，革帶用銀鉤䚢，其錦綬用綠、黃、赤三色絲織成練鵲花樣，青絲網小綬二，銀環二。

　　八品、九品，一梁冠，衣裳，中單，蔽膝，大帶，襪，履，同上，其革帶用銅鉤䚢，錦綬用黃、綠二色織成鸂鶒花樣，青絲網小綬二，用銅環二。

　　其笏，五品以上用象，九品以上用槐木爲之。

　　凡賀正旦、冬至、聖節、國家大慶會，則用朝服。

　　一品，七梁冠，衣赤色，白紗中單，俱用皂領飾緣，赤羅裳，皂緣，赤羅蔽膝，大帶用白、赤二色，革帶用玉鉤䚢，白襪，黑履，錦綬上用綠、黃、赤、紫四色絲織成雲鳳四色花樣,青絲網小綬二,用玉環二。若三公並左、右丞相、左、右大都督、左、右御史大夫、功臣一品,皆加籠巾、貂蟬。

二品,六梁冠,衣裳,中單,蔽膝,大帶,襪,履,同上,革帶用犀鈎䚢,其錦綬同一品,小綬二,犀環二。

三品,五梁冠,衣裳,中單,蔽膝,大帶,襪,履,同上,革帶用金鈎䚢,其錦綬用綠、黃、赤、紫四色織成雲鶴花樣,青絲網小綬二,金環二。

四品,四梁冠,衣裳,中單,蔽膝,大帶,襪,履,同上,革帶用金鈎䚢,其錦綬同三品,小綬二,金環二。

五品,三梁冠,衣裳,中單,蔽膝,大帶,襪,履,同上,其革帶用鍍金鈎䚢,其錦綬用綠、黃、赤、紫四色織成盤鵰花樣,青絲網小綬二,銀環二。

六品、七品,二梁冠,衣裳,中單,蔽膝,大帶,襪,履,同上,革帶用銀鈎䚢,其錦綬用綠、黃、赤三色絲織成練鵲花樣,青絲網小綬二,銀環二。

八品、九品,一梁冠,衣裳,中單,蔽膝,大帶,襪,履,同上,其革帶用銅鈎䚢,錦綬用、黃綠二色織成鸂鶒花樣,青絲網小綬二,用銅環二。

其笏,五品以上用象,九品以上用槐木。

其朔、望朝見及拜詔、降香、侍班、有司拜表、朝覲,則服公服。

一品,服赤色,大獨科花,直徑五寸,玉帶。

二品,服赤色,小獨科花,直徑三寸,花犀帶。

三品,服赤色,散答花,直徑二寸,金帶,鏤葵花一、蟬八。

四品、五品，服赤色，小雜花，直徑一寸五分，金帶。鏤，四品葵花一、蟬六，五品，葵花一、蟬四。

六品、七品，服赤，小雜花，直徑一寸，光素銀帶。

六品，鍍金葵花一、蟬三，七品，光素銀帶，鍍金葵花一、蟬二。

八品、九品，服赤，無花，通用光素銀帶。

其笏，五品以上用象牙，九品以上用槐木。其幞頭、鞾，並依舊制。

內使冠服

《周官》設《閽人》《寺人》，以掌宮門之禁。其冠服之制無所考。

漢置大長秋，後漢置中常侍，初服銀璫左貂，後改服金璫右貂。

隋置內侍省，唐亦置內侍省，及內謁者監，其服則隨其品職。至貞觀中，內官但在閤門守禦，黃衣廩食而已。開元以後，多衣朱紫，其常服則烏紗帽、盤領、窄袖衫、束帶。

宋置內給使監，從駕出入，亦服平巾幘、緋衫、大口袴。

元謂之火者，其服從其國俗。

國朝置內使監，冠烏紗、描金曲腳帽、胸背花盤領窄袖衫、角束帶。其各官火者服，則與庶人同。

侍儀舍人冠服

古者朝覲，必有擯相之職。《論語・公西華》："端章甫，願爲小相焉。"則章甫者，擯相之服也。

漢、唐以下置謁者，凡朝會則掌引導行禮。漢用玄冠、絳衣，唐用武弁、絳公服。見《唐令》。

宋謂之禮直官，元謂之侍儀舍人，皆掌引導行禮。宋用公服，元用展脚襆頭、窄紫金帶、皂韡。

國朝侍儀舍人用展脚襆頭、窄袖紫衫、塗金束帶、皂文韡。常服，烏紗唐帽、諸色盤領衫、烏角束帶衫，不用黃。

校尉冠服

《周官·太僕·隸僕》：“掌王之出入警蹕。”其服，禮書不言其制。

漢、晉衛士有朱衣、絳袍、黑袴褶之屬。

唐執仗之士，其首服則有武弁、平巾幘、錦帽、金鵝帽、花脚襆頭、黃絁巾袜額，其服則有諸色繡袍大袖、勒帛、諸色繡裲襠、大口袴、銀帶繡戎服大袍、銀帶、諸色繡寶相花衫、大口袴、革帶、碧襴、金銅帶、錦縢蛇。

宋執仗之士，其首服則有武弁、平巾幘、花脚襆頭、金鵝帽、黃絁巾袜額，其服則有緋繡衫、革帶、諸色繡寶相花衫、行縢、銀帶、紫繡袍、佩刀、革帶、諸色繡裲襠、赤袴、銀帶、諸色繡袍、大口袴、錦縢蛇、銀帶、佩刀、行縢、皂皮韡、鞋、襪。

元執仗之士，其首服則有交脚襆頭、鏤金額交脚襆頭、五色絁巾、展脚襆頭、鳳翅唐巾，其服則有紫梅花羅窄袖衫、塗金束帶、白錦汗胯、緋繡寶相花窄袖衫、塗金束帶、行縢、鞋、襪、生色寶相花袍、勒帛、雲龍韡、緋絁生色寶相花勒帛、烏韡、佩寶刀、紫羅辮線襖、金束帶、烏靴。

國朝凡執仗之士，其首服則皆服鏤金額交脚襆頭，其服則皆服諸色辟邪寶相花裙襖、銅葵花束帶、皂絞韡。

刻期冠服

漢、唐禁衛，皆選輕捷之士，而未嘗立名。

至宋，置快行親從官，即今刻期之謂也。其服，書無明文。

元謂之貴赤，其服如常服，而以闊絲條、大象牙鵰花環爲識。

國朝謂之刻期冠，方頂巾、衣胸背鷹鵰花腰線襖論子、諸色闊絲區條、大象牙雕花環、行縢、八帶鞋。

士庶冠服

周制，士服深衣，賤者衣褐。

秦、漢、六朝，士庶無常服，南方則有巾褐裙襦之衣，北方則雜以戎狄之服。

隋大業中，創造貴賤章服，胥吏以青，庶人以白，屠商以皂，士卒以黃，士庶不得以赤黃爲衣服、雜飾。

唐初，士人以棠苧襴衫爲上服，一命以黃，再命以黑，三命以纁，四命以綠，五命以紫。士服短褐，庶人以白，後以襴袖褾襈爲士人上服，開骻者名曰缺骻衫，庶人服之。

宋士夫頭巾、褙子，工商、技術不係官樂人通服皂白。至道間，許士庶工商通服紫。

元士庶皆戴帽，醫、儒戴笠，其服通用紵絲綾羅紗絹，不拘顏色。

國朝士庶初戴四角巾，今改四方平定巾，雜色盤領衣，不許用黃。皂隸冠圓頂巾，衣皂衣。樂藝冠青卍字頂巾，繫紅綠搭膊。

皇后冠服

周制,《追師》:"掌王后之首服。爲副編次,追衡笄。"鄭玄云:副者,覆也,覆首爲飾。若今步摇也。編者,編髮爲之,若今假紒也。次者,次第髮長短爲之,所謂髮髢也。追,治也。衡、笄,皆以玉爲之。衡垂于副之兩旁,當耳其下,以紞懸瑱笄卷髮者。

《内司服》:"掌王后之六服,褘衣、揄翟、闕翟、鞠衣、展衣、褖衣。"《三禮圖》云:褘衣色玄,刻繒爲翟形,以五綵畫之,綴于衣,以爲文章。揄翟,青衣,刻繒爲摇雉,畫以五色,揄音摇。闕翟,色赤,刻翟形而不畫,三者皆王后助祭之服也。鞠衣,色黄如麴塵,王后親蠶之服也。展衣,色白,展與亶同,亶,誠也。王后以禮見王及賓客之服也。褖衣,色黑,王后接御于王之服也。

漢,皇后首飾用假結步摇、簪耳。步摇以黄金爲山題,貫白珠爲桂枝相繆,八爵九華,熊、虎、赤羆、天禄、辟邪、南山豐大特六獸,諸爵獸皆用翡翠爲毛羽,金題,白珠璫,繞以翡翠爲花。入廟所用服,紺上皂下,朝會用蠶服,青上縹下。

隋,皇后首飾用大小花十二樹,褘衣、鞠衣、青衣、朱衣四等。褘衣,深青色,織成,領袖文以翬翟五采,重行十二等。素紗中單,黼領,羅縠褾襈,色皆以紅。蔽膝隨裳色,以緅爲褖,用翟三章。大帶隨衣色[①],飾以朱緑之錦,青緣革帶,白玉佩,玄組綬,青襪、舄,舄加金飾。助祭及朝會、受册,大事則服之。鞠衣,黄羅爲質,織成領袖,蔽膝、革帶及舄隨衣色,餘同褘衣。親蠶則服

---

① "色",原作"裳",據《明太祖實録》卷三六下改。

之。青衣，去大帶及佩、綬，金飾履。朱衣，如青衣。禮見天子，則服之。

唐，皇后首飾用大小花各十二樹，服褘衣、鞠衣、鈿釵禮衣三等。褘衣，深青色，畫翬，赤質，五色十二等，素紗中單，黼領，朱羅縠褾襈，蔽色隨裳色，以緅爲領緣，爲翟章三等。青衣，革帶、大帶、隨衣色，朱裏紕其外，上以朱錦，及懸以白玉雙佩，黑組大綬，青襪、舄，舄加金飾。朝會、受册及助祭則服之。鞠衣，黃羅爲之，蔽膝、大帶、革帶、舄隨衣色。親蠶則服之。鈿釵禮衣，十二鈿，兼用雜色。宴見賓客則服之。龍鳳珠翠冠、泥金霞帔，常服之。

宋，皇后首飾用大小花各十二樹，兩博鬢冠，飾以九龍、四鳳。其服，褘衣深青，織成翟文，素質，五色十二等，青紗中單，餘同唐制。朝會、受册、助祭則服之。鞠衣，色黃，蔽膝、革帶、舄皆隨衣色，親蠶則服之。其常服，真紅大袖，紅羅生色爲領，紅羅長裙，龍鳳珠翠紅霞帔，藥玉爲墜，紅羅背子，紅黃紗衫子，白紗襦袴，明黃裙，紅粉紗短衫。

元，皇后用本俗冠服。

國朝，皇后首飾冠爲圓匡，冒以翡翠，上飾以九龍、四鳳，大花十二樹，小花如大花之數。兩博鬢十二鈿。服褘衣，深青爲質，畫翟①，赤質，五色十二等，素紗中單，黼領，朱羅縠褾襈裾，蔽膝隨衣色，以緅爲領緣，用翟爲章三等，大帶隨衣色，朱裏紕其外，上以朱錦，下以綠錦②，紐約用青組玉，革帶、青襪、青舄，舄以

---

① "翟"，原作"翠"，據《明太祖實錄》卷三六下改。
② "綠"，原作"絲"，據《明太祖實錄》卷三六下改。

金飾。凡朝會、受册、謁廟皆服之。燕居則服雙鳳翊龍冠，首飾，釧，鐲，以金玉、珠寶、翡翠隨用，諸色團衫、金繡龍鳳文帶，用金玉。

皇妃冠服

古者，王后之下爲夫人，次嬪，次世婦，次御女。則夫人，即皇妃之位也。

周制，《内司服》，掌六服。褘衣、褕翟、闕翟之下，嬪服鞠衣，世婦服展衣，御女服褖衣。鄭玄以爲九嬪服鞠衣。則夫人服闕翟乎？闕翟者，王后第三等服也。玄以九嬪服鞠衣，故以類推，而以夫人服闕翟。周制無明文可見。

漢貴人首飾，皆大手髻，墨玳瑁，加簪珥。妃以上，又得服錦綺羅繒，采十二色、重緣袍。

唐首飾，兩博鬢，飾以寶鈿，花釵九樹。翟衣九等，青質，繡翟編次于衣及裳，重爲九等，青紗中單，黼領，朱縠褾襈裾，蔽膝隨裳色，以緅爲領緣，皆文繡，重雉爲章二等，大帶隨衣色，青衣，革帶，青襪、舄，佩、綬。

宋首飾，大小花各九株，兩博鬢，冠飾以九翬四鳳。褕翟，青羅繡爲摇雉之形，編次爲衣，青質，五色九等，素紗中單，黼領，羅縠褾襈裾①，蔽膝隨裳色，褕翟爲章二等，以緅爲領緣，大帶隨衣色，朱裏紕其外，上以朱錦，下以綠錦，紐約用青組，青衣，革帶，白玉雙佩，黑組雙大綬、小綬三，間施三玉環，青襪、舄，舄加金飾。

元，服本俗服。

---

① “裾”，原缺，據《明太祖實録》卷三六下補。

國朝，參用唐、宋之制，冠飾以九翬四鳳，大花釵九樹[1]，小花如大花之數，兩博鬢、九鈿。翟衣，青質，繡翟編次于衣及裳[2]，重爲九等，青紗中單，黼領，朱縠褾襈裾，蔽膝隨裳色，加文繡，重雉爲章二等，以縅爲領緣，大帶隨衣色，玉革帶，青襪、舄，佩、綬。凡受冊、助祭、朝會、諸大事服之。

鸞鳳冠，首飾、釧、鐲用金玉、珠寶、翠，諸色團衫、金繡鸞鳳，不用黃，束帶用金玉、犀。燕居則服之。

皇太子妃冠服

北齊，首飾，假髻步搖，花釵九鑽。服用褕翟。

隋，首飾花九樹。服用褕翟，衣九章，素紗中單，黼領，羅褾襈，色皆以朱，蔽膝二章，大帶以青，用青緣革帶，朱襪，青舄，舄加金飾，佩瑜玉，纁朱綬，獸頭鞶囊。

唐，首飾花九樹，小花如大花之數，並兩博鬢。服用褕翟，青織成爲之[3]，文爲搖翟之形，青質，五色九等，素紗中單，黼領，朱羅縠褾襈，蔽膝隨裳色，用縅爲領緣，以翟爲章二等，大帶隨衣色，不朱裏，紕其外，上以朱錦，下以綠錦，紐約用青組，以青衣革帶，青襪、舄，舄加金飾，玉、佩，朱綬。鞠衣，色黃，餘同褕翟。從蠶則服之。鈿釵禮衣，九鈿，服兼用雜色。宴見賓客則服之。

宋制與唐同。

元用本俗服。

國朝冠飾，九翬四鳳，花釵九樹，小花如大花之數，兩博鬢，

---

① “大”，原缺，據《明太祖實錄》卷三六下補。

② “繡翟”，原缺，據《明太祖實錄》卷三六下補。

③ “之”，原缺，據《舊唐書》卷四五《輿服志》補。

九鈿。翟衣，青質，繡翟編次于衣及裳，重爲九等，青紗中單，黼領，朱縠襮襈，蔽膝隨裳色，以緅爲領緣，加文繡，重雉爲章二等，大帶隨衣色，青襪、舃，佩、綬。受册、助祭、朝會、大事則服之。

犀冠，刻以花鳳，首飾、釧、鐲，金玉、珠寶、翠隨用。服諸色團衫、金繡鸞鳳，唯不用黃，帶用金玉、犀。燕居則服之。

王妃冠服公主同

漢，諸王妃首飾，大手髻，七鑷，蔽髻，簪珥。服用文繡。

隋，王妃首飾花用九樹。服用褕翟，繡爲九章，佩山玄玉，獸頭鞶囊，綬同夫色。

唐，首飾花釵九樹，兩博髻，飾以寶鈿。翟衣，青質，繡翟編次于衣及裳，重爲九等，青紗中單，黼領，朱襮襈裾，蔽膝隨裳色，以緅爲領緣，加文繡，重翟爲章二等，大帶隨衣色，青衣、革帶、青襪、舃，佩。

宋，親王夫人冠服與唐同。

元，用本俗服。

國朝，冠飾以九翬四鳳，花釵九樹，小花如大花之數，兩博鬢，九鈿。翟衣，青質，五色九等，繡翟編次于衣及裳，素紗中單，黼領，朱縠襮襈裾，蔽膝隨裳色，以緅爲領緣，繡翟爲章二等，大帶隨衣色，玉革帶，青襪、舃，佩、綬。受册、助祭、朝會、大事則服之。

犀冠，刻以花鳳。首飾、釧、鐲，用金玉、珠寶、翡翠。服諸色團衫，金繡花鳳。唯不用黃，帶金玉、犀。

内外命婦冠服

周制,《追師》爲内外命婦之首服,曰副編次,追衡笄。《司服》:"辯内外命婦之服,曰鞠衣、展衣、褖衣。"其内命婦、九嬪服鞠衣,世婦服展衣,女御服褖衣。其外命婦,孤之妻服鞠衣,卿大夫之妻服展衣,士之妻服褖衣。服鞠衣、展衣者,首服以編,服褖衣者,首服以次。

漢,公、卿、列侯、中二千石、二千石、夫人,首飾紺繒蔮。音國,與幗同。包覆于髻也。黄金龍首,銜白珠魚頷擿,長一尺,爲簪珥。自二千石夫人以上,皆以蠶衣爲朝服。入廟助祭者,服皂絹上下。助蠶者,縹絹上下。

隋,一品命婦,花釵九樹,褕翟,繡爲九章,佩山玄玉;二品命婦,花釵八樹,褕翟,繡爲八章,佩水蒼玉;三品命婦,花釵七樹,褕翟,繡爲七章;四品命婦,花釵六樹,闕翟,刻繒爲翟六章;五品命婦,花釵五樹,闕翟五章,皆佩水蒼玉。

唐,外内命婦首飾並兩博鬢,飾以寶鈿。一品,花釵九樹,衣翟九等;二品,花釵八樹,翟八等;三品,花釵七樹,翟七等;四品,花釵六樹,翟六等;五品,花釵五樹,翟五等。寶鈿視花釵之數。

唐,内命婦尋常供奉所服,並公服。公服者,鈿釵、雜色禮衣,不用中單、蔽膝、大帶。及内命婦常服,白角冠,服泥金銷金真珠裝綴衣服。

元無内外命婦冠服之制。

國朝命婦,一品,冠花釵九樹,兩博鬢,九鈿,服用翟衣,色隨夫,用紫,繡翟九重,素紗中單,黼領,朱縠褾襈裾,蔽膝隨裳色,以緅爲領緣,加文繡,重翟爲章二等,大帶隨衣色,革帶用玉,青襪、舄，佩、綬。

二品，冠花釵八樹，兩博鬂，八鈿，服用翟衣八等，其色隨夫，用紫，革帶用犀角，並同一品。

三品，冠花釵七樹，兩博鬂，七鈿，翟衣七等，其色隨夫，用紫，革帶用金，餘同二品。

四品，冠花釵六樹，兩博鬂，六鈿，翟衣六等，其色隨夫，用紫，革帶用金，餘同三品。

五品，冠花釵五樹，兩博鬂，五鈿，翟衣五等，其色隨夫，用紫，革帶用烏角，餘同四品。

六品，冠花釵四樹，兩博鬂，四鈿，翟衣四等，其色隨夫，用緋，革帶用烏角，餘同五品。

七品，花釵三樹，兩博鬂，三鈿，翟衣三等，其色隨夫，用緋，革帶用烏角，餘同六品。

宮人冠服

唐宮人衣諸色團領窄袖，胸背繡團花，金束帶，白錦汗胯，弓樣鞋，烏紗帽。

宋宮人衣用紫色團領窄袖，徧刺折枝小葵花，以金圈之，珠絡縫，金束帶，紅裙，弓樣鞋，上刺小金花，烏紗帽，飾以花帽額，綴團珠，結珠鬂梳，垂珠耳飾。

國朝與宋同。

士庶妻冠服

古者，士庶衣服有禁令，而其制則各隨其南北土俗之宜。

秦、漢而下，貴賤不分，王后之爲衣者，庶民以之緣履。

六朝、隋唐之間，雜衣胡服。唐庶人女嫁，有花釵以金銀、瑠琉塗飾之，連裳青質，青衣，革帶，襪、履同裳色。

宋制，庶民首飾用銀鍍金，項珠、耳環用珠，服不許用銷金，及不許效四夷服。

元首飾許用銀鍍金，耳環用金，釧、鐲用銀，服用暗花紵絲，綾，羅，紬，絹。

國朝首飾許用銀鍍金，耳環用金珠，釧、鐲用銀，服淺色團衫，許用紵絲，綾，羅，紬，絹。其樂妓，則戴明角冠、皂褙子，不許與庶民妻同。

大明集禮卷四〇

冠服圖

乘輿

冕

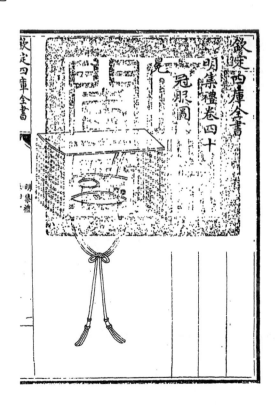

玄衣

纁裳

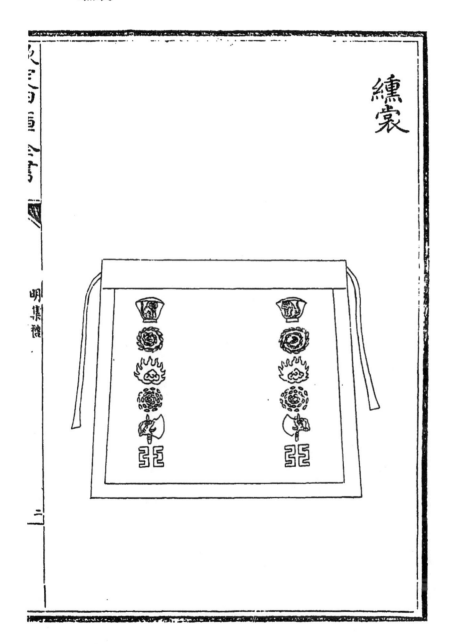

中單

蔽膝

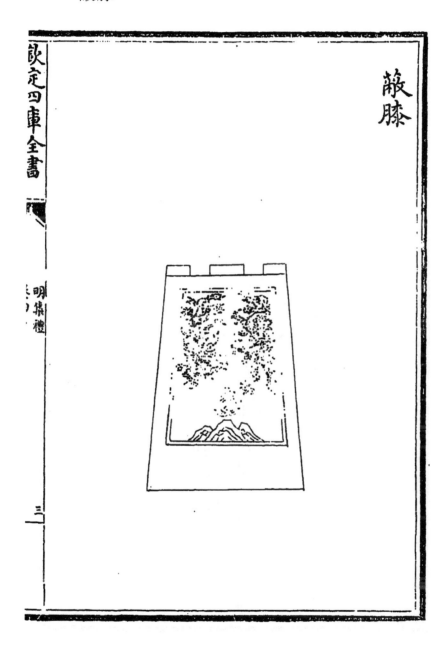

革帶　大帶

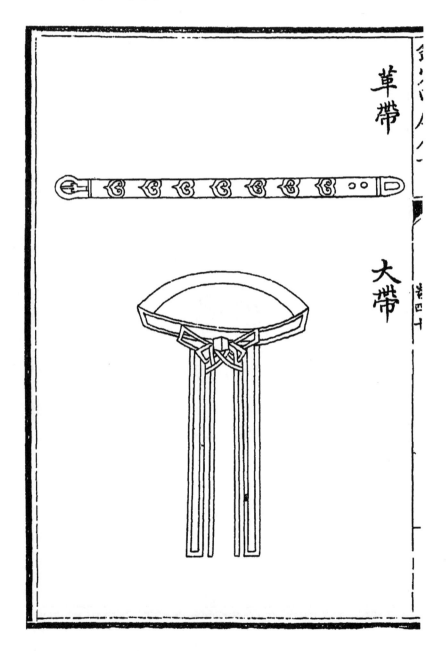

綬

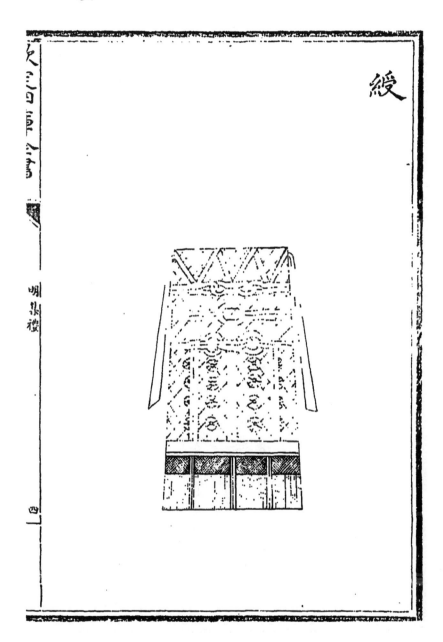

珮

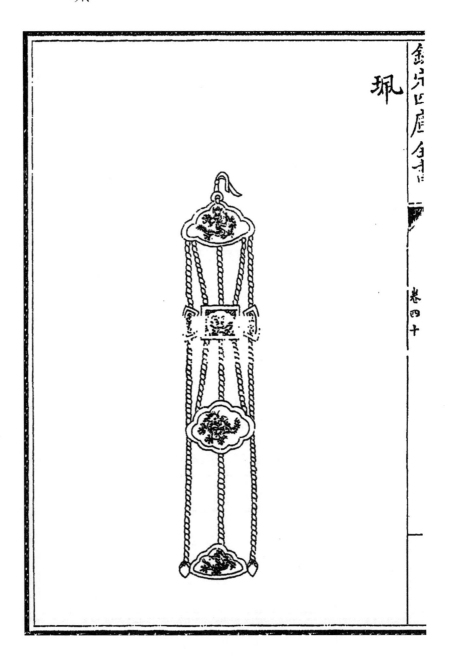

襪　舃

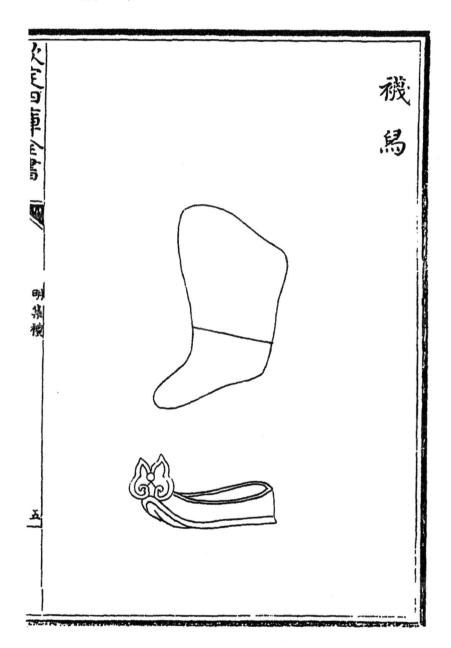

通天冠

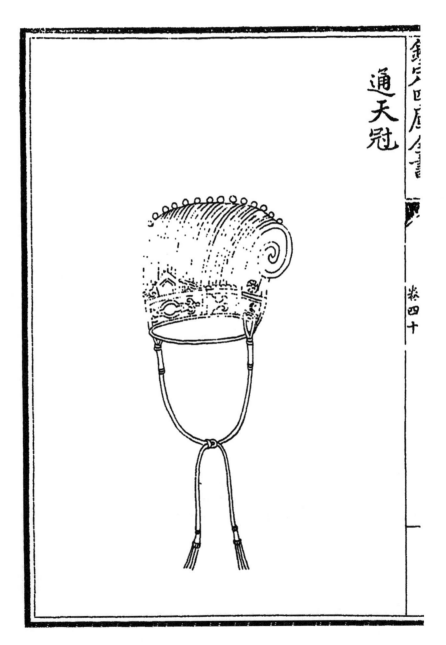

烏紗折上巾

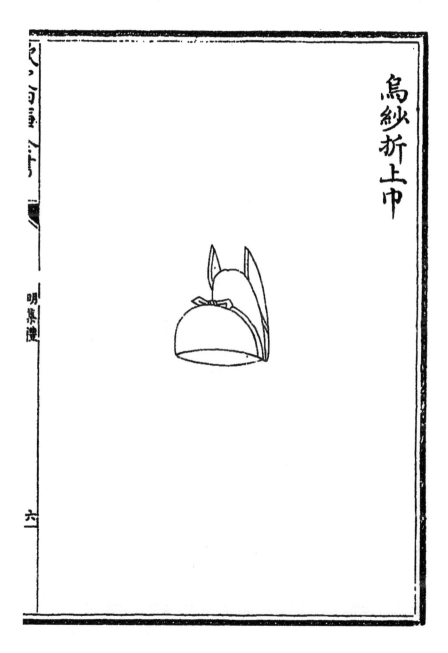

皮弁

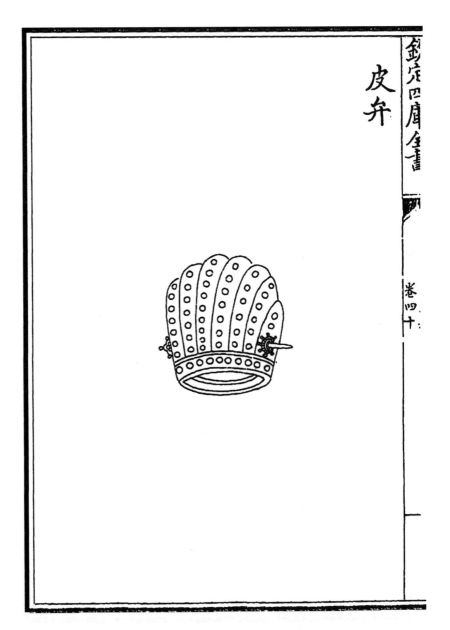

絳紗袍

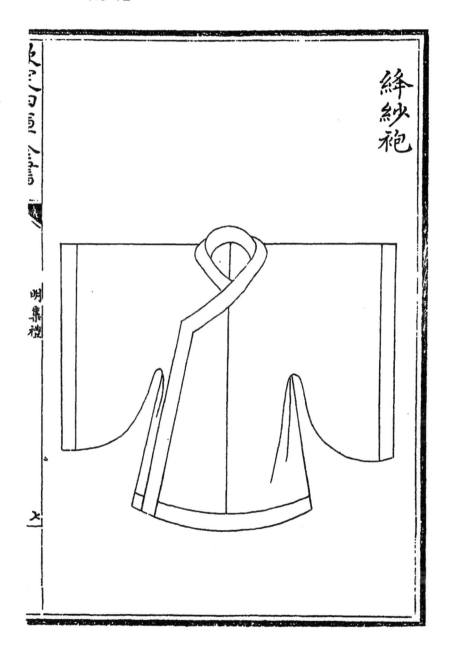

紅羅裳

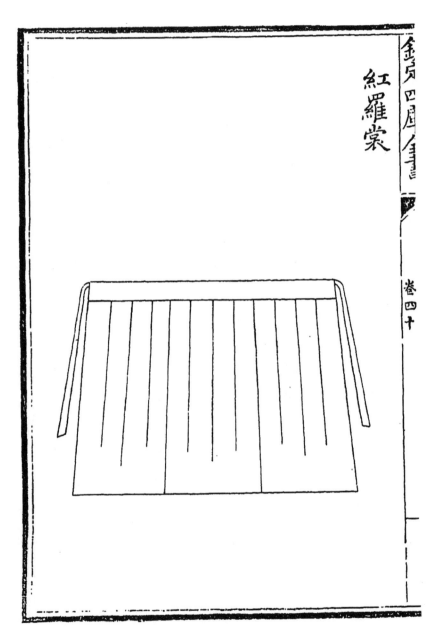

白中單

蔽膝_缺

方心曲領_缺

大帶_缺

革帶_缺

珮_缺

綬_缺

襪_缺

舄_缺

皇太子

九旒冕

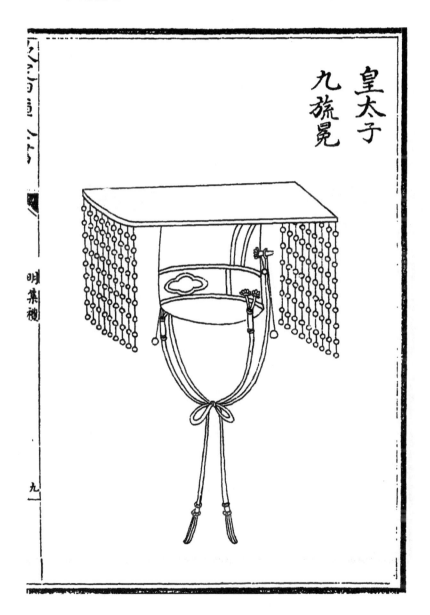

衮衣

裳

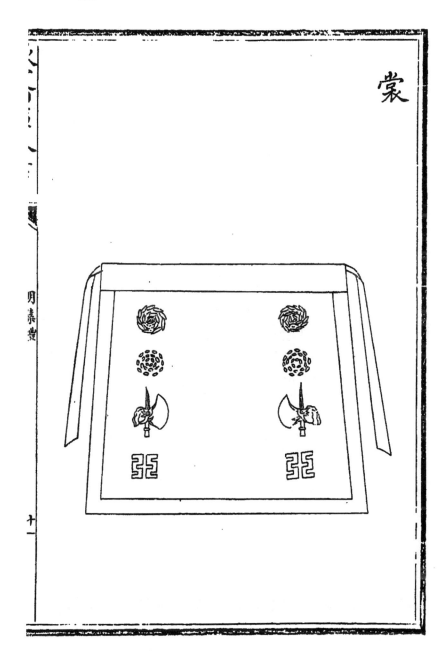

蔽膝

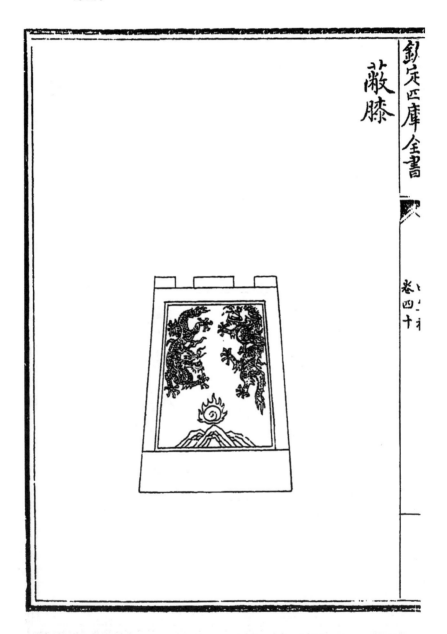

中單

方心曲領

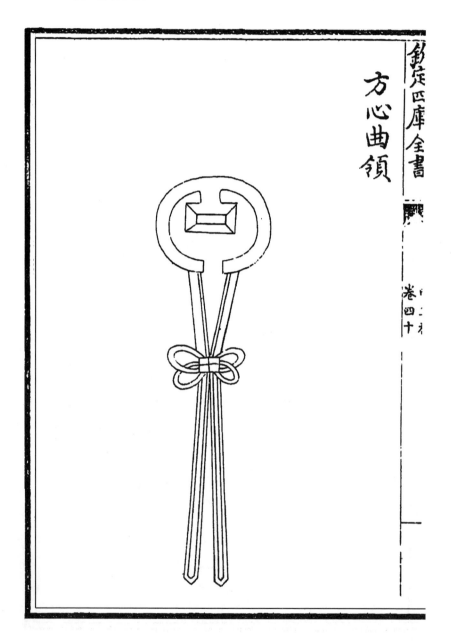

革帶　大帶

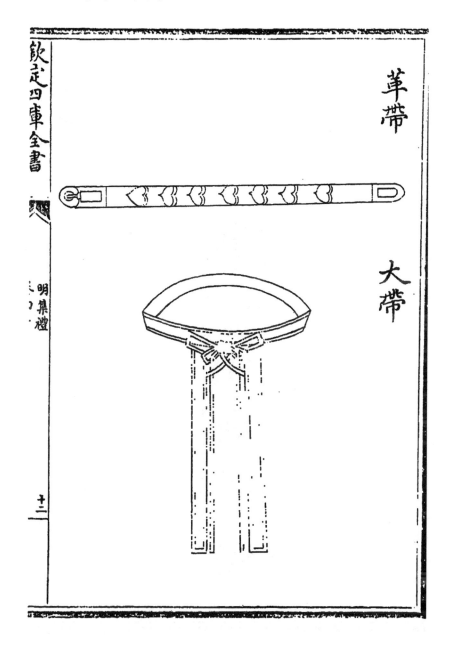

玉佩

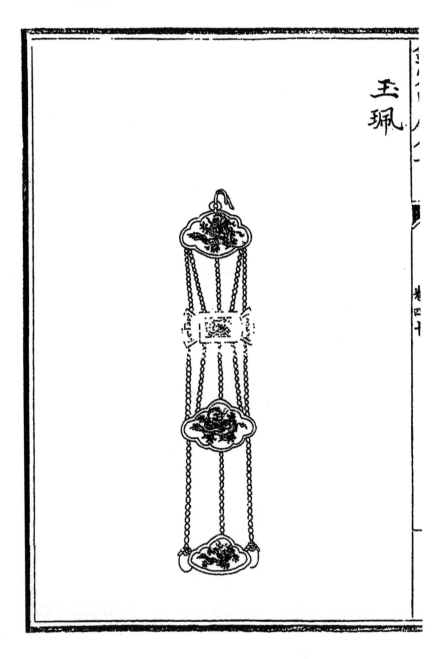

綬

綬

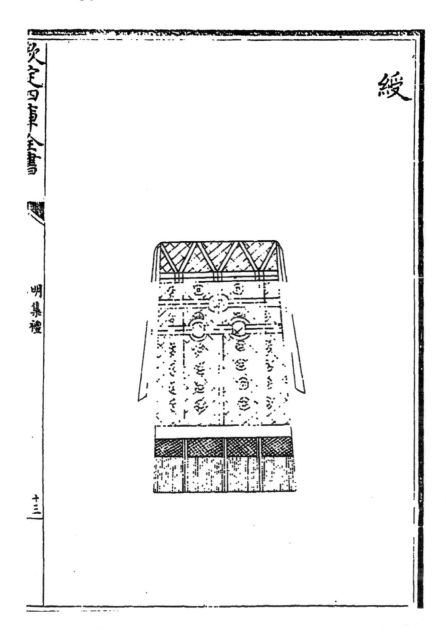

白襪　赤舃

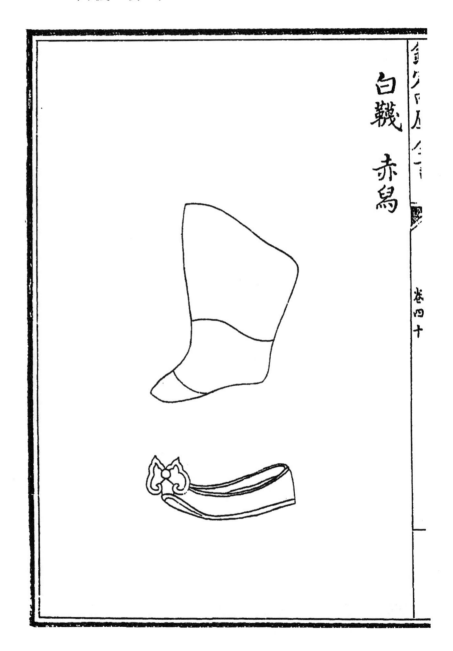

遠游冠

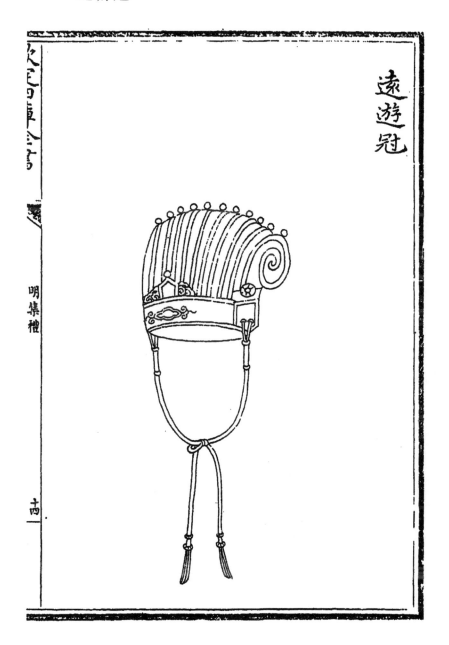

絳紗袍

蔽膝

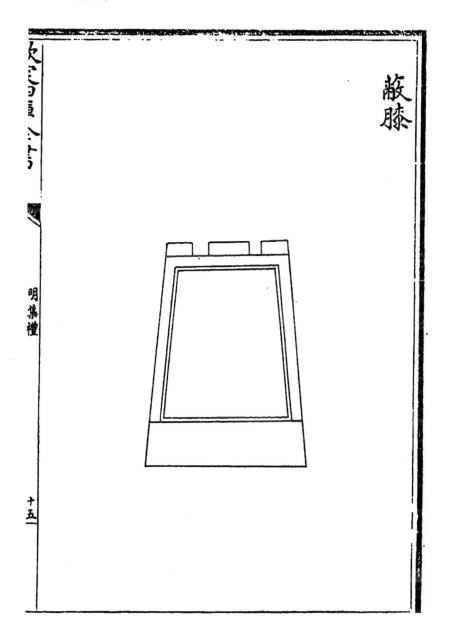

中單

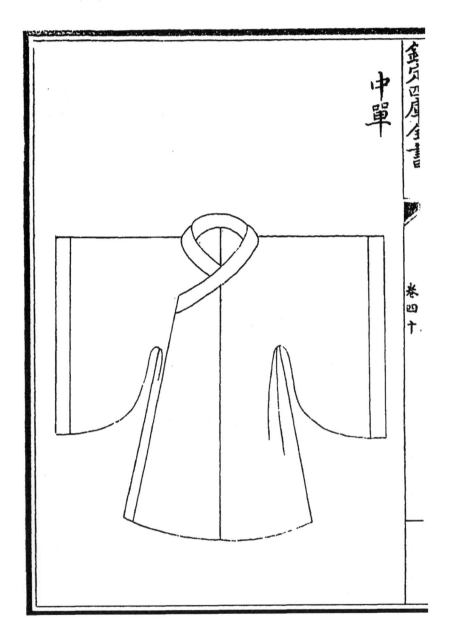

朱裳

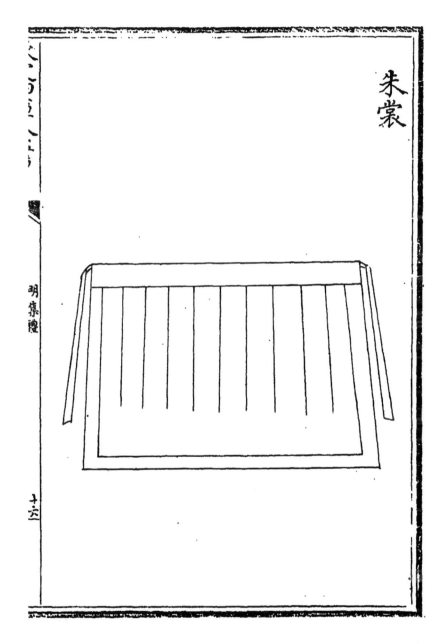

革帶　假帶

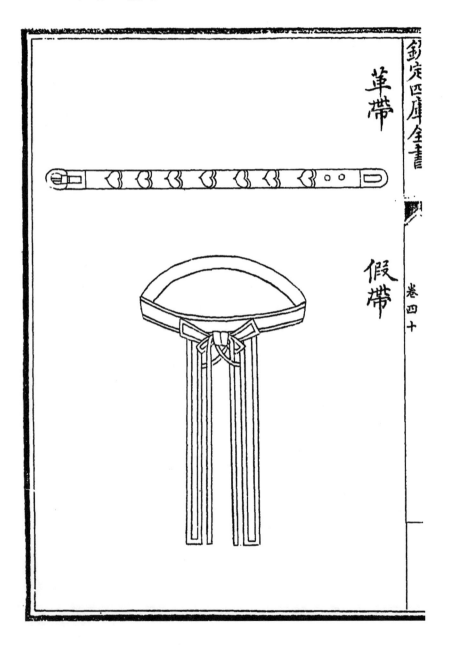

珮

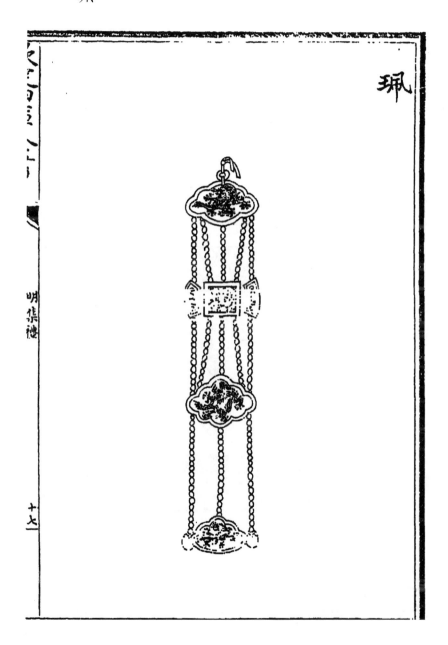

綬

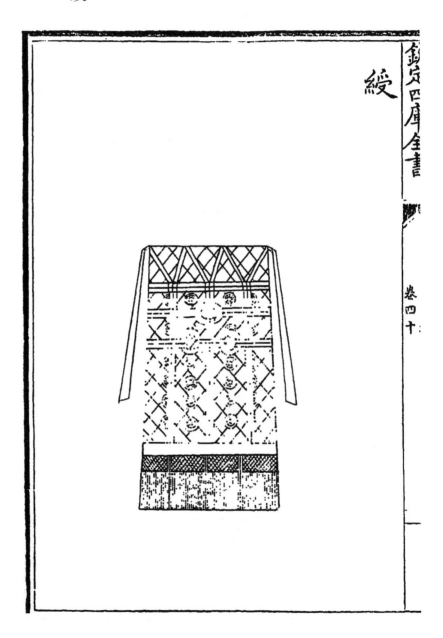

白襪　黑舃

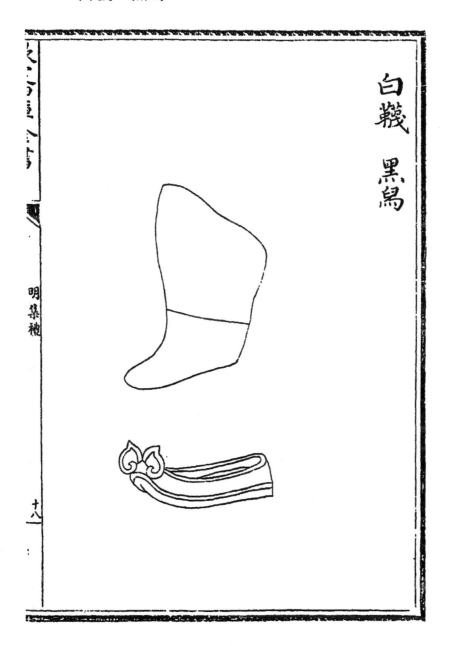

群臣

幞頭

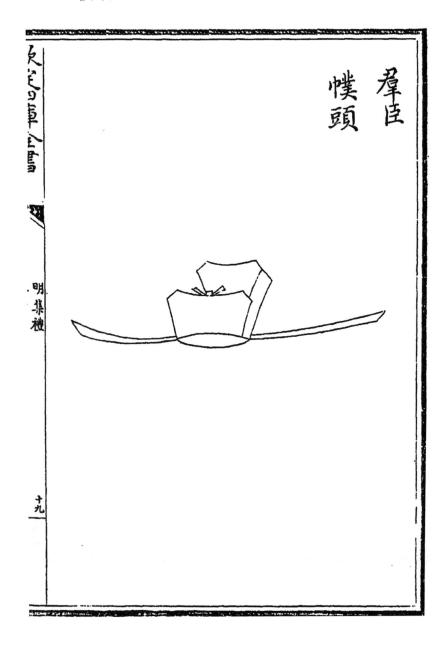

公服

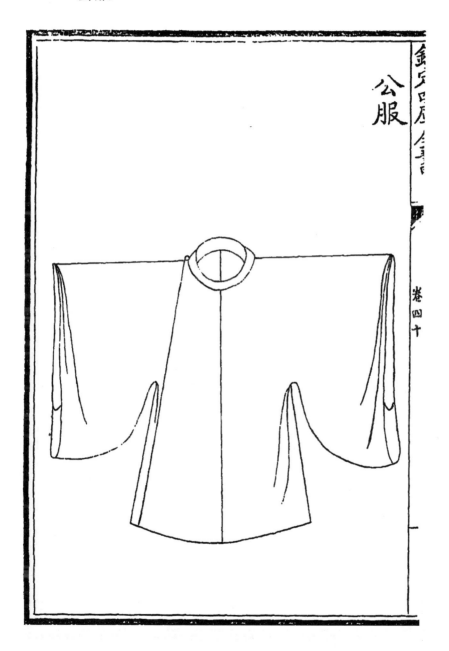

帶

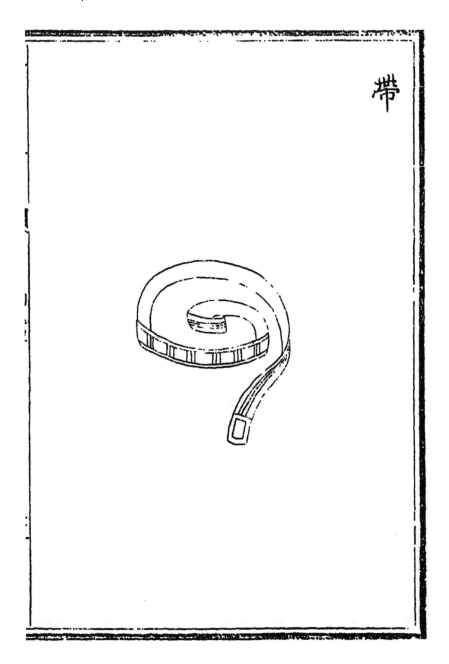

笏　皁靴

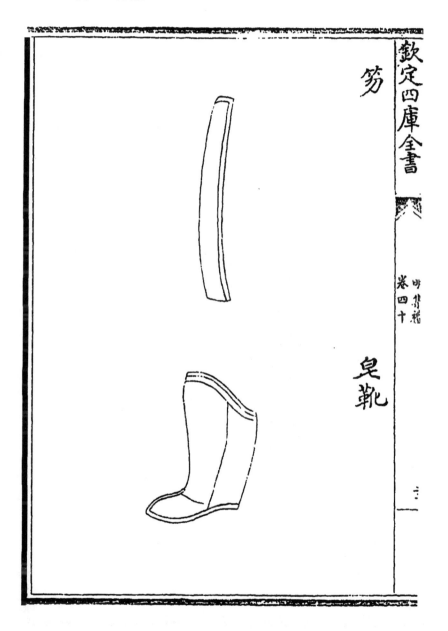

籠巾

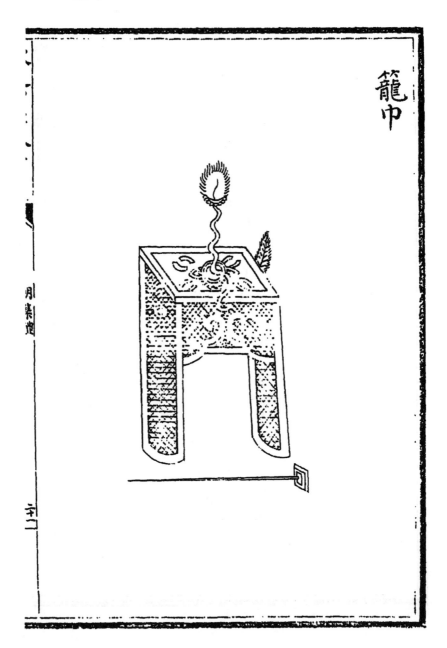

籠巾

明集禮

二十

七梁冠

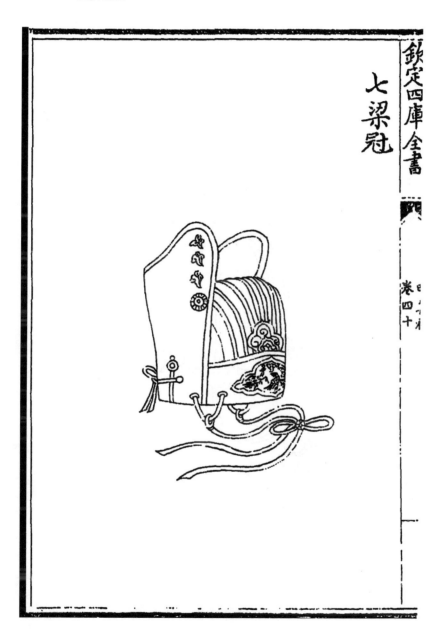

六梁

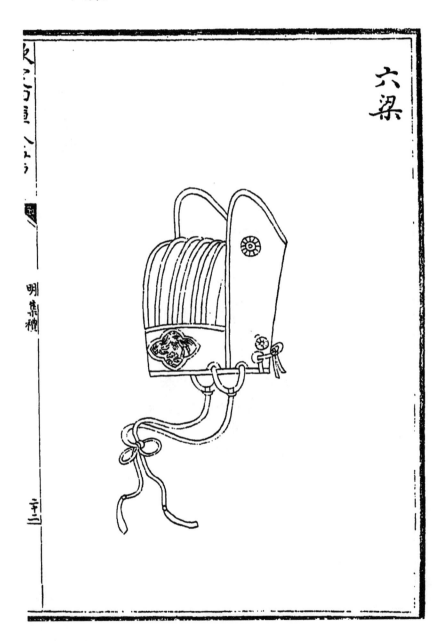

五梁

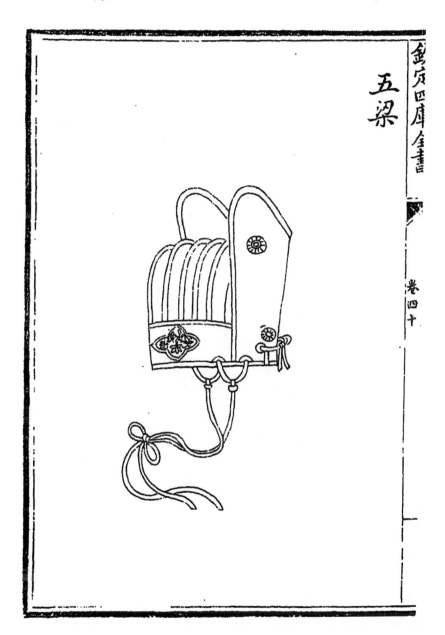

四梁

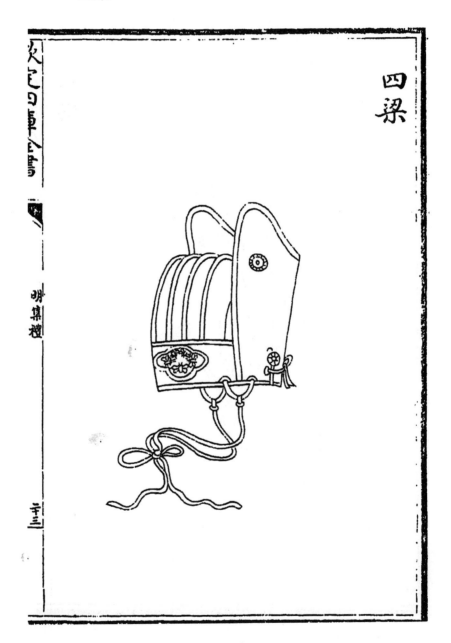

三梁

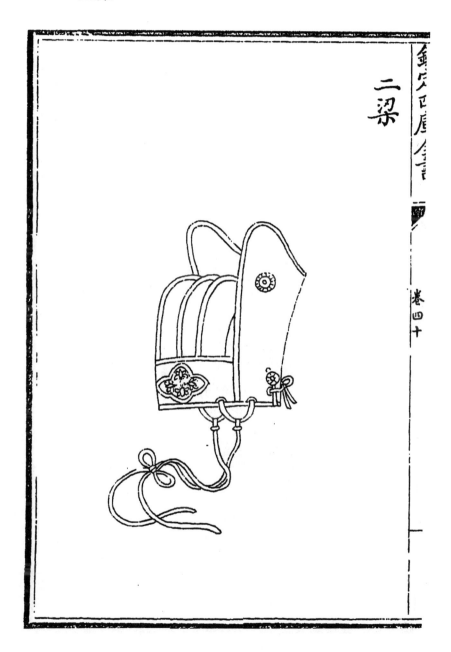

二梁

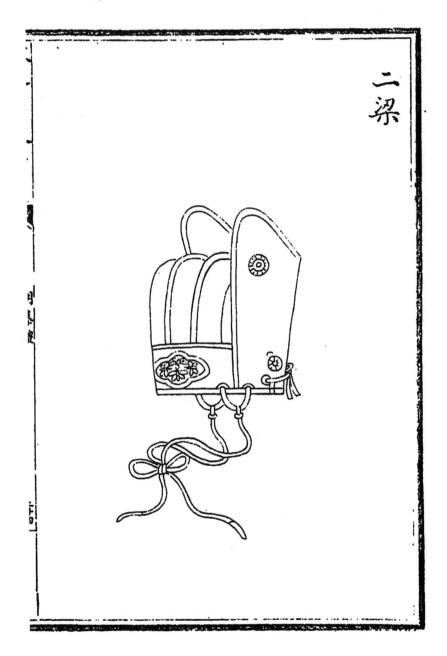

一梁

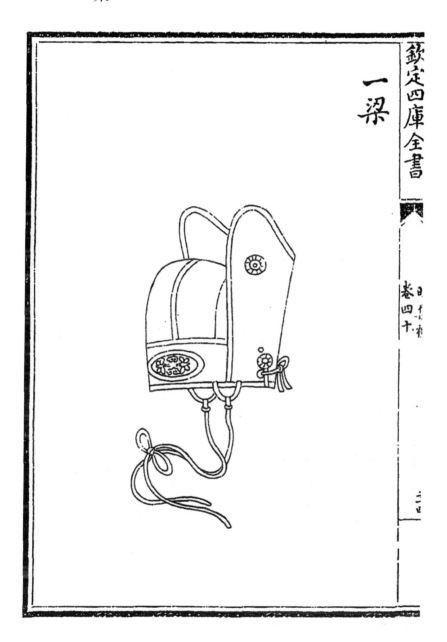

青羅衣

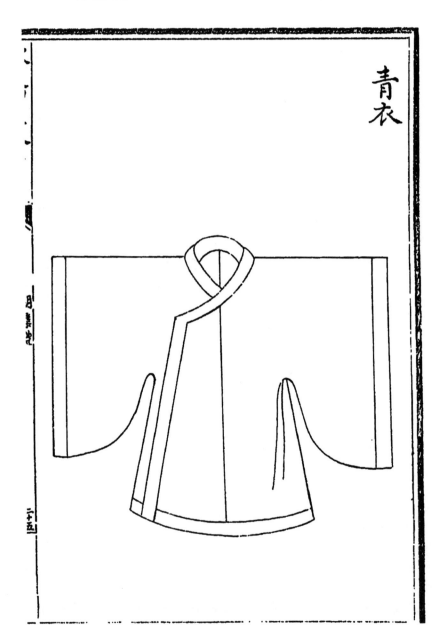

裙

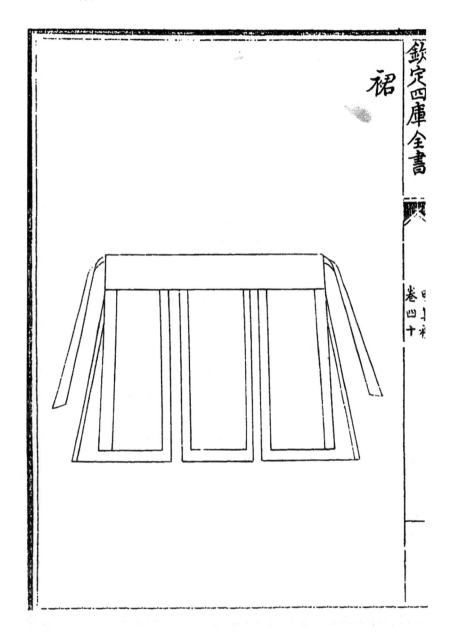

蔽膝

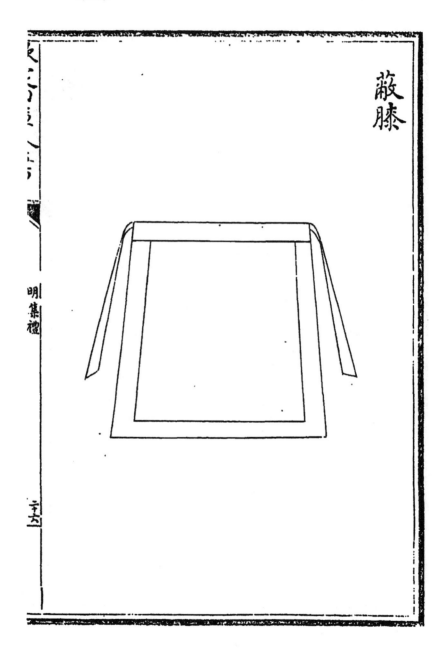

中單

綬

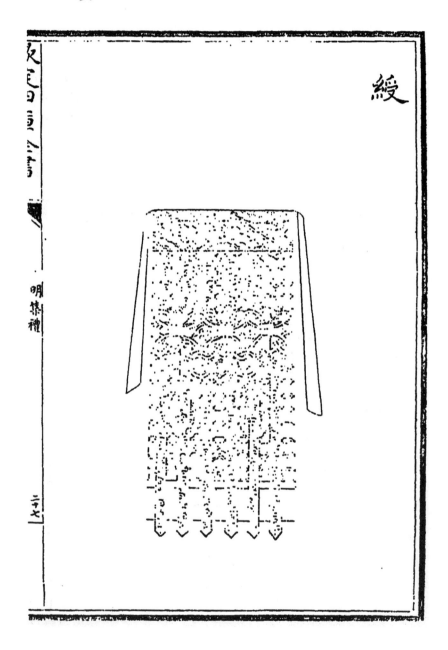

方心曲領

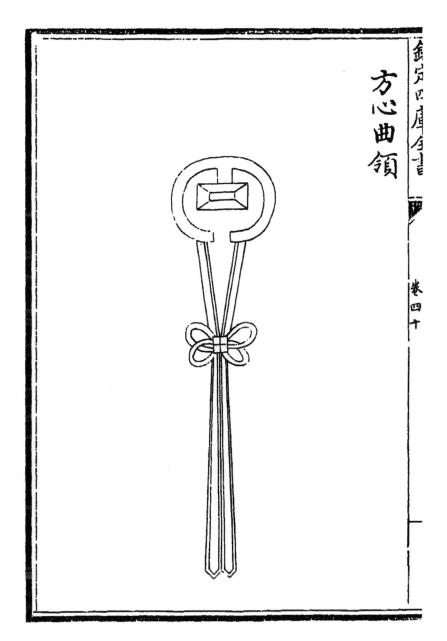

假帶

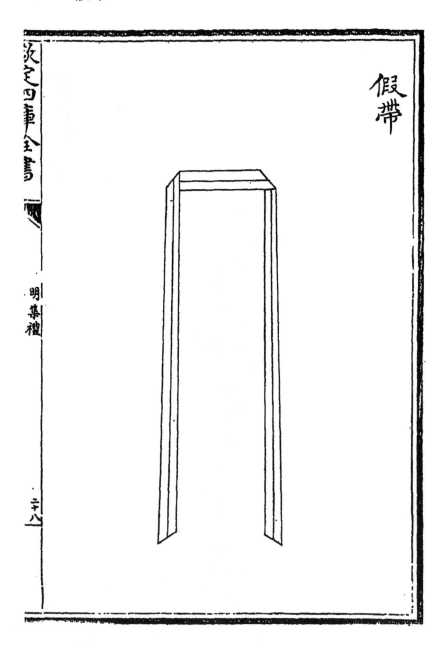

束帶

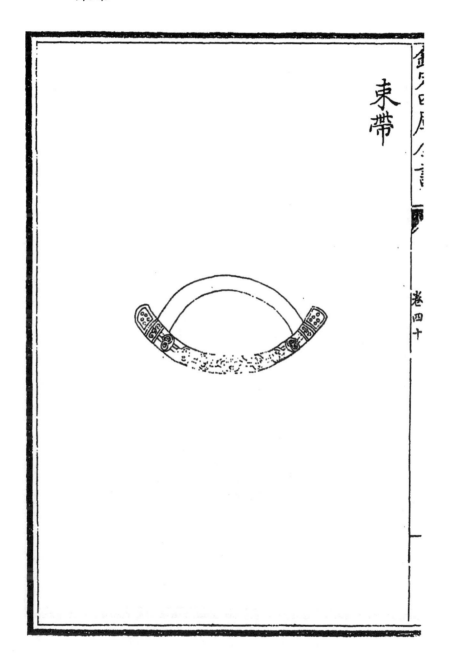

襪 舄

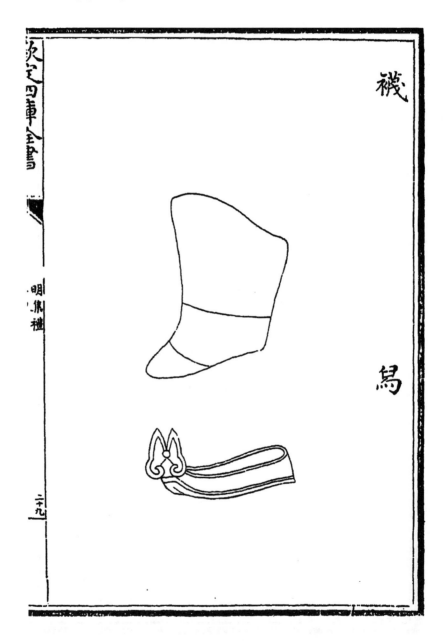

烏紗帽

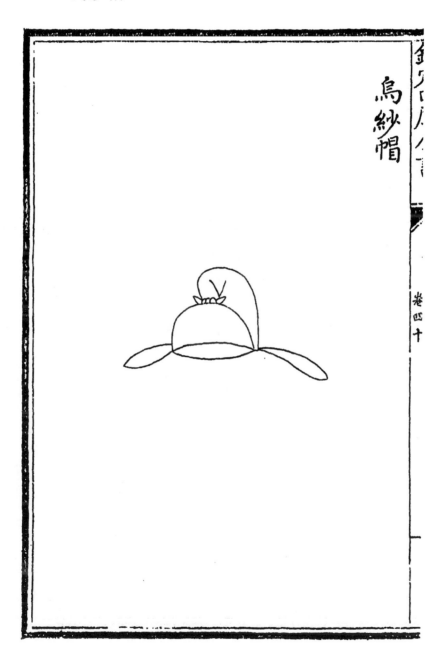

盤領衣

内使

烏紗交脚帽

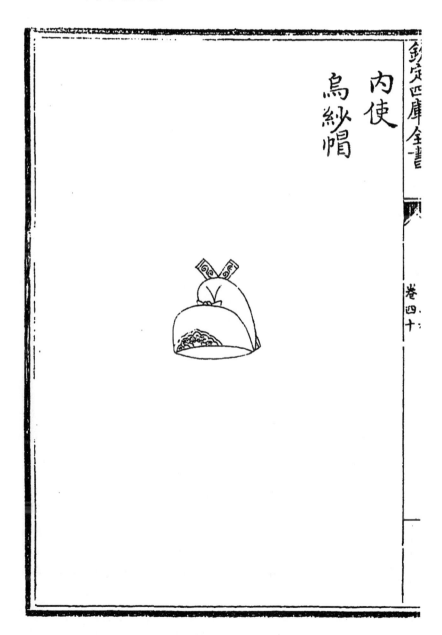

胸背花盤領大袖衫

角束帶　靴

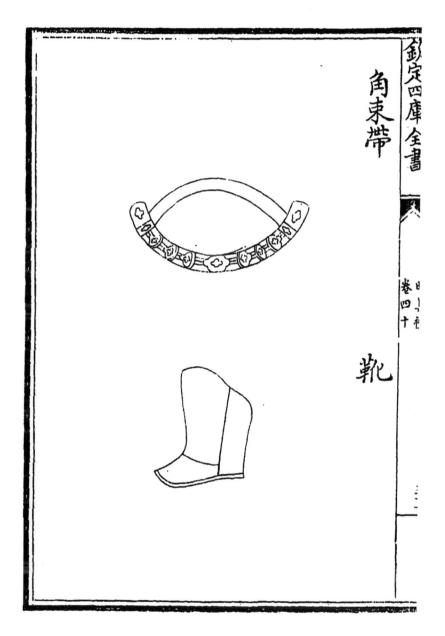

侍儀舍人

展角幞頭

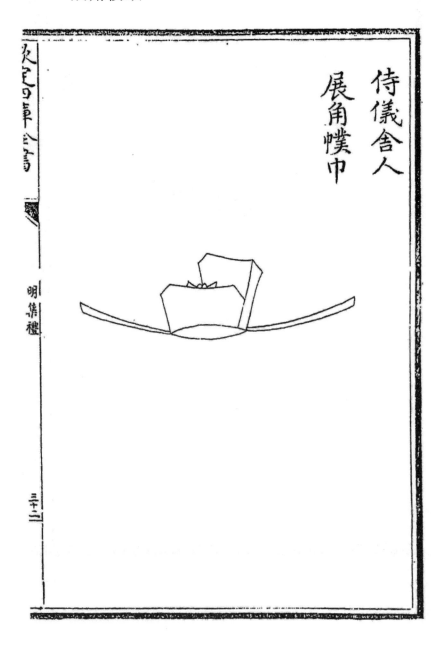

窄袖衫

束帶_缺

校尉

交脚幞頭

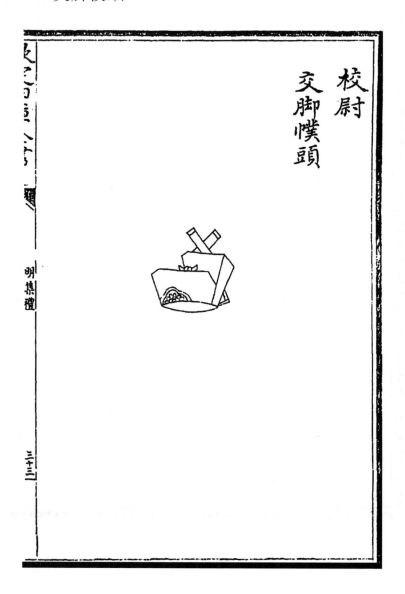

寶相花裙襖

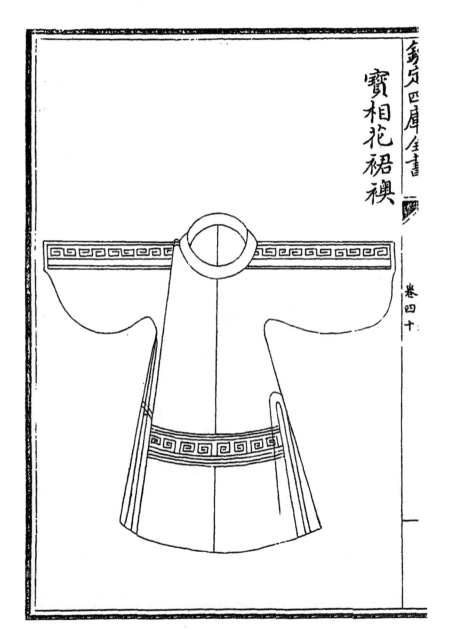

葵花束帶

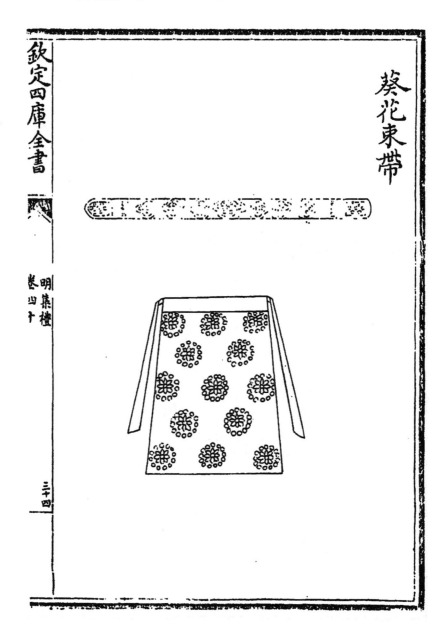

皂靴

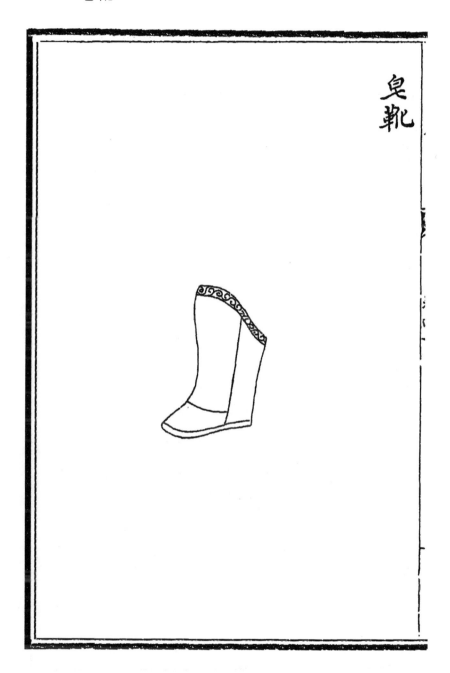

刻期

腰線襖子

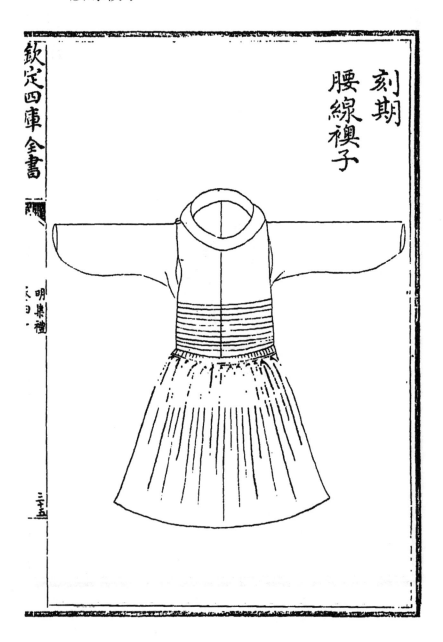

方頂巾　象牙條環　闊條

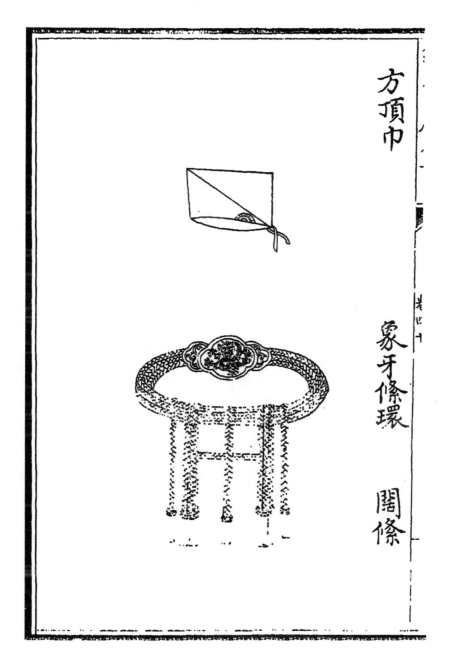

士庶

四方平定巾_缺

盤領衣_缺

皇后

九龍四鳳冠

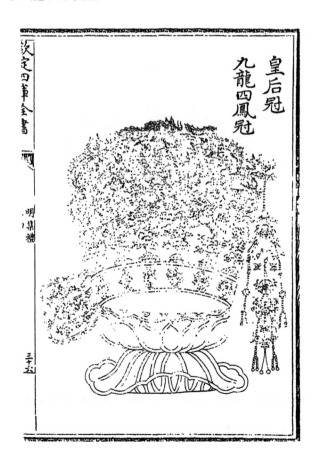

束帶　靴

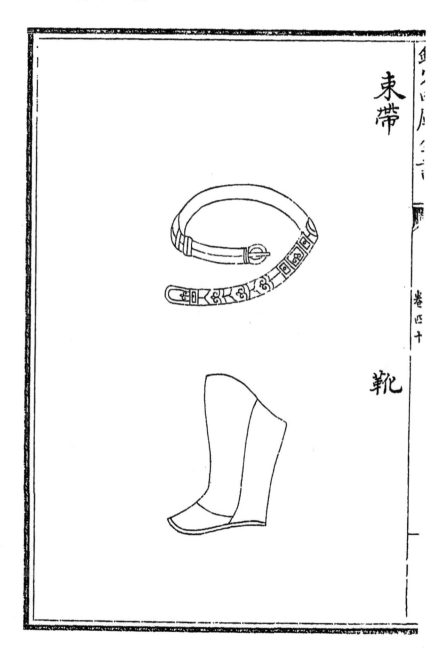

褘衣

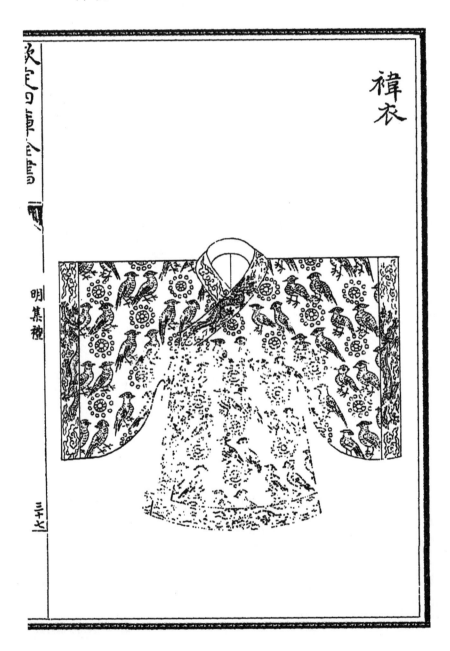

中單_缺

蔽膝_缺

革帶_缺

大帶_缺

雙珮_缺

綬_缺

襪_缺

舄_缺

皇妃太子妃王妃公主同

九翬四鳳冠_缺

翟衣_缺

中單_缺

蔽膝_缺

革帶_缺

大帶_缺

珮_缺

綬_缺

襪_缺

舃_缺

命婦

冠花釵九樹_{九鈿缺}

八樹_{八鈿缺}

七樹_{七鈿缺}

六樹_{六鈿缺}

五樹五鈿缺

四樹 四鈿缺

三樹 三鈿缺

二樹 二鈿缺

一樹 一鈿缺

翟衣九重 缺

中單 缺

蔽膝 缺

大帶 缺

革帶 缺

襪 缺

珮 缺

綬_缺

舄_缺

宮人

烏紗帽_缺

團領宮袖_缺

金束帶_缺

裙_缺

弓鞋_缺

大明集禮卷四一

車輅

總序

黃帝作車。陶唐氏制彤車。有虞氏制鸞車。夏后氏制錫車。殷制大輅，又有桑根車。

《周官》所掌，天子與后皆有五輅，天子之輅自金輅以下，臣下亦得用之。

漢、唐以來車輅，天子至公卿，皇后至外命婦，各有等差，大抵皆做周制而損益之也。

國朝自乘輿、中宮、皇太子、諸王、妃主皆乘車輅、腰輿，而公卿大臣則乘安車、肩輿，其制度各有差等。今考歷代之制，爲《車輅篇》。

天子車輅

周制，王之五輅。

其一曰玉輅，錫樊纓，十有再就，建太常十有二斿以祀，以玉飾諸末，錫馬面當盧，刻金爲之。所謂鏤錫也。樊音鞶，馬大帶也。纓，謂當胸也，以韋爲之。樊纓飾，以采罽就成也，十有二匝也。太常，旐之畫日月者。斿，旐脚也。繫于正幅以祀，祀天地宗廟也。

二曰金輅，鈎樊纓，九就，建大旂，以賓，以封同姓，以金飾諸末。鈎，馬頜之鈎也。無錫有鈎，亦以金爲之。其樊及纓，以五采罽餫之而九成。大旂，九旗之交龍者。以賓，以會賓客也。同姓，王子母弟也。

三曰象輅，朱樊纓，七就，建大赤，以朝，以封異姓，以象飾諸末，無鈎，以朱飾勒而已。其樊及纓，以五采罽餫之而七成。大赤，九旗之通帛。以朝，以日視朝也。異姓，王之甥舅也。

四曰革輅，龍勒條纓，五就，建大白，以即戎，以封四衛，輓之以革而漆之，無他飾。龍讀如字，驪也。以白黑飾韋，雜色爲勒。條，讀爲絛。其樊及纓，以絛絲飾之而五成。不言樊，蓋脫字耳。大白，殷之旐，猶周大赤，象正色也。即戎，謂兵事。四衛，四方諸侯守衛者。

五曰木輅，前樊鵠纓，建大麾，以田，以封蕃國，不輓，以革漆之而已。前音翦，翦，淺黑色也。無龍勒，以淺黑餫韋爲樊，鵠色爲纓。不言就數，飾與革輅同。大麾不在九旗中。以正色言之，則黑，夏后氏所建也。蕃國，九州之外夷服。鎮服，蕃服也。

凡五等，諸侯所得輅，在國及朝天子皆乘之。但朝天子之時，乘至天子館則舍之，于館諸侯自相朝，亦得乘之。親迎皆乘所賜輅。又有輇車，即輦也。無輪，用十五人而輦。

秦平九國，蕩滅典籍，舊制多亡。因殷桑根車，似金根之色，而制金根車，用金爲飾，而爲帝軫，旗皀旒，以從水德。復法水數，駕馬以六。古者，諸侯貳車九乘。

秦滅九國，兼其車服，故大駕屬車八十一乘，法駕半之。左右分行。其車皆皂蓋赤裏、木轓輈、戈矛、弩箙。尚書、御史所載最後一乘，懸豹尾。豹尾以前爲省中，以輦爲人君之乘。

漢制，乘輿黃屋左纛，鸞旗在前，屬車在後，翠鳳之駕，旌旗、鼓車、旄頭先驅，旗幟尚赤。

大駕備車千乘，騎萬疋，屬車八十一乘。公卿奉引，太僕、大將軍驂乘，祀天于甘泉用之。

輦因秦，以雕玉爲之，方徑六尺。或使人輓之，或駕果下馬。

東漢大駕屬車八十一乘，法駕半之，屬車三十六乘。大駕希用，惟上陵及遭大喪施之。

法駕，公卿不在鹵簿中。惟河南尹、執金吾、洛陽令奉引，侍中驂乘，奉車郎御，前驅有九斿雲罕、鳳凰闟戟、皮軒鸞旗，皆大夫載。鸞旗或謂之雞翹。後有金鉦、黃鉞、黃門鼓車、屬車，皆皂蓋赤裏、木轓輈、戈矛弩箙。尚書、御史所載最後一車懸豹尾。豹尾以前比省中。行祠天郊以法駕。

祀地、明堂省什三，祠宗廟尤省，謂之小駕。

乘輿、金根、安車、立車，輪皆朱班重牙，金薄繆龍爲輿倚較，文虎伏軾，龍首銜軛，左右吉陽筩，鸞雀立衡，樠文畫輈，羽蓋華蚤，建大旂十有二斿，畫日月、升龍，駕六馬，象鑣鏤錫，金錽方釳，插翟尾，朱兼樊纓，赤罽易茸，金就十有二，左纛以氂牛尾爲之，在左騑馬軛上，大如斗，是爲德車。五時車、安、立亦皆如之，各如方色，馬亦如之。白馬者，朱其髦尾爲朱鬣云。所御駕六，餘皆駕四，後從爲副車。

晉制，玉、金、象、革、木等輅，是爲五輅，並天子之法車，皆朱班漆輪，畫爲樠文三十幅，法月之數。重轂貳轄，以赤油，廣八寸，長三尺，注地。繫兩軸頭，謂之飛軨，金薄繆龍爲輿倚較，爲文獸伏軾，龍首銜軛，左右吉陽筒，鸞雀立衡，櫨文畫轅及轓，青蓋黃爲裏，謂之黃屋，金華施橑末，橑二十八，以象宿，兩箱之後皆玳瑁爲鷗翅，加以金銀雕飾，故世人亦謂之金鷗車。斜注旂旗于車之左右，加榮戟于車之右，皆囊而施之。榮戟韜以黻繡，上爲亞字，繫大蛙蟆幡。軛長丈餘。于戟之杪，以氂牛尾，大如斗，置左騑馬軛上，是爲左纛轅。皆曲向上，取《禮緯》"山車垂句"之義，言不揉而能自曲也。

玉、金、象三輅，各以其物餙車，因以爲名。革者漆革，木者漆木。

其制，玉輅最尊，建太常十有二旂，九仞委地，畫日月升龍，以祀天。

金輅建大旂，九旒，以會萬國之賓，亦以賜上公及王子母弟。

象輅建大赤，通赤無畫，所以視朝，亦以賜諸侯。

革輅建大白，以即戎，亦以賜四鎮諸侯。

木輅建大麾，以田獵，其麾色黑，亦以賜蕃國。

玉輅駕六黑馬，餘四輅皆駕四馬，馬並以黃金爲文髦，插以翟尾。象鑣而鏤錫[1]，金鐶而方釳，金鐶者，謂以金鐶爲文旌，以鐆爲之，其大三寸，中央兩頭高，如山形，貫中以翟尾而結著之也。繁纓赤罽易茸，金就十有二。五輅皆有錫鸞之飾，和鈴之響，鈎膺玉瓚，鈎膺，繁纓也。瓚，馬帶玦名也。龍輈華轙，輈，車轅也，頭爲龍象。轙，謂車衡止環受鸞者也。朱幩。幩，餙也，人君，朱纏鑣扇汗，以爲餙也。

法駕行則有五輅各有所主，不俱出；臨軒大會則陳乘輿、車輦、旌鼓于其殿庭。

車，坐乘者謂之安車，倚乘者謂之立車，亦謂之高車。按《周禮》，惟王后有安車也，王亦無之。

自漢以來制乘輿，乃有之。有青立車、青安車、赤立車、赤安車、黃立車、黃安車、白立車、白安車、黑立車、黑安車，合十乘，名爲五時車，俗謂之五帝車。天子所御則駕六，其餘並駕四。建旂十二，各如車色。立車則正豎其旗，安車則斜注。駕馬亦各隨五時之色，白馬則朱其鬣尾，左右騑驂，金鍐鏤錫，黃屋左纛，如金根之制，行則從後。五牛旗，平吳後所造，以五牛建旗，車設五牛，青赤在左，黃在中，白黑在右。小出即乘輦。

宋玉輅依晉金根車，加赤漆槅畫，以玉飾諸末，建青旗，十有二旒，駕玄馬四，復因漢之安車，施羽葆蓋以祀。以金飾爲金輅，建青旗，駕玄馬四，羽葆蓋，以賓。象革、木輅並擬玉輅。象輅視朝，革輅即戎，二輅並建大旗，駕玄馬四，木輅建赤麾，以田，駕赤馬四。

大事，法駕五輅俱出。孝建中，尚書令王宏議屬車起秦，八十一乘及三十六乘，並不出經典，自胡廣、蔡邕傳說耳。又是從官所乘非副車正數，江左五乘，則儉不中禮，帝王文物、旗斿皆十二爲節，今宜依禮十二乘爲制。

齊因宋金根車而修五輅，先青，次赤，次黃，次白，次黑，依行運之色也。

梁五輅，旗、麾同用赤，而斿不異，亦從行運所尚。其小輿似輅車，金裝漆畫，元、正大會乘出上殿，西堂舉哀亦乘之，行則從後。

又制步輿，方四尺，上施隱膝，人輿上殿。天子至下賤，通得乘之。

復制副輦，加笨，步本反。如犢車，通幰朱絡，謂之篷輦。

陳五輅，皆金薄交龍爲輿倚校，文豹伏軾，虬首銜軛，左右吉陽筩，鸞雀立衡，櫨文畫轓，綠油蓋，黃紋裏，相思橑，金華末。邪注旄旗于車之左，各依方色。加棨戟于車之右，韜以黂繡。獸頭幡，長丈四尺，懸于戟杪。玉輅正副同駕六馬，餘皆駕駟，並金文髦，插于翟尾，玉爲鏤錫。以綵畫蛙蟆幡，綴兩頭，易漢之飛軨。五輅兩箱後，皆玳瑁爲鷗翅，金銀雕飾。兩箱裏，衣紅錦，金花帖釘，上用紅錦爲後襠，青紋純帶花簟，各綺繡褥夏花簟，冬綺繡褥①。

後魏車輅，各依方色，駕五馬，無經據。

後周輅有十二等，一曰蒼輅，以祀昊天上帝，二曰青輅，以祀東方上帝，三曰朱輅，以祀南方上帝及朝日，四曰黃輅，以祭地示、中央上帝及夕月，六曰玄輅，以祀北方上帝及感帝、神州。此六輅通飾之，而無他飾，即周木輅遺象也。馬皆疏面之，斿就以方色，俱十有二。

七曰玉輅，以享先皇、加元服、納后，八曰碧輅，以祭社稷、享諸先帝、食三老五更、享諸侯、耕籍，九曰金輅，以祀星辰、視朔，十曰象輅，以望秩群祀，十一曰革輅，十二曰木輅。此六輅漆畫之，玉碧金象革物飾諸末。錫面金鈎，就以五采，俱十有二。

其輅之飾，重輪重較，加茸焉。皇帝之輅，輿廣六尺有六寸，畫輪輈，衡以雲牙，箱軾櫨文，內畫雜獸，獸伏軾，鹿倚較。三辰之常，玄青蒼等旗，畫繪之，六仞曳地。

設和鑾，以節趨行。圓蓋方輿，以象天地。

---

① "夏花簟冬綺繡褥"，原缺，據《通典》卷六四《禮二十四·嘉禮九·天子車輅》補。

　　隋玉輅，青質，重箱，盤輿，左龍右虎，金鳳翅，畫櫨文軏，左立虡，金鳳一在軾前，八鸞在衡，二軨在軾。龍輈之上，前設障塵，青蓋黃裏①，繡斿帶，金博山，綴以鏡子，下垂八珮。樹四十葆羽，輪皆朱班，重牙複轄。左建太常十有二斿，皆畫升龍日月，其長曳地。右載闟戟，長四尺，闊三尺，黻文旗首。金龍頭銜鈴及緌，垂以結綬。駕蒼龍，金鑁方釳，插翟尾五，焦鏤錫鑾纓，十有二就，皆五采繢罽爲飾。天子祭祀、納后則乘之。

　　金輅，赤質，左建旗，畫飛皂，右建闟戟，盤輿鳳等，並同玉輅，駕赤驪，臨朝、會同、饗射、飲至則乘之。

　　象輅，黃質，左建旟②，畫斿騂，右建闟戟，駕黃驪，祀后土則乘之。

　　革輅，白質，鞔以革，左建旗，畫騶虞，右建闟戟，駕白駝驪③，巡守臨兵則乘之。

　　木輅，黑質，漆之，左建旐，畫玄武，右闟戟，駕黑驪，田獵則乘之。其輅並駕六馬，馬斾同玉輅。

　　復置安車，重輿曲壁，紫油纁朱裏通幰，朱絲絡網，朱鑾纓，駕赤驪，臨幸則乘之。

　　文帝既平陳，因爲法令，憲章往古，大駕依秦，法駕依漢，小駕依宋。

　　煬帝大業初，復備大駕八十一乘，後改爲三十六乘，法駕用十二，小駕除之。

　　輦不施輪，通幰朱絡，飾以金玉，而人荷之。

---

① “黃”，原缺，據《文獻通考》卷一一六《王禮考十一·乘輿車旗鹵簿》補。
② “旟”，原缺，據《文獻通考》卷一一六《王禮考十一·乘輿車旗鹵簿》補。
③ “驪”，原缺，據《文獻通考》卷一一六《王禮考十一·乘輿車旗鹵簿》補。

又依梁制副輦，復制輿如輦而小，宮苑私宴御之。

小輿方形，同幄帳，自閤內升殿御之。

唐制，玉輅者，祭祀、納后所乘也。青質，玉餙末。

金輅者，享射、祀還、飲至所乘也。赤質，金餙末。

象輅者，行道所乘也，黃質，象餙末。

革輅者，臨兵巡守所乘也，白質，鞔以革。

木輅者，蒐田所乘也，黑質漆之。

五輅皆重輿，左青龍，右白虎，金鳳翅，畫苣文鳥獸，黃屋左纛，金鳳一、鈴二在軾前，鸞十二在衡，龍輈前設障塵，青蓋三層繡飾，上設博山方鏡，下圓鏡，樹羽輪金根，朱班重牙，左建旂，十有二旒，畫升龍，其長曳地，青繡綢杠，右載闒戟，長四尺，廣三尺，黻文旂首，金龍銜錦結綬及繸帶，垂鈴，金鑀方釳，插翟尾五，焦鏤錫，鞶纓十二就，旌旗、蓋、鞶纓皆從輅質。唯蓋裏皆用黃。

五輅皆有副，耕籍所乘也，青質①，三重蓋，餘如玉輅。

安車者，臨幸所乘也，金飾，重輿，曲壁，紫油繡，朱裏通幰，朱絲絡網，朱鞶纓，駕赤騮，副輅。

耕根車、安車，皆八鸞。

四望車者，拜陵、臨吊所乘也，制如安車，青油繡，朱絲絡網。

又有屬車十乘，一曰指南車。黃帝與蚩尤戰于涿鹿，蚩尤作大霧，將士皆迷四方。黃帝作指南車，以示方。故後常建焉。周公時，越裳氏來獻，使者迷其歸路，周公爲司南車使載之而歸。故常爲先導，示服遠人而正四方。後漢張衡始復制造。魏制，車上有木仙人，手常指南。晉大駕出行，爲先啓之乘。宋、齊、梁因之。唐備于大駕。

二曰記里鼓車。記里鼓車，東晉義熙中劉裕滅後秦所獲，未詳其所由來。

---

① "青"，原作"責"，據嘉靖本改。

制如指南車，駕四馬，中有木人執槌向鼓，行一里，則擊一槌。宋因之。大駕鹵簿，次指南車。後梁駕以牛。唐因宋制。

三曰白鷺車。白鷺車，隋制，一名鼓吹車，上施層樓，樓上有翔鷺棲焉。唐因之，駕四馬。

四曰鸞旗車。漢制，鸞旗車爲前驅。晉、宋、唐因之，駕四馬。

五曰辟惡車。秦制，上有桃弧、葦矢，以袚不祥。唐駕四馬。

六曰皮軒車。皮軒車，漢前驅車，以虎皮爲軒，取《曲禮》"前有士師則載虎"之義。晉、宋因之，駕四馬，皆大夫載，自後無聞。唐備于大駕。

七曰羊車。羊車，晉制，一名輦。齊制，皇太子所乘。梁令辮髻小兒數人引之，貴賤通乘，亦名轪子。隋制，金寶飾，童子二十人年十四五者乘之。小吏駕果下馬，其大如羊。唐因之，小吏十四人。

與耕根車、四望車、安車爲十乘。耕根車，漢制，如副車，有三蓋，一曰芝車，親耕所乘。晉因之。駕四馬，置耒耜于軾上。隋以青爲質，駕六馬。唐因之。四望車，齊制，通幰，油幢絡，班漆輪轂，亦曰皂輪，以加貴臣。隋制，同犢車，黃金飾，駕一牛，拜陵、臨吊則乘之。唐駕四馬。安車，周制，后及致仕之老乘之。漢安車、立車，是爲德車。五時車、安、立亦如之，各如方色，建大旂，十有二旒，駕六馬。皇太子、皇子、公侯皆乘之。自漢以後，亦爲副車。唐以金飾。行幸，陳于鹵簿，則分前後，大朝會則分左右。

太宗貞觀元年，始加黃鉞車，《漢志》在大駕後。晉駕一馬，次于華蓋後御麾左右。又有金鉞車、金鉦車，並駕三馬。豹尾車，豹尾車，周制，象君子豹變，以尾者言謙也。軍正建之。漢大駕出，最後一乘懸豹尾，豹尾以前比之省中。晉因之，在鹵簿末。唐駕二馬。通爲屬車十二乘，以爲儀仗之用。大駕行幸，則分前後施于鹵簿之內。若大陳設，行則分左右，施于儀仗之中。

高祖、太宗，大禮則乘輅。高宗不喜乘輅，每有大禮，則乘輦。玄宗以輦不中禮，廢而不用。開元十一年，冬祀南郊，乘輅而往。禮畢,騎還。自是行幸、郊祀,皆騎于儀仗之內。其五輅、腰輿,陳于鹵簿而已。

輦十有七①,一曰大鳳輦,二曰大芳輦,三曰仙遊輦,四曰小輕輦,五曰方亭輦,六曰大玉輦,七曰小玉輦。轝有三,一曰五色轝,二曰常平轝,三曰腰轝。大駕鹵簿,先五輅以行。

宋玉輅,青飾,輅頂天輪三層,塗以綠,青羅爲衣,繡雲龍于上,上層一重,下層三重,每層綴鍍金小鈴三層,飾以玉耀葉八十一,用青玉爲之,以金鍍銀鏤龍文置于中,兩傍有金花,插天輪之周回,形如蕉葉,輪傍有鐵圓箭,耀葉之下皆有鐵簪入箭中,繫以青帶,圍以輪衣,又青羅兩長幅,表裏繡雲龍,自輅頂交于四角,分垂至輅臺下,謂之絡帶,或遇雨,覆以黃絹油衣。

輅之中②,其頂中虛,繡寶蓋,鬭以八頂,餙以八金龍,用香檀木爲之,御座居中,純用香檀,不飾他物,取黃中正色也,座之左右金龍首,銜珠穗毬一,中兩龍間一大火珠,乘以金蓮花臺,座之引手亦飾金龍,倚背及座皆以金銀絲織成,紋錦曲几,用香檀,覆以錦褥,御座後垂錦簾,駕登輅則捲之,有梯級以登,飾以金綵雲龍,每級皆覆以錦褥,東偏小梯級,執綏官由此先登,以紅繩維其前,立于東柱,以備顧問。

輅身四柱,皆餙以金,前兩柱各有大金龍纏于上,傍有珠穗毬二,輅臺中外皆設錦褥,臺之外,前有橫按,謂之香檀,設金鑪一、金香合二,立金鳳十二于前,案外有金纏龍臺二,以金覆,蓮葉足,案前裙板有四金龍,間玉方勝,以明青表而出之,前有牌,

---

① “有”,原缺,據《唐會要》卷三二《輿服下》補。
② “輅”,原作“軸”,據《文獻通考》卷一一七《王禮考十二·乘輿車旗鹵簿》改。

篆書玉輅二字,以玉爲之。有結子繫金鳳之足,旁有二金絲線結八,垂牌之兩傍,中有玉連環結子,正垂牌上,玉環碾二龍,絡之四面周以欄,而闕其中,以備登降。

每面于兩欄之角用玉蹲龍一,各有金圓照二,分置左右,玉羽臺一居中,插孔雀羽五枝以辟塵,四面其數凡八,圓照倍之。圓照名曰照熖,插以鐵簪,繫以繡帶,如耀葉之飾。

輪衣下垂緅帶,間以玉珮,覆綴以鍍金鈸鈴,每垂各六,與玉珮間設,周圍數各十二。輅下有蹲龍十六,以金鍍銀爲之,在虛盤四圍之兩傍,有托角雲龍四,金彩爲飾,前後左右各二,又有一字小欄,飾以金,伏于輅下。有朱圓木橫于轅前,在托角雲龍之內。

輅前有轅木,固以筋膠,飾以金碧,昂首鱗體,如龍之狀,皆飾以金。龍首之上有兩橫竿,青絲繫之,前曰鳳轅,飾以青,列立鳳十二,六馬載以行,次曰推轅,綠色黑文,衛士推之,以助馬力。其橫設轅,後曰壓轅,亦青飾,衛士壓其後,欲取其平左右,冒以金龍。

其輪三歲一易,心用榆木,束以鐵圈,掩以金鍍銀,輅下橫貫圓木爲軸,冒以金筒,以金蹲龍簪夾兩輪,輪文皆綵繪,其輻飾以金花葉。衛士左右各六十人。以青絹飾大索鈎于軸首,而手入軸傍,金鐶引之而前,各以青索置扇上。外有副輪二,以爲備,飾亦如之。

立鳳轅下六青馬,四在轅內,二在轅外。又有六馬,以備番用。馬首被銅面,其額以畫獸,銜以鐵牛,黃裏青絹表,鍍金銅飾之,其背屜,表以綠錦,裏以青絹,裏韂六鈴、七鈸,置之兩傍,其領下青纓,曰繛頞,覆以金鈸。每馬各一,輅之所止,有行馬二,飾以彩綠。

左建太常十二,斿繡日月、五星,右龍斿,職掌駕士二百三十八人,服平巾幘、絹抹額、羅繡對鳳袍,皆以青緋羅繡對鳳襖,又羅抹帶、絹袴、襪、麻鞋,皆青色。

青驄馬三十匹,執綏官一員,捧輪將軍四人,呵唱二人,前後攔馬各九人,踏道二十二人,轅馬十二人,誕馬十二人,抱轅墜轅各六人,正副托叉各四人①,把棒四人,小梯二人,香匙篗二人,紅軸頭二人,推杆四人,刮輪四人,龍頭二人,燭臺二人,靜席二人,左右索各六十一人,職掌五員,教馬二人,車子官健八人,蓋覆儀鸞司五人,千牛衛上將軍二員,抱龍斿太常六員,進馬四員,牧馬三十人,香蹬睥睨一,排列官一員。

金輅,色以赤,駕六赤馬,駕士六十四人。

象輅,色以淺黃,駕六赭白馬,駕士四十人。

革輅,色以黃,駕六騩馬,駕士四十人。

木輅,色以黑,駕六黑驪馬,駕士四十人。

自金輅而下,其制皆同玉輅,惟無玉飾,副玉輅、副金輅、副象輅、副革輅、副木輅,並駕六馬,駕士四十人。當用銀飾者,皆以銅,餘制如正輅。

耕根車,如五輅之副,駕六青馬,駕士四十人。

進賢車,古安車也,赤質,兩壁紗牕,擎耳虛櫃一②,轅,緋幰衣,絡帶、門簾皆繡鳳,紅絲網,中設朱漆床香案,紫裱案衣,緋繒裏,鞦索,朱漆行馬,駕士二十四人。

---

① "叉",原作"义",據《宋史》卷一四九《輿服志一》改。
② "櫃",原作"□",據《宋史》卷一四九《輿服志一》改。

明遠車,古四望車也,駕四馬,赤質,制如屋重欄,勾欄上有金龍,四角重銅鐸,上層四面垂簾,下層周以花轅三板,駕士四十人。

羊車,亦爲畫輪車,駕以牛,後改駕以果下馬二,赤質,兩壁畫龜文,金鳳翅,緋幰衣,絡帶、門簾皆繡瑞羊,童子十八人。

指南車,一名司馬車,赤質,兩箱畫青龍、白虎,四面畫花鳥,重臺勾欄鏤拱,四角垂香囊,上有仙人。車雖轉而手恒指南,一轅,鳳首,駕四馬,駕士三十人。

記里鼓車,一名大章車,赤質,四面畫花鳥,重臺勾欄鏤拱,行一里則上層木人擊鼓,十里則次層木人擊鐲,一轅,鳳首,駕四馬,駕士三十人。

白鷺車,赤質,上有朱柱,貫五輪相重,輪衣以緋,皂頂及緋絡帶,立繡飛鷺。柱杪刻木爲鷺,銜鵝毛筩,紅綏帶,一轅,駕四馬,駕士十八人。

鸞旗車,赤質,曲壁,一轅,上載赤旗,繡鸞鳥,駕四馬,駕士十八人。

崇德車,古辟惡車也,赤質,周施花板,四角刻辟惡獸,中載黃旗,亦繡此獸。太僕署令一人在車中,執旗,駕四馬,駕士十八人。

皮軒車,赤質,曲壁,上有柱,貫五輪相重,畫虎文,駕四馬,駕士十八人。

黃鉞車,赤質,曲壁,中設金鉞,錦囊綢杠,左武衛隊正一人在車中,執鉞,駕兩馬,駕士十五人。

豹尾車,制同黃鉞車,上載朱漆竿,首綴豹尾,右武衛隊正一人執之,駕兩馬,駕士十五人。

屬車，黑質，兩箱疊裝，前有曲闌，金銅飾，上施紫通幰，絡帶、門簾皆繡雲鶴，紫網帉錔。每乘駕三牛，駕士十人。

大輦，赤質，正方，油畫，金塗銀葉，龍鳳裝。其上四面行雲龍朵火珠，方鑑，銀絲囊網，珠翠結絛雲龍，鈿窠霞子①，四角龍頭銜香囊，頂輪施耀葉。中有銀蓮花坐龍，紅綾裏，碧牙壓帖。內設圓鑑，銀絲香囊，銀飾勾闌臺坐，紅絲絛網帉錔。中施黃褥，置御坐、扶几、香爐、錦結綬。几衣、輪衣、絡帶，並緋繡，壓金銀錢。長竿四，銀裹鐵銅龍頭魚鉤，錦膊褥，銀裝畫梯，托叉②，黃羅緣席褥帊，梯杖褥，朱索，緋繒油帊。主輦六十四人。

腰輿，前後長竿各二，金銅螭頭，緋繡鳳裙襴，上施錦褥，別設小床，緋繡花龍衣，奉輿十六人。

元玉輅，青質，金裝，青綠藻井，栲栳輪蓋。外施金裝雕木雲龍，內盤碾玉福海圓龍一，頂上匝以金塗鍮石葉八十一。上圍九者二，中圍九者三，下圍九者四。

頂輪衣三重，上二重青繡雲龍瑞草，下一重無文。輪衣內黃屋一，黃素紵絲瀝水，周垂朱絲結網，青紵絲繡小帶四十八，帶頭綴金塗小銅鈴，青紵絲繡絡帶二。

頂輪平素面夾用青紵絲蓋。四周垂流蘇八，餙以五采茸線結網五重，金塗銅鈒五。金塗木珠二十有五。又繫玉雜佩八，珩璜衝瑀全，金塗鍮石鉤掛十六，黃茸貫頂天心直下十字繩二，各長三丈。

蓋下立朱漆柱四，柱下直平盤虛櫃中檊三十，下外桄二。漆

---

① "鈿"，原作"佃"，據《宋史》卷一四九《輿服志一》改。

② "叉"，原作"义"，據《宋史》卷一四九《輿服志一》改。

繪犀、象、鸚鵡、錦雉、孔雀，隔窠嵌裝花板，櫃周朱漆勾闌，雲拱地霞葉百七十有九。下垂牙護泥虛板，並朱漆畫瑞草勾闌。

上玉行龍十，碾玉蹲龍十，孔雀羽臺九，水精面火珠七，金圈熔銅照八。輿下周垂朱絲結網，餙以金塗鍮石鐸三百，綵畫鍮石梅萼嵌網眼中。

輿之長轅三，界轅勾心各三，上下龍頭六。前轅引首玉螭頭三，桃頭十六，繪以蹲龍①。轅頭衡一，兩端玉龍頭二，上列金塗銅鳳十二，含以金塗銅鈴。

輿之軸一，輪二。軸之挙羅二，明轄蹲龍銓，並青。漆輪之輻各二十四，轂首壓貼金塗銅轂八十一，金塗鍮石擎耳戀攀四。

櫃之前，朱漆金裝雲龍輅牌一，牌字以玉裝綴。

輅之箱，四壁雕鏤漆畫填心隔窠龜文花板，上層左畫青龍，右畫白虎，前畫朱雀，後畫玄武。輅之前額，玉行龍二，奉一水精珠，後額如之。前兩柱，茸鈴索五，貼金鸞和大響銅鈴十，金塗鍮石雙魚五。下朱漆軾櫃一，櫃上金香毬、金香寶、金香合、銀灰盤各一，並黃絲綏帶。

輅之後，朱漆後軹一，金塗曲戌黃紵絲銷金雲龍門簾一，緋紵絲繡雲龍帶二。

輅之中，金塗鍮石較碾玉龍椅一，靠背上金塗圈熔玉明珠一。

左建太常旃，十有二斿，青羅繡日、月、五星、升龍。右建闟戟一，九斿，青羅繡雲龍。中央黃羅繡青黼文，兩旗綢杠，並青羅。旗首金塗鍮石龍頭二，金塗鍮石鈸青纓綏十二重，金塗木珠

---

① “繪”，原作“絵”，據《元史》卷七八《輿服志一》改。

流蘇十二重。

龍椅上方坐一,緑褥一,皆錦銷金黄羅夾帕一,方輿地褥二,勾闌內褥八,皆用雜錦綺。

青漆金塗鍮石鉸葉踏道一,小褥五重,青漆雕木塗金龍頭行馬一,小青漆梯一。青漆柄金塗長托叉二①,金塗首青漆推竿一,青茸引輅索二,各長六丈餘。金塗銅環二,黄茸綏一。輅馬、誕馬,並青色。鞍彎鞦勒纓拂鞦,並青韋,金飾。誕馬青織金紵絲屜四,青羅銷金絹裏籠鞍六。蓋輅黄絹大蒙帕一,黄油絹帕一。駕士平巾大袖,並青繪紵絲爲之。

金輅,赤質,金飾,內盤真金福海圓龍,輅馬、誕馬並赤色,駕士並衣緋。

象輅,黄質,象飾,內盤描金象牙雕福海圓龍,輅馬、誕馬並黄色,駕士並衣黄。

革輅,白質,革鞍,內盤描金白檀雕福海圓龍,輅馬、誕馬皆白色,駕士並衣白。

木輅,黑質,漆之,內盤描金紫檀雕福海圓龍,輅馬、誕馬並黑色,駕士並衣紫。餘皆同玉輅之制。

腰輿以香木,後背作山子,牙嵌七寶裝。

象轎,駕以象,凡巡幸則御之。

皇后車輅

周制,皇后之五輅,重翟,錫面朱總;厭翟,勒面繢總;安車,雕面鷖總,皆有容蓋;翟車,貝面組總,有幄;輦車,組輓,有翣,羽蓋。

凡言翟者，皆謂以翟雉之羽爲車兩傍之蔽也。重則以二重爲之，壓則相次，以厭其本。單言翟者，不重，不厭，但以翟飾車之側爾。安車無蔽，坐乘車也。凡婦人車，皆坐乘，而此獨謂之安車者，以其無重翟、厭翟、翟車、輦車之名，無異物之稱，故獨稱安車也。輦車，無餚，但漆之而已。錫面，以錫飾馬面也。勒面，以韋爲當面飾也。雕面，則雕之而已。貝面，以貝餚勒之當面也。朱總，謂以朱繒爲餚，著馬勒直兩耳也。繢總，畫文爲飾也。鷩者，青黑色。組總，以組織爲總也。容，謂車。帷，蓋謂車蓋。有幄，則無蓋矣。翣，所以禦風塵也。羽蓋，以羽作小蓋，以翳日也。

重翟，后從王祭祀所乘。厭翟，后從王賓饗諸侯所乘。安車，后朝見于王所乘。翟車，后乘以采桑[1]。輦車，后居宮中從容所乘，爲輇輪，而人輓之以行者也。

漢制，皇后鸞輅，青羽蓋，駕四馬，斿九旒。

東漢太皇太后、皇太后、皇后法駕，皆御金根車，重翟，羽蓋，加青交絡帷裳。其非法駕，則乘紫罽軿車，雲檔文畫輈，黃金塗五末，蓋施金花，駕三馬，左右騑。

晉制，后乘重翟羽蓋金根車，加青絡，青帷裳，雲檔畫轅，黃金塗五末，蓋施金華，駕三馬，左右騑。

其廟見小駕，則乘紫罽軿車，飾及駕馬如重翟。

非法駕則皇太后乘輦，皇后乘畫輪車。

皇后先蠶，乘油畫雲母安車，駕六騩馬。騩，淺黑色。油畫兩轅

① "采"，原作"出"，據《通典》卷六五《禮二十五·沿革二十五·嘉禮十·皇太后皇后車輅》改。

安車，駕五騧馬，爲副；又金博山軿車，紫絳罽軿車，皆駕三騧馬，爲副。

宋因晉制，法駕乘重翟。先蠶乘油畫雲母安車。

齊制，皇后乘重翟車，碧旂九斿，榮戟。

後魏皇后之輅，其從祭則御金根車，親喪則御雲母車，歸寧則御紫罽車，遊行御安車，吊問御紺罽車，並駕四馬。

後周皇后之車十二等：

一曰重翟，以從皇帝祀郊禖①，享先皇，朝皇太后。

二曰厭翟，以祭陰社。

三曰翟輅，以采桑。

四曰翠輅，以從皇帝見賓客。

五曰雕輅，以歸寧。

六曰象輅，以臨諸道法門。六輅皆鉤面、朱總、金鉤。

七曰蒼輅，以適命婦。

八曰青輅，九曰朱輅，十曰黃輅，十一曰白輅，十二曰玄輅。五時常出則供之。六輅皆疏面、繢總。

隋，重翟，青質，金飾諸末，朱輪，金根朱牙，其箱飾以重翟羽，青油幢，朱裏，通幰，繡紫帷，朱絲絡網，綉紫絡帶，八鸞在衡，鏤錫，鞶纓十二就，金鍐方釳，插翟尾，朱總，駕蒼龍，受册、從祀郊禖、享廟則供之。

厭翟，赤質，金飾諸末，輪畫朱牙，其箱餙以翟羽，紫油幢，朱裏，通幰，紅錦帷，朱絲絡網，紅錦帶，餘如重翟，駕赤騮，親桑供之。

---

① "郊"，原缺，據《通典》卷六五《禮二十五·沿革二十五·嘉禮十·皇太后皇后車輅》補。

翟車，黃質，金飾諸末，朱輪畫朱牙，飾以翟羽，黃油幢，黃裏，通幰，白紅錦帷，朱絲絡網，白紅錦絡帶，餘如重翟，駕黃騮，歸寧則供之。諸鞶纓之色，皆從車質。

安車，赤質，金餙，紫通幰，朱裏，駕四馬，臨幸及弔則供之。

輦，金飾，同于蓬輦，通幰，班輪，駕四馬，宮苑近行則乘之。

屬車三十六乘。

唐因隋制，重翟、厭翟、翟車、安車，其餙不易。

又制四望車，朱質，紫油通幰①，油畫絡帶②，拜陵、臨弔則供之。

又制金根車，朱質，紫油通幰，油畫絡帶，朱絲絡網，常行則供之。

宋皇后，唯用厭翟車。其制，箱上有平盤，四角曲闌，兩壁紗窗，龜文，金鳳翅，前有虛櫃、香爐、香寶，緋繡幰衣，絡帶門簾，三輞鳳首，畫梯推竿行馬，緋繒裹索，駕六馬，金銅面，纓轡鈴襻緋屧。駕士三十人，武弁、緋繡衫。常出止用副，金塗銀裝。白藤輿各一，上覆椶栢屋，同乘輿平頭輦之制。

元皇后出入，用象輦。

國朝 ⬚

皇太子車輅

《周禮》：金輅，建大旂，以封同姓。

漢皇太子、皇子皆安車①，朱班輪、飛軨青蓋、塗花椅、倚虎伏鹿②、櫨文畫轓文軿③、吉陽筩、金塗五末④，旂九斿降龍⑤。皇太子爲王，賜以乘之。皇孫綠車以從。皆左右騑三馬。名皇孫車。

魏因漢制，文帝問："東平王有輅，爲是特賜乎？"鄭稱對曰："天子五輅。金輅以封同姓。諸侯得與天子同乘金輅。非特賜也。"

晉皇太子安車，因魏制，而駕三馬，非法駕則乘畫輪車，上開四望，綠油幢，朱綠繩絡，兩箱裹餝以金錦，黃金塗五末。其副車三乘，形制如所乘，但不畫輪耳。王青蓋車，皇孫綠蓋車，並駕馬三⑥，左右騑。

東晉安帝時，皇子乘後山安車，制如金輅。

宋因晉制，皇子爲王，亦錫以皇太子之安車。皇孫綠車，亦因舊法。

齊皇太子乘象輅，校飾如御旂旗九斿，降龍。

梁皇太子、皇子因齊象輅制鸞輅，駕三，左右騑，朱班輪，倚獸較，伏鹿軾，九斿降龍，青蓋畫轓文軿，文金塗五末，以畫輪車爲副。

---

① "皇子"，原缺，據《通典》卷六五《禮二十五·沿革二十五·嘉禮十·皇太子皇子車輅》補。

② "倚"，原缺，據《通典》卷六五《禮二十五·沿革二十五·嘉禮十·皇太子皇子車輅》補。

③ "轓文軿"，原作"輪"，據《通典》卷六五《禮二十五·沿革二十五·嘉禮十·皇太子皇子車輅》改。

④ "金塗"前原衍"文"，據《通典》卷六五《禮二十五·沿革二十五·嘉禮十·皇太子皇子車輅》刪。

⑤ "九斿"，原缺，據《後漢書》卷一一九《輿服志上》補。

⑥ "三"，原缺，據《通典》卷六五《禮二十五·沿革二十五·嘉禮十·皇太子皇子車輅》補。

其畫輪車，上開四望，綠油幢，朱繩絡，兩箱裹餙以金錦。

後魏太子乘金輅，朱蓋，赤質，駕四馬。

隋皇太子金輅，赤質，金飾諸末，重較箱，畫櫨文鳥獸，黃屋①，伏鹿軾，龍輈，金鳳一在軾前，設障塵，朱蓋黃裹，畫朱牙。左建旂九斿，右載闟戟。旂首金龍頭銜結綴及鈴綏。駕赤騮駟，八鸞在衡，二鈴在軾，金鍐方釳，插翟尾五，焦鏤錫，鞶纓九就。從祀享廟、正冬大朝、納妃則乘之。

軺車②，金餙諸末，紫通幰，朱裏，駕一馬，五日常朝及朝饗宮官，出入行道乘之。

四望車，金飾諸末，紫油幢，通幰，朱裏，朱絲絡網，駕一馬，吊臨則乘之。

唐太子車輅因隋制，親王象輅。

宋皇太子謁太廟，乘金輅，常朝則乘馬。親王乘革輅。

國朝皇太子乘金輅。

皇太子金輅制度

輅身一乘，四柱，朱紅漆，金貼銅葉段，金貼銅釘子裝釘。前、左、右二柱，描一升降金龍二條，上四面花板四片，中四面頰板八片，下、左、右並後三面花板，每面六片花板，皆青地，上粧五采蟠龍。

天輪三層，用朱紅漆，上安金貼銅耀葉七十二片，紅羅絡帶

---

① "屋"，原缺，據《通典》卷六五《禮二十五·沿革二十五·嘉禮十·皇太子皇子車輅》補。

② "軺"，原作"輅"，據《通典》卷六五《禮二十五·沿革二十五·嘉禮十·皇太子皇子車輅》改。

二條,繡升降龍二條。

珮八吊,用金貼銅爲之相間,緰帶掛天輪上。

緰帶八吊,每吊用青、紅、白、黑四色絲結成,五層,每層用金貼銅大鈸子一個,金貼銅小鈸子九個。

鬭八頂,紅地,上描金升降龍八條,頂心照子一個,周圍青斗拱,外邊四花板,紅地,描金雲朵。

平盤,四邊護盤長花板,青地,每邊粧五采龍一條,下虛櫃四向花板,青地,每向九片,粧五采翔禽、海獸,内左右二面用托角霞龍四個,粧五采明金,用釘處用金貼銅釘裝釘。

一字构欄,在輅南牌邊,花板一層,中四片,左右各一個,青地,描金龍四條,用釘處用金貼銅葉、金貼銅釘裝釘。

四角构欄,周圍輅身,外四向,皆通門。每向兩角花板各二層,共八片,青地,描金龍各八條,每角用寶照一個,嵌以金貼銅火熖立羽臺二個。四向欄柱並作金貼銅座龍,用釘處用金貼銅葉、金貼銅釘裝釘。

車輪,輪質朱紅,用五采漆龍二條,輻質朱紅,轂質亦朱紅,五采漆龍二條,俱用金貼銅葉、金貼銅釘裝釘。軸頭,金貼銅鈸面。軸上,金貼銅龍頭插拴二個。

長轅三條,轅首金貼銅龍首三個。轅身,紅朱,漆泥金龍鱗。轅後,金貼銅罨頭。

轅上,有立鳳橫竿,用朱紅漆,竿兩頭金貼銅龍頭二個,竿上金貼銅立鳳九個,鳳銜金貼銅鐸兒九個。

抱轅竿一根,紅地,描金花,兩頭金貼銅罨頭。

紅旗二面,内左旗竿頭金貼龍頭,旗身上用全幅,兩面皆繡龍一條,下用九幅,内外皆繡升龍五條、降龍四條相間,右竿頭用金貼銅戟，旗身上用全幅，外一面繡黻，内一面繡龍一條，下用九幅，内外皆繡升龍五條、降龍四條相間。竿頭垂鈴鐸兩個，上各垂紅流蘇九個，下並垂紅絲結子。

輅牌，朱紅漆造，兩旁描升降金龍，上下用描金雲朵。

輅中座椅，朱紅漆造。靠背兩頭金貼銅龍頭二個。椅手龍頭二個。腳踏納板並朱紅漆。座褥、腳踏、褥子並繡團龍七條。不坐，則以紅帕覆之。

曲几，用紅朱漆，四色藥玉珠爲裙網，象牙滴子。不用，以紅帕覆之。

香櫃，用朱紅漆，金貼銅葉、金貼銅釘裝釘。金貼銀香爐一個、金貼銀香合一個、金貼銀燭臺一對、金貼銀香匙筯一副。

踏梯，用朱紅漆造，金貼銅葉及金貼銅釘子裝釘。不用，以紅帕覆之。

執綏官踏梯，用紅漆。

軟簾一把，用青錦，上有金銅鉢遮那一副、金貼銅掛搭雁鈎四個。

搜索，用紅絲成造。

淨席一領，用紅絹褖。

朱紅漆托叉二件①。

朱紅漆合蟬梯一副。

朱紅漆小木梯一。

朱紅漆行馬二座，金貼銅葉、金貼銅釘裝釘。

---

① "叉"，原作"义"，據上文改。

妃主命婦以下車輅

東漢，長公主乘赤罽軿車。大貴人、公主、王妃、封君油畫軿車。大貴人加節畫輈，皆右騑。公、列侯夫人會朝，若親蠶，各乘其夫之安車，右騑，加交絡，帷裳皆皂①。非公會，不得乘朝車，得乘漆布輜軿，銅五末。

晉，三夫人油軿車，駕兩馬，左騑。貴人加節畫輈。

三夫人助蠶，乘青交絡安車，駕三，皆以紫絳罽軿車。

九嬪世婦乘軿車，駕三。

長公主赤罽軿車，駕兩馬。

公主、王太妃皆油軿車，駕兩馬，右騑。

公主油畫安車，駕三，青交絡，以紫絳罽軿車駕三爲副，王太妃、三夫人亦如之。

公主助蠶，乘油畫安車，駕三。公主有先置者，乘青交絡安車，駕三。

諸王妃、公太夫人、夫人、縣鄉君、諸郡、公侯特進夫人助蠶，乘皂交絡車，駕三。

諸侯監國世子之世婦、侍中常侍尚書中書監令卿校世婦、命婦助蠶，乘皂交絡安車，儷馬。

郡縣公侯、中二千石、二千石夫人會朝及蠶，各乘其夫之安車，皆右騑，皂交絡，皂帷裳。

自非公會則不得乘安車，止乘漆布輜軿，銅五末而已。

---

① “皂”，原作“同”，據《通典》卷六五《禮二十五·沿革二十五·嘉禮十·主妃命婦等車》改。

王妃、特進夫人、封郡君，安車，駕三，皂交絡。

封縣鄉君，油軿車，駕兩馬，右騑。

宋，公主安車，以紫絳廚軿車爲副，駕三。

九嬪世婦，軿車，駕一。

王妃、特進夫人、封君，皂交絡安車，駕三。

其貴人、公主、王妃、封君油軿駕二，右騑。

公、列侯、中二千石夫人會朝及蠶所乘，依漢故事。

齊，皇子妃厭翟車，如重翟，餙而微減。油輅畫安車，公主、王妃、三公特進夫人所乘，正、副皆依漢、晉。

梁，長公主、公主、諸王太妃，皆得乘青油襜幢通幰車，襜幢涅幰爲副。

皇女、諸王嗣子、侯夫人，皆乘赤油襜幢車，以涅幰爲副。

侍女直乘涅幰二乘①。

北齊因魏制，其諸公主乘油朱絡網車，車中餙用金塗及純銀。

後周，諸公夫人之輅車九：厭翟、翟輅、翠輅，皆錫面，朱總，金鉤。雕輅、篆輅，皆勒面，繢總。朱輅、黃輅、白輅、玄輅，皆雕面。

諸侯夫人自翟輅而下八，諸伯夫人自翠輅而下七，諸子夫人自雕輅而下六，諸侯夫人自篆輅而下五。鞶纓就數，各視其君。

三妃、三公夫人之輅九：篆輅、朱輅、黃輅、白輅、玄輅皆勒面，緇總。夏篆、夏縵、墨車、軺車，皆雕面、鷖總。

① “直乘”，原作“聽”，據《通典》卷六五《禮二十五・沿革二十五・嘉禮十・主妃命婦等車》改。

三妣、由力反。三孤内子，自朱輅以下八，六嬪、六卿内子，自黃輅而下七，上下媛婦、中大夫孺人，自夏篆而下四，女御婉、士婦人，自夏縵而下三。其鑾纓就，各以其等。皆篹蒲，漆之。君以赤，卿、大夫、士以玄。君駕四，三鞗六轡。卿、大夫、士駕二，一鞗四轡。

隋，皇太子妃乘翟車，以赤爲質，駕三馬，畫輈金餙犢車，紫幰，朱網絡。

良娣以下，並乘犢車，青幰朱裏。

三公夫人、公主、王妃並犢車，紫幰，朱絡網①。五品以上，並乘青幰，與其夫同。

唐，内命婦夫人乘厭翟車，嬪乘翟車，婕妤以下乘安車，各駕二馬。

外命婦、公主、王妃乘厭翟車，駕二馬。

自餘一品乘白銅餙犢車，青通幰，朱裏油幢，朱絲絡網，駕牛；二品以下，去油幢、絡網；四品，青偏幰。

宋内外命婦之車，銀裝白藤輿檐，内命婦、皇親所乘。白藤輿檐金銅犢車，或覆以毡，或覆以梭，内外命婦通乘。

國朝 ☐☐☐

公卿以下車輅

《周禮》：象輅，以封異姓。革輅，以封四衛。服車五乘：孤乘夏篆，卿乘夏縵，大夫乘墨車，士乘棧車，庶人乘役車。服車者，

① “絡網”，原作“網絡”，據《通典》卷六五《禮二十五·沿革二十五·嘉禮十·主妃命婦等車》乙。

服事之車。夏篆,謂五色畫轂約。夏縵,亦五采畫而無篆。墨車,不畫但以漆革鞔車而已。棧車,不革鞔但漆之而已。役車,方箱,可載任器,以供役者也。

漢,六百石以上施車轓,得銅五末,軛有吉陽筩。二千石以上右騑,三百石以上皂布蓋,千石以上皂繒覆蓋,二百石以上白布蓋,皆四維杠衣。賈人不得乘馬車。吏亦蓋杠。其餘皆青。

後漢,公卿乘安車,朱班輪,倚鹿較,伏熊軾,皂繒蓋,黑轓,右騑。中二千石、二千石皆皂蓋,朱兩轓。千石、六百石朱左轓,長六尺。

晉制,三公、九卿、河南尹郊廟、明堂皆大車立乘,駕四。前後導從大車,駕二,右騑。他出乘安車。其去位致仕告老,賜安車,駕四。郡縣公侯安車,駕二,右騑,皆朱班輪,倚鹿較,伏熊軾,黑轓皂,繒蓋。中二千石、二千石,皆皂蓋,朱兩轓,銅五末,駕二。中二千石以上,右騑。千石、六百石,朱左轓,車輅長六尺。

宋制,追鋒車、雲母車、四望車公及列侯所乘安車,依漢舊制,駕二馬。旌旗斿,王公八①、侯七、卿五,皆降龍。公卿中二千石郊陵法出,皆大車立乘,駕四。他出及去位、致仕者,皆安車,四馬。二千石皆皂蓋,朱轓,銅五末,駕二,右騑。王公之世子攝命治國者,安車,駕三。旌旗七斿,侯世子五斿。

齊制,黃蓋車,建碧旌九斿,九命上公所乘。

青蓋安車,朱轓班輪,駕一,左右騑,通幰車為副,諸王禮行所乘。

---

① “八”,原缺,據《通典》卷六五《禮二十五·沿革二十五·嘉禮十·公侯大夫等車輅》補。

皂蓋安車，朱轓漆班輪，駕一，通幰朱車爲副，三公禮行所乘。

安車，黑耳皂蓋，朱轓，駕一，牛車爲副，國公列侯禮行所乘。

馬車，駕一，九卿、領、護、二衛、驍游、四軍、五校從郊陵所乘。餘同晉法。

梁，二千石四品以上及列侯，皆給軺車，駕牛，伏兔箱，青油幢，朱絲絡網，轂皆黑漆。

天監二年令，三公、開府、尚書令給鹿轓軺，施耳，後戶，皂鞲。

尚書僕射、左右光祿大夫、侍中、中書監、秘書監，給鳳轓軺，後戶，皂網。

領、護、國子祭酒、太子詹事、尚書、侍中、列卿等，給聊泥軺，無後戶，漆輪。

車、驃騎及諸王除刺史帶將軍，給龍雀軺，以金銀餙。

御史中丞給方蓋軺，形小如傘。

諸王、三公有勳德者，皆特加皂輪車，駕牛，形如犢車，但烏漆輪轂，黃金雕裝，上加青油幢，朱絲絡，通幰。

王公加禮者，給油幢絡車，駕牛，朱輪華轂。

陳因梁制。

後魏三公及王車，朱屋青蓋，制同五輅，名曰高車，駕三馬。

庶姓王侯及尚書令、僕以下，列卿以上，並給軺車，駕一馬，或乘四望通幰車，駕一牛。

北齊制，庶姓王、儀同三司以上[1]，翟尾扇，紫傘[2]。

---

① “上”，原作“下”，據《通典》卷六五《禮二十五·沿革二十五·嘉禮十·公侯大夫等車輅》改。

② “紫”，原缺，據《通典》卷六五《禮二十五·沿革二十五·嘉禮十·公侯大夫等車輅》補。

皇宗及三品以上官①，青傘朱裏。其青傘碧裏，達于士人，不禁。

正、從一品執事、散官，乘油朱絡網車，車牛鐊得用金塗及純銀。三品乘卷通幰車，車牛金鐊。七品以上，乘偏幰車，車牛鐊以銅②。

後周諸公之輅九，方略、_{各象方色}。碧輅、金輅皆錫，鞶纓九就，金鈎。象輅、犀輅、貝輅、革輅、篆輅、木輅皆疏鞶纓九就，皆以朱白蒼三采。

諸侯自方輅而下八，無碧輅。

諸伯自方輅而下七，又無金輅。

諸子自方輅而下六，又無象輅。

諸男自方輅而下五，又無犀輅。凡就，各如其命。

三公之車輅九：祀輅、犀輅、貝輅、篆輅、木輅、夏篆、夏縵、墨車、轏車。自篆以上③，金塗諸末，錫鞶纓，金鈎。木輅以下，銅鐊諸末，疏鞶纓皆九就。

三孤自祀輅而下八，無犀輅。

六卿自祀輅而下七，又無貝輅。

上大夫自祀輅而下六，又無篆輅。

中大夫自祀輅而下五，又無木輅。

下大夫自祀輅而下四，又無夏輅。

---

① “宗”，原作“家”，據《通典》卷六五《禮二十五·沿革二十五·嘉禮十·公侯大夫等車輅》改。

② “鐊”前衍“金”，據《通典》卷六五《禮二十五·沿革二十五·嘉禮十·公侯大夫等車輅》刪。

③ “上”，原作“下”，據《通典》卷六五《禮二十五·沿革二十五·嘉禮十·公侯大夫等車輅》改。

士車三：祀車、墨車、棧車。凡就，各如其命數。自孤以下，就以朱絲二采。

隋制，公及一品象輅，黃質，象飾諸末，建旟，畫以鳥隼，受册、告廟、升壇、上任、親迎及葬則乘之。

侯、伯及二品、三品革輅，白質，建旟，畫以熊虎，受册、告廟、親迎及葬則乘之。

子、男及四品木輅，漆飾，建旐，畫以龜蛇，受册、告廟、親迎及葬則乘之。象輅以下，斿及就數，各依爵品。

犢車，則魏武賜楊彪七香車也，駕牛，自王公以下至五品以上並給乘之。三品以上，通幰，朱裏；五品以上，紺幰，碧裏，皆銅裝。唯有參謁及弔喪者，則不張幰而乘鐵裝車。六品以下不給，任自乘犢車，弗許施幰。

唐制，王公以下車輅，親王及武職一品，象輅。自餘及二品、三品，革輅。四品，木輅。五品，軺車①。

象輅，朱班輪，左建旗，旗畫龍，一升一降。右載闒戟。

革輅，以革飾，左建旜，餘同象輅。

木輅，以漆飾之，餘同革輅。

軺車，四壁，青通幰。

諸輅質、蓋、斿、旜，皆朱。一品九斿，二品八斿，三品七斿，四品六斿，其有鞶纓就數皆準此。三品以上，珂九子；四品，七子；五品，五子；六品以下，去通幰及珂。王公車輅藏于太僕，受制、行册命、巡陵、婚葬則給之，餘皆以騎代車。

---

① "軺"，原作"輅"，據《通典》卷六五《禮二十五·沿革二十五·嘉禮十·公侯大夫等車輅》改。

宋群臣車輅、鞍馬之制，親王、一品奉使及葬，並給革輅，制同乘輿之副，惟改龍鯑爲螭。

六引内，三品以上，乘革車，赤質，制如進賢車，駕四赤馬，駕士二十五人，緋繶衣、絡帶，旗戟，綢杠繡文，司徒以瑞馬，京牧以隼，御史大夫以獬豸，兵部尚書以虎，太常卿以鳳。

縣令乘軺車，黑質，兩壁紗牕，一轅，金銅鯑，紫幰衣，絡帶並繡雉御瑞草，駕二馬，駕士十八人。

百官常朝，皆乘馬。鞍勒之制，金塗銀裝牡丹花校具，重八十兩，紫羅繡寶相花雉子方韉，油畫鞍橋，白銀銜鐙，以賜宰相、親王、使相、殿前馬軍①、步軍都指揮使。

金塗銀裝太平花校具，重七十兩，紫羅繡瑞草方韉，油畫鞍橋，陷銀銜鐙，以賜樞密使、副使、參知政事、節度使、殿前馬軍、步軍副都指揮使、都虞候以上②。若出使，則加紅氂牛纓，金塗銀鈸。使相，外加紅織成鞍複。步軍都虞候以上賜帶甲馬者，加紅皮鞦轡校具，重七十兩③，青氈圓韉，陷銀御鐙。

金塗銀鬧裝麻葉校具，重五十兩，紫羅剜花方韉，油畫鞍橋，陷銀銜鐙，以賜三司使、文明、資政、翰林、龍圖、樞密直學士、御史中丞、兩使留後觀察、防禦使、軍廂都指揮使④。軍廂都指揮使初出受團練使、刺史者，賜亦同。

金塗銀三環寶相花校具，重二十五兩，紫羅圓韉，烏漆鞍橋，銜鐙，以賜團練使、刺史。

---

① “前”，原作“馬”，據《文獻通考》卷一一九《王禮考十四·群臣車輅鞍馬之制》改。
② “候”，原缺，據《宋史》卷一五〇《輿服志二》補。
③ “七十”，原作“一十七”，據《宋史》卷一五〇《輿服志二》改。
④ “軍”，原缺，據《宋史》卷一五〇《輿服志二》補。

金塗銀促結路州花校具,重二十兩,紫羅圓韀,以賜諸路承受。

白成重十五兩,以賜諸王宫寮①、翰林侍讀、侍書。

金塗銀寶相花校具,重二十兩,鸞雲校具重十五兩,以賜諸班押班、殿前指揮使以上。

白成窪面校具,重十二兩,以賜諸班。皆藍黄絁圓韀。

國朝

---

① "宫",原作"官",據《宋史》卷一五〇《輿服志二》改。

大明集禮卷四二

儀仗一①

總序

昔者，軒轅氏創旗蓋麾幢之容，列卒伍營衛之警，所以謹出入之防，嚴尊卑之分，而示天下後世以至公之制也。蓋人君者，天下之至尊也。清道而行，靜室而止，植戟懸楯，晝夜誰何，豈直以爲觀美哉？蓋所以爲愼重也。愼重則尊嚴，尊嚴則整肅，而儀仗者所以尊君而肅臣也。故《周官·隸僕》，"掌蹕宮中之事"。

漢朝會，則衛官陳車騎，張旗幟。

唐沿隋制，置衛尉卿，掌儀仗帳幙之事。

宋衛尉領左右金吾街司、左右金吾仗司、六軍儀仗司，主清道、徼巡、排列、奉引儀仗。

元置拱衛司，領控鶴戶，以供其事。

國朝制黃麾仗，凡正、至、聖節、朝會及册、拜、接見蕃臣，儀鸞司陳設儀仗而中宮、東宮、親王皆有儀仗之制焉。今集古今沿革，以著于篇。

---

① "一"，原作"篇"，據本書目録改。

乘輿

《周官·隸僕》:"掌蹕宮中之事。"蹕謂止行者,若今警蹕也。

漢高祖朝長樂宮,庭中陳車騎戍卒、衛官設兵,張旗幟,殿下郎中俠陛,陛數百人。後漢正旦,天子幸德陽殿臨軒,虎賁羽林,弧弓撮矢,束矢也。陛戟左右,戎頭,即兜鍪。偪脛,行縢也。陪前向後。

梁制,二仗行幸,則有槊仗,近燕則有隊仗。

隋有三仗六行,在大仗內行,別六十人,而其詳皆無紀焉。

唐制,凡朝會之仗,三衛番上,分爲五仗,號衙內五衛。一曰供奉仗,以左右衛爲之,二曰親仗,以親衛爲之,三曰勳仗,以勳衛爲之,四曰翊仗,以翊衛爲之,皆服鶡冠、緋裌,五曰散手仗,以親勳翊衛爲之,服緋絁裲襠、繡野馬,列坐東西廊下。每月以四十六人立內廊閤外,號曰內仗,以左右金吾衛將軍,當上中郎將一人押之。有押仗官,有知隊仗官。朝堂置左右引駕三衛六十人,分五番,引駕佽飛六十六人,分六番。元日、冬至大朝會、宴見蕃國王,則供奉仗、散手仗,立于殿上。

黃麾仗,樂懸、五路、五副路、屬車、輿輦、繖二、翰二,陳于庭,扇一百五十有六,三衛三百人執之,陳于兩廂。

黃麾仗左右箱,各十二部,十二行,一長戟、六色氅、二儀鍠五色幡、三大稍、小孔雀氅、四小戟刀楯、五短戟、五色鸚鵡毛氅、六細射弓箭、七小稍鸚鵡毛氅、八金花朱縢絡楯刀、九戎雞毛氅、十細射弓箭、十一大鋋白毦、十二金花綠縢絡楯刀,皆服五色雲花襖帽,每行一色。

黃麾仗首尾廂,各絳引幡二十,引前十,掩後十,廂各獨揭鼓十二重，重二人，首二部獅子袍，次一部豹文袍。每黄麾仗一，部鼓一，諸衛大將軍各一人檢校，被繡袍。

又有五旗仗，左右衛黄旗仗立于兩階之次，左右驍衛赤旗仗列于東西廊下，左右武衛白旗仗居驍騎之，次左右威衛黑旗仗立于階下，左右領軍衛青旗仗居威衛之次，鍪甲、弓箭、刀楯、矟穳各隨五旗之色。

又有夾轂隊，廂各六隊，隊三十人，親勳翊衛仗，廂各三隊，隊四十人，武衛内有持鈒隊，執銀裝長刀，絳引幡一、金節十二分左右，罕[①]、畢[②]、朱雀幢、青龍、白虎幢隊各一百四十人，分左右三行，又殳刀、步甲隊殳仗左右，廂千人，廂别二百五十人執殳，百五十人執叉[③]，殳、叉[④]，戟類，殳無刃而短，黑飾兩末，叉青飾兩末[⑤]。步甲隊從左右廂各四十八，前後皆二十四。

次左右金吾衛辟邪旗隊，又清游隊、朱雀隊、玄武隊、諸衛俠門隊、長槍隊，與諸隊相間。

朝日，殿上設黼扆、躡席、熏爐、香案，百官班齊，扇合，皇帝陞御座，内謁者喚仗，羽林勘契仗，入朝罷。皇帝步入東序門，然後放仗。内外仗隊七刻乃下。宴蕃客日，隊下復立半仗于兩廊。朔望受朝及蕃客辭見，加纛矟隊，儀仗減半。

凡千牛仗立，則全仗立。千牛仗者，以千牛備身爲之，皆執御刀、弓箭，升殿，列御座左右。

其内外路門以排道人帶刀捉仗而立，號曰立門仗。

---

① “罕”，原作“罕”，據《新唐書》卷二三《儀衛志上》改。
② “畢”，原作“畢”，據《新唐書》卷二三《儀衛志上》改。
③ “叉”，原作“义”，據《新唐書》卷二三《儀衛志上》改。
④ “叉”，原作“义”，據《新唐書》卷二三《儀衛志上》改。
⑤ “叉”，原作“义”，據《新唐書》卷二三《儀衛志上》改。

宣政左右門仗，內外三番而立，號曰交番仗。

皇帝親征，纂嚴諸衛，列黃麾仗。巡狩，建牙旗于壇外，黃麾大仗屯門，鈒戟陳壇中。鈒，插也。制本，插車傍。冊太子，列黃麾大仗，冊三師、三公、親王，設黃麾半仗，冊公主，設鈒戟近仗于殿庭。

宋御殿儀仗，本充庭之制。殿庭屯門，皆列諸衛黃麾大仗。太祖又增創錯繡諸旗，並幡、氅等。正、至、五月一日御正殿，則陳之青龍、白虎旗各一，分左右，五嶽旗五在左，五星旗五在右，五方龍旗二十五在左，五方鳳旗二十五在右，紅門神旗二十八分左右，朱雀、真武旗各一分左右，皂纛十二分左右，以上金吾。天一、太一旗各一分左右，攝提旗二分左右，五神旗五，木、火在左，金、水、土在右。北斗旗一在左，二十八宿旗各一，角宿至壁宿在右，奎宿至軫宿在左。風伯、雨師旗各一分左右，白澤、馴象、仙鹿、玉兔、馴犀、金鸚鵡、瑞麥、孔雀、野馬、犦牛旗各二分左右，日月合璧旗一在左，五星連珠旗一在右，雷公、電母旗各一分左右，軍公旗六分左右，黃鹿、飛麟、兕、驦牙、白狼、蒼烏、辟邪、網子、貔旗各二分左右，信幡二十二分左右，傳教、告止幡各十二分左右，黃麾二分左右，以上兵部。日旗、月旗各一分左右，君王萬歲旗一在左，天下太平旗一在右，獅子旗二分左右，金鸞、金鳳旗各一分左右，五方龍旗各一，青、赤在左，黃、白、黑在右，以上龍墀。龍君、虎君旗各五分左右，赤豹、黃熊旗各五分左右，小黃龍旗一在左，天馬旗一在右，吏兵、力士旗各五分左右，天王旗四分左右，太歲旗十二分左右，天馬旗六分左右，排闌旗六十分左右，左右幡氅各五行，行七十五，大黃龍旗二分左右，大神旗六分左右。

又制旗二十一，南郊用之，大黃龍負圖旗陳于明德門前，餘二十旗悉立于宿頓宮前。遇朝會、冊禮,亦皆陳于殿庭。

　　大慶殿大朝會,黃麾大仗五千二十五人,仗首左右廂各二部,絳引幡十,執幡各一名,服武弁、緋繡寶相花寬衫、革帶、大口袴。諸部隊大將軍、將軍、折衝、果毅、帥兵官,銀帶、袴,並執儀人帽並隨色。第一部,左右領軍衛大將軍各一員,第二部左右領軍折衝。服平巾幘、紫繡白澤袍、銀帶、大口袴、錦螣蛇、佩橫刀、弓矢。後部及步甲隊大將軍、將軍、折衝、果毅服佩同。掌鼓一名,後部並服同。服帽緋繡抹額、寶相花寬衫、革帶、行縢、鞵襪。帥兵官一十人分左右,後部並服同。服平巾幘、緋繡寶相花寬衫、銀帶、大口袴。執儀刀部十二行,每行持各十人。後部並仗同。第一行,龍頭竿黃雞四角氅,凡氅,皆持以龍頭竿。第二行儀鍠五色幡,第三行青孔雀五角氅,第四行烏戟,第五行緋鳳六角氅,第六行細弓矢,第七行白鵝四角氅,第八行朱縢絡盾刀,第九行皂鵝六角氅,第十行細弓矢,第十一行稍,第十二行綠縢絡盾刀,揭鼓二,掌揭鼓二人,後部同。服帽黃繡抹額、寶相花寬衫、革帶、行縢鞵、襪。第二、第七行銀褐,第三、第十一行青,第四、第九行皂,第五、第八、第十、第十二行並揭鼓緋。後部準此。以上排列,左右廂第一部,各于軍員之南居次廂。第一部稍前,第二部于第一部之後,並相向。次廂左右各三部,第一部,左右屯衛大將軍各一員,第二部左右武衛大將軍,第三部左右衛將軍。果毅各一員,第二、第三部折衝。服飛麟袍,第二部瑞鷹,第三部瑞馬。于仗首左右廂第一部之南相向。持黃麾幡二人,服武弁、黃繡寶相花寬衫、革帶、大口袴,在當御廂前分立。當御廂左右各一部,左右衛果毅各一名,服瑞馬袍,于玉輅之前分左右,並北向。次後廂左右各三部,第一部左右驍衛將軍各一員,第二部左右領軍衛折衝,第三部左右領軍衛果毅。服赤豹袍,第二、第三部白澤。第一部分于當御廂之左右差後,第二部左在金輅之後偏西，右在象輅之後偏東，第三部左在革輅之後偏西，右在木輅之後偏東，並北向。次後左右廂各三部，第一部左右武衛將軍各一員，第二部左右武衛將軍，第三部左右領軍衛折衝。服瑞鷹袍，第二部飛麟，第三部白澤。各在網子、鶡冠、貔旗之前，東西相向。左右廂各步甲十二隊，第一隊左右衛果毅各一員，第二隊左右衛，第四隊左右驍衛，第六隊左右武衛，第八隊左右屯衛，第十第十二隊左右領軍衛，並折衝。第三隊左右驍衛，第五隊左右武衛，第七隊左右屯衛，第九、第十一隊左右領軍衛，並果毅。服瑞馬袍。第三、第四隊赤豹，第五、第六隊瑞鷹，第七、第八隊飛麟，第九至第十二隊白澤。貔旗二，第二、第十一隊鶡雞，第三隊仙鹿，第四隊金鸚鵡，第五隊瑞麥，第六隊孔雀，第七隊野馬，第八隊犛牛，第九隊甘露，第十隊網子，第十二隊同第一隊。執旗二人，服帽黄繡抹額、寶相花寬衫、第五、第六隊銀褐，第七、第八隊皂，第九、第十隊青，第十一、第十二隊緋。革帶、佩横刀、黄鍪甲。第五、第六隊白，第七、第八隊黑，第九、第十隊青，第十一、第十二隊赤。刀盾第四、第六、第八、第十、第十二隊弓矢。三十人，爲五重，服錦臂褠、行縢、鞵韈，以上第一至第六隊在仗首第二部北，第七至第十二隊在仗首第二部南，東西相向。左右廂後部各十二隊，第一隊左右衛折衝各一員，第二隊左右衛，第五至第七隊左右武衛，第十至第十二隊左右領軍衛，並折衝。第三、第四隊左右驍衛，第八、第九隊左右屯衛，並果毅。服錦帽、緋繡戎服、瑞馬大袍，第三、第四隊赤豹，第五至第七隊瑞鷹，第八、第九隊飛麟，第十至十二隊白澤。錦帶窄袴，佩横刀、弓矢。角端旗二，第二隊赤熊，第三隊兕，第四隊太平，第五隊馴犀，第六隊鵕鸃，第七隊驪騳，第八隊騶牙，第九隊蒼烏，第十隊白狼，第十一隊龍馬，第十二隊金牛。執旗二人，服、佩同步甲隊。第一、第六、第十一隊青，第二、第七、第十二隊緋，第三、第八隊黄，第四、第九隊銀褐，第五、第十隊皂。執弩五人，爲一列，弓矢十人，爲二重，稍二十人，爲四重，服錦帽、青繡寶相花袍執稍人以緋。革帶、大口袴。以上在大慶門外，第一至第四隊在前，第五至第八隊在後，第九至第十二隊又在其後，東西相向。真武隊，金吾折衝都尉一員，服平巾幘、紫繡辟邪袍、銀帶、大口袴、錦螣蛇，佩橫刀、弓矢，仙童、真武、螣蛇、神龜旗各一，執旗各一名，服繡抹額寶相花寬衫、革帶，佩橫刀、弓矢執，穰稍二人分左右，弩五人爲一列，弓矢二十人爲四重，稍二十五人爲五重，服平巾幘、緋繡寶相花寬衫、革帶、大口袴，以上在大慶門外中道，北向排列。

殿中省尚輦陳孔雀扇四十于簾外，執扇各一名，服介幘、絳褠衣、銅革帶、白綾韤、烏皮履，陳輿輦于龍墀，大輦在東，部押執擎人二百二十二人，腰輿在南①，一十七人，小輿又在南，二十五人，皆西向，平輦在西，逍遙在南，共三十七人，皆東向。將校、都將並帽子，忠佐至指揮使，以宜男錦襖，副指揮使、軍使、副兵馬使以黃獅子，十將、將虞候以方勝練鵲，節級白獅子，皆銀帶，腰輿、小輿下節級並輿輦下長行，並武弁冠、黃紬繡對鳳寬衫、紫羅生色袒帶、白絹勒帛、袴、紫絹行縢、白獅子錦襖、銀帶。設繖扇于沙墀，方繖二分左右，執繖扇將校二人，服弓脚幞頭、碧襴衫、金銅革帶、烏皮鞾，團龍扇四分左右，夾繖，執扇都將四人，服同將校，方雉扇一百，分繖扇之後，各五行，每行十，執扇長行一百人，服武弁、緋繡寶相花大袖、大口袴、銅革帶，押當職掌二人，各立團龍扇之北，服介幘、絳褠衣、革帶、韤履，金吾引駕官二人分立團龍扇之南，服二梁冠、朝服。

文德殿視朝、大慶殿册命諸王、大臣，黃麾半仗，共二千二百六十五人。殿內仗首，左右廂各一部，每部一百二十四人，在金

---

① “腰”，原作“要”，據《宋史》卷一四三《儀衛志一》改。

吾仗南，東西相向。絳引幡十，執幡各一名，分部之南，爲五重，當
御厢左右部同，左部在帥兵官東，右部在帥兵官西，各爲十重。服武弁、緋繡寶
相花寬衫、革帶、大口袴。當御厢左右部服同，弁以紗爲之，其餘弁幘同繡衫。
二月一日至九月終，以纈袍、抹額、錦帽、臂鞲、螣蛇，並準此。左右領軍衛大將
軍各一員，在部中間，次厢左右，第一、第二、第三部同。服平巾幘、紫繡
白澤袍、銀帶、大口袴、錦螣蛇，佩橫刀、弓矢。次厢左右各三部，當御
厢，次後厢左右各一部，及部甲隊左右各六隊，大將軍、折衝、果毅服、佩同。掌鼓一
名，次大將軍後，次厢左右第一部，並當御厢左右部，次果毅次厢左右第二、第三
部，次折衝次後厢左右部，次將軍。服帽、緋繡抹額、寶相花寬衫、革帶、
行縢、鞋襪。帥兵官十人，分部之南北爲五重，北在絳引幡之南，南在
絳引幡之北，次厢左右第一、第二、第三部在部之南，北當御厢，次後厢左部，在黃麾
東，右部在黃麾西。服平巾幘、緋繡寶相花寬衫、錦帶、大口袴。執儀
刀部並十行，每行持各十人，每色兩行，爲五重。次厢左右第一、第二、
第三部同當御厢，次後厢左右部每色一行，爲十重，左部以東爲首，右部以西爲首，並
次帥兵官。第一行龍頭竿黃雞四角麾，凡麾，皆持以龍頭竿。第二行儀
鍠五色幡，第三行青孔雀五角麾，第四行烏戟，第五行緋鳳六角
麾，第六行細弓矢，第七行白鵝四角麾，第八行朱縢絡盾刀，第九
行皂鵝六角麾，第十行稍，揭鼓二人，分立緋麾烏戟後，當中間。
次厢左右第一、第二、第三部同，當御厢次後厢，並一在儀鍠青麾間，一在弓矢白麾間，
與後行齊。服帽繡抹額、寶相花寬衫、革帶、行縢鞋、襪。服隨麾色，內
白麾儀鍠幡並以銀褐，烏戟以皂，弓矢以黃，稍以青，刀盾、揭鼓並以緋。次厢左右
各三部，次左右厢仗首之南，東西相向，第一部左右屯衛大將軍
各一員，果毅各一員次大將軍後，服飛麟袍，掌鼓以下至掌揭鼓
人服飾、人數並同仗首。黃麾幡二，執各一名，分立當御左右厢
前中間，北向，服武弁、黃繡寶相花寬袖衫、革帶、大口袴，當御厢

左右各一部，在殿門裏中道東西，並北向，左右衛果毅各一員，服瑞馬袍，次後厢左右各一部，每部一百一十四人。次當御厢南左右驍衛將軍各一員，服赤豹袍，左右厢各步軍六隊，第一隊每隊三十三人，第二至第六隊每隊各二十七人。分東西在仗隊後，第一隊左右衛果毅各一員，第二隊左右驍衛，第四隊左右屯衛，第六隊左右領軍衛，並折衝。第三隊左右武衛，第五隊左右領軍衛，並果毅。服瑞馬袍，第二隊赤豹，第三隊瑞鷹，第四隊飛麟，第五、第六隊白澤。貔旗二，第二隊金鸚鵡，第三隊瑞麥，第四隊犛牛，第五隊甘露，第六隊白澤。執各一名，服帽黃繡抹額、寶相花寬衫、第三隊銀褐，第四隊皂，第五隊青，六隊緋。革帶，佩橫刀、黃鍪甲，第三隊銀褐，第四隊黑，第五隊青，第六隊赤。四月一日至七月終，皮围項以纈絹代，減披膊副腿，加隨色纈衫襯。刀盾內第二、第四、第六隊弓矢。三十人，爲五重，第二隊至第六隊，各二十四人，爲四重。服錦臂褠、行縢鞵、襪。

　　殿門外大慶殿于大慶殿門外。左右厢後部各六隊，每隊三十八人，在都下親從後①，東西相向。第一隊左右衛折衝各一員，第三隊左右武衛，第五隊左右領軍衛，並折衝。第二隊左右驍衛，第四、第六隊左右衛，並果毅。服錦帽、緋繡戎服、瑞馬大袍、第二隊赤豹，第三隊瑞鷹，第五隊白澤，第四隊、第六隊飛麟。銀帶、窄袴、佩橫刀、弓矢，角端旗二，第二隊太平，第三隊馴犀，第四隊騶牙，第五隊白狼，第六隊蒼烏。執旗各一名，服、佩同步甲隊。第一隊、第六隊黃，第二隊銀褐，第三隊青，第四隊皂，第五隊緋。執弩五人爲一列，弓矢十人爲二重，稍二十人爲四重，服錦帽、青繡寶相花袍、稍以緋。革帶、大口袴。真武隊五十七人，在端禮門內中道，北向，大慶殿于殿門外。金吾折衝都尉一員，在隊前，服平巾幘、紫繡辟邪袍、銀帶、大口袴、錦螣蛇，佩橫刀、弓矢，仙童、真武、螣蛇、

神龜旗各一，執旗各一名，服皂繡抹額、寶相花寬衫、革帶、佩橫刀，執檛稍二人，分左右。弩五人爲一列，弓矢二十人爲四重，稍二十五人爲五重，服平巾幘、緋繡寶相花寬衫、革帶、大口袴，排列仗隊職掌六人，分立仗隊之間，殿內四人，殿外二人，服直脚幞頭、紫羅寬衫。

殿中省尚輦陳扇二十于簾外，執扇殿侍二十人，服直脚幞頭、紫羅寬衫、銀帶，陳腰輿、小輿于東西朵殿，腰輿在東，小輿在西，人員都將各一名，輦官共四十人人員，並帽子，都輦官並卷脚幞頭、紫羅夾三襠紅錦襖、銀帶，二月一日至九月終，錦樣繐羅衫。陳繐扇于殿下，方繐二分左右，團龍扇四分左右，夾繐，並執扇各一名，將校或節級。方雉扇六十分左右，作三重，在繐扇之後。輦官長行各一名，執人服並同大朝會執繐、扇等人。金吾左右將軍各一員，在繐、扇之南，稍前，服本色服。四色官四人，二人立于將軍之南，與繐、扇一列，宣敕放仗二人，在引駕官南，並直脚幞頭、綠公服、金銅帶、烏皮鞾。執儀刀引駕官三人在親從官後，服直脚幞頭、紫公服。長行二十四人，在四色官之南，並弓脚幞頭、碧襴衫，餘同四色官。排列官二人，在長行之南，並帽子、紫繡大袖襖。次金甲天武官二人，在長行南，並金銅兜鍪，衣甲，執鉞。以上並分東西相向立。

設旗于殿門之外，青龍旗一在左，五嶽神旗各一次之，五方色龍旗各一次之，五方色龍旗各一又次之，白虎旗一在右，五星神旗各一次之，五方色鳳旗各一次之，五方色凰旗各一又次之，執人並帽子、繡抹額寬衫，各隨方色。

紫宸殿大遼使朝，用黃麾角仗，共一千五十六人。殿內黃麾幡二，執幡各一名，次四色官之南，分左右，服武弁、黃繡寶相花寬衫、革帶、大口袴。弁以紗爲之，其餘弁幘同繡衫。二月一日至九月終，以襦袍、抹額、錦帽、臂韝、螣蛇，並準此。仗首左右廂各一部，每部一百一十四人。朵殿下稍南絳引幡十，執幡各一名，分部之南北，各爲五重，服武弁、緋繡寶相花寬衫、革帶、大口袴。左右領軍衛大將軍各一員，在部中間稍南，次廂左右，第一、第二部同。服平巾幘、紫繡白澤袍、銀帶、大口袴、錦螣蛇，佩橫刀、弓矢。次廂左右第一、第二部及步甲隊大將軍、折衝、果毅服、佩同。掌鼓一名，次大將軍後，次廂左右第一部，次果毅第二部，次折衝。服帽緋繡抹額、寶相花寬衫、革帶、行縢、鞵襪。帥兵官十人，分部之南北，北在絳引幡之南，南在絳引幡之北。次廂左右第一、第二部，在部之南北。各爲五重，服平巾幘、緋繡寶相花衫、銀帶、大口袴。執儀刀部九行，每行持各十人。第一行龍頭竿黃雞四角氅，凡氅，皆持以龍頭竿。第二行儀鍠五色幡，第三行青孔雀五角氅，第四行烏戟，第五行緋鳳六角氅，第六行細弓矢，第七行白鵝四角氅，第八行稍，第九行皂鵝六角氅。掌揭鼓一人，在緋氅烏戟之後中間，次廂左右第一、第二部同。服帽、繡抹額寶相花寬衫、革帶、行縢、鞵襪，仗各五重。服隨氅色，內氅儀、鍠幡並以銀褐，烏戟以皂，弓矢以黃，稍以青，揭鼓以緋。次廂左右各二部，每部一百五人。次左右廂仗首之南第一部，左右屯衛大將軍各一員，第二部左右武衛大將軍。果毅各一員第二部折衝。次大將軍後，服飛麟袍，第二部瑞鷹。掌鼓以下至掌揭鼓服飾、人數並同仗首。

　　殿外左右廂，各步甲三隊。每隊三十三人。第一隊，左右衛果毅各一員，第二隊左右驍衛折衝，第三隊左右武衛果毅。服瑞馬袍，第二隊赤豹，第三隊瑞鷹。貔旗二，第二隊金鸚鵡，第三隊瑞麥。執旗各一名，服帽黃繡抹額、寶相花寬衫、第二隊左青、右銀褐，第三隊左赤、右黑。革帶，佩橫刀、黃鍪甲。第二隊左青、右銀褐，第三隊左赤、右黑。刀盾內第二隊弓矢。三十人爲五重，鍪甲，四月一日至七月終，皮圓項以纈代，減披膊副腿，加隨色纈衫襪。服錦、臂韛、行縢、鞋襪。左右廂後部各三隊。第一隊每隊三十八人，第二隊每隊三十三人。第一隊左右衛折衝各一員，第二隊左右驍衛果毅，第三隊左右武衛折衝。服錦帽、緋繡戎服、瑞馬大袍、第二赤豹，第三瑞鷹。銀帶窄袴，佩橫刀弓矢。角端旗二，第二隊太平，第三隊馴犀。執旗各一名，服、佩同步甲隊。執弩五人爲一列，弓矢二十人爲二重，第二、第三隊爲一列。稍二十人爲四重，服錦帽、青繡寶相花袍、稍以緋。革帶、大口袴。排列仗隊職掌二人，次廂第二部之南分左右，服直脚幞頭、紫羅寬衫。以上殿內外仗隊，東西相向排列。

殿中省尚輦陳輿輦于東西朵殿，平輦在東，西向，逍遙輦在西，東向，設繖扇于殿下方繖二分左右，團龍扇四分左右，夾方繖，方雉扇二十四分左右，各二重，在繖、扇之後。金吾四色官一名，宣敕放仗，服飾同視朝。四色官一名。

文德殿發冊，用黃麾細仗，共一千四百二人。設日旗、萬歲旗、獅子旗、金鸞旗、青龍旗、赤龍旗各一，在殿東階之東，以西爲上，月旗、天下太平旗、獅子旗、金鳳旗、白龍旗、黑龍旗各一，在殿西階之西，以東爲上。每旗執擡四人，俱北向立，並服五色繡衫、錦臂韛。押當職掌二人，分左右立于日月旗南，服介幘、絳褠衣、革帶、履。次方繖二，團龍扇四，夾方、繖，執繖扇各一名，執人並弓脚幞頭、服碧襴衫、革帶、烏皮靴。次金吾上將軍二人，大將軍二人，將軍四人，引駕官四人，並朝服。次金甲二人，服金甲兜鍪鳳翅，執鉞。次四色官六人，內二人執笏，餘執金銅儀刀，並服幞頭、綠羅公服、金銅帶、白絹袴、烏皮靴。次碧襴二十四人，並弓脚幞頭、碧襴衫、金銅帶、白絹袴、烏皮靴。內執金銅儀刀左右各六人在北，次都押衛二人立于碧襴之南，少退，服幞頭、紫羅繡襖、金銅帶。次皂纛旗一十二，每旗執撶五人，並皂紗帽、皂寬衫、皂絹袴、皂韈襪。左右金吾仗司員僚各一名押纛，立于旗南，服幞頭、紫繡寶相花大袖。次青龍旗一在東，白虎旗一在西，每旗執撶六人，服繡抹額、寬衫、白絹袴。抹額、衫，執青龍旗人以青，執白虎旗人以銀褐。員僚二人押旗，分左右在旗之北，並幞頭、紫繡寶相花大袖。以上並分左右，東西相向。次五方龍旗二十五在東，五方鳳旗二十五在西，每五旗相間各依方色排列。次五嶽神旗五在東，五星神旗五在西，各依方位排列。每旗執撶三人，並服逐色抹額、繡寬衫、白絹袴。次朱雀旗一在東，真武旗一在西，每旗執撶六人，服繡抹額、寬衫、白絹袴。抹額、衫，執朱雀旗人以緋，執真武旗人以皂。以上並北向。員僚二人押旗，在旗之南分左右，並幞頭、紫繡寶相花大袖襖。次紅門旗二十八分左右，每旗執撶三人，各服五色繡抹額、寬衫、白絹袴。次寅、卯、辰、巳、午、未旗六在東，申、酉、戌、亥、子、丑旗六在西，天王旗四分左右夾辰旗，次龍君旗五，次赤豹旗五，次吏兵旗五，每旗各爲一列在東，每列掩尾天馬旗一，以次于東，次虎君旗五，次黃熊旗五，次力士旗五，每旗各爲一列在西，每列掩尾天馬旗一以次于西，以上每旗執撶三人，並服錦帽、錦臂韝、五色繡衫、白絹袴、革帶。員僚六人押仗，各分立于旗前，並幞頭、紫羅繡大袖襖。次員僚四人押旗，分左右東西爲一列。每列二員，一員服紫繡白澤袍，一員服瑞馬袍。左厢第一隊，鶡雞[①]、白澤、玉馬、貔旗、四瀆旗各一，爲一列，下至第九隊旗行列準此。第二隊角宿、亢宿、氐宿、房宿、心宿旗各一，第三隊虛宿、危宿、室宿、壁宿、奎宿旗各一，第四隊參宿、井宿、鬼宿、柳宿、駟

---

① "鶡"，原作"□"，據嘉靖本、《宋史》卷一四三《儀衛志一》改。

騕旗各一,第五隊三角獸、黃鹿、苣文、馴象、飛麟旗各一,第六隊辟邪、玉兔、吉利、仙鹿、祥雲旗各一,第七隊花鳳①、飛黃、野馬、金鸚鵡、瑞麥旗各一,第八隊孔雀、兕、甘露、網子、角端旗各一並,各爲一列,第九隊犛牛旗一,設于孔雀旗後右厢,第一隊同左箱第一隊,第二隊尾宿、箕宿、斗宿、牛宿、女宿旗各一,第三隊婁宿、胃宿、昴宿、畢宿、觜宿旗各一,第四隊星宿、張宿、翼宿、軫宿、駚騕旗各一,第五隊至第八隊並同左厢第五至第八隊,第九隊騶牙旗二,蒼烏旗一,相間爲一列。以上每旗執擔三人,俱北向,並服五色繡寶相花抹額衫、革帶。員僚二人押黃麾,立于龍鳳旗之北,服幞頭、紫絁繡瑞鷹袍。左右厢五色龍鳳旗之東西各設黃麾幡二,執幡各一名。以下執幡人數準此。次告止幡五,次傳教幡五,次信幡五,次絳麾幡二,次絳引幡五,執黃麾、絳麾幡、絳引幡人,並服武弁、繡寶相花衫、革帶,執黃麾、絳麾幡人以黃繡,執絳引幡人以緋繡。執告止幡、傳教幡、信幡人服繡寶相花抹額衫,繫帶。執告止、傳教幡人以緋繡,執信幡人以黃繡。員僚二人押黃麾,立于龍鳳旗北,少東,服幞頭紫繡瑞鷹袍。排闌旗三十,自黃麾幡東西排列,以次于南,每旗執擔三人,俱北向。鐙杖、柯舒各三十于殿東西兩厢排列,鐙杖起北,柯舒間之,執各一名,俱東西相向,執排闌旗、執鐙杖柯舒人,並服錦帽、錦臂韝、五色繡衫。左右厢執白樺槍各七十五人,東西相向,並服交脚幞頭、五色繡抹額衫、錦臂韝、銀褐繡捍腰。又于騶牙旗南設大黃龍旗一,在殿門裏少西,執擔二十人,小黃龍旗一在大黃龍旗後少西,執擔三人,次大神旗六分左右,並服錦帽、錦臂韝、五色繡衫、革帶、白絹袴。

---

① “七”,原作“一”,據《宋史》卷一四三《儀衛志一》改。

衛尉寺押當儀仗職掌四人，排仗通直官二人，大將二人，節級二人，檢察六人，左右金吾仗司押當職掌各一名，排列官各一名，職掌、大將、檢察並幞頭、寬衫，衛尉職掌緋羅衫，大將、檢察、金吾職掌紫羅衫。排仗通直官幞頭、紫公服，金吾排列官服帽，節級幞頭[1]，並紫繡寶相花大袖襖。

宮中導從，五代漢乾祐中始置。主輦十六人，捧足一人，掌扇四人，持踏床一人，並服文綾袍、銀葉弓脚幞頭。尚宮一人，寶省一人，高鬟紫衣，書省二人，紫衣弓脚幞頭，新婦二人，高鬟青袍，大將二人，紫衣弓脚幞頭，童子執紅絲拂二人，高鬟髻，青衣，執犀盤二人，帶髹頭，黃衫，執翟尾二人，帶髹頭，黃衫，雞冠二人，紫衣，分執金灌器、唾壺，女冠二人，紫衣，執香鑪、香盤分左右，以次奉引。

太平興國初，增主輦二十四人，改服高脚幞頭，輦頭一人，衣紫繡袍，持金塗銀仗，以督領之，捧真珠、七寶、翠毛、華株二人，衣緋袍，捧金寶山二人，衣緑繡袍，捧龍腦合，衣緋銷金袍，並高脚幞頭，執拂翟四人，髹頭，衣黃繡袍，舊衣綾袍、紫衣者，悉易以銷金及繡。復增司簿一人，內省一人，司儀一人，司給一人，皆分左右前導，凡十七行。每冬至御殿、祀郊廟，步輦出入至垂拱殿，即用之。

元大朝會，殿下設黃麾仗，凡四百四十八人，分布于丹墀左右，各五行。右前第一行，執大蓋二人，執華蓋二人，執紫方蓋二人，執紅方蓋二人，執曲蓋二人，冠展角幞頭，服緋紬生色寶相花袍、勒帛、烏靴。次第二行,執朱團扇八人,執大雉扇八人,執中雉扇八人,執小雉扇八人,冠武弁,服同前執蓋者。次第三行,執黃麾幡十人,武弁、青紬生色寶相花袍、青勒帛、烏靴。執絳引幡十人,武弁、緋紬生色寶相花袍、緋勒帛、烏靴。執信幡十人,冠服同上,其色黃。執傳教幡十人,冠服同上,其色白。執告止幡十人,冠服同上,其色紫。第四行執葆蓋四十人,服緋紬生色寶相花袍、勒帛、烏靴。執儀鍠斧四十人,冠服同上,其色黃。執小戟蛟龍掌四十人,冠服同上,其色青。第五行執華蓋四十人,服緋紬生色寶相花袍、勒帛、烏靴。執儀鍠斧四十人,冠服同上,其色黃。執小戟蛟龍掌四十人,冠服同上,其色青。左隊五行,物件、服色、人數俱同右隊。

大明門外牙旗仗,凡五百二十八人,分列左右。

左前第一行,建天下太平旗第一,牙門旗第二,每旗執者一人,護者四人,皆五色緋巾、五色紬生色寶相花袍、勒帛、雲頭靴。執人佩劍,護人加弓矢。後屏五人,執稍、朱兜鍪、朱甲、雲頭靴。

左次第二行,日旗第三,龍君第四,每旗執者一人,護者者四人,後屏五人,巾、服、執、佩同前行。

建萬歲旗第一,牙門旗第二,每旗執者一人,護者四人,後屏五人,巾、服、執、佩同左前第一行。

右第二行,月旗第三,虎君旗第四,每旗執者一人,護者四人,後屏五人,巾、服、執、佩同前行。

左次第三行,青龍旗第五,執者一人,黃紬巾、黃紬生色寶相花袍、勒帛、花靴,佩劍,護者二人,朱白二色紬巾、二色紬生色寶相花袍、勒帛、花靴,佩劍,加弓矢。天王旗第六,執者一人,巾服同上,護者二人,青白二色紬巾、二色生色寶相花袍、勒帛、花靴,佩劍，加弓矢，後屏五人，執稍、朱兜鍪、朱甲、雲頭韡。風伯旗第七，執者一人，護者二人，後屏五人，巾、服、執、佩同天王旗。雨師旗第八，執者一人，護者二人，後屏五人，巾、服、執、佩同青龍旗。雷公旗第九，執者一人，巾、服、佩同上，護者二人，青紫二色綀巾、二色綀生色寶相花袍、勒帛、花韡，佩劍，加弓矢，後屏五人，執稍，白兜鍪、白甲、雲頭韡。電母旗第十，執者一人，護者二人，後屏五人，巾、服、執、佩同風伯旗。吏兵旗第十一，執者一人，護者二人，巾、服、佩同雷公旗，後屏五人，執稍，黄兜鍪、黄甲、雲頭韡。

右次第三行，白虎旗第五，執者一人，黄綀巾、黄綀生色寶相花袍、勒帛、花韡，佩劍，護者二人，青朱二色綀巾、二色綀生色寶相花袍、勒帛、花韡，佩劍，加弓矢，後屏五人，執稍，朱兜鍪、朱甲、雲頭韡。天王旗第六，執者一人，巾、服同上，護者二人，青白二色綀巾、二色生色寶相花袍、勒帛、花韡，佩劍，護者二人，青朱二色綀巾、二色綀生色寶相花袍、勒帛、花韡，佩劍，加弓矢，後屏五人，執稍，朱兜鍪、朱甲、雲頭韡[①]。江瀆旗第七，執者一人，護者二人，後屏五人，巾、服、執、佩同天王旗。河瀆旗第八，執者一人，巾、服、佩同上，護者二人，青紫二色綀巾、二色綀生色寶相花袍、勒帛、花韡，佩劍，加弓矢，後屏五人，執稍，黄兜鍪、黄甲、雲頭韡。淮瀆旗第九，執者一人，巾、服、佩同上，護者二人，青朱二色綀巾、生色寶相花袍、勒帛、花韡，佩劍，加弓矢，後屏五人，巾、服、執、佩同白虎旗。濟瀆旗第十，執者一人，巾、服、佩同上，護

---

① "雲頭韡"後衍"天王旗第六執者一人巾服同上護者二人青白二色綀巾二色生色寶相花袍勒帛花韡佩劍加弓矢後屏五人執稍朱兜鍪朱甲雲頭韡"，據《元史》卷八〇《輿服志三·儀衛·殿下旗仗》删。

者二人，朱白二色紬巾、二色紬生色寶相花袍、勒帛、花韡，佩劍，加弓矢，後屏五人，執稍，青兜鍪、青甲、雲頭韡。力士旗第十一，執者一人，護者二人，後屏五人，巾、服、佩、執同河瀆旗。二十二旗內，拱衛直指揮使二人分左右立，服本品朝服，執玉斧。次臥瓜一行，次立瓜一行，次列絲骨朵一行，冠鏤金額交脚幞頭、緋錦寶相花窄袖襖、塗金荔枝束帶、行縢、履襪，次鐙杖一行，次斧一行，次梧杖一行，次班劍一行，並分左右立，冠鏤金額交脚幞頭、青錦寶相花窄袖襖、塗金荔枝束帶、行縢、履襪。

左次第四行，朱雀旗第十二，執者一人，黃紬巾、黃紬生色寶相花袍、勒帛、花韡，佩劍，護者二人，青白二色紬巾、二色紬生色寶相花袍、勒帛、花韡，佩劍，加弓矢，後屏五人，執稍，朱兜鍪、朱甲、雲頭韡。木星旗第十三，執者一人，巾、服、佩同上，護者二人青朱二色紬巾、生色寶相花袍、勒帛、花韡，佩劍，加弓矢，後屏五人，執稍，青兜鍪、青甲、雲頭韡。熒惑旗第十四，執者一人，巾、服、佩同上，護者二人，青紫二色紬巾、二色紬生色寶相花袍、勒帛、花韡，佩劍，加弓矢，後屏五人，巾、服、執、佩同朱雀旗。土星旗第十五，執者一人，護者二人，巾、服、佩同熒惑旗，後屏五人，執稍，黃兜鍪、黃甲、雲頭韡。太白旗第十六，執者一人，護者二人，巾、服、佩同木星旗，後屏五人，執稍，白兜鍪、白甲、雲頭韡。水星旗第十七，執者一人，護者二人，巾①、服、佩同太白旗，後屏五人，執稍，紫兜鍪、紫甲、雲頭韡。鸞旗第十八，執者一人，巾、服、佩同上，護者二人，朱白二色紬巾、二色紬生色寶相花袍、勒帛、花韡，佩劍，加弓矢，後屏五人，巾、服、執同木星旗。

---

① "巾"，原缺，據《元史》卷八〇《輿服志三·儀衛·殿下旗仗》補。

右次第四行①，玄武旗第十二，執者一人，黃綑巾、黃綑生色寶相花袍、勒帛、花鞾，佩劍，護者二人，朱白二色綑巾、二色綑生色寶相花袍、勒帛、花鞾，佩劍，加弓矢，後屏五人，紫兜鍪、紫甲、雲頭鞾，執稍。東嶽旗第十三，執者一人，護者二人，巾、服、佩同玄武旗，後屏五人，執稍，青兜鍪、青甲、雲頭鞾。南嶽旗第十四，執者一人，巾、服、佩同上，護者二人，青白二色綑巾、二色綑生色寶相花袍、勒帛、花鞾，佩劍，加弓矢，後屏五人，執稍，朱兜鍪、朱甲。中嶽旗第十五，執者一人，巾、服、佩同上，護者二人，紫青二色綑巾、二色綑生色寶相花袍，勒帛、花鞾，佩劍，加弓矢，後屏五人，執稍，黃兜鍪、黃甲、雲頭鞾。西嶽旗第十六，執者一人，巾、服、佩同上，護者二人，朱青二色綑巾、二色綑生色寶相花袍、勒帛、花鞾，佩劍，加弓矢，後屏五人，執稍，白兜鍪、白甲。北嶽旗第十七，執者一人，護者二人，巾、服、佩同南嶽旗，後屏五人，巾、服、執同玄武旗。麟旗第十八，執者一人，護者二人，後屏五人，巾、服、執、佩同西嶽旗。

左次第五行，角宿旗第十九，亢宿旗第二十，氐宿旗第二十一，房宿旗第二十二，心宿旗第二十三，尾宿旗第二十四，箕宿旗第二十五。每旗，執者一人，黃綑巾、黃綑生色寶相花袍、勒帛、花鞾，佩劍，護者二人，青朱二色綑巾、二色綑生色寶相花袍、勒帛、花鞾，佩劍，加弓矢，後屏五人，青兜鍪、青甲，執稍。

右次第五行，奎宿旗第十九，婁宿旗第二十，胃宿旗第二十一，昴宿旗第二十二，畢宿旗第二十三，觜宿旗第二十四，參宿旗第二十五。每旗，執者一人，黃綑巾、黃綑生色寶相花袍、勒帛、

---

① “右”，原作“左”，據《元史》卷八〇《輿服志三·儀衛·殿下旗仗》改。

花韡,佩劍,護者二人,青朱二色絁巾、二色絁生色寶相花袍、勒帛、花韡,佩劍,加弓矢,後屏五人,執稍,白兜鍪、白甲。

左次第六行,斗宿旗第二十六,牛宿旗第二十七,女宿旗第二十八,虛宿旗第二十九,危宿旗第三十,室宿旗第三十一,壁宿旗第三十二。每旗,執者一人,黃絁巾、黃絁生色寶相花袍、勒帛、花韡,佩劍,護者二人,朱白二色絁巾、二色絁生色寶相花袍、勒帛、花韡,佩劍,加弓矢,後屏五人,執稍,紫兜鍪、紫甲。

右次第六行,井宿旗第二十六,鬼宿旗第二十七,柳宿旗第二十八,星宿旗第二十九,張宿旗第三十,翼宿旗第三十一,軫宿旗第三十二。每旗,執者一人,黃絁巾、黃絁生色寶相花袍、勒帛、花韡,佩劍,護者二人,朱白二色絁巾、二色絁生色寶相花袍、勒帛、花韡,佩劍,加弓矢,後屏五人,執稍,朱兜鍪、朱甲。

進發冊寶,清道官二人,警蹕二人,並分左右,皆攝官,服本品朝服。

法物庫使二人,服本品服。次朱團扇八爲二重,次小雉扇八,次中雉扇八,次大雉扇八,分左右,爲十二重,次朱團扇八爲二重,次大傘二,次華蓋二,次紫方傘二,次紅方傘二,次曲蓋二,並分左右。執傘、扇所服,並同立仗。

圍子頭一人,中道,次圍子八人,分左右,皆交脚幞頭、緋錦質孫襖、鍍金荔枝帶、鞾鞋。

傘一,中道,椅左,踏右,執人皁巾、大團花緋錦襖、金塗銅束帶、行縢、鞋襪。

拱衛使一人,服本品服。

舍人二人,次引寶官二人,並分左右,服四品服。

香案,中道,輿士控鶴八人,服同立仗內表案輿士。侍香二人，分左右，服四品服。

寶案，中道，輿士控鶴十六人，服同香案輿士。方輿官三十人，夾香案寶案，分左右而趨，至殿門，則控鶴退，方輿官舁案以陛，唐巾、紫羅窄袖衫、金塗銅束帶、烏靴。

引册二人，四品服。

香案，中道，輿士控鶴八人，服同寶案輿士。侍香二人，分左右，服四品服。

册案①，中道，輿士控鶴十六人，服同寶案輿士。方輿官三十人，夾香案册案，分左右而趨，至殿門，則控鶴退，方輿官舁案以陛，巾服與寶案方輿官同。

葆蓋四十人，次閤仗舍人二人，服四品服。次小戟四十人，次儀鍠四十人，夾雲和樂傘扇，分左右行，服同立仗。

拱衛使二人，服本品朝服。次班劍十，次梧杖十二，次斧十二，次鐙杖二十，次列絲骨朵十，皆分左右。次水瓶左，金盆右。次列絲骨朵十，次立瓜十，次金杌左，鞭桶右；蒙鞍左，繳手右②，次立瓜十，次卧瓜三十，並夾葆蓋、小戟、儀鍠，分左右行，服皆金鏤額、交脚襆頭、青質孫控鶴襖、塗金荔枝束帶、翰鞋。

拱衛外舍人二人，服四品服，引導册諸官。次從九品以上，次從七品以上，次從五品以上，並本品朝服。

金吾折衝二人，牙門旗二，每旗引執五人。次青稍四十人，赤稍四十人，黃稍四十人，白稍四十人，紫稍四十人，並兜鍪甲、靴，各隨稍之色，行導册官外。

---

① “案”，原作“寶”，據《元史》卷八〇《輿服志三·儀衛·進發册寶》改。
② “繳”，原作“散”，據《元史》卷八〇《輿服志三·儀衛·進發册寶》改。

册案後，舍人二人，服四品服。次太尉右，司徒左。次禮儀使二人，分左右。次舉册官四人右，舉寶官四人左；次讀册官二人右，讀寶官二人左。次閤門使四人，分左右，並本品服。

宮內導從，警蹕三人，以控鶴衛士爲之，並列而前行，掌鳴其鞭以警眾。服見前。天武二人，執金鉞，分左右行，金兜鍪、金甲、蹙金素汗胯、金束帶、綠雲韈。舍人二人，服視四品。主服御者凡三十，速古兒赤也。執骨朵二人，執幢二人，執節二人，皆分左右行。攜金盆一人由左，負金椅一人由右，攜金水瓶鹿盧一人由左，執巾一人由右，捧金香毬二人，捧金香合二人，皆分左右，行捧金唾壺一人由左，捧金唾盂一人由右，執金拂四人，執升龍扇十人，皆分左右行，冠交腳幞頭、服紫羅窄袖衫、塗金束帶、烏韈。劈正斧官一人，由中道，近侍重臣攝之。侍儀使四人，分左右行。佩弓矢十人，國語曰火兒赤。分左右，由外道行，服如主服御者。佩寶刀十人，國語曰溫都赤。分左右行，冠鳳翅唐巾，服紫羅辮線襖、金束帶、烏韈。

國朝正旦、冬至、聖節、册拜親王及蕃使來朝，金吾衛于奉天門外分設旗幟宿衛，于午門外分設兵仗，衛尉寺于奉天殿門及丹陛、丹墀設黃麾仗，內使監擎執于殿上。其宣詔赦、降香，則惟設奉天殿門及丹陛儀仗，殿上擎執。

其陳布次第，午門外刀、盾、殳、叉各置于東西①，甲士用赤。奉天門外中道，金吾宿衛二衛，設龍旗十二分左右，用青甲士十二人，北斗旗一、纛一居前，豹尾一居後，俱用黑甲士三人，虎、豹各二，馴象六，分左右。

---

① "叉"，原作"义"，據《明史》卷六四《儀衛志》改。

左右布旗六十四。左前第一行,門旗二,每旗用紅甲士五人,內一人執旗,旗下四人,執弓箭。第二行月旗一,用白甲士五人,內一人執旗,旗下四人執弩。青龍旗一,用青甲士五人,內一人執旗,旗下四人,執弩。第三行風、雲、雷、雨旗各一,每旗用黑甲士五人,內一人執旗,旗下四人執弓箭。天馬、白澤、朱雀旗各一,每旗用紅甲士五人,內一人執旗,旗下四人,執弓箭。第四行木、火、土、金、水五星旗各一,隨其方色,每用甲士五人,內一人執旗,旗下四人,執弩。其甲木青,火紅,土黃,金白,水黑。熊旗、鸞旗各一,每旗用紅甲士五人,內一人執旗,旗下四人,執弩。第五行角、亢、氐、房、心、尾、箕旗各一,每旗用青甲士五人,內一人執旗,旗下四人,執弓箭。第六行斗、牛、女、虛、危、室、壁旗各一,每旗用青甲士五人,內一人執旗,旗下四人,執弩。

右前第一行,門旗二,每旗用紅甲士五人,內一人執旗,旗下四人,執弓箭。第二行日旗一,用紅甲士五人,內一人執旗,旗下四人,執弩。白虎旗一,用白甲士五人,內一人執旗,旗下四人,執弩。第三行江、河、淮、濟旗各一,隨其方色,每旗用甲士五人,內一人執旗,旗下四人,執弓箭。其甲江紅,河白,淮青,濟黑。天禄、白澤、玄武旗各一,每旗用甲士五人,內一人執旗,旗下四人,執弓箭。天禄、白澤紅甲,玄武黑甲。第四行東、南、中、西、北五嶽旗各一,隨其方色,每旗用甲士五人,內一人執旗,旗下四人,執弩。其甲東嶽青,南嶽紅,中嶽黃,西嶽白,北嶽黑。熊旗、麟旗各一,每旗用紅甲士五人,內一人執旗,旗下四人,執弩。第五行奎、婁、胃、昂、畢、觜、參旗各一,每旗用青甲士五人,內一人執旗,旗下四人,執弓箭。第六行井、鬼、柳、星、張、翼、軫旗各一,每旗用青甲士五人,內一人執旗,旗下四人,執弩。

奉天門內拱衛司設五輅，玉輅居中，左金輅，次革輅，右象輅，次木輅，俱並列。典牧所設乘馬于文武樓之南，各三，東西相向。丹墀左右厢布黃麾仗，凡九十，分左右，各三行。

左前第一行十五，黃蓋一，紅大傘二，華蓋一，曲蓋一，紫方傘一，紅方傘一，雉扇四，朱團扇四。第二行十五，羽葆幢二，豹尾二，龍頭竿二，信幡二，傳教幡二，告止幡二，絳引幡二，黃麾一。第三行十五，戟氅五，戈氅五，儀鍠氅五。

右前第一行十五，黃蓋一，紅大傘二，華蓋一，曲蓋一，紫方傘一，紅方傘一，雉扇四，朱團扇四。第二行十五，羽葆幢二，豹尾二，龍頭竿二，信幡二，傳教幡二，告止幡二，絳引幡二，黃麾一。第三行十五，戟氅五，戈氅五，儀鍠氅五。已上皆校尉擎執，服交脚幞頭、紅綠辟邪獸團花裙襖、銅葵花束帶、皂韡。

丹陛左右厢，拱衛司陳幢、節等仗九十，分左右，爲四行。左前第一行，響節十二，金節三，燭籠三。第二行，青龍幢一，班劍三，梧杖三，立瓜三，臥瓜三，儀刀三，鐙杖三，戟三，骨朵三，朱雀幢一。

右前第一行，響節十二，金節三，燭籠三。第二行，白虎幢一，班劍三，梧杖三，立瓜三，臥瓜三，儀刀三，鐙杖三，戟三，骨朵三，玄武幢一。已上皆校尉擎執，服同上。

奉天殿門左右，拱衛司陳設，左行，圓蓋一，金脚踏一，金水盆一，團黃扇三，紅扇三。

右行，圓蓋一，金交椅一，金水罐一，團黃扇三，紅扇三。已上皆校尉擎執，服並同上。

殿上左右，內使監陳設，左拂子二，金唾壺一，金香合一，右拂子二，金唾盂一，金香鑪一。已上皆內使擎執。

中宮

唐、宋儀仗，皆載鹵簿中，今録之以具于篇。

唐左右厢黃麾仗：厢各三行，行列一百人從。内第一行，短戟五色氅，執人並黃地白花綦襖帽、行縢、鞾、韈。次第二行，戈五色氅，執人並赤地黃花綦襖帽、行縢、鞾、韈。次外第三行，儀鍠五色幡，執人並青地赤花綦襖帽、行縢、鞾韈。又偏扇、團扇、方扇各二十四，分左右，宮人執服間綵大裙、袖襦綵衣、革帶、履。香蹬一，内給使四人，並平巾幘、緋裲襠、大口袴。行幛六具，分左右，宮人執服同執扇。坐障三具，一在中，二分左右，宮人執服同行幛。團雉尾扇二、大繖四、大孔雀扇八，並分左右，錦華蓋二、小雉尾扇、朱畫團扇各十二，次錦曲蓋二十，次錦六柱八扇，分左右，並内給使執服同香蹬。絳麾二，分左右，各一人，執服武弁、朱衣、革帶、鞾、韈。黃麾一，執麾一人，夾二人，服武弁、朱衣、革帶。

宋左右厢黃麾仗，厢各三行，行列一百人從。内第一行，短戟五色氅，執人並黃繡抹額、寶相花衫、行縢、鞾、韈。次第二行，戈五色氅，執人並緋繡抹額、寶相花衫、行縢、鞾、韈。次外第三行，儀鍠五色幡，執人並青繡抹額、寶花衫、行縢、鞾、韈。執扇以下器仗人數、服色並同唐制。

元導從儀衛舍人二人，引進使二人，中政院判二人，同僉二人，僉院二人，副使二人，同知二人，院使二人，皆分左右行，各服其本品公服。内侍二人，分左右，行服視四品。押直二人，冠交脚幞頭、紫羅窄袖衫、塗金束帶、烏鞾。小内侍九人，執骨朵二人，執葆蓋四人，皆分左右行。執繖一人，由中道行。携金盆一人,由左;負金椅一人,由右,服紫羅團花窄袖衫、冠、帶、韡。押直中道使一人,由中道捧外辦象牌,服本品朝服。宮人凡二十二人,攜水瓶金鹿盧一人,由右;執銷金净巾一人,由左,捧金香毬二人,捧金香合二人,分左右,捧金唾壺一人,由左;捧金唾盂一人,由右;執金拂四人,執雉扇十人,各分左右行,冠鳳翅鏤金帽、銷金緋羅襖、銷金緋羅結子、銷金緋羅繫腰、紫羅衫、五色嵌金黃雲扇、瑾玉、束帶。

　　國朝中宮丹陛儀仗三十六人,黃麾二,戟五色繡旛六,戈五色繡旛六,鍠五色錦旛六,小雉扇四,紅雜花團扇四,錦曲蓋二,紫方繖二,紅大繖四。

　　丹墀儀仗五十八人,班劍四,金梧杖四,立瓜四,臥瓜四,儀刀四,鐙杖四,骨朵四,斧四,響節十二,錦花蓋二,金交椅一,金脚踏一,金水盆一,金水罐一,方扇八。

　　宮中常用儀衛二十人,內使八人,青五色繡旛二,金斧二,金骨朵二,金交椅一,金脚踏一,宮女十二人,金水盆一,金香爐一,金香合一,金唾壺一,金唾盂一,拂子二,方扇四,宮女服用紫色圓領窄袖,徧刺折枝小葵花于上,以金圈之,珠絡縫金束帶,紅裙,弓樣鞵,烏紗帽,飾以花帽額,綴團珠,結珠鬌,梳垂珠耳飾。

東宮

　　唐、宋東宮儀仗之制,間見于鹵簿中,今録之,以具于篇。

　　唐龍旗六,執各一人,並戎服、被大袍、帶橫刀,旗下四人,並戎服、被大袍、帶弓箭。左右厢各六色,色九行,每行六人,前第一行戟,赤麾,次第二行弓箭,次第三行儀鋋並耗,次第四行刀盾,次第五行儀鍠五色旛,次第六行油戟,並服赤綦襖帽、行縢、鞬、韉。繖二，雉尾扇四，腰輿一，八人，團雉尾扇二，小方雉尾扇八，各一人，並服平巾幘、緋衫、大口袴。朱團扇六，紫曲蓋六，執各一人，服平巾幘、緋衫、大口袴。班劍三十四人，分左右，服武弁、朱衣、革帶。儀刀六行，第一行二十六人，第二行二十九人，並執金銅裝儀刀，第三行三十二人，第四行三十五人，並執銀裝儀刀，第五行三十八人，第六行四十一人，並執碯石裝儀刀，以上並服平巾幘、裲襠、大口袴、錦螣蛇、金銅裝帶。

宋龍旗六，每旗五人，並戎服大袍、佩橫刀、弓矢。左右廂各六色，色九行，每行六人，前第一行戟，赤氅，次第二行弓矢，次第三行儀鋋並眊，次第四行刀盾，次第五行儀鍠五色旛，次第六行油戟，執人並服緋繡抹額、寶相花衫、行縢、鞬、韉。執班劍二十四人，分左右，並服武弁、緋寬衫、革帶。執儀刀六行，第一行二十六人，第二行二十九人，第三行三十二人，第四行三十五人，第五行三十八人，第六行四十一人，並平巾幘緋、裲襠、大口袴、錦螣蛇、革帶。朱團扇六，紫曲蓋六，執各一名，並平巾幘、緋衫、大口袴。又繖二，雉尾扇四，團雉扇二，方雉尾扇八，執扇各一名，並平巾幘、緋裲襠、大口袴、錦螣蛇、革帶。

元東宮儀衛，無所考見。

國朝東宮儀仗，門外中道，設龍旗六，其執龍旗者並用戎服。黃旗一居中，左前青旗一，右前赤旗一，左後黑旗一，右後白旗一，每旗執弓弩軍士六人，服各隨旗色。

殿下設三十六人，絳引旛二，戟氅六，戈氅六，鍠氅六，羽葆幢六，青方繖二，青小方扇四，青雜花團扇四，以上皆校尉擎執，服交腳幞頭、紅綠辟邪獸團花裙襖、銅葵花束帶、皂鞾。

殿前設四十八人，班劍四，梧杖四，立瓜四，臥瓜四，儀刀四，鐙杖四，骨朵四，斧四，響節十二，金節四，以上皆校尉擎執，服同上。

殿門設十二人，金交椅一，金脚踏一，金水罐一，金水盆一，青羅團扇六，紅圓蓋二，以上皆校尉擎執，服並同上。

殿上設六人，金香爐一，香合一，唾盂一，唾壺一，拂子二，以上皆内使擎執，服烏紗交脚帽、盤領衣、鹿花胸背、角束帶、皂韡。

皇太子妃缺[①]

親王

唐戟九十，分左右，執人絳綦襖帽。絳引旛六，分左右，執人平巾幘、緋衫、大口袴。刀盾四十，分左右，執人服絳綦襖帽。弓箭四十，分左右，執人皆戎服。矟四十，分左右，執人皆戎服、被大袍。節一，居中，矟二分，左右，告止旛四，分左右，傳教旛四，分左右，信幡八，分左右，以上執人並服平巾幘、緋衫、大口袴。儀鍠六，油戟十八，儀矟十，細矟十，分左右，以上執人並服絳綦襖帽。儀刀十八，分左右，執人皆平巾幘、緋衫、大口袴。纛一，雉尾扇一，朱團扇四，曲蓋二，執人並服絳綦襖帽。麾、幢各一，執人服平巾赤幘、赤布袴、褶。

宋麾一、幢一，分左右，執人服赤平巾幘緋、繡衫、絹袴。節一，居中，夾矟二，分左右，執人服黑平巾幘、緋繡衫、白絹袴。散扇十，方纛二，朱團扇四，曲蓋二，各分左右，執人並服黑平巾幘、緋繡衫。戟九十，刀盾八十，各分左右，執人並服錦帽、黃繡衫。

---

① 標題“皇太子妃缺”，原缺，據本書目錄補。

稍八十，分左右，執人服錦帽、皂繡衫。弓矢八十，分左右，執人服錦帽、青繡衫。儀刀十八，分左右，執人服黑平巾幘、緋繡衫、白絹袴。絳引旛六，信幡八，告止旛四，傳教旛四，各分左右，執人並服緋繡衫抹額。儀鋋二，儀鍠斧掛五色旛六，油戟十八，儀稍十二，細稍十二，各分左右，執人並服錦帽、黃繡衫。

國朝親王宮門外，設方色旗二，清色白澤旗二，其執旗者服隨旗色，並戎服。殿下設絳引旛二，戟氅二，戈氅二，鍠氅二，皆校尉執，服並交腳幞頭、紅綠辟邪獸團花裙襖、銅葵花束帶、皂鞾。殿前設班劍二，梧杖二，立瓜二，臥瓜二，儀刀二，鐙杖二，骨朵二，斧二，響節八，皆校尉執，服同上。殿門交椅一，腳踏一，水罐一，水盆一，團扇四，蓋二，皆校尉執，服同上。殿上設拂子二，香爐一，香合一，唾壺一，唾盂一。

大明集禮卷四三

儀仗二①

虎　豹②

按《格物論》，"虎，山獸之君，狀如貓而大如黃牛，黑文，鈎爪，鋸牙，兩脇及尾端皆有骨如乙字長一二寸許，即其威也，橫行妥尾，吼聲如雷，百獸爲之震恐，風從而生"。"豹，毛赤黃色，其文黑如錢而中空，比比相次。"又有玄豹，猛健不減于虎。

又按《楚詞》云"虎豹九關"。注謂天門九重，虎豹守之。蓋假借以言其嚴密之至也。天子清禁，上法紫宮，故門闕必陳虎豹者，所以象上帝之居也。

元制，每大朝會則陳虎豹于日精、月華門外。

國朝正、至、聖節、朝會及冊、拜、接見蕃臣，則以虎二、豹二，各用闌檻承之，分左右陳于奉天門外。

---

① "二"，原無，據本書目錄補。
② "虎豹"標題原無，據本書目錄補。

馴象

按《説文》云："象長鼻牙，南粤之大獸，三歲一乳。"又范至能《志》書云："象出交趾山谷間，有兩長牙，頭不可俯，頸不可回，口隱于頭，去地尚遠，運動以鼻爲用，足如柱，無趾而有爪甲，形如栗。登山、下峻坂、涉水甚捷。"

又《晉輿服志》云："武帝太康中，南越獻馴象。詔作大車駕之以載，黃門鼓吹數十人，使越人騎之。正、旦大會，駕象入庭。"

唐開元中，畜巨象于閑廄，供陳設儀仗。

宋制鹵簿，象六中道，分左右，並木蓮花坐、金蕉盤、紫羅繡襜，絡腦、當胸、後鞦並設銅鈴，杏葉紅牽牛尾拂跋塵。駕出，則先導。朝會，則充庭。

今制，每大朝會，以馴象六分左右陳于奉天門外。

仗馬

漢長樂宮朝儀,陳車騎于庭。

唐有立仗馬。

宋則以御馬十疋,分左右陳于門外。

元大朝會設仗馬于內仗之南。

今制以馬六疋,鞍、勒全,左右各三疋,陳于文武樓南,東西相向。

五輅

玉輅，青質，玉飾諸末。金輅，赤質，金飾諸末。象輅，黃質，象飾諸末。革輅，白質，鞔以革。木輅，黑質，漆之無飾。

按《周官·典輅》，“掌王之五路，與輅同。大賓客則出路”。注謂如漢朝集使上計法，則陳屬車于庭。然則國有大朝會，而陳車輅者，自周而已然矣。

漢每大朝會，必陳乘輿、法物、車輦于庭，謂之充庭車。

唐天子鸞輅五等，屬車十二乘，行幸則分前後，施于鹵簿之內，大陳設則分左右，施于儀仗之中。

宋大朝會、冊命，設五輅于大慶殿前。

國朝參酌前代五輅，大朝會則陳于殿庭，其制度之詳，並見《車輅篇》。

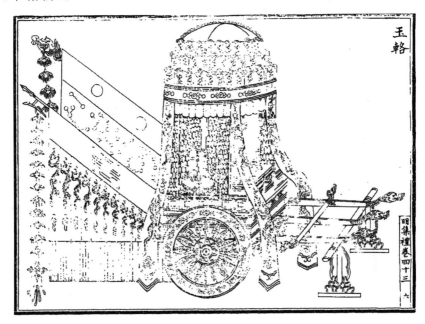

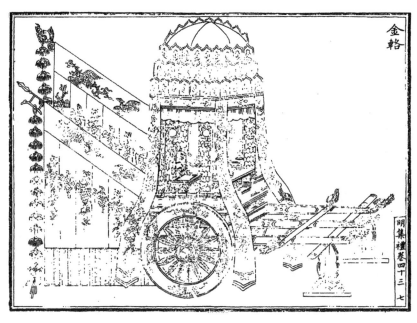

金輅

明集禮卷四十三　七

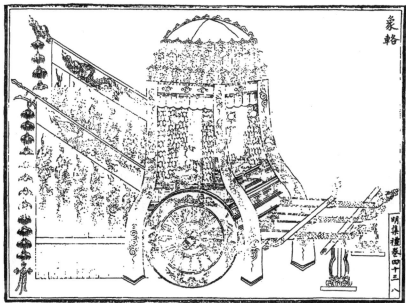

象輅

明集禮卷四十三　八

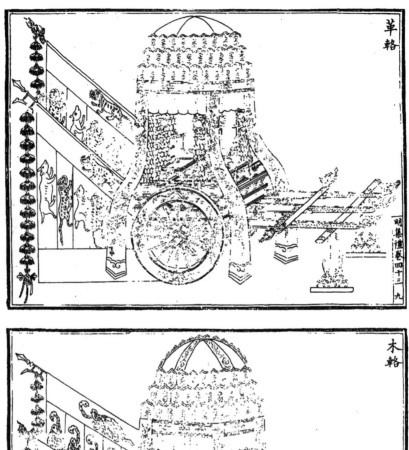

皂纛

《唐六典》云："後魏有纛頭,每天子行幸、大軍征伐則建于旗上。"蓋即古旄頭之遺制也。

旄頭者,按魏文帝《列異傳》曰:"秦文公時,梓化爲牛,以騎擊之不勝,或墜地,髻解髮散,牛畏之入水。"故秦因此置旄頭騎,使先驅。

宋《天聖鹵簿圖》云:"纛,即皂旗。其制黑質、黑火焰脚,揭以朱槍竿,竿首設纛。"

元則建纓于竿首,而不設旗。

今制用旄牛尾,如巨斗大,建朱槍竿上。

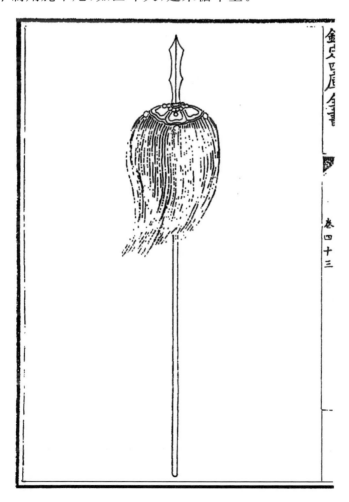

大豹尾

《通考》載："秦、漢駕後一乘，垂豹尾。"崔豹曰："豹尾，周制，以象君子豹變。尾言謙也。古者軍正建之。"

唐、宋皆有豹尾車。

元有豹尾竿。

今制以朱漆槍竿懸紅絲拂，垂豹尾。

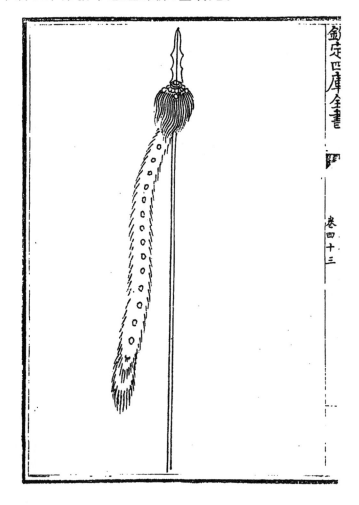

龍旗

《周官·司常》，“掌九旗”，有“交龍爲旂”。《覲禮》曰：“天子載大旂，升龍降龍。”《司馬法》又曰：“旗章，周以龍，尚文也。”

漢制，龍旂九，斿七仞。仞，尺也。古者以尺爲仞。

宋《天聖鹵簿圖記》有龍旗十二。

今制因之，皆爲青質、黃襴、赤火焰，間綵脚，繪金龍于中，揭以朱漆槍竿，飾以纓。

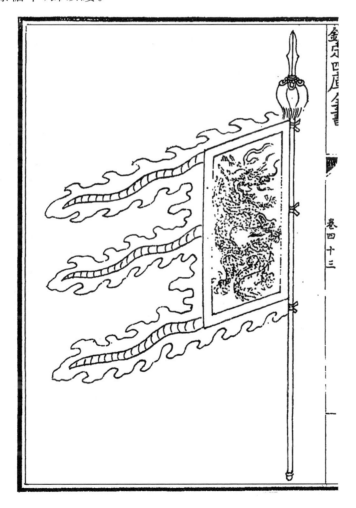

北斗旗

《禮記·曲禮》："招搖在上，急繕音勁。其怒。"鄭氏註：招搖星，在北斗杓端，主指者，畫招搖星于旌旗上，以起勁軍之威怒，象天帝也。《疏》曰：並作七星，而獨云招搖者，舉指者爲主也。《穆天子傳》："建日月七星旗。"蓋畫北斗七星也。

宋有北斗旗一。

元制，北斗旗，黑質、赤火焰脚，畫七星。

今制，黑質、黑火焰，間綵脚，中塗金爲七星像。

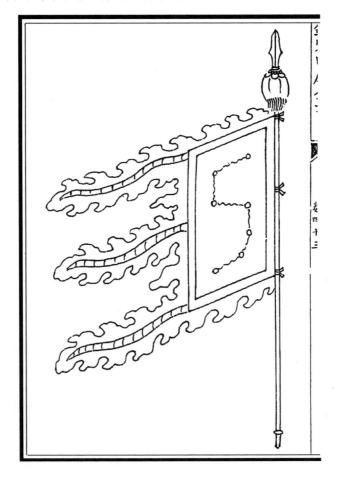

門旗

《周禮·天官·掌舍》職曰，“帷宮設旌門”。《春官·司常》職曰：會同、賓客，置旌門。

至漢，謂之牙旗。

故唐鹵簿内大戟隊後，置牙門一，次牙門左右厢各開五門。

宋制，牙門旗，赤質錯采，爲神人像。

元制，四旗，赤質、赤火焰脚，繪神人，冠武士冠，鎧甲、裲襠、束帶、大口袴，執戈戟。

今制，門旗四，皆赤質、黄襴、赤火焰、間緓脚，中塗金爲門字，揭以朱漆槍竿。

日旗　月旗

《周官·司常》:"掌九旗之物名。"其一曰"日月爲常"。《左氏》曰:"三辰旂旗,昭其明也。"按揚子《太玄經》曰:"日以煜乎晝,月以煜乎夜。"登日月于旗,以象天也。

宋太祖始置日、月旗各一。

《天聖鹵簿圖》:日旗,赤質,畫日,中以烏;月旗,青質,畫月,中以兔。

元制,日旗一,青質,赤火焰脚,繪日于上;月旗一,青質,赤火焰脚,繪月于上。

今制,日旗、月旗各一,俱青質、黃襴、赤火焰、間綵脚,繪日以赤,繪月以白。

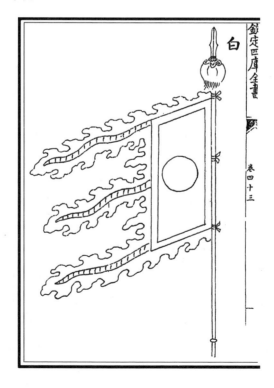

青龍白虎朱雀玄武旗

《曲禮》:"行前朱雀,而後玄武,左青龍而右白虎。"《義疏》曰:"四者,四方宿名也。"蓋古者君行師從,故畫此四者于旌旗,以爲前後左右之兵陳也。

唐制,四旗在鹵簿中。

宋,朱雀旗赤質、赤火焰脚,繪朱雀;

玄武旗黑質、黑火焰脚,繪龜蛇;

青龍旗青質、赤火焰脚,繪蹲龍;

白虎旗白質、赤火焰脚,繪蹲虎。

元同宋制。

今制與宋同。

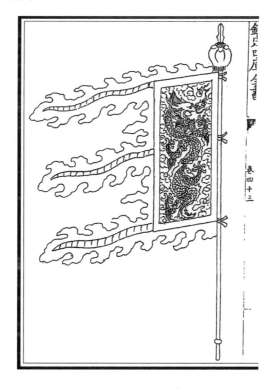

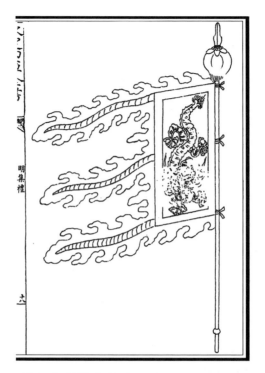

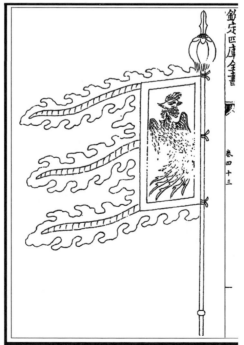

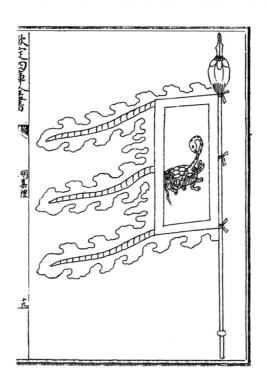

風雲雷雨旗

按《韓子》曰：“黃帝合鬼神于泰山，風伯進掃，雨師灑路。”

至宋，御殿儀仗，制風伯、雨師、雷公、電母旗各一，以錯繡爲之。

元因之，制風、雨、雷、電四旗，旗皆青質，俱畫神人狀，各詭異。

今制旗四，曰風、雲、雷、雨，去電不設，旗皆青質、黃襴、赤火焰、間綵脚，風畫箕星，雨畫畢星，雲畫雲氣，雷畫雷文。

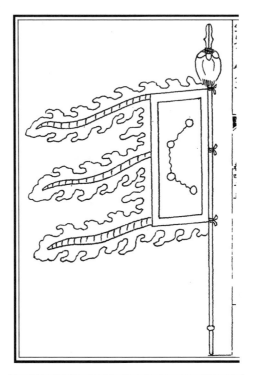

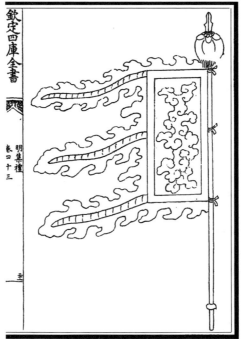

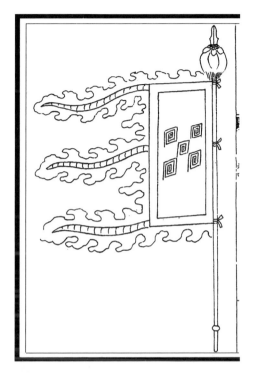

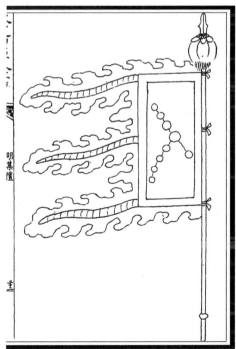

四瀆旗

按《爾雅》曰:"江、河、淮、濟爲四瀆者,發源注海者也。"《白虎通》曰:"謂之瀆者何? 瀆者,濁也。中國垢濁發源,東注于海,其功著大,故稱瀆也。"

宋制,四旗,江瀆旗,赤質、青火焰脚,繪神人,冠七梁冠,青襴朱袍,跨赤龍;

河瀆旗,黑質,赤火焰脚,繪神人,冠七梁冠,皂襴黃袍,跨青龍;

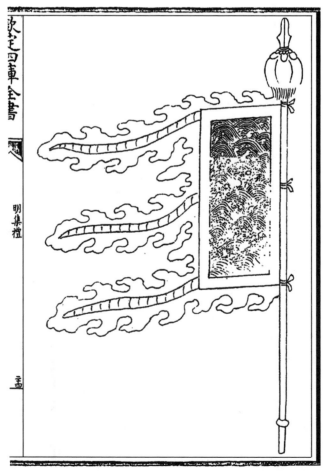

淮瀆旗，素質、赤火焰脚，繪神人，冠七梁冠，皂襴素袍，乘青鯉；

濟瀆旗，青質、赤火焰脚，繪神人，冠七梁冠，皂襴青袍，乘一鼈。

今制，江旗赤質，河旗白質，淮旗青質，濟旗黑質，俱黃襴、赤火焰、間綵脚，中繪水形。

五嶽旗

按鄭康成《周禮註》：“五嶽，東曰岱宗，南曰衡山，西曰華山，北曰恒山，中曰嵩高山。”

宋東嶽旗，青質、赤火焰脚，繪神人，冠七梁冠，皂襴青袍、黃裳，白中單，素蔽膝，執圭；

南嶽旗，赤質、赤火焰脚，繪神人，冠七梁冠，黑襴緋袍，黃裳，黃中單，朱蔽膝，執圭；

中嶽旗，黃質、赤火焰脚，繪神人，冠七梁冠，皂襴黃袍，黃裳，白中單，朱蔽膝，執圭；

西嶽旗，白質、赤火焰脚，繪神人，冠七梁冠，青襴白袍，黃裳，白中單，素蔽膝，執圭；

北嶽旗，黑質、赤火焰脚，繪神人，冠七梁冠，紅襴皂袍，黃裳，白中單，素蔽膝，執圭。

元因宋制，惟神人裳色不同。

今制，東嶽旗青質，南嶽旗赤質，中嶽旗黃質，西嶽旗白質，北嶽旗黑質，俱黃襴、赤火焰、間綵脚，中繪山形。

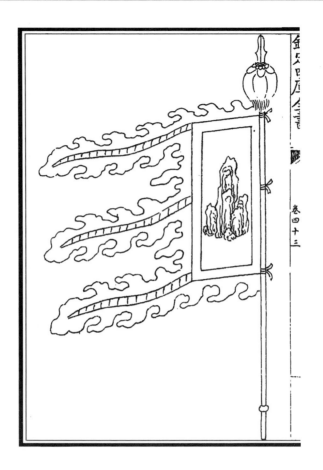

五星旗

按《考靈耀》曰："歲星，木精；熒惑，火精；鎮星，土精；太白，金精；辰星，水精。"

宇文周太常旗畫日月五星。

宋制，五旗俱青質、黃襴、赤火焰脚，各繪神人，服隨方色。

元制五旗，金星旗，素質、赤火焰脚，畫神人，冠五梁冠，素衣皂襴，朱裳，秉圭；

水星旗，黑質、赤火焰脚，畫神人，冠五梁冠，皂衣皂襴，綠裳，秉圭；

木星旗，青質、赤火焰脚，畫神人，冠五梁冠，青衣皂襴，朱裳，秉圭；

火星旗，赤質、青火焰脚，畫神人，冠五梁冠，朱衣皂襴，綠裳，秉圭；

土星旗，黃質、赤火焰脚，畫神人，冠五梁冠，黃衣皂襴，綠裳，秉圭。

今制，木星旗青質，火星旗赤質，土星旗黃質，金星旗白質，水星旗黑質，俱黃襴、赤火焰、間綵脚，中以金塗星形一。

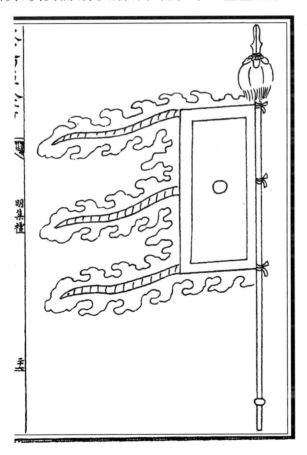

天鹿旗

按顧野王《符瑞圖》曰："天鹿者，純靈之獸也。五色，光耀洞明，一角，長尾。"

宋制，天鹿旗赤質、黃襴、青火焰脚，中繪天鹿獸，白身，綠尾，一角白。

今制與宋同。

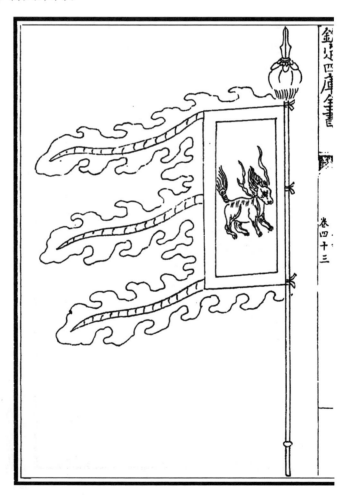

天馬旗

按《前漢‧禮樂志》：“天馬騋，龍之媒。”武帝元狩四年，馬生渥洼水中，作《天馬歌》。

宋制，天馬旗赤質、黃襴、赤火焰脚，中繪馬形，兩肉翼。

今制與宋同。

白澤旗

按顧野王《符瑞圖》曰："澤獸者，一名白澤，能言語，達萬物之精神。王者明照幽遠則至。黃帝巡狩至于東海，澤獸出言，以戒于民，爲時除害。"

《唐六典・武庫令》有白澤旗。

宋制，旗二，赤質，繪白澤形，龍首、綠髮、戴角、四足，爲飛走狀。

元制，赤質、黃襴、赤火焰脚，繪獸，虎首、朱髮而有角、龍身。

今制同宋。

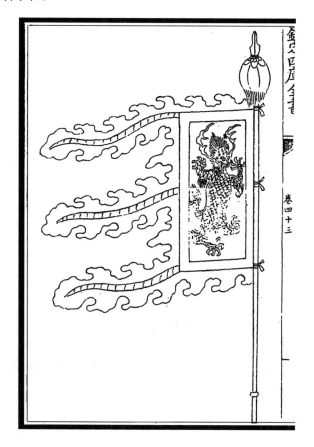

熊旗　羆旗

按《格物論》云：“熊，大似豕，而性輕健，山居，能攀緣。上高樹見人，則顛倒投地而下。”“羆，似熊，黃白紋，長頭高脚，猛憨多力。”

又按《周禮・冬官・輈人》云：“熊旗六斿，以象伐也。”注：熊、虎爲旗，師都之所建也。伐星屬白虎宿，與參連體六星。

漢因制熊旗。

唐有赤熊旗，宋有黃熊旗，皆未制羆旗。

今制熊、羆旗各一，赤質、黃襴、赤火焰、間綵脚，熊旗繪熊，羆旗繪羆。

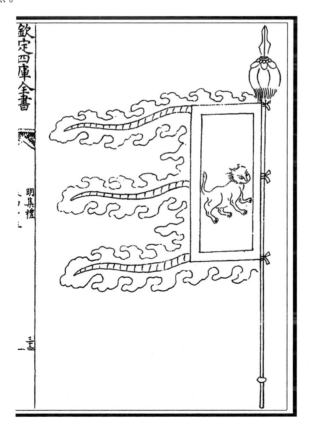

卷四十三

鸞旗

　　按顧野王《符瑞圖》曰："鸞鳥者，赤神之精，鳳凰之佐也。其狀如翟而五采，鳴中五音，人君進退有度，親疏有序則至。"

　　漢有鸞旗。師古注曰："鸞旗，編以羽毛，列繫幢傍，載于車上。"

　　唐亦有鸞旗。

　　宋制，鸞旗二，赤質、青火焰脚，繪鸞形。

　　元因宋制。

　　今制，赤質、黃襴、赤火焰、間綵脚，餘同。

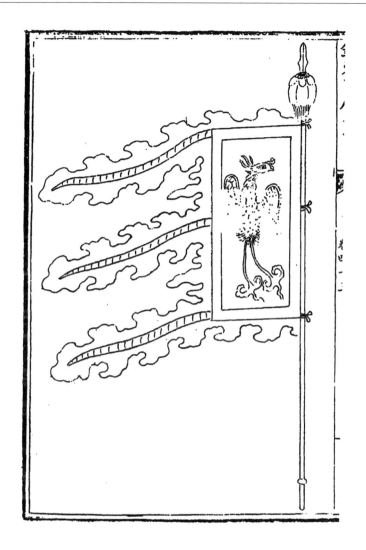

麟旗

按顧野王《符瑞圖》曰："麒麟，仁獸也，亦曰木之精也。毛蟲
三百六十有六，而麟爲之長。其狀麕身、羊頭、牛尾、一角，角端
有肉，音中律呂，步中規矩，不踐生蟲，不折生草，不食不義，不飲
污池。"

唐《開元禮義羅》曰："高祖時，麟見苑囿，改元麟德，制麟旗。"

宋麟旗二，赤質、青火焰脚，中圖麟形。

元與宋同。

今制，赤質、黃襴、赤火焰、間綵脚，繪麟于上。

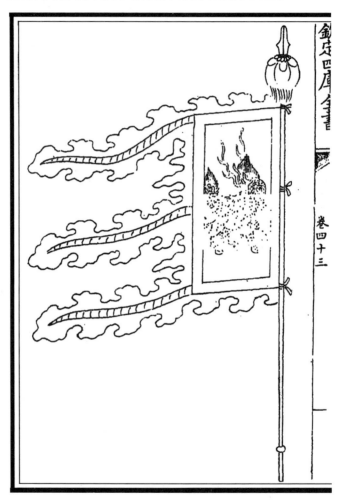

角宿旗

按《史記·天官書》曰："東宮蒼龍大角者，天王帝廷。"《晉書·天文志》曰："角二星，主造化萬物，布君之威信，謂之天關。其間，天門也。其內，天廷也。故黃道經其中，七曜之所行也。"

宋角宿旗，青質、赤火焰脚，畫神人爲女子形，露髮，朱袍，黑襴，立雲氣中，持蓮荷。

元制，青質、青火焰脚，繪二星，下繪蛟。

今制，青質、黃襴、赤火焰，間綵脚，中塗金，爲角宿二。

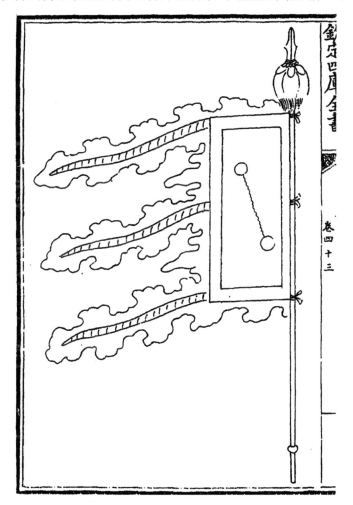

亢宿旗

按《史記·天官書》曰：“亢爲疏廟。”《晉書·天文志》曰：“亢四星，天子之內朝。”

　　宋亢星旗,青質、赤火焰脚,畫神人,冠五梁冠,朱袍,皂襴,皂帶,黃裳,持黑等子。

　　元制,青質,青火焰脚,繪四星,下繪龍。

　　今制,青質、黃襴,赤火焰,間綵脚,中塗金爲亢宿四。

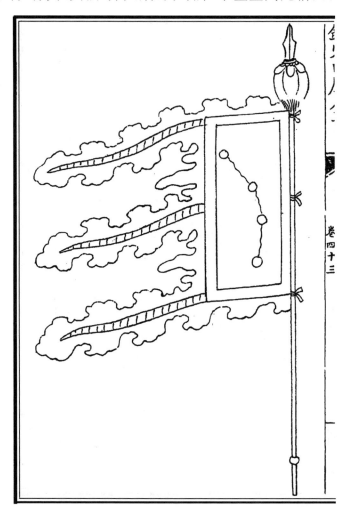

氐宿旗

　　按《史記・天官書》曰:“氐爲天根。”《晉書・天文志》曰:“氐四星，王者之宿宫，后妃之府也。"

　宋氏宿旗，青質、赤火焰脚，畫神人，冠小冠，衣金甲，朱衣，包肚，朱擁項，白袴，右手仗劍，乘一龜。

　元制，青質、青火焰脚，繪四星，下繪貉。

　今制青質、黄襴，赤火焰，間綵脚，中塗金爲氐宿四。

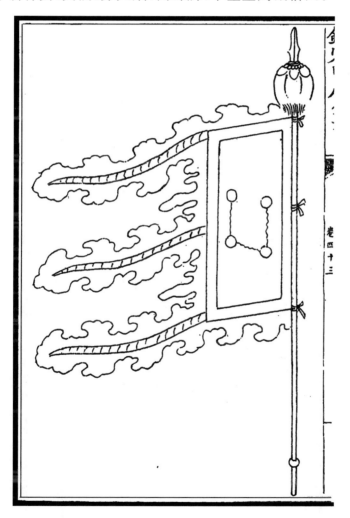

房宿旗

按《史記·天官書》曰："房爲天駟。"《晉書·天文志》曰："房四星,爲明堂,天子布政之宮也。"

宋房宿旗、青火焰脚,畫神人,烏巾,白中單,碧袍,黑襴,朱蔽膝,白帶,黃裙,朱舄,右手仗劍。

元制,青質、青火焰脚,繪四星,下繪兔。

今制青質、黃襴、赤火焰、間綵脚,中塗金爲房宿六。

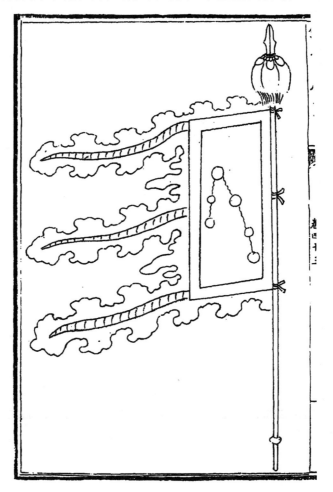

心宿旗

按《史記·天官書》曰：“心爲明堂大星，天王前後，子屬不欲直。”《晉書·天文志》曰：“心，三星，天王正位也。”

宋心宿旗，青質、赤火焰脚，畫神人，冠五梁冠，朱袍，皂襴，左手持杖。

元制，青質、青火焰脚，繪三星，下繪狐。

今制，青質、黃襴、赤火焰、間綵脚，中塗金爲心宿三。

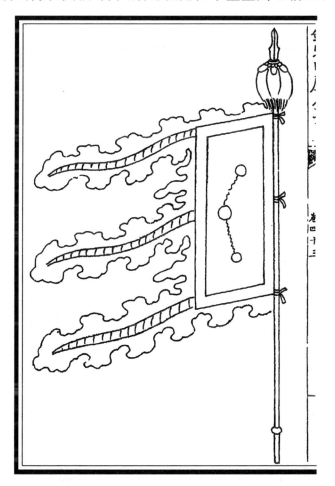

尾宿旗

按《史記·天官書》曰："尾爲九，子曰君臣。"《晉書·天文志》曰："尾，九星，後宮之場。旁一星，名曰神宮，解衣之内室。"

宋尾宿旗，青質、赤火焰脚，畫神人，冠束髮冠，素中單，黃袍，朱裳，赤舄，右手仗劍，左手持弓。

元制，青質、青火焰脚，上繪九星，下繪虎。

今制青質、黃襴、赤火焰、間綵脚，中塗金爲尾宿九，又神宮一小星在旁。

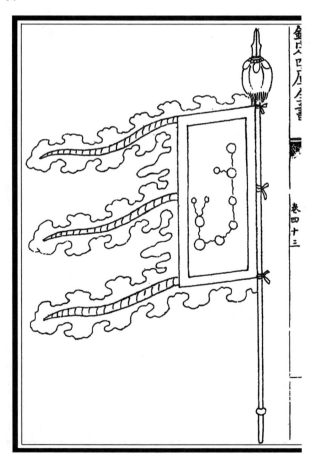

箕宿旗

按《史記‧天官書》曰："箕爲敖客。"《晉天文志》曰："箕，四星，亦爲後宮后妃之府，亦曰天津，一曰天箕，主八風。"

宋箕宿旗、青質、赤火焰脚，畫神人，冠金梁冠，衣淺朱袍，皂襴，仗劍，乘白馬于雲中。

元制，青質、青火焰脚，繪四星，下繪豹。

今制，青質、黃襴、赤火焰，間綵脚，中塗金爲箕宿四。

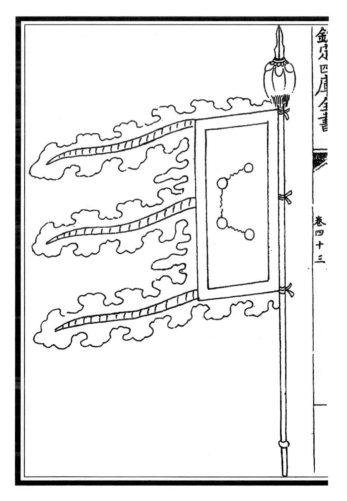

斗宿旗

按《史記·天官書》曰:"北宮玄武,南斗爲廟。"《晉書·天文志》曰:"南斗六星,爲丞相太宰之位,酌量政事之宜,褒進賢良,稟授爵禄。"

宋斗宿旗,青質、赤火焰脚,畫神人,被髮,黃腰裙,朱帶,右手持杖。

元制,黑質、黑火焰脚,上繪六星,下繪獅。

今制,青質、黃襴,赤火焰,間綵脚,中塗金爲斗宿六。

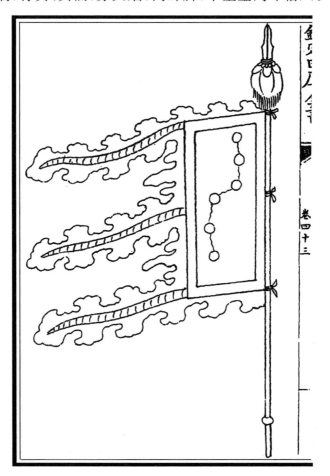

牛宿旗

按《史記·天官書》曰："牽牛爲犧牲。"《晉天文志》曰："牽牛六星，天之關梁，星明大，則王道昌。"

宋牛宿旗，青質、赤火焰脚，畫神人，牛首，皂襴紅袍，黄裳，朱鳥，立雲氣中。

元制，黑質、黑火焰脚，上繪六星，下繪牛。

今制，青質、黄襴、赤火焰、間綵脚，中塗金爲牛宿六。

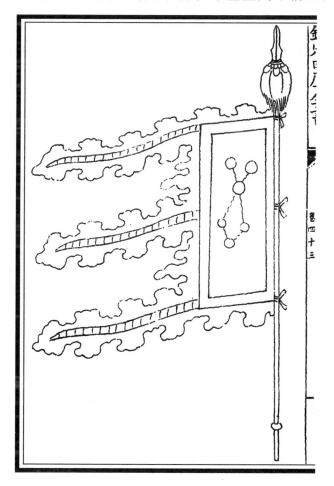

女宿旗

按《晉書·天文志》:"須女四星,天少府也。謂之須女者,須,賤妾之稱,婦織之卑者也。主布帛、裁製、嫁娶。"星明,天下豐、女紅昌。

宋女宿旗,青質、赤火焰脚,畫神人,烏牛首,衣朱服、皂襴、素帶、烏鞾,右手持蓮,立雲氣中。

元制,黑質、黑火焰脚,上繪四星,下繪龜。

今制,青質、黃襴、赤火焰、間綵脚,中塗金爲女宿四。

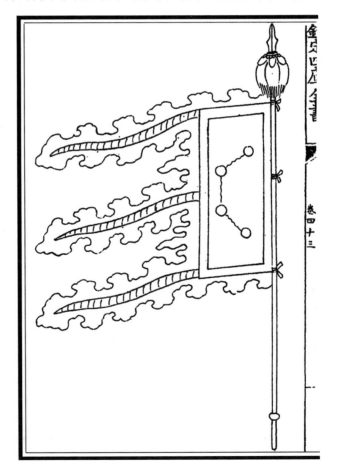

虛宿旗

按《晉天文志》曰："虛二星，冢宰之官也。主邑居、廟堂、祭祀、祝禱之事。"明靜則天下安。

宋虛宿旗，青質、赤火焰脚，畫神人，被髮，裸形，坐于甕中，左手持一珠。

元制，黑質、黑火焰脚，上繪二星，下繪鼠。

今制，青質、黃襴、赤火焰、間綵脚，中塗金爲虛宿二。

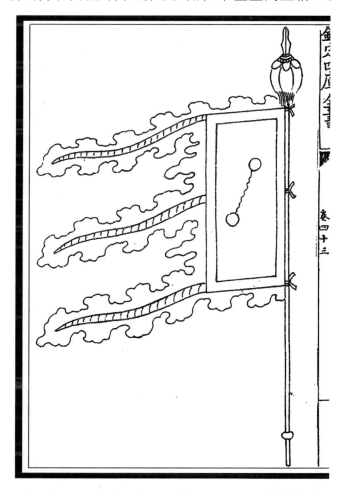

危宿旗

按《史記·天官書》曰："危爲蓋屋。"《晉天文志》曰："危三星，主天府、天市、架屋。"甘氏云：爲天市廟堂。

宋危宿旗，青質、赤火焰脚，畫神人，虎首，金甲衣，朱服，貔皮汗胯，青帶，藍包肚，烏鞾，右手仗劍，立雲氣中。

元制，黑質、黑火焰脚，上繪三星，下繪燕。

今制，青質、黃襴、赤火焰、間綵脚，中塗金爲危宿三，又墳墓四小星在旁。

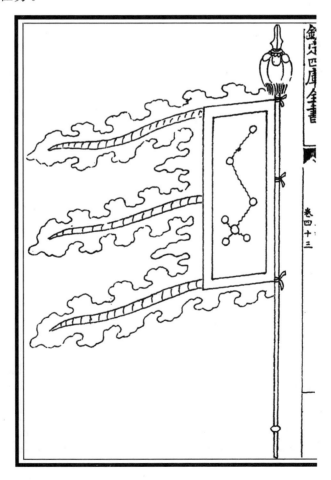

室宿旗

《詩·定之方中》注曰:"定,營室星也。"《史記·天官書》曰:"營室爲清廟,亦曰離宮。"《晉天文志》:"營、室二星,天子之宮也。爲軍糧之府及土功事。"

宋室宿旗,青質、赤火焰脚,畫神人,丫髮,朱服,乘舟水中。

元制,黑質、黑火焰脚,上繪二星,下繪豬。

今制青質、黄襴、赤火焰、間綵脚,中塗金爲室宿二,又離宮六星在旁。

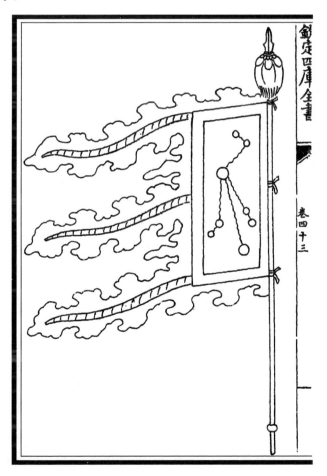

壁宿旗

按《晉天文志》曰："東壁二星，主文章，天下圖書秘府也。星明，王者興，道術行，國多君子。"

宋壁宿旗，青質、赤火焰腳，繪神人爲女子形，丫髪，朱服，皂襴，綠帶，黃裳，烏舃，左手指前，右手仗劍，立雲中。

元制，黑質、黑火焰腳，上繪二星，下繪貐。

今制青質，黃襴、赤火焰、間綵腳，中塗金爲壁宿二。

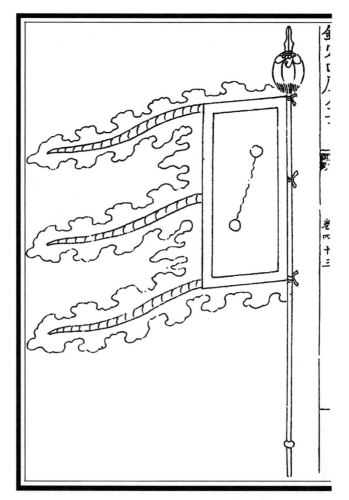

奎宿旗

按《史記・天官書》曰:"奎曰封豕,爲溝瀆。"《晉天文志》曰:"奎十六星,天之武庫,一曰封豕,主禁暴。"

宋奎宿旗,青質、赤火焰脚,繪神人,狼首,朱服,金甲,綠包肚,白汗胯,黑帶,烏鞾,右手仗劍。

元制,素質、素火焰脚,上繪十六星,下繪狼。

今制,青質、黃襴、赤火焰、間綵脚,中塗金爲奎宿十六。

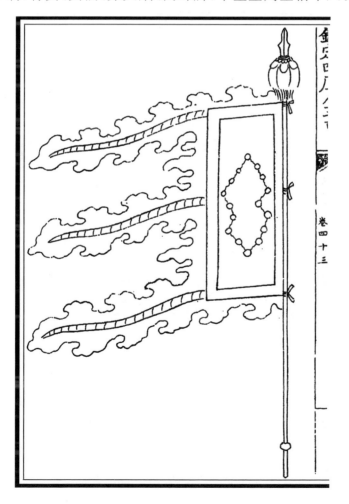

婁宿旗

按《史記・天官書》曰："婁爲聚衆。"《晉天文志》曰："婁三星,爲天獄,主苑牧犧牲,供給郊祀,亦爲興兵聚衆。"

宋婁宿旗,青質、赤火焰脚,繪神人,戴金梁冠,素中單,淺黑袍,皂襴,朱蔽膝,青帶,黃裳,朱烏,左手持烏牛角,右手仗劍。

元制,素質、素火焰脚,上繪三星,下繪狗。

今制,青質、黃襴、赤火焰、間綵脚,中塗金爲婁宿三。

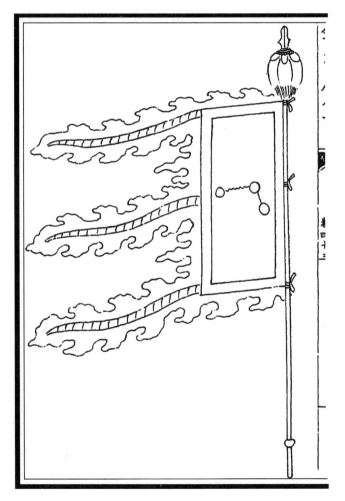

胃宿旗

按《史記·天官書》曰："胃爲天倉。"《晉天文志》曰："胃三星,天之厨藏,五穀之倉也。又名大梁。明則四時和平,天下晏然,倉廩實。"

宋胃宿旗,青質、赤火焰脚,繪神人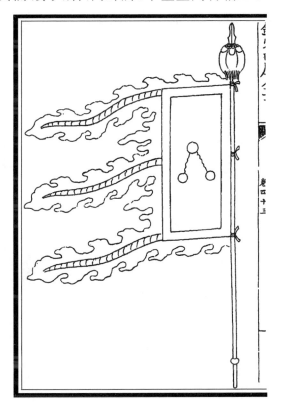①,丫髮,披豹皮,淺紅裙,青帶,跣足,左手指前,右手仗劍,立雲氣中。

元制,素質、素火焰脚,上繪三星,下繪雉。

今制,黄襴、赤火焰、間綵脚,中塗金爲胃宿三。

---

① "繪",原缺,據嘉靖本、《續文獻通考》卷一二九《王禮考·乘輿鹵簿至百官儀從》補。

昴宿旗

按《史記·天官書》曰："昴名旄頭。"《晉天文志》曰："昴七星，天之耳目也。主西方獄事，又爲旄頭胡星也。"甘氏云：昴星明大，則君無佞臣，天下安和。張衡云：昴星，明獄訟平。

宋昴宿旗，青質、赤火焰，繪神人，牛首，朱服，皂襴，黃裳，青帶，朱舄，左手拳，右手持青如意。

元制，素質、赤火焰腳，上繪七星，下繪雞。

今制，青質、黃襴、赤火焰、間綵腳，中塗金爲昴宿七。

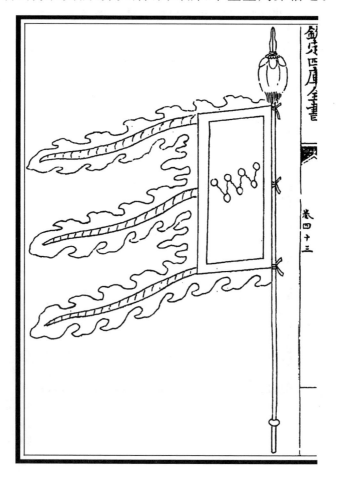

畢宿旗

按《爾雅》曰："濁,謂之畢。"郭璞注曰："掩兔之畢,或呼爲濁。因星形以名也。"

《晉天文志》曰："畢八星,主邊兵,主弋獵。星明大,則遠夷來貢,天下安。"甘氏云:畢主街巷陰雨,天之雨師也。

宋畢宿旗,青質、赤火焰脚,繪神人,作鬼形,著朱裩,持黑杖,乘馬,行雲氣中。

元制,素質、素火焰脚,上繪八星,下繪烏。

今制,青質、黃襴、赤火焰、間綵脚,中塗金爲畢宿八,附耳一星在旁。

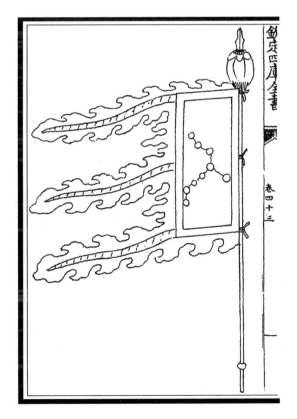

觜宿旗

按《史記·天官書》曰："三小星隅置，曰觜觿，爲虎首，主葆旅事。"晉灼曰：葆，菜也，野生曰旅。張衡云：葆、旅野生之可食者。

《隋志》云："觜觿，爲三軍之候，行軍之藏府，主葆旅，收斂萬物。明則軍儲盈，將得勢。"

宋觜宿旗，青質、赤火焰脚，繪神人，冠緇布冠，朱服，皂襴，黃裳，拱手，坐雲氣中。

元制，素質、素火焰脚，上繪三星，下繪猴。

今制，青質、黃襴、赤火焰、間綵脚，中塗金爲觜宿三。

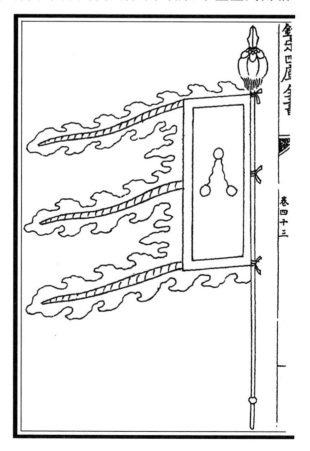

參宿旗

按《前漢·天文志》曰："參爲白虎。"甘氏曰：參爲忠良孝謹之子。明大則臣忠子孝。一曰參伐，一曰大辰，一曰天市，一曰鈇鉞，主斬刈。又爲天獄，主殺伐，又主權衡，所以平理也。

宋參宿旗，青質、赤火焰脚，繪神人，被髮，衣紫襴黃袍，綠裳，青帶，朱烏，左手指空，右手持珠椎，立雲氣中。

元制，素質、素火焰脚，上繪十星，下繪猿。

今制，青質、黃襴、赤火焰、間綵脚，中塗金爲參宿十，又玉井四小星在左足下。

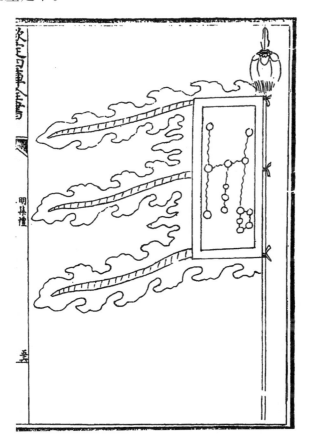

井宿旗

按《漢天文志》曰：“南宮，朱鳥，東井爲水事。”《晉天文志》曰：“東井八星，天之南門，黃道所經。天之亭候，主水衡事。法令之所取平也。王者用法平，則井星明而端列。鉞一星，附井之前。”

宋井宿旗，青質、赤火焰腳，繪神人，丫髮，朱袍，皂襴，坐雲氣中，右手持紅蓮。

元制，赤質、赤火焰腳，上繪八星，下繪犴。

今制，青質、黃襴、赤火焰、間綵腳，中塗金爲井宿八，又鉞一星在旁。

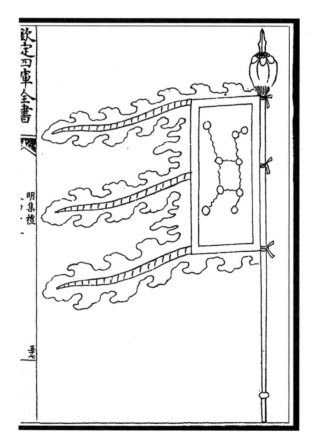

鬼宿旗

按《史記·天官書》曰：“輿鬼主祀事。”《晉天文志》曰：“鬼五星，天目也。主視明察奸謀，星明大則穀成。”

宋鬼宿旗，青質、赤火焰脚，繪神人，作女子形，首飾金釵，朱袍，皂襴，青帶，黃裳，烏舄，左手持杖，立雲氣中。

元制，赤質、赤火焰脚，上繪五星，下繪羊。

今制，青質、黃襴、赤火焰、間綵脚，中塗金爲鬼宿五。

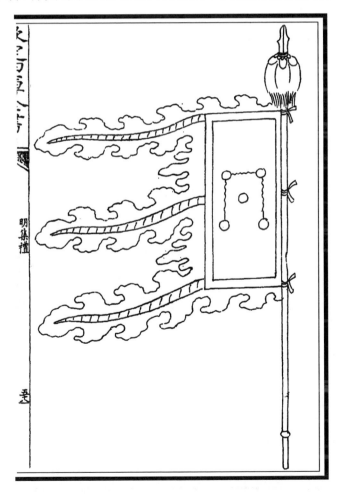

柳宿旗

按張衡云：柳爲朱雀之嗉，天之厨宰也。主尚食，和滋味。《隋志》云：“又主雷雨樂計。”圖澄曰：柳主材木。

宋柳宿旗，青質、赤火焰脚，繪神人，作女子形，露髻，朱衣，黑襴，黃裳，皂烏，撫一青龍。

元制，赤質、赤火焰脚，上繪八星，下繪麐。

今制，青質、黃襴、赤火焰、間綵脚，中塗金爲柳宿八。

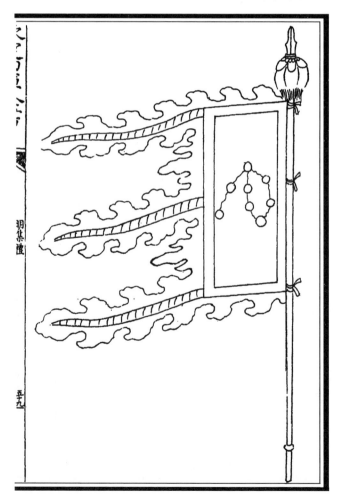

星宿旗

按甘氏曰：星七星，主后妃御女之位，亦爲賢士。明大則道化成，國盛。又張衡云：七星爲朱鳥之頸，一名天都，主衣裳文繡。《隋志》云："星明則王道昌。"

宋星宿旗，青質、赤火熖脚，繪神人，冠五梁冠，淺朱袍，綠襴，青帶，黃裳，朱鳥，立雲氣中，兩手各持金銅絲二條。

元制，赤質、赤火焰脚，上繪七星，下繪馬。

今制，青質、赤火焰、間綵脚，中塗金爲星宿七。

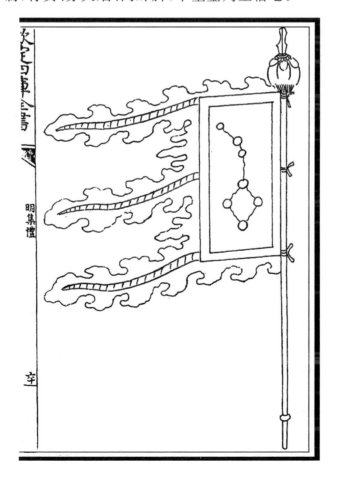

張宿旗

按甘氏云：張宿主天廟明堂御史之位。若明大則國盛强。
《隋志》云："主珍寶，宗廟所用及衣服，又主天厨，飲食賞賚之事。
星明則王者行五禮得天之中。"

宋張宿旗，青質、赤火焰脚，繪神人，衣豹皮，朱帶，素鞾，右
手仗劍，坐雲氣中。

元制，赤質、赤火焰脚，上繪六星，下繪鹿。

今制，青質、黃襴、赤火焰、間綵脚，中塗金爲張宿六。

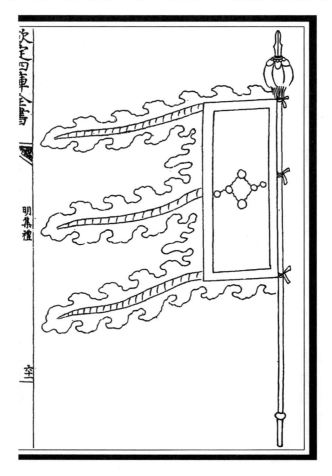

翼宿旗

按《史記·天官書》曰："翼爲羽翮，主遠客。"《隋志》云："翼爲天之樂府，主俳倡戲樂，又主夷狄遠客，負海之賓。明大則禮樂興，四夷來賓，動則蠻夷使來。"

宋翼宿旗，青質、赤火焰脚，繪神人，作女子形，首飾金釵，假髻，白中單，皂袍，碧襴，赤蔽膝，紫裳，赤烏，左手指前，右手仗劍，立于火中。

元制，赤質、赤火焰脚，上繪二十二星，下繪蛇。

今制，青質、黃襴、赤火焰、間綵脚，中塗金爲翼宿二十二。

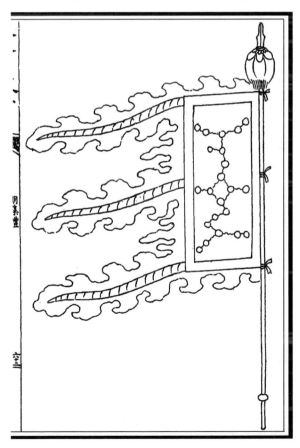

軫宿旗

按《史記·天官書》曰："軫爲車，主風。"張衡云："軫爲冢宰輔臣，主車騎。明大則車騎用。"《隋志》云："主任載，明則車駕備。轄星附軫兩旁，主王侯左轄，爲王者同姓，右轄爲異姓。長沙一星在軫之中。"

宋軫宿旗，青質、赤火焰脚，繪神人，作女子形，金釵，假髻，朱袍，皂襴，青帶，黃裳，赤舄，左手持書，立雲氣中。

今制，青質、黃襴、赤火焰、間綵脚，中塗金爲軫宿四。長沙一星在中，左、右轄二星在旁。

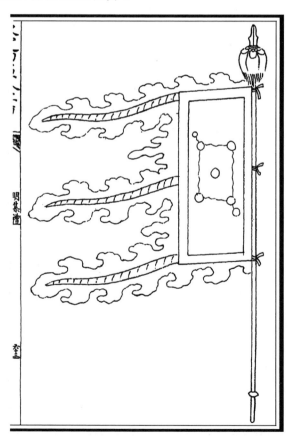

大明集禮卷四四

儀仗三^①

黄麾

《通典》曰："黄帝振兵，設五旗、五麾。"則黄麾製自有熊始也。

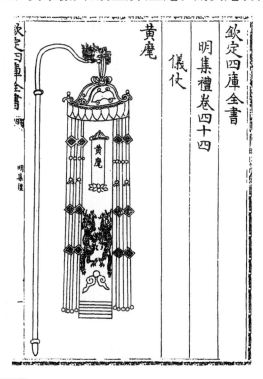

漢鹵簿，有前後黃麾。

《開元禮義纂》："唐太宗法夏后之前制，取中方之正色，故制大麾色黃。"

宋制，以絳帛爲之，如旛，錯綵成黃麾篆字，下繡交龍及雲日，朱漆竿，金龍首，上垂朱絲小蓋。四角垂佩，末有橫板，作碾玉文。

元制同。今制，亦同宋。但蓋用朱綠，黃麾字楷書，用金，下二龍塗金爲之。

絳引幡

按《釋名》曰："幡，翻也。其貌翻翻然也。"

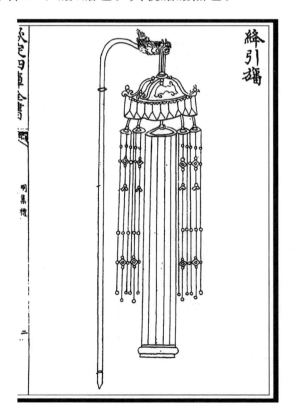

唐、宋鹵簿並施于黃麾仗。宋制，朱漆竿，金龍首，朱綠蓋，四角，每角垂佩，繫五色間暈氅，末垂橫板，作碾玉文。

元制，四角，朱綠蓋，每角垂羅文雜佩，繫于金銅鈎竿，竿以朱飾，懸五色間暈羅，下有碾玉橫板。

今制與宋同。

告止幡

按《開寶通禮義纂》曰："唱止旛，所以從行也，以爲行止之節。"

宋制，緋帛錯采爲告止字，承以雙鳳，下有橫玉板，作碾玉文，上有朱綠蓋，四角，每角垂羅文佩，繫于金銅龍頭鈎朱漆竿。

元制，用紅羅銷金升龍，錯采爲告止字。今制與宋同。

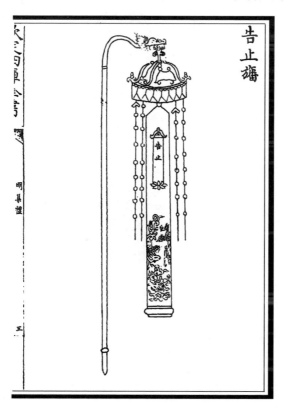

傳教幡

按《開元禮義鑑》曰：“傳教旛、信旛，皆取飛騰輕疾之義。”
《開元禮義羅》曰：“若行幸、征討，軍機有速，教令之所不及，但相
去三隊置旛以傳教，謂之傳教旛。”

宋制，如告止旛，錯彩爲傳教字，承以雙白虎。

元制，用白羅，繪雲龍。

今制與宋同，但下繪金雙龍。

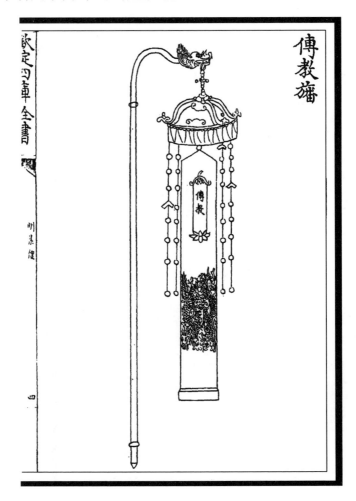

信幡

按崔豹《古今注》曰："信幡，古之徽號也。題表官號以爲符信。"

《宋書》曰："孝武詔信幡，非省臺官悉用絳。"《古今注》又曰："信幡用鳥書，取飛動輕疾，一曰以鴻雁燕乙，有去來之信，舊用頴字。"

宋景祐五年，改制麾幡，易以小篆，錯采爲信幡字，承以雙龍，餘同傳教幡。

元制，下繪雙鳳。

今制與宋同，但下繪金雙龍。

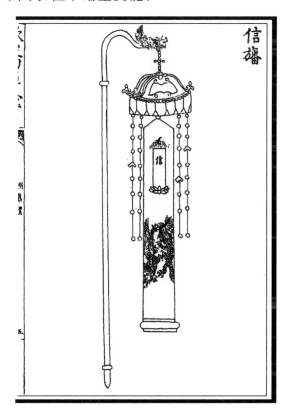

豹尾

按崔豹《古今注》曰："豹尾車,周制也,以象君子豹變,尾言謙也。古者軍正建之。"

又《漢輿服志》曰："屬車最後一車,垂豹尾。"今置于竿,亦其遺制。

元制,竿如戟,繫豹尾。

今制,朱漆竿,金龍首,垂豹尾。

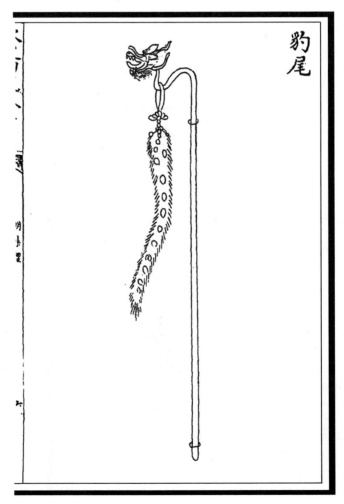

龍頭竿繡氅

按《字書》曰:"氅鷺,鳥毛也。"

《宋書》曰:"孝武詔王侯𣃔耗不得用孔雀白氅。"

梁有赤氅。

隋大業二年,上幸臨江宮,時羽儀新成,霜戈花氅,輝翳雲日。初造之時,毛氅多出江南,爲之略盡。

又唐制,左右衛驍衛皆建黃氅,武衛建鷟毛四色氅,威衛建

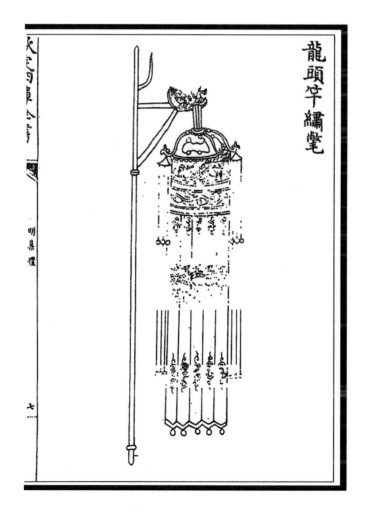

青氅黑氅，領軍建赤氅。又《禮令》，黃麾仗，長戟大六色氅，大稍孔雀氅，短戟大六色鵝毛氅，小稍小五色鵝毛氅，戈雞毛氅。

宋建隆中，郊祀及開寶定禮，皆依此制。《天聖鹵簿》有龍頭竿繡氅。其制，青氅繡孔雀，用五角蓋；緋氅繡鳳，用六角蓋；皂氅繡鵝，亦用六角蓋；白氅，亦繡鵝，用四角蓋；黃氅繡雞，亦用四角蓋。每角綴珠，佩一帶，末有金銅鈴。

元《儀仗解》，但有繡氅，不知其色。

今制竿如戟，鈎下有小橫木，刻龍頭，垂紅五角蓋，下綴紫綠銷金裙腰，連綴青氅帶五，各繡一鳳，末垂金銅鈴，每角仍垂珠佩。

羽葆幢

按《釋名》曰："幢，童也，其貌童童然也。"鄭康成注《周禮·夏采》職云："緌以旄牛尾爲之，綴于幢上。所謂注旄于幢上。"

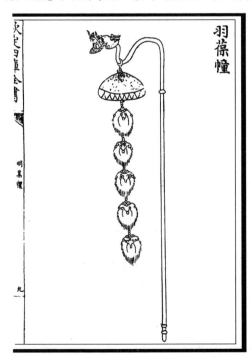

節、幢、麾制，皆相類，唯以層數別之。

　　至晉，始有羽葆幢。

　　宋制，如節而五層，紫綾袋籠之。

　　今制，朱漆竿，金龍首，垂綠蓋，紅氂牛毛五層，上戴白羽。

戟氅

　　按《釋名》曰：“戟，格也，旁有枝格也。”《方言》曰：“戟，楚謂之
釨，音子。凡戟而無刃。秦、晉之間，謂之釨。”《説文》曰：“戟，有枝
兵也。”崔豹《古今注》曰：“殳，戟之遺象，以木爲之。後世謂之
棨戟。”

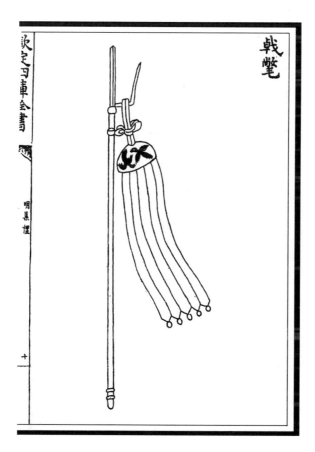

宋制，以木爲之，在車輪外，赤質，畫雲氣，上綴飛掌，垂五色帶，帶末有銅鈴。

景祐五年重制，定長一丈六尺。

元制，以木有枝，塗以黃金，竿以朱漆。

今爲戟枝，以黃金塗之，朱竿。餘同宋制。

戈氅

按《釋名》曰：“戈，勾孑戟也。戈，過也。所刺所決過之，所勾引制之不得過也。”

今制，爲戈，刃以黃金塗之，朱竿，畫雲氣，上綴五色旛帶，末俱綴金銅鈴。

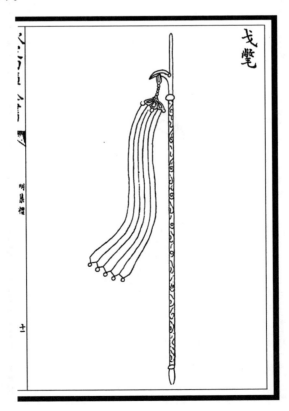

儀鍠氅

按宋《開寶通禮義纂》曰:"鍠,鉞屬也。秦以鐵作鍠,謂之儀鍠。"

唐用爲儀仗。

宋制,如斧,刻木爲之,謂之儀鍠五色旛,塗刃以青,柄以朱,畫雲氣,上綴小錦旛,五色帶,帶垂金銅鈴。

元制同。

今制同宋。

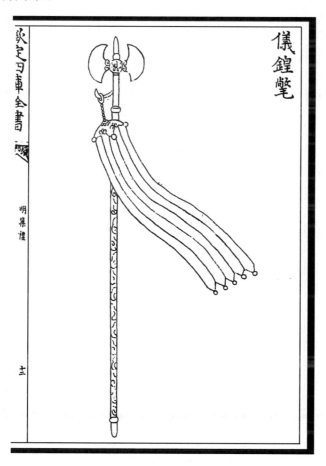

黃蓋

按漢，乘輿，黃屋左纛。黃屋者，車蓋也。後世因爲黃蓋，乃其遺制也。

元制，黃繳上加金浮屠。

今制，紅漆直柄，圓繳，黃羅爲表，銷金作飛龍形，黃絹裏，上施金葫蘆。

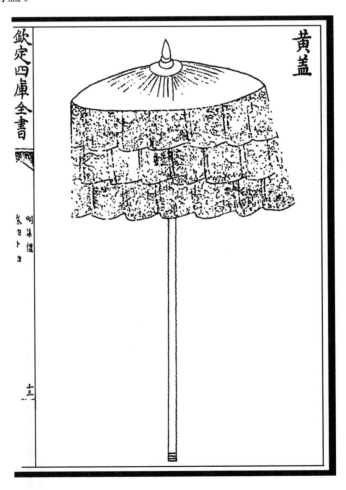

大繖

按《開元禮義鑑》曰：“《風俗通》云，‘繖者，大蓋也’。又《漢書》，上官桀爲羽林郎，從武帝上甘泉宮。會天大風，車不得行，因解蓋以授之。”

宋制，大繖，赤質，紫表平頂而圓，上繡金飛龍、瑞草，朱裏，紅漆藤纏直柄。

今制與宋同，但加金浮屠。

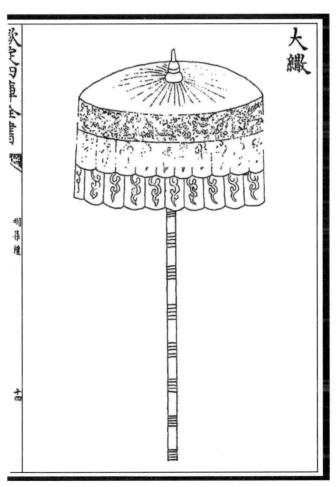

華蓋

按崔豹《古今注》曰："華蓋，黃帝所作。黃帝與蚩尤戰于涿鹿，常有五色雲氣，金枝玉葉，止于帝上，成花蘤之象，因作華蓋。"又《晉天文志》曰："大帝上九星曰華蓋，所以覆蔽大帝之座。蓋下九星曰杠，蓋其柄也。"世有華蓋，義亦取此。

宋制，赤質，圓頂隆起，上繡花龍，藤纏朱漆直柄。

元制與宋同，但上施金浮屠。

今制亦與宋同，上加雲氣、花蘤、金浮屠。

曲蓋

按崔豹《古今注》曰：“曲蓋，太公所作。武王伐商，大風折蓋，太公因折蓋之形而制曲蓋。”

漢，乘輿用四。

宋制，赤質，紅裏，平頂而圓，如華蓋差小而曲柄，上繡瑞草。

元制與宋同，但上加金浮屠。

今制同宋。

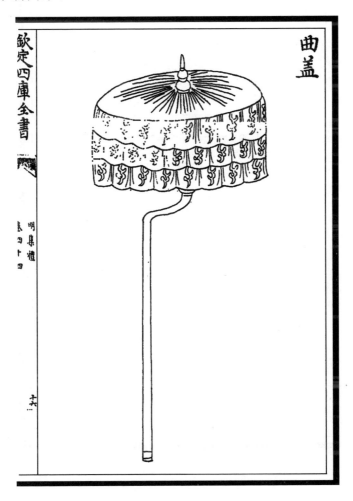

紫方繖

按《通俗文》曰:"張帛避雨,謂之繖。"

宋制,赤質,正方,四角有銅螭頭,紫羅表,紅絹裏,黑漆藤纏直柄,平頂。

元制如大繖,而表用紫羅。

今制同宋,上加金浮屠。

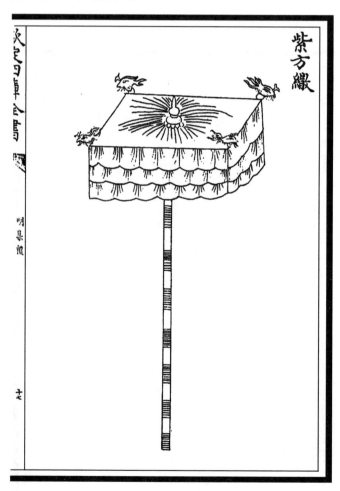

紅方繖

宋制，如紫方繖而赤質，朱漆藤纏直柄，平頂四方，紅羅表，紅絹裏，無飾。

元制如大繖，而表用緋羅。

今制同宋，上加金浮屠。

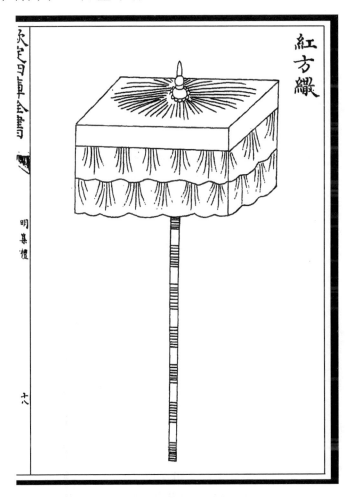

雉扇

按崔豹《古今注》曰："雉尾扇,起于商世。高宗有雛雉之祥,服章多用雉羽。周制[1],以爲王后、夫人之服。輦車有翣飾,即緝羽爲扇。翣,所以遮翳風塵也。"

《唐六典》曰："舊翟尾扇。"開元初,改爲繡孔雀,以從省。

宋有大雉扇、中雉扇、小雉扇三等。其制,下方上橢圓,直柄,緋羅心,外周繡以雉尾排列爲飾,中爲雙孔雀,間施雜花,下橫黑漆木連柄,用金銅花裝釘。

元因之。

今制與宋同。

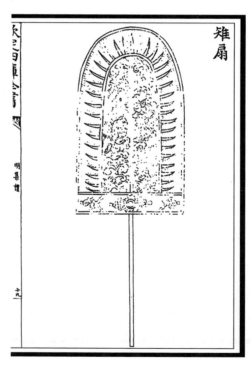

---

① "周",原作"用",據嘉靖本、崔豹《古今注·輿服》補。

紅團扇

按揚雄《方言》曰："扇，自關而東謂之扇，自關而西謂之箑。"《世本》曰："武王作箑。"《西京雜記》曰："天子夏則設羽扇，冬則繒扇。"舊《禮令》，乘輿有紅畫團扇，後以繡文，故去畫字。

宋制，赤質，繡五色雜花，朱漆柄。

元同宋制。

今制與宋同。

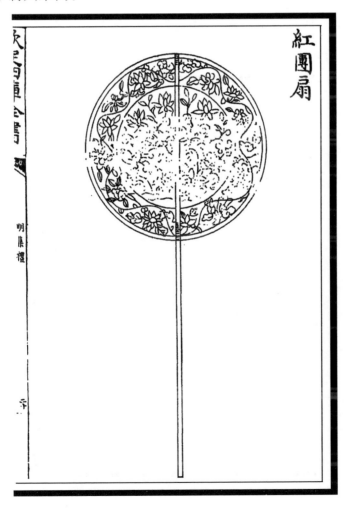

朱雀幢　玄武幢　青龍幢　白虎幢

按《開寶通禮義纂》曰："魏信幢，以五方獸爲之。"唐朱雀幢居前，青龍幢居左，白虎幢居右，玄武幢居後，承魏制也。

宋制，幢如節，用犛牛毛而五層，韜以袋，繡四神隨方色，朱雀幢用緋羅袋籠之上，繡朱雀，玄武幢用皂羅袋籠之上，繡龜蛇，青龍幢用青羅袋籠之上，繡青龍，白虎幢用白羅袋籠之上，繡白虎，朱漆柄，取《曲禮》行前朱雀而後玄武，左青龍而右白虎之義。

元制，四幢各隨方色，繡雀、武、龍、虎狀于上。

今制與宋同。

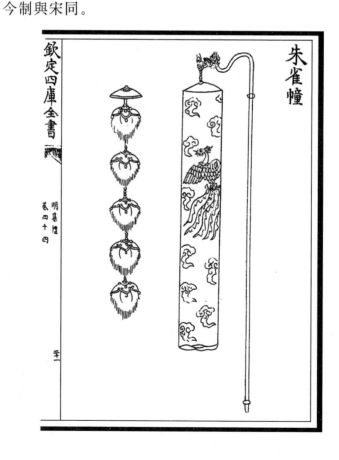

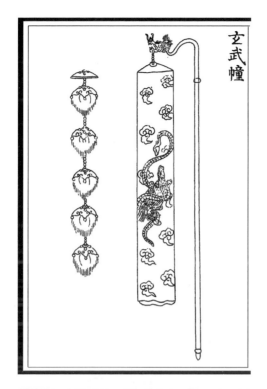

玄武幢

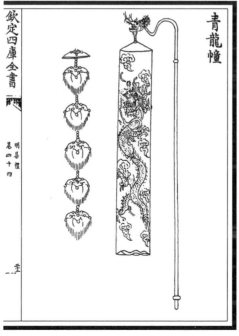

青龍幢

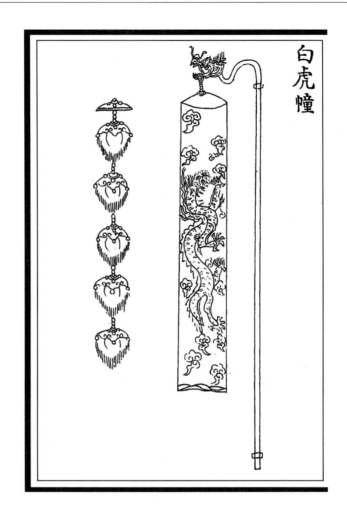

白虎幢

扇

　　按《事物紀原》：崔豹《古今注》曰："舜廣開視聽，求賢人以自輔，作五明扇。"《黃帝內傳》亦有五明扇，扇之起以五明而制也。陸機《扇賦》曰："昔武王玄覽，造扇于前。"然則今以招涼者，用武王所作云。故《傳》有武王扇暍之事。

　　宋制，團扇，黃質，上繡盤龍，朱柄。

　　今制與宋同。

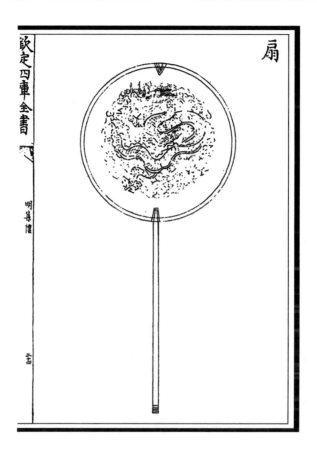

金戟_缺

班劍

按《開元禮義羅》曰：“漢制，朝服帶劍。晉代之以木，謂之斑劍。東齊謂之象劍，言象于劍也。”

《宋會要》云：“斑劍，取裝飾斑斕之義。劍鞘黃質，紫斑文，金銅裝①，紫絲絛紛錯②。”

---

① “裝”，《宋史》卷一四八《儀衛志六》作“飾”。
② “絛”，原缺，據《宋史》卷一四八《儀衛志六》補。

元制同。

今制，鞘飾以金龍，靶用金花裝釘，餘同宋。

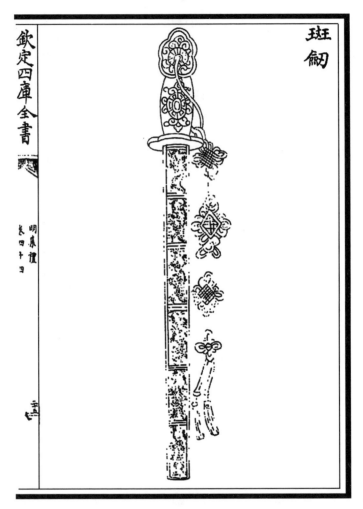

儀刀

按《宋會要》云："儀刀，制同御刀。晉宋以來有之。黑鞘，金塗花龍飾鞘，紫絲縚扮錯。"

元制同今制，與宋同，但綠鞘，紅絲扮錯。

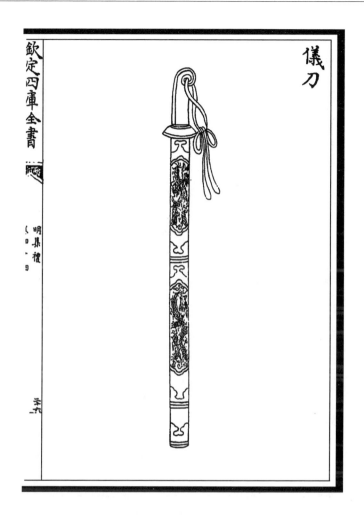

鐙杖

　　按宋《天聖鹵簿圖》云：“昔有人因戰鬬，弩弮折，但持弩臂擊之獲勝，後遂置于禁軍，以旌其勇。”凌準《邠志》曰：“唐李光弼騎將以鐙棒斃僕固瑒卒七人，故製此。”《新圖》云：“鐙杖，《開寶通禮》新增。”又宋朝《會要》云：“鐙棒，黑漆弩柄也，金銅爲鐙狀，飾其末，紫絲絛繫之。”

　　元制，朱漆竿，上以金塗馬鐙。

今制，爲金龍首銜馬鐙，貫于朱漆棒首，仍以金飾棒末。

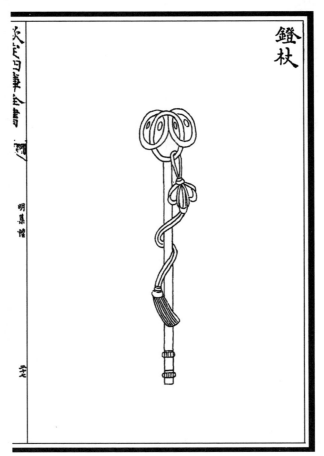

吾杖

按崔豹《古今注》曰："漢朝執金吾。吾，棒也，以銅爲之，黃金塗兩末，謂金吾也。御史大夫、司隸校尉，亦得執焉。以其形如車輪輻，故又曰車輻棒。"

宋制，朱漆，八棱。

元制，朱漆棒，金飾兩末。

今制同。

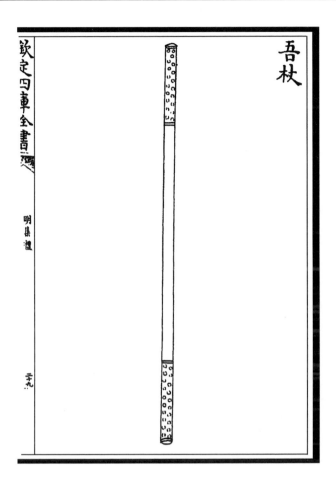

卧瓜　立瓜

按《武經》云："骨朵有二色,曰蒺藜,曰蒜頭。"蓋因物製形,以爲仗衛之用。卧瓜、立瓜,蓋亦骨朵之流,取象于物者也。

元制,卧瓜、立瓜皆製如瓜形,塗以黃金,卧瓜則卧置,立瓜則立置,皆朱漆棒首。

今制同①。

———————

① "今",原作"金",據嘉靖本改。

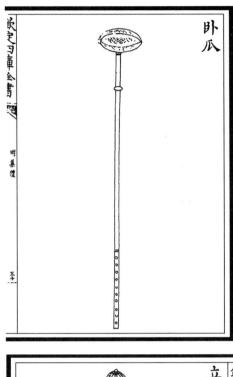

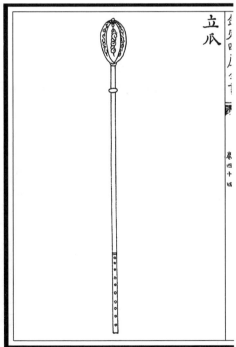

響節

按《宋會要》曰："天武一百五十人充圍子,入内,院子五十人充圍子。"《金集禮》曰："司圍四十人。"皆不注其義。

今按,圍子,即響節也。

元制,以金塗攢竹杖,首貫銅錢,而以紫絹冒之。

今制同,冒以黃銷金袋。

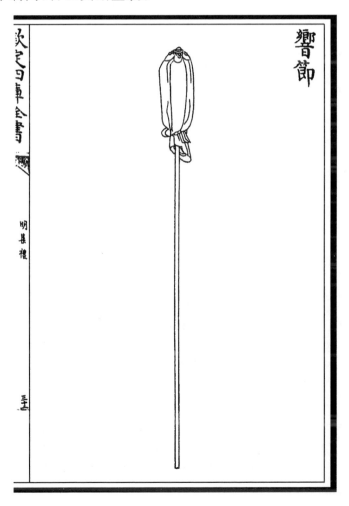

金節

按《周禮·地官·掌》職曰①:"凡邦國之使節,山國用虎節,土國用人節,澤國用龍節,皆金也。"又按《釋名》曰:"節爲號令賞罰之節。"《釋名》:"節毛,上下相重,取象竹節。"漢節以竹爲之,柄長八尺,以旄牛尾爲其毦三重。《宋會要》云:"黑漆竿,上施圓盤,周綴紅絲拂八層,黃繡龍袋籠之。"

元制,如麾,八層,韜以黃羅雲龍袋。

今制與宋同。

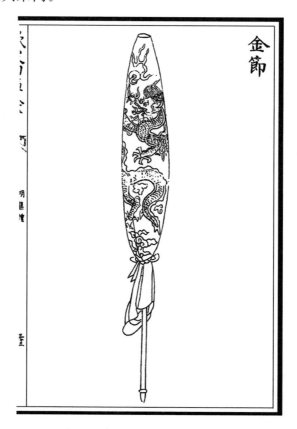

---

① "掌"後疑脱"節"字。

骨朵

按宋祁《筆記》曰："國朝有骨朵子直，衛士親近者。予嘗脩《日曆》，曾究其義，關中人謂腹之大者爲胍肫，俗因謂杖頭大者亦爲胍肫，後訛爲骨朵。從平聲。胍肫，音孤突。"《武經》曰："骨朵二色，曰蒺藜，曰蒜頭，以鐵若木爲大首。"

元制，以朱漆棒首，貫以金塗銅鎚。又有列絲骨朵，制如骨朵，加紐絲文。

今制，朱漆竿爲柄，下用金飾，上貫骨朵。

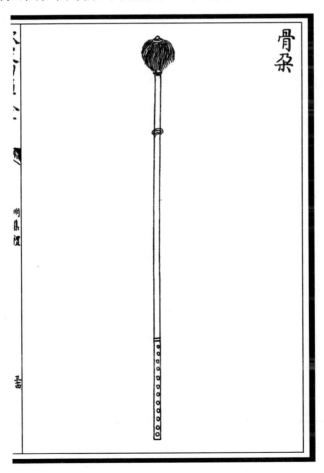

交椅椅踏

按交椅，漢靈帝時景師所造。

元以木爲椅，銀飾之，塗以黃金。

今制，木胎，渾金飾之，中倚爲鈒花雲龍，餘皆金釘裝釘，上陳緋綠織金褥，四角各垂紅絲條結紛錯。踏制，四方，中爲鈒花盤龍，餘用金釘裝釘。

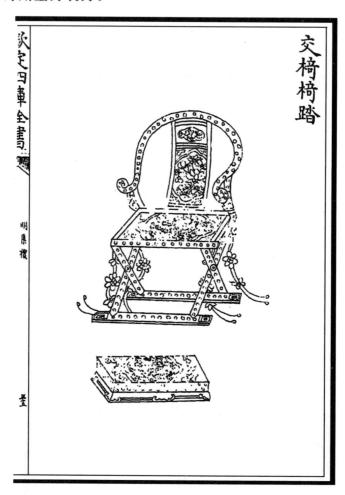

燭籠缺

鳴鞭

按《周禮·條狼氏》，"掌執鞭以趨辟，王出入則夾道"。又《朝士》，"掌帥其屬以鞭呼趨且辟，禁慢期錯立族談者"。晉中朝大駕，有執鳴鞭之制，歷代因之。

宋以紅絲爲鞭。

元制，鞭以綠爲柄，梅紅絲爲之梢，用黃茸而漬以蠟。

今制，以黃絲爲鞭，梢漬以蠟。

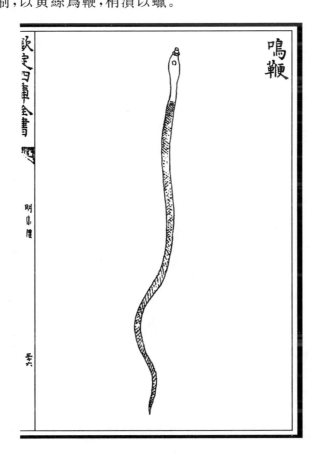

拂子

按晉王衍執玉麈尾，與手同色。拂子者，麈尾之類也。王導《麈尾銘》所謂"拂穢静暑"，蓋其用也。又張敞《晉東宮舊事》曰："太子有白毦拂二。"

宋宫中導從，有執紅絲拂二人，而不言其制。

元以紅氂牛尾爲之，金塗木柄。

今制，以紅絲拂爲心，上以素氂牛尾籠之，銜以金龍首，以木爲柄，畫以金龍紋，柄末紫絲結帉錯。

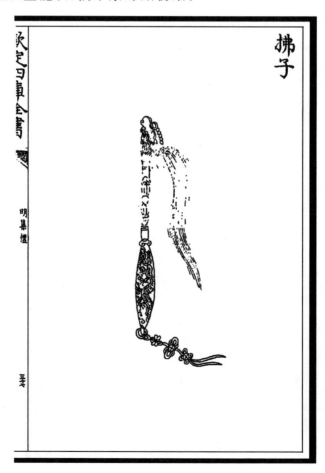

唾壺　唾盂

按漢武之世，孔安國爲侍中，以其儒者，特聽掌御唾壺，朝士榮之。魏武《上雜物疏》曰："御雜物用，有純金唾壺一枚、漆圓油唾壺四枚。"《交州雜記事》曰："太康四年，臨邑王范熊獻紫水精唾壺一口、青白水精唾壺各二口。"

宋宮中導從，有紫衣執金唾壺一人，而不言其制。

元唾壺、唾盂，皆以銀爲之，有蓋，塗以金。

今制，皆以黃金爲之，壺，小口，巨腹，蓋大如腹；盂，圓形如缶，蓋僅掩口，下有盤，俱爲龍紋。

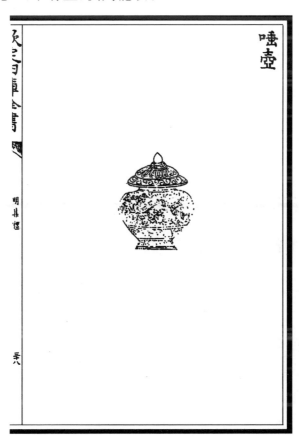

水盆

　　水盆,古之洗也。《儀禮》曰:"設洗于阼階東南。"《三禮圖》曰:"洗高三尺,口徑尺五寸,天子黃金飾。"

　　元以黃金塗銀爲之。

　　今制,純用黃金,寬緣平底,列瓣,俗謂芙蓉樣者,緣底俱鈒花爲飾。

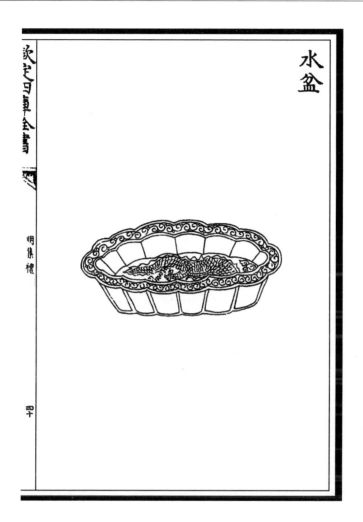

水罐

按張敞《晉東宮舊事》曰："太子初拜，有塗金銀澡罐一，並青絲三合繩長二尺五寸。"

宋宮中導從有紫衣執金罐器一人，而不言其制。

元有水瓶而無水罐。

今制以黃金爲之，有蓋，有提，小口，巨腹，通用鈒花爲飾。

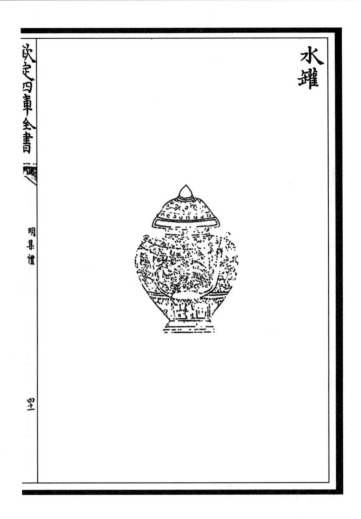

水罐

欽定四庫全書

明集禮

里

香合

按《韻會》曰："合子,盛物器名。"

漢劉向有《合賦》。

宋《元嘉起居注》曰："皁朗有金縷合二枚、銀縷合二枚。宋宮中導從有捧龍腦合二人。"

元制,以銀爲合,徑七寸,塗黃金,鈒雲龍于上。

今制,以黃金爲圓合,蓋鈒以龍紋,底周圍鈒花爲蓮瓣。

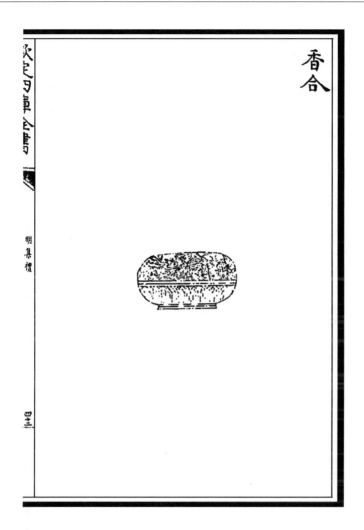

香鑪

按《西京雜記》曰："長安巧工丁緩者，作臥褥香爐。本出防風，其法後絶，至緩更爲之。爲機環轉運，而爐體常平。"《事物紀原》云："即今香毬是也。"

宋宮中導從有女冠二人，執香爐、香盤。

元制，以銀爲座，上插蓮花爐，爐上罩以圓毬，鏤紉緼旋轉文于上，黄金塗之。

今制，以黃金爲圓爐，大口，細頸，巨腹，三足，飾以鈒花，有蓋，爲蹲龍形，二飛鳳爲耳，附兩旁。

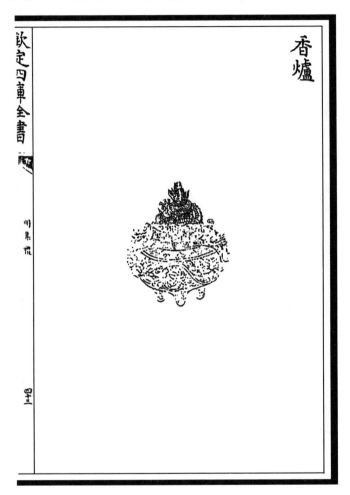

大明集禮卷四五

鹵簿一

總敘

鹵簿之制兆于秦，而其名則始于漢。或曰鹵者，大盾也，以大盾領一部之人，故曰鹵部。或曰凡兵衛，以甲盾居外爲導從，捍蔽其先後，皆著之簿籍，故曰鹵簿。按《三輔黃圖》，天子出，車駕次第謂之鹵簿。

而唐制，四品以上皆給鹵簿。則鹵簿者，君臣皆得通稱也。

五代之亂，圖典失墜。

宋王欽若爲《鹵簿記》，宋綬、蔡攸等因之，而其制始詳。

元曾巽申復爲《鹵簿圖》，雖間有增損，而俱無大異。

國朝嘗詔禮官鹵簿彌文，務從省節。蓋尚質去奢之意也。

今考秦、漢以來制度，爲《鹵簿篇》。國朝儀物則備著于圖云。

秦

古者，諸侯貳車九乘。秦滅九國，兼其車服，故大駕屬車八十一乘，法駕半之，左右分行。其車皆皂蓋赤裏，木輨輻，戈矛弩箙。尚書、御史所載，最後一乘懸豹尾，豹尾以前爲省中。

漢

天子出，車駕次第謂之鹵簿，有大駕、法駕、小駕。

大駕，公卿奉引，大將軍驂乘，太僕御，屬車八十一乘，作三行，備千乘萬騎，祀天則備之。

法駕，京兆尹奉引，侍中驂乘，奉車郎御，屬車三十六乘。

小駕比法駕減半。

東漢

大駕，公卿奉引，屬車八十一乘，希用。

法駕，河南尹、執金吾、洛陽令奉引，侍中驂乘，奉車郎御，屬車三十六乘，前驅九斿雲罕，鳳凰闟戟，皮軒鸞旗，後有金鉦黃鉞、黃門鼓車，祠天用之。

小駕比法駕減半，祠宗廟用之。

凡每出，並太僕奉駕上鹵簿，中常侍、小黃門副，尚書、主者郎令史副，侍御史、蘭臺令史副，皆執注以督整車騎，謂之護駕。

後魏

大駕設五輅，建太常，屬車八十一乘，平城令、代尹、司隸校尉、丞相奉引，太尉陪乘，太僕卿從，輕車介士，千乘萬騎，魚麗雁行，前驅皮軒、闟戟、芝蓋、雲罕、指南，後殿豹尾，鳴箛唱止，不作鼓吹，軍戎、大祠則設之。

法駕車三十六乘，平城令、代尹、太尉奉引，侍中陪乘，奉車都尉御，巡狩、小祠則設之。

小駕屬車十二乘，平城令、太尉奉引，常侍陪乘，奉車郎御，游宴、離宮則設之。

後又改大駕，魚麗雁行，更爲方陳鹵簿，列步騎，內外爲四重，列標建旌，更門四達，五色車旌，各處其方。諸王導從在鈒騎，內公在幢內，侯在步稍內，子在刀盾內，五品朝臣在乘輿前兩箱，官卑者先列，王公侯子車旃麾蓋、信幡及散官褠服，一皆純黑。

唐

大駕鹵簿，導駕六引。先萬年縣令，次京兆牧，次太常卿，次司徒，次御史大夫，次兵部尚書，並正道威儀，各乘輅。其鹵簿，各依本品給之。

次清游隊。白澤旗二分左右，各一人執，二人引，二人夾。金吾折衝二人，各領四十騎，戎服，分左右。次金吾大將軍二人，分左右，各二人執鍠稍，騎從，檢校龍旗以前。次金吾果毅二人，領虞候伙飛四十八騎，夾道單行，分左右，引導黃麾仗。次外鐵甲伙飛二十四騎，並行，分左右廂，各六重，導引步甲隊。

次朱雀旗，一騎執，二騎引，二騎夾。金吾折衝都尉一人，領四十人，執橫刀、稍弩、弓箭，騎從。次龍旗十二，各一騎執，並戎服，被大袍，橫行正道。每一旗前，二人騎，爲二重，引前；每旗後，亦二人，護後。副竿二，分左右。又金吾果毅二人，騎領。

次指南車次、記里鼓車，次白鷺旗車，次辟惡車，次皮軒車，並駕四馬，駕士各十四人，匠一人。

次引駕十二重，重二人，並行正道，騎，帶橫刀。自皮軒車後,均布至細仗前。稍弩[①]、弓箭相間。金吾果毅一人,檢校。

次鼓吹令二人,次桐鼓十二面、金鉦十二面,次大鼓百二十面,次長鳴百二十具,次鐃鼓十二面,歌簫、笳各二十四,次橫吹百二十具,節鼓二面,笛、簫、篳篥、笳、桃皮篳篥各二十四,次桐鼓十二面、金鉦十二面,次小鼓百二十面,次中鳴百二十具,次羽葆鼓十二面,歌簫、笳各二十四。自前桐鼓以下,工人皆有副,並騎,分左右,橫行。每鼓皆二人夾。每隊皆有主帥五人以統領。

次殿中侍御史二人。次黃麾,一人執,二人騎夾。

次太史令一人。次相風輿,舁士八人。次桐鼓、金鉦各一,司辰一人,典事一人,刻漏生四人,分左右。次行漏輿,行正道,匠一人,舁士四十人。

次鈒戟前隊,左右武衛果毅各一人,騎,騎分左右。次天色繡幡一。次金節十二,次罕畢各一,左罕右畢。次朱雀幢一,次左青龍幢,右白虎幢各一,次導蓋一。又次稱長一,次鈒戟各百四十四人,分左右。次左右衛將軍各一。

次御馬二十四疋,分左右。次尚乘奉御二人,分左右。次左青龍旗,右白虎旗各一。左右衛果毅各一人,各領三十五人,騎分左右。次通事舍人八人,騎分左右。次侍御史二人,次御史二人,次御史中丞二人,次御史二人,次拾遺二人,次補闕二人,並騎分左右。次起居郎一人在左,次起居舍人一人在右,次諫議大夫二人在右,次給事二人在左,次黃門侍郎二人在左,次中書侍郎二人在右,次左散騎常侍二人在左,次右散騎常侍二人在右,次侍中二人在左,次中書令二人在右。自通事舍人以下,皆一人步從。

---

① “稍弩”,原缺,據《文獻通考》卷一一七《王禮考十二·乘輿車旗鹵簿》補。

次香蹬一，次左右衛將軍各一人，分左右。次班劍儀刀，左右廂各十二行。次左右衛郎將各一人，領散手翊衛三十人，橫刀，騎，在副仗稍翊衛內。次左右驍衛郎將各一人，各領翊衛二十八人，甲騎，具裝，執副仗稍，在散手外，均布曲折至後門。次左右衛供奉中郎將四人，領親勳翊衛四十八人，帶橫刀，騎分左右，在三衛仗內。

次玉輅，青質，玉飾，駕青駵六，祭祀、納后則乘之。太僕卿御，駕士四十一人，千牛將軍一人陪乘。次左右衛大將軍各一人，夾玉輅。次千牛將軍一人，中郎將二人，分左右。次千牛備身，分左右，騎，在玉輅後。次御馬二疋，次左右監門校尉各一人，在後門內檢校。次牙門旗，二人執，四人夾。

次左右監門校尉各十二人，騎，監當後門十二行，仗頭各一人。次左右驍衛翊衛各三隊，每隊三十五人，並帶稍、弩箭、橫刀，相間。前第一隊，各大將軍領，執鳳旗。第二隊，各將軍一人領，執飛黃旗。第三隊，各郎將一人，領執吉利旗。

次左右衛夾轂廂，各六隊，隊三十人，每隊各折衝一人、果毅一人檢校。次大繖二，在牙門後。次孔雀扇各四，分左右。次腰轝一，次小團扇四，次方扇十二，次花蓋二①。次大輦一，尚輦奉御二人。殿中少監一人，騎從。次諸司侍奉官二人，分左右。次御馬二十四疋，分左右。次尚乘直長二人，分左右。

次大繖二，孔雀扇八，夾繖。次小扇十二，次朱畫團扇十二，次花蓋二②，次睥睨十二。次玄武幢一，次絳麾二，次細稍十二，

① "二"，原缺，據《文獻通考》卷一一七《王禮考十二·乘輿車旗鹵簿》補。
② "二"，原缺，據《文獻通考》卷一一七《王禮考十二·乘輿車旗鹵簿》補。

次後黃麾一,次殿中侍御史二人,騎分左右。次大角百二十具,以金吾果毅一人,領橫行十重。

次後部鼓吹。羽葆鼓十二面,工人十二,歌簫、笳各工人二十四。次鐃鈸十二面,工人各十二,歌簫、笳各工人二十四。次小橫吹百二十具,工人百二十笛,簫、篳篥、笳、桃皮篳篥各工人二十四。

次芳亭輦一,主輦二百人。次小輦一,主輦六十人。次小輿一,奉輿十二人。次尚輦直長二人,分左右。

次左右武衛五牛旗輿五,黃牛旗處內,赤、青在右,白、黑在左,各八人執,左右威衛隊正各一人檢校。

次乘黃令一人,丞二人,騎分左右,檢校玉輅等。次金輅,赤質,以金飾,駕赤騮六,鄉射、凱還飲至則乘之。次象輅,黃質,以象飾,駕黃騮六,行道則供之。次革輅,白質,鞶以革,巡狩、臨兵事則乘之。次木輅,黑質,各駕士三十二人。次五副輅,各駕四馬,駕士各二十八人。次耕根車,青質,蓋三重,駕六馬,耕籍則乘之,駕士三十二人。次安車,金飾,駕四馬,臨幸則乘之。次四望車,金飾,駕四馬,拜陵、臨幸則乘之。駕士各二十四人。次羊車,駕果下馬二,小吏十四人。次屬車十二,駕牛,駕士各八人。

次門下、中書省、秘書省、殿中等局官各一人,並騎分左右。

次黃鉞車,駕二馬,駕士十二人。次左右威衛折衝都尉各一人,領掩後二百人,各執大戟、刀楯、弓箭及弩,各五十人為一行,並橫行。次左右領軍將軍各一人,各二人執㮶矟,步從。次前後左右廂步甲隊四十八隊,前後各二十四隊,並鍪鎧、弓、刀、楯,五色相間。隊引各三十八人。

次左右廂黃麾仗,廂各十二部,部各十二行,並執弓、刀、戟、楯及孔雀氅、鵝毛氅、雞毛氅等，行列十人。左右領軍黃麾仗，厢各五色繡幡二十口，十口引前，十口掩後，厢各獨揭鼓十二重，每重二人，在黃麾仗外。次左右衛將軍各一人，驍騎、武衛、威衛、領軍衛大將軍各一人，同檢校黃麾仗。次㲉仗，左右厢各十八人，厢別二百五十人執㲉，二百五十人執叉①。每㲉一叉一相間②。

次諸衛馬隊，左右厢各二十四隊。從十二旗，隊別主帥以下四十人③，每隊皆折衝果毅一人檢校。前第一隊辟邪旗，第二隊應龍旗，第三隊玉馬旗，第四隊三角獸旗，第五隊黃龍負圖旗，第六隊黃鹿旗，第七隊飛麟旗，第八隊騃騠旗，第九隊鸞旗，第十隊鳳旗，第十一隊飛黃旗，第十二隊麒麟旗，第十三隊角端旗，第十四隊赤熊旗，次後第十五隊兕旗，第十六隊太平旗，第十七隊犀牛旗，第十八隊鵁鶄旗，第十九隊驎䮫旗，第二十隊騶牙旗，第二十一隊蒼烏旗，第二十二隊白狼旗，第二十三隊龍馬旗，第二十四隊金牛旗。

次玄武隊，玄武旗，一人執，二人引，二人夾。金吾折衝一人，領五十騎，分執稍弩。次玄武隊前，大戟隊後，當正道，執㲉仗。行內置牙門旗一，二人執，四人夾，騎分左右。

次牙門旗左右厢各開五門，門二人執，四人夾，並騎分左右。第一門在左右威衛黑質步甲隊後，白質步甲隊前；第二門在左右步甲隊後，左右領軍黃麾仗前；第三門在左右領軍黃麾仗後，左

---

① "叉"，原作"义"，據《文獻通考》卷一一七《王禮考十二·乘輿車旗鹵簿》改。
② "叉"，原作"义"，據《文獻通考》卷一一七《王禮考十二·乘輿車旗鹵簿》改。
③ "別主帥以下四十人"，原缺，據《文獻通考》卷一一七《王禮考十二·乘輿車旗鹵簿》補。

右驍衛黃麾仗前；第四門在左領軍衛黃麾仗後，左右步甲隊前；第五門在左右武衛白質步甲隊後，黑質步甲隊前。

自清游以下諸衛將軍，並平巾幘、紫裲襠、大口袴、錦螣蛇、金隱起，帶弓箭、橫刀。中郎將、折衝、果毅，皆平巾幘、緋裲襠、大口袴、錦螣蛇、銀梁金隱起，帶橫刀①、弓箭。伕飛執旗人，引駕三行，並武弁、緋裲襠、大口袴。供奉，並武弁朱衣，各一人步從。餘文武官及導駕官，並朱衣冠履，依本品服②。其工人駕官，並絳衣、平巾幘。餘並戎服。

法駕，減大駕太常卿、司徒、兵部尚書，白鷺車、辟惡車、大輦、五副輅、安車、四望車，屬車減四。其清游隊、持鈒隊、玄武隊，皆四分減一。諸隊、鼓吹，三分減一，餘同大駕。縣令以後御史大夫以前威儀，亦三分減一。

小駕，又減法駕御史大夫、指南車、記里鼓車、鸞旗車、皮軒車、象輅、革輅、木輅、耕根車、羊車、黃鉞車、豹尾車、屬車、小輦、小輿、諸隊仗及鼓吹，各減大駕之半，餘同法駕。縣令、州牧威儀，減半。

其新製，則有苣文旗、雲旗、刀旗、四神幢、長壽幢，及左右千牛將軍衣瑞牛文、左右衛瑞馬文、左右驍衛大蟲文、左右武衛瑞鷹文、左右威衛豹文、左右領軍白澤文、左右金吾辟邪文、左右監門獅子文，將軍、中郎將皆同。

宋

大駕鹵簿。象六，分左右。次六引，開封令、開封牧、大司

---

① "帶"，原缺，據《文獻通考》卷一一七《王禮考十二·乘輿車旗鹵簿》補。
② "本"，原缺，據《文獻通考》卷一一七《王禮考十二·乘輿車旗鹵簿》補。

樂、少傅、御史大夫、兵部尚書,各用本部鹵簿。

次金吾纛、稍。左右皂纛各六,執、托各一人,紖四人,押衙四人,並騎。穰稍八,執各一人,本衛上將軍、將軍各四人①,本衛大將軍二人,並騎,穰稍四,夾大將軍,執各一人,夾二人,並騎。法駕,穰稍減二,本衛上將軍各減二人。

次朱雀旗隊,並騎。金吾衛折衝都尉一人,引隊穰稍二,夾都尉,執旗一人,引、夾各二人。凡仗內引、夾②、執人數皆準此。弩四,弓矢十六,稍二十,左右金吾衛果毅都尉二人押隊。法駕,弩減二,弓矢減六,稍減八。

次龍旗隊。大將軍一員檢校,引旗十二人,並騎。風伯、雨師、雷公、電母旗各一,五星旗五,左右攝提旗二,北斗旗一,護旗十二人,副竿二,執人並騎。法駕,引旗、護旗人各減四。

次指南、記里鼓車各一,駕馬各四,駕士各三十人,白鷺、鸞旗、崇德、皮軒車各一,駕士各十八人。法駕,無白鷺、崇德車。

次金吾引駕,騎。本衛果毅都尉二人,儀刀、弩、弓矢、稍各八。法駕,儀刀、弩、弓矢、稍各減二。

次大晟府前部鼓吹。令二人,府吏二人,管押指揮使二人。棡鼓、金鉦各十二,帥兵官八人領。大鼓一百二十,帥兵官二十人領。長鳴一百二十,帥兵官六人領。鐃鼓十二,帥兵官四人領。歌工、拱辰管、簫、篴各二十四,大橫吹一百二十,帥兵官十人領。節鼓二,笛、簫各二十四,棡鼓、金鉦各十二,帥兵官四人領。小鼓、中鳴各一百二十,帥兵官八人領。羽葆鼓十二,帥兵官四人領。歌工、拱辰管、簫、篴各二十四。法駕,前後棡鼓、金鉦各減

---

① "各"前"將軍",原缺,據《文獻通考》卷一一七《王禮考十二·乘輿車旗鹵簿》補。
② "夾",原缺,據《文獻通考》卷一一七《王禮考十二·乘輿車旗鹵簿》補。

四，大鼓減四十，長鳴減四十，鐃鼓減四，拱辰管後簫、笳各減八，大橫吹減四十，節鼓後笛、簫、篳篥、笳、桃皮篳篥各減八，小鼓、中鳴各減四十，羽葆鼓減四，最後簫、笳各減八，帥兵共減十八人。

次太史相風、行漏等輿。太史令及令史各一人，並騎。相風烏輿一，輿士四人。交龍鉦、鼓各一，輿士各六人。司辰、典士各一人，並騎。漏刻生四人，鼓樓、鐘樓、行漏輿各一，輿士各一百人。太史正一人，清道二人，十二神輿一，輿士十四人。法駕，行漏輿一，輿士減四十人，神輿一，輿士多大駕二人。

次持級前隊。左右武衛果毅都尉二人引隊，左右武衛校尉二人。絳引幡一，綪二人，左右有金節十二，執人並騎。罕、畢各一，朱雀幢、叉[①]、導蓋、青龍、白虎幢各一，叉三，執人並騎。稱長一人，鈒戟二百八十人。左右武衛將軍二人檢校，左右武衛校尉四人押隊。法駕，金節減四，鈒戟減七十二。

次黃麾幡一，執一人，騎，綪二人。法駕，前有殿中侍御史二員。

次六軍儀仗。左右神武軍、左右羽林軍、左右龍武軍，各有統軍二員，都頭二員，羽林又有節級二人，押仗，本軍旗各一，排闌旗各二十，吏兵、力士旗各五，掩尾天馬旗二，羽林有赤豹、黃熊旗，龍武有龍君[②]、虎君旗各一，白柯槍五十，哥舒棒十，蹬杖八。法駕，神武軍減排闌旗十，羽林、龍武軍各減四，吏兵、力士旗減一。

次引駕旗一，天王旗二，排仗通直官二人押旗，十二辰旗各一。法駕，同。次龍墀旗，天下太平旗一，排仗大將二人夾騎。五方龍旗各一，金鸞、金鳳旗各一，獅子旗二，君王萬歲旗一，日、月旗各一。法駕，減鸞、鳳、獅子旗。

---

① “叉”，原作“乃”，據《文獻通考》卷一一七《王禮考十二・乘輿車旗鹵簿》改。

② “龍君”前原衍“龍武”，據《文獻通考》卷一一七《王禮考十二・乘輿車旗鹵簿》刪。

次御馬二十四。控馬每疋天武二人，御馬直二人，爲十二重。法駕，減八，爲第八重。

次中道隊。大將軍一員檢校。法駕，同。

次日月合璧旗一，苣文旗二，五星連珠旗一，祥雲旗二，長壽幢一。次金吾細仗。青龍、白虎旗各一，五嶽神旗、五方神旗、五方龍旗、五方鳳旗各五，以上執各一人，紖各三人。法駕，五方龍旗、鳳旗各減二。

次八寶，鎮國神寶、皇帝之寶、皇帝行寶、皇帝信寶在左，受命寶、天子之寶、天子行寶、天子信寶在右，爲四重。香案八，各以二列于寶輿之前。碧襴三十四人，符寶郎行于碧襴之間。法駕，減碧襴八人。

次方纛二，大雉尾扇四夾。執纛、扇各一人，以下準此。

次金吾四色官六人，押仗二人。法駕，減押仗。

次金甲二人。次太僕寺進馬四人，並騎。次引駕千牛衛上將軍一員，千牛一人，中郎將二人，並騎珂馬，千牛二人，並騎。

次長史二人，並騎。次金吾引駕官四人，並騎。次導駕官，執政以上從六人，待制、諫議、防禦使以上五人，監察御史、刺史①、諸衛將軍以上四人。

次纛扇、輿輦。大纛二，中雉尾扇四夾，腰輿一，小雉尾扇四夾，應奉人員一名，十將或將虞候、節級二人，長行十六人。排列官二人，中雉尾扇十二，華蓋二，執各二人。香鐙一，執擎八人。小輿一，應奉人二十四人。逍遥子一，應奉人，十將、將虞候、節級共九人，長行二十六人。平輦一，應奉人員七人。法駕，排列官後

---

① "刺史"，原缺，據《文獻通考》卷一一八《王禮考十三·乘輿車旗鹵簿》補。

中雉尾扇減四。

次駕前東第五班，開道旗一，皂纛十二。引駕六十二人，鈞容直三百人。引駕回作樂。五方色龍旗五，門旗四十，御龍四直步執門旗六十。天武駕頭下一十二人，茶酒班執，從物一十一人，御龍仗劍六人，天武把行門八人。麾旗一，殿前班擊鞭一十人，簇輦龍旗八，日、月、麟、鳳旗四，赤、青、白、黑龍旗各一，御龍直四十人，踏路馬二，夾輅大將軍二人，進輅職掌二員，部押二人，教馬官二員。法駕，同。

皇帝乘玉輅，駕青馬六①，駕士一百二十八人，扶鸞八人，骨朵直一百三十四人，行門三十五人，分左右，陪乘將軍二員。法駕，同。

次奉宸隊。御龍直，左廂骨朵直，右廂弓箭直，弩直，御龍四直，並以逐班直所管人數列爲五重。天武骨朵、大劍三百一十人。

次駕後東第五班。大黃旗一，鈞容直三十一人。扇筤下天武二十人，茶酒班簇輦三十一人，招箭班三十三人②。法駕，同。次副玉輅一，駕青馬六，駕士四十人。法駕，無。

次大輦一，掌輦四人，應奉人員十二人，十將、將虞候、節級共一十人，長行三百五十五人，尚輦奉御二人，殿中少監、供奉職官二員，令史四人，書令史四人。法駕，同。

次太僕卿，御馬二十四，爲十二重。法駕，減八，爲八重。

次持級後隊。左右武衛旅師二人。法駕，同。次重輪旗二，大

---

① "六"，原缺，據《文獻通考》卷一一八《王禮考十三·乘輿車旗鹵簿》補。

② "招"，原作"拈"，據《文獻通考》卷一一八《王禮考十三·乘輿車旗鹵簿》改。

繖二,大雉尾扇四,小雉尾扇、朱團扇各十二,華蓋二,又二①,睥睨十二,御刀六,真武幢一,絳麾二,又一②,細矟十二。法駕,小雉尾扇、朱團、睥睨、矟,各減四,華蓋一,御刀減二。

次左右金吾衛果毅都尉二人,並騎,總領大角一百二十。法駕,減四十。

次大晟府後部鼓吹。丞二人,典事四人。管轄指揮使一人。羽葆鼓十二,帥兵官四人領。歌工、拱辰管、簫、笳各二十四,帥兵官二人領。鐃鼓十二,帥兵官四人領。歌工、簫、笳各二十四,橫吹一百二十,帥兵官八人領。笛、簫、篳篥、笳、桃皮篳篥各二十四。法駕,羽葆鼓減四,簫、笳、笛、篳篥③、桃皮篳篥各減八,鐃鼓減四,小橫吹減四十,帥兵官並減二人。

次黃麾一,執、紉人數同前部。法駕,亦同。有殿中侍御史二員,在黃麾前。

次芳亭輦一,奉輦六十人,鳳輦一,奉輦五十人。次金、象、革、木四輅,各有副輅。金輅,踏路赤馬二,正、副各駕赤馬六,駕士六十人。餘輅,正、副駕馬數同,而色異,象輅以赭白,革路以騮,木路以黑,駕士各四十人。法駕,前副路。耕根車一,駕青馬六,駕士四十人。法駕,同。進賢車一,駕士二十四人。明遠車一,駕士四人。法駕,同。

次屬車十二乘,每乘駕牛三,駕士十人。法駕,減四乘。次門下、中書、秘書、殿中四省局官員各二員。法駕,同。次黃鉞車、豹尾車各一,各駕赤馬二,駕士十五人。法駕,除進賢、明遠車外,並同。

---

① "又",原作"义",據《文獻通考》卷一一七《王禮考十二·乘輿車旗鹵簿》改。

② "又",原作"义",據《文獻通考》卷一一七《王禮考十二·乘輿車旗鹵簿》改。

③ "篳",原缺,據《文獻通考》卷一一八《王禮考十三·乘輿車旗鹵簿》補。

次掩後隊。左右威衛折衝都尉二人領隊，大戟^①、刀盾、弓矢、稍各五十。法駕，各減十六。次金武隊。金吾衛折衝都尉一名，穳稍二，仙童旗一，螣蛇、神龜旗各一，稍二十五，弓矢二十，弩五。法駕，稍減六，弓矢減一。

大駕外仗。清游隊。次第六引外仗，白澤旗二，左右金吾衛折衝都尉二人，弩八，弓矢三十二，稍四十。法駕，次第三引外，弩減二，弓矢減八，稍減一。

次左右金吾各十六騎，帥兵官二人，弩八，弓矢、稍各十二。法駕，金吾騎及弓矢、稍各減四。

次伙飛隊。左右金吾衛果毅都尉二人分領，並騎。虞候伙飛四十八人，並騎。鐵甲伙飛二十四人，並甲騎。法駕，前減十八人，其後亦減八人。

次前隊殳仗。左右領軍衛將軍二人檢校，並騎。穳稍四。殳、叉分五隊^②。第一，一百六十人；第二，八十人；第三，一百人；第四、第五各八十人。逐隊有帥兵官，左右領軍衛、左右威衛、左右武衛、左右驍衛、左右衛各四人。法駕，殳、叉第一隊減六十^③，第二、第三各減三十，第四、第五各減二十。

次後隊殳仗。殳、叉分五隊^④。第一、第二八十人，第三一百人，第四八十人，第五一百六十人。帥兵官左右衛、左右驍衛、左右武衛、左右威衛、左右領軍各四人。凡前、後隊殳仗，前接中道北斗旗，後盡鹵簿後隊。法駕殳、叉^⑤，第一、第二隊各減二十四，第三、第四各

---

① "戟"，原作"穳"，據嘉靖本改。
② "叉"，原作"义"，據《文獻通考》卷一一七《王禮考十二·乘輿車旗鹵簿》改。
③ "叉"，原作"义"，據《文獻通考》卷一一七《王禮考十二·乘輿車旗鹵簿》改。
④ "叉"，原作"义"，據《文獻通考》卷一一七《王禮考十二·乘輿車旗鹵簿》改。
⑤ "叉"，原作"义"，據《文獻通考》卷一一七《王禮考十二·乘輿車旗鹵簿》改。

減三十,第五減六十。

次前部馬隊。凡十二,皆以都尉二人分領。第一,前左右金吾衛折衝領,角、亢、牛、宿旗四,弩十,弓矢二十,稍四十。第二,氐、房、女、虛、宿旗四。第三,心、危、宿旗。第四,尾、室、宿、旗各二。以上四隊,各以左右領軍衛果毅領。第五,箕、壁、宿、旗。第六奎、井、宿旗各二。各以左右威衛折衝領。第七,婁、鬼宿旗。第八,胃、柳宿旗。第九,昴、星宿旗各二。各以左右武衛果毅領。第十,畢、張宿旗。第十一,觜、翼宿旗。第十二,參、軫宿旗各二。各以左右驍衛折衝領。弩、弓矢、稍人數,同第一隊。法駕,分二十八宿旗爲十隊,逐隊弩減四,弓矢減六,稍減二十。

次步甲前隊。凡十二,左右領軍衛將軍二人檢校,並騎。穳稍四。逐隊皆有都尉二人分領。第一、第三各以左右領軍衛,第五以左右威衛,第七以左右武衛,第九以左右驍衛,第十二以左右衛,並折衝。第二、第四各以左右領軍衛,第六以左右威衛,第八以左右武衛,第十以左右驍衛,第十二以左右衛,並果毅。內有鷗、貙、玉馬、三角獸、黃麀、飛麟、騏驎、鸞、麟、馴象、玉兔、辟邪等旗各二,以序居都尉之後。逐隊有弓矢、刀楯相間,各六十人,居旗之後。法駕,止十隊,每隊弓矢各減二十。

次前部黃鉞麾仗。絳引幡二十,下分六部。第一左右威衛①,第二左右領軍衛,第三左右威衛,第四左右武衛,第五左右驍衛,第六左右衛。

諸部各有殿中侍御史兩員,本衛大將軍一人檢校。本衛折衝都尉二人分領。又各有帥兵官二十人。龍頭竿六重,重各二

① "左右威衛",原缺,據《文獻通考》卷一一八《王禮考十三·乘輿車旗鹵簿》補。

十;揭鼓三重,重各二;儀鍠五色幡、小戟、稍各一重,重各二十;弓矢二重,重各二十;弓矢二重,重各二十;朱緑縢絡盾並刀二重,重二十。法駕,止五部①,絳引幡、帥兵官、龍頭竿、幡、戟、弓矢、盾刀、稍,並減六。

次青龍、白虎旗各一,左右衛果毅都尉二人,分押旗,及七十騎,弩八,矢二十二,稍四十。法駕,減後騎三十,弩減二,弓矢減八,稍減二十。

次班劍、儀刀隊,並騎。左右衛將軍二人分領,次郎將二十四人,次左右親衛、勳衛各四人,每衛班劍二百二十人;諸翊衛左右衛六人,領儀刀四百八人;左右驍騎六人,領儀刀一百三十六人;左右武衛六、左右威衛六、左右領軍衛六、左右金吾衛六,各居隊外。法駕,親、勳衛班劍減八十四人,翊衛儀刀減一百三十二人,增左右驍衛四人,班劍②、儀刀九十二人。

次親勳、散手、驍衛、翊衛隊,並騎。左右衛供奉中郎將四人,分領親勳、翊衛四十八人;左右衛郎將二人,分領散手、翊衛六十人;左右驍衛郎將二人,分領驍衛、翊衛五十六人。法駕,親勳減十六,散手、驍衛各減二十人。

次左右驍衛翊衛三隊,並騎,各有二人分領。第一本衛大將軍,第二本衛將軍,第三本衛郎將。花鳳、飛黃、吉利旗各二,分爲三隊。逐隊弩十,弓矢三十,稍四十。法駕,弩減四③,弓矢、稍俱各減半。

次夾轂隊。凡六,逐隊都尉二人檢校,第一、第四左右衛折衝,第二、第三、第五、第六並左右衛果毅。逐隊刀盾各六十人,

① "止",原作"三",據《文獻通考》卷一一八《王禮考十三·乘輿車旗鹵簿》改。
② "班",原缺,據《文獻通考》卷一一八《王禮考十三·乘輿車旗鹵簿》補。
③ "弩",原缺,據《文獻通考》卷一一八《王禮考十三·乘輿車旗鹵簿》補。

內第一、第四有寶符旗。法駕,各減刀楯二十。次捧日隊。逐隊引一人,押二人,長行侍殿二十八人,旗頭三人,槍手五人,弓箭手二十人,左右廂天武約欄各一百五十五人。法駕,同。

次後部黃麾仗。分六部。左右衛、左右驍衛、左右武衛、左右威衛、左右領軍衛。部內殿中侍御史、大將軍、都尉、帥兵官、絳引幡、龍頭竿等,並同前部。法駕,減第六部,絳引幡減六。

次步甲後隊。凡十二,皆都尉二人分領。第一以左右衛,第三以左右驍衛,第五以左右武衛,第七以左右威衛,第九、第十一各以左右領軍衛,以上並果毅。其第二則以左右衛,其第四則以左右驍衛,其第六則以左右武衛,第八以左右威衛,第十、第十二各以左右領軍衛,以上並折衝。內有貔、貚、仙鹿、金鸚鵡、瑞麥、孔雀、野馬、氂牛、甘露、網子、祥光、翔鶴等旗各二,序居都尉之後。逐隊有弓矢、刀楯相間,各六十人,居旗之後。法駕①,止十隊。

次後部馬隊,凡十二,皆以都尉二人分領。第一、第二各左右衛,第五、第六、第七各以左右領軍衛,並折衝。第三、第四各以左右驍衛,第八、第九各以左右威衛,並果毅。內有角端、赤熊、兕、天下太平、馴犀、鵁鶄、駃騠②、騶牙、蒼烏、白狼、龍馬、金牛等旗各二,序居都尉之後。每隊弩十,弓矢二十,稍四十。法駕,止二十隊,弩減四,弓矢減六,稍減十二。

以上鹵簿,凡門有六。中道之門二:第一門居日月合璧旗之後,法駕,居龍墀旗之後。第二門居掩後隊之後。法駕,同。

---

① “法駕”,原缺,據《文獻通考》卷一一八《王禮考十三·乘輿車旗鹵簿》補。

② “駃騠”,原作“□□”,據嘉靖本、《文獻通考》卷一一八《王禮考十三·乘輿車旗鹵簿》補。

各有金吾牙門旗四，監門校尉六人。左右道之門四：第一，居步甲前隊第六隊之後；第二，居第十二隊之後；第三，居夾轂隊之後；第四，居步甲後隊第六隊之後。法駕，同。各有監門校尉四人。

小駕，減大駕六引及象、木、革、輅、五副輅、小輿、小輦，又減指南、記里、白鷺、鸞旗、崇德、皮軒、耕根、進賢、明遠、黃鉞、豹尾、屬車等十一車，餘並減大駕之半。

其六引服飾，穰稍、左右金吾將軍，則金銅甲冑、披膊、解結錐。

左右金吾衛仗司，則花脚幞頭、碧羅襖、紫綠羅袍、金銅帶、儀刀、烏皮履。執儀仗者，則或幞頭，或武弁，或平巾幘，或錦帽，並鸞鳳抹額、錦螣蛇、銅革帶，或紫緋羅繡袍，或紫紬寬衫，或緋紬袍，或青羅黃紬銀褐緋皂寸紬寶相花衫。

駕前殿前指揮使，則細甲、方勝練鵲衫、綠羅甲、弓箭、銀劍、蒜瓣朵紅紫羅帶。殿前左右班，則粉青、緋、紫三色大搭纈羅衫。長入祗候，則合色頭帟、鍍金帽環、青、紅二色羅衫。殿侍，則紫羅印皂斜搭衫，執紅拂扇，及御龍直執從物等人，則珠巾、方勝鵲衫。行門，則金銀甲、方勝鵲衫、金束帶、珠帽、銀骨朵。內押行門，則纏枝花袍。御龍直，則黃獅子、白獅子衫。長門，則方勝鵲衫。內殿直以下，亦如之。殿前指揮使、編排禁衛等人，則紫羅皂花衫。駕頭篋扇下天武等人，則白獅子衫。

東西班樂人，則紫帽、束帶。弓箭班，則幞頭、束帶。

親從圍子手，及行宮殿門中道左右，則帽子、鍍金束帶，其衫皆以白獅子。餘並方勝練鵲，指揮使則以御仙花，都虞候則以簇四金鵰，控馬親從則以青蓮錦，執燭籠親從則以寶相花，從駕親從則並以白獅子花,控御馬人則執七寶百節鞭、錦衫、皂紗、帽金鍍、銀獅帶,禁衛班直人等則以緋綠羅紅盤鵰背子。

每大祀,命大禮、禮儀、儀仗、鹵簿、橋道頓遞五使,鹵簿使專掌定字圖,排列儀仗,使糾督之,大禮及餘使同案閱,致齋日巡仗。又命殿前大校管勾捧日、奉宸隊,侍衛大校勾當儀仗兵隊,捧日、天武廂主四人,編排捧日、奉宸隊及執仗人[①],諸司使、副三員同押儀仗,別三員編排導駕。

凡車輅,太僕寺主之;輦、繖、扇、御馬,殿中省主之;纛、稍、十六乘、引駕、細仗、牙門,金吾主之;槍杖,六軍主之;寶案,門下省主之;編漏,司天臺主之;鼓吹,太常、鼓吹署主之;旗器、名物、衣冠、幰、蓋、錦繡等飾、朝服,法物庫出焉;甲弩、弓箭,軍器庫出焉;戎裝、器仗,內弓箭庫出焉。

唯六引導駕,太僕卿、千牛將軍、殿中侍御史、司天監、少監、府佐、僚佐、局官、乘黃令、大將軍、金吾上將軍、將軍、六統軍,並京朝官、諸司使副已下攝事。

其仗內悉以禁軍諸班直、捧日、天武、拱聖、神勇、宣武、驍騎、驍勝、寧朔、虎翼充。大將軍、將軍以軍主、都虞候攝事。中郎將、郎將、都尉以指揮使、副指揮使攝事。總二萬六十一人。

法駕,減太常卿、司徒、兵部尚書、白鷺車、崇德車、大輦、五副輅、進賢車、明遠車,又減屬車四,餘並三分減一。

鑾駕,又減縣令、州牧、御史大夫、指南車、記里車、鸞旗車、皮軒車、象輅、小輅、木輅、耕根車、羊車、黃鉞車、豹尾車、屬車、

---

① "侍衛大校勾當儀仗兵隊捧日天武廂主四人編排捧日奉宸隊",原缺,據《宋史》卷一四五《儀衛志三》補。

小輦、小輿，餘並減半，本名小駕。

大中祥符元年六月，改今名。車駕省方還京，用兵部黃麾仗。太常鼓吹、太僕寺金玉輅、殿中省大輦，自餘或用或否，其制無定，然減于鸞駕。

元

崇天鹵簿。中道，頓遞隊。象六，飾以金裝蓮座，香寶鞍韂鞦韁屬勒，氂牛尾拂，跋塵，鉸具。導者六人，馭者南越軍六人，皆弓花角唐帽、緋紵銷金裌衫、鍍金束帶①、烏鞾，橫列而前行。

次駝鼓九，飾以鍍金鉸具彎飾，屬籠旗鼓纓槍。馭者九人，服同馭象者。中道相次而行。

次舍人二人，四品服，騎分左右，夾駝而行。次青衣二人，武弁、青紵衫、青勒帛、青鞾，執青杖。

次清道官四人，本品服，騎。

次信幡二，執香者二人，引護者四人，武弁、黃紵生色寶相花袍、黃勒帛、黃鞾。次騾鼓六，飾騾以鍍金鉸具彎，屬籠旗鼓纓槍。馭者六人，服同馭駝者。次告止旛二，執者二人，引護者四人，武弁、緋紵生色寶相花袍、紅勒帛、紅鞾。次傳教幡二，執者二人，引護者四人，武弁、黃紵生色寶相花袍、黃勒帛、黃鞾，並分左右。

次橋道頓遞使一人，本品服，騎。

中道舍人、清道官、橋道頓遞使，從者凡七人，錦帽、紫裌衫、小銀束帶、行縢、鞋襪。後凡從者之服，一皆同此。

---

① “金”，原缺，據《元史》卷七九《輿服志二·儀仗》補。

次纛矟，金吾將軍二人，交角幞頭、緋羅繡抹額、紫羅繡辟邪裲襠、紅錦襯袍、錦螣蛇、金帶、烏靴、横刀、佩符，騎，分左右。

次弩而騎者五人，錦帽、青絁生色寶相花袍、銅帶、緑雲鞾。次矟而騎者五人，錦帽、緋絁生色寶相花袍、銅帶、朱雲鞾。次纛一，執者一人，夾者四人，護者二人，皆錦帽、紫生色寶相花袍、鍍金帶、紫雲靴。

押導官二人，皆騎，本品服。次馬鼓四，飾如騾鼓，馭者四人，服同馭騾。次佩弓矢而騎者五人，服同執弩者。押衙四人，騎而佩劍，錦帽、紫絁生色寶相花袍、鍍金帶、雲頭鞾。䙆矟四人，騎，錦帽、緋紵生色寶相花袍、銅帶、朱鞾。控馬八人，錦帽、紫衫、銀帶、烏鞾。次矟而騎者五人，服佩同執弩者。金吾上將軍、押纛官，從者四人，服同前隊。

次朱雀隊。舍人一人，四品服，騎而前。次朱雀旗一，執者一人，引護者四人，錦帽、緋絁生色鳳花袍、銅帶、朱雲鞾，皆佩劍而騎，護者加弓矢。

次金吾折衝一人，交角幞頭、緋絁繡抹額、紫羅繡辟邪裲襠、紅錦襯袍、金帶、錦螣蛇、烏靴、横刀，佩弓矢而騎，帥甲騎凡二十有五，弩五人。次弓五人，次矟五人，次弓五人，次矟五人，皆冠甲騎冠、朱畫甲、青勒甲絛、鍍金環、白繡汗胯、束帶、紅鞾，帶弓箭器仗，馬皆朱甲、具裝珂飾全。舍人、金吾折衝，從者凡二人，服同前隊。

次十二旗隊。舍人一人，四品服，騎而前。金吾果毅二人，交角幞頭、緋羅繡抹額、紫羅繡辟邪裲襠、紅錦襯袍、金帶、錦螣蛇、烏鞾、横刀，佩弓矢，騎分左右，帥引旗騎士五，皆錦帽、黄生色寶相花袍、銀帶、烏鞾。次風伯旗左，雨師旗右，雷公旗左，電母旗右,執者四人騎,青甲騎冠、綠甲、青勒甲條、鍍金環、白繡汗胯、束帶、青雲韈,馬皆青甲珂飾。次五星旗五,執者五人,甲騎冠、五色畫甲、青勒甲條、鍍金環、白繡汗胯、束帶、五色韈,馬甲如其甲之色,珂飾。次北斗旗一,執者一人,甲騎冠、紫畫甲、青勒甲條、鍍金環、白繡汗胯、束帶、紫雲韈,馬甲隨其甲之色,珂飾。左右攝提旗二,執者二人,甲騎冠、朱畫甲、青勒甲條、鍍金環、白繡胯、束帶、紅雲韈,馬朱甲,珂飾。執副竿者二人,騎,錦帽、黃生色寶相花袍、銀帶、烏靴。執稍而護者五人,騎,服同執副竿者。舍人、金吾果毅,從者凡三人,服同前隊。

次門旗隊。舍人二人,四品服。監門將軍二人,皆交角幞頭、緋絁繡抹額、紫羅繡獅子裲襠、紅錦襯袍、金帶、烏靴、橫刀,佩弓矢,騎,馬甲、珂飾全。次門旗二,執者二人,錦帽、緋絁生色獅子文袍、銅革帶、紅雲韈,劍而騎。引護者四人,服、佩同執人,而加弓矢,騎。次監門校尉二人,騎,服、佩同監門將軍,分左右行。次鸞旗一,執者一人,引護者四人,錦帽、五色絁生色瑞鸞花袍、束帶、五色雲韈,佩劍,護人加弓矢,皆騎。舍人、監門將軍、監門校尉,從者凡六人,服同前隊。

次雲和樂。雲和署令二人,朝服,騎,分左右。引前行,凡十有六人,戲竹二,排簫四,簫管二,龍笛二,板二,歌工四,皆展角花幞頭、紫絁生色雲花袍、鍍金帶、紫韈。琵琶二十,箏十有六,箜篌十有六,纂十有六,方響八,頭管二十有八,龍笛二十有八,以上工百三十有二人,皆花幞頭、緋絁生色雲花袍、鍍金帶、朱韈。次杖鼓三十,工人花幞頭、黃生色花襖、紅生色花襖、紅生色花袍、錦臂韝、鍍金帶、烏靴。次板八,工人服色同琵琶工人,大鼓二工十人,服色同杖鼓工人。雲和署令從者二人,服同前隊。

次殿中黃麾隊。舍人二人，四品服。殿中侍御史二人，本品服，皆騎。次黃麾一，執者一人，夾者二人，騎，武弁、緋絁生色寶相花袍、紅勒帛、紅雲韡。舍人、殿中侍御史，從者凡四人，服同前隊。

次太史鉦鼓隊。太史一人，本品服，騎。引交龍棡鼓左，金鉦右，舁四人，工二人，皆武弁、緋絁生色寶相花袍、紅勒帛、紅韡。次司辰郎一人左，典事一人右，並四品服，騎。太史、司辰郎、典事，從者三人，服同前隊。

次武衛鈒戟隊。武衛將軍一人，交角幞頭、緋羅繡抹額、紫羅繡瑞鷹裲襠、紅錦襯袍、錦縢蛇、金帶、橫刀，騎。領五色繡旛一，金節八，罕右，罼左，朱雀、青龍、白虎幢三，橫布導蓋一，中道叉四①。武衛果毅二人，服、佩同武衛將軍。鈒二十，戟二十，徒五十有九人，武弁、緋絁生色寶相花袍、紅勒帛、紅韡。武衛將軍、武衛果毅，從者凡三人，服同前隊。

次龍墀旗隊。舍人二人，四品服。中郎將二人，服、佩同鈒戟隊武衛將軍，騎，分左右。帥騎士凡二十有四人，執旗者八人，天下太平旗，中道，中嶽帝旗左，中央神旗右，次日旗左，月旗右。次祥雲旗二，分左右。次皇帝萬歲旗，中道。執人皆黃絁巾、黃絁生色寶相花袍、黃勒帛、黃雲韡，橫刀。引者八人，青絁巾、青絁生色寶相花袍、青勒帛、青雲靴、橫刀，執弓矢。護者八人，緋絁巾、緋絁生色寶相花袍、紅勒帛、紅雲韡、橫刀，執弓矢。舍人、中郎將，從者凡四人，服同前隊。

次御馬隊。舍人二人，四品服。引左右衛將軍二人，緋羅繡

---

① “叉”，原作“义”，據《元史》卷七九《輿服志二·儀仗》改。

抹額、紫羅繡瑞馬裲襠、紅錦襯袍、錦膝蛇、金帶、烏靴、橫刀，皆騎，分左右行。御馬十有二疋，分左右，飾以繮轡鞍複。馭士控鶴二十有四人，交角金花襆頭、紅錦控鶴襖、金束帶、鞝鞋。次尚乘奉御二人，四品服，騎，分左右行。舍人、左右衛將軍，從者四人，服同前隊。

次拱衛控鶴第一隊。拱衛指揮使二人，本品服，騎分左右。帥步士凡二百五十有二人，負劍者三十人，次執梧杖者五十人，次執斧者五十人，次執鐙杖者六十人，次執列絲骨朵者三十人，皆分左右。次攜金水瓶者一人，左；次執金盆者一人，右。次執列絲骨朵者三十人，分左右，皆金縷額、交角襆頭、青質孫控鶴襖、塗金荔枝束帶、鞝鞋。拱衛指揮使，從者二人，服同前隊。

次安和樂。安和署令二人，本品服，騎，分左右行。領押職二人，弓角鳳翅金花襆頭、紅質孫加襴袍、金束帶、花鞾。次扎鼓八，爲二重，次和鼓一，中道，次板二，次龍笛四，次頭管二，次羌笛二，次笙二，次篥二，左右行，次雲璈一，中道，工二十有四人，皆弓角鳳翅金花襆頭、紅錦質孫襖、金荔枝束帶、花鞾。從者二人，服同前隊。

次金吾援寶隊。舍人二人，四品服。引金吾將軍二人，交角襆頭、緋羅繡抹額、紫羅繡辟邪裲襠、紅錦襯袍、錦膝蛇、橫刀，佩弓矢，皆騎，分左右。前引駕十二重，甲士一十二騎，弩四，次弓四，次稍四，爲三重。次香案二，金爐、合各二，分左右，舁士十有六人，侍香二人，騎而從。次典瑞使二人，本品服，騎而左右，引八寶。受命寶左，傳國寶右，次天子之寶左，皇帝之寶右，次天子行寶左，皇帝行寶右，次天子信寶左，皇帝信寶右。每輿寶盝，銷金蒙複，襯複，案輿紅銷金衣，龍頭竿結綬，舁士八人，朱團扇四人，凡九十有六人，皆交角金花幞頭、青紅錦質孫襖，每輿前青後紅、金束帶、翰鞋。援寶三十人，交角幞頭、窄紫衫、銷金紅汗胯、金束帶、烏靴①，執金縷黑杖。次符寶郎二人，四品服，騎，分左右。次金吾果毅二人，服、佩同金吾將軍，騎，分左右。次稍四人，次弓四人，次弩四人，爲三重。舍人、金吾將軍、侍香、典瑞使、符寶郎、金吾果毅，從者凡十有二人，服同前隊。

次殿中纓扇隊。舍人二人，四品服，騎，分左右，領。騎而執旗者四人，日月合璧旗左，五星連珠旗右，次金龍旗左，金鳳旗右，黃絁巾、黃絁生色寶相花袍、黃勒帛、黃靴，佩劍。騎而引旗者四人，青絁巾、青絁生色寶相花袍、青勒帛、青靴，佩劍，執弓矢。騎而護旗者四人，紅絁巾、紅絁生色寶相花袍、紅勒帛、紅靴，佩劍，執弓矢。次朱團扇十有六，次小雉扇八，次中雉扇八，次大雉扇八，爲十重，重四人。次曲蓋二，紅方纓二，次紫方纓二，次華蓋二，次大纓二，執者五十人，武弁、紅絁生色寶相花袍、紅勒帛、紅靴。舍人從者二人，服同前隊。

次控鶴團子隊。團子頭一人，執骨朵，由中道，交角幞頭、緋錦質孫襖、鍍金荔枝帶、翰鞋。次朱纓，中道，次金脚踏左，金椅右，服如團子頭。拱衛指揮使一人，本品服，騎，中道。控鶴二十八人，服同上。拱衛指揮使，從者二人，服同前隊。

天樂一部。天樂署令二人，本品服，騎，分左右，領押職二人，弓脚鳳翅金花幞頭、紅錦質孫襖，加襴，金束帶、花靴。次琵琶二，筌篌二，火不思二，板一，箏二，胡琴二，笙二，頭管二，龍笛二，響鐵一，工十有八人，徒二人，皆弓角鳳翅金花幞頭、紅錦質

---

① "窄紫衫銷金紅汗胯金束帶烏"，原缺，據《元史》卷七九《輿服志二·儀仗》補。

孫襖、鍍金束帶、花鞾。

次控鶴第二隊。僉拱衛司事二人，本品服，騎，分左右。帥步士凡七十有四人，執立瓜者三十有六人，分左右，次捧金杌一人左，鞭桶一人右，次蒙鞍一人左，散手一人右，次執立瓜者三十有四人，分左右，皆交角金花幞頭、緋錦質孫襖、鍍金荔枝帶、鞾鞋。僉拱衛司事從者二人，服同前隊。

次殿中導從隊。舍人二人，四品服，騎，分左右。引香鐙案一，黃銷金盤龍衣，金爐、合，結綏龍頭竿，舁者十二人，交角金花幞頭、紅錦質孫控鶴襖、鍍金束帶、鞾鞋。侍香二人，騎，分左右，次警蹕三人，交角幞頭、紫窄紬衫、鍍金束帶、烏靴。次舍人二人，四品服，騎。引天武官二人，執金鉞，金鳳翅兜牟、金鎖甲、青勒甲條、金環繡汗胯、金束帶、馬珂飾。次金骨朵二，次幢二，次節二，分左右。次金水盆左，金椅右，次蒙複左，副執椅右，次金水瓶鹿盧左，銷金淨巾右。次金香毬二，金香合二，分左右。次金唾壺左，金唾盂右。金拂四，扇十，分左右。次黃繖，中道，繖衣從。凡騎士三十人，服如警蹕，加白繡汗胯。步卒四人，執椅二人，蒙複一人，繖衣一人，服如舁者。香鐙徒、舍人、天武官，從者凡六人，服同前隊。

次控鶴第三隊。拱衛直鈐轄二人，本品服，騎。引執臥瓜八十人，服如第二隊。

次導駕官。引進使二人，分左右前行。次給事中一人左，起居注一人右，次侍御史一人左，殿中侍御史一人右，次翰林學士一人左，集賢學士一人右，次御史中丞一人左，同知樞密院事一人右，次御史大夫一人左，知樞密院事一人右，次侍儀司使四人，中書侍郎二人，黃門侍郎二人，侍中二人，皆分左右。次儀仗使一人左，鹵簿使一人右。次禮儀使二人，分左右。持劈正斧一人，中道。次大禮使一人左，太尉一人右，皆本品服，騎。從者三十人，惟執劈正斧官，從者二人，服同前隊。

次羽林宿衛。舍人二人，四品服，前行。次羽林將軍二人，交角襆頭、緋羅繡抹額、紫羅繡瑞鷹衲襠、紅錦襯袍、錦螣蛇、金帶、烏韡、橫刀，佩弓矢，皆騎，分左右。領宿衛騎士二十人，執骨朵六人，次執短戟六人，次執斧八人，皆弓角金鳳翅襆頭、紫繡細摺辮線襖、束帶、烏韡、橫刀。舍人、羽林將軍，從者凡四人，服同前隊。

次檢校官分中道之外、外仗之內。頓遞隊，監察御史二人，本品服。次纛稍隊，循杖檢校官二人。次朱雀隊，金吾中郎將二人。皆交角襆頭、緋羅繡抹額、紫羅繡辟邪衲襠、紅錦襯袍、錦螣蛇、金帶、烏韡，佩儀刀，加弓矢。次十二旗隊，兵部侍郎二人，本品服。次門旗隊，糾察儀仗官二人，本品服。

次雲和樂部，金吾將軍二人，服、佩如金吾中郎將。知隊仗官二人，本品服。次武衛鈒戟隊，監察御史二人，本品服。

次外道左右牙門巡仗，監門中郎將二人，交角襆頭、緋羅繡抹額、紫羅繡師子衲襠、紅錦襯袍、錦螣蛇、金帶、烏韡，佩儀刀、弓矢。

次金吾援寶隊。兵部尚書二人，次循仗檢校官二人。次殿中繖扇隊，監察御史二人，次禮部尚書二人。皆本品服。

次圍子隊。知仗官二人，次金吾大將軍二人，服同金吾將軍，各纛稍從。次殿中導從隊，糾察儀仗官二人，次循仗檢校官二人。次羽林宿衛隊，左點檢一人左，右點校一人右，紫羅繡瑞麟衲襠，餘同金吾大將軍。

領大黄龍負圖旗二，執者二人，夾者八人，騎，錦帽、五色綵巾、五色綵生色雲龍袍、塗金束帶、五色雲韡，佩劍，夾者加弓矢，並行中道。控鶴外外仗内，前後檢校，内知班六人，展角幞頭、紫窄衫、塗金束帶、烏韡。承奉班都知一人，太常博士一人，皆朝服，騎，同檢校官。前後巡察，宿直將軍八人，服、佩同左右點校，夾路檢校三衛。

陪輅隊。誕馬二疋，珂飾，纓轡，青扆。乘黄令二人，本品服，分左右。次殿前將軍二人，交角幞頭、緋羅繡抹額、紫羅繡辟邪裲襠、紅錦襯袍、錦螣蛇、金帶、烏韡、橫刀，騎。玉輅，太僕卿馭，本品服。千牛大將軍驂乘，交角幞頭、紅抹額、繡瑞牛裲襠、紅錦襯袍、錦螣蛇、金帶、烏韡、橫刀。左右衛將軍，服如千牛大將軍，惟裲襠繡瑞虎。

陪輅輅馬六匹，珂飾，纓轡，青扆，牽套鞶帶。步卒凡八十有二人，馭士四人，駕士六十有四人，行馬二人，踏道八人，推竿二人，托叉一人①，梯一人，皆平巾幘、青繡雲龍花袍、塗金束帶、青韡。教馬官二人，進輅職長二人，皆本品服。夾輅將軍二人②，金鳳翅兜牟，金鎖甲，絛環，繡汗胯，金束帶，綠雲花韡。青瀝水扇二。

次千牛備身二人，皆分左右，交角幞頭、緋羅繡抹額、紫羅繡瑞牛裲襠、繡錦襯袍、金帶、烏韡、橫刀，佩弓矢。

獻官二人，殿中監六人，内侍十人，皆本品朝服，騎，分左右。千牛備身後，騎而執弓矢者十人，尚衣奉御四人，尚食奉御二人，

① "叉"，原作"义"，據《元史》卷七九《輿服志二·儀仗》改。
② "教馬官二人進輅職長二人皆本品服夾"，原缺，據《元史》卷七九《輿服志二·儀仗》補。

尚藥奉御二人，皆騎，本品服。

次腰輿，黃紵絲銷金雲龍蒙複，步卒凡十有三人，舁八人，道扇四人，黃繖一人，皆交角金花幞頭、紅質孫控鶴襖、金束帶、韝鞾。尚舍奉御二人，騎左；尚輦奉御二人，騎右，皆朝服。從者三十有四人，服同前隊。

次大神牙門旗隊。都點檢一人，騎，交角幞頭，緋羅繡抹額、紫羅繡瑞麟裲襠、紅錦襯袍。次監門大將軍二人，分左右，騎，服如都點檢，惟裲襠紫繡獅子文。門凡三重，親衛郎將帥甲士，分左右，夾輅而陣，繞出輅後，合執氅者二，爲第一門。翊衛郎將帥護尉，夾親衛而陣，繞出輅後，合爲第二門。監門校尉二人，騎。左右衛大將軍帥甲士，執五色龍鳳旗，夾護尉而陣，繞出輅後，合牙門旗二，爲第三門。監門校尉二人主之。服色詳見外仗。

次雲和樂後部。雲和署丞二人，本品服，騎，分左右。領前行①，戲竹二，排簫二，簫管二，歌工二，凡十人，皆騎，花幞頭、紫絁生色花袍、塗金帶、烏鞾。次琵琶四，箏四，箜篌四，篥四，頭管六，方響二，龍笛六，杖鼓十，工四十人，皆騎，服同上，惟絁色紅。從者二人，服同前隊。

後黃麾隊。玄武幢一，絳麾二，徒三人，皆武弁、紫絁生色龜雲花袍、紫羅勒帛、紫鞾。次黃麾，執者一人，夾者二人，皆騎，武弁、紫生色寶相花袍、紫勒帛、紫鞾。

次玄武黑甲掩後隊。金吾將軍一人，騎，中道，交角幞頭、緋羅抹額、紫羅繡辟邪裲襠、紅錦襯袍、金帶、錦螣蛇、烏鞾、佩刀。後衛指揮使二人，騎，分左右，服同各衛指揮使，帥甲騎五十有七

---

① "行"，原缺，據《元史》卷七九《輿服志二·儀仗》補。

人。玄武旗一,執者一人,夾者二人,小金龍鳳黑旗二,執者二人,皆黑兜牟,金飾,黑甲、條環,汗胯,束帶,韃,帶弓矢器仗,馬黑金色獅子甲,珂飾。稍四十人,弩十人,黑兜牟,黑甲、條環,汗胯,束帶,韃帶,弓矢,器仗,馬黑甲,珂飾。執衛司穤稍二人,錦帽,紫生色辟邪文袍,鍍金帶,烏韃。從者三人,服同前隊。

次金鼓隊。金鼓旗二,執者二人,引護者八人,皆五色絁巾、生色寶相花五色袍、五色勒帛、韃,佩劍。引護者加弓矢,分左右。次折衝都尉二人,交角幞頭、緋羅繡抹額、紫羅繡辟邪裲襠、紅錦襯袍、金帶、錦螣蛇,騎。帥步士凡百二十八人,鼓二十四人,鉦二十四人,並黃絁巾、黃絁生色寶相花袍、黃勒帛、黃韃。角二十四人,紅絁巾、紅絁生色寶相花袍、紅勒帛、紅韃。車輻棒二十四人,長刀二十四人,並金飾青兜牟、青甲、條環、白繡汗胯、束帶、青雲韃。

清游隊。舍人二人,四品服,騎導。金吾折衝二人,交角幞頭、緋羅繡抹額、紫羅繡辟邪裲襠、紅錦襯袍、金帶、錦螣蛇、橫刃,佩弓矢,騎,分左右。帥步士百有十人。白澤旗二,執者二人,引護者八人。次執挈二十人,次執稍二十人,次執弓二十人,次執弓二十人,皆甲騎冠、金飾綠畫甲、條環、白繡汗胯、束帶、綠雲韃,佩弓矢器仗,馬金飾朱畫甲,珂飾,分左右。

次伙飛隊。鐵甲伙飛,執稍者十有二人,甲騎冠、鎧甲,佩弓矢器仗,馬鎧甲,珂飾。次金吾果毅二人,交角幞頭、緋羅繡抹額、紫羅繡辟邪裲襠、紅錦襯袍、金帶、錦螣蛇、橫刀,佩弓矢,騎。次虞候伙飛,執弩二十人,錦帽、紅生色寶相花袍、塗金帶、烏韃。

次殳仗隊。領軍將軍二人,交角幞頭、緋絁繡抹額、紫羅繡白澤裲襠、紅錦襯袍、金帶、錦螣蛇、烏韃、橫刀,騎。帥步士五十人，執殳二十五人，執叉二十五人①，錯分左右，皆五色綀生色巾、寶相花五色袍、五色勒帛、五色雲頭韡。領軍將軍從者二人，錦帽、紫袴衫、小銀束帶、行縢、鞋、襪。

次諸衛馬前隊。舍人二人，四品服，騎導。左右衛郎將二人，交角幞頭、緋綀繡抹額、紫繡瑞馬裲襠、紅錦襯袍、金帶、錦螣蛇、烏韡、橫刀，佩弓矢，騎，分左右。帥騎士百五十有六人。前辟邪旗左，應龍旗右，次玉馬旗左，三角旗右，次黃龍負圖旗左，黃鹿旗右，次飛麟旗左，駃騠旗右，次鸞旗左，鳳旗右，次飛黃旗左，麒麟旗右。執旗十有二人，生色黃袍、巾、勒帛、韡。引旗十有二人，服同執人，惟袍色青。護旗十有二人，生色紅袍、巾、勒帛、韡。執弓十六人，錦帽、青生色寶相花袍、塗金帶、烏韡，執稍六十人，服如執弓者，惟袍色紅。每旗，弓五，稍五。從者四人，服同前隊。

次二十八宿前隊。舍人二人，四品服，騎導。領軍將軍二人，紫羅繡白澤裲襠，餘如前隊。左右衛郎將，皆騎，帥步士百十有二人。前井宿旗左，參宿旗右，各五盾從。次鬼宿旗左，觜宿旗右，各五弓從。次柳宿旗左，畢宿旗右，各五欑從②。次星宿旗左，昴宿旗右，各五盾從。次張宿旗左，胃宿旗右，各五弓從。次翼宿旗左，婁宿旗右，各五欑從。次軫宿旗左，奎宿旗右，各五盾從。執旗十四人，生色黃袍、巾、勒帛、韡。引旗十有四人，服如執人，惟袍巾色青。護旗十有四人，服如執人，惟袍巾色青。護旗十有四人，服如執人，惟袍巾色紅。執刀盾者三十人、弓矢者

---

① “叉”，原作“义”，據《元史》卷七九《輿服志二·儀仗》改。

② “欑”，《元史》卷七九《輿服志二·儀仗》作“盾”。

二十人、欑者二十人，皆五色兜牟、甲條環、白繡汗胯、束帶、五色雲轉。舍人、領軍將軍從者四人，服同前隊。

次領軍黃麾仗前隊。舍人二人，四品服，騎導。領軍將軍二人，服如二十八宿旗隊領軍將軍，騎，分左右。帥步士凡百五十人。絳引旛十，次龍頭竿繡氅，皆分左右。次江瀆旗左，濟瀆旗右。次小戟十，次弓十，皆分左右。次南方神旗左，西方神旗右，次鍠十，次綠縢絡盾加刀十，皆分左右。次南嶽帝旗左，西嶽帝旗右。次龍頭竿氅十，次朱縢絡盾加刀十，皆分左右。次南天王旗左，西天王旗右。次小戟十，次弓十，皆分左右。次龍君旗左，虎君旗右。次鍠十，次綠縢絡盾加弓十，皆分左右。執人一百三十人，武弁、五色寶相花袍、勒帛、轉。引旗十人，青生色寶相花袍、勒帛、轉。護旗十人，服同，惟袍巾色紅。

次殳仗後隊。領軍將軍二人，騎，帥步士凡五十人。殳二十有五，叉二十五①，錯分左右，服、佩同前隊。

次左右牙門旗隊。監門將軍二人，騎，紫繡獅子褊襠，餘如殳仗隊領軍將軍之服、佩。次牙門旗四，每旗執者一人，引、夾者二人，並黃絁巾、黃絁生色寶相花袍、黃勒帛、黃雲轉，皆騎。

次監門校尉二人，騎，服、佩同監門將軍。從者四人，服同前隊。

次左右青龍白虎隊。舍人二人，四品服，騎導。領軍將軍二人，服、佩同殳仗隊之領軍將軍，騎，分左右。帥甲士凡五十有六人，騎。青龍旗左，執者一人，夾者二人，從以執弩五人，弓十人，矟十人，皆冠青甲騎冠、青鍒甲、青條金環、束帶、白繡汗胯、青雲

轞。白虎旗右執者一人，夾者二人，從以執弩五人，弓十人，稍十人，皆冠白甲騎冠、白鎧甲、青絛金環、束帶、白繡汗胯、白雲轞。舍人、領軍將軍從者四人，服同前隊。

次二十八宿後隊。舍人二人，四品服，騎導。領軍將軍二人[1]，騎，分左右。帥步甲士百十有二人。角宿旗左，壁宿旗右，從以執弓者五人。次亢宿旗左，室宿旗右，各從以執㰍者五人。次氐宿旗左，危宿旗右，各從以執盾者五人。次房宿旗左，虛宿旗右，各從以執弓者五人。次心宿旗左，女宿旗右，各從以執㰍者五人。次尾宿旗左，牛宿旗右，各從以執盾者五人。次箕宿旗左，斗宿旗右，各從以執弓者五人。舍人、領軍將軍從者四人，執、夾、引、從服、佩皆同前隊。

次諸衛馬後隊。舍人二人，四品服，騎導。左右衛果毅都尉二人，騎，分左右。帥衛士百五十六人。角端旗左，赤熊旗右。次兕旗左，太平旗右。次驫騳旗左，騘牙旗右。次犀牛旗左，鶂鷞旗右。次蒼烏旗左，白狼旗右。次龍馬旗左，金牛旗右。舍人、左右衛果毅都尉從者四人，執、夾、引、從服、佩同前隊。

次左右領軍黃麾後隊。舍人二人，四品服，騎導。領軍將軍二人，騎，分左右。帥步士百六十人。龍頭竿十。次朱縢絡盾加刀十，皆分左右。次吏兵旗左，力士旗右[2]。次小戟十，次弓十，皆分左右。次東天王旗左，北天王旗右。次鍠十，次綠縢絡盾加刀十，皆分左右。次東方神旗左，北方神旗右。次小戟十，次弓十，皆分左右。次東嶽帝旗左，北嶽帝旗右。次龍頭竿氅十，次

---

① "二人"，原缺，據《元史》卷七九《輿服志二·儀仗》補。

② "左力士旗"，原缺，據《元史》卷七九《輿服志二·儀仗》補。

朱縢絡盾加刀十，皆分左右。次東方神旗左，北方神旗右。次小戟十，次弓十，皆分左右①。淮瀆旗左，河瀆旗右②。次鍠十，次綠縢絡盾加刀十，皆分左右。次絳引旛十，分左右，掩後。舍人、領軍將軍從者四人，執、夾服、佩同前隊。

左右衛儀刀班劍隊。舍人二人，四品服，騎導。左右衛中郎將二人，交角襆頭、緋羅繡抹額、紫羅繡瑞馬裲襠、紅錦襯袍、錦縢蛇、金帶、烏鞾，騎，分左右。帥步士凡四十人，班劍二十人，儀刀二十人，並錦帽、紅生色寶相花袍、塗金束帶、烏鞾。舍人、左右衛中郎將從者四人，服同前隊。

次供奉宿衛步士隊。供奉中郎將二，交角襆頭、緋絁繡抹額、紫羅繡瑞馬裲襠、紅錦襯袍、錦縢蛇、金帶、烏鞾、橫刀，佩弓矢，騎，分左右。帥步士凡五十有二人，執短戟十有二人，次執列絲十有二人，次叉戟十有二人，次斧十有六人，分左右，夾玉輅行。皆弓角金鳳翅襆頭、紫細摺瓣線襖、塗金束帶、烏鞾。

次親衛步甲隊。親衛郎將二人，服同供奉中郎將，騎，分左右③。帥步士凡百四十八人。執龍頭竿氅四人。次小戟十人，次氅二人，次儀鍠十人，次氅二人，次小戟十人，次氅二人，次儀鍠十人，次氅二人，次小戟十人，次氅二人，次儀鍠十人，次氅二人，次小戟十人，皆分左右，夾供奉宿衛隊。次氅二人，次儀鍠十人，次氅二人，次小戟十人，次氅二人，次儀鍠十人，次氅二人，折繞

---

① “次東嶽帝旗左北嶽帝旗右次龍頭竿氅十次朱縢絡盾加刀十皆分左右次東方神旗左北方神旗右次小戟十次弓十皆分左右”，原缺，據《元史》卷七九《輿服志二‧儀仗》補。

② “左河瀆旗”，原缺，據《元史》卷七九《輿服志二‧儀仗》補。

③ “騎分”，原作“分騎”，據《元史》卷七九《輿服志二‧儀仗》乙。

宿衛隊後，而合其端爲第一門①。士皆金兜牟，甲，青勒甲絛，金環，綠雲韡。

次翊衛護尉隊。翊衛郎將二人，服同親衛郎將，騎。帥護尉騎士百有二人，皆交角金花幞頭、窄袖紫衫、紅銷金汗胯、塗金束帶、烏韡。執金裝骨朵，分左右，夾親護隊行，折繞隊後，而合其端爲二門。

次左右衛甲騎隊②。左右衛大將軍二人，服如翊衛郎將，騎，帥騎士百人。執青龍旗五人左，青鳳旗五人右。次赤龍旗五人左，赤鳳旗五人右。次黃龍旗五人左，黃鳳旗五人右。次白龍旗五人左，白鳳旗五人右。次黑龍旗五人，左次黑鳳旗五人。右次五色鳳旗二十五居左，五色龍旗二十五居右，曲繞輅後，合牙門旗爲第三門。士皆冠甲騎冠、金飾、朱畫甲、青勒甲絛、鍍金環、白繡汗胯、紅韡，佩弓矢器仗，馬青金毛獅子甲、珂飾。

次左衛青甲隊。左衛指揮使二人，騎，服紫羅繡雕虎衲襠，餘同左右衛大將軍，帥騎士三十有八人。執大青龍旗一人左，大青鳳旗一人右，次小青龍旗一人左，小青鳳旗一人右，次大青鳳旗一人左，大青龍旗一人右。每旗從以持青稍者四人。次小青鳳旗一人左，小青龍旗一人右，皆從以持青稍者三人，皆青兜牟、金飾青畫甲、青絛、塗金環、汗胯、束帶、韡，佩弓矢器仗，馬青金毛獅子甲、珂飾。折繞陪門。

次前衛赤甲隊。前衛指揮使二人，騎，服、佩同左衛指揮使，帥騎士凡四十人。執大赤鳳旗一人左，大赤龍旗一人右，次小赤

---

① "第一"，原缺，據《元史》卷七九《輿服志二·儀仗》補。
② "左右衛甲騎隊"，原缺，據《元史》卷七九《輿服志二·儀仗》補。

鳳旗一人左,小赤龍旗一人右,次大赤龍旗一人左,大赤鳳旗一人右,次小赤龍旗一人左,小赤鳳旗一人右。每旗從以持朱稍者四人。次執大赤鳳旗一人左,大赤龍旗一人右,皆從以持朱稍者三人,皆朱兜牟、金飾朱畫甲、條環、汗胯、束帶、韠,佩弓矢器仗,馬朱甲,珂飾。從者二人,服同前隊。折繞陪門。

次中衛黃甲隊。中衛指揮使二人,騎,服同前衛指揮使,帥騎士凡五十有八人。執大黃龍旗一人左,大黃鳳旗一人右,次小黃龍旗一人左,小黃鳳旗一人右,次大黃鳳旗一人左,大黃龍旗一人右,次小黃鳳旗一人左,小黃龍旗一人右,次大黃龍旗一人左,大黃鳳旗一人右,每旗從以持黃稍者四人。次小黃龍旗一人左,小黃鳳旗一人右,皆從以持黃稍者三人,皆黃兜牟、金飾黃甲、條環、汗胯、束帶、韠,佩弓矢器仗,馬黃甲①,珂飾。從者二人,服同前隊。折繞陪門。

次右衛白甲隊。右衛指揮使二人,騎,服同中衛指揮使,帥騎士凡七十有四人。執大白鳳旗一人左,大白龍旗一人右,次小白鳳旗一人左,小白龍旗一人右,次大白龍旗一人左,大白鳳旗一人右,次小白龍旗一人左,小白鳳旗一人右,次大白鳳旗一人左,大白龍旗一人右,次小白鳳旗一人左,小白龍旗一人右,次大白龍旗一人左,大白鳳旗一人右,次小白龍旗一人左,小白鳳旗一人右,次大白鳳旗一人左,大白龍旗一人右,每旗從以持白稍者四人。次小白鳳旗一人左,小白龍旗一人右,次大白龍旗一人左,大白鳳旗一人右,皆從以持白稍者五人,皆白兜牟②、金飾白

---

① “甲”,原缺,據《元史》卷七九《輿服志二·儀仗》補。
② “白”,原缺,據《元史》卷七九《輿服志二·儀仗》補。

甲、絛環、汗胯、束帶、靴，佩弓矢器仗，馬白甲，珂飾。從者二人，服同前隊。折繞陪門。

次牙門四。監門中郎將二人，服、佩同各衛指揮使，騎，分左右。次左衛，次前衛，次中衛，次右衛。牙門旗二，色並赤。監門校尉各二人，騎，服、佩同各衛之執旗者。從者十人。服同前隊。

國朝①

<hr />

① "國朝"，嘉靖本無。

大明集禮卷四六

鹵簿二

皇后鹵簿 太皇太后皇太后並同

漢太皇太后、皇太后、皇后法駕，皆御金根車，重翟羽蓋，加青交絡帷裳。

唐皇太后、皇后鹵簿，清游旗，一人執，二人引、夾，領三十人，並帶橫刀，執稍、弩、弓箭。次虞候伀飛二十八人，夾道單行。次內僕令一人在左，內僕丞一人在右。

次黃麾，一人執。次左右廂黃麾仗，廂各三行，列百人。左右領軍衛各領五色，繡幡六口。次內謁者四人，給事二人，內常侍二人，內侍一人，並騎，分左右。次內給使百二十人，分左右，後盡宮人車[①]。次偏扇、團扇、方扇各二十四，分左右，宮人執。次香蹬一，內給使四人舁。

次重翟車，青質，金飾，駕四馬，受冊、從祀、享廟則乘之，駕士二十四人。次行障六具，分左右，宮人執。次坐障三具，分左

---

① "後盡"，原作"單畫"，據《文獻通考》卷一一九《王禮考十四·后妃命婦以下車輦鹵簿》改。

右,宮人執。次內寺伯二人,領寺人六人,騎,分左右,夾重翟車。

次腰輿一,次團扇二,次大繖四,次孔雀扇八,分左右。次錦花蓋二,次小扇、朱畫團扇各十二,並橫行。次錦曲蓋二十,次錦六柱八扇,分左右白。腰輦已下,並入內給使執。

次宮人車,次後黃麾一,次供奉宮人在黃麾後。

次厭翟車,朱質,金飾,駕赤騮四,親蠶、採桑則乘之。

次翟車,黃質,金飾,駕赤騮四,歸寧則乘之。

次安車,赤質,金飾,駕騮四,臨幸及弔則乘之。駕士各二十四人。

次四望車,朱質,駕牛,拜陵、臨弔則乘之。

次金根車,朱質,駕牛,常行則乘之。駕士各十二。

次左右廂,各牙門二,門二人執,四人夾。次左右領軍衛廂各百五十人,執殳,盡鹵簿曲折陪後門①。左右折衝一人,次領鹵簿後,所開牙門並在殳仗行之內。

前後部鼓吹,金鉦、搥鼓、大鼓、小鼓、長鳴、中鳴、鐃吹、羽葆鼓吹、橫吹、節鼓、御馬,並減大駕之半。

宋皇后鹵簿之制,清游隊旗一,執一人,引二人,夾二人,並騎。金吾衛折衝都尉一員,騎。執穳稍二人,領四十騎。執稍二十人,弩四人,橫刀一十六人。次虞候佽飛二十八騎。內僕、內僕丞各一員,各書令史二人,並騎。

次正道黃麾,執一人,夾二人,並騎。次左右廂黃麾仗,廂各三行,行一百人。第一行,短戟五色氅,第二行戈五色氅,第三行

---

① “盡”,原作“畫”,據《文獻通考》卷一一九《王禮考十四・后妃命婦以下車輦鹵簿》改。

儀鍠五色幡。左右領軍、左右威衛、左右武衛、左右驍衛、左右衛等各三行，行二十人，各帥兵官六人領。內左右領軍衛帥兵官各三人，各果毅都尉一員檢校，各一名步從。左右領軍衛絳引旗，引前、掩後各六。次內謁者監四人，給事常侍、內侍各二人，並騎。內給使各一名步從。次內給使一百二十。

次偏、團扇、方扇各二十四，次香鐙一，執擎內給使四人。

次重翟車，駕青馬六，駕士二十四人，行障六，坐障三，夾車，並宮人執。次內寺伯二人，騎，領寺人六人，分左右夾重翟車。

次腰輿一，輿士八人，團雉、尾扇二夾輿。次大繖四，大雉尾扇八，錦花蓋二，小雉尾、朱畫團扇各一十二，錦曲蓋二十，錦六柱八扇。自腰輿以下，並內給使執。

次宮人車，絳麾二，各一名執。

次正道後黃麾一，執一人，夾二人，並騎。次供奉宮人。

次厭翟車駕赤騮，翟車駕黃騮，安車駕赤騮，各四，駕士各二十四人。四望車、金根車，各駕牛三，駕士各一十二人。次左右廂各置牙門二，每門執二人，夾四人，一在前黃麾前，一在後黃麾後。

次左右領軍衛，每廂各一百五十人，執叟，帥兵官四人檢校。次左右領軍衛折衝、都尉各一員，檢校叟仗各一名，騎從。

次後叟仗內正道，置牙門一，每門校尉二人，騎，每廂各巡檢一員，騎，往來檢校。

前後部鼓吹、金鉦、棡鼓、大鼓、長鳴、鐃吹、羽葆鼓吹、節鼓、御馬，並減大駕之半。

國朝同。

皇妃鹵簿

唐貴妃、淑妃、德妃、賢妃,爲内命婦正一品。

其鹵簿之制,清道二人,青衣六人,偏扇、團扇、方扇各十六,行障三具,坐障二具,厭翟車,駕二馬,馭人十九,内給十六人,從車六乘,繖一,大扇二,團扇二,戟六十。

宋貴妃、淑妃、德妃、賢妃,亦爲正一品,而不用鹵簿。

元皇妃,無鹵簿之制。

國朝皇妃鹵簿,戟繡幡二,戈繡幡二,鍠繡幡二,絳引幡二,班劍二,梧杖二,立瓜二,卧瓜二,儀刀二,鐙杖二,骨朵二,斧二,響節四,金鍍銀交椅一,金鍍銀脚踏一,金鍍銀水盆一,金鍍銀水罐一。以上兼用内使、校尉擎執。

厭翟車,駕二馬,馭士十九人,紅方扇四,紅蓋一,紅大繖二。

皇太子妃鹵簿

唐皇太子妃鹵簿,清道率府校尉六人,青衣六人,導客舍人四人,内給使六十人,偏扇、團扇、方扇各十八,行障四具,坐障二具,夾輦,内典二人,翟車駕三馬,閣師二人,六柱扇二①,供奉二人乘犢車,繖一,大扇二,團扇四,曲蓋二,戟九十六。

宋制因之。

元皇太子妃,無鹵簿之制。

國朝,皇太子妃鹵簿,戟繡幡二,戈繡幡二,鍠繡幡二,絳引

---

① "扇二",原作"二扇",據《文獻通考》卷一一九《王禮考十四·后妃命婦以下車輦鹵簿》乙。

幢二,班劍二,梧杖二,立瓜二,卧瓜二,儀刀二,鐙杖二,骨朵二,斧二,響節四,金鍍銀交椅一,金鍍銀脚踏一,金鍍銀水盆一,金鍍銀水罐一。以上兼用內使、校尉擎執。

厭翟車,駕闕馬,馭士闕二字人,紅方扇四,紅蓋一,紅大繖二。

皇太子鹵簿

唐皇太子鹵簿,家令,次率更令,並乘輅車,次太保,次太傅,次太師,自家令已下並正道威儀,鹵簿各次本品,三師各乘輅①。

次清游隊旗,一人執,一人引,二人,夾,領三十騎。次左右清道率府率各一人,次外清道直簿二十四人,騎,分左右夾道,單行。次龍旗六,各一人騎執,每一騎,前二人騎,爲二重引前,每旗後亦二人重騎護後。次劍引六重,重二人,並行正道。

次率更丞一人,捆鼓、金鉦各二面,左鼓,右鉦。次大鼓三十六面,騎,橫行正道。次長鳴三十六具,騎,橫行正道②。次鐃吹一部,鐃鼓二面,各一騎執,二人騎夾。簫、笳各六,騎並橫行。次捆鼓、金鉦各二面,一騎執,左鼓,右鉦。次小鼓三十六面,次中鳴一十六具,並騎,橫行正道。

次鞁馬十疋,分左右,二人執。次廐牧令一人在左,丞二人在右。次左右翊府郎將各一人,騎領班劍。次左右衛翊衛二十四人,騎,各執班劍。

次通事舍人四人,騎,分左右。次直司二人,騎,分左右。次

---

① "本品三師各乘輅",原作"六十三品師各乘輅",據《文獻通考》卷一一九《王禮考十四·皇太子皇子公卿以下車輦鹵簿》改。

② "行",原缺,據《文獻通考》卷一一九《王禮考十四·皇太子皇子公卿以下車輦鹵簿》補。

文學四人，騎，分左右。次洗馬二人，騎，分左右。次司儀郎二人，騎，分左右。次太子舍人二人，騎，分左右。次中允二人，騎，分左右。次中書舍人二人，騎，分左右。次諭德二人，騎，分左右。次庶子四人，騎，分左右。

次左右副率各一人，親勳翊衛廂各中郎將一人，並領儀刀六行。第一行親衛二十三人，第二行親衛二十五人，第三行勳衛二十七人，第四行勳衛二十九人，第五行翊衛三十一人，第六行翊衛三十人，皆曲折騎陪後行。次三衛十八人，騎，分左右，郎將二人，騎，分左右，在六儀刀仗內，夾輅。

次金輅，赤質，駕四馬，從祀、享、正、冬大朝、納妃則供之。僕一人馭，左右率一人，執儀刀陪乘，駕士二十二人。次左右衛率各一人，夾輅。次左右率各一人，副率各一人，騎，領細刀、弓箭。次千牛騎，執細刀、弓箭。次左右監門府直長各六人，監後門。次左右衛率府各翊衛二隊，並騎，在執儀刀行外，前後過三衛仗。厭隊各三十六，騎，分執旗、弓箭、稍、弩各郎將一人。

次繖扇二，次腰輿一，團扇二，小方扇八。次內直郎二人，檢校腰輿。次鞍馬十疋，分左右。次典乘二人，分左右，次朱漆團扇六，紫曲蓋六。次諸司供奉官八。次大角三十六具，橫行，六重。

次鐃吹一部，鼓二面，簫、笳各六，並騎，橫行。次橫吹一部，橫吹十具，節鼓二面，笛、簫、篳篥、笳各五，並騎，橫行。次令官司二人。次副輅，駕四馬，駕士二十人。

次輅車，金飾，駕一馬，五日常朝及朝饗宫臣^①、出入行道則乘之，駕士十人。次左右廂步隊十六隊，隊別三十人，果毅一人，皆執弓箭、刀、稍弩相間。次左右司禦率各一人，檢校步隊。次儀仗左右廂各六色，色九行^②，行六人，皆執戟、弓箭、鋋、刀盾、儀刀五色幢、油戟相間。廂各揭鼓六重，重二人，皆儀仗外。

次左右廂，各百五十人，執殳，並分前後，在步仗外、馬隊內，前接六旗，後盡鹵簿。廂各果毅一人，主七師七人騎，分左右。次左右廂馬道，廂各十隊，隊引主師以下三十一人，並戎服，帶刀、弓箭、弩稍隊，引旗一，果毅一人領之。

次後拒隊，旗一，領三十騎，果毅一人領。前當正道殳仗內，開牙門。次左右廂，各開牙門三。前第一門，左右司禦率隊後，左右率府步隊前^③。開第二門，左右衛率府步隊後，司禦率府儀仗前。開第三門，左右司禦率府儀仗後，左右率府步隊前。每門皆二人執^④，四人夾。左右監門副率各一人，直長二人，騎，往來檢校。次左右清遠率府副率二人，仗內檢校，並糾察非違。率應得曝稍，從者並不得將入儀仗內。

次少師，次少傅，次少保，隊仗引盡，則次三少正道，乘輅威儀各依本品。文武官以次陪從。

若常行及常朝，去諸馬隊、鼓吹、金輅、四望車、家令、率更、

---

① "宫"，原作"官"，據《文獻通考》卷一一九《王禮考十四·皇太子皇子公卿以下車輦鹵簿》改。

② "色"後衍"者"，據《文獻通考》卷一一九《王禮考十四·皇太子皇子公卿以下車輦鹵簿》刪；"行"，原缺，據《文獻通考》卷一一九《王禮考十四·皇太子皇子公卿以下車輦鹵簿》補。

③ "左右"前衍"隊"，據《文獻通考》卷一一九《王禮考十四·皇太子皇子公卿以下車輦鹵簿》刪。

④ "執"，原作"步"，據《大唐開元禮》卷二《序例中·皇太子鹵簿》改。

詹事、太保、太師、少保、少師，其隊仗三分減一，清道、儀刀、鞚馬各減半，乘軺車。餘同大仗。其二傅皆乘犢車，依式導從，不過十人，太傅加清道二人導引。其鹵簿內道，從官、三師、三少，若有事故及無其人則闕，總不須攝。餘若有事故及無其人，則別遣人攝行。若皇太子在學，太傅、少傅導從如式。

宋皇太子鹵簿，家令、率更令、詹事各乘軺車，太保、太傅、太師乘輅各正道，威儀鹵簿並依本品。

次清游隊旗，執一名，引二人，夾二人，並正道。清道率府折衝都尉一員，領二十騎，執矟一十八人，弓矢九人，弩三人，二人騎從，折衝。次左右清道率府率各一員，領青直簿①，及檢校清游隊、龍騎等，執矟各二人。次清道直簿二十四人②，騎。

次正道龍旗各六執一名，前二人引，後二人護，副竿二，執各一名③，騎。次正道細仗引，爲六重，每重二人④，自龍旗後均布至細仗，矟與弓箭相間，並騎。每廂各果毅都尉一員領，次率更丞一員領。

正道前部鼓吹，府史二人領鼓吹，並騎。掆鼓、金鉦各二，執各一名，夾二人，以下準此。帥兵官二人，次大鼓三十六，橫行，長鳴準此。帥兵官八人，長鳴三十六。帥兵官二人，鐃吹一部，鐃鼓二，執各一名，夾二人。後部鐃吹、節鼓準此。簫、笳各六，

---

① "簿"，原作"盜"，據《文獻通考》卷一一九《王禮考十四·皇太子皇子公卿以下車輦鹵簿》改。
② "簿"，原作"盜"，據《文獻通考》卷一一九《王禮考十四·皇太子皇子公卿以下車輦鹵簿》改。
③ "一"，原缺，據《文獻通考》卷一一九《王禮考十四·皇太子皇子公卿以下車輦鹵簿》補。
④ "人"，原缺，據《文獻通考》卷一一九《王禮考十四·皇太子皇子公卿以下車輦鹵簿》補。

帥兵官二人。搁鼓、金鉦各二,帥兵官二人。次小鼓三十六,帥兵官四人,中鳴三十六,帥兵官二人,以上並騎。

次輓馬十,每匹二人控,餘準此。廄牧令、丞各一員,各府吏二人騎從。次左右翊府郎將各一員,領班劍,左右翊衛執班劍二十四人,通事舍人,司直二人,文學四人,洗馬、司議郎、太子舍人、中允、中左、右諭德各二人,左、右庶子四人,並騎。自通事舍人後,各步從一名①。

次左右衛率府副率各一員,步從,親、勳、翊衛每廂各中郎將、郎將一員,並領六行儀刀。第一行親衛二十三人,曲折三人,第二行親衛二十五人,曲折四人,第三行勳衛二十七人,曲折五人,第四行勳衛二十九人,曲折六人,第五行翊衛三十一人,曲折七人,第六行翊衛三十三人,曲折八人。曲折人並陪後門。以上三衛並騎。次三衛一十八人,騎。中郎將二人夾輅,在六行儀刀仗內。次金輅,駕馬四,僕寺僕馭,左率府率一員,駕士二十二人。夾路左右衛率府各一員,各步從一名。次左右率府率各一員,副率各一員,並騎,各步從一名。次千牛騎,執細刀、弓矢,三衛儀刀仗,後開牙門。次左右監門率府直長各六人,監後門,並騎。次左右衛率府每廂各翊衛二隊,並騎。

次厭角隊,各三十人,執旗一名,引二人,夾二人。執矟一十五人,弓矢七人,弩三人,每隊各郎將一員領。次正道纛二,雉尾扇四,夾纛。

---

① "步""一",原缺,據《文獻通考》卷一一九《王禮考十四·皇太子皇子公卿以下車輦鹵簿》補。

次腰輿一,輿士八人①,團扇、雉尾扇二,小方雉扇八,夾、執各一名。次內直郎、令史各二人,騎從檢校。次軛馬十,典乘二人,府吏二人騎從。次左右司禦率府校尉各一名,並騎從,領團扇、曲蓋。次朱團扇、紫曲蓋各六,執各一名。次諸司供奉官八。

次左右清道率府校尉各一名,並騎,領大角三十六,鐃鼓二,簫、笳各六。帥兵官二人,橫吹十,節鼓一,笛、簫、篳篥五,帥兵官二人,並騎。次管轄指揮二人檢校。

次副輅,駕四馬,駕士二十人。輧車,駕一,馬駕士十人。次左右厢步隊,凡六十,每隊各果毅都尉一名領,並騎。隊三十人,執旗一名②,引二人,夾二人,並帶弓矢,騎,步二十五人,前一隊執矟,一隊帶弓矢,以次相間。左右司禦率府、左右衛率府厢各四人隊,二在前,二在後。次左右司率禦府副率各一員檢校,步隊各二人,執穳矟,騎從。

次儀仗左右厢各六色③,色九行,行六人。前第一行,戟、赤氅;第二行,弓矢;第三行,儀鋋並毦④;第四行,刀盾;第五行,儀鍠五色幡⑤;第六行,油戟。次前仗首左右厢各六色,色三行,行六人。左右司禦率府各一員,果毅都尉各一員,帥兵官六人領。次左右厢各六,色三行,行六人。左右衛率府副率各一員,果毅

---

① “一輿”,原缺,據《文獻通考》卷一一九《王禮考十四·皇太子皇子公卿以下車輦鹵簿》補。

② “執”,原缺,據《文獻通考》卷一一九《王禮考十四·皇太子皇子公卿以下車輦鹵簿》補。

③ “色”,原缺,據《文獻通考》卷一一九《王禮考十四·皇太子皇子公卿以下車輦鹵簿》補。

④ “毦”,原作“眊”,據《宋史》卷一四七《儀衛志五·皇太子鹵簿》改。

⑤ “幡”,原作“幢”,據《文獻通考》卷一一九《王禮考十四·皇太子皇子公卿以下車輦鹵簿》改。

都尉各一員,帥兵官各六人領。次盡後鹵簿左右厢,各六色,色三行,行六人。左右司禦率府副率各一員,各一名步從,果毅都尉各一名,帥兵官各六人領,各六人護後,並騎。每厢各絳引幡十二,執各一名,引前旗六,引後旗六,揭鼓十二,揭鼓左右司禦率府四重,左右衛率府二重。

次左右厢殳,各一百五十人,左右司禦率府各八十六人,左右衛率府各六十四人,並分前後,在步隊儀仗外、馬隊内,前接六旗,後盡鹵簿,曲折至門。每厢各司禦率府果毅都尉一員檢校,各一名從。每厢各帥兵官七人,並騎,左右司禦率各四人,左右衛率府各二人。次馬隊。左右厢各十隊,每隊帥兵官以下三十一人,旗一,執一名,引二人,夾二人。執矟十六人,弓矢七人,弩三人。前第一隊,左右清隊率府果毅都尉各一員領。第二、第三、第四隊,左右司禦率府果毅都尉各一員領。第五、第六、第七隊,左右衛率府果毅都尉各一員領。第八、第九、第十隊,左右司禦府果毅都尉各一員領。

次後拒隊,旗一,執橫矟一人,引二人。清道率府果毅都尉一員領四十騎,執矟二十人,弓矢十六人,弩四人,又二人[1],騎從。次後拒隊,前當正道殳仗行,内開牙門。次左右厢各門牙門三。前第一門,左右司禦率府步隊後,左右率府步隊前。第二門,左右衛率府步隊後,司禦率府儀仗前。第三門,左右司禦率府儀仗後,左右衛率府步隊前。每開牙門,執旗二人[2],夾四人,

---

① "又",原作"义",據《文獻通考》卷一一九《王禮考十四·皇太子皇子公卿以下車輦鹵簿》改。

② "執",原缺,據《文獻通考》卷一一九《王禮考十四·皇太子皇子公卿以下車輦鹵簿》補。

騎。監門率府直長各二人,並騎。次左右監門率府副率各一員,
騎,來往檢校諸門,各一名騎從。次左右清道率府副率各三人,
仗內檢校並糾察,各一員騎從。

次少師、少傅、少保正道乘輅,威儀鹵簿各依本品。次文武
官以次陪從。

王公鹵簿

唐王公以下鹵簿之制:中道清道六人,次憳弩一騎。

次大晟府前部鼓吹①。令及職掌、局長、院官各一名,搁鼓、
金鉦各一,大鼓、長鳴各一十八人,搁鼓、金鉦各一。次引樂官二
人,小鼓、中鳴各十。

次麾幢各一,節一,夾稍二,靮馬八,每疋控馬各二人,革車
一乘,駕赤馬四,駕士二十五人,散扇十,方繖二,朱團扇四,夾方
繖,曲蓋二。

次大角八。次後部鼓吹,丞一員,録事一名。次鐃鼓一,簫
四,笳四,大橫吹六,節鼓一,夾色二,笛、簫、篳篥、笳各四。

次外仗,青衣十二,車輻棒十二,㦸九十,絳引幡六,刀盾、
稍、弓矢各八十,儀刀十八,信幡八,告止幡,傳教幡各四,儀鋋
二,儀鍠斧掛五色幡六,油㦸十八,儀稍十二,細稍十二。

次左右衛尉寺押當職掌一十一人,騎;部轄部兵、部轄騎兵、
太僕寺部押人員一名,教馬官一名。押當職掌四人,騎。

宋,中道清道六人,分左右,次憳弩一騎。次大晟府前部鼓
吹。令一員在左,職掌一名在右。次局長一名在左,院官一名在

---

① 此句疑有誤,按大晟府爲宋代官署,不當出于唐代。

右。次搁鼓一在左，金鉦一在右。以下搁鼓、金鉦分左右準此。次大鼓一十八，長鳴一十八，並分左右。次搁鼓、金鉦各一。次引樂官二人。次小鼓一十，次中鳴一十，在小鼓外。次麾、幢各一，並分左右，節一，夾稍二，分節在左右。以上並騎。

𩨣馬八，分左右，每疋控馬各二人。一品以下，控馬人準此。革車一乘，駕赤馬四，駕士二十五人，散扇十，分左右，行于車前，方繖二，朱團扇四，分左右，夾方繖，曲蓋二，爲一列，次大角八。

次後部鼓吹。丞一員，左右録事一名在右。次鐃鼓一，次簫四，次笳四、大橫吹六，並分左右，次節鼓一，次夾色二，以篳篥充，以下準此。次笛、簫、篳篥、笳各四，並分左右。

外仗，青衣十二，次車輻棒十二，次戟九十，次絳引幡六，次刀盾，次稍，次弓矢，各八十，次儀刀十八，次信幡八，次告止幡四，次傳教幡四，次儀鋋二，次儀鍠斧掛五色幡六[①]，次油戟十八，次儀稍十二，次細稍十二，並分左右。衛尉寺押當職掌一十一人，騎。部兵人員一名，部轄騎兵人員一名，太僕寺部押人員一名，教馬官一名，押當職掌四人，騎。

仗内清道，武弁、青繡衫。執黑漆仗、執韇弩人，武弁、緋繡衫、緋絹袴。執麾、幢、車輻棒人，赤平巾幘、緋繡衫、緋絹袴。執節、夾稍、大角儀刀、控𩨣馬、押馬人，黑平巾幘、緋繡衫、白絹袴。青衣人，執青竹杖，青繡衫、青絹袴、抹額。執戟、刀盾、儀刀儀、鍠斧、油、戟、儀稍、細稍人，服錦帽、黃繡衫。執絳引幡、信幡、告止幡、傳教幡人，並緋繡衫、抹額。執稍人，錦帽、皂繡衫。執弓

---

① "掛"，原缺，據《文獻通考》卷一一九《王禮考十四·皇太子皇子公卿以下車輦鹵簿》補。

矢人,錦帽、青繡衫。駕士,武弁、緋繡大袖。衛尉寺排列押當職掌、太僕寺押當職掌,並紫羅寬衫。衛尉寺部轄、部兵人員,黑平巾幘、紫繡衫、錦螣蛇。部轄騎兵人員,本色服。太僕寺部押人員,武弁、緋繡大袖、錦螣蛇。教馬官,幞頭、緋羅繡抹額、紫羅繡大袖。鼓吹令、丞,本品服。職掌,紫羅寬衫。其局長,則用紫羅寬衫。及院官、録事,緑羅寬博長袖衫。引樂官,緑隔織寬衫。執摑鼓、金鉦、節鼓、夾色、笛、簫、笳、篳篥人,並巾幘、緋繡鸞衫、白絹袴、抹帶。執摑鼓、金鉦人,加錦螣蛇。大鼓、長鳴、小鼓、中鳴,服黃繡雷花袍、抹額、抹帶、袴。鐃鼓、大橫吹,服緋繡苣文袍、抹額、抹帶、袴。

群官鹵簿

唐群官鹵簿:一品,清道四人,爲三重,四品已上,並二人。

憊弩一,騎。青衣十人,車輻十人,三品八人,自下遞減二人。戟九十人[①],一品七十,三品六十,四品五十。絳引幡六,二品已下缺之。刀盾、弓箭、稍各八十,二品六十,三品五十,四品四十。

摑鼓、金鉦各一。大鼓十六,一品十四,三品十,四品八。長鳴十六,四品以下缺之。

節一,夾稍二,唱止幡二,傳教幡二,信幡六,其信幡二品、三品、四品用二,餘同一品。

鞚馬六,二品、三品四疋,四品二疋。儀刀十六,二品十四,

---

① “十”,原缺,據《文獻通考》卷一一九《王禮考十四‧皇太子皇子公卿以下車輦鹵簿》補。

自下遞減二，其一品，府佐四人夾行。革輅一，四品木輅，並駕四馬。駕士十六人，自下品別減二人。

繖一，朱團扇四，三品、四品各三。曲蓋二，二品以下一①。僚佐本服陪從。麾、幡各一②。

大角八，角自二品至四品，各減二。鐃吹一部。鐃、簫、笳各四，一品、三品用三③，四品用一。橫吹一部。橫吹六，二品、三品、四品一。節鼓一，二品已下並闕。笛、簫、篳篥、笳各四，四品已下各一。

右應給鹵簿者，職事四品已上，散官二品以上，爵郡王以上及二王後④，依品給。國公準三品給。官爵兩應給者，從高給。若京官職事五品，身婚葬並尚公主，娶縣主，及職事官三品以上有公爵者嫡子婚，並準四品給。

凡自王公以下在京拜官初上、正、冬朝會及婚葬，則給之。婚及拜官、初上、正、冬朝會，去稍、弓矢、刀盾、大小鼓、橫吹、大角、長鳴、中鳴。凡應導駕及都督刺史奉辭、至任上日，皆依品給。奉辭去稍、弓箭、刀盾、金鉦、摑鼓、大小鼓、橫吹、大角、長鳴、中鳴。

宋，一品鹵簿，中道清道四人。次幰弩一騎。

次大晟府前部鼓吹。令一員，職掌一名。次局長一名，院官

---

① "一"，原作"二"，據《文獻通考》卷一一九《王禮考十四·皇太子皇子公卿以下車輦鹵簿》改。

② "一"，原缺，據《文獻通考》卷一一九《王禮考十四·皇太子皇子公卿以下車輦鹵簿》補。

③ "一品三品用三"，《文獻通考》卷一一九《王禮考十四·皇太子皇子公卿以下車輦鹵簿》作"二品各三三品各二"。

④ "二"，原作"郡"，據《文獻通考》卷一一九《王禮考十四·皇太子皇子公卿以下車輦鹵簿》改。

一名。次搁鼓、金鉦各一。次大鼓一十六,次長鳴一十六,次麾
幢各一,次節一,夾稍二。次鞁馬六。

次革車一乘,駕赤馬四,駕士二十五人。命婦,厭翟車,駕士
二十三人,二品、三品準此。散扇八①,二品減四,三品減六。命
婦散扇五十。行障五,行于車前,二品、三品準此。方繖二,朱團
扇四,曲蓋二。次大角八。命婦屬車六,駕黃牛十八,駕士五十
九人,行大角前。二品、三品準此。

次後部鼓吹。丞一員,録事一名。次引樂官二員,分左右。
次鐃鼓一,次簫四,次笳四,次大橫吹四,次節鼓一,次笛四,次簫
四,次篳篥四,次笳四。

外仗,青衣十人。次車輻棒十,次戟九十,次刀盾,次稍,各
八十,次弓矢六十,次儀刀三十,次信幡八,次告止幡四,次傳教
幡四,次儀鍠斧掛五色幡四。以上行列重數,並同王公鹵簿。

衛尉寺排列、押當職掌一十一人,部轄人員一名,太僕寺部
押人員一名,教馬官一名,押當職掌四人。命婦加二人。

仗内,清道,青衣並青繡衫、抹額,執黑漆仗,青衣執青竹杖。
執幰弩人,武弁、緋繡衫。執麾幢人,黑平巾幘,黃繡衫。節、夾
稍、大角、方繖、朱團扇、曲蓋、稍、儀鍠斧、控馬、押馬人,黑平幘,
緋繡衫。執車輻棒人,赤平巾幘、緋繡衫。執戟儀刀人,緋繡衫、
抹額。執刀盾人,皂繡衫、抹額。執弓人,黃繡衫、抹額。執信
幡、告止幡、傳教幡人,黑平巾幘、黃繡衫。其餘服飾,並同王公
鹵簿。

---

① "八",原作"行",據《文獻通考》卷一一九《王禮考十四·皇太子皇子公卿以下
車輦鹵簿》改。

二品鹵簿，中道，清道二人。次幰弩一。

次大晟府前部鼓吹。令一員，職掌一名。次局長一名，院官一名。次搠鼓、金鉦各一。次大鼓一十四。

次麾、幢各一，次節鼓一，次夾稍二，次鞁馬四。次革車一乘，駕赤馬四，駕士二十五人。散扇四，方繖二，朱團扇二，曲蓋二，次大角八。

次後部鼓吹。丞一員，次錄事一名，引樂官一名。次鐃鼓一，次簫二，次笳二，次大橫吹四，次笛二，次長簫二，次篳篥二，次笳二。外仗，青衣八人。

次車輻棒八，次戟七十，次刀盾六十，次稍六十，次弓矢六十，次儀刀十四，次信幡六，次告止幡二，次傳教幡二。

衛尉寺排列、押當職掌九人，部轄人員一名，太僕寺部押人員一名，教馬官一名，押當職掌四人。命婦加二人。仗內行列服飾，並同一品鹵簿。

三品鹵簿，中道，清道二。

幰弩一，麾、幢各一，節一，夾稍二，鞁馬四。革車一乘，駕赤馬四，駕士二十五人。散扇二，方繖二，曲蓋一。次大角四。

外仗，青衣八人。車輻棒六，戟六十，刀盾、稍、弓弩矢各五十，儀刀十二，信幡四，告止幡二，傳教幡二。

衛尉寺排列、押當職掌七人，部轄人員一名，太僕寺部押人員一名，教馬官一名，押當職掌四人。命婦加二人。仗內行列服飾，並同一品鹵簿。

凡王公以下，應給鹵簿者，有司各以令式，排列如儀。

國朝鹵簿圖

軍 軍 軍 軍 軍 軍 軍
龍旗 龍旗 亢旗領甲士 甲士 軍 軍
龍旗 龍旗 指揮 甲士 角旗領甲士 甲士 軍
指揮 甲士 水旗領甲士 軍
土旗領甲士 甲士 軍
角 角 角 甲士 軍
角 角 角 甲士 軍
角 角 角 甲士 軍
角 角 水旗領甲士 甲士 軍
角 鉦 鉦 甲士 軍
鉦 鉦 鉦 風旗領甲士 軍
鉦 鉦 鉦 甲士 軍
鉦 鼓 鼓 甲士 軍
鼓 鼓 鼓 甲士 軍
鼓 鼓 鼓 甲士 軍
鼓 鼓 雷旗領甲士 軍
鼓 甲士 軍
甲士 軍
轟 雨旗領甲士 軍
指揮 甲士 軍
朱雀旗 雲旗領甲士 軍
楊梧追頒官 指揮 甲士 軍
白澤旗 楊梧追頒官 甲士 軍
清道官 白澤旗 甲士 軍
朱雀旗領甲士 清道官 甲士 軍
甲士 牙門旗領甲士 軍
甲士 甲士 軍
甲士 朱門旗領甲士 軍
清道官 軍青
象仁 象仁
白澤旗 象仁 象仁
象仁 象仁

軍軍軍軍軍軍軍軍軍軍軍軍軍軍軍軍軍軍軍軍軍軍軍

軍軍軍軍軍軍軍軍軍軍軍軍軍軍軍軍軍軍軍軍軍軍軍紅

買旗引甲士　甲士　甲士　憲旗引甲士　甲士　參旗引甲士　甲士　其旗引甲士　甲士　尾旗引甲士　甲士甲士　心旗引甲士　甲士　甲士　房旗引甲士　甲士　氐旗引甲士　甲士

軍軍軍軍軍軍軍軍軍軍軍軍軍軍軍軍軍軍軍軍軍軍軍

軍軍軍軍軍軍軍軍軍軍軍軍軍軍軍軍軍軍軍軍軍軍軍

枕鼓　枕鼓　枕鼓　枕鼓　枕鼓　枕鼓　枕鼓　龍笛　方響　笙　笛　箜篌　琵琶　簫　樂工　戲竹
知隊伏官
龍旗　龍旗　龍旗

枕鼓　枕鼓　枕鼓　枕鼓　枕鼓　枕鼓　龍笛　龍笛　方響　笙　笛　箜篌　琵琶　簫　樂工　戲竹
知隊伏官
龍旗　龍旗　龍旗

枕鼓　枕鼓　枕鼓　枕鼓　枕鼓　龍笛　龍笛　方響　篆　笙　笛　箜篌　琵琶　簫　樂工　戲竹
知隊伏官
龍旗　龍旗　龍旗

軍軍軍軍軍軍軍軍軍軍軍軍軍軍軍軍軍軍軍軍軍軍軍軍軍

軍軍軍軍軍軍軍軍軍軍軍軍軍軍軍軍軍軍軍軍軍軍軍軍軍

柳旗引甲士　甲士　甲士　羆旗引甲士　甲士甲士　并旗引甲士　甲士　甲士　壁旗引甲士　甲士甲士　甲士　奎旗引甲士　甲士甲士　婁旗引甲士　甲士　胃旗引甲士　甲士　昴旗引甲士　甲士　畢旗引甲士　甲士　觜旗引甲士　甲士　參旗引甲士　甲士
知隊伏官

軍軍軍軍軍軍軍軍軍軍軍軍軍軍軍軍軍軍軍軍軍軍軍軍軍紅

軍軍軍軍軍軍軍軍軍軍軍軍軍軍軍軍軍軍軍軍軍軍軍軍軍

軍軍軍軍軍軍軍軍軍軍軍軍軍軍軍軍軍軍軍軍軍軍軍軍軍軍軍軍

御馬三人　御馬二人　典教官

御馬二人　御馬二人　御馬二人

雅旗甲士　甲士　甲士　甲士　旗甲士　甲士　甲士　北嶽旗甲士　甲士　東嶽旗甲士　甲士

御馬二人　御馬二人　御馬三人　典教官　中嶽旗甲士

寶案四人　寶案四人

寶案四人　寶案四人

寶案四人　寶案四人　尚寶　監察御史

寶案四人　寶案四人　尚寶　監察御史　知隊伏官

尚寶　監察御史　香案四人　知隊伏官

監察御史　北斗旗

大鼓四人　大鼓　大鼓四人　檀板　杖鼓

濟旗甲士　甲士　河旗甲士　甲士　靈旗甲士　甲士　南嶽旗甲士　甲士　翼旗甲士　甲士　軫旗甲士　甲士　巽旗甲士　甲士　知隊伏官　檀板　杖鼓

軍軍軍軍軍軍軍軍軍軍軍軍軍軍軍軍軍軍軍軍軍軍軍軍軍軍軍軍軍軍軍軍軍軍軍軍

甲士　甲士　甲士　甲士　甲士　甲士　甲士　甲士　甲士　甲士　甲士

軍軍軍軍軍軍軍軍軍軍軍軍軍軍軍軍軍軍軍軍軍軍軍軍軍軍軍軍軍軍軍軍

軍軍戈戟氅氅氅氅氅
軍軍氅氅氅節節節節
軍軍氅氅氅節節節節
戈戈戈戈氅氅氅氅氅
戈戈戈戈氅氅氅氅龍
軍軍氅氅羅羅羅龍龍翠
軍軍氅羅羅憧憧龍翠翠
軍軍氅羅憧憧翠翠尾尾
　　朱　幢幢龍龍尾氅引
　　旛　翠翠尾尾氅引幡
節節幢　龍龍氅氅引信
節節紫　氅尾氅引信信
節節旛　尾氅引信信終
戈戈紫　　氅引信終終引
戈戈方　香引信終引甲
氅羽旛　鐙信終引甲士
氅羽羅　四終引甲甲門
龍羅羅　人　甲甲士旗
龍憧憧　中引甲士士
翠幢幢　書甲士門門
尾龍龍　省士門旗旗
氅尾尾　官門旗青甲
引氅氅　大旗青龍士
信引引　都御青龍甲甲
信信信　督史龍甲士士
終信信　府臺甲士門門
引終終　官兵士士旗旗
甲引引　　部門門甲甲
士甲甲　御刑旗旗士士
門士士　史部青青甲甲
旗門門　臺工龍龍士士
甲旗旗　官部龍龍甲門
士青青　　翰甲甲士旗
甲龍龍　　林士士門甲
士甲甲　　院　　旗士
門士士　　官　　青甲
旗門門　　　　　龍士
甲旗旗　　　　　　甲
士白白　　拱　　司士
甲虎虎　　衛　　天門
士旗旗　　官　黃臺旗
甲甲甲　　　　麾官甲
士士士　　司　　　士
門門門　　天　司指甲
旗旗旗　　臺　辰揮士
甲甲甲　　官　　　甲
士士士　　指　　　士
甲甲甲　　揮　御　甲
士士士　　　　馬　士
門門門　　　　二　甲
旗旗旗　　　御人御士
甲甲甲　　　馬　馬甲
士士士　　拱衛二　二士
甲甲甲　　　　人御人甲
士士士　　　　　馬　士
甲甲甲　　　　　二御甲
士士士　　　　　人馬士
軍軍軍軍軍軍軍軍　二
軍軍軍軍軍軍軍軍　人
軍軍軍軍軍軍軍軍
軍軍軍軍軍軍軍軍
軍軍軍軍軍軍軍軍
軍軍軍軍軍軍軍軍

軍 軍

纛旗 甲士 甲士 甲士 甲士 鸞旗 甲士 甲士 甲士 甲士 天禄旗 戟 戟 戟 鐙杖 鐙杖 鐙杖 儀刀 儀刀 儀刀 卧瓜 卧瓜 卧瓜 立瓜 立瓜 立瓜 金杖 金杖 金杖 班劍 班劍 班劍 鍠氅 鍠氅 鍠氅 鍠氅 鍠氅 戈氅 戈氅 戈氅

扇 扇 扇 扇 扇 扇 燭籠 燭籠 燭籠 起居注 給事中 殿中侍御史 侍儀 侍儀 拂子 拂子 金唾壺 金水罐 金馬杌 金交椅 鳴鞭 鳴鞭 青龍幢 將軍 將軍 將軍 天武 天武 金節 金節 金節 響節 響節 響節 響節 響節 響節

玉輅 華蓋 直柄黄蓋 曲柄蓋

扇 扇 扇 扇 扇 扇 燭籠 燭籠 燭籠 起居注 給事中 殿中侍御史 侍儀 侍儀 拂子 拂子 金唾壺 金水盆 蒙鞍 金脚踏 鳴鞭 鳴鞭 白虎幢 將軍 將軍 將軍 將軍 天武 天武 金節 金節 金節 響節 響節 響節 響節 響節 響節

熊旗 甲士 甲士 甲士 甲士 麟旗 甲士 甲士 甲士 甲士 天馬旗 戟 戟 戟 鐙杖 鐙杖 鐙杖 儀刀 儀刀 儀刀 卧瓜 卧瓜 卧瓜 立瓜 立瓜 立瓜 金杖 金杖 金杖 班劍 班劍 班劍 鍠氅 鍠氅 鍠氅 鍠氅 鍠氅 戈氅 戈氅 戈氅

軍 軍

軍軍軍軍軍軍軍軍軍軍軍軍
軍軍軍軍軍軍軍軍軍軍軍軍
軍軍軍軍軍軍軍軍軍軍軍軍
軍軍軍軍軍軍軍軍軍軍軍軍
軍軍軍軍軍軍軍軍軍軍騎士
黑軍軍騎士騎士騎士騎士騎士騎士騎士騎士
軍騎士騎士騎士騎士騎士騎士騎士騎士騎士
軍騎士騎士騎士騎士騎士騎士騎士騎士騎士
軍騎士騎士騎士騎士騎士騎士騎士騎士
軍騎士騎士騎士騎士騎士騎士騎士
軍騎士騎士騎士騎士騎士騎士騎士

軍軍軍軍軍軍軍
軍軍軍軍軍軍軍
軍軍軍軍軍軍軍
軍軍軍軍軍軍軍

騎士騎士騎士騎士騎士騎士
騎士騎士騎士
騎士
豹尾 玄武旗二 騎士
黃麾 玄武幢 騎士
腰輿八人 騎士

傘 傘 騎士
扇 扇 騎士
扇 尚衣 騎士
傘 扇 尚冠 甲士
扇 尚衣 小踏道二 甲士
騎士 尚冠 踏道四人 甲士
扇 尚輦 甲士
扇 尚輦 批义 甲士
扇 推竿 行馬
騎士 行馬
騎士
騎士 甲士
甲士
甲士
甲士

軍軍軍軍軍軍軍
軍軍軍軍軍軍軍
軍軍軍軍軍軍軍
軍軍軍軍軍軍軍

大明集禮卷四七

字學

總序

人文既作，則有字書。生民日用之至切者也。古之六書，不過記其制字之義。後世八法既生，始求工于點畫間，而去古意遠矣。雖然，學者不可以不習也。蓋六書本也，八法末也。專于八法，而不核之以六書，則昧乎古；專于六書而不文之，以八法則戾乎今。兼古今，該本末，則書之道其庶乎。作《書學篇》以教初學。

六書

《周官·大司徒》："教萬民而賓興之。"《保氏》：掌養國子而教之，皆以六藝。而六書爲六藝之一。

漢許氏《説文》曰：《周禮》，八歲入小學，教以六書。一曰指事，指事者，視而可識，察而可見，上、下是也。二曰象形，象形者，畫成其物，隨體詰詘，日、月是也。三曰形聲，形聲者，以事爲名，取譬相成，江、河是也。四曰會意，會意者，比類合誼，以見指撝，武、信是也。五曰轉注，轉注者，建類一首，同意相受，考、老是也。六曰假借，假借者，本無其字，依聲託事，令、長是也。

宋徐氏《繫傳》曰：六書之義，起于象形，則日、月之屬是也。形聲者，以形配聲，班固謂之象聲，鄭玄注《周禮》謂之諧聲。象則形也。諧聲者，以形諧和其聲。其實一也。如江、河之字，水其象也，工、可，其聲也。如空字、雞字等形，或在上，或在下，或在左，或在右，或有微旨。然亦多從配合之宜，非盡其義也。

六文之中，象形者，蒼頡本其所起，觀察天地萬物之形，其文尚少，故謂之文。

後相配合，滋益漸多，則謂之字。形聲、會意是也。故形聲最多。《周禮正義》曰：六書之體，形聲居多，江、河之類，左形右聲，鳩、鴿之類，右形左聲，草、藻之類，上形下聲，婆、娑之類，下形上聲，圍、國之類，外形內聲，闌、闇之類，內形外聲。則形聲之等，又有六也。

轉注者，謂如老之別名，有耆，有鼇，有耈，有𦒻，有耄，又孝子養老是也。此等皆以老爲首，而取類于老，故曰建類一首，同意相受也。若水之出源，分岐別派，爲江爲漢，轉相流注，而本同生于一水，故曰轉注也。

假借者，省文從可知。如令者，號令也，借爲使令之令。長者，長短也，借爲長幼之長。諸如此類，皆可以推。

指事者，班固謂之象事，鄭玄謂之處事。指事、象形，其義相似。物之實形，有可象者，則爲象形。物之虛無，不可象者，則曰指事。如上下之義，無形可象，故以丨在一上，丨在一下，指其事也。

大凡六書之中，象形、指事相類，象形實而指事虛，形聲、會意相類，形聲實而會意虛，轉注則形、事之別。然立字之始，類于形聲，而訓釋之義，與假借爲對。假借則一字數用，轉注則一義數文。凡六書,爲三耦也。

其後,夾漈鄭氏著《六書略》,最爲精密。雖時與許氏不同,實能推廣其説,而補其未備。其説曰:小學之義,第一當識子母之相生,第二當識文字之有間。象形、指事,文也;會意、諧聲、轉注,字也;假借,文字俱也。象形、指事一也,象形別出爲指事。諧聲、轉注一也,諧聲別出爲轉注。二母爲會意,一子一母爲諧聲。六書以象形爲本,形不可象,則屬諸事,事不可指,則屬諸意,意不可會,則屬諸聲,聲則無不諧矣。五者不足而後假借生焉。

一曰象形,而象形之別有十種。

有天物之形,如日,太陽之精,正圓,不虧,其中象烏,故其形全。月,太陰之精,多虧少盈,故其形缺。天,從一,從大,象天垂示之形。旦,從日,從一,象日出地上之形。古文雲作云,象雲興之形。古文雨作𠕒,象雨墜之形之類。有山川之形,如丘,象山之在地,一者地也。水,坎之體,橫則爲☵,縱則爲☵。土,象物𡐦土而出之形。坐,象人據土而坐之形。凹者,地之窊。凸者,土之空之類。有井邑之形,如井,象井幹之形。田,象疆畛之形之類。有草木之形,如屮,象芝出于地;艸,象草木初生。木,上象枝幹,下象根荄。禾,象枝葉,及垂穗之形。韭,象韭芽初生于地上之形之類。有人物之形,如人,象人立。身,象人身。兒,象小兒頭囟未合。面,象人面。𦣻,象人頭。目,象人眼有瞳。眉,象目上有毛之類。有鳥獸之形,如牛、羊、馬、豕、虎、熊、象、兕、鹿、鷹、免、犬、鳥、烏之類,皆象其形。有蟲魚之形,如魚,其中從久,象鱗其下從火,象尾。燕,象爾口布翅枝尾之形。乙,爲魚腸,丁爲蠆尾之類。有鬼物之形,鬼,象鬼魅之形。由,敷勿切,象鬼頭也。有器用之形,如干、戈、升、斗、舟、車、豆、登、弓、矢、勺、臼、門、戶、鼎、傘之類,皆象其形。有服飾之形。如衣,象披衣之形。巾,象佩巾之形。市,象蔽膝之形。勿,象建旗之形。帶,象帶形。网,象网形之類。

推象形之類,則有象兒、象數、象位、象气、象聲、象屬,是六象也。與象形並生，而統以象形。如八，象分別之兒，爻，象交加通疏之兒，此象兒也。一、二、三、三，又五、七、九、十、千、廿、卅、丗、卌，此象數也。上、卜在一上，下、卜在一下，中、丨在口中，此象位也。气，象气上升之狀。只，語已之辭，象言訖而气散。乃，象气之難出。于，象气之舒。此象气也。牟，牛鳴也，從牛。芈，羊鳴也，從羊。皆象其聲气之上出。嚚，象气出頭上。轟，象群車聲。此象聲也。十日、十二辰，皆假借。惟己、亥爲正書。蓋以日、辰不可名，惟取同音而借。己、亥無同音之本，故無所借已，不可爲也。象蛇之形而爲己亥，不可爲也。象豕之形而爲亥，此象屬也。

又有象形而兼諧聲者，則曰形兼聲。如齒，象形，從止聲。箕，象形，從其聲。金，象金在土中，從今聲之類。有象形而兼會意者，則曰形兼意。如侖，從冊，象編竹之形，從亼，從皿，集衆聲。弄，象廾持玉之形，謂寶玉可玩弄。盥，象臼水臨皿之類。十形，猶子姓也。六象，猶嫡庶也。兼聲兼意，猶姻婭也。

二曰指事，指事類乎會意。指事，文也，會意字也。獨體爲文，合體爲字。指事又類乎象形。形可象者，曰象形，非形不可象者，指其事曰指事。如尹，治也，從又，從丿，握事者也。史，記事者也，從又，持中，中者，正也。丈，十尺也，從又，持十。与，賜予也，一勺爲与之類。

指事之別，有兼諧聲者，則曰事兼聲；如用，可施行也，從卜，從中。庸，用也，從用，從庚，中與用皆聲也之類。有兼象形者，則曰事兼形；如支，去竹之枝也，從手，從半竹之狀。爭，二手而競一物之狀之類。有兼會意者，則曰事兼意。如朁，人在舟上不行而進。爨，上象竈，以安甑，下象廾而焚也之類。

三曰會意，蓋文合而成字。文有子母，母主義，子主聲，一子一母爲諧聲。諧聲者，一體主義，一體主聲，二母合爲會意。會意者，二體俱主義，合而成字，不主聲也。如土示爲社，人言爲信，目亡牟子爲盲，士口出言爲吉之類。

四曰轉注，別聲與義，故有建類主義，亦有建類主聲。立類爲母，從類爲子。母主義，子主聲。主義者，是以母爲主而轉其子。主聲者,是以子爲主而轉其母。如老爲建類,而耆、考、耈、孝等,皆爲轉注。此主義者也。弋爲建類,而忒、式爲轉注;鳳爲建類,而凰爲轉注,此主聲者也。

有互體別聲,亦有互體別義。聲異而義異者曰互體別聲,義異而聲不異者曰互體別義。如杲與東、杳爲互體,本與朱、末爲互體,而其聲不同,此互體之別聲者也。朞與期爲互體,義不同而同音,猶與猷爲互體,義不同而同音,此互體之別義者也。

五曰諧聲,母主形,子主聲者,諧聲之象也。然有子母同聲者,如啎,五故切,逆也,午爲母,吾爲子。齡,魚音切,呻吟也,音爲母,今爲子之類。有母主聲者,如瞿,九遇切,鷹隼之視也,以䀠爲聲,佳爲形。枓,當口切,勺也,以斗爲聲,木爲形之類。有主聲不主義者,如魏,闕名也,以委鬼爲聲而無義。屍,踞也,以尸夷爲聲而無義。有子母互爲聲者,如晨,丞真切,又黃外切。日月之會爲晨,辰與會互爲聲。蚩,魯水切,蟲與佳爲互聲。有聲兼意者。如禮,從示,從豊,豊,祭器。祏,從示,從石,石,廟主。祫,從示,從合,合其先祖而祭之。禘,從示,從帝,審諦先祖之尊卑而祭之之類。

六曰假借。不離音義,六書無傳,惟藉《説文》。然許氏惟得象形、諧聲二書以成書,牽于會意,復爲假借所擾,故所得者,亦不能守。學者之患,在于識有義之義,而不識無義之義。假借者,無義之義也。假借者,本非己有,因他所授,故于己爲無意。然就假借而言之,有有義之假借,有無義之假借,不可不別也。

曰同音借義,如初,裁衣之初,而爲凡物之初。基,築土之基,而爲凡物之基。始,女子之始,而爲凡物之始。本,木之本,而爲凡物之本之類。

曰協音借義,如旁之爲旁,中之爲中,下之爲下,分之爲分,皆作去聲之類。

曰因義借音,如琢,本琢玉之琢,而爲大圭不琢之琢,則音篆。輅,本車輅之輅,而爲狂狡輅鄭人之輅,則音迓之類。

曰因借而借,如難,鳥也,因音借爲艱難之難,因艱難之難借爲險難之難,則去聲。爲,母猴也,因音借爲作爲之爲,因作爲之爲借爲相爲之爲,則去聲之類。此皆有義之假借也。

曰借同音不借義，如汝，水也，而爲爾汝之汝。爾，花盛也，而爲汝爾之爾。示，旗也，而爲神示之示。業，大板也，而爲事業之業之類。

曰借協音不借義，如荷，爲負荷之荷，鮮爲鮮少之鮮，燕爲幽燕之燕，信爲屈信之信之類。

曰語辭之借。凡有形有象者，則可以爲象，故有其書，無形無象者，則不可爲象，故無其書。語辭是也。語辭之用雖多，而主義不立，並從假借。如之，本菌也；也，本女陰也；于，本烏也；云，本雲也；焉，本鳶也；耳，本人耳也；而，本面毛也；乎、兮、于、只、乃，本皆氣也；思，本慮也；旃，本旆也之類。以語辭之類，虛言難象，故因音而借焉。

曰五音之借。宮，本宮室之宮，商本商度之商，角本頭角之角，徵本徵召之徵，羽本羽毛之羽。

曰三詩之借，風，本風蠱之風，雅，本烏雅之雅，頌，本顏頌之頌，頌即容字也。三詩五音，皆聲也。聲不可象，並因音而借焉。

曰十日之借，甲，本戈甲；乙，本魚腸；丙，本魚尾；丁，本蠆尾；戊，本武也；己，本几也；庚，鬲也；辛，被罪也；壬，懷妊也；癸，草木實也。

曰十二辰之借，子，人之子也；丑，手之械也；寅，臏也；卯，牖也；辰，未詳本義；巳，蛇屬也；午，未詳本義；未，木之滋也；申，持簡也；酉，卣也；戌，與戊、戊、戚同意；亥，豕屬也。十日、十二辰，惟己、亥有義，他並假借。以日辰之類，皆虛意難象，故因音而借焉。

曰方言之借，如歌之爲歌，上音觸，下爲昌歌之歌。穀之爲穀，上音穀，下爲穀于菟之穀之類。非由音義，蓋因方言之異，故不易其字。此皆無義之假借也。

又有雙聲並義，不爲假借者。如陶冶之陶，皋陶之陶；榮桐之榮，屋榮之榮；幅尺之幅，幅烏之幅；荷校之校，闌校之校之類。

以上皆鄭氏説摭，其大略如此。學者可以觸類而通。他如張有《復古編》、戴侗《六書故》等書，亦兼考之可也。茲不具載云。

字體

伏羲氏始畫八卦，獲景龍，作龍書。炎帝氏因嘉禾，作穗書。黃帝之史倉頡，見鳥獸之迹，作鳥迹書。其書，頭麄尾細，復團圓，如水中之科斗子，故又名科斗書。古者以竹或木，點漆而書。凝滯不行，頭大尾小，有類科斗之形。

許氏《説文》曰：倉頡之初作書也，依類以象形，故謂之文。其後形聲相益，即謂之字。字者，孳乳而寖多也。著于竹帛，則謂之書。書者，如也。如者，如其事也。五帝三王，改易殊體。及周宣王太史籀，著大篆十五篇，與古文或同或異。孔子書六經，左丘明述《春秋傳》，皆以古文。其後諸侯力政，不統于王。言語異聲，文字異形。

秦始皇初併天下，命丞相李斯同之。罷其不與秦文合者，作《倉頡篇》。取史籀大篆，或頗省改，所謂小篆者也。是時，秦滅經書，大發隸卒，興戍役，官職務繁。獄吏程邈善大篆，增減其體，去其繁複，以趨約易，施于徒隸，名曰隸書。而古文由此絕矣自此。秦書有八體，一曰大篆，二曰小篆，三曰刻符，四曰蟲書，徐鍇曰，蟲書即鳥書，以書繒信。五曰摹印，六曰署書，以題官署。七曰殳書，古者記事于笏，亦記于殳，故有殳體。八曰隸書。

王莽居攝，使甄豐改定古文。時有六書，一曰古文，孔子壁中書也；二曰奇字，即古文而異者也；三曰篆書，即小篆也；四曰佐書，即隸書也；五曰繆篆，謂其文屈曲纏繞，所以摹印章也；六曰鳥蟲書，謂爲蟲鳥之形，所以書幡信也。是時，郡國又往往于山川，得鼎彝之器，其銘即前代之古文也。

漢、魏至唐人，有八分書、楷書、正書、行書、草書、飛白諸體。八分書者，漢靈帝時上谷王次仲所作，割程隸字八分，取二分，割李篆字二分，取八分，故曰八分書。楷書者，亦次仲所作，或以爲魏鍾繇善八分，又善隸書，始爲楷法。楷法，又曰正書。蓋隸書、楷書、正書，名有不同，其實一也。今人但知八分之爲隸，而不知古之所謂隸者，乃今之真書耳。行書，潁川劉德升所作。章草，黃門令史史游所作，杜伯度、張伯英俱善草書。蔡邕在鴻都學，見匠人施堊帚，遂創意爲飛白書。

凡此皆歷代字體之變，而其源則本于六書云。其餘又有五十二體等形，繁雜近俚，今所不取。

書法

作書之法，要在執筆。知用筆之方，然後可以語法度，而布位置矣。凡執筆真書，當去筆頭一寸二分；行、草書，去筆頭三寸一分。虞世南云：“筆長不過六寸，真一、行二、草三，指實掌虛。”即其法也。

執筆有雙鈎、單鈎二法。韓方明云：“雙鈎，以雙指包管，亦當五指共執。要在實指虛掌，鈎擫抵送。若以單指包之，則力不足，而無神氣。”此言雙鈎之勝單鈎也。若寫篆，則多用單鈎，取其圓直有準也。

張懷瓘云：“執筆淺而堅，則掣打勁利，掣三寸而一寸著紙，勢則有餘；若執筆深而束，牽三寸而一寸著紙，勢已盡矣。其故何也，筆在指端，則掌虛，運動適意，騰躍頓挫，生意在焉。若筆居半，則掌實，如樞不轉，制豈自由。轉既不能轉旋，乃成稜角，筆既死矣。寧望字之生動乎?"

古人有撥鐙法,曰擫、壓、鈎、揭、抵、導、送、擫者。擫,大指骨上節下端用力,欲直如提千鈞。壓者,捺食指著中節旁,此二指主力。鈎者,鈎中指著指尖鈎筆,令向下。揭者,揭名指著指外瓜肉之際,揭筆令向上。抵者,名指揭筆,中指抵住。拒者,中指鈎筆,名指拒定。此二指主運轉。導者,小指引名指過右。送者,小指送名指過左。此二指主來往。謂之撥鐙者,鐙,馬蹬也。蓋以筆管著中指、名指尖,令圓活,易轉動。筆管既直,則虎口間空圓,如馬蹬也。足踏馬蹬淺,則易轉運,手執筆管,亦欲其淺,則易于撥動矣。

又當識腕法。腕法有三,有枕腕,有提腕,有懸腕。枕腕者,以左手枕右手腕而書之。提腕者,肘著案虛提,手腕而書之。懸腕者,懸著空中而書之。枕腕以書小字,提腕以書中等字,懸腕以書大字。張敬玄云,楷書把筆,妙在虛掌運腕。不宜把筆苦緊,緊即轉腕不得,既腕不轉,則字體或麤或細,上下不均。雖多用力而無益也。又云楷書只虛掌、轉腕,不要懸臂。懸臂則氣力有限。行、草書即須懸腕。懸腕則筆勢無限,否則拘而難運矣。又有撮管、擫管之法。撮管者,用撥鐙法撮管頭。擫管者,以五指共擫其管頭。掉筆、急疾二法,皆宜用以書壁併大幅屏幛,以上皆執筆之要也。

執筆既正,當知八法。《禁經》云:"八法起于隸字之始。王逸少工書十五年間,偏攻永字。以其八法俱全,能通于一切之字也。上一點曰側,上一畫曰勒,中一直曰努,努末之挑曰趯,左一畫曰策,一丿曰掠,右一丿曰啄,一乀曰磔。"

顏魯公《八法頌》曰:"側蹲鴟而墜石,勒緩縱以藏機。努彎環而勢曲，趯峻快以如錐。策依稀而似勒，掠彷彿以宜肥。啄騰凌而速進，磔抑昔以遲移。"

柳子厚《八法頌》曰："側不愧臥，勒嘗患平。努過直而力敗，趯宜蹲而勢生。策仰收而暗揭，掠左出而鋒輕。啄倉皇而疾掩，磔趣趙以開撐。"蓋側如墜石，言其磕磕然，實也，作點向左，斜頓向右，側下其筆，使墨精暗墜徐，乃回筆挫鋒，收鋒在內，則稜利矣。不言點而言側者，謂筆鋒顧右，審勢而側之，故名側也。

勒法，不得臥其筆，須令筆鋒先行，中高兩頭下，以筆心壓之。不言畫而言勒者，取其勁澀而遲也。努，筆欲其左偃而下，則爲有力。不謂之豎畫而曰努者，勢不欲直也，直則無力矣。趯，自努畫蹲鋒豎筆而來，潛勁借勢而出之。出則暗收，法須挫衄轉筆，佇思消息，則善矣。不曰挑而曰趯者，橫曰挑，直曰趯也。策，須仰筆潛鋒輕擡而進，兩頭微高，以筆心舉之，故謂之策。掠者，借勢于策，須迅其鋒左出而利，法在澀而勁，意欲暢而婉，疾徐有準，拂掠得宜，故謂之掠。啄者，立筆下掩，疾罨向左收鋒迅擲，如禽之啄物，故謂之啄。磔者，始入筆緊築而微仰，便下徐行，勢足而後磔之。筆從腹起，抑而後拽，將放更留，遒勁而遲澀，故謂之磔。若便拋之，必流滑凡淺矣。磔又謂之波，微直曰磔，橫過曰波，皆是三折筆而爲之也。

既知八法，則字之偏旁、向背、位置可由此而推廣之矣。如立人之法欲如鳥之在柱，背挑之法欲如壯士之屈，臂戈法欲如百鈞之努發，如長松之倚溪。嗚、呼等字，口在左者，欲近上。和、扣等字，口在右者，欲近下。大抵位置之法太停，則有唐人及經生之弊；不停，則又失其情理。右軍云：凝神靜慮，預想字形。大小偃仰，筋骨相連。意在筆前，然後作字。分間布白，上下齊平。

大字促之令小，小字寬之令。大又不宜平直相似，狀如算子，則不成書。但得其點畫耳。

凡字，腹不宜促，脚不宜賒，單不宜小，複不宜大，不得上寬下窄，不宜傷密。密則似痾瘵纏身。不宜傷疎，疎則似溺水之禽。不宜傷長，長則似死蛇掛樹。不宜傷短，短則似壓死蝦蟇。勿以字小，易而忙行筆勢；勿以字大，難而慢展豪頭。梁武帝云：運筆斜則無芒角，執筆寬則書軟弱。點掣短則擁腫，長則離澌。畫促則字勢橫，疎則字形慢；拘則乏勢，放又少則。純骨無媚，純肉無力。少墨浮澀，多墨莽鈍。此乃自然之理。若抑揚得所，趣舍無違，值筆廉斷，觸勢峰鬱，揚波折節，中規合矩，分間下注，濃纖有方，肥瘦相和，骨力相稱，婉婉曖曖，視之不足，稜稜凜凜，常有生氣，適眼合心，便爲甲科。此皆言位置之法也。

或問張旭云：書之妙何得齊古人。旭曰：妙在執筆，令其圓暢，勿使拘攣。其次在識法，口傳手授，勿使無度。所謂筆法也。其次在布置合宜，其次在通變適懷，其次在紙筆精佳。五者備矣，然後能齊古人。

虞永興云：太緩無筋，太急無肉。側管則鈍慢而多肉，直鋒則乾枯而露骨。蔡希綜云：一點失所，如美女之眇一目；一畫失所，如壯士之折一臂。須氣骨雄壯，奕奕有飛動之勢；屈折之狀，如鋼鐵爲鈎；牽掣之蹤，若勁鋒直下。舉措合則，起發相承；輕濃似雲霧往來，舒卷如林間花吐。或有重字，亦須字字意殊。右軍《蘭亭》，每字皆構別體，蓋其理也。

張懷瓘云：夫馬，筋多肉少爲上，肉多筋少爲下，書亦如之，皆欲骨肉相稱。若筋骨不任其脂肉，在馬爲駑駘，在書爲墨豬。惟題署及八分，則肥密可也。自此之外，皆宜蕭散，恣其運動，然能之至難，鑒之不易。精察之者，若庖丁解牛，目無全形。其有一點一畫，意態縱橫，偃亞中間，綽有餘裕。結字峻秀，類于生動。幽若深遠，煥若神明。以不測爲量者，書之妙也。其有方闊齊平，支體肥膩，布置逼仄，神貌昏懵，氣候蓂然，以濃爲華者，書之困也。

孫過庭云：初學之際，但求平正。既知平正，務追險絕。既能險絕，復歸平正。初謂未及，中則過之，後乃通會。通會之際，人書俱老。大抵一時而書，有乖有合，合則流媚，乖則疏凋。略言其由，各有五事。神怡務閑，一合也；感惠徇知，二合也；時和氣順，三合也；紙墨相發，四合也；偶然欲書，五合也。心遽體留，一乖也；意違體屈，二乖也；風燥日炎，三乖也；紙墨不佳，四乖也；情怠手闌，五乖也。得時不如得器，得器不如得志。五乖同萃，思遏手蒙。五合交臻，神融筆暢。

盧雋曰：真如立，行如行，草如走。姜堯章云：真、行、草書之法，其源出于蟲篆、八分、飛白、章草等。圓勁古淡，則出于蟲篆。點畫波發，則出于八分。轉換向背，則出于飛白。簡便痛快，則出于章草。真草與行，各有體製。古人有專工正書者，有專工草書者，有專工行書者。信乎不能兼美也。

凡用筆之法，如折釵股，如屋漏痕，如錐畫沙，如壁拆。折釵股者欲其屈折，圓而有力。屋漏痕者，欲其無起止之迹。錐畫沙者，欲其勻而藏鋒。壁拆者，欲其無布置之巧。筆正則藏鋒，筆偃則鋒出。常欲筆鋒在畫中，則左右皆無病矣。故一點一畫，皆有三轉；一波一拂，又有三折。一丿又有數樣。一點者，欲與畫相應；兩點者，欲自相應；三點者，必一點起，一點帶，一點應；四點者，一起、兩帶、一應。如口，當行草時，尤當泯其稜角，以寬闊圓美爲佳。心正則筆正，意在筆前，字居心後，皆名言也。極須淘洗俗姿，則妙處自見。大要執之欲緊，運之欲活。不可以指運筆，當以腕運筆。執之在手，手不主運。運之在腕，腕不知執。又作字者，須識篆文，知點畫來歷，如左右之不同，剌剌之相異；壬之與王，示之與衣，以至秦、奉、泰、春，形同理殊。得其源本，斯不浮矣。

真書用筆，自有八法。今略言其指點者，字之眉目，全藉顧眄精神。橫直畫者，字之骨體，欲其堅正勻净。丿乀者，字之手足，伸縮異度，變化多端，要如魚翼鳥翅，有翩翩自得之狀。挑剔者，字之步履，欲其沈實。轉折者，方圓之法，真多用折，草多用轉。折欲少駐，駐則有力，轉欲不滯，滯則不遒然，而真以轉而後遒①，草以折而後勁，不可不知。懸針者，筆欲極正，自上而下，端若引繩。垂露者，垂而復縮。米芾曰：無垂不縮，無往不收。此之謂也。

《翰林禁經·九生法》云：一用生筆，久置復用，則軟而又健。二用生紙，新入篋笥，則受墨而易書。三用生硯，洗滌乾而後用，不可浸潤。四用生水，新汲不可久停。五用生墨，逐旋研磨。六用生手，適遇攜執有勞，則腕力無準。七用生神，凝神静思，不可煩燥。八用生目，寢息適悟，光朗分明。九用生景，天清氣朗，人心舒悦。乃可言書。

張敬玄云：法成之後，字體各有管束。一字管兩字，兩字管三字。如此管一行，一行管兩行，兩行管三行，如此管一紙。凡此，皆學者所當知也。故撮其要，以著于此。他如右軍《筆陳

---

① "遒"，原作"通"，據姜夔《續書譜》改。

圖》、蔡邕《九勢》、梁武帝《觀鍾繇十二意》、隋僧智果《心成頌》、歐陽率更《書訣》，其説雖多，大概不出乎此，兹不能備録也。

書品

學書當以古人爲法。篆書，若史籀大篆，其僅存者石鼓之殘刻而已。三代鐘鼎款識，及先秦篆書《巫咸》《久湫》《亞騁》之文，皆所當考。李斯小篆，則如嶧山碑、泰山碑、稽山頌德碑，二世詔文，皆篆之祖。許慎《説文解字》五百四十部，九千三百五十三文，篆之正體也。唐初，有碧落碑。其篆與古不同，頗爲怪異。李陽冰善小篆，自言斯翁之後，直至小生。其見于世者，如《處州文宣王廟記》《黄帝祠宇城隍廟記》《李氏三墳記》《庶子泉銘》之類，甚多。南唐徐鉉篆書亦工，多存于世，皆學篆者所當法也。

八分書，漢之存于世者，如蔡邕石經、《老子銘》之類，魏則如梁喆《受禪表》、鍾繇《上尊號表》、梁鵠《受禪壇記》之類。又如《堂邑令》《費君銘》《淳于長夏承碑》《西嶽華山廟碑》，不詳書者姓名。唐，則如張庭珪、梁升卿、史惟則、蔡有鄰、韓擇木之類，皆學八分者，所當法也。

真書，則鍾繇《克捷宣示帖》，羲之《樂毅論》《東方朔畫象贊》《黄庭經》《誓墓文》《霜寒帖》，獻之《洛神賦》，他如《曹娥碑》《遺教經》。六朝時人書，不知名氏《瘞鶴銘》，或以爲王羲之，或以爲陶弘景。隋僧智永《千文》，唐虞世南《孔子廟》，歐陽詢《九成宫》《化度寺》《虞恭公》等碑，褚遂良《哀册》《聖教》，顏真卿《麻姑壇》《放生池》《中興頌》《干禄字書》等碑，柳公權《陀羅尼金剛經》、于敬宗《王先生碑》，宋蔡襄及近代趙孟頫書，皆學真書者所當法也。

行書則鍾繇《丙舍》《吳人》《羸頓》《雪寒》《長風帖》，義之《蘭亭敘》《聖教序》《極寒》《毒熱》《官奴》《快雪》《來禽》《奉橘》等帖，獻之《地黃》《歲終》《衛軍》《授衣》《阿姨》《鵝群》《歲盡》《夏日》《奉對》《思戀》《天寶》《吳興》《黃門》《山陰》《月內》《尊體》等帖，謝安《八月五日帖》，李邕《嶽麓寺》《娑羅樹》《法華寺》《雲麾將軍》等碑，張從申《玄静先生碑》，宋米芾及近代趙孟頫等書，皆學行書者所當法也。

草書則張芝、羲之父子、張旭、懷素，歷代帝王名賢及宋黃庭堅等帖，皆學草書者所當法也。

宋太宗淳化中，命王著模刻歷代以來法書，深得古意，世稱《閣帖》，蓋諸帖之祖。他如《絳帖》，則師旦模刻。《潭帖》則寶月大師模刻。《大觀帖》則蔡京模刻。《太清樓帖》則劉燾模刻。《戲魚堂帖》則劉次莊模刻。《星鳳樓帖》則曹士冕模刻。《玉麟堂帖》則吳琚模刻。《寶晉齋帖》則曹之格模刻。《百一帖》則王萬慶模刻。雖模刻之工拙不同，皆本于淳化者也。大抵諸家書品，皆所當參，而要以上品爲至。以近代爲師，不若以唐人爲師，以唐人爲師，不若以魏、晉以上爲師。略序書品源流，使學者知所取法。

正訛

六書自變隸以後，流俗浸失本真。惟許慎《説文》，爲文字之宗，當依其義，而以楷法書之，不可從俗。凡從俗者，皆字之訛也。今略舉若干字，用平上去入四聲分之，初學可以觸類而求。

如蟲豸之蟲作虫，非。忽遽之忽作匆，非。豐盛之豐作豊，非。船作舡，非。雙作双，非。微作徵，非。歸作帰，非。偏裨之襌，初始之初，皆從衣不從示。趨走之趨從芻，作趍，非，趍音馳。
須髮之須從彡，作湏，非，湏，火外切。冐從曰，從冃，從日，非。
吳從口，從矢，從天，非。圖畫之圖作啚，非。梟鶩之梟作梟，非。
三鹿爲麤作麁，非。束草爲芻作蒭，非。盧作盧，非。雛作雛，
非。隄防之隄，不從土，堤，的米切。東西之西，不作西，西音亞。
臺作㙜，非。栽作㦲，非。脣作唇，非。彬作斌，非。眞作真，非。
珍作珎，非。因作囙，非。羣作群，非。筋作觔，非。文作攵，非。
看從手下目，作看，非。丹象丹井形，作丹，非。歡作歡，非。關
作関，非。淵作渊，非。蕭作萧，非。閒音閑，與防閑之閑不同。
本音叩，與根本之本不同。號作号，非。高作髙，非。宮商之商
作商，非。齋莊之莊作庄，非。寧作寧，非。冰作氷，非。繩作
繩，非。興作兴，非。句，句曲之句也，作勾，非。沈，浮沈之沈
也，作沉，非。蠶作蚕，非。嚴作厳，非。此平聲字之當正者也。

宂作冗，非。恥作耻，非。擧作夆，非。呂作吕，非。筍作
筝，非。館作舘，非。鮮作尟，玁作狝，非。鳥作烏，非。卯作夘，
非。丈無一點，作丈，非。兩從二入，作两，非。斗作㪷，非。缶
作缶，非。此上聲字之當正者也。

鼻上從自，作鼻，非。致，右從攵，作致，非。苣作苣，非。備
作俻，非。歲從步，戌聲，作歳，非。獻從犬鬳聲，作献，非。蓋作
盖，非。晉作晋，非。泰作泰，非。施作斾，非。奮作奮，非。亂
作乱，非。變作変，非。面作靣，非。霸作覇，非。兼作兼，非。
壯從士，从土，非。敬從苟，从茍，非。慶作慶，非。競作竸，非。
舊作旧，非。宿作宿，非。此去聲字之當正者也。

竺從二，作竺，非。倏從犬，作倏，非。屬作属，非。覺作覓，
非。學作斈，非。駁作駮，非。吉從士，口出言，從土字者，非。

出，象草木上達，作兩山者，非。切从刀，七聲，从土，非。舌从干，在口象形，從千，非。略作畧，非。麥作麦，非。策作筞，非。覓作覔，非。國作囯，非。葉作茶，非。耴音輒，書取作耴者，非。協从十，書十作心者，非。此入聲字之當正者也。餘不能盡舉。

大明集禮卷四八

樂

鐘律[①]

總敘

象數與天地而生，鐘律出于象數，皆天造地設之自然也。故黃鐘爲聲氣之元，萬物之本。覓聲于氣，起于伶倫，取嶰谷之竹，制十二管吹，以準鳳鳴，用生六律六呂之制，以候氣之應，而立宮商之聲，以應五聲之調。鳳有雄雌，其鳴不同。陽律候于鳳，陰律擬于凰。然後協和中聲，候氣不爽。

古者以律管起尺度，由母生子也。後世以尺度定律管，以子證母也。差之毫釐，失之千里。如五季王朴，聲與器而俱失，其係豈小小哉？

太史公言，黃鐘始于聲氣之元，班固謂至治之世，天地之氣合以生風，風氣正而十二之律定。後世求律，乃欲求于黍，于尺，于斛，于錢，于䥐，其可乎？甚至于時君之指節，則謬又甚矣。故

---

① 標題"鐘律"後原有"篇"字。據本書目録删。

聲氣之元,非鳳鳥之靈不能協,非阮咸氏之神不能解,祖沖氏之密率不能算,代之和峴、胡瑗、阮逸、李照、范鎮、司馬光、劉几、楊傑諸賢之彼此紛議,終不能以相一,周敦頤、程頤、張載氏之餘論皆未究其要。崇寧䐤涅魏漢津亦敢妄談鼎樂之法,不知量矣。南渡後,建陽蔡元定者作神解,不減于阮咸妙算,不減于祖沖,積有年所而鐘律書成。

子朱子以其所論,多近代之未講,而皆不離于古人之成法,先求聲氣之元,而必因律以生尺。蓋其卓然獨得,而爲朱子之所深取也。後之講鐘律者,幸生建陽之後,推廣其所述,以爲時君世主制樂之資,不必强生穿鑿,歸之談河畫餅而已也。

大明當天天地之氣正,而鐘律亦隨而正。蔡氏之不得典樂受詔,使簫韶之治復見于後世者,吾黨豈無望于今焉?于是著《鐘律篇》,而存古書之當存辨。古書之當辨,擬今法之可用者,列諸左方,而雜説之泛濫、旁論之紛挈,雖范鎮《樂律》、房庶《樂書》、陳暘《樂書》、吳忠《律志》,依朱子成説,不盡載也。

律原

班固《漢前志》曰:“黄帝使伶倫自大夏之西、昆侖之陰,取竹之嶰谷生其竅厚均者,斷兩節間而吹之,以爲黄鐘之宮,制十二箭以聽鳳之鳴。其雄鳴爲六,雌鳴亦六,此黄鐘之宮而皆可以生之。是爲律本。至治之世,天地之氣,合以生風。天地之風氣正十二律定。”

劉昭《漢後志》曰:“伏羲作易,紀陽氣之初,以爲律法。建日冬至之聲,以黄鐘爲宮,太簇爲商,姑洗爲角,林鐘爲徵,南吕爲羽,應鐘爲變宮,蕤賓爲變徵。此聲氣之元,五音之正也。”又曰:

"截管爲律，吹以考聲，列以候氣，道之本也。"

律數

後漢鄭康成《月令註》曰："凡律，空圍九分。"

蔡邕《銅龠銘》曰："龠，黃鐘之宮，長九寸，空圍九分。容秬黍一千二百粒，稱重十二銖，兩之爲一，合三分損益，轉生十一律。"

韋昭《周語註》曰："黃鐘之變也，管長九寸，徑三分，圍九分，因而九之，九九八十一，故黃鐘之數立焉。"

按周徑之說，開端于《漢律曆志》，而蔡氏遂創爲徑三分之說。晉孟康、韋昭又續爲徑三分、圍九分之說，以《九章・少廣》內祖氏密率乘除之，止得空圍內面冪，七分七釐奇，乃少一分九十二釐奇，空圍內積，實止得六百三十六分奇，乃少一百七十三分奇。如此，則黃鐘之管無乃太狹乎？黃鐘空積忽微，若徑內差一忽，即面冪及積，所差忽數至多矣。毫釐之差，千里之失，豈不誤乎？

胡氏《律呂議》曰："按歷代律呂之制，黃鐘之管，長九十黍之廣，積九寸，度之所由起也；容千二百黍，積八百一十分，量之所由起也；重十有二銖，權衡之所由起也。既度量權衡，皆出于黃鐘之龠，則黃鐘之龠容受，可取四者之法交相酬驗，庶不失其實也。

後世儒者，不能貫知權量之法，但制尺求律，便爲堅證。因謂圍九分者，取空圍圓長九分爾，以是圍九分之誤，遂有徑三分之說。若從徑三圍九之法，則黃鐘之管止容九百黍，積止六百七分半。如此則黃鐘之聲，無從而正，權量之法無從而生。周之嘉量、漢之銅斛，皆不合其數矣。"

律管

先王通于倫理，以候氣之管爲樂聲之均，吹建子之律，以子爲黃鐘，丑爲大呂，寅爲太簇，卯爲夾鐘，辰爲姑洗，巳爲中呂，午爲蕤賓，未爲林鐘，申爲夷則，酉爲南呂，戌爲無射，亥爲應鐘。

陽管有六爲律者，謂黃鐘、太簇、姑洗、蕤賓、夷則、無射。此六者，爲陽月之管，謂之律。律者，法也，言陽氣施生，各有其法。又律者，帥也，所以帥導陽氣，使之通達。陰管有六，爲呂者謂大呂、應鐘、南呂、林鐘、中呂、夾鐘。此六者，陰月之管，謂之爲呂。變陰陽之聲，故爲十二調。調各文之以五聲，播之以八音，乃成爲樂。故有十二懸之樂焉。

《周禮‧春官‧太師》，“掌六律六同，以合陰陽之聲”。陽聲，黃鐘、太簇、姑洗、蕤賓、夷則、無射，陰聲，大呂、應鐘、南呂、函鐘、小呂、夾鐘，皆文以五聲，宮、商、角、徵、羽。凡爲樂器，以十有二律爲之數度，以十有二聲爲之齊量。凡和樂亦如之。

鐘均

《通典》曰：“古之神瞽考律均聲，必先立黃鐘之均。黃鐘之管，以九寸爲法。故用九自乘爲管絲之數。其增減之法，又以三爲度。以上生者，皆三分益一；下生者，皆三分去一。宮生徵，徵生商，商生羽，羽生角，此五聲小大之次也。是黃鐘爲均，用五聲之法，以下十一辰，辰各有五聲，其爲宮商之法，亦如之。辰各有五聲，合爲六十聲，是十二律之正聲也。”

按宮聲之數八十一，商聲之數七十二，角聲之數六十四，徵聲之數五十四，羽聲之數四十八。是黃鐘一均之數，而十一律于此取法焉。《通典》所謂以下十一辰,辰各五聲。其爲宮爲商之法亦如之者是也。夫以十二律之宮,長短不同,而其臣、民、事、物尊卑莫不有序,而不相陵犯,良以是耳。

中聲

昔伊耆氏實始作樂,以謂土位中央,而于陰陽爲冲氣,籥生黃鐘而于律呂爲中聲。始乎土鼓,中聲出焉。中乎蕢桴,中氣發焉。卒乎葦籥,中聲通焉。樂之所本如此,所以爲天地之和、人道之正。論三才之道者,參和爲冲氣,論五六之數者,一貫爲中合。故參兩合而五聲形焉,參伍合而八音生焉,二六合而十二律成焉。其取數雖多,要之會歸于中而已。是樂以太虛爲本,而聲音律呂又以中聲爲本。中聲正則鄭衛哇淫之聲自然可黜,雅部之樂自然可復,談律者不可以不知中聲之爲要。

子聲

梟氏爲鐘,以律計自倍半。半者,準半正聲之半,以爲十二子律,制爲十二子聲。比正聲爲倍[①],則以正聲于子聲爲倍;以正聲比子聲,則子聲爲半。但先儒釋用倍聲,自有二義:一義云,半以十二正律,爲十子聲之鐘;二義云,從于中宮之管寸數,以三分益一,上生黃鐘,以所得管之寸數然半之,以爲子聲之鐘。

其爲半正聲之法者:以黃鐘之管,正聲九寸爲均,子聲則四寸半,黃鐘下生林鐘之子聲,林鐘上生太簇之子聲,太簇下生南呂之子聲,南呂上生姑洗之子聲,姑洗下生應鐘之子聲,應鐘上

---

① "比",原作"此",據《通典》卷一四三《樂志三·五聲十二律相生法》改。

生蕤賓之子聲,蕤賓上生大呂之子聲,大呂下生夷則之子聲,夷則上生夾鐘之子聲,夾鐘下生無射之子聲,無射上生中呂之子聲。此半正聲法。

其半相生之法者,以正中呂之管長六寸,中呂上生黃鐘,黃鐘六生林鐘,三分去一,還以六生所得林鐘之管寸數半之,以爲林鐘子聲之管,以次而爲上下相生,終于中呂,皆以相生所得之律寸數半之,各以爲子聲之律,故有正聲十二,子聲十二。分大小有二十,以爲二十四鐘,通于二神,迭爲五聲,合有六十聲,即爲六十律。其正管長者爲均之時,則通自用正聲五音;正管短者爲均之時,則通用子聲爲五音。亦皆三分益一減一之次,還以宮、商、角、徵、羽之聲得調也。

和聲

《漢前志》曰:"黃鐘爲宮,則太簇、姑洗、林鐘、南呂皆以正聲,應無有忽微,不復與他律爲役者,同心一統之義也。非黃鐘而他律雖當其月,自宮者則其和應之律有空積忽微,不得其正,此黃鐘至尊,亡與並也。"

按黃鐘爲十二律之首,他律無大于黃鐘,故其正聲不爲他律役,其半聲當爲四寸五分,而前乃云無者,以十七萬七千一百四十七之數不可分,又三分損益上下相生之所不及故,亦無所用也。至于大呂之變宮,夾鐘之羽、仲呂之徵、蕤賓之變徵、夷則之角、無射之商,自用變律半聲,非復黃鐘矣。此其所以最尊而爲君之象,然亦非人之所能爲,乃數之自然。他律雖欲役之,而不可得也。此一節,最爲律呂旋宮用聲之綱領。古人言之已詳,唯杜佑再生,黃鐘之法爲得之,而他人不及也。

候氣

候氣之法，爲室三重，户閉，塗釁必周密，布緹縵。室中以木爲按，每律各一按，内庳外高，從其方位。加律其上，以葭灰實其端，覆以緹素。按曆而候之，氣至則吹灰動素，小動爲氣和，大動爲君弱臣强，專政之應，不動爲君嚴猛之應。其升降之數，在冬至則黄鐘九寸，大寒則大吕八寸三分七釐六毫，雨水則太簇八寸，春分則夾鐘七寸四分三釐七毫三絲，穀雨則姑洗七寸一分，小滿則仲吕六寸五分八釐三毫四絲六忽，夏至則蕤賓六寸二分八釐，大暑則林鐘六寸，處暑則夷則五寸五分五釐五毫，秋分則南吕五寸三分，霜降則無射四寸八分八釐四毫八絲，小雪則應鐘四寸六分六釐。按陽生于復，陰生于姤，如環無端。

今律吕之數三分損益，終不復始。何也？曰陽之升，始于子，午雖陰生，而陽之升于上者未已，至亥，而後窮上反下；陰之升始于午，子雖陽生而陰升于上者亦未已，至巳，而後窮上反下。律于陰則不書，故終不復始也。是以升陽之數，自子至巳差彊，在律爲尤彊，在吕爲少弱；自午至亥漸弱，在律爲尤弱，在吕爲差彊。分雖多寡，雖若不齊，然其絲分毫別，各有條理。此氣之所以飛灰，聲之所以中律也。

或曰易以道陰陽，而律不書陰，何也？曰易者，盡天下之變，善與惡無不備也。律者，致中和之用，止于至善者也。以聲言之大而至于雷霆，細而至于蟻蠓，無非聲也。易則無不備也，律則寫其所謂黄鐘一聲而已矣。雖有十二律、六十調，然實一黄鐘也。是理也，在聲爲中聲，在氣爲中氣，在人則喜怒哀樂未發與發而中節也。此聖人所以一天人、贊化育之道也。

黄鐘生十二律

按黄鐘生十二律，子、寅、辰、午、申、戌六陽辰皆下生，丑、卯、巳、未、酉、亥六陰辰皆上生。其上以三歷十二辰者皆黄鐘之全數，其下陰數以倍者，三分本律而損其一也。陽數以四者，三分本律而增其一也。六陽辰當位自得，六陰辰則居其衝，其林鐘、南呂、應鐘三呂在陰，無所增損，其大呂、夾鐘、仲呂三呂在陽，則用倍數，方與十二月之氣相應。蓋陰之從陽，自然之理也。

隔八相生

後漢鄭康成曰："陽管爲律，陰管爲呂，布十二辰。子爲黄鐘管，圓九分而長九寸，同位娶妻，隔八生子，下生者三分去一，上生者三分益一。黄鐘，乾之初九也，隔八而下生林鐘坤之初六，林鐘又隔八而上生太簇之九二，太簇又下生南呂之六二，南呂又上生姑洗之九三，姑洗又下生應鐘之六三，應鐘又上生蕤賓之九四，蕤賓又上生大呂之六四，大呂又下生夷則之九五，夷則又上生夾鐘之六五，夾鐘又下生無射之上九，無射又上生中呂之上六，五下六上，乃一終矣。"

前漢司馬遷《生鐘術》曰："以下生者，倍其實，三其法。以上生者，肆其實，三其法。上九，商八，羽七，角六，宮五，徵九。置一而九三之以爲法。如法得長一寸。凡得九寸，命曰黄鐘之宮。故曰音始于宮，窮于角，數始于一，終于十。成于三氣，始于冬至，周而復生。"

旋相爲宮

伏羲氏作《易》，紀陽氣之初，以爲律法。建冬日至之聲，以黃鐘爲宮，太簇爲商，姑洗爲角，林鐘爲徵，南呂爲羽，應鐘爲變宮，蕤賓爲變徵，此聲氣之元、五聲之正也。故各統一日，其餘以運行當日者，各自爲宮，而商徵以類從焉。

五聲六律，旋相爲宮。其用之法，先以本管爲均，八音相生，或上或下，取五聲令足，然後爲十二律，旋相爲宮。若黃鐘之均、大呂之均、太簇之均、夾鐘之均、姑洗之均、中呂之均、蕤賓之均、林鐘之均、夷則之均、南呂之均、無射之均、應鐘之均，此謂迭爲宮、商、角、徵、羽也。

若黃鐘之律自爲其宮，大呂之律自爲其宮，太簇之律自爲其宮，夾鐘之律自爲其宮，姑洗之律自爲其宮，中呂之律自爲其宮，蕤賓之律自爲其宮，林鐘之律自爲其宮，夷則之律自爲其宮，南呂之律自爲其宮，無射之律自爲其宮，應鐘之律自爲其宮，所謂五聲六律十二管旋相爲宮者也。

三分損益上下相生

《呂氏春秋》曰："黃鐘生林鐘，林鐘生太簇，太簇生南呂，南呂生姑洗，姑洗生應鐘，應鐘生蕤賓，蕤賓生大呂，大呂生夷則，夷則生夾鐘，夾鐘生無射，無射生仲呂。三分所生益之一分以上生，三分所生去其一分以下生。黃鐘、大呂、太簇、夾鐘、姑洗、仲呂、蕤賓爲上，林鐘、夷則、南呂、無射、應鐘爲下。"

《淮南子》曰："黃鐘位子，其數八十一，主十一月，下生林鐘。林鐘之數五十四，主六月，上生太簇。太簇之數七十二，主正月，下生南呂。南呂之數四十八，主八月，上生姑洗。姑洗之數六十四，主三月，下生應鐘。應鐘之數四十二，主十月，上生蕤賓。蕤賓之數五十六，主五月，上生大呂。大呂之數七十六，主十二月，下生夷則。夷則之數五十一，主七月，上生夾鐘。夾鐘之數六十八，主二月，下生無射。無射之數四十五，主九月，上生仲呂。仲

呂之數六十，主四月，極不生。"

　　按《呂氏》《淮南子》上下相生，與司馬氏《律書》《漢前志》不同，雖大呂、夾鐘、仲呂用倍數則一，然《呂氏》《淮南》不過以數之多寡爲生之上下，律呂陰陽皆錯亂而無倫，非其本法也。

八十四聲圖

　　正律墨書　　半聲朱書

　　變律朱書　　半聲墨書

十一月	黃鐘宮								
六月	林鐘宮	黃鐘徵							
正月	太簇宮	林鐘徵	黃鐘商						
八月	南呂宮	太簇徵	林鐘商	黃鐘羽					
三月	姑洗宮	南呂徵	太簇商	林鐘羽	黃鐘角				
十月	應鐘宮	姑洗徵	南呂商	太簇羽	林鐘角	黃鐘		變宮	
五月	蕤賓宮	應鐘徵	姑洗商	南呂羽	太簇角	林鐘	黃鐘	變宮	變徵
十二月	大呂宮	蕤賓徵	應鐘商	姑洗羽	南呂角	太簇	林鐘	變宮	變徵
七月	夷則宮	大呂徵	蕤賓商	應鐘羽	姑洗角	南呂	太簇	變宮	變徵
二月	夾鐘宮	夷則徵	大呂商	蕤賓羽	應鐘角	姑洗	南呂	變宮	變徵
九月	無射宮	夾鐘徵	夷則商	大呂羽	蕤賓角	應鐘	姑洗	變宮	變徵
四月	仲呂宮	無射徵	夾鐘商	夷則羽	大呂角	蕤賓	應鐘	變宮	變徵
	黃鐘變	仲呂徵	無射商	夾鐘羽	夷則角	大呂	蕤賓	變宮	變徵
	林鐘變		仲呂商	無射羽	夾鐘角	夷則	大呂	變宮	變徵
	太簇變			仲呂羽	無射角	夾鐘	夷則	變宮	變徵
	南呂變				仲呂角	無射	夾鐘	變宮	變徵
	姑洗變					仲呂	無射	變宮	變徵
	應鐘變						仲呂		變徵

按律呂之數，往而不返，故黃鐘不復爲他律役，所用七聲皆正律，無空積忽微。自林鐘而下，則有半聲。大呂、太簇一半聲，夾鐘、姑洗二半聲，蕤賓、林鐘四半聲，夷則、南呂五半聲，無射、應鐘六半聲，仲呂爲十二律之窮，三半聲。自蕤賓而下，則有變律，蕤賓一變律，大呂二變律，夷則三變律，夾鐘四變律，無射五變律，中呂六變律。皆有空積忽微，不得其正。故黃鐘獨爲聲氣之元。雖十二律、八十四聲，皆黃鐘所生。然黃鐘一均，所謂純粹中之純粹者也。八十四聲，正律六十三、變律二十一。六十三者九七之數也，二十一者三七之數也。

六十調圖

以《周禮》《淮南子》《禮記》鄭氏注、孔氏《正義》定。

	宮	商	角	變徵	徵	羽	變宮
黃鐘宮	黃正	大正	姑正	蕤正	林正	南正	應正
無射商	無正	黃變半	大變半	姑變半	仲半	林變半	南變半
夷則角	夷正	無正	黃變半	太變半	夾半	仲半	林變半
仲呂徵	仲正	林變	南變	應變	黃變半	太變半	姑變半
夾鐘羽	夾正	仲正	林變	南變	無正	黃變半	太變半
大呂宮	大正	夾正	仲正	林變	夷正	無正	黃變半
應鐘商	應正	大半	夾半	仲半	蕤半	夷半	無半
南呂角	南正	應正	大半	夾半	姑半	蕤半	夷半
蕤賓徵	蕤正	夷正	無正	黃變半	大半	夾半	仲半
姑洗羽	姑正	蕤正	夷正	無正	應正	大半	夾半
太簇宮	太正	姑正	蕤正	夷正	南正	應正	大半
黃鐘商	黃正	太正	姑正	蕤正	林正	南正	應正
無射角	無正	黃變半	太變半	姑變半	仲半	林變半	南變半
林鐘徵	林正	南正	應正	大半	太半	姑半	蕤半
仲呂羽	仲正	林變	南變	應變	黃變半	太變半	姑變半
夾鐘宮	夾正	仲正	林變	南變	無正	黃變半	太變半

大呂商大正	夾正	仲正	林變	夷正	無正	黃變半
應鐘角應正	大半	夾半	仲半	蕤半	夷半	無半
夷則徵夷正	無正	黃變半	太變半	夾半	仲半	林變半
蕤賓羽蕤正	夷正	無正	黃變半	大半	夾半	仲半
姑洗宮姑正	蕤正	夷正	無正	應正	大半	夾半
太簇商太正	姑正	蕤正	夷正	南正	應正	大半
黃鐘角黃正	太正	姑正	蕤正	林正	南正	應正
南呂徵南正	應正	大半	夾半	姑半	蕤半	夷半
林鐘羽林正	南正	應正	大半	太半	姑半	蕤半
仲呂宮仲正	林變	南變	應變	黃變半	太變半	姑變半
夾鐘商夾正	仲正	林變	南變	無正	黃變半	太變半
大呂角大正	夾正	仲正	林變	夷正	無正	黃變半
無射徵無正	黃變半	太變半	姑變半	仲半	林變半	南變半
夷則羽夷正	無正	黃變半	太變半	夾半	仲半	林變半
蕤賓宮蕤正	夷正	無正	黃變半	大半	夾半	仲半
姑洗商姑正	蕤正	夷正	無正	應正	大半	夾半
太簇角太正	姑正	蕤正	夷正	南正	應正	大半
應鐘徵應正	大半	夾半	仲半	蕤半	夷半	無半
南呂羽南正	應正	大半	夾半	姑半	蕤半	夷半
林鐘宮林正	南正	應正	大半	太半	姑半	蕤半
仲呂商仲正	林變	南變	應變	黃變半	太變半	姑變半
夾鐘角夾正	仲正	林變	南變	無正	黃變半	太變半
黃鐘徵黃正	太正	姑正	蕤正	林正	南正	應正
無射羽無正	黃變半	太變半	姑變半	仲半	林變半	南變半
夷則宮夷正	無正	黃變半	太變半	夾半	仲半	林變半
蕤賓商蕤正	夷正	無正	黃變半	大半	夾半	仲半
姑洗角姑正	蕤正	夷正	無正	應正	太半	夾半
大呂徵大正	夾正	仲正	林變	夷正	無正	黃變半
應鐘羽應正	大半	夾半	仲半	蕤半	夷半	無半
南呂宮南正	應正	大半	夾半	姑半	蕤半	夷半
林鐘商林正	南正	應正	大半	太半	姑半	蕤半

仲吕角仲正	林變	南變	應變	黃變半	太變半	姑變半
太簇徵太正	姑正	蕤正	夷正	南正	應正	大半
黃鐘羽黃正	太正	姑正	蕤正	林正	南正	應正
無射宮無正	黃變半	太變半	姑變半	仲半	林變半	南變半
夷則商夷正	無正	黃變半	太變半	夾半	仲半	林變半
蕤賓角蕤正	夷正	無正	黃變半	太半	夾半	仲半
夾鐘徵夾正	仲正	林變	南變	無正	黃變半	太變半
大吕羽大正	夾正	仲正	林變	夷正	無正	黃變半
應鐘宮應正	大半	夾半	仲半	蕤半	夷半	無半
南吕商南正	應正	大半	夾半	姑半	蕤半	夷半
林鐘角林正	南正	應正	大半	太半	姑半	蕤半
姑洗徵姑正	蕤正	夷正	無正	應正	大半	夾半
太簇羽太正	姑正	蕤正	夷正	南正	應正	大半

　　按十二律旋相爲宮，各有七聲，合八十四聲。宮聲十二，商聲十二，角聲十二，徵聲十二，羽聲十二，凡六十聲，爲六十調。其變宮十二，在羽聲之後、宮聲之前，變徵十二，在角聲之後、徵聲之前，宮不成宮，徵不成徵，凡二十四聲，不可爲調。

　　黃鐘宮至夾鐘羽，並用黃鐘起調，黃鐘畢曲。

　　大吕宮至姑洗羽，並用大吕起調，大吕畢曲。

　　太簇宮至仲吕羽，並用太簇起調，太簇畢曲。

　　夾鐘宮至蕤賓羽，並用夾鐘起調，夾鐘畢曲。

　　姑洗宮至林鐘羽，並用姑洗起調，姑洗畢曲。

　　仲吕宮至夷則羽，並用仲吕起調，仲吕畢曲。

　　蕤賓宮至南吕羽，並用蕤賓起調，蕤賓畢曲。

　　林鐘宮至無射羽，並用林鐘起調，林鐘畢曲。

　　夷則宮至應鐘羽，並用夷則起調，夷則畢曲。

　　南吕宮至黃鐘羽，並用南吕起調，南吕畢曲。

無射宮至大呂羽，並用無射起調，無射畢曲。

應鐘宮至太簇羽，並用應鐘起調，應鐘畢曲。是爲六十調。

六十調即十二律也。十二律，即一黃鐘也。黃鐘生十二律，十二律生五聲、二變，五聲各爲綱紀，以成六十調。六十調皆黃鐘損益之變也。宮、商、角三十六調，老陽也；其徵、羽二十四調，老陰也。調成而陰陽備。

或曰日辰之數，由天五地六，錯綜而生；律呂之數，由黃鐘九寸，損益而生，二者不同。至數之成，則日有六甲，辰有五子，爲六十日；律呂有六律，五聲爲六十調，若合符節，何也？曰即上文之所謂，調成而陰陽備也。夫理必有對待，數之自然也。以天地五六合陰與陽言之，則六甲、五子究于六十，其三十六爲陽，二十四爲陰。以黃鐘九寸紀陽不紀陰言之，則六律五聲究于六十，亦三十六爲陽，二十四爲陰。蓋一陽之中，又自有陰陽也。非知天地之化育者，不能與于此。

辨古書之當辨

律呂相生辨

甚哉，諸儒之論律呂，何其紛紛邪？謂陰陽相生，自黃鐘始而左旋，八八爲伍，管以九寸爲法者，班固之説也。

下生倍實，上生四實，皆三其法，而管又不專以九寸爲法者，司馬遷之説也。

持隔九相生之説，以中呂上生黃鐘，不滿九寸，謂之執，始下生。去滅上下相生，終于南事，十二律之外，更增六八，爲六十律者，京房之説也。

本《呂覽》、淮南王安、蔡邕之説，建蕤賓重上生之議，至于大呂、夾鐘、仲呂之律所生，分等又皆倍焉者，鄭康成之説也。

隔七爲上生，隔八爲下生，至于仲呂則孤而不偶，蕤賓則踰次無準者，劉向之説也。

演京房南事之餘而伸之，爲三百六十律，日當一管，各以次從者，宋錢樂之之説也。

斥京房之説，而以新、舊法分度參録之者，何承天、沈約之説也。

校定黃鐘，每律減三分，而以七寸爲法者，隋劉焯之論也。

析毫釐之彊弱爲筭者，梁武帝之法也。

由此觀之，諸儒之論，角立蠭起。要之，最爲精密者，班固之《志》而已。

今夫陰陽之聲，上生者三分之外益一，下生者三分之内損一。蓋古人簡易之法，猶古歷周天三百六十五度四分度之一也。若夫律同之聲，適多寡之數、長短之度、小大之量、清濁之音，一要宿乎中聲而止，則動黃鐘而林鐘應，動無射而仲呂應，和樂未有不興者矣。

變律不爲宮辨

十二律各自爲宮，以生五聲、二變，其黃鐘、林鐘、太簇、南呂、姑洗、應鐘六律，則能具足，至蕤賓、大呂、夷則、夾鐘、無射、仲呂六律，則取黃鐘、林鐘、太簇、南呂、姑洗、應鐘六律之聲，少下不和，故有變律。變律者，其聲近正律，而少高于正律也。

然仲呂之實，一十三萬一千〇〇七十二[①]，以三分之，不盡二算，既不可行，當有以通之，律當變者有六，故置一而六三之，得

---

① "〇〇"，原作"口口"，據《律呂新書》卷一《變律第五》改。

七百二十九，以七百二十九。因仲吕之實十三萬一千〇〇七十二[①]，爲九千五百五十五萬一千四百八十八，三分益一，再生黄鐘、林鐘、太簇、南吕、姑洗、應鐘六律。又以七百二十九歸之，以從十二律之數。紀其餘分，以爲忽秒。然後洪纖高下，不相奪倫。至應鐘之實，六千七百一十〇萬八千八百六十四，以三分之，又不盡一算，數又不可行。此變律之所以止于六也。變律非正律，故不爲宫也。

十二律周徑辨

按十二律圍徑，自先漢以前，傳記並無明文。惟《班志》云："黄鐘八百一十分。"緣此之義，起十二律之周徑。然其説，乃是以律之長自乘而因之以十。蓋配合爲説耳，未可以爲據也。

惟《審度章》云："一黍之廣，度之九十分，黄鐘之長一爲一分。"《嘉量章》則以千二百黍，實其龠謹。《衡權章》則以千二百黍爲十二銖，則是累九十黍以爲長，積千二百黍以爲廣，可見也。夫長九十黍，容千二百黍，則空圍當有九方分，乃是圍十分三釐八毫，徑三分四釐六毫也。每一分容十三黍，又三分黍之一，以九十因之，則一千二百也。

又漢斛銘文云："律嘉量，方尺，圓其外，庣旁，九釐五毫，羃百六十二寸，深尺，積一千六百二十寸，容十斗。"嘉量之法，合龠爲合，十合爲升，十升爲斗，十斗爲石，一石積一千六百二十寸，爲分者一百六十二萬一斗，積一百六十二寸，爲分者十六萬二千，一升積十六寸二分，爲分者一萬六千二百，一合積一寸六分二釐，爲分者一千六百二十。則黄鐘之龠，爲八百一十分，明矣。

---

① "〇〇"，原作"口口"，據《律吕新書》卷一《變律第五》改。

空圍八百一十分，則長累九十黍，廣容一千二百黍矣。蓋十其廣之分以爲長，十一其長之分以爲廣。自然之數也。

自孟康以律之長，十之一爲圍之繆。其後韋昭之徒，遂皆有徑三分之説。而《隋志》始著以爲定論。然累九十黍，徑三黍，止容黍八百有奇，終與一千二百黍之法，兩不相通，而律竟不成。

唐因聲制樂，雖近于古，而律亦非是。

宋朝承襲，皆不能覺。獨胡安定以爲九分者，方分也，以破徑三分之法。然所定之律，不本于聲氣之元，一取之秬黍。故其度量、權衡，皆與古不合。又不知變律之法，但見仲吕反生，不及黄鐘之數，乃遷就林鐘已下諸律圍徑，以就黄鐘，清聲以夷則、南吕爲徑三分、圍九分，無射爲徑二分八釐、圍八分四釐，應鐘爲徑二分六釐五毫、圍七分九釐五毫。

夫律以空圍之同，故其長短之異，可以定聲之高下。而其所以爲廣狹、長短者，又莫不自然之數，非人之所能爲也。今其律之空圍不同如此，則亦不成律矣。遂使十二律之聲，皆不當位，反不如和峴舊樂之爲條理，亦可惜也。房庶以徑三分、周圍九分累黍容受，不能相通，遂廢一黍爲一分之法，而增益《班志》八字，以就其説。范蜀公乃從而信之，過矣。

黍辨

《淮南子》曰：“秋分蔈定，蔈定而禾熟。律之數十二，故十二蔈而當一粟，十二粟而當一寸律，以當辰音，以當日。日之數十，故十寸而爲尺，十尺而爲丈。”《説苑》曰：“度量權衡，以粟生之。一粟爲一分，十分爲一寸，十寸爲一尺，十尺爲一丈。”《易緯·通卦驗》以十馬尾爲一分。《孫子算術》曰：“蠶所吐絲爲忽，十忽爲一絲，十絲爲一毫，十毫爲一丈。”《漢前志》曰：“度者，分寸、尺、丈、引也。所以度長短也。本起黃鐘之長，以子穀秬黍中者。一黍之廣，度之九十分，黃鐘之長一爲一分，十分爲寸，十寸爲尺，十尺爲丈，十丈爲引，而五度審矣。按一黍之廣爲分，故累九十黍爲黃鐘之長，積千二百黍爲黃鐘之廣。古人蓋參伍以存法也。"

自晉、宋以來，儒者論律圍徑，始有同異。

至隋，因定爲徑三分之説。苟徑三分，則九十黍之長，止容黍八百有奇，與千二百黍之廣兩不相通矣。又按上黨羊頭山黍，依《漢書・歷志》度之，以大者稠累，依數滿尺，實于黃鐘之律，須撼乃容。以中者累尺，雖復小稀，實于黃鐘之律，不動而滿。計此二事之殊，良由消息未善，且上黨之黍，有異他鄉，其色至烏，其形圓重，用之爲量，定不徒然。正以時有水旱之差，地有肥瘠之異，取黍大小，未必得中。按許慎解，秬黍體大，本異于常。今之大者，正是其中，累百滿尺，會古實龠之外，纔剩十餘，此恐圍徑或差，造律未妙。就如撼動取滿，論理亦通。

李照、胡瑗、房庶之流，皆以黍求律。范蜀公但力主房庶之説，以爲照以縱黍累尺，管空徑三分，容黍千七百三十，則太長，瑗以橫黍累尺，管容一千二百，而空徑三分四釐六毫，則太短。是皆以尺生律，不合古法。今庶所言，實千二百黍于管，以爲黃鐘之長，就三分則爲空徑，無容受不合之差。校前二説爲是。夫古人制律管，自有分寸。如十二律管，皆徑三分、圍九分。黃鐘之管長九寸，自大吕以下以次降殺是也。制律者，必先定分寸，而古今之分寸不可考矣。

《隋書》因漢制之説，以一黍爲一分，則是十黍爲一寸。分寸既定，然後管之徑圍可定。管之徑圍可定，然後律之長短可定。瑗與照用黍雖有縱橫之異，然以黍定分，以黍之分定管之徑圍，則一也。庶闢縱橫之説，而以千二百黍亂實管中，隨其短長斷之，以爲黃鐘九寸之管，取三分以度空徑。于《漢書》中增益八字，以附會千二百黍之數。不知庶之所謂空徑三分之管，既非縱黍、橫黍之分，則又何恃以爲分乎？庶之所謂分既非縱黍、橫黍，則必別有一物爲度以起分。直須以三分爲徑，以九十分爲長，爲黃鐘之管，是管不因于黍矣。迺妄于《漢書》中增益八字，以求合千二百黍之數，可乎宜？見誚于司馬公也。

且律以竹爲管，竹不無大小。其大者，用千二百黍不能以寸；其小者，不及千二百黍而即盈尺矣。蜀公執黍之論者，大要以其黍爲分，度以三分，三分爲徑，然後實以千二百黍，則九十分，其長可定黃鐘之管耳。非謂黍能生律也。然既莫適爲準，則莫若截竹，以擬黃鐘之管權爲九寸，而度其圍徑，更迭以吹，則中聲可得，而淺深以列。中聲可協，中氣可驗，聲和氣應，則黃鐘之爲黃鐘者，信矣。黃鐘者信，則十一律與度、量、衡、權者皆可得矣。後世不知出此，唯尺之求，不亦泥乎。

十五等尺辨

據《隋志》，十五等尺：一爲周尺。晉武帝泰始九年，中書監荀勖校太樂，八音不和，始知爲後漢至魏尺，長于古尺四分有餘。勖乃部著作郎劉恭依周禮制尺，所謂古尺也。依古尺更鑄銅律，以調聲韻，以尺量古器與本銘，尺寸無差。又汲郡盜發魏襄王冢，得古周時玉律及鐘磬，與新律聲韻闇同。于時郡國或得漢時故鐘，吹新律命之，皆應[①]。梁武《鐘律緯》云："祖沖之所傳銅尺，

其銘曰：‘晉泰始十年，中書考古器，揆校今尺，長四分半，所校古法有七品：一曰姑洗玉律，二曰小吕玉律，三曰西京銅望臬，四曰金錯望臬，五曰銅斛，六曰古錢，七曰建武銅尺。姑洗微强，西京望臬微弱，其餘與此尺同。’銘八十二字。此尺者，勖新尺也。今尺者，杜夔尺也。按此尺出于汲冢之律，與劉歆之斛，最爲近古。蓋漢去古未遠，古之律度量衡猶在也。故班氏所志，無諸家異同之論。王莽之制作，雖不足據，然律度量衡當不敢變于古也。”

後周以玉斗生律。玉斗之容受，則近古矣。然當時以斗制律，圍徑不及三分。其尺遂長于此尺一寸五分八釐。意者後世尺度之差，皆由律圍徑之誤也。今司馬公所傳此尺者，出于王莽之法錢。蓋丁度所奏、高若訥所定者也。雖其年代久遠，輪郭不無消毀，然其大約當尚近之。後之君子有能驗聲氣之元，以求之古之律吕者，于此當有考而不可忽也。

二爲晉田父玉尺，梁法尺。實比晉前尺一尺七釐。《世説》稱，有田父于野地中得周時玉尺，便是天下正尺。荀勖試以校己，所造金石絲竹，皆短校一米。梁武帝《鐘律緯》稱，主衣從上相傳[1]，有周時銅尺一枚，古玉律八枚。檢主衣周尺[2]，東昏用爲章信，尺不復存。玉律一口簫，餘定七枚夾鐘，有昔題刻。迺制爲尺，以相參驗。取細毫中黍，積次籌定，最爲詳密。以新尺制爲四器，名曰通。又依新尺爲笛，以命古鐘。按此兩尺長短近同。

三爲梁表尺，實比晉前尺一尺二分二釐一毫有奇。蕭吉云："出于《司馬法》。梁朝刻其度于影表以測影。"按此即祖暅初算

---

① "主衣"，原缺，據《文獻通考》卷一三三《樂考六·度量衡》補。
② "主衣"，原缺，據《文獻通考》卷一三三《樂考六·度量衡》補。

造銅圭影表者也。

四爲漢官尺，<small>晉時始平掘地得古銅尺。</small>實比晉前尺一尺三分七毫。蕭吉云：“漢章帝時，零陵文學史奚景于泠道縣舜廟下得玉律，度爲此尺。”傅暢《晉諸公讚》云：“荀勖新造鐘律，時人並稱其精密，惟陳留阮咸譏其聲高。後始平掘地，得古銅尺，歲久欲腐，以校荀勖今尺，短校四分。時人以咸爲神解。”此兩尺長短近同。

五爲魏尺，杜夔所用調律，實比晉前尺一尺四分七釐。按劉徽《九章註》云：“此尺長于王莽斛尺四分五釐。”然即其斛分以二千龠約之，知其律止容七百二十分六釐六毫六絲有奇，則其徑爲三分三釐弱爾。然則其斛分數與王莽斛分雖不同，而其容受多寡，相去未懸遠也。

六爲晉後尺，實比晉前尺一尺六分二釐。蕭吉云：“晉氏江東所用。”

七爲後魏前尺，實比晉前尺一尺二寸七釐。

八爲中尺，實比晉前尺一尺二寸一分一釐。

九爲後尺，實比晉前尺一尺二寸八分一釐。<small>後周市尺、開皇官尺，即鐵尺，一尺二寸。</small>此後魏初及東、西分國，後周未用玉尺之前，雜用此等尺。

十爲東後魏尺，實比晉前尺一尺五寸八毫。《魏史·律曆志》云：“公孫崇，永平中更造新尺，以一黍之長，累爲寸法。尋太常卿劉芳受詔修樂，以秬黍中者，一黍之廣即爲一分。而中尉元匡，以一黍之廣，度黍二縱，以取一分。三家紛競，久不能決。太和十九年高祖詔，以一黍之廣用成分體，九十之黍，黃鐘之長，以定銅尺。有司奏從前詔，而芳尺同高祖所制。故遂典修金石。迄武定未有論律者。”

十一，爲蔡邕銅龠尺，後周玉尺。實比晉前尺一尺一寸五分八釐。

從上相承，有銅龠一，以銀錯題，其銘曰："龠，黃鐘之宮，長九寸，空圍九分，容秬黍一千二百粒，秤重十二銖，兩之以爲一合。三分損益，轉生十二律。"祖孝孫云："相承傳是蔡邕銅龠。"後周武帝保定中，詔遣盧景宣、長孫紹遠、斛斯徵等，累黍造尺，縱橫不定。後因修倉掘地，得古玉斗，以爲正器，據斗造律度量衡。其律與蔡邕古龠同。按銅龠、玉斗二者，當是古之嘉量。當時據斗造尺，但以容受乘除求之。然自魏而下論律者，多惑于三分之徑。今以《隋志》所載玉斗容受，析之爲一十一萬八百分有奇，一斗計二百龠，以二百約之，得五百五十四分有奇，爲一龠之分。以算法考之，其徑不及三分。故其尺律遂長。然權量與聲，尚相依近也。唐之度量衡，與玉斗相符，即此尺爾。

十二，爲宋氏尺，錢樂之渾天儀尺、後周鐵尺。實比晉前尺一尺六分四釐。開皇初，調鐘律尺，及平陳後，調鐘律水尺。此宋代人間所用尺，傳入齊、梁、陳，以制樂制。與晉後尺及梁時俗尺、劉曜渾天儀尺，略相依近。周建德六年，平齊後，即以此同律度量，頒于天下。其後宣帝時，達奚震及牛弘等議曰："竊惟權衡度量，經邦懋軌，誠須詳求故實，考校得衷。謹尋今之鐵尺，是太祖遣尚書故蘇綽所造，當時檢勘，用爲前周之尺。驗其長短，與宋尺符同，即以調鐘律，並用均田度地。"祖孝孫云平陳後，廢周玉尺律，便用此鐵尺律。以一尺二寸，即爲市尺。按，此即宋朝和峴所用影表尺也。

十三，爲開皇十年萬寶常所造律呂水尺，實比晉前尺一寸八分六釐。今大樂庫及內出銅律一部，是萬寶常所造，名水尺律。

説稱其黃鐘律，當鐵尺南呂倍聲。南呂，黃鐘羽也。故謂之水尺律。按萬寶常之律，與祖孝孫相近，然亦皆徑三分之法也。

十四，爲雜尺，劉暉渾天儀土圭尺。實比晉前尺一尺七分一釐。

十五，爲梁朝俗間尺，實比晉前尺一尺五分。

按十五等尺，其間多無所取證，存而不削者，以見諸代之不同。多由于累黍及圍徑之誤也。

錢辯 大泉錯刀貨布貨泉附見

宋丁度詳定太府寺，並鄧保信、阮逸、胡瑗所制四尺度等言：《漢志》審度之法云，一黍之廣爲分，十分爲寸，十寸爲尺。先儒訓解經籍，多引以爲義。歷世祖籍，著之定令。然而歲有豐歉，地有磽肥。就令一歲之中、一境之内，取黍校驗，亦復不齊。是蓋天之生物，理難均一。古人立法，存其大概爾。故前代制尺，非特累黍。必求古雅之器，以黍校焉。

晉泰始十年，荀公魯等校定尺度，以調鐘律，是爲晉之前尺。前史稱其意精密。

《隋志》所載諸代尺度十有五等。以晉之前尺爲本，以其與姬周之尺、劉歆銅斛尺、建武銅尺相合。竊惟周、漢二代，享年永久。聖賢制作，可取則焉。而隋氏鑄毀金石，典正之物，罕復存者矣。夫古物之有分寸，明著史籍可以酬驗者，惟有法錢而已。

周之圜法，歷代曠遠，莫得而詳察之。半兩，實重八銖。漢初四銖，其文亦曰半兩。孝武之世，始行五銖。下洎隋朝，多以五銖爲號。歷朝尺度屢改，故小大輕重，鮮有同者。惟劉歆制銅斛之世，所鑄錯刀並大泉五十。王莽天鳳元年，改鑄貨布、貨錢之類，不聞後世復有鑄者。

臣等檢詳《漢志》《通典》《唐六典》，大泉五十重十二銖，徑一寸二分,錯刀環如大泉,身形如刀,長二寸。貨布重二十五銖,長二寸五分,廣一寸,首長八分有奇,廣八分,足枝長八分,間廣二分,圓好徑二分半。貨泉重五銖,徑一寸。今以大泉、錯刀、貨布、貨泉四物相參校,分寸正同,皆合正史者用之,則銅斛之尺從而可知矣。

李照楊傑魏漢津自詭改制辨

宋景祐之樂,李照主之。太常歌工病其太濁,歌不成聲,私賂鑄工,使減銅齊,而聲稍清,歌乃叶,而照卒不知。元豐之樂,楊傑主之,欲廢舊鐘,樂工不平,一夕易之,而傑亦不知。

崇寧之樂,魏漢津主之,請帝中指寸爲律,徑圍爲容盛,其後止用中指寸,不用徑圍。制器不成劑量,工人但隨律調之,大率有非漢津之本說者,而漢津亦不知。然則學士大夫之說,卒不能勝工師之說。是樂制雖曰屢變,而元未嘗變也。

蓋樂者,器也,聲也,非徒以資議論而已。今訂正雖詳,而鏗鏘不韻,辨析雖可聽,而考擊不成聲,則亦何取焉。然照、傑、漢津之說,亦既爲工師所易,而懵不復覺。方且自詭改制,顯受醲賞。則三人者,亦豈真爲審音知律之士。其暗悟神解,豈足以希荀勖、阮咸、張文收輩也哉?

擬今法之可用

截管候氣

今欲求黃鐘律管從長周徑羃積的實定數者,須多截管候氣。蔡氏多截管候氣之說,實得造律本原。其說有前人未發者,今宜依此說。

　　先多截竹以擬黃鐘之管，或短或長。長短之內，每差纖微，各爲一管。以此諸管埋之地中，俟冬至時驗之。若諸管之中有氣應者，即取其管而計之。合于造化自然，非人力可爲。即以此管，分作九寸，寸作九分，分作九釐，釐作九毫，毫作九秒，秒作九忽，以合八十一終天之數。及元氣運行，自子至亥，得十七萬七千一百四十七之數。凡用此管，三分損益，上下相生由此。又取此管九寸，寸作十分，分作十釐，釐作十毫，毫作十秒，秒作十忽，以合天地五位終于十之數，乃以十乘八十一，得八百一十分，以八百一十分配九十分管，知此管長九十分，空圍中容八百一十分。即十分管長，空圍中容九十分。一分管長，空圍中容九分。凡求度量衡由此。

密率推算

　　算之有法尚矣。惟宋祖沖之密率乘除，乃古今算家之最。蔡氏之律本既正，又必以祖氏之算推之，得圓周長的，計十分六釐三毫六秒八忽，萬分忽之六千三百一十二。又以圓周求徑，計三分三釐八毫四秒四忽，萬分忽之五千六百四十五。又以半徑半周相乘，仍得九萬萬忽，<small>內一忽弱。</small>通得面冪如此。則黃鐘之廣與長，及空圍內積，實皆可計矣。故面冪計九方分，深一分，管則空圍內當有九立方分深九十分，管計九寸，則空圍內當有八百一十立方分。此即黃鐘一管之實，其數與天地造化，無不相合。此算法所以成也。算法既成之後，或以竹，或以銅，別爲之，依其長，各作八十一分，以爲十二律相生之法。又依其長作九十分，乃取九十分之分，計三分三釐八毫四秒四忽，萬分忽之五千六百四十五，以合孔徑。如此，則圓長面冪，與夫空圍內積，自然無不諧。會特徑數自八毫以下，非可細分，而演算法積忽與秒，不容不然①。

中黍闖律

黃鐘何自而生乎？生于天聲，而合乎造化之氣。故黃鐘發造化之秘，爲聲氣之元，是爲律本。嶰谷之管，天生自然之器也；羊頭之黍，天生自然之物也。以天生自然之物，實天生自然之器，容受多寡而分寸短長見焉。十一律由是而損益，度量權衡由是而受法。程子曰：黃鐘之聲，亦不難定。將上下聲考之，得其正。即將黍以實其管，看管實得幾粒。然後律可定也。胡氏定樂，取羊頭山黍，用三等篩子篩之，取中等者定焉。要之，古人以秬黍中者，實其龠，則是先得黃鐘，而後度以黍，不足則易之以大，有餘則易之以小。約九十黍之長，中容千二百黍之實，以見周徑之廣，以生度量權衡之數。大約以黍闖律，非以律生于黍也。百世之下，欲求百世之前之律，必先求于聲氣之元，次證之以累黍，則得之矣。

火德去羽

生于天三，成于地八者，木之所以爲行也，角聲出焉。生于地四，成于地九者，金之所以爲行也，商聲出焉。金則剋木，木則剋于金，未有並用而不相害者也。周以木德王天下，故《周官》旋宮之樂，禮天神，則圜鐘爲宮，黃鐘爲角，太簇爲徵，姑洗爲羽；禮地祇，則函鐘爲宮，太簇爲角，姑洗爲徵，南呂爲羽；禮人鬼，則黃鐘爲宮，大呂爲角，太簇爲徵，應鐘爲羽，而未嘗及商者，避其所剋而已。

---

① "特徑數自八毫以下非可細分而演算法積忽與秒不容不然"，原缺，據蔡沈《律呂新書》一《本源·黃鐘第一》補。

荀卿以審詩商為太師之職，則聲詩之有商聲，太師必審之者，避所剋故也。

鄭康成謂祭尚柔，而商堅剛，故不用焉。

楊收曰：周祭天地不用商及二少，以商聲剛而二少聲下，所以取其正，而裁其繁也。若然周之佩玉，左徵、角，右宮、羽，亦曷為不用商也。

唐趙慎曰：祭天地、宗廟樂，合用商音。又《周禮》三處大祭，俱無商調。鄭玄云：此無商調。祭尚柔，商堅剛也。以臣愚，知斯義不當。但商音，金也。周德，木也。金能剋木，作者去之。今唐以土王，即殊周室。五音損益，須逐便宜。豈可將木德之儀，施土德之用。三祭並請加商調，去角調。

宋祫享之樂，亦去商。是不知去商者，周人之制而已。以周人之制推之，則宋以火德王天下。論避其所剋，當去羽音。而太常用樂，不審詩羽，而審詩商。蓋失古人之旨遠矣。

今國朝以火德王天下，與宋同，避其所剋，則亦當去羽。

大明集禮卷四九

樂

雅樂一[①]

樂制

古者，伏羲氏之作樂也，其名曰《扶來》，神農氏曰《扶持》，軒轅氏曰《咸池》，少昊作《大淵》，顓帝作《六莖》，帝嚳作《六英》，唐堯作《六章》，虞舜作《六韶》，夏禹作《大夏》，商湯作《大濩》，武王作《大武》，皆所以名德象功也。成王時，周公作《勺》，又有《房中》之樂，以歌后妃之德。其后《周官·大司樂》："以樂德教國子，中和祗庸孝友；以樂語教國子，興道諷誦言語；以樂舞教國子，舞《雲門》《大咸》《大韶》《大夏》《大濩》《大武》；以六律、六同、五聲、八音、六舞大合樂，以致鬼神示，以和邦國，以諧萬民，以安賓客，以說遠人，以作動物。乃分樂而序之，以祭，以享，以祀，乃奏黃鐘，歌大呂，舞《雲門》，以祀天神；乃奏太簇，歌應鐘，舞《咸池》，以祭地祇；奏姑洗，歌南呂，舞《大韶》，以祀四望；奏蕤賓，歌

---

① 標題"雅樂一"，原無，據本書目錄補。

函鐘,舞《大夏》,以祭山川;奏夷則,歌小呂,舞《大濩》,以享先妣;奏無射,歌夾鐘,舞《大武》,以享先祖。

凡六樂者,文之以五聲,播之以八音。凡六樂者,一變而致羽物及川澤之祇,再變而致臝物及山林之祇,三變而致鱗物及丘陵之祇,四變而致毛物及墳衍之祇,五變而致介物及土祇,六變而致象物及天神。凡樂,圜鐘爲宮,黃鐘爲角,太簇爲徵,姑洗爲羽,雷鼓、雷鞀、孤竹之管,雲和之琴瑟、《雲門》之舞。冬日至,于地上之圜丘奏之。若樂六變,則天神皆降可得而禮矣。函鐘爲宮,太簇爲角,姑洗爲徵,南呂爲羽,靈鼓、靈鞀、孫竹之管,空桑之琴瑟、《咸池》之舞。夏日至,于澤中之方丘奏之,若樂八變,則地祇皆出可得而禮矣。黃鐘爲宮,大呂爲角,太簇爲徵,應鐘爲羽,路鼓、路鞀、陰竹之管,龍門之琴瑟、《九德》之歌、《九韶》之舞,于宗廟之中奏之。若樂九變,則人鬼可得而禮矣。凡樂事,大祭祀宿縣,遂以聲展之。王出入,則奏《王夏》;尸出入,則奏《肆夏》;牲出入,則奏《昭夏》。”

秦併天下,六代廟樂唯《韶武》存焉。改周《大武》曰《五行》,《房中》曰《壽人》。

漢興,有制氏以雅樂聲律,世世在大樂官,但能紀其鏗鏘鼓舞,不能言其義。高祖時,叔孫通因秦樂人制宗廟樂,又有《房中祠》樂,唐山夫人所作也;六年,又作《昭容》樂、《禮容》樂。《昭容》者,猶古《昭夏》也,主出武德舞;《禮容》樂,主出文始《五行》舞。孝惠使夏侯寬備其簫筦,更名曰《安世》樂。武帝定郊祀之禮,乃立樂府,采詩夜誦,有趙、代、秦、楚之謳,以李延年爲協律都尉,多舉司馬相如等數十人造爲詩賦,略論律呂,以合八音之調,作《十九章》之歌。以正月上辛用事甘泉、圜丘,使童男女七十人俱歌，昏祠至明。是時，河間獻王有雅材，以爲治道非禮不成。因獻所集雅樂，天子下大樂官，常存肆之，歲時以備數，然不常御。常御及郊廟，皆非雅樂。平帝時，詔放鄭聲，召天下通知鐘律者。漢光武建武十三年，耿弇取益州傳送公孫述瞽師、郊廟樂器、葆車輿輦，于是法物始備。平隴蜀，增廣郊祀，奏《青陽》《朱明》《西皓》《玄冥》及《雲翹》《育命》之舞。明帝永平三年，博士曹充言漢再受命，宜興禮樂，引《尚書·璇璣鈐》曰："有帝漢出德洽，作樂名予。"乃詔改大樂官曰大予樂。凡四品：一曰大予樂，郊廟、上陵諸食舉之。曰周頌雅樂，辟雍鄉射、六宗社稷用之。東平王蒼議以爲漢制舊典，宗廟各宜奏樂，不應相襲，所以明功德也。又采百官詩頌，以爲登歌。順帝行辟雍禮，奏應鐘，始復黃鐘樂器，隨月律。

魏武帝平荊州，獲杜夔善八音，常爲漢雅郎，尤悉樂事，于是始創定雅樂。時有散騎郎鄧靜、尹商善調雅樂，歌師尹商能歌宗廟郊祀之曲，舞師馮肅能曉知先代諸舞夔，悉領之。遠考經籍，近采故事，考會古樂，始復軒縣鐘磬，復先代古樂，自夔始也。而柴玉、左延年之徒妙善鄭聲被寵，惟夔好古存正文。帝改漢《安世》樂曰《正世》樂，《嘉至》樂曰《迎靈》樂，《武德》樂曰《武頌》樂，《昭容》樂曰《昭業》樂。其衆歌詩多則前代之舊，使王粲改作《登歌》《安世》及《巴渝》詩。明帝太和初，公卿奏二舞宜有總名，可名《大鈞》之樂。

晉武帝初，郊廟、明堂禮樂權用魏儀。

齊武帝建元二年，有司奏郊廟雅樂歌辭，舊使學士、博士撰，搜間采用參議。大廟登歌宜用司徒褚彥回之詞，餘悉用黃門郎謝超宗辭，多刪顏延之、謝莊詞以爲新曲。

梁武帝思弘古樂，定郊禋、宗廟及三朝之雅樂，改十二雅，以雅爲稱，取詩雅者正也。止乎十二，則天數也。乃去階步之樂，增徹食之雅，二郊、明堂、三朝同用焉。其辭並沈約所製。是時，禮樂制度粲然有序。

陳武帝詔求宋、齊故事，並用梁樂，文帝始用圜丘、明堂及宗廟樂。宣帝定三朝之樂，采梁故事，儀曹郎張崖定南、北郊及明堂儀注，樂盡以韶爲名。

隋文帝尚因周樂，令工人檢校舊樂，改換新聲，益不能通。及平陳，獲宋、齊舊樂，詔于太常置清商署以管之①，求得陳樂令蔡子元等，復居其職。隋代雅樂，惟奏黃鐘一宮，郊廟之享，止用一調，迎氣用五調，舊工更盡，其餘聲律，皆不復通。牛弘、虞世基等更共詳議，按《周官·大司樂》六代之制，祭祀則分而用之，以六樂配十二調，乃以神祇位次，分樂配焉。奏黃鐘、大呂以祀圜丘，奏太簇、應鐘以祭方澤，奏姑洗、南呂以祭五郊神州，奏無射、夾鐘以祭巡狩方嶽。其登歌，祀神、宴會通行之。若有大祀臨軒，陳于階陛之上；若册拜王公，設宮縣而不用登歌；釋奠惟用登歌，而不設懸。弘又作皇后《房内》之樂。文帝嘗作《地厚天高》之曲。

唐太宗留心雅正，勵精文教。貞觀之初，合考隋氏所傳南北之樂，梁、陳盡吳楚之聲，周、齊皆羌狄之音，乃命太常祖孝孫正宮調，起居郎呂才習音韻，協律郎張文收考律呂。平其散濫，爲之折衷，以周享神祇諸樂以夏爲名，宋以永爲名，梁以雅爲名，今以和爲名。祖孝孫始爲旋宮之法，造十二和樂，以法天之成數，

---

① “置”，原作“署”，據《通典》卷一四三《樂二·歷代沿革下》改。

號大唐雅樂,合四十八曲,八十四調。

至後,王朴詳定雅樂。朴以爲今之鐘磬在架者,皆唐商盈孫所定。雖有作器之名,而無相應之實。至于十二鑄鐘,不考宫商,但環擊之,徒架而已。朴乃作準求律法,以備樂器。張昭等議,以爲朴之新法可習而行之。未幾,朴卒,故器服制度粗而未完。

宋太祖建隆初,用王朴樂。上謂其聲高,近于哀思,詔和峴考西京表尺,令下一律,比舊樂始和暢。真宗時,太常寺言樂工習藝匪精。每祭享,止奏黄鐘宫一調。監祭使文仲孺言,修飾樂器,調正音律,乃詔學士李宗諤編録樂纂,又裁兩署工人試補調式,肄習程課。上御崇政殿,張宫懸,閱試,召宰相、親王臨觀,又有朝會、上壽之樂。

仁宗時,留意禮樂之事,命李照鑄造大樂,其聲俱高。議者以爲迂誕,尋罷之。後用和峴所置舊樂,乃詔太常雅樂悉仍舊制。然太常樂比唐聲高五律。上雖勤勞,制未能得其當者。其後詔改名《大安》。帝御紫宸殿,奏《大安》之樂,南郊姑用舊樂,其新定之樂,常祀及朝會用之。

徽宗崇寧元年,詔置講議局,以大樂之制,訛謬殘缺,太常樂器弊壞,乃博求知音之士,爲一代之樂;八年,新樂成,列于崇政殿,既奏,天顔和豫,詔賜名曰《大晟》,專置大晟府,以其樂施之郊廟、朝會,棄舊樂而不用。

元太祖徵用西夏舊樂。太宗徵亡金遺樂于燕京,習登歌樂于曲阜宣聖廟。世祖敕太常少卿王鏞領東平樂工習太常樂;五年,太常樂成,命名曰《大成》之樂。

國朝開國之初,制定雅樂,爰命儒臣撰製樂章,以祀天地,以祭社稷,以禮先農,以享宗廟。至于朝會、燕饗、羣祀則皆用大樂。所以酌古今之宜,而成一代制作也。

樂懸

樂懸之制,夏、商以上,無聞焉。

夏、商以下,其略見于《尚書大傳》,其詳見于《周官》。以《書·大傳》考之,"天子將出,撞黃鐘,右五鐘皆應;入,撞蕤賓,左五鐘皆應。黃鐘在陽,陽主動,君出則以動告静,而静者皆和;蕤賓在陰,陰主静,君入則以静告動,而動者皆和"。十二鐘在懸之制,權輿于此。

考《禮·小胥》,"正樂懸之位。王宫懸、諸侯軒縣、卿大夫判縣、士特縣。辨其聲,凡懸鐘磬,半爲堵,全爲肆"。蓋縣鐘十二爲一堵,如牆堵然。二堵爲肆宫,懸四面,象宫室,王以四方爲家故也。軒懸闕其南,避王南面故也。判縣東西之象,卿大夫左右王也。特懸則一肆而已,象士之特立獨行也。宫縣四面,軒縣三面,皆鐘、磬、鎛也。判縣有鐘磬而無鎛,特縣有磬而無鐘,此樂縣之制也。

《儀禮》及《大傳》陳布宫架之法,北方南向:

應鐘起西,磬次之,黃鐘次之,鐘次之,大吕次之,皆東陳,一建鼓在其東,東鼓東方,西向;

太簇起北,磬次之,夾鐘次之,鐘次之,姑洗次之,皆南陳,一建鼓在其南,南鼓南方,北向;

中吕起東,鐘次之,蕤賓次之,磬次之,林鐘次之,皆西陳,一建鼓在其西,西鼓西方,東向;

夷則起南,鐘次之,南吕次之,磬次之,無射次之,皆北陳,一建鼓在其北,北鼓。

若大射,徹其北面而加鉦鼓,祭天雷鼓,祭地靈鼓,宗廟路鼓,各有鞉焉。

《儀禮》,宮架四面鼓,鎛、鐘十二簴,各依辰位,甲、丙、庚、壬設鐘,乙、丁、辛、癸陳磬。

《大射》之儀,樂人宿縣于阼階東,笙磬西面,其南笙鐘,其南鎛,皆南陳。一建鼓在阼階西,南鼓;應鞞在其東,南鼓。西階之西,頌磬東面,其南鐘,其南鎛,皆南陳。一建鼓在其南,東鼓;朔鞞在其北。一建鼓在西階之東,南面。簜在建鼓之間①,鼗倚頌磬西紘。

蓋堂上之階,自階而左爲阼,自階而右爲西,笙磬在阼階之東而西面,頌磬在西階之西而東面,由笙磬而南,鐘鎛所以應笙者也。由頌磬而南,鐘鎛所以應歌者也②。《大射》之儀,東西有鐘磬之懸,推之,則天子宮懸,堂上之階笙磬頌磬各十二縣;堂下阼階而南,特鐘、特鎛亦各十二縣;西階而南,編鐘、編磬亦各十二縣,天數也。

自兩漢而下晉及宋、齊,鐘磬之縣不過十六。黃鐘之宮,北方北面,編鐘起西,其東編鐘,其東衡,其東鎛。太簇之宮,東方西面,起北。蕤賓之宮,南方北面,起東。姑洗之宮,西方東面,起南。所次並如黃鐘之宮。設建鼓于四隅,縣內四面各有柷、敔。

晉孝武太元,破苻堅,獲樂工楊蜀,正四廂樂,金石始備。

---

① "簜",原作"蕩",據《文獻通考》卷一四〇《樂考十三·樂懸》改。
② "歌",《樂書》卷一一三《樂縣中》作"鼓"。

梁制，凡律呂，十二月而各一鐘，天子宮懸，黃鐘、蕤賓在南北，自餘則在東西，黃鐘廂宜用鐘、磬，各二十四，以應二十四氣。當時因去衡鐘，設十二鎛鐘，各依辰位而應律。每一鎛鐘，設編、鐘各一簨，合三十六架，植鼓于四隅。元會備用焉。

後魏鐘、磬之縣，各有十四，祖瑩復更爲十六，後宮縣四廂，筍簨十六，又有儀鐘十四簨縣架首，初不叩擊。普泰元年，祖瑩、元孚奏十二縣，六縣裁訖。今六縣既成，臣等思鐘、磬各四，鈱鏄相從，十六格宮縣已足。今請更造二縣，通前爲八宮縣，兩具矣。

魏、晉以來，但云四廂金石，而不言其禮，或八架，或十架，或十六架。

梁武用二十架。

隋宮縣四面，面各二簨，通十二鎛、鐘爲十二簨。

唐樂懸之制，若祭祀，設縣于壇南內壝之外，北向。東方、西方磬簨起北，鐘簨次之，南方、北方磬簨起西，鐘簨次之，鎛鐘十二在十二辰之位。朝會則加鐘、磬十二簨，設鼓吹十二案于建鼓之外。

若皇后享先蠶，則設十二大磬以當辰位，而無路鼓。

軒縣三面，皇太子用之，釋奠文宣王亦用之。其制，去宮縣之南面，九架在辰、丑、申位，編鐘、磬皆三架，設路鼓二于縣內戌、巳地之北。

判縣二面，祭風伯、雨師、五嶽、四瀆用之。其制，去軒縣之北面，植建鼓于東北、西北二隅。

初，因隋舊，用三十六簨。高宗蓬萊宮成，增用七十二簨。武后時省之。開元定禮，依古爲二十簨。昭宗時，宰相張濬乃言，舊制用三十六簨，以爲非古，殿廷狹隘不能容三十六簨，乃復用二十簴。鐘簴四以當甲、丙、庚壬，磬簴四以當乙、丁、辛、癸。

皇后庭、諸后廟及郊祭立二十架，先聖、皇太子朝廟並九架，舞六佾。舊，皇后庭但設絲管。隋大業尚侈，始置鐘磬，猶不設鎛鐘，以鎛磬代。至武后稱制，用鐘因而不革。

宋太祖建隆初，四架十二案之制，陳布多仍唐舊。

乾德中，定三十六簴，悉集樂工，列于架中。

徽宗親祠之制，四方各設編鐘三、編磬三，東方編鐘起北，編磬間之，東向，西方編磬起北，編鐘間之，西向，南方編磬起西，編鐘間之，北方編鐘起西，編磬間之，俱北向。設十二鎛鐘，特磬于編架內，各依月律，四方各設鎛鐘三、特磬三，東方鎛鐘起北，特磬間之，東向，西方特磬起北，鎛鐘間之，西向，南方特磬起西鎛鐘間之北方，鎛鐘起西，特磬間之，皆北向。植建鼓、鞞鼓、應鼓于四隅，建鼓在中，鞞鼓在左，應鼓在右。

元定宮縣，宿縣于庭中，東方、西方設十二鎛鐘，各依辰位，編鐘在左，編磬在右，黃鐘之宮起子，在通街之西，蕤賓之宮起午，在通街之東。每三簴謂之一肆，十有二辰，凡三十六簴。樹建鞞應于四隅，晉鼓一，處縣中之東南，以節樂，立四表于橫街之南。

樂器敘[①]

《周官·典同》，"掌六律六同，以辨天地四方陰陽之聲，以爲樂器"。《小戴記》曰："金石絲竹，樂之器也。"

古者聖王作樂，不越乎五聲、八音、十二律，而樂之寓于器

---

① "敘"，原無，據本書目録補。

者，豈有加于此哉。

以金之屬考之，曰鐘，曰鏞，曰鎛，曰編鐘，曰歌鐘，曰金錞、錞于，曰金鐸，曰木鐸；

以石屬考之，曰玉磬，曰天球，曰編磬，曰頌磬；

以絲屬考之，曰琴，曰瑟，曰大琴、中琴、小琴，曰七絃琴，曰大瑟、中瑟、小瑟、次小瑟；

以竹之屬考之，曰簹簫，曰韶簫，曰篳篥、竹篪，曰管，曰籈，曰大篴、小篴，曰蕩；

若笙，若巢笙，若和笙，若大竽、小竽，若簧，則匏之屬也；

若古缶，若大塤，若小塤，則土之屬也；

若柎，若楹鼓、建鼓，若雷鼓、雷鼗，若靈鼓、靈鼗，若路鼓、路鼗，與夫鼛鼓、鼖鼓、晉鼓、應鼓、鞞鼓，則皆革之屬也；

若柷，若敔，若舂牘，若應，若鐘、磬、筍、簴，皆木之屬也。

此皆雅器之制于三代者。又有所謂搊箏、箜篌、小琵琶、長笛、篳篥及七星匏、九曜匏、閏餘、阮咸之類，則其制于唐、宋者也，其制度考據之詳，著于圖①。

樂器圖②

金之屬

鐘

《考工記》曰："鳧氏爲鐘，兩欒謂之銑。銑間謂之于，于上謂之鼓，鼓上謂之鉦，鉦上謂之舞，舞上謂之甬，甬上謂之衡。鐘縣

---

① "餘阮咸之類則其制于唐宋者也其制度考據之詳著于圖"，原缺，據嘉靖本補。
② 標題"樂器圖"，原無，據本書目錄補。

謂之旋，旋蟲謂之幹，鐘帶謂之篆，篆間謂之枚，枚謂之景，于上之擩謂之隧。十分其銑，去二以爲鉦。以其鉦爲之銑間，去二分以爲之鼓間，以其鼓間爲之舞俯，去三分以爲舞廣。以其鉦之長爲之甬長，以其甬長爲之圍，參分其圍去一，以爲衡圍。參分其甬長，二在上，一在下，以設其旋。薄厚之所震動，清濁之所由出，侈弇之所由興，有説。鐘已厚則石，已薄則播，侈則柞，弇則鬱，長甬則震。是故大鐘十分其鼓間，以其一爲之厚；小鐘十分其鉦間，以其一爲之厚。鐘大而短，則其聲疾而短聞；鐘小而長，則其聲舒而遠聞。爲遂六分，其厚以其一爲之深，而圜之。"

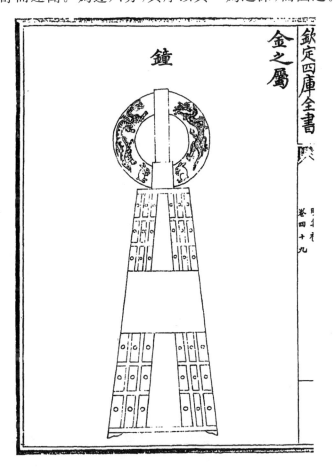

鏞

夏、商之時，小鐘謂之鐘，大鐘謂之鏞。

周之時，大鐘謂之鐘，小鐘謂之鎛。《書》云"笙鏞"。

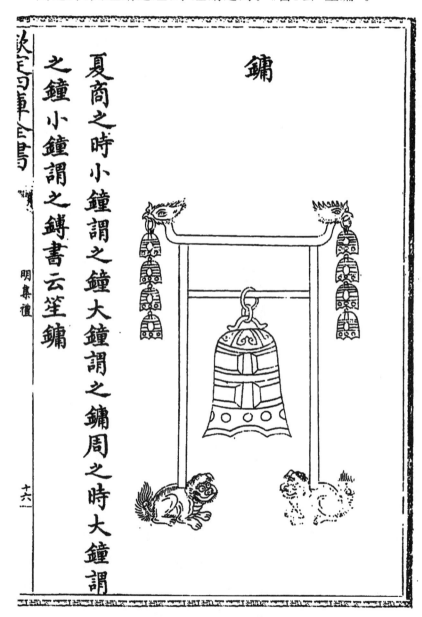

鎛

《周禮·鎛師》注：“鎛，如鐘而大。”杜預云“小鐘”。《隋志》：
“鎛鐘，每鐘縣一筍簴，各應律呂。”

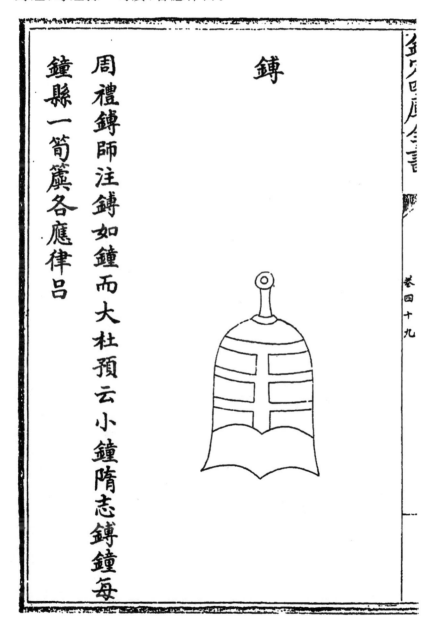

鎛

周禮鎛師注鎛如鐘而大杜預云小鐘隋志鎛鐘每
鐘縣一筍簴各應律呂

卷四十九

編鐘

編鐘十二,同在一簴爲堵。鐘、磬各堵爲肆。《小胥》以十六
枚在一簴爲堵。《隋志》云:"編鐘,小鐘也,各應律呂,大小以次
編而懸之,上下皆八,十二爲正鐘,四爲清鐘。"《春秋》言"歌鐘
二肆"。

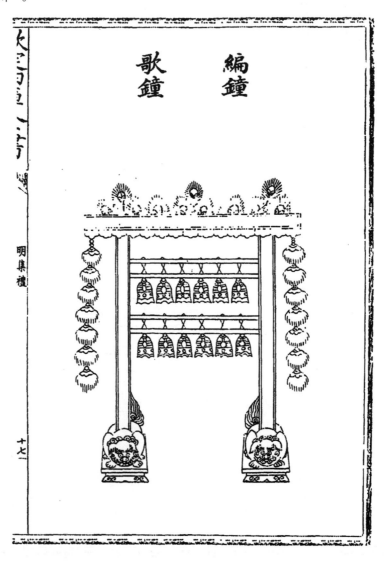

金錞

《周禮·小師》，"以金錞和鼓"。其形象鐘，頂大腹摼口弇，以伏獸爲鼻，内懸鈴子，鈴，銅舌。作樂，振而鳴之，與鼓相和。

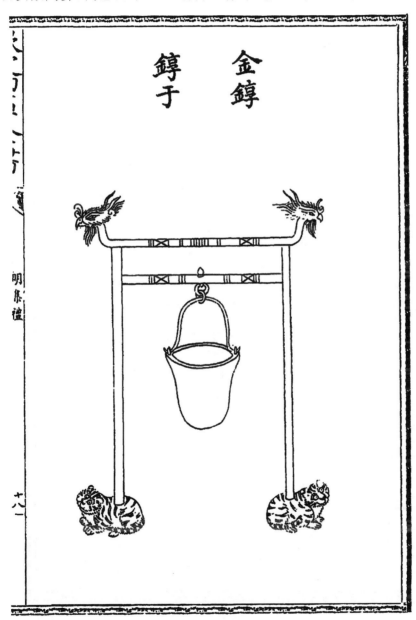

金鐸　木鐸

《周禮·鼓人》，"以金鐸通鼓"。兩司馬執鐸。三鼓摝鐸振鐸，舞者振之，警衆以爲節。金鐸以金爲舌，所以振武事也；木鐸以木爲舌，所以振文事也。

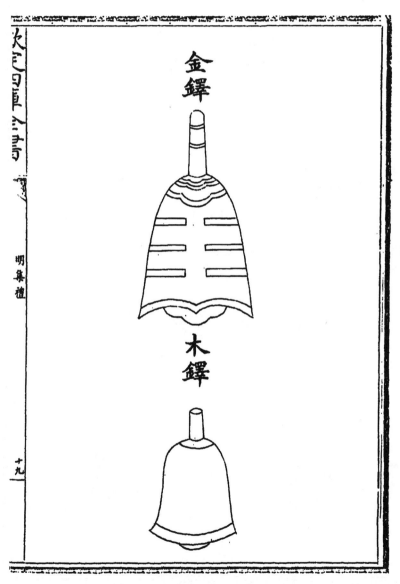

石之屬

磬

《考工記》曰："磬氏爲磬,倨勾一矩有半,其博爲一,股爲二,鼓爲三。三分其股博,去其一以爲鼓博。三分其鼓博,以其一爲之厚。已上,則摩其旁;已下,則摩其端。股非所擊也,短而博。鼓其所擊也,長而狹。"鄭司農云："股,磬之上大者,鼓,其下之小者。其大小長短雖殊,而其厚均也。黃鐘之磬,皆厚二寸。"

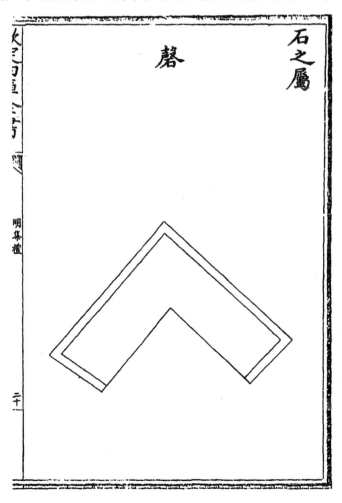

玉磬　天球

《郊特牲》言：“擊玉磬。”《明堂位》言：“四代樂器，而搏拊、玉磬。”先王因天球以爲磬，以爲堂上首樂之器。《書》言：“戛擊鳴球。”

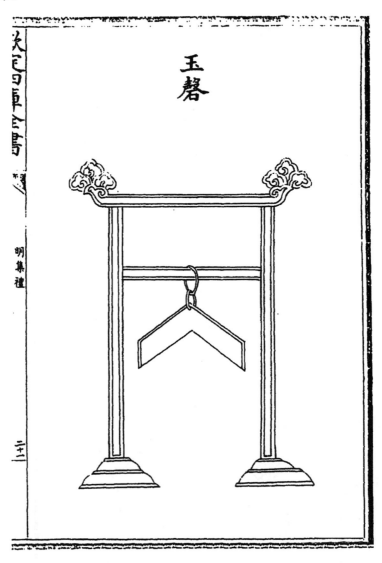

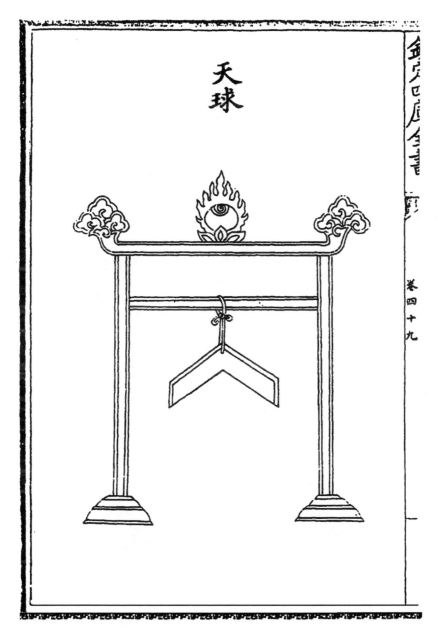

編磬

　　磬之爲器，昔謂之樂石。立秋之音，夷則之氣也。《周禮·
磬師》，"掌教擊磬、擊編鐘"。言編鐘則有編磬矣。鄭康成云：

"十六枚同在一簴，謂之堵。"

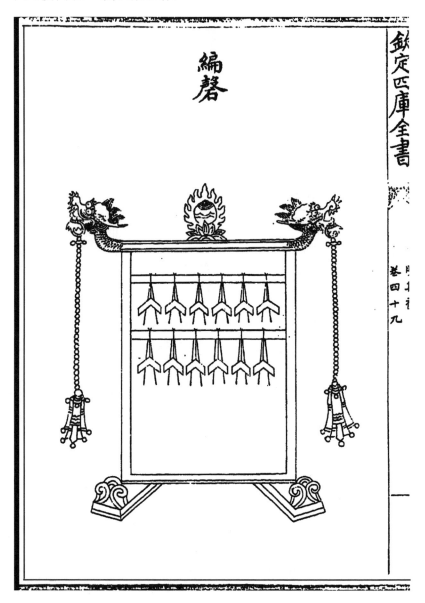

笙磬　頌磬

應笙之磬，謂之笙磬。應歌之磬，謂之頌磬。

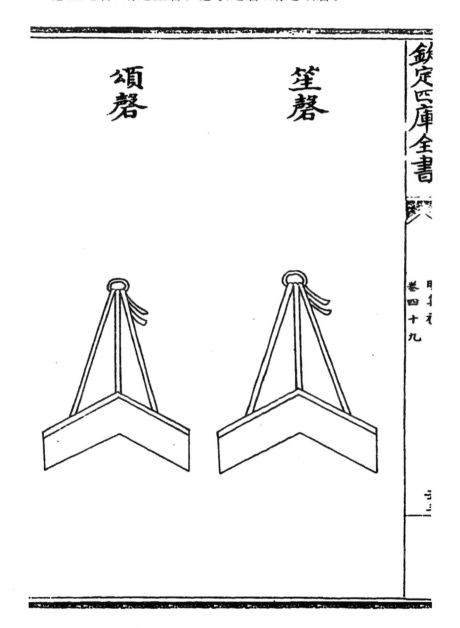

土之屬

古缶

土音缶，立秋之音也。古者，盎謂之缶，缶之爲器，中虛而善容，外員而善應，中聲之所自出。

大塤　小塤

《周官》之于塤，教于《小師》，播于《瞽矇》，吹于《笙師》，平底、六孔、中虛、上銳，如稱錘然，大者聲合黃鐘、大吕，小者聲合太簇、夾鐘。

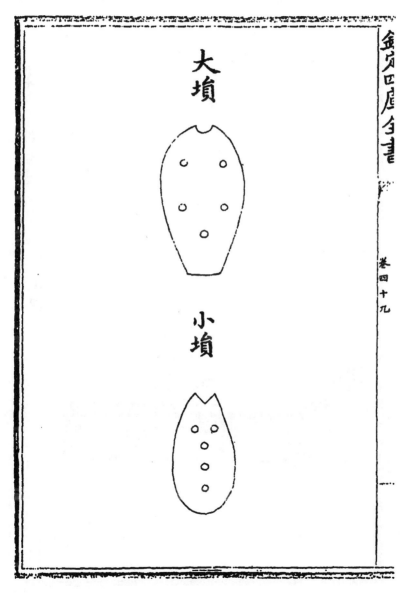

革之屬

拊

狀如革囊，實以糠，擊之以節樂，拊之爲器。韋表糠裏，狀則類鼓，聲則和柔，倡而不和。其設則堂上。《虞書》所謂搏拊，其用則先歌。《周禮》謂登歌令奏擊拊。

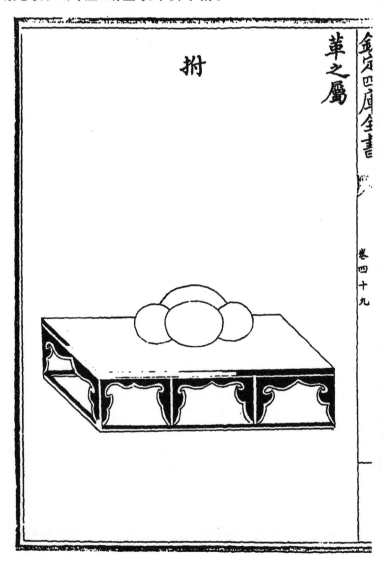

楹鼓　建鼓

《明堂位》曰:"殷,楹鼓。"以《周官》考之,太僕"建路鼓于大寢之門外"。《儀禮・大射》"建鼓在阼階西南鼓"。則其所建楹也。楹爲一楹而四稜,貫鼓于端,猶四植之桓圭也。

魏、晉以後,復商制,亦謂之建鼓。

隋、唐又棲翔鷺于其上,宋因之。

其制高六尺六寸,中植以柱,設重斗方蓋,蒙以珠網,張以絳紫繡羅,四角有六龍竿,皆銜流蘇、璧璜,以五緑羽飾于首,亦爲翔鷺。又挾鞞應二小鼓而左右之。

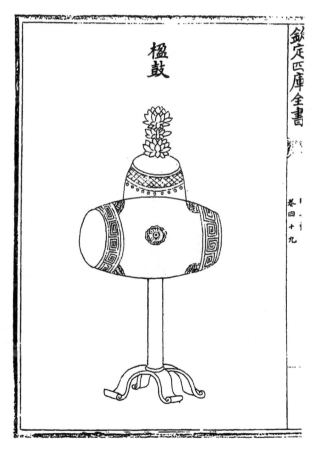

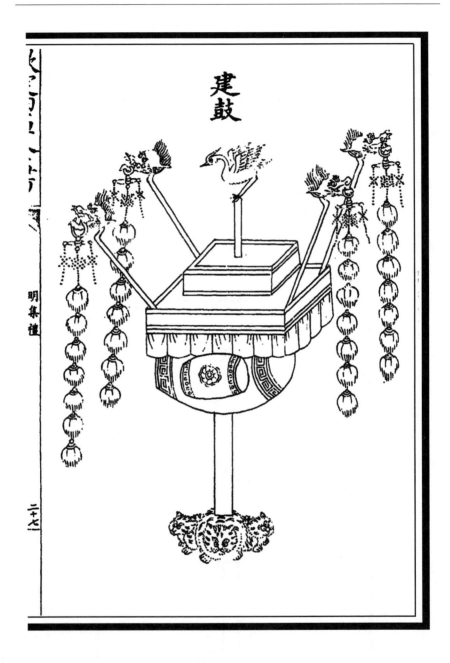

雷鼓　雷鼗

《周官·鼓人》:"以雷鼓鼓神祀。"《大司樂》云:"降天神之樂。"鄭康成云:"雷鼓,雷鼗。"

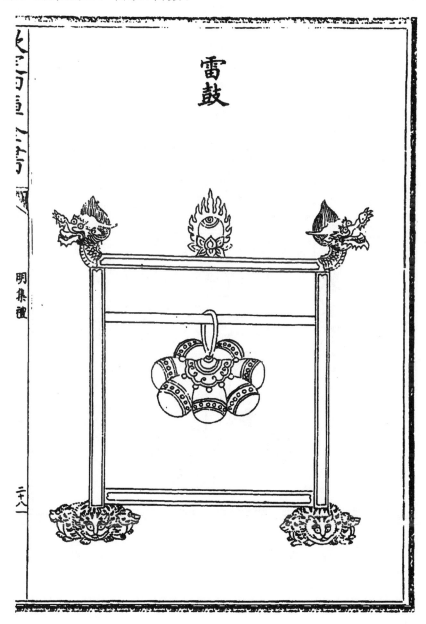

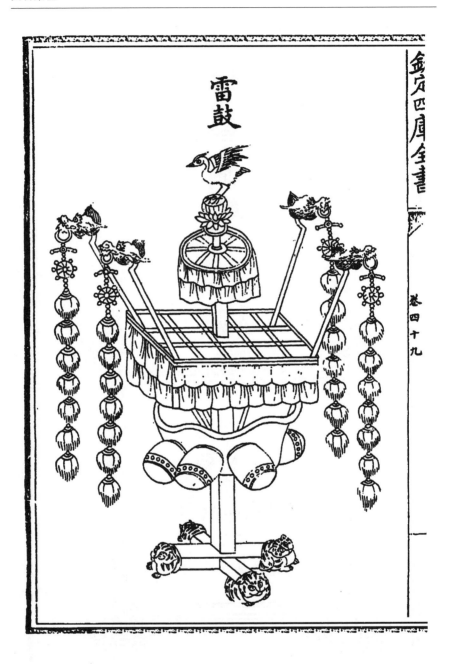

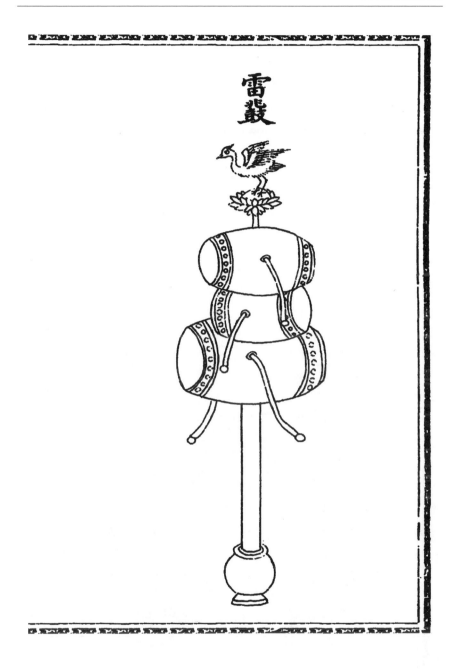

靈鼓二　靈鼗

《周官·鼓人》：“以靈鼓鼓社稷。”《大司樂》：“以爲降地祇之樂。”鄭康成云：“靈鼓、靈鼗，六面。”

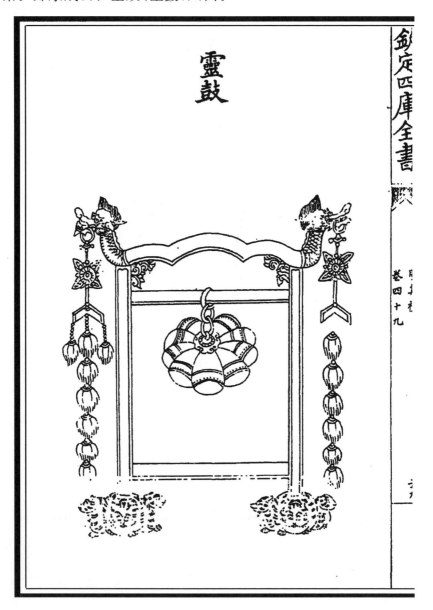

靈鼓

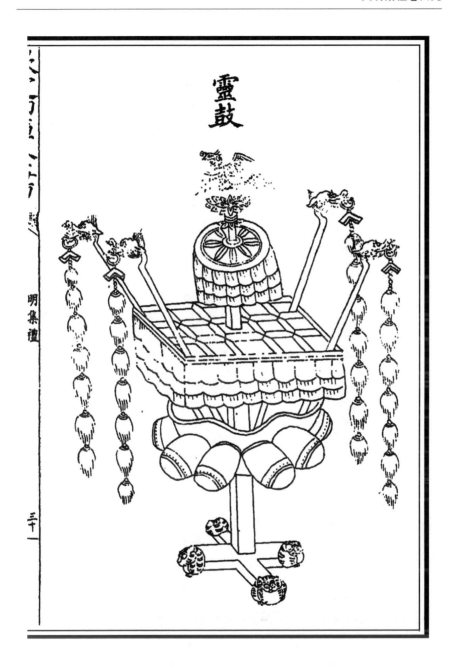

三十一

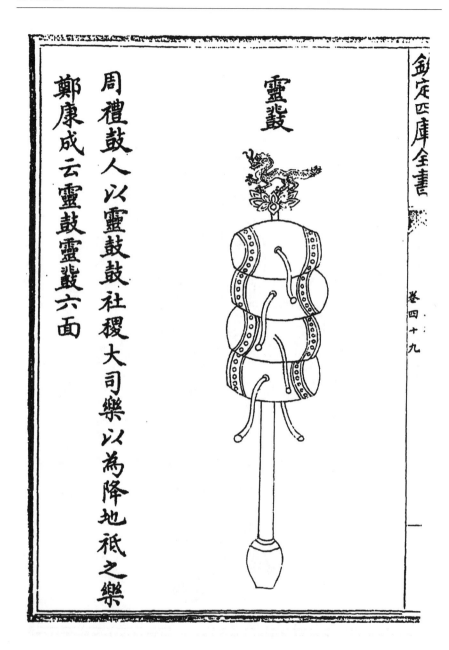

靈鼓

周禮鼓人以靈鼓鼓社稷大司樂以為降地祇之樂

鄭康成云靈鼓靈鼗六面

路鼓二　路鼗

《周官・鼓人》:"以路鼓鼓鬼享。"《大司樂》:"以爲降人鬼之
樂。"鄭康成云:"路鼓、路鼗,四面。"

路鼓

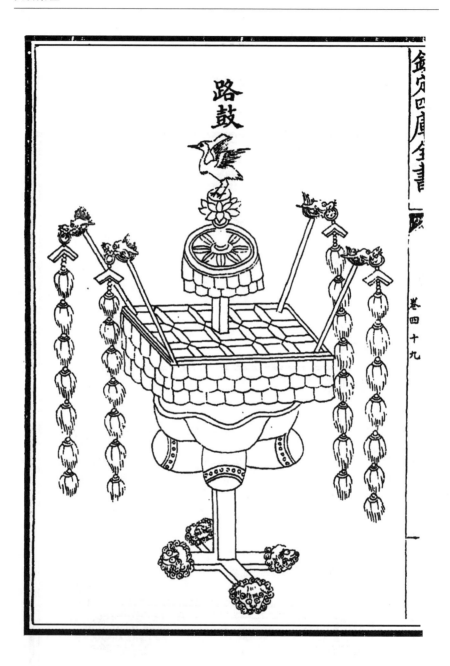

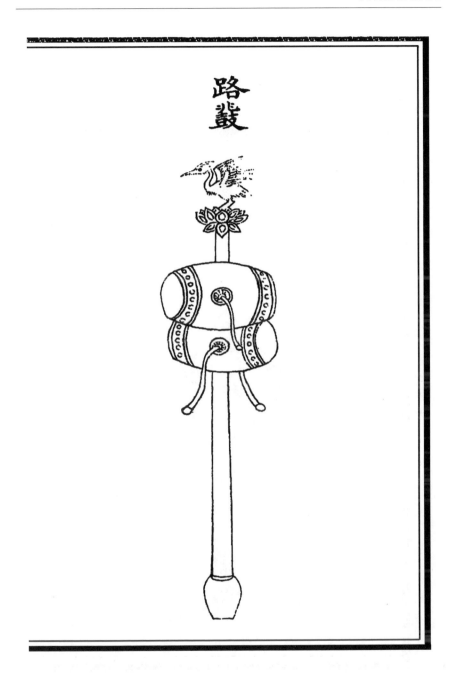

鼗

小鼓，以木貫之，有兩耳，還自擊。鼓以節之，鼗以兆之，八音兆于革音，則鼗所以兆奏鼓也。

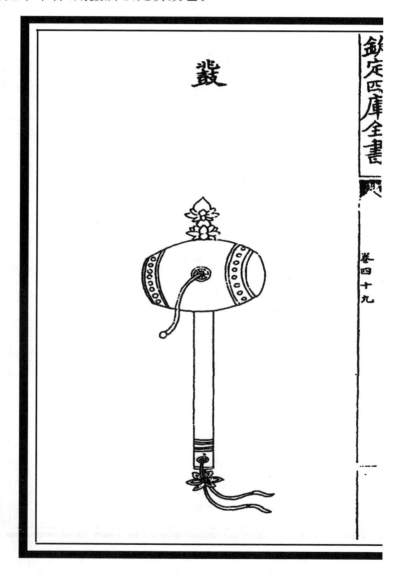

鼖鼓

鼓之小者謂之應，大者謂之鼖。《周官・鼓人》：“以鼖鼓鼓軍事。”節聲樂亦用之。《詩》云：“鼖鼓惟鏞。”

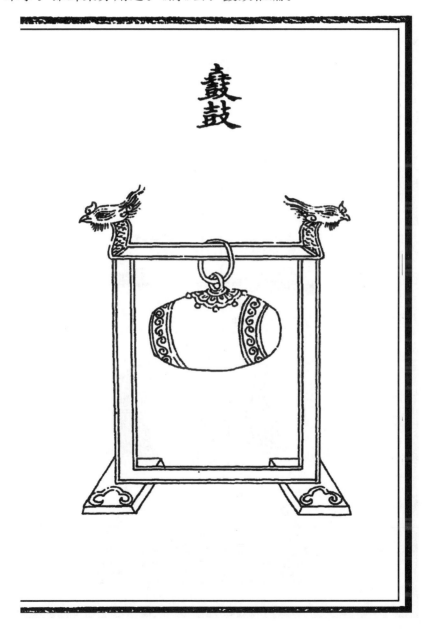

晉鼓

其制大以短，所以鼓金奏也。《周官·鐘師》，"以鐘鼓奏《九夏》"；《司馬》，"中春振旅，軍將執晉鼓"。

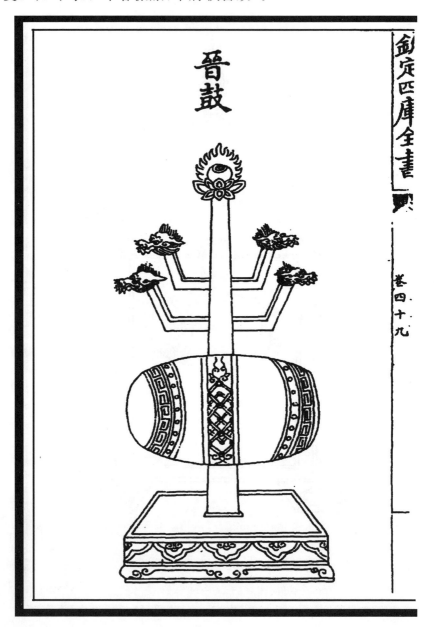

應鼓

《禮器》曰：“懸鼓在西，應鼓在東。”《爾雅》：“小鼓謂之應。”
堂上擊拊之時，堂下擊應鼓棟以應之。

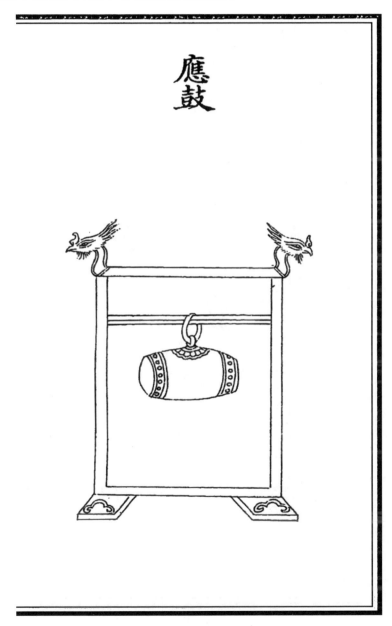

應
鼓

鼛鼓

鼛，卑者所鼓也。周時，王執路鼓，鼓之尤大者，旅師執鼛，鼓之尤小者也。

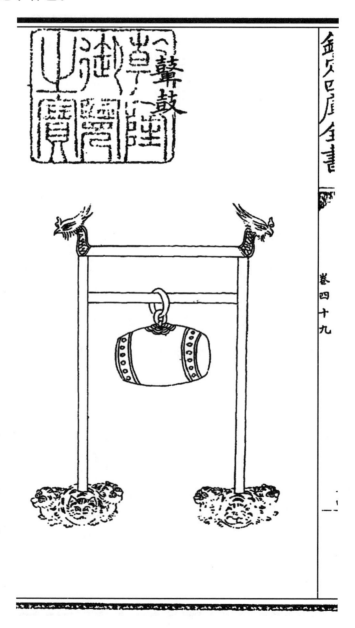

大明集禮卷五〇

樂

雅樂二

樂圖

絲之屬

大琴　中琴　小琴

其制，長三尺六寸六分，象朞之日，廣六寸，象六合，絃有五，象五行，腰廣四寸，象四時，前後廣狹，象尊卑，上圓下方，象天地，徽有十三，象十二律，餘一，象閏。小琴五絃，中琴十絃，大琴二十絃。

琴或謂伏羲作，或謂神農作，或謂五絃作于舜，七絃作于周文、武。宋始制二絃，又制十二絃，以象十二律，太宗加爲九絃。

大琴

絲之屬

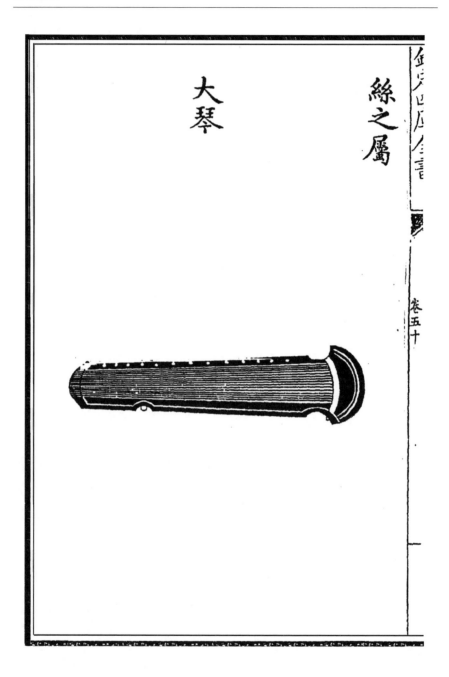

中
琴

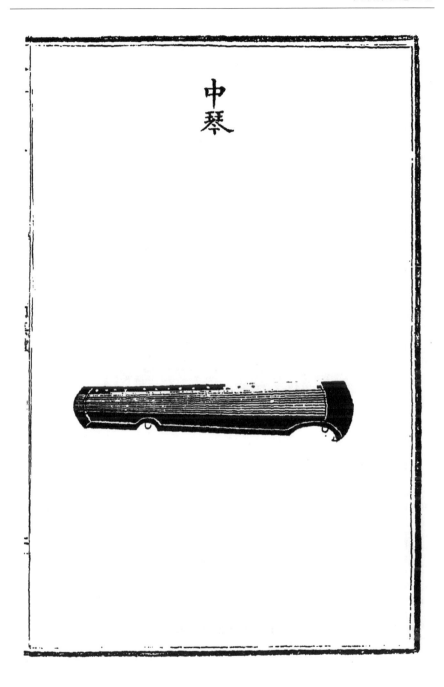

小琴

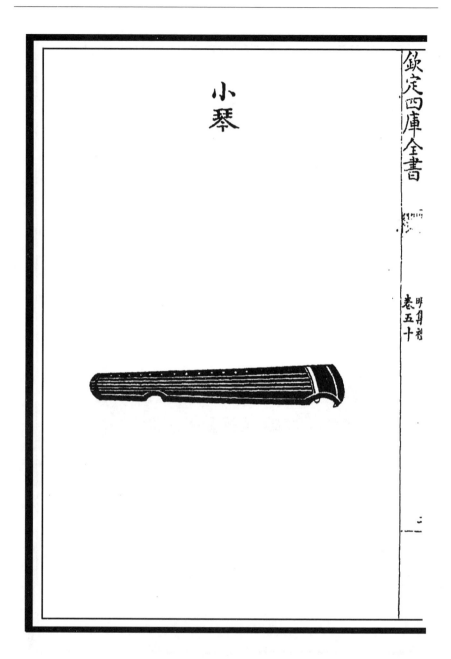

欽定四庫全書

明集禮

卷五十

大瑟　中瑟　小瑟　次小瑟

伏羲作五十絃，爲大瑟。黃帝破爲二十五絃爲中瑟，十五絃爲小瑟，五絃爲次小瑟。或謂朱襄氏使士達作，或謂神農作。

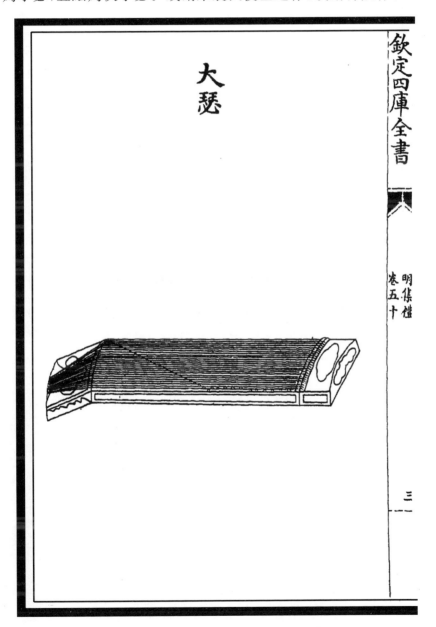

大瑟

欽定四庫全書

明集禮
卷五十

三一

中瑟

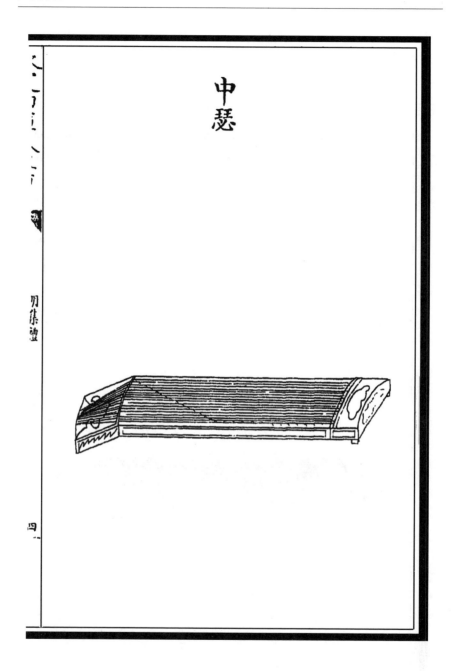

小瑟

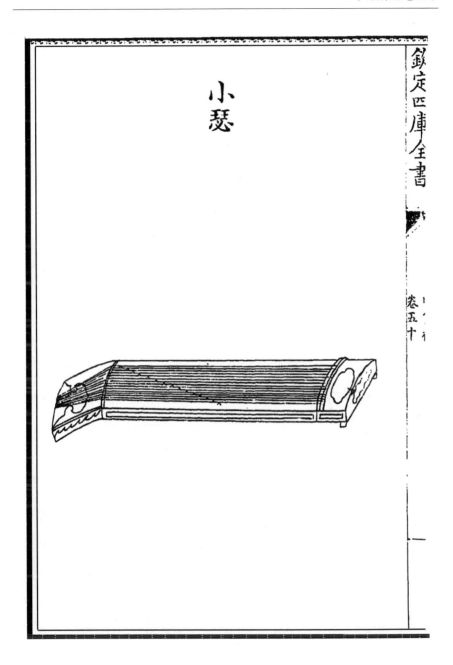

次小瑟

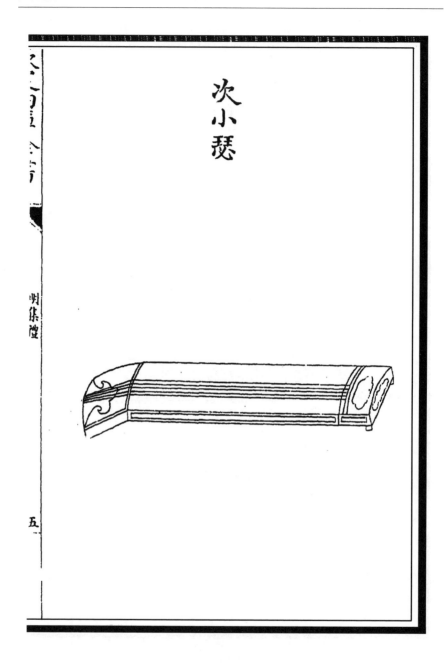

匏之屬

笙　巢笙

《禮記》曰：“女媧氏之笙簧。”《説文》曰：“正月之音物生，故謂之笙。”十三簧。列管匏中，施簧管端。宮管在中央。三十六簧曰竽，宮管在左傍，十九簧至十三簧曰笙。大笙謂之簧，小笙謂之和。《爾雅》：“笙十九簧曰巢，十三簧曰和。”

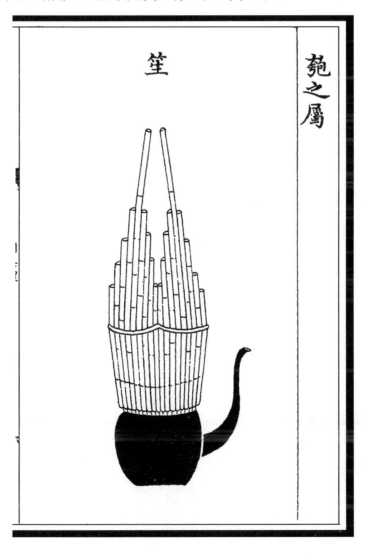

笙

匏之屬

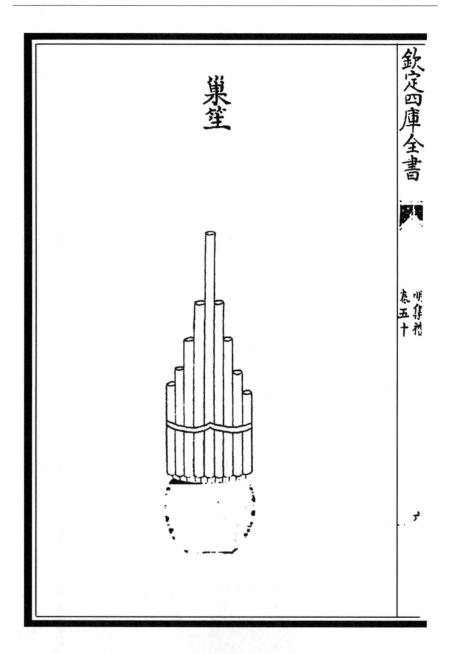

巢笙

大竽　小竽

竽，亦笙也。今之笙、竽，以木代匏而漆，殊愈于匏。

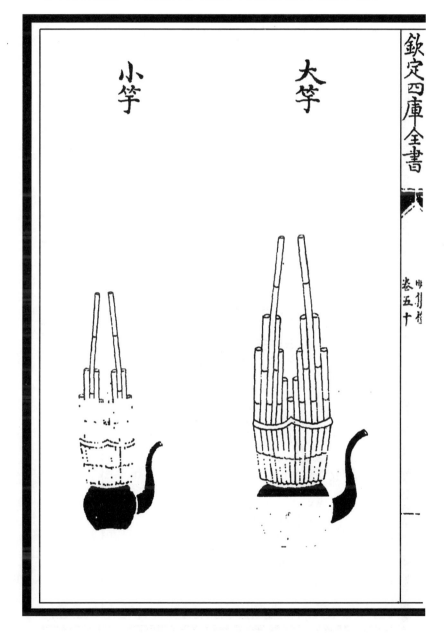

竹之屬

箎簫　韶簫

《世本》曰："舜所造，其形參差似鳳翼，長二尺。"《爾雅》："編二十二管，長一尺四寸曰箎，長尺二寸曰巢。"

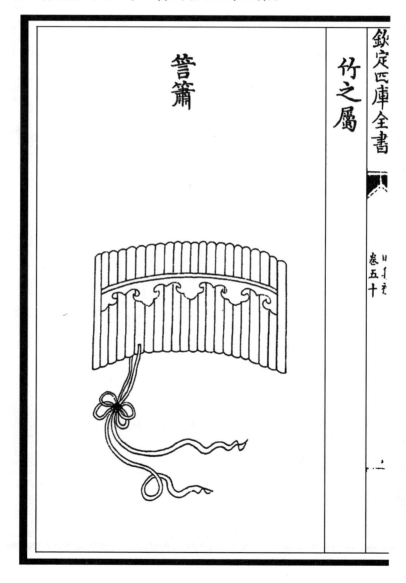

舜作十管韶簫，長尺有二寸。

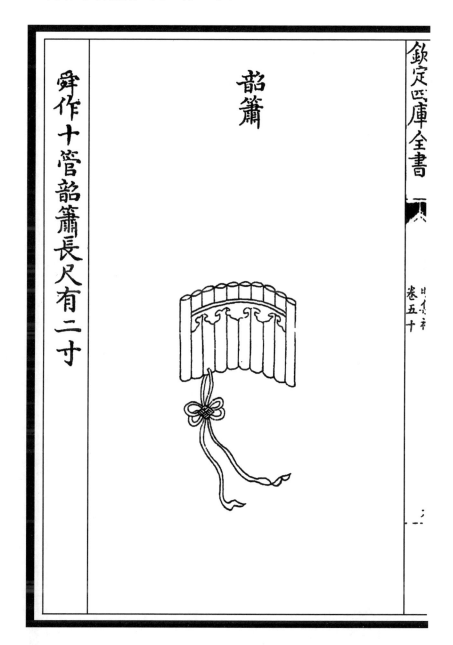

管

《爾雅》曰:"長尺圍寸,併漆之,有底。"《説文》曰:"管如篪,六孔。"《周禮》:"孤竹之管是也。"

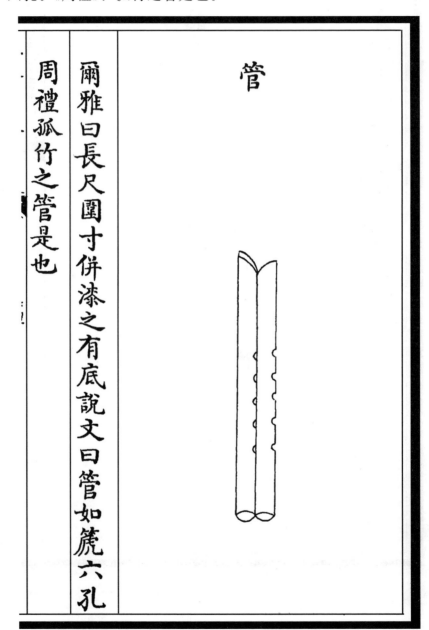

篴

《周官·笙師》，"掌教吹籥、簫、篪、篴、管"。五者皆出于《笙師》，所教無非竹音之雅樂也。

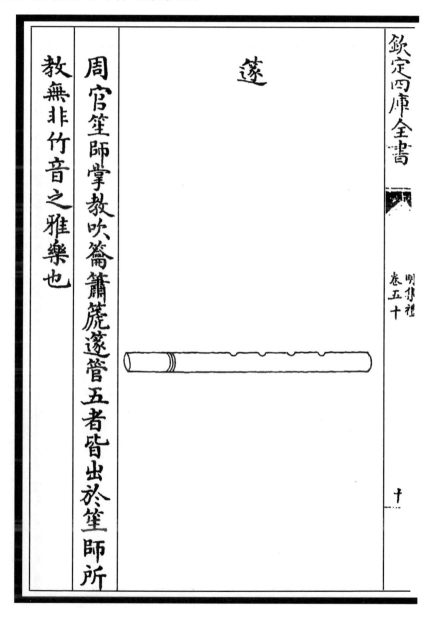

篴

教無非竹音之雅樂也

周官笙師掌教吹籥簫篪篴管五者皆出於笙師所

十

大篪　小篪

《世本》云：“暴辛公造。”《爾雅》曰：“大篪謂之沂。音銀。”篪以竹爲之，長尺四寸，圍三寸，一孔上出，寸三分，名曰翹，橫吹之，小者尺二寸。

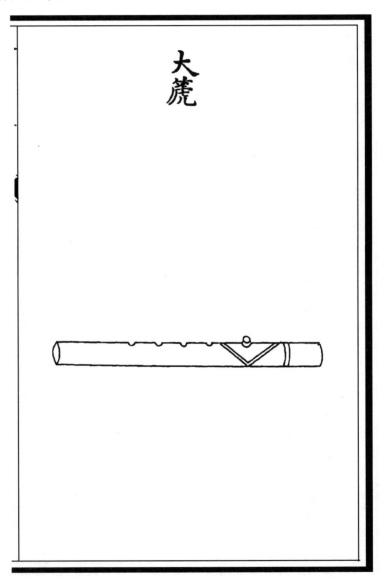

小篪

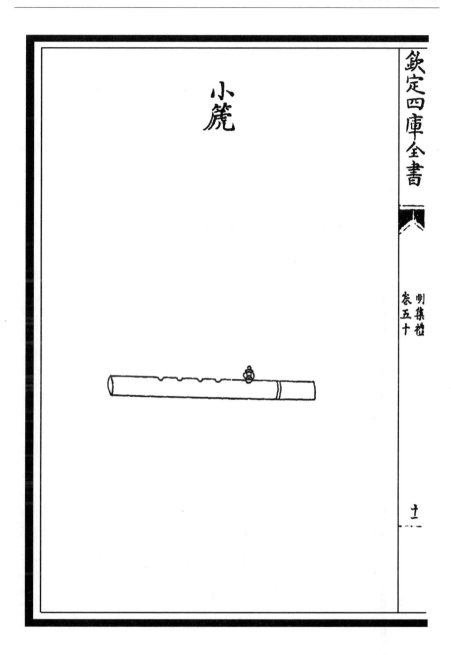

十二

木之屬

柷　敔

《周官·小師》,"掌教播鼗、柷、敔"。柷如漆桶,方二尺四寸,深一尺八寸,中有椎柄連底,旁開孔,内手于中擊之,以舉樂。

敔狀類伏虎,背上有二十七齟齬,碎竹以擊其首,而逆戛之,以止樂。

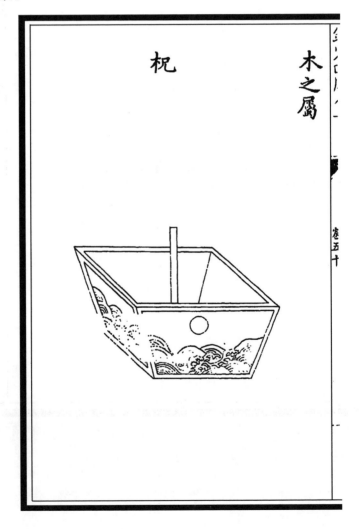

敧

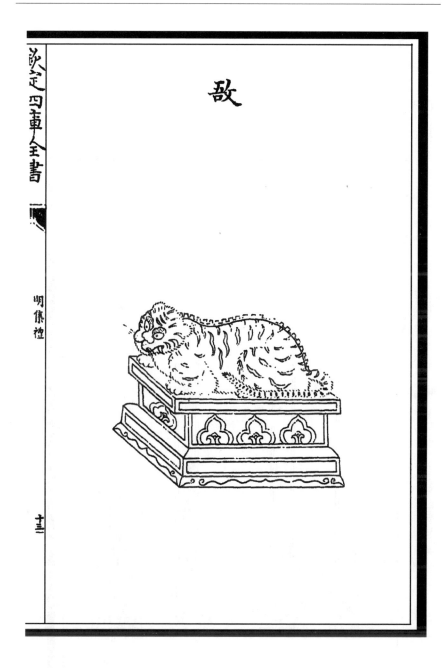

鐘簴　磬簴

《周官·梓人》，爲筍簴，飾以贏屬，贏有力，聲大而宏，于鐘宜，故爲鐘簴，磬簴飾以羽屬，羽無力，聲清而遠，于磬宜，故以爲磬簴。筍，橫木兩端，刻龍蛇鱗物之形。

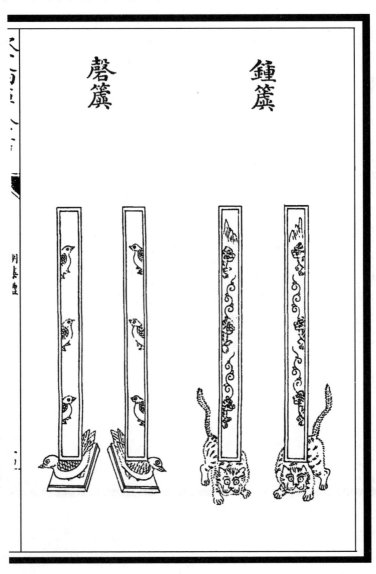

業

大枝也，飾筍爲懸，捷業如鋸齒。

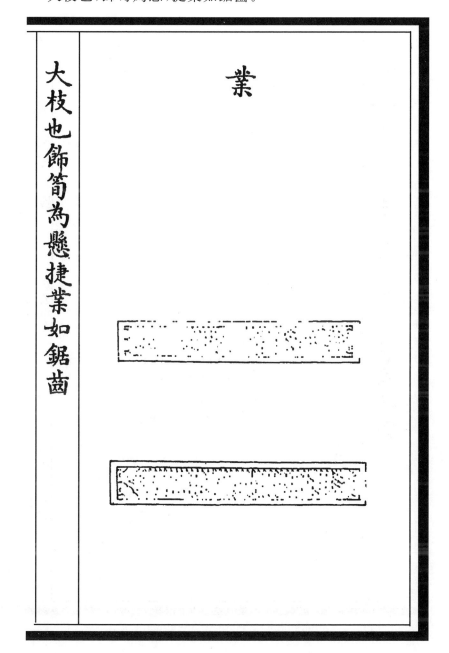

崇牙

樅也,上飾刻畫之爲重牙,業之上齒。

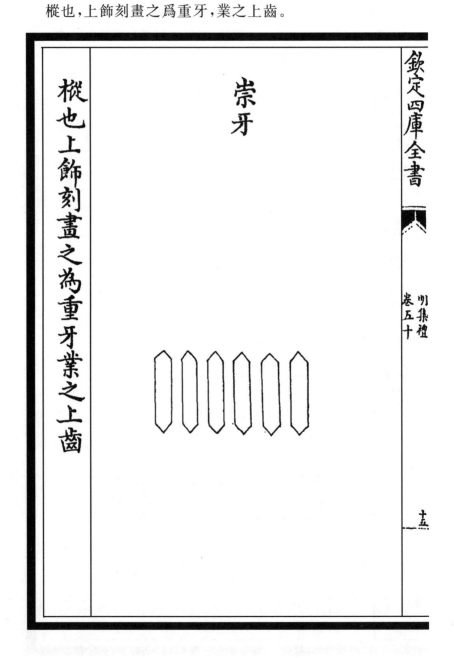

植羽

樹羽,置羽也,置之筍簴之上。

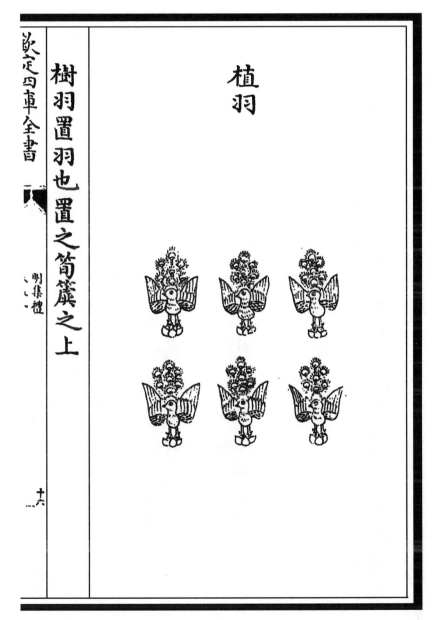

璧翣

畫繪爲翣，戴以璧，垂五彩羽于下，樹于筍之角上。

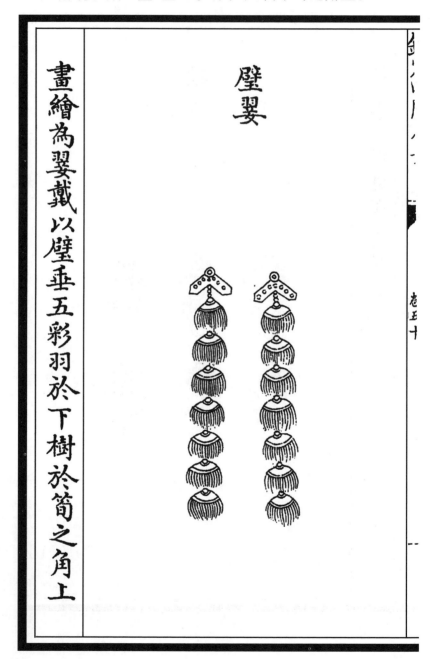

樂舞

樂舞之數，天子八佾，諸侯六佾，大夫四佾，士二佾。即八佾而考之，文舞六十四人，左執籥，右秉翟。武舞亦六十四人，左執干，右執戚。

按《周禮·大司樂》，“以樂舞教國子，舞《雲門》《大卷》《大咸》《大韶》《大夏》《大濩》《大武》”。“舞《雲門》，以祀天神。舞《咸池》，以祭地祇。舞《大韶》，以祀四望。舞《大夏》，以祭山川。舞《大濩》，以享先妣。舞《大武》，以享先祖。”此六代之樂舞也。

《內則》，“十三舞勺，成童舞象”。乃周公所作之樂舞也。帗舞、羽舞、皇舞、旄舞、干舞、人舞，乃《周禮》教國子之六舞也。

三代而下，秦併六國，六代之樂，惟《韶》存焉。又改《大武》爲《五行》。

漢制，高廟奏《武德》《文始》《五行》之舞，又有《四時》舞。《文始》者，本韶舞也。《五行》者，本周舞也。《武德》者，高帝所作。《四時》者，文帝所作。惠帝采《武德》爲《昭德》舞。宣帝采《昭德》爲《盛德》舞。光武增廣郊祀，奏《雲翹》《育命》之舞。

魏武帝舞師馮肅曉知先代諸舞，文帝改《巴渝》舞爲《昭武》舞，《雲翹》爲《鳳翔》舞，《育命》爲《靈應》舞，《武德》爲《武頌》舞，《文始》爲《大韶》舞，《五行》爲《大武》舞。

晉武帝使郭夏造《正德》《大豫》二舞，又改魏《昭武》爲《宣武》之舞，《羽籥》舞爲《宣文》之舞。

宋武帝又改爲前舞、後舞。

梁又改文舞爲《大觀》，武舞爲《大壯》。

周武帝造《山雲》之舞。

唐太宗制文舞爲《九功》舞，武舞爲《七德》舞。

宋太祖改周《崇德》舞爲《文德》舞，《象成》舞爲《武功》舞。

元郊祀，則奏《崇德》之舞、《定功》之舞。太廟則奏《武定文綏》之舞、《內平外成》之舞。

此歷代樂舞，更改損益，名雖不同，其實不越文、武二舞而已。

國朝平定天下。凡郊祀、社稷、先農、太廟，皆奏《武功》之舞、《文德》之舞。所以象成名德，而兼備文武者也。

舞器圖

夫舞者既陳，則以器授之，此舞器所由作也。天子八佾，則有文、武二舞。文舞者執籥、執翟，武舞則執旌、執干、執戚。又曰戈，曰弓矢，曰鷺，曰翿，曰麾。

節樂之器有相，有應，有牘，有雅。又有金鐃、金鉦、金錞、單頭鐸、雙頭鐸之類。其制詳見于圖。

帗舞

《周官·舞師》，"教國子六舞"。有帗舞。帗者，袚也。社稷百物之神，皆爲民袚除，以故帗舞。帗舞者全羽，羽舞者析羽。

帗舞

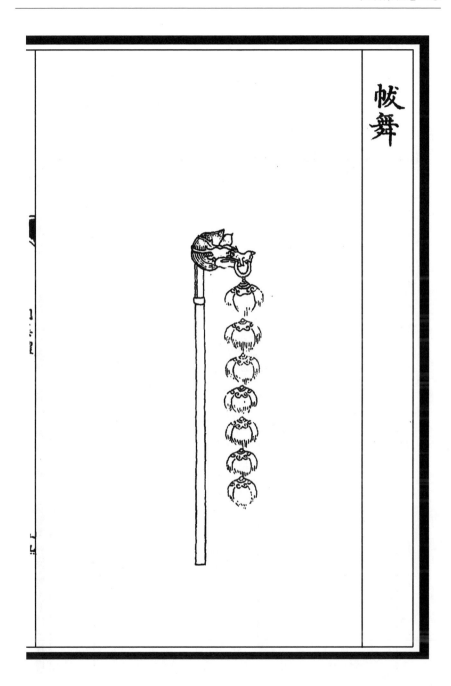

羽舞

《周官·舞師》,掌"教羽舞,帥而舞四方之祭祀"。《籥師》,"教國子舞羽吹籥"。祭祀,則鼓羽籥之舞。羽舞,翟羽可用爲儀,執之以舞,所以爲蔽翼也。

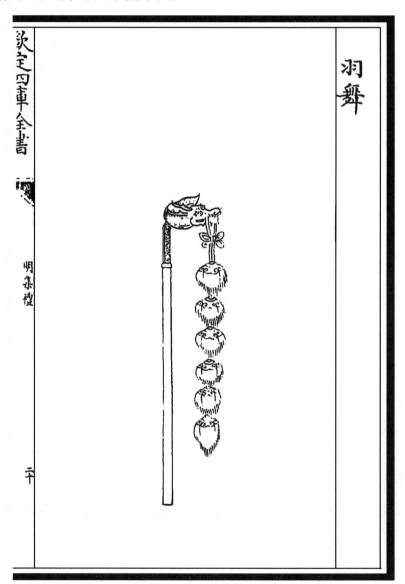

皇舞

《周官·舞師》,掌"教皇舞,帥而舞旱暵之事"。《樂師》,"掌教國子小舞"。皇,陰類也。旱暵,欲達陰中之陽,故以皇舞。

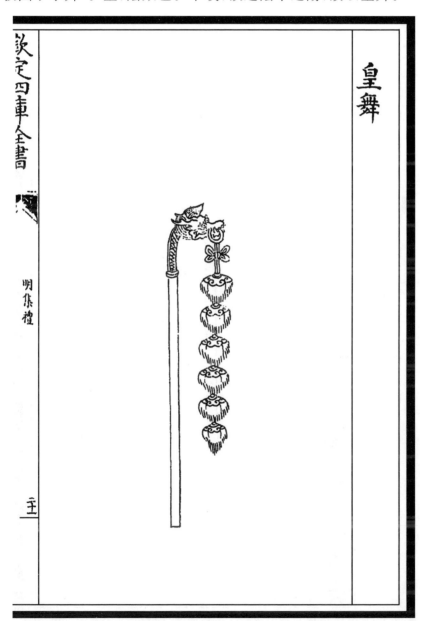

旄舞

葛天氏之樂，三人操牦牛尾而歌八闋。則旄者，乃牦牛之尾。

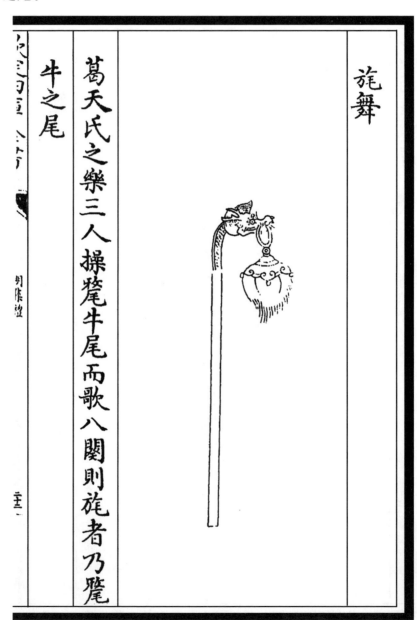

旄舞

葛天氏之樂三人操牦牛尾而歌八闋則旄者乃牦

牛之尾

明集禮

干舞

《郊特牲》曰："朱干設錫，冕而舞大武。"《祭統》曰："及舞，君執干戚，就舞位。"則干者，自衛之兵，非伐人之器。用之以舞，示有武事也。祭山川用之者，以其有阻固捍蔽之功。

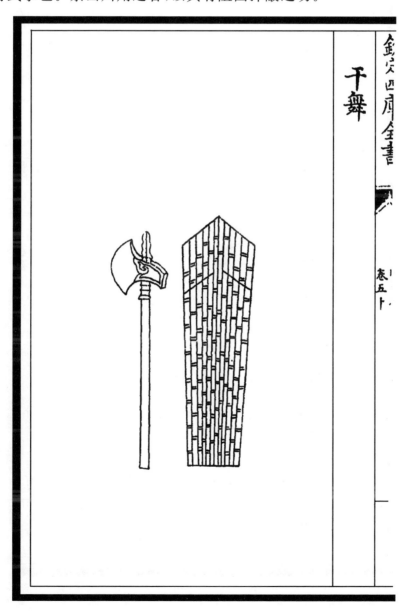

人舞

舞以干戚羽旄爲飾，手舞足蹈爲容。《樂記》樂師均以人之手舞終焉。

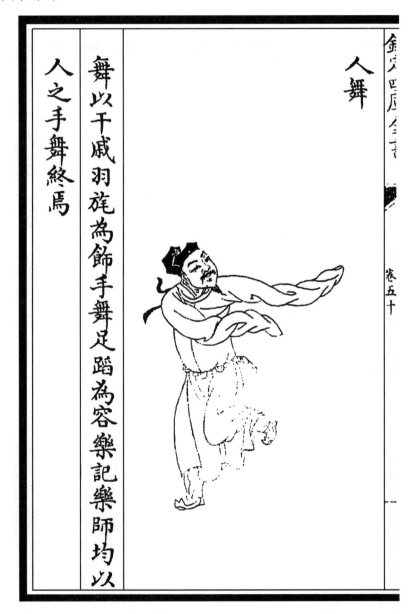

戚

《禮》曰：朱干玉戚以舞大武。干，盾也，所以自蔽。戚，斧也，所以待敵。朱干，白金以飾其背。戚，剝玉以飾其柄。

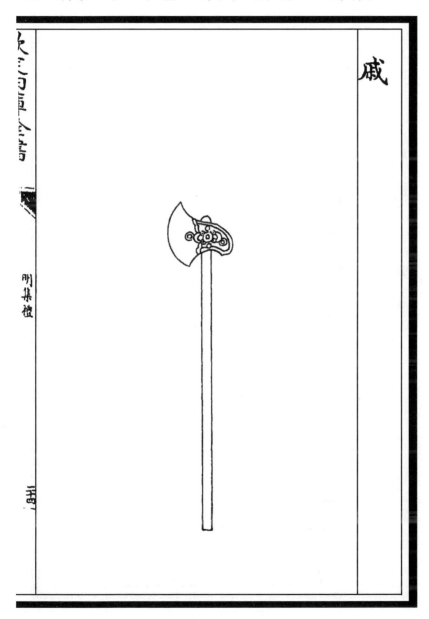

籥

《周官‧籥師》："祭祀鼓羽籥之舞。"籥所以爲聲,翟所以爲容。

翟

翟爲五雉之一，取其翟羽以秉之。《詩》曰："右手秉翟。"

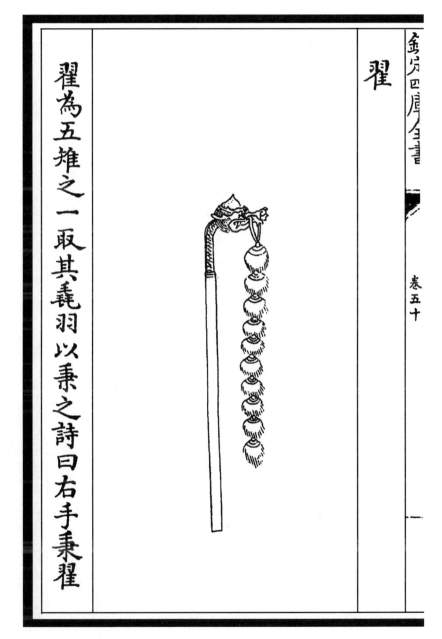

纛　羽葆幢

《爾雅》曰：“翿，纛也。”郭璞以爲今之有羽葆幢。舞者所建，以爲容也。

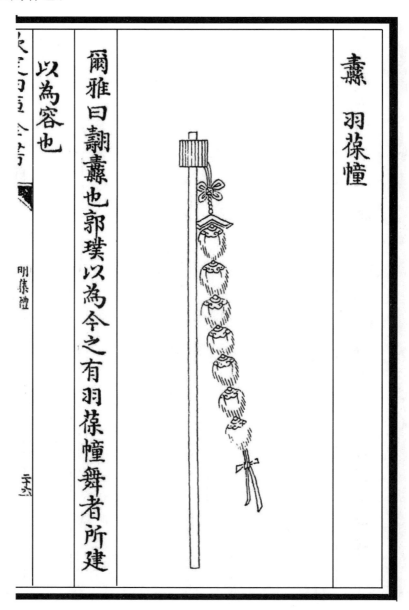

旌

　旌,夏大旌也。舞者行列,以大旌表識之。《大射禮》:"舉旌以宮,偃旌以商。"

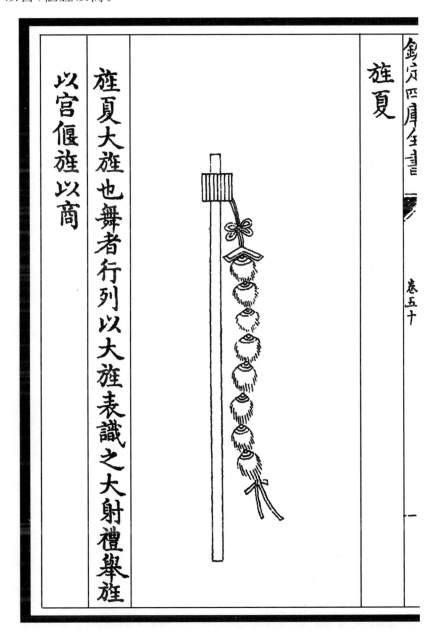

節

《爾雅》："和樂謂之節。"樂之聲,有鼓以節之,舞之容,有節以節之。先代之舞,有執節二人。

麾

《周禮·巾車》,掌"木路,建大麾,以田,以封蕃國"。《書》曰:"用秉白旄以麾。"周所建也。後世協律郎執之,以令樂工。其制高七尺,干飾以龍首,綴纁帛,畫升龍于其上。樂作則舉之,止則偃之。堂上則立于西階,堂下則列于樂懸之前。

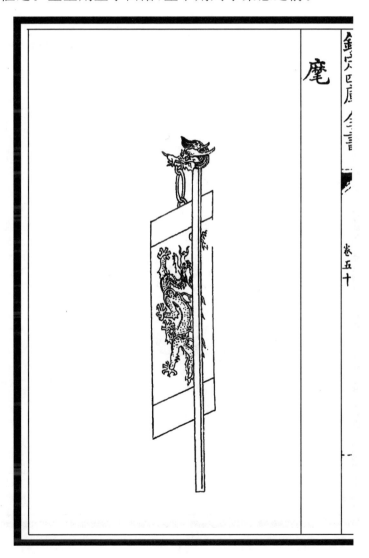

相

八音以鼓爲君，以相爲臣。是相爲鼓，其狀如鼙，韋表糠裏，以漆跲局承而擊之，所以輔樂。《樂記》曰“治亂以相”。諸家樂圖多以相爲節，相以輔樂，亦以節舞。

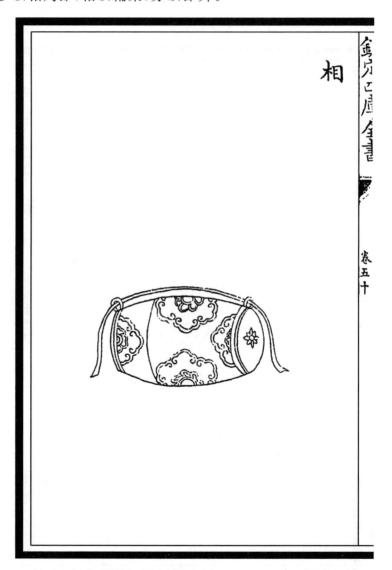

應

應，猶鷹之應物，其獲也小，故小鼓謂之應，以應大鼓所倡之聲，小舂謂之應，以應大舂所應之節。

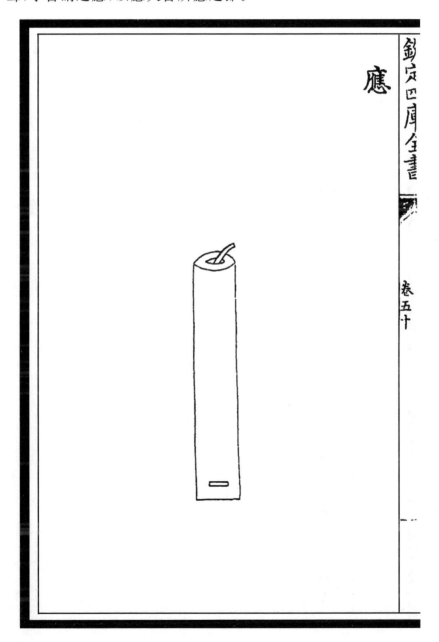

牘

牘,以竹爲之,長者七尺,短者三尺,所以節樂也。《周官·笙師》掌之。

雅

《周官・笙師》,掌教雅,以教祴夏。狀似漆桶而弇口,大二圍,長五尺六寸,以羊韋鞔之,旁有兩紐,疏畫,武舞工人所執,以節舞。

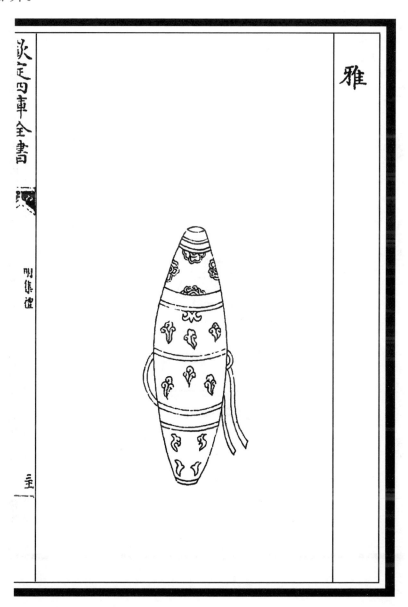

金鉦

如銅�，縣而擊之，以節樂。

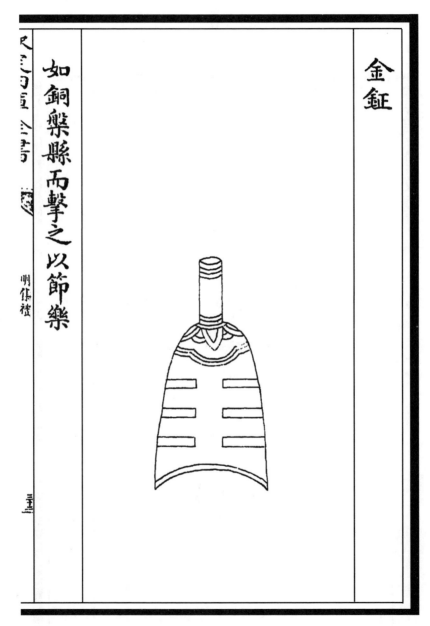

金鐃

如火斗，有柄，以銅爲匡，疏其上如鈴，中有丸，執其柄而搖之，其聲譊譊然，以止鼓。

大明集禮卷五一

樂

雅樂三

樂歌總敘

昔者，羲、農、軒后、少昊、顓頊、高辛皆作樂以象德，而樂歌則未聞也。自舜命夔典樂，有歌永言之辭，及搏拊琴瑟以咏之語。

殷、周各有雅頌，以祀郊廟。

《周禮·鄉飲酒》及《燕禮》，工歌《鹿鳴》《四牡》《皇皇者華》等詩，《大射》歌《鹿鳴》三終。

漢叔孫通定樂，有降神、納俎、登歌、薦裸等曲。武帝定郊祀之歌十九章，一曰《練時日》，二曰《帝臨》，三曰《青陽》，四曰《朱明》，五曰《西顥》，六曰《玄冥》，七曰《惟泰元》，八曰《天地》，九曰《日出入》，十曰《天馬》，十一，無詞。十二曰《景星》，十三曰《齊房》，十四曰《后皇》，十五曰《華煜煜》，十六曰《五神》，十七曰《朝隴首》，十八曰《象戴瑜》，十九曰《赤蛟》。

魏武帝時，杜夔舊傳雅樂四曲，一曰《鹿鳴》，二曰《騶虞》，三曰《伐檀》，四曰《文王》，皆古聲詞。

晉武帝郊廟、明堂禮樂，權遵魏制，但改樂章，使傅玄爲詞。有祠天地、五郊、祠廟、夕牲、送神歌。又令荀勖、張華、夏侯湛、成公綏等各造郊廟諸樂歌辭。傅玄又作先農、先蠶歌辭。

齊高帝建元初，有司奏郊廟雅樂歌辭，命學者、博士並撰，擇而用之。至武帝時，有司奏神廟雅樂歌辭，舊使學士、博士撰，搜簡采用①。參議太廟登歌，宜用司徒褚彥回、謝超宗辭。

梁武帝素善鐘律，遂作雅歌十二，以則天數。皇帝出入奏《皇雅》，皇太子出入奏《胤雅》，王公出入奏《寅雅》，上壽酒奏《介雅》，食舉奏《需雅》，徹饌奏《雍雅》，牲出入奏《滌雅》，薦毛血奏《牷雅》，降神、送迎奏《誠雅》，飲福酒奏《獻雅》，就燎位奏《禋雅》，衆官出入奏《俊雅》。

後魏來自雲朔，樂操土風，未忘其俗，而樂章雜以簸邏回歌，君子無取焉。

比齊四郊、宗廟、三朝之樂，各有樂章。

後周恭帝，平荆州，大獲梁氏樂器，乃令依準成周制。其歌舞，祀五帝、日月、星辰用黃帝樂，歌大吕。祭九州社稷、水旱雩禜用唐堯樂，歌應鐘。祀四望、享諸侯用虞舜樂，歌南吕。祀四類、幸辟雍用夏禹樂，歌函鐘。祭山川用殷湯樂，歌小吕。享宗廟用周武樂，歌夾鐘。皇帝出入奏《皇夏》，賓出入奏《肆夏》，牲出入奏《昭夏》，藩國客出入奏《納夏》，公卿出入奏《章夏》，皇帝進羞奏《深夏》，宗室會聚奏《族夏》，上酒宴樂奏《陔夏》，諸侯見奏《騶夏，皇帝大射奏《騶虞》，諸侯歌《貍首》，大夫歌《采蘋》，士

---

① “撰搜”，原作“搜撰”，據《通典》卷一四二《樂二·歷代沿革下》乙。

歌《采蘩》。其文雄甚而未及用。

隋高祖詔李元孫、盧思道制《清廟歌辭》十二曲。

唐高祖命祖孝孫制十二和之樂：

一曰《豫和》，以降天神，冬至祀圜丘、上辛祈穀、孟夏雩、季秋享明堂、朝日、夕月、巡守告于圜丘、燔柴告至、封祀泰山、類于上帝。

二曰《順和》，以降地祇，夏至祭方丘、孟冬祭神州地祇、春秋巡守、告社、宜于社、禪社首。

三曰《永和》，以降人鬼，享禘祫、有事而告謁于廟。

四曰《肅和》，登歌以奠玉帛，于天神以大呂爲宮，于地祇以應鐘爲宮，宗廟以圜鐘爲宮，先農、釋奠以南呂爲宮，望于山川以函鐘爲宮。

五曰《雍和》，凡祭祀以入俎，天神之俎以黃鐘爲宮，地祇之俎以太簇爲宮，人鬼之俎以無射爲宮。

六曰《壽和》，以酌獻、飲福，以黃鐘爲宮。

七曰《太和》，以爲行節，亦以黃鐘爲宮。

八曰《舒和》，以出入二舞，及皇太子、王公、群后、國老，若皇后之妾御、皇太子之宮臣出入門則奏之，皆以太簇之商。

九曰《昭和》，皇帝、皇太子以舉酒。

十曰《休和》，皇帝以飯，肅拜三老，皇太子亦以飯，皆以其月之律均。

十一曰《正和》，皇后受册以行。

十二曰《承和》，皇太子在其宮，有會以行。

至開元，又制三和，並前十二和爲十五和。

三公升階，會訖下階屨行，則奏《誠和》。

享先農則奏《豐和》。

孔宣父、齊太公則奏《宣和》。

宋太祖詔太常竇儼奏樂,改周樂十二順爲十二安。蓋取治世之音,安以樂之義。祀天爲《高安》,祭地爲《静安》,宗廟爲《理安》,天地、宗廟登歌爲《嘉安》,皇帝臨軒爲《隆安》,王公出入爲《正安》,皇帝飲食爲《和安》,皇帝受朝、皇后入宫爲《順安》,皇太子軒懸出入爲《長安》,正、冬朝會爲《永安》,郊、廟俎入爲《豐安》,祭享酌獻、飲福爲《禧安》,文宣王、武成王同用《永安》,籍田、先農爲《静安》。

其後,太宗又自親撰郊祀昊天四曲。真宗繼撰廟享二曲。仁宗、高宗各親撰製樂章。

元,祀圜丘、方丘、社稷、宗廟、先農、文宣王各有樂章。

國朝,祀圜丘奏《中和》《肅和》等九章,方丘亦奏《中和》《肅和》等曲九章,宗廟奏《太和》《壽和》等曲一十一章,社稷奏《廣和》《凝和》等曲十四章,先農奏《永和》《雍和》等曲十二章。

謹敘樂歌、樂章,以冠于端。歷代及國朝歌章之詳,用著于后。

樂歌虞周漢[①]

《虞書》:"詩言志,歌永言。""舜作五絃之琴,以歌南風。"歌曰:"南風之時兮,可以阜吾民之財兮。南風之薰兮,可以解吾民之愠兮。"

《周官·樂師》:"凡射,王以《騶虞》爲節,諸侯以《貍首》爲節,大夫以《采蘋》爲節,士以《采蘩》爲節。""及徹,率學士而歌徹。"

---

① "虞周漢",原無,據本書目録補。

《儀禮·鄉飲酒》:工歌《鹿鳴》《四牡》《皇皇者華》,笙《南陔》《白華》《華黍》;乃間歌《魚麗》,笙《由庚》;歌《南有嘉魚》,笙《崇丘》;歌《南山有臺》,笙《由儀》,乃合樂《周南·關雎》《葛覃》《卷耳》《召南·鵲巢》《采蘩》《采蘋》。

《燕禮》:工歌《鹿鳴》《四牡》《皇皇者華》,笙奏《南陔》《白華》《華黍》;乃間歌《魚麗》,笙《由庚》;歌《南有嘉魚》,笙《崇丘》;歌《南山有臺》,笙《由儀》,乃合樂《周南·關雎》《葛覃》《卷耳》《召南·鵲巢》《采蘩》《采蘋》。

《大射禮》:歌《鹿鳴》三終,乃管《新宮》三終,奏《貍首》以射。

漢廟樂:大祝迎神于廟門,奏《嘉至》,猶古降神之樂。

皇帝入廟門,奏《永安》,以爲行步之節,猶古《采齊》《肆夏》也。

乾豆上,奏登歌。

登歌再終,下奏《休成》之樂。

就酒,東廂奏《永安》之樂。

齊祀南郊:群臣出入,奏《肅咸》之樂。

牲出入,奏《引牲》之樂。

薦毛血,奏《佳薦》之樂。

迎、送神,奏《昭夏》之樂。

皇帝入壇,奏《永至》之樂。

升壇,奏登歌。

初獻,奏《文德宣烈》之樂。

配享,奏《高德宣烈》之樂。

飲福,奏《嘉胙》之樂。

燎位,奏《昭遠》之樂。

還殿,奏《休和》之樂。

北郊:初獻,奏《地德凱容》之樂,次奏《昭德凱容》之樂。瘞埋,奏《隸幽》之樂。餘並同南郊。

明堂:初獻,奏《凱容宣德》之樂。

賓出入及餘樂,並同南郊。

祠廟:皇帝入廟,奏《永至》之樂。

太祝祼地,奏登歌。

諸皇祖各奏《凱容》之樂。

飲福,奏《永胙》。

送神,奏《肆夏》之樂。

群臣出入、牲出入、薦毛血、迎神、詣便殿,並與南郊、明堂同。

太祖室,奏《高德昭烈》之樂。

穆后神室,奏《穆德凱容》之樂。

高宗,奏《明和凱容》之樂。

籍田,詔驍騎將軍江淹造《籍田歌》二章。

樂章唐宋元①

唐

唐祀圜丘樂章八首　褚亮、魏徵、虞世南等作

降神用《豫和》

上靈眷命兮膺會昌②,盛德殷薦叶辰良。

景福降兮聖德遠,玄化穆兮天曆長。

---

① “唐宋元”,原無,據本書目錄補。
② “兮”,原缺,據《舊唐書》卷三〇《音樂志三》補。

皇帝行用《太和》

穆穆我后，道脣千齡。登三處大，得一居貞。

禮惟崇德，樂以和聲。百神仰止，天下文明。

登歌奠玉幣用《肅和》

闔陽播氣，甄曜垂明。有赫圓宰，深仁曲成。

日麗蒼璧，煙開紫營。聿遵虔享，式降鴻禎。

迎俎入用《雍和》

欽惟大帝，載仰皇穹。始命田燭①，爰啓郊宮。

雲門駭聽②，雷鼓鳴空。神其介祀，景祚斯融。

酌獻飲福用《壽和》

八音斯奏，三獻畢陳。寶祚惟永，暉光日新。

送文舞出、迎武舞入用《舒和》

疊璧凝影皇壇路，編珠流采帝郊前。已奏黃鐘歌大呂，還符寶曆祚昌年。

武舞用《凱安》

昔在炎運終，中華亂無象。鄠郊赤烏見，邙山黑雲上。

大賚下周車，禁暴開殷網。幽明同叶贊，鼎祚齊天壤。

送神用《豫和》

歌奏畢兮禮獻終，六龍御兮神將升。明德感兮非黍稷，降福簡兮祚休徵。

祀方丘樂章八首　褚亮作

迎神用《順和》

萬物資以化，文泰屬升平。易從業惟簡，得一道斯寧。

---

① "田"，原作"由"，據《舊唐書》卷三〇《音樂志三》改。

② "雲"，原作"雩"，據《舊唐書》卷三〇《音樂志三》改。

具儀光玉帛，送舞變咸英。黍稷良非貴，明德信惟馨。

皇帝行用《太和》

詞同圜丘。

登歌奠玉幣用《蕭和》

至哉坤德，皇哉地祇①。開元統紐，合大承規。

九宮肅列，六典相儀。永言配命，長保無虧。

迎俎用《雍和》

柔而能方，直而能敬。厚載以德，大亨以正②。

有滌斯牷，有馨斯盛③。介茲景福，祚我休慶。

酌獻飲福用《壽和》

詞同圜丘。

送文舞出、迎武舞入用《舒和》

玉幣牲牷分薦享，羽毛干戚遞成容。

一德惟寧兩儀泰，三光保合四時邕。

武舞用《凱安》

詞同圜丘。

送神用《順和》

陰祇叶贊，厚德方貞。牲幣具舉，簫鼓備成。

其豐惟肅，其德惟明。神之聽矣，式鑒虔誠。

享太廟樂章　魏徵、褚亮作

迎神用《永和》

于穆烈祖，弘此丕基。永言配命，子孫保之。

---

① “地”，原作“帝”，據《舊唐書》卷三〇《音樂志三》改。

② “亨”，原作“享”，據《舊唐書》卷三〇《音樂志三》改。

③ “有”，原作“布”，據《舊唐書》卷三〇《音樂志三》改。

百神既洽，萬國在茲。是用孝享，神其格思。

皇帝行用《太和》

詞同圜丘。

登歌酌鬯用《肅和》

大哉至德，允茲明聖。格于上下，聿遵誠敬。

喜樂斯登，鳴球以咏①。神其降止，式隆景命。

迎俎用《雍和》

崇茲享祀，誠敬兼至。樂以感靈，禮以昭事。

粢盛咸潔，牲牷孔備。永言孝思，庶幾不匱。

高祖大武皇帝酌獻用《大明》

五祀更運，三正遞升。勛華既没，禹湯勃興。

神武命代，靈眷是膺。望雲彰德，察緯告徵②。

上紐天維，下安地軸。徵師涿野，萬國咸服。

偃伯靈臺，九官允穆。殊域委贄，懷生介福。

大禮既飾，大樂已和。黑章擾囿，赤字浮河。

功宣載籍，德被詠歌。克昌厥後，百禄是荷。

太宗文皇帝酌獻用《崇德》

五運改卜，千齡啓聖。彤雲曉聚，黃星夜映。

葉闡珠囊，圖開玉鏡。下臨萬宇，上齊七政。

霧開三象，塵清九服。海潚星輝③，遠安邇肅。

天地交泰，華夷輯睦。翔泳歸仁，中外禔福。

---

① "球"，《舊唐書》卷三一《音樂志四》作"珠"。

② "察"，原作"密"，據《舊唐書》卷三一《音樂志四》改。

③ "潚"，原作注文小字"闋"，據《舊唐書》卷三一《音樂志四》補。

績踰黜夏,勳高剗商。武陳七德①,刑設三章。

祥禽巢閣,仁獸游梁。卜年惟永②,景福無疆。

飲福用《壽和》

八音斯奏,三獻畢陳。寶祚惟永,輝光日新。

退文迎武用《舒和》

聖敬通神光七廟,靈心薦祚和萬方。嚴禋克配鴻基遠,明德惟馨鳳曆昌。

武舞用《凱安》

昔在炎運終,中華亂無象。酆郊赤烏見,邙山黑雲上。

大賚下周車,禁暴開殷網。幽明同叶贊,鼎祚齊天壤。

徹豆用《雍和》

于穆清廟,聿修嚴祀。四縣載陳③,三獻斯止。

籩豆徹薦,人祇界祉。神惟格思,錫祚不已。

送神用《永和》

肅肅清祀,烝烝孝思。薦享昭備,虔恭在茲。

雍歌徹俎,祝嘏陳辭。用光武至④,永固鴻基。

社稷樂章

迎神用《順和》

萬物資以化,交泰属升平⑤。易從業惟簡,得一道斯寧。

具儀光玉帛,送舞變咸英。

---

① “武”,原作“式”,據《舊唐書》卷三一《音樂志四》改。
② “卜”,原作“千”,據《舊唐書》卷三一《音樂志四》改。
③ “載”,原作“再”,據《舊唐書》卷三一《音樂志四》改。
④ “用”,原作“田”,據《舊唐書》卷三一《音樂志四》改。
⑤ “交泰”,原作“文奏”,據《舊唐書》卷三〇《音樂志三》改。

皇帝行用《太和》

穆穆我后,道膺千齡。登三處大,得一居貞。

禮惟崇德,樂以和聲。百神仰止,天下文明。

登歌奠玉帛用《肅和》

后土凝德,神功協辪。九域底平,兩儀交際。

戊期應序,陰墉展幣。靈車少留,俯歆樽桂①。

迎俎用《雍和》

美報崇本,嚴恭展事。受露疏壇,承風啓地。

潔粢登俎,醇犧入饋。介福遠流,群生畢遂。

皇帝酌獻飲福用《壽和》

八音斯奏,三獻畢陳。寶祚惟永,輝光日新。

退文迎武用《舒和》

坤道降祥和庶品②,靈心載德厚群生。水土既調三極泰,文武畢備九區平。

武舞用《凱安》

昔在炎運終,中華亂無象。鄷郊赤烏見,邙山黑雲上。

大賚下周車,禁暴開殷網。幽明同叶贊,鼎祚齊天壤。

送神用《豫和》

歌奏畢兮禮獻終,六龍御兮神將升。明德感兮非黍稷,降福簡兮祚休徵。

祭先農樂章

迎神用《誠和》

粒食伊始,農之所先。古今攸賴,是曰人天。

---

① "樽",原作"尊",據《舊唐書》卷三〇《音樂志三》改。

② "坤",原作"神",據《舊唐書》卷三〇《音樂志三》改。

耕斯帝籍，播厥公田。式崇明祀，神其福焉。

皇帝行用《太和》

穆穆我后，道膺千齡。登三處大，得一居貞。

禮惟崇德，樂以和聲。百神仰止，天下文明。

登歌奠玉帛用《肅和》

罇彝既列，瑚簋方薦。歌工載登，幣禮斯奠。

肅肅享祀，顒顒縉弁。神之聽之，福流寰縣①。

迎俎用《雍和》

前夕視牲，質明奉俎。沐芳整弁，其儀式序。

盛禮畢陳，嘉樂備舉。歆我懿德，非馨稷黍。

酌獻飲福用《壽和》

八音斯奏，三獻畢陳。寶祚惟永，暉光日新。

送文迎武用《舒和》

羽籥低昂文綴已，干戚蹈厲武行初。

望歲祈農神所聽，延祥介福豈云虛。

武舞亞終獻用《凱安》

昔在炎運終，中華亂無象。酆郊赤烏見，邙山黑雲上。

大賚下周車，禁暴開殷網。幽明同叶贊，鼎祚齊天壤。

送神用《誠和》

三推禮就，萬庾祈凝。黅賓志遠，薦潰惟興②。

降歆肅薦，垂祐祇膺③。送神有樂，神其土升。

---

① "寰"，原作"環"，據《舊唐書》卷三〇《音樂志三》改。
② "潰"，原作"衮"，據《舊唐書》卷三〇《音樂志三》改。
③ "祇"，原作"祖"，據《舊唐書》卷三〇《音樂志三》改。

百神樂章

降神用《豫和》

上靈眷命兮膺會昌①,盛德殷薦叶辰良。景福降兮聖德遠,
玄化穆兮天曆長。

皇帝行用《太和》

穆穆我后,道應千齡。登三處大,得一居貞。
禮惟崇德,樂以和聲。百神仰止,天下文明。

登歌奠玉帛用《肅和》

序迫歲陰,日纏星紀。爰稽茂典,聿崇清祀。
綺幣霞舒,瑞珪虹起。百禮垂裕,萬靈薦祉。

迎俎用《雍和》

緹籥勁序②,玄英晚候。姬蠟開儀,幽歌入奏。
蕙馥雕俎,蘭芬玉酎。大享明祇,永綏多祐。

酌獻飲福用《壽和》

八音斯奏,三獻畢陳。寶祚惟永,暉光日新。

送文舞迎武舞用《舒和》

經緯兩儀文化洽,削平萬域武功成。瑤弦自樂乾坤泰,玉鍼
長歡區縣寧。

武舞用《凱安》

昔在炎運終,中華亂無象。酆郊赤烏見,邙山黑雲上。
大賚下周車,禁暴開殷網。幽明同叶贊,鼎祚齊天壤。

送神用《豫和》

歌奏畢兮禮獻終,六龍御兮神將升。明德感兮非黍稷,降福

---

① “兮”,原缺,據《舊唐書》卷三〇《音樂志三》補。

② “勁”,原作“效”,據《舊唐書》卷三〇《音樂志三》改。

簡兮祚休徵。

皇太子親釋奠文宣王樂章

迎神用《誠和》

聖道日用,神機不測①。金石以陳,弦歌載陟。

爰釋其菜,匪馨于稷②。來顧來享,是宗是極。

皇太子行用《承和》

萬國以貞光上嗣,三善茂德表重輪。視膳寢門遵要道,高闡
崇賢列正人。

登歌奠幣用《肅和》

粵惟上聖,有縱自天。旁周萬物,俯應千年。

舊章允著,嘉贄孔虔。王化茲首,儒風是宣。

迎俎用《雍和》

堂獻瑤篚,庭敷璆懸。禮備其容,樂和其變。

肅肅觀享,雍雍執奠。明德惟馨,蘋蘩可薦。

送文舞、迎武舞用《舒和》

隼集龜開昭聖列,龍蹲鳳跱肅神儀。

尊儒敬業宏圖闡,緯武經文盛德施③。

武舞用《凱安》

詞同圜丘。

送神用《誠和》

醴溢犧象,羞陳俎豆。魯壁類聞④,泗川如覿。

---

① “機”,原作“幾”,據《舊唐書》卷三〇《音樂志三》改。
② “于”,原作“黍”,據《舊唐書》卷三〇《音樂志三》改。
③ “施”,原作“敷”,據《舊唐書》卷三〇《音樂志三》改。
④ “類”,原作“疑”,據《舊唐書》卷三〇《音樂志三》改。

里效覃福,胄筵承佑①。雅樂清音,送神其奏。

祭武成王樂章②

迎神奏《宣和》之舞三成

卜畋不從,兆發非熊。乃傾荒政,爰佐一戎。盛烈載垂,命祀惟崇③。

日練上戊④,宿嚴閟宮。迎奏嘉至,感而遂通。

奠幣登歌奏《肅和》

管磬升,璮薌集。上公進,嘉幣執。

信以通,儗如及。恢帝功,錫后邑。

四維張,百度立。綿億載,邈難挹⑤。

迎俎酌獻

五齊潔,九牢碩⑥。梡橛循⑦,罍斝滌。

進具物,揚鴻績。和奏發,高靈寂。

虔告終,繁祉錫。昭秩祀⑧,永無斁。

亞終獻

貳觴以獻,三變其終。顧此非馨,尚達斯衷。茅縮可致⑨,神歆載融。

---

① “筵承”,原作“延神”,據《舊唐書》卷三〇《音樂志三》改。

② 嘉靖本標題“武成王”後原有注文小字“以上唐”,據全書體例改作上一級標題“唐”。

③ “崇”,原作“宗”,據《樂府詩集》卷七《郊廟歌辭七》改。

④ “練”,原作“陳”,據《樂府詩集》卷七《郊廟歌辭七》改。

⑤ “挹”,原作“揖”,據《樂府詩集》卷七《郊廟歌辭七》改。

⑥ “九”,原作“元”,據《樂府詩集》卷七《郊廟歌辭七》改。

⑦ “循”,原作“脩”,據《樂府詩集》卷七《郊廟歌辭七》改。

⑧ “秩”,原作“秋”,據《樂府詩集》卷七《郊廟歌辭七》改。

⑨ “可”,原作“何”,據《樂府詩集》卷七《郊廟歌辭七》改。

始神翊周①,拯溺除凶。時維降祐,永絶興戎。

　　　　　送神

明祀方終,備樂斯闋。玄纁就瘞②,籩豆告徹③。

肸享尚餘,光景玄滅④。返歸虚極,神心則悦。

宋

宋祀圜丘樂章八曲　建隆元年竇儼撰

　　　　降神用《高安》

在國南方,時維就陽。以祈帝祉,式致民康。

豆籩鼎俎,金石絲簧⑤。禮行樂奏,皇祚無疆。

　　　　皇帝行用《隆安》

步武舒遲,升壇肅祗。其容允若,于禮攸宜。

　　　　奠玉帛用《嘉安》

嘉玉制幣,以通神明。神不享物,享于克誠。

　　　　奉俎用《豐安》

笙鏞備樂,繭栗陳牲。乃送芳俎,以薦高明。

　　　　酌獻用《禧安》

丹雲之爵,金龍之勺。挹于尊罍,是曰清酌。

　　　　飲福用《禮安》

潔兹五齊,酌彼六尊。致誠斯至,率禮彌敦。

以介景福,永隆後昆。重熙累洽,帝道攸尊。

---

① “翊周”,原作“載融”,據《樂府詩集》卷七《郊廟歌辭七》改。
② “玄”,《樂府詩集》卷七《郊廟歌辭七》作“黝”。
③ “籩豆”,《樂府詩集》卷七《郊廟歌辭七》作“豆籩”。
④ “玄”,《樂府詩集》卷七《郊廟歌辭七》作“云”。
⑤ “簧”,原作“篁”,據《宋史》卷一三二《樂志七·樂章一》改。

亞終獻用《正安》

謂天蓋高，其聽孔卑。聞樂歆德，介以福禧。

送神用《高安》

倏兮而來，忽兮而回。雲馭杳邈，天門洞開。

祭方丘樂章　景祐三年諸臣撰

降神用《靜安》

至哉厚德，陟配天長。沈潛剛克，廣大無疆。

資生萬物，神化含章。同和八變，神靈效祥。

升殿用《正安》

景風應時，聿嚴毖祀。用事方丘，鏘鏘濟濟。

登降有節，三獻成禮。神其格思，錫我繁祉。

奠玉帛用《嘉安》

坤元博厚，對越天明。展事方澤，亶惟顧歆。

嘉玉量幣，祗薦精純。錫我繁祉，燕及函生。

奉俎用《豐安》

丕答靈貺，蕆祀方丘。豆登在列，鼎俎斯偁。

牲牷告具，寅畏彌周。柔祗昭格，飇至雲流。

酌獻用《光安》

祗事坤元，飭躬敢憚。爰潔粢盛，載嚴圭瓚。

清明內融，嘉旨外粲。介我繁禧①，時億時萬。

退文舞、進武舞用《正安》

于穆媼神，媲德彼天。我修毖祀，以莫不虔。

肆陳時夏，干羽相宣。靈其來游，降福綿綿。

---

① "禧"，《宋史》卷一三三《樂志八·樂章二》作"厘"。

亞終獻用《文安》

禮有祈報,國惟典常。籩豆豐潔,降升齊莊。

備物致志,式薦累觴。來格來享①,自天降康。

送神用《寧安》

至厚至深,其動也剛。精誠默通,或出其藏。

神之言歸,化斯有光。相我炎圖,萬世無疆。

朝日樂章

降神用《高安》

陽德之母,羲馭寅賓。得天久照,首茲三辰。

正辭備物,肅肅振振。淪精降鑒②,克享明禋。

奠玉帛酌獻用《嘉安》

醴齊良潔,有牲斯純。大采黝冕③,乃昭其文。

王宮定位,粢盛苾芬。民事以敘,盛德升聞。

送神用《高安》

懸象著明,照臨下土。降福穰穰,德施用普。

夕月樂章

降神用《高安》

凝陰秉粹,照臨八紘④。麗天垂象,繼日代明。

一氣資始,四時運行。靈祇昭格,備物薦誠。

奠玉幣酌獻用《嘉安》

夕耀乘秋,功存宇縣。金奏在懸,以時致薦。

---

① "格"前"來"字,《宋史》卷一三三《樂志八·樂章二》作"昭"。

② "鑒",《宋史》卷一三三《樂志八·樂章二》作"監"。

③ "黝",《宋史》卷一三三《樂志八·樂章二》作"玄"。

④ "紘",《宋史》卷一三三《樂志八·樂章二》作"埏"。

祀事孔明①,明靈降眷。潔粢豐盛,倉箱流衍。

送神用《高安》

夙陳籩豆,潔誠致祈。垂休保佑,景祚巍巍。

祭風師樂章

迎神用《欣安》

夫物絪縕②,神氣撓之。誰歟其司③,維南之箕。

俶哉明庶,我祀惟時。我心孔勞,神其下來。

酌獻用《雍安》

我求于神,無臭無聲。神之燕享,惟時專精。

大馨在列,櫡燎在庭。侑我桂酒,娛其以聽。

送神曲名同迎神

荃以止乎,禓禓其容。奄橫四海,蹇莫之窮。

時不驟得,禮焉有終④。荃其行乎,余心懺懺。

祭雷師樂章

迎神用《欣安》

衆萬之托,動之潤之。昭格孔時,維神之依。

泠然後先,肆我肯顧。是耶非耶,紛其來下。

酌獻用《雍安》

瞻彼南山,有阤其出。維蟄之奮,維癘之息。

眷焉顧享,在夏之日。觴豆靡報,皇忍忘德。

---

① "明",《宋史》卷一三三《樂志八·樂章二》作"寅"。
② "夫",原作"天",據《宋史》卷一三六《樂志八·樂章六》改。
③ "司",原作"師",據《宋史》卷一三六《樂志八·樂章六》改。
④ "焉",原作"與",據《宋史》卷一三六《樂志八·樂章六》改。

送神曲名同迎神

陰旐載旋，鼓車其鞭。問神安歸，冥然而天。

皇有正命，祀事孔蠲。其臨其歸，億萬斯年。

太廟樂章

盥洗用《乾安》

維皇齊精，禋假于廟。觀盥之初，惟以潔告。

衍承祖宗[①]，恤祀昭孝。誠心有孚，介福斯報。

迎神用《興安》

秬鬯既將，黃鐘具奏。肅我祖考，祗栗以竢。

于皇列聖，在帝左右，監觀于茲，雲車來下。

奉俎用《豐安》

有碩其牲，登于大房。肅展以享，庶幾迪嘗。

匪脤是告，我民其康。保乂爾後，垂休無疆。

詣太祖室酌獻用《大定》

爲民請命，皇祖赫臨。天地並貺，億萬同心。

造邦以德，介福宜深。挹彼惟旨，真游居歆。

詣太宗室酌獻用《大定》

皇矣太宗，嗣服平成。益奮神旅，再征不庭。

文武秉德，仁孝克明。以聖傳聖，對越紫清。

真宗室用《熙文》

思文真宗，體道之崇。憺威赫靈，遵制揚功。

珍符鼎來，告成登封。盛德百世，于昭無窮。

---

① "衍"，原作"衍"，據《宋史》卷一三三《樂志九・樂章三》改。

仁宗室用《美成》

仁德如天，徧覆無偏。功濟九有，恩涵八埏。

齊民受康，朝野晏然。擊壤歌謠，四十二年。

降殿出小次用《乾安》

于皇我后，祗戒專精。躬製聲詩，文思聰明。

雍容戾止，玉立端誠。神聽如在，福禄來寧。

文舞退、武舞進用《正安》

八音諧律，綴兆充庭。進旅退旅，肅恭和平。

盛薦祖宗，靈鑒昭升①。象功崇德，遹觀厥成。

亞終獻用《正安》

疏羃三舉，誠心一純。孰陪予祀，公族振振。

神其醉止②，燕娭杳冥。于斯萬年，綏我斯成③。

飲福用《禧安》

赫赫明明，維祖維宗。監于文孫，維德之同。

日靖四方，亦同其功。億萬斯年，以承家邦。

送神用《興安》

神之來游，風馬雲車。奄留徬彿④，顧瞻欷歔。

神之還歸，鈞天帝居。監觀于下，何福不除。

---

① “鑒”，《宋史》卷一三三《樂志九·樂章三》作“監”。

② “其”，《宋史》卷一三三《樂志九·樂章三》作“具”。

③ “斯”，《宋史》卷一三三《樂志九·樂章三》作“思”。

④ “徬”，原作“放”，據《宋史》卷一三三《樂志九·樂章三》改；“彿”，原作注文小字“闕”，據《宋史》卷一三三《樂志九·樂章三》補。

祭社稷樂章

降神用《寧安》

五祀之本，社稷有嚴。芟柞伊始①，夫敢不虔。

吉日維戊，式薦豆籩。其神來格，用介有年。

升壇用《正安》

坤地之道②，粒食有先。歲謹祈報，禮嚴豆籩。

降登祼薦，罔或不虔。以似以續，宜屢豐年。

奠幣用《嘉安》

土發而祭，農祥是期。籩豆加筐，典禮有彝。

惟茲珪幣，用告肅祇。神靈降鑒，錫我繁釐。

奉俎用《豐安》

嘉承天和，黍稷翼翼。默相農功，繄神之德③。

俎實犧牲，舊章是式。嗣有豐年，我庾惟億。

酌獻用《嘉安》

封土崇祀，有烈在民。千載不昧，福此人群。

洗爵奠斝，有酒其芬④。神具醉止，豈樂忻忻。

亞終獻用《文安》

風雨時若，自天降康。稼穡滋殖，自神發祥。

穀我婦子，豐年穰穰。報本嚴祀，齊明允臧。

送神用《寧安》

乃粒烝民，功昭萬古。國有常祀，薦獻式敘。

---

① “柞”，原作“作”，據《宋史》卷一三六《樂志八·樂章六》改。

② “坤”，《宋史》卷一三六《樂志八·樂章六》作“神”。

③ “繄”，原作“伊”，據《宋史》卷一三六《樂志八·樂章六》改。

④ “芬”，《宋史》卷一三六《樂志八·樂章六》作“馨”。

蕭蕭雍雍,舊章咸舉。神保聿歸,介我稷黍。

望瘞用《正安》

地載萬物,民資乃功。報本稱祀,大稷攸同。

禮樂既備,訖埋愈恭。神其降嘏,時和歲豐。

先農樂章

迎神用《静安》

先農播種,九穀務滋。靈壇致享,良耕陳儀①。

吉日惟亥②,運屬純熙。樂之作矣,神其格思。

奠玉帛用《嘉安》

親耕展祀,明靈來格。九有駿奔,百司庀職。

獻奠肅肅,登降翼翼。祈彼豐穰,福流萬國。

奉俎用《豐安》

蕭陳韶武,祗應犧牲。乃逆黃道③,以率躬耕。

亞終獻用《正安》

祀惟古典,食乃民天。歆兹潔祀,以應祈年。亞獻。

式陳芳薦,爰致虔誠。神其降鑒,永福黎甿。終獻。

送神用《静安》

明禋紺壇,靈風肅然。登歌已闋,神馭將旋。

道光帝籍,禮備公田④。鑒兹躬稼,永錫豐年。

望祭山川

迎神用《凝安》。

---

① "良",原作"黛",據《宋史》卷一三六《樂志八·樂章六》改。

② "吉日惟",原作"日惟吉",據《宋史》卷一三六《樂志八·樂章六》改。

③ "逆黃道",原作"迎黃俎",據《宋史》卷一三六《樂志八·樂章六》改。

④ "備",原作"衛",據《宋史》卷一三六《樂志八·樂章六》改。

升壇用《同安》。

奠幣用《明安》。

酌獻用《成安》。

送神用《寧安》。以上並十章八句,其辭亡。

禘祭百神樂章

降神用《同安》

百物蕃阜,四方順成。通其八蜡,合乃嘉平。

旨酒斯醇,大庖孔盈。萬靈來格,威儀以成。

奠幣酌獻用《嘉安》

肅肅靈壇,昭昭上天。潔粢豐盛,以享以虔。

百神咸萃,六樂斯懸。介茲景福,期于有年。

送神用《高安》

來顧來享,禮成樂備。靈馭翩翩,雲行雨施。

文宣王釋奠樂章

迎神用《凝安》

黃鐘宮

大哉宣聖,道尊德崇。維持王化,斯民是宗。

典祀有常,精純並隆。神其來格,于昭盛容。

大呂角

生而知之,有教無私。成均之祀,威儀孔時。

維茲初丁,潔我盛粢。永適其道,萬世之師。

太簇徵

巍巍堂堂,其道如天。清明之象,應物而然。

時維上丁,備物薦誠。維新禮典,樂詣中聲。

應鐘羽

聖王生知,闡乃儒規。詩書文教,萬世昭垂。

良日維丁,靈承不爽。揭此精虔,神其來享。

盥洗用《同安》

右文興化,憲古師經。明祀有典,吉日維丁。

豐犧在俎,雅奏在庭。周旋陟降,福祉是膺。

升奠用《同安》

誕興斯文,經天緯地。功加于民,實千萬世。

笙鏞和鳴,粢盛豐備。肅肅降登,歆茲秩祀。

奠幣用《明安》

自生民來,孰底其盛。惟王神明,度越前聖。

粢幣具成,禮容斯稱。黍稷非馨,惟神之聽。

奉俎用《豐安》

道同乎天,人倫之至。有享無窮,其興萬世。

既潔斯牲,粢明醑旨。不懈以忱,神之來暨。

文宣王位酌獻用《成安》

大哉聖王,實天生德。作樂以崇,時祀無斁。

清酤惟馨,嘉牲孔碩。薦羞神明,庶幾昭格。

兗國公位酌獻用《成安》

庶幾屢空,淵源深矣。亞聖宣猷,百世宜祀。

吉蠲斯辰,昭陳尊簠。旨酒欣欣,神其來止。

鄒國公位酌獻

道之由興,于皇宣聖。惟公之傳,人知趨正。

與享在堂,情文實稱。萬年承休,假哉天命。

亞終獻用《文安》

百王宗師,生民物軌。瞻之洋洋,神其寧止。

酌彼金罍,惟清且旨。登獻惟三,于嘻成禮。

徹豆用《娛安》

犧象在前,豆籩在列。以享以薦,既芳既潔。

禮成樂備,人神和悅。祭則受福,率遵無越。

送神用《凝安》,望瘞、盥洗同

有嚴學宮,四方來宗。恪恭祀事,威儀雍雍。

歆茲惟馨,颭御旋復①。明禋斯畢,咸膺百福。

釋奠武成王樂章②

迎神用《凝安》

于赫烈武,光昭古今。載嚴祀事,致備惟欽。

既潔其牲,既諧其音。神之格思,來顧來歆。

升殿用《同安》

肅肅廟中,有嚴階墄。匪棘匪徐,進退可則。

冕服是儀,環佩有節。神之鑒觀,率履不越。

奠幣用《明安》

祀率舊典,禮崇駿功。齊明中正,肸蠁豐融。

量幣宿册,周旋鞠躬。神其昭受,幽贊無窮。

武成王酌獻用《成安》

赫赫尚父,時惟鷹揚。神潛韜略,襟抱帝王。

談笑致主,竹帛流芳。國有嚴祀,載稽典常。

---

① "御",《宋史》卷一三六《樂志八·樂章六》作"馭"。

② 嘉靖本標題"武成王"後原有注文小字"以上宋",據全書體例改作上一級標題"宋"。

留侯位酌獻用《成安》

眷彼留侯,奇籌贊漢。依乘風雲,勒功盛旦。

克配明禋,儀刑有焕。英氣如生,來格來衍。

亞終獻用《正安》,配位同

道助文德,言爲世師。功名不泯,祀事無遺。

旨酒惟馨,具醉在兹。有嘉累獻,神其燕娭。

送神用《凝安》

日惟上戊,神顧精純。禮備三獻,樂成七均。

奄流洋洋,流福無垠。言旋恍惚,空想如存。

元

元圜丘樂章　大德定擬

皇帝入中壇奏黄鐘宮

赫赫有臨,洋洋在上。克配皇祖,于穆來饗。

肇此大禋,乾文弘朗。被衮玄丘,巍巍圓象。

皇帝盥洗奏黄鐘宮

翼翼孝思,明德洽禮。功格玄穹,有光帝始。

著我精誠,潔兹薦洗。幣玉攸奠,永集嘉祉。

升壇奏大吕宮

天行惟健,盛德御天。日月龍章,筍簴宮縣。

藁秸尚明,禮璧蒼玄。神之格思,香升燔煙。

降神奏《天成》之曲　圜鐘宮

烝哉皇元,丕承帝眷。報本貴誠,于郊殷薦。

藁秸載陳,雲門六變。神之格思,來處來燕。

盥洗奏《隆成》之曲　黄鐘宮

肇禋南郊,百神受職。齊潔惟先,匪馨惟稷。

廼沃廼盥,祠壇是陟。上帝監觀,其儀不忒。

升壇奏《隆成》之曲　大呂宮

于穆圜壇,陽郊奠位。孔惠孔時,吉蠲惟饎。
降登祗若,百禮既至。願言居歆,允集熙事。

奠玉幣奏《欽成》之曲　黃鐘宮　正、配位同

謂天蓋高,至誠則格。克祀克禋,駿奔百辟。
制幣斯陳,植以蒼璧。神其降康,俾我多益。

司徒奉俎奏《寧成》之曲　黃鐘宮

我牲既潔,我俎斯實。笙鏞克諧,籩豆有餑。
神來宴娭,歆茲明德。永錫繁禧,如幾如式。

昊天上帝位酌獻奏《明成》之曲　黃鐘宮

于昭昊天,臨下有赫。陶匏薦誠,馨聞在德。
酌言獻之,上靈是格。降福孔皆,時萬時億。

皇地祇位酌獻　大呂宮

至哉坤元,與天同德。函育群生,玄功莫測。
合享圜壇,舊典時式。申錫無疆,聿寧皇國。

太祖皇帝酌獻　黃鐘宮

禮大報本,郊定天位。皇皇神祖,反始克配。
至德難名,玄功弘濟。帝典式敷,率育攸暨。

飲福奏大呂宮

特牲享誠,備物循質。上帝居歆,百神受職。
皇武昭宣,孝祀芬苾。萬福攸同,下民陰隲。

皇帝出入小次奏黃鐘宮

惟天爲大,惟帝享帝。以配祖考,肅贊靈祉。
定極崇功,永我昭事。升中于天,象地畢至。

文舞退、武舞進奏《和成》之曲　黃鐘宮

羽籥既竣，載揚玉戚。一弛一張，匪舒匪棘。

八音克諧，萬舞有奕。永觀厥成，純嘏是錫。

亞終獻奏《和成》之曲　黃鐘宮

有嚴郊禋，恭陳玉幣。大禧是承，載祗載肅。

上帝居歆，馨香既飫。惠我無疆，介以景福。

徹豆奏《寧成》之曲　大呂宮

三獻攸終，六樂斯徧。既右享之，徹其有踐。

洋洋在上，默默靈眷。明禋告成，于皇錫羨。

送神奏《天成》之曲　圜鐘宮

神之來歆，如在左右。神保聿歸，靈斿先後。

恢恢上圓，無聲無臭。日監孔昭，思皇多祐。

望燎位奏黃鐘宮

熙事備成，禮文郁郁。紫煙聿升，靈光下燭。

神人樂康，永膺戩穀。祚我丕平，景命有僕。

皇帝出中壝奏黃鐘宮

泰壇承光，寥廓玄曖。暢我揚明，享儀惟大。

九服敬宣，聲教無外。皇拜天祐，照臨斯屆。

宗廟樂章

皇帝入門奏《順成》之曲　無射宮

熙熙雍雍，六合大同。維皇有造，典禮會通。

金奏玉戛，祗款神宗。感格如響，嘉氣來叢。

盥洗奏《順成》之曲　無射宮

天德維何，如水之清。維水內曜，配彼天明。

以滌以濯，犧象光晶。孝思惟則，式薦忱誠。

升堂登歌奏《順成》之曲　夾鐘宮

皇明燭幽，沿時制作。宗廟之威①，降登時若②。

趨以采齊，聲容有恪。曰藝曰文，監茲衍樂。

出入小次奏《昌寧》之曲　無射宮

于皇神宮，象天清明。肅肅來止，相維公卿。

威儀孔彰，君子攸寧。神之休之，綏我思成。

迎神奏《思成》之曲　黃鐘宮三成

齊明盛服，翼翼靈眷。禮備多儀，樂成九變。

烝烝孝心，若聞且見。肸蠁端臨，來寧來燕。

升殿奏《肅寧》之曲　夾鐘宮

祀事有嚴，太宮有侐。陟降靡違，孔容翼翼。

籩豆旅陳，鐘磬翕繹。于昭吉蠲，神保是格。

司徒奉俎奏《嘉成》之曲　無射宮

色純體全，三犧五牲。鸞刀屢奏，毛炰胾羹。

神具醊飫，聽我磬聲。居歆有永，胡考之寧。

太祖室奏《開成》之曲　無射宮

天扶昌運，混一中華。爰有真人，奮起龍沙。

際天開宇，亙海爲家。肇修禋祀，萬世無涯。

睿宗室奏《昭成》之曲　無射宮

天啓深仁，須世而昌。追惟顯考，敢後光揚。

徽儀肇舉，禮備音鏘。皇靈監止，降釐無疆。

飲福奏《釐成》之曲　夾鐘宮

穆穆天子，禋祀太宮。禮成樂備，敬徹誠通。

---

① "之威"，原缺，據《元史》卷六九《禮樂志三·宗廟樂章》補。

② "時若"，原作注文小字"闕二字"，據《元史》卷六九《禮樂志三·宗廟樂章》補。

神胥樂止,錫之醇釀。天子萬世,福禄無窮。

文舞退、武舞進奏《肅成》之曲　無射宮

幽通神明,所重精禋。清宮肅肅,百禮具陳。

九韶克諧,八佾㧑㧑。靈光昭答,天休日申。

徹豆奏《豐寧》之曲　夾鐘宮

豆籩芬苾,金石鏘鏗。禮終三獻,樂奏九成。

有嚴執事,進徹無聲。神保聿歸,萬福來寧。

送神奏《保成》之曲　黄鐘宮

神主在室,神靈在天。禮成樂闋,神返幽玄。

降福冥冥,百順無愆。于皇孝思,于斯萬年。

社稷樂章

降神奏《鎮寧》之曲　林鐘宮

以社以方,國有彝典。大哉元德,基祚綿遠。

農功萬世,于焉報本。顯相默佑,降監壇墠。

盥洗奏《肅寧》之曲　太簇宮

禮備樂陳,辰良日吉。挹彼尊罍,馨哉黍稷。

濯溉揭虔,維巾及羃。萬年嚴祀,蹌蹌受職。

升壇奏《肅寧》之曲　應鐘宮

春祈秋報,古今彝章。民天是資,神靈用彰。

功崇禋嚴,人阜時康。雍雍爲儀,燔芬苾香。

正配位奠玉幣奏《億寧》之曲　太簇宮

地示嚮德,稽古美報。幣帛斯陳,圭璋貳繅。

載烈載燔,肴羞致告。雨暘時若,丕圖永保。

奉俎奏《豐寧》之曲　太簇宮

我稼既同,群黎徧德。我祀如何,牲牷孔碩。

有翼有嚴,隨方布色。報功求福,其儀不忒。

  酌獻奉《保寧》之曲　太簇宮

異世同德,于皇聖昭①。降兹嘉祥,衛我大寶。
生乃烝民,侔德覆燾。厥作祼將,有相之道。

  配位酌獻奏《保寧》之曲　太簇宮

以御田祖,皇家秩祀。有民人焉,盍究本始。
惟敘惟修,誰實介止。酒旨且多,盛德宜配。

  亞終獻奏《咸寧》之曲　太簇宮

以引以翼,來處來燕。豆籩牲牢,有楚有踐。
庸答神休,神亦錫羨。土穀是依,成此酬獻。

  徹豆奏《豐寧》之曲　應鐘宮

文治修明,相成田功。功爲特殊,儀爲特隆。
終如其始②,誠則能通。明神毋忘,時和歲豐。

  送神奏《鎮寧》之曲　林鐘宮

不屋受陽,國所崇敬。以興來歲,苞秀堅穎。
雲輧莫駐,神其諦聽。景命有僕,與國同永。

  望瘞位奏《肅寧》之曲　太簇宮

雅望肅寧,繁鳌降格。筐厥玄黃,丹誠烜赫。
肇祀以歸,瞻言咫尺。萬年攸介,丕承帝德。

先農樂章

  降神奏《鎮寧》之曲　林鐘宮

民生斯世,食爲之天。恭惟大聖,盡心于田。

---

① "昭",原作"造",據《元史》卷六九《禮樂志三·宗廟樂章》改。
② "始",《元史》卷六九《禮樂志三·宗廟樂章》作"初"。

仲春劭農，明祀吉蠲。馨香感神，用祈豐年。

盥洗奏《肅寧》之曲　太簇宮

洞酌行潦，真足爲薦。奉兹潔清，神在乎前①。

分作甘霖，沾溉芳甸。慎于其初，誠意攸見。

升壇奏《肅寧》之曲　應鐘宮

有椒其馨，維多且旨。式慎爾儀，登降庭止②。

黍稷稻粱，民無渴飢。神嗜飲食，永綏嘉祉。

正配位奠玉帛奏《億寧》之曲　太簇宮

奉幣維恭，前陳嘉玉。聿昭威儀，肅雍純如③。

南畝深耕④，麻麥禾菽。用祈三登，膺受多福。

奉俎奏《豐寧》之曲　太簇宮

奉牲孔嘉，登俎豐備。地官駿奔，趨進光輝⑤。

肥碩蕃孳，歆此誠意。有年斯今，均被神賜。

酌獻奏《保寧》之曲　太簇宮

寶壇巍煌，神應如響。備腯咸有，牲體苾芬。

洋洋如在，降格來享。秉誠罔怠，群生瞻仰。

配位奏《保寧》之曲　太簇宮

酒清斯香，牲碩斯大。具列觴俎，精意斯會。

民命維食，稗莠無害。我倉萬億，神明攸介。

亞終獻奏《咸寧》之曲

至誠攸感，胙蠁潛通。百穀嘉種，爰降時豐。

---

① "前"，原作注文小字"闕"，據《元史》卷六九《禮樂三·先農樂章》補。

② "登降"，《元史》卷六九《禮樂三·先農樂章》作"降登"。

③ "如"，原作注文小字"闕"，據《元史》卷六九《禮樂三·先農樂章》補。

④ "畝"，原作"郊"，據《元史》卷六九《禮樂三·先農樂章》改。

⑤ "光輝"，原作注文小字"闕二字"，據《元史》卷六九《禮樂三·先農樂章》補。

祈年孔肅①，稼穡惟重②。俯歆醴齊，載揚歌頌。

徹豆奏《豐寧》之曲　應鐘宮

有來雍雍，存誠敢匱。廢徹不遲③，靈神攸嗜。

孔惠孔時，三農是宜。眉壽萬歲，穀神丕乂。

送神奏《鎮寧》之曲　林鐘宮

焄蒿悽愴，萬靈來娭④。靈神具醉，聿言旋歸。

歲豐時和，風雨應期。皇圖萬年，永膺洪禧。

望瘞奏《肅寧》之曲

禮成文備，歆受清祀。加牲兼幣，陳玉如儀。

靈御言旋⑤，面陰昭瘞。集茲嘉祥，常致豐歲。

文宣王釋奠樂章⑥

迎神至望瘞

並與宋同。

郕國公酌獻奏《成安》　南呂宮

心傳忠恕，一以貫之⑦。爰述大學，萬世訓彝。

惠我光明，尊聞行知。繼聖迪後，是享是宜。

沂國公酌獻奏《成安》　南呂宮

公傳自曾，孟傳自公。有嫡緒承，允得其宗。

提綱開蘊，乃作中庸。侑于元聖，億載是崇。

---

① "肅"，《元史》卷六九《禮樂三·先農樂章》作"夙"。
② "惟"，《元史》卷六九《禮樂三·先農樂章》作"爲"。
③ "遲"，原作"違"，據《元史》卷六九《禮樂三·先農樂章》改。
④ "娭"，《元史》卷六九《禮樂三·先農樂章》作"唉"。
⑤ "御"，《元史》卷六九《禮樂三·先農樂章》作"馭"。
⑥ 嘉靖本標題"文宣王"後原有注文小字"以上元"，據全書體例改作上一級標題"元"。
⑦ "之"，原缺，據嘉靖本、《元史》卷六九《禮樂志三·先農樂章》補。

大明集禮卷五二

樂

雅樂四

國朝圓丘樂章

迎神

協律郎奏《中和》之曲

昊天蒼兮穹窿，廣覆燾兮龐洪。建圓丘兮于國之陽，合衆神兮來臨之同。

黃太夾太南林，黃南夾林太黃。黃大夾黃黃林南林，黃林南林林夾太黃。

念螻蟻兮微衷，莫自期兮感通。

黃太南黃夾太，黃南林太南黃。

思神來兮金玉其容，馭龍鸞兮乘雲駕風。顧南郊兮昭格，望至尊兮崇崇。

黃黃太夾黃黃林南，林夾林南林夾太南。黃夾林南林夾，太夾林南林黃。

奠幣

協律郎奏《肅和》之曲

聖靈皇皇，敬瞻威光。玉帛以登，承筐是將。

黄林南林，太林夾黄。太林黄太，黄南太林。

穆穆崇嚴，神妙難量。謹兹禮祭，功徵是皇。

太林南林，林夾太黄。林南太林，夾太南黄。

奉牲

協律郎奏《凝和》之曲

祀儀祇陳，物不于大。敢用純犢，告于覆載。

林太南林，太林夾黄。大林南林，黄太南林。

惟兹菲薦，恐未周完。神其容之，以享以觀。

太南黄太，黄林南林。太南夾太，南黄夾林。

初獻

協律郎奏《壽和》之曲、《武功》之舞

眇眇微躬，何敢請于九重，以煩帝聰。帝心矜憐①，有感而通。既俯臨于几筵，神繽紛而景從。臣雖愚蒙，鼓舞懽容。

林南夾太，太南中林南太，林南夾林。南太夾太，夾林南林。南太夾太林南，夾太南林夾林。南林夾太，南太夾太。

乃子孫之親祖宗。酌清酒兮在鍾，仰至德兮玄功。

林南太南林太林。南林太夾林南，無太夾太南林。

---

① “憐”，《明史》卷六一《樂志二·樂章一》作“兮”。

亞獻

協律郎奏《豫和》之曲、《文德》之舞

荷天之寵，眷駐紫壇。中情彌喜，臣庶均懽。趨將奉承①，我心則寬。再獻御前，式燕且安。

仲黃夷仲，仲太夷黃。太黃夷仲，林太林仲。仲大夷黃，太仲太黃。太黃仲林，黃林太黃。

終獻

協律郎奏《熙和》之曲、《文德》之舞

小子于茲，惟父天之恩，惟恃天之慈，内外愍懃。何以將之。奠有芳齊，設有明粢。喜極而抃，奉神燕娭。禮雖止于三獻，情悠長分遠而。

仲太林仲，夷仲林夷仲，仲夷黃太黃，夷黃太黃。夷仲林仲。夷黃太夷，夷仲黃黃。太仲太夷，仲林太仲。夷黃仲林仲六，仲太黃林太仲。

徹俎

奏《雍和》之曲

烹飪已陳②，薦獻斯就。神之在位，既歆既右。群臣駿奔，徹茲俎豆。物倘未充，尚幸神宥。

太姑太南，太姑太南。姑太應南，林南林太。林太姑南，姑太應南。姑太南太，林南林太。

---

① "將"，《明史》卷六一《樂志二·樂章一》作"蹌"。
② "已"，《明史》卷六一《樂志二·樂章一》作"既"。

送神

奏《安和》之曲

神之去兮難延,想遐袂兮翩翩。萬靈從兮後先,衛神駕兮回旋,稽首兮瞻天,雲之衢兮眇然。

黃太姑林姑黃,黃南姑林南林。姑林姑太南黃,南黃姑林姑黃,林姑林南林,黃南林太南黃。

望燎

奏《時和》之曲

焚燎于壇,燦爛精焚。幣帛牲黍,冀徹帝京。奉神于陽,昭祀有成。肅然望之,玉宇光明。

南黃姑黃,姑林南林。南黃南姑,姑林姑黃。姑林黃林,姑太南黃。姑太黃太,黃南太黃。

方丘樂章

迎神

奏《中和》之曲

坤德博厚,物資以生。承天時行,光大且寧。穆穆皇祇,功化順成。來御方丘,嚴恭奉迎。

林南姑黃,黃南姑林。南林姑太,林太南黃。黃南太黃,太黃南黃。林姑南林,太黃姑林。

奠玉幣

奏《肅和》之曲

地有四維,大琮以方。土有正色,制幣以黃。敬存于中,是薦是將。奠之几筵,臨鑒洋洋。

黃林南黃,林太南黃。黃南姑林,太黃太姑。林姑南林,黃
南林太。黃林南林,黃太南林。

奉牲

奏《凝和》之曲

奉時辰牲,其牲童犢。烹鼎既嚴,登俎于肅。升壇昭薦,神
光下燭。眷佑邦家,報效惟篤。

林黃姑黃,黃林南林。林姑黃太,林黃太黃。黃林南姑,黃
南姑林。太黃姑太,姑林太黃。

初獻

奏《壽和》之曲、《武功》之舞

午爲盛陽,陰德初萌。天地相遇,品物光榮。吉日令辰,明
祀攸行。進以醇醴,展其潔清。

林南黃太,林南林太。黃南林太,黃太南林。太林南太,黃
南林太。太林南林,黃太南林。

亞獻

奏《豫和》之曲、《文德》之舞

至廣無邊,道全持載。山嶽所憑,海瀆咸賴。民資水土,既
安且泰。酌酒揭虔,功德惟大。

林黃姑太,林南林太。黃南太林,黃太黃林。太林南太,林
南林太。林太南林,姑太南林。

終獻

奏《熙和》之曲、《文德》之舞

庸眇之資,有此疆宇。匪臣攸能,仰承佑助。恩承父母,臣
懽鼓舞。八音宣揚,疊侑明醑。

林太南林,太黃太黃。太林南林,黃太南林。太林黃太,黃南林太。黃林南林,黃太南林。

徹豆

奏《雍和》之曲

牲牷在俎,籩豆有實。臨之胙皿,匪惟飲食。登高乃徹,薦獻爰畢。執事奉承,一其嚴慄。

黃林大黃,黃南姑林。南林黃太,林太南黃。太黃大姑,林姑黃林。林姑黃太,姑林太黃。

送神

奏《安和》之曲

神化無方,妙用難量。其功顯融,其祀悠長。飆輪云旋,龍控鸞翔。拜送稽首,瞻禮餘光。

黃南太黃,林姑黃林。林姑黃太,林黃太黃。黃南林姑,黃林南林。林姑黃太,林黃太黃。

望瘞

奏《時和》之曲

牲體制幣,餕饌惟馨。瘞之于坎,以達坤靈。奉神于陰,典禮是程。企而望之,厚壤寬平。

黃南姑黃,姑林南林。南黃南姑,姑林姑黃。姑林黃林,姑太南黃。姑林黃太,黃南太黃。

先農樂章

迎神

奏《永和》之樂，三成

東風啓蟄，地脉奮然。蒼龍掛角，煜煜天田①。民命惟食，創物有先。圜鐘既奏，有降斯筵。

黃南黃太，林太南黃。黃南姑林，姑林太黃。黃林南林，林太南黃。林姑黃太，姑林太黃。

奠幣

奏《永和》之曲

帝出乎震，天發農祥。神降于筵，藹藹洋洋。禮神有幣②，其色惟蒼。豈伊具物，誠敬之將。

黃林姑黃，黃林南林。林姑黃太，姑林太黃。黃南林姑，黃林南林。姑林姑太，林黃姑黃。

奉俎

奏《雍和》之曲

制幣既陳，禮嚴奉牲。載之于俎，祀事孔明。簠簋攸列，黍稷惟馨。民力普存，先嗇之靈。

林姑黃太，林南太林。南黃南姑，林太南黃。南黃林姑，姑林南林。林姑黃太，林姑南林。

---

① "煜煜"，《明史》卷六二《樂志二·樂章一》作"燁燁"。
② "幣"，《明史》卷六二《樂志二·樂章一》作"帛"。

初獻

奏《壽和》之曲、《武功》之舞

九穀未分，庶草攸同。表爲嘉種，實在先農。黍稷斯豐，酒醴是供。獻奠之初，以祈感通。

林南黃太，林南林太。黃南林太，黃太南林。太林南太，黃南林太。太林南林，黃太姑林。

亞獻

奏《壽和》之曲、《文德》之舞

倬彼甫田，其隰有原。耒耜云載，駿御之間。報本斯享，亞獻惟虔。神其歆之，自古有年。

黃南黃太，林姑南林。南林姑太，林姑太黃。南黃林姑，姑林南林。南林姑太，林太南黃。

終獻

奏《壽和》之曲、《文德》之舞

帝籍之典，享祀是資。潔豐嘉栗，咸仰于斯。時惟親耕，享我農師。禮成于三，以訖陳詞。

黃林姑黃，黃南姑林。南林姑太，林黃姑黃。黃林南林，姑林黃林。黃太姑太，姑林太南。

徹饌

奏《承和》之曲

于赫先農，歆此潔脩。于筐于爵，于饌于羞。禮成告徹，神惠敢留。餕及終畝，豐年是求。

林黃南太，林南林太。黃南林太，黃太南林。太林南太，黃南林太。太林南林，黃太南林。

送神

奏《永和》之曲

神無不在,于昭于天。曰迎曰送,于享之筵。冕衣在列,金石在懸。往無不之^①,其佩翩翩。

林南姑黃,黃林南林。南林姑太,林黃太黃。南黃姑林,姑太南黃。姑林姑太,姑林南林。

望瘞

奏《泰和》之曲

幣祝牲醴,先農既歆。不留不褻,瘞之厚深。有幽其瘞,有赫其臨。曰禮之常,匪今斯今。

黃林姑黃,黃南姑林。南林姑太,林太南黃。南黃南姑,姑林南林。林黃姑太,姑林姑黃。

配享初獻

厥初生民,粒食其天。開物惟智,邃古其傳^②。思文后稷,農官之先。侑神作主,初獻惟蠲。

林南黃太,林南林太。黃南林太,黃太南林。太林南太,黃南林太。太林南林,黃太南林。

亞獻

后稷配天,興于有邰。誕降嘉種,有我其培。俶載南畝,祇事三推。侑神再獻,歆我尊罍。

黃林南黃,林太南黃。南黃林姑,姑林姑黃。林姑南林,太

---

① "之",原作"知",據《明史》卷六二《樂志二·樂章一》改。
② "其",《明史》卷六二《樂志二·樂章一》作"奚"。

黃南林。姑林黃太，林黃姑黃。

終獻

嘉德之薦，民和歲豐。帝命率育，報本之供①。陳時常夏，其德其功。齊明有肅，惟獻之終。

黃林姑黃，黃南姑林。林姑黃太，姑林太黃。黃南林姑，黃林南林。林姑黃太，林黃姑黃。

宗廟樂章

迎神

奏《太和》之曲

慶源發祥，世德惟崇。致我眇躬，開基建功。京都之內，親廟在東。維我子孫，永懷祖宗。氣體則同，呼吸相通。來格來崇，皇靈顯融。

黃太姑林，南黃南林。林姑黃太，林太南黃。黃南林姑，黃南姑林。林姑黃太，黃太南黃。太南黃姑，黃林南林。林姑黃林，姑太南黃。

奉冊寶時享不用

維水有源，維木有根。先世積善，福垂後昆。冊寶鏤玉，德顯名尊。祇奉禮文，仰答洪恩。

黃林南黃，林太南黃。黃南林姑，林太南黃。太南黃姑，姑林黃林。林姑黃太，姑林姑黃。

進俎奏時享不用

明明祖考，妥神清廟。薦以牲牷，匪云盡孝。願通神明，願

---

① "供"，《明史》卷六二《樂志二‧樂章一》作"功"。

成治效。此帝王之道，亦祖考之教。

　　林南黃太，林南林太。黃林南林，黃太黃林。黃太姑太，林南林太。林太林南，林太姑太黃林。

德祖廟初獻，奏《壽和》之曲、《武功》之舞

　　思皇高祖，穆然深玄。其遠曆年，其神在天。尊臨太室，餘慶綿綿。歆于几筵，有永其傳。

　　黃林姑黃，姑林南林。林姑黃太，林太南黃。黃南姑林，南林黃林。林姑黃太，姑林姑黃。

懿祖廟初獻

　　思皇曾祖，清勤純古。田里韜光，天篤其祜。佑我曾孫，弘開土宇。追遠揭虔，勉遵前矩。

　　林太南林，黃南林太。林太南林，黃太黃林。黃林黃太，黃南林太。林太南林，黃太黃林。

熙祖廟初獻

　　維我皇祖，淑後貽謀。盛德靈長，與泗同流。發于孫枝，明禋載脩。嘉潤如海，恩何以酬。

　　黃林姑黃，姑林黃林。黃太姑太，姑林姑黃。姑林南林，姑太南黃。黃南姑黃，姑太南黃。

仁祖廟初獻

　　維我皇考，既淳且仁。弗耀其身，克開嗣人。子有天下，尊歸于親。景運維新，則有其因。

　　黃林姑黃，黃太林黃。姑林南林，姑太南黃。姑林南姑，黃林南林。黃太姑太，黃南黃姑。

亞獻奏《豫和》之曲、《文德》之舞

　　對越至親，儼然如生。其氣昭明，感格在庭。如見其形，如

聞其聲。愛而敬之，發乎中情。

黄太夾林，夾林黄林。南林夾太，黄太南黄。林夾黄林，太黄南林。夾林黄太，夾林夾黄。

終獻奏《熙和》之曲、《文德》之舞

承前人之德，化家爲國。毋曰予小子，基命成績。欲報其德，昊天罔極。愍懃三獻，我心悦懌。

林南林姑黄，姑林黄林。南林姑黄太，姑黄太黄。姑林黄林，黄太南黄。林南姑太，南黄姑林。

徹豆奏《雍和》之曲

樂奏其肅，神其燕嬉。告成于祖，亦右皇妣。敬徹不遲，以終祀禮。祥光焕揚，錫以嘉祉。

黄林姑黄，林太南黄。南黄南姑，姑林姑黄。太黄南姑，林太南黄。黄南林姑，姑林太黄。

送神奏《安和》之曲

顯兮幽兮，神運無迹。鸞馭逍遥，安其所適。其靈在天，其主在室。子子孫孫，孝思無斁。

林南姑黄，太南黄林。林姑南林，林太南黄。黄南姑林，林黄太姑。姑林姑黄，姑林黄林。

社稷樂章

迎神

奏《廣和》之曲

五土之靈，百穀之英。國依土而寧，民以食而生。基圖肇建，祀禮修明。神其來臨，肅恭而迎。

黄林姑黄，林南林林。太黄姑太姑，黄林太黄黄。南林姑

姑,林南林南。林姑太姑,林姑黄。

奠幣

奏《蕭和》之曲

有國有人,社稷爲重。昭事云初,玉帛虔奉。維物匪奇,敬實將之。以斯爲禮,冀達明祇[①]。

林南黄太,林南林太。黄林南林,黄太黄林。太南黄太,林南林太。林南南林,黄太黄林。

奉俎

奏《凝和》之曲

崇壇北向,明禋方闓。有潔犧牲,禮因物顯。大房載設,中情以展。景運既承,神貺斯衍。

黄林姑黄,林太南黄。南黄南姑,姑林姑黄。太南黄姑,林太南黄。黄南姑林,姑林姑黄。

社神初獻

奏《壽和》之曲、《武功》之舞

高爲山林,深爲川澤。崇丘廣衍,亦有原隰。惟神所司,百靈效職。清醴初陳,顯然昭格。

黄林南林,林南姑黄。黄南黄姑,姑林南林。林姑黄太,林太南黄。姑黄南林,南林姑黄。

后土勾龍氏初獻

奏同前

平治水土,萬世神功。民安物遂,造化攸同。嘉惠無窮,報

---

① "冀",原作"異",據《明史》卷六一《樂志二·樂章一》改。

祀宜豐。配食尊嚴，國家所崇。

南黄夾黄，夾林黄林。林姑黄太，夾林夾黄。林夾林南，太黄南林。夾林夾太，林太南黄。

稷神初獻

奏《壽和》之曲、《武功》之舞

黍稷稻粱，來牟降祥，爲民之天。豐年穰穰，其功甚大，其恩深長。迺登芳齊，以享以將。

黄林南黄，林太南黄，黄林南林。姑林姑黄，黄南林姑，黄林南林。姑林姑黄，林太南黄。

后稷氏初獻

奏同前

皇皇后稷，克配于天。誕降嘉種，樹藝大田。生民粒食，功垂萬年。建壇于京，歆兹吉蠲。

黄林南林，姑林黄林。姑林姑黄，黄林南林。太南黄姑，林太南黄。姑林黄林，姑太南黄。

社神亞終獻

奏《豫和》之曲、《文德》之舞

廣厚無偏，其體弘兮。德侔坤順，萬物生兮。錫民地利，神化行兮。恭祀告虔，國之禎兮。

黄林姑黄，黄林南林。南林姑太，姑林姑黄。南黄南姑，黄林南林。林姑黄太，姑林姑黄。

后土勾龍氏亞終獻

周覽四方，偉烈昭彰。九州既平，五行有常。壇位以妥，牲醴之將。是嚴是崇，焕然典章。

林太南黃，夾林南林。夾林黃太，黃太南黃。黃南林姑，林夾南姑。姑林黃太，南黃姑林。

稷神亞終獻

奏《熙和》之曲、《文德》之舞

億兆林林，所資者穀。雨暘應時，家給人足。倉庾坻京，神介多福。祇薦其儀，昭事惟肅。

林南姑黃，林太南黃。南黃姑林，太黃姑黃。太南黃姑，黃林南林。南林姑黃，姑林黃林。

后稷氏亞終獻

躬勤稼穡，有相之道。不稂不莠，實堅實好。農事開國，王基永保。有年自今，常奉蘋藻。

林南黃太，林南林太。黃南林太，黃太南林。太林南太，黃南林太。太林南林，黃太南林。

徹豆

奏《雍和》之曲

禮展其勤，樂奏其節。庶品苾芬，神明是達。有嚴執事，俎豆乃徹①。穆穆雍雍，均其欣說。

黃林姑黃，姑林黃林。南林姑太，林太南黃。南黃南姑，姑林南黃。姑林南林，姑林姑黃。

送神

奏《安和》之曲

維壇潔清，維主堅貞。神之所歸，依茲以寧。土宇靖安，年

---

① “豆”，原作“籩”，據《明史》卷六一《樂志二·樂章一》改。

穀順成。祀典昭明,永致升平。

黃林南林,姑林南林。林姑黃太,林太南黃。黃林南黃,林太南黃。姑林南林,姑林姑黃。

望瘞

奏《時和》之曲

晨光將發,既侑既歆。瘞兹牲幣,達于幽陰。神人和悦,實獲我心。永久禋祀,其始于今。

林南姑黃,黃南姑林。南黃南姑,姑林姑黃。姑黃黃林,林太南黃。姑林姑黃,姑林黃林。

郊祀圓丘之樂

《周禮·春官·大司樂》:“奏黃鐘,歌大吕,舞《雲門》,以祀天神。”“凡樂,圜鐘爲宫,黃鐘爲角,太簇爲徵,姑洗爲羽,雷鼓、雷鼗、孤竹之管,雲和之琴、瑟,《雲門》之舞。冬日至,于地上之圜丘奏之。若樂六變,則天神皆降可得而禮矣。”

漢武帝以正月上辛用事,甘泉圜丘,作《十九章》之歌。光武增廣郊祀樂,奏《青陽》《朱明》《西皓》《玄冥》,及《雲翹》《育命》之舞。

宋武帝祠南郊,迎送神則並奏《四夏》;皇帝入廟門,奏《永至》;初登壇,詣東壁,奏登歌;初獻奏《凱容宣烈》之舞,終獻奏《永安》之樂。

齊武帝祠南郊,群臣出入,奏《肅咸》;牲出入,奏《引牲》;薦籩豆、呈毛血,奏《嘉薦》;迎送神,奏《昭夏》;皇帝入壇,奏《永至》;升壇,奏登歌;酌獻,奏《文德宣烈》之舞;配享,奏《高德》;飲福,奏《嘉胙》;燎位,奏《昭遠》。

梁武帝,皇帝出入,奏《皇雅》;牲出入,奏《牷雅》;降神及迎送,奏《誠雅》;飲福,奏《獻雅》;就燎位,奏《禋雅》。

陳文帝南郊,眾官出入,奏《肅咸》;牲出入,奏《相和五引牲》;薦毛血,奏《嘉薦》;迎送神,奏《昭夏》;皇帝入壇,奏《永至》;升陛,奏登歌;皇帝初獻、太尉亞獻、光禄勳終獻,並奏《宣烈》;皇帝飲福,奏《嘉胙》;視燎位,奏《昭遠》。

隋文帝,奏黃鐘,歌大呂,以祀圜丘,用文、武二舞;降神,奏《昭夏》;升壇,奏《皇夏》;奠玉幣,登歌奏《昭夏》;初獻,奏《誠夏》;飲福酒,奏《需夏》;就燎位、復次,奏《皇夏》。

唐制,十二和,冬至祀圜丘,降神,奏《豫和》,以圜鐘為宮,三奏,黃鐘為角,太簇為徵,姑洗為羽,各一奏,文舞六成;奠玉幣,用《肅和》,以大呂為宮;入俎,奏《雍和》,以黃鐘為宮;酌獻、飲福,奏《壽和》,以黃鐘為宮;行節奏《泰和》,以黃鐘為宮。

宋太祖受命,以竇儼兼太常,改周樂十二順為十二安。南郊,降神,用《高安》;皇帝行節,用《隆安》;奠玉帛,用《嘉安》;奉俎,用《豐安》;酌獻,用《靖安》;亞、終獻,用《正安》;飲福酒,用《禮安》;送神,用《高安》。

元憲宗始用登歌樂祀天于日月山。成宗始置郊祀曲舞,降神,奏《天成》之曲,以圜鐘為宮;盥洗,奏《隆成》,以黃鐘為宮;升壇,奏《隆成》,以大呂為宮;奠玉幣,奏《欽成》,以黃鐘為宮;奉俎,奏《寧成》,以黃鐘宮;上帝位酌獻,奏《明成》,以黃鐘為宮;太祖位酌獻,奏黃鐘宮;飲福,奏大呂宮;文舞退,武舞進,奏《和成》,以黃鐘為宮;亞、終獻,奏《和成》,以黃鐘為宮;徹豆,奏《寧成》,以大呂宮;送神,奏《天成》,以圜鐘宮。

國朝南郊,用雅樂。迎神,奏《中和》之曲;奠幣,奏《肅和》;

進熟，奏《凝和》；初獻，奏《壽和》之曲、《武功》之舞；亞獻，奏《豫和》之曲、《文德》之舞；終獻，奏《熙和》之曲、《文德》之舞；徹豆，奏《雍和》；送神，奏《安和》；望燎，奏《時和》。

樂用協律郎一人，樂生六十二人。舞用舞士一人，舞生一百二十八人。文舞六十四人，引舞二人，舞生六十二人。武舞六十四人，引舞二人舞，生六十二人。樂器，編鐘一架、編磬一架、琴十、瑟四、搏拊四、敔一、柷一①、塤四、篪四、橫笛、笙八、應鼓一。其樂章則具于《樂章》本篇。

祭方丘之樂

《周官·大司樂》："奏太簇，歌應鐘，舞《咸池》，以祭地祇。""凡樂，函鐘爲宮，太簇爲角，姑洗爲徵，南吕爲羽，靈鼓、靈鼗、孫竹之管，空桑之琴、瑟，《咸池》之舞。夏日至，于澤中之方丘奏之。若樂八變，則地祇皆出可得而禮矣。"

漢光武祀北郊，奏樂如南郊之禮。

齊武帝北郊，群臣出入，奏《肅咸》；牲出入，奏《引牲》；薦籩豆、呈毛血，奏《嘉薦》；迎、送神，奏《昭夏》；皇帝入壇，奏《永至》；升壇，奏登歌；酌獻，奏《地德凱容》之樂；配享，奏《高德》；飲福，奏《嘉胙》；瘞位，奏《隸幽》之樂。

梁武帝北郊，皇帝出入，奏《皇雅》；牲出入，奏《牷雅》；降神及迎送，奏《誠雅》；飲福，奏《獻雅》；埋瘞，奏《禋雅》。

陳武帝北郊，頗有增益。皇帝入壇門，奏《永至》；飲福，奏《嘉胙》；太尉亞獻，奏《凱容》；埋牲，奏《幽隸》；帝還便殿，奏《休

① "柷"，原作"祝"，據上文改。

成》；衆官出入，並奏《蕭咸》。

惟送神之樂，宋奏《四夏》，齊改奏《昭夏》，陳遂依之。是時，並用梁樂，惟改七室舞耳。

隋方丘之祭，奏太簇，歌應鐘，迎神奏《昭夏》；奠玉幣，登歌，奏《皇地祇》，奏《咸夏》；送神，奏《昭夏》，其餘並同圜丘。

唐方丘之祭，降神，奏《順和》，皆以黃鐘爲宮，太簇爲角，姑洗爲徵，南呂爲羽，各三奏，文舞六成；奠玉幣，奏《肅和》之曲，以應鐘爲宮；入俎，奉《雍和》之曲，以太簇爲宮；酌獻、飲福，奏《壽和》之曲，以黃鐘爲宮；徹豆，奏《雍和》之曲，行節，奏《泰和》之曲，皆以黃鐘爲宮。

後周，制十二安之曲，方丘之祭用雅歌《靜安》之曲。

宋祭方丘，降神，用《靜安》之曲；升殿，奏《正安》；奠幣，用《嘉安》；奉俎，用《豐安》；酌獻，用《光安》；退文、進武，用《正安》；亞、終獻，用《文安》；送神，用《寧安》。

元南北郊合祭，用雅樂，皇地祇酌獻，奏闕二字之曲，以大呂爲宮，餘同南郊。

國朝祀方丘，用雅樂，迎神，奏《中和》之曲；奠玉幣，奏《肅和》；奉牲，奏《寧和》；初獻，奏《壽和》之曲，舞《武功》之舞；亞獻，奏《豫和》之曲；終獻，奏《熙和》之曲，並舞《文德》之舞；徹豆，奏《雍和》；送神，奏《安和》；望瘞，奏《時和》。其樂章，則見于《樂章》本篇。

祭宗廟之樂

《周禮·大司樂》："奏夷則，歌小呂，舞《大濩》，以享先妣；奏無射，歌夾鐘，舞《大武》，以享先祖。"

漢高帝制宗廟,太祝迎神于廟門,奏《嘉至》;皇帝入廟門,奏《永安》,以爲行步之節;乾豆上,奏登歌;再終下,奏《休成》之樂;皇帝就酒東廂,奏《永安》之樂。景帝詔,高祖廟,奏《武德》《文始》《五行》之舞;孝惠廟,《文始》《五行》之舞;孝文廟,《昭德》《文始》《五行》之舞。

晉武帝廟樂,同用《正德》《大悦》之舞。孝武時,迎神,奏《肆夏》;皇帝入廟門,奏《永至》;詣東壁,奏登歌;初獻,奏《凱容宣烈》之舞;亞、終獻,奏《永安》之樂。

齊武帝祠廟,皇帝入廟,奏《永至》之樂;迎送神,奏《昭夏》之樂;牲出入,奏《引牲》之樂;薦籩豆、毛血,奏《嘉薦》之樂;大祝祼地,奏登歌;諸皇祖室,各奏《凱容》;帝還東壁、飲福酒,奏《永祚》;送神,奏《肆夏》。

梁武帝定宗廟雅樂,皇帝出入,奏《皇雅》;牲出入,奏《牷雅》;迎送神,奏《諴雅》;飲福,奏《獻雅》;就燎位,奏《禋雅》。

隋文帝宗廟禘祫,降神,用《昭夏》九變;皇帝出入,奏《皇夏》;群官出入,奏《肆夏》;迎送神,奏《昭夏》。

唐太宗以《永和》降人鬼。時享、禘祫,有事而告謁于廟,皆以黃鐘爲宮,三奏,大呂爲角,太簇爲徵,應鐘爲羽,各二奏,文舞九成。奠玉帛,以《肅和》,以圜鐘爲宮;入俎,以《雍和》,無射爲宮;酌獻、飲福,以《壽和》,黃鐘爲宮;徹豆,亦以《雍和》;送神,以《豫和》《泰和》以爲行節。

《開元禮》,前享二日,大樂令設宮懸之樂于廟庭,如圓丘儀。晨祼之時,大樂令率工人二舞入就位。皇帝復版位。協律郎舉麾,鼓柷,奏《永和》之樂,以黃鐘爲宮,大呂爲角,太簇爲徵,應鐘爲羽,作文舞之舞,樂舞九成。皇帝詣罍洗,作《太和》之樂。皇帝詣獻祖尊彝所，登歌奏《肅和》之樂，以圜鐘之均，餘廟同。入俎，奏《雍和》之樂，以無射之均。皇帝再詣尊彝所，奏《光大》之舞；詣太祖尊彝所，作《大政》之舞；代祖尊彝所，作《文成》之舞；高祖尊彝所，作《大明》之舞；詣太宗尊彝所，作《崇德》之舞；高宗尊彝所，作《鈞天》之舞；中宗尊彝所，作《文和》之舞；睿宗尊彝所，作《景雲》之舞。皇帝降阼階，文舞出，鼓柷，作《舒和》之樂；武舞入，作《舒和》之樂；亞、終獻復位，樂止，登歌作《雍和》之樂；賜胙，作《永和》之樂；禮畢，皇帝還大次，樂作，出門，樂止。

宋太祖改樂章爲十二安，宗廟爲《理安》，登歌用《嘉安》，俎入用《豐安》，酌獻、飲福用《禧安》。紹興中，祀享太廟，前設宮架于殿庭，皇帝入廟門，協律郎舉麾，鼓柷，宮架奏《乾安》之樂，升自阼階，登歌樂作，詣祖室，登歌樂作，復板位，宮架作《興安》之樂、《文德》之舞九成；奉俎，奏《豐安》之樂；詣僖祖室，宮架奏《基命》之樂，以次詣各祖室，奏《大順》《天立》《皇武》《大定》《熙大》《美成》《治隆》《大明》《重光》《承文》之樂，文舞作；皇帝詣板位，登歌樂作，還小次，登歌樂作，入小次，文舞退，武舞進，宮架奏《正安》之樂；亞、終獻，宮架奏《正安》之樂、《武功》之舞；飲福登歌，奏《熙安》之樂；徹俎，登歌奏《豐安》之樂；送神，宮架奏《熙安》之樂，一成。

元祀宗廟樂，皇帝入門，奏《順成》之曲，無射宮；盥洗，奏《順成》之曲，無射宮；升堂，登歌奏《順成》之曲，夾鐘宮；出入小次，奏《昌寧》之曲，無射宮；迎神，奏《思成》之曲，黃鐘宮，三成；升殿，奏《肅寧》之曲，夾鐘宮；司徒奉俎，奏《嘉成》之曲，無射宮；太祖室奏《開成》之曲，無射宮；睿宗室奏《昭成》之曲，無射宮；飲福奏《釐成》之曲，夾鐘宮；文舞退，武舞進，奏《肅成》之曲，無射宮；

徹豆，奏《豐寧》之曲，夾鐘宮；送神，奏《保成》之曲，黃鐘宮。

國朝宗廟，用雅樂，迎神，奏《泰和》之曲；奠幣初獻，用《壽和》；亞獻，奏《豫和》；終獻，奏《熙和》；徹豆，奏《雍和》；送神，奏《安和》。樂舞、樂器與郊丘同，樂章則見于《樂章》本篇。

社稷之樂

《周禮·大司樂》："乃奏太簇，歌應鐘，舞《咸池》。"《鼓人》："以靈鼓鼓社稷祭。"《舞師》："教帗舞，帥而舞社稷之祭祀。"《周頌·載芟》："春藉田而祈社稷，秋良耜而報社稷。"

漢高祖初，起禱于豐枌榆社，後又命縣爲公社，立靈星祠，以后稷配。

光武作《周頌》雅樂，社稷用之。

魏、晉以後，皆兩社、一稷，用樂兩準雩壇。

後周，拜社以《大濩》，降神以《大武》，獻熟作《正德》之舞。

隋祭社稷，設宮架，奏夷則，歌小呂，降神用樂一變。

唐祭社稷，用宮懸之樂，皇帝復板位，協律郎舉麾，鼓柷，奏《順和》之樂，以函鐘爲均，文舞八成；大祝取玉幣，太常卿引皇帝，作《太和》之樂；皇帝授玉幣，登歌作《肅和》之樂，乃以應鐘之均；俎入，作《雍和》之樂，以太簇之均；皇帝酌醴齊，作《壽和》之樂；文舞出，作《舒和》之樂；武舞入，作《舒和》之樂；飲福，作《壽和》之樂。

宋春秋有事社稷，用宮懸登歌之樂，降神，奏《寧安》；升壇，奏《正安》；奠幣，奏《嘉安》；奉俎，用《豐安》；酌獻，奏《嘉安》；亞、終獻，用《文安》；送神，用《寧安》；望瘞，用《正安》。

元祭社，降神，奏《鎮寧》；盥洗升壇，奏《肅寧》；正、配位奠玉幣,奏《億寧》;奉俎,奏《豐寧》;酌獻,奏《保寧》;配位酌獻,奏《保寧》;亞、終獻,奏《咸寧》;徹豆,奏《豐寧》;送神,奏《鎮寧》;望瘞位,奏《肅寧》。

國朝,親祀大社稷,迎神,奏《廣和》之曲;奠幣,用《肅和》;進俎,奏《凝和》;初獻,奏《壽和》之曲、《武功》之舞;亞獻,奏《豫和》之曲、《文德》之舞;終獻,奏《熙和》之曲、《文德》之舞;徹豆,奏《雍和》;送神,奏《安和》;望瘞,奏《時和》。樂舞、樂器,同郊丘。其樂章,則具于《樂章》本篇。

祀先農之樂

《周官·籥章》:"凡祈年于田祖,吹《豳雅》,擊土鼓,以樂田畯。"《甫田》詩曰:"琴瑟擊鼓,以迓田祖。"則田祖,先嗇也,神農也。田畯,司嗇也,后稷也。皆本始農事。其祭以禮樂,亦報本反始之義。

由漢而下,其詳不可得而知。

齊武帝建元四年,籍田,江淹造《籍田歌》三章。

梁東畊樂,略準南郊。

周武帝始用六舞畊籍,降神以《正德》之舞,獻熟以《大濩》之舞。

北齊祀先農、神農于壇上,列宮架。

唐制,天子親祠先農,宮架同圓丘,以角音奏《永和》之樂,以姑洗爲均,三成。若有司攝事,樂亦如之。迎神,奏《誠和》;皇帝行,奏《太和》;奠玉幣,奏《肅和》;迎俎,奏《雍和》;酌獻、飲福,奏《壽和》;退文、進武,奏《舒和》;亞、終獻,奏《凱安》。

宋行籍田禮樂,用宮架二舞,如唐制,鹵部作,鼓吹如南郊。

迎神，用《靜安》；奠玉幣，用《嘉安》；奉俎，用《豐安》；亞、終獻，用《正安》；送神，用《靜安》。

元降神，奏《鎮寧》之曲；盥洗升壇，奏《肅寧》之曲；正、配位奠玉幣，奏《僖寧》之曲；奉俎，奏《豐寧》之曲；酌獻，奏《保寧》之曲；亞、終獻，奏《咸寧》之曲；徹豆，奏《豐寧》之曲；送神，奏《鎮寧》之曲；望瘞，奏《肅寧》之曲。

國朝祭先農，用雅樂，迎神，奏《永和》之曲；奠幣，奏《永和》之曲；進熟，奏《雍和》之曲；酌獻，奏《壽和》之曲、《武功》之舞；亞、終獻，奏《壽和》之曲、《文德》之舞；徹豆，奏《永和》之曲；送神，奏《永和》之曲；望瘞，奏《太和》之曲。其樂舞、樂器並同圜丘。樂章則具于《樂章篇》。

嶽瀆山川之樂

山莫大于五嶽，川莫大于四瀆。聖王之制祭祀，有功于民，祀典所不廢也。故五嶽之祭，視三公之秩；四瀆之祭，視諸侯之秩。其器、服、幣、玉，一視之以爲節。《祭法》曰：“山林、川谷、丘陵，能出雲爲風雨，見怪物者皆曰神。有天下者祭百神。”

《周禮·大司樂》：“奏蕤賓，歌函鐘，舞《大夏》，以祭山川；奏姑洗，歌南呂，舞《大韶》，以祀四望。凡六樂，一變而致川澤之祇，再變而致山林之祇，三變而致丘陵之祇，四變而致墳衍之祇。”

漢、魏以下皆附于地祇方丘。

隋文帝時，秘書監牛弘等詳議，奏無射、夾鐘以祭巡狩方嶽，同用文、武二舞。皇帝出入，奏《皇夏》；群官出入，奏《肆夏》；迎、送神，奏《昭夏》。

唐降神，奏《順和》，蕤賓爲宮，三奏；登歌奠玉幣，奏《肅和》，函鐘爲宮；入俎，奏《雍和》；酌獻、飲福，奏《壽和》，黄鐘爲宮；送神，奏《豫和》《泰和》，以爲行節。

宋祥符中，遣使加五嶽帝號，令有司撰樂章。紹興中，望祭，上設登歌，通作宮架之樂。

元用大樂。

國朝祀山川、群祀，俱用大樂。詳見《俗樂篇》。

朝日夕月之樂

《周官·大宗伯》：“以實柴祀日月、星辰。”《大司樂》：“奏黄鐘，歌大吕，舞《雲門》，以祀天神。”鄭康成注：天神五帝及日月、星辰。

漢武帝郊太一時，質明，出行竹宮，東向揖日，西向揖月。

後周，春分朝日于東門外，秋分夕月于國西門外①。分之日，朝日夕月于國城之東西。用樂，舊以黄鐘之均，三成，後改用圜鐘之均，六成。

唐祖孝孫爲旋宮之法，造十二和樂。朝日、夕月，降神，奏《豫和》；登歌奠玉帛，奏《肅和》，以大吕爲宮；入俎，奏《雍和》，以黄鐘爲宮；酌獻、飲福，奏《壽和》，以黄鐘爲宮；徹豆，奏《雍和》；送神，奏《豫和》《太和》，以爲行節。

《開元禮》：皇帝復版位，奏《元和》之樂，圜鐘之均，《文德》之舞，樂舞六成；太常卿引皇帝，作《太和》之樂；皇帝授玉帛，登歌奏《肅和》之樂，以大吕之均；進熟，奏《雍和》，以黄鐘之均；酌齊，奏《壽和》之樂；皇帝還版位，奏《舒和》之樂；徹豆、賜胙，奏《元和》之樂。

---

① “于國西門外”，原缺，據《通志》卷四二《禮略·朝日夕月》補。

宋制，朝日、夕月，降神，奏《高安》；奠玉幣、酌獻，奏《嘉安》；送神，奏《高安》。

據陳氏《樂書》，朝日、夕月，設宮懸，用雷鼓，歌大吕，舞《雲門》。

元朝日、夕月，無所考。

國朝，附祭日月之位于圓丘。

祭星之樂靈星壽星司中司命司民司禄

《周禮·大司樂》："奏黃鐘，歌大吕，舞《雲門》，以祀天神。"鄭氏注：天神五帝及日月、星辰。陳氏《樂書》曰："祀日月、星辰，古人謂之四類祀。日月，奏黃鐘，歌大吕，舞《雲門》，則祀星辰。司中、司命、司民、司禄之樂，則可知矣[①]。"

漢高祖八年，令郡國都邑立靈星祠，歲再祭，縣邑令長侍祠，舞者童男十六人，舞象教田[②]。

東漢祀老人星于國都南郊老人廟。

晉以仲春月祀老人星。

東晉靈星、老人星配享南郊，不復特祀。

隋于國城西北十里亥地，建司中、司命、司禄三壇，祠以立冬後亥。

唐制，立秋後辰日祀靈星于國城東南，立冬後亥日祀司中、司命、司民、司禄于國城西北，舊不用樂。

宋，立秋後辰日祀靈星，秋分享壽星，立冬後亥日祀司命、司中、司民、司禄，爲小祀，後又升爲中祀。有司攝事，不設登歌。

---

① "則"，原作"概"，據嘉靖本改。
② "田"，原作"曰"，據《文獻通考》卷八〇《郊社考十三·祭星辰》改。

陳氏《樂書》曰：祭是司中、司命、司民、司禄，設軒架，用雷鼓，奏黃鐘，歌大吕，舞《雲門》，祭靈星、壽星，設判架，用土鼓，歌絲衣。

風師雨師雷師之樂

《周禮・大司樂》："奏姑洗，歌南吕，以祀四望。"鄭康成注曰：風師、雨師，亦或用此樂。

東漢祀風師于戌地，祀雨師于丑地。

隋立風師壇，祠以立春後丑日；立雨師壇，祠以立夏後申日。

唐，立春後丑日，祀風師于國城東北，立夏後申日祀雨師于國城南。天寶四年，始增置雷師壇，與雨師同壇。

據陳氏《樂書》曰：開元前禮，風師、雨師爲小祀，玄宗以其功大，升爲中祀。至德宗，親展拜，樂用軒架，奏姑洗之均，三成。其儀，設軒架，用雷鼓，奏黃鐘，歌大吕，舞《雲門》。

宋，每歲立春後祭風伯，立夏後祭雨師、雷師，並附社稷。儀注詳見《樂章篇》。

國朝，以二月驚蟄日祭風、雲、雨、雷師，八月雷收聲日祭風、雲、雨、雷師，樂用大樂。

朝會之樂

朝會燕享之制：漢高帝長樂宮成，諸侯、群臣朝，而樂未有聞也。武帝朝賀，司空奉羹，司農奉飯，奏食舉之樂。百官受賜、燕享，大作樂。

後漢，歲首正月大朝賀，與前漢同。

魏文帝受禪，設樂享會，依漢制。

晉武帝正月日朝儀，用大樂鼓吹，又設四厢樂。皇帝出，鐘鼓作；蕃王上壽，四厢樂作；侍中、中書令上壽，登歌樂升；行百官酒，奏登歌，三終；司徒、司農持飯，大樂令奏食舉之樂；百官飯畢，奏進儺樂，以次作鼓吹燕樂；畢，鐘鼓作。

梁武帝作十二雅，皇帝出入，奏《皇雅》；王公出入，奏《寅雅》；上壽酒，奏《介雅》；食舉，奏《需雅》；徹饌，奏《雍雅》。三朝同用焉。

陳宣帝元會儀注，先會一日，大樂令展宮懸，高絙五案于殿庭，奏《相和五引》；帝出，奏《康韶》之樂；王公讌，登歌奏《變韶》；奉珪璧，奏亦如之；帝興，入便殿，奏《穆韶》；更衣又出，奏亦如之；帝舉酒，奏《綏韶》；進膳，奏《侑韶》；御茶果，進舞《七德》，繼之《九序》，鼓吹雜伎。

魏道武正月上日饗群臣，宣布德政，備列宮懸，正樂兼奏燕、趙、秦、吳之音，五方殊俗之曲，四時享會，亦用焉。

隋朝會，用當月之律。舉酒上壽，奏《需夏》；宴享，奏登歌，並文、武舞。

唐用宮懸，及參用十部伎樂，太宗又增《七德慶善樂》。

《開元禮》：前一日，大樂令展宮懸于殿庭，鼓吹令分置十二案于建鼓之外。皇帝出，撞黃鐘，右五鐘皆應，協律郎舉麾，奏《太和》之樂，鼓吹振作，以姑洗之均。公入門，奏《舒和》之樂，至位，樂止；禮畢，皇帝興，大樂令撞蕤賓之鐘，右五鐘皆應，奏《太和》之樂①。鼓吹振作；朝訖，行會禮，大樂令設登歌于壇上，引二

---

① "樂"，原作"曲"，據《通典》卷一二三《禮八十三·開元禮纂類十八·嘉二·皇帝皇后至正受皇太子朝賀》改。

舞入,立于縣南面。皇帝將出,大樂令撞黃鐘,右五鐘皆應,奏《太和》之樂,鼓吹振作;皇帝出自西房,樂止。王公以下以次入,入門,樂作,至位,樂止。皇帝舉酒,奏《休和》之樂;舉酒訖,樂止。大樂令引歌者及琴瑟至階。皇帝初舉酒,登歌奏《韶和》之樂,三終。尚食奉御進食。皇帝飯,作《休和》之樂,仍行酒,設庶羞。大樂令引二舞以次入,作酒行十二徧。會畢,群官納舄,復位,樂止。群官以次出。公初行,樂作,出門,樂止。皇帝興,大樂令撞蕤賓之鐘,右五鐘皆應,奏《泰和》之樂,鼓吹振作。皇帝入自西房,警蹕如來儀,至閤,樂止。

後晉高祖,詔定朝會樂章二舞、鼓吹十二案,太常禮院奏:正、至王公上壽,皇帝舉酒,奏《玄同》之樂;群臣再拜、受酒、皇帝三飯,皆奏《文同》之樂;上舉食,文舞奏《昭德》之舞,武舞奏《成功》之舞;禮畢,群臣再拜,奏《大同》,蕤賓之鐘;皇帝降坐,百僚旅退。

宋太祖建隆二年正月朔,受朝賀,設宮懸,御廣德殿,群臣上壽,用教坊樂;四年冬至,受朝畢,群臣上壽,始用雅樂、登歌二舞。

太宗淳化三年正月朔,御朝元殿受朝賀,禮畢,御大明殿上壽,後命有司約《開元禮》上壽儀,以法服行禮,設宮縣萬舞。

元豐中,制元正、冬至大朝會儀。前期,大樂令展宮架之樂,鼓吹令分置十二案于宮架外,殿上鳴蹕,大樂令撞黃鐘之鐘,右五鐘皆應。皇帝出,協律郎舉麾,奏《乾安》之樂,鼓吹振作。皇帝出自西房,協律郎偃麾,戛敔,樂止①。符寶郎奉寶,尚書左、右

---

① "止",原作"作",據嘉靖本改。

丞等以次入，奏《正安》之樂，就位，樂止。禮畢，殿下鳴鞭，大樂令撞蕤賓之鐘，右五鐘皆應，奏《乾安》之樂，鼓吹振作。皇帝入自東房，戛敔，樂止。有司設食案，大樂設登歌于殿上，二舞入架南，殿上鳴鞭。大樂令撞黃鐘之鐘，右五鐘皆應，奏《乾安》之樂，鼓吹振作。皇帝出自東房，殿下鳴鞭。協律郎偃麾，戛敔，樂止。群臣上壽，皇帝舉一爵，作《和安》之樂，飲訖，樂止。第二爵，奏《正安》之樂，文舞入，觴行一周，樂止。尚食奉御進食，奏《盛德升聞》之舞，曲舞作三成止。第三爵，登歌作《嘉禾》之曲，飲訖，樂止。太官令行酒，作《正安》之樂，武舞進，觴又行一周，樂止。奉御進食又設群官食，作《天下大定》之舞，曲舞作三成。第四爵，登歌作《靈芝》之曲，其禮如第三爵。太官令行酒，如第二爵，又一周，樂止。禮畢，殿下鳴鞭，大樂令撞蕤賓之鐘，右五鐘皆應，奏《乾安》之樂，鼓吹振作。皇帝降坐入自東房，還閣，戛敔，樂止。

元朝會，用大樂鼓吹諸隊。

國朝用大樂，詳見《俗樂篇》。

冠 太子並親王附

古者聖王重冠禮，二十而冠，士禮也，十九而冠，天子、諸侯禮也。《儀禮·士冠》無祼享之禮、金石之樂。

周制，君冠必以祼享之禮行之，金石之樂節之。

東晉禮，將冠，金石宿設。

唐，天子將冠，大樂令撞黃鐘之鐘，鼓吹奏《泰和》之樂。

宋制因于唐。

國朝，協律郎陳樂。

太子冠

唐制，皇太子冠，皇帝臨軒行禮，大樂令展宮簾于殿庭上，仗動，大樂令撞黃鐘之鐘，右五鐘皆應，鼓柷，奏《太和》之樂，臨軒禮畢，又設軒簾之樂于殿庭，舉麾位于殿上，一位于東簾下，皇太子行禮，自始至終，樂止凡五。

宋，大晟之樂于殿庭，大樂令撞黃鐘之鐘，右五鐘皆應，掌冠者入門，奏《肅安》之樂，皇太子就冠席，奏《欽安》之樂，初加，奏《順安》，再加奏《懿安》，三加，奏《成安》，祝醴，奏《正安》。

親王冠

唐制，如士禮，無樂。

宋承唐制，亦無樂。

國朝，親王冠，天子爲主，宜用樂，同皇太子。

唐以有司爲主，故親王無樂。

册中宮

《記》曰："昏禮不用樂，幽陰之義也。"

漢制，册后，黃門鼓吹三通。

唐制，納后之禮，將行納采，皇帝臨軒，命太尉爲使，宗正卿爲副，大樂令設宮架于殿庭，如元日儀，鼓吹備而不作。皇后受册，臨軒命使，如納采命使之儀。皇后重翟，入大門，鳴鐘鼓，受群臣賀、帝會群臣，並同元日之儀，惟樂備而不作。

宋大觀中，按《開元》《開寶禮》，皇后受册及内命婦班賀，皆于受册之殿陳宮架，用女工，升降、行止並以樂。

紹興中，太常少卿王師心言①，皇后受册，合用樂，自受册至入閤，各有樂章，不用女工，止令太常寺于殿中外設樂。

元用大樂，奏《雲和》《安和》之曲。

國朝皆用大樂，如朝賀儀。

册東宮

唐制，臨軒册命皇太子之禮，大樂令展宮架于殿庭，帝衮冕，御輿以出，鼓吹振作，奏《太和》之樂，帝即御座，樂止。舍人引皇太子入門就位，奏《舒和》之樂，至位，樂止。中書令讀册畢，皇太子再拜，受命以退。初行，樂作，出門，樂止。

宋用唐故事，皇太子出入，宮架作《正安》之樂。仁宗初即儲邸，真宗詔別造《明安》之曲以行禮。

元册太子，用《雲和》《安和》之樂，各一部。

國朝册皇太子，皇帝臨軒，用大樂，如朝賀儀。

册王公

兩漢、北齊及隋，册諸王，不見用樂之文。

惟梁制，諸臨軒日，大樂令宿架于殿庭奏樂，王公以下殿前位，北向西上，重行立定。帝服衮冕如常儀，奏《皇雅》，黃鐘格鐘磬作，大呂、太簇、夾鐘、姑洗、仲呂動者皆應，鼓吹振作。帝升座鼓，鐘止。謁者引護王，乃著空頂黑介幘、黃紗單衣，執召版入，奏《俊雅》，夷則格鐘作，夾鐘參作，鼓吹振作。王就位，北向立。樂止，王再拜，興。謁者引護，如初。王出，奏《䚄雅》，夷則鐘磬

---

① "師"，原作"卿"，據《建炎以來繫年要録》卷一四九改。

作,夾鐘參作,鼓吹振作①。王出畢②,樂止。王公以下皆再拜,謁者引出,奏《俊雅》,林鐘格鐘磬作,太簇參作,鼓吹振作,王公以下出畢,樂止。帝興,奏《皇雅》,蕤賓格鐘磬作,林鐘、夷則、南呂、無射、應鐘靜者皆應,鼓吹振作。侍臣以下至閤,樂止。

唐制因之,亦展宮架。受冊者服朝服,帝服絳紗袍、通天冠,出入奏《泰和》之樂。若冊三師、三公、親王,帝服袞冕,鼓吹令設十二案。受冊者入門,奏《舒和》之樂。非親王,則出入不奏。

國朝,冊親王,用大樂,如朝會儀。

冊三公,漢制無用樂之文。

晉始用金石之樂。

唐臨軒冊三公,設宮懸之樂。皇帝出入,奏《太和》,三公出入,奏《舒和》。

宴蕃王

唐《開元禮》:蕃王見服其國服,立于闕外西廂,蕃官各立其後。帝出自西房,即御位,奏《太和》之樂,以姑洗之均。蕃王入門,奏《舒和》之樂。侍中承制降,勞蕃王。升座,樂作。又勞,還館,典謁承引降階,樂作,帝還東房,奏樂如初。其受表幣,使者出入及還館,並作樂焉。

奏凱

《周官·樂師》:"凡軍大獻,凱歌。"《司馬法》曰:"得意則凱

---

① "王就位北向立樂止王再拜興謁者引護如初王出奏夤雅夷則鐘磬作夾鐘參作鼓吹振作",原缺,據《樂書》卷二〇〇《嘉禮·冊命王公》補。

② "出",原作"公",據《樂書》卷二〇〇《嘉禮·冊命王公》改。

樂,所以示喜也。"求之載籍,魏、晉以來,鼓吹曲章多述當時戰功。是歷代獻捷,未嘗無凱歌矣。

唐太宗平東都,破宋金剛,李勣平高麗,皆備軍容凱歌,入都亦樂師,凱歌之實也。今參酌古今,備其陳設及奏歌曲之儀。凡命將征討有大功、獻俘馘首者,其日,備神策兵衛于東門外,如獻俘常儀。其凱歌用鐃吹二部。樂工等乘馬,執樂器,次第陳列,如鹵簿之式。鼓吹令、丞前導,分行于兵馬、俘馘之前。將入都門,鼓吹振作,迭奏《破陣樂》《應聖期》《賀朝歡》《君臣同慶》樂等四曲。俟行至大社及太廟,工人下馬,陳列于門外。俟告獻禮畢,復導引、奏曲如儀。至皇帝所御樓前,兵仗于旌門外二十步,樂工皆下馬,徐行前進,兵部尚書介胄、執鉞于旌門內中路前導,次協律郎二人,公服、執麾,亦于門外分導,鼓吹令、丞引樂工等至位,立定。太常于樂工之前跪,具官某奏事,請奏凱樂。協律郎舉麾,鼓吹大振作,遍奏《破陣樂》等四曲闋。協律郎偃麾,太常卿又跪,奏樂畢。兵部尚書、太常卿退,樂工等並旌門外立訖。然後引俘馘入獻及稱賀,如別儀。

樂工員數

唐登歌工三十一人,鐘簴一人,磬簴一人,節鼓一人,歌四人,九絃琴二人,七絃琴二人,阮二人,箏二人,瑟二人,筑二人,簫二人,塤二人,笛二人,簫二人,巢笙二人,和笙二人。

宮懸樂工二百八十二人,鎛鐘十二簴十二人,編鐘十二簴十二人,編磬十二簴十二人,建鼓四人,柷二人,敔二人,鐘磬二簴二人,歌工三十人,九絃琴十六人,七絃琴十六人,阮咸十六人,箏十六人,瑟十六人,筑十六人,簫十六人,塤十六人,巢笙十六人,和笙十六人,笛十六人,簫十六人,筝十六人,共三百二十三人。

鼓吹按十二案,每案羽葆鼓一人,龍鳳鼓二人,金錞一人,歌者二人,笳二人,簫二人。

宋登歌四人,塤二人,篪二人,巢笙二人,和笙二人,笛二人,筝二人,簫二人,阮二人,編鐘一人,編磬一人,九絃琴二人,七絃琴二人,筑二人,瑟二人,節鼓一人,大樂令一員,節奏應奉,協律郎一員,押麾挾仗色一人,主麾舉偃。宮懸樂工二百七十二人,鎛鐘十二人,編鐘十二人,編磬十二人,筝十六人,阮咸十六人,歌三十人,篪十六人,塤十六人,巢笙十六人,笛十六人,九絃琴十六人,七絃琴十六人,筑十六人,瑟十六人,簫十六人,竽笙十四人,建鼓四人,柷一人,敔一人,雷鼓二人,大樂令一員,丞一員,押樂樂正二員,協律郎一員,押麾挾仗色一人,引樂官二人,通三百令四人。

元登歌工員五十三人,編鐘一簴一人,編磬一簴一人,一絃琴二人,三絃琴二人,五絃琴二人,七絃琴二人,九絃琴二人,瑟四人,簫二人,笛二人,籥二人,篪二人,塤二人,巢笙四人,和笙四人,七星匏一人,九曜匏一人,閏餘匏一人,搏拊二人,柷二人,敔二人,大樂正二員,副樂正二員,樂師二員,照燭二員,運譜二員。

宮懸樂工一百六十一人,鎛鐘十二簴,編鐘十二簴,編磬十二簴,共三十六人,琴二十七人,瑟十二人,簫十人,籥十人,篪十人,巢笙十人,竽十人,塤八人,笛十人,七星、九曜、閏餘匏各一人,共三人,晉鼓一人,雷鼓一人,柷敔二人,麾二人,照燭二人,通三百十四人。

國朝登歌宮懸樂工員六十二人，實六十人。協律郎一人，歌工十二人，編鐘一簴一人，編磬一簴一人，琴十人，瑟四人，搏拊四人，柷一人，敔一人，塤四人，篪四人，簫八人，笙八人，笛四人，應鼓一人。

舞人員數

唐二舞一百五十人，文舞郎六十四人，二人掌翿在前，武舞郎六十四人，二人執旌居前，引舞二人，執鼗執鐸四人，執金錞四人，奏金錞四人，奏金鐃二人，執鐃二人，執相二人，執雅二人。

宋二舞一百五十四人，文舞郎六十四人，二人掌翿居前，武舞郎六十四人，引舞二人，並執旌，部轄二舞一人，教二人，舞師一人，引戈舞樂二十八人，鼗鼓、雙頭鐸、單頭鐸各二人，持金錞四人，奏一人，鐃二人，雅二人，相二人。

元二舞一百五十二人，文舞郎六十四人，引舞二人執翿，武舞郎六十四人，引舞二人執旌，金錞二人，金鉦二人，金鐃二人，單鐸二人，雙鐸二人，雅二人，相鼓二人，鼗鼓二人，表四人。

國朝二舞一百三十人，舞士二人執節，文舞引舞二人，舞生六十二人，武舞引舞二人，舞生六十二人。

樂工服色

唐諸登歌宮懸工人，服介幘、緋繡鸞袍、白縑袴、白縑帶、緋縑裙，鼓吹案工人，服熊羆衫、抹額、平巾幘、白縑袴、繡抹帶、金銅革帶、烏皮履。

宋樂正，紫公服、幞頭，大朝會絳公服、方心曲領、飛白大帶、金銅革帶、烏皮履，樂工介幘，執麾人平巾幘，並繡鸞衫、白絹夾

袴、抹帶。登歌宮懸樂工同副樂正,服紫公服,樂師緋公服,運譜
綠公服,大朝會介幘、絳鞲衣、白抹帶。

元樂正、副四人,斜脚幞頭、紫羅公服、烏角帶、木笏、皂靴,
照燭服同,無笏。樂師服緋,運譜服綠,冠服同上。執麾平巾幘,服
同樂工。樂工介幘冠、緋羅生色鸞袍、黃綾帶、皂靴。

國朝協律郎,幞頭、紫羅袍、荔支帶、皂靴,手執麾,樂生服緋
袍、展角幞頭、革帶、皂靴。

舞工服色

唐武舞,服武弁、朱鞲繡衣、白袴、白抹帶、緋繡抹額、臂鞲、
起梁帶,文舞服平冕、皂繡袍、黃縑裙、白縑抹帶、烏皮履,掌纛者
服色同。

宋文舞服舞人,進賢冠、黃紗袍、白紗中單、皂領褾、白布大
口袴、綠襈襠、革帶、烏皮履、白布襪,執纛者同武舞服,舞人武
弁、平口幘、金支緋絲布大袖、白布豹文大口袴、紫襈襠、緋絲布
兩襠、甲金飾錦騰蛇、起梁帶、烏皮靴,引舞人武弁、朱鞲衣、白絹
袴、革帶、烏皮履、紅抹額、黃臂鞲。

元舞師二人,舒脚幞頭、加黃羅繡抹額紫服、荔支帶、皂靴、
執仗,舞人平冕冠、青羅生色義花鸞袍,緣以皂綾,冠前後有旒,青白
硝石珠相間。執旌者平冕,九旒五就,青生色鸞袍、黃綾帶、黃絹袴、
白絹襪、赤革履,執纛者青羅巾、服同執旌者,執器者服同樂工。綠油牟
追冠、紅抹額。

國朝舞士,幞頭、紫羅袍、荔支帶、皂靴,執節,文舞生服紫
袍、展脚幞頭、革帶、皂靴,執羽籥,引舞二人同武舞生,服緋袍、
展脚幞頭、革帶、皂靴,執干戚,引舞二人同。

大明集禮卷五三上

樂

俗樂

總序

俗樂之名，古未嘗有。至齊宣王，始有今樂、古樂之辨。

漢高祖定天下，與故人父老相樂醉酒，作大風之歌，令沛中童兒百二十人習而歌之。至武帝，立樂府，采詩夜誦，有趙、代、秦、楚之謳，以李延年爲協律郎，多舉司馬相如等數十人，造爲詩賦，略論律呂，以合八音之調，作十九章之歌，以正月上辛用事甘泉圜丘，使童男女七十人俱歌昏祠至明。哀帝時，詔罷樂府官。凡郊祭樂及古兵法樂，非、鄭衛之樂者條奏，別屬他官。

世祖平隴、蜀，乃增廣郊祀諸樂，曰《黃門樂》，天子宴群臣用之，曰《短簫鐃歌》，軍中用之。其後章帝親製歌詩四章，列在食舉，又製《雲臺十二門詩》，各以其月祀而奏之。

魏文帝受禪，改漢鐃歌十二曲，使繆襲爲詞，言代漢之意，併製鞞歌五曲。鞞歌未詳其始，相傳以爲高帝用巴渝伐楚，其人好歌舞，有曲四篇，一曰《矛渝》，二曰《弩渝》，三曰《安臺》，四曰《行辭》。其辭既古莫能曉，其句讀至魏初，乃改作焉。

晉武帝受禪，命傅玄、荀勖等改漢鐃歌，代魏鼓角橫吹曲，及正旦大會、王公上壽等曲。

梁武帝命沈約製雅歌外，又改漢鼓吹舊曲，更造新歌，以述功德。

後魏道武設宮懸正樂，兼奏燕、趙、秦、吳之音、五方殊俗之曲，又有《掖庭中歌》《真人代歌》，凡百五十章。

北齊武成改漢《鼓吹》《朱鷺》等曲，惟《黃雀》《釣竿》二曲略而不用，諸州鎮戍各給鼓吹，樂人多少，以等級爲差。

唐太宗製《破陣樂》，以象武功。唐玄宗分樂爲二部，堂上立奏，謂之立部伎，堂下坐奏，謂之坐部伎。立部伎有八，一曰《永安樂》，二曰《太平樂》，三曰《破陣樂》，四曰《慶善樂》，五曰《大定樂》，六曰《上元樂》，高宗所造，七曰《聖壽樂》，武后所作，八曰《光聖樂》，高宗所造。坐部伎有六，一曰《宴樂》，張文收所作，二曰《長壽樂》，三曰《天授樂》，四曰《鳥歌萬歲樂》，皆武后作，五曰《龍池樂》，六曰《小破陣樂》，玄宗所作，生于立部伎也。又選坐部弟子三百，教于梨園，號梨園弟子，宮女數百，亦爲梨園弟子。又作《霓裳羽衣曲》及隋法曲，號曰《清樂》。法曲之始，即清商三調，並漢氏以来舊曲。晉朝播遷，其音分散。隋文帝平陳得之，領于清商署。唐武后時，惟存四十四曲。唐又分清樂、讌樂與高麗、天竺、高昌、疏勒等諸蕃樂，總爲十部伎。代宗復兩京，製《寶應長寧樂》及《廣平太乙樂》。文宗製《雲韶法曲》。宣宗製新曲，教女伶數十百人衣珠繡歌之。其歌有《播皇猷》《及葱嶺》等曲。

宋有教坊樂，分爲四部。凡聖節三大宴，爲十九次陳奏，間以雜戲，繼以致詞，稱述德美。舞用女弟子隊、小兒隊各十。又有雲韶部,黃門樂也,鈞容部,軍中樂也。

元燕樂分爲三隊,樂音王隊,元旦用之,壽星隊,聖節用之,禮樂隊,朝賀用之。各分爲十次,更迭上奏。器服、歌舞,俱有節序。

樂器

作樂之制,在乎八音。八音克諧,然後成樂。然自宮懸雅樂外,八音備見者少。

惟唐清商樂,其制:鐘一,架磬一,架琴一,瑟一,獨絃琴一,秦琵琶一,卧箜篌一,筑一,箏一,節鼓一,笙二,笛二,簫二,篪二,歌二。

張文收讌樂,用玉磬一架,大方響一架,箏一,筑一,卧箜篌一,大箜篌一,小箜篌一,大琵琶一,小琵琶一,大五絃琵琶一,小五絃琵琶一,大笙一,大觱篥一,小觱篥一,大簫一,小簫一,正銅鈸一,和銅鈸一,長笛一,尺八一,短笛一,揩鼓一,靴鼓二,桴鼓二,歌二。

高麗樂用彈箏一,搊箏一,卧箜篌一,竪箜篌一,琵琶一,五絃琵琶一,義觜笛一,笙一,橫笛一,簫一,小觱篥一,大觱篥一,桃皮觱篥一,腰鼓一,齊鼓一,檐鼓一,貝一。

高昌樂用答臘鼓一,腰鼓一,雞婁鼓一,羯鼓一,簫一,橫笛二,觱篥二,五絃琵琶二,琵琶二,銅角一,竪箜篌一,笙一。

疎勒樂用竪箜篌一,琵琶一,五絃琵琶一,橫笛一,簫一,觱篥一,答臘鼓一,腰鼓一,羯鼓一,雞婁鼓一。

康國樂用笛二,正鼓一,和鼓一,銅鈸二。

安國樂用琵琶一,五絃琵琶一,竪箜篌一,簫一,橫笛一,大篳篥一,雙篳篥一,正鼓一,銅鈸二,箜篌一。

天竺樂用羯鼓一,毛員鼓一,都曇鼓一,篳篥一,橫笛一,鳳首箜篌一,琵琶一,五絃琵琶一,銅鈸一,貝一。

西涼樂用鐘一架,磬一架,彈箏一,搊箏一,臥箜篌一,豎箜篌一,琵琶一,五絃琵琶一,笙一,簫一,大篳篥一,小篳篥一,長笛一,橫笛一,腰鼓一,齊鼓一,檐鼓一,貝一,銅鈸二。

龜玆樂用豎箜篌一,琵琶一五,絃琵琶一,笙一,橫笛一,簫一,篳篥一,荅臘鼓一,腰鼓一,羯鼓一,毛員鼓一,雞婁鼓一,銅鈸二,貝一。

宋教坊樂用版十,琵琶二十一,箜篌二,笙十一,箏十八,篳篥十二,笛十二,方響十一,羯鼓三,杖鼓二十九,大鼓七,五絃琵琶四。

雲韶樂用琵琶四,笙四,箏四,版四方,響三,觱篥八,笛七,杖鼓七,羯鼓二,大鼓二,傀儡八。

鈞容樂用版十,琵琶七,笙九,箏九,觱篥四十五,笛三十五,方響十一,杖鼓三十四,大鼓八,羯鼓三。

元樂用興隆笙、琵琶、箏、火不思、胡琴、方響、龍笛、頭管、箜篌、雲璈、簫、戲竹、大鼓、杖鼓、札鼓、和鼓、纂、拍板、水盞。

樂舞

古者,舞以象功。漢高祖歌大風,用童男子舞之。武帝祀甘泉圜丘,舞用女童。

後漢有黃門鼓吹舞,宴樂用之,有短簫鐃歌舞,軍中用之。其始因高祖用賨人定三秦,其俗喜舞,使樂人習之。有巴渝舞,用牟弩舞之。劍舞、巾舞者,沛公在鴻門,范增令項莊劍舞,項伯以袖隔之，使不得害沛公。今之劍舞、巾舞，此其原也。漢順帝時，祀靈星，用童男女十六人，象教田，初爲芟除，次耕種、芸耨、驅雀及穫刈、舂簸之形。又漢天子臨軒設樂，繩繫兩柱，相去數丈，二倡女對舞繩上，比肩而不傾。

盤舞者，晉大康中，天下爲《晉世寧》之舞。其舞仰手執盃盤而反覆之。反覆，至危也。盃盤，酒食器也。而名《晉世寧》者，言時人苟且飲食，忘其危也。

白紵舞，宋、齊間有《白紵歌》及舞。白紵，吳地所出。疑白紵，吳舞也。

傾盃舞，唐明皇嘗令教舞馬百馹，分爲左右部。時塞外亦獻善馬，上俾之教習，無不曲盡其妙。因命衣以文繡，絡以金鈴，飾其鬃間，雜以珠玉，奮首鼓尾，縱橫應節，其曲謂之《傾盃樂》，凡數十疊。

竿舞者，明皇時坊有王大娘，善戴百尺竿，上施木山，狀瀛洲、方丈，仍令小兒持絳節，出入其間，而舞不輟。

柘枝舞，用二童鮮衣帽，施金鈴，抃轉有聲，始爲二蓮花，童藏其中，花拆而後見。對舞相占，實舞中之雅妙也。

坐、立二部伎樂舞。

永安樂，後周武平齊所作，謂之城舞，行列方正，象城郭也。

太平樂舞，亦謂五方獅子舞，綴毛爲衣，象其俛仰馴狎之容。二人持繩，爲習弄之狀。五方獅子各依其方色。

破陣樂舞，唐所造也。太宗爲秦王，製《破陣樂》，左員右方，先偏後伍，魚麗鵝鸛，箕張翼舒，交錯屈伸，首尾回互，以象戰陣之形。

慶善樂舞，太宗生于武功慶善宮。既貴，宴宮中賦詩，被以管絃,舞蹈安徐,以象文教。

大定樂舞,高宗所造,出自《破陣樂》。歌云八紘同軌,以象平遼東而邊隅大定也。

上元樂舞,高宗所造。舞者畫雲水備五色,以象元氣,故曰上元。

聖壽樂舞,武后所作,舞之行列必成字,十六變而畢。有聖超千古、道泰百王、皇帝萬年、寶祚彌昌。

光聖樂舞,玄宗所造。

宴樂舞,張文收所造,分爲四部,曰景雲舞、慶善舞、破陣舞、承天舞。

長壽樂舞、天授樂舞,並武后作。

鳥歌萬歲樂舞,武后時宮中養鳥,能稱萬歲,作樂以象之。

龍池樂舞,玄宗龍潛舊居變爲池,瞻氣者以爲異,作樂以歌其祥。

小破陣樂舞,玄宗所造,生于立部伎。

宋教坊樂舞,小兒隊其名有十,一曰女伎隊,二曰劍器隊,三曰婆羅門隊,四曰醉胡騰隊,五曰諢臣萬歲樂隊,六曰兒童感聖樂隊,七曰玉兔渾脱隊,八曰異域朝天隊,九曰兒童解紅隊,十曰射鵰回鶻隊。女伎隊其名有十,一曰菩薩蠻隊,二曰感化樂隊,三曰抛毬樂隊,四曰佳人剪牡丹隊,五曰拂霓裳隊,六曰採蓮隊,七曰鳳迎樂隊,八曰菩薩獻香花隊,九曰彩雲仙隊,十曰打毬樂隊。

元樂舞用樂音王隊,男子三人,戴青面具舞蹈,次爲飛天夜叉隊,舞蹈而進,又以婦女二十人執牡丹花舞唱,次以婦女搖日月金腔稍子鼓,舞唱相和,次男子五人,作五方菩薩相,一人作樂

音王相歌舞。其壽星隊用男子，執金字牌，或執梅竹松椿石，或
作飛鴉之象，俱各歌舞而進。又有執寶蓋、日月棕毛扇或魚鼓簡
子、龍竹藜杖，齊唱舞而前。禮樂隊，用童子五人、執香花婦女二
十人，分爲四行，鞠躬，拜，興，舞蹈，或執孔雀幢舞唱。男子八
人，披金甲，執金戟，一人冠平天冠，執圭，齊舞唱而前。

樂工舞人員數

漢高祖大風歌，舞童百二十人。武帝祀甘泉圜丘，舞男女七
十人。巾舞、白紵、巴渝等舞，梁以前並用十二人，至武帝省之，
咸用八人而已。

後周安樂舞八十人。

唐太宗破陣樂舞百二十人，慶善樂舞舞童十六人，大定樂舞
者四十人，上元樂舞者八十人，聖壽樂舞者十二人，天授樂舞者
四人，鳥歌萬歲樂舞者三人，龍池樂舞者七十二人，小破陣樂舞
者四人，龜茲樂舞者四人。

宋教坊樂工二百令七人，復增二百三十二人，小兒舞隊七十
二人，女弟子隊百五十三人，雲韶部八十四人，鈞容部二百六十
五人。

元樂音王隊樂工二十人，舞者九十三人，壽星隊樂工十五
人，舞者一百零四人，禮樂隊樂工十二人，舞者一百零三人。

樂工舞人服色

唐清樂工人平巾幘，舞人碧輕紗衣裙襦、大袖，畫雲鳳之狀，

漆鬞髻①,飾以金銅雜花,狀如雀釵,錦履。

永安樂,舞人刻木爲面,狗喙獸耳,以金飾之,垂絲爲髮,畫襖、皮帽。

太平樂舞人,綴毛爲衣,服飾皆作昆侖像。

慶善樂舞童,皆進德冠、紫大袖裙襦、漆髻、皮履。

大定樂舞人,被五彩文甲,持槊。

上元樂舞者,畫雲水,備五彩。

聖壽樂舞者,金銅冠、五彩畫衣。

光聖樂舞者,鳥冠,五彩畫衣。

景雲舞,花錦袍、五色綾袴、彩雲冠、烏皮靴。

慶善樂舞者,紫綾大袖、絲布袴、假髻。

破陣樂,緋綾袍、緋綾袴。

承天樂舞人,紫袍、進德冠,並金銅帶。

長壽樂舞人,畫衣、冠。

天授樂舞人,畫衣、五彩鳳冠。

鳥歌萬歲樂舞人,緋衣大袖,並畫鸚鵡冠,作鳥象。

龍池樂舞人,冠飾以芙蓉。

小破陣樂舞人,被金甲冑。

高麗樂工,紫羅帽,飾以鳥羽,黃大袖、紫羅帶、大口袴、赤皮靴、五色絛繩;舞者四人,椎髻于後,以絳抹額,飾以金璫,二人黃裙襦、赤黃袴,二人赤黃裙襦袴,極長其袖,烏皮靴,雙雙併立而舞。

天竺樂工,皂絲布幞頭巾、白練襦、紫綾袴、緋帔,舞二人,辮髮,朝霞袈裟,若今之僧衣,行纏、碧麻鞋。

---

① "漆",原作"柒",據《通典》卷一四六《樂六·四方樂》改。

高昌樂工人，白襖錦袖、赤皮靴、赤帶紅抹額。

龜兹樂工，皂絲布頭巾、緋絲布袍錦袖、緋布袴，舞四人，紅抹額、緋襖①、白袴帑、烏皮靴。

疎勒樂工人，皂絲布頭巾、白絲布袍、錦衿褾、白絲布袴，舞二人，白襖錦袖、赤皮靴、赤皮帶。

康國樂工人，皂絲布頭巾、緋絲布袍、錦衿，舞二人，緋襖錦袖、綠綾渾襠袴、赤皮靴、白袴，雙舞急轉如風，俗謂之胡旋樂。

安國樂工人，皂絲布頭巾、錦褾衿、紫紬袴，舞二人，紫襖、白袴、帑赤皮靴。

西涼樂工，平上幘、緋褶，白舞一人，方舞四人，白舞今闕，方舞四人，假髻鬟、支釵、紫絲布褶、白大口袴、五綵接袖、烏皮靴。

宋教坊樂，小兒隊，一曰女伎隊，衣五色繡羅寬袍，戴羌帽，繫銀帶；

二曰劍器隊，衣五色繡羅襦，裹交脚幞頭、紅羅繡抹額，帶器仗；

三曰婆羅門隊，衣紫羅僧衣、緋掛，手執錫環挂杖；

四曰醉羌騰隊，衣紅羅襦、繫銀鈿鞢，戴氈帽；

五曰諢臣萬歲樂隊，衣緋紫綠羅寬衫，裹簇花幞頭；

六曰兒童感聖樂隊，衣青羅生色衫，繫勒帛，總兩角；

七曰玉兔渾脫隊，衣四色繡羅襦，繫銀帶，冠玉兔冠；

八曰異域朝天隊，錦襦，繫銀束帶，冠番冠，執寶盤；

九曰兒童解紅隊，衣紫緋綠繡襦，繫銀帶，冠花砌鳳冠；

十曰射鵰迴鶻隊，衣盤鵰錦襦，繫銀鈿鞢，執射鵰盤。

---

① “襖”，原缺，據《通典》卷一四六《樂六·四方樂》補。

女弟子隊,凡百五十三人,一曰菩薩蠻隊,衣緋生色窄砌衣,冠卷雲冠;

二曰感化樂隊,衣青羅生色通衣,背梳髻,繫綬帶;

三曰拋毬樂隊,衣四色繡羅寬衫、銀帶,捧繡毬;

四曰佳人剪牡丹隊,衣紅生色砌衣,戴金鳳冠,剪牡丹花;

五曰拂霓裳隊,衣紅仙砌衣、碧霞帔,戴仙冠、紅繡抹額;

六曰採蓮隊,衣紅羅生色綽子,繫暈裙,戴雲鬟髻,乘彩船,執蓮花;

七曰鳳迎樂隊,衣仙砌衣,戴雲環鳳髻;

八曰菩薩獻香花隊,衣生色窄砌衣,戴寶冠,執香花盤;

九曰彩雲仙隊,衣黃色道衣、紫霞帔,冠仙冠,執幢節鶴扇;

十曰打毬樂隊,衣四色窄繡羅襦,繫銀帶,裏順風腳簇花幞頭,執毬杖。

元樂音王隊,大樂禮官二員,冠展角幞頭、紫袍、塗金帶,執笏,次執戲竹二人,服同前;

樂工八人,冠花幞頭、紫窄衫、銅束帶;

次二隊,婦女十人,冠展角幞頭、紫袍,次婦女一人,冠唐帽、黃袍;

次三隊,男子三人,戴紅束髮青面具、雜彩衣;次一人,冠唐帽、綠襴袍、角帶;

次四隊,男子一人,戴孔雀明王面具,披金甲,從者二人,戴毗沙神像面具、紅袍;

次五隊,男子五人,冠五梁冠,戴龍王面具、繡氅;

次六隊,男子五人,爲飛天夜叉象;

次七隊,樂工八人,冠霸王冠、青面具、錦繡衣;

次八隊,婦女二十人,冠廣翠冠、銷金綠衣;

次九隊,婦女二十人,冠金梳,翠花鈿,繡衣;

次十隊,婦女八人,花髻,服銷金桃紅衣;

次男子五人,作五方菩薩梵相,次男子一人[①],作樂音王梵相。

壽星隊,冠服同前;

次二隊,婦女十人,冠唐巾、銷金紫衣、銅束帶,次婦女一人,冠平天冠,服繡鶴氅、方心曲領;

次三隊,男子三人,冠服同前樂音王隊;

次四隊,男子一人,冠金漆弁冠,服緋袍、塗金帶,執笏,從者二人,錦繡衣;

次五隊,男子一人,冠捲雲冠、青面具、綠袍、塗金帶;

次六隊,男子五人,爲烏鴉之象;

次七隊,樂工十一人,冠雲頭冠、銷金袍、白裙;

次八隊,婦女二十人,冠鳳翹冠、翠花鈿,服寬袖衣,加雲肩、霞綬、玉佩;

次九隊,婦女二十人,冠玉女冠、翠花鈿,服黃銷金寬袖衣,加雲肩、霞綬、玉佩;

次十隊,婦女八人,冠雜彩帽,衣被橌葉;

次男子八人,冠束髮冠、掩心金甲、銷金緋袍,次男子五人,冠黑紗帽,服繡鶴氅,朱履。

禮樂隊,引隊禮官、樂工冠服同前樂音王隊;

次二隊,婦女十人,冠黑漆弁冠,服青素袍、方心曲領、白裙、

---

① "男子",原缺,據下文補。

束帶,次婦女一人,冠九龍冠,服繡紅袍、玉帶;

次三隊,男子三人,冠服同樂音王隊;

次四隊,男子三人,皆冠捲雲冠,服黃袍、塗金帶;

次五隊,男子五人,皆冠三龍冠,服紅袍;

次六隊,童子五人,三髻、素衣;

次七隊,樂工八人,皆冠束髮冠,服錦衣、白袍;

次八隊,婦女二十人,冠籠巾,服紫袍、金帶;

次九隊,婦女二十人,冠束髻冠,服銷金藍衣、雲肩、佩綬;

次十隊,婦女八人,冠翠花唐巾,服錦繡衣;

次男子八人,冠鳳翅兜牟,披金甲,次男子一人,冠平天冠,服繡鶴氅。

樂歌

漢高祖《大風歌》

大風起兮雲飛揚,威加海內兮歸故鄉,安得猛士兮守四方。

漢《短簫鐃歌》

亦曰《鼓吹曲》,多敘戰陣之事,凡二十二曲。無詞。

《朱鷺》鷺惟白色,漢有朱鷺之祥,因而為詩。

《思悲翁》《艾如張》温子昇曰:辭云,誰在閒門外,羅家諸少年。張機蓬艾側,結網槿籬邊。若能飛自勉,豈為矰所纏。黃雀倘為戒,朱絲猶可延。此艾如張之事也。觀李賀詩,有艾葉綠花誰剪刻,中藏禍機不可測。以剪艾葉為蔽張之具也。

《上之回》漢武帝元封中,因至雍,遂通回中道,後數遊幸焉。其歌稱帝,遊石關,望諸國,月支臣,匈奴服。蓋誇時事也。

《擁離》《戰城南》古詞云,戰城南,死郭北,野死而不葬,鳥可食。此言野死不得葬,為烏鳥所食,願為忠臣義士,朝出戰而暮不得歸,後来作者皆體此意。

《巫山高》古詞：巫山高，高以大。淮水深，深以遊。大略言江、淮深，無梁以渡，臨水遠望，思歸而已。後之作者皆涉陽臺雲雨之事，非矣。

《上陵》漢章帝元和二年，作詩四篇：一曰《思齊姚皇》，二曰《六麒麟》，三曰《竭肅雍》，四曰《涉岊》，與《鹿鳴》《承元氣》二曲爲宗廟食舉。又以《重来》《上陵》二曲合八曲，爲上陵食舉。如此所言自是八曲之一曲，或作于武帝之前，亦不可知，蓋因上陵而爲之也。

《將進酒》《有所思》，亦曰《嗟佳人》。漢大樂，食舉十三曲，第七曰《有所思》，亦以此樂侑食。

《芳樹》《上邪》《君馬黃》古詞云：君馬黃，臣馬蒼，二馬同逐臣馬良。終言美人歸，以南以北，駕馬馳車，令我心傷。但取第一句以命題，主意不在此。

《雉子斑》《聖人出》《臨高臺》《遠如期》，亦曰《遠期》。漢大樂食舉十三曲：一曰《鹿鳴》，二曰《重來》，三曰《初造》，四曰《俠安》，五曰《來歸》，六曰《遠期》，七曰《有所思》，八曰《明星》，九曰《清涼》，十曰《涉大海》，十一曰《大置》，十二曰《承元氣》，十三曰《海淡淡》。魏時以《遠期》《承元氣》《海淡淡》三曲爲不通利，故省之。

《石留》《務成》《玄雲》《黃雀行》《釣竿篇》伯常子避仇河濱，爲漁父，其妻思之，而爲《釣竿歌》。每至河側，輒歌之。後司馬相如作《釣竿》詩，遂傳爲樂曲。

鞞歌五曲

《關中有賢女》《章和二年中》漢章帝造。《樂久長》《四方皇》《殿前生桂樹》

魏短簫鐃歌十二曲

《楚之平》言魏代漢《朱鷺》。

《戰滎陽》言曹公代漢《思悲翁》。

《獲呂布》言曹公圍臨淮，擒呂布，代漢《艾如張》。

《克官渡》言曹公破袁紹，代漢《上之回》。

《舊邦》言曹公勝袁紹，還譙，牧苑上①，代漢《擁離》。

---

① 《文獻通考》卷一四一《樂考十四·樂歌》"牧苑上"後有"收死亡士卒"等字。

《定武功》言曹公初破鄴，代漢《戰城南》。

《屠柳城》言曹公破三郡烏桓于柳城，代漢《巫山高》。

《平荊南》言曹公平荊州。代漢《上陵》①。

《平關中》言曹公征馬超②，定關中。代漢《將進酒》。

《應定期》言文帝受命應期，代漢《有所思》。

《邕熙》言君臣雍穆，庶績熙。代漢《芳樹》。

《大和》言明帝繼統，得大和。代漢《上邪》③。

魏鞞歌五曲

《明明魏皇帝》代漢《關中有賢女》。

《大和有聖帝》代漢《章和二年中》。

《魏曆長》代漢《樂久長》。

《天生烝民》代漢《四方皇》。

《爲君既不易》代漢《殿前生桂樹》。

晉武帝令傅玄作鐃歌二十二篇以述功德

《靈芝祥》④代《朱鷺》三十句。

《宣受命》代《思悲翁》二十句。

《征遼東》⑤代《艾如張》十句。

《宣輔政》代《上之回》十九句。

《時運多艱》代《擁離》十二句。

《景龍飛》代《戰城南》二十一句。

---

① “平荊州代漢上陵”，原缺，據《文獻通考》卷一四一《樂考十四·樂歌》補。
② “平關中言曹公”，原缺，據《文獻通考》卷一四一《樂考十四·樂歌》補。
③ “代”前衍“平”，據《文獻通考》卷一四一《樂考十四·樂歌》刪。
④ “芝”，原作“之”，據《文獻通考》卷一四二《樂考十五·樂歌》改。
⑤ “東”，原缺，據《文獻通考》卷一四二《樂考十五·樂歌》補。

《平玉衡》代《巫山高》十三句。

《文皇總百揆》代《上陵》二十一句。

《因時運》代《將進酒》十句。

《惟庸蜀》代《有所思》二十六句。

《天序》代《芳樹》二十一句。

《大晉承運期》①代《上邪》十四句。

《金靈運》代《君馬黃》三十六句。

《于穆我皇》代《雉子斑》三十五句。

《仲春振旅》代《聖人出》二十句。

《夏苗田》代《臨高臺》二十二句。

《仲秋獮田》代《遠如期》二十二句。

《順天道》代《石留》二十九句。

《唐堯》代《務成》二十句。

《玄雲》仍漢舊名,三十八句。

《伯益》代《黃雀行》二十八句。

《釣竿》仍漢舊名,三十八句。

晉鞞歌五篇

《洪業篇》代魏《明明魏皇帝》六十句。

《天命篇》代魏《大和有聖帝》三十四句。

《景皇篇》代魏《魏曆長》五十一句。

《天晉篇》代魏《天生烝民》五十句②。

《明君篇》代魏《爲君既不易》五十二句。

---

① "期",原缺,據《文獻通考》卷一四二《樂考十五・樂歌》補。

② "五十句",原缺,據《文獻通考》卷一四二《樂考十五・樂歌》補。

魏晉鼓角橫吹十四曲

《黃鵠吟》《隴頭吟》《望行人》《折楊柳》《洛陽道》《長安道》《豪俠行》《梅花落》《紫騮馬》《驄馬》《雨雪》《劉生》《古劍行》《洛陽公子行》

吳歌雜曲

《鳳將雛》《碧玉歌》《懊憹歌》《子夜歌》《長史變》《阿子歌》《歡聞歌》《桃葉歌》《前溪歌》①《團扇歌》《公莫舞》《白紵歌》

晉宋間雜歌

《督護歌》《讀曲歌》《烏夜啼》《石城樂》《莫愁樂》《襄陽樂》《壽陽樂》

唐樂章

《傾盃曲》《樂社樂曲》《英雄樂曲》《黃驄疊曲》右唐太宗內宴，詔無忌作之，皆宮調也。《景雲河清歌》《承天樂》《夷美賓樂》右高宗朝所作。

立部伎八曲

一《安樂舞》二《太平樂》三《破陣樂》四《慶善樂》五《大定樂》六《上元樂》七《聖壽樂》八《光聖樂》

坐部伎六曲

一《讌樂》二《長壽樂》三《天授樂》四《鳥歌萬歲樂》五《龍池樂》六《小破陣樂》

《夜半樂》《還京樂》《文樂樂》②《霓裳羽衣曲》《小長壽》《順天樂》《君臣相遇樂》《荔枝香》《梨園法曲》《涼州》《伊州》《甘州》皆天

---

① “溪”，原作“漢”，據《文獻通考》卷一四二《樂考十五·樂歌》改。
② “文樂”，《文獻通考》卷一四二《樂考十五·樂歌》作“成曲”。

賓樂曲。

清樂曲大唐武后時猶存六十三曲

《白雪》《公莫》《巴渝》《明君》《明之君》《鐸舞》《白鳩》《白紵》《子夜吳聲》《四時歌》《前溪》《阿子》《歡聞》《團扇》《懊憹》《長史變》《督護》《讀曲》《烏夜啼》《古城》①《莫愁》《襄陽》《棲夜》《烏飛》《估客》《楊叛》《雅樂》《驍壺》《常林歡》《三洲采桑》②《春江花月夜》《玉樹後庭花》《堂堂》《泛龍舟》已上三十三曲，又四曲有聲無詞。

《上林》《鳳雛》《平調》《清調》《瑟調》《平折》《命嘯》通前惟四十四曲存焉。

宋樂曲

正宮十曲

《一陽生》《玉窗寒》《念邊戍》③《玉如意》《瓊樹枝》《鸀鸂裘》《塞鴻飛》《漏丁丁》《息鼙鼓》④《勸流霞》

南呂十一曲

《仙盤露》《冰盤果》《芙蓉園》《林下風》《風雨調》《開月幌》《鳳來賓》《落梁塵》《望陽臺》《慶年豐》《青驄馬》

中呂十三曲

《上林春》《春波綠》《百花林》⑤《壽無疆》《萬年春》《擊珊瑚》《柳垂綠》⑥《醉紅樓》《折紅杏》《一園花》《花下遊》⑦《遊春歸》《千

---

① "古"，《文獻通考》卷一四六《樂考十九·俗部樂》作"石"。
② "桑"，原作"葉"，據《文獻通考》卷一四六《樂考十九·俗部樂》改。
③ "戍"，原作"功"，據《宋史》卷一四二《樂志十七·教坊》改。
④ "鼙"，原作"鼓"，據《宋史》卷一四二《樂志十七·教坊》改。
⑤ "百花林"，《宋史》卷一四二《樂志十七·教坊》作"百樹花"。
⑥ "綠"，《宋史》卷一四二《樂志十七·教坊》作"絲"。
⑦ "遊"，《宋史》卷一四二《樂志十七·教坊》作"醉"。

株柳》①

仙吕九曲

《折紅蕖》《鵲填河》《紫蘭香》《喜堯時》《猗蘭殿》《步瑤階》《千秋樂》《百合香》《佩珊瑚》

黃鐘十二曲

《菊花杯》《翠幙新》《四塞清》《滿簾霜》《畫屏風》《折茱萸》《望秋雲》《苑中鶴》《賜征袍》《望回戈》《秋稼成》②《汎金英》

高宮九曲

《喜順成》③《安遠塞》《獵騎遊》④《遊兔園》《錦步幛》《博山鑪》《暖寒杯》《雪紛紛》⑤《待春来》

道調九曲

《會夔龍》《汎仙杯》《披雲襟》《孔雀扇》《百尺樓》《金樽酒》⑥《奏明庭》《拾落花》《聲聲好》

越調九曲

《翡翠帷》《玉照臺》《香旖旎》《紅樓夜》《朱頂鶴》《得賢臣》《蘭堂燭》《金滴流》⑦

雙調十六曲

《宴瓊林》《汎龍舟》《汀洲緑》《登高樓》《麥隴雉》《柳如煙》《楊花飛》《王澤新》《玳瑁簪》《玉階曉》《喜清和》《人歡樂》《征戍

---

① "柳"，《宋史》卷一四二《樂志十七·教坊》作"樹"。
② "稼"，《宋史》卷一四二《樂志十七·教坊》作"稻"。
③ "喜"，《宋史》卷一四二《樂志十七·教坊》作"嘉"。
④ "遊"，《宋史》卷一四二《樂志十七·教坊》作"還"。
⑤ "紛紛"，《宋史》卷一四二《樂志十七·教坊》作"紛紜"。
⑥ "酒"，《宋史》卷一四二《樂志十七·教坊》作"滿"。
⑦ "滴"，《宋史》卷一四二《樂志十七·教坊》作"鏑"。

回》《一院香》《一片雲》《千萬年》

小石調七曲

《滿庭香》《七寶冠》《玉瑤杯》①《辟塵犀》《喜新晴》《慶雲飛》
《太平時》

林鐘十曲

《秋採蘭》《紫綵囊》《留征騎》《塞鴻度》《回紇朝》《汀洲雁》
《風入松》《蓼花紅》《曳珠珮》《遵渚鴻》

歇指調九曲

《榆塞情》《聽秋風》《紫玉簫》《碧池魚》《鶴盤旋》《湛恩新》
《聽秋蟬》《月中歸》《千家月》

大石調九曲

《花下宴》《甘雨足》《畫鞦韆》《夾竹桃》《攀露桃》《燕初来》
《踏青回》《拋繡毬》《澄火雨》②

大石調八曲

《賀元正》《待花開》《採紅蓮》《出谷鶯》《遊月宮》《望回車》
《塞雲平》《秉燭遊》

小石角九曲

《月中春》③《折仙枝》《春日遲》《綺筵春》《登春臺》《紫桃花》
《一株紅》④《喜春雨》《泛春池》

雙角九曲

《鳳樓登》《九門開》《落梅香》《春冰拆》《萬年宴》《催花發》

---

① “瑤杯”，《宋史》卷一四二《樂志十七·教坊》作“唾盂”。
② “澄”，《宋史》卷一四二《樂志十七·教坊》作“潑”。
③ “中”，《宋史》卷一四二《樂志十七·教坊》作“宮”。
④ “株”，《宋史》卷一四二《樂志十七·教坊》作“林”。

《降真香》《迎新春》《望蓬島》

高角九曲

《日南至》①《帝道昌》《文風盛》《琥珀杯》《雪花飛》《皂貂裘》《征馬嘶》《射飛雁》《雪飄飆》

大石角九曲

《紅鑪火》《翠雲裘》《慶成功》《冬夜長》《金鸚鵡》《玉樓寒》《鳳戲雛》《一鑪香》《雲中雁》

歇指角九曲

《玉壺冰》《捲珠箔》《隨風簾》《樹青蔥》《紫桂藂》《五色雲》《玉樓宴》《蘭堂燕》《千千歲》

越角九曲

《望明河》《華池鷺》《贈香囊》②《秋氣清》《照秋池》《曉風度》《靖邊塵》《聞新雁》《吟風蟬》

林鐘角九曲

《慶時康》《上林果》《畫簾垂》《水晶簟》③《夏木繁》《暑氣清》《風中琴》《轉輕裾》④《清風来》

仙呂十五曲

《喜清和》《芰荷新》《清世歡》《玉鈎欄》《金步搖》《金錯落》《燕引雛》《草芊芊》《步玉砌》《整華裾》《海山青》《旋絮綿》《風中帆》《青絲騎》《喜聞聲》

南呂宮七曲

《春景麗》《牡丹開》《展芳茵》《紅桃露》《囀林鶯》《滿林花》

---

① "至"，原作"郊"，據《宋史》卷一四二《樂志十七·教坊》改。
② "贈"，《宋史》卷一四二《樂志十七·教坊》作"貯"。
③ "晶"，《宋史》卷一四二《樂志十七·教坊》作"精"。
④ "轉"，《宋史》卷一四二《樂志十七·教坊》作"車"。

《風飛花》

中吕調九曲

《宴佳賓》①《會群仙》《集百祥》《凭朱欄》《香煙細》《仙洞開》
《上馬杯》《拂長袖》《羽觴飛》

般涉調九曲

《喜秋成》《戲馬臺》《汎秋菊》《三殿樂》②《鸂鶒杯》《玉芙蓉》
《偃干戈》《聽秋砧》《秋雲飛》

又般涉調十曲

《玉樹花》《望星斗》《金錢花》《玉窗深》《萬民康》《瑶林風》
《隨陽雁》《倒金罍》《雁來賓》《看秋月》

黄鐘羽七曲

《宴鄒枚》《雲中樹》《燎金鑪》《澗底松》《嶺頭梅》《玉鑪香》
《瑞雲飛》

平調十曲

《萬國朝》《獻春盤》《魚上水》《紅梅花》《洞中春》《春雪飛》
《翻羅袖》《落梅花》《夜遊樂》《鬥春雞》已上並出陳氏《樂書·曲調》中。

元樂曲

《長春柳》《吉利牙》《新水令》《沽美酒》《太平令》《水仙子》
《青山口》《萬年歡》《山荆子帶祆神急》《祆神急》

《也可唐兀》

姑南姑黄黄太姑　　　　姑南姑黄姑太姑

一工一合合四一　　　　一工一合一四一

---

① “佳賓”，《宋史》卷一四二《樂志十七·教坊》作“嘉賓”。

② “三”，《宋史》卷一四二《樂志十七·教坊》作“芝”。

姑南姑黃黃太姑

一工一合合四一

姑南姑黃黃太姑

一工一合合四一

姑南姑黃黃太姑

一工一合合四一

姑南姑黃黃太姑

一工一合合四一

姑南姑黃黃太姑

一工一合合四一

南太太黃太仲太姑

工四四合四上四一

太太黃太仲太姑

四四合四上四一

林蕤林南林南林姑

尺勾尺工尺工尺一

林南林姑林南林姑

尺工尺一尺工尺一

林南林姑林南林姑

尺工尺一尺工尺一

林林林南林蕤林

尺尺尺工尺勾尺

林林林南林蕤林

尺尺尺工尺勾尺

林蕤林南林蕤林

尺勾尺工尺勾尺

姑南姑黃姑太姑

一工一合一四一

姑南姑黃姑太姑

一工一合一四一

仲姑黃太仲太姑

上一合四上四一

仲姑黃太仲太姑

上一合四上四一

仲姑黃太仲太姑

上一合四上四一

太太黃太仲太姑

四四合四上四一

林蕤林南林南林姑

尺勾尺工尺工尺一

林蕤林南林南林姑

尺勾尺工尺工尺一

林南林姑林南林姑

尺工尺一尺工尺一

仲姑仲南林

上一上工尺

林林林南林蕤林

尺尺尺工尺勾尺

林蕤林南林蕤林

尺勾尺工尺勾尺

林蕤林南林蕤林

尺勾尺工尺勾尺

南林林南南林南
工尺尺工工尺工

南林林南南林南
工尺尺工工尺工

黃南黃黃黃南黃南
合工合合合工合工

黃南黃黃黃南黃南
合工合合合工合工

南林林南南林南
工尺尺工工尺工

仲南仲姑
上工上一

黃南黃黃黃南黃南
合工合合合工合工

《畏兀兒》

太太蕤林南南蕤姑
四四勾尺工工勾一

太太蕤南林蕤林應
四四勾工尺勾尺凡

南應林南林蕤姑太
工凡尺工尺勾一四

林蕤林應南南
尺勾尺凡工工

黃應南應林南
合凡工凡尺工

林蕤姑太應大黃應
尺勾一四凡四合凡

太太
四四

《畏兀兒過篇》

太太蕤林南南蕤姑
四四勾尺工工勾一

太太蕤南林蕤林應
四四勾工尺勾尺凡

南應林南應應
工凡尺工凡凡

姑太姑姑
一四一一

太姑蕤蕤
四一勾勾

姑蕤南南
一勾工工

南南蕤林南南蕤姑
工工勾尺工工勾一

太太蕤南林蕤林應
四四勾工尺勾尺凡

南應林南林蕤姑太　　　　林蕤林應南南

工凡尺工尺勾一四　　　　尺勾尺凡工工

黃應南應林南　　　　　　林蕤姑大

合凡工凡尺工　　　　　　尺勾一四

應太黃應太太

凡四合凡四四

《四季萬年歡》黃鐘宮俗呼正宮

夷林蕤太　　　　　　　黃清夷林姑

工尺勾一　　　　　　　六　工尺一

蕤林黃太黃　　　　　林夷黃清夷太黃太姑林姑

勾尺合四合　　　　　尺工六　工四合四一尺一

黃姑夷林姑林　　　　夷黃姑太黃清夷

合一工尺一尺　　　　工合一四六　工

蕤林黃清夷林蕤姑　　　太姑林黃黃清

勾尺六　工尺勾一　　　四一尺合六

太清　黃清

五　　六

《尾》

太清黃清夷黃太姑

五　六　工合四一

《萬歲樂》黃鐘宮俗呼正宮

林南黃南姑大黃　　　　姑林應南林姑林

尺工六工一四合　　　　一尺凡工尺一尺

姑南黃蕤南林姑　　　　應南林南姑大黃

一工六勾工尺一　　　　凡工尺工一四合

黃應黃南姑大黃　　　　姑林應南林姑林

六凡六工一四合　　　　一尺凡工尺一尺

姑南黃㽔南林姑　　　　　應南林南姑大黃

一工六勾工尺一　　　　　凡工尺工一四合

大吕宫俗呼高宫

夷無大無仲夾大　　　　　仲夷黃無夷仲夷

工凡四凡上一四　　　　　上工合凡工上工

仲無大林無夷仲　　　　　黃無夷無仲夾大

上凡四尺凡工上　　　　　合凡工凡上一四

大黃大無仲夾大　　　　　仲夷黃無夷仲夷

四合四凡上一四　　　　　上工合凡工上工

仲無大林無夷仲　　　　　黃無夷無仲夾大

上凡四尺凡工上　　　　　合凡上凡上一四

太簇宫俗呼中管高宫

南應太應㽔姑大　　　　　㽔南太應南㽔南

工凡四凡勾一四　　　　　勾工四凡工勾工

㽔應太夷應南㽔　　　　　大應南應㽔姑大

勾凡四工凡勾工　　　　　四凡工凡勾一四

太太太應㽔姑大　　　　　㽔南大應南㽔南

四四四凡勾一四　　　　　勾工四凡工勾工

㽔應太夷無南㽔　　　　　大應南應㽔姑太

勾凡四工凡工勾　　　　　四凡工凡勾一四

夾鐘宫俗呼中吕宫

無黃夾黃林中夾　　　　　林無太黃無林無

凡合一合尺上一　　　　　尺凡四合凡尺凡

林黃夾南黃無林　　　　　太黃無黃林仲夾

凡合一工合凡尺　　　　　四合凡合尺上一

夾大夾黃林仲夾　　　　　林無大黃無林無

一四一合尺上一　　　　　尺凡四合凡尺凡

林黄夾南黄無林　　　　大黄無黄林仲夾

尺合一工合凡尺　　　　四合凡合尺上一

姑洗宮俗呼中管中呂宮

應大姑大夷蕤姑　　　　夷無夾大應夷應

凡四一四工勾一　　　　工凡一四凡工凡

夷大姑無大應夷　　　　夾大應大蕤夷姑

工四一凡四凡工　　　　一四凡四勾工一

姑夾姑大夷蕤姑　　　　夷應夾大應夷應

一一一四工勾一　　　　工凡一四凡工凡

夷大姑無大應夷　　　　夾大應大夷蕤姑

工四一凡四凡工　　　　一四凡四工勾一

仲呂宮俗呼道宮

黄太仲大南林仲　　　　南黄姑大黄南黄

合四上四工尺上　　　　工合一四合工合

南大仲應大黄南　　　　姑大黄大南林仲

工四上凡四合工　　　　一四合四工尺上

仲姑仲大南林仲　　　　南黄姑大黄南黄

上一上四工尺上　　　　工合一四合工合

南大仲應大黄南　　　　姑大黄大南林仲

工四上凡四合工　　　　一四合四工尺上

蕤賓宮俗呼中管道宮

大夾蕤夾無夷蕤　　　　無大仲夾大無大

四一勾一凡工勾　　　　凡四上一四凡四

無夾蕤黄夾大無　　　　仲夾大夾無夷蕤

凡一勾合一四凡　　　　上一四一凡工勾

蕤仲蕤夾無夷蕤　　　　無大仲夾大無大

勾上勾一凡工勾　　　　凡四上一四凡四

無夾蕤黃夾大無　　　　仲夾大夾無夷蕤
凡一勾合一四凡　　　　上一四一凡工勾

林鐘宮 俗呼南呂宮

大姑林姑應南林　　　　應大蕤姑大應大
四一尺一凡工尺　　　　凡四勾一四凡四

應姑林大姑大應　　　　蕤姑大姑應南林
凡一尺四一四凡　　　　勾一四一凡工尺

林蕤林姑應南林　　　　應大蕤姑大應大
尺勾尺一凡工尺　　　　凡四勾一四凡四

應姑林大姑大應　　　　蕤姑大姑應南林
凡一尺四一四凡　　　　勾一四一凡工尺

夷則宮 俗呼仙呂宮

夾仲夷仲黃無夷　　　　黃夾林仲夾黃夾
一上工上合凡工　　　　合一尺上一合一

黃仲夷大仲夾黃　　　　林仲夾仲黃無夷
合上工四上一合　　　　尺上一上合凡工

夷林夷仲黃無夷　　　　黃夾林仲夾黃夾
工尺工上合凡工　　　　合一尺上一合一

黃仲夷大仲夾黃　　　　林仲夾仲黃無夷
合上工四上一合　　　　尺上一上合凡工

南呂宮 俗呼中管仙呂宮

姑蕤南蕤大應南　　　　大姑夷蕤姑大姑
一勾工勾四凡工　　　　四一工勾一四一

大蕤南夾蕤姑大　　　　夷蕤姑蕤大應南
四勾工一勾一四　　　　工勾一勾四凡工

南夷南蕤大應南　　　　大姑夷蕤姑大姑
工工工勾四凡工　　　　四一工勾一四一

大蕤南夾蕤姑大　　　　　夷蕤姑蕤大應南

四勾工一勾一四　　　　　工勾一勾四凡工

無射宮 俗呼黃鐘宮

仲林無林大黃無　　　　　大仲南林仲大仲

上尺凡尺五六凡　　　　　四上工尺上四上

大林無姑林仲大　　　　　南林仲林大黃無

四尺凡一尺上四　　　　　工尺上尺五六凡

無南無林大黃無　　　　　太仲南林仲大仲

凡工凡尺五六凡　　　　　四上上尺上四上

大林無姑林仲大　　　　　南林仲林大黃無

四尺凡一尺上四　　　　　工尺上尺五六凡

應鐘宮 俗呼中管黃鐘宮

蕤夷應夷夾大應　　　　　夾蕤無夷蕤夾蕤

勾工凡工一四凡　　　　　一勾凡工勾一勾

夾夷應仲夷蕤夾　　　　　無夷蕤夷夾大應

一工凡上工勾一　　　　　凡工勾工一四凡

應無應夷夾大應　　　　　夾蕤無夷蕤夾蕤

凡凡凡工一四凡　　　　　一勾凡工勾一勾

夾夷應仲夷蕤夾　　　　　無夷蕤夷夾大應

一工凡上工勾一　　　　　凡工勾工一四凡

百戲

　　劍戲，戰國時有蘭子者，以技干宋元君，以雙技長倍其身，屬其踵，並趨並馳，弄七劍，迭而躍之，五劍常在空中，元君大驚，立賜金帛。

　　角觝戲，本六國所造，秦因而廣之。漢武帝開上林，穿昆明池,千門萬户,設酒池肉林,以饗四夷之客,作諸戲以觀示之。角觝者,角其技也。兩兩相當,角及伎藝射御也。

魚龍漫衍戲,漢天子正旦臨軒,設九賓樂,舍利獸從西方來,戲于殿庭,激水成比目魚,跳躍嗽水,作霧翳日,化成黃龍,長七尺,聳躍而出,燿煜日光。樂畢,作魚龍漫衍,黃門鼓吹三通,亦百戲之一也。

蹋鞠之戲,蓋古兵勢。漢兵家有《蹹鞠》二十五篇。霍去病在塞外穿域蹋鞠,亦其事也。蹴毬,蓋始于唐,植兩脩竹,高數丈,絡網于上,爲門以度毬。毬工分左右,朋以角勝否,豈亦蹹鞠之變歟?

弄參軍,戲始于漢。館陶令石耽有贓,和帝惜其才,每宴樂,令衣白夾衫,令優伶戲弄辱之。大中以來,弄假婦人,又弄婆羅門戲。有代面者,始自齊神武之弟善鬭戰,其以顏雌,無威于敵,每入陣,即著面具。

百戲起于秦、漢,有魚龍蔓延、高絙鳳凰、安息五案、都盧尋撞、走丸跳劍、戲車山車、興雲動雷、跟掛腹旋、吞刀履索、吐火激水、轉石嗽霧、扛鼎象人、怪獸舍利之戲。《纂要》。

梁有高絙伎,蓋今之戲繩也。又有舞輪技,蓋今之戲車輪也。透三峽伎,蓋今之透飛梯也。《類要》。吞刀、吐火、植瓜、種樹之類,術皆從西域來。

大明集禮卷五三下

樂①

朝會樂②

九奏

第一奏，起臨濠。

稱述王師起義之由，舉第一爵則奏之。

第二奏，開太平。

稱述王師渡江，收取太平，以有江東，舉第二爵則奏之。

第三奏，安建業。

稱述王師撫安建業，爲王業之基，舉第三爵則奏之。

第四奏，削群雄。

稱述王師掃除群雄，平定禍亂，以有天下，舉第四爵則奏之。

第五奏，平幽都。

稱述王師平定幽燕，以正大統，舉第五爵則奏之。

---

① 標題“樂”，原無，據本書體例補。
② 本書目録作“大明朝會樂”。

第六奏,撫四夷。

稱述威德及遠,四夷來朝,舉第六爵則奏之。

第七奏,定封賞。

稱述治功告成,大封功臣,以定爵賞,舉第七爵則奏之。

第八奏,大一統。

稱述王業廣大,四海一家,萬方同軌,舉第八爵則奏之。

第九奏,守承平。

稱述奉天法古,以守承平,舉第九爵則奏之。

每宴會,舉九爵,一舉爵則奏一曲,其曲皆按月律。前三奏和緩,中四奏壯烈,後二奏舒長,樂曲見于後。

九奏樂工

每奏曲,用歌工四人、簫六人、笙二人,戴中華一統巾,衣紅羅生色大袖衫、畫黃鶯、鸚鵡花樣,紅生絹襯衫、錦領、杏紅絹裙、白絹大口袴、青絲條、白絹襪、茶褐鞋。

和聲郎二人,執麾,總掌樂舞,立樂工前之兩旁,和聲郎二人,押樂,立樂工後之兩旁,皆戴皂羅闊帶巾,衣青羅大袖衫、紅生絹襯衫、錦領、塗金束帶、皂靴。

每上位舉爵,則和聲郎舉麾,唱曰奏某曲。自第一奏至第九奏皆同,奏曲畢,偃麾。

三舞

武舞曰《平定天下》之舞,象以武功定禍亂也。用舞士三十二人,皆左執干,右秉戚,分爲四行,每行八人。舞作發揚蹈厲,坐作擊刺之狀。舞師二人,執旌,以引之。

文舞曰《車書會同》之舞,象以文德致太平也。用舞士三十二人,皆左執籥,右秉翟,分爲四行,每行八人。舞作進退舒徐、揖讓升降之狀。舞師二人,執翿,以引之。

四夷舞曰《撫安四夷》之舞,象以威德服遠人也。用舞士十六人,東夷四人,南蠻四人,西戎四人,北狄四人,分爲四行,每行四人。舞作拜跪朝謁、喜躍俯伏之狀。舞師二人,執幢,以引之。

武舞士

舞士皆冠黃金束髮冠、紫絲緌、青羅生色畫舞鶴花樣窄袖衫、白生絹襯衫、錦領、紅羅銷金大袖罩袍、紅羅銷金裙、皂生色畫花緣襪、白羅銷金汗袴、藍青羅銷金緣紅絹擁項、紅結子、紅絹束腰、塗金束帶、青絲大條、錦背韝、皂皮綠雲頭靴。

舞師二人,冠黃金束髮冠、紫絲緌、青羅大袖衫、白絹襯衫、錦領、塗金束帶、綠雲頭皂鞾。

每宴會,上位進第四次膳,和聲郎舉麾,唱曰奏《平定天下》之舞。樂作。舞師引舞士至舞位,舞畢,樂止。偃麾。

文舞士

舞士皆冠黑光描金方山冠、青絲緌,衣素紅羅大袖衫、紅生絹襯衫、錦領、紅羅擁項、紅結子、塗金束帶、白絹大口袴、白絹襪、茶褐鞋。

舞師二人,冠黑漆描金方山冠、青絲緌青羅大袖衫、紅生絹襯衫、錦領、塗金束帶、白絹大口袴、白絹襪、茶褐鞋。

每宴會,上位進第八次膳,和聲郎舉麾,唱曰奏《車書會同》之舞。樂作。舞師引舞士至舞位,舞畢,樂止。偃麾。

四夷舞士①

四夷舞士,東夷四人,椎髻于後,繫紅銷金頭繩、紅羅銷金抹

---

① "四夷舞士",《明史》卷六七《輿服志三·樂工冠服》作"四夷之舞舞士"。

額,中綴塗金博山,兩旁綴塗金巾環、明金耳環、青羅生色畫花大袖衫、紅生色領袖、紅羅銷金裙、青銷金裙緣、紅生絹襯衫、錦領、塗金束帶、烏皮鞾;

西戎四人,間道錦纏頭、明金耳環、紅紵絲細摺襖子、大紅羅生色雲肩、綠生色緣、藍青羅銷金汗胯、紅銷金緣、繫腰合鉢、十字泥金數珠、五色銷金羅香囊、紅絹擁項、紅結子、赤皮靴;

南蠻四人,綰朝天髻,繫紅羅生色銀錠兒、紅銷金袜額、明金耳環、紅織金短襖子、綠織金細摺短裙、絨錦袴子、間道紵絲手巾、泥金項牌、金珠瓔珞,綴小金鈴兒、錦行纏、泥金獅蠻帶、綠銷金擁項、紅結子、赤皮鞋;

北狄四人,戴單于冠、貂鼠皮簪兒、雙垂髻、紅銷金頭繩、紅羅銷金袜額、諸色細摺襖子、藍青生色雲肩、紅結子、紅銷金汗胯、擎腰合鉢、皁皮靴。

舞師二人,戴白捲簷氊帽、塗金帽頂、一撒紅纓、紫羅帽襻、紅綠金繡襖子、白銷金汗袴①、藍青銷金緣、塗金束帶、綠擁項、紅結子、赤皮靴。

每宴會,上位進第六次膳,和聲郎舉麾,唱曰奏《撫安四夷》之舞。夷樂作。舞師引舞士至舞位,舞畢,樂止。偃麾。

文武二舞樂工

文武二舞,用樂工一十人,笙二人,橫管二人,篥二人,杖鼓二人,大鼓一人,板一人,戴曲脚幞頭,衣紅羅生色畫花大袖衫、塗金束帶、紅巾擁項、紅結子、皁皮靴。

---

① "袴",原作"胯",據《明太祖實錄》卷五六改。

四夷樂工

四夷舞用樂工十六人,腰鼓二人,琵琶二人,胡琴二人,箜篌二人,頭管二人,羌笛二人,篥二人,水盞一人,板一人,戴蓮花帽,衣諸色細摺襖子、白銷金汗袴①、紅銷金緣、紅緑絹束腰、紅羅擁項、紅結子、花靴。

大樂工

每宴會、朝賀及上位出宮、還宮、進膳,用樂工六十四人,戲竹二人,簫四人,笙四人,琵琶六人,篥六人,箜篌四人,方響四人,頭管四人,龍笛四人,杖鼓二十四人,大鼓二人,板二人,戴曲脚幞頭,衣紅羅生色畫花大袖衫、塗金束帶、紅絹擁項②、紅結子、皂皮靴。

宴會樂舞儀注

每宴會,和聲郎四人,引樂工、舞士人等,各服其服,執樂器舞器立于丹墀之西。伺殿上陳設既畢,和聲郎二人執麾由西階陞,立于御酒案之左右,北向,二人引歌工、樂工由西階陞,立于丹陛上之兩旁,東西相向。舞師二人執旌,引武舞士立于西階下之南,作四行,每行八人,俱北向。引文舞二人執翿,引文舞士立于東階下之南③,作四行,每行八人,俱北向。引四夷舞二人執幢,引舞士立于武舞之西南,作四行,每行四人,俱北向。引大樂

---

① "袴",原作"胯",據上下文改。

② "絹",原作注文小字"闕",據《明史》卷六七《輿服志三·樂工冠服》補。

③ "文",原缺,據《明太祖實錄》卷五六補。

二人執戲竹，引大樂工陳列于丹陛之西。文武二舞樂工陳列于丹陛之東，四夷樂工陳列于四夷舞之北，俱北向。

上位將出，仗動，大樂作①，陛御座②。樂止。伺上位進第一爵，和聲郎舉麾，唱曰："奏《起臨濠》之曲。"引樂二人引歌工、樂工詣酒案前，北面重行立定，奏曲。奏畢，偃麾，押樂引歌工、樂工退。進第二爵則唱曰奏《開太平》之曲，進第三爵則唱曰奏《安建業》之曲，第四爵則唱曰奏《削群雄》之曲，第五爵則唱曰奏《平幽都》之曲，第六爵則唱曰奏《撫四夷》之曲，第七爵則唱曰奏《定封賞》之曲，第八爵則唱曰奏《大一統》之曲，第九爵則唱曰奏《守承平》之曲。其舉麾、偃麾，歌工、樂工進退，皆與第一爵同。

伺上位進第一次膳，和聲郎舉麾，唱曰："奏《飛龍引》之樂。"大樂振作，食畢，樂止，偃麾。進第二次膳則曰奏《風雲會》之樂，第三次膳則曰奏《慶皇都》之樂，第四次膳則曰奏《平定天下》之樂，第五次膳則曰奏《賀聖明》之樂，第六次膳則曰奏《撫安四夷》之樂，第七次膳則曰奏《九重歡》之樂，第八次膳則曰奏《車書會同》之樂，第九次膳則曰奏《萬年春》之樂。其舉麾、偃麾，與第一次奏同。

九奏、三舞既畢。上位興，大樂振作，入宮，樂止。和聲郎執麾，引諸樂工、舞人等以次出。

朝賀奏樂儀注

聖節、冬至、正旦大朝賀用樂工六十四人，引樂二人，簫四人，笙四人，琵琶六人，箜篌四人，篥六人，方響四人，頭管四人，龍笛四人，杖鼓二十四人，大鼓二人，板二人，戴曲脚幞頭，衣紅羅生色畫花大袖衫、塗金束帶、紅羅擁項、紅結子、皂皮靴。

每朝賀之日，和聲郎預先陳樂于丹墀百官拜位之南，北向。

---

① "樂作"原作注文小字，據《明太祖實錄》卷五六改爲正文大字。
② "座"，原作"作"，據《明史》卷六一《樂志一·樂工冠服》改。

伺上位將出,仗動。和聲郎舉麾,唱曰:"奏《飛龍引》之曲。"上位陞座,樂止。偃麾。贊禮唱鞠躬,和聲郎唱曰:"奏《風雲會》之曲。"樂作。百官拜畢。樂止。國公陞殿,和聲郎唱曰:"奏《慶皇都》之樂。"樂作。國公出殿門,復位。樂止。贊禮唱鞠躬,和聲郎唱曰:"奏《喜昇平》之樂。"樂作。百官拜畢。樂止。伺上位興,和聲郎唱曰:"奏《賀聖明》之樂。"樂作。上位還宮。樂止。百官捲班,和聲郎引樂工以次出。

九奏樂器

歌四,簫六,笙二,板二。

文武二舞樂器

笙二,篆二,橫管二,杖鼓二,大鼓一,板一。

大樂器

簫四,笙四,琵琶六,篆六,箜篌四,方響四,頭管四,龍笛四,杖鼓二十四,大鼓二,板二。

四夷樂器

腰鼓二,琵琶二,胡琴二,箜篌二,頭管二,羌笛二,篆二,水盞一,板一。

武舞器

干

長三尺五寸,上闊一尺,下廣六寸,朱質,上畫雉羽,中畫陞龍、雲氣。

戚

長二尺五寸，朱紅漆柄，金裝戚斧。

文舞器

籥

長一尺五寸，朱紅漆筐竹爲之，上開三竅。

翟

長三尺五寸，朱紅漆柄，金龍吞口，上綴雉羽五層，每層用塗金寶蓋，紅絲條穿末，用紅條結子①。

鷺羽

長三尺五寸，朱紅漆柄，金龍吞口，上綴鷺羽五層，每層用塗金寶蓋，紅絲條穿末，垂紅條結子。

麾

長七尺五寸，朱紅漆柄，金龍吞口，上懸緋羅麾，長五尺，藍青羅額，上畫陞龍。

旌

長七尺五寸，朱紅漆柄，金龍吞口，懸五彩羽九層，每層用塗金寶蓋，紅絲條穿，末垂紅絲結子。

翿

長七尺五寸，朱紅漆柄，金龍吞口，懸白鷺羽九層，每層用塗

---

① "用"，《大明會典》卷七三《大宴樂》作"垂"。

金寶蓋，紅絲條穿，末垂紅絲結子。

幢

長七尺五寸，朱紅漆柄，金龍吞口，懸五彩羅幢五層，每層綴五色銷金吹帶，末垂紅絲結子。

九奏樂歌

第一奏《起臨濠》　曲名《飛龍引》醉花陰

千載中華生聖主，王氣成龍虎。提劍起淮西，將勇師雄，百戰收强虜①。

驅馳鞍馬經寒暑，將士同甘苦。次第静風塵，除暴安民，功業如湯武。

第二奏《開太平》　曲名《風雲會》唐多令

玉壘瞰江城，風雲繞帝營。駕樓船，龍虎從橫，飛砲發機驅六甲，降虜將②，勝胡兵③。

談笑掣長鯨，三軍勇氣增。一戎衣，宇宙清寧，從此華夷歸一統，開帝業，慶昇平。

第三奏《安建業》　曲名《慶皇都》蝶戀花

虎踞龍蟠佳麗地，真主開基，千載風雲會，十萬雄兵屯鐵騎，臺臣守將皆奔潰。

一洗煩苛施德惠，里巷謳歌，田野騰和氣。王業弘開千萬世，黎民咸仰雍熙治。

---

① “强虜”，原作“疆土”，據《明史》卷六二《樂志三·樂章二》改。

② “虜”，原作“敵”，據《明史》卷六二《樂志三·樂章二》改。

③ “胡”，原作“强”，據《明史》卷六二《樂志三·樂章二》改。

第四奏《削群雄》　曲名《喜昇平》_{秦樓月}

持黄鉞，削平荆楚清吴越。清吴越，暮秦朝晉，幾多豪傑。

幽燕齊魯風塵潔，伊涼蜀隴人心悦。人心悦，車書一統，萬方同轍。

第五奏《平幽都》　曲名《賀聖明》_{鷓鴣天}

天運推遷虜運移①，王師一舉定燕畿。百年禮樂重興日，四海風雲慶會時。

除暴虐，撫瘡痍，漠南爭覩舊威儀。君王聖德容降虜②，三恪衣冠拜玉墀。

第六奏《撫四夷》　曲名《龍池宴》_{人月圓}

海波不動風塵静，中國有真人。文身交趾，氈裘金齒，重譯來賓。

奇琛異産，梯山航海，奉表稱臣，白狼玄豹，九苞丹鳳，五色麒麟。

第七奏《定封賞》　曲名《九重歡》_{柳梢青}

乾坤清廓，論功定賞，策勳封爵。玉帶金符，貂蟬簪珥，形圖麟閣。

奉天洪武功臣，佐興運，文經武略。子子孫孫，尊榮富貴，久長安樂。

第八奏《大一統》　曲名《鳳凰吟》_{太常引}

大明天子駕飛龍，開疆宇，定王封。江漢遠朝宗，慶四海，車書會同。

東夷西旅，北戎南越，都入地圖中。遐邇暢皇風，億萬載，時和歲豐。

---

① “虜”，原作“敵”，據《明史》卷六二《樂志三·樂章二》改。

② “虜”，原作“敵”，據《明史》卷六二《樂志三·樂章二》改。

第九奏《守承平》　曲名《萬年春》百字令

風調雨順遍乾坤，齊慶承平時節。玉燭調和甘露降，遠近桑麻相接。偃武修文，報功崇德，率土皆臣妾。山河磐固，萬方黎庶歡悅。

長想創業艱難，君臣曾共掃四方豪傑。露宿宵征鞍馬上，歷盡風霜冰雪。朝野如今，清寧無事，任用須賢哲。躬勤節儉，萬年同守王業。

十二月按律樂歌_{係每月第一奏起臨濠}

正月太簇，本宮黃鐘商，俗名大石。

萬年春

奉天承運秉黃麾，志在安民除虐。曾覩中天騰王氣，五色虹霓千尺。龍繞兜鍪，神迎艘艦，嘉應非人力。鳳凰山上，慶雲長繞峰石。

天助神武成功，人心效順，所至皆無敵。手握乾符開寶祚，略定山河南北。飲馬江淮，列營河漢，四海風波息。師雄將猛，萬方齊仰威德。

二月夾鐘，本宮夾鐘宮，俗名中呂。

玉街行

山林豹虎，中原狐兔，四海英雄無數。大明真主起臨濠，震于赫戎衣一怒。

星羅玉壘，雲屯鐵騎，一掃乾坤煙霧。黎民重睹太平年，慶萬里山河磐固。

三月姑洗，本宮太簇商，俗名大石。

賀聖朝①

雲氣朝生芒碭間,虹光夜起鳳凰山。江淮一日真主出,華夏千年正統還。

瞻日角,睹天顏,雲龍風虎竟追攀。君臣勤苦成王業,王業汪洋被百蠻。

四月仲呂,本宮無射徵,俗名黃鐘正徵。

喜昇平

風雲密,濠梁千載真龍出。真龍出,鯨鯢豹虎,掃除無迹。

江河從此波濤息,乾坤同慶承平日。承平日,華夷萬里,地圖歸壹。

五月蕤賓,本宮姑洗商,俗名中管雙調。

樂清朝

中原鹿走英雄起,回首四郊多壘。英主倡兵淮水,將士皆雄偉。

百靈護助人心喜,一呼萬人風靡。談笑掃除螻蟻,王業從茲始。

六月林鐘,本宮夾鐘角,俗名中呂角。

慶皇都

王氣呈祥飛紫鳳,虎嘯龍興,千里旌旗動。四海歡呼師旅眾,天戈一指風雲從。

將士爭先民樂用,駕馭英雄,聖德皆天縱。率土華夷歸職貢,詞臣拜獻河清頌。

---

① "朝",原作"明",據《明史》卷六二《樂志三‧樂章二》改。

七月夷則,本宮南呂閏①,俗名中管商角。

永太平

鳳凰佳氣好,王師起義,乾坤初曉。淮水西邊,五色慶雲繚繞。三尺龍泉似水,更百萬貔貅熊豹。軍令悄,魚麗鵝鸛,風雲蛇鳥。

赳赳電掣鷹揚,在伐罪安民,去殘除暴。天與人歸,豪傑削平多少。萬里煙塵淨洗,正紅日一輪高照。膺大寶,王業萬年相保。

八月南呂,本宮南呂宮,俗名中管仙呂。

鳳凰吟

紫薇華蓋擁蓬萊,聖天子,帝圖開。歷數應江淮,看五色雲生上臺。

櫛風沐雨,攻堅擊鋭,將士總英材。躍馬定塵埃,創萬古山河壯哉。

九月無射,本宮無射宮,俗名黃鐘。

飛龍引

千載中華生聖主,王氣成龍虎。提劍起淮西,將勇師雄百戰,收強虜②。

驅馳鞍馬經寒暑,將士同甘苦。次第靜風塵,除暴安民功業,如湯武。

十月應鐘,本宮姑洗徵,俗名中呂正徵。

龍池宴

大明英主承天運,倡義擁天戈。星辰旋繞,風雲圍護,龍虎麾訶。

---

① "閏",《明史》卷六二《樂志三·樂章二》作"商"。
② "强虜",原作"疆土",據《明史》卷六二《樂志三·樂章二》改。

旌旗所指，羌夷納款①，江海停波。從今平定，萬年疆宇，百二山河。

十一月黃鐘，本宮夷則角，俗名仙呂角。

金門樂

慶皇明聖主開寶祚，起臨濠。正汝潁塵飛，江淮浪捲，赤子呼號。

天戈奮然倡義，擁神兵百萬總英豪。貔虎朝屯壁壘，虹蜺夜繞弓刀。

鳳凰同勢聳層霄②，佳氣五雲高、愛士伍同心，君臣協力，不憚勤勞。

風雲相會③，看魚龍飛舞出波濤。靜掃八方氛祲，咸聽九奏簫韶。

十二月大呂，本宮大呂宮，俗名高宮。

風雲會

天眷顧淮西，真人起布衣，正乾剛九五龍飛。駕馭英雄收俊傑，承永命，布皇威。

一劍立鴻基，三軍擁義旗。望雲霓四海人歸。整頓乾坤除暴虐，歌聖德，慶雍熙。

武舞曲

曲名《清海宇》

拔劍起淮土，策馬定寰區。王氣開天統，寶曆應乾符。武略

---

① “羌夷”，原作“强敵”，據《明史》卷六二《樂志三·樂章二》改。
② “同”，原作“山”，據《明史》卷六二《樂志三·樂章二》改。
③ “風雲”，《明史》卷六二《樂志三·樂章二》作“一時”。

文謨,龍虎風雲,創業初。

將軍星繞弁,勇士月彎弧。選騎平南楚,結陣下東吳。跨蜀驅胡①,萬里山河,壯帝居。

文舞曲

曲名《泰階平》

乾清坤寧,治功告成。武定禍亂,文致太平。

郊則盡其禮,廟則盡其誠。卿雲在天,甘露零風雨,時若百穀登。

禮樂雍和,政刑肅清。儲嗣既立,封建乃行。

讒佞屏,四海賢俊立朝廷,玉帛鐘鼓陳兩楹,君臣賡歌揚頌聲。

九奏樂圖

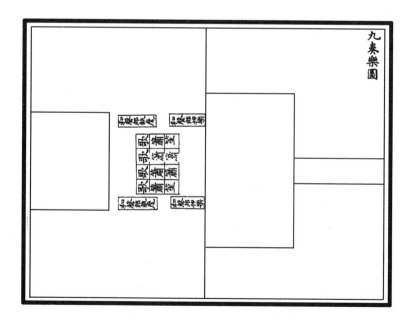

---

① “跨蜀驅胡”,原作“批亢擣虛”,據《明太祖實錄》卷五六改。

武舞圖

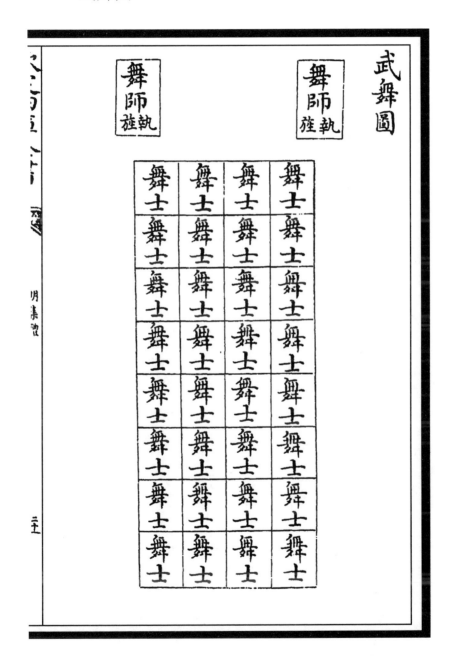

文舞圖

欽定四庫全書

卷五十三下

文舞圖

舞師
翶訊

舞師
翶訊

舞士	舞士	舞士	舞士
舞士	舞士	舞士	舞士
舞士	舞士	舞士	舞士
舞士	舞士	舞士	舞士
舞士	舞士	舞士	舞士
舞士	舞士	舞士	舞士
舞士	舞士	舞士	舞士
舞士	舞士	舞士	舞士

文武二舞樂圖

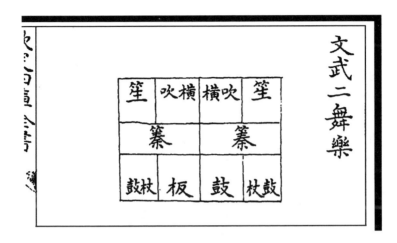

四夷舞圖

四夷樂圖

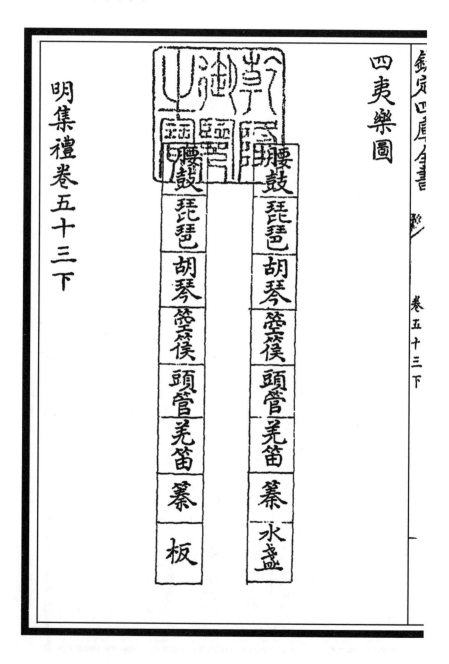

《四庫全書總目提要》

臣等謹案:《明集禮》五十三卷。明徐一夔、梁寅、劉于、周子諒、胡行簡、劉宗弼、董彝、蔡琛、滕公琰、曾魯同奉敕撰。考《明典彙》,載洪武二年八月詔儒臣修纂禮書。三年九月書成,名《大明集禮》。

其書以吉、凶、軍、賓、嘉、冠服、車輅、儀仗、鹵簿、字學、樂爲綱。

所列子目,吉禮十四:曰祀天,曰祀地,曰宗廟,曰社稷,曰朝日,曰夕月,曰先農,曰太歲、風云雷雨師,曰嶽鎮海瀆、天下山川、城隍,曰旂纛,曰馬祖、先牧、社、馬步,曰祭厲,曰祀典神,曰三皇、孔子;

嘉禮五:曰朝會,曰册封,曰冠禮,曰婚,曰鄉飲酒;

賓禮二:曰朝貢,曰遣使;

軍禮三:曰親征,曰遣將,曰大射;

凶禮二:曰弔賻,曰喪儀。

又冠服、車輅、儀仗、鹵簿、字學各一;

樂三:曰鐘律,曰雅樂,曰俗樂。

《明史・藝文志》及《昭代典則》均作五十卷,今書乃五十三卷。

考《明典彙》,載嘉靖八年,禮部尚書李時請刊《大明集禮》,九年六月梓成。禮部言"是書舊無善録,故多殘闕。臣等以次詮補,因爲傳注,乞令史臣纂入,以成全書"云云。則所稱五十卷者,或洪武原本。

　　而今所存五十三卷,乃嘉靖中刊本。取諸臣傳注及所詮補者纂入原書,故多三卷耳。如《明禮志》載洪武三年,圜丘從祀,益以風、雲、雷、雨,而是書卷一《總序》曰"國朝圜丘從祀,惟以大明、夜明、星辰、太歲"。又所載圜丘從祀壇位,及牲幣尊罍,均止及大明、夜明、星辰、太歲,不及風、雲、雷、雨。是益祀風、雲、雷、雨,從祀圜丘。在十一月,而是書成于九月,故未及纂入,實有明據。而卷一序神位版,乃曰"風伯之神、雲師之神、雷師之神、雨師之神,並赤質金字",不應一卷之內自相矛盾若此,則其爲增入可知。又《明史·禮志》,載洪武元年冬至,祀昊天上帝儀注,無先期告諸神祇及祖廟之文。至洪武四年,始創此制,而是書儀注則有之,知亦嘉靖諸臣詮補纂入者矣。

　　序爲世宗御製,題爲嘉靖九年六月望日。而《世宗實録》載,九年六月庚午,刻《大明集禮》成,上親製序文。是月己未朔,則庚午乃十二日,與《實録》小有異同,疑十二日進書,望日製序,記載者併書于進書日也。

　　乾隆四十六年九月,恭校上。

　　總纂官:臣紀昀、臣陸錫熊、臣孫士毅

　　總校官:臣陸費墀

圖書在版編目（CIP）數據

大明集禮／（明）徐一夔等撰；汪瀟晨點校.
杭州：浙江大學出版社，2025. 4. -- ISBN 978-7-308
-26261-3

Ⅰ. K892.9

中國國家版本館 CIP 數據核字第 20259L8Z81 號

大明集禮
DAMING JILI

（明）徐一夔 等撰　　汪瀟晨　點校

出 品 人　吴　晨
總 編 輯　陈　潔
項目策劃　宋旭華
項目統籌　王榮鑫
責任編輯　胡　畔
責任校對　趙　静
封面設計　周　靈
出版發行　浙江大學出版社
　　　　　（杭州市天目山路 148 號　郵政編碼 310007）
　　　　　（網址：http://www.zjupress.com）
排　　版　大千時代(杭州)文化傳媒有限公司
印　　刷　杭州宏雅印刷有限公司
開　　本　710mm×1000mm　1/16
印　　張　103.5
字　　數　1208 千
版 印 次　2025 年 4 月第 1 版　2025 年 4 月第 1 次印刷
書　　號　ISBN 978-7-308-26261-3
定　　價　398.00 圓（全二冊）